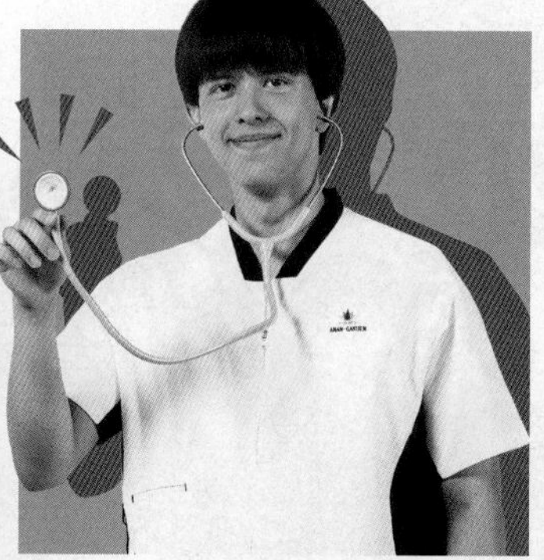

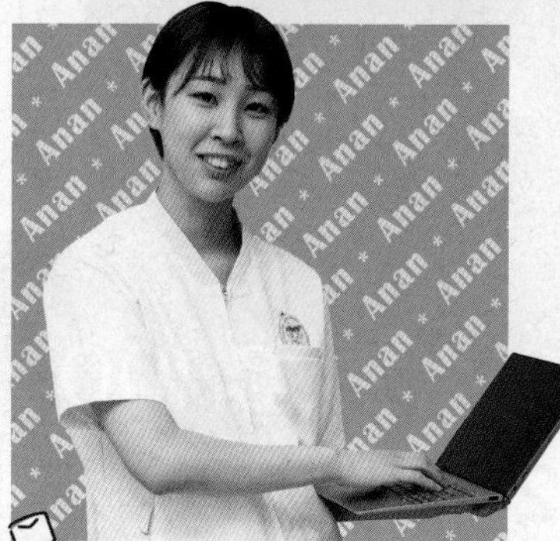

ANAN GAKUEN HIGH SCHOOL
Open School
2024

アナン学園高等学校

Nursing department Culinary department 2024 OPEN SCHOOL

要予約 オープンスクール・入試対策講座・夜間入試説明会の開催につきましては、各回実施1か月前（予定）に本校HPにてお知らせいたしますので、イベント予約申込フォームより予約（先着順）をお願いいたします。なお、下記日程以外でも、施設見学および入試相談に応じます。お気軽にご連絡ください。

オープンスクール 【受付】9:00～【開始】9:30～	8/31（土） 10/26（土） 11/16（土）	
入試対策講座 【受付】9:00～【開始】9:30～	11/30（土） 12/7（土）	
夜間入試説明会 【開始】17:30～	12/12（木）	オープンスクールに来られない保護者の方向け

※生徒参加は保護者同伴に限ります。※送迎バスはございません。

送迎バス有　当日に限り近鉄「八戸ノ里」駅より送迎バスが8:50から随時運行予定

アナン学園高等学校

詳しい情報はホームページ・公式SNSで!

公式HP  公式LINE  

お問い合わせ先《事務室入試広報》
〒578-0944 大阪府東大阪市若江西新町3丁目1番8号
TEL／06-6723-5511（代）・06-6723-5515（直）
FAX／06-6723-5517
E-mail／kouhou@anangakuen.ed.jp

あべの翔学 高等学校
SINCE 1929
翔けあがる!
歴史とともに
95th
ABENO SHOGAKU H.S.
AS
特進Ⅰ類 奨学金給付制度あり
特進Ⅱ類 奨学金給付制度あり
普通進学 5つの専攻(2年次より)
看護・医療
幼児教育
情報
総合
スポーツ 専願のみ 奨学金給付制度あり
入試説明会・クラブ体験会 申込必要
第1回 8/25日
第2回 10/20日
第3回 11/17日
第4回 12/1日
第5回 12/15日
入試問題ポイント解説日
クラブ体験会のみ
9/21土 入試説明会はありません。
公式LINE
詳しくはHPをご覧ください▶ あべの翔学
天王寺
大阪阿部野橋
寺田町
河堀口
美章園
あべの翔学高等学校
あべの翔学高等学校
〒545-0002 大阪市阿倍野区天王寺町南2丁目8-19
TEL:06-6719-2801(代表) FAX:06-6714-0045
JR/大阪メトロ「天王寺」駅東口から徒歩12分
JR阪和線「美章園」駅から徒歩8分
近鉄南大阪線「河堀口」駅から徒歩2分
JR環状線「寺田町」駅南口から徒歩9分
大阪シティバス 天王寺町南二丁目から徒歩2分

OSAKA
KUN-EI
JOGAKUIN

SENIOR HIGH SCHOOL

育つのは、熱中力。

変化し続ける社会において
大切なのはなんでしょう?
知識をただ詰め込むだけ…
目の前のことにただ対応するだけ…
それでは、「自分らしく生きる」ことは難しい。
何かに熱中する「熱中力」。
目標を決め、それに向かって努力し、やり遂げるチカラ。
これが「自分らしく生きる」ことにつながると
薫英は考えています。

オープンキャンパス
6.8［土］ 7.27［土］ 8.25［日］ 9.28［土］ 10.27［日］

入試説明会
11.9［土］ 11.24［日］ 12.15［日］

留学フェア
7.15［月・祝］ 10.27［日］

個別相談会 要予約
11.30［土］ 12.7［土］ 12.14［土］ 12.21［土］
※平日(12月26日まで可)をご希望の方は別途、お電話にてお申し込みください。

お申し込みは
こちらから

大阪薫英女学院高等学校

〒566-8501 大阪府摂津市正雀 1-4-1
TEL:(06)6381-5381 FAX:(06)6381-5382
企画広報部直通電話:(06)6381-0335

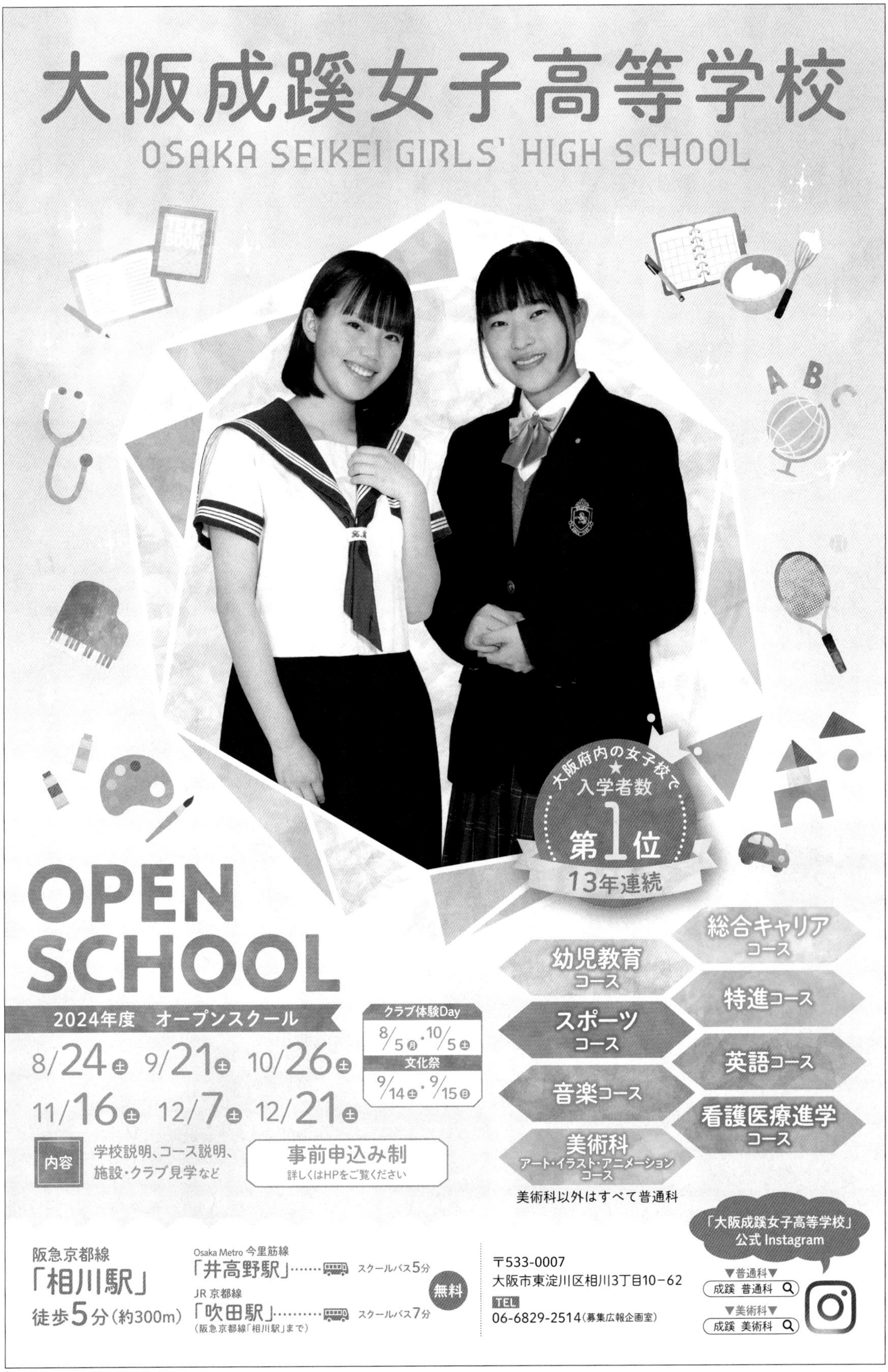

大阪成蹊女子高等学校
OSAKA SEIKEI GIRLS' HIGH SCHOOL
大阪府内の女子校で★入学者数
第1位
13年連続
OPEN SCHOOL
2024年度 オープンスクール
8/24㊏ 9/21㊏ 10/26㊏
11/16㊏ 12/7㊏ 12/21㊏
クラブ体験Day
8/5㊊・10/5㊏
文化祭
9/14㊏・9/15㊐
内容
学校説明、コース説明、施設・クラブ見学など
事前申込み制
詳しくはHPをご覧ください
総合キャリアコース
幼児教育コース
特進コース
スポーツコース
英語コース
音楽コース
看護医療進学コース
美術科
アート・イラスト・アニメーションコース
美術科以外はすべて普通科
阪急京都線
「相川駅」
徒歩5分(約300m)
Osaka Metro 今里筋線
「井高野駅」……スクールバス5分
JR 京都線
「吹田駅」……スクールバス7分
(阪急京都線「相川駅」まで)
無料
〒533-0007
大阪市東淀川区相川3丁目10−62
TEL
06-6829-2514(募集広報企画室)
「大阪成蹊女子高等学校」
公式 Instagram
▼普通科▼
成蹊 普通科
▼美術科▼
成蹊 美術科

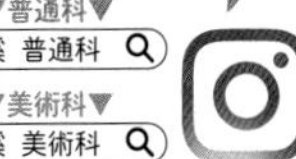

信じろ！ 私。
つかめ！ ミライ。

●申し込み不要　●保護者の参加も歓迎

記載の日程以外でも、学校見学を受け付けております。事前にご連絡のうえ、お越しください。

オープンスクール

8/31 sat 14:00~

10/12 sat 14:00~

学校説明会

11/2 sat 14:00~

11/17 sun 13:00~

12/1 sun 13:00~

12/7 sat 14:00~

入試個別相談会

12/15 sun 9:00~

完全予約制　詳細は公式HPをご覧ください

大阪夕陽丘学園高等学校

〒543-0073　大阪市天王寺区生玉寺町7-72　TEL：06-6771-9510　FAX：06-6773-0356

●大阪メトロ谷町線「四天王寺前夕陽ケ丘」駅より北へ徒歩3分　●近鉄「大阪上本町」駅より南西へ徒歩12分
●JR「天王寺」駅より北へ徒歩20分　●南海「なんば」駅より東へ徒歩12分
●大阪メトロ谷町線「東梅田」駅から「四天王寺前夕陽ケ丘」駅まで12分

https://www.oyg.ed.jp

大阪夕陽丘学園高等学校

特進Ⅰ類コース | 特進Ⅱ類コース | 文理進学コース | 英語国際コース | 音楽コース | 美術コース

近畿大学泉州高等学校

英数特進コース 80名
国公立大学及び、近畿大学合格をめざします。

進学Ⅰ類コース 80名
近畿大学合格をめざします。

進学Ⅱ類コース 80名
近畿大学、私立大学をはじめ、その他多彩な進路をめざします。

近畿大学への特別推薦入学試験制度があります。

・近畿大学の施設・設備を利用した高大連携行事
・希望制の放課後講座の実施
・ハワイの修学旅行と2週間から1年間の語学留学
・3年次10月にも受験大学別クラス再編
・共通テスト対応のサテライト映像授業
・宿泊研修、スキー実習、勉強合宿、共通テスト対策合宿の実施

オープンスクール 要申込

第1回 9/7 
13:40〜16:00
「近大泉州を体験しよう！」
授業体験・在校生との交流など

第2回 10/26（土）
13:40〜16:00
「近大泉州を知りつくそう！」
入試対策講座・食堂体験など

●スクールバス運行
●HPからお申し込みください。

学校説明会／入試説明会 要申込

9/21（土）
10:00〜12:00
●本校全般の説明に加えて近畿大学進学についてもお話しします。

11/16（土）
10:00〜12:00
●本校全般の説明に加えて本校入試制度についてもお話しします。

11/30（土）
10:00〜12:30
●入試対策講座、授業（校内）見学、個別相談などに参加できます。

12/7（土）
14:00〜16:30
●入試ポイントの他、クラブ見学、在校生への質問、個別相談などに参加できます。

個別相談会 申込不要

12/6・13・20（金）
15:00〜18:30

12/7・14・21（土）
9:00〜16:00 ※12/7は〜13:00

12/8（日）
9:00〜14:00

●時間内は随時受付
●平日も事前連絡があれば対応可能です。

本校ホームページ

★7月〜10月の土曜日に小規模な「Premier 見学会（要申込）」を4回開催します。
※本校で行われるイベントはすべてお車での来校が可能です。

男女共学　〒596-0105 大阪府岸和田市内畑町3558　TEL.072-479-1231　近大泉州 検索

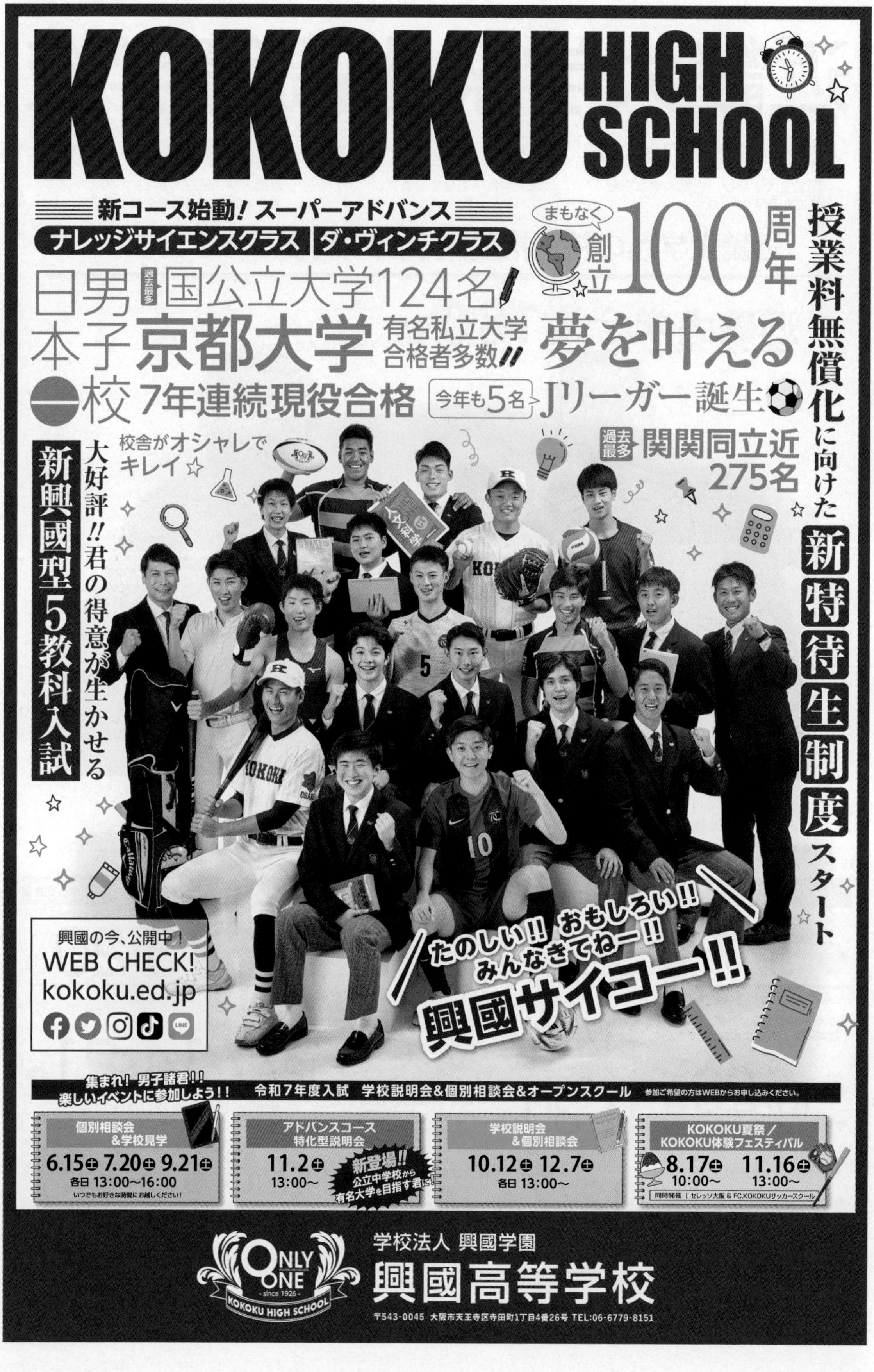

100TH
SHIJONAWATE GAKUEN
#青春しようぜ
プレゼンしようぜ!
チェック
ファイト!!
フェイスペイントしようぜ
よーしっ
ENJOY
PEACE
HAPPY
全力青春宣言!
バスケしようぜ
コスプレしようぜ
がんばるぞー!!
トータルビューティー
わくわくっ
マーチングしようぜ♪
学校説明会
先生がプレゼン［1部 10:00～ / 2部 13:00～］
6/29㊏ 8/3㊏ 9/28㊏ 10/26㊏ 12/7㊏
オープンスクール
生徒がプレゼン［14:00～］
7/27㊏ 8/24㊏ 9/14㊏
コース別説明会［14:00～］
11/9㊏ 11/30㊏
四條畷学園高等学校

OSAKA SHOIN

知・情・意

高い知性と豊かな情操

新たに「国際教養コース」が「国際文理コース」に変わります！

2025年度
入試イベントスケジュール

第１回 学校説明会 7/20 土	第１回 オープンスクール SHOIN SUMMER FESTA 2024 (中高合同OS) 8/24 土	第２回 オープンスクール コース体験会 10/19 土	第２回 学校説明会 11/10 日
入試 対策講座 12/1 日	学校 見学会 12/14 土	ミニ 学校説明会 12/21 土	少人数限定！ ミニ学校見学会 毎週土曜日

学校法人 樟蔭学園　もっと輝く私になれる

樟蔭高等学校

国際文理コース
身体表現コース
総合コース

入試情報をLINEからお届け！

QRコードを読み込んで、友達登録しよう

〒577-8550 東大阪市菱屋西4-2-26　TEL：06-6723-8185　FAX：06-6723-8881　https://www.osaka-shoin.ac.jp/hs
近鉄奈良線「河内小阪駅」下車（西へ約400m）　JRおおさか東線「JR河内永和駅」下車（東へ約400m）

宣真！ ゼンシン！
Be Next!
ここから、次なる私へ。
SENSHIN GAKUEN
要予約
オープンスクール2024
7/13㊏ 8/3㊏ 9/7㊏ 10/26㊏ 11/23㊏ 12/14㊏ 10:00~13:00
入試説明会
要予約 10:00～12:00
入試のポイントを押さえよう！
11.2㊏
コース・エリアの体験もできます！
準2級・3級対象 英検対策講座
要予約 14:00～16:00
5.18㊏ 5.25㊏ 7.6㊏
9.14㊏ 9.21㊏ 11.9㊏
英検®に合格するためのコツをお教えします！
出張入試相談会 なびげーと☆キャラバン
当日参加OK 14:00～16:00
in茨木 6.22㊏ 茨木市市民総合センター 101号室
in川西 6.29㊏ アステ市民プラザ マルチスペース2
in伊丹 7. 6㊏ 東リいたみホール 3F 大会議室
in宝塚 10.12㊏ ソリオ1 ソリオカルチャー 307音楽室
宣真高校がお近くに出張します！ 気軽に「宣真高校」を体験してみよう！
※各種気象警報発表のため、日程や内容の変更、中止の場合は、当日の午前8:00までに本校のホームページでお知らせします。
多彩な4コース
総合コース
アニメ・アートコース
保育系進学コース
看護医療/特進コース
宣真高等学校
イベント詳細・参加のお申し込みはこちら
右記QRコードを読み、フォームからお申し込みください。
〒563-0038 大阪府池田市荘園2丁目3番12号 TEL.072-760-3020（入試広報部 直通） / 阪急宝塚線「石橋阪大前」駅より徒歩 約10分

学校法人相愛学園（龍谷総合学園加盟）
相愛中学校 高等学校
SOAI
JUNIOR & SENIOR HIGH SCHOOL
EVENT GUIDE 2024
明日を動かす私になる。
OPEN SCHOOL
06.08 Sat. 07.27 Sat. 08.24 Sat. 11.16 Sat. 12.07 Sat.
オープンスクール
09.14 Sat. 10.26 Sat. 12.14 Sat.
個別相談会
11.03 Sun.
文化祭
高校入試対策講座
09.21 Sat. 10.26 Sat. 12.14 Sat. 01.11 Sat.
音楽科ワンポイントレッスン
06.08 Sat. 10.26 Sat.
2025年春！コースリニューアル！
Course 学科・コース
女子校
中学 アドバンスキャリア（特進）進学コース
プログレスキャリア（龍谷総合）進学コース
音楽科進学コース
高校〈普通科〉 アドバンスキャリア（特進）コース
プログレスキャリア（龍谷総合）コース
〈音楽科〉 作曲 / 声楽 / 鍵盤楽器
管楽器 / 弦楽器 / 打楽器
Contact 問い合わせ
龍谷総合学園加盟
相愛中学校・高等学校
大阪市中央区本町4-1-23
TEL 06-6262-0621
\ follow us! /
@soai_insta
公式ホームページ
大阪メトロ御堂筋線「本町駅」すぐ！

10年後も
「成長し続ける自分」になろう！

大谷学園
高大連携
大阪大谷
東大谷

学校説明会

6/22㈯ 14:00〜　9/7㈯ 14:00〜　10/19㈯ 10:00〜

夕方学校説明会

7/5㈮ 18:00〜

文化祭

9/21㈯ 10:00〜

オープンスクール

8/24㈯ 9:30〜　11/3㈰ 9:30〜

芸術実技講習会 実技試験受験希望者対象（中学3年生）

10/26㈯ 14:00〜　11/16㈯ 14:00〜
※詳しくはお問い合わせください。

入試説明会

11/30㈯ 9:30〜　12/7㈯ 9:30〜/14:00〜

個別相談会（全3回）

12/14㈯・19㈭・21㈯ 全日程とも9:30〜16:30

クリスマス・キャンドルライトサービス

12/20㈮ 16:00〜

Poole Gakuin
150th
FOUNDED 1879
愛と奉仕

学び、広がり、つながる。

国公立大学・難関私立大学を目指す
スーパー特進コース

自分が描く希望の進路を実現
特進コース

世界が学びのフィールド
国際コース

音楽・美術・舞台芸術 3つの分野で、夢の扉を開く
総合芸術コース

POOLE GAKUIN
SENIOR HIGH SCHOOL
プール学院高等学校

入試広報室 06-6741-7005［代表］

入試情報はこちらから！
https://www.poole.ed.jp

〒544-0033 大阪市生野区勝山北1-19-31（JR環状線桃谷駅南口より徒歩5分）

随時個別相談受付中！

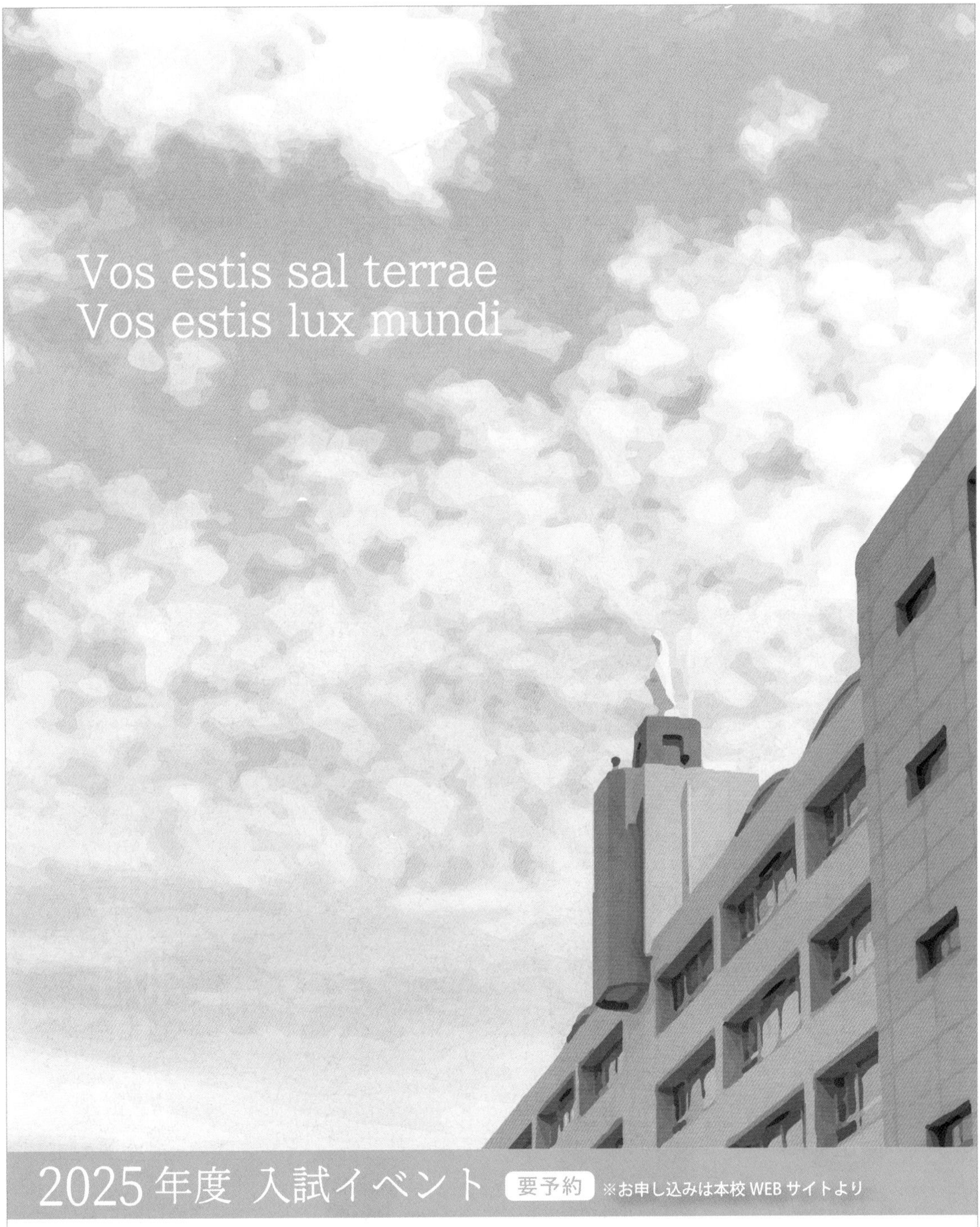

ASHIYA Gakuen
2025年
▶コース再編
▶選べる制服
▶学費支援制度拡充
オープンスクール
7/27 土
9/7 土
10/5 土
入試説明会
11/9 土
12/7 土
12/21 土

オープンハイスクール

10:00開始（受付9:30～）

7/27(土) 9/8(日)

10/5(土) 11/2(土)

内容〉学校紹介・授業・施設見学など。希望者を対象に、部活動体験と模擬授業体験を実施。

入試説明会

10:00開始（受付9:30～）

11/24(日)

12/14(土)

内容〉学校紹介・入試問題解説・施設見学など。希望者を対象に、模擬授業体験を実施。

お申し込み〉オープンハイスクール・入試説明会いずれもHPより、開催日の3日前の正午までに予約して下さい。詳しくは、HPをご覧ください。

神港学園高等学校

〒650-0003 神戸市中央区山本通4-19-20
TEL:078-241-3135(代) FAX:078-232-1570
資料請求・お問い合わせは学校ＨＰから

特進コース　進学コース　総合進学コース　トップアスリートコース

NIGAWA GAKUIN

Senior High School

2025年度 オープンハイスクール

第1回 オープンハイスクール 要予約	第2回 オープンハイスクール 要予約
7.21(日)	8.24(土)
10:00〜12:00	10:00〜12:00

和と善

Pax et Bonum

人間の尊厳を学び
開かれた心を育む。

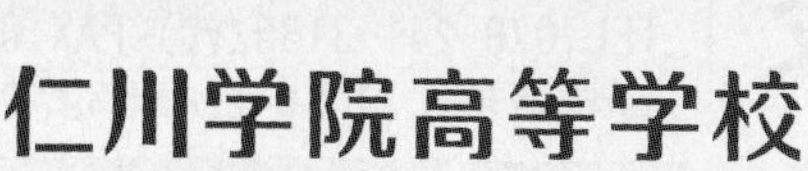

高等学校 入試係 TEL.0798-51-3621

〒662-0812 兵庫県西宮市甲東園2丁目13番9号 https://www.nigawa.ac.jp/high/ e-mail:office@nigawa.ac.jp

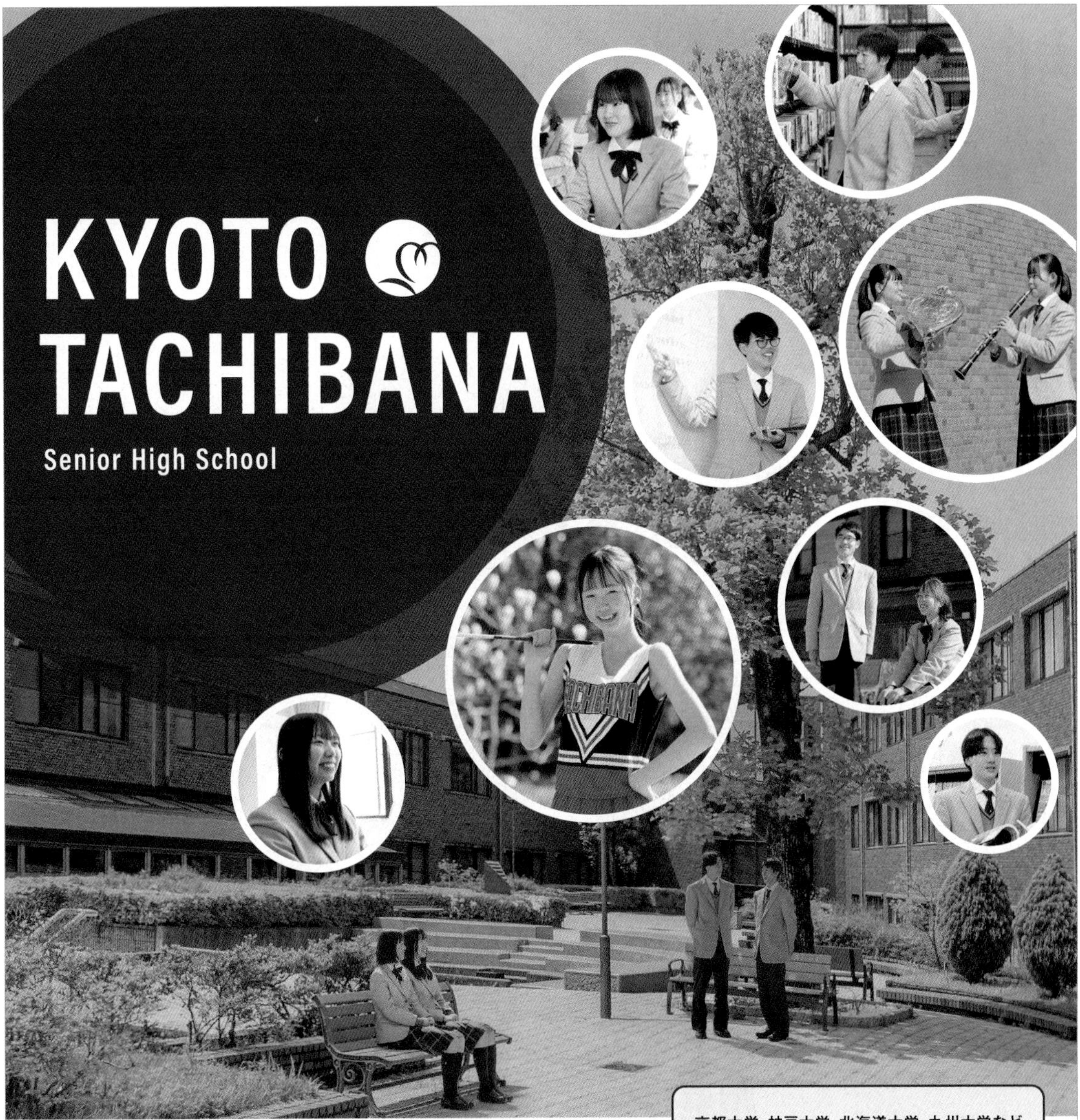

KYOTO TACHIBANA

Senior High School

京都大学・神戸大学・北海道大学・九州大学など

＼ 国公立大学62名合格 ／

関関同立 215名

産近甲龍 310名

EVENT INFORMATION

オープンキャンパスⅡ 入試説明会	オープンキャンパスⅢ 入試説明会	入試直前説明会
10.13（日）	11.2（土）	12.1（日）
13:30〜16:00	13:30〜16:00	9:30〜11:30

キャンパス見学会　10:00〜11:30

9.14（土）　9.28（土）　10.5（土）　11.16（土）　12.7（土）　12.14（土）

〈交通アクセス〉　京阪宇治線 桃山南口駅より徒歩5分　JR奈良線 桃山駅より徒歩10分　近鉄京都線 桃山御陵前駅より徒歩15分

変化を楽しむ人であれ

京都橘高等学校

京都橘大学・大学院

〒612-8026 京都市伏見区桃山町伊賀50

TEL 075-623-0066　FAX 075-623-0070　E-mail nk@tachibana-hs.jp

URL https://www.tachibana-hs.jp/

事前予約制 **オープンスクール**

いずれも10時00分~12時30分
※7/27はクラブ体験会含む

7/27(土) 9/7(土) 10/19(土) 11/2(土)

事前予約制 **学校相談会**

いずれも9時30分~12時00分

12/1(日) 12/7(土) 12/14(土) 12/21(土)

〒617-0002 京都府向日市寺戸町西野辺 25
TEL 075-934-2480 FAX 075-931-4079
https://www.kyotonishiyama.ed.jp
●阪急「東向日駅」下車 徒歩5分
●JR「向日町駅」下車 徒歩12分

新校舎
順次完成
2027年3月
完全竣工予定

Transforming toward the future!

HEIAN

参加ご希望の方は、公式LINEからもお申込みできます。

受験生・保護者を対象とした、
公式LINEアカウントを開設しました。

説明会の情報や、学校生活に関する最新情報をお届けします！ \友達募集中/
アカウントは受験生・保護者を対象とした
「龍谷大学付属平安高等学校・中学校」公式LINEアカウントです。
以下のいずれかの方法で、友だち登録をお願いいたします。

1. QRコードから登録
LINEアプリで、「ホーム画面」>（画面右上）「友だち追加」
>「QRコード」と選択していき、上のQRコードを読み取って友だち登録。

2. ID検索から登録
LINEアプリの「ホーム画面」>（画面右上）「友だち追加」
>「検索」から、IDを指定し、お友だち登録。

・龍谷大学付属平安高等学校・中学校
@ryukokuheian

https://www.heian.ed.jp

※QRコードは株式会社デンソーウェーブの登録商標です。

2024 イベントプログラム

クラブ体験	各クラブ個別開催（6月中に開催予定）
学校説明会	7/ 7(日)
オープンキャンパス	9/23(月・休)
入試説明会	10/ 6(日)
入試説明会 with コース別説明会	11/17(日) 12/15(日)

龍谷大学付属平安高等学校

〒600-8267 京都市下京区大宮通七条上ル御器屋町30
TEL：075-361-4231（代） FAX：075-361-0040 Mail：nyu-shi@heian.ed.jp https://www.heian.ed.jp
※個別相談や学校見学をご希望の方は、お電話・FAX・メールにてご予約ください。

EVENT SCHEDULE 2024

オープンキャンパス	7.28(日)	8.24(土)
入試説明会	10.27(日)	11.16(土)
個別相談会	12.8(日)	

各イベントの詳細は、学校ホームページでご確認ください。

奈良大学附属高等学校
NARA UNIVERSITY HIGH SCHOOL

奈良市秋篠町50番地　TEL 0742-41-8840(代)
https://www.nara-u-h.ed.jp
近鉄京都線 平城駅 から 徒歩約 10 分

特進コース（Ⅰ類・Ⅱ類）　文理コース　標準コース

なりたい"私"に
出逢う場所

中学生対象のイベント、説明会などスケジュール

※詳細については本校HPをご覧ください。

日程	8/31(土)	9/29(日)	10/12(土)	10/14(月祝)	10/19(土)	11/16(土)	12/7(土)	12/21(土)
内容	Shin-ai Summer Festa	入試・学校説明会	入試・学校説明会	信愛プレテスト	プレテスト返却会&オープンスクール	入試・学校説明会	最終説明会【入試の傾向と対策】	入試個別相談会
時間	14:00～16:00	13:30～15:00	13:30～15:00	8:30～13:00	10:00～11:30	14:00～15:30	14:00～16:00	10:00～15:00 時間選択制
場所	本校	波切ホール（岸和田市）	泉の森ホール（泉佐野市）	本校	本校	本校	本校	本校

和歌山信愛高等学校

〒640-8151 和歌山市屋形町 2 -23
TEL 073-424-1141

信愛 和歌山 検索

アクセス / J R 和歌山駅からバス 4 分 / 南海和歌山市駅からバス 10 分 「三木町新通」「三木町」下車すぐ

全日制・定時制・通信制の枠を超えた「独自の一校づくり」を目指しています

天王寺学館高等学校は大阪府認可の私立高校の一校で、大阪府と奈良県を校区とする"狭域通信制"高校です。総合学科と単位制の制度により、登校日数や履修科目を生徒自身が選択したり、習熟度別に授業を受講するといった学び方が可能です。学習の進め方を生徒自らが選択することは、個々の状況に応じた学び方ができると同時に、生徒の自主性や自立性を育てることができると考えています。本校は、生徒たちの自立を全力でサポートし、これまでも貫いてきた「血の通った教育の場」を実践して参ります。

通信部
月・水・金午前授業
生徒が選び・生徒のペースで学ぶコース

通学部
3日制・4日制・5日制
全日型のコース
習熟度別クラス編成

2024年度入試・主要大学進学実績（卒業生249名）

■ 国公立大学
大阪大（1）　大阪教育大（1）　大阪公立大（2）　京都工芸繊維大（1）
和歌山大（1）　広島大（1）

■ 私立大学
関西大（21）　関西学院大（1）　同志社大（5）　立命館大（8）
京都産業大（4）　近畿大（51）　龍谷大（38）
東京女子医科大［医医］（1）　他

学校説明会
（要事前予約）
詳細はHPでご確認ください

総合学科・単位制／狭域通信制高校

天王寺学館高等学校

TENNOJI GAKKAN HIGH SCHOOL

〒547－0041 大阪市平野区平野北1－10－43（JR平野駅下車すぐ）　https://tg-group.ac.jp/tgkoko/　TEL.(06)6795－1860

ひろがる未来。「実践英語」の実力校

関西インターナショナルハイスクール

KANSAI INTERNATIONAL HIGH SCHOOL

全日制 3年課程

『生きた英語力』を身につけて国際社会で活躍できる人を育成

- 英語ネイティブ教員の授業が全授業の4割
- TOEI C550点～850点を目指す英語教育
- 難関大学・有名大学に多数進学、海外留学にも対応

夢を実現する進学実績！

平均的な学力（中学時代）から関関同立レベルの大学へ現役進学
本校では英語力・国際力を活かして、卒業生の30％が関関同立レベル、49％が関西外大レベル以上の大学に現役進学しています。

学校説明会&体験授業

7/20（土）、**8/3**（土）、**9/21**（土）、その他
※予約制（HP申込ページよりご予約下さい）

国際教養学科
全日制3年課程

高等学校卒業
科学技術学園高等学校 併修

少人数編成授業
各クラス15名程度

リーズナブルな学費
大阪府高校授業料無償化対象校

進学実績［直近3年間］【合格実績ではなく、卒業生144名のうち、進学希望の卒業生133名の進路です】

大阪大1、国際教養大3、都留文科大1、上智大1、国際基督教大1、明治大1、同志社大3、関西学院大13、青山学院大1、立命館大9、法政大1、関西大3、中央大1、京都女子大1、同志社女子大1、近畿大1、甲南大2、龍谷大1、京都産業大1、関西外国語大7、京都外国語大10、立命館アジア太平洋大1、武蔵野大1、桃山学院大6、大阪女学院大3、愛知大1、大阪学院大などその他大学13、関西外国語大学短期大学部など短大10、専門学校等14、海外大学・短大等留学16、浪人5

関西外語専門学校

国際高等課程（国際教養学科）

TEL.06－6621－8108
https://www.kihs.jp/

学校法人 天王寺学館　大阪府認可校　文部科学省大学入学資格認定校　高校卒業資格取得可　姉妹校：天王寺学館高等学校
〒545－0053　大阪市阿倍野区松崎町2－9－36（JR・大阪メトロ天王寺駅より徒歩3～5分）　資料請求随時（郵送無料）

学習塾 ING イング

塾のイングは、「情熱の指導と心ある教育」をモットーに、幼児から社会人までの教育に携わる「総合学習館イング」の塾部門として地域貢献 No.1 の塾を目指します。

1 玉井式 図形の極講座

2 玉井式 Eeそろばん講座

3 計算 トレーニング講座 NEW

4 算数 文章題講座 NEW

5 漢検 対策講座

6 国語 解き方講座

7 読解力 「読む蔵」講座

8 語彙 トレーニング講座 NEW

「わかる・できる・楽しい」だからどんどん学びたくなる。

■ 中学生コース（クラス指導・個別指導）

「対話し、ほめて、伸ばす」個別指導
それが、イングの強みです。

成長実感 個別

「成長実感」に繋がる4つのこだわりポイント

1 ほめるポイントを見逃さない「できたことリスト」

2 集中力を維持する「1コマ45分授業」スタイル

3 授業効果を最大化する「月例面談タイム」

4 生徒：講師＝2：1の「完全2：1個別指導」

河合塾マナビス

高1～3生・中高一貫校中3生　～自ら学ぶ力で、大学現役合格を～

引き込まれる授業品質

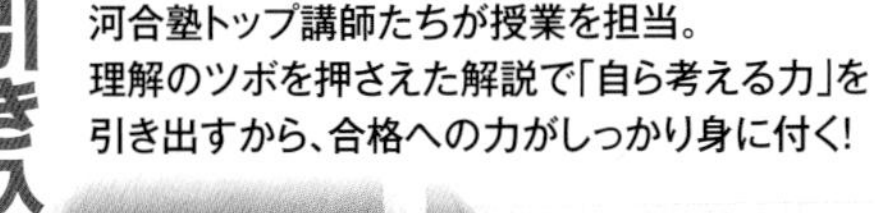

河合塾トップ講師たちが授業を担当。
理解のツボを押さえた解説で「自ら考える力」を引き出すから、合格への力がしっかり身に付く!

一人ひとりに月例面談・模試面談

マナビスの面談が、「自ら進む力」を引き出す!　学習ナビゲーション

毎月の振り返りと目標設定をする
月例面談

模試の結果を検証し、今後の学習計画に生かす
模試面談

キミのアウトプットで理解を進化させる! アドバイスタイム

学んだ内容を自分の言葉でアドバイザーに話す中で理解があいまいな部分が浮き彫りに。次に何を解決すべきかが見えてくる!

マナビスのホームページで映像授業の一部を公開中!!

「いつまでに、何を、どう学べばよいのか」が明確になるので、今後の学習の質が高まる!

「力がつく!」河合塾マナビスの講座ラインアップ　～高校の成績UPから大学入試まで～

高校学習対応講座		大学入試対策講座					
単元別講座	単元別演習講座	総合講座	テーマ別講座	共通テスト対策講座	入試直結! 重点分野 攻略講座	大学別 対策講座	英語資格・検定試験 対策講座
基礎学力の定着		学力の総合的養成	応用力・実戦力養成	学力の総合的養成			
基礎力養成を自主的に、学力に応じて単元や項目ごとに学習します。		大学受験に必要な学力を総合的に養成します。	特定分野や入試問題固有の出題形式に対応。応用力や実戦力を養成します。	大学入学共通テストや各大学の入試に対応する実戦力をめざします。			

千里中央校06-6873-7210　豊中校06-6151-2682　箕面船場阪大前校072-734-7755　京橋駅前校06-6136-1557　枚方市駅前校072-894-8080
住道駅前校072-800-3211　あべの校06-4703-3813　堺東校072-247-8105　全国334校! 続々開校!　マナビス 検索

詳しくはこちらからアクセス!
塾イング 検索
https://ing-school.jp

スマートフォンからはこちらの二次元コードからアクセス!

Gakken Group

シンプルに、確実に卒業!!

スイスイ高卒資格、イキイキ体験
ラクラク 3年間総額35万円♪～

転入・編入
（中退生）
お気軽に
ご相談ください!

米田キャンパス長

選べる学習スタイル

▲キャンパス長との1コマ。
卒業生2人が進路ガイダンスで不登校経験を語りました!

週1日制（完全個別対応）

「自分の時間がほしいけれども、わからない所の指導も受けたい」「勉強のペースメーカーが必要」という人には週1日制をお勧めします。
一人ひとりの学習進捗に合わせて、きめ細やかなサポート体制をしいています。

広々テーブルで、ゆったり和やかに過ごせる空間と。

［アクセス］
堺筋本町から徒歩2分!
本町・長堀橋・北浜・谷町四丁目から徒歩10分!

週2日～5日制

自宅学習制

「自分の時間を大切にしたい」「アルバイトや習い事に時間を使いたい」と考える人には、通学は年に数日間のスクーリングのみの自宅学習制があります。
（高校学費3年間総額21～45万円!
+サポート料金3年間12万円のみ!）

尼崎杭瀬キャンパス
キャンパス長は、元教諭・精神保健福祉士・社会福祉士!
毎日安心して学習指導はもちろんのこと、福祉や医療、就労等の相談支援を受けることができます

母体の株式会社エミールは、プロ家庭教師派遣実績55年です。（社団法人全国学習塾協会正会員）

鹿島学園高等学校連携
大阪中央エミール高等学院

フリーダイヤル 0120-33-4475
大阪市中央区久太郎町1-8-15 アクセス：堺筋本町駅⑥出口 徒歩2分
http://www.kateikyousi.com/

大阪中央キャンパス	〒541-0056 大阪府大阪市中央区 久太郎町1-8-15	Access：大阪メトロ堺筋線・中央線「堺筋本町駅」⑥出口から徒歩2分
堺キャンパス	〒590-0013 大阪府堺市堺区東雲西町1-6-16	Access：JR「堺市駅」から徒歩3 分
尼崎杭瀬キャンパス	〒660-0815 兵庫県尼崎市杭瀬北新町3-8-11	Access：JR「尼崎駅」徒歩20分、阪神「杭瀬駅」徒歩7分

高校受験ガイドブック 発刊にあたって

来春、高校入試に挑む中学３年生の皆さんにとって、志望校選びは自身の将来を左右する重大な決定といっても過言ではありません。情報化社会と言われる今日、高校受験においても志望校選びに欠かすことのできない、豊富でより的確な情報の提供が求められています。言いかえれば、ベストな選択をするためには、受験生やその保護者の方はより多くの適切な情報を入手しておかなければならない、ということです。

少子化社会を背景として、公立高校も私立高校もサバイバル作戦として教育内容の見直しや個性化を強く打ち出すようになりました。特に私立高校では、受験生やその保護者の方の熱いニーズに応えるため、大学への進学対策をはじめとしてクラブ活動、施設設備などの充実、豊かな情操を身につけるための人間教育、また将来の多様な進路に対応してさまざまな学科やコースの設置などに積極的に取り組んでいます。そして、入試状況や難易度も毎年かなりの変動、変化が見受けられるのが現状です。

大阪進研では、会社設立以来、近畿圏で学習塾を対象とした高校入試模擬テストを主催してきました。そして、毎年７万人におよぶ、「Ｖもし」受験者の入試での合否調査資料を集計･分析し、各学習塾の先生方へ高校受験参考資料として提供してきました。また、受験生には志望校選びのために欠かすことのできない学力データを、合格可能性判定のテスト成績結果として届けてきました。本書は、このような長年にわたり蓄積してきた入試での学力レベルをはじめとする多くの情報を、学習塾のみならず高校受験を前にして大きな不安や悩みを持つ一般の受験生に提供させていただくことを主旨として、毎年発行しているものです。本書の編集には、各校の重要事項や志望校選びに特に参考となるデータを紙面の許す限りセレクトして、わかりやすく掲載することを心がけました。本書を十分に正しく活用されて、行きたい学校を選び合格をめざすための“高校受験の座右の書”としてお役に立つことを願ってやみません。

最後に、本書刊行にあたって度々のアンケートにもかかわらずご回答をいただきました私学各位に厚く御礼申し上げます。

◆◆広告協賛校◆◆

表2　関西大学高等部
表3　立命館
表4　三田松聖

広告 1　大阪暁光
広告 2　アナン学園
広告 3　あべの翔学
広告 4　上　宮
広告 5　ヴェリタス城星学園
広告 6　大阪偕星学園
広告 7　大阪学院大学
広告 8　大阪学芸
広告 9　大阪薫英女学院
広告 10　大阪産業大学附属
広告 11　大阪成蹊女子
広告 12　大阪体育大学浪商
広告 13　大阪電気通信大学
広告 14　大阪夕陽丘学園
広告 15　大　谷
広告 16　開　明
広告 17　関西福祉科学大学
広告 18　近畿大学附属
広告 19　近畿大学泉州
広告 20　興　國
広告 21　金光八尾
広告 22　四條畷学園
広告 23　樟　蔭
広告 24　城南学園
広告 25　宣　真
広告 26　相　愛
広告 27　羽衣学園
広告 28　阪南大学
広告 29　東大谷
広告 30　プール学院
広告 31　明　星
広告 32　芦屋学園
広告 33　啓明学院
広告 34　神戸山手グローバル
広告 35　神港学園
広告 36　仁川学院
広告 37　京都橘
広告 38　京都西山
広告 39　京都文教
広告 40　平安女学院
広告 41　龍谷大学付属平安
広告 42　奈良大学附属
広告 43　和歌山信愛
広告 44　天王寺学館・関西ＩＨ
広告 45　イング
広告 46　大阪中央エミール高等学院
広告 47　泉州私塾連合会

2025 私立・公立受験用

高校受験GUIDEBOOK

目次
もくじ

「どうせ無理」じゃない

三田松聖高等学校
校長　廣瀬　雅樹

受験生の皆さんにとって、どの学校を受験し、また、どのような進路に決まるのかは、一生の中でも大きな岐路に立っていると言っても過言ではありません。

将来の進路について、例えば「あの高校に行って、あの大学に入りたい」とか「あんな会社に就職して、こんな仕事をしたい」と、誰かに話したとき、「無理無理」と言われた経験はありませんか？

部活動で「全国大会に出場したい」「甲子園に出場したい」と言ったとき、「どうせ無理」と言われ、自分にはやっぱり無理なのか、と諦めたことはありませんか？

本校の生徒の中にも、同じような経験をして自信を失い、チャレンジすること自体を諦めてしまうことがあります。

そんな時、本校では、「どうせ無理」で終わるのではなく、「だったら、こうしてみたらできるかも」と、最後まであきらめない精神（不撓不屈）を大切に、生徒の可能性を摘み取らない教育を目指し、積極的にチャレンジする生徒を、教職員はもとより保護者や地域の方々とも連携しながら全面的に支援していきます。

北海道の小さな町工場で「NASAより宇宙に近い町工場」として知られる民間ロケットの開発に取り組む電機会社の社長さんは、「小さい頃から、どうせ無理をなくしたいと思っていた。」「夢は、できないことへの憧れ。届かなくていい。」「夢はあることで、向かうべき方向が決まる北極星のようなものだ。すごく遠くにあるから人類は到達できないけれど、北極星があることで方角がわかり、歩むべき方向が見えてくる。そういう指標となるものが夢だ。」と、話されています。

本校では、「どうせ無理」で終わらず「だったら、こうしてみよう」の思考で、最後まで諦めずにチャレンジする姿勢を先生とともに養い、自分自身の夢を追いかけ、自分を高めていける学校です。夢に向かってチャレンジする中で得られる経験が、一生の宝物になると信じて全力で頑張れる環境を整えた学校です。

勉強に部活動に、いきいきと躍動する先輩たちとともに三田松聖高等学校で夢を追いかけてみませんか。

最後に、受験生の皆さんの思いが成就することを願っています。

将来の目標に向かって

京都文教中学校・高等学校
校長 **石橋 克彦**

受験生としての心構えは非常に重要です。受験はただ成績を競うだけでなく、自己成長や新たな可能性を見つける機会でもあります。そのためにもまずは自分に合った学校を選んでください。友達と同じ学校、周りからの情報、保護者の判断だけではなく、自らその学校を見学し「この学校なら充実した学校生活が送れる」と納得できることが大切です。

まず、検討している学校の建学の精神を心に留めておきましょう。どの学校にも、どんな生徒に育って欲しいかという思いがあります。

本校では「謙虚な心、誠実な心、親切な心」を大切にしています。謙虚な心を持つことは自己を見つめ直し、他者に対する尊重や感謝の気持ちを大切にすることを意味します。誠実な心はいつわりのない正直さを表し、何事にも真面目に取り組む姿勢を持ち続けることにつながります。親切な心は他者への思いやりや助け合いを意味します。これらの心を養うことによって、明るく・楽しく・仲良く学校生活を送れることを願っています。

また、志望校選びに必要なことは各学校に設置されているコースや充実した部活動、そして様々な学校行事を調べてみることです。多彩なコースには、それぞれの個性や興味に合わせた学びを提供し、皆さんが将来志望する進路に必要な知識やスキルを身につけるための環境が整っています。また、資格取得や実務体験など、実践的な学びも豊富に用意されている学校もあります。本校では特進（文理・国際）・進学・体育の３コースが開設され、生徒一人ひとりの目標進路にあわせたカリキュラムや学習プログラムを通して個性を大きく伸ばしながら、成長できるように指導しています。また、体育系・文化系合わせて約３０の部活動があり、それぞれの興味を大事にし、個々の才能や能力を伸ばしています。そして、文化祭や体育祭、修学旅行など、様々な学校行事を通して座学と異なる多くの学びや経験を提供し、人との交流や親睦を深め、新たな価値観や視野を広げることができます。私たちは生徒のみなさんが「京都文教で学んでよかった」と言ってくれることを目指しています。

さまざさな角度から各学校へのリサーチを行い、自分に合った学校を探してください。人生には様々な試練がありますが、それを乗り越えることで成長し、自分の道を切り拓くことができます。自分を信じて、前向きな姿勢を大切にしてください。みなさんの高校生活が素晴らしいものになりますように。応援しています。

人は 社会に出てからが勝負

大阪夕陽丘学園高等学校
校長 **大崎 俊人**

皆さんは、「何のために学校があり、何のために学習をするのか」こんな事を考えたことはありますか。

人は後天性の動物で生まれた時には、一人では何も出来ず、大人の助けが何年も必要です。世の中のものは、全て姿、形を変えながら進化しています。人が誕生してからずっと大人から助けを得られないと生きていけない状態は変わっていません。この事実は、変えてはならないことを意味しています。人は人から助けられることによって、愛情を知り、育み、大人になるのです。より良い大人になる為に学習をするのです。何もできない状態でこの世に生まれ、あらゆる事を学び、成長し、みんなの自由を認め合い、個々が自由に生きるための力を育む為に学校があります。

そもそも教育は、その時代に必要な人を創る為にプログラムされています。では、これからの世の中はどう変化していくのでしょうか。また、生きていく為に必要な力とは何なんでしょうか。

それは、答えのある仕事は全てAIが出来るようになり、創造力が必要な仕事を人がおこなうようになります。日本では少子化による人口減少が社会に大きな変化をもたらします。そんな中、日本の高校生は、OECDでの18歳の意識調査では、「将来に夢を持っている」「自分の将来が楽しみである」「多少のリスクが伴っても新しいことに沢山チャレンジしたい」「自分が大人だと思う」「自分は責任がある社会の一員だと思う」「自分の行動で国や社会を変えられると思う」など、日本は多く項目で最下位に甘んじています。どれをとって見てもこの国の将来が危ぶまれるものばかりです。学校という枠組み、組織そのものが限界にきていると感じています。

そこで、本校はこれらの課題に積極的に向き合い、チャレンジしていきます。

本校創設者里見純吉先生は、女性の地位向上を掲げ、建学の精神を「愛と真実」を謳い、「作物は自ら育つ、農夫が培い水を注いで天然の作物を成長させるがごとくに、若い生命を育てる。私達教育にたずさわる者は、鉄工所で鋳型に入れて物を作るように学生生徒を扱ってはならない」また、「学園に来たり学ぶ者は、知識、技能より、その第一に良き人間になることを心がけなければならない」と訓示しています。その基盤を伝承し、18歳が頂点の学力を目指さず、高校生活は、認知能力、非認知能力共に基礎を積み上げ、誰もが体験したことのない環境の時代を生き抜く力を育むことに挑戦します。

学生時代は、失敗することから学び、成長するものです。より良い大人を目指し、社会に出てから勝負しましょう。

凛として今をしっかり生きる

龍谷大学付属平安高等学校・中学校
校長 **山脇　護**

人生における「夢」の実現への道は、それを裏付ける幅広い教養と、新しい時代を生き抜くための探究心があってこそのものです。自らの個性を磨き、伸ばし、他者の思いに心を寄せ、自分に何ができるか思索することが大切だと思います。高校時代は、そのためだけに与えられた、時間と空間を占有できる貴重な日々の連続です。人生の中でも、最も起伏と変化にとんだ、かけがえのない時間、三年間となるはずです。その貴重な三年間、けっして時間を無駄にすることなく、思う存分「学べる」という喜びを噛みしめ、たくましく、貴重な日々を構築していけば、将来につながる大きな「人間力」を培うことができます。

現代社会は、急速な科学進歩と高度情報化、グローバル化はもとより、地球温暖化をはじめとする環境問題の深刻さ、ＡＩの普及による価値観の変化など、今までにない大きな変革期をむかえています。この激動、激変の二十一世紀に、これから成長し、伸びていく若者の力は不可欠です。豊かな未来を託された若者には、一人一人に内蔵する力や可能性を信じ、しっかりと先を見据え、本質や本物をわきまえた高い志と、他者を慮る心、そして、「今」をしっかり生きる姿勢が求められます。

高校受験もその先にある高校生活も、時間をすべて占有し、夢にむかってまっすぐ進むことができるのは、若者の特権であり、本当に貴重な経験です。とりわけ今進行中の現在は過去の何十倍も何百倍も高い価値を持つでしょう。だからこそ、今生きている瞬間のみに心を奪われて日々を送るのではなく、常に客観的に自分を見つめながら成長を続け、自分の将来に高い理想を掲げ、それにむかって努力を惜しまないという凛とした姿勢を貫いてほしいと思っています。

二年後に創立１５０周年を迎える本校は、一貫して、建学の精神に基づく教育を展開、継承し、独自の伝統と校風をつくってきました。日常の心得として三つの大切、「ことば」「じかん」「いのち」を校訓として掲げ、真実を明らかにし、他者に寄り添うことのできる人間を育んでいます。同時に、生きた英語教育、ＩＣＴ活用、探究活動、中高大連携の校舎全面改築など、新しい時代に対応した改革を思い切って推進し、一人一人の進路実現、将来の夢につながる人間力の向上を大きな柱に、本校の伝統でもある「文武両道」もおおいに大切にしながら、それぞれの目標に向かって、生き生きと「凛として」高校生活を送ってもらうよう取り組んでいます。

高校入試までのスケジュール

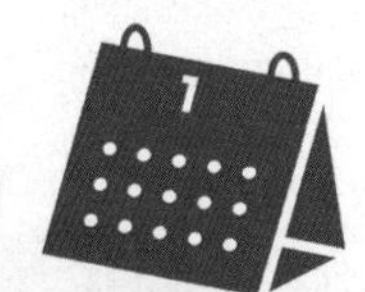

月	学校行事・入試日程	高校情報・入試情報のポイント	学習・生活習慣のポイント
4月	始業式		■いよいよ受験に向けて、3年生の始まり。この時期はあまり意気込まず、定期テスト対策に重点を置き、授業態度や提出物に注意して内申点アップを心がけること。クラブ活動も充実させて勉強との両立をはかりましょう。
5月	中間テスト		■長い連休や修学旅行などがあり、集中力の持続が難しい時期。短い時間もうまく利用して、中間試験の準備をしておくこと。自分の弱点がどこかを認識する時期なので、1・2年の復習、とくに国・数・英の重要科目をきちんとしておきましょう。
6月		■志望校をリストアップします。この段階での希望は、レベルに達していなくても行きたい学校を選ぶこと。高校受験ガイドブック（本誌）や府県の教育委員会、学校のホームページなどで各校の校風、選抜方法を調べておきましょう。	■クラブ活動はいよいよ集大成を迎える時期。部活動を続けてきた人は運動部、文化部を問わず最後まで頑張ってください。同時に受験が近づいていることを意識し、「チャレンジ精神いっぱい」の受験生へと、気持ちの切り替えをしていきましょう。
7月	期末テスト 三者面談	■次年度募集用の学校案内が完成し始めるので、志望校の案内を取り寄せましょう。各種団体などが行う進学相談会にはほとんどの学校案内がそろっているので便利です。	■1学期末テストは実技科目も手を抜かないようにしましょう。内申点に大きく影響してきます。
8月	夏休み	■志望予定校は、必ず自分の目で確かめること！　夏休みには多くの学校がオープンキャンパスや体験入学会を実施します。積極的に参加しましょう。	■夏休みにはこれまで学んだことの復習と苦手科目の克服に力を入れること。入試では6～7割が1年～3年1学期までの内容が出題されます。しっかり計画を立てて、学力アップをはかりましょう！　生活習慣の確立、体調管理にも気をつけて…。
9月	文化祭 体育祭	■この段階では具体的に志望校を決定しましょう。高校の文化祭や体育祭はほとんどがこの時期に行われます。志望する学校へ見学に行き、入学後のイメージを膨らますのも合格への活力になるはずです。	■学校の行事などで忙しい時期、メリハリをつけた時間の使い方を心がけましょう。社会などの暗記科目はこの時期から重点的に行うこと。秋から学力の差がつきだします。

※府県によって学校行事や入試日程は異なります。あくまでも標準的な過ごし方を掲載しました。

さぁ、いよいよ中学校生活も残すところあと少しとなりましたね。
皆さんがこれから挑む受験というものは、自立心の芽生え、忍耐力、達成感などを習得しながらいろんなことを感じ、成長していくハードルなのです。見事合格を手にし、充実した高校生活を送れるよう、悔いの残らない努力をして欲しいと願います。受験に向けてのスケジュールやポイントをまとめてみましたので参考にしてください。

月	学校行事・入試日程	高校情報・入試情報のポイント	学習・生活習慣のポイント
10月	**中間テスト**	■９月から１１月にかけて学校説明会が行われます。志望校には必ず参加して、学校を見る、わからないことを聞く、募集要項を確認する、などしっかりと情報を集めること。	■２学期の定期テストは重要。２学期の成績の良し悪しで今後の成績や受験にまで影響してきます。内申点に占める割合も高いです。
11月	**期末テスト**	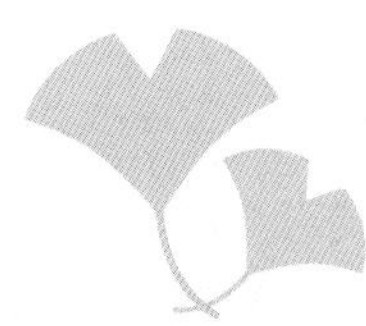	■この時期に中学校で実施される実力テストはとても大事です。また公開会場や塾での模擬試験も積極的に受験したいもの。毎週のように試験が続くこともありますが、試験の結果に振り回されて一喜一憂しないように。自分の夢を大切にしましょう。
12月	**三者面談**	■まずは私立高校の専願受験か併願受験か、とにかく目標とする私立高校の志望校を確定させましょう。併願受験をする人は、「私立高校の結果が公立高校の受験に大きく影響される」ことを忘れないように。安易な選択をしてはいけません。	
1月	**冬休み**		■受験に向けてラストスパート。できるだけ多くの過去問を解いてみましょう。問題に慣れ、実際の入試時間でどのくらい点数がとれるか試してみること。私学なら公表されている昨年度の合格点をクリアできているか確認しておきましょう。
2月	**学年末テスト** **私立入試**（上旬） **公立推薦等** または**前期入試** （中旬／合格発表は中旬～下旬）	■出願手続きは忘れずしっかりと行うこと（学校の先生から指導があるはず）。記入もれ・ミスがないよう気をつけましょう。公立高校の最終決定はムードに流されず、「希望調査」（新聞発表）なども参考にしながら、家族とも相談して決めましょう。	■さぁ、いよいよ入試本番。やるべきことはやったと自信を持ちましょう。新しい問題集には手をつけず、これまでやってきた見直しを徹底すること。インフルエンザや体調管理にも注意。家族のサポートがあってこそ合格への近道となります。
3月	**卒業式** **公立一般**または **中期入試** （中旬／合格発表は中旬～下旬）		■受験の結果は学校の先生や塾の先生にすぐに報告すること。今後の対応すべきアドバイスを教えてくれます。さぁ、あとひと踏ん張り。これまでがんばってきたことは、きっと君の人生において力になります。

失敗しない！
志望校選びの 必須ポイント

ステップ 1

大学進学を目標に、5教科を平均的に学習したい

普通科への進学が中心となります。ほとんどの高校で文系（英語・国語・社会重視）／理系（英語・数学・理科重視）のコース（クラス）が選択できます。

◆私立ではよりレベルアップをはかる特別進学コース、また国公立大学進学コースなどを設置している高校も少なくありません。

◆大学の附属高校や大学連携コースを持つ学校は、系列大学への優先入学制度を設けていることも利点のひとつです。

◆公立にも多くの選択科目を設置する総合学科、理系や国際文化などに重点を置いたコース、また大学進学に実績を持つ専門学科を設置している高校があります。

大学進学を視野に入れ、高校から専門的分野を学びたい就職にも有利な資格取得をめざす

おおまかに以下のような系統に分類されています。

医歯薬系…医者・薬剤師など
看護・医療・福祉系…看護師・介護福祉士・医療技術関係
語学系…国際交流・国際関係
保育系…保育士・幼児教育関係
商業系…簿記等の資格取得、情報処理関係
工業系…機械・電気・建築・コンピュータ
農業・水産系…農芸・園芸・水産関係
美術・音楽系…美術・デザイン・音楽関係
体育系…スポーツ・健康関係
家政・調理系…栄養士・被服・調理食物関係
美容系…理容・美容・エステ関係

ステップ 2

共学か、男子校か、女子校か
私立高校が第一志望（専願）

公立高校が第一志望（併願）

進みたい方向が決まったら、学校をのぞいてみよう！
説明会や進学フェア、オープンキャンパスなどで次ページのポイントを確認しておこう！

2学期になると、学校説明会や進学フェアなどのイベントもたくさん開催されますが、
いざ決めようと思うと、なかなか決まらないのが志望校というもの。
ここでは志望校を選ぶときのポイントをいくつか紹介しましょう。
先生や両親、先輩とも相談しながら、行きたい学校、なりたい自分を見つけてください。

ステップ 3

校風や教育方針

生徒の自主性を尊重する自由な校風か、気配りの行き届いた生活指導や規律重視の高校か。学校見学会などでその雰囲気に触れてみることも大切です。入学してから"こんなはずでは"なんてことがないように。

入試科目や選抜方法

入試が国語・数学・英語の3科目か、理科・社会も行う5科目か。また私立では選択方式をとる学校もあるので確認しておきましょう。公立受験の場合は内申点が重要になってくるので要注意！

学校行事や部活動

文化祭・体育祭など学校行事は充実した高校生活を送るためにとても重要。やりたいクラブ活動があるかどうかも調べておきましょう。実際に見に行くことも"この学校へ行きたい"気持ちを高めてくれます。

交通アクセス

交通手段はなにか（電車かバスか。それとも…）、通学時間はどれくらいか。通学は毎日のことなので、あまり時間がかかりすぎるのは…。最短のルートを知るためにも、志望校への通学路を一度通ってみること。

卒業後の進路

高校の先輩たちがどのような進路選択をしているか、大学合格実績や就職先の状況なども調べておきましょう。国公立大受験に強い、難関私立大への進学が多いなどの情報は、入学後の目標設定にもなります。

今の実力で合格を手にするレベルに達しているか把握してみよう！

進研Vもし で、合格可能性をチェックしよう！

進研Ｖもし は、高校受験生の学力を測定するとともに、過去の
入試データや合否調査に基づいて、志望校の診断を行っています。
ぜひ進研Ｖもし を受験して、合格を勝ちとってください。

高校入試

必勝マニュアル

受験までの心構えと勉強術

◎不安になることは考えない

受験が近づくにつれ、誰だってイライラしたり不安になったりするものです。あせったりイライラしているのはあなた1人だけではありません。「合格できるかなあ」と、不安になることもあるかもしれませんが、いつまでもあれこれ考えていては不安ばかりが大きくなっていきます。そんなときは思い切って気分転換しましょう。好きな音楽を聴いたり、テレビを見たり…。そして新たな気分で机に向かいましょう。

◎勉強はマイペースで

数ヵ月後に受験を控え、新しい問題集に手をつけたり、難問に挑戦したり、また勉強時間を増やして夜遅くまで机に向かう人も少なくありません。でもそのような周りの人に刺激されていろいろなことをするよりも、あせらず自分のペースで勉強を続けることが大切です。自分の弱点はどこなのか、どこが間違えやすいのかを把握し、そこを重点的に復習していきましょう。そのためには過去問や今までのＶもしテストを解き直し、同じ間違いをしないように、公式・構文・単語などはしっかり整理すること。類似問題でも解答できるようにしておくことが得策です。

◎これからの勉強のポイント

▶週間計画をたてる

これからの短時間で能率よく学習を進めるためには、1ヵ月の大まかな計画はもちろん、1週間ごとの細かい計画も必要です。曜日ごとの予定に合わせて学習教科・時間を設定。学習時間は最初から「1日５時間」などと欲ばらず、進行具合に合わせて少しずつ増やしていきましょう。暗記は夜の９時～10時頃に集中して行い、翌朝30分程度で確認すると記憶が確実になると言われています。

▶重要事項を把握する

新しいことに手をつけるより復習に徹しましょう。「要点ノート」を作って重要ポイントを整理したり、要点整理型問題集でポイントを確認しながらの復習も効果的です。

▶うっかりミスをしない

応用力・実戦力を養成することも大切です。過去問題・演習問題などを中心とした学習でパワーアップをはかります。その際、“ミスをしない”ことを心がけましょう。なぜなら、計算ミス、問題の読み違いなどの単純ミスが入試では大きく影響するからです。

▶基本をしっかり理解する

苦手意識を持っている教科は、基本をしっかり理解していないという場合が多いです。得意な教科でも、十分に理解していなかったために応用でつまずいてしまうケースもあります。まず基本を理解しているか確認しておきましょう。

▶重要点・弱点の最終チェック

学んだことをしっかり身につけるためには、"くりかえす"ことが最良の方法です。使い慣れた参考書や問題集を解き直し、重要事項を再チェックしましょう。学校の定期テストや塾で受けたVもしの見直しもオススメです。特に、前に正解できなかった問題は、完璧に理解しておくようにしましょう。「同じような問題が出たら、今度は絶対正解できるゾ!」という自信につながります。

▶入試問題集で再確認

重要点・弱点のチェックができたら、その知識を実際に使いこなせるかどうか、過去の入試問題集で再確認しましょう。自分では覚えているつもりでも、いざとなると答えられない問題が必ずいくつか出てきます。本番までは、そのような"穴"をできるかぎり埋めていくことが大切です。入試問題は特に念入りに練習し、最低でも過去の入試問題はしっかり行い、自分なりに出題傾向や設問形式のクセをつかんでおきましょう。

▶過去問活用のポイント

過去問は正確に時間を計って取り組んでみましょう。ほとんどの試験は各教科50分で行われます。50分といっても、実際にどの程度の時間なのか?実際に体験して体で感覚をつかんでおくことが大切です。

1. 時間内に問題を解ききれなかった場合

□その時点でいったん終了し、自己採点を行う
□手のつかなかった問題を解いてみる
□手のつかなかった問題で、時間があればできた問題があったかをチェックする

2. 時間が余ってしまった場合

□そのまま制限時間まで見直しを続ける
□どの程度の時間見直しができるかを確認する
□見直しの結果、早とちりやうっかりミスがなかったかをチェックする

問題を解いた後、答え合わせと同時にどのような問題が、どこで出題されていたかを確認しておきます。入試では"できる問題から解く"ことが鉄則です。そのためにも出題の流れをチェックしておきましょう。

◎生活習慣と健康管理に気をつけよう

人間の脳が活発に働き始めるのは、目覚めてから約3時間後と言われていて、これは医学的にも認められています。入試はおよそ朝9時頃から始まるので、入試当日は朝6時頃に起床するのがベスト。そのためには、夜は10時頃までには就寝し、十分な睡眠時間をとることが大切です。遅くとも入試の約2週間前までには6時起床の朝型生活に体を慣らしていきましょう。

合格点をめざす 答案作成術

入試の目標は満点をとることではなく“合格点をクリアする”こと。苦労して難問を１問解答するよりも、多くの基本問題を確実に正解することが得策です。たとえ同じ実力でも、こうした心構えの違いで得点差がついてしまうものです。

◎本番前のトレーニング

合格点をとるには、本番までに次の3点を身につけておく必要があります。

1. 慣れ

特に私立高校入試では、学校によって出題傾向に特色・個性のようなものがあります。志望校の過去の問題は、複数年分を繰り返し解いて、慣れておくとよいでしょう。

2. 答案づくりのテクニック

第1問から順に解かなければならないと思い込んでいませんか？　時間配分、問題を解く順番、見直しの方法など。模擬テスト、過去問などを通して、自分にあったやり方を見つけておきましょう。

3. うっかりミス対策

模擬テストなどをふり返って、これまで自分がミスしたのはどんなケースでしたか？自分が失敗しやすい傾向をチェックしておきましょう。

▶例えばこんなミス

≫最初に名前と番号を記入せずに、いきなり問題にとりかかってしまった。
≫単語のつづりや漢字を書き間違えた。
≫答えは合っているのに解答欄を間違えた。
≫「正しくないもの」を選んで答える箇所なのに、「正しいもの」を選んでしまった。

「思い込み」や「早とちり」をしないよう、問題を解くときは日頃から慎重に、注意して解答する習慣をつけておくようにしましょう。意識して最後までゆっくり問題や設問を読むことが大切です。

◎いよいよ本番

試験で一番大切なのは時間配分です。次の順序で要領よく進めていきましょう。

1. 問題全体を見渡す！

「始め！」の声がかかったら、まず受験番号・氏名を忘れずに記入すること。そして、次に問題用紙全体を見渡しましょう。たとえば英語なら「対話文だな」「書き換えだ」と大問ごとにどんな問題が出ているかを見ます。そして「すぐ解けそうな」問題、「てこずりそうな」問題というように、大ざっぱにつかんでおきます。

2. 解けそうな問題から解く

第１問目から解かなくてもよいのですから、解けそうな問題から手をつけるのがポイント。解けそうな問題から落ち着いて取り組み、確実に点をとるようにしましょう。次に残り時間を確認して、てこずりそうな問題にかかりましょう。5分間考えてもわからない問題は、思いきってとばしましょう。頭を切りかえ、他の問題でしっかり得点することが先決です。答えは出したけれど自信のない問題には、問題用紙に目印をつけておきましょう。

3. 見直しをする

入試は、ほとんどが1科目50分ですが、解答時間は実質40分と考えて、最後の10分は見直しの時間にあてましょう。見直しこそ、ケアレスミスをなくし、合格点確保のための"決め手"なのです。

▶見直しの手順

≫まずは自信のない目印の問題について確認。慎重に確かめましょう。

≫次に最初から順番に、再度正解できているかどうかを確認します。

≫犯してしまいがちだったミスをもう一度思い出し、名前や受験番号も再確認すること。

≫これだけ終わって時間があまったら、できていない問題を考えます。時間を最大限に活用してください。最後まであきらめないで!

◎長文攻略法

▶問題用紙にどんどんメモをする

問題用紙に必要なメモを記入していくことは、問題文の"のみ込み"をスピードアップさせるほか、うっかりミスの予防・見直しの能率アップにも役立ちます。次のポイントをしっかりとおさえておきましょう。

▶メモのポイント

■ 問題文にラインを引きながら読む

段落ごとの結論めいた部分や、文章全体のキーワードと思われる箇所や単語があれば、印をつけながら読んでいきます。

■ 問題文と設問をいっしょに読み進める

例えば, 英語の長文中に「(ア) We don′t ～」とあれば、設問もそのときにいっしょに目を通しておくといいです。設問中には、問題文読解のヒントが隠されていることがよくあります。

■ 設問文のポイントにもラインを引く

「反対の意味に」、「5字以内で書け」などの答え方の指示や、与えられた条件を見すごさないように印をつけておきましょう。

◎緊張しないために

入試当日は誰だって緊張します。でも、受験要領は、これまで何度も受けてきたVもしテストと同じ。不安に思うことはありません。あとは「普段の力を出しきれば絶対合格できる!」と自信を持つこと。それでも緊張していると感じたら、次のことを試してみましょう。リラックスできるかもしれません。

≫下腹に力を入れてゆっくり深呼吸をする

≫座ったままで背筋をグッと伸ばす

≫心の中で好きな歌を歌う

文章を書く習慣をつける
作文対策

作文を上手に書くためには、日頃から文章を書く習慣をつけておくことが大切です。とくに入試作文は課題が事前にわからず、時間や字数にも制限があるので作文が得意な人でもなかなか難しいものです。課題・時間・字数を設定し、実際に書く練習をすることが大切です。

◎何をどのようにみられるのか？

作文は受験生がどんな人物か、あなたの人間性や考え方を知るために課せられます。どんなテーマであっても、結局知りたいのは『あなた』の姿なのです。ですから文章がうまい下手よりも、あなた自身の考えがはっきり表れているかどうかがポイントとなります。

◎実際に書いてみよう！

まず、書くことに慣れることが大切です。実際に書く練習を重ねていきましょう。志望校と同じ傾向の課題・時間・字数を設定し、実際に書く練習をすることが大切です。

▶うまく書こうと意気込まない

練習段階では『上手に書こう』『かっこよく書こう』などと意気込まないこと。変に気どって書いた文章では意志が伝わりにくくなります。

▶いきなり書き始めない

課題を見て、すぐに書き出すのはよくありません。まず課題に関して知っていることや思いつく事柄、体験したことなどをいくつかあげてみましょう。その中から、課題に対して最も適当と思われる材料を選び、その材料を使ってどんな結論を導き出したいかを考えていきます。メモをしながら、文章全体の組み立て・流れを意識して書き始めるのがよいでしょう。

▶最初は字数にこだわらない

入試での作文は400字以内とか600字以内などと字数制限があります。しかし、練習段階では字数にこだわらずに、むしろ長めに書くようにしましょう。そして、長く書いたものを削っていきます。同じような表現をしているところはないか？くどい説明はないか？主題と合っていない部分はないか？削る作業により文章力はアップしていきます。

◎三段構成が書きやすい

三段構成とは『序論』、『本論』、『結論』という構成です。起承転結という書き方もありますが、字数や時間が制限されています。大勢が同じ題で書く入試作文では、特に書き方の指定がない限り、この三段構成がオススメ。明確に自分の考えを伝えることができます。

≫ 序論　課題に対してズバリ自分の考えを書く
≫ 本論　自分の考えの理由・根拠(具体的な経験や考えを書き出しに合うように)
≫ 結論　まとめ(主題にそって、自分の決意や希望を書く)
≫ 書き終えたら必ず読み返し下記の『作文チェック表』を利用して、各項目をチェックしてみましょう。またどこがよくないのか、自分ではなかなかわからないものです。塾の先生や学校の先生に見てもらうようにしましょう。

作文チェック表

形　式	□	1マス1字1記号となっているか
	□	改行で、1字下げしているか
	□	改行が多すぎないか
	□	読点が多すぎないか
表　記	□	読みにくい字はないか
	□	漢字の誤字・脱字はないか
	□	送りがなは正しいか
	□	漢字が適切に使われているか
表　現	□	1つの文章が長すぎないか
	□	二重の意味にとられる文はないか
	□	接続詞が多すぎないか
	□	同じ言葉ばかり使われていないか
	□	文体の不統一はないか
	□	オーバーな表現はないか
内容構成	□	書き出しがうまくいっているか
	□	自分の考えが述べられているか
	□	書き出しと結びが対応しているか

◎傾向と対策

高校入試の作文は、推薦入試では字数が400～800字、時間が50～60分程度。一般入試では字数が100～300字、時間は読解問題を含めて40～50分程度が一般的です。課題は大きく分けて、次の3つに分類されます。ほとんどは1･2のような課題が多く、3のようなケースもみられます。

1. 『中学時代のこと(思い出・友人関係)』『高校の志望理由や入学後の抱負』などが多くみられます。これらは今のうちから自分でまとめておくとよいでしょう。
2. 『最近関心のあるニュース』など時事問題(社会の出来事・環境問題など)に関するものが出題される場合もあります。ニュースはテレビを見るだけで済ませてしまう人が多いですが、新聞を読むことも作文対策につながります。
3. 課題文を読ませて感想や自分の意見を書かせたり、『発見』『感動』といった抽象的な課題もあります。日常生活でさまざまな出来事を頭の中で整理しておくとよいでしょう。

緊張するのはあたりまえ
面接対策

面接試験では、答えに困るようなイジワルな質問をするということはありません。あまり気を回しすぎずに中学生らしく自然に接すればいいのですが、友人と話すような態度ではいけません。言葉使いやマナーは緊張すればするほどボロッとでてしまうものです。「一夜づけ」や「一日良い子」は通用しませんから、今から準備を整えておくといいでしょう。

◎緊張してしまうのはあたりまえ

「あがり症だから…」と心配な人も多いと思います。しかも、面接官の先生(なかには怖い顔をした先生もいる)が目の前に複数人いるのですから、緊張するのは当たり前です。先生も毎年面接を行っているので『緊張しているな』くらいはわかるものです。緊張しているから不合格になるということは決してないので、怖がる必要はありません。

◎何をどのようにみられるのか?

面接では受験生の長所や可能性をつかみとろうとする一方で、学習意欲が欠けていないか? 生活態度の乱れはないか? など、『問題点』をチェックするケースが多いようです。学校側はその学校への『適応性』や『学習への意欲』を次のような観点からチェックします。

1. 筆記試験や調査書ではわからない受験生の人柄や性格をみる
2. 調査書での疑問点を明らかにする
3. 入学への意欲や入学後の意欲をみる

◎面接でチェックされること

▶外　見 …印象はよいか、身だしなみ(服装や髪型など)はキチンとしているか
▶性　格 …適応性、協調性、積極性、指導性、責任感、明朗性、人柄はどうか
▶知　能 …適切な応答ができるか、中学生としての常識や知能は備えているか
▶動作態度…言葉づかい、礼儀作法をわきまえているか、態度はよいか
▶意識意欲…目標や目的意識、入学意識や勉強意欲、教育方針への理解度はどうか
▶生　活 …規則正しい健康的な生活をしているか

◇ワンポイント

事前に受験生に志望理由や特技などを記入させておき、それをもとに面接する高校も少なくありません。「自己申告書」などがそれにあたり、形式は学校によってさまざまです。

手は膝の上、脚はそろえて。

◎面接試験の流れ

1. 控え室では…

身だしなみを整えて、心を落ち着けて静かに待つ。

2. 入室時は…

呼ばれたら元気よく返事をして、軽くノックをして「どうぞ」といわれてから入る。

3. 入室したら…

面接官の前へ進み、軽く一礼。受験番号と名前をはっきり伝える。

4. イスにすわる時…

「では、おすわり下さい」と勧められてから静かにすわり、姿勢を正す。

5. 質問に答えるときは…

面接官の目を見て。下を向いたり、もじもじした落ち着かない態度は禁物！意見を求められたら、少し自分の考えを整理してから答える。わからないときは素直に「わかりません」と答える。

6. 終了時は…

「では、これで終わりです」「ありがとうございました」静かに立ち上がり、その場で軽く一礼。出口のところで再び一礼して退出する。

◎気をつけたい3つのケース

▶ケース1.（単語返答型）

Q：「趣味はなんですか」

A：「読書です」

Q：「スポーツは何をやりますか」

A：「テニスです」…

単語だけの答えでは、ぶっきらぼうにみられがち。意欲面でマイナスのイメージを与えてしまうかもしれません。「読書です。最近読んだなかでは○○がよかったです」など、何か一言付け加えたいものです。

▶ケース2.（丸暗記型）

Q：「どうして本校を受験しましたか」

A：「貴校の建学の精神である『実学尊重』『質実剛健』（あと一つなんだったけなあ?）…」

何度も練習を重ね、どんな質問をされても大丈夫なくらい暗記しても、いざとなると緊張して頭の中が真っ白になることがあります。途中で言葉に詰まって最初から言いなおしたり、黙り込んだりしてはどうしようもありません。また、予想外のことを質問されてパニックになってしまうこともあります。面接では『正しい答え』がある訳ではありません。答える様子をみるものですから、丸暗記したものを棒読みしたような答え方では熱意や意欲などが伝わりません。ある程度答えを用意するのはいいのですが、できるだけ自分の言葉で答えられるようにしておきましょう。

▶ケース3.（支離滅裂型）

Q：「本校の気に入った点はどこですか」

A：「教室や図書館が立派で、授業カリキュラムも充実して、大学進学実績もよく、クラブも活発で入りたいクラブが強くて‥」

思ったままを話して、何を言ってるか自分でもわからなくなってしまう…そんなことはありませんか？友人との会話ではないのですから、考えてから答えましょう。また、面接官の質問と違った答えを話す人もいます。気をつけましょう。

早寝早起きを徹底する
本番直前

本番直前になると、あせりや不安も大きくなるけれど、ここまできたらもうジタバタしない。当日トラブルのないように、そして体も頭もベストコンディションでのぞめるように、次のことだけ確認しましょう。

◎願書記入のとき

私立の場合、願書形式は学校によって千差万別です。面接時に願書の内容について質問する学校もあるので、食い違った答えをしないように正確に書きましょう。また、願書の記入は親まかせにせず、不備や間違いのないように記入しましょう。願書をコピーして下書きし、担任の先生にチェックしてもらうくらいの慎重さがあってもよいと思います。写真は早めに、枚数も多めに用意しておきましょう。

◎出願手続きのとき

入試は願書提出時からすでに始まっているのですから、自分自身が適切な服装・態度でのぞむことが大切です。出願手続きに友人と一緒に行き、受験票の続き番号を取ろうとする人がいますが、これはあまり感心しません。入試当日、会場で席が近いため緊張感がなくなりがちだからです。手続きにはなるべく自分ひとりで行くことをすすめます。ただし人によっては友人と一緒のほうが不安がやわらぎ、パワーも出るということもありますので、自分の性格を考えたうえで決めてください。受験票は入試当日まで大切に扱うこと。

◎入試１週間前

この時点でとくに大切なことは、生活面のコントロールです。当日の時間帯に生活リズムを合わせ、“早寝早起き”を徹底させましょう。学習は入試の前日を余裕日にあて、欲ばらず確実に実行できる週間プランを立てること。弱点や確認もれのチェックで総仕上げに取り組みましょう。試験場までの交通・所要時間・運賃、朝の混み具合なども確認してください。当日の持ち物はチェックリストを参考に、１週間前にはほぼそろえておきましょう。

◎入試前日

前日は必ず所持品の再確認を。翌日の天気予報などもチェックしたうえで、足りないものはすぐに揃えてカバンに入れておきましょう。学習は翌日のためのウォーミングアップ程度で、重要事項のチェックや簡単な計算問題、漢字や英単語のドリルなどで調子をつける程度に。食事はいつもと同じ時間に、消化の良いものを腹八分目に摂ってください。あとはお風呂に入り、ゆっくり休みましょう。集合場所・集合時間・起床時間の確認は念入りに！

アクシデント対処法
入試当日

◎遅刻しそうになった！

寝坊や集合時間の覚え間違いなど、自分のうっかりミスで遅刻することは絶対に禁物。でも、やむを得ない理由があるとき（大雨や雪などの自然災害や交通事故による電車・バスの遅れなど）は、場合によっては受験が認められることも覚えておきましょう。「このままでは遅刻する」と判断したら、まず一番に受験する学校に電話を入れること。遅刻の理由を話し、そのうえで学校側の指示に従うことが大切です。

◇ワンポイント

電話連絡のための小銭、タクシーに乗れるくらいのお金を用意しておくと安心です。受験校の電話番号のひかえは忘れずに！試験会場へは、時間的な余裕を持って出かけましょう。

◎会場を間違えた！

高校によっては、受験会場が数ヵ所に分かれるところもあります。自分の受験会場はしっかりと事前に確認しておいてください。それでも、会場を間違えてしまったら…。すぐに係の先生か、または受付に申し出ましょう。素直に申し出るのが賢明です。実際、ちゃんと試験を受けることができたという先輩の報告もあるのですから。

◎忘れ物をしてしまった！

〈受験票〉

あんなにチェックしたはずなのに受験票が見当たらず、パニック状態に…。でも、こんなときこそあわてずに行動しなければいけません。すぐに受験校の係の先生か受付に申し出てください。受験生本人であることが確認されれば、仮受験票が交付されるはずです。

〈お弁当〉

試験の合間のランチタイムは、午後からの試験に向けてエネルギーを補給する大事な時間。なのにお弁当を忘れてしまった！空腹のままでは集中できないし、午後の試験にもマイナスです。許可をもらって、校外に昼食を買いに出るのも一つの手でしょう。とはいっても、時間は限られているので、やっぱりお弁当を持っていくのがベスト！くれぐれも気をつけましょう。

◎体調が悪くなった！

試験中にカゼが悪化したり、気分が悪くなって我慢できない。そんなときは、すぐ係の先生に申し出ましょう。学校によって対応のしかたは異なりますが、保健室で受験することが認められたり、追試験を受けることができる場合もあります。

◇ワンポイント

試験会場の暖房や人ごみなどのせいで急に体調をくずしてしまう人もいます。服装などで体温を調節できるような工夫をして出かけましょう。

偏差値って…　?

得点と偏差値はどう違うのでしょう

あなたのテストの結果が 60 点だったとしましょう。そのテストの平均点が 90 点だったら、もっともっと頑張らないといけないでしょう。 でも平均点が 30 点だったら、頑張った成果といえるでしょう。 つまりテストの得点は、本人の学力とテスト問題の難しさに左右されます。 そこで、平均点を 50 点と考えて得点を計算し直したのが偏差値です。偏差値が分かれば、テスト結果がみんなと比べてどうだったのかが分かります。

学力テストの成績は偏差値で

学力テストの偏差値は、あなたの得点が比較する集団（クラス・学校・各府県など）の中でどれくらいの順位にいるのかが分かります。偏差値は正規分布という考え方に基づいて計算されています。グラフで表すと下の図のようになり、上は 75 から下は 25 までの間に大部分の人が含まれ、平均点に近い人が多くなっています。入試での合否判定は「○○点以上が合格」というものではなく、「上位○○人までが合格」という判定をしますので、模擬試験などで合格基準を判断するときは偏差値を利用します。

偏差値の計算方法

偏差値は見た目には大変に単純な数値のように映りますが、本当は難しい統計の理論によって裏づけされたものなのです。偏差値を求める計算式は次のとおりです。

$$\text{標準偏差} = \sqrt{\frac{(\text{個々の受験生の得点} - \text{平均点})^2 \text{の総和}}{\text{受験生の総数}}}$$

$$\text{偏差値} = \frac{10 \times (\text{得点} - \text{平均点})}{\text{標準偏差}} + 50$$

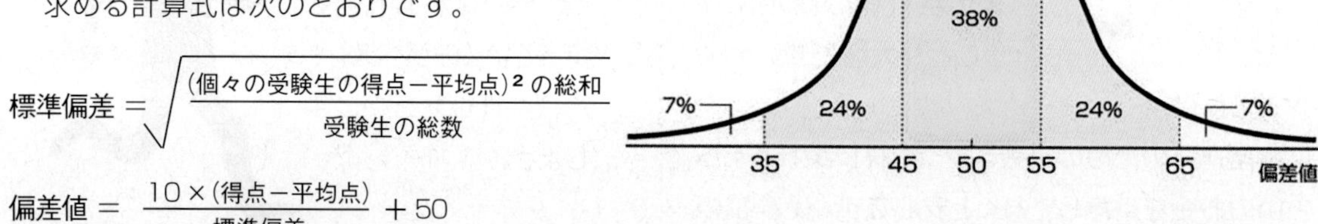

得点と順位の関係は

偏差値が示しているのは本当は平均から離れている度合（人数）ですが、これを上からの割合に直すと正規分布曲線図が示すように、偏差値 75 ～ 65（7%）64 ～ 55（24%）54 ～ 45（38%）44 ～ 35 （24%） 34 ～ 25 （7%） の人数分布になります。偏差値１点の違いによる順位の変化は偏差値の位置によって異なってきます。

偏差値の評価基準は不変です。

大阪進研では各教科ごとの平均点と得点の散らばりの度合いをコンピュータで計算して偏差値を求め、これに基づいて皆さんの府県内や学区内、および塾内での成績を決めています。毎回の問題の難易度によって得点は違っても、偏差値による評価は１年を通して変わりません。

調査書について

調査書とは

高校受験を前に「内申点は何点？どうやって付けられるの？」といった疑問を持つ方も多いでしょう。「調査書」というのは一般的に「内申書」と呼ばれています。中学校における成績や諸活動の成果を記録したもので、各教科の評定を５段階で表した「内申点」によるものです。内申点は、教科ごとに定められている細かな「観点」（関心･意欲･態度など）に沿って、絶対評価（他の生徒の成績を考慮に入れず、生徒本人の成績そのもので評価しようとするもの）によって算出されます。大半の府県では、この内申書を合否判定する材料の一部として使用されることが多いですが、中学生活で修得した優れた活動（英検や部活動など）について別に文章で記載され、数値化されて評価の対象になる地域や高校もあります。

算出法と受験との関わり

内申点とは、主に次の４つの観点に沿って算出されます。

(1)「関心・意欲・態度」（忘れ物、発言、提出物など授業態度が前向きであるか）
(2)「知識・理解」（丸暗記するだけではなく、正しく理解できているか）
(3)「技能」（学んだことを、適切な場面で正しく使えているか）
(4)「思考・判断・表現」（学んだことをみずからの知識としてアウトプットできているか）

上記の４つそれぞれについて、A（十分できている）・B（おおむねできている）・C（努力を要する）の３段階評価がなされ、各項目がAに近いほど、５の評定に近くなるといえます。もし、BやCの評価があるならばそこを集中的に補うことで、内申点アップをはかれるということになります。

また、主に定期テストなどの点数や提出物の内容が重要度が高いといった傾向も見られます。最近の入試では、絶対評価が導入されたことで、各中学校において内申点の算出方法に違いがあることが考慮され、内申点よりも学力検査を重視する学校が増えています。しかし、内申書（内申点）が受験において大きなウェイトを占めていることに変わりありません。どんなに高い学力をもっていたとしても、内申点が低いとそれだけで入れない学校もあるからです。特に推薦入試などでは、公私立を問わず内申点が高いほど受験を有利に進められます。

	メリット	デメリット
絶対評価	各成績の割合が固定されていないので、個人の到達度に応じ成績を反映できる。	①中学校間で評価基準を統一することが困難。 ②調査書の成績において、受験生間に差が出ず、結果的に学力検査重視の受験になる可能性がある。
相対評価	各成績の割合を定めているため全中学校で成績分布を統一できる。	①個人が伸びても、周囲も同様に伸びると成長に反映できない。 ②中学校単位での評価のため、中学校間の成績レベルの差が生じる。同じ学力でも所属校で成績に違いがでる。

授業料支援制度

平成 22 年度より公立高校の授業料が無償化になりました。私立高校においても公立授業料相当額を支給し、年収によって増額する施策がとられることになりました。文部科学省が調査した「令和 3 年度子供の学習費調査」によると、高校にかかる学習費総額は、年間平均額で公立が約 51 万円、私立が約 105 万円。そのうち学校教育費は、公立が約 31 万円、私立が約 75 万円、学校外活動費は公立が約 20 万円、私立が約 30 万円という結果が出ています。

近年の高校への進学率は約 99%、家庭の状況にかかわらず全ての意志ある高校生が安心して勉学に打ち込める社会を構築することが必要との観点から無償化の導入が実施されました。

国の高等学校等就学支援金について

受給資格は、高校等（高専・高等専修学校等を含む）に在学する、日本国内に住所を有する方が対象。年収のめやす 910 万円未満の世帯に支援します。支給額は、公立の場合、一律 118,800 円、私立は年収のめやす 590 万円未満の世帯には私立高校の平均授業料の水準の金額が支給されます (上限 396,000 円)。利用のためには、入学時等に学校から案内があるので、必ず申請書類（マイナンバー関係書類等含む）を提出するようにしましょう。提出された書類を基に、都道府県が認定を行います。

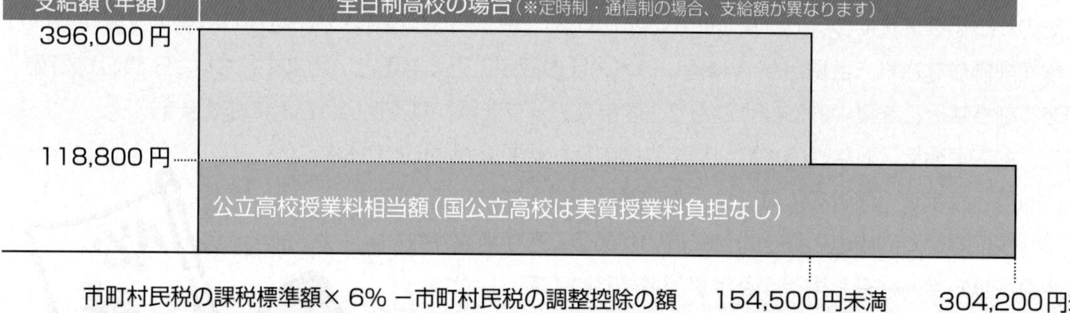

市町村民税の課税標準額× 6% −市町村民税の調整控除の額　154,500円未満　304,200円未満

年収のめやす　590 万円未満　910 万円未満

※年収のめやすは家族の年齢や人数、働いている人の人数等で変わります。

公立高校の授業料等について（大阪府の場合）

	全日制	定時制	通信制
検定料	2,200 円	950 円	800 円
入学料	5,650 円	2,100 円	500 円
授業料	118,800 円	32,400 円	1 単位あたり年額 330 円
学校諸費等	学校・課程等で異なります。		

※国立高校は検定料 9,800 円、入学金 56,400 円

私立高校授業料等にかかる保護者負担額について（大阪府）

	令和７年度			令和８年度～		
高１	年収のめやす	標準授業料（60万円）	標準授業料超過分の負担	年収のめやす	標準授業料（63万円）	標準授業料超過分の負担
	年収590万円未満	無償	無償（学校負担）	年収800万円未満	無償	無償（学校負担）
	年収800万円未満	① 200,000円 ② 100,000円 ③ 無償	無償（学校負担）			
	年収910万円未満	① 481,200円 ② 300,000円 ③ 100,000円	保護者負担	年収800万円以上	無償	無償（学校負担）
	年収910万円以上	600,000円	保護者負担			
高２	年収のめやす	標準授業料（60万円）	標準授業料超過分の負担	年収のめやす	標準授業料（63万円）	標準授業料超過分の負担
	年収800万円未満	無償	無償（学校負担）	年収800万円未満	無償	無償（学校負担）
	年収800万円以上	無償	保護者負担	年収800万円以上	無償	無償（学校負担）
高３	年収のめやす	標準授業料（60万円）	標準授業料超過分の負担	年収のめやす	標準授業料（63万円）	標準授業料超過分の負担
	年収800万円未満	無償	無償（学校負担）	年収800万円未満	無償	無償（学校負担）
	年収800万円以上	無償	保護者負担	年収800万円以上	無償	無償（学校負担）

※世帯の子供の人数① １人、② ２人、③ ３人を扶養する場合
※入学金や教材費、修学旅行費用積立金等は授業料無償化の対象外

（資料「大阪府の高等学校の授業料無償化制度について」参照）

府県別私立高校授業料支援制度

項目	年収のめやす等	滋賀県	京都府	兵庫県	奈良県	和歌山県
①国の就学支援金	（全生徒対象）	◆年収590万円未満 396,000円 ◆年収910万円未満 118,800円				
②府県独自の支援制度	年収270万円未満	支給なし	最大 584,000円	44,000円	最大 234,000円	支給なし
	年収350万円未満		最大 254,000円			
	年収590万円未満					
	年収730万円未満	59,400円	145,200円	120,000円	最大 511,200円	
	年収910万円未満		80,000円	60,000円		
③平均授業料	（年間平均）	約431,000円	約557,000円	約440,000円	約551,000円	約457,000円
④保護者負担（概算）[③-(①+②)]	年収590万円未満	約35,000円	実質無償	実質無償	実質無償	約61,000円
	年収730万円未満	約252,800円	約293,000円	約201,200円	実質無償	約338,200円
	年収910万円未満		約358,200円	約261,200円		

（※注）就学支援金は授業料の一部または全部を支援する制度です。保護者負担（概算）は平均授業料のみで試算した場合で表示しています。
平均授業料は文部科学省発表の「令和４年度私立高等学校（全日制）の初年度授業料等について」に基づいて表示しています。
授業料以外に入学金、施設整備費、制服代、教科書代、PTA会費、修学旅行のための積立金等の費用がかかります。詳細は高校の最新の学費情報をご確認ください。

2024 年度 入試状況の概要

大阪府公立　一般選抜の平均倍率 1.05 倍、志願者数は大幅に減少

学校基本調査（確報）による公立中学卒業予定者数 65,989 人（前年比 410 人減）。
昨年末の公私立連絡協議会では計画進学率 93.9%、他府県等への進学予定者数を除く府内進学予定者数を 59,410 人とした。特別選抜の出願状況は募集人員 3,017 人（前年比 119 人減）に対し、2,944 人（前年比 113 人減）が出願、平均倍率 0.98 倍（前年 0.97 倍）。一般選抜では募集人員 34,789 人（前年比 509 人増）に対し、36,379 人（前年比 2,375 人減）が出願、平均倍率は 1.05 倍（前年 1.13 倍）となった。

特別選抜

募集人員 3,017 人　志願者数 2,944 人　平均倍率 0.98 倍（前年 0.97 倍）

区　分	募集人員	志願者数	倍率	高倍率校
専門学科	1,082 (1,081)	1,209 (1,278)	1.12 (1.18)	工芸（美術）1.88 工芸（ビジュアルD）1.63 岸和田市立産業 （デザインS）1.53
エンパワメントS ステップS	1,560 (1,680)	1,475 (1,512)	0.95 (0.90)	西成 1.19 成城 1.06
多部制単位制 Ⅰ・Ⅱ部 昼夜間単位制	375 (375)	260 (267)	0.69 (0.71)	

区　分	特別選抜 募集人員	志願者数	倍　率	学力検査 募集人員	志願者数	倍　率
大阪公立 大学高専	80 (80)	167 (148)	2.09 (1.85)	80 (80)	135 (130)	1.69 (1.63)

一般選抜

募集人員 34,789 人　志願者数 36,379 人　平均倍率 1.05 倍（前年 1.13 倍）

区　分	募集人員	志願者数	倍　率	高倍率校
普通科	20,067 (19,705)	20,773 (22,539)	1.04 (1.14)	＊学校別に別途記載
文理学科	3,480 (3,480)	4,700 (4,906)	1.35 (1.41)	＊学校別に別途記載
専門学科 ※文理学科除く	6,383 (6,317)	6,125 (6,018)	0.96 (0.95)	箕面（ｸﾞﾛｰﾊﾞﾙ）2.36 岸和田市立産業（情報）1.51 千里（総合科学）1.45
普通科単位制	1,080 (1,080)	1,093 (1,217)	1.01 (1.13)	市岡 1.16
総合学科	3,779 (3,698)	3,688 (4,074)	0.98 (1.10)	柴島 1.24 咲くやこの花 1.20 今宮・芦間 1.18
定時制	920	421	0.46	

※注：選抜別入試状況、表中の募集人員、志願者数、倍率の（　）内は前年度の数値。

文理学科志願状況

順	校　名	志願者数	倍　率（前年）
1	豊　中	564	1.57（1.56）
2	高　津	561	1.56（1.44）
3	茨　木	534	1.48（1.51）
4	三国丘	471	1.47（1.59）
5	生　野	496	1.38（1.48）
6	北　野	408	1.28（1.26）
7	岸和田	395	1.23（1.31）
8	大手前	436	1.21（1.36）
9	四條畷	428	1.19（1.46）
10	天王寺	407	1.13（1.17）

普通科で倍率が高かったのは

旧第 1 学区		旧第 2 学区	
春日丘	1.44	東	1.42
山　田	1.24	枚　方	1.22
池　田	1.23	港	1.15
茨木西	1.19	牧　野	1.13
北千里	1.18	寝屋川	1.10

旧第 3 学区		旧第 4 学区	
夕陽丘	1.23	泉　陽	1.39
清水谷	1.21	佐　野	1.23
東住吉	1.19	信　太	1.12
八　尾	1.08	日根野	1.09
布　施	1.08	久米田	1.06

※複数学科設置校はそれぞれの普通科の第 1 志望倍率。

2 次募集

普通科（単位制含む）33 校、専門学科 23 校、総合学科 15 校　計 71 校、多部制単位制Ⅰ・Ⅱ部及び昼夜間単位制、定時制、通信制　計 22 校で実施。

大阪府 私立　授業料完全無償化の影響か、専願率 31.6%にアップ

私立中学校高等学校連合会発表（2月5日正午現在）によると、外部募集を行う92校の募集定員23,814人（前年比107人増）に対し、63,186人（前年比1,282人減）が出願した。平均倍率2.65倍（前年2.72倍）だった。専願者数は前年に比べ1,524人増、併願者数は2,806人減少した。応募者総数に占める専願者の割合は31.6%（前年同期28.6%）、また、専願者だけで募集人員を満たした学校は17校（前年16校）だった。特に、出願者数を増やしたのは、箕面自由学園（＋749）、浪速（＋244）、明浄学院（＋235）、大阪偕星学園（＋219）など。減らしたのは、大阪夕陽丘学園（－468）、追手門学院（－246）、初芝立命館（－241）など。（※明浄学院は昨年の藍野出願者数を加えた数値からの増減）

1次出願状況 ※データ数値は2月5日正午現在で集計・算出したもの

区　分	外部募集	専　願	併　願	出願者計	倍　率
男子校　5校	1,275	1,099	1,150	2,249	1.76
女子校 17校	2,992	2,110	2,613	4,723	1.58
共学校 70校	19,547	16,785	39,429	56,214	2.88
合　計 92校 （前年度 93校）	23,814 (23,707)	19,994 (18,470)	43,192 (45,998)	63,186 (64,468)	2.65 (2.72)

専願率の推移 ※数値は1次出願時点で算出

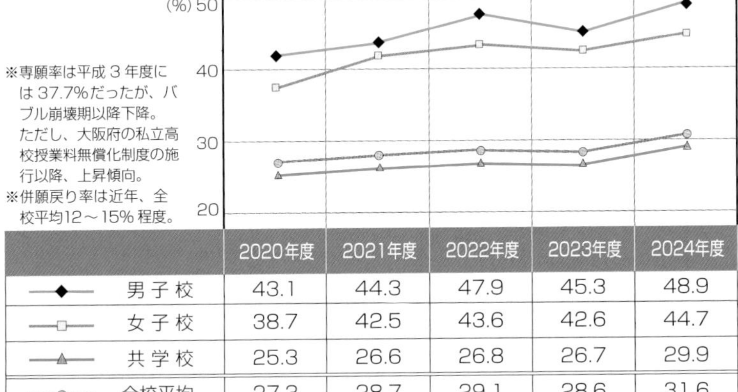

	2020年度	2021年度	2022年度	2023年度	2024年度
男子校	43.1	44.3	47.9	45.3	48.9
女子校	38.7	42.5	43.6	42.6	44.7
共学校	25.3	26.6	26.8	26.7	29.9
全校平均	27.3	28.7	29.1	28.6	31.6

追加募集について

- 1.5次実施
  66校（男子校4、女子校14、共学校48）／前年69校
- 2次実施
  10校（男子校1、女子校4、共学校5）／前年15校

出願時で倍率が高かったのは

校名	倍率
清風南海	6.13
羽衣学園	5.57
桃山学院	4.79
大商学園	4.71
浪速	4.41
常翔啓光学園	4.36
関西福祉科学大学	4.31
あべの翔学	4.12
大阪青凌	3.97
上宮	3.91

募集人員に対して専願出願者の割合が高かったのは

校名	割合
香里ヌヴェール学院	154.4%
大阪学院大学	150.3%
帝塚山学院	150.0%
浪速	139.6%
関西大学第一	135.1%
興國	128.5%
関西大学高等部	126.0%
関西大学北陽	125.4%
明浄学院	125.0%
四條畷学園	117.7%

コース別で倍率が高かったのは
（出願時、コース別集計のあった範囲での掲載）

校名（学科／コース）	倍率
上宮（パワー）	16.38
近畿大学附属（Super文理）	16.06
桃山学院（S英数）	13.18
四天王寺（文理選抜）	10.69
常翔啓光学園（特進Ⅰ類）	8.93
清教学園（S特進理系）	8.36
関西福祉科学大学（特進Ⅰ）	7.87
履正社（学藝ｺｰｽ・Ⅰ類）	7.31
常翔学園（スーパー）	6.98
大阪夕陽丘学園（特進Ⅰ類）	6.50

兵庫県 公立　推薦選抜 1.28倍、一般選抜 1.03倍

学校基本調査（確報）による公立中学卒業予定者数43,539人（前年比24人増）。全日制の募集定員30,640人（前年比40人減）に対し、推薦入試は94校が実施し9,716人が受験、受験倍率1.28倍（前年1.25倍）。特色選抜は57校が実施し、1,891人が受験、受験倍率1.17倍（前年1.20倍）。

一般入試には22,589人が受験し、受験倍率1.03倍（前年1.03倍）だった。

入試状況

学科／コース	推・特定員	受験者数	倍率	一般定員	受験者数	倍率
普通科	(特色) 1,614	1,891	1.17	17,618	18,182	1.03
※コース別（国際文化系）	160	164	1.03	–	–	–
（自然科学系）	280	310	1.11	–	–	–
（総合人間系）	120	148	1.23	–	–	–
（健康福祉系）	40	43	1.08	–	–	–
コース　小計	600	665	1.11	–	–	–
普通科単位制	1,100	1,671	1.52	–	–	–
総合学科	1,600	1,883	1.18	1,657	1,711	1.13
※学科別（農業科）	440	473	1.08	521	428	0.82
（工業科）	1,260	1,543	1.22	1,290	1,355	1.05
（商業科）	800	1,117	1.40	680	803	1.18
（家庭科）	100	168	1.68	103	90	0.87
（水産科）	20	33	1.65	20	20	1.00
（理数科）	400	652	1.63	–	–	–
（国際科）	400	458	1.15	–	–	–
（環境防災科）	40	61	1.53	–	–	–
（福祉科／看護科）	160／80	159／73	0.99／0.91	–	–	–
（音楽科／美術科）	40／40	36／64	0.90／1.60	–	–	–
（体育科／演劇科）	120／40	196／36	1.63／0.90	–	–	–
学際領域に関する学科	80	134	1.68			
地域社会に関する学科	40	43	1.08			
STEAM に関する学科	160	210	1.31			
専門学科　小計	4,220	5,456	1.29	2,614	2,696	1.03
連携型入学者選抜	60	41	0.68	–	–	–
合　計 (前年度)	9,194 (9,234)	11,607 (11,493)	1.26 (1.24)	21,889 (21,903)	22,589 (22,567)	1.03 (1.03)
兵庫県立大学附属	91	136	1.49	–	–	–

複数志願選抜における入試状況

学区	定員	受験者数	合格者数 第１志望	合格者数 第２志望	合格者数 合計	2024 倍率	2023 倍率
第１	4,860	5,284	4,282	489	4,771	1.09	1.09
第２	6,407	6,763	5,435	875	6,310	1.06	1.06
第３	4,064	4,195	3,633	320	3,953	1.03	1.05
第４	3,062	2,988	2,738	178	2,916	0.98	0.99
第５	838	624	614	9	623	0.74	0.79

学区	第２志望志願者数 変更前	第２志望志願者数 変更後	変更数 おもに増加したのは	変更数 おもに減少したのは
第１	3,747	3,741	北須磨（＋16）	芦屋（－8）
第２	5,284	5,276	三田祥雲館（＋5）	西宮北（－5）
第３	3,472	3,458	加古川南、高砂南（＋4）	高砂（－8）
第４	2,167	2,164	姫路南（＋9）	龍野（－7）
第５	312	307	なし	和田山（－3）

選抜別で倍率が高かったのは

推薦選抜

専門学科	倍率	コース・単位制	倍率
市尼崎双星（商業学）	2.55	尼崎稲園（単位制・普通科）	2.21
市西宮（グローバル・サイエンス）	2.48	市西宮東（自然科学系）	1.93
市伊丹（商業）	2.45	市西宮東（総合人間系）	1.78
神戸（総合理学）	2.43	西宮（単位制・普通科）	1.76
御影（文理探究）、農業（動物科学）、西脇（生活情報）	2.35	芦屋（単位制・普通科）	1.70

特色選抜	倍率
夢野台（普通）	2.03
姫路別所（普通）	1.94
市尼崎（普通）	1.89
明石西（普通）	1.73
東播磨（普通）	1.70

一般選抜（普通科）	倍率
芦屋（単位制）	1.54
兵庫	1.49
市西宮東	1.45
尼崎稲園（単位制）	1.44
舞子、市六甲アイランド（単位制）	1.41

一般選抜（専門学科）	倍率
市伊丹（商業）	1.70
農業（動物科学）	1.55
市科学技術（都市工学）	1.50
市科学技術（電気情報工学）	1.48
市尼崎双星（商業学）、農業（園芸）	1.45

一般選抜（総合学科）	倍率
伊丹北	1.40
太子	1.25
市須磨翔風	1.24
武庫荘総合	1.20
豊岡総合	1.17

兵庫県 私立　平均倍率 3.58 倍、前年比 0.04 ポイント下回る

兵庫県私立中学高等学校連合会発表時点（2 月 5 日午前 10 時）で、44 校の募集定員 8,783 人（一部内部進学者含む、前年同数）に対し、志願者数 31,469 人（前年比 351 人減）、平均倍率 3.58 倍（前年 3.62 倍）となった。前年に比べ志願者を増やしたのは、滝川（＋ 377）、東洋大学附属姫路（＋ 155）、神戸国際大学附属（＋ 140）など。減らしたのは、育英（－ 434）、雲雀丘学園（－ 189）など。

入試状況

区　分	募集人員	志願者数	倍　率
男子校　4 校	900	1,915	2.13
女子校 13 校	2,075	3,514	1.69
共学校 27 校	5,808	26,040	4.48
合　計 44 校 （前年度 44 校）	8,783 (8,783)	31,469 (31,820)	3.58 (3.62)

倍率が高かったのは（出願時、コース別集計のあった範囲での掲載）

校　名	学科／コース	倍　率
須磨学園	Ⅲ類理数	33.45
仁川学院	アカデミア	29.10
東洋大学附属姫路	S コース	25.99
神戸野田	特進 S	25.94
滝川第二	スーパーフロンティア	23.90

追加募集について

- 1.5 次実施 … 9 校（男子校 1、女子校 3、共学校 5）／前年 9 校
- 2 次実施 … 25 校（男子校 1、女子校 9、共学校 15）／前年 23 校

京都府 公立　前期選抜 1.94 倍、中期選抜 0.99 倍と例年並みの結果に

学校基本調査（確報）による公立中学卒業予定者数は 18,467 人（前年比 265 人減）。定時制・通信制含む総募集定員は 12,325 人（前年度同数）。前期選抜は全日制 56 校で実施し、受験者数 10,295 人、定時制は 2 校で受験者数は 22 人だった。中期選抜は全日制 53 校で実施し、受験者数 6,018 人、定時制は 8 校で受験者数は 101 人だった。

入試状況（※中期の受験者は第 1 志望第 1 順位の人数）

課程・学科		前期定員	受験者	倍　率	中期定員	受験者	倍　率
全日制	普通科等	2,811	6,867	2.44	5,515	5,674	1.03
	専門学科	2,314	3,254	1.41	495	323	0.65
	総合学科	182	174	0.96	98	21	0.21
	計	5,307	10,295	1.94	6,108	6,018	0.99
定時制		40	22	0.55	455	101	0.22
合　計 （前年度）		5,347 (5,347)	10,317 (10,250)	1.93 (1.92)	6,563 (6,548)	6,119 (6,015)	0.93 (0.92)

選抜別で倍率が高かったのは

前期選抜	倍　率
鴨　沂（普通科 A 方式 1 型）	5.83
山城（普通科単位制A方式 1型）	5.40
北嵯峨（普通科 A 方式）	5.33
洛　水（普通科 A 方式）	5.25
洛北（普通科単位制A方式 1型）	5.17

中期選抜	倍　率
開　建（ルミノベーション科）	1.59
京都すばる（起業創造科）	1.58
鴨　沂（普通科）	1.58
紫　野（普通科）	1.56
城南菱創（普通科単位制）	1.53

京都府 私立　平均倍率 3.06 倍、前年比 0.15 ポイントダウン

京都府私立中学高等学校連合会発表時点（2月6日午前10時現在）で、全日制38校の募集人員7,543人（前年同数）に対し、志願者数 23,049 人（前年比 1,198 人減）、平均倍率 3.06 倍（前年 3.21 倍）。前年度に比べ、出願者を増やしたのは龍谷大学付属平安（+142）、京都産業大学附属（+131）、京都翔英（+129）など。減らしたのは、京都成章（－ 239）、京都橘（－ 180）など。

入試状況（1 次）※立命館宇治および同志社国際の帰国生を除く

区　分	募集人員	志願者数	倍　率
男子校　1 校	230	479	2.08
女子校　7 校	685	1,088	1.59
共学校 24 校	5,563	19,005	3.42
南　部 32 校	6,478	20,572	3.18
北　部　6 校	1,065	2,477	2.33
全　校 38 校 （前年度 38 校）	7,543 (7,543)	23,049 (24,247)	3.06 (3.21)

倍率が高かったのは（出願時、コース別集計のあった範囲での掲載）

校　名	学科／コース	倍　率
京都橘	選抜類型	11.87
京都文教	特　進	8.53
京都廣学館	アドバンス	5.83
京都文教	進　学	5.50
龍谷大学付属平安	特　進	5.38

追加募集について

- 1.5 次実施 … 14 校（男子校 1 校、女子校 4、共学校 9）／（前年 15 校）
- 2 次実施 … なし／（前年 1 校）

滋賀県 公立　特色選抜の平均倍率 3.15 倍、一般選抜は 1.05 倍

学校基本調査（確報）による公立中学卒業予定者数は 13,076 人（前年比 67 人増）。推薦選抜の受験倍率 0.98 倍（前年 1.00 倍）、特色選抜の受験倍率 3.15 倍（前年 3.26 倍）、定時制を除く一般入試の募集定員 6,369 人に対し、受験倍率 1.05 倍（前年 1.06 倍）。スポーツ・文化芸術推薦選抜は、受験者 123 人に対し入学許可予定者は 112 名だった。

入試状況　※（　）内は特色選抜の数値

学科	推薦（特色）定員	受験者数	倍率	一般定員	受験者数	倍率
普通科	776 (1,068)	720 (3,501)	0.93 (3.28)	4,452	4,868	–
理数科	(40)	(93)	(2.33)	40	※	–
音楽科	(30)	(30)	(1.00)	10	0	–
文理探究	(20)	(22)	(1.10)	20	※	–
農業科	200	184	0.92	232	259	1.12
工業科	360	320	0.89	428	441	1.03
商業科	260	327	1.26	262	276	1.05
家庭科	32	91	2.84	48	68	1.42
体育科	34	49	1.44	6	※	–
美術科	30	42	1.40	10	※	–
総合学科	489	414	0.85	861	802	0.93
合計	2,181 (1,158)	2,147 (3,646)	0.98 (3.15)	6,369	6,714	1.05
下段 前年	2,181 (1,158)	2,190 (3,777)	1.00 (3.26)	6,286	6,670	1.06

※学校出願（普通科以外）の一般選抜受験者数は普通科に計上。※推薦・特色選抜の受験者数にスポーツ・文化芸術推薦選抜を含む。

選抜別で倍率が高かったのは

推薦選抜	倍率
大津（家庭科学）	2.84
大津商業（総合ビジネス）	1.48
草津東（体育）	1.44
栗東（美術）	1.40
瀬田工業（機械）	1.32

特色選抜	倍率
草津東（普通）	4.64
膳所（普通）	4.60
石山（普通）	4.52
守山（普通）	4.25
大津（普通）	3.82

一般選抜	倍率
石山（普通）	1.52
大津（普通）	1.51
草津東（学校倍率）	1.46
膳所（学校倍率）	1.43
大津（家庭科学）	1.42

滋賀県 私立　全日制の平均倍率 3.70 倍、専願率 20.4%

全日制高校の募集定員 2,680 人（前年比 25 人増）に対し、志願者数 9,926 人（前年比 215 人減）、平均倍率 3.70 倍（前年 3.82 倍）、全体の専願率は 20.4%（前年 19.5%）だった。滋賀学園（前年比＋98）、滋賀短大附属（前年比 +86）は志願者を増やしたが、綾羽（前年比－118 人）、近江（前年比－85 人）への志願者数は減少した。

入試状況

（※幸福の科学学園関西を含む）

区分	募集定員	専願	併願	志願者数計	倍率
全日制 10 校 （前年度 10 校）	2,680 (2,655)	2,025 (1,975)	7,901 (8,166)	9,926 (10,141)	3.70 (3.82)
定時制 1 校 （前年度 1 校）	80 (80)	75 (82)	81 (93)	156 (175)	1.95 (2.19)

倍率が高かったのは（出願時、倍率算出できる範囲）

校名	学科／コース	倍率
光泉カトリック	普通科	5.85
近江	普通科	5.05
滋賀学園	普通科	4.45
綾羽	普通科	4.28
滋賀短大附属	普通科	4.26

追加募集　実施なし

奈良県 公立　特色選抜 0.92 倍、一般選抜 0.97 倍

学校基本調査（確報）による公立中学卒業予定者数は 9,878 人（前年比 435 人減）。

全日制の募集定員は 7,297 人（うち市立 480 人）、特色選抜は 20 校 56 学科コースで実施され、平均倍率 0.92 倍（前年同数）。一般選抜は全日制 27 校 48 学科コースで実施され、平均倍率 0.97 倍（前年 1.04 倍）だった。

入試状況（市立計には一条／外国語推薦：定員80、受験者128人を含まない）

学科	特色定員	受験者	倍率	一般定員	受験者	倍率
普通科	195	165	0.85	4,199	4,365	1.04
総合	420	229	0.55	189	21	0.11
農業	225	225	1.00	12	6	0.50
工業	595	432	0.73	162	21	0.13
商業	400	489	1.22	8	5	0.63
家庭	120	143	1.19	8	2	0.25
音楽／美術・D	35／70	19／77	0.54／1.10	16／－	1／－	0.06／－
体育	80	87	1.09	－	－	－
国際	342	356	1.04	19	10	0.53
理数	－	－	－	80	52	0.65
情報	80	75	0.94	13	2	0.15
県立計	2,562	2,297	0.90	4,706	4,485	0.95
市立計	230	275	1.20	213	290	1.36
合計 （前年度）	2,792 (2,923)	2,572 (2,685)	0.92 (0.92)	4,919 (4,919)	4,775 (5,122)	0.97 (1.04)

奈良県立大学附属	推薦定員	受験者	合格者	倍率	一般定員	区分	受験者	合格者	倍率
探究科	20	4	4	1.00	196	併願	198	178	1.11
						専願	163	141	1.16

選抜別で倍率が高かったのは

特色選抜	倍率
奈良商工（観光）	1.80
磯城野（フードD・パティシエ）	1.70
磯城野（フードD・シェフ）	1.65
磯城野（施設園芸・施設野菜）	1.53
高田商業（商業）	1.29

一般選抜	倍率
一条（普通）	1.45
高円芸術（普通）	1.24
畝傍（普通）	1.19
奈良（普通）	1.18
郡山（普通）	1.18
高田（普通）	1.18

奈良県 私立　平均倍率4.03倍、前年比0.04ポイント下回る

全日制12校の募集定員2,410人（前年比40人減）に対して、9,711人（前年比268人減）が出願。平均倍率4.03倍（前年度4.07倍）。学校別で出願者数を増やしたのは智辯学園（+183）、帝塚山（+136）など、出願者数を減らしたのは、奈良育英（－321）、橿原学院（－83）。

入試状況

区分	募集定員(約)	志願者数	倍率
女子校 3校	550	1,204	2.19
共学校 9校	1,860	8,507	4.57
合計12校 （前年度13校）	2,410 (2,450)	9,711 (9,979)	4.03 (4.07)

倍率が高かったのは（出願時、倍率算出できる範囲）

校名	学科／コース	倍率
奈良育英	選抜	20.25
橿原学院	特進	13.90
奈良育英	高大連携S	12.41
奈良大学附属	文理	8.08
橿原学院	標準	7.84

追加募集実施校

- 1.5次実施…2校
- 2次実施…なし

（※弊社調べ）

和歌山県 公立　全日制の倍率　0.89倍

学校基本調査（確報）による公立中学卒業予定者数は7,024人（前年比34人減）。全日制（市立高含む）の入学者枠数6,383人（前年比8人減）に対し、スポーツ推薦103人、一般選抜5,583人が受験した。特色化選抜を除く入学者枠に対する平均倍率は県立0.88倍（前年同数）、市立1.04倍（前年1.06倍）だった。

入試状況

学科	定員	特色化選抜合格内定者数	入学者枠	スポーツ推薦受験者	一般選抜受験者	倍率
普通科	3,560	17	3,423	37	3,010	0.89
農業に関する学科	240	19	221	4	96	0.45
工業に関する学科	720	1	719	26	652	0.94
商業に関する学科	480		480	6	479	1.01
保健体育に関する学科	40	0	40		34	0.85
理数に関する学科	200					
国際交流に関する学科	80		80	0	70	0.88
看護に関する学科	40		40		33	0.83
総合学科	600		600	5	483	0.81
一括募集による工業または商業に関する学科	80	0	80	0	30	0.38
一括募集による普通科または理数に関する学科	440		440	10	440	1.02
県立高計	6,480	37	6,123	88	5,327	0.88
市立高計	260		260	15	256	1.04
合計 （前年度）	6,740 (6,740)	37 (29)	6,383 (6,391)	103 (125)	5,583 (5,568)	0.89 (0.89)

※定員に橋本、桐蔭（普通科）、向陽（環境科学科）、日高（総合科学科）、田辺（自然科学科）を含むが、それぞれの県立中学校からの進学者のみとし、高校からの募集は行わない。

倍率が高かったのは

スポーツ推薦＋一般選抜	倍率
和歌山工業（創造技術）	1.33
和歌山工業（建築）	1.25
田辺工業（情報システム）	1.25
神島（経営科学）	1.18
和歌山工業（産業デザイン）	1.18

和歌山県 私立　主な入試状況

全日制（7校）の募集定員は約870人（前年比10人減）。主な入試状況として、特に受験者数が多かった学校は、開智824人、初芝橋本398人、近畿大学附属和歌山375人だった。

私たちの合格体験記

1　福岡 葦月

【 進学先 】 大阪府立四條畷高等学校　文理学科

私は６年生の時から塾に通うようになりました。そこから中学校３年生まで通い続けていたのですが、その間に何度も助けられました。自分に分からない問題があったときに分かるようになるまで教えてくださり、相談にも乗って頂いて、たくさん支えられてきました。そのお陰で何とか志望校に合格することができ、本当に感謝しています。

私が合格できた理由は主に二つあると考えています。

一つ目は少しでもコツコツと勉強を続けてきたからです。一度怠けてしまうとそれを引きずってしまい、勉強しなくなってしまうかもしれません。でも毎日していると疲れてしまってしんどくなってしまいます。そうならないためにも時々リフレッシュを挟むことが大切だと私は考えます。そうすることによって私は努力を続けることができたのです。継続的な努力は必ず自分の身になります。

二つ目は、友達と競い合えたからです。自分の他に勉強を頑張っている友達がいると、負けられないなという気持ちが出てきて更にやる気が湧いてきます。するとそれに応じて周りの皆も誘発されて学力の向上に繋がるはずです。受験は周りの人々によって良くも悪くも影響されるということを念頭に置きましょう。自分一人では、合格することはかなり難しいのではないかと私は考えます。

受験はとても大変で難しいことです。プレッシャーを与えるつもりではありませんが、周りの人々からは支えられ、期待されています。その期待に応えようと考えたこともポイントかもしれません。

2 和田 風花

【 進学先 】 大阪府立北野高等学校　文理学科

私は小学校３年生の秋ごろから入塾し、公開テストや月例テストなどで勉強する流れができていました。定期テスト前には塾のテキストやワークのやり直しを徹底してやっていました。そのおかげで知識が定着し、毎回安定して高得点を取ることができました。

この頃から志望校は北野高校と決め、迷いはありませんでした。合格までの道のりをしっかり描き、それに向かって行動をする、その為に今何をするべきかを日々考えていたからです。志を高く持ち続けることは簡単なことではありませんでしたが、中３の学校見学会に行くまでにも何度か校舎前まで足を運び、必ず北野生になる！と決心しました。そういった強い想いが合格への近道になったと思います。

中学校生活のすべてがコロナ禍で、臨時休校やオンラインでの授業も経験しましたが、入試までの与えられた時間はみんな同じです。自分が頑張っている間、他の誰かも必ず頑張っています。部活や生徒会など忙しい日があっても、時間を見つけて必ず毎日勉強し続けることが大切だと思います。

入試当日は講師の先生からのメッセージカードを何度も読み返し、今まで頑張ってきたすべての力を発揮するときが来たんだと勇気づけられました。指導して頂いた先生方、私に勉強することの楽しさを教えてくださり、本当にありがとうございました。高校でも意欲をもって勉強に取り組んでいきたいと思います。

3 川原 智花

【 進学先 】大阪府立四條畷高等学校　文理学科

「努力は裏切らない？本当にそんなことがあるのだろうか。」これが、私が受験を終える前の、正直な気持ちでした。

私は幼い頃からピアノを習っていますが、今までの発表会でミスなく弾けたことなど一回もありませんでした。受験だって同じだと思っていました。たった一回の試験、緊張だってする。そんな機会に、努力は裏切らない、などと本気で言えるのかと疑っていました。そうなると、今自分が必死で勉強しているのは、意味があることなのかと思えてきて、第一志望の高校に行けないのではないかと本気で不安になりました。しかし、私はどうしても諦めたくありませんでした。

まず、諦めるとはどういうことか受験に置き換えて考えてみると、行きたかった高校を諦める、ということになるだろう。しかし、それは同時にその高校で待っている生活を諦めることであり、大きく言えば、人生に関わる経験を諦めるということです。もっとも、私が受験期にここまで考えられたわけではありませんが、第一志望校に強く惹かれていたのは確かであり、諦めたくなかった一つの理由だと思います。

もう一つの理由は、自分で決めた進路だからです。私は優柔不断で高校を決めるのにも時間がかかりました。私立、公立の両方が決定したのは３年生の 11 月でした。しかし、一度決めたことは意地でもやり通す。私はそういう性格です。

結果、私が第一志望校を諦めることはありませんでした。何度も不安と緊張、もやもやとした気持ちに押しつぶされそうになりましたが、そのときはこう思うようにしていました。「努力は裏切るかもしれないと心のどこかで思っている自分を、裏切ってやる」

受験は結局、自分との戦いだと思います。しかし、それは受験当日のことであって、それまでは、周りに頼れる先生方がたくさんいます。決して孤独というわけではありません。その人たちを頼って、諦めずに、最後までやり遂げて欲しいと思います。

4 白井 宙

【 進学先 】 大阪府立和泉高等学校　普通科

私は今回の高校受験で、無事に第一志望である高校に合格することができました。

中学２年生の終わり頃、学校の先生方から中学３年生は受験生なので、しっかり勉強してくださいと言われ、勉強が嫌いな私は嫌気がさしていて、この時はまだまだ勉強に対して真剣に向き合う姿勢がなく、周りの友人たちも全く勉強していなかったので、自分はペンを持つこともありませんでした。

中学３年生に進級して、いろいろと楽しみなことや不安なことがある中、受験生になりました。しかし、この時の自分は受験生になったという自覚がなく、勉強もそれほどしていませんでした。一学期には修学旅行があったので、むしろそっちに気を取られて勉強に身が入りませんでした。修学旅行が終わり、いよいよ一学期が終わろうとしている際に、オープンスクールに行きました。初めて見る高校生活にあこがれを覚えました。ここで初めて自分の志望校について考えました。その後、自分が良いと感じた高校を学校の期末懇談や塾での進路相談で話した際、先生方はとても親身になって話してくれました。その中で、自分はまだまだ力不足であることも話してくれました。その時、私は本当に勉強しなければならないというスイッチが入りました。夏期講習に入り、ここを制すれば受験を制すとあるように、しっかり勉強しました。どんどん勉強していくうちに自分のレベルが上がっていることが実感できました。夏期講習後、進路について考えましたが、私は決まるのが遅く私立、公立ともに次の年の１月にだいたい決まりました。年が明けてからはラストスパートに入り、机以外でも勉強したり、毎日塾に通ったりしました。とにかくやれることは全てやり尽くし、その結果合格することができました。

私は、受験は当たり前ですが準備が必要だと思っています。しっかり準備したから合格できました。

5　藤田 知花

【 進学先 】兵庫県立川西緑台高等学校　普通科

「習慣・継続」があれば受験は特別なものではないと、私は考えます。毎日机に向かう習慣を身につけ、平常から提出物はAを狙うなど、内申点を取りに行く姿勢を１・２年生のうちから継続できれば、３年生になってから慌てる必要がなくなります。特に一昨年度からは評価基準が変更されて観点が四つから三つになり、普段の小テストが定期テストと同じくらい重要視されるようになったため、日ごろの努力がより一層大切になりました。

私は中２のとき、人間関係などで悩み、心身の調子を崩して塾も習い事もやめていました。学校も休みがちになっていたけれど、その分自宅で自分なりに勉強を継続していました。この頃に勉強を頑張り続けたおかげで、３年生になってからも慌てず落ち着いて受験に向けての勉強ができたと思います。半年ほど経ったとき、小６から担当してもらっていた先生方が声をかけてくださり、塾に復帰し、少しずつ元のペースを取り戻すことができました。声をかけてくださった先生方や、支えてくれた家族には今もとても感謝しています。

中３になって、志望校を決定するときに考えたポイントは、主に三つです。まずは、自分が将来したいことにつながるかどうかということです。将来の夢がまだ決まっていなくても、高校卒業後のビジョンをぼんやりとでも持つことが大切だと考えます。二つ目は、高校生活の中で自分がしたいことがかなう環境かどうかということ、三つ目は通学についてです。私は、高校では部活動にも３年間しっかりと力を入れたいと考えているため、文武両道を目指せて無理なく通える距離の学校を選択しました。

どんなときも自分の軸を持ち、周りに流されずに努力を続ければ、必ず結果を掴めると思います。これからは大学受験に向け、自分なりに努力を継続していきたいです。

6　西田 敦喜

【 進学先 】 滋賀県立石山高等学校　普通科

私が塾に通い始めたのは、中学１年生から２年生へと進級するころです。数学の内容の理解が充分できなくなって、定期テストの点数が思うように取れなくなったことがきっかけです。個別指導ということで、自分を担当してくださった先生に、私の苦手なところを時間をかけて理解できるまで丁寧に教えていただいたおかげで、定期テストでは基礎の問題を安定して正解することに加えて、応用力が問われる問題でも正解できることが多くなり、常に高得点を取ることができるようになりました。通常授業では数学のみを受講していましたが、講習授業では５教科全ての苦手なところを先生方のわかりやすく丁寧な解説のおかげで克服していくことができて、どの教科でも高得点をキープすることができました。このような分かりやすく自分に寄り添って指導してくださり、自分の希望する進路の実現に向けて前向きな言葉をかけてくださった先生方には感謝しかありません。

また、私は家庭学習での取り組み方を工夫していました。それは、「短時間で効率よく勉強すること」です。長時間ダラダラ問題集を解いたりするのではなく、事前に時間を決めて自分の苦手な範囲を中心に解く、問題を絞ることでしっかりと集中して一問一答を解くことができました。もし、長時間勉強しているのに定期テストの点数が伸びないという人がいたら、私のやり方を試してみてほしいと思います。

結局は自分に合うやり方を見つけて、一つ目標を持つことが大切だと思います。これから受験がある人は目標を持ってコツコツ頑張ってください。

私立高校案内

男子・女子・共学

私立高校

大阪府

兵庫県

京都府

男子校

女子校

共学校

京都府　北部

滋賀県

共学校

奈良県

女子校

共学校

和歌山県

女子校

共学校

高等専門学校（国公立）／単位制高校

◎中・高一貫教育で高校からの外部募集を行わないため掲載しなかった高校… ●大阪府／関西学院千里国際（帰国生募集は実施）・金蘭千里・高槻 ●兵庫県／甲陽学院・淳心学院・六甲学院・小林聖心女子学院・甲南女子・神戸海星女子学院・神戸女学院 ●京都府／洛星 ●奈良県／東大寺学園・奈良学園登美ヶ丘

本書の見方

志望校選びにとっておきの情報を掲載！

私立高校案内

インフォメーション INFORMATION

昨年度の学校案内をもとに作成しています。各高校とも、それぞれ独自の個性を打ち出し、また特色づくりに励んでいます。各高校の教育方針・理念及び学校情報について紹介しています。あなたの志望する高校の年間行事やクラブ活動の内容はどうなっているのか？ 近年、力が注がれている国際交流など、事前にその学校の特色を把握しておきましょう。またスクールライフの項目では、気になる校則を掲載しました。詳細につきましては各高校へお問い合わせください。

カリキュラム CURRICULUM

設置学科／コースの特色及び教育課程について紹介しています。あなたが志望する学科／コースでどのようなカリキュラムが組まれているか、大学進学に向けクラス編成はどう変わるのかなど、入学後の授業風景を想い描いてください。

■私立高校制服イラスト

人気漫画家・なかの弥生氏による、各校の制服イラストを掲載しました。

上宮高等学校

学校法人 上宮学園
〒543-0037 大阪市天王寺区上之宮町9-36
TEL06-6771-5701 FAX06-6771-4678
https://www.uenomiya.ed.jp/

■創立／明治23年(1890) ■校長／水谷善仁
■生徒数／1,869人(1年／624人 2年／655人 3年／590人)
■併設校／上宮学園中学校
■沿革／浄土宗の僧侶養成を目的とした浄土宗大阪支校が母体。明治45年上宮中学校となり、一般の師弟に門戸を開放。戦後、新制上宮学園中学校・上宮高等学校に。平成23年度から男女の募集を開始。
■交通／近鉄「大阪上本町」から徒歩6分、大阪メトロ谷町線・千日前線「谷町九丁目」から徒歩10分、JR環状線「桃谷」から徒歩12分

インフォメーション INFORMATION

●教育方針／「知」「徳」「体」をバランスよく伸ばし高い学力と豊かな人間力を育成します。建学以来の教育の主旨を損わず大学進学に必要な学力を養うため、きめ細かな教育を進めます。
●学校行事／祖山(知恩院)参拝(4月・1年)、大学見学会(1・2年)、スタディサプリ到達テスト(4・9月)、芸術鑑賞会・体育大会(9月)、文化祭(10月)など。修学旅行(11月・2年)は海外へ。
●クラブ活動／春・夏9回甲子園出場の硬式野球部をはじめ卓球、ソフトテニス、ソフトボール、剣道、柔道、フェンシング、クリケット、囲碁将棋などは全国レベルで活躍しています。体育系はほかに陸上競技、弓道、バスケットボール、山岳など、文化系は書道、美術、写真、吹奏楽、映画研究、生物園芸などが活動中です。加入率は約80%です。
●海外交流／海外への修学旅行のほか、「海外語学研修」(希望者対象)ではカナダ、オーストラリア、イギリス等で英語圏の生活文化にふれます。
●スクールライフ／3学期制／登校時刻…8：25／頭髪…染色・パーマ禁止／アルバイト…禁止／自転車通学…許可(所定の地域から通学している者)／携帯…許可(校内では電源OFF)

カリキュラム CURRICULUM

●パワーコース
東京大、京都大、大阪大などの難関国立大への進学を目標とし受験勉強に邁進する進学コースです。大学レベルを意識した高度なテキストと密度の濃い授業内容、自主学習能力を鍛えるプログラムで生徒の実力を強化。現役合格をめざし、個々の能力を最大限に伸ばします。実力コンテストや校外学習、海外への修学旅行など、知識や視野を広げるプログラムも豊富です。
●英数コース
国公立大への現役合格を目標に、基礎学力を定着させる授業はもちろん、講習や小テストによって、高い学力を維持できる体制を整えています。主要5教科の確実な習得を目指しながら、メリハリのある学校生活を送ることができます。クラブ活動との両立を実現している生徒も少なくありません。
●プレップコース
立命館大・関西大・近畿大・龍谷大をはじめとする高大連携入試枠、および指定校推薦枠により、各自の将来像に適した大学への現役入学をめざすコースです。独自のステップアップシステムは、一般入試合格のための実力錬成も可能。クラブ活動にも励み、バランスのとれた生徒を育成します。海外への修学旅行のほか、海外語学研修(希望制)の機会もあります。

☆いずれのコースも2年次から文系／理系に分かれます。また2年進級時には、希望や成績によるコース変更も可能です。

先輩から

上宮は何かを一生懸命がんばる場所。勉強にも、スポーツにも打ち込める環境があります。設備も整っていて、僕は3年間図書館で勉強しました。そこには僕よりがんばっている友人がいて、お互い励ましあって勉強することができました。自分で何をするべきか考えて行動する。そんな当たり前のようで難しいことを上宮で学びました。各自のめざしたいものが、きっと見つかるところだと思います。(T・K)

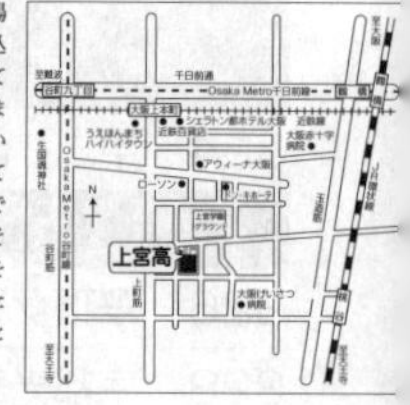

104

先輩から

在校生や卒業生から、学校生活の状況や受験生に送るメッセージを掲載しました。先輩からの声を志望校選びの参考にしてください。

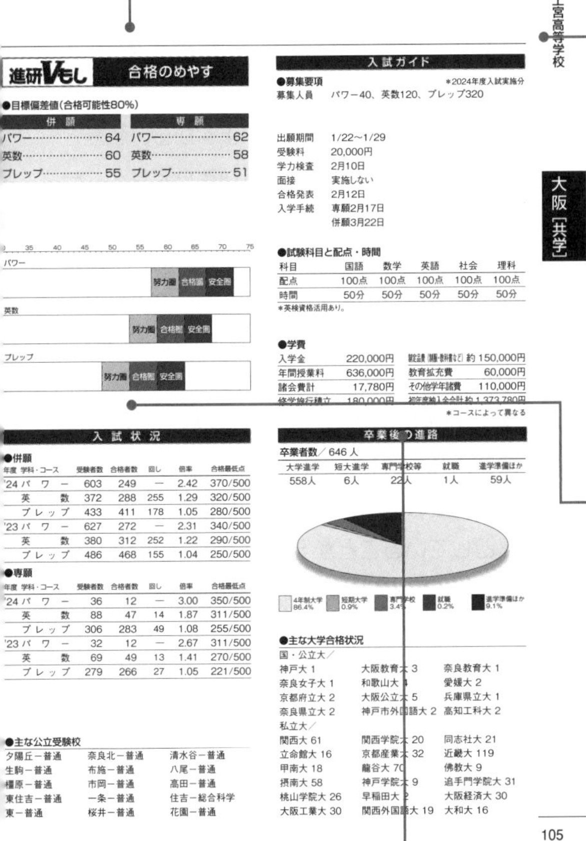

進研Vもし　合格のめやす

●目標偏差値(合格可能性80%)

併願		専願	
パワー	64	パワー	62
英数	60	英数	58
プレップ	55	プレップ	51

入試状況

●併願

年度	学科・コース	受験者数	合格者数	回し	倍率	合格最低点
'24	パワー	603	249	—	2.42	370/500
	英数	372	288	255	1.29	320/500
	プレップ	433	411	178	1.05	280/500
'23	パワー	627	272	—	2.31	340/500
	英数	380	312	252	1.22	290/500
	プレップ	486	468	155	1.04	250/500

●専願

年度	学科・コース	受験者数	合格者数	回し	倍率	合格最低点
'24	パワー	36	12	—	3.00	350/500
	英数	88	47	14	1.87	311/500
	プレップ	306	283	49	1.08	255/500
'23	パワー	32	12	—	2.67	311/500
	英数	69	49	13	1.41	270/500
	プレップ	279	266	27	1.05	221/500

●主な公立受験校

夕陽丘－普通	奈良北－普通	清水谷－普通
生駒－普通	布施－普通	八尾－普通
畝傍－普通	市岡－普通	高田－普通
東住吉－普通	一条－普通	住吉－総合科学
東－普通	桜井－普通	花園－普通

上宮高等学校

大阪［共学］

入試ガイド

●募集要項　＊2024年度入試実施分

募集人員　パワー40、英数120、プレップ320

出願期間　1/22～1/29
受験料　20,000円
学力検査　2月10日
面接　実施しない
合格発表　2月12日
入学手続　専願2月17日
　　　　　併願3月22日

●試験科目と配点・時間

科目	国語	数学	英語	社会	理科
配点	100点	100点	100点	100点	100点
時間	50分	50分	50分	50分	50分

＊英検資格活用あり。

●学費

入学金	220,000円	[illegible](制服・教科書など)	約 150,000円
年間授業料	636,000円	教育拡充費	60,000円
諸会費計	17,780円	その他学年諸費	110,000円
修学旅行積立	180,000円	初年度納入金合計	約 1,373,780円

＊コースによって異なる

卒業後の進路

卒業者数／646人

大学進学	短大進学	専門学校等	就職	進学準備ほか
558人	6人	22人	1人	59人

●主な大学合格状況

国・公立大／

神戸大 1	大阪教育大 3	奈良教育大 1
奈良女子大 1	和歌山大 4	愛媛大 2
京都府立大 2	大阪公立大 5	兵庫県立大 1
奈良県立大 2	神戸市外国語大 2	高知工科大 2

私立大／

関西大 61	関西学院大 20	同志社大 21
立命館大 16	京都産業大 32	近畿大 119
甲南大 18	龍谷大 70	佛教大 9
摂南大 58	神戸学院大 9	追手門学院大 31
桃山学院大 26	早稲田大 2	大阪経済大 30
大阪工業大 30	関西外国語大 19	大和大 16

105

進研Vもし　合格のめやす

今年度入試での『進研Ｖもし』合否調査による目標偏差値速報（合格可能性80％）です。下の帯グラフは設置学科／コースの『進研Ｖもし』偏差値による合格可能性を表示しています。

努力圏（合格可能性 30％～）
合格圏（合格可能性 70％～）
安全圏（合格可能性 90％～）

原則、併願を４コースまで掲載しています。

※次年度入試での目標偏差値については、合否調査確定値および志願者動向により変更になる場合があります。

入試ガイド

弊社アンケートにより、今年度入試の募集要項、試験科目と配点・時間、学費を掲載しています。次年度入試については、各高校の学校案内等でご確認ください。また詳細につきましては各高校へお問い合わせください。

※募集人員は約表示をしていません。

入試状況

過去の入試結果を学科／コース別、出願別に掲載。複数の学科／コースを設置している高校は今年度のみの掲載もありますが、範囲上できるかぎり表示しました。

※合格者数欄の回し合格者数は外数。
※合格者数が受験者数より多い場合は、回し合格者数を含む。
※『合格最低点』は合格基準点の場合があります。

公表されている合格最低点（基準点）をチェックし、志望校の過去問を実施してクリアできたか試してみましょう。

●主な公立受験校

年度の合否調査によるものです。

卒業後の進路

弊社アンケートによる進路状況の割合を円グラフにしました。主な大学合格実績は原則として現浪込みの延べ人数（回収日時点での人数）。卒業生の主な進路状況を確認しておきましょう。

私立高校の入試システム

専願と併願

私立高校では、主に専願と併願という受験方法があります。専願は、その高校に合格すれば必ず入学する意志を明確にして受験する方法。一方、併願というのは第１志望校はほかにあり、そのすべり止めとして受験することをいいます。京阪神の私立高校のほとんどは入試日を統一していますから、私立と私立を併願するケースはまれにしかありません。一般的には第１志望校が公立で、そのすべり止めとして私立を受けることを指しています。ただし奈良県や滋賀県、和歌山県の私立は京阪神の私立より早く入試を行いますから、３県の私立と大阪府、京都府、兵庫県の私立との併願受験は可能です。

さて合否判定にあたり、専願で受験する生徒は併願受験者よりも有利に取り扱われるのが一般的です。専願受験生の場合、合格すれば必ず入学することを前提としていることがその大きな理由です。たとえば５教科500点満点で専願の合格ラインが300点とすれば、併願の合格点は330点というぐあいに高くなります。専願と併願で合格点にどれくらいの開きがあるかは高校によって、また年度によって異なります。また、最近その開きは大きくな

専願入試（私立専願受験の場合）

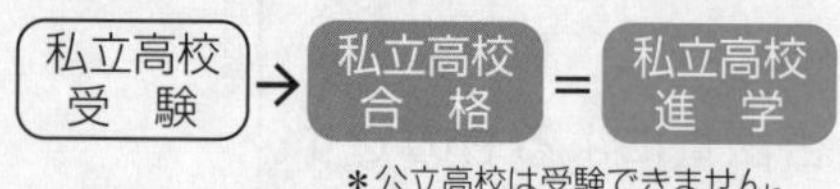

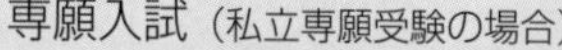
＊公立高校は受験できません。

併願入試（私立併願＋公立受験の場合）

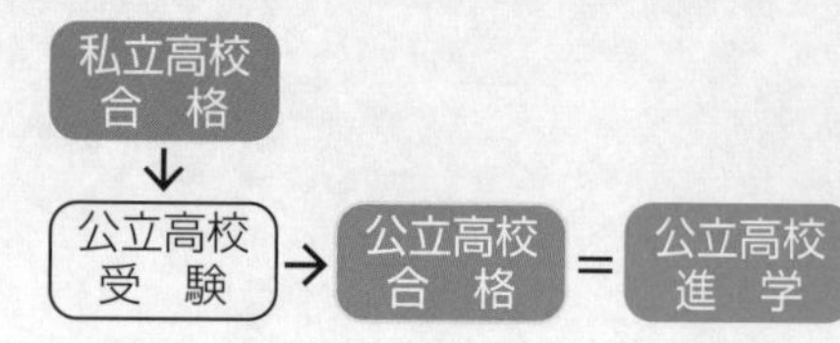

る傾向にあります。専願の方が有利であることは動かしがたいところです。ただし、一部の高校では専願、併願の区別をしていなかったり、専願者しか受験できない学科やコースを設けている高校もありますので、事前によく調べておきましょう。

また、専願ではなく推薦というシステムをとっている私立もあります。各高校にはそれぞれに推薦基準（調査書の評定）があり、その基準を満たしている生徒が出身中学校長の推薦を受けて受験します。したがって、推薦で受験した場合、不合格になるケースは少ないのですが、合格すれば専願と同様にその高校に入学しなければなりません。

専願率

専願と併願を合わせた全受験者の中で、専願受験者の占める割合を「専願率」といいます。専願受験については「専願と併願」のところで説明したとおりですが、合格すれば入学するというのは、その私立（のコース）に何らかの魅力を感じるからでしょう。有名大学の附属・併設高校で、大学受験に忙殺されることなく、のびのびとした高校生活を送れるとか、大学合格実績が良いとか、ＩＴ設備が充実している・スキルを修得できるとか、長期の留学や語学研修があるとか、躾・情操教育に定評があるとか……。専願率は高ければ高いほどその私立（のコース）は魅力があるといえます。ですから、多くの私立は特色づくり・魅力づくりに一生懸命なのです。

ところで、専願率はここ数年、平均25％前後で定着していますが、90％前後の私立（のコース）も珍しくはありません。

$$\text{専願率} = \frac{\text{専願の受験者数}}{\text{専願と併願の合計受験者数}} \times 100$$

戻り率

併願受験者はまず私学への入学資格を確保したうえで、第１志望である公立などにチャレンジするケースがほとんどです。さて、併願合格者のうち、第１志望校に合格した人は私学への入学を放棄するでしょうし、第１志望校に不合格となった人はあらかじめ合格している私学に入学することになります。その際、併願合格者のうち私学に入学する人の割合を「戻り率」と呼んでいます。

「戻り率」は公立の入試状況や社会情勢などさまざまなファクターによって変動しますが最近のデータによると、その平均は10～15％くらいです。つまり、たとえば併願合格者が100人いたとしても、そのうち実際に入学するのは10～15人程度ということになります。例年、募集定員に比べて併願合格者が非常に多く発表されるのはこうした事情があるからです。専願者は合格イコール入学となるため人数を読みやすいのですが、併願者はこうした不確定要素が多いだけに、どれくらいの合格者を出せばよいのか、私学にとっては大変難しいところなのです。

公立―私立の併願パターンは、年度によって大きく変わることはありません。公立の門が広くなれば「戻り率」は低下しますし、逆に狭くなれば高くなります。したがって安定した入学者を確保するために私立は、専願受験者でできるだけ定員を確保したいのです。

$$\text{戻り率} = \frac{\text{併願合格者のうち私立への入学者数}}{\text{併願の合格者数}} \times 100$$

回し合格

2つ以上の学科やコースを設けている私立入試でよく使われる言葉です。たとえば、ある高校で英数コースと総合コースが設置されており、英数コースの方の難度が高いとします。英数コースを受験した生徒のなかで、英数コースの合格ラインには達しなかったが、総合コースの合格点は上回っている場合、英数コースにはもちろん合格できませんが、総合コースで合格という扱いを受けるケースがよくみられます。このようなシステムが「回し合格」といわれるものです。

回し合格（私立A高校の例）

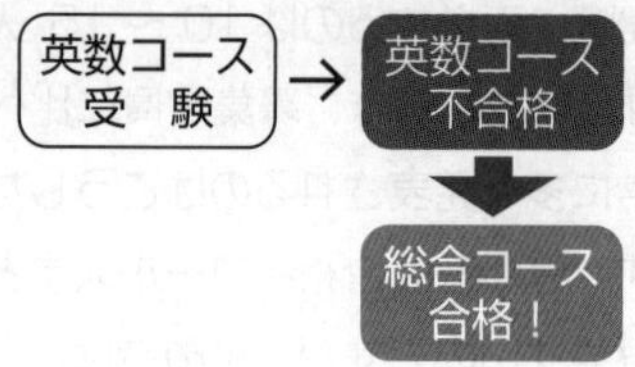

ここでは、次の2点に注意しておいてください。そのひとつは、第1志望に英数コース、第2志望に総合コースと明記した受験に限って総合コースへの回し合格が認められるケースと、志望コースに関係なく得点によって英数コース、総合コースと自動的に合格者が決定される高校があるということ。受験校については、あらかじめ確認しておくことが大切でしょう。もうひとつは、英数コースを専願受験して総合コースに合格となった場合、総合コースでも同じように専願の扱いを受けるということです。「英数コースだから専願で受けた。総合コースならば公立を受けたいので併願扱いにしてほしい」という希望は、原則としてかなえられませんが、最近は転コース合格の場合は併願可という私立も出てきています。

内申書と面接

私立高校入試の合否判定は学力テストの成績を主な資料として行われます。内申書を提出させたり面接を行ったりしますが、それらが合否に大きく影響するといったケースはそれほど多くはありません。

公立高校のように、内申評定を重視しないのは次のような理由があるからです。まず私立には通学区域もなく全国から受験できますが、内申書の作成方法は府県によってまちまちで統一性がなく、比較資料となりにくいということ。ごく一部の私立高校では内申点を点数化しますが、それも大きな比重はかけません。また、大阪府を例にとると、公立入試のための正式な内申評定はその年の2月末日をもって作成されますが、私立入試は2月初旬に行われます。このため、私立に提出された内申評定は府教委が定めた5段階絶対評価の規定どおりになっているかどうか判らないということも理由のひとつにあげられるでしょう。

内申書の配点（大阪府の場合）

	国語	数学	英語	理科	社会	音楽	美術	保体	技家	計
特別選抜	25	25	25	25	25	25	25	25	25	225
一般選抜	50	50	50	50	50	50	50	50	50	450

※一般選抜は定時制・通信制を除く。

面接も受験生の志望動機を知り、また学校の教育方針にしたがって高校生活を送れるかどうかを確認する程度のものです。よほど態度が悪かったり、質問を無視したり反抗的だったりすればもちろん大きなダメージとなるでしょうが、相対的にいえば、やはり学力テストの成績が中心となります。面接の結果が合否に占める割合はごくわずかなものであると考えてよいでしょう。

三者懇談と進路相談

どの高校を選ぶか―― 受験生にとって志望校の選択は非常に重要なテーマです。いろいろな要素、条件を総合しながら最終決定にいたるわけです。「三者懇談」では中学校の担任の先生、生徒、それに保護者も加わって志望校選びについて話し合います。また、その話し合いの結果をもとにして、中学校の先生が 1 月初旬に各生徒が志望する私立高校を訪問して成績などを示し、合格の可能性などを打診するのが「進路相談」と呼ばれているものです。

「進路相談」は不合格者をなるべく少なくするために、また私立高校側からいえば、どのくらいの学力レベルの生徒が何人くらい受験するかをあらかじめつかんでおくために、慣例的に行われています。ただし、すべての私立高校でそれが行われているわけではありません。また「進路相談」での判定は受験生に対して何らの拘束力ももっていません。たとえ「合格の可能性は低い」という判定が出たとしても、受験するかどうかは生徒本人や保護者の意志で決定するものですし、合格する可能性も当然あるのです。また逆に「合格の可能性は十分です」といわれても、必ず合格するというものでもありません。ここでの判定はあくまでも合否に関するひとつの目安であり、実際に合否が決まるのは学力テストの成績によってであることを忘れないでください。

追加募集

京阪神の私立高校（一部の学校を除く）では、毎年 2 月に日程を統一して入学試験を行っています。そして入試後 3 日から 1 週間くらいの期間をおいて合格発表が行われますが、私立高校のなかには合格発表の直後に再度、入試を行うところがあります。

私立入試（2 月）の後に公立入試（3 月）があり、その後に行われる私立入試が 2 次入試です（全私立校で行われるものではありません）。その 1 次と 2 次の間に行われる入試なので「1.5 次入試」と呼ばれています。

さらに優秀な人材を求めて行われる 1.5 次入試ですが、近年では 1 次で満たなかった定員を確保するために実施するケースも目立ってきています。したがって、これも全私立高校で行われるわけではありませんし、実施校もその直前にならないと確定しません。しかし、私立への進学をめざす生徒たちにとっては 1 次入試で不合格になっても、再度私立にチャレンジできるチャンスには違いありません。1 次入試で合格を勝ちとるのがベストなのはもちろんですが、万が一失敗したときのために「1.5 次入試」の存在も覚えておくとよいでしょう。

■2025年度入試日程 ※大阪府の場合

私立高校入試	2月10日（予定）
私立高校　1.5 次入試	2月中旬
公立高校　特別選抜	2月20日～21日
公立高校　一般選抜	3月12日

2024年度実施行事予定

男子校　女子校　共学校

学校名	受験生・保護者対象入試説明会／学校説明会／個別相談会	オープンスクール／見学会／部活動体験・見学	文化祭／学園祭	体育祭
■大阪府				
大阪星光学院	7/13・10/12・11/9	11/3		
興　國	7/20・8/17・9/21・10/12・11/2・11/16・12/7	8/17・11/16		10/1
清　風	8/31・10/20・11/9・12/1	10/20	9/7	10/1
東大阪大学柏原	12/7・12/21	8/31・9/28・10/19・11/9	11/15・16	10/25
明　星	10/5・11/16・12/7	6月・7月（毎週土曜日見学会）・8/24	9/21	
大阪薫英女学院	11/9・11/24・11/30・12/15・12/7・12/14・12/21	7/27・8/25・9/14・9/15・9/28・10/27	9/14・15	
大阪女学院	9/27・11/16・12/7	10/12・11/9	11/2	
大阪成蹊女子	8/24・9/21・10/26・11/16・12/7・12/21	8/5・8/24・9/21・10/5・10/26・11/16・12/7・12/21	9/14・15	6/7
大　谷	9/21・10/19・11/16・12/15	8/31	9/28・29	9/20
香ヶ丘リベルテ		7/28・8/25・9/22・10/13・11/3・11/17・11/30・12/7・12/15	11/3	9/19
金蘭会	11/15・11/16・12/1・12/7・12/15・12/21	7/28・8/24・9/29・10/26・11/16	9/14	10/3
好文学園女子	10/5・10/26・11/30・11/9・12/14・12/15・12/21・12/22	7/20・8/21・8/22・8/23・9/14・10/5・10/19・11/16・12/7	9/28・9/29	5/8
堺リベラル		7/21・8/24・9/8・10/12・11/4・11/17・12/14	9/14	6/11
四天王寺	7/14・10/19・11/2・12/14	7/14・10/19・11/2・12/14	9/14・15	6/19
樟　蔭	7/20・11/10・12/1	8/24・10/19・12/14・12/21	9/28	9/18
城南学園	12/7・12/15・12/21	7/28・8/24・10/5・11/2・11/24	6/15	
宣　真	11/2	7/13・8/3・9/7・10/26・11/23・12/14	9/26・27	6/19
相　愛	9/21・10/26・12/14	8/24・11/16・12/7	11/3	6/25
帝塚山学院	10/12	9/7	9/15	9/20
梅　花	11/23・12/7・12/21	7/13・8/25・9/29・11/2	9/14	6/12
プール学院	7/5・9/7・10/19・11/30・12/7・12/14・12/19・12/21	8/24・11/3	9/21	6/18
アサンプション国際	10/12・11/2・11/16	7/20・8/31・9/21	10/26	未定
アナン学園	11/30・12/7・12/12	8/31・10/26・11/16		

※５月現在、アンケート等により判明している日程を掲載しています。
※日程・内容は変更または中止になる場合があります。詳細は必ず各学校ホームページ等でご確認ください。
※行事の参加に予約を必要とする場合があります。また、一般の方がご参加いただけない場合もあります。

学校名	受験生・保護者対象入試説明会／学校説明会／個別相談会	オープンスクール／見学会／部活動体験・見学	文化祭／学園祭	体育祭
あべの翔学	8/25・10/20・11/17・12/1・12/15	8/25・9/21・10/20・11/17・12/1・12/15	11/8	9/30
上　宮	9/28・10/19・11/16・12/14		10/26	6/24
上宮太子	11/3・11/16・12/8・12/15	8/31・9/21・10/26	9/6・7	6/4
ヴェリタス城星学園（2025年度～男女共学）	11/30・12/7	7/27・8/31・10/19・11/10	11/3	5/30
英真学園	7/20・7/27・8/3・9/21・9/28・10/19・11/9・11/16・12/14	8/24・10/26		
追手門学院	10/12・11/16・12/7	7/27・8/31	7/17・18	9/5
追手門学院大手前	9/28・11/9・12/7	9/28	9/14	10/2
大　阪	10/12・11/9・11/16・11/20・11/21・11/22	8/31・10/5・11/2・11/23・12/14	9/24・25・26	10/30
大阪偕星学園	12/1・12/15	9/8・10/27・11/17	9/27・28	6/18
大阪学院大学	11/17・11/30・12/1・12/7・12/14	8/31・9/21・10/12・10/19・11/9	10/26	7/17
大阪学芸	7/23・9/14・10/19・11/3・11/23・12/1・12/8	9/14・10/19・11/3・11/23	9/7	6/26
大阪暁光	12/7・12/14	7/27・8/24・10/19・11/17	9/29	6/5
大阪国際	8/31・9/14・12/7	8/3・9/22・9/28・10/12・10/19・10/26	9/7	
大阪金剛インターナショナル	11/23	9/7・10/5	9/27・28	5/23
大阪産業大学附属	9/21・10/5・11/9・11/30・12/14	7/31～8/3・10/19・10/20	9/27	10/23・24
大阪商業大学	11/2・11/16・12/7・12/14・12/9～14（個別相談）	8/31・10/12・11/2・11/16・12/7	9/13・14	9/6
大阪商業大学堺	10/26・11/16・12/7	8/31・9/21	9/29	6/5
大阪信愛学院	11/16・11/30・12/8	8/25・10/19・11/24	9/28	9/20
大阪青凌	10/26・12/7・12/14	8/3・9/22		
大阪体育大学浪商	9/28・11/2・12/1・12/7・12/14・12/15	8/24	9/25	9/12
大阪電気通信大学	10/19・11/16・11/17・12/7	7/27・9/21	9/28	11/6
大阪桐蔭	10/5・10/26・11/16		11/3	
大阪夕陽丘学園	11/2・11/17・12/1・12/7・12/15	8/31・10/12	6/15	9/19
大阪緑涼	11/23・12/1・12/7・12/13・12/14・12/16・12/18・12/21	8/24・9/14・10/19・11/3	9/29	10/1

学校名	受験生・保護者対象入試説明会／学校説明会／個別相談会	オープンスクール／見学会／部活動体験・見学	文化祭／学園祭	体育祭
開　明	9/21・10/26・11/9・12/7	7/27・8/31・9/21・10/26・11/9		
関西大倉	10/12・10/26・11/9・11/16・11/30・12/7	7月・8月	9/28・29	
関西創価	7/21・9/15・9/21・10/19・11/2・3/20	7/21・9/15・11/2・3/20		9/28
関西大学高等部	10/12・11/16	7/20	9/14・15	5/2
関西大学第一	10/5・10/26	9/14	9/22	5/8
関西大学北陽	10/19・10/26・11/16・12/8	8/31	9/28	6/6
関西福祉科学大学	8/25・11/3・12/7・12/15	7/27・10/20・11/17	9/14	9/20
近畿大学附属	11/9・12/7	9/7	10/23	10/3
近畿大学泉州	9/21・11/30・12/7	9/7・10/26	9/13	6/5
建　国	9/28・11/9・12/7・11月～12月（個別相談会）	8/24・10/20	未定	5/25
賢明学院	10/26・11/16・12/14・12/21・12/26	9/21・9/28	9/14	7/4
香里ヌヴェール学院	12/7	9/7・10/12・11/9	9/29・30	5/30
金光大阪	11/2・11/16・12/7・12/14	8/17・10/12	9/13・14	6/12
金光藤蔭	7/20・9/21・11/17・12/8・12/22	8/24・9/8・10/6・10/20	11/22	10/25
金光八尾	10/5・11/9・12/1	8/31・9/7	9/20・21	6/7
四條畷学園	8/3・9/28・10/26・12/7	7/27・8/3・8/24・9/14・9/28・10/26・11/9・11/30・12/7	9/26・27	10/4
四天王寺東	7/6・11/2・11/30・12/7・3/8	9/7・9/21	9/13・14	6/21
常翔学園	10/5・11/2・12/7	8/24	9/13・14	7/4
常翔啓光学園	9/13・10/5・10/15・11/16・11/30・12/14	8/24・10/12		
昇　陽	10/19・11/30	9/14・10/5・11/9・12/14	9/28	6/28
精　華	11/24・12/8	9/7・10/19・11/9	10/26	9/10
清教学園	9/28・10/12・10/26・11/9・11/16・12/7・12/14	10/26	9/21	6/17
星　翔	9/15・10/12・11/17・12/1・12/14・12/22・12/16～20（個別相談会）	8/24・8/25・10/12・11/17	11/8	10/25
清風南海	10/26・12/7	6/15	9/7	
清明学院	11/9・11/23・12/7・12/14	9/7・10/12	6/1	7/11
大商学園	10/27・11/17・11/23・12/21	9/29・10/6・10/20	9/13・14	7/11
太成学院大学	11/23・12/7	8/24・10/12・11/9	10/19	9/24

学校名	受験生・保護者対象入試説明会／学校説明会／個別相談会	オープンスクール／見学会／部活動体験・見学	文化祭／学園祭	体育祭
帝塚山学院泉ヶ丘	11/23・11/24・11/30・12/7・12/14・12/19・12/21	9/14・9/28・10/12・10/19		
東海大学付属大阪仰星	8/24・9/18・11/30	10/19	9/29	
同志社香里	9/29・10/26・9/30～10/31（オンライン個別相談会）	9/29	11/2	
浪　速	10/26・11/9・11/30・12/7・12/9～21・12/23	8/24・8/25・12/9～21・12/23	9/14	
羽衣学園	9/21・10/19・11/9・11/30・12/7・12/14・12/21	9/4・9/9・9/21・10/19・11/9・11/30	6/6・7	9/12
初芝富田林	7/13・7/27・8/31・10/5・11/9・11/30	9/7・10/5・11/9・12/14	9/21・22	5/21
初芝立命館	9/7・9/14・10/5・11/16・12/7	6/29・9/14・10/5	6/5	10/24
阪南大学	10/19・11/16・12/1・12/2～6・12/9～13	8/24・11/2	未定	5/14
ＰＬ学園	10/5		6/16	
東大阪大学敬愛	12/7・12/15	8/24・9/29・10/27・11/23	11/16	10/17
東大谷	11/3・11/23・12/1・12/15	7/15・8/3・9/16・10/20	11/24・11/26	5/28
箕面学園	9/21・10/5・10/19・11/30・12/7	9/14・9/28・10/26・11/23		
箕面自由学園	8/31・9/28・10/12・10/26・11/9・12/7	7/20・9/14	6/8	6/10
明浄学院	12/7・12/21	7/20・8/24・9/21・10/12・10/26・11/23	11/9	5/15
桃山学院	9/15・10/5・11/4・11/23・12/7	8/24	11/2	6/17
履正社	7/28・9/7・10/5・11/2・11/16・11/30・12/7・12/14・12/26	7/28・8/3・8/25・9/7・9/14・10/5・10/26・11/2・11/16・11/30・12/7	9/22	10/10
早稲田大阪（現：早稲田摂陵）	12/7・12/14	7/13・8/24・10/5・11/16	9/20・21	6/7
■兵庫県				
甲　南	11/2	11/2	9/29	5/31
彩星工科	12/7	7/23・8/24・10/26・11/16	11/8・9	6/13
灘	10/5・10/12・11/2		5/2・3	9/22
報徳学園	10/27・11/2・11/16・11/24・12/8	7/20・9/7・10/12	10/27	
愛徳学園	10/12・11/23・11/30	8/24・8/29・8/30・9/14	11/2	9/20
賢明女子学院	12/7	7/25～26・8/24・9/7・9/28・10/8・10/12・11/2・11/12・11/16・11/29・11/30・12/14・12/26～27・1/11・2/1・2/22	9/14	10/15
甲子園学院	11/8・11/15・11/30・12/7・12/14・12/21	8/10・9/7・10/5・11/23	9/14	5/31
神戸国際	7/12・8/31・9/7・9/27・9/28・10/11・10/26・11/1・11/8・12/7・12/21	9/24～27・11/9	5/11	6/15
神戸常盤女子	10月末～12月中旬の土曜日（10回予定）	7/27・8/31	10/5・6	

学校名	受験生・保護者対象入試説明会／学校説明会／個別相談会	オープンスクール／見学会／部活動体験・見学	文化祭／学園祭	体育祭
松　蔭	9/14・11/2・12/1・12/7・12/21	8/24	4/27	9/27
親和女子	9/14・10/20・11/16・12/1		5/3	9/19
園田学園	7/27・8/31・10/19・11/9・11/30・12/7	7/27・8/31・10/19・11/9・11/30・12/7	9/7・9/10	9/27
姫路女学院	12/7・12/14・12/21・12/25・1/11	8/3・8/24・10/26・11/30	10/26	
兵庫大学附属須磨ノ浦	9/7・10/5・10/19・12/7・12/14	7/27・7/30・8/24・9/1・10/26・11/23	11/3	
武庫川女子大学附属	9/1・9/7・9/29・10/5・10/13・10/27・11/10・12/7	8/21・9/7・9/21・2/22	5/2・3	10/5
百合学院	9/5・9/7・9/21・10/2・10/19・11/9・11/22・11/30・12/7・12/9～20	7/20・8/31・10/26・11/16	9/7	9/21
芦屋学園	11/9・12/7・12/21	7/27・9/7・10/5・10/12	10/27	10/1
育　英	10/19・11/9・11/10・12/14・12/15	7/30・7/31	6/15・16	10/11
市　川	9/7・9/28・10/20・11/10・11/17・12/8・12/15	8/25・10/27	11/21・22	10/25
関西学院高等部	7/13・9/21・11/16	7/13・8/31・9/21・11/16	11/2	
近畿大学附属豊岡	8/24・8/25・10/26・11/9	8/24・8/25・10/26・11/9	9/20・21	9/26
啓明学院	9/21・10/26・11/16	8/3	11/9	4/26
神戸学院大学附属	10/27・11/3・11/24・12/8・12/15	8/24・8/25	10/19	
神戸弘陵学園	12/7・12/14・1/11	8/24・9/21・10/26・11/30	9/27	10/1
神戸国際大学附属	7/21・9/21・10/12・10/26・11/9・11/23・12/7	8/1・8/2・10/5・11/2	10/5	6/12
神戸星城	7/27・8/24・10/19・10/26・11/9・11/16・12/7・12/14	7/27・8/24・10/19・10/26・11/9・11/16・12/7・12/14	5/9・10	9/25
神戸第一	7/27・8/25・9/22・10/20・11/9・11/17・11/24・12/8・12/14	7/27・8/25・9/22・10/20・11/9・11/17・11/24・12/8・12/14	6/14	10/4
神戸野田	10/19・11/3・11/24・11/30	7/27・11/8・12/8	6/15	9/19
神戸山手グローバル（現：神戸山手女子）	7/21・9/23・11/3・11/9・11/30・12/1・12/14・12/15・12/21・12/22	7/21・9/23・11/3	9/28	10/6
神戸龍谷	12/14	8/24・10/27・11/9・11/17・11/30	6/14	10/8
三田学園	6/15・7/14・9/21・10/26・11/30・12/8	6/15・2/15	11/2	9/19
三田松聖	11/30・12/7・12/14	7/27・8/3	6/14・15	10/24
夙　川	10/26・11/2・11/10・11/17・12/8		6/15・16	
神港学園	11/24・12/14	7/27・9/8・10/5・11/2	6/15	9/27
須磨学園	10/20・10/26・11/2・11/10・11/17・11/23・12/1・12/7			
蒼　開	10/5・11/16・12/7	8/3・11/16	9/20・21	6/12

学校名	受験生・保護者対象入試説明会／学校説明会／個別相談会	オープンスクール／見学会／部活動体験・見学	文化祭／学園祭	体育祭
滝　川	8/25・9/7・11/2・11/10・11/30・12/7	8/25	6/15・16	
滝川第二	10/26・12/14	7月以降実施	5/10・11	9月下旬
東洋大学附属姫路	11/10・12/7・12/16・12/25	8/24・8/25・10/26	6/21	9/26
仁川学院	10/19・11/2・11/9・11/30・12/7・12/14	7/21・8/24	9/21	
白　陵	10/5・10/26	5/25・6/1・6/15・6/29	9/22	9/8
日ノ本学園	11/23・11/30・12/7・12/14・12/21	7/6・8/31・10/19・11/16	7/11・12	10/11
雲雀丘学園	8/24・9/28・10/26・11/23	8/24・9/28・10/5・10/26・11/16・11/23	8/31	5/10

■京都府

学校名	受験生・保護者対象入試説明会／学校説明会／個別相談会	オープンスクール／見学会／部活動体験・見学	文化祭／学園祭	体育祭
東　山	7月下旬～8月・11/4・11/10・11/23・12/7	7/6・7月下旬～8月・10/19	9/27・28	10/2
華頂女子	10/26・11/30	7/13・7/19・9/21	9/12・13	11/7
京都光華	11/30・12/7	8/3・9/29・10/19・11/9	9/6・7	10/25
京都女子	10/5・11/16	7/20・10/26・12/14	9/13・14	10/1
京都聖母学院	7/20・10/26・12/8	9/28	9/14・15	5/10
同志社女子	10/5・10/26	6/15	10/5	
ノートルダム女学院	12/7	7/27・10/5・11/2	9/21・22	10/31
平安女学院	7/6・7/13・7/20・7/27・10/12・11/2・11/16・11/23・12/7・12/14・12/21	8/24・9/21		6/7
一燈園	9/21・11/2・12/21	6/15	11/12	10/11
大　谷	9/7・10/5・11/2・11/16・12/7・12/14	7/27・9/21・10/5・11/2・12/7	9/7	9/18
京都外大西	7/21・12/7	9/8・10/27		
京都共栄学園	9/14・11/23・12/28	7/28・8/25・10/19	9/20	10/25
京都暁星	1/7	7/28・8/24・8/25・10/12・11/10	6/23	10/5
京都芸術	11/2・11/3・11/4・11/9・11/23・12/7・12/14・12/21・1/11	7/6・8/3・10/5・10/26・11/2・11/3・11/4・11/9・11/23・12/7・12/14・12/21・1/11	11/2・3	
京都廣学館	7/6・7/20・7/22～26・8/3・8/24・9/7・9/14・10/19・10/26・11/16・11/30・12/7・12/9～13・12/14・1/18・3/8	7/6・7/20・7/22～26・8/3・8/24・9/7・9/14・10/19・10/26・11/16・11/30・12/7・12/9～13・12/14・1/18・3/8	9/26	9/27
京都国際	12/7	7/20・8/24・9/21・10/19・11/16	10/12	5/16
京都産業大学附属	9/7・10/5・11/2・12/7	6/22	9/19・20	10/1
京都翔英	11/16・12/14・1/11	7/27・8/9・9/14・10/19	9/19	9/20
京都精華学園	11/9・12/7・12/14・12/15・12/21・12/22・1/5	7/28・8/24・9/21・10/5・10/19・11/16		

学校名	受験生・保護者対象入試説明会／学校説明会／個別相談会	オープンスクール／見学会／部活動体験・見学	文化祭／学園祭	体育祭
京都聖カタリナ	12/7・12/21	8/3・9/28・11/2	9/13	5/10
京都成章	7/6・7/13・9/7・9/14・10/5・10/12・10/19・10/26・11/2・11/9・11/23・12/7	7/6・7/13・9/7・9/14・10/5・10/7・10/8・10/11・10/12・10/26・11/2・11/9・11/25・11/26・11/28・11/29・12/7		
京都先端科学大学附属	7/13・7/27・8/24・9/21・11/2・12/7 9/9～12/18（個別相談会※月水金）	7/13・7/27・8/24・9/21・11/2・12/7	9/12・13	10/25
京都橘	10/13・11/2・12/1	9/14・9/28・10/5・10/13・11/2・11/16・12/7・12/14	9/7	6/20
京都西山	12/1・12/7・12/14・12/21	7/27・9/7・10/5・10/12・10/19・10/26・11/2・11/9・11/16・11/23・11/30	9/19・20	9/27
京都文教	7/6・11/8・11/15・12/1・12/7	9/14・9/28・10/26・11/8・11/15	9/7・8	9/25
京都明徳	10/21・10/28・11/22・11/28・12/14	7/13・8/24・9/14・10/12・11/9・12/7	9/28	
京都両洋	11/16・12/7・12/18・12/19・12/20	7/28・9/14・10/5・11/2		
同志社	10/12		9/28・29	9/26
同志社国際	7/20・8/3・10/26	6/15	未定	10/1
日　星		7/27・9/14・10/19・11/9	9/26・27	6/7
花　園	9/21・10/26・11/23・12/15・12/21	8/24・12/7		
福知山淑徳	7/6・7/20・9/14・9/28	7/27・8/24・10/5・12/1	11/16	6/7
福知山成美	9/14・10/5・11/9・12/26	7/27・8/24	9/26・27	9/25
洛　南	10/19・12/7	8/3・10/19	10/4・5	9/22
洛陽総合	11/20・11/21・11/22	7/27・9/14・11/2・12/14	11/6～11/8	7/8
立命館	11/16	8/1・10/5・10/27・11/16	9/21・22	10/1
立命館宇治	8/3・10/26	8/3・10/26		
龍谷大学付属平安	7/7・10/6・11/17・12/15	9/23	9/6・7	9/24

■滋賀県

学校名	受験生・保護者対象入試説明会／学校説明会／個別相談会	オープンスクール／見学会／部活動体験・見学	文化祭／学園祭	体育祭
綾　羽	8/4・9/22・11/3・11/24・12/1	8/4・9/22・11/3	11/21・22	6/12
近　江	11/24・12/8・12/15・12/22	8/3・8/31・9/28・10/12・11/10	9/5・6	6/20
近江兄弟社	9/7・11/2・12/7	7/28・9/7・10/5・10/18・11/30	6/27・28	6/25
光泉カトリック	7/27・10/19・11/16・12/14		9/27・28	6/5
滋賀学園	11/30・12/14	7/6・8/3・9/7・10/19・11/16	9/5・6	6/14
滋賀短期大学附属	9/21	8/7・8/22・9/21・10/19・11/9・12/7	9/3・4	6/17・6/19
比叡山		7/27・11/16	7/9・10	9/4

学校名	受験生・保護者対象入試説明会／学校説明会／個別相談会	オープンスクール／見学会／部活動体験・見学	文化祭／学園祭	体育祭
彦根総合	11/23・12/14	8/2・10/5・11/9・12/7	9/13	6/7
立命館守山	9/28・11/9・11/23	8/3・8/31・9/7・9/8・10/12・12/7	9/7・8	
■奈良県				
育英西	10/5・10/12・11/9・12/8	9/7	9/5・9/7	5/10
奈良女子	7/23～26・9/7・10/12・11/30・12/7・12/16～19・12/21	7/23～26・8/24・9/7・10/12・11/4・11/30・12/14・12/16～19	9/21	10/3
奈良文化	11/16・11/23・12/14	7/27・9/21・9/28・10/26・11/9	9/20・21	6/4
橿原学院	10/27・11/17・12/21	8/4・8/18・9/7・10/5・11/17・12/7	10/19・20	10/16
智辯学園	10/12・11/10・12/1	11/17	9/11・12	10/18
智辯学園奈良カレッジ	7/20・9/28・11/2	7/24～8/7（7/27、8/3、休日は除く）・8/26～30（8/28は除く）・9/21・10/5・11/16・12/21～26（休日は除く）	9/20・21	10/25
帝塚山	9/29・10/27・12/1		4/25・26	5/30
天　理	10/26・11/16	9/7	9/12・13	9/13
奈良育英	10/19・12/8・12/14・12/21	7/23・9/21	9/14	
奈良学園	11/2	9/28	9/7	
奈良大学附属	10/27・11/16・12/8	7/28・8/24	9/6・7	10/2
西大和学園	10/19・11/16・12/1・12/7・12/14・12/21	8/31	9/7	5/16
■和歌山県				
和歌山信愛	9/29・10/12・11/16・12/7・12/21	8/31・10/19	5/1	10/9
開　智	8/31・9/21・10/12・11/2・11/15・11/23・12/14		9/12・13	10/11
近畿大学附属新宮	10月、12月、2月	7/27	9/21・22	9/26
近畿大学附属和歌山	9/7・9/14・9/16・9/22・10/5・10/12・11/10・12/7・12/14	6/22	9/5・6	9/10
高野山	7/23・9/10	8/24・8/25・9/28・9/29・12/7・12/8	10/12・13	
智辯学園和歌山	11/16	9/7・10/26・11/30・12/7・12/21	10/16・17	10/3
初芝橋本	7/6・7/13・7/20・8/31・11/9・12/7	9/7・9/14・10/19・11/9・11/16・12/14	9/25	6/19

大阪星光学院高等学校

学校法人 大阪星光学院
〒543-0061 大阪市天王寺区伶人町1-6
TEL06-6771-0737　FAX06-6779-8838
http://www.osakaseiko.ac.jp/

■**創立**／昭和25年(1950)　■**校長**／田沢幸夫
■**生徒数**／554人(1年／188人 2年／196人 3年／170人)
■**併設校**／大阪星光学院中学校
■**沿革**／サレジオ会のアンジェロ=マルジャリア神父により、昭和25年創立。同43年黒姫星光山荘(長野県)落成、同48年南部学舎(和歌山県)落成、平成20年中学・高校の新校舎が完成しました。
■**交通**／大阪メトロ谷町線「四天王寺前夕陽ヶ丘」から徒歩2分、JR「天王寺」から徒歩10分、近鉄「大阪上本町」から徒歩15分

インフォメーション INFORMATION

●**教育方針**／カトリック・サレジオ修道会の学校として、「喜びの心をもつ」ということを強調しています。「世の光であれ」を校訓とし、多くの分野で社会に貢献する人物を育成します。
●**学校行事**／人権教育映画鑑賞(5月)、体育大会・芸術鑑賞(6月)、ボストン研修(8月・高2希望者)、スクールフェア(11月※文化祭)、英語暗唱大会・球技大会(2月)など。夏休み中には山荘合宿(1年)、南部合宿(2・3年)が行われます。修学旅行(6月・2年)は北海道などへ。
●**クラブ活動**／体育系はホッケー、卓球、柔道、サッカー、野球、弓道、バスケットボール、陸上競技、テニス、バレーボール、剣道。文化系は囲碁将棋、地歴研究、数学研究、新聞、吹奏楽、書道、クイズ研究会、ライフサイエンス、ESS、天文、美術、写真・ボランティアなど。所属率は約81%です。
●**野外活動**／南部学舎(和歌山県)と黒姫星光山荘(長野県)があり、山荘合宿や勉強合宿など校外行事も多彩です。
●**スクールライフ**／3学期制／登校時刻…8：35／頭髪…染色・パーマ等禁止／アルバイト…禁止／自転車通学…許可(他の交通機関に比べ、大幅に通学時間が短縮する場合)／携帯…持込許可制

カリキュラム CURRICULUM

●**普通科**
生徒1人ひとりの資質を最大限に伸ばすためのカリキュラムを編成しています。中高6年一貫教育システムにより、カリキュラムの重複やムダを省き、ゆとりあるカリキュラムで基礎教科の徹底した学習をはかり、大学進学をめざします。
在校生は、全員が大学進学を希望。日常の授業を通じて大学進学に適した学力を6年間で着実に身につけ、その上で生徒1人ひとりの特性を考え、進むべき目標を決めていきます。第1期(中学1・2年)では多様な価値観を容認できるおおらかな目と心を養いつつ、基礎学力の充実と創造力の進展をめざします。第2期(中学3年・高校1年)は関心領域を広げながら、教科の枠を超えて知識を関連づけ、体系化する能力を養成。将来についてじっくり考え、自己の適性の発見に努めます。第3期(高校2・3年)から文系／理系に分かれ、進路目標の実現に向けて学力のさらなる充実をはかるとともに、社会における自己の役割について考えを深めていきます。
クラブ合宿、学習合宿などの協同生活は、仲間たちと切磋琢磨し、刺激し合いながら、人と人のつながりから自分を見つめる貴重な機会。教師と生徒の絆もさらに強く結ばれます。社会の諸分野で活躍する方々の講演会、大学生OBの研究紹介などが頻繁に開催されることも同校の特色のひとつ。多方面からの教育が、生徒1人ひとりの個性を、すこやかに育んでいます。

大阪星光学院の特色といえば、先生と生徒の間の垣根が低いことでしょう。学習面のみならず、分からないことがあればいつでも気軽に相談を持ちかけることができます。また友人同士でも黒姫山荘や南部学舎における幾度もの合宿を通して、強い絆を育むことができます。学校は、歴史的にも興味深い「上町台地」に立地。日々密度の高い授業やクラブ活動が盛んに行われている、とても活気に満ちた学校です。(T・S)

進研Vもし 合格のめやす

●目標偏差値（合格可能性80%）

併願	専願
普通科……73	普通科……73

30 35 40 45 50 55 60 65 70 75

普通科 努力圏 合格圏

入試ガイド

●募集要項 ＊2024年度入試実施分

募集人員　普通科15

出願期間　1/16～2/8
受験料　20,000円
学力検査　2月10日
面接　専願のみ（約10分）
合格発表　2月11日
入学手続　専願 2月12日
　併願 3月20日

●試験科目と配点・時間

科目	国語	数学	英語	社会	理科
配点	120点	120点	120点	70点	70点
時間	60分	60分	60分	40分	40分

＊英検資格活用あり。

●学費

入学金	300,000円	制服代・その他制定品費	85,000円
年間授業料	540,000円	施設費	40,000円
諸会費等	31,200円	その他	—
各種行事費	11,000円	初年度納入金合計	1,007,200円

入試状況

●併願

年度	学科・コース	受験者数	合格者数	回し	倍率	合格最低点
'24	普通科	17	16	—	1.06	—/—
'23	普通科	5	4	—	1.25	—/—
'22	普通科	4	4	—	1.00	—/—

●専願

年度	学科・コース	受験者数	合格者数	回し	倍率	合格最低点
'24	普通科	11	9	—	1.22	—/—
'23	普通科	4	3	—	1.33	—/—
'22	普通科	3	3	—	1.00	—/—

●主な公立受験校

—

卒業後の進路

卒業者数／180人

大学進学	短大進学	専門学校等	就職	進学準備ほか
—	—	—	—	—

＊非公表

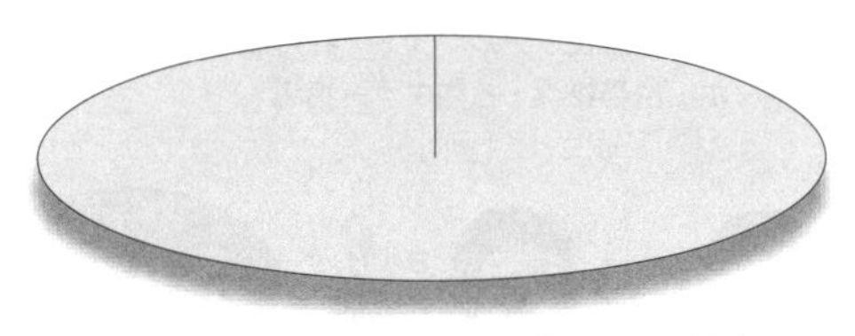

4年制大学 —　短期大学 —　専門学校 —　就職 —　進学準備ほか —

●主な大学合格状況

国・公立大／

東京大 14	京都大 37	大阪大 14
神戸大 16	北海道大 6	東北大 1
滋賀大 2	京都工繊大 4	一橋大 5
東京工業大 1	千葉大 1	富山大 1
鳥取大 1	徳島大 1	香川大 1
宮崎大 2	京都府立医 2	大阪公立大 23
奈良県立医 3	和歌山県医 6	名古屋市立大 2

私立大／

関西大 13	関西学院大 19	同志社大 54
立命館大 39	早稲田大 25	慶應義塾大 13
中央大 4	東京理科大 18	大阪医科薬科大 8

興國高等学校

学校法人 興國学園
〒543-0045 大阪市天王寺区寺田町1-4-26
TEL06-6779-8151　FAX06-6779-8174
https://www.kokoku.ed.jp/

■**創立**／大正15年（1926）　■**校長**／草島葉子
■**生徒数**／2,490人（1年／822人 2年／767人 3年／901人）
■**沿革**／大正15年興國商業学校として開校。昭和36年興國高等学校に改称。平成14年8階建て新本館が竣工。平成26年オンリーワンキャンパスが竣工。平成27年8階建て新西館が竣工。平成28年創立90周年を迎える。平成29年 新アリーナが竣工。
■**交通**／JR環状線「寺田町駅」より徒歩6分、JR環状線「天王寺駅」より徒歩10分

インフォメーション INFORMATION

●**教育方針**／自分の長所・得意なところで夢や目標を見つけ、それを実現させていく「オンリーワン教育」を推進しています。
●**学校行事**／宿泊オリエンテーションや体育大会、無人島サバイバルキャンプ、AAトライアスロンのほか、文化祭、校外学習、芸術鑑賞、マラソン大会など、生徒の「やりたい」を実現する環境が整っています。
●**クラブ活動**／夏の甲子園で初出場初優勝を成し遂げた硬式野球部や全国大会出場（2019年度）のサッカー部、古豪復活に向けて成長著しいラグビー部を始めとした運動部だけでなく、ESSやデジタルクリエーション部などの文化部、eスポーツ部やウインドアンサンブル（吹奏楽部）など特設部も充実。
●**海外交流**／海外研修旅行では、チェコ・オーストリア・ドイツ／オーストラリア・シンガポール／グアム／ハワイにて、コースの特色を活かしたプログラムを実施。また、サッカー部はスペイン、ラグビー部はイングランド、硬式テニス部はフロリダにて、現地の選手やチームとのマッチアップが組まれています。
●**スクールライフ**／3学期制／登校時刻…8：35／頭髪…染髪・長髪・パーマ禁止／アルバイト…許可制／自転車通学…許可制／スマホ…携帯推奨・校内マナー指導

カリキュラム CURRICULUM

●**スーパーアドバンス**
医学科・難関国公立大学をめざすコースです。ナレッジサイエンスクラスではメディカル・サイエンス・エンジニアリング分野で活躍する人材を、ダ・ヴィンチクラスでは、文系理系にとらわれず新しい視点から新しい時代を創造できる男子を育成します。
●**プレミアムアドバンス**
難関大学合格を目指します。2年生から文・理の選択ができ、理系希望者はスーパーアドバンスクラスへの進級も可能です。
●**アスリートアドバンスコース**
トップアスリートを目指す一方で、セカンドキャリアを意識した指導も進めています。国公立大学・早慶・MARCH・関関同立を始めとした多数の4年制大学合格を実現しています。
●**アカデミアコース**
一人ひとりの可能性を最大限に引き出す多様なプログラムが組まれています。中学まで勉強が苦手だと感じていた生徒も豊富な指定校推薦で4年制大学に多数進学しています。
●**キャリアトライコース**
皇宮護衛官・警視庁・消防庁・自衛官・市役所・裁判所などを始め、公務員試験の合格実績は西日本トップレベル。ピアノやリトミック等、初等教育に必要なスキルを習得できます。
●**ITビジネス科**
簿記や情報処理・英語などの各種検定を取得し、国公立大学や難関私立大学への進学を実現。また、プログラミングなどを学び、デジタルクリエイターを目指すのに必要なスキルを習得します。

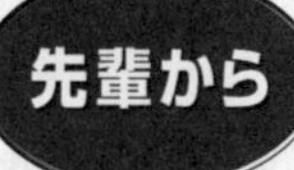

自由な雰囲気のなか、のびのびとした学生生活を送ることができました。在学中に日商簿記2級の資格が取れたのも先生の熱心な指導のおかげです。高大連携授業では、高校では学ぶことができないような高度なゲームプログラミングなどを学ぶことができました。インターンシップへの参加や文化祭のITBストアでは経営を実践的に学ぶことができました。生徒のやる気を引き出してくれる学校です。（S・T）

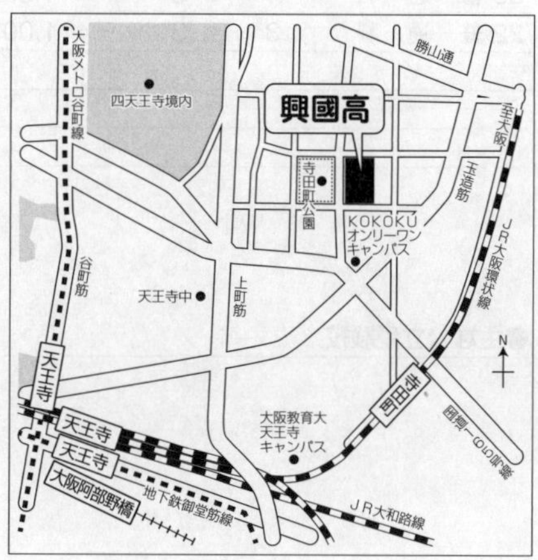

進研Vもし 合格のめやす

●目標偏差値(合格可能性80%)

併願		専願	
スーパーアドバンス	59	スーパーアドバンス	56
プレミアムアドバンス	50	プレミアムアドバンス	48
アスリートアドバンス	50	アスリートアドバンス	48
キャリアトライ	45	キャリアトライ	43
アカデミア	42	アカデミア	40
IT ビジネス科	42	IT ビジネス科	40

30 35 40 45 50 55 60 65 70 75

スーパーアドバンス
努力圏 合格圏 安全圏

プレミアムアドバンス／アスリートアドバンス
努力圏 合格圏 安全圏

キャリアトライ
努力圏 合格圏 安全圏

アカデミア／ITビジネス科
努力圏 合格圏 安全圏

入試状況

●併願

年度	学科・コース	受験者数	合格者数	回し	倍率	合格最低点
'24	スーパーアドバンス	49	48	—	1.02	—/—
	プレミアムアドバンス	88	88	1	1.00	—/—
	アスリートアドバンス	29	29	—	1.00	—/—
	キャリアトライ	73	73	—	1.00	—/—
	アカデミア	167	165	—	1.01	—/—
	ITビジネス科	136	136	—	1.00	—/—

●専願

年度	学科・コース	受験者数	合格者数	回し	倍率	合格最低点
'24	スーパーアドバンス	65	64	—	1.02	—/—
	プレミアムアドバンス	98	98	1	1.00	—/—
	アスリートアドバンス	232	232	—	1.00	—/—
	キャリアトライ	38	37	—	1.03	—/—
	アカデミア	184	183	1	1.01	—/—
	ITビジネス科	149	147	—	1.01	—/—

＊同時合格あり(プレミアムアドバンス専願合格24名・併願合格20名はスーパーアドバンスと同時合格、アカデミア専願合格45名・併願合格10名はプレミアムアドバンスと同時合格)。ただし、他コースの合格者数には含まない。

●主な公立受験校

港ー普通	伯太ー総合	今宮工科ー工業
日新ー普通	堺工科ー工業	城東工科ー工業
東住吉総ークリエ	藤井寺ー普通	岸和田産ー商
市岡ー普通	信太ー普通	交野ー普通
都島工ー建築都市	長吉ーEパワ／特	市立堺ーサイ創造

入試ガイド

●募集要項　＊2024年度入試実施分

募集人員	アドバンス（スーパーアドバンス110・プレミアムアドバンス80）、アスリートアドバンス120、アカデミア120、キャリアトライ40、ITビジネス科=120
出願期間	1/22～1/29
受験料	20,000円
学力検査	2月10日
面接	2/10併願・2/11専願
合格発表	2月13日
入学手続	専願 2月17日 併願 3月19日

●試験科目と配点・時間

科目	国語	数学	英語	社会	理科
配点	100点	100点	100点	100点	100点
時間	45分	45分	45分	45分	45分

＊アドバンスコース(スーパーアドバンス・プレミアムアドバンス) は5教科入試。上位3科目で判定。うち、高得点2科目を2倍に換算。＊その他コースは3科(国数英)。

●学費

入学金	200,000円	制服代	約 80,000円
年間授業料	610,000円	その他制定品費	55,660円
諸会費計	116,600円	その他	—
修学旅行積立	別途	初年度納入金合計	約 1,062,260円

卒業後の進路

卒業者数／ 680 人

大学進学	短大進学	専門学校等	就職	進学準備ほか
477人	5人	59人	81人	58人

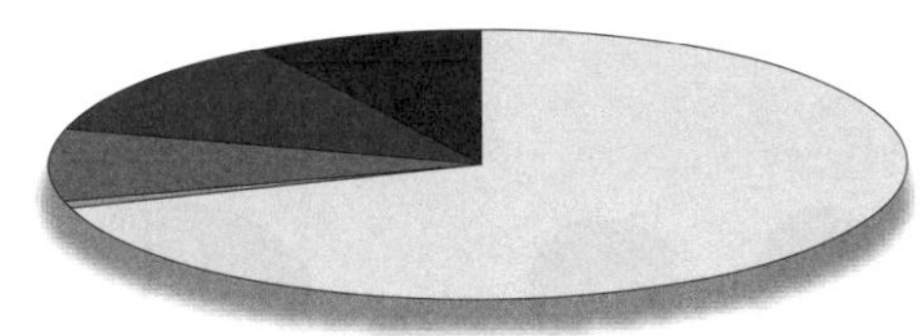

●主な大学合格状況

国・公立大／

東京大 1	京都大 8	大阪大 5
神戸大 4	北海道大 1	東北大 1
名古屋大 2	九州大 1	滋賀大 7
大阪教育大 5	和歌山大 3	筑波大 3
大阪公立大 9	兵庫県立大 9	和歌山県医 2

私立大／

関西大 46	関西学院大 26	同志社大 53
立命館大 34	京都産業大 21	近畿大 135
甲南大 8	龍谷大 27	佛教大 1
摂南大 42	神戸学院大 8	追手門学院大 28
桃山学院大 89	早稲田大 6	慶應義塾大 1

清風高等学校

学校法人 清風学園
〒543-0031 大阪市天王寺区石ヶ辻町12-16
TEL06-6771-5757
https://www.seifu.ac.jp/

■**創立**／昭和20年(1945)　■**校長**／平岡宏一
■**生徒数**／1,682人(1年／556人 2年／556人 3年／570人)
■**併設校**／清風中学校
■**沿革**／昭和20年浅香山電機工業学校を設立。同23年中学校を併設し、現在地へ移転。同24年「清風」に校名改称。同46年大阪府下初の「理数科」を設置。平成7年中学校に「理Ⅲ6か年コース」を設置。
■**交通**／近鉄「大阪上本町」から徒歩3分、大阪メトロ谷町線・千日前線「谷町九丁目」から徒歩7分、JR大阪環状線「鶴橋」から徒歩12分

インフォメーション INFORMATION

●**教育方針**／「徳・健・財三拍子そろった姿でルールを守り、世の中のために尽くす人間の育成」が建学の精神。次代のリーダーとなる人物の育成をめざしています。
●**学校行事**／高野山・法隆寺・薬師寺・伊勢神宮への参拝のほか、高野山100km歩行(3月・希望者)や文化祭、体育祭、ハイキング、富士登山など年間30近くの行事があります。修学旅行(高2)は沖縄へ。
●**クラブ活動**／オリンピック選手を輩出している体操競技や陸上競技のほか新体操、テニスも全国総体優勝の実績あり。体育系はほかにボート、フェンシング、バレーボール、剣道、サッカー、ヨット、日本拳法など。文化系は生物、鉄道研究、茶道などが活動しています。クラブ加入率は約60%です。
●**海外交流**／海外姉妹校(イギリス)との交換留学制度あり。
●**スクールライフ**／3学期制／登校時刻…8：35／頭髪…染色・パーマ禁止／アルバイト…禁止／自転車通学…禁止／携帯…持込禁止

カリキュラム CURRICULUM

●**理Ⅲ6か年編入コース**
東京大学・京都大学・国公立大学医学部をめざすコースです。1年次は数学を多くした独立のカリキュラムを実践。2年次から理系／文系に分かれ、内部進学の理Ⅲコースを中心に6か年コースに編入します。2年次で高校課程をほぼ修了し、3年次には演習やテストを行う実戦的な受験対策授業となります。
●**理数コース**
大阪大学・神戸大学などの難関国公立大学をめざすコースです。2年次から理系／文系に分かれ、理系は理科と数学が多くなり、文系は地歴・公民と国語が多くなります。3年1学期で高校課程をほぼ修了。それ以降は志望大学を目標とした、実戦的な演習やテストによる受験対策授業が行われます。
●**文理コース**
国公立大学・難関私立大学をめざすコースです。1年次の教材・授業内容・時間数は理数コースと同じで、2年次から理系／文系に。3年1学期には高校課程をほぼ修了し、実戦的な受験対策態勢にシフトします。進級時には成績・適性により、理数コースへの変更が認められます。

☆各コースとも1・2年次には復習に重点をおいた補習授業も実施。志望校別に細分化されたコース、また教員間で共有された指導ノウハウにより、確実な学力の強化をはかっています。

先輩から

自分の成績を基準にせず、自分のやりたいことができる大学を選ぶように、面談を通じて志望校に合わせた学習指導をしてもらえました。丁寧で熱心な指導のおかげで、学力が伸び、自分に自信がもてるようにもなりました。受験対策は充実しており、特に国公立大学2次対策はきめ細かく、最後まで頑張りぬくことが出来ました。「100km歩行」という行事に参加したことが強く思い出として残っています。(M・K)

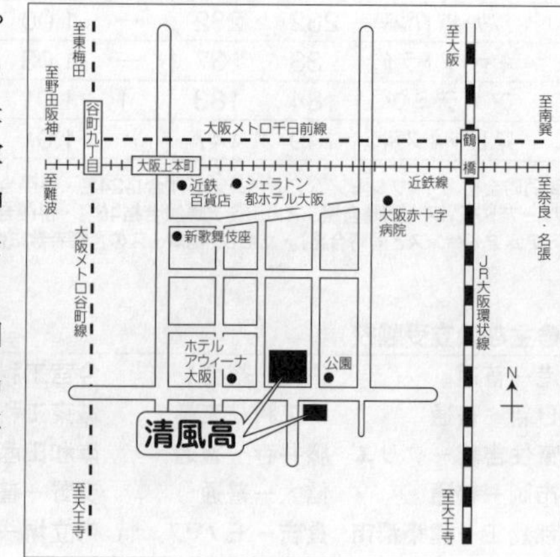

進研Vもし　合格のめやす

●目標偏差値（合格可能性80%）

併願		専願	
理Ⅲ6か年編入	68	理Ⅲ6か年編入	66
理数	65	理数	62
文理	60	文理	58

30 35 40 45 50 55 60 65 70 75

理Ⅲ6か年編入　努力圏　合格圏　安全圏

理数　努力圏　合格圏　安全圏

文理　努力圏　合格圏　安全圏

入試状況

●併願

年度	学科・コース	受験者数	合格者数	回し	倍率	合格最低点
'24	理Ⅲ6か年編入	255	127	—	—	380/500
	理数		98	—	—	325/500
	文理		29	—	—	266/500
'23	理Ⅲ6か年編入	261	142	—	—	360/500
	理数		83	—	—	310/500
	文理		33	—	—	250/500

●専願

年度	学科・コース	受験者数	合格者数	回し	倍率	合格最低点
'24	理Ⅲ6か年編入	159	43	—	—	345/500
	理数		37	—	—	310/500
	文理		77	—	—	242/500
'23	理Ⅲ6か年編入	153	34	—	—	325/500
	理数		19	—	—	300/500
	文理		93	—	—	225/500

●主な公立受験校

畝傍－普通	高津－文理	生野－文理
高田－普通	寝屋川－普通	八尾－普通
大手前－文理	枚方－普通	桜塚－普通
岸和田－文理	奈良－普通	一条－外国語／推
春日丘－普通	郡山－普通	

入試ガイド

●募集要項　＊2024年度入試実施分

募集人員　理Ⅲ6か年編入80、理数80、文理90

出願期間　1/22～1/29
受験料　20,000円
学力検査　2月10日
面接　保護者同伴・集団
合格発表　2月12日
入学手続　専願 2月15日
　併願 3月21日

●試験科目と配点・時間

科目	国語	数学	英語	社会	理科
配点	100点	100点	100点	100点	100点
時間	50分	50分	50分	50分	50分

＊英語資格の活用あり。

●学費

入学金	230,000円	制服代	—
年間授業料	670,000円	その他制定品費	—
諸会費計	109,000円	その他	—
修学旅行積立	約 159,500円	初年度納入金合計	約 1,168,500円

卒業後の進路

卒業者数／609人

大学進学	短大進学	専門学校等	就職	進学準備ほか
413人	—	3人	4人	189人

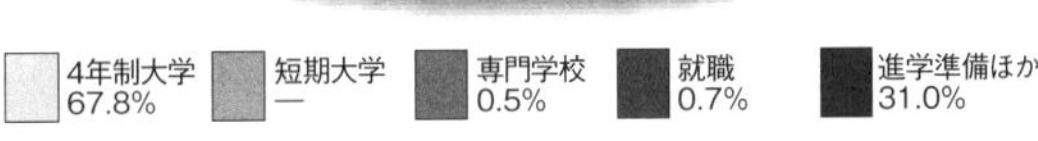

●主な大学合格状況

国・公立大／

東京大 1	京都大 5	大阪大 12
神戸大 9	東北大 1	九州大 2
滋賀大 2	滋賀医科大 1	京都教育大 2
京都工繊大 5	大阪教育大 2	奈良教育大 2
和歌山大 24	徳島大 12	北見工業大 8
滋賀県立大 5	京都府立大 3	大阪公立大 29
兵庫県立大 14	奈良県立医 3	和歌山県医 4

私立大／

関西大 137	関西学院大 101	同志社大 71
立命館大 110	大阪医科薬科大 8	兵庫医科大 9
関西医科大 2	早稲田大 6	慶應義塾大 6

東大阪大学柏原高等学校

学校法人 村上学園
〒582-8585 柏原市本郷5-993
TEL072-972-1565　FAX072-971-7043
https://kashiwara.ed.jp/

■創立／昭和38年（1963）　■校長／小林康行
■生徒数／484人（1年／161人 2年／159人 3年／164人）
■併設校／東大阪大学　東大阪大学短期大学部
■沿革／昭和38年に設立された柏原女子高等学校が前身。同39年男子部の併設とともに柏原高等学校に校名変更、同45年男子校に（女子部解消）。平成18年から現校名に変更。
■交通／JR大和路線「志紀」、JR・近鉄「柏原」から徒歩15分

インフォメーション　INFORMATION

●**教育方針**／「萬物感謝（万物によって生かされていることに感謝すること）」・「質実勤労（真面目に謙虚に努力を重ね向上すること）」・「自他敬愛（自分と同じように他人や周囲の存在を大事に思うこと）」を校訓とし人間をつくる教育を実践しています。
●**学校行事**／新入生オリエンテーション（4月）、芸能鑑賞会（6月）、敬愛感謝の日（清掃活動9月）、校外学習（9月）、体育大会（10月）、柏高祭（11月）。暑中見舞・年賀葉書指導＆コンテストなどの行事も実施。修学旅行は2年2月に実施。
●**クラブ活動**／硬式野球、サッカー、バドミントン、ゴルフ、空手道、柔道、ラグビー、陸上競技、日本拳法などの学校指定クラブを中心にスポーツが盛んです。体育系は他に、バスケットボール、卓球、スポーツチャンバラ、バレーボールなど。文化系は書道、美術、放送、理科、鉄道研究、料理などが活動中。
●**スクールライフ**／3学期制／登校時刻…8：40／頭髪…染髪・パーマ禁止／アルバイト…許可／自転車通学…許可／携帯…持込可

カリキュラム　CURRICULUM

●**アドバンストコース**
充実した進路指導を整えたカリキュラムで大学進学を目指すコースです。少人数による効率的な指導体制と熱意あふれる指導により、目標達成をサポートします。
●**キャリアアップコース**
豊富な選択科目からチャレンジ精神を持って取り組む中で、自分の適性を見極め、社会に出て通用する人間性を磨くコースです。大学進学にも就職にも対応しています。
●**キャリアアシストコース**
万全の支援体制で学習面も生活面もしっかりサポートします。不安や悩みに寄り添いながら自立と自律をめざします。
●**キャリアスポーツコース**
「楽しく学ぶ」をモットーに、部活動に縛られず新ジャンルの幅広いスポーツに挑戦しながら、スポーツ関連の資格取得や進学・就職・指導者をめざすコースです。
●**アスリートコース**
スポーツ特化のカリキュラム編成でトップアスリートの育成を目標に、競技大会では全国制覇やその世代の代表と呼ばれる選手をめざします。

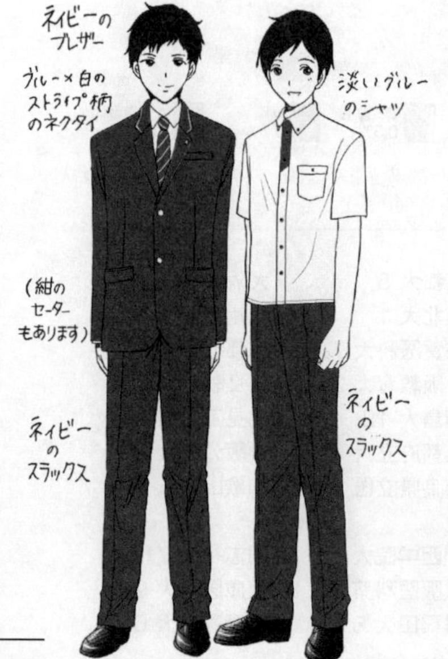

先輩から

私が柏高を選んだのは、とにかく進路に対するサポートが手厚かったことが決め手でした。就職したい人、大学に行きたい人、どちらもしっかり対応してくれるし、実績もキチンとあるので、安心できます。私自身は進学したいと思っており、第1志望の大学に合格することが、大きな目標です。柏高のキャリア教育、多くの選択科目、進学補習によって学べば、夢ではないと思っています。
（T・M）

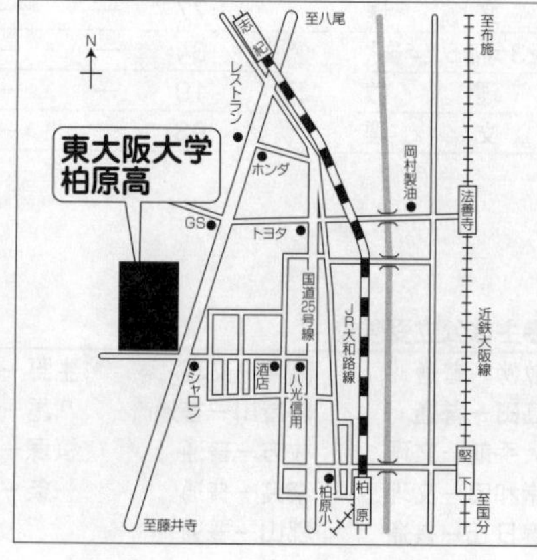

進研Vもし 合格のめやす

●目標偏差値（合格可能性80%）

併願	専願
アドバンスト…………40	アドバンスト…………37
キャリアアップ………37	キャリアアップ………34
キャリアスポーツ……37	キャリアスポーツ……34
	キャリアアシスト……34
	アスリート……………34

30 35 40 45 50 55 60 65 70 75

アドバンスト
努力圏 合格圏 安全圏

キャリアアップ／キャリアスポーツ
努力圏 合格圏 安全圏

キャリアアシスト（専願）／アスリート（専願）
努力圏 合格圏 安全圏

入試状況

●併願

年度	学科・コース	受験者数	合格者数	回し	倍率	合格最低点
'24	アドバンスト	18	15	—	1.20	—/300
	キャリアアップ	145	143	3	1.01	—/300
	キャリアスポーツ	19	19	—	1.00	—/300
	キャリアアシスト	—	—	—	—	—/—
	アスリート	—	—	—	—	—/—

●専願

年度	学科・コース	受験者数	合格者数	回し	倍率	合格最低点
'24	アドバンスト	13	13	—	1.00	—/300
	キャリアアップ	21	21	—	1.00	—/300
	キャリアスポーツ	9	9	—	1.00	—/300
	キャリアアシスト	36	36	—	1.00	—/300
	アスリート	74	74	—	1.00	—/300

●主な公立受験校

藤井寺工科－工業	西和清陵－普通	枚岡樟風－総合
王寺工－機械／特	布施工科－工業	二階堂－キャ／特
五條－普通	御所実－電気／特	大和広陵－普通
宇陀－情報／特	八尾翠翔－普通	淡路－総合／推
添上－普通	大正白稜－総合	懐風館－普通

入試ガイド

●募集要項　＊2024年度入試実施分

募集人員	アドバンスト／キャリアアップ／キャリアスポーツ／キャリアアシスト（専願）／アスリート（専願）…300
出願期間	1/22～1/31
受験料	20,000円
学力検査	2月10日
面接	専願のみ
合格発表	2月12日
入学手続	専願 2月21日 併願 3月22日

●試験科目と配点・時間

科目	国語	数学	英語	—	—
配点	100点	100点	100点	—	—
時間	40分	40分	40分	—	—

●学費

入学金・設備費	200,000円	制服代・その他制定品費	120,990円
年間授業料	600,000円	教科書等	約 20,000円
諸会費計	70,710円	教材費	51,000円
修学旅行積立	80,000円	初年度納入金合計	約 1,142,700円

＊コースにより諸経費あり

卒業後の進路

卒業者数／158人

大学進学	短大進学	専門学校等	就職	進学準備ほか
89人	3人	31人	31人	4人

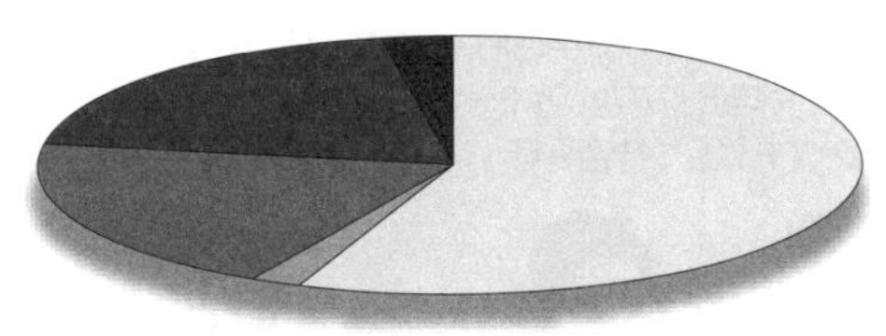

●主な大学合格状況

国・公立大／
筑波大 1

私立大／

関西大 1	立命館大 1	京都産業大 1
近畿大 3	龍谷大 8	神戸学院大 1
追手門学院大 3	桃山学院大 15	大阪芸術大 1
大阪産業大 1	大阪商業大 1	東大阪大 5
奈良芸術短大 1	大東文化大 2	東海大 3
東洋大 1	明治大 1	

明星高等学校

学校法人 大阪明星学園
〒543-0016 大阪市天王寺区餌差町5-44
TEL06-6761-5606　FAX06-6761-6720
https://www.meisei.ed.jp/

■創立／明治31年（1898）　■校長／野中豊彦
■生徒数／856人（1年／281人 2年／294人 3年／281人）
■併設校／明星中学校
■沿革／明治31年、フランスのマリア会から派遣されたウォルフ氏が大阪市に「明星学校」を創設、「語学の明星」として知られました。昭和22年、中学校を併設する大阪明星学園として再出発。
■交通／JR環状線「玉造」から徒歩10分、大阪メトロ「玉造」から徒歩7分、近鉄「大阪上本町」・大阪メトロ「谷町六丁目」から徒歩12分

インフォメーション INFORMATION

●教育方針／「キリスト教を教えるのではなく、キリストの中において育てる」という理念に基づき、明朗で礼儀正しく、知性にあふれ、逆境にくじけない“明星紳士”を養成します。
●学校行事／学園祭・体育大会（9月）、クリスマスの集い（12月）などのイベントを通して生徒間の友情を深めます。ほかに球技大会（4月・9月）、校外学習（5月）、ウォークラリー（3月）など。研修旅行（2年・6月）は北海道へ。
●クラブ活動／体育系は野球部をはじめ、サッカー、バスケットボール、ソフトテニス、剣道、バレーボール、陸上競技など。文化系はディベート、英語、吹奏楽、グリークラブ、写真、弁論、天文気象などが活動中。加入率は約75％です。
●語学教育／英語は1年次から週7時間の授業時間のほか、英語集中ディスカッション研修を行うなど、無理なく難関国公立大への進学に必要な基礎学力を積み上げていきます。また、希望者を対象としたリーダー養成プログラム（アメリカ・ハーバード大）や語学短期留学（カナダ・オーストラリア・カンボジア・台湾・インド）も実施しています。
●スクールライフ／3学期制／登校時刻…8：25／頭髪…染色・パーマ禁止／アルバイト…禁止／自転車通学…禁止／携帯…電源 OFF にして持込み可

カリキュラム CURRICULUM

●3ヵ年コース
6カ年一貫コースとは別のクラス編成で、凝縮した学習を実施。入学時から文理選抜／文理の2コースに分かれます。1年次には7時間授業を週5日設けた6日間39時間授業により、基礎内容をしっかり習得。両クラスともほぼ同じカリキュラム・進度で学習し、2年進級時には1年次の成績や希望と適性に応じてコースの変更が可能です。
「文理選抜コース」は、東京大・京都大・医学部など最難関の国公立大進学をめざすコースです。学習単元を深く掘り下げた授業を展開。2年次から文系／理系にわかれ、3年次には1人ひとりの目標大学にあわせた受験対策を行います。
「文理コース」は、大阪大・神戸大・歯薬学部など難関国公立大への進学をめざすコースです。カリキュラム・進度は文理選抜とほぼ同じ。将来の進路をじっくり考えたうえで、2年次から文系／理系を選択します。
☆文理選抜・文理コースとも、クラブ活動に参加できますので、多くの生徒が、勉強との両立を目指して日々がんばっています。
☆自習室を20：00まで開放。自学自習の環境も整っています。
☆放課後や、夏休みなどの長期休暇には、大学受験対策の多彩な講習を用意。生徒たちの学習をサポートします。
☆高校2年の夏には、希望者対象にハーバード大学でリーダーシップについて学ぶ研修や、カンボジアに行く研修など、単なる語学留学にとどまらない魅力ある研修も実施しています。

先輩から

思い返せば、さまざまなことに取り組んでいく中で成長してきたのだと思います。新聞部での活動、また生徒会の運営にかかわることができたのは、学園生活における大きな収穫でした。クラブ紹介や学園祭では忙しい中、多くの仲間と議論しながら企画し、大成功を収めることができました。大学受験前にもかかわらず、行事をやり遂げるために協力してくれた大勢の同士がいたことは、僕の最大の誇りです。（H・H）

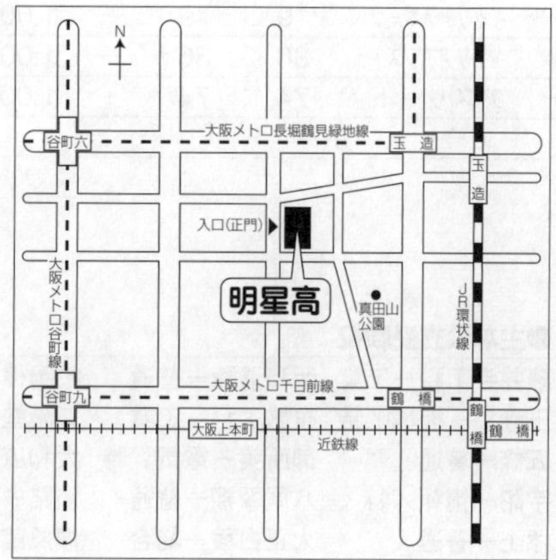

進研Vもし 合格のめやす

●目標偏差値（合格可能性80％）

併願		専願	
文理選抜	68	文理選抜	65
文理	64	文理	61

30 35 40 45 50 55 60 65 70 75

文理選抜 努力圏 合格圏 安全圏

文理 努力圏 合格圏 安全圏

入試状況

●併願

年度	学科・コース	受験者数	合格者数	回し	倍率	合格最低点
'24	文理選抜	123	90	—	—	331/500
	文理		1	31	—	238/500
'23	文理選抜	176	126	—	1.40	342/500
	文理	3	3	50	1.00	265/500
'22	文理選抜	168	110	—	1.53	322/500
	文理	6	6	58	1.00	247/500

●専願

年度	学科・コース	受験者数	合格者数	回し	倍率	合格最低点
'24	文理選抜	28	5	—	—	320/500
	文理		5	16	—	215/500
'23	文理選抜	22	2	—	11.00	334/500
	文理	2	2	19	1.00	254/500
'22	文理選抜	20	4	—	5.00	316/500
	文理	6	6	15	1.00	215/500

＊合格最低点は合格点。

●主な公立受験校

奈良－普通　奈県大－探究／併　大手前－文理
天王寺－文理　生野－文理　寝屋川－普通
千里－総合科学　八尾－普通　郡山－普通

入試ガイド

●募集要項　＊2024年度入試実施分

募集人員　文理選抜80、文理40

出願期間　1/22～2/1
受験料　20,000円
学力検査　2月10日
面接　実施する
合格発表　2月11日
入学手続　専願 2月14日
併願 公立合格発表後の指定期日

●試験科目と配点・時間

科目	国語	数学	英語	社会	理科
配点	100点	100点	100点	100点	100点
時間	60分	50分	60分	50分	50分

＊英語資格の活用あり。

●学費

入学金	240,000円	制服代・その他制定品費	124,750～円
年間授業料	648,000円	副教材費等	約 142,000円
諸会費計	39,600円	ICT 関連費用	95,000円
修学旅行積立	170,000円	初年度納入金合計	約 1,459,350～円

卒業後の進路

卒業者数／ 320 人

大学進学	短大進学	専門学校等	就職	進学準備ほか
190人	—	1人	—	129人

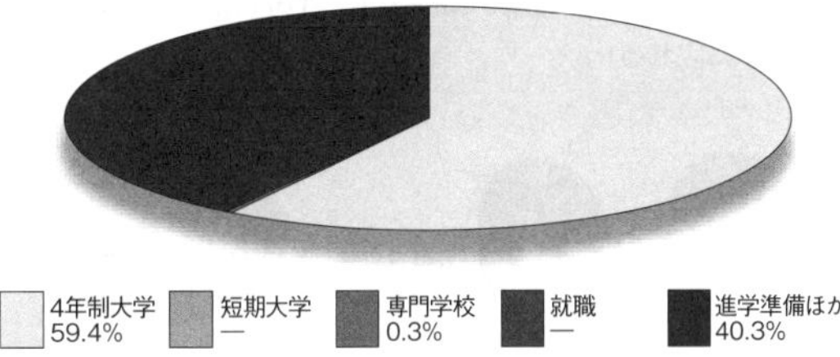

4年制大学 59.4%　短期大学 —　専門学校 0.3%　就職 —　進学準備ほか 40.3%

●主な大学合格状況

国・公立大／
東京大 1　京都大 4　大阪大 9
神戸大 9　北海道大 4　九州大 1
滋賀大 1　京都教育大 1　京都工繊大 5
兵庫教育大 1　和歌山大 7　横浜国立大 1
広島大 2　京都府立大 2　京都府立医 1
大阪公立大 23　兵庫県立大 7　奈良県立医 1

私立大／
関西大 72　関西学院大 110　同志社大 83
立命館大 64　京都産業大 9　近畿大 172
甲南大 9　龍谷大 27　佛教大 2
摂南大 12　早稲田大 7　慶應義塾大 9

大阪薫英女学院高等学校

学校法人 薫英学園
〒566-8501 摂津市正雀1-4-1
TEL06-6381-5381　FAX06-6381-5382
https://www.kun-ei.jp/

■創立／昭和6年(1931)　■校長／横山　強
■生徒数／530人(1年／187人 2年／165人 3年／178人)
■併設校／大阪人間科学大学　大阪薫英女学院中学校
■沿革／昭和6年薫英女子学院として創立。平成2年国際コース開設(同8年国際科に)。同9年中学校を開校し、中・高とも現校名に変更。令和3年学園創立90周年を迎えました。
■交通／阪急京都線「正雀」から約300m(徒歩5分)、JR東海道線「岸辺」から約800m(徒歩10分)、大阪ﾓﾉﾚｰﾙ「摂津」から徒歩15分

インフォメーション　INFORMATION

●教育方針／建学の精神である「敬・信・愛」を基本に、大きな2つの柱があります。ひとつは友情と自立心の育成、もうひとつは、質の高い英語教育。人間として女性として、21世紀を担う誇り高い人格の育成をめざしています。

●学校行事／体育祭(4月)、文化祭(9月)、球技大会(11月)のほか、英語検定も学校行事のひとつ。国際科では1年間の海外留学(カナダまたはニュージーランド)を体験。修学旅行(7月)はニュージーランド、シンガポールへ。

●クラブ活動／全国制覇の実績があるバスケットボール、インターハイでリレー4年連続・駅伝優勝の陸上。運動部はほかに剣道、ソフトテニス、バレーボールなど、文化部は吹奏楽、軽音楽、書道などが活動中。加入率は約60%。

●海外交流／国際科の全員長期留学、ニュージーランド短期留学(英語進学コース希望者)などの海外生活体験があります。

●スクールライフ／3学期制／登校時刻…8：35／頭髪…染色・パーマ禁止／その他…アクセサリー不可(ピアス・ネックレス・指輪など)／アルバイト…禁止／自転車通学…許可(2㎞以上、学校～自宅)／携帯…申請の上、許可(電源を切った状態で鞄の中に入れる)

カリキュラム　CURRICULUM

●国際科
全員がニュージーランドまたはカナダでの留学(1年次1月から1年間)を体験し、グローバルな視野をもった“国際人”を育成します。留学前には英検2級(国際進学コースは準2級)の取得をめざし、3年次には1級(同準1級)に挑戦。
◆国際特進コースでは英語教育を軸とした5教科7科目の学習を進め、国公立大・最難関私立大への進学をめざします。
◆国際進学コースは難関私立大合格をめざします。「聞いて話せる」英語力が、大学入試の突破につながります。

●普通科
◆文理特進コースは国公立大・難関私立大(文系・理系)進学をめざすコース。主要5教科に重点をおきながら放課後や長期休業期間の講習を実施し、実力を養成します。
◆英語進学コースでは実践的な英語力を育成、難関大の語学系や文系学部への進学を目標としています。海外修学旅行や海外語学研修なども実施。全員が英検2級の取得をめざします。
◆文理進学コースは難関私立大(文系・理系)及び医療・看護系への進路を視野に入れたコースです。
◆総合進学コースでは基礎学力の充実をはかり、幅広い進路の実現をめざしています。併設の大阪人間科学大学との連携授業も実施。
◆スポーツ・特技コースは実績のある指導者のもと、陸上競技、バスケットボール、ソフトテニスを中心に、スポーツや文化・芸術分野での能力を伸ばす教育を展開しています。

薫英の学校行事や学習取り組みは準備期間が長く、一日のうち、クラスのみんなと過ごす時間が家族より長くなるときもあります。大人数で一つのことをするのはとても大変ですが、みんなで考えたものが形になったとき、大きな達成感を得ることができます。薫英では普段できないような経験ができ、いろんなものの見方が180度変わります。自分に自信が持てるようになり、新しい自分と出会うことができます！(Y・M)

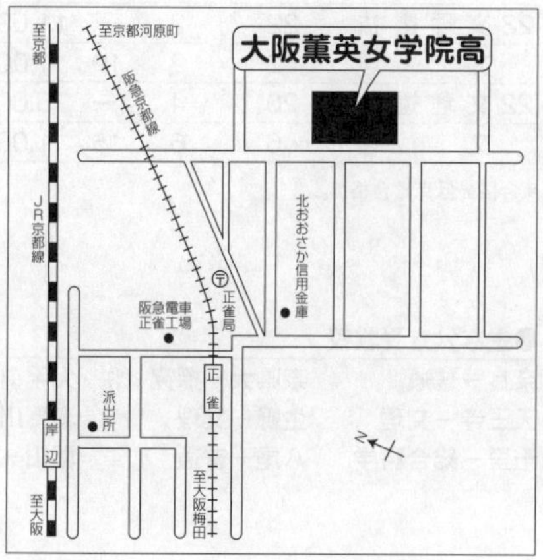

進研Vもし 合格のめやす

●目標偏差値(合格可能性80%)

併願		専願	
国際特進	58	国際特進	53
国際進学	55	国際進学	50
文理特進	55	文理特進	51
英語進学	53	英語進学	49
文理進学	53	文理進学	49
総合進学	50	総合進学	46
		スポーツ・特技	46

30 35 40 45 50 55 60 65 70 75

国際特進
努力圏 合格圏 安全圏

国際進学/文理特進
努力圏 合格圏 安全圏

英語進学/文理進学
努力圏 合格圏 安全圏

総合進学
努力圏 合格圏 安全圏

入試状況

●併願

年度	学科・コース	受験者数	合格者数	回し	倍率	合格最低点
'24	国際特進	17	16	—	1.06	317/500
	国際進学	3	3	1	1.00	267/500
	文理特進	26	24	—	1.08	297/500
	英語進学	22	22	—	1.00	262/500
	文理進学	18	16	2	1.13	262/500
	総合進学	12	12	2	1.00	222/500
	スポーツ・特技	—	—	—	—	—/—

●専願

年度	学科・コース	受験者数	合格者数	回し	倍率	合格最低点
'24	国際特進	32	30	—	1.07	287/500
	国際進学	23	21	2	1.10	242/500
	文理特進	18	17	—	1.06	287/500
	英語進学	30	30	2	1.00	227/500
	文理進学	12	11	1	1.09	227/500
	総合進学	4	4	1	1.00	182/500
	スポーツ・特技	29	29	—	1.00	—/300

●主な公立受験校

豊島－普通	旭－普通	旭－国際文化
槻の木－普通	桜塚－普通	柴島－総合
尼崎小田－探/推	県伊丹－普通	池田－普通
千里－国際文化	東淀川－普通	北摂つばさ－普通
箕面－普通	山田－普通	大冠－普通

入試ガイド

●募集要項　＊2024年度入試実施分

募集人員　国際科＝国際特進/国際進学…80、普通科＝文理特進/英語進学/文理進学/総合進学/スポーツ・特技（専願）…120
出願期間　1/22～1/29
受験料　20,000円
学力検査　2月10日
面接　2月11日 国際科(保護者同伴グループ10分)
合格発表　2月12日
入学手続　専願 2月16日
　併願 公立合格発表日

●試験科目と配点・時間

科目	国語	数学	英語	社会	理科
配点	100点	100点	100点	100点	100点
時間	50分	50分	50分	50分	50分

＊5科型または3科型を選択。＊国際特進/国際進学/英語進学コースの配点は国100・数100・英200・社会50・理科50点。＊スポーツ・特技コースは3科(国・数・英)受験。＊英検と数検の資格活用あり。

●学費

入学金	200,000円	制服・制定品代	約 138,480円
年間授業料	620,000円	ICT 教育関連費	115,000円
積立金・諸費	約 350,000円		－円
合宿費	28,000円	初年度納入金合計	約 1,451,480円

＊普通科の場合

卒業後の進路

卒業者数/ 160 人

大学進学	短大進学	専門学校等	就職	進学準備ほか
142人	4人	8人	—	6人

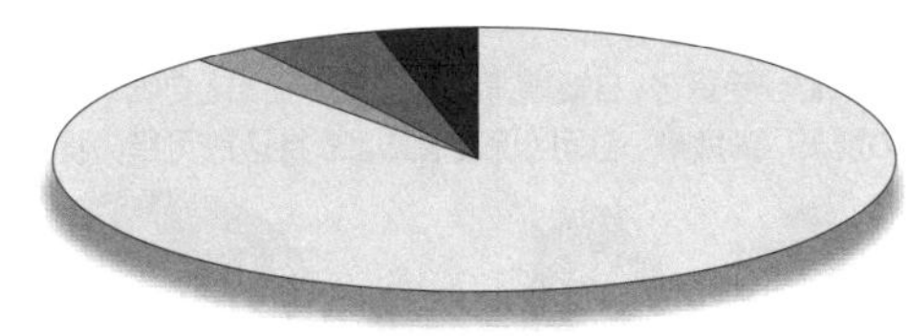

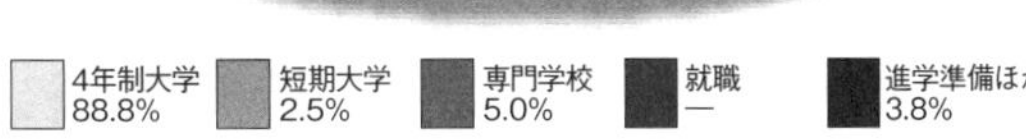

●主な大学合格状況

国・公立大/

大阪教育大 1	鳥取大 1	高知工科大 1

私立大/

関西大 17	関西学院大 12	同志社大 7
立命館大 15	京都産業大 6	近畿大 27
甲南大 3	龍谷大 6	摂南大 24
神戸学院大 3	追手門学院大 37	桃山学院大 1
明治大 1	立教大 1	京都女子大 5
同志社女子大 10	神戸女学院大 7	武庫川女子大 5
京都外国語大 21	関西外国語大 49	大阪歯科大 1
大阪学院大 7	大阪経済大 4	大阪芸術大 3
甲南女子大 23	梅花女子大 12	大和大 4

大阪女学院高等学校

学校法人 大阪女学院
〒540-0004 大阪市中央区玉造2-26-54
TEL06-6761-4113　FAX06-6761-0378
https://www.osaka-jogakuin.ed.jp/

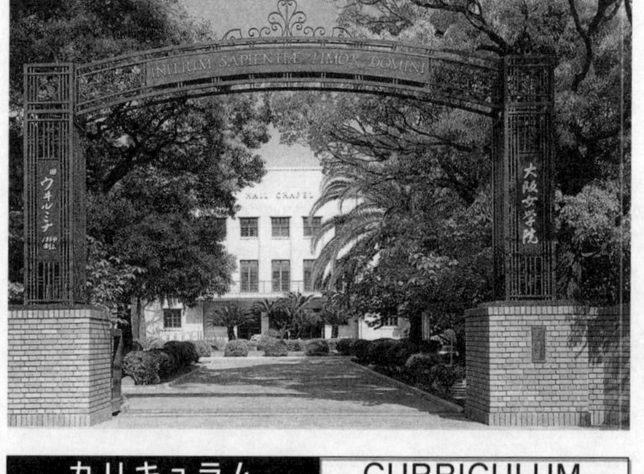

■**創立**／明治17年（1884）　■**校長**／山﨑哲嗣
■**生徒数**／793人（1年／242人 2年／265人 3年／286人）
■**併設校**／大阪女学院大学　大阪女学院短期大学
■**沿革**／明治17年に開校のミッションスクール・ウヰルミナ女学校が前身。昭和15年大阪女学院と改称。同23年新学制の大阪女学院高等学校が発足。平成30年国際バカロレアコース開設。
■**交通**／JR環状線「玉造」から徒歩8分、大阪メトロ長堀鶴見緑地線「玉造」から徒歩3分

インフォメーション　INFORMATION

●**教育方針**／キリスト教に基づき、神を畏れ、真理を追求し、愛と奉仕の精神で社会に貢献する人間を育成。毎朝の礼拝、花の日礼拝などの行事を教育活動の一貫として行っています。
●**学校行事**／体育大会、文化祭、クリスマスは中・高合同で行われます。花の日礼拝（6月）、修養会（7月）、伝道週間（9月）など宗教行事のほか遠足（4月）、水泳大会（8月）、弁論大会（2月）、海外英語研修（8月・希望者）、合唱祭（9月）など。修学旅行（7月・2年）は北海道へ。
●**クラブ活動**／体育系は全国大会出場のテニス、スキーをはじめ水泳、バレーボール、陸上、バトン、弓道、サッカーなど。文化系は吹奏楽、演劇、軽音楽、茶道、文芸などのほか宗教部（ハンドベルなど）も活動しています。加入率は約70～80%です。
●**海外交流**／夏休みを利用した夏期海外研修（高1）、3ヵ月の中期留学、高校2年の8月から1年間の年間留学があります。また、短期交換留学生やYFUからは年間留学生を毎年受け入れています。
●**スクールライフ**／3学期制／登校時刻…8：25／頭髪…染色・パーマ禁止／アルバイト…禁止／自転車通学…許可（自転車通学講習会受講後、自転車通学許可願の提出と自転車総合保険への加入）／携帯…許可（保護者による持込許可願の提出）

カリキュラム　CURRICULUM

●**普通科・文系コース**
人文科学系、社会科学系、芸術学系の学部をめざす人のためのコースです。希望学部の受験に必要な科目を強化できるカリキュラムを編成。3年次からはⅠ型（私立大学志望）／Ⅱ型（国公立大学志望）に分かれ、受験に対応した学力を養成します。
●**普通科・理系コース（1類・2類）**
医療学系、理工学系、農学系学部などへの進学をめざすコースです。理数系の授業時間数が多くとられていることが大きな特色で、実験や観察・演習も豊富に設定。将来、理系分野を志すために必要な基礎を培うことができます。
●**英語科・英語コース**
英語の実践的なコミュニケーション能力の高度な修得をめざすコース。英語で自分の考えや思いを発信する力を養います。文科系への進路に適した教育課程が編成されており、3年次からⅠ型（私立大学志望）とⅡ型（国公立大学志望）に分かれます。
●**英語科・国際バカロレアコース**
国際バカロレア機構の卒業資格とも言える、ディプロマを取得することを目指すコース。これは高等学校3年の11月に世界一斉で行われる国際バカロレアの認定試験を受け、合格点を取ることで得られます。大阪女学院高等学校の英語科国際バカロレアコースでは、全ての生徒がこの試験で合格できることを目指しています。

先輩から

女学院に入学して驚いたことがいくつかあります。ひとつは毎朝チャペルや教室で礼拝があること。そしてさまざまな行事があることです。球技大会や合唱祭、体育大会の応援合戦、文化祭など多くの行事が女学院にはあります。しかもクラスのみんなはその1つひとつに真剣で、多くの賞を獲れるというのは本当にすごいと思います。個性豊かで楽しい友達もたくさんでき、毎日を有意義に過ごせています。（Y・F）

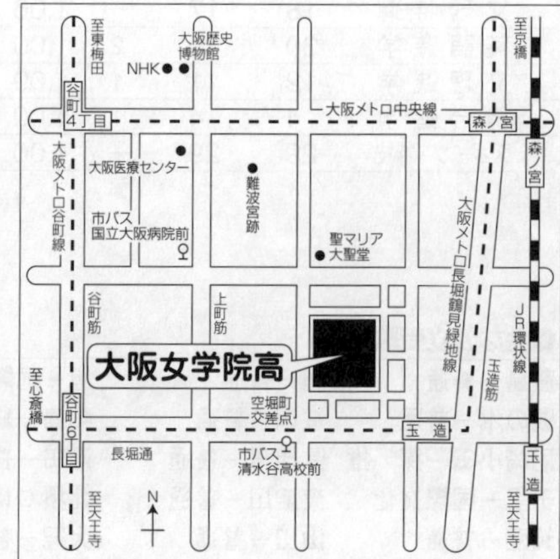

進研Vもし　合格のめやす

●目標偏差値(合格可能性80%)

併願		専願	
理系２類	65	理系２類	61
理系１類	64	理系１類	61
		国際バカロレア	63
英語	64	英語	61
文系	60	文系	57

30 35 40 45 50 55 60 65 70 75

理系２類　努力圏　合格圏　安全圏

理系１類／英語　努力圏　合格圏　安全圏

文系　努力圏　合格圏　安全圏

入試状況

●併願

年度	学科・コース	受験者数	合格者数	回し	倍率	合格最低点
'24	理系２類	21	17	—	1.24	273/400
	理系１類	0	0	4	—	238/400
	国際バカロレア	0	0	—	—	—/—
	英語	28	22	—	1.27	186/300
	文系	26	26	6	1.00	162/300

●専願

年度	学科・コース	受験者数	合格者数	回し	倍率	合格最低点
'24	理系２類	12	10	—	1.20	239/400
	理系１類	1	1	2	1.00	218/400
	国際バカロレア	2	2	—	1.00	—/—
	英語	28	27	—	1.04	168/300
	文系	39	34	1	1.15	148/300

＊特別入試は英語コース1名合格。＊合格最低点は合格点。

●主な公立受験校

清水谷－普通　明石北－普通　東－普通
高津－文理　布施－普通　和泉－グローバル
岸和田－文理　東－英語　春日丘－普通
一条－外国語／推　畝傍－普通　郡山－普通
一条－普通

入試ガイド

●募集要項　＊2024年度入試実施分

募集人員	英語科＝英語30、国際バカロレア（専願）15、普通科＝理系30、文系40
出願期間	1/22～1/31
受験料	20,000円(前年度)
学力検査	2月10日(国際バカロレアコースは2/10･2/11)
面接	専願のみ(グループ)
合格発表	2月12日
入学手続	専願 2月17日 併願 3月23日

●試験科目と配点・時間

科目	国語	数学	英語	理科	—
配点	100点	100点	100点	100点	—
時間	60分	60分	60分	60分	—

＊普通科理系は４科(国数英理)、その他コースは３科(国数英)。＊国際バカロレアはほかに小論文・個人面接・集団討議・英語面接(ただし CEFR B1以上のものは英語面接免除)。＊英語資格活用あり。

●学費

入学金	200,000円	制服・学用品	112,870円
年間授業料	663,000円	教科書・副教材費	約 40,000円
諸会費計	16,400円	諸費	80,000～円
積立金	180,000円	初年度納入金合計	約 1,292,270～円

＊国際バカロレアコースは別途 IB 教育費が必要

卒業後の進路

卒業者数／312 人

大学進学	短大進学	専門学校等	就職	進学準備ほか
—	—	—	—	—

＊人数は非公表

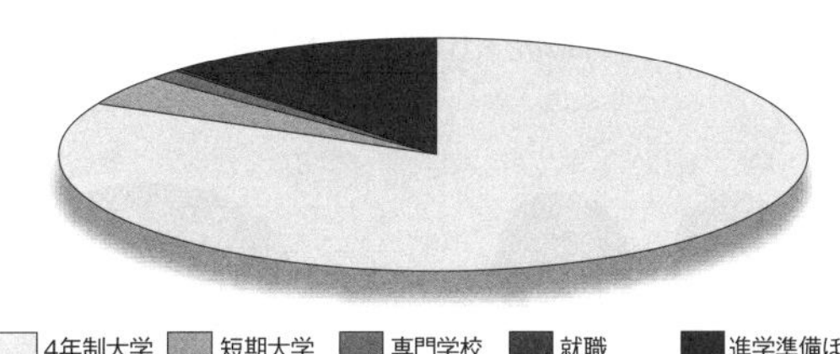

●主な大学合格状況

国・公立大／
大阪大 2　京都教育大 1　大阪教育大 1
奈良教育大 1　三重大 2　岡山大 2
滋賀県立大 1　京都府立大 1　京都府立医 1
大阪公立大 6　京都市芸術大 3　神戸市外国語大 2

私立大／
関西大 21　関西学院大 69　同志社大 20
立命館大 20　京都産業大 3　近畿大 119
甲南大 8　龍谷大 25　摂南大 24
追手門学院大 9　早稲田大 1　慶應義塾大 2
国際基督教大 2　同志社女子大 48　京都女子大 20
神戸女学院大 22　武庫川女子大 26　関西外国語大 19

大阪成蹊女子高等学校

学校法人 大阪成蹊学園
〒533-0007 大阪市東淀川区相川3-10-62
TEL06-6829-2510　FAX06-6829-2533
https://high.osaka-seikei.jp

■創立／昭和8年(1933)　■校長／向畦地昭雄
■生徒数／1,412人(1年／486人 2年／470人 3年／456人)
■併設校／大阪成蹊大学・短期大学　びわこ成蹊スポーツ大学
■沿革／4年制の高等成蹊女学校(昭和8年設立)が前身。平成13年からコース制を導入。
■交通／阪急京都線「相川」から徒歩5分、大阪メトロ今里筋線「井高野」から徒歩約12分またはスクールバス約5分、JR「吹田」から徒歩約18分またはスクールバス約7分(相川⇔吹田間運行)

インフォメーション　INFORMATION

●**教育方針**／校名は「桃李不言下自成蹊」(史記)に由来。人々が集まり自然に小道ができる桃や李(すもも)の木のように、人に慕われ、信頼される人を育てることを教育の目標としています。

●**学校行事**／宿泊研修(4月・1年)、球技大会(5月・12月)、体育祭(6月)、文化祭(9月)、文化鑑賞(12月・3年)など。修学旅行(12月・2年)はシンガポールなど。

●**クラブ活動**／全国大会で活躍する陸上競技部、水泳部をはじめバスケットボール、ソフトボール、テニス、ダンス、チアダンスなどの体育系と、コーラス、ギターマンドリン、吹奏楽、軽音楽、マルチメディア、バトントワーリング、美術イラスト、演劇、ESSなど文化系が活動中。クラブ加入率は約50%です。

●**海外交流**／台湾の提携校との国際交流事業のほか、海外キャリア研修(アメリカ・ハワイ)、海外語学研修(オーストラリアなど)が行われています。

●**スクールライフ**／3学期制／登校時刻…8：30／頭髪…染色・パーマ・エクステンション禁止／アルバイト…禁止(届出をし、許可が出れば可)／自転車通学…許可(バイク免許取得禁止)／携帯…持込禁止(届出があれば可、校内使用不可)

いちばんの魅力は、やはりキャリア教育です。社会に出てからのことまで、高校の授業で学ぶことができます(しかも女子ならではの内容です)。大学を卒業したあと、どんな人生を過ごすのか…。大学や学部を選ぶときにも、目の前のことだけではなく、自分の将来の人生を想像しながら考えています。勉強やクラブはもちろん、一般常識やマナーにも前向きに取り組んで、自分の将来に備えていきたいと思います。(N・F)

カリキュラム　CURRICULUM

●**普通科／特進コース**
独自の学習プログラムを実施。高校生活の充実を図りつつ、国公立大学・難関私立大学の合格をめざします。

●**普通科／看護医療進学コース**
看護医療系分野への進学をサポートする関連学習や病院などでの体験学習を行います。

●**普通科／英語コース**
英語重視のカリキュラムと短期留学を通して、国内外で活躍できる力を身につけることができます。

●**普通科／総合キャリアコース**
3年間を通してさまざまな分野・仕事を体験できる総合型コースで将来の夢を見つけることができます。幅広い進路に対応。

●**普通科／幼児教育コース**
週2回あるピアノ授業、幼稚園などでの体験学習、資格が取れる併設短大・大学への優先入学制度などが特徴です。

●**普通科／音楽コース**
大阪音楽大学と提携し、音楽を身近に感じながら楽しく学びます。専用の音楽棟があります。

●**普通科／スポーツコース**
スポーツを仕事につなげる体験型授業を多く実施します。びわこ成蹊スポーツ大学などとも連携。

●**美術科／アート・イラスト・アニメーションコース**
実習、見学など生きた学習が特色。併設大(芸術学部)や美術系大学への進学をサポートします。専用の美術棟があります。

進研Vもし 合格のめやす

●目標偏差値（合格可能性80％）

併願		専願	
特進	54	特進	50
看護医療進学	52	看護医療進学	48
英語	49	英語	46
総合キャリア	46	総合キャリア	43
幼児教育	46	幼児教育	43
音楽	46	音楽	43
美術科	46	美術科	42
スポーツ	44	スポーツ	42

30 35 40 45 50 55 60 65 70 75

特進
努力圏 合格圏 安全圏

看護医療進学
努力圏 合格圏 安全圏

英語
努力圏 合格圏 安全圏

総合キャリア／幼児教育／音楽／美術科
努力圏 合格圏 安全圏

入試状況

●併願

年度	学科・コース	受験者数	合格者数	回し	倍率	合格最低点
'24	特進	38	37	—	1.03	—/—
	看護医療進学	32	31	—	1.03	—/—
	英語	11	11	—	1.00	—/—
	総合キャリア	197	196	2	1.01	—/—
	幼児教育	31	31	—	1.00	—/—
	音楽	20	20	—	1.00	—/—
	美術科	130	130	—	1.00	—/—
	スポーツ	23	23	—	1.00	—/—

●専願

年度	学科・コース	受験者数	合格者数	回し	倍率	合格最低点
'24	特進	14	13	—	1.08	—/—
	看護医療進学	32	30	—	1.07	—/—
	英語	15	15	—	1.00	—/—
	総合キャリア	130	130	2	1.00	—/—
	幼児教育	51	51	—	1.00	—/—
	音楽	37	37	—	1.00	—/—
	美術科	109	109	—	1.00	—/—
	スポーツ	32	32	1	1.00	—/—

＊1.5次入試を含む。

●主な公立受験校

柴島－総合	芥川－普通	港南造形－造／特
阿武野－普通	守口東－普通	茨木西－普通
千里青雲－総合	吹田東－普通	山田－普通
高槻北－普通	桜和－教育文理	桜宮－人スポ／特
北摂つばさ－普通	吹田－普通	工芸－美術／特

入試ガイド

●募集要項　＊2024年度入試実施分

募集人員	普通科＝特進30、看護医療進学30、英語30、総合キャリア130、幼児教育60、スポーツ30、音楽30、美術科＝アート・イラスト・アニメーション60
出願期間	1/22～1/26
受験料	20,000円
学力検査	2月10日
面接	2月11日専願のみ（個人）
合格発表	2月12日
入学手続	専願 2月17日 併願 3月20日

●試験科目と配点・時間

科目	国語	数学	英語	—	—
配点	100点	100点	100点	—	—
時間	40分	40分	40分	—	—

＊美術科はほかにデッサン。

●学費

入学金	200,000円	制服等制定品代	約 140,000円
年間授業料	594,000円	教科書代	約 25,000円
諸会費計	17,400円	iPad代 65,000円	その他 30,000円
修学旅行積立等	204,000円	初年度納入金合計	約 1,275,400円

卒業後の進路

卒業者数／ 464 人

大学進学	短大進学	専門学校等	就職	進学準備ほか
269人	89人	79人	9人	18人

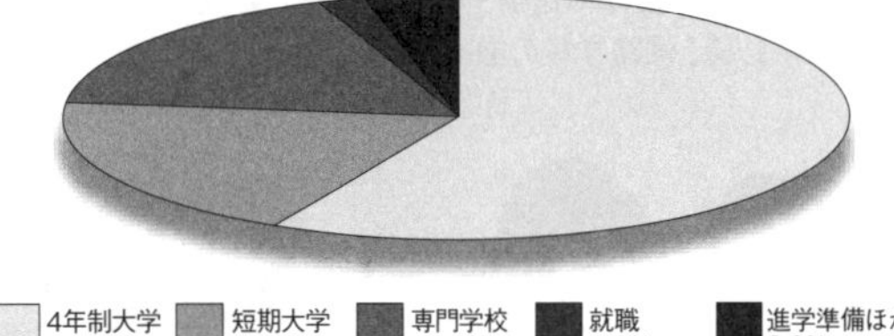

4年制大学 58.0%　短期大学 19.2%　専門学校 17.0%　就職 1.9%　進学準備ほか 3.9%

●主な大学合格状況（現役のみ）

私立大／

関西大 1	関西学院大 3	京都産業大 3
近畿大 13	甲南大 2	龍谷大 4
佛教大 2	摂南大 15	神戸学院大 1
追手門学院大 16	桃山学院大 9	法政大 1
梅花女子大 11	神戸女学院大 7	大阪青山大 7
武庫川女子大 6	大阪芸術大 6	大阪音楽大 5
京都芸術大 5	関西外国語大 4	嵯峨美術大 4
甲南女子大 3	四天王寺大 3	京都橘大 3
大阪国際大 3	大阪歯科大 3	大阪樟蔭女子大 3
藍野大 3	大阪成蹊大 149	びわこ成蹊ｽﾎﾟｰﾂ大 1

大谷高等学校

学校法人 大谷学園
〒545-0041 大阪市阿倍野区共立通2-8-4
TEL06-6661-8400　FAX06-6652-1744
https://www.osk-ohtani.ed.jp/

■創立／明治42年（1909）　**■校長**／萩原英治
■生徒数／611人（1年／188人 2年／229人 3年／194人）
■併設校／大阪大谷大学　東大谷高校　大谷中学校
■沿革／明治42年左藤了秀が南御堂内に大谷裁縫女学校を設置。大正13年大谷高等女学校を設置。昭和23年学制改革により、大谷中学校・高等学校に。平成31年高等学校3か年教育課程を開設。
■交通／大阪メトロ谷町線「阿倍野」から徒歩8分、大阪メトロ御堂筋線・JR「天王寺」、近鉄南大阪線「大阪阿部野橋」から徒歩17分

インフォメーション　INFORMATION

●教育方針／「やさしく・かしこく・うつくしく」。建学の精神に基づく「宗教的情操教育」、きめ細やかな「学習指導」、豊かな人間性を培う「しつけ教育」を展開しています。2024年、創立115年を迎えました。命の大切さを学ぶとともに、感謝する心を育てます。

●学校行事／歌舞伎鑑賞（5月・高3）、花まつり・球技大会（5月）、文楽鑑賞（6月、高1・高2）、タイ体験入学（8月、高1・高2）、オーストラリア研修（8月、高1・高2）、体育大会（9月）、文化祭（10月）、遠足（10月、高1・高2）、テーブルマナー（10月・高3）、音楽会（11月）、英語弁論大会・耐寒登山（1月）など。修学旅行（6月・高2）は北海道へ。

●クラブ活動／運動部はバトントワリング（2021年全国大会金賞）をはじめ陸上競技、硬式テニス、ハンドボール、バスケットボール、ダンスなど。文化系は全国レベルの囲碁、演劇、科学のほか吹奏楽、筝曲、競技かるた、美術、書道、軽音楽などが活動しています。クラブ加入率は約70%です。

●スクールライフ／3学期制／頭髪…染色・パーマ禁止／アルバイト…禁止／自転車通学…禁止／携帯…許可（学校の最寄り駅まで。以降、帰路学校の最寄り駅につくまで電源オフ）

カリキュラム　CURRICULUM

週あたりの授業数をしっかり確保し、3か年教育独自の進度で深い学びにつなげます。高校3年生の1学期で高校教育課程を修了し、2学期には大学入試に向けて実践授業に入ります。週あたりの授業数をしっかりとり、高校課程の進度を余裕をもって展開する「ゆとりのカリキュラム」です。

●プレミアム文理コース
難関国公立大学（文系・理系）・医学部医学科及び医療系を目指すコースです。2年次から理系・文系に分かれ、志望に応じた受験指導を行います。

●アドバンス文理コース
国公立大学（文系・理系）及び関関同立などの難関私立大学（文系・理系）を目指すコースです。また、指定校推薦・大阪大谷大学への学内推薦の資格を有するコースです。2年次から理系・文系に分かれ、志望に応じた受験指導を行います。

先輩から

大谷は先生と生徒との距離が近く、いつも職員室前にはたくさんの生徒がいます。私もそんな一人で、昼休みにはいろいろな先生に質問しました。進路実現に向けてがんばることができたのも、そうした先生方のフォローがあってこそと、今になって実感しています。大谷で学べて本当によかったです。今でもときどき大谷を訪れるたびに、「自分のホーム」に帰ってきたんだという気持ちになります。（A・I）

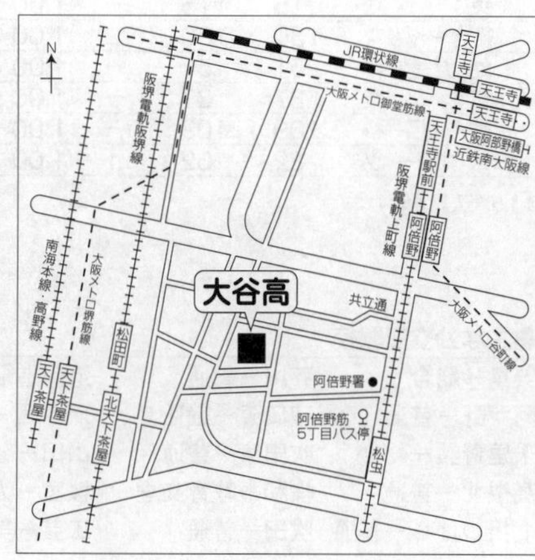

進研Vもし　合格のめやす

●目標偏差値（合格可能性80%）

併　願	専　願
プレミアム文理……… 67	プレミアム文理……… 64
アドバンス文理……… 61	アドバンス文理……… 58

30　35　40　45　50　55　60　65　70　75

プレミアム文理

努力圏　合格圏　安全圏

アドバンス文理

努力圏　合格圏　安全圏

入試状況

●併願

年度	学科・コース	受験者数	合格者数	回し	倍率	合格最低点
'24	プレミアム文理	30	29	5	1.03	334/500
	アドバンス文理	17	12	1	—	243/500
'23	プレミアム文理	19	17	2	1.12	360/500
	アドバンス文理	11	9	2	—	294/500
'22	プレミアム文理	34	22	1	1.48	361/500
	アドバンス文理	10	9	12	—	274/500

●専願

年度	学科・コース	受験者数	合格者数	回し	倍率	合格最低点
'24	プレミアム文理	11	9	6	1.22	299/500
	アドバンス文理	17	11	2	—	202/500
'23	プレミアム文理	12	12	4	1.00	312/500
	アドバンス文理	22	16	—	—	234/500
'22	プレミアム文理	20	17	5	1.18	307/500
	アドバンス文理	19	12	3	—	213/500

＊プレミアム文理の回し合格者数は、アドバンス文理からの転コース合格者（アドバンス文理の合格者には含まない）。

●主な公立受験校

畝傍－普通　今宮－総合　和泉－普通
郡山－普通　高田－普通　大手前－文理

入試ガイド

●募集要項　＊2024年度入試実施分

募集人員　プレミアム文理40、アドバンス文理40

出願期間　1/22～1/29
受験料　20,000円
学力検査　2月10日
面接　実施しない
合格発表　2月12日
入学手続　専願 2月16日
　併願 3月26日

●試験科目と配点・時間

科目	国語	数学	英語	社会	理科
配点	100点	100点	100点	100点	100点
時間	50分	50分	50分	50分	50分

＊英検資格活用あり。

●学費

入学金	200,000円	制服代	約 70,000円
年間授業料	612,000円	教科書・制定品費	約 250,000円
諸会費計	約 200,000円	その他	50,000円
修学旅行積立	150,000円	初年度納入金合計	約 1,532,000円

卒業後の進路

卒業者数／229 人

大学進学	短大進学	専門学校等	就職	進学準備ほか
194人	4人	5人	1人	25人

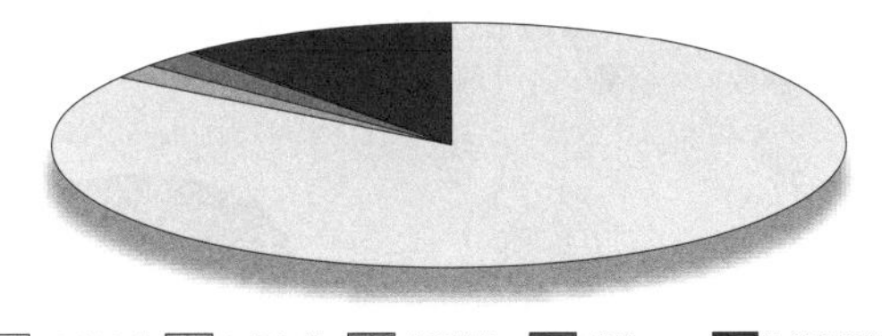

●主な大学合格状況

国・公立大／
大阪大 2　神戸大 1　滋賀大 1
大阪教育大 1　奈良女子大 4　和歌山大 3
岡山大 1　大阪公立大 6　兵庫県立大 2
和歌山県医 2　神戸市外国語大 1　京都市芸術大 1

私立大／
関西大 63　関西学院大 24　同志社大 14
立命館大 22　京都産業大 4　近畿大 89
甲南大 11　龍谷大 20　摂南大 79
神戸学院大 6　追手門学院大 3　慶應義塾大 1
大阪大谷大 34　大阪医科薬科大 8　関西医科大 4
上智大 1　大阪歯科大 8　京都薬科大 1

香ヶ丘リベルテ高等学校

学校法人 愛泉学園
〒590-0012 堺市堺区浅香山町1-2-20
TEL072-238-7881　FAX072-227-4191
https://www.liberte.ed.jp

■創立／大正11年（1922）　■校長／重山香苗
■生徒数／649人（1年／211人 2年／197人 3年／241人）
■併設校／堺女子短期大学
■沿革／大正11年堺愛泉女学校創立。昭和15年愛泉高等女学校（現香ヶ丘リベルテ高校）認可。同40年愛泉女子短期大学（現堺女子短期大学）開学。平成24年、堺女子から校名変更。
■交通／JR阪和線「浅香」から徒歩5分、「堺市」から徒歩10分、南海高野線「浅香山」から徒歩12分、大阪メトロ御堂筋線「北花田」からバス7分

インフォメーション INFORMATION

●**教育方針**／建学以来変わらない3つの教育方針「明朗な女性の育成」「知性豊かな女性の育成」「実行力のある女性の育成」に基づき、自分の可能性を見つけ、大きく豊かに育んでいく教育をめざしています。
●**学校行事**／遠足（5月）、芸術鑑賞会・保育実習（6月）、漢検（7月）、体育祭（9月）、学園祭（11月）やコースごとに多彩なイベントがあります。修学旅行（12月・2年）はグアムへ。
●**クラブ活動**／体育系は全国高等学校女子ソフトボール選抜大会10回出場・準優勝1回のソフトボール部、サッカー部、バレーボール部、ソフトテニス部、陸上部、バスケットボール部、ダンス部、バドミントン部。文化系では音楽部、アコースティックギター部、演劇部、放送部、漫画研究部、パソコン部、ボランティア部、進路パイオニア部が活動しています。
●**海外交流**／アメリカ、カナダ、ハンガリー、オランダなど、1年間の交換留学制度があります。現地での単位が認められ、3年間で卒業できます。
●**スクールライフ**／3学期制／登校時刻…8：40　／頭髪…染色・パーマ禁止／アルバイト…許可（申請要）／自転車通学…許可（申請要）／携帯…許可（鞄にしまう）

カリキュラム CURRICULUM

●**美容芸術コース**
美容師・メイクアップアーティストをめざすコース。併設短大で「美容師国家試験受験資格」を取得可能です。
●**ファッションビジネスコース**
ファッションスタイリストの基礎やファッション造形、ネイルアートからショップ経営実践まで、トータルに身につけます。
●**幼児教育コース**
高度な技術を持った「保育士」「幼稚園教諭」をめざします。併設短大で「保育士」の資格を取得でき、「幼稚園教諭」もめざせます。
●**ライフデザインコース**
秘書・医療秘書・調剤管理事務・介護職員・コンピューターの資格など、社会で役立つ資格を取得します。
●**フィジカルコース**
学外の文化・スポーツ団体で活動する生徒をサポートするⅠ類と、校内クラブ活動で活躍する生徒をサポートするⅡ類があります。
●**クッキングエキスパートコース**
製菓・調理の技術を基礎から学びます。将来、パティシエや調理師、栄養士をめざす人に最適なコースです。
●**アンダンテコース**
高校3年間で将来の目標を見つけるコースです。アンダンテ実習では、企業見学・インターンシップ等を行います。

先輩から

ファッションビジネスコースは、ファッション造形やネイル、メイクなどが学べるコースです。他の高校では学べないことがたくさん学べます。ネイリスト技能検定や色彩検定などの資格を受験できることも特徴の1つです。そして、コースのいちばんの魅力は、学園祭でのファッションショーです。ドレス製作、メイクなど、3年間で学んだことの集大成を発表できる一大イベントです。（R・O）

進研Vもし 合格のめやす

●目標偏差値（合格可能性80%）

併願		専願	
		フィジカル	36
		ファッションビジネス	35
美容芸術	37	美容芸術	35
幼児教育	37	幼児教育	35
ライフデザイン	37	ライフデザイン	35
ｸｯｷﾝｸﾞｴｷｽﾊﾟｰﾄ	37	ｸｯｷﾝｸﾞｴｷｽﾊﾟｰﾄ	35
アンダンテ	35	アンダンテ	33

30 35 40 45 50 55 60 65 70 75

フィジカル（専願）
努力圏 合格圏 安全圏

ファッションビジネス（専願）
努力圏 合格圏 安全圏

美容芸術／幼児教育／ライフデザイン／クッキング
努力圏 合格圏 安全圏

アンダンテ
努力圏 合格圏 安全圏

入試状況

●併願

年度	学科・コース	受験者数	合格者数	回し	倍率	合格最低点
'24	フィジカル	—	—	—	—	—/—
	ﾌｧｯｼｮﾝﾋﾞｼﾞﾈｽ	—	—	—	—	—/—
	美容芸術	94	91	—	1.03	—/—
	幼児教育	15	15	—	1.00	—/—
	ﾗｲﾌﾃﾞｻﾞｲﾝ	16	16	—	1.00	—/—
	ｸｯｷﾝｸﾞｴｷｽﾊﾟｰﾄ	38	38	—	1.00	—/—
	アンダンテ	71	71	3	1.00	—/—

●専願

年度	学科・コース	受験者数	合格者数	回し	倍率	合格最低点
'24	フィジカル	24	24	—	1.00	—/—
	ﾌｧｯｼｮﾝﾋﾞｼﾞﾈｽ	24	24	—	1.00	—/—
	美容芸術	58	58	—	1.00	—/—
	幼児教育	14	14	—	1.00	—/—
	ﾗｲﾌﾃﾞｻﾞｲﾝ	10	10	—	1.00	—/—
	ｸｯｷﾝｸﾞｴｷｽﾊﾟｰﾄ	33	33	—	1.00	—/—
	アンダンテ	36	36	—	1.00	—/—

●主な公立受験校

信太－普通	伯太－総合	りんくう－普通
住吉商－商業	平野－普通	松原－総合
福泉－普通	堺上－普通	和泉総－Ｅパ／特
守口東－普通	貝塚－総合	成美－総合
堺西－普通	淀商－商業	大正白稜－総合

入試ガイド

●募集要項　＊2024年度入試実施分

募集人員	フィジカル（専願）／ファッションビジネス（専願）…70、幼児教育／美容芸術／ライフデザイン／アンダンテ／クッキングエキスパート…152
出願期間	1/22～2/1
受験料	20,000円
学力検査	2月10日
面接	専願のみ(グループ5分)
合格発表	2月11日
入学手続	専願 2月16日 併願 3月19日

●試験科目と配点・時間

科目	国語	数学	英語	社会	理科
配点	100点	100点	100点	100点	100点
時間	40分	40分	40分	40分	40分

＊入試科目は国語・選択(数、英、社、理から1教科)。

●学費

入学金	200,000円	制服代	115,200円
年間授業料	630,000円	その他制定品費	76,300円
諸会費計	55,400円	その他	53,000円
修学旅行積立	150,000円	初年度納入金合計	1,279,900円

卒業後の進路

卒業者数／210人

大学進学	短大進学	専門学校等	就職	進学準備ほか
50人	100人	36人	9人	15人

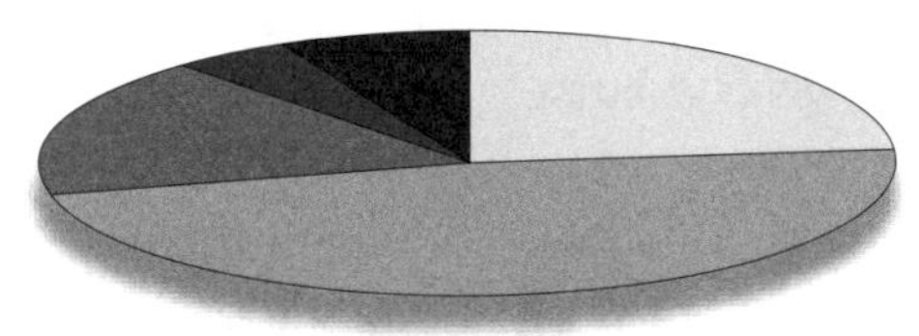

4年制大学 23.8%

短期大学 47.6%

専門学校 17.1%
就職 4.3%

進学準備ほか 7.1%

●主な大学合格状況（現役のみ）

私立大／

早稲田大 1	関西大 1	立命館大 1
龍谷大 2	京都女子大 1	摂南大 1
神戸女学院大 1	大阪芸術大 2	大阪女学院大 1
大阪商業大 2	京都外国語大 1	帝塚山学院大 4
帝塚山大 2	桃山学院教育大 1	

金蘭会高等学校

学校法人 金蘭会学園
〒531-0075 大阪市北区大淀南 3-3-7
TEL06-6453-0281　FAX06-6455-7531
https://www.kinran.ed.jp/

■創立／明治38年（1905）　■校長／岡田正次
■生徒数／409人（1年／154人 2年／147人 3年／108人）
■併設校／千里金蘭大学　金蘭会中学校　金蘭会保育園
■沿革／明治38年、府立堂島高等女学校（現大手前高校）の同窓会「金蘭会」が金蘭会女学校を創立。昭和48年30人学級制度を導入。平成19年新校舎が完成。令和7年創立120周年を迎えます。
■交通／JR環状線「福島」から北西へ500m、JR東西線「新福島」・阪神本線「福島」から北西へ600m

インフォメーション INFORMATION

●**教育方針**／建学の精神（自ら学び、成長し、社会に貢献する、力強く逞しい女性の育成）に則り、未来を生き抜くことができる資質・能力を培い、社会に貢献する自立した女性を育てる学校をめざします。すべての教育活動を通じて、「学ぶ力、考える力、解く力、行動する力、認め合う力」（KINRAN PRIDE＝「5つの力」）を育成します。

●**学校行事**／宿泊学習（5月・1年）、スポーツ大会（6月）、蘭祭（9月）、体育祭・芸術鑑賞会（10月）、校外学習（11月）など。修学旅行（12月・2年）は海外を予定。

●**クラブ活動**／バレーボール、新体操、剣道、空手道、硬式テニス、バスケットボール、バドミントンの運動系7部とソフトボールサークル。文化系は吹奏楽、演劇、書道、ダンス、ESS、美術、家庭科、フォークソング、放送、イラスト研究が活動中。

●**海外交流**／希望者を対象とした海外語学研修を用意。異文化を知り、新たな自分を発見する、またとない機会となっています。

●**スクールライフ**／3学期制／登校時刻…8：30 ／頭髪…染色・パーマ禁止／アルバイト…禁止／自転車通学…許可／携帯…許可（校内での使用は禁止）

カリキュラム CURRICULUM

●**文理進学コース**
「なりたい自分」を見つけるため、さまざまな授業や体験を進路に合わせて選択することができます。2年生から文系・理系に分かれ、入試に対応する学力だけでなく、幅広い知識・ものの見方も身につけます。

●**看護・医療コース**
看護学部・看護専門学校、その他医療系学部・専門学校への進学をサポートするコースです。病院や施設などでの見学・実習・看護師等医療従事者との交流などを通して、「相手を大切にする心、思いやりの気持ち＝ホスピタリティマインド」を養います。

●**こども教育コース**
保育士、幼稚園教諭や小学校教諭をめざす人たちが学ぶコースです。併設大学・児童教育学科や他の機関と連携した特別授業、併設の金蘭会保育園・近隣幼稚園での実習も体験します。

●**国際教養コース**
「外国語や外国文化に興味がある、もっと知りたい」「国際感覚を持って社会で役に立ちたい」と思っている人を対象としています。3年間で段階的に「国際理解」について学ぶほか、英語を使った「発信力」を身につける授業も特色の一つです。

●**アスリートコース**
スポーツやその他の分野での優れた技術・能力を伸ばすコースです。部活動（バレーボールや新体操、剣道）や学外のスポーツその他の活動も単位を認定。専門分野の活動だけでなく、基礎理論も学びます。

金蘭会の大きな特徴は、少人数制ということ。それだけ友達との親交も深まり、先生方にもきめ細やかに指導していただきました。気さくな先生方ばかりなので、気軽に日常の悩みまで相談できました。1年次から英語に力を入れたカリキュラムがあり、繰り返される単語などの小テストは苦しいものでしたが、日々の学習の積み重ねのおかげで志望校に合格できたのではないかと思っています。（T・T）

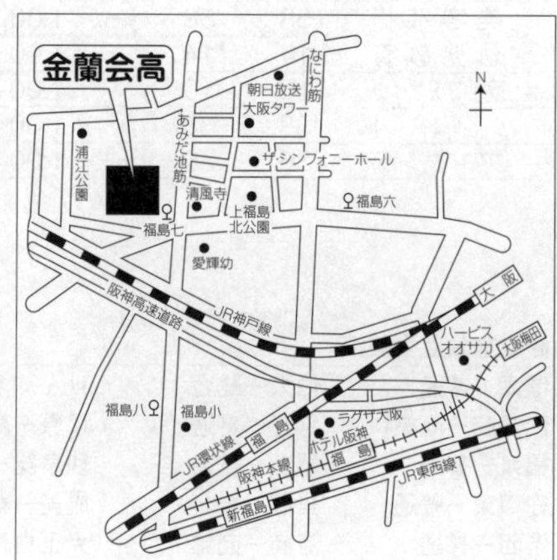

進研Vもし　合格のめやす

●目標偏差値（合格可能性80%）

併願		専願	
国際教養	52	国際教養	48
看護・医療	51	看護・医療	48
こども教育	48	こども教育	43
文理進学	48	文理進学	43
アスリート	46	アスリート	42

30 35 40 45 50 55 60 65 70 75

国際教養　努力圏　合格圏　安全圏

看護・医療　努力圏　合格圏　安全圏

こども教育／文理進学　努力圏　合格圏　安全圏

アスリート　努力圏　合格圏　安全圏

入試状況

●併願

年度	学科・コース	受験者数	合格者数	回し	倍率	合格最低点
'24	国際教養	8	8	—	1.00	—/—
	看護・医療	26	26	—	1.00	—/—
	こども教育	13	13	—	1.00	—/—
	文理進学	34	34	—	1.00	—/—
	アスリート	0	0	—	—	—/—

●専願

年度	学科・コース	受験者数	合格者数	回し	倍率	合格最低点
'24	国際教養	12	11	—	1.09	—/—
	看護・医療	40	40	—	1.00	—/—
	こども教育	21	21	—	1.00	—/—
	文理進学	45	45	—	1.00	—/—
	アスリート	4	4	—	1.00	—/—

●主な公立受験校

門真なみはやー総	市岡ー普通	布施ー普通
茨木西ー普通	いちりつー普通	山本ー普通
汎愛ー体育／特	緑風冠ー普通	刀根山ー普通
東淀川ー普通	柴島ー総合	港ー普通
尼崎小田ー普／特	尼崎双星ー普通	県伊丹ー普通

入試ガイド

●募集要項　＊2024年度入試実施分

募集人員	文理進学／看護・医療／こども教育／国際教養／アスリート…210 ＊内部進学20含む
出願期間	1/22〜1/29
受験料	20,000円
学力検査	2月10日
面接	専願のみ（個人）
合格発表	2月11日
入学手続	専願 2月16日 併願 3月19日

●試験科目と配点・時間

科目	国語	数学	英語	社会	理科
配点	100点	100点	100点	100点	100点
時間	50分	50分	50分	50分	50分

＊3教科または5教科を選択。5教科選択の場合は3教科の得点も算出し、高い方で判定。＊英検資格の活用あり。

●学費

入学金	200,000円	制服・制定品代	約 95,000円
年間授業料	550,000円	教科書・学年費	88,000円
諸会費計	45,000円	施設費ほか	122,000円
修学旅行積立	100,000円	初年度納入金合計	約 1,200,000円

卒業後の進路

卒業者数／88人

大学進学	短大進学	専門学校等	就職	進学準備ほか
66人	8人	11人	3人	—

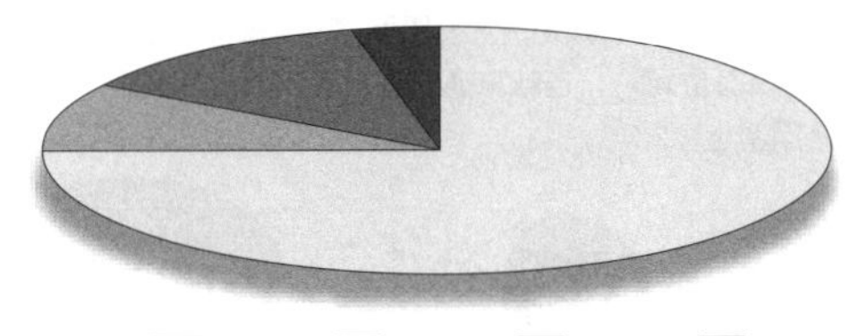

●主な大学合格状況

私立大／

関西大 7	関西学院大 3	立命館大 1
近畿大 3	甲南大 1	龍谷大 1
佛教大 3	摂南大 1	追手門学院大 1
千里金蘭大 9	青山学院大 1	大阪学院大 2
大阪工業大 1	大阪国際大 1	大阪樟蔭女子大 4
大阪信愛学院大 2	大阪成蹊大 1	大阪電気通信大 2
関西医療大 2	京都外国語大 1	京都女子大 1
甲南女子大 1	神戸女学院大 3	神戸女子大 1
四天王寺大 1	園田学園女子大 4	帝塚山大 3
天理大 2	梅花女子大 4	大和大 2

好文学園女子高等学校

学校法人 好文学園
〒555-0013 大阪市西淀川区千舟3-8-22
TEL06-6472-2281　FAX06-6472-2365
https://koubun.ed.jp/

■**創立**／昭和12年（1937）　■**校長**／延原観司

■**生徒数**／759人（1年／234人 2年／264人 3年／261人）

■**沿革**／大阪商科女学校として福島区に創設（昭和12年）。同35年大阪福島女子高等学校と改称し、同48年普通科を併設。平成20年から好文学園女子に校名を変更。同26年度看護医療系進学コースを、令和3年度メディアクリエイターコースを開設。

■**交通**／阪神本線「千船」から徒歩6分、JR東西線「御幣島」から徒歩12分

インフォメーション INFORMATION

●**教育方針**／スローガンに「個性創造」を掲げ、基礎学力の向上、女性としての教養とマナーの習得をめざしています。「自立した、社会に貢献できる女性を育てる」ことを使命としています。

●**学校行事**／体育祭（5月）、防災訓練・好文明華祭（10月）、芸術鑑賞会（10月）、吹奏楽部定期演奏会（2月）のほか、卒業制作展（デザイン美術・2月）などのコース行事も多彩です。修学旅行（11月・2年）は八重山・石垣方面へ。

●**クラブ活動**／体育系は全国大会出場の少林寺拳法、弓道、ソフトテニス、剣道、ゴルフ、バレーボールなど8部に加えて卓球同好会。文化系はワープロ、ダンス、書道、漫画研究、吹奏楽、演劇、アニメーション、美術、軽音楽、合唱、フォトデザインなどが活動中です。

●**施設・設備**／体育館、弓道場のほか情報教室、保育演習室、調理実習室、好文亭（茶室）など各コースの学習をサポートする環境が完備しています。2019年秋に体育棟と美術棟を併せた新校舎が誕生しました。

●**スクールライフ**／3学期制／登校時刻…8：30／頭髪…染色・パーマ禁止／アルバイト…原則禁止（経済的な理由等、場合によっては許可）／自転車通学…許可／携帯…許可（放課後まで使用禁止）

カリキュラム CURRICULUM

●**特別進学コース**
充実したカリキュラムと学習効率の高い授業により、国公立・難関私立大学への現役合格を目指すコース。

●**進学アドバンスコース**
大学進学に向けて学習をすすめていくと共にクラブや課外活動など多彩な高校生活を送ることができるコース。

●**進学フロンティアコース**
キャリア教育を通じて主体的に自分の進路を切り拓くコース。

●**看護医療系進学コース**
幅広い看護医療系の進学先を見据え、特に数学・理科に力をいれたカリキュラムによる勉強をおこなうコース。

●**幼児教育コース**
幼稚園教諭や保育士を目指すコース。

●**ITライセンスコース**
パソコンスキルを高めることを目的にMicrosoft officeの実践的な活用を学び、就職や資格取得を目指すコース。

●**メディアクリエイターコース**
本格的な映像や音楽制作など、インターネット上のメディアを活用できるスキルを身につけるコース。

●**デザイン美術コース**
多彩な専門科目を通じて、アーティストを育成するコース。

●**マンガ・アニメーションコース**
マンガやアニメ、コミックアートの制作技術を基礎から本格的に学ぶコース。

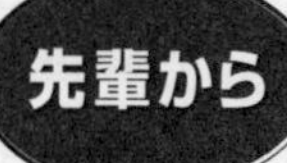

オープンスクールで体験したマンガ・アニメーションコースで、先輩のプロも顔負けの素晴らしい作品に感動し、このコースに入学。同じ夢を持った仲間が集まり、互いの作品を評価し合ったり夢を語り合ったり、とても楽しい学校生活を過ごしています。また多彩なコースがあり、それぞれの目標を持った人たちばかりで、おしゃべりをしていてもとても刺激になり、自分も頑張ろうという気持ちになります。（J・K）

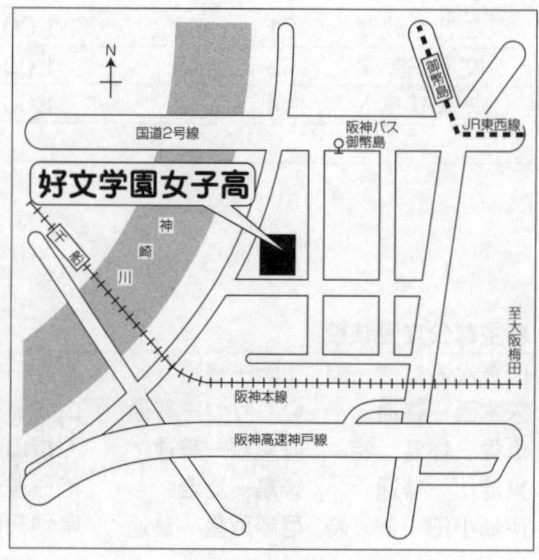

進研Vもし　合格のめやす

●目標偏差値（合格可能性80％）

併願		専願	
特別進学	50	特別進学	47
進学アドバンス	47	進学アドバンス	44
看護医療系進学	47	看護医療系進学	44
メディアクリエイター	47	メディアクリエイター	44
進学フロンティア	43	進学フロンティア	40
幼児教育	43	幼児教育	40
ＩＴライセンス	43	ＩＴライセンス	40
デザイン美術	43	デザイン美術	40
マンガ・アニメーション	43	マンガ・アニメーション	40

30　35　40　45　50　55　60　65　70　75

特別進学
努力圏　合格圏　安全圏

進学アドバンス／看護医療系進学／メディアクリエイター
努力圏　合格圏　安全圏

進学フロンティア／幼児教育／ITライセンス／デザイン美術／マンガ・アニメーション
努力圏　合格圏　安全圏

入試状況

●併願

年度	学科・コース	受験者数	合格者数	回し	倍率	合格最低点
'24	特別進学	18	18	—	1.00	—／—
	進学アドバンス	27	27	—	1.00	—／—
	看護医療系進学	15	15	—	1.00	—／—
	メディアクリエイター	19	19	—	1.00	—／—
	進学フロンティア	33	33	—	1.00	—／—
	幼児教育	19	19	—	1.00	—／—
	ＩＴライセンス	23	23	—	1.00	—／—
	デザイン美術	60	60	—	1.00	—／—
	マンガ・アニメーション	50	50	—	1.00	—／—

●専願

年度	学科・コース	受験者数	合格者数	回し	倍率	合格最低点
'24	特別進学	9	9	—	1.00	—／—
	進学アドバンス	14	14	—	1.00	—／—
	看護医療系進学	10	10	—	1.00	—／—
	メディアクリエイター	14	12	—	1.17	—／—
	進学フロンティア	17	17	—	1.00	—／—
	幼児教育	13	13	1	1.00	—／—
	ＩＴライセンス	16	16	—	1.00	—／—
	デザイン美術	24	24	1	1.00	—／—
	マンガ・アニメーション	75	75	—	1.00	—／—

●主な公立受験校

西宮今津－総／推	淀商－商業	県尼崎－総人／推
尼崎小田－普通	港南造形－造／特	西宮南－普通
県尼崎－普通	工芸－美術／特	武庫荘－総合／推
西宮甲山－普通	市尼崎－普通	尼崎西－普通
尼崎双星－普／特	工芸－ビジュ／特	吹田－普通

入試ガイド

●募集要項　＊2024年度入試実施分

募集人員	特別進学／進学アドバンス／進学フロンティア／看護医療系進学／幼児教育／ＩＴライセンス／メディアクリエイター／デザイン美術／マンガ・アニメーション…300
出願期間	1/22～1/29
受験料	20,000円
学力検査	2月10日
面接	実施しない
合格発表	2月12日
入学手続	専願 2月15日 併願 3月20日

●試験科目と配点・時間

科目	国語	数学	英語	—	—
配点	100点	100点	100点	—	—
時間	45分	45分	45分	—	—

●学費

入学金	200,000円	制服・制定品代	127,000円
年間授業料	580,000円	教科書等	約 20,000～円
諸会費計	15,000円	諸経費	88,000～円
修学旅行積立（1年次）	110,000円	初年度納入金合計	約 1,140,000～円

＊教科書・諸経費はコースにより異なる

卒業後の進路

卒業者数／268 人

大学進学	短大進学	専門学校等	就職	進学準備ほか
125人	19人	85人	18人	21人

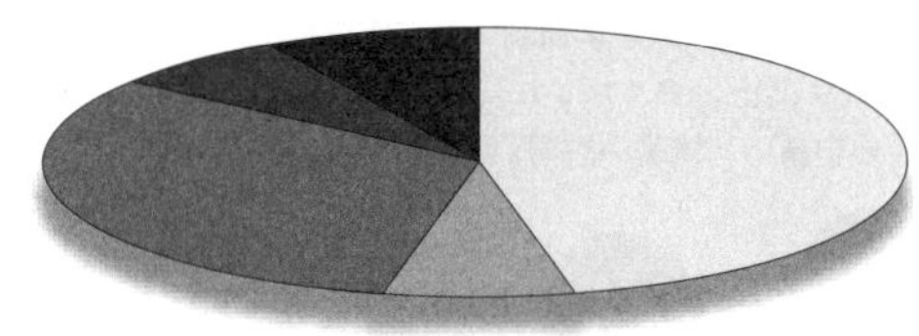

●主な大学合格状況（現役のみ）

国・公立大／

神戸大 1	大阪教育大 1	香川大 1

私立大／

関西大 3	関西学院大 1	同志社大 4
立命館大 1	京都産業大 12	近畿大 5
甲南大 3	龍谷大 10	佛教大 1
摂南大 2	神戸学院大 18	追手門学院大 4
桃山学院大 2	京都女子大 3	同志社女子大 3
武庫川女子大 9	関西外国語大 6	大谷大 2
大阪芸術大 12	京都精華大 6	京都芸術大 11
京都橘大 1	森ノ宮医療大 3	大手前大 6
甲南女子大 3		

堺リベラル高等学校

学校法人 愛泉学園
〒590-0012 堺市堺区浅香山町1-2-20
TEL072-275-7688　FAX072-227-4191
https://www.liberal.ed.jp

■創立／平成30年（2018）　**■校長**／重山香苗
■生徒数／145人（1年／52人 2年／48人 3年／45人）
■併設校／堺女子短期大学　堺リベラル中学校
■沿革／大正11年堺愛泉女学校創立。昭和40年愛泉女子短期大学（現堺女子短期大学）開学。平成21年堺リベラル中学校開学。同30年堺リベラル高等学校開学。
■交通／JR阪和線「堺市」から徒歩10分、南海高野線「浅香山」から徒歩12分、大阪メトロ御堂筋線「北花田」からバス（7分）

インフォメーション INFORMATION

●教育方針／建学以来変わらない3つの教育方針「明朗な女性の育成」「知性豊かな女性の育成」「実行力のある女性の育成」に基づき、自分の可能性を見つけ、大きく豊かに育んでいく教育をめざしています。
●学校行事／宿泊オリエンテーション（4月）、スポーツ大会（6月）、学園祭（9月）、修学旅行（12月・2年）はハワイへ。
●クラブ活動／ダンス、演技・声優、軽音楽、ESS、イラスト、バスケット、リベラルパフォーマンス同好会、テニス（学外クラブ）の8つの部活動があります。加入率は約60％です。芸能活動・大会やショー・舞台出演の際は、公欠扱いとして対応します。外部でのさまざまな活動も応援します。
●海外交流／1年間の交換留学制度があります。留学先はアメリカ、カナダ、韓国、エストニアなど。留学先での単位が認定されるため、3年間で高校を卒業することができます。
●設備／ダンススタジオ、演技・声優スタジオ、ミュージックスタジオ、成麗館大ホールなど、表現科目を学ぶ環境や生徒達の発表の場があります。
●スクールライフ／3学期制／登校時刻…8：40 ／頭髪…染色・パーマ禁止／アルバイト…許可（要申請）／自転車通学…許可（要申請）／携帯…許可（鞄にしまう）

カリキュラム CURRICULUM

●表現教育科
ダンス・楽器・声優・演技・イラストの科目を通した芸術表現力と、スピーチ・ディベート・プレゼンテーションの科目で言語表現力も身につけます。表現教育科目を通して「自己表現力」「コミュニケーション力」を高め、社会で活躍できる女性の育成をめざします。
「マナー」教育では、女子教育の原点である礼儀作法やマナーも身につけ、相手を思いやる心を育てます。
2年次からは「表現アクティブ」と「表現進学」のコースを選択します。「表現アクティブ」では更に高度な「表現科目」を学習し、芸術系・音楽系大学をめざします。「表現進学」では国公立大学・難関私立大学合格をめざします。

先輩から

表現教育科には、夢を持った子がたくさんいます。ほかではできないダンスや楽器、演技などが勉強でき、1つひとつプロの先生が教えてくれます。文化祭などのステージで経験を重ねていくことで自信がつき、仲間とのつながりも深くなっていきます。先生にも気軽に聞けるので、自分自身のレベルアップにつながっています。この学校では、たくさんの大切なものを見つけることができる気がします。（M・K）

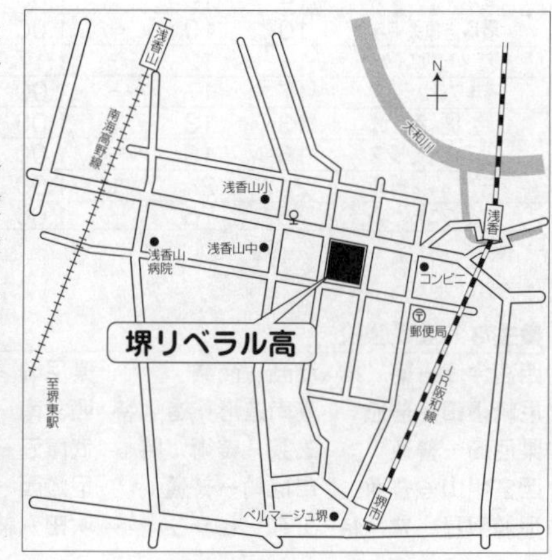

進研Vもし 合格のめやす

●目標偏差値(合格可能性80%)

	専願
	表現教育科……………50

30 35 40 45 50 55 60 65 70 75

表現教育科

努力圏 合格圏 安全圏

入試状況

●専願

年度	学科・コース	受験者数	合格者数	回し	倍率	合格最低点
'24	表現教育科	53	52	—	1.02	—/—
'23	表現教育科	49	48	—	1.02	—/—
'22	表現教育科	50	48	—	1.04	—/—

＊内部進学を含む。

●主な公立受験校

—

入試ガイド

●募集要項 ＊2024年度入試実施分

募集人員　表現教育科（専願）74
＊内部進学を含む

出願期間　1/22～2/1
受験料　20,000円
学力検査　2月10日
面接　グループ5分
合格発表　2月11日
入学手続　2月16日

●試験科目と配点・時間

科目	国語	数学	英語	—	—
配点	100点	100点	100点	—	—
時間	50分	50分	50分	—	—

●学費

入学金	200,000円	制服代	123,400円
年間授業料	630,000円	その他制定品費	75,600円
諸会費計	55,400円	その他	61,000円
修学旅行積立	235,000円	初年度納入金合計	1,380,400円

卒業後の進路

卒業者数／55人

大学進学	短大進学	専門学校等	就職	進学準備ほか
27人	12人	11人	—	5人

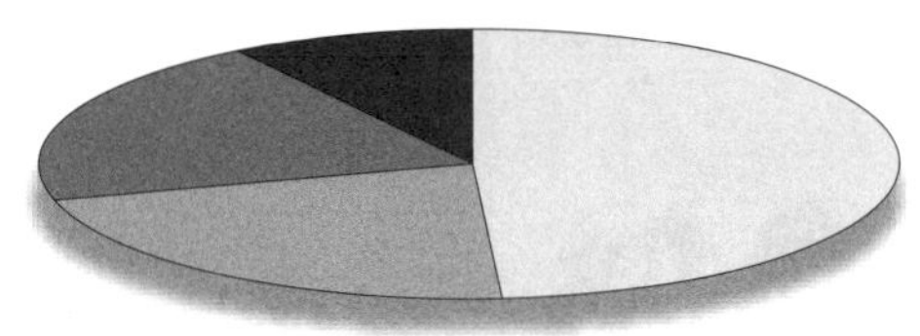

 4年制大学 49.1%
 短期大学 21.8%
 専門学校 20.0%
 就職 —
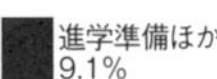 進学準備ほか 9.1%

●主な大学合格状況（現役のみ）

国・公立大／
京都教育大 1　大阪公立大 1

私立大／
関西学院大 5　大阪歯科大 1　兵庫医科大 2
近畿大 1　龍谷大 1　摂南大 1
桃山学院大 2　同志社女子大 1　関西外国語大 3
京都外国語大 1　畿央大 1　四天王寺大 7
大阪経済大 1　神戸女学院大 2　甲南女子大 1
帝塚山学院大 4　大阪総合保健大 1　大阪物療大 1
大阪国際大 1　宝塚大 1　大阪信愛学院大 1
太成学院大 1　京都精華大 1　大阪芸術大 2
大阪音楽大 1

四天王寺高等学校

学校法人 四天王寺学園
〒543-0051 大阪市天王寺区四天王寺1-11-73
TEL06-6772-6201　FAX06-6773-4113
https://www.shitennoji.ac.jp

■創立／大正11年(1922)　■校長／中川章治
■生徒数／1,403人(1年／447人 2年／481人 3年／475人)
■併設校／四天王寺大学　四天王寺大学短期大学部　四天王寺中学校
■沿革／聖徳太子1300年御忌記念事業として大正11年、天王寺高等女学校創立。昭和23年学制改革により四天王寺高等学校と改称。
■交通／大阪メトロ谷町線「四天王寺前夕陽ヶ丘」から徒歩5分、JR・大阪メトロ「天王寺」から徒歩10分

インフォメーション INFORMATION

●**教育方針**／聖徳太子の和の精神を礎とする信念ある女性の育成をめざしています。学園訓は「和をもって貴しとなす」「誠実を旨とせよ」「礼儀を正しくせよ」「健康を重んぜよ」です。

●**学校行事**／オリエンテーション(4月)、体育祭(6月・大阪城ホール)、文化祭(9月)は中・高合同で行われます。ほかに花まつり・校外学習(4月)、芸術鑑賞(7月・12月)、林間学舎(8月、長野県・希望者)、校外学習(10月・1年)、芸術発表会(11月、1年)、創作ダンス発表会(1月、1・2年)、学園創立記念式典(2月)など。修学旅行(10月・2年)はシンガポールへ。

●**クラブ活動**／強化クラブのバレーボール、ハンドボール、卓球、体操は文化・スポーツコース生のみ。ほかに体育系は合気道、剣道、バスケットボール、バドミントン、ソフトテニスがあります。文化系は放送、ESS、インターアクト、日本舞踊、自然科学、演劇、コーラス、ダンス、バトントワリング、書道、箏曲など。加入率は約65%です。

●**スクールライフ**／3学期制／登校時刻…8：30／頭髪…染色・パーマ禁止／アルバイト…禁止／自転車通学…禁止／携帯…許可(校内では電源を切る)

カリキュラム CURRICULUM

●**文理選抜コース**
創造力、国際力、リーダーシップを養成し、社会の各分野でリーダーとなる力を育てることを目的としたコースです。高い目標を前提に、豊富な学習時間を確保し、きめ細やかな教育で、一人ひとりに、幅広い力を養いながら、国際感覚を磨き、グローバルに活躍できる女性を育てます。3年間を通して、国内外の医系、理系、文系の最難関国公立大学への進学を可能にする学力を育成します。

●**文理コース**
豊富な授業量ときめ細やかな教育で生徒一人ひとりの可能性を最大限に引き出し、社会に貢献できる力を養うことを目的としたコースです。文理を問わず、基礎から応用へと着実に育むカリキュラムを編成し、効果的な授業を展開すると共に、多様な国際理解プログラムを通じて、個性豊かで高い実践力を持つ女性を育てます。3年間を通して、最難関国公私立大学へ進学できる力を養成します。また、高校2年進級時に文理選抜へのコース変更が可能です。

●**文化・スポーツコース**
将来、国内外で活躍するアスリートやアーティストを目標に、それぞれの資質や能力を高めることを目的としたコースです。中高の連携をさらに深めながら、各分野で優れた才能を発揮し始めた生徒一人ひとりが本校でさらにその可能性を広げることができるよう、教育上の配慮をしています。

四天王寺高校は全国でも有名な進学校。高校入学当初は勉強のことなど不安でいっぱいでしたが、どの教科の先生方もとても丁寧でわかりやすく教えてくださるし、興味深い話も交えてくださるので、授業がとても楽しいです。友達もたくさんでき、みんな明るい人ばかりなので、学校にも慣れることができました。これからの3年間は大学進学という次の目標に向けて、充実した毎日を送っていきたいと思います。(E・F)

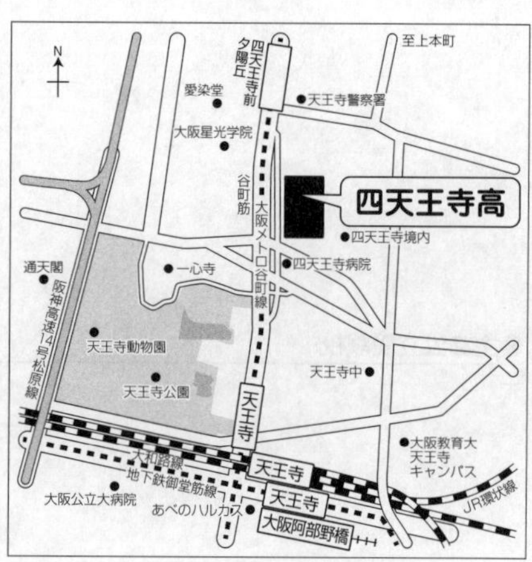

進研Vもし　合格のめやす

●目標偏差値（合格可能性80%）

併願		専願	
文理選抜	71	文理選抜	68
文理	68	文理	65
		文化・スポーツ	50

30　35　40　45　50　55　60　65　70　75

文理選抜　努力圏　合格圏　安全圏

文理　努力圏　合格圏　安全圏

文化・スポーツ（専願）　努力圏　合格圏　安全圏

入試状況

●併願

年度	学科・コース	受験者数	合格者数	回し	倍率	合格最低点
'24	文理選抜	334	186	—	1.80	350/500
	文理	15	15	143	1.00	264/500
	文化・スポーツ	—	—	—	—	—/—
'23	文理選抜	352	177	—	1.99	328/500
	文理	23	21	168	1.10	242/500
	文化・スポーツ	—	—	—	—	—/—

●専願

年度	学科・コース	受験者数	合格者数	回し	倍率	合格最低点
'24	文理選抜	35	14	—	2.50	332/500
	文理	16	14	19	1.14	243/500
	文化・スポーツ	26	26	—	1.00	222/500
'23	文理選抜	40	15	—	2.67	310/500
	文理	7	6	21	1.17	226/500
	文化・スポーツ	19	19	—	1.00	220/500

●主な公立受験校

奈良－普通　奈県大－探究／併　千里－総合科学
三国丘－文理　畝傍－普通　郡山－普通
市西宮－普通

入試ガイド

●募集要項　＊2024年度入試実施分

募集人員	文理選抜35、文理90、文化・スポーツ（専願）30
出願期間	1/22～2/1
受験料	20,000円
学力検査	2月10日
面接	実施しない
合格発表	2月12日
入学手続	専願 2月16日 併願 3月21日

●試験科目と配点・時間

科目	国語	数学	英語	社会	理科
配点	100点	100点	100点	100点	100点
時間	50分	50分	50分	50分	50分

＊判定は３教科・５教科のアラカルト方式。＊文化・スポーツコースは３科（国数英）・実技テストを実施。＊英語資格の活用あり。

●学費

入学金	200,000円	制服代	140,000円
年間授業料	565,200円	その他制定品費	—
諸会費計	63,600円	その他	294,200円
修学旅行積立	—	初年度納入金合計	1,263,000円

卒業後の進路

卒業者数／423人

大学進学	短大進学	専門学校等	就職	進学準備ほか
230人	—	2人	4人	187人

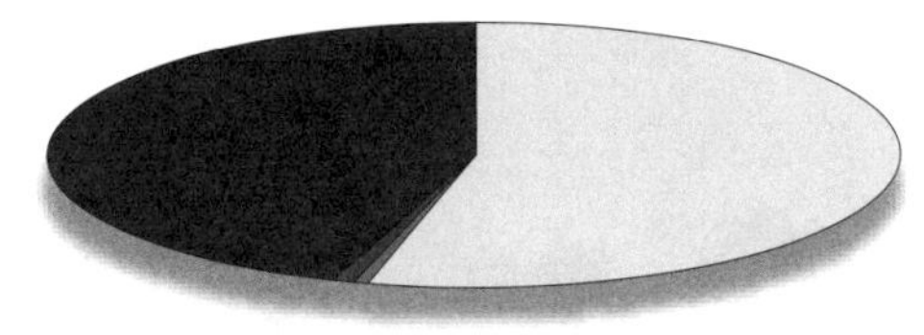

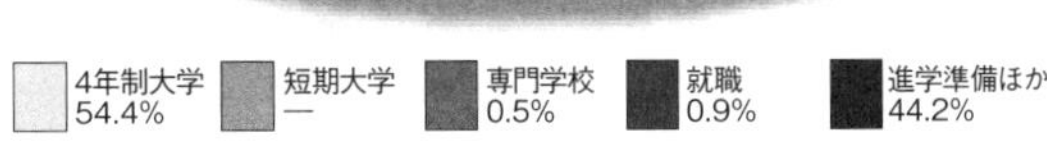

●主な大学合格状況

国・公立大／

京都大 11　大阪大 17　神戸大 13
北海道大 5　九州大 1　滋賀医科大 6
京都工繊大 4　大阪教育大 10　奈良女子大 14
和歌山大 3　滋賀県立大 2　京都府立大 4
京都府立医 2　大阪公立大 28　兵庫県立大 6
奈良県立大 4　奈良県立医 10　和歌山県医 6

私立大／

関西大 88　関西学院大 101　同志社大 97
立命館大 94　京都産業大 2　近畿大 254
甲南大 8　龍谷大 17　摂南大 5
追手門学院大 18　早稲田大 12　慶應義塾大 10

樟蔭高等学校

学校法人 樟蔭学園
〒577-8550 東大阪市菱屋西4-2-26
TEL06-6723-8185　FAX06-6723-8881
https://www.osaka-shoin.ac.jp

■創立／大正6年(1917)　**■校長**／小嶋信男
■生徒数／483人(1年／153人 2年／168人 3年／162人)
■併設校／大阪樟蔭女子大学　樟蔭中学校
■沿革／大正6年樟蔭高等女学校設立認可。同14年樟蔭女子専門学校設置認可。昭和23年学制改革に伴い新制樟蔭高等学校を設置。平成29年創立100周年を迎えました。
■交通／近鉄奈良線「河内小阪」から徒歩約4分、JRおおさか東線「JR河内永和」から徒歩約5分

インフォメーション INFORMATION

●教育方針／それぞれが「小さな目標や課題」を持ち、成功体験を積み重ねることを大事にしています。基本的な生活習慣と基礎学力を身につけ、そのなかで獲得する「努力すれば叶う」という自信が、将来の夢の実現につながります。
●学校行事／遠足(5月)、球技大会(6月)、体育祭・文化祭(9月)、スキー学舎(12月・希望者)、フランス料理を味わうテーブルマナー講習会(1月)など。体育祭のイベント「青春の躍動」は、樟蔭の名物となっています。修学旅行(2年・5月)は北海道へ。
●クラブ活動／全国大会出場実績があるソフトテニス、新体操、バトントワリング、ダンス、ポンポンチアなどの体育系と、全国高校文化祭で活躍する美術・工芸部のほか吹奏楽、書道、軽音楽などの文化系が活動。加入率は約50%です。
●海外研修／異文化理解・国際教育の一環として、希望者対象に台湾・韓国の短期研修、ニュージーランド短期留学を実施。
●スクールライフ／3学期制／登校時刻…8：35 ／頭髪…染色・パーマ禁止／アルバイト…禁止／自転車通学…許可(学校と家の距離が1km以上に限る) ／携帯…届け出をし、許可が出れば所持可

カリキュラム CURRICULUM

●国際文理コース
国公立大・難関私立大への現役合格をめざすコースです。多様な英語活動により英語の4技能を修得。長期休暇や放課後の補習により進度を確保。また演習、実践演習などを行い、着実に学力をつけます。
●身体表現コース
特技を活かし個性を発揮できるスキルの習得と、様々な表現方法を知り挑戦する姿勢を育み総合力のある高校生をめざします。
●総合コース
2年進級時に以下の4コースから選択します。
【総合進学コース】幅広い視野を持ち社会で活躍できる女性をめざします。大阪樟蔭女子大学への内部特別推薦、近畿の有名私立大・専門性の高い大学への推薦入学が可能です。
【看護系進学コース】看護医療分野で社会貢献を志す人を全力でサポート。看護医療系の大学や専門学校で学ぶための基礎学力を身につけ、合格できる力を養います。看護学部への指定校推薦も利用できます。
【児童教育コース】英語が使える保育士・幼稚園教諭・小学校教諭をめざします。大阪樟蔭女子大学児童教育学科や附属幼稚園との連携を深め、児童教育のリーダーを育成します。
【フードスタディコース】健全な食材を選ぶ力(食の知識)と、それを調理する力(食の技術)を養成。大阪樟蔭女子大学と連携した食に関する多彩なプログラムにより、「食のスペシャリスト」を養成します。

先輩から

樟蔭は何よりも生徒の個性を尊重した学習環境だと思います。多くのことに挑戦でき、自らの将来を切り開くきっかけがたくさんあります。親身にサポートしてくれる先生方のおかげで学校生活は充実しています。勉強は難しいことも多いですが、将来の夢に近づくために友達とお互いを高め合って過ごしています。

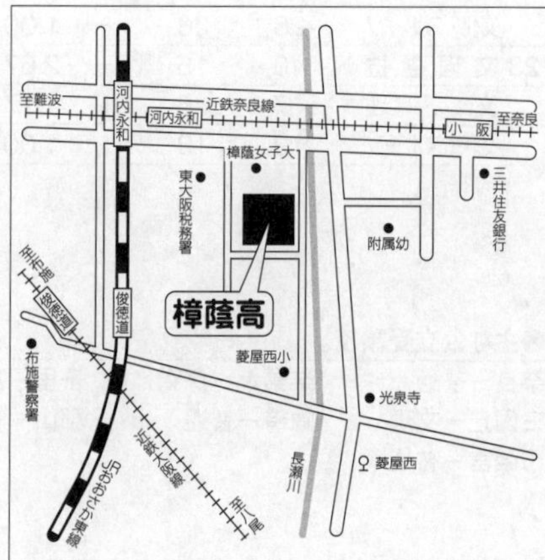

進研Vもし 合格のめやす

●目標偏差値（合格可能性80%）

併願		専願	
国際文理	53	国際文理	51
総合	48	総合	45
身体表現	47	身体表現	44

30 35 40 45 50 55 60 65 70 75

国際文理：努力圏 合格圏 安全圏

総合：努力圏 合格圏 安全圏

身体表現：努力圏 合格圏 安全圏

入試状況

●併願

年度	学科・コース	受験者数	合格者数	回し	倍率	合格最低点
'24	国際教養	29	23	—	1.26	303/500
	総合	57	57	5	1.00	145/300
	身体表現	6	6	1	1.00	132/300
'23	国際教養	56	46	—	1.22	295/500
	総合	102	102	9	1.00	120/300
	身体表現	7	7	1	1.00	123/300

●専願

年度	学科・コース	受験者数	合格者数	回し	倍率	合格最低点
'24	国際教養	12	12	—	1.00	288/500
	総合	61	61	—	1.00	123/300
	身体表現	18	18	—	1.00	131/300
'23	国際教養	11	11	—	1.00	295/500
	総合	77	75	—	1.03	120/300
	身体表現	13	13	—	1.00	123/300

＊(2024) SHOINキャリア入試8名・CSクラス特別入試6名を含む。＊1.5次入試を含む。＊合格最低点は基準点。＊専願には優遇加点あり。

●主な公立受験校

山本－普通	花園－国際文化	汎愛－普通
花園－普通	夕陽丘－音楽／特	高円－普通
大阪ビジＦ－グロ	八尾翠翔－普通	この花－食物文化
布施－普通	農芸－資源動物	生駒－普通
西城陽－普通	添上－普通	桜井－普通

入試ガイド

●募集要項　＊2024年度入試実施分

募集人員　国際教養30、身体表現30、総合150

出願期間　1/22～1/29
受験料　20,000円
学力検査　2月10日
面接　キャリア入試・CSクラス特別入試のみ
合格発表　2月12日
入学手続　専願 2月17日
　併願 3月22日

＊2025年度、国際教養コース→国際文理コースに名称変更。

●試験科目と配点・時間

科目	国語	数学	英語	社会	理科
配点	100点	100点	100点	100点	100点
時間	50分	50分	50分	50分	50分

＊国際教養コースは3科または5科を選択。その他コースは3科。＊英検の資格活用あり。＊キャリア入試は作文、面接。CSクラス特別入試は作文＋面接、または国数英の筆記試験。

●学費

入学金	240,000円	制服・制定品・教材費等	約200,000円
年間授業料	612,000円	iPad購入費	約65,000円
諸会費計	67,210円	その他	—
修学旅行積立	130,000円	初年度納入金合計	約1,314,210円

＊国際教養・身体表現は別途コース費あり　＊上記は総合コース

卒業後の進路

卒業者数／195人

大学進学	短大進学	専門学校等	就職	進学準備ほか
147人	9人	30人	—	9人

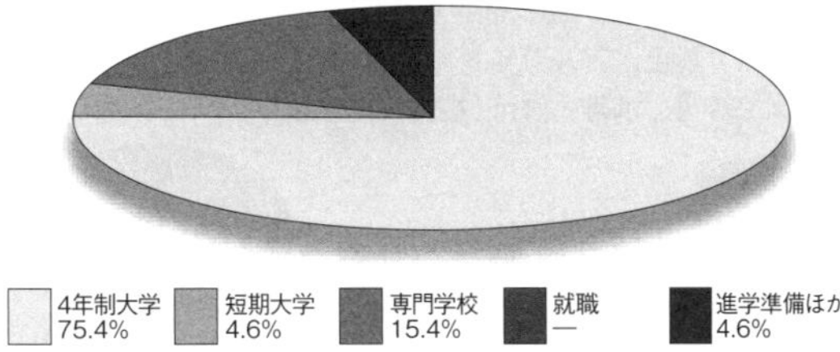

4年制大学 75.4%　短期大学 4.6%　専門学校 15.4%　就職 —　進学準備ほか 4.6%

●主な大学合格状況

国・公立大／
お茶の水女子大 1　広島大 1　奈良女子大 1
筑波大 1

私立大／
関西大 10　関西学院大 2　立命館大 5
近畿大 10　龍谷大 3　摂南大 2
桃山学院大 2　早稲田大 1　同志社女子大 6
神戸女学院大 2　関西外国語大 6　京都女子大 4
武庫川女子大 6

城南学園高等学校

学校法人 城南学園
〒546-0021 大阪市東住吉区照ケ丘矢田2-14-10
TEL06-6702-9781　FAX06-6702-9881
https://www.jonan.jp

■創立／昭和10年（1935）　■校長／北川　真
■生徒数／359人（1年／127人 2年／122人 3年／110人）
■併設校／大阪総合保育大学 大阪総合保育大学短期大学部 城南学園中学校 城南学園小学校 城南学園幼稚園 城南学園保育園
■沿革／昭和10年城南女子商業専修学校創立、同23年新制・城南学園高等学校が発足。平成10年、中高新校舎竣工。
■交通／近鉄南大阪線「矢田」から徒歩8分、大阪ﾒﾄﾛ谷町線「喜連瓜破」から徒歩14分（ﾊﾞｽ有）、御堂筋線・JR「長居」からﾊﾞｽで「湯里6丁目」

インフォメーション　INFORMATION

●**教育方針**／「自主自律」「清和気品」の建学の精神のもと、社会の第一線で活躍する自立した芯の強い女性、おだやかで高い品性を身につけた女性の育成をめざしてきました。

●**学校行事**／校外学習（4月）、福祉実習（5月、幼児教育）、文化祭（6月）、幼稚園・保育園実習（6月、幼児教育）、芸術鑑賞会（7月）、体育大会（9月）、スポーツ大会（12月）、テーブルマナー（12月・3年）、百人一首かるた大会（1月）など。修学旅行（10月・2年）は北海道またはロサンゼルスへ。

●**クラブ活動**／体育系は全国レベルで活躍するバレーボール、テニス、空手道、器械体操をはじめ弓道、ダンス、ハンドボール、ソフトテニスなど。文化系は吹奏楽、音楽、クッキング、パソコン、茶道、華道、書道、軽音楽、美術、競技かるたなど。加入率は約60%です。

●**海外交流**／短期留学（8月・約2週間）、ワンターム留学（約2ヵ月間）、1年留学（1年次の1月から1年間）の3つのプログラムがあります。それぞれニュージーランドでホームステイの形で実施しています。

●**スクールライフ**／3学期制／登校時刻…8：30 ／頭髪…染色・パーマ禁止／アルバイト…禁止（事情により許可） ／自転車通学…許可／携帯…許可（校内使用禁止）

カリキュラム　CURRICULUM

●**特進∞（インフィニティ）**
難関国公立大学に特化した最上位コースです。大学進学後も見据えた創造的カリキュラムで生徒一人ひとりをきめ細やかにサポートします。

●**特進＋（プラス）**
5教科に力点を置き、国公立大学・難関私立大学をめざします。文系・理系のどちらにも対応できるよう、カリキュラムを編成しています。

●**特進³（キューブ）**
3教科に力点を置き、産近甲龍をはじめとする私立大学をめざします。豊富な授業時間に加えて、ICT 教材『すらら』を使ったアダプティブラーニングを取り入れ、ゆっくり丁寧に学力がつく体制を整えています。

●**特進看護**
学力の向上とコミュニケーション能力の育成により、看護系短大・大学をめざします。

●**幼児教育**
併設の大阪総合保育大学、大阪総合保育大学短期大学部（総合保育学科）に直結するコースです。幼稚園・福祉施設での実習も実施。併設大学・短大からの専門職就職率はほぼ100%です。

●**キャリアデザイン**
「栄養調理ゾーン」「健康スポーツゾーン」「文化・ビジネスゾーン」「創造エンタメゾーン」を設置。学習・生活習慣の確立とキャリア教育を通して、自分に合った進路実現をめざします。

「保育士になりたい」の一心で、幼児教育コースを選びました。手話や怪我をしたときの手当ての仕方、救急法など普段の生活でも役立つことや、保育で必要となる手遊び、子供向けの曲の勉強、人形劇の発表といった楽しいことがたくさん体験でき、毎日が充実しています。高校3年間で学んだ多くの知識や技能を忘れずに、1歩ずつ保育士への階段を登って行きたいと思っています。（Y・N）

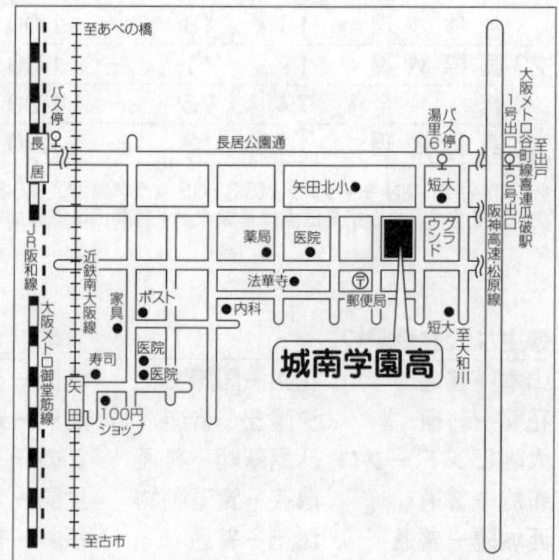

進研Vもし 合格のめやす

●目標偏差値（合格可能性80%）

併願		専願	
特進∞	56	特進∞	53
特進＋	53	特進＋	50
特進³	48	特進³	46
特進看護	46	特進看護	44
幼児教育	41	幼児教育	39
キャリアデザイン	39	キャリアデザイン	37

30 35 40 45 50 55 60 65 70 75

特進∞ 努力圏 合格圏 安全圏

特進＋ 努力圏 合格圏 安全圏

特進³ 努力圏 合格圏 安全圏

特進看護 努力圏 合格圏 安全圏

入試状況

●併願

年度	学科・コース	受験者数	合格者数	回し	倍率	合格最低点
'24	特進∞	11	6	—	1.83	245/300
	特進＋	13	11	3	1.18	223/300
	特進³	14	14	4	1.00	170/300
	特進看護	8	8	—	1.00	170/300
	幼児教育	17	17	—	1.00	125/300
	進学スタンダード	39	39	—	1.00	113/300

●専願

年度	学科・コース	受験者数	合格者数	回し	倍率	合格最低点
'24	特進∞	13	12	—	1.08	225/300
	特進＋	6	6	1	1.00	208/300
	特進³	8	8	—	1.00	160/300
	特進看護	8	8	—	1.00	160/300
	幼児教育	27	27	—	1.00	115/300
	進学スタンダード	40	40	—	1.00	100/300

＊合格最低点は合格基準点。

●主な公立受験校

教育センター附属	住吉商－商業	市立堺－マネ創造
鶴見商－商業	桜和－教育文理	大塚－体育／特
この花－食物文化	東住吉－芸能／特	東住吉総－クリエ
農芸－食品加工	高石－普通	東住吉－普通
貝塚－総合	農芸－ハイテク農	堺上－普通

入試ガイド

●募集要項　＊2024年度入試実施分

募集人員	特進∞／特進＋／特進³／特進看護／幼児教育／進学スタンダード（スポーツ探究ゾーン／キャリア探究ゾーン）…230 ＊内部進学を含む
出願期間	1/22～1/29
受験料	20,000円
学力検査	2月10日
面接	2月11日 専願のみ
合格発表	2月12日
入学手続	専願 2月23日 併願 3月19日

＊2025年度、進学スタンダードコース→キャリアデザインコースに変更。

●試験科目と配点・時間

科目	国語	数学	英語	—	—
配点	100点	100点	100点	—	—
時間	50分	50分	50分	—	—

＊英検資格活用あり。

●学費

入学金	200,000円	制服代	約 70,000円
年間授業料	630,000円	その他制定品費	約 40,000円
諸会費計	144,000円	その他	—
修学旅行積立	160,000円	初年度納入金合計	約 1,244,000円

卒業後の進路

卒業者数／ 132 人

大学進学	短大進学	専門学校等	就職	進学準備ほか
79人	37人	12人	2人	2人

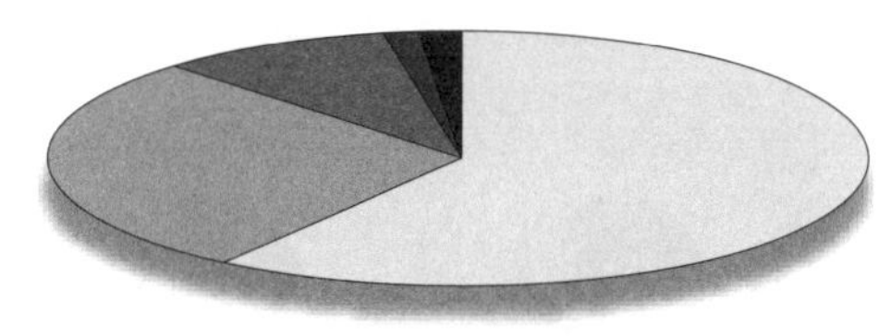

4年制大学 59.8%　短期大学 28.0%　専門学校 9.1%　就職 1.5%　進学準備ほか 1.5%

●主な大学合格状況（現役のみ）

国・公立大／

大阪教育大 1	和歌山大 1	筑波大 1
宮崎大 1	釧路公立大 1	福井県立大 1
神戸市外国語大 1	高知県立大 1	宮崎公立大 1

私立大／

関西大 9	関西学院大 2	同志社大 1
京都産業大 15	近畿大 23	甲南大 3
龍谷大 3	桃山学院大 7	京都女子大 3
同志社女子大 2	武庫川女子大 4	京都外国語大 1
大阪経済法科大 6	大阪産業大 6	関西外国語大 2
四天王寺大 12	阪南大 3	大和大 6
甲南女子大 9	大阪総合保育大 11	大阪城南女子短大 33

宣真高等学校

学校法人 宣真学園
〒563-0038 池田市荘園2-3-12
TEL072-761-8801　FAX072-762-2660
https://senshin-gakuen.jp/

■**創立**／大正9年(1920)　■**校長**／中川千津江
■**生徒数**／977人(1年／311人 2年／342人 3年／324人)
■**沿革**／大正9年に設立認可された宣真高等女学校がその前身。昭和23年新制・宣真高等学校に。平成30年新校舎紫峯館を竣工。令和3年創立100周年を迎えました。
■**交通**／阪急宝塚線「石橋阪大前」から徒歩10分

インフォメーション INFORMATION

●**教育方針**／弘法大師の精神に基づき「学力の充実を図り、個性の伸長に努める」「感恩奉仕の心を育て、社会の浄化と平和に寄与する」教育を実践、社会に役立つ女性を育成します。
●**学校行事**／5月の高野山参拝(1年)・校外学習(2・3年)にはじまり、芸術鑑賞(6月)、体育祭(6月)、文化祭(9月)、百人一首大会(1月)、卒業記念旅行(2月)、四国霊場巡拝(3月・希望者)と続きます。修学旅行(10月・2年)は東京ディズニーリゾート。
●**クラブ活動**／体育系は全国大会に出場しているダンスバトン部、ハンドボール部をはじめソフトボール、バレーボール、バスケットボール、陸上競技、剣道、なぎなたなど。文化系では吹奏楽、コーラス、演劇、書道、文芸、アート&イラストなどが活動しています。加入率は約40%です。
●**施設**／創立100周年に校舎をリニューアルし、シャンデリアを基調としたゴージャスな校舎が完成しました。
●**スクールライフ**／3学期制／登校時刻…8：40／頭髪…染色・パーマ禁止／アルバイト…禁止(家庭の事情や成績等考慮して申請により許可している)／自転車通学…許可／携帯…許可(登下校の緊急時用、校内での使用は禁止)

カリキュラム CURRICULUM

●**看護医療・特進コース**
2年次に2つのエリアから選択。「看護医療系進学エリア」では看護医療系入試に特化した学びと、実習・体験を通して専門的知識・技術の基礎習得をめざします。「文系特進エリア」では有名私立大学合格をめざし、文系に特化したカリキュラムで受験に対応できる学力を確実に身につけます。
●**アニメ・アートコース**
イラストやデッサン、工芸、PCやタブレットを使用したデジタルペイントを学ぶことができます。本格的な実技指導で美術大学受験をサポートします。
●**保育系進学コース**
保育技術検定1級の取得者数は大阪府トップクラスです。音楽・リズム、言語、造形、家庭看護の専門の先生の指導のもとカリキュラムを展開。資格と習得した知識を活かし保育系大学・短大への進学を目指します。併設の保育園・幼稚園実習も豊富で、確かな知識と技術をもつ保育士・幼稚園教諭を養成します。
●**総合コース(総合選択制)**
2年次からウェルネススポーツ／パティシエ・クッキング／情報デザイン／キャリアデザインの4つのエリアに分かれて学習します。週に6時間の専門的な学びで、なりたい自分につながる知識やスキルを伸ばすことができます。

先輩から

中学時代あまり勉強が好きな方ではなかった(?)ので、苦労しました。でもなんども繰り返し勉強することで徐々に苦手な科目も克服でき、現役で大学に合格できました。宣真は、生徒1人ひとりのよさを見つけて伸ばしてくれる先生が多く、最後まで力強く引っ張ってくれます。生徒会活動を通して、積極性と責任感がもてたこともプラスになりました。活気のある高校なので、継続と前向きでがんばってください。(Y・O)

進研Vもし　合格のめやす

●目標偏差値(合格可能性80%)

併願		専願	
看護医療・特進	48	看護医療・特進	44
保育系進学	45	保育系進学	41
総合	42	総合	38
アニメ・アート	42	アニメ・アート	38

30 35 40 45 50 55 60 65 70 75

看護医療・特進
努力圏 合格圏 安全圏

保育系進学
努力圏 合格圏 安全圏

総合／アニメ・アート
努力圏 合格圏 安全圏

入試ガイド

●募集要項　＊2024年度入試実施分

募集人員	看護医療・特進／保育系進学／アニメ・アート／総合…280
出願期間	1/22～1/31
受験料	20,000円＋郵送料400円
学力検査	2月10日
面接	実施しない
合格発表	2月12日
入学手続	専願 2月17日 併願 3月23日

●試験科目と配点・時間

科目	国語	数学	英語	—	—
配点	100点	100点	100点	—	—
時間	40分	40分	40分	—	—

●学費

入学金	200,000円	制服・服装品	約 94,350円
年間授業料	582,000円	その他制定品費	約 104,300円
学年費・諸会費等計	80,260円	コース別諸経費	20,000～円
修学旅行積立	60,000円	初年度納入金合計	約 1,140,910～円

入試状況

●併願

年度	学科・コース	受験者数	合格者数	回し	倍率	合格最低点
'24	看護医療・特進	91	90	—	1.01	—/300
	保育系進学	40	40	—	1.00	—/300
	総合	196	196	1	1.00	—/300
	アニメ・アート	66	65	—	1.02	—/300
'23	看護医療・特進	72	72	—	1.00	—/300
	保育系進学	34	34	—	1.00	—/300
	総合	232	232	—	1.00	—/300
	アニメ・アート	68	68	—	1.00	—/300

●専願

年度	学科・コース	受験者数	合格者数	回し	倍率	合格最低点
'24	看護医療・特進	40	40	—	1.00	—/300
	保育系進学	41	41	—	1.00	—/300
	総合	117	117	—	1.00	—/300
	アニメ・アート	77	77	—	1.00	—/300
'23	看護医療・特進	40	39	—	1.03	—/300
	保育系進学	46	44	—	1.05	—/300
	総合	143	143	2	1.00	—/300
	アニメ・アート	85	85	1	1.00	—/300

＊受験者数は志願者数。

●主な公立受験校

川西北陵－普通	渋谷－普通	猪名川－普通
川西明峰－普通	伊丹北－総合／推	伊丹西－普通
川西緑台－普通	伊丹西－普通／特	宝塚東－普通
尼崎小田－普／特	伊丹北－総合	市伊丹－普通
福井－総合	県伊丹－普通	尼崎双星－普通

卒業後の進路

卒業者数／304人

大学進学	短大進学	専門学校等	就職	進学準備ほか
112人	40人	109人	21人	22人

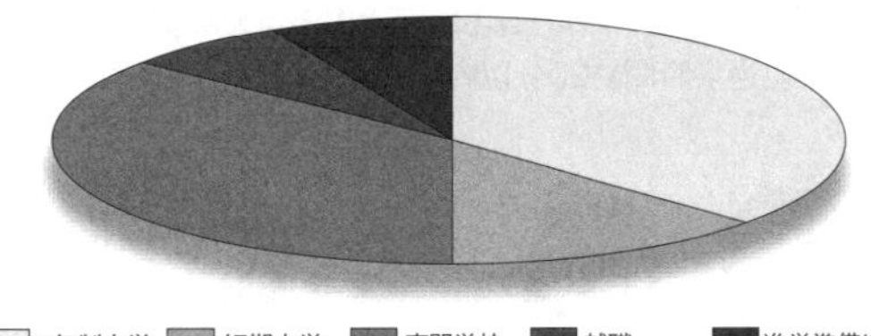

●主な大学合格状況

国・公立大／
神戸市外国語大 1

私立大／

関西大 1	近畿大 1	龍谷大 1
神戸学院大 1	追手門学院大 2	桃山学院大 1
大阪経済大 3	関西外国語大 2	武庫川女子大 3
大阪青山大 16	大阪学院大 2	大阪芸術大 2
大阪樟蔭女子大 2	大阪成蹊大 6	大手前大 9
京都精華大 4	甲南女子大 3	天理大 1
東京女子体育大 1	梅花女子大 12	森ノ宮医療大 1
関西学院短大 2	大和大白鳳短期 1	

相愛高等学校

学校法人 相愛学園
〒541-0053 大阪市中央区本町4-1-23
TEL06-6262-0621 FAX06-6262-0534
https://www.soai.ed.jp/

■創立／明治21年（1888）　■校長／園城真生
■生徒数／282人（1年／99人 2年／85人 3年／98人）
■併設校／相愛大学　相愛中学校
■沿革／明治21年、西本願寺津村別院（北御堂）の一角に相愛女学校を開校し、同39年相愛女子音楽学校を増設。中学校に続き昭和23年、相愛高等学校（普通科）を設立。同28年、高校に音楽科を開設。
■交通／大阪メトロ御堂筋線・中央線「本町」下車すぐ。四つ橋線「本町」から徒歩3分、堺筋線「堺筋本町」から徒歩8分

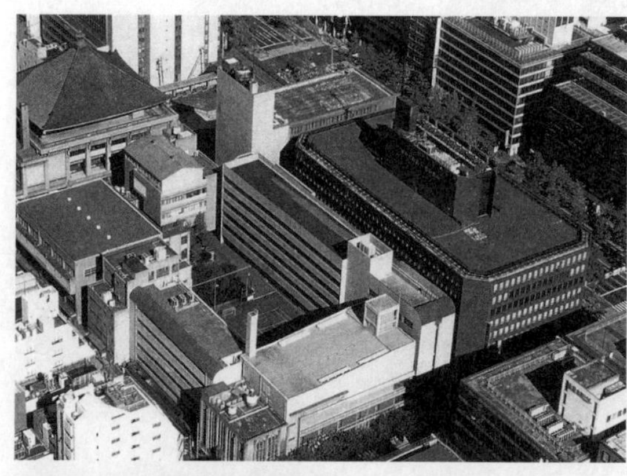

インフォメーション INFORMATION

●**教育方針**／「まさに相敬愛すべし」という建学の精神のもと、今の世を生きる女性として、“いのち”のつながりを深く考える宗教的情操を基礎に据え、学力面・体力面の伸長を図ります。
●**学校行事**／校外学習（4月）、親鸞聖人降誕会法要（5月）、文楽鑑賞（6月・3年）、体育祭（9月）、文化祭・コーラスコンクール（11月）のほか、乙女コンサート（6月・9月・1月）、卒業演奏会（2月）など音楽科の活動も多彩です。冬期集団生活（2月・1年）は長野県へ、修学旅行（5月・2年）は北海道へ。
●**クラブ活動**／体育系は国体優勝3回を誇る新体操をはじめバレーボール、硬式テニス、バスケットボールなどと、文化系は全国大会（NHK）にも出場している放送部のほか吹奏楽、音楽、ESS、食物などが活動しています。加入率は約50％です。
●**海外交流**／国際交流プログラム（ハワイ・希望者・10日間～）では、ホームステイしながら姉妹校の生徒と英語授業を体験。イギリス、オーストリアへの希望者研修もあります。
●**スクールライフ**／3学期制／登校時刻…8：30／頭髪…染色・パーマ禁止、その他…化粧・ピアス等禁止／アルバイト…禁止／自転車通学…許可（学校で行われる自転車安全講習を受けること。通学時間約20分以内）／携帯…許可（校内での使用禁止）

カリキュラム CURRICULUM

●**普通科 アドバンスキャリア（特進）コース**
国公立大・難関私立大への進学をめざすコースです。1年次は5教科を重視した基礎学力を養成。2・3年次には志望に応じたきめ細かな受験指導で得点力アップをめざします。週4回の7時限目授業では、国語・英語・数学を重点的に学習。長期休暇中には講習や学習合宿を実施し、応用力を高めます。また、自習室（2ヵ所）のうちの1ヵ所は教員室のそばに設けられており、疑問点があればすぐに教員室を訪れ、質問することができます。
●**普通科 プログレスキャリア（龍谷総合）コース**
得意科目を中心に実力を伸ばしながら、より高い目標の実現をめざすコースです。2年次から幼児教育／看護受験／栄養／文系／理系／文理系／教養マナーの7専攻を用意。各自の進路や目的にあわせて選ぶことができます。併設校特別推薦によって相愛大学への進学が可能。また他大学からの指定校推薦も利用できます。Soai 教養講座（放課後）を受講する生徒も多く、クラブ活動とも両立できるコースです。
●**音楽科**
きわめて専門性の高い学科で、私立では府下で唯一。作曲／声楽／器楽を中心に多彩な実技専攻があり、大学教授を含む講師陣が直接指導するレベルの高い内容です。また、早朝から使用できるレッスン室など、施設・設備も充実。卒業生の多くが、併設大音楽学部や芸術系大学に進学しています。

専攻選択コースでは、夢や目標に向けて科目を選んだり、苦手科目の克服、得意科目を極めたりと、1人ひとりにあった時間割を作成。それぞれが自分のめざすものに前向きに取り組んでいます。放課後に開催される教養講座には茶道、華道、箏曲、楽器（金管・木管）、ピアノ、書道、英会話、クラシックバレエ、美術、フラダンスと多くの種類があります。授業の延長のまま、気軽に新しいことに挑戦でき、視野が広がります。

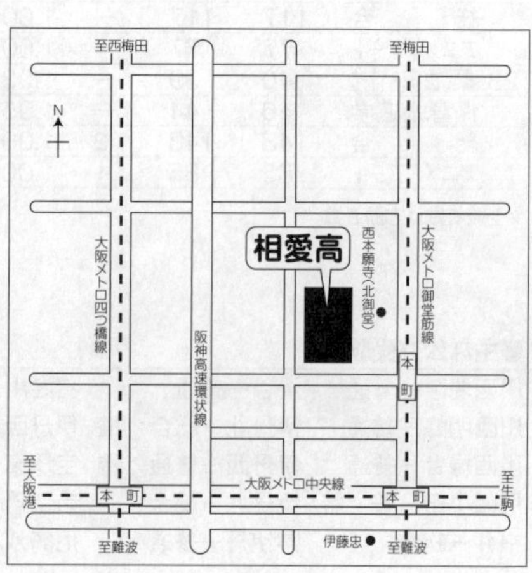

進研Vもし　合格のめやす

●目標偏差値（合格可能性80%）

併願		専願	
音楽科	52	音楽科	46
アドバンスキャリア（特進）	51	アドバンスキャリア（特進）	48
プログレスキャリア（龍谷総合）	47	プログレスキャリア（龍谷総合）	42

30 35 40 45 50 55 60 65 70 75

音楽科：努力圏 45〜50　合格圏 50〜55　安全圏 55〜60

アドバンスキャリア（特進）：努力圏 44〜49　合格圏 49〜54　安全圏 54〜59

プログレスキャリア（龍谷総合）：努力圏 40〜45　合格圏 45〜50　安全圏 50〜55

入試ガイド

●募集要項　＊2024年度入試実施分

募集人員　普通科＝特進30、専攻選択90、音楽科＝30
＊内部進学を含む

出願期間　1/22〜2/2
受験料　20,000円
学力検査　2月10日（音楽科2/10･2/11）
面接　専願のみ（個人約5分）
合格発表　2月12日
入学手続　専願 2月15日　併願 3月19日

＊ 2025 年度、特進→アドバンスキャリア（特進）へ、専攻選択→プログレスキャリア（龍谷総合）へコース名称変更。

●試験科目と配点・時間

科目	国語	数学	英語	—	—
配点	100点	100点	100点	—	—
時間	50分	50分	50分	—	—

＊音楽科は他に専門科目試験・専攻実技実施。
＊英検・数検・漢検の資格活用あり。

●学費

入学金	200,000円	制服・制定品費	約 129,000円
年間授業料	480,000円	学年諸費(副教材等)	約 115,000〜円
諸会費計	52,400円	施設費	96,000円
修学旅行積立	別途	初年度納入金合計	約 1,072,400〜円

＊普通科専攻選択コースの場合

入試状況

●併願

年度	学科・コース	受験者数	合格者数	回し	倍率	合格最低点
'24	音楽科	18	18	—	1.00	130/300
	特進	16	15	—	1.07	176/300
	専攻選択	17	17	1	1.00	130/300
'23	音楽科	24	24	—	1.00	—/300
	特進	18	18	—	1.00	—/300
	専攻選択	25	25	—	1.00	—/300

●専願

年度	学科・コース	受験者数	合格者数	回し	倍率	合格最低点
'24	音楽科	3	3	—	1.00	117/300
	特進	9	9	—	1.00	160/300
	専攻選択	46	46	—	1.00	117/300
'23	音楽科	9	9	—	1.00	—/300
	特進	11	7	—	1.57	—/300
	専攻選択	22	22	4	1.00	—/300

●主な公立受験校

県西宮－音楽／推　夕陽丘－音楽／特　今宮－総合
市立堺－建築イン　藤井寺－普通　長野－普通
高田商－商業／特　山本－普通　生駒－普通

卒業後の進路

卒業者数／ 84 人

大学進学	短大進学	専門学校等	就職	進学準備ほか
74人	2人	5人	—	3人

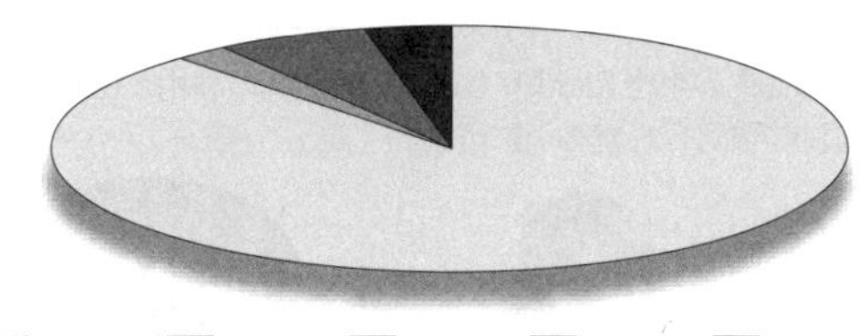

4年制大学 88.1%　短期大学 2.4%　専門学校 6.0%　就職 —　進学準備ほか 3.6%

●主な大学合格状況

国・公立大／
大阪公立大 1　奈良県立医 1　京都市立芸術大 1
私立大／
関西大 4　関西学院大 2　近畿大 2
龍谷大 10　摂南大 2　追手門学院大 4
上智大 1　成城大 1　京都女子大 2
同志社女子大 2　神戸女学院大 3　武庫川女子大 3
日本体育大 1　大阪芸術大 2　大阪音楽大 2
相愛大 20

帝塚山学院高等学校

学校法人 帝塚山学院
〒558-0053 大阪市住吉区帝塚山中3-10-51
TEL06-6672-1151　FAX06-6672-3290
https://www.tezukayama.ac.jp/cyu_kou/

■創立／大正5年（1916）　**■校長**／瀧山　恵
■生徒数／815人（1年／276人 2年／266人 3年／273人）
■併設校／帝塚山学院大学　同中学校　同小学校　同幼稚園
■沿革／大正5年、財団法人帝塚山学院設立。小学校、幼稚園、中学校に続き、同15年高等女学校を開校。平成11年新校舎が完成。同22年「ヴェルジェコース」を新設。同28年創立100周年を迎えました。
■交通／南海高野線「帝塚山」・阪堺上町線「帝塚山三丁目」下車すぐ

インフォメーション　INFORMATION

●教育方針／創立からの教育理念である「自学主義」に基づいて、新たな時代をつくり、社会に必要とされる女性を育む教育を実践。生徒の多様性を尊重しながら、時代の変化に合わせた教育を展開してきました。特に共感性や協調性を育み、個々の能力を活かしながら他者と協働して問題を解決する力の育成に重点を置いています。
●学校行事／芸術鑑賞（5月）、海外語学研修（8月）、ふぇとだある・学院祭・スポーツデー（9月）、コーラスコンクール（11月）など。修学旅行（6月）は北海道へ。
●クラブ活動／全国大会常連のダンス、アーチェリーが有名。ほかに体育系はバスケットボール、バレーボール、トランポリン、サッカーなど、文化系ではオーケストラ、ギターマンドリン、ミュージカル、書道、ESS、歴史研究、日舞などが活動中。
●海外交流／〈関学〉コースとヴェルジェ〈エトワール〉〈プルミエ〉コースではオーストラリアで1人1家庭のホームステイを実施（2年・希望者）。国際的な社会性を身につけます。
●スクールライフ／3学期制／登校時刻…8：50／頭髪…染色・パーマ禁止／アルバイト…禁止／自転車通学…許可（徒歩で通える圏内の半径2㎞よりも遠く交通機関の利用が困難な地域に限って許可）／携帯…許可制

カリキュラム　CURRICULUM

●関学コース
6年間の中高一貫教育で、将来を見据えた学びを深めます。
●ヴェルジェ〈エトワール〉コース
国公立大学・医歯薬系大学などを目指します。
●ヴェルジェ〈プルミエ〉コース
自分の夢や得意分野を見つめながら将来の目標を定めて着実に歩みを進めます。
●ヴェルジェ〈音楽〉コース
●ヴェルジェ〈美術〉コース　美術・映像・デザイン専攻／イラスト・マンガ・アニメ専攻
大学との高大連携なども図り、将来の進路を具体的に描くことができます。

いずれのコースでも、一人ひとりの個性を大切に、生徒の目標や進路の実現に向けた指導体制を整備し、実力を最大限に伸ばせる環境づくりに配慮しています。

先輩から

英語の授業は、時事問題に関するディベートやエッセイライティングなどレベルが高く、実用的な英語を身につけることができました。プレゼンテーションや検定を通して自分の力を試し、感じたことを言葉で発信する力がつきました。全力でサポートしてくださる先生方の下で、友達と切磋琢磨して過ごした日々は私の出発点であり、一生の宝物です。

進研Vもし 合格のめやす

●目標偏差値（合格可能性80%）

併願		専願	
ヴェルジェ〈エトワール〉〈プルミエ〉	53	ヴェルジェ〈エトワール〉〈プルミエ〉	49
ヴェルジェ〈音楽〉	51	ヴェルジェ〈音楽〉	47
ヴェルジェ〈美術〉	51	ヴェルジェ〈美術〉	47

30 35 40 45 50 55 60 65 70 75

ヴェルジェ〈エトワール〉〈プルミエ〉
努力圏 合格圏 安全圏

ヴェルジェ〈音楽〉
努力圏 合格圏 安全圏

ヴェルジェ〈美術〉
努力圏 合格圏 安全圏

入試状況

●併願

年度	学科・コース	受験者数	合格者数	回し	倍率	合格最低点
'24	ヴェルジェ〈エトワール〉	1	0	—	—	—/—
	ヴェルジェ〈プルミエ〉	0	0	2	—	—/—
	ヴェルジェ〈音楽〉	2	2	—	1.00	—/—
	ヴェルジェ〈美術〉	21	21	—	1.00	—/—
'23	ヴェルジェ〈エトワール〉	2	2	—	1.00	—/—
	ヴェルジェ〈プルミエ〉	1	1	—	1.00	—/—
	ヴェルジェ〈音楽〉	0	0	—	—	—/—
	ヴェルジェ〈美術〉	20	20	—	1.00	—/—

●専願

年度	学科・コース	受験者数	合格者数	回し	倍率	合格最低点
'24	ヴェルジェ〈エトワール〉	2	0	—	—	—/—
	ヴェルジェ〈プルミエ〉	2	2	1	1.00	—/—
	ヴェルジェ〈音楽〉	2	2	—	1.00	—/—
	ヴェルジェ〈美術〉	24	24	—	1.00	—/—
'23	ヴェルジェ〈エトワール〉	1	1	—	1.00	—/—
	ヴェルジェ〈プルミエ〉	3	3	—	1.00	—/—
	ヴェルジェ〈音楽〉	7	7	—	1.00	—/—
	ヴェルジェ〈美術〉	22	22	—	1.00	—/—

●主な公立受験校

工芸－ビジュ／特　大手前－文理　大津－普通
港南造形－造／特　橋本－普通　清水谷－普通

入試ガイド

●募集要項　＊2024年度入試実施分

募集人員	ヴェルジェ（エトワール／プルミエ／音楽／美術）…30
出願期間	1/22〜2/5
受験料	20,000円
学力検査	2月10日
面接	実施しない
合格発表	2月11日
入学手続	専願 2月15日 併願 3月19日

●試験科目と配点・時間

科目	国語	数学	英語	—	—
配点	100点	100点	100点	—	—
時間	50分	50分	60分	—	—

＊音楽・美術は実技型（国・英＋実技300点）もしくは学力型（国・数・英）から選択。

●学費

入学金	200,000円	制服等制定品	117,240円
授業料	615,600円	教科書	約 40,000円
学級費・諸会費計	約 150,000円	教育充実費	40,000円
修学旅行積立（初回）	90,000円	初年度納入金合計	約 1,252,840円

＊コースにより異なります。

卒業後の進路

卒業者数／244 人

大学進学	短大進学	専門学校等	就職	進学準備ほか
224人	7人	6人	2人	5人

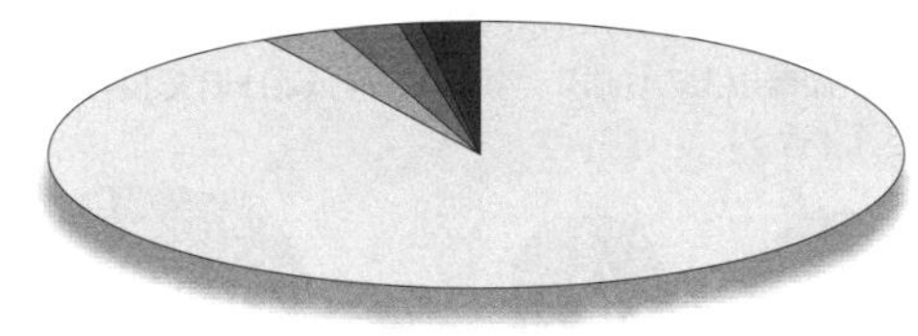

4年制大学 91.8%　短期大学 2.9%　専門学校 2.5%　就職 0.8%　進学準備ほか 2.0%

●主な大学合格状況

国・公立大／
大阪大 1　神戸大 1　北海道大 1
鳥取大 1　三重県立看護大 1　福知山公立大 1
京都市立芸術大 1

私立大／
関西大 7　関西学院大 116　同志社大 1
立命館大 8　京都産業大 5　近畿大 14
龍谷大 3　摂南大 1　神戸学院大 1
追手門学院大 7　桃山学院大 9　大阪医科薬科大 1
兵庫医科大 1　大阪歯科大 1　同志社女子大 4
京都女子大 3　神戸女学院大 9　武庫川女子大 5
上智大 1　中央大 2　帝塚山学院大 11

梅花高等学校

学校法人 梅花学園
〒560-0011 豊中市上野西1-5-30
TEL06-6852-0001　FAX06-6846-4615
https://www.baika-jh.ed.jp

■創立／明治11年(1878)　■校長／菅本大二
■生徒数／706人(1年／217人 2年／248人 3年／241人)
■併設校／梅花女子大学　梅花中学校　梅花幼稚園
■沿革／1878年梅花女学校設立。昭和23年新制・梅花高等学校を設置。2028年度創立150周年を迎えます。
■交通／阪急宝塚線「豊中」から徒歩13分、モノレール「少路」からスクールバス、「千里中央」「桃山台」から阪急バス「梅花学園前」下車すぐ

インフォメーション INFORMATION

●**教育方針**／「愛なる女学校の伝統」を重視し、キリスト教主義を基盤とした先進的な教育を行っています。創立当初より国際教育やリベラルアーツ教育を実施。視野を広げ、自らの可能性を見出す豊かな教養と人間性をはぐくみます。

●**学校行事**／遠足(5月)、花の日礼拝・体育祭(6月)、芸術作品展(8月)、梅花祭・文化発表会(9月)、芸術発表会(11月)など。修学旅行(10月・2年)はチェコ・オーストリアと石垣島・沖縄本島の選択制。

●**クラブ活動**／日本のトップチームであるチアリーディングのほか、ダンス、テニス、ソフトテニス、バスケットボール、水泳、剣道、バトントワリング、新体操、競技かるた、吹奏楽、ハンドベルクワイヤー、書道、美術、ESSなど。

●**国際教育**／英語専用エリア「English Only Space」が誕生。海外への修学旅行(国際教養専攻を除く)のほか、希望者を対象とした2週間オーストラリア語学研修も実施。様々な英語プログラムが充実しています。

●**スクールライフ**／3学期制／登校時刻…8：35／頭髪…染色・パーマ禁止／アルバイト…禁止／自転車通学…許可(学校から一定距離以上の住居)／携帯…許可(朝HRで担任が預かり、終礼で返す)

カリキュラム CURRICULUM

2026年に豊中移設100周年、2028年に学園の創立150周年を迎えるにあたり、土曜日の教育推進、入学後の頑張りを応援する奨学金制度の導入、快適な校舎へのリニューアルなどを進め、ソフト・ハードの両方において、より充実した学校生活の実現をめざします。

授業でも生活面でも、生徒一人一人に寄り添う親切で丁寧な指導を心がけ、チャレンジ精神の育成とエレガンスな立ち居振る舞いにつながる気品・品格を醸成します。

また、学習面では、未来につながる5コースとして「特別進学コース」「看護医療コース」「グローバルコース」「舞台芸術コース」「キャリアデザインコース」が誕生します。特に「キャリアデザインコース」では、コース内に4つのフィールド「進学探求」「アートデザイン」「調理・製菓」「こども教育」を置き、学びを自分なりにカスタマイズして、自分好みのスタディライフをつくることができる点が大きな魅力です。夢や得意分野が異なるクラスメイトと一緒に、活動的な授業を楽しむことで、未来の自分が見つかります。その他、専用教室において行われる、受験に限らず将来に役立つ国際教育、問題発見・問題解決能力を自然と高める教育も健在です。

先輩から

梅花を卒業する先輩は「本当にこの学校でよかった」と毎年おっしゃっていましたが、私も今心底そう思っています。なにより、親身になって進路指導や受験勉強を支えてくださった先生方にとても感謝しています。私の人生で「女子校」そして「キリスト教」に触れる時間は、梅花に入らなければなかったと思います。ちょっと珍しい経験をしつつ、勉強もしっかりしたい人は、ぜひ梅花を受験してみてください。(N・M)

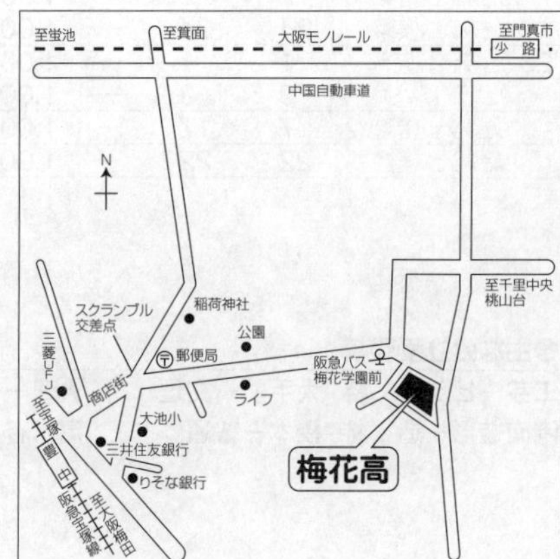

進研Vもし　合格のめやす

●目標偏差値（合格可能性80%）

併　願		専　願	
特別進学	52	特別進学	48
看護医療	52	看護医療	48
グローバル	48	グローバル	44
舞台芸術	48	舞台芸術	44
キャリアデザイン	48	キャリアデザイン	44

30　35　40　45　50　55　60　65　70　75

特別進学／看護医療

努力圏　合格圏　安全圏

グローバル／舞台芸術／キャリアデザイン

努力圏　合格圏　安全圏

入試ガイド

●募集要項　　＊2024年度入試実施分

募集人員	リベラルアーツ（総合進学／国際教養／こども保育／調理・製菓／舞台芸術／アートデザイン マンガ・イラスト）、アドバンス（特進S／医療看護）…280 ＊内部進学を含む
出願期間	1/22～1/29
受験料	20,000円
学力検査	2月10日
面接	専願のみ（個人）
合格発表	2月12日
入学手続	専願 2月15日　併願 3月21日

＊2025年度、特別進学コース／看護医療コース／グローバルコース／舞台芸術コース／キャリアデザインコースの5コースに改編。

●試験科目と配点・時間

科目	国語	数学	英語	—	—
配点	100点	100点	100点	—	—
時間	50分	50分	50分	—	—

＊英検の資格活用あり。

●学費

入学金	210,000円	制服代・制定品費	約 120,000円
年間授業料	594,000円	教科書代等	約 40,000円
諸会費計	18,000円	Chromebook 購入費	約 50,000円
修学旅行積立	240,000円	初年度納入金合計	約 1,272,000円

＊リベラルアーツ総合進学専攻の場合

入試状況

●併願

年度	学科・コース	受験者数	合格者数	回し	倍率	合格最低点
'24	アドバンス特進S	23	20	—	1.15	—/—
	アドバンス医療看護	13	13	—	1.00	—/—
	リベラル総合進学	66	66	3	1.00	—/—
	リベラル国際教養	7	7	—	1.00	—/—
	リベラルこども保育	8	8	—	1.00	—/—
	リベラル調理・製菓	19	19	—	1.00	—/—
	リベラル舞台芸術	8	8	—	1.00	—/—
	リベラルアート・マンガ	13	13	—	1.00	—/—

●専願

年度	学科・コース	受験者数	合格者数	回し	倍率	合格最低点
'24	アドバンス特進S	10	8	—	1.25	—/—
	アドバンス医療看護	15	15	—	1.00	—/—
	リベラル総合進学	38	38	2	1.00	—/—
	リベラル国際教養	12	12	—	1.00	—/—
	リベラルこども保育	5	5	—	1.00	—/—
	リベラル調理・製菓	15	15	—	1.00	—/—
	リベラル舞台芸術	21	21	—	1.00	—/—
	リベラルアート・マンガ	17	17	—	1.00	—/—

●主な公立受験校

川西緑台－普通	千里青雲－総合	桜塚－普通
川西北陵－普通	伊丹北－総合／推	豊島－普通
刀根山－普通	東淀川－普通	市伊丹－国文／推
伊丹北－総合	柴島－総合	国際－国際／推
山田－普通	宝塚北－演劇／推	宝塚西－普通

卒業後の進路

卒業者数／270人

大学進学	短大進学	専門学校等	就職	進学準備ほか
225人	10人	29人	—	6人

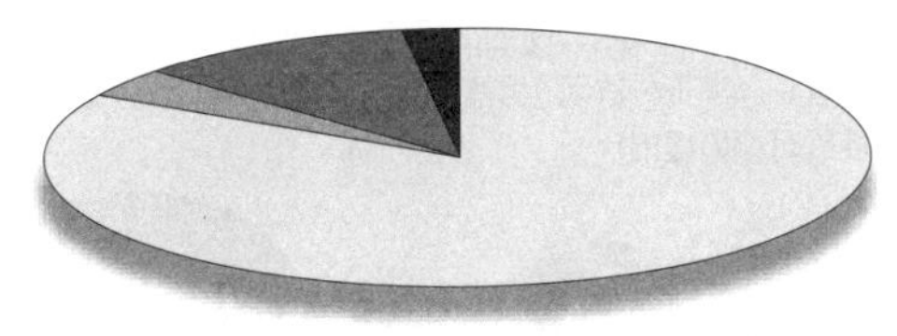

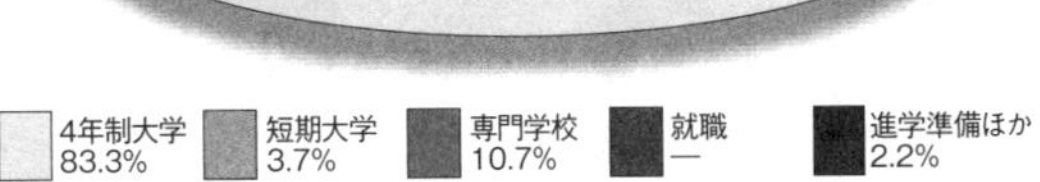

●主な大学合格状況

国・公立大／

奈良女子大 1	旭川医科大 1	大分県看護科学大 1
防衛大学校 1	防衛医科大学校 1	

私立大／

関西大 12	関西学院大 9	同志社大 2
立命館大 3	近畿大 11	甲南大 4
龍谷大 8	摂南大 9	神戸学院大 2
追手門学院大 18	桃山学院大 2	国際基督教大 1
明治学院大 1	関西外国語大 10	京都外国語大 2
神戸薬科大 1	岡山理科大 1	大阪芸術大 12
同志社女子大 8	京都女子大 7	武庫川女子大 7
神戸女学院大 27	神戸女子大 10	

プール学院高等学校

学校法人 プール学院
〒544-0033 大阪市生野区勝山北1-19-31
TEL06-6741-7005　FAX06-6731-2431
https://www.poole.ed.jp

■創立／明治12年(1879)　**■校長**／安福　朗
■生徒数／628人(1年／210人 2年／208人 3年／210人)
■併設校／プール学院中学校
■沿革／明治12年、英国聖公会によって創立された「永生女学校」が前身。同23年英国から派遣されたA.W.Poole主教を記念してプール女学校と改称。昭和22年中学校・高等学校を設置。
■交通／JR環状線「桃谷」から徒歩5分、市バス「勝山北1丁目」すぐ

インフォメーション INFORMATION

●教育方針／145年にわたってキリスト教精神に基づく伝統ある女子教育を展開。「愛と奉仕」のスクールモットーのもと「他者の痛みを思いやることができる美しい人間性と、その痛みを解決することのできる逞しい知力を合わせ持つ人間」を育てることを目指します。

●学校行事／体育祭(6月)、文化祭(9月)、合唱コンクール(1月)のほか、両親感謝の日礼拝(5月)、収穫感謝の日礼拝(11月)、クリスマス礼拝(12月)など宗教行事も少なくありません。修学旅行(7月)はシンガポールへ。

●クラブ活動／全国大会出場のダンス部・放送部をはじめ、吹奏楽部・美術部・ソフトボール部などが活躍。運動系9部、文化系16部、同好会5部が活動しています。

●海外交流／1年留学(カナダ)、3ヶ月留学(ニュージーランド)、語学研修(イギリス)など。

●スクールライフ／3学期制／登校時刻…8：15／頭髪…染色・パーマ禁止／その他…化粧・ピアス禁止、スカートは膝が隠れる長さ／アルバイト…禁止／自転車通学…許可(学校から0.8㎞以遠、3.5㎞以内の範囲に居住する者でﾊﾞｽ・電車通学が不便な者)／携帯…許可(保護者による通学時における携帯電話所持許可願の提出)

カリキュラム CURRICULUM

●スーパー特進コース
国公立大・難関私立大の文系・理系への進学をめざすコースです。無理なく現役合格を目標とするカリキュラムを編成し、3年間、一貫したクラスで勉強します。教師と生徒とのコミュニケーションを大切にしながら、学習の進捗状況に応じた指導を展開。2年生からは理系／文系に分かれて受講します。

●特進コース
難関私立大・有名私立大への進学をめざすとともに、幅広い進路選択に対応したコースです。2年生からは、私立特進文系／私立特進理系の類型に所属。国公立をめざす成績優秀者は、高2進級時にスーパー特進コースに編入することができます。

●国際コース
英語の学びを中心に、グローバルマインドの醸成をめざします。1年生では基本の語学力を身につけ、2年生では留学や海外研修に参加し、英語を学ぶだけではなく、英語で学び、言語や文化の違いを尊重し国際的な舞台で活躍できる素地を育みます。海外の教員によるオンライン授業などで英語力を高め、日本の国際・外国語系の大学や海外の大学への進学をめざすコースです。

●総合芸術コース
音楽・美術・舞台芸術(バレエやミュージカルなど)などでの活躍を目指す人のためのコースです。1年生では、芸術の基礎を総合的に学び、2年生からは、各分野に分かれて芸術の専門科目を学習します。音大・美大等の芸術分野の専門大学や有名私立大などの幅広い進路をめざします。

先輩から

プール学院が誇れることは、まず校風です。私の学校生活は中高ともに、柔らかな雰囲気に包まれて過ぎていきました。授業に関していえば、どの教科書も常に検討を重ねた上で、生徒に最適な形で教授されていました。英語教育は入学前から聞いていた以上にしっかりしたもの。先生方は決して手を抜くことなく生徒と向き合い、生徒が自分の可能性を伸ばすために最適な環境を作り出してくれていました。(M・S)

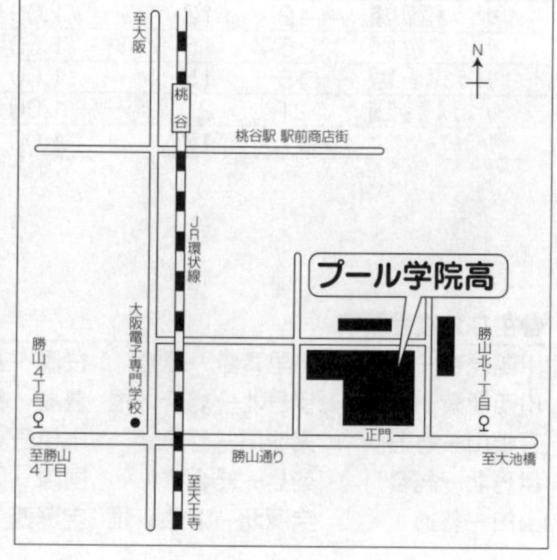

進研Vもし 合格のめやす

●目標偏差値(合格可能性80%)

併願		専願	
スーパー特進	58	スーパー特進	56
国際	57	国際	54
特進	56	特進	52
総合芸術	52	総合芸術	50

30 35 40 45 50 55 60 65 70 75

スーパー特進
努力圏 合格圏 安全圏

国際
努力圏 合格圏 安全圏

特進
努力圏 合格圏 安全圏

総合芸術
努力圏 合格圏 安全圏

入試状況

●併願

年度	学科・コース	受験者数	合格者数	回し	倍率	合格最低点
'24	スーパー特進	39	39	—	1.00	62.8/—
	特進	59	59	1	1.00	54.0/—
	国際	22	21	—	1.05	60.9/—
	総合芸術	6	6	—	1.00	46.7/—
'23	スーパー特進	46	44	—	1.05	63.2/—
	特進	78	78	2	1.00	54.0/—
	国際	8	7	—	1.14	61.3/—
	総合芸術	12	12	—	1.00	45.0/—

●専願

年度	学科・コース	受験者数	合格者数	回し	倍率	合格最低点
'24	スーパー特進	13	12	—	1.08	57.0/—
	特進	81	81	2	1.00	46.2/—
	国際	12	11	—	1.09	55.7/—
	総合芸術	4	4	—	1.00	43.5/—
'23	スーパー特進	11	11	—	1.00	56.3/—
	特進	92	90	1	1.02	45.2/—
	国際	10	9	—	1.11	55.3/—
	総合芸術	5	5	—	1.00	42.7/—

＊合格最低点は各受験型の合計を100点満点換算した点数。

●主な公立受験校

夕陽丘－普通	大阪ビジＦ－グロ	清水谷－普通
布施－普通	花園－普通	港南造形－造／特
鳳－普通	北千里－普通	御影－普通
狭山－普通	都島工－建築都市	和泉－グローバル
住吉－国際文化	岸和田－文理	一条－普通

入試ガイド

●募集要項　＊2024年度入試実施分

募集人員	スーパー特進／特進…210、＊内部進学を含む 国際30、総合芸術20
出願期間	1/22～2/1
受験料	20,000円
学力検査	2月10日
面接	専願のみ
合格発表	2月11日
入学手続	専願 2月14日 併願 3月19日

●試験科目と配点・時間

科目	国語	数学	英語	社会	理科
配点	100点	100点	100点	100点	100点
時間	50分	50分	50分	50分	50分

＊3教科型(国・数・英)／5教科型(国・数・英・社・理)／英語重視型(国数各100点・英150点)／実技入試型(国・数・英・芸術実技各100点)を設定。スーパー特進・特進は3教科型 or5教科型、国際は英語重視型、総合芸術は3教科型 or 実技入試型。＊英検資格活用あり。

●学費

入学金	240,000円	制服・制定品費	約 135,000円
年間授業料	570,000円	教科書・副教材等	約 38,000円
諸会費計	89,400円	学年費	約 210,000円
修学旅行積立	140,000円	初年度納入金合計	約 1,422,400～円

＊修学旅行積立は1年次の額　＊学年費はコースにより異なる

卒業後の進路

卒業者数／197 人

大学進学	短大進学	専門学校等	就職	進学準備ほか
173人	8人	8人	—	8人

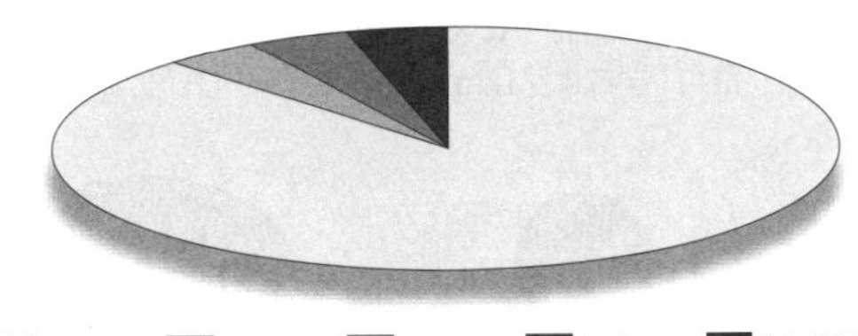

4年制大学 87.8%　短期大学 4.1%　専門学校 4.1%　就職 —　進学準備ほか 4.1%

●主な大学合格状況

国・公立大／

大阪大 1	北海道大 1	大阪教育大 3
鳥取大 1	奈良県立大 1	奈良県立医 1

私立大／

関西大 8	関西学院大 9	同志社大 5
立命館大 2	京都産業大 5	近畿大 39
甲南大 9	龍谷大 3	摂南大 22
神戸学院大 7	追手門学院大 8	桃山学院大 12
早稲田大 1	立教大 8	明治大 2
国際基督教大 1	同志社女子大 20	京都女子大 12
武庫川女子大 22	神戸女学院大 17	甲南女子大 12
大和大 19	関西外国語大 9	京都外国語大 5

アサンプション国際高等学校

学校法人 聖母被昇天学院
〒562-8543 箕面市如意谷1-13-23
TEL072-721-3080　FAX072-723-8880
https://www.assumption.ed.jp/jsh/

■創立／昭和28年（1953）　■校長／丹澤直己
■生徒数／381人（1年／132人 2年／140人 3年／109人）
■併設校／アサンプション国際中学校　同小学校・幼稚園
■沿革／パリに本部をおく聖母被昇天修道会を母体に昭和28年、学院を設立。幼稚園・小学校・中学校に続き、同38年高等学校を開設。
■交通／阪急「箕面」から徒歩15分、北大阪急行「箕面萱野」から徒歩17分、阪急「北千里」・モノレール「彩都西」からスクールバス

インフォメーション　INFORMATION

●**教育方針**／キリスト教的価値観に基づいて、「世界の平和に貢献する人の育成」を目指した教育を行っています。姉妹校は世界30カ国以上に広がっており、そのネットワークを活かした盛んな国際交流が行われています。

●**学校行事**／オリエンテーション（4月）、合唱コンクール（6月）、体育祭（9月）、学院祭・チャリティーデー（10月）、クリスマス祈りの集い（12月）など。修学旅行（2年・1月）は北海道または海外を選択。

●**クラブ活動**／文化系はNHK杯全国コンテストほぼ毎年出場の放送部をはじめ美術、国際活動、フランス語、軽音楽など。体育系は強化指定クラブの男子サッカー部を始め、硬式テニス、剣道など。ほかにハンドベル・聖歌隊などの活動あり。クラブ加入率は約70%です。

●**海外交流**／世界に広がるアサンプションのネットワークを活かし、フランス、フィリピン、カナダで海外研修を実施しています。フランスやニューカレドニアの高校との交換留学もあります。

●**スクールライフ**／3学期制／登校時刻…8：20／頭髪…染色・パーマ禁止／その他…ピアス禁止／アルバイト…許可／自転車通学…許可（学校より1km以遠）／携帯…許可

カリキュラム　CURRICULUM

●**スーペリアコース**
国公立大学・難関私立大学進学に必要な英語・国語・数学を重点的に、より深くハイレベルな学習に取り組みます。英語の授業はイマージョン教育を導入し、高いレベルの英語力を養成。2年次から生徒一人ひとりの進路希望に合わせた選択授業を実施します。

●**イングリッシュコース**
主要教科（英語・数学・理科・探究）を英語で授業するイマージョン教育を導入。英語運用能力の飛躍的な向上と、国際人としての自覚を育てます。海外研修も実施（希望者）。また英語の授業では TOEFL などの演習も行い、卒業までに CEFR の B2レベル（英検準1級相当）をめざします。

●**アカデミックコース**
PBL（課題解決型授業）を全教科に導入。クラスメートと協力しながら課題を解決していく、主体的な学習能力を育成します。特に、週1回の「探究」の時間では、リサーチ・グループ討論なども行い、教科横断的な学びにより課題解決能力を養成。希望者は英語力を身につける海外研修に参加することもできます。

●**サイエンスコース（＊2年次より選択可）**
理系分野をめざす生徒を対象としたコースです。選択科目は希望者の適性を見きわめたうえで開講。効率的な学習で実戦力を養います。

先輩から

人生を左右する大学選びを、焦らずじっくりできたのは、アサンプションの一貫教育のおかげです。受験、受験と生徒を責めたてず、本当に私のしたいことは何なのかを見つめる時間・環境がそろっていました。生徒1人ひとりを生かす徹底した個別指導、海外姉妹校との交流を通した体験学習。アットホームな雰囲気の中、大好きな英語の力を伸ばし、ハンドベルクラブの仲間に支えられ、私はここで愛を学びました。（H・S）

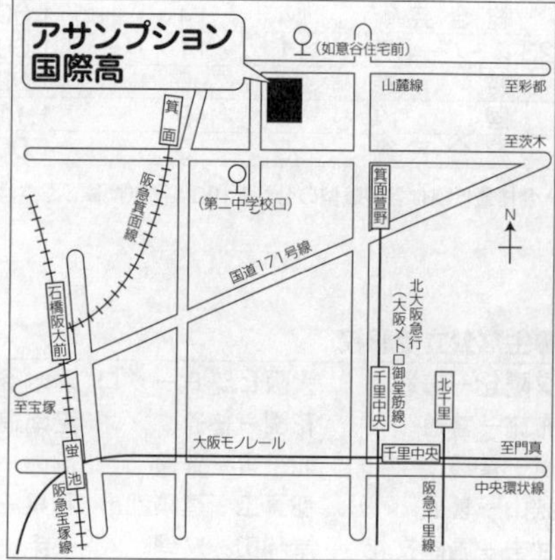

進研Vもし 合格のめやす

●目標偏差値（合格可能性80%）

併願		専願	
スーペリア	58	スーペリア	55
イングリッシュ	56	イングリッシュ	52
アカデミックⅠ類	53	アカデミックⅠ類	49
		アカデミックⅡ類	45

30 35 40 45 50 55 60 65 70 75

スーペリア　努力圏 合格圏 安全圏

イングリッシュ　努力圏 合格圏 安全圏

アカデミックⅠ類　努力圏 合格圏 安全圏

アカデミックⅡ類（専願）　努力圏 合格圏 安全圏

入試状況

●併願

年度	学科・コース	受験者数	合格者数	回し	倍率	合格最低点
'24	スーペリア	13	13	—	1.00	213/300
	イングリッシュ	22	22	—	1.00	205/300
	アカデミックⅠ類	56	56	—	1.00	167/300
	アカデミックⅡ類	—	—	—	—	—/—
'23	スーペリア	17	14	—	1.21	195/300
	イングリッシュ	33	31	—	1.06	180/300
	アカデミックⅠ類	71	76	—	—	151/300
	アカデミックⅡ類	—	—	—	—	—/—

●専願

年度	学科・コース	受験者数	合格者数	回し	倍率	合格最低点
'24	スーペリア	4	3	—	1.33	213/300
	イングリッシュ	30	27	—	1.11	205/300
	アカデミックⅠ類	41	44	—	—	167/300
	アカデミックⅡ類	8	8	—	1.00	160/300
'23	スーペリア	8	5	—	1.60	195/300
	イングリッシュ	24	18	—	1.33	180/300
	アカデミックⅠ類	49	58	—	—	151/300
	アカデミックⅡ類	1	2	—	—	—/—

＊アカデミックⅠ合格者数に回し合格を含む。＊点数はコース別集計（専併合算）。
＊（2024）帰国生はイングリッシュ専願=2名受験・1名イングリッシュ合格・1名アカデミックⅠ合格、アカデミックⅠ併願=1名受験・1名アカデミックⅠ合格。

●主な公立受験校

刀根山－普通　桜塚－普通　山田－普通
県西宮－音楽／推　北千里－普通　宝塚西－国文／推
水都－グローバル

入試ガイド

●募集要項　＊2024年度入試実施分

募集人員	スーペリア／イングリッシュ／アカデミックⅠ類／アカデミックⅡ類（専願）…120 ＊内部進学を含む
出願期間	1/22～1/29
受験料	20,000円
学力検査	2月10日
面接	実施しない
合格発表	2月11日
入学手続	専願 2月14日 併願 3月19日

●試験科目と配点・時間

科目	国語	数学	英語	—	—
配点	100点	100点	100点	—	—
時間	50分	50分	50分	—	—

＊イングリッシュコースは国（75点）・数（75点）・英（100点）・英語インタビュー（50点・10分）。＊英語外部資格の活用あり。

●学費

入学金	220,000円	制服等規定品	214,815～円
年間授業料	564,000円	教育充実費	36,000円
諸経費計	135,000円	その他	60,000円
修学旅行積立	100,800円	初年度納入金合計	1,330,615～円

＊アカデミックコースの場合

卒業後の進路

卒業者数／101人

大学進学	短大進学	専門学校等	就職	進学準備ほか
80人	5人	7人	—	9人

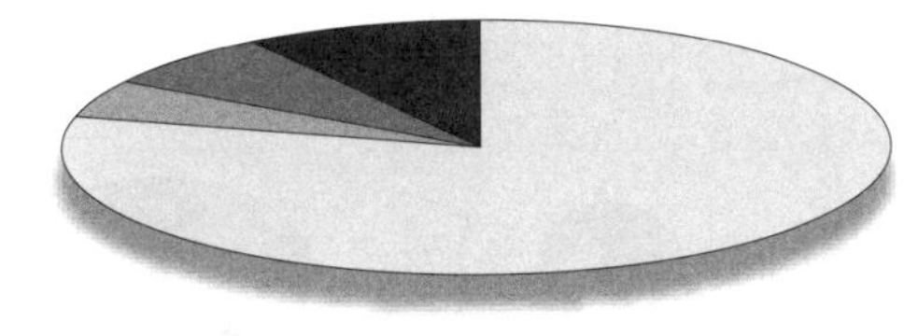

●主な大学合格状況

私立大／
慶應義塾大 1　上智大 5　関西学院大 16
関西大 9　立命館大 2　南山大 1
京都産業大 2　近畿大 22　甲南大 2
龍谷大 4　佛教大 2　摂南大 7
神戸学院大 1　追手門学院大 7　立命館ｱｼﾞｱ太平洋大 2
白百合女子大 1　大阪経済大 1　京都外国語大 3
武庫川女子大 4　京都女子大 1　神戸女学院大 5
甲南女子大 2　兵庫医科大 1　森ノ宮医療大 1

アナン学園高等学校

学校法人 アナン学園
〒578-0944 東大阪市若江西新町3-1-8
TEL06-6723-5511(代)　FAX06-6723-5517
https://www.anangakuen.ed.jp/

■創立／昭和11年(1936)　■校長／大槻伸裕
■生徒数／248人(1年／59人 2年／55人 3年／52人 4年／50人 5年／32人)
■沿革／昭和11年樟蔭東高等女学校設置認可。同23年「樟蔭東高等学校」に改称。平成21年衛生看護科(現 看護科)を新設。同22年男女共学化。同27年現校名に変更。同28年創立80周年を迎え、同29年4月 調理科を新設。
■交通／近鉄奈良線「八戸ノ里」から徒歩15分、自転車通学もできます(八戸ノ里から5分、河内小阪から8分、久宝寺口・長田から15分)

インフォメーション INFORMATION

●**教育方針**／「感謝の気持ちを忘れず、相手の立場に立って考えられる、何事にも礼儀を守り、社会に貢献する人間の育成」を校訓とし、「心の教育」を教育理念としています。専門的な知識の修得だけではなく、夢の実現を念頭に、どんな環境でも自分自身の可能性を信じ常に前を向いて歩んでいける強さと、他者の悲しみや心の痛みをおもいやり、他者に対して真心を持って接することができる優しさを兼ね備えた「人間力」を持った人物の育成をめざします。
●**学校行事**／新入生歓迎会・オリエンテーション(4月)、修学旅行(5月・6月)、夏季特別授業(8月)、文化祭・芸術鑑賞会・体育祭(9月)、校外学習・燈火式(11月)など。
●**クラブ活動**／体育系はバドミントン、バスケットボール、ダンスなど。文化系は軽音楽、写真、美術、茶道など。
●**スクールライフ**／3学期制／登校時刻…8：30／頭髪等…染色・パーマ禁止／アルバイト…校長の許可が必要／自転車通学…許可／携帯…許可

カリキュラム CURRICULUM

●**看護科〔看護師国家試験の受験資格〕**
本科3年と専攻科2年の5年一貫教育で看護師をめざします。看護科目は1年からスタートし、基礎看護や技術を座学と演習で学び、病院実習を通して医療・看護への意欲を持たせる実践教育に重きを置いています。看護教育支援システム「CKSナーシング」を導入し、看護技術動画・講義の資料を共有することで学内演習や病院実習の予習・復習に活用。さらに専攻科では、病院実習を中心に専門職者としての自覚と看護学生としての自主性と倫理観を学びます。国家試験対策として、1年生より「朝学」の実施、小テスト・アクティブラーニングの手法を用いた対策を行います。予備校講師による傾向と対策講義、模擬テスト結果の分析により学習到達度を把握し、生活習慣と学習方法を見直す個別指導を行います。
●**調理科〔調理師免許を取得〕**
現場経験豊富な教員や第一線で活躍している特別講師が、食や調理に関する専門科目を指導します。専門教育の高度化を図る目的で㈱聘珍樓と教育連携協定を締結。熟練の料理人から、料理に対する心構えや本格的な調理技術を学びます。校外実習では、有名ホテルの厨房での調理実習に加え、ホテル業務全般も体験。卒業と同時に調理師免許を取得できるほか、専門調理師学科試験免除・全調協「実技検定認定証」・野菜ソムリエ・食育インストラクター・ふぐ処理登録者など資格取得へのサポートも行います。卒業後は調理師として活躍するほか、管理栄養士をめざして大学進学する生徒もいます。

先輩から

看護師をしている母をみていて、将来の仕事として看護師にあこがれていました。中3のとき、「5年一貫教育」・「20歳で看護師になれる」アナン学園高校を知り、受験しました。普通科目と看護専門科目の勉強、そして病院実習と大変ですが、実習で患者さんから「ありがとう」と言われることが心の支えです。同級生も同じ夢なので励まし合って、国家試験合格をめざします。(H. M)

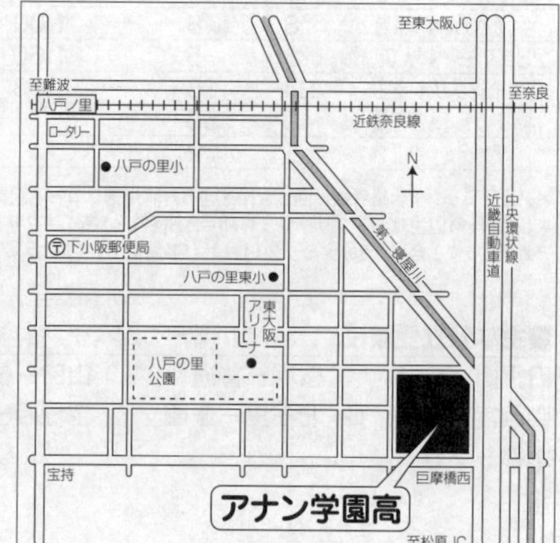

進研Vもし　合格のめやす

●目標偏差値(合格可能性80%)

	専　願
看護科	43
調理科	42

30　35　40　45　50　55　60　65　70　75

看護科（専願）
努力圏　合格圏　安全圏

調理科（専願）
努力圏　合格圏　安全圏

入試ガイド

●募集要項　＊2024年度入試実施分

募集人員　看護科（専願）40、調理科（専願）30

出願期間	1/22～1/29
受験料	20,000円
学力検査	2月10日
面接	グループ10分
合格発表	2月11日
入学手続	2月16日

●試験科目と配点・時間

科目	国語	数学	英語	—	—
配点	100点	100点	100点	—	—
時間	45分	45分	45分	—	—

●学費

入学金	200,000円	制服代・制定品費	約 165,000円
年間授業料	600,000円	教科書代	約 47,000円
諸経費・会費計	118,000円	その他	—
修学旅行積立	80,000円	初年度納入金合計	約 1,210,000円

＊看護科の場合。

入試状況

●専願

年度	学科・コース	受験者数	合格者数	回し	倍率	合格最低点
'24	看護科	29	24	—	1.21	—/—
	調理科	32	30	—	1.07	—/—
'23	看護科	25	24	—	1.04	—/—
	調理科	35	30	—	1.17	—/—
'22	看護科	33	31	—	1.06	—/—
	調理科	24	24	—	1.00	—/—

●主な公立受験校

—

卒業後の進路

卒業者数／ 49 人

大学進学	短大進学	専門学校等	就職	進学準備ほか
6人	—	1人	42人	—

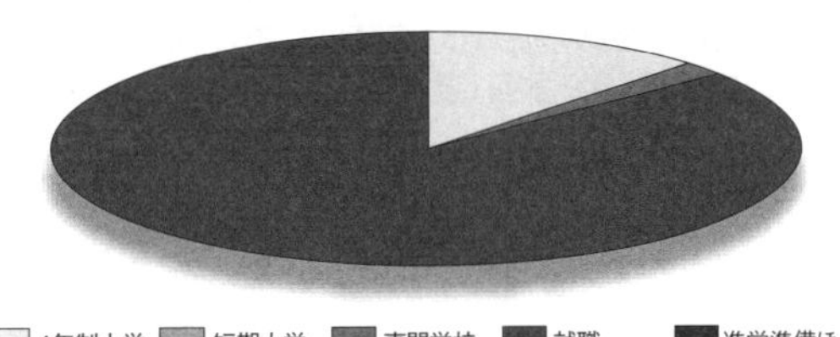

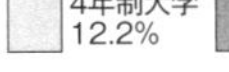
4年制大学 12.2%

短期大学 —

専門学校 2.0%

就職 85.7%
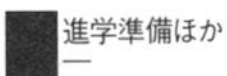
進学準備ほか —

●主な大学合格状況（現役のみ）

私立大／

桃山学院大 1　畿央大 1　帝塚山大 2
大阪樟蔭女子大 1　羽衣国際大 1

あべの翔学高等学校

学校法人 朝陽学院
〒545-0002 大阪市阿倍野区天王寺町南2-8-19
TEL06-6719-2801　FAX06-6714-0045
https://www.abeno-shogaku.ed.jp

■創立／昭和4年（1929）　■校長／藤原重雄
■生徒数／890人（1年／368人 2年／328人 3年／194人）
■沿革／昭和4年開校。平成7年大阪女子商業高等学校から大阪女子高等学校に改称。同26年「あべの翔学高等学校」に校名変更、男女共学校となる。
■交通／近鉄南大阪線「河堀口」から徒歩2分、JR阪和線「美章園」から徒歩8分、JR環状線「寺田町」から徒歩約9分、JR・大阪メトロ各線「天王寺」から徒歩12分

インフォメーション INFORMATION

●**教育方針**／建学の精神「人徳を経とし実務を緯とする」を基本に幅広い知識、深い理解力、柔軟な判断力、豊かなコミュニケーション能力を身につけた「社会に役立ち自らの力で生き抜くことのできる人材育成」をめざします。
●**学校行事**／球技大会・校外学習（5月）、海外語学研修（8月・希望者）、体育祭（9月）、学年別文化行事（10月）、文化祭（11月）、百人一首かるた大会（1月）など。修学旅行（7月・2年）は北海道へ。※変更になる場合があります。
●**クラブ活動**／運動部は全国大会準優勝の軟式野球部（男子）をはじめ、サッカー（男子）、バドミントン、バスケットボール、バレーボール（女子）、ソフトテニス、硬式テニス、卓球、ソフトボール（女子）、チアダンス（女子）、陸上競技など。文化系は各賞受賞の吹奏楽や軽音楽のほか、ダンス、ギター、美術、写真、漫画研究などが活動中。加入率は約50％です。
●**海外交流**／夏期にオーストラリアでのホームステイ（2週間・1年次の希望者対象）を実施しています。
●**スクールライフ**／3学期制／登校…8：30／頭髪…染色・パーマ・奇異な髪型や不自然なもの禁止／アルバイト…許可（要申請）／自転車通学…許可（要申請）／携帯…許可（校内使用禁止）

カリキュラム CURRICULUM

●**特進Ⅰ類**
難関大学への進学をめざすコースです。平日7時間授業＋8限目の受験対策講習に加えて、毎週土曜日4時間授業を実施。コミュニケーションを重視した指導を心がけており、少人数クラス編成により効果的に学力アップをはかります。さらに長期休暇中の講習・合宿などを通して各自の弱点を補強しながら、目標大学合格を実現する実力を身につけていきます。
●**特進Ⅱ類**
有名私立文系大学への進学をめざします。週3回の7時間授業や、長期休暇中の講習など多くの授業時間を確保することにより、基礎から発展・応用の学習へとレベルアップをはかります。
●**普通進学**
1年次は中学の学び直しから始め、しっかりと基礎学力を身につけます。2年次からは「看護・医療」「幼児教育」「情報」「総合」「スポーツ」の5専攻による”選択授業”によって、1人ひとりの可能性を広げ、希望の進路を実現することを目指すコースです。
※スポーツ専攻については専願のみで、事前にエントリーシートの提出が必要になります。

☆各コース間で成績をクリアすれば、進級時に転コースも可能。
☆生徒一人一台iPadを導入。また、全教室ホワイトボード化し、校内Wi-Fiも完備。電子黒板・プロジェクターを使用し、充実したICT教育で学びを深めます。

先輩から

同じ目標を持つ仲間と競い合いながらも、一緒に成長できる環境でとても楽しいです。（A・Y）
受験へのサポートも手厚く親身になってくれる先生方がたくさんいます。（I・M）
勉強も部活も頑張りたい！そんな生徒を全力で応援してくれる学校です。（Y・H）
リニューアルした制服がかわいい！特にキャメルのセーターとパーカーがお気に入りです。（M・O）

進研Vもし　合格のめやす

●目標偏差値（合格可能性80%）

併願		専願	
特進Ⅰ類	42	特進Ⅰ類	40
特進Ⅱ類	39	特進Ⅱ類	36
普通進学	37	普通進学	35

30 35 40 45 50 55 60 65 70 75

特進Ⅰ類　努力圏 合格圏 安全圏

特進Ⅱ類　努力圏 合格圏 安全圏

普通進学　努力圏 合格圏 安全圏

入試状況

●併願

年度	学科・コース	受験者数	合格者数	回し	倍率	合格最低点
'24	特進Ⅰ類	39	35	—	1.11	—/—
	特進Ⅱ類	125	103	—	1.21	—/—
	普通進学	741	737	26	1.01	—/—
'23	特進Ⅰ類	48	42	—	1.14	—/—
	特進Ⅱ類	147	139	4	1.06	—/—
	普通進学	983	971	10	1.01	—/—

●専願

年度	学科・コース	受験者数	合格者数	回し	倍率	合格最低点
'24	特進Ⅰ類	8	8	—	1.00	—/—
	特進Ⅱ類	34	30	—	1.13	—/—
	普通進学	288	284	4	1.01	—/—
'23	特進Ⅰ類	12	12	—	1.00	—/—
	特進Ⅱ類	27	27	—	1.00	—/—
	普通進学	255	254	—	1.00	—/—

●主な公立受験校

伯太－総合	東住吉総－クリエ	松原－総合
信太－普通	泉大津－普通	長吉－Ｅパワ／特
りんくう－普通	堺上－普通	住吉商－商業
成城－Ｅパワ／特	教育センター附属	佐野工科－工業
和泉総－Ｅパ／特	貝塚－総合	成美－総合

入試ガイド

●募集要項　＊2024年度入試実施分

募集人員	特進Ⅰ類25、特進Ⅱ類35、普通進学240
出願期間	1/22～1/31
受験料	20,500円
学力検査	2月10日
面接	2月11日専願のみ
合格発表	2月12日
入学手続	専願 2月15日 併願 3月19日

●試験科目と配点・時間

科目	国語	数学	英語	—	—
配点	100点	100点	100点	—	—
時間	50分	50分	50分	—	—

＊英検資格の活用あり。

●学費

入学金	200,000円	制服・制定品等	約 180,000円
年間授業料	600,000円	その他学年諸費	70,000円
諸会費計	25,300円	その他	—
修学旅行積立	130,000円	初年度納入金合計	約 1,205,300円

＊普通進学コースの場合

卒業後の進路

卒業者数／199人

大学進学	短大進学	専門学校等	就職	進学準備ほか
94人	15人	58人	20人	12人

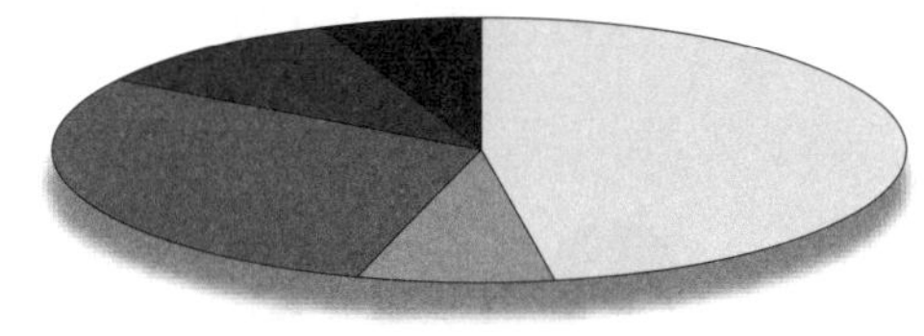

●主な大学合格状況（人数非公表）

私立大／

京都産業大	近畿大	摂南大
神戸学院大	追手門学院大	桃山学院大
大阪大谷大	大阪学院大	大阪観光大
大阪経済大	大阪経済法科大	大阪芸術大
大阪国際大	大阪樟蔭女子大	大阪商業大
大阪体育大	大阪人間科学大	関西国際大
関西福祉科学大	畿央大	京都外国語大
京都女子大	京都精華大	甲南女子大
神戸女学院大	四條畷学園大	四天王寺大
太成学院大	帝塚山学院大	日本体育大
阪南大	桃山学院教育大	大和大

上宮高等学校

学校法人 上宮学園
〒543-0037 大阪市天王寺区上之宮町9-36
TEL06-6771-5701　FAX06-6771-4678
https://www.uenomiya.ed.jp/

■**創立**／明治23年（1890）　■**校長**／水谷善仁
■**生徒数**／1,869人（1年／624人 2年／655人 3年／590人）
■**併設校**／上宮学園中学校
■**沿革**／浄土宗の僧侶養成を目的とした浄土宗大阪支校が母体。明治45年上宮中学校となり、一般の師弟に門戸を開放。戦後、新制上宮学園中学校・上宮高等学校に。平成23年度から男女の募集を開始。
■**交通**／近鉄「大阪上本町」から徒歩6分、大阪メトロ谷町線・千日前線「谷町九丁目」から徒歩10分、JR環状線「桃谷」から徒歩12分

インフォメーション　INFORMATION

●**教育方針**／「知」「徳」「体」をバランスよく伸ばし高い学力と豊かな人間力を育成します。建学以来の教育の主旨を損わず大学進学に必要な学力を養うため、きめ細かな教育を進めます。
●**学校行事**／祖山（知恩院）参拝（4月・1年）、大学見学会（1・2年）、スタディサプリ到達テスト（4・9月）、芸術鑑賞会・体育大会（9月）、文化祭（10月）など。修学旅行（11月・2年）は海外へ。
●**クラブ活動**／春・夏9回甲子園出場の硬式野球部をはじめ卓球、ソフトテニス、ソフトボール、剣道、柔道、フェンシング、クリケット、囲碁将棋などは全国レベルで活躍しています。体育系はほかに陸上競技、弓道、バスケットボール、山岳など、文化系は書道、美術、写真、吹奏楽、映画研究、生物園芸などが活動中です。加入率は約80％です。
●**海外交流**／海外への修学旅行のほか、「海外語学研修」（希望者対象）ではカナダ、オーストラリア、イギリス等で英語圏の生活文化にふれます。
●**スクールライフ**／3学期制／登校時刻…8：25／頭髪…染色・パーマ禁止／アルバイト…禁止／自転車通学…許可（所定の地域から通学している者）／携帯…許可（校内では電源OFF）

カリキュラム　CURRICULUM

●**パワーコース**
東京大、京都大、大阪大などの難関国立大への進学を目標とし、受験勉強に邁進する進学コースです。大学レベルを意識した高度なテキストと密度の濃い授業内容、自主学習能力を鍛えるプログラムで生徒の実力を強化。現役合格をめざし、個々の能力を最大限に伸ばします。実力コンテストや校外学習、海外への修学旅行など、知識や視野を広げるプログラムも豊富です。
●**英数コース**
国公立大への現役合格を目標に、基礎学力を定着させる授業はもちろん、講習や小テストによって、高い学力を維持できる体制を整えています。主要5教科の確実な習得を目指しながら、メリハリのある学校生活を送ることができます。クラブ活動との両立を実現している生徒も少なくありません。
●**プレップコース**
立命館大・関西大・近畿大・龍谷大をはじめとする高大連携入試枠、および指定校推薦枠により、各自の将来像に適した大学への現役入学をめざすコースです。独自のステップアップシステムは、一般入試合格のための実力錬成も可能。クラブ活動にも励み、バランスのとれた生徒を育成します。海外への修学旅行のほか、海外語学研修（希望制）の機会もあります。

☆いずれのコースも2年次から文系／理系に分かれます。また2年進級時には、希望や成績によるコース変更も可能です。

先輩から

上宮は何かを一生懸命がんばる場所。勉強にも、スポーツにも打ち込める環境があります。設備も整っていて、僕は3年間図書館で勉強しました。そこには僕よりがんばっている友人がいて、お互い励ましあって勉強することができました。自分で何をするべきか考えて行動する。そんな当たり前のようで難しいことを上宮で学びました。各自のめざしたいものが、きっと見つかるところだと思います。（T・K）

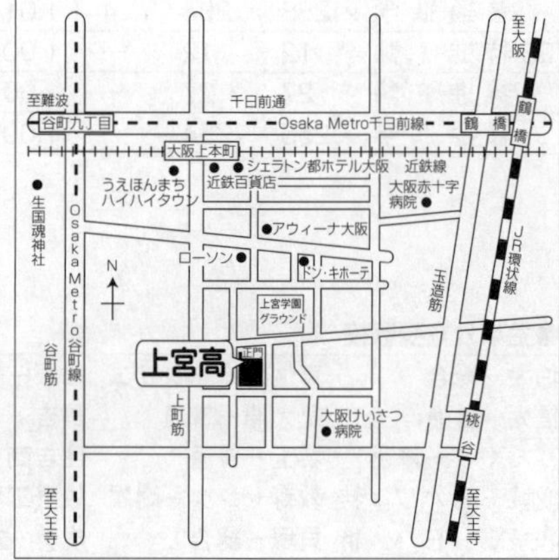

進研Vもし　合格のめやす

●目標偏差値（合格可能性80%）

併願		専願	
パワー	64	パワー	62
英数	60	英数	58
プレップ	55	プレップ	51

30　35　40　45　50　55　60　65　70　75

パワー　努力圏　合格圏　安全圏

英数　努力圏　合格圏　安全圏

プレップ　努力圏　合格圏　安全圏

入試状況

●併願

年度	学科・コース	受験者数	合格者数	回し	倍率	合格最低点
'24	パワー	603	249	—	2.42	370/500
	英数	372	288	255	1.29	320/500
	プレップ	433	411	178	1.05	280/500
'23	パワー	627	272	—	2.31	340/500
	英数	380	312	252	1.22	290/500
	プレップ	486	468	155	1.04	250/500

●専願

年度	学科・コース	受験者数	合格者数	回し	倍率	合格最低点
'24	パワー	36	12	—	3.00	350/500
	英数	88	47	14	1.87	311/500
	プレップ	306	283	49	1.08	255/500
'23	パワー	32	12	—	2.67	311/500
	英数	69	49	13	1.41	270/500
	プレップ	279	266	27	1.05	221/500

●主な公立受験校

夕陽丘－普通	奈良北－普通	清水谷－普通
生駒－普通	布施－普通	八尾－普通
橿原－普通	市岡－普通	高田－普通
東住吉－普通	一条－普通	住吉－総合科学
東－普通	桜井－普通	花園－普通

入試ガイド

●募集要項　＊2024年度入試実施分

募集人員　パワー40、英数120、プレップ320

出願期間　1/22～1/29
受験料　20,000円
学力検査　2月10日
面接　実施しない
合格発表　2月12日
入学手続　専願2月17日
　併願3月22日

●試験科目と配点・時間

科目	国語	数学	英語	社会	理科
配点	100点	100点	100点	100点	100点
時間	50分	50分	50分	50分	50分

＊英検資格活用あり。

●学費

入学金	220,000円	制定品費（制服・教科書など）	約 150,000円
年間授業料	636,000円	教育拡充費	60,000円
諸会費計	17,780円	その他学年諸費	110,000円
修学旅行積立	180,000円	初年度納入金合計	約 1,373,780円

＊コースによって異なる

卒業後の進路

卒業者数／646 人

大学進学	短大進学	専門学校等	就職	進学準備ほか
558人	6人	22人	1人	59人

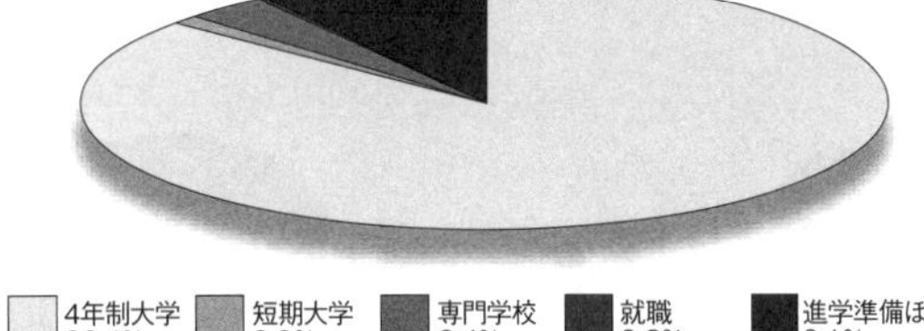

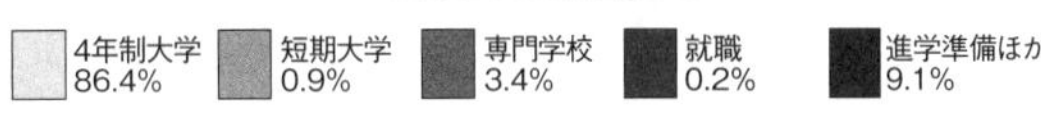

●主な大学合格状況

国・公立大／

神戸大 1	大阪教育大 3	奈良教育大 1
奈良女子大 1	和歌山大 4	愛媛大 2
京都府立大 2	大阪公立大 5	兵庫県立大 1
奈良県立大 2	神戸市外国語大 2	高知工科大 2

私立大／

関西大 61	関西学院大 20	同志社大 21
立命館大 16	京都産業大 32	近畿大 119
甲南大 18	龍谷大 70	佛教大 9
摂南大 58	神戸学院大 9	追手門学院大 31
桃山学院大 26	早稲田大 2	大阪経済大 30
大阪工業大 30	関西外国語大 19	大和大 16

上宮太子高等学校

学校法人 上宮学園
〒583-0995 南河内郡太子町太子1053
TEL0721-98-3611 FAX0721-98-1725
https://uenomiya-taishi.ed.jp

■創立／昭和63年（1988） ■校長／丸山佳秀
■生徒数／509人（1年／170人 2年／154人 3年／185人）
■沿革／法然上人の教えに基づいた教育を実践する上宮学園が昭和63年、上宮高等学校太子町学舎を開設。平成3年上宮太子高等学校として独立。平成24年度から男女募集を開始しました。
■交通／近鉄長野線「喜志」・大阪線「河内国分」・南大阪線「上ノ太子」・JR大和路線「高井田」・南海高野線「金剛」からスクールバス

インフォメーション INFORMATION

●**教育方針**／「礼儀と感謝」を掲げ、自らを生かす教育を実践してきました。家族的な温かい人間関係の中で豊かな人間性を培い、3年後の目標達成をめざします。

●**学校行事**／オリエンテーション合宿（4月・1年）、体育大会（5月）、芸術鑑賞（6月）、夏期学習強化合宿〈高1特進ⅠⅡ類〉（7月）、文化祭（9月）、修学旅行（12月）のほか、校祖誕生会・祖山参拝などの仏教精神に基づく行事も多彩です。

●**クラブ活動**／運動部は硬式野球をはじめバレーボール、バスケットボール、サッカー、ラグビー、陸上競技など。文化部は国際高校生選抜書展に入選実績のある書道部ほか、美術、吹奏楽、ダンス、家庭科、コーラス、写真、全国大会出場実績のある軽音楽など。クラブ加入率は約80％です。

●**海外交流**／英検取得（級別講習を実施）、英会話講習会、オーストラリア語学研修（希望者）など多彩なプログラムにより、実践的な英語力と国際感覚を磨きます。

●**スクールライフ**／3学期制／始業時刻…8：30／頭髪…染色・パーマ禁止／アルバイト…禁止／自転車通学…許可／携帯…持込許可

カリキュラム CURRICULUM

●**特進Ⅰ類（国公立大学）コース**
国公立大学への現役合格を目指すコースです。月・金曜日8限・土曜日4限の5教科重視型で週41時間授業を展開します。1年次は、高等学校の十分な基礎学力と学習習慣を養成し、2年次からは、各自の目標進路に応じて文系・理系の科目選択に分かれての授業を実施します。

●**特進Ⅱ類（難関私立大学）コース**
難関私立大学への現役合格を目指すコースです。上記の「特進Ⅰ類」と同一カリキュラムで週41時間授業を展開し、高等学校の十分な基礎学力と学習習慣を養成します。2年次からは、各自の目標進路に応じて文系・理系の科目選択に分かれての3教科重視型の授業を実施し、難関私立大学入試に直結する演習形式授業を導入、さらに適時、講習も実施します。

●**総合進学（有名私立大学）コース**
有名私立大学への現役合格を目指すコースです。週36時間授業で、じっくりと大学入試に向けた実践力を養成していきます。2年次からは、将来の進路に応じて文系・理系の科目選択に分かれて、現役合格を目指した3教科重視型の授業を展開するとともに、バランスのとれた教養育成に役立つ科目や幅広い選択肢を設置。放課後もクラブ活動や補講習に取り組み、それぞれの進路目標の実現・人格形成に繋がる力を養っていきます。

先輩から

周囲の人たちに勧められて、上宮太子への入学を考えました。学校の先生に聞いてみると、公立高校よりも大学進学に有利だといわれ、志望を決めました。授業では基礎を徹底して教わり、それができれば次は応用、と分かりやすく、楽しく学んでいます。平成24年度から共学になり、学校の雰囲気もずいぶん変わりましたが、今までのいいところにうまくミックスしていけたらいいなあと思います。（A・F）

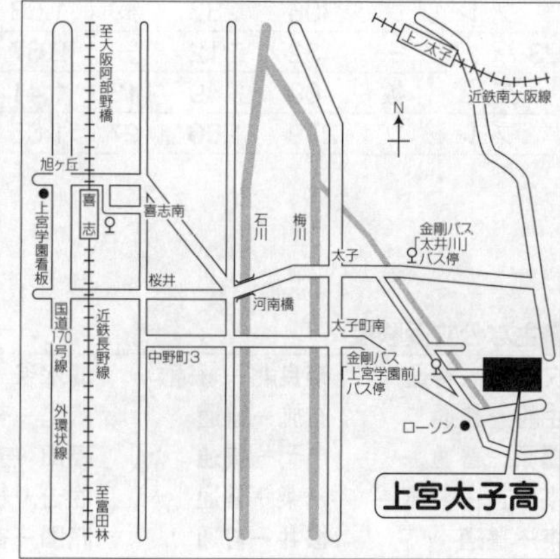

進研Vもし　合格のめやす

●目標偏差値（合格可能性80%）

併願		専願	
特進Ⅰ類	57	特進Ⅰ類	55
特進Ⅱ類	54	特進Ⅱ類	52
総合進学	51	総合進学	49

30　35　40　45　50　55　60　65　70　75

特進Ⅰ類：努力圏　合格圏　安全圏

特進Ⅱ類：努力圏　合格圏　安全圏

総合進学：努力圏　合格圏　安全圏

入試ガイド

●募集要項　＊2024年度入試実施分

募集人員	特進Ⅰ類35、特進Ⅱ類35、総合進学105
出願期間	1/22〜1/29
受験料	20,000円
学力検査	2月10日
面接	実施しない
合格発表	2月12日
入学手続	webにて連絡

●試験科目と配点・時間

科目	国語	数学	英語	社会	理科
配点	100点	100点	100点	100点	100点
時間	50分	50分	50分	50分	50分

＊英検資格活用あり。＊総合進学コース（専願）は３科受験（A方式英国数／B方式英国社／C方式英理数）。＊全コース専願で『高得点教科重視型』を採用。

●学費

入学金	220,000円	制服他・制定品費	約100,000円
年間授業料	636,000円	教育拡充費	60,000円
学年諸経費	約160,000円	その他	—
修学旅行積立（1年次）	80,000円	初年度納入金合計	約1,256,000円

入試状況

●併願

年度	学科・コース	受験者数	合格者数	回し	倍率	合格最低点
'24	特進Ⅰ類	174	125	—	1.39	311/500
	特進Ⅱ類	118	104	11	1.13	283/500
	総合進学	106	106	34	1.00	219/500
'23	特進Ⅰ類	165	146	—	1.13	316/500
	特進Ⅱ類	125	118	8	1.06	288/500
	総合進学	133	132	17	1.01	225/500

●専願

年度	学科・コース	受験者数	合格者数	回し	倍率	合格最低点
'24	特進Ⅰ類	17	15	—	1.13	290/500
	特進Ⅱ類	30	29	—	1.03	263/500
	総合進学	112	112	3	1.00	203/500
'23	特進Ⅰ類	16	14	—	1.14	293/500
	特進Ⅱ類	25	23	—	1.09	263/500
	総合進学	80	80	4	1.00	206/500

＊合格最低点は合否ライン。

●主な公立受験校

畝原−普通	金剛−普通	香芝−普通
桜井−普通	河南−普通	狭山−普通
生駒−普通	高田商−商業／特	高取国際−普通
藤井寺−普通	東住吉−普通	富田林−普通
奈県大−探究／専	布施−普通	山本−普通

卒業後の進路

卒業者数／148人

大学進学	短大進学	専門学校等	就職	進学準備ほか
139人	2人	4人	—	3人

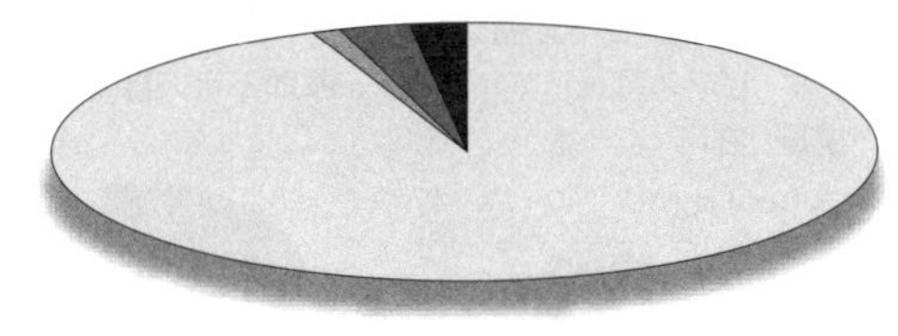

4年制大学 93.9%　短期大学 1.4%　専門学校 2.7%　就職 —　進学準備ほか 2.0%

●主な大学合格状況

国・公立大／

大阪大 1	北海道大 1	大阪教育大 1
和歌山大 2	大分大 2	信州大 1
香川大 1	徳島大 1	高知大 1
鳴門教育大 1	大阪公立大 1	奈良県立大 1

私立大／

関西大 11	関西学院大 3	同志社大 3
近畿大 63	龍谷大 25	佛教大 2
摂南大 28	追手門学院大 47	桃山学院大 16
関西外国語大 18	京都外国語大 2	大阪工業大 12
畿央大 10	大阪産業大 28	大阪電気通信大 10
大阪経済法科大 13	阪南大 23	帝塚山大 7

ヴェリタス城星学園高等学校

学校法人 城星学園
〒540-0004 大阪市中央区玉造2-23-26
TEL06-6941-5977　FAX06-6944-2662
https://www.josei.ed.jp

■**創立**／昭和28年(1953)　■**校長**／古屋路子
■**生徒数**／115人(1年／35人 2年／39人 3年／41人)
■**併設校**／城星学園小学校　城星学園幼稚園
■**沿革**／本部をローマにおく扶助者聖母会が設立母体。昭和28年城星学園小学校の設立が認可され、同37年高等学校を開設。幼・小・高をもつ総合学園となる。令和4年「ヴェリタス城星学園」へ改称。同7年度より男女共学。
■**交通**／JR・大阪メトロ「森ノ宮」「玉造」から徒歩10分

インフォメーション　INFORMATION

●**教育方針**／全人間教育に励み、神を敬い、人を愛し、自然を大切にする「良心的人間、よき社会人」を育てることを使命としています。「Assistenza(アシステンツァ)」(イタリア語「ともに生きる」を意味する)というメソッドを通じて、希望と喜びを生徒一人ひとりのなかに育みます。
●**学校行事**／遠足(4月)、聖母祭ミサ・体育祭(5月)、聖歌合唱コンクール(7月)、英語暗誦大会(10月)、城星フェスタ・修学旅行(11月)、クリスマス会(12月)ほか。
●**クラブ活動**／ 2025年度より男子バスケットボール部を強化クラブとして新設。他のクラブは男女とも入部可。水泳・バドミントン・ダンス・剣道・聖歌隊・美術・写真・理科・家庭科研究・ウインド&ポップスミュージックの他に、ボランティア活動を行うラウラサークルがあります。
●**設備**／図書室、エデュケーショナルラウンジ、マルゲリータルームなど、自習可能なスペースを多数設置。放課後には、生徒が自由に質問できる「英語のひろば」「数学のひろば」、高度な読解力をつける「チャレンジ国語」のほか、特別講座なども開講。
●**スクールライフ**／2学期制／登校時刻…8：20 ／頭髪…染色・パーマ・ピアス禁止／アルバイト…原則不可／自転車通学…可／携帯…許可

カリキュラム　CURRICULUM

●**キャリア進学コース**
インプットとアウトプットのバランスのとれたカリキュラムを通じて、国公立大学・難関私立大学を目指すコースです。認知能力はもちろん、非認知能力を向上させ、知識の習得のみでなく、社会人としての活躍につながる応用力を育成します。
●**キャリア探究コース**
探究心を持ってさまざまな分野を幅広く学び、自分に合った進路を目指すコースです。たくさんの体験を通じて、経験的知識を獲得し、将来の夢や目標を見つけます。基礎学力の定着のためのプログラムも用意しています。

☆2025年春より共学校となります。1962年設立以来、一人ひとりに与えられている恵みを大切にしながら、生徒それぞれのタレントを伸ばす教育をおこなっています。週5日制・2学期制のもと、ワクワクに満ちた「学びの森」プロジェクトを軸として、主体的・積極的に学び、結果にとらわれずさまざまなことにチャレンジできる元気な人の育成をめざします。

先輩から

ヴェリタス城星学園では「学びの森」という、一般教科にない幅広いテーマで探究する時間があります。語学、ミュージカル、SDGsや家電商品の企画など、テーマは多岐にわたり自由に選択することが出来ます。学年やクラスをこえた仲間と共に協力して作り上げたり、お互いの完成度を競って評価し合ったり、学びの森は楽しいだけではなく、新たな出会いや将来を考えるきっかけをくれる、なくてはならない時間です。(N・K)

進研Vもし 合格のめやす

●目標偏差値（合格可能性80%）

併願		専願	
キャリア進学	51	キャリア進学	49
キャリア探究	44	キャリア探究	42

30 35 40 45 50 55 60 65 70 75

キャリア進学：努力圏 合格圏 安全圏

キャリア探究：努力圏 合格圏 安全圏

入試状況

●併願

年度	学科・コース	受験者数	合格者数	回し	倍率	合格最低点
'24	Vivace	5	5	—	1.00	166/300
	Allegro	7	7	—	1.00	109/300
'23	Vivace	3	3	—	1.00	150/280
	Allegro	6	6	—	1.00	126/280
'22	Vivace	5	5	—	1.00	249/420
	Allegro	6	6	—	1.00	205/420

●専願

年度	学科・コース	受験者数	合格者数	回し	倍率	合格最低点
'24	Vivace	7	7	—	1.00	152/300
	Allegro	13	13	—	1.00	106/300
'23	Vivace	9	7	—	1.29	137/280
	Allegro	24	24	2	1.00	98/280
'22	Vivace	5	5	—	1.00	221/420
	Allegro	13	13	—	1.00	151/420

●主な公立受験校

桜和ー教育文理　大阪ビジＦーグロ

入試ガイド

●募集要項　＊2024年度入試実施分

募集人員　Vivace25、Allegro50

出願期間　1/22～2/2
受験料　20,000円
学力検査　2月10日
面接　グループ
合格発表　2月12日
入学手続　専願 2月13日　併願 3月19日

＊2025年度より男女共学。キャリア進学／キャリア探究の2コースに改編。

●試験科目と配点・時間

科目	国語	数学	英語	—	—
配点	100点	100点	100点	—	—
時間	50分	50分	50分	—	—

＊英検資格活用あり。

●学費

入学金	220,000円	制服代・教材費	約220,000～円
年間授業料	570,000円	施設設備費	50,000円
諸会費計	17,200円	教育充実費	30,000円
修学旅行等積立金	250,000～円	初年度納入金合計	約1,357,200～円

＊教材費はコースにより異なる

卒業後の進路

卒業者数／51人

大学進学	短大進学	専門学校等	就職	進学準備ほか
45人	1人	4人	—	1人

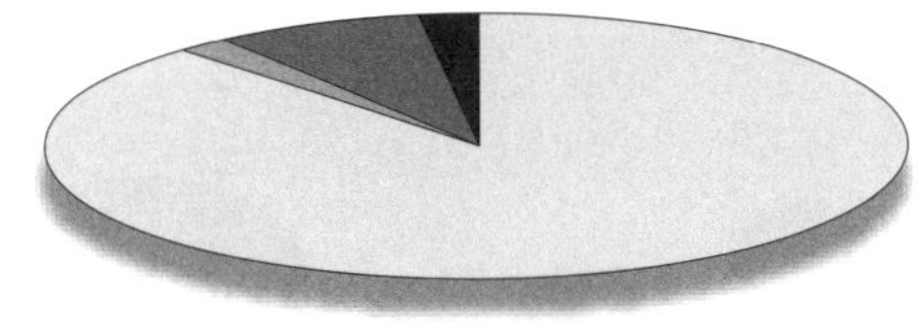

●主な大学合格状況

私立大／

上智大 1　関西大 4　関西学院大 4
近畿大 14　甲南大 1　摂南大 5
神戸学院大 1　北里大 1　同志社女子大 4
京都女子大 2　神戸女学院大 6　武庫川女子大 3
京都外国語大 2　大阪芸術大 1　京都芸術大 1
大阪産業大 6　大阪工業大 1

英真学園高等学校

学校法人 英真学園
〒532-0023 大阪市淀川区十三東5-4-38
TEL06-6303-2181　FAX06-6390-4902
http://www.eishingakuen.ac.jp/

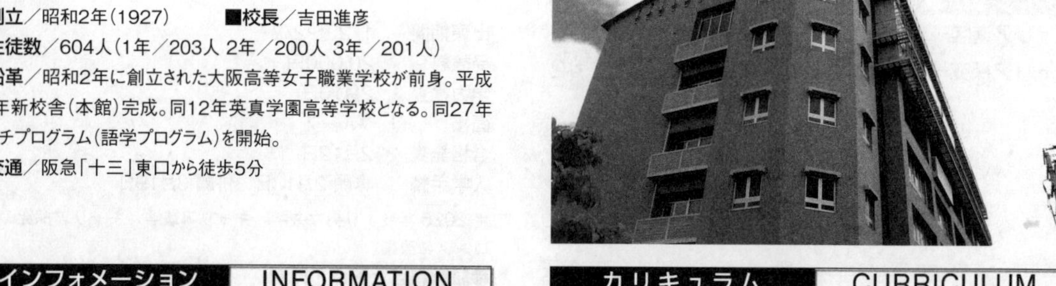

■**創立**／昭和2年（1927）　■**校長**／吉田進彦
■**生徒数**／604人（1年／203人 2年／200人 3年／201人）
■**沿革**／昭和2年に創立された大阪高等女子職業学校が前身。平成10年新校舎（本館）完成。同12年英真学園高等学校となる。同27年ハッチプログラム（語学プログラム）を開始。
■**交通**／阪急「十三」東口から徒歩5分

インフォメーション INFORMATION

●**教育方針**／校訓は「立志」「自立」「誠実」「勤勉」。生徒の個性・人格を尊重した指導を基本に、創造的な知性を持ち、自ら考え自らを律することのできる生徒の育成をめざしています。
●**学校行事**／ポレポレウォーキング（4月）、学園祭（6月）、芸術祭（9月）、体育祭（10月）校外学習（10月）など。生徒会中心に企画運営を行う行事が多数あります。地域の環境保護をする「CUP」というボランティア活動にも毎年取り組んでいます。また、教育旅行は、マレーシア（文理）、沖縄・石垣島（情報／総合）へ行きます。英語を話す機会を多く作り、色々なことにチャレンジできる3泊4日です。
●**クラブ活動**／ダンス、軽音楽をはじめ、バドミントン、弓道、サッカーなど、26部が活動しています。写真部はコンテストでの入賞経験が豊富です。また、ニュースポーツのアルティメット部も注目です。
●**スクールライフ**／3学期制／登校時刻…8：45／頭髪…染色・パーマ禁止／アルバイト…許可制（経済的理由による）／自転車通学…許可／携帯…許可（学内電源 OFF）

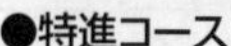

カリキュラム CURRICULUM

●**特進コース**
2年次から2つのクラスに分かれます。「アサーティブクラス」では、語学を軸にコミュニケーション力を伸ばします。言語が異なる相手と主体的に関わることができる、語学力豊かな人材を育成。オンライン英会話、ワークショップ、プレゼンテーションやディベート等、語学プログラムを豊富に用意。「スーペリアクラス」では、一人一人に適した個別学習プランを導入。放課後のグレードアップセミナーは、必要な講習を自分で選んで受講します。
●**マンガ・イラストコース**
マンガ専門校「日本マンガ塾」とのコラボにより、新しいマンガ・イラスト教育を行う、大阪の共学校で初のコースです。マンガ・イラストの描き方を身につけ、未来に繋がる創作力を養います。2年次からはマンガ専攻とイラスト専攻とに分かれ、プロのマンガ家やイラストレーターを目指します。
●**総合コース**
2年次から4つのクラスに分かれます。「進学クラス」では総合選抜型の大学入試に対応したカリキュラムが組まれています。「スポーツクラス」は、5つの部活（バドミントン、サッカー、剣道、柔道、硬式野球）に所属する生徒が選択でき、5・6時限は専門のスポーツを中心に学びます。「メディア表現クラス」では、映像を中心に写真撮影、動画編集、音響、光学などを通して、さまざまな表現方法を学ぶことができます。「探究クラス」では週4時間、興味や希望進路に合った授業を2つ選択することができます。

将来の夢を考えていた時に、英真学園の学校見学会に参加しました。入学後は、勉強にクラブ活動に頑張りました。その中でも学校行事の体育祭Tシャツ作りや、クラス旗、学園祭の模擬店の看板などを描くことにチャレンジしていました。それは、将来の夢！美術の先生になることを見つけたからです。先生になったとき1つのことを続ける大切さを伝えていきたいです。（N・I）

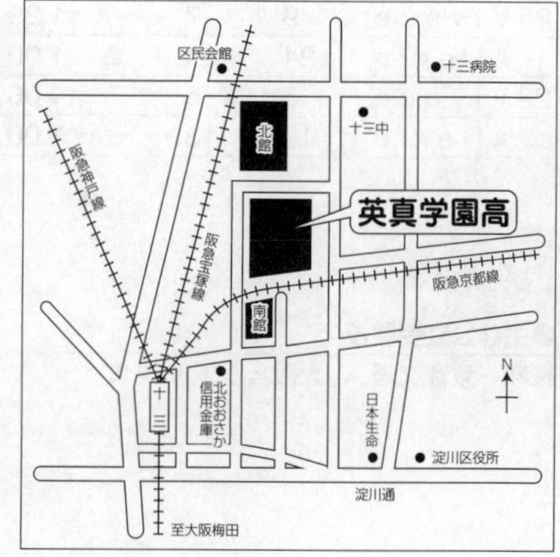

進研Vもし 合格のめやす

●目標偏差値（合格可能性80%）

併願		専願	
特進	42	特進	39
マンガ・イラスト	42	マンガ・イラスト	39
総合	37	総合	35

30 35 40 45 50 55 60 65 70 75

特進：努力圏 35〜40／合格圏 40〜45／安全圏 45〜50

マンガ・イラスト：努力圏 35〜40／合格圏 40〜45／安全圏 45〜50

総合：努力圏 30〜35／合格圏 35〜40／安全圏 40〜45

入試状況

●併願

年度	学科・コース	受験者数	合格者数	回し	倍率	合格最低点
'24	文理特進	49	48	—	1.02	—/—
	情報進学	64	60	1	1.07	—/—
	総合進学	291	290	3	1.00	—/—
'23	文理特進	40	38	—	1.05	—/—
	情報進学	71	68	—	1.04	—/—
	総合進学	276	276	5	1.00	—/—

●専願

年度	学科・コース	受験者数	合格者数	回し	倍率	合格最低点
'24	文理特進	26	26	—	1.00	—/—
	情報進学	45	31	—	1.45	—/—
	総合進学	104	102	14	1.02	—/—
'23	文理特進	23	23	—	1.00	—/—
	情報進学	39	39	—	1.00	—/—
	総合進学	96	96	—	1.00	—/—

●主な公立受験校

尼崎西−普通	県尼崎−総人／推	箕面東−Eパ／特
吹田−普通	尼崎工−建築	北摂つばさ−普通
川西明峰−普通	鶴見商−商業	渋谷−普通
尼崎西−普通／特	大冠−普通	東淀川−普通
川西明峰−普／特	淀川工科−工業	桜宮−普通

入試ガイド

●募集要項 ＊2024年度入試実施分

募集人員　文理特進50、情報進学60、総合進学190

出願期間　1/22〜1/29
受験料　20,000円
学力検査　2月10日
面接　実施しない
合格発表　2月13日
入学手続　専願 2月20日
　　　　　併願 公立合格発表日

＊2025年度、特進コース／マンガ・イラストコース／総合コースの3コースに改編。

●試験科目と配点・時間

科目	国語	数学	英語	社会	理科
配点	100点	100点	100点	100点	100点
時間	50分	50分	50分	40分	40分

●学費

入学金	200,000円	制服等制定品費	約 115,000円
年間授業料	576,000円	教科書代	約 15,000円
その他諸費	81,000円	その他(タブレット代等)	別途
修学旅行積立	84,000円	初年度納入金合計	約 1,071,000〜円

＊総合進学／情報進学コースの場合

卒業後の進路

卒業者数／227人

大学進学	短大進学	専門学校等	就職	進学準備ほか
123人	3人	60人	27人	14人

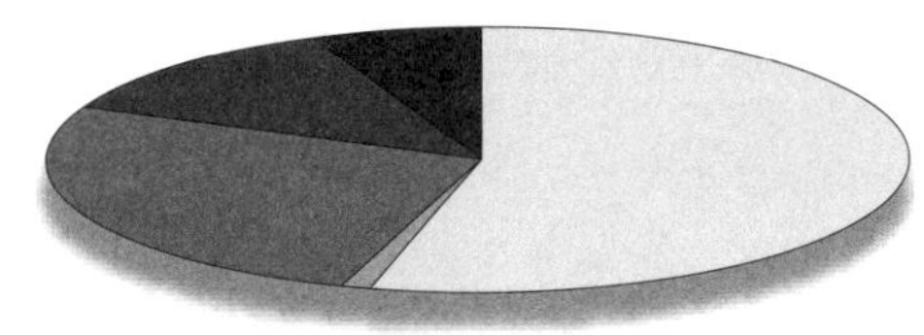

●主な大学合格状況

私立大／

関西大 1	立命館大 1	京都産業大 4
近畿大 4	龍谷大 2	摂南大 2
神戸学院大 5	追手門学院大 16	桃山学院大 1
大阪学院大 17	大阪経済大 6	大阪経済法科大 16
大阪産業大 5	大阪電気通信大 9	大阪人間科学大 13
大手前大 20	大阪成蹊大 3	大阪商業大 2
大和大 2	宝塚大 2	大阪青山大 3
兵庫医科大 1	大阪芸術大 1	四條畷学園大 1
神戸芸術工科大 1	阪南大 1	神戸女学院大 1

追手門学院高等学校

学校法人 追手門学院
〒567-0013 茨木市太田東芝町1-1
TEL072-697-8185　FAX072-697-8220
https://www.otemon-jh.ed.jp/

■創立／明治21年（1888）　■校長／木内淳詞
■生徒数／1,317人（1年／410人 2年／497人 3年／410人）
■併設校／追手門学院大学　追手門学院中学校
■沿革／明治21年大阪偕行社附属小学校として発足。昭和25年追手門学院高等学部を開設。
■交通／「JR総持寺」「阪急総持寺」から徒歩圏内、近鉄バス「追大総持寺キャンパス前（イオンタウン茨木太田前）」「追手門学院中・高前」下車すぐ

インフォメーション　INFORMATION

●**教育方針**／「独立自彊・社会有為」の理念を基本に据えた人間形成教育を実践。生徒の「志」を育む「追手門ならではの教育」を推進しています。

●**学校行事**／文化祭（7月）、体験旅行（9月）、探究旅行（10月）、体育祭（9月）、校外学習（11月）など。

●**クラブ活動**／体育系は硬式野球、男子・女子サッカー、アメリカンフットボール、女子ラグビー、男子・女子硬式テニス、男子・女子バスケットボール、剣道、ダンス、男子・女子バレーボール、陸上競技、水球など。文化系では演劇、吹奏楽、囲碁・将棋、軽音楽、サイエンス、ユネスコ国際研究、華道・茶道、クッキング、創作などが活動しています。加入率は高1・2で約70%です。

●**海外交流**／夏期休暇中のオーストラリア語学研修は、ホームステイしながら英語研修を行うプログラム。ホストファミリーと親交を深めながら、生きた英語を身につけることができます。その他にも多くの種類の海外研修プログラムを用意しています。

●**スクールライフ**／3学期制／登校時刻…8：40／頭髪…染色・パーマ禁止／アルバイト…禁止／自転車通学…許可／携帯…校内使用禁止

カリキュラム　CURRICULUM

●**創　造**
国公立大学や難関私立大学の推薦入試、海外進学を想定しています。受動的な授業とは異なり、生徒が主体的に学ぶ探究型の学びを推進。自分を表現し、チームで何かを成し遂げるという学びを発展させ、教科授業においても探究プロジェクト型の授業を行い、創造力、判断力、表現力、コミュニケーション力などを育みます。

●**特選SS**
難関国公立大学の受験力を保証。大学入試から逆算した学習スケジュールでハイレベルな授業を展開しています。2年次からは文理別の少人数制授業を行います。企業や大学と連携したコース独自のプログラムを実施し、思考力や表現力、判断力も育成しています。

●**Ⅰ　類**
国公立大学の受験力を保証。大学入学共通テストで確実に得点を取るためのハイレベルで質の高い授業を展開しています。バランスの取れた学力を育成する独自のカリキュラムにより、それぞれの生徒がめざす進路に向けて着実な成長を図ります。

●**Ⅱ　類**
難関私立大学、国公立大学の受験力を保証。学習した知識の定着を図るため反復学習を徹底しています。2年次の文理選択に加え選択科目も取り入れることで、生徒たちの自由な進路志望に柔軟に対応することができるカリキュラムとなっています。

周りの友達は“やる時はやる”という子ばかりだったので、勉強もクラブ活動も充実しつつ、遊ぶときは適度に遊んで、とても楽しい高校生活を送ることができました。先生方は親身になって教えてくださったので、予備校や塾にも行かずに志望大学に合格することができました。“継続は力なり”は本当だと思います。勉強もクラブも、自分がしたいことはずっと続けてほしいです。（M・K）

進研Vもし 合格のめやす

●目標偏差値(合格可能性80%)

併願		専願	
特選ＳＳ	66	特選ＳＳ	62
創造	64	創造	60
Ⅰ類	63	Ⅰ類	60
Ⅱ類	57	Ⅱ類	53

30 35 40 45 50 55 60 65 70 75

特選ＳＳ　努力圏　合格圏　安全圏

創造　努力圏　合格圏　安全圏

Ⅰ類　努力圏　合格圏　安全圏

Ⅱ類　努力圏　合格圏　安全圏

入試ガイド

●募集要項　＊2024年度入試実施分

募集人員	創造35、特選ＳＳ40、Ⅰ類120、Ⅱ類120、Ⅱ類スポーツ（専願）35 ＊内部進学を含む
出願期間	1/22〜1/29
受験料	20,000円
学力検査	2月10日(創造コースTW入試は2/11)
面接	実施しない
合格発表	2月13日
入学手続	専願 2月15日 併願 3月19日

●試験科目と配点・時間

科目	国語	数学	英語	社会	理科
配点	100点	100点	100点	100点	100点
時間	50分	50分	50分	50分	50分

＊創造コースは３科(国数英)。TW入試(300点・90分程度／グループワークおよび発表）実施。＊英語資格活用あり。

●学費

入学金	240,000円	制服等制定品	122,290〜円
年間授業料	537,000円	学年費	90,000円
諸会費計	63,600円	施設協力金	60,000円
積立(探究旅行など)	約 160,000円	初年度納入金合計約	1,272,890〜円

＊ICT端末必要

入試状況

●併願

年度	学科・コース	受験者数	合格者数	回し	倍率	合格最低点
'24	特選ＳＳ	278	91	—	3.05	385/500
	創造	8	6	—	1.33	410/600
	Ⅰ類	442	290	155	1.52	335/500
	Ⅱ類	101	100	184	1.01	295/500
'23	特選ＳＳ	381	85	—	4.48	400/500
	創造	13	11	—	1.18	420/600
	Ⅰ類	507	324	222	1.56	350/500
	Ⅱ類	159	159	259	1.00	310/500

●専願

年度	学科・コース	受験者数	合格者数	回し	倍率	合格最低点
'24	特選ＳＳ	29	2	—	14.50	360/500
	創造	27	23	—	1.17	380/600
	Ⅰ類	73	43	24	1.70	310/500
	Ⅱ類	94	89	35	1.06	270/500
'23	特選ＳＳ	25	4	—	6.25	375/500
	創造	32	27	—	1.19	387/600
	Ⅰ類	69	36	13	1.92	325/500
	Ⅱ類	111	103	44	1.08	285/500

●主な公立受験校

三島−普通	山田−普通	北千里−普通
箕面−普通	槻の木−普通	千里−国際文化
春日丘−普通	池田−普通	千里−総合科学
高槻北−普通	桜塚−普通	箕面−グローバル
吹田東−普通	県伊丹−普通	豊中−文理

卒業後の進路

卒業者数／322人

大学進学	短大進学	専門学校等	就職	進学準備ほか
301人	—	8人	—	13人

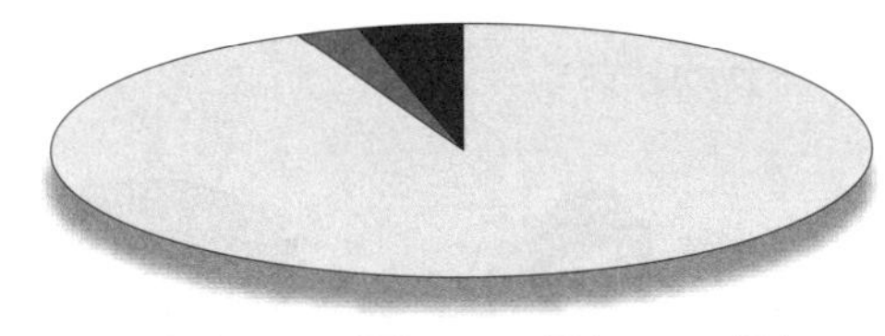

4年制大学 93.5%　短期大学 —　専門学校 2.5%　就職 —　進学準備ほか 4.0%

●主な大学合格状況

国・公立大／

京都大 4	大阪大 2	神戸大 1
滋賀大 4	京都工繊大 1	奈良女子大 1
岡山大 1	京都府立大 1	大阪公立大 6
兵庫県立大 2	神戸市外国語大 1	防衛大学校 21

私立大／

関西大 73	関西学院大 41	同志社大 25
立命館大 47	京都産業大 53	近畿大 276
甲南大 14	龍谷大 73	佛教大 6
摂南大 50	追手門学院大 109	早稲田大 1
大和大 95	関西外国語大 33	同志社女子大 16
武庫川女子大 12	甲南女子大 7	京都外国語大 8

追手門学院大手前高等学校

学校法人 追手門学院
〒540-0008 大阪市中央区大手前1-3-20
TEL06-6942-2235　FAX06-6945-7552
https://www.otemon-js.ed.jp

■創立／昭和25年（1950）　■校長／濱田賢治
■生徒数／688人（1年／219人 2年／282人 3年／187人）
■併設校／追手門学院大学　追手門学院大手前中学校
■沿革／明治21年発足大阪偕行社附属小学校が前身。昭和15年大阪偕行社附属中学校を開校。同22年追手門学院中学部が、同25年に高等部が創立され、同55年現校名となる。
■交通／大阪メトロ谷町線・京阪電車「天満橋」から徒歩5分、JR東西線「大阪城北詰」から徒歩10分

インフォメーション　INFORMATION

●教育方針／基礎・基本を大切にしつつ、新教育に対応した「3つの学び（個別・協働・プロジェクト）」と、礼儀・礼節を育む「志の教育」により、学校コンピテンシー（身につけさせたい力）である「探究力」を育みます。

●学校行事／高1プレスクール・春期遠足（4月）に始まり、海外探究研修・夏期クラブ合宿（8月）、錦城文化祭（9月）、錦城体育祭（10月）など。修学旅行（6月・2年）は国内・海外へ。

●クラブ活動／体育系はスキー、サッカー、バスケットボール、バレーボール、陸上競技、剣道、卓球、チアダンス。文化系は演劇、吹奏楽、美術、物理化学、ロボットサイエンス、競技かるた、ESS、SDGs Labの8部・同好会が活動中。クラブ加入率は約60%です。

●海外交流／「真の国際人」育成をめざし、米国・欧州などで短期海外探究研修を行っています（約2週間、1・2年希望者）。多彩な体験プログラムを用意。現地の生活に触れながら、異文化交流を深めることができます。

●スクールライフ／3学期制／登校時刻…8：30／頭髪…染色・パーマ禁止／アルバイト…禁止／自転車通学…禁止／携帯…許可（学内での使用不可）

カリキュラム　CURRICULUM

●スーパー選抜コース
早期から思考力・応用力を身につけ、難関国公立、医歯薬系大入試の記述試験にも対応できる実力を養成。土日・祝・長期休み中も開いている自習室があり、教員のサポートのもと自主学習ができる環境を用意しているほか、日々の面談（追手門モジュール）を通して、学力向上の機会を豊富に設けています。

●特進コース
国公立や難関私立大、追手門学院大などに対応できる思考力・応用力を身につけ、レベルの高い問題に取り組みます。家庭学習の材料をきめ細やかに提供するほか、土日・祝・長期休み中も開いている自習室があり、教員のサポートのもと自主学習ができる環境を用意しているほか、日々の面談（追手門モジュール）を通して、学力向上の機会を豊富に設けています。

● GA(Global Academy)・GS(Global Science)コース
これからの社会で求められる「探究力」を育むカリキュラムを用意。生徒一人ひとりの得意を伸ばすことで、自ら学び、課題を見つけ、解決策を考える力を育てます。探究型の取り組みを成果につなげることで、学校推薦型入試での難関大学進学をめざします。

☆「教養教室」…放課後に茶道・華道・書道・クッキング・フォトの各教室を開催。プロの講師が初歩から指導しています。

先輩から

通常授業はもとより、志望大学向けの学習カリキュラムがすごく充実しています。朝は早いし、夜は遅くまで学校にいて、最初は本当にしんどかったけれども、自分の学力・成績の伸びが手に取るようにわかるので、それが楽しくなってきます。「もっとがんばれる自分」であることができたこのクラスで、国公立大学合格をめざして最後の1年を全力で過ごしたいと思います。（T・S）

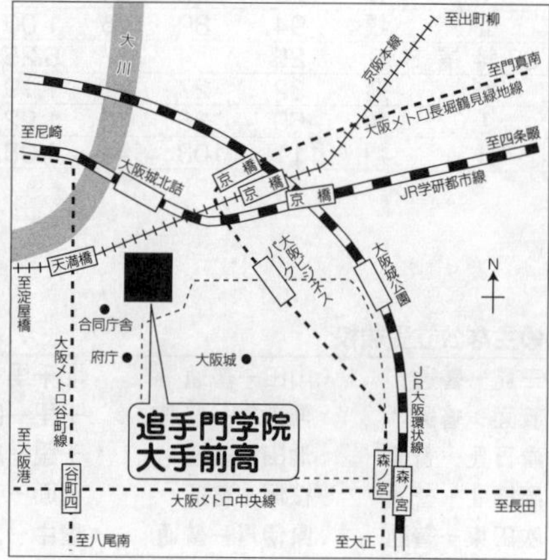

進研Vもし 合格のめやす

●目標偏差値(合格可能性80%)

併願		専願	
スーパー選抜	62	スーパー選抜	58
GA・GS	56	GA・GS	53
特進	53	特進	50

30 35 40 45 50 55 60 65 70 75

スーパー選抜: 努力圏 合格圏 安全圏

GA・GS: 努力圏 合格圏 安全圏

特進: 努力圏 合格圏 安全圏

入試状況

●併願

年度	学科・コース	受験者数	合格者数	回し	倍率	合格最低点
'24	スーパー選抜	54	35	—	1.54	330/500
	GA	21	20	—	1.05	285/500
	GS	22	19	—	1.16	290/500
	特進	127	127	23	1.00	265/500
'23	スーパー選抜	106	74	—	1.43	350/500
	GA	31	30	—	1.03	305/500
	GS	20	20	—	1.00	310/500
	特進	156	156	33	1.00	270/500

●専願

年度	学科・コース	受験者数	合格者数	回し	倍率	合格最低点
'24	スーパー選抜	31	19	—	1.63	303/500
	GA	11	11	—	1.00	278/500
	GS	13	11	—	1.18	276/500
	特進	49	47	14	1.04	245/500
'23	スーパー選抜	27	17	—	1.59	323/500
	GA	17	14	—	1.21	298/500
	GS	12	10	1	1.20	287/500
	特進	91	86	13	1.06	251/500

●主な公立受験校

市岡－普通	夕陽丘－普通	清水谷－普通
桜和－教育文理	東－普通	旭－普通
刀根山－普通	布施－普通	桜塚－普通
箕面－普通	牧野－普通	東－理数
東住吉－普通	花園－普通	今宮－総合

入試ガイド

●募集要項 ＊2024年度入試実施分

募集人員	スーパー選抜35、GA・GS40、特進160 ＊内部進学を含む
出願期間	1/22～1/31
受験料	20,000円
学力検査	2月10日
面接	GA･GSコース専願のみ（個人5分）※英語による質問含む
合格発表	2月12日
入学手続	専願 2月24日 併願 3月19日

●試験科目と配点・時間

科目	国語	数学	英語	社会	理科
配点	100点	100点	100点	100点	100点
時間	45分	45分	45分	45分	45分

＊英語資格活用あり。

●学費

入学金	250,000円	制服・制定品費等	約 160,460～円
年間授業料	609,000円	学習費	90,000円
諸会費計	52,200円	施設協力金	60,000円
修学旅行積立（1年次）	300,000～円	初年度納入金合計	約 1,521,600～円

＊旅行積立金はコースにより異なる　＊別途タブレット購入必要

卒業後の進路

卒業者数／278人

大学進学	短大進学	専門学校等	就職	進学準備ほか
248人	3人	12人	1人	14人

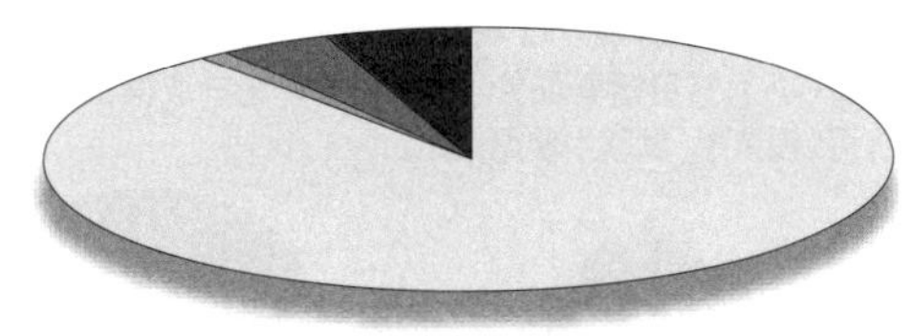

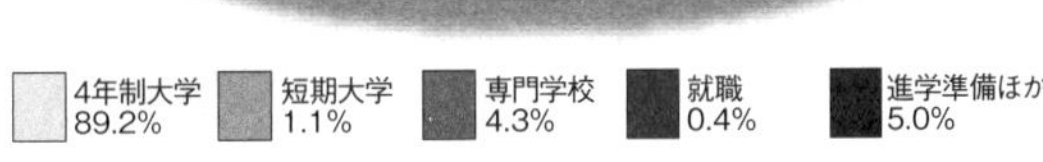

●主な大学合格状況

国・公立大／

神戸大 2	京都教育大 1	奈良教育大 1
和歌山大 1	徳島大 1	愛媛大 1
大阪公立大 1	東京都立大 1	広島市立大 1
尾道市立大 1	公立鳥取環境大 3	

私立大／

関西大 20	関西学院大 12	同志社大 4
立命館大 17	京都産業大 17	近畿大 75
甲南大 7	龍谷大 31	摂南大 27
神戸学院大 11	追手門学院大 92	桃山学院大 3
大阪歯科大 3	武庫川女子大 14	兵庫医科大 1
関西外国語大 45	京都外国語大 16	京都女子大 7

大阪高等学校

学校法人 大阪学園
〒533-0007 大阪市東淀川区相川2-18-51
TEL06-6340-3031 FAX06-6349-3719
http://osakashs.ed.jp

■創立／昭和2年(1927)　■校長／岩本信久
■生徒数／1,901人(1年／544人 2年／661人 3年／696人)
■沿革／昭和2年、日本大学大阪中学校として設立され、日本大学大阪専門学校(現・近畿大学)内に開校しました。同12年現在地に移転。同19年に日本大学より独立し、同25年に現校名に改名。平成20年に共学化。
■交通／阪急京都線「相川」から徒歩1分、大阪メトロ今里筋線「井高野」から徒歩12分、JR「吹田」から徒歩15分

インフォメーション INFORMATION

●**教育方針**／知育・徳育・体育のバランスのとれた全人教育に取り組んでいます。2019年度より「主体的に行動する"オモロイ"18歳の育成」を教育目標として掲げ、一人ひとりの生徒に責任を持つ教育を追求しています。
●**学校行事**／修学旅行は各自でコースを選択。文化祭・体育祭・球技大会・芸術鑑賞・海外研修・夏期講座・コラゼミ(学外の人と共に、課題探究をしていく場)などプログラムが多彩です。生徒会・委員会など生徒の主体的な活動も充実しています。
●**クラブ活動**／[陸上競技部]全国インターハイ39年連続出場・全国高校駅伝出場。[日本拳法部]全国大会優勝。[和太鼓部・ダンス部]全国大会出場。[科学探究部]環境DNA学会最優秀賞。硬式野球部・バスケットボール部・サッカー部・ソフトテニス部・ラグビー部・水泳部(男子)・フォークソング部・バレーボール部などの活躍も注目されています。
●**海外交流**／セブ島語学研修や留学生との校内交流会、アメリカからの留学生受け入れ(ホームステイ)、トビタテ留学JAPAN。
●**スクールライフ**／3学期制／登校時刻…8：45 ／頭髪…染色・パーマ禁止／アルバイト…禁止(家庭状況によりやむを得ない場合のみ) ／自転車通学…許可／単車免許取得禁止／携帯…許可(授業中、試験中使用禁止)

先輩から

大阪高校の本質を表すキーワードは、"主体性"です。そこへのアプローチが勉強・コミュニケーション・探究という出発点が違うだけです。みんなで「主体的に行動する"オモロイ"18歳」にチャレンジしましょう。(総合進学コースK・Y)

カリキュラム CURRICULUM

●**文理特進コース**
学習とクラブ活動の両立に挑めるコース。自分の可能性に挑む力を育むコース。国公立大・難関私大進学を目指し、週6日制と7時間授業(水・土除く)。目標大学を見すえて文系／理系クラスを選択します。一人ひとりの個性と志望にあわせた、確実な実力を身につけることを目指します。
●**総合進学コース**
多くの友人や先生、外部の人達との対話を通して自分の可能性を育てるコース。選択授業やコラゼミなど多様な学びの機会があります。難関・中堅私立大進学を目指し、週6日制・6時間授業。基礎からの着実なステップアップをはかるとともに、2年生で「美術探究」3年生で「身近な科学」を設定し、より幅広い学力の獲得を目指します。
●**探究コース**
好きなことについて、様々な人と対話し、新しい価値を創造する力を育むコース。1年は『探究基礎』(心の理論・クリティカルシンキング・メタ認知)2・3年生は『探究ゼミ』を通し、それぞれの研究課題にチャレンジします。総合選抜入試を中心に、大学・専門学校をはじめ、国内外を問わず多様な進路実現を目指します。

☆全コース、看護・医療系への進学希望者を対象に、医療現場での看護体験や医療系大学での実習、また小論文や面接指導などの「薬・看護医療系支援プログラム」を準備。

進研Vもし 合格のめやす

●目標偏差値（合格可能性80%）

併願		専願	
文理特進	48	文理特進	46
総合進学	41	総合進学	38
探究	41	探究	38

30 35 40 45 50 55 60 65 70 75

文理特進：努力圏 合格圏 安全圏

総合進学／探究：努力圏 合格圏 安全圏

入試ガイド

●募集要項　＊2024年度入試実施分

募集人員　文理特進120、総合進学360、探究70

出願期間　1/22～1/29
受験料　20,000円
学力検査　2月10日・11日
面接　実施しない
合格発表　2月12日
入学手続　専願 2月24日・25日
　　併願 3月19日

●試験科目と配点・時間

科目	国語	数学	英語	社会	理科
配点	100点	100点	100点	100点	100点
時間	40分	40分	40分	40分	40分

＊ほかに作文（40分・500～600字）を実施。

●学費

入学金	200,000円	制服等制定品	約 120,000～円
年間授業料	606,000円	その他教科書	約 30,000円
諸費用計（修学旅行積立含む）	175,750円	その他	—
修学旅行積立	—	初年度納入金合計	約 1,128,750～円

＊総合進学コースの場合

入試状況

●併願

年度	学科・コース	受験者数	合格者数	回し	倍率	合格最低点
'24	文理特進	306	274	—	1.12	—/500
	総合進学	980	976	32	1.00	—/500
	探究	43	43	—	1.00	—/500
'23	文理特進	335	291	—	1.15	270/500
	総合進学	971	969	44	1.00	156/500
	探究	44	43	—	1.02	184/500

●専願

年度	学科・コース	受験者数	合格者数	回し	倍率	合格最低点
'24	文理特進	81	65	—	1.25	—/500
	総合進学	344	344	16	1.00	—/500
	探究	26	25	—	1.04	—/500
'23	文理特進	83	57	—	1.46	259/500
	総合進学	363	358	26	1.01	151/500
	探究	44	42	—	1.05	173/500

●主な公立受験校

茨木西－普通	東淀川－普通	吹田－普通
摂津－普通	阿武野－普通	北摂つばさ－普通
豊島－普通	大冠－普通	柴島－総合
吹田東－普通	渋谷－普通	守口東－普通
芥川－普通	港－普通	摂津－体育／特

卒業後の進路

卒業者数／684人

大学進学	短大進学	専門学校等	就職	進学準備ほか
468人	25人	142人	20人	29人

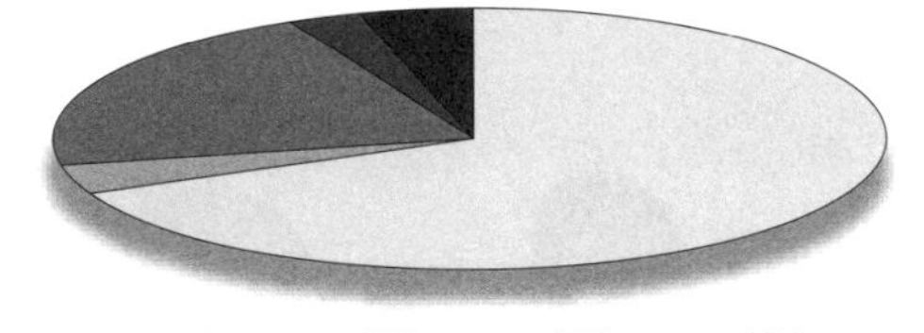

4年制大学 68.4%　短期大学 3.7%　専門学校 20.8%　就職 2.9%　進学準備ほか 4.2%

●主な大学合格状況

国・公立大／
滋賀大 1　滋賀県立大 1　京都府立大 1
高知工科大 1

私立大／
関西大 13　関西学院大 8　同志社大 4
立命館大 2　京都産業大 21　近畿大 15
甲南大 3　龍谷大 12　佛教大 8
摂南大 41　神戸学院大 12　追手門学院大 52
桃山学院大 37　大和大 16　関西医科大 1
京都女子大 1　同志社女子大 2　武庫川女子大 1
大阪工業大 12　大阪経済大 17　関西外国語大 5
京都外国語大 8　神戸女学院大 1　甲南女子大 1

大阪偕星学園高等学校

学校法人 偕星学園
〒544-0021 大阪市生野区勝山南2-6-38
TEL06-6716-0113　FAX06-6716-0114
https://www.osaka-kaisei.ac.jp/

■創立／昭和4年（1929）　■校長／梶本秀二
■生徒数／866人（1年／386人 2年／276人 3年／204人）
■沿革／昭和4年此花商業学校として設立認可。同24年此花商業高等学校に。同48年此花学院高等学校に改称。平成7年女子の募集を開始し共学校に。同25年大阪偕星学園高等学校に校名変更。同28年学校法人名を「偕星学園」に改称。
■交通／JR環状線「桃谷」「寺田町」から徒歩10分

インフォメーション INFORMATION

●**教育方針**／「人は皆、輝く星であり、生徒1人ひとりをかけがえのない存在としてその可能性を伸ばし、鍛えていきたい」という、校名に込められた思いを実現する教育を実践しています。
●**学校行事**／宿泊研修、校外学習、体育祭、球技大会、学習合宿（特進）、文化祭、芸術鑑賞など。修学旅行は全コース海外へ。
●**クラブ活動**／指定クラブは硬式野球、男子サッカー、女子サッカー、男子ハンドボール、女子バレーボール、バドミントン、柔道、女子ソフトボール。体育系はほかにバスケットボール、剣道、女子ダンス、卓球など。文化系は漬物グランプリを獲得し、全国的に有名になったキムチ、書道、軽音楽、PC 情報、クッキングなどのクラブ・同好会があります。加入率は約60％です。
●**海外交流**／カナダ・ニュージーランド・オーストラリアでの長期留学制度（1年間）は留学中も単位が認められ、3年間での卒業が可能。また短期留学制度（3か月）も充実しています。
●**スクールライフ**／3学期制／登校時刻…8：30 ／頭髪…染色・パーマ禁止／自転車通学…許可（保険加入）／携帯…許可（授業中・テスト中禁止）・校内 Wi-Fi 環境完備／アルバイト…許可制

カリキュラム CURRICULUM

●**特進コース**
難関私大対策に特化した、大阪偕星独自のスマートなステップ型学習で、効率良く学べるコースです。放課後には、多様な選択肢を用意し、生徒一人ひとりの“やりたい”を実現します。3年次には大学別ステップを実施し、「最短距離での合格」を徹底サポートします。
●**文理進学コース**
1年次から有名私立大学への現役合格を目指し、放課後講習や特別講習を実施しています。特に英語学習に力を入れ、実用英語技能検定準2級以上の取得を目標としています。
●**進路探究コース**
大学・専門学校への進学や就職など、あなたに合った進路を見つけて実現するまでサポートするコースです。「学びなおし」で“わからない”をなくし、「探究型授業」で“もっと知りたい”気持ちに火をつけます。学校主催のキャリアフェスなど各種進路イベントに参加することにより、生徒一人ひとりの将来の選択肢を増やします。
●**スポーツコース**
スポーツに特化した環境の中でアスリートとしてのモラル・マナーが身につく、文武両道をめざす生徒に最適のコースです。

先輩から

大阪偕星学園を選んだのは、オープンスクールに参加して楽しくおもしろそうだったからです。入学後は、実際に様々な業界でお仕事をしている「輝く大人」に来ていただいてどんな生き方があるのかを直接聞くゼミや、プロから動画編集術やデザイン基礎を学ぶことができるデジタルクリエイションの講座があります。月2回のキッチンカーも大人気です。（特進コース1年 Y・S）

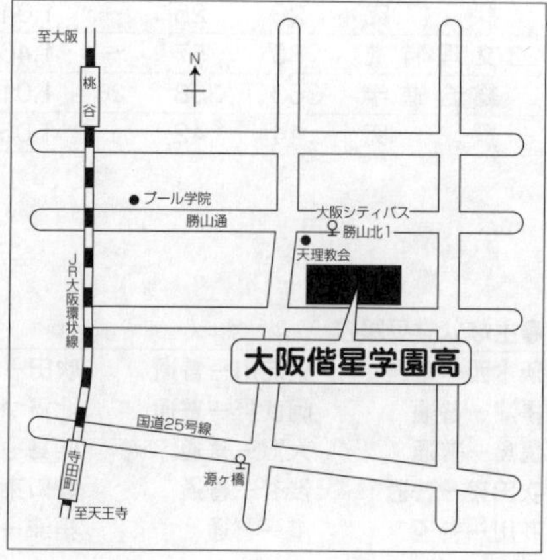

進研Vもし 合格のめやす

●目標偏差値(合格可能性80%)

併願		専願	
特進	47	特進	45
文理進学	43	文理進学	41
進路探究	38	進路探究	36

30 35 40 45 50 55 60 65 70 75

特進: 努力圏 合格圏 安全圏

文理進学: 努力圏 合格圏 安全圏

進路探究: 努力圏 合格圏 安全圏

入試ガイド

●募集要項 ＊2024年度入試実施分

募集人員　特進50、文理進学50、進路探究130、スポーツ（専願）90

出願期間　1/22～1/29
受験料　20,500円(通知手数料500円を含む)
学力検査　2月10日
面接　2月11日 専願のみ(個人)
合格発表　2月12日
入学手続　専願 2月16日
　併願 3日19日

●試験科目と配点・時間

科目	国語	数学	英語	社会	理科
配点	100点	100点	100点	100点	100点
時間	50分	50分	50分	50分	50分

＊特進コース5科、その他3科(国数英)。
＊英検資格活用あり。

●学費

入学金	200,000円	制服等	110,140～円
年間授業料	580,000円	教科書・教材費等	21,608円
諸会費計	139,300円	その他	—
修学旅行積立 (1年次)	165,000円	初年度納入金合計	1,216,048～円

＊上記は進路探究コースの場合

入試状況

●併願

年度	学科・コース	受験者数	合格者数	回し	倍率	合格最低点
'24	特進	48	41	—	1.17	285/500
	文理進学	104	96	6	1.08	155/300
	進路探究	346	342	8	1.01	90/300
	スポーツ	—	—	—	—	—/—
'23	特進	32	29	—	1.10	285/500
	文理進学	73	64	2	1.14	155/300
	進路探究	271	271	10	1.00	95/300
	スポーツ	—	—	—	—	—/—

●専願

年度	学科・コース	受験者数	合格者数	回し	倍率	合格最低点
'24	特進	33	29	—	1.14	270/500
	文理進学	74	69	2	1.07	145/300
	進路探究	166	166	7	1.00	80/300
	スポーツ	80	80	—	1.00	—/300
'23	特進	15	13	—	1.15	280/500
	文理進学	28	25	1	1.12	150/300
	進路探究	93	93	4	1.00	85/300
	スポーツ	120	120	—	1.00	—/300

●主な公立受験校

伯太－総合	佐野工科－工業	堺上－普通
松原－総合	信太－普通	港－普通
泉大津－普通	都島工－機械電気	東淀川－普通
日新－普通	教育センター附属	旭－普通
長吉－Ｅパワ／特	淀川工科－工業	桜和－教育文理

卒業後の進路

卒業者数／273人

大学進学	短大進学	専門学校等	就職	進学準備ほか
182人	7人	55人	15人	14人

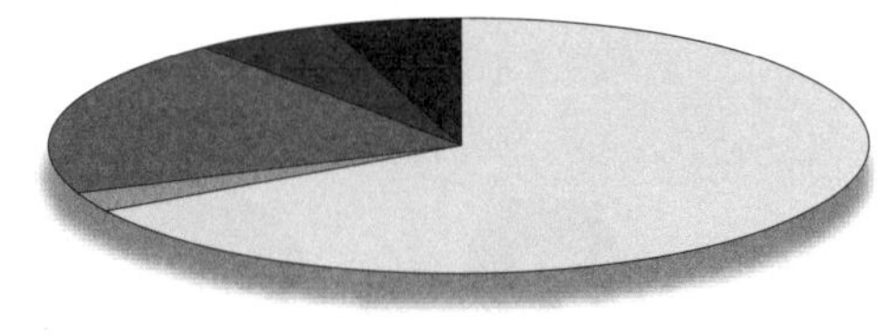

4年制大学 66.7%　短期大学 2.6%　専門学校 20.1%　就職 5.5%　進学準備ほか 5.1%

●主な大学合格状況

国・公立大／
滋賀大 1　千葉大 1　北見工業大 1
兵庫県立大 2　都留文科大 1

私立大／
関西大 21　関西学院大 2　同志社大 7
立命館大 2　京都産業大 10　近畿大 70
甲南大 1　龍谷大 2　摂南大 41
神戸学院大 5　追手門学院大 8　桃山学院大 41
関西外国語大 12　法政大 1　大阪工業大 3
大阪経済大 2　大和大 6　大阪大谷大 2
大阪学院大 11　帝塚山学院大 1　大阪経済法科大 15
大阪電気通信大 10　阪南大 11　四天王寺大 8

大阪学院大学高等学校

学校法人 大阪学院大学
〒564-0011 吹田市岸部南2-6-1
TEL06-6381-6661　FAX06-6382-1191
https://www.ogu-h.ed.jp/

■**創立**／昭和34年(1959)　■**校長**／角田　聡
■**生徒数**／1,699人(1年／657人 2年／617人 3年／425人)
■**併設校**／大阪学院大学　同短期大学部　AST College
■**沿革**／昭和33年に大阪府知事から設置認可を受け、翌年に関西経済学院商業高等学校を開校。同38年現校名に変更。平成24年全コース男女共学化。令和2年新校舎へ移転。
■**交通**／JR京都線「岸辺」から徒歩2分、阪急京都線「正雀」から徒歩7分

インフォメーション　INFORMATION

●**教育方針**／校訓である「明朗・努力・誠実」をもとに、新校舎を活用した新たな学びの中で、生徒たちの豊かな個性を伸ばし、社会に貢献できる実践的な人材の育成に取り組みます。
●**学校行事**／体育大会(7月)や文化祭(10月)、修学旅行(北海道・沖縄の選択制)のほか、校外学習(4月)、球技大会(9月)、ハロウィンパーティ(10月)、希望者対象のホノルルマラソン研修などの行事があります。
●**クラブ活動**／全国レベルのゴルフ・サッカー・テニス・弓道・バスケットボール・チアリーダー・日本拳法のほか、硬式野球・アメリカンフットボール・剣道・ダンス・バレーボール・ハンドボール・卓球・陸上競技部も活躍しています。加入率は約70%です。
●**海外留学(国際コース)**／1年留学・約2週間のスタディツアーズのいずれかを選択します。また、希望者には夏休みを利用した約50日間の中期留学にもチャレンジが可能です。
●**スクールライフ**／3学期制／登校時刻…8:40／アルバイト…許可(要申請)／自転車通学…許可／携帯…許可

カリキュラム　CURRICULUM

●**普通コース**
基礎学力の習得を重視し、将来の専門教育につながるバランスのいいカリキュラム構成で、個性や人間性を大切に、幅広い教養を身につけることを目指しています。併設の大阪学院大学との7年一貫教育にもっとも力を入れているコースです。
●**特進コース**
密度の濃い授業に加え、「スタディーサポート」と「Classi」を活用して、基礎学力を定着。2年生からは文系・理系に分かれて受験に向けたカリキュラムで学習を行い、難関大学への現役合格を目指します。英語4技能を向上するため「GTEC」にも力を入れています。
●**国際コース**
生きた語学力を養うために、ネイティブスピーカーによる実践学習や、課題をチームで解いていくグループワークを採用しコミュニケーション力を身につけることを目指します。また、短期または長期の留学プログラムにより、必ず全員が海外生活を経験することで国際感覚を養うことができます。
●**スポーツ科学コース**
全国で活躍できる競技力を養うだけではなく、スポーツを理論的・科学的に理解し、さらに心身を鍛え、幅広く社会に貢献できる文武両道の真のアスリートを育成します。

先輩から

授業での質問はもちろん、進路や個人的な相談にも真剣に対応していただき、本当に有意義な3年間でした。苦手な語学は特にしっかり教えていただいたので、今では好きな科目になりました。弓道部では礼儀作法を学び、苦しいときやつらいときにも最後までやり抜く姿勢が身についたことは、これから大きく役立つと思います。高校生活3年間は何にでも挑戦できるはず。皆さんも積極的に行動してみてください。(K・K)

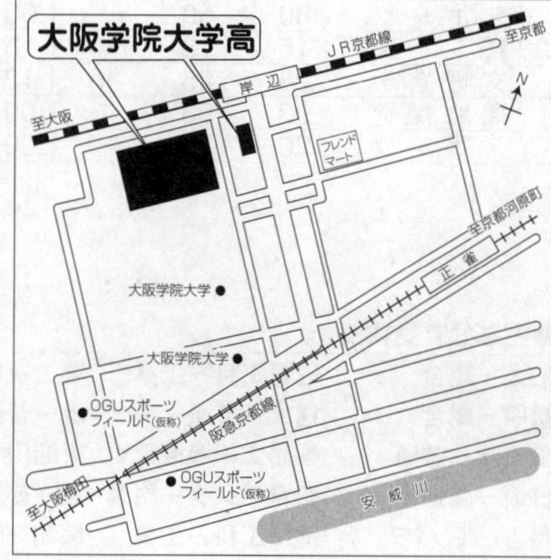

進研Vもし 合格のめやす

●目標偏差値（合格可能性80%）

併願		専願	
特進	54	特進	49
国際	51	国際	47
普通	47	普通	42
スポーツ科学	46	スポーツ科学	41

30 35 40 45 50 55 60 65 70 75

特進　努力圏　合格圏　安全圏

国際　努力圏　合格圏　安全圏

普通　努力圏　合格圏　安全圏

スポーツ科学　努力圏　合格圏　安全圏

入試状況

●併願

年度	学科・コース	受験者数	合格者数	回し	倍率	合格最低点
'24	特進	339	202	—	1.68	349/500
	国際	59	44	4	1.34	333/500
	普通	500	498	146	1.00	230/500
	スポーツ科学	9	9	—	1.00	230/500
'23	特進	400	279	—	1.43	338/500
	国際	52	43	6	1.21	317/500
	普通	485	483	123	1.00	230/500
	スポーツ科学	15	15	—	1.00	230/500

●専願

年度	学科・コース	受験者数	合格者数	回し	倍率	合格最低点
'24	特進	114	57	—	2.00	330/500
	国際	42	33	2	1.27	314/500
	普通	343	327	63	1.05	210/500
	スポーツ科学	102	101	—	1.01	210/500
'23	特進	70	42	—	1.67	325/500
	国際	51	38	2	1.34	292/500
	普通	277	268	37	1.03	210/500
	スポーツ科学	84	83	—	1.01	210/500

＊特進・普通・スポーツ科学の専願の人数には一芸一能推薦およびスポーツ推薦を含む。

●主な公立受験校

吹田東－普通	豊島－普通	摂津－普通
刀根山－普通	茨木西－普通	千里青雲－総合
芥川－普通	東淀川－普通	柴島－総合
山田－普通	旭－普通	桜塚－普通
尼崎北－普通	尼崎小田－普通	桜和－教育文理

入試ガイド

●募集要項　＊2024年度入試実施分

募集人員　特進／国際／普通／スポーツ科学…400

出願期間　1/22～1/30
受験料　20,000円
学力検査　2月10日
面接　2月11日専願のみ
合格発表　2月13日
入学手続　専願 2月23日
　併願 3月20日

●試験科目と配点・時間

科目	国語	数学	英語	社会	理科
配点	100点	100点	100点	100点	100点
時間	50分	50分	50分	40分	40分

＊英検・漢検の資格活用あり。

●学費

入学金	240,000円	制服代	男子85,940円 女子90,730円
年間授業料	594,000円	教科書代	約29,000円
諸会費計	17,400円	教材費等	106,000円
卒業諸費積立	84,000円	初年度納入金合計約	1,156,340～円

＊上記は普通コースの場合

卒業後の進路

卒業者数／440人

大学進学	短大進学	専門学校等	就職	進学準備ほか
371人	10人	44人	6人	9人

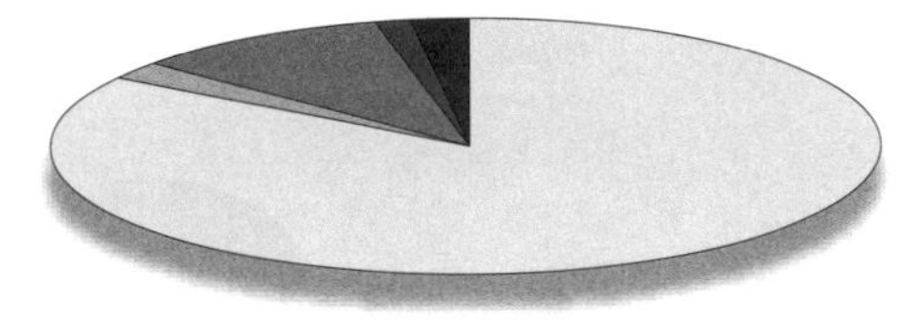

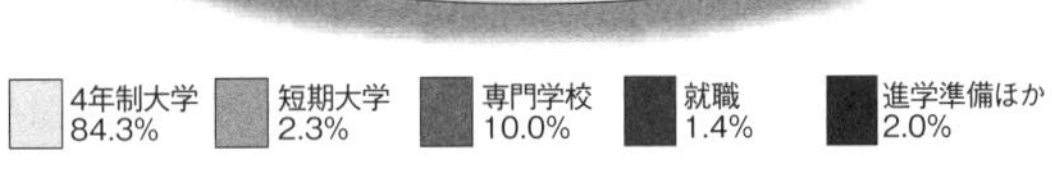

●主な大学合格状況（現役のみ）

私立大／

関西大 6	関西学院大 3	立命館大 2
京都産業大 8	近畿大 24	甲南大 3
龍谷大 3	佛教大 3	摂南大 27
神戸学院大 6	追手門学院大 29	桃山学院大 11
関西外国語大 7	京都外国語大 9	大阪経済大 8
大阪工業大 5	京都女子大 1	武庫川女子大 2
神戸女学院大 2	大阪学院大 165	

大阪学芸高等学校

学校法人 大阪学芸
〒558-0003 大阪市住吉区長居1-4-15
TEL06-6693-6301　FAX06-6693-5173
https://www.osakagakugei.ac.jp/senior/

■**創立**／明治36年（1903）　■**校長**／森松浩毅
■**生徒数**／1,806人（1年／622人 2年／663人 3年／521人）
■**併設校**／大阪学芸高等学校附属中学校
■**沿革**／明治36年成器商業学校（甲種商業学校）を創設。昭和49年成器高等学校に校名変更。平成8年大阪学芸高等学校に校名変更。
■**交通**／JR阪和線「長居」から徒歩6分・同「鶴ケ丘」から徒歩8分、大阪メトロ御堂筋線「長居」から徒歩7分・同「西田辺」から徒歩10分

インフォメーション INFORMATION

●**教育方針**／「自学自習」を教育の柱とし、自ら考え、行動に移す習慣を身につけ、豊かな人間性と国際感覚にあふれた人材の育成を目指しています。
●**学校行事**／体育祭、文化祭、スポーツ大会、校外学習など。修学旅行は複数コースからの選択制です。
●**クラブ活動**／全国レベルの空手道・女子サッカーをはじめ、体育系はバレーボール、バスケットボール、硬式野球、硬式テニス、陸上競技、アメリカンフットボールなど。文化系は吹奏楽やコーラス、クラシックギターなどの部・同好会があり活動中。
●**国際教育**／1年留学コースにおいて、カナダおよびニュージーランドにて独自のプログラムに基づき国際感覚を涵養します。
●**スクールライフ**／3学期制／登校時刻…8：40／頭髪…染色・パーマ禁止／アルバイト…禁止／自転車通学…許可／携帯…許可（校内での使用禁止）

カリキュラム CURRICULUM

●**普通科**
『選抜特進コース』（2年次文系・理系）は、国公立・難関私立大への現役合格が目標。週40時間のハイグレードなカリキュラム、早朝テストなどを通して生徒の夢をサポートします。『特進Ⅰ類（理系・文系）』『特進Ⅱ類（理系・文系）』では特に理系教育に力を入れるため、サイエンスラボを新設。充実した環境を生かし、思考力・発想力を育成。国公立・難関私立大学（理系・文系）をめざします。『特進看護コース』は、4年制看護系大学への進学をめざします。数・理の基礎をしっかり学習し、国家試験合格のための基礎学力を育成します。『進学コース』は、産近甲龍をはじめとする有名私立大・文系学部への進学をめざします。「わかる授業」で学力を強化。基礎学力を身につけます。『特技コース』は、重点クラブでの活動や地域活動（地域におけるスポーツ・文化・芸能活動や国際ボランティア・社会貢献など）で、進路を切り拓きます。
●**国際科**
『ダブルディプロマコース』は、カナダのブリティッシュ・コロンビア州（BC州）から認定された外国人の教員がBC州で行われている授業を行うことで、大阪学芸高校とBC州の2つの高校卒業資格が取得可能。『グローバルコース』は英語特化のユニークなカリキュラムによる国際理解教育を展開。英語力を生かし、国際関係・外国語系の難関私立大学、海外の大学をめざします。短期留学研修等にも参加可能。『1年留学コース』は、独自の留学プログラムなどを利用して1年留学をします。

学芸には「管理自習室」があります。そこはとても静かで集中でき、夜9時まで残って勉強できます。また朝のホームルームには早朝英単語テストがあり、毎日の学習リズムをつかむことができます。先生方はとても熱心で、しかも教え方が上手。そして修学旅行は海外へ行きます。きっと日本では味わえない感動に出会うことができるでしょう。

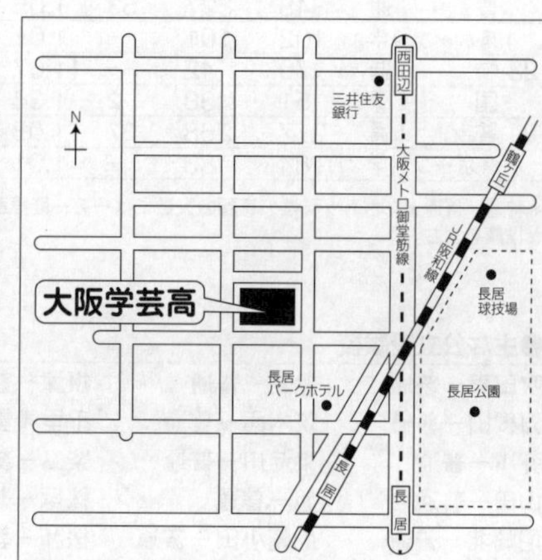

進研Vもし 合格のめやす

●目標偏差値(合格可能性80%)

併願		専願	
ダブルディプロマ	60	ダブルディプロマ	58
選抜特進	60	選抜特進	58
特進Ⅰ類	56	特進Ⅰ類	54
グローバル	54	グローバル	51
1年留学	54	1年留学	51
特進Ⅱ類	54	特進Ⅱ類	51
特進看護	54	特進看護	51
進学	49	進学	46
		特技	45

30 35 40 45 50 55 60 65 70 75

ダブルディプロマ／選抜特進　努力圏 合格圏 安全圏

特進Ⅰ類　努力圏 合格圏 安全圏

グローバル／1年留学／特進Ⅱ類／特進看護　努力圏 合格圏 安全圏

進学　努力圏 合格圏 安全圏

入試状況

●併願

年度	学科・コース	受験者数	合格者数	回し	倍率	合格最低点
'24	ダブルディプロマ	11	7	—	1.57	—/—
	グローバル	71	71	2	1.00	—/—
	1年留学	18	18	2	1.00	—/—
	選抜特進	174	141	—	1.23	—/—
	特進Ⅰ類	373	347	30	1.07	—/—
	特進Ⅱ類	219	211	26	1.04	—/—
	特進看護	25	23	—	1.09	—/—
	進学	194	192	12	1.01	—/—
	特技	—	—	—	—	—/—

●専願

年度	学科・コース	受験者数	合格者数	回し	倍率	合格最低点
'24	ダブルディプロマ	25	19	—	1.32	—/—
	グローバル	35	32	4	1.09	—/—
	1年留学	55	52	2	1.06	—/—
	選抜特進	21	13	—	1.62	—/—
	特進Ⅰ類	68	52	4	1.31	—/—
	特進Ⅱ類	71	60	13	1.18	—/—
	特進看護	21	19	—	1.11	—/—
	進学	123	119	24	1.03	—/—
	特技	72	72	—	1.00	—/—

●主な公立受験校

東住吉－普通	阿倍野－普通	阪南－普通
市岡－普通	久米田－普通	今宮－総合
花園－普通	和泉－普通	夕陽丘－普通
布施－普通	旭－普通	清水谷－普通
大阪ビジＦ－グロ	水都－グローバル	八尾－普通

入試ガイド

●募集要項　＊2024年度入試実施分

募集人員	国際科＝ダブルディプロマ20、1年留学／グローバル…60、普通科＝選抜特進60、特進（Ⅰ類・Ⅱ類）200、特進看護40、進学160、特技（専願）60　＊内部進学を含む
出願期間	1/22～1/29
受験料	20,000円
学力検査	2月10日(BC英語2月11日)
面接	2月11日ダブルディプロマのみ実施。
合格発表	2月13日
入学手続	専願 2月21日 併願 3月19日(大阪府公立発表日)

●試験科目と配点・時間

科目	国語	数学	英語	社会	理科
配点	100点	100点	100点	100点	100点
時間	50分	50分	55分	50分	50分

＊特技コースは3科（国数英）と特技実績等を総合判断。＊ダブルディプロマコースはほかにBC英語(2/11、60～80分)、BC面接。＊選抜特進コースは5科判定。＊その他コースは、5科判定後さらに3科(国数英)と社・理どちらかの高得点の4科合計で判定。＊英検資格活用あり。

●学費

入学金	230,000円	制服等制定品	約150,000円
年間授業料	538,000円	タブレット購入費	約90,000円
諸会費計	68,070円	教育充実費	36,000円
修学旅行積立	260,000円	初年度納入金合計	約1,372,070円

＊ダブルディプロマコースの年間授業料は838,000円。　＊国際科は別途ノートパソコンを購入。

卒業後の進路

卒業者数／620人

大学進学	短大進学	専門学校等	就職	進学準備ほか
485人	18人	61人	12人	44人

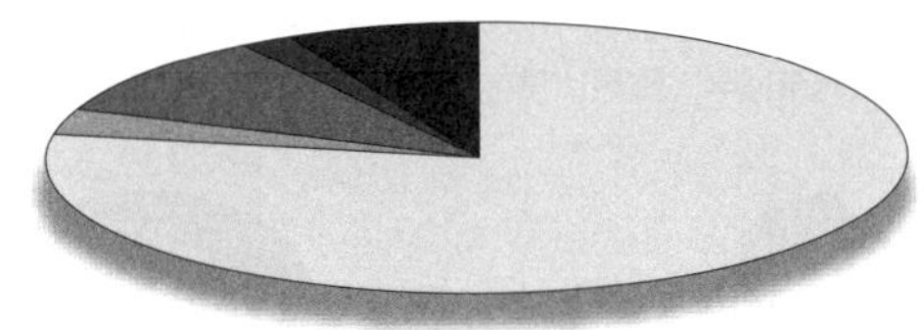

4年制大学 78.2%　短期大学 2.9%　専門学校 9.8%　就職 1.9%　進学準備ほか 7.1%

●主な大学合格状況

国・公立大／

北海道大 1	滋賀大 1	大阪教育大 1
奈良教育大 1	和歌山大 3	大阪公立大 1
奈良県立大 1	高知県立大 2	

私立大／

関西大 89	関西学院大 26	同志社大 10
立命館大 9	京都産業大 20	近畿大 256
甲南大 12	龍谷大 61	佛教大 2
摂南大 121	神戸学院大 6	追手門学院大 147
桃山学院大 72	早稲田大 1	法政大 2
日本大 3	東洋大 3	駒澤大 3
同志社女子大 7	京都女子大 7	武庫川女子大 25

大阪暁光高等学校

学校法人 千代田学園
〒586-8577 河内長野市楠町西1090
TEL0721-53-5281　FAX0721-52-5782
https://www.osakagyoko.ed.jp/

■創立／昭和25年(1950)　■校長／谷山　全
■生徒数／787人(1年／260人 2年／252人 3年／275人)
■併設校／大阪千代田短期大学
■沿革／昭和25年千代田高等学校開校。同40年大阪千代田短期大学を併設。平成25年大阪暁光に校名を変更し、看護科を開設。
■交通／南海高野線「千代田」から徒歩8分　JR阪和線「鳳」「和泉府中」「東岸和田」「熊取」、南海本線「泉大津」「岸和田」「泉佐野」、泉北高速鉄道「和泉中央」「光明池」「泉ヶ丘」などからスクールバス

インフォメーション INFORMATION

●**教育方針**／弘法大師による「綜芸種智院」(創立828年)の精神を継ぎ、誠実に生き、努力する人間を育成。また看護の専門教育を通して、地域社会に貢献できる人の養成をめざします。

●**学校行事**／校外学習(4月)、青葉まつり・体育大会(6月)、夏期特別講習・学習合宿(7月)、スタディツアー（希望者のみ・8月)、文化祭(9月)、戴帽式・球技大会(10月)、川柳コンクール(1月)など。修学旅行(12月・2年)は沖縄へ。

●**クラブ活動**／ダンス部が全国大会に出場するなど活動が充実。体育系はほかにアルティメット、サッカー、バスケットボール、陸上、空手道など。文化系は軽音楽、吹奏楽、茶道、美術、漫画研究などが活動しています。

●**環境・設備**／校舎は耐震性に優れ、緑化が進む落ち着いた雰囲気。採光や通風など健康を意識した学習環境やバリアフリー・トイレの衛生環境にもこだわっています。看護棟では実習のための設備が充実。幼稚園とこども園が同一敷地内にあり、日常的に子どもたちと関わることができます。

●**スクールライフ**／3学期制／登校時刻…8：45／頭髪…染色・パーマ禁止／アルバイト…許可（保護者からの申し出が必要）／自転車通学…許可／携帯…許可（授業中は電源 OFF）

カリキュラム CURRICULUM

●**普通科・探究進学コース**
フィールドワークやプレゼンテーションなど多彩な探究的学習を通して、豊かな感性や自己表現力を育み、現代社会を主体的に生きる力を養成します。探究的な学習で培った力を活かし、総合型選抜入試での進学を目指します。

●**普通科・幼児教育コース**
将来、幼稚園・保育園・認定こども園の教諭・保育士になることをめざし、併設短大へ入学金・学費が減免されて進学できるコースです。同一敷地内に保育園、認定こども園があり、日常的に園児と関われる環境が魅力。短大教員が担当する「保育基礎」「ピアノ演習」は、短大単位として先行取得することができます。

●**普通科・進学総合コース**
卒業後のなりたい自分を発見し、実現していくコースです。大学・短大・専門学校等、丁寧な進路指導を展開。指定校・総合型選抜入試で希望者は全員合格。看護系進学者も全員進学しています。安心して質問や教え合いができる教室空間や放課後学習会、また行事やクラブを通して楽しく充実した学校生活が送れます。

●**看護科・看護専攻科**
5年一貫教育によって、患者に寄り添う、誠実な看護師を養成する学科です。高校の3年間は普通教科と看護に関する基礎を学び、専攻科の2年間でより専門性・応用性の高い専門分野科目を学習。看護師に必要な人間性と感性、コミュニケーション能力を身につけ、看護師国家試験100％合格をめざします。

先輩から

私はこの学校に来て、自分から進んで勉強するようになりました。「KGノート」「放課後の学習会」に出会い、テストの点数が自分でもビックリするくらい上がり、何よりも勉強が楽しいと思えるようになりました。分からない事や疑問に思った事を友達や先生に聞く事でより理解を深め、また新たな発見や疑問が生まれていく事が楽しみでもあります。今、意見や感想を書く「充実ノート」にはまっています。(M・K)

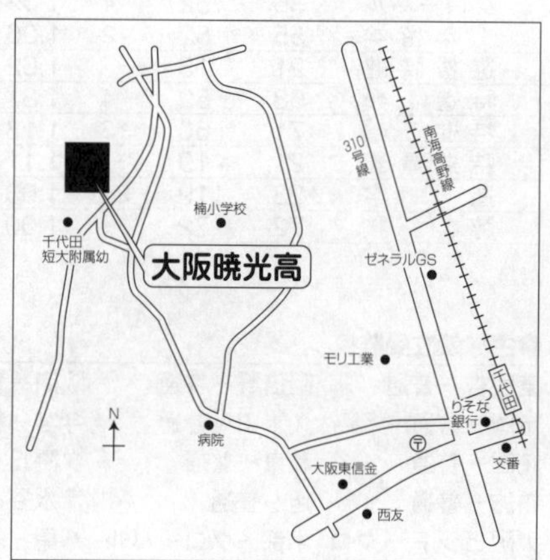

進研Vもし　合格のめやす

●目標偏差値(合格可能性80%)

併願		専願	
探究進学	44	探究進学	42
幼児教育	41	幼児教育	39
進学総合	40	進学総合	37
		看護科	45

30　35　40　45　50　55　60　65　70　75

探究進学　努力圏　合格圏　安全圏

幼児教育　努力圏　合格圏　安全圏

進学総合　努力圏　合格圏　安全圏

看護科（専願）　努力圏　合格圏　安全圏

入試状況

●併願

年度	学科・コース	受験者数	合格者数	回し	倍率	合格最低点
'24	教育探究	13	13	1	1.00	139/300
	幼児教育	51	51	1	1.00	107/300
	進学総合	225	224	3	1.00	92/300
	看護科	—	—	—	—	—/—
'23	教育探究	18	16	—	1.13	130/300
	幼児教育	42	41	—	1.02	108/300
	進学総合	213	211	7	1.01	96/300
	看護科	—	—	—	—	—/—

●専願

年度	学科・コース	受験者数	合格者数	回し	倍率	合格最低点
'24	教育探究	14	13	—	1.08	135/300
	幼児教育	55	53	1	1.04	90/300
	進学総合	112	102	7	1.10	83/300
	看護科	85	72	—	1.18	—/300
'23	教育探究	7	7	—	1.00	133/300
	幼児教育	59	59	1	1.00	91/300
	進学総合	109	102	7	1.07	82/300
	看護科	90	73	—	1.23	154/300

●主な公立受験校

長野－普通	成美－総合	貝塚－総合
堺上－普通	懐風館－普通	泉大津－普通
金岡－普通	農芸－食品加工	堺西－普通
藤井寺工科－工業	工芸－ビジュ／特	東百舌鳥－普通
農芸－資源動物	市立堺－サイ創造	生野工－電子機械

入試ガイド

●募集要項　＊2024年度入試実施分

募集人員	普通科＝教育探究35、幼児教育70、進学総合105、看護科（専願）＝70
出願期間	1/10～1/31
受験料	20,000円
学力検査	2月10日
面接	専願　個人5分(看護2/10・普通2/11)
合格発表	2月12日
入学手続	専願 2月17日 併願 3月19日(公立発表日)

＊ 2025 年度、教育探究コース→探究進学コースへ名称変更。

●試験科目と配点・時間

科目	国語	数学	英語	—	—
配点	100点	100点	100点	—	—
時間	50分	50分	50分	—	—

●学費

入学金	200,000円	制服等制定品	約 100,000円
年間授業料	600,000円	教育充実費	—
諸会費（修学旅行積立含む）	約 120,000円	その他	—
	—	初年度納入金合計	約 1,020,000円

＊進学総合コースの場合

卒業後の進路

卒業者数／ 275 人

大学進学	短大進学	専門学校等	就職	進学準備ほか
52人	69人	109人	14人	31人

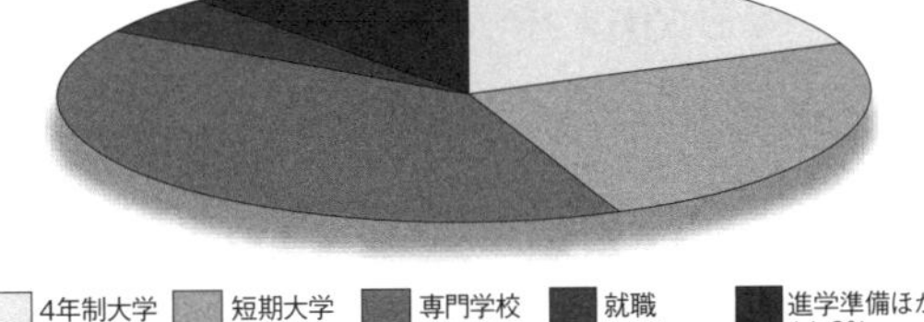

●主な大学合格状況

私立大／

関西学院大 1	近畿大 1	追手門学院大 2
桃山学院大 3	大阪大谷大 9	大阪学院大 1
大阪経済大 1	大阪商業大 1	大阪女学院大 1
大阪成蹊大 1	大阪電気通信大 4	青山学院大 1
関西福祉科学大 3	高野山大 3	四天王寺大 3
太成学院大 5	帝塚山学院大 6	阪南大 2
大和大 1	大阪千代田短大 53	藍野大短期 1
関西外国語大短期 1		

大阪国際高等学校

学校法人 大阪国際学園
〒570-0052 守口市松下町1-28
TEL06-6992-5931　FAX06-6992-5932
https://www.kokusai-h.oiu.ed.jp

■**創立**／令和4年（2022）　■**校長**／清水隆
■**生徒数**／1,035人（1年／333人 2年／318人 3年／384人）
■**併設校**／大阪国際中学校　大阪国際大学同短期大学部　大阪国際大和田幼稚園
■**沿革**／昭和4年帝国高等女学校設立認可。同37年帝国女子高校大和田校開校。平成4年大阪国際大和田高校に。令和4年大阪国際滝井高校との統合により、大阪国際高校開校。
■**交通**／京阪本線「守口市」から徒歩10分、同「土居」から徒歩7分

インフォメーション　INFORMATION

●**教育方針**／高度な知性と豊かな人間性を養うため、体系的な教育を展開します。計画的かつ効率的なカリキュラム編成と、手厚くきめ細かな指導体制が特長です。人学・短期大学・専門学校にとどまらず、海外の大学を視野に入れた（IB コース）学力を養成し、実社会で活躍するための人間性や広い視野も育みます。
●**学校行事**／校外学習（4月）、体育祭（6月）、IB スタディツアー（7月）、修学旅行（2年7月）、文化祭（9月）、保育園実習・幼稚園実習など。その他、著名人を招き行う特別授業「ココロの学校」を実施するなど、『人間をみがく』行事が多くあります。
●**クラブ活動**／令和2年春高バレー準優勝の女子バレーボール、シンボリッククラブと位置付ける男子硬式テニス・女子ラクロス・吹奏楽をはじめ、剣道、ソフトテニス、バスケットボール、陸上競技などの体育系と、文化系では書道、演劇、美術、映画制作研究、軽音楽、Cooking などが活動しています。
●**海外交流**／希望者を対象に、ケンブリッジ大学研修、ベトナムボランティア研修、オーストラリア語学研修、UCLA 研修ツアーなどがあります。
●**スクールライフ**／3学期制／登校時刻…8：25／頭髪…染色・パーマ禁止／自転車通学…許可

カリキュラム　CURRICULUM

●**Ⅰ類：スーパー文理探究コース**
難関国公立大学に向けた学習に取り組む環境を提供するため、進路別、習熟度別クラス編成によるきめ細かい指導を受けることができます。
●**Ⅰ類：国際バカロレアコース**
ＩＢのカリキュラムにより探究心を育み、全人的な成長を促すとともに、ＩＢスコアを用いて海外そして日本の難関大学への進学を目指します。
●**Ⅱ類：未来探究コース**
基礎学力の定着を図る一方で、放課後の時間にゆとりがあるため、部活動や課外活動などに積極的に取り組めます。参加体験型の授業が多く、様々な分野に興味関心が持てるようにカリキュラムが工夫されています。
●**Ⅱ類：幼児保育進学コース**
併設短大と連携し、高校・短大と実質5年間一貫の教育を行います。近隣幼稚園や保育園、併設こども園での実習体験も積め、幼児保育への興味・理解を深めるとともに、豊富な幼児保育授業によりさまざまな技術と知識を学ぶことができます。
☆ほかにグローバルコース（中高6年一貫のコース）があります。

襟とポケットフラップにブルーが施された濃紺のブレザー
ブルーを織り交ぜたチェック柄のスラックス
襟とポケットフラップにブルーが施された濃紺のブレザー
ブルーと白のチェック柄のプリーツスカート（スラックスも選べます）

先輩から

大阪国際高校は校舎すべてが図書館となっており、自然のうちに本に手が伸びる環境にあるので、本を通じた知識や世界が広がります。クラブ活動も盛んに行われており、試合などに向けて皆日々練習に取り組んでいます。僕は高校からテニスを始め、文武両道を目指して頑張っています。受験対策もとても充実しているので、仲間と共に切磋琢磨しながら勉学に励んでいます。先生方のサポートも絶大です。（I・H）

進研Vもし　合格のめやす

●目標偏差値（合格可能性80%）

併願		専願	
スーパー文理探究α	67	スーパー文理探究α	65
国際バカロレア	66	国際バカロレア	64
スーパー文理探究β	63	スーパー文理探究β	59
未来探究	53	未来探究	48
幼児保育進学	45	幼児保育進学	42

30　35　40　45　50　55　60　65　70　75

スーパー文理探究α　努力圏　合格圏　安全圏

スーパー文理探究β　努力圏　合格圏　安全圏

未来探究　努力圏　合格圏　安全圏

幼児保育進学　努力圏　合格圏　安全圏

入試状況

●併願

年度	学科・コース	受験者数	合格者数	回し	倍率	合格最低点
'24	国際バカロレア	4	4	—	1.00	139/250
	スーパー文理探究α	409	135	—	—	335/500
	スーパー文理探究β		272	—	—	275/500
	総合探究	202	197	—	1.03	130/300
	幼児保育進学	12	12	3	1.00	106/300

●専願

年度	学科・コース	受験者数	合格者数	回し	倍率	合格最低点
'24	国際バカロレア	7	7	—	1.00	116/250
	スーパー文理探究α	98	15	—	—	329/500
	スーパー文理探究β		80	—	—	235/500
	総合探究	92	89	—	1.03	100/300
	幼児保育進学	12	12	2	1.00	91/300

●主な公立受験校

四條畷－文理	寝屋川－普通	芦間－総合
旭－普通	いちりつ－普通	東－普通
門真なみはや－総	八尾－普通	桜和－教育文理
大手前－文理	いちりつ－英語	高津－文理
住吉－国際文化	吹田東－普通	清水谷－普通

入試ガイド

●募集要項　＊2024年度入試実施分

募集人員	Ⅰ類（国際バカロレア25、スーパー文理探究αβ140）、Ⅱ類（総合探究／幼児保育進学）140
出願期間	1/22～1/29
受験料	25,500円（事務手数料を含む）
学力検査	2月10日
面接	国際バカロレアのみ実施
合格発表	2月13日
入学手続	専願 2月22日 併願 3月19日

＊ 2025 年度より総合探究コースは未来探究コースに名称変更。

●試験科目と配点・時間

科目	国語	数学	英語	社会	理科
配点	100点	100点	100点	100点	100点
時間	50分	50分	50分	50分	50分

＊幼児保育進学は 3 科（国数英）。＊総合探究は 5 教科のうち、高得点の 3 教科を合計した 300 点満点で判定。＊国際バカロレアは小論文（英語・60分・100点）／数学（日本語・30分・50点）／個人面接（英語・日本語15分・50点）／グループディスカッション（英語・30分・50点）。＊英検・漢検・数検等資格活用あり（国際バカロレアを除く）。

●学費

入学金	250,000円	制服等制定品	別途
年間授業料	564,000円	諸費	100,000円
諸会費計	24,000円	教育充実費	86,000円
修学旅行積立	別途	初年度納入金合計	1,024,000円

＊国際バカロレアは別途費用必要　＊諸費はコースにより異なる

卒業後の進路

卒業者数／ 259 人

大学進学	短大進学	専門学校等	就職	進学準備ほか
237人	2人	9人	—	11人

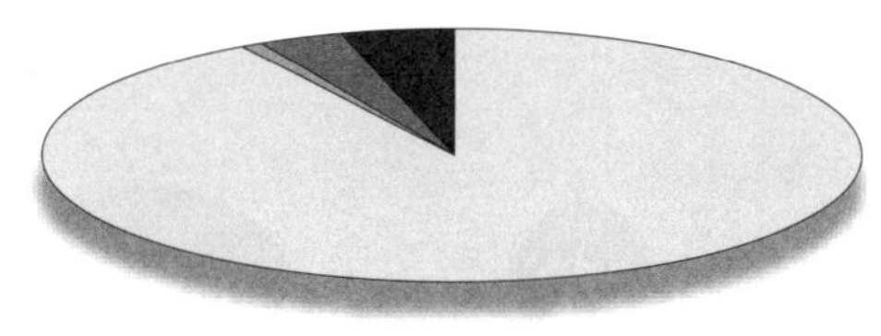

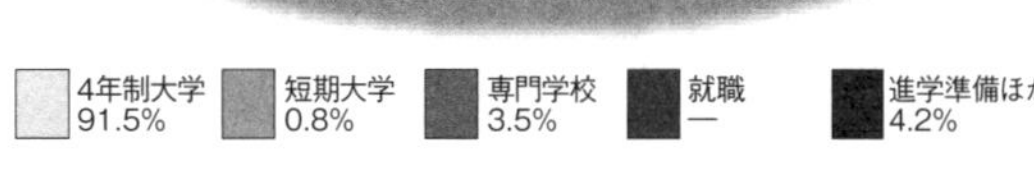

●主な大学合格状況

国・公立大／

大阪大 5	神戸大 4	滋賀大 1
京都教育大 1	京都工繊大 3	大阪教育大 5
奈良教育大 2	奈良女子大 1	和歌山大 1
東京工業大 1	鳥取大 2	滋賀県立大 2
大阪公立大 20	兵庫県立大 5	奈良県立大 1

私立大／

関西大 108	関西学院大 43	同志社大 50
立命館大 58	京都産業大 19	近畿大 271
龍谷大 34	摂南大 32	神戸学院大 2
追手門学院大 18	大阪産業大 48	大阪工業大 22
京都女子大 16	大阪国際大 23	大阪国際大短期 41

大阪金剛インターナショナル高等学校

学校法人 金剛学園
〒559-0034 大阪市住之江区南港北2-6-10
TEL06-4703-1780　FAX06-4703-1766
https://www.kongogakuen.ed.jp

■創立／昭和25年（1950）　■校長／姜　信哲
■生徒数／70人（1年／19人 2年／24人 3年／27人）
■併設校／大阪金剛インターナショナル中学校　同小学校
■沿革／昭和25年金剛学園の設立認可。同29年中学校、同35年高等学校開校。平成19年南港の新校舎へ移転。令和3年大阪金剛インターナショナル高等学校へ校名変更。
■交通／大阪メトロニュートラム線「トレードセンター前」から徒歩7分、中央線「コスモスクエア」から徒歩15分

インフォメーション　INFORMATION

●教育方針／コリアインターナショナルスクールとして国際社会に適応できる人材や自己のアイデンティティを確立し、互いの違いを尊重できる金剛人を育成。「すべての君が主人公！」をスローガンに掲げ、全員が輝くことができる学校です。
●学校行事／体育大会（5月）、映画鑑賞会（7月）、文化祭（9月）、校外学習（10月）、堺まつり参加（10月）、スキー実習（2月・1年）、マラソン大会（2月）。修学旅行（10月）はベトナム。
●クラブ活動／文化系はＥＳＳ、美術、新聞。運動系はテコンドー、テニス、バスケットボール、舞踊、サッカー、ダンス。
●海外交流／国際交流「アリラン21」（日・韓・中の生徒交流）、韓国語学研修（夏季3週間・冬季10日間）、韓国短期留学（3か月）、ＮＺ短期留学（夏季1か月）、フィリピン英語キャンプ（春季2週間）。
●スクールライフ／3学期制／登校時刻…国際総合8：30、特進8：20／頭髪…染色・脱色・パーマ禁止／アルバイト…許可（要申請）／自転車通学…禁止／携帯…持ち込み許可（校内使用禁止）

カリキュラム　CURRICULUM

希望する進路に合わせた学力・人間力を育成。また韓国語・英語といった語学を磨き、国際社会で活躍できる人材を育てます。(1)『7つの習慣』プログラムの導入。価値観や行動習慣を整理・体系化し、「なりたい自分」を実現するために必要な考え方や習慣を学び、身につけることができます。全教師が資格を取得し、生徒指導・進路指導・キャリア教育指導の土台として採用します。(2)「朝活」を実施。朝活では、本を読む習慣と豊かな知識を育む時間を設け、生徒たちが主体的に学校生活を送るために自己管理能力を育成。(3) 英語・韓国語を3年間で習得するための授業と多様なプログラムを実施（オンライン英会話／韓国語は1学年3クラス編成とし、基礎・中級・上級クラスに分かれて個々の語学力に合わせた授業／英語と韓国語を現地で学ぶための語学研修および留学プログラム）。(4) 介護の仕事に就く際に役立つ「介護初任者研修」を放課後に開講し、1年間で資格を取得することができます。

先輩から

日本人で、韓国語が全くできない私でも大丈夫だろうかという不安は、入学直後に消えました。韓国語のクラスは私たちのような生徒のために入門クラスが用意され、何よりも生徒同士の仲がとてもよかったからです。この学校ではひとつの教室の中に在日韓国人、韓国から来た人、日本人が同居していて、日本語と韓国語を自然にマスターしていくことができます。学校全体が家族のようで、楽しい毎日です。（H・A）

進研Vもし 合格のめやす

●目標偏差値(合格可能性80%)

併願	専願
普通科…………………… 37	普通科…………………… 34

30 35 40 45 50 55 60 65 70 75

普通科

努力圏 合格圏 安全圏

入試状況

●併願

年度	学科・コース	受験者数	合格者数	回し	倍率	合格最低点
'24	普通科	7	6	—	1.17	162/300
'23	特進	2	2	—	1.00	—/—
	国際総合	6	6	—	1.00	—/—
'22	特進	2	2	—	1.00	—/—
	国際総合	1	1	—	1.00	—/—

●専願

年度	学科・コース	受験者数	合格者数	回し	倍率	合格最低点
'24	普通科	18	18	—	1.00	178/300
'23	特進	4	2	—	2.00	—/—
	国際総合	27	25	2	1.08	—/—
'22	特進	4	4	—	1.00	—/—
	国際総合	27	26	—	1.04	—/—

●主な公立受験校

福井ー総合

入試ガイド

●募集要項 ＊2024年度入試実施分

募集人員　普通科40

出願期間　1/22～2/5
受験料　20,000円
学力検査　2月10日
面接　2月11日
合格発表　2月12日
入学手続　専願 2月17日
　併願 3月22日

●試験科目と配点・時間

科目	国語	数学	英語	—	—
配点	100点	100点	100点	—	—
時間	50分	50分	50分	—	—

＊国語は日本語または韓国語選択。＊英検の資格活用あり。

●学費

入学金	200,000円	制服代	約 56,630円
年間授業料	483,360円	その他制定品費	64,540円
諸会費計	129,600円	その他	10,180円
修学旅行積立	120,000円	初年度納入金合計	944,310円

卒業後の進路

卒業者数／ 21 人

大学進学	短大進学	専門学校等	就職	進学準備ほか
18人	1人	—	2人	—

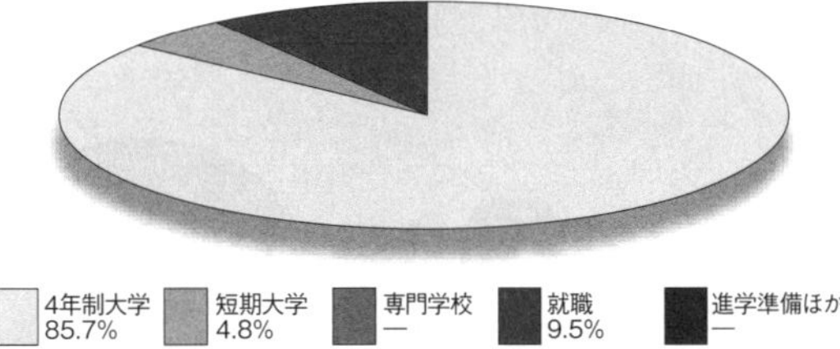

4年制大学 85.7%　短期大学 4.8%　専門学校 —　就職 9.5%　進学準備ほか —

●主な大学合格状況

私立大／
同志社大 2　近畿大 1　大阪成蹊大 1
大阪経済法科大 1　漢陽大(韓国) 1　光云大(韓国) 1
延世大(韓国) 1　釜山大(韓国) 1　西京大(韓国) 1
成均館大(韓国) 1　昌原大(韓国) 1

大阪産業大学附属高等学校

学校法人 大阪産業大学
〒536-0001 大阪市城東区古市1-20-26
TEL06-6939-1491　FAX06-6933-3638
https://www.osaka-sandai.ed.jp/

■創立／昭和3年(1928)　■校長／平岡伸一郎
■生徒数／1,869人(1年／664人 2年／655人 3年／550人)
■併設校／大阪産業大学
■沿革／昭和3年に認可された大阪鉄道学校が前身。同24年大阪鉄道高等学校に改称。平成8年大阪産業大学附属高等学校に改称。
■交通／大阪メトロ長堀鶴見緑地線「今福鶴見」・大阪メトロ今里筋線「新森古市」から徒歩7分、京阪電鉄「関目」から徒歩15分、JRおおさか東線「JR野江」から徒歩20分

インフォメーション INFORMATION

●**教育方針**／「偉大なる平凡人たれ」の建学精神のもと、平凡な日常生活をきちんと送っていくこと、地道にたゆまず努力することを大切にする教育を進めています。
●**学校行事**／校外学習(5月)、芸術鑑賞(6月)、受験対策合宿(8月・3年特進)、夏期研修(8月・1年)、体育祭(9月)、梧桐祭(11月)、スキー実習(2月・2年スポーツ)など。修学旅行(2年)はオーストラリア(普通科)、アメリカ(国際科)へ。
●**クラブ活動**／体育系は甲子園出場の硬式野球、全国に知られるアメリカンフットボールのほか、テニス、少林寺拳法、バレーボール、ラグビー、ウェイトリフティングなど。文化系は吹奏楽、演劇、鉄道研究などが活動中です。
●**海外交流**／国際科では、ネイティブ・スピーカーによる「English Presentation」の授業に加え、年数回の外国人留学生との交流、アメリカ・オレゴン州への修学旅行でのホームステイを実施。希望者は3ヵ月間または1年間の留学が可能です。
●**スクールライフ**／3学期制／登校時刻…8：45／頭髪…染色・パーマ禁止／アルバイト…禁止／自転車通学…許可(2km以上)／携帯…許可(校内電源OFF、使用禁止)

カリキュラム CURRICULUM

●**普通科・特進コースⅠ／特進コースⅡ**
Ⅰは国公立(特別選抜クラスを編成)および難関私立大、Ⅱは難関私立大への進学をめざすカリキュラム。平日7時間授業に加え、早朝テスト、放課後の特別講座、期末考査後の集中講座、学習合宿など、地道な努力の継続により、目標校にあわせた学力アップをはかります。2年次以降は、Ⅰ・Ⅱをあわせて文系／理系クラスの編成を、習熟度別に行います。
●**普通科・進学コース**
クラブ活動にも積極的に参加できるコースです。規則正しい生活習慣を確立することが、授業への集中力もアップさせます。多くの生徒が大阪産業大学への進学を希望。特別推薦枠を使って併設大学への進学を果たしています。
●**普通科・スポーツコース〈男子〉**
スポーツを活かして大学進学をめざすコースです。学業とスポーツの両立を目標とし、全員が運動部に所属。一般教科の学力向上をはかりながら心・技・体の充実をはかります。幅広い体育実技を体験し、全国大会にもチャレンジしていきます。
●**国際科・グローバルコース**
授業中の学習が、自宅のコンピュータで引き続き行うことができる「オンライン英語学習システム」、外国人留学生との交流など多彩な学習システムを展開。生徒が自ら進んで学ぶアクティブラーニングにより、国際社会でも活躍できる主体性・積極性を養い、外国語大学・外国語学部への進学をめざします。

本校は多くの生徒が1人ひとり夢や目標に向かって放課後遅くまで自習室に残って勉強したり、悪天候でも毎日部活動に励んだりしています。また、挨拶を大切にしており、学校はいつも元気な挨拶があふれています。私は本校に入学して、毎日を一生懸命に過ごす仲間や先輩方から刺激を受けて、生徒会長や部活動など、さまざまなことに取り組んでいます。この経験は必ず将来活かされると思います。(N・K)

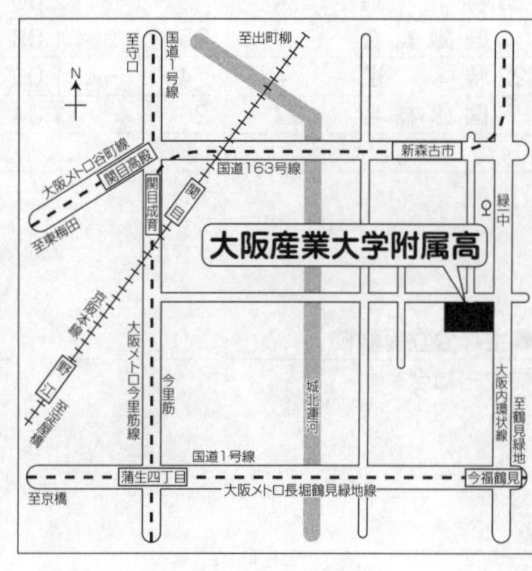

進研Vもし　合格のめやす

●目標偏差値(合格可能性80%)

併願		専願	
特進Ⅰ	53	特進Ⅰ	50
特進Ⅱ	50	特進Ⅱ	47
グローバル	49	グローバル	46
進学	45	進学	40
		スポーツ	38

30 35 40 45 50 55 60 65 70 75

特進Ⅰ　努力圏 合格圏 安全圏

特進Ⅱ　努力圏 合格圏 安全圏

グローバル　努力圏 合格圏 安全圏

進学　努力圏 合格圏 安全圏

入試状況

●併願

年度	学科・コース	受験者数	合格者数	回し	倍率	合格最低点
'24	特進Ⅰ	216	200	—	—	—/—
	特進Ⅱ	222	231	—	—	—/—
	グローバル	73	73	—	—	—/—
	進学	701	708	—	—	—/—
	スポーツ	—	—	—	—	—/—

●専願

年度	学科・コース	受験者数	合格者数	回し	倍率	合格最低点
'24	特進Ⅰ	44	39	—	—	—/—
	特進Ⅱ	55	54	—	—	—/—
	グローバル	43	43	—	—	—/—
	進学	325	341	—	—	—/—
	スポーツ	90	80	—	—	—/—

＊合格者数に第2・第3志願での合格を含む。

●主な公立受験校

門真なみはやー総	桜宮ー普通	汎愛ー普通
旭ー普通	芦間ー総合	枚方なぎさー総合
交野ー普通	大阪ビジＦーグロ	柴島ー総合
北かわちー普通	花園ー普通	桜和ー教育文理
枚方津田ー普通	都島工ー理数工学	緑風冠ー普通

入試ガイド

●募集要項　＊2024年度入試実施分

募集人員	普通科＝特進Ⅰ80、特進Ⅱ80、進学240、スポーツ（男子専願）80、国際科＝グローバル80
出願期間	1/22～1/30
受験料	20,510円(合否通知書郵送料510円含む)
学力検査	2月10日
面接	実施しない
合格発表	2月12日
入学手続	専願 2月16日 併願 3月19日

●試験科目と配点・時間

科目	国語	数学	英語	社会	理科
配点	100点	100点	100点	100点	100点
時間	45分	45分	45分	45分	45分

＊英検資格活用あり(国際科グローバルコースのみ)。

●学費

入学金	200,000円	制服代・制定品費	約150,000円
年間授業料	540,000円	学年諸費	170,000円
諸会費計	49,000円	その他	—
修学旅行積立	159,000円	初年度納入金合計	約1,268,000円

＊上記は特進・進学コース

卒業後の進路

卒業者数／604人

大学進学	短大進学	専門学校等	就職	進学準備ほか
495人	10人	71人	11人	17人

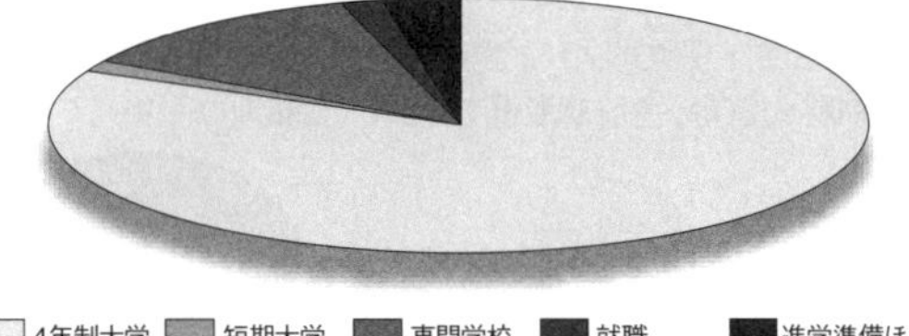

4年制大学 82.0%　短期大学 1.7%　専門学校 11.8%　就職 1.8%　進学準備ほか 2.8%

●主な大学合格状況（現役のみ）

国・公立大／

京都工繊大 1	大阪教育大 3	兵庫教育大 1
奈良教育大 1	和歌山大 1	島根大 2
香川大 1	滋賀県立大 1	兵庫県立大 1
奈良県立大 1	広島市立大 1	福知山公立大 1

私立大／

関西大 23	関西学院大 32	同志社大 3
立命館大 13	京都産業大 37	近畿大 65
甲南大 2	龍谷大 56	佛教大 12
摂南大 163	神戸学院大 9	追手門学院大 46
桃山学院大 36	関西外国語大 24	大阪経済大 14
大和大 9	大阪工業大 8	大阪産業大 238

大阪商業大学高等学校

学校法人 谷岡学園
〒577-8505 東大阪市御厨栄町4-1-10
TEL06-6781-3050　FAX06-6781-8972
https://www.daishodai-h.ed.jp/

■創立／昭和3年(1928)　■校長／小守良昌
■生徒数／1,152人(1年／363人 2年／431人 3年／358人)
■併設校／大阪商業大学　神戸芸術工科大学
■沿革／昭和3年に開学した大阪城東商業学校が前身。昭和27年に大阪商業大学附属高等学校、平成4年に現在の校名に変更。同15年男女の募集開始。同26年に全コース男女共学化。
■交通／近鉄奈良線「八戸ノ里」から徒歩4分、同「河内小阪」から徒歩8分、大阪メトロ中央線「長田」から徒歩20分(バスあり)

インフォメーション INFORMATION

●**教育方針**／「世に役立つ人物の養成」を建学の理念とし、それを支える4つの柱として(1)思いやりと礼節(2)基礎的実学(3)柔軟な思考力(4)楽しい生き方を掲げています。人物的に優れ、社会で必要な知識・技能・資格を備え、かつそれを活用し得る広い視野・適応力・創造性を持つ、そして、何事にもプラス思考で取り組み、楽しい充実した生活を送ることのできる人材の養成を使命としています。また、校訓である「誠実」の下、地域に愛される人物を育成します。
●**学校行事**／新入生宿泊オリエンテーション(4月)、校内大会(5月)、校外学習(6月)、団体鑑賞(6月)、文化祭・体育祭(9月)など。修学旅行(12月・2年)はコース別で国内。
●**クラブ活動**／近年ではバレーボール、柔道、陸上競技、ボクシング、空手道、軟式野球が全国大会・近畿大会出場の実績を上げています。ほかに硬式野球、男女バスケットボール、ラグビー、サッカーなど体育会系16クラブ・3同好会と、美術、吹奏楽、軽音楽などの文化系11クラブが活動しています。
●**スクールライフ**／3学期制／登校時刻…8：30／頭髪…染色・パーマ禁止／アルバイト…許可(届出制)／自転車通学…許可(届出制・保険加入)／携帯…許可／自動車教習所(系列)…特別料金で運転免許が取得できます(G商大コース)

カリキュラム CURRICULUM

●**文理進学コース**
高校から頑張って、有名私立大・国公立大への進学をめざしたい方へのコースです。2年生以降は進路希望に応じて、それぞれの分野に少人数制で注力し、受験への対応力を養成。クラスの精選されたカリキュラムに加え、探究活動や合宿などで「自ら考え学ぶ」力を身につけます。
●**デザイン美術コース**
充実した環境の中で個性を伸ばしながら、進路を重視した授業を展開。最初の1年間で、デザイン・美術の入門から基礎力を身につけます。2年次からは、プロダクトデザインや建築・インテリアなど実践的な課題にも挑戦。将来の目標を明確にしていきます。もちろん芸大・美大対策指導も万全です。
●**グローバル商大コース**
系列校推薦により、大阪商業大学へは有利に進学できます。多彩な資格取得に向けた授業を展開。将来を見据え自分の興味に合った授業を選択できます。多くの生徒がクラブ活動にも参加しており、充実した高校生活を送っています。
●**スポーツ専修コース**
キャンプ・スキー実習、車いすバスケットボールなど、さまざまなスポーツの実技体験ができます。また、スポーツ医学検定への取り組みや、テーピング、栄養学、セカンドキャリアなどスポーツに通じる知識を養いながら、自己管理能力や集団でのリーダーシップを高め、人間的な魅力を向上させます。

本校は約1,200人の生徒が4つのコースに在籍しています。明るく個性豊かな生徒が多く、生徒に親身になって寄り添ってくれる先生も多いので、楽しく充実した学校生活を送れると思います。また、本校では簿記や情報・英検など様々な資格を取得することができます。大商大高校で楽しい3年間を過ごしましょう。(K・K)

進研Vもし 合格のめやす

●目標偏差値(合格可能性80%)

併願		専願	
文理進学	48	文理進学	44
デザイン美術	45	デザイン美術	42
グローバル商大	44	グローバル商大	40
スポーツ専修	41	スポーツ専修	38

30 35 40 45 50 55 60 65 70 75

文理進学　努力圏 合格圏 安全圏

デザイン美術　努力圏 合格圏 安全圏

グローバル商大　努力圏 合格圏 安全圏

スポーツ専修　努力圏 合格圏 安全圏

入試状況

●併願

年度	学科・コース	受験者数	合格者数	回し	倍率	合格最低点
'24	文理進学	82	80	—	1.03	265/500
	デザイン美術	43	42	—	1.02	200/400
	グローバル商大	498	497	2	1.00	130/300
	スポーツ専修	9	9	—	1.00	130/300
'23	文理進学	97	87	—	1.11	265/500
	デザイン美術	51	50	—	1.02	200/400
	グローバル商大	587	586	9	1.00	126/300
	スポーツ専修	13	13	—	1.00	126/300

●専願

年度	学科・コース	受験者数	合格者数	回し	倍率	合格最低点
'24	文理進学	7	5	—	1.40	235/500
	デザイン美術	14	14	—	1.00	180/400
	グローバル商大	204	201	2	1.01	115/300
	スポーツ専修	95	95	—	1.00	—/300
'23	文理進学	4	3	—	1.33	235/500
	デザイン美術	21	19	—	1.11	180/400
	グローバル商大	223	222	2	1.00	118/300
	スポーツ専修	116	115	—	1.01	—/300

＊1.5次を含む。

●主な公立受験校

みどり清朋ー普通	日新ー普通	八尾北ー総合
山本ー普通	港南造形ー造／特	花園ー普通
八尾翠翔ー普通	汎愛ー体育／特	大阪ビジＦーグロ
布施ー普通	桜宮ー普通	緑風冠ー普通
高円ー普通	教育センター附属	大塚ー体育／特

入試ガイド

●募集要項　＊2024年度入試実施分

募集人員　文理進学60、デザイン美術35、グローバル商大160、スポーツ専修70

出願期間　1/22～1/29
受験料　20,000円
学力検査　2月10日
面接　専願のみ(個人)
合格発表　2月12日
入学手続　専願 2月16日
　併願 3月21日

●試験科目と配点・時間

科目	国語	数学	英語	社会	理科
配点	100点	100点	100点	100点	100点
時間	50分	50分	50分	50分	50分

＊文理進学のみ 5科(他コースは国数英の 3科)。
＊デザイン美術コースはデッサン実技試験(100点・90分) あり。

●学費

入学金	200,000円	制服代等	約 110,000～円
年間授業料	600,000円	教科書・副教材等	約 107,000円
諸会費計	14,600円	その他	85,000円
修学旅行積立	70,000円	初年度納入金合計	約 1,186,600～円

＊グローバル商大コースの場合

卒業後の進路

卒業者数／333人

大学進学	短大進学	専門学校等	就職	進学準備ほか
227人	34人	44人	13人	15人

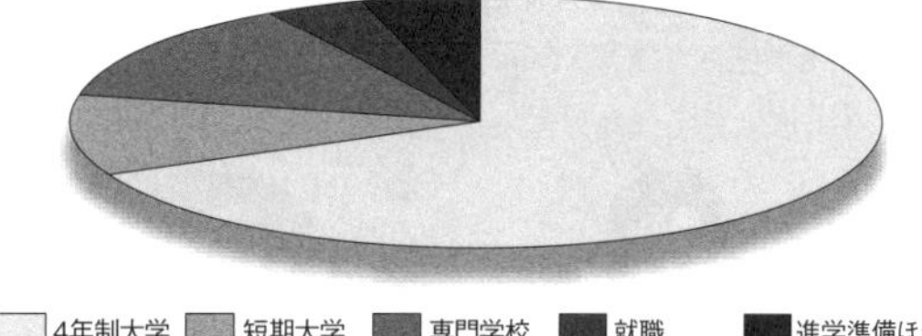

4年制大学 68.2%　短期大学 10.2%　専門学校 13.2%　就職 3.9%　進学準備ほか 4.5%

●主な大学合格状況 (現役のみ)

国・公立大／
大阪教育大 1　奈良教育大 1　尾道市立大 1
福山市立大 1

私立大／
関西大 3　立命館大 1　京都産業大 1
近畿大 38　龍谷大 9　摂南大 14
神戸学院大 1　追手門学院大 13　桃山学院大 25
大阪商業大 55　神戸芸術工科大 4　関西外国語大 13
大和大 11　大阪電気通信大 9　大阪芸術大 7
大阪経済法科大 7　大阪樟蔭女子大 6　阪南大 6
大阪工業大 5　大阪学院大 5　大阪成蹊大 4
嵯峨美術大 3　武庫川女子大 3　京都女子大 2

大阪商業大学堺高等学校

学校法人 谷岡学園
〒599-8261 堺市中区堀上町358
TEL072-278-2252 FAX072-279-8272
https://www.shodaisakai.ac.jp

■創立／昭和43年(1968)　■校長／好永保宣
■生徒数／922人(1年／331人 2年／306人 3年／285人)
■系列校／大阪商業大学　神戸芸術工科大学
■沿革／昭和43年堺経理専門学校を母体に、学校法人清陵学園設立認可。同45年大阪商業大学の系列校に。平成4年現校名に改称。同17年コース再編とともに共学化スタート。同20年全コース共学化。
■交通／泉北高速「深井」から徒歩15分、JR阪和線「津久野」から南海バスで「八田寺公園前」「堀上」下車、徒歩3分

インフォメーション INFORMATION

●**教育方針**／建学の精神は「世に役立つ人物の養成」。自ら学ぶ「学」、社会への適応能力を身につける「律」、望ましい勤労観を体得する「労」の精神を高揚させます。
●**学校行事**／校外学習(5月)、田植え・体育祭・芸術鑑賞(6月)、文化祭(9月)、稲刈り(10月)、収穫感謝祭(11月)など。長期休暇や放課後を中心に、進学や検定取得に向けた各種補習も。修学旅行(10月・2年)は北海道へ。
●**クラブ活動**／体育系では日本拳法、硬式野球、空手道、ハンドボール、サッカー、ウエイトリフティング、柔道などが着々と実力アップをはかっています。また文化系は軽音楽、ESS、簿記会計、囲碁将棋、舞台芸術、美術などが活動中。クラブ加入率は約50%です。
●**勤労学習**／普通科としては珍しい800坪を越える広大な演習農園があり、農作業を通して勤労の意義と喜び、厳しさを体験。土作りから田植え、収穫まで自分たちの手で行います。
●**スクールライフ**／3学期制／登校時刻…8：25／頭髪…染色・パーマ禁止／その他…化粧・ピアス禁止／アルバイト…許可(家庭の経済的事情等)／自転車通学…許可(実技講習・筆記テストを実施)／携帯…許可(登下校時に限る)

カリキュラム CURRICULUM

●**特進エキスパートコース**
国公立・難関私立大合格を見据えたカリキュラム構成です。2年次から文系／理系を選択。国公立2次対策を含め、重点科目をきめ細かく指導します。長期休暇を中心とした各種補習や、予備校との連携による進学講座も展開。受験に的を絞った演習を行います。
●**特進アドバンスコース**
私立大学の入試科目はもとより、多様化する大学入試に対応したカリキュラムを設定。有名私立大学の現役合格をめざします。2年次からは文系／理系に分かれ、放課後補習など個性・進路目標にあわせたきめ細かな指導を展開。予備校講師による、放課後や休暇中の進学講座にも無料で参加できます。
●**進学グローバルコース**
系列大学への進学を中心としたコースです。簿記や芸術(美術・書道)など多彩な科目を履修し、資格取得にもチャレンジ。ゆとりあるカリキュラムにより、クラブ活動との両立も可能です。進路に関しても系列大学以外にも幅広い情報を提供。看護系進学や他大学をめざす受験対策も充実しています。
●**スポーツコース**
スポーツ推薦者で編成されるコースで、各競技の専門性を生かした進学をめざします。幅広い専門的なスポーツ演習により、心・技・体を鍛錬。基礎的教科はもとより、生涯スポーツや栄養管理、救急救命法などの専門的な知識も修得します。

エキスパートコースではメモリータイム(放課後)という自学自習を実施し、苦手教科の克服に努めています。また進学講座では大学入学共通テストに向けて応用問題に取り組み、実力を上げていきます。なかなか成績が伸びず、苦しむことが多いです。それでもこつこつと努力していると、少しずつですが実力がついてきていると実感しています。1日1日を大切に、志望校合格に向けて頑張っていこうと思います。(H・S)

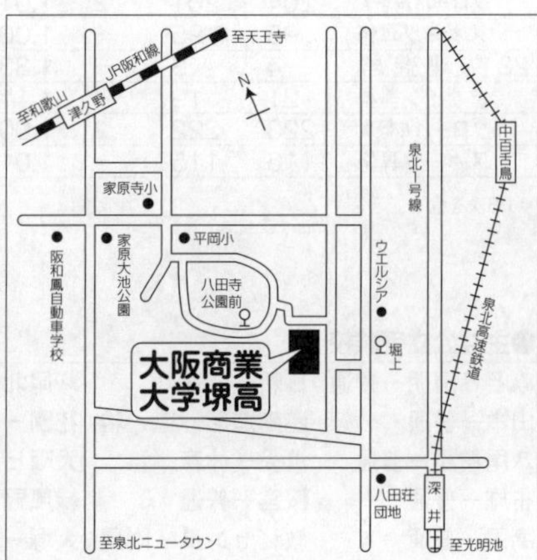

進研Vもし 合格のめやす

●目標偏差値（合格可能性80%）

併願		専願	
特進エキスパート	51	特進エキスパート	48
特進アドバンス	45	特進アドバンス	43
進学グローバル	40	進学グローバル	38
		スポーツ	38

30 35 40 45 50 55 60 65 70 75

特進エキスパート　努力圏 合格圏 安全圏

特進アドバンス　努力圏 合格圏 安全圏

進学グローバル　努力圏 合格圏 安全圏

スポーツ（専願）　努力圏 合格圏 安全圏

入試ガイド

●募集要項　＊2024年度入試実施分

募集人員	特進エキスパート30、特進アドバンス70、進学グローバル175、スポーツ（推薦）100
出願期間	1/20～1/30
受験料	20,000円
学力検査	2月10日
面接	2月11日 専願のみ（個人5分）
合格発表	2月13日
入学手続	専願 2月22日 併願 3月20日

●試験科目と配点・時間

科目	国語	数学	英語	社会	理科
配点	100点	100点	100点	100点	100点
時間	50分	50分	50分	50分	50分

●学費

入学金	200,000円	制服他学校指定品	105,700～円
年間授業料	600,000円	タブレット費	81,345円
諸会費計	27,000円	その他	90,000円
修学旅行積立（1年次）	100,000円	初年度納入金合計	1,204,045～円

入試状況

●併願

年度	学科・コース	受験者数	合格者数	回し	倍率	合格最低点
'24	特進エキスパート	55	17	—	3.24	330/500
	特進アドバンス	301	254	31	1.19	250/500
	進学グローバル	476	471	54	1.01	200/500
	スポーツ	—	—	—	—	—/—
'23	特進エキスパート	44	16	—	2.75	330/500
	特進アドバンス	342	289	22	1.18	250/500
	進学グローバル	436	436	59	1.00	200/500
	スポーツ	—	—	—	—	—/—

●専願

年度	学科・コース	受験者数	合格者数	回し	倍率	合格最低点
'24	特進エキスパート	7	5	—	1.40	300/500
	特進アドバンス	52	38	1	1.37	220/500
	進学グローバル	147	146	15	1.01	170/500
	スポーツ	112	112	—	1.00	—/500
'23	特進エキスパート	7	5	—	1.40	300/500
	特進アドバンス	49	37	2	1.32	220/500
	進学グローバル	99	99	12	1.00	170/500
	スポーツ	105	105	—	1.00	—/500

●主な公立受験校

東百舌鳥－普通	堺西－普通	金岡－普通
泉大津－普通	堺上－普通	高石－普通
岸和田産－商	狭山－普通	貝塚南－普通
信太－普通	市立堺－機械材料	堺東－総合
金剛－普通	市立堺－マネ創造	農芸－資源動物

卒業後の進路

卒業者数／381人

大学進学	短大進学	専門学校等	就職	進学準備ほか
265人	10人	81人	20人	5人

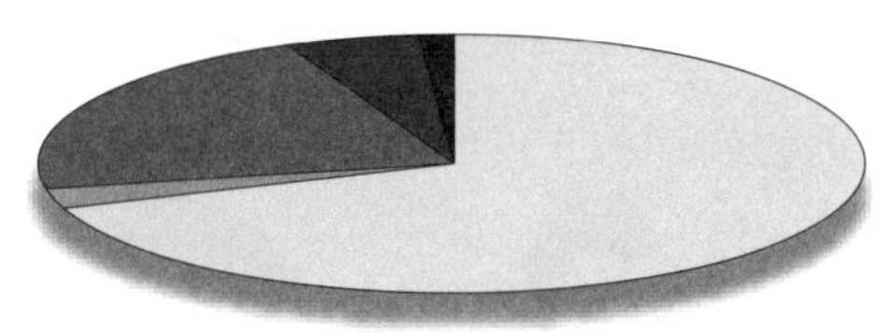

4年制大学 69.6%　短期大学 2.6%　専門学校 21.3%　就職 5.2%　進学準備ほか 1.3%

●主な大学合格状況（現役のみ）

国・公立大／
和歌山大 1　金沢美術工芸大 1　沖縄県立芸術大 1

私立大／
関西大 5　関西学院大 2　立命館大 1
京都産業大 3　近畿大 35　龍谷大 2
摂南大 9　追手門学院大 18　桃山学院大 55
早稲田大 1　中央大 2　大阪工業大 11
関西外国語大 3　大阪経済大 14　四天王寺大 23
阪南大 26　大和大 6　京都外国語大 4
大阪商業大 72

大阪信愛学院高等学校

学校法人 大阪信愛女学院
〒536-8585 大阪市城東区古市2-7-30
TEL06-6939-4391　FAX06-6939-4587
https://high.osaka-shinai.ed.jp

■創立／明治17年(1884)　■校長／南登章生
■生徒数／700人(1年／278人 2年／220人 3年／202人)
■併設校／大阪信愛学院大学　大阪信愛学院中学校
■沿革／明治17年「ショファイユの幼きイエズス修道会」(本部・パリ)が教育事業を開始。同41年大阪信愛高等女学校を設立。
■交通／大阪メトロ今里筋線「新森古市」から徒歩5分、京阪「関目」・大阪メトロ長堀鶴見緑地線「今福鶴見」から徒歩15分、大阪メトロ谷町線「関目高殿」から18分

インフォメーション INFORMATION

●**教育方針**／建学の精神「キリストに信頼し、愛の実践に生きる」を基に、生きる力を育み、一人ひとりがそれぞれの可能性を最大限に伸ばして新しい時代を創っていく人(ひと)を育てます。
●**学校行事**／遠足(4月)、芸術鑑賞(5月)、球技大会(6月)、海外語学研修(8月)、文化祭・体育大会(9月)、クリスマス祭(12月)のほか、半世紀にわたる赤い羽根街頭共同募金(10月)など。クリスマスミサでは全生徒参加型のタブローを実施。修学旅行(12月・2年)は沖縄へ。
●**クラブ活動**／体操競技、水泳、コーラス、美術、書道などのクラブが全国大会への出場実績があります。ほかに体育系ではバレーボール、ソフトボール、バドミントン、バスケットボール、卓球、剣道など、文化系は吹奏楽、ハンドベル、英語、ダンスなどが活動中です。加入率は約70%です。
●**海外交流**／夏休みにオーストラリアの姉妹校で海外英語研修を実施。国際感覚と実践的な英語力を身につけます(長期・中期・短期があります)。
●**スクールライフ**／3学期制／登校時刻…8：20／頭髪…染色・パーマ禁止／自転車通学…許可／携帯…届出制

カリキュラム CURRICULUM

●**特進コース**
国公立大学・難関私立大学を目標にするコースです。大学入学共通テストに対応できるカリキュラムを設定しています。2年次からは文系／理系を選択し、より専門的な授業を進めて進路実現を目指します。授業のみならず校内予備校や長期休暇中の講習など、3年間でしっかりと実力を養成します。
●**総合進学コース**
難関私立大学を含め、私立大学進学を目指すコースです。多様な進路に対応するため2年次より文系／理系にわかれます。進路先を見据えたカリキュラムは一般入試に加え、指定校推薦や総合型選抜など多様な入試に対応できるように設定。部活動や生徒会活動との両立も可能です。
●**看護医療コース**
看護及び医療系大学や専門学校、併設の大阪信愛学院大学看護学部などを目指すコースです。人の命に関わる仕事について、併設大学の教員からの授業や大学施設を使っての実習また他大学での体験や病院体験を通じて深く学ぶためのコースです。
☆全コース探究を重要視し、「グローバル探究」、「未来探究」といった新たな探究科目を設定しています。ICT教育では1人1台Chromebookを用い、Google Workspace for Educationを活用した能率的で効果性の高い授業を行います。また学習メンター制の導入により、放課後の自主学習を支援し、個別の学びを推進します。

先輩から

私にとって、大阪信愛学院で過ごした日々はかけがえのないものです。同じ目標を持つクラスの友人たちとの間にはともに競い合い、支えあう雰囲気がありました。先生方には授業の丁寧でわかりやすい指導はもちろん、補習や進路相談などさまざまな場面で多くの助言や励ましをいただきました。大学では信愛で学んだことを手がかりに、夢に向かって1歩ずつ歩んでいきたいと思っています。(S・K)

進研Vもし 合格のめやす

●目標偏差値(合格可能性80%)

併願		専願	
特進	56	特進	54
看護医療	49	看護医療	47
総合進学	47	総合進学	45

30 35 40 45 50 55 60 65 70 75

特進：努力圏 合格圏 安全圏

看護医療：努力圏 合格圏 安全圏

総合進学：努力圏 合格圏 安全圏

入試状況

●併願

年度	学科・コース	受験者数	合格者数	回し	倍率	合格最低点
'24	特進	145	129	—	1.12	189/300
	看護医療	18	18	1	1.00	153/300
	総合進学	91	91	15	1.00	135/300
'23	特進	116	107	—	1.08	194/300
	看護医療	35	33	—	1.06	149/300
	総合進学	100	99	11	1.01	135/300

●専願

年度	学科・コース	受験者数	合格者数	回し	倍率	合格最低点
'24	特進	75	60	—	1.25	180/300
	看護医療	25	23	1	1.09	141/300
	総合進学	120	118	16	1.02	120/300
'23	特進	42	36	—	1.17	179/300
	看護医療	33	32	—	1.03	143/300
	総合進学	86	86	6	1.00	124/300

＊合格最低点は3教科のもの。

●主な公立受験校

芦間－総合　桜和－教育文理　布施－普通
門真なみはや－総　旭－普通　港－普通
鶴見商－商業　豊島－普通　東淀川－普通
東住吉－普通　旭－国際文化　淀川工科－工業
枚方－国際文化　市岡－普通　工芸－インテ／特

入試ガイド

●募集要項　＊2024年度入試実施分

募集人員　特進60、総合進学／看護医療…120

出願期間　1/20～1/31
受験料　20,000円
学力検査　2月10日
面接　実施する
合格発表　2月12日
入学手続　専願 2月21日
　併願 3月22日

●試験科目と配点・時間

科目	国語	数学	英語	社会	理科
配点	100点	100点	100点	100点	100点
時間	50分	50分	60分	40分	40分

＊5科型または3科型(国数英)を選択。
＊英検資格活用あり。

●学費

入学金	200,000円	制服その他制定品等	117,260～円
年間授業料	594,000円	学年費等	136,000円
諸会費計	31,800円	その他	63,580円
修学旅行積立	150,000円	初年度納入金合計	1,292,640～円

卒業後の進路

卒業者数／96人

大学進学	短大進学	専門学校等	就職	進学準備ほか
77人	3人	12人	—	4人

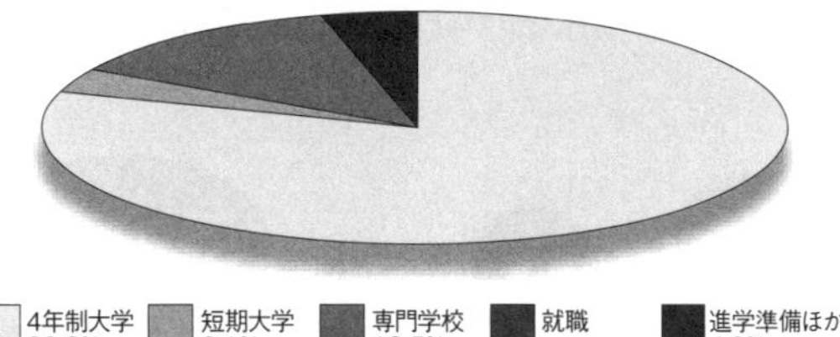

4年制大学 80.2%　短期大学 3.1%　専門学校 12.5%　就職 —　進学準備ほか 4.2%

●主な大学合格状況(現役のみ)

国・公立大／
大阪教育大 1　奈良女子大 1　高知大 1
宮崎大 1　奈良県立大 1

私立大／
関西大 4　関西学院大 1　同志社大 4
立命館大 3　近畿大 8　龍谷大 1
佛教大 1　摂南大 5　同志社女子大 8
神戸女学院大 4　大阪樟蔭女子大 2　京都ﾉｰﾄﾙﾀﾞﾑ女子大 2
関西外国語大 5　大阪国際大 1　帝塚山大 6
大阪医科薬科大 1　大阪歯科大 5　大阪芸術大 4
京都女子大 3　甲南女子大 2　武庫川女子大 3
太成学院大 2　阪南大 2　大阪信愛学院大 13

大阪青凌高等学校

学校法人 浪商学園

〒618-8502 三島郡島本町若山台1-1-1

TEL075-754-7754　FAX075-754-7769

https://www.osakaseiryo.jp

■**創立**／昭和58年(1983)　■**校長**／向　忠彦

■**生徒数**／925人(1年／359人 2年／293人 3年／273人)

■**併設校**／大阪体育大学　大阪青凌中学校

■**沿革**／昭和58年浪商高等学校高槻学舎として創立・開校。同60年大阪青凌高校・中学校を開校。令和2年大阪府島本町へ校地移転。

■**交通**／JR京都線「島本」徒歩10分、阪急京都線「水無瀬」徒歩15分

インフォメーション　INFORMATION

●**教育方針**／すべての生徒を希望の進路に導くことが基本目標です。生徒の目標の実現のために独自の特別進学指導体制を確立。「和」と「自律心」を育成する指導を行っています。

●**学校行事**／新入生宿泊オリエンテーション・防災行事(4月)、体育祭(6月)、校外学習(6月・10月)、GTEC(7月・8月・12月)、青凌祭(9月)、数学検定(8月・2月)など。修学旅行(10月・2年)はオーストラリア、北海道、沖縄から選択。

●**クラブ活動**／体育系は硬式野球(男子)、サッカー(男子)、剣道、硬式テニス、バスケットボール、陸上競技、弓道、ダンス、バドミントンと卓球同好会。文化系は吹奏楽、書道美術、SCCが活動中。加入率は約60%です。

●**海外交流**／イギリス短期語学研修では、語学研修と英語でのプレゼンテーションなど生きた英語を学ぶ多彩なプログラムが用意されています。

●**スクールライフ**／3学期制／登校時刻…9：00／頭髪…染色・パーマ等止／その他…アクセサリー類、免許不可／アルバイト…禁止／自転車通学…許可(任意保険への加入、雨天時雨合羽着用)／携帯…校内持込可で、校内では電源を切る

カリキュラム　CURRICULUM

●**特進Sコース**

京大・阪大・神大を筆頭とする難関国公立大への進学をめざすコースです。週34時間授業のカリキュラムをベースに1年次から継続して大学入学共通テスト対策を実施し、徹底的に攻略します。2年次までに高校の課程を修了。3年次からはすべての授業においてハイレベルな問題演習を実施し、入試での実戦力を確実に定着させていきます。

●**特進コース**

国公立大、関関同立など難関私立大の現役合格をめざし、各授業とも効率的なカリキュラムを構成しています。2年次から〈文系〉は3教科対策に特化し、「関関同立対策授業」を通じて目標校への対応力を育成。また〈理系〉では5教科7科目授業を貫くことで、大学入学共通テスト攻略に必要な基礎学力を徹底強化し、国公立大の合格をめざします。

●**進学コース**

有名・難関私立大の現役合格をめざすコース。「英・国・社」や「英・数・理」の3教科を中心とする私立大入試直結型カリキュラム(2年次から)が特徴です。基礎学力の定着に重点をおいた“丁寧な指導”、また英検や漢検、数検の取得にも力を入れており、学ぶ楽しさや達成感を味わいながら実用能力の向上をはかります。クラブ活動にも積極的に取り組んでいる生徒が少なくありません。

納得できる大学に進みたいと思い、特進コースを選びました。放課後は陸上部の部活でグラウンドを駆け回っています。これは受験のための体力づくりにも役立ちます。その分、休み時間には小テストの準備や次の日に出す宿題に取り組んでいます。家に帰ってからも毎日復習は欠かしません。いまは希望する大学に入学することがテーマ。本格的な入試対策が始まる2年、3年の勉強が楽しみです。(H・S)

進研Vもし 合格のめやす

●目標偏差値（合格可能性80%）

併願		専願	
特進S	64	特進S	60
特進	57	特進	54
進学	52	進学	48

30 35 40 45 50 55 60 65 70 75

特進S：努力圏 合格圏 安全圏

特進：努力圏 合格圏 安全圏

進学：努力圏 合格圏 安全圏

入試状況

●併願

年度	学科・コース	受験者数	合格者数	回し	倍率	合格最低点
'24	特進S	255	120	—	2.13	369/500
	特進	385	192	91	2.01	328/500
	進学	140	139	237	1.01	267/500
'23	特進S	215	74	—	2.91	379/500
	特進	320	240	—	–	333/500
	進学	141	359	—	–	275/500

●専願

年度	学科・コース	受験者数	合格者数	回し	倍率	合格最低点
'24	特進S	70	35	—	2.00	348/500
	特進	112	52	13	2.15	313/500
	進学	75	71	82	1.06	237/500
'23	特進S	53	18	—	2.94	357/500
	特進	68	58	—	–	322/500
	進学	59	99	—	–	245/500

＊内部進学生を含む。

●主な公立受験校

高槻北－普通　吹田東－普通　槻の木－普通
三島－普通　山田－普通　春日丘－普通
北千里－普通　箕面－普通　千里－国際文化
池田－普通　刀根山－普通　芦間－総合
桜塚－普通

入試ガイド

●募集要項　＊2024年度入試実施分

募集人員　特進S40、特進80、進学160
＊内部進学を含む

出願期間　1/22～1/29
受験料　20,000円
学力検査　2月10日
面接　実施しない
合格発表　2月12日
入学手続　専願 2月16日
併願 3月19日

●試験科目と配点・時間

科目	国語	数学	英語	社会	理科
配点	100点	100点	100点	100点	100点
時間	50分	50分	50分	50分	50分

＊英検資格活用あり。

●学費

入学金	200,000円	制定品・教科書	約111,780円
年間授業料	600,000円	タブレット関係費	49,985円
諸会費計	33,000円	学年費等その他	80,390円
修学旅行積立	約150,000～円	初年度納入金合計	約1,225,155～円

卒業後の進路

卒業者数／291人

大学進学	短大進学	専門学校等	就職	進学準備ほか
267人	5人	9人	—	10人

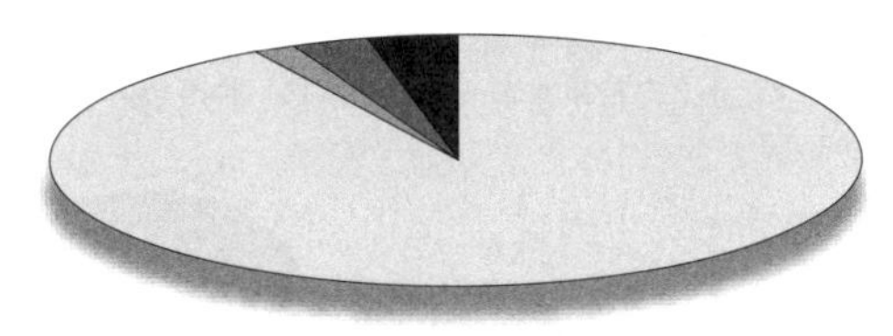

4年制大学 91.8%　短期大学 1.7%　専門学校 3.1%　就職 —　進学準備ほか 3.4%

●主な大学合格状況

国・公立大／
大阪大 1　神戸大 2　滋賀大 1
滋賀医科大 1　京都教育大 1　大阪教育大 1
和歌山大 1　岡山大 1　徳島大 2
滋賀県立大 1　大阪公立大 2　兵庫県立大 2

私立大／
関西大 33　関西学院大 19　同志社大 8
立命館大 50　京都産業大 103　近畿大 216
甲南大 2　龍谷大 125　佛教大 65
摂南大 120　神戸学院大 24　追手門学院大 107
桃山学院大 20　同志社女子大 9　関西医科大 2
大阪医科薬科大 2　神戸薬科大 2　大阪歯科大 2

大阪体育大学浪商高等学校

学校法人 浪商学園
〒590-0459 泉南郡熊取町朝代台1-1
TEL072-453-7972 FAX072-453-7002
http://www.ouhs-school.jp/namisho/

■創立／大正10年（1921） ■校長／工藤哲士
■生徒数／743人（1年／260人 2年／261人 3年／222人）
■併設校／大阪体育大学 大阪体育大学浪商中学校
■沿革／大正10年浪華商業実修学校設立。昭和34年浪商高等学校に改称。平成元年泉南郡熊取町に移転完了し、現校名に校名変更。令和3年に学園創立100周年を迎えました。
■交通／JR阪和線「熊取」から南海バス（15分）、南海本線「泉佐野」からバス（30分）、JR和歌山線「粉河」からバス（35分）＋徒歩（5分）

インフォメーション INFORMATION

●**教育方針**／建学の精神である「不断の努力により、智・徳・体を修め、社会に奉仕する」ことをバックボーンに、新時代に対応できる思考力・表現力・判断力を磨き、未来に立ち向かえる人材の育成を目標に教育活動を行います。
●**学校行事**／校外学習・球技大会（5月）、海洋実習（8月）、浪商祭（体育祭・文化祭）（9月）、北海道への修学旅行（10月）、耐寒登山（1月）など。
●**クラブ活動**／運動部は、硬式野球、水泳、ハンドボール、陸上競技、バスケットボール、サッカー、体操、バレーボール、レスリング、硬式テニスなど。文化部は、軽音楽、美術、放送、吹奏楽など。また、クラブ活動にないスポーツ活動で、一定の条件を満たした活動は、クラブ活動に認定（浪商スポーツクラブ）。現在、空手、ボクシング、BMX、競技エアロビック、スキー、合気道、バトンの活動が認定されています。
●**海外交流**／希望者を対象とした海外語学研修（8月・オーストラリア10日間）を実施し、英会話レッスン、ホストファミリーとの交流の他、観光やアクティビティの時間もあります。
●**スクールライフ**／3学期制／登校時刻…8：45／頭髪…染色・パーマ禁止／自転車通学…許可／携帯…許可（校内では電源をきること）

カリキュラム CURRICULUM

●**進学アドバンスコース**
週5日間の7時間授業に加え、8時間目以降も講習や自習サポート、学習合宿など全面的にバックアップ。5教科の徹底した学習指導、2年生からは文理選択による少人数制授業により更に学びを深め、大学入学共通テストにも対応し進路実現をサポート。
●**進学グローバルコース**
英語教育に特化したコースで、ALTの授業、外国の方を招いての授業、オンラインによる国際交流等、多様な学習プログラムを設定。放課後の選択講習では、中国語・韓国語も学べ、多角的な視野と国際社会を生きぬくための問題解決能力を育成します。
●**探究キャリアコース**
1年次から計画的にキャリア教育を実践し、自己の適性を知り進路目標を見つけていきます。体験学習、資格取得など多彩なプログラムを用意して、様々な進路実現に向けてサポートします。
●**進学スポーツコース**
大阪体育大学への内部推薦枠が最も多いコースです。2年次から目標進路によって一般大学の理系・文系学部に対応するカリキュラムが選択でき、進学アドバンスと同レベルの授業を行います。また、大阪体育大学との連携で最先端のスポーツ科学を学ぶことができます。3年間、運動クラブに入部することが必要。
●**探究スポーツコース**
スポーツに特化したカリキュラムや様々な取り組み、併設大学との連携によるスポーツ行事や専門科目の授業が特徴です。多様な専門実技が受講できるスポーツ推薦生のみのコースです。

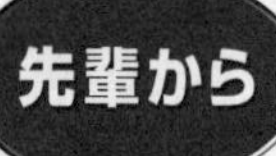

浪商高校は、がんばりたいことに合わせてコースを選択することができます。私は所属している水泳部だけでなく、得意な英語の勉強もがんばりたいと思ったので、進学グローバルコースを選択しました。勉強との両立は大変ですが、どちらもがんばることで自信を持つことができます。将来は起業したいと考えるようになり、今から様々な可能性を広げたいと思っています。（2年 S・S）

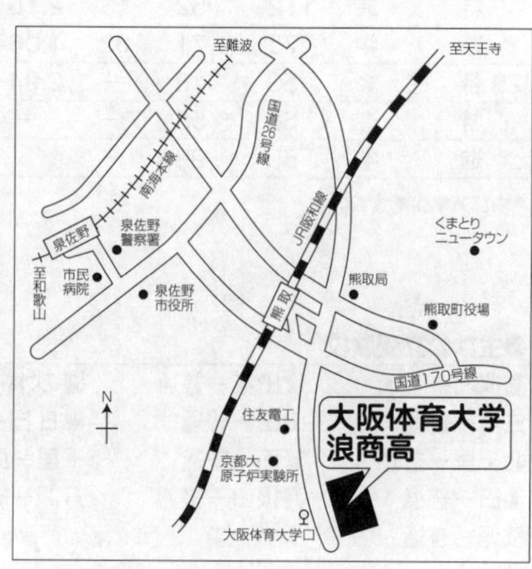

進研Vもし 合格のめやす

●目標偏差値(合格可能性80%)

併願		専願	
進学アドバンス	52	進学アドバンス	50
進学スポーツ	48	進学スポーツ	46
進学グローバル	45	進学グローバル	43
探究キャリア	41	探究キャリア	38
		探究スポーツ	38

30 35 40 45 50 55 60 65 70 75

進学アドバンス 努力圏 合格圏 安全圏

進学スポーツ 努力圏 合格圏 安全圏

進学グローバル 努力圏 合格圏 安全圏

探究キャリア 努力圏 合格圏 安全圏

入試状況

●併願

年度	学科・コース	受験者数	合格者数	回し	倍率	合格最低点
'24	進学アドバンス	106	61	—	1.74	—/—
	進学スポーツ	27	17	—	1.59	—/—
	進学グローバル	69	57	30	1.21	—/—
	探究キャリア	317	311	34	1.02	—/—
	探究スポーツ	—	—	—	—	—/—

●専願

年度	学科・コース	受験者数	合格者数	回し	倍率	合格最低点
'24	進学アドバンス	5	3	—	1.67	—/—
	進学スポーツ	98	72	—	1.36	—/—
	進学グローバル	12	11	2	1.09	—/—
	探究キャリア	49	49	7	1.00	—/—
	探究スポーツ	83	83	20	1.00	—/—

＊上位コースへの転コースあり(進学グローバル併願合格者うち2名は進学アドバンスへ、探究キャリア専願合格者うち1名は進学グローバルへ、探究キャリア併願合格者うち6名は進学アドバンスへ、23名は進学グローバルへ、探究スポーツ専願合格者うち1名は進学スポーツへ)。ただし、転コース先の合格者数には含まない。

●主な公立受験校

貝塚－総合	和歌山商－ビ創造	貝塚南－普通
那賀－普通	粉河－普通	和歌山北－普通北
市和歌－総合ビ	星林－普通	那賀－国際
和歌山工－電気	岸和田産－商	星林－国際交流
和歌山工－機械	市和歌－普通	りんくう－普通

入試ガイド

●募集要項　＊2024年度入試実施分

募集人員	進学アドバンス25、進学グローバル30、探究キャリア70、進学スポーツ70、探究スポーツ（専願）70 ＊内部進学を含む
出願期間	1/20～1/30
受験料	20,000円
学力検査	2月10日
面接	2月11日 専願のみ 2人1組10分
合格発表	2月12日
入学手続	専願 2月16日 併願 3月19日(公立高校発表日)

●試験科目と配点・時間

科目	国語	数学	英語	社会	理科
配点	100点	100点	100点	100点	100点
時間	50分	50分	50分	50分	50分

＊英検資格の活用あり。

●学費

入学金	200,000円	制定品・教科書代	128,650～円
年間授業料	600,000円	iPad関連費	91,000円
諸会費計	100,000円	その他	12,750円
修学旅行積立	別途	初年度納入金合計	1,132,400～円

卒業後の進路

卒業者数／237人

大学進学	短大進学	専門学校等	就職	進学準備ほか
175人	4人	41人	14人	3人

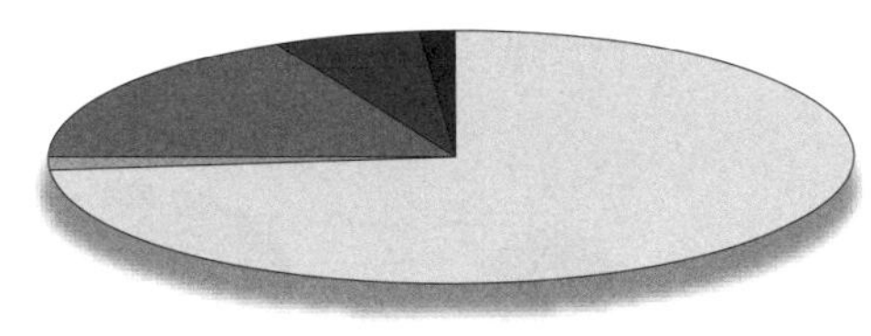

●主な大学合格状況（現役のみ）

国・公立大／
愛知県立大 1　高知県立大 1

私立大／
大阪体育大 46　関西大 7　関西学院大 2
京都産業大 2　近畿大 1　龍谷大 4
佛教大 2　摂南大 13　追手門学院大 8
桃山学院大 23　早稲田大 1　関西外国語大 11
大阪経済大 7　京都外国語大 2　青山学院大 1
中央大 1　日本大 2　国士舘大 1
東海大 1　中京大 1　天理大 2
四天王寺大 6　桃山学院教育大 14　阪南大 4
大阪経済法科大 5　関西医療大 5

大阪電気通信大学高等学校

学校法人 大阪電気通信大学
〒570-0039 守口市橋波西之町1-5-18
TEL06-6992-6261 FAX06-6991-4117
https://www.dentsu.ed.jp/

■創立／昭和16年（1941）　■校長／麻野克己
■生徒数／1,079人（1年／334人 2年／330人 3年／415人）
■併設校／大阪電気通信大学
■沿革／昭和16年、東亜電気通信工学校・大阪高等通信工学院を開校。同26年大阪電気通信高等学校に改称。同48年現校名に変更。
■交通／京阪「西三荘」から徒歩6分、京阪「守口市」から徒歩10分、大阪メトロ谷町線「守口」から徒歩10分

インフォメーション INFORMATION

●**教育方針**／併設する大阪電気通信大学との連携により、ICTなどの最先端技術に対応できる人材を育成するため、高校と大学で7年一貫教育に力を入れて取り組んでいます。
●**学校行事**／スポーツ大会（5月）、文化祭（9月）、体育祭（10月）、校外学習（4月・11月）、芸術鑑賞会（1月）など。修学旅行（12月・2年）は北海道へ。
●**クラブ活動**／体育系はバレーボール、硬式野球をはじめバスケットボール、サッカー、ラグビー、硬式テニス、剣道など、文化系は囲碁将棋、写真、音楽、軽音楽、e スポーツ、情報処理、科学、メカトロニクスなどが活動中。
●**併設大学**／大阪電気通信大学には工／情報通信工／医療健康科学／建築・デザイン／総合情報の5学部、15学科・専攻があります。高校2年次から、土曜日を利用して併設大での実験・実習・講義を体験。さまざまな分野の最新知識に触れることができます。
●**スクールライフ**／3学期制／登校時刻…8：30／頭髪…染色・パーマ禁止／アルバイト…許可制／自転車通学…許可／携帯…許可（校内での使用禁止）

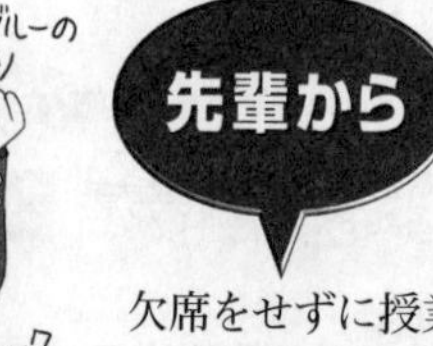

欠席をせずに授業をまじめに受けること、復習をして不得意な科目をなくすことが大切です。自分の行きたい大学を見つけて、オープンキャンパスに行ったり、早期に受験方式の計画を立ててください。（K・Y）
高校生活でいちばん努力したのは、資格を取ることでした。電通高校ではとてもたくさんの検定試験が受けられるので、できるだけ取得したほうがいいと思います。私も入試のときに助けられました。（K・T）

カリキュラム CURRICULUM

●**普通科〈進学総合コース〉**
高大連携プログラムを通して、自分の適性を探求するコースです。1年では、大学見学会・説明会などを通して、自分の将来に向けたイメージづくりを支援します。さらに2年では、アドバンスコース、ゲーム＆メディアコースを選択することができます。アドバンスコース（選抜）では、4年制大学への強い進学意欲を持つ仲間と共にさらなる進学のステージへと向かいます。ゲーム＆メディアコースでは画像処理、CG、sound、web 等のメディアに関する様々な表現体験を学ぶことができます。大阪電気通信大学総合情報学部ゲーム＆メディア学科への進学はもとより、多様な進路を想定しています。
●**普通科〈健康スポーツコース〉**
健康科学をスポーツを通して学び、体育・スポーツ系、医療・福祉系などへの進学をめざすコースです。
●**工学科〈工学理数コース〉**
工学科専門科目を通して、思考力と実践力を養い、電子情報技術を修得します。また、数学、英語、理科を中心に学力を強化し、進学をめざします。
●**工学科〈工学連携コース〉**
1年生では共通の科目を学びます。大阪電気通信大学の教員から大学進学後の学びの広がりについて説明を受けたうえで、2年生からのロボット機械コース、IoT 情報通信コース、医療電子コース、デジタルゲーム開発コースの4コースのいずれかを選択することができます。

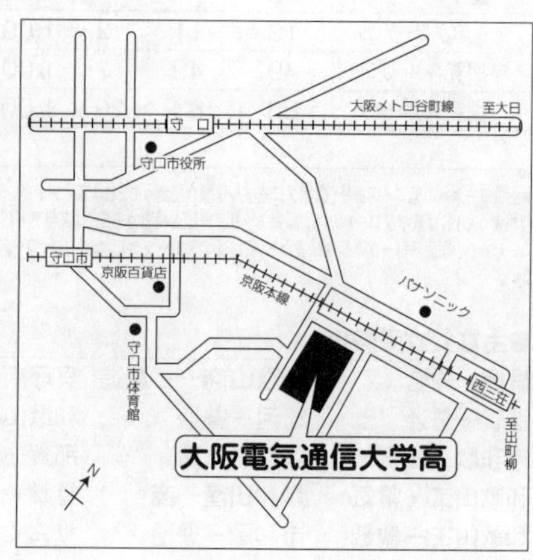

進研Vもし 合格のめやす

●目標偏差値(合格可能性80%)

併願		専願	
工学理数	48	工学理数	44
工学連携	43	工学連携	40
進学総合	40	進学総合	38
健康スポーツ	40	健康スポーツ	38

30 35 40 45 50 55 60 65 70 75

工学理数
努力圏 合格圏 安全圏

工学連携
努力圏 合格圏 安全圏

進学総合／健康スポーツ
努力圏 合格圏 安全圏

入試状況

●併願

年度	学科・コース	受験者数	合格者数	回し	倍率	合格最低点
'24	工学理数	44	40	—	1.10	—/—
	工学連携	165	162	3	1.02	—/—
	進学総合	273	272	21	1.00	—/—
	健康スポーツ	39	18	—	2.17	—/—
'23	工学理数	37	33	—	1.12	—/—
	工学連携	206	202	3	1.02	—/—
	進学総合	305	304	11	1.00	—/—
	健康スポーツ	27	16	—	1.69	—/—

●専願

年度	学科・コース	受験者数	合格者数	回し	倍率	合格最低点
'24	工学理数	19	17	—	1.12	—/—
	工学連携	106	106	1	1.00	—/—
	進学総合	134	133	12	1.01	—/—
	健康スポーツ	46	34	—	1.35	—/—
'23	工学理数	16	16	—	1.00	—/—
	工学連携	140	139	—	1.01	—/—
	進学総合	104	102	21	1.02	—/—
	健康スポーツ	54	33	—	1.64	—/—

＊受験者数・合格者数には1.5次を含む。

●主な公立受験校

淀川工科ー工業	枚方なぎさー総合	長尾ー普通
北かわちー普通	淀川工科ー大学進	都島工ー機械電気
西寝屋川ー普通	今宮工科ー大学進	門真なみはやー総
枚方津田ー普通	桜宮ー人スポ／特	都島工ー電気電子
北摂つばさー普通	芦間ー総合	大冠ー普通

入試ガイド

●募集要項　＊2024年度入試実施分

募集人員	普通科＝進学総合120、健康スポーツ40、工学科＝工学理数40、工学連携120
出願期間	1/22～1/29
受験料	20,000円
学力検査	2月10日
面接	実施しない
合格発表	2月13日
入学手続	専願 2月19日 併願 3月19日(公立合格発表日)

●試験科目と配点・時間

科目	国語	数学	英語	—	—
配点	100点	100点	100点	—	—
時間	50分	50分	50分	—	—

＊英検・数検・漢検の資格活用あり。

●学費

入学金	200,000円	制服・その他制定品費	約 141,100～円
年間授業料	600,000円	ICT 機器費用	57,200～円
諸費	95,700円	その他	—
修学旅行積立	約 140,000円	初年度納入金合計	約 1,234,000～円

＊普通科の場合

卒業後の進路

卒業者数／ 374 人

大学進学	短大進学	専門学校等	就職	進学準備ほか
281人	1人	55人	23人	14人

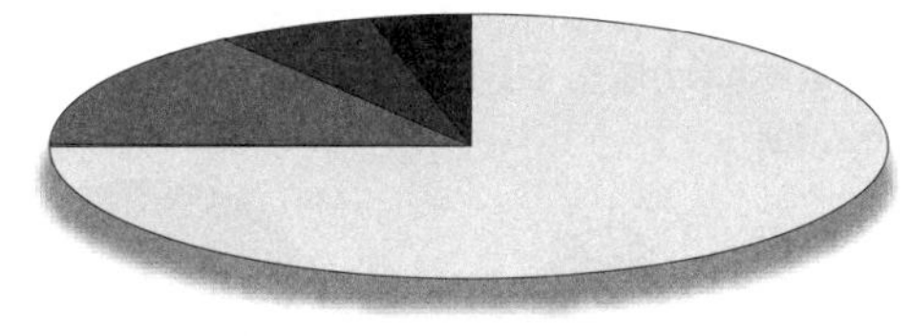

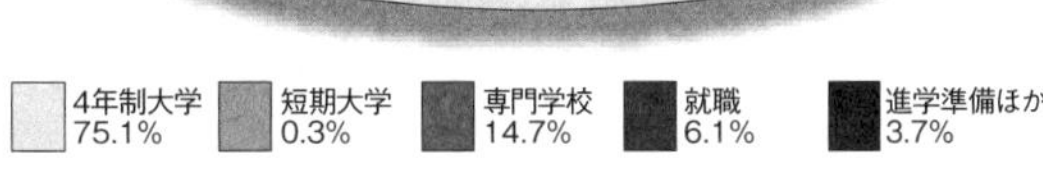

●主な大学合格状況 (現役のみ)

国・公立大／
豊橋技術科学大 1

私立大／

同志社大 1	京都産業大 3	近畿大 7
龍谷大 1	摂南大 10	追手門学院大 8
桃山学院大 1	大阪電気通信大 207	

大阪桐蔭高等学校

学校法人 大阪産業大学
〒574-0013 大東市中垣内3-1-1
TEL072-870-1001　FAX072-875-3330
https://www.osakatoin.ed.jp/

■創立／昭和58年（1983）　■校長／今田　悟
■生徒数／1,815人（1年／594人 2年／565人 3年／656人）
■併設校／大阪産業大学　大阪桐蔭中学校
■沿革／昭和58年大阪産業大学高等学校大東校舎設立。同63年大阪桐蔭高校として独立。平成3年野球部が夏の甲子園に初出場・全国制覇。同7年中学校開校。
■交通／JR学研都市線「野崎」から徒歩13分、同「住道」からシャトルバス（10分）、近鉄けいはんな線「新石切」から近鉄バス（14分）

インフォメーション　INFORMATION

●教育方針／夢をかなえるためより高い目標をかかげること。毎日の積み重ねを大切にすること。仲間を大切にして共に励まし合うこと。挑戦する教育を一それが開校以来の理念です。

●学校行事／夏季研修（6月・1年）、芸術鑑賞会（9月）、体育祭（10月）、文化祭（11月）、音楽祭（1月）など。夏季研修ではカッター訓練やスポーツ競技、座禅など盛りだくさんの内容で実施します。研修旅行（6月・2年）は北海道へ。

●クラブ活動／甲子園大会出場20回・優勝8回（春夏連覇2回）の硬式野球部をはじめラグビー、卓球、ゴルフ、吹奏楽などが全国大会で活躍しています。Ⅰ・Ⅱ類ではバスケットボールや剣道、サッカー、チアリーダーなどの体育系と、合唱、ロケット、囲碁将棋、書道、ドローン同好会などの文化系が活動中。加入率は約60%です。

●学習指導／土曜日も5時限（高3生は6時限）まで授業を行っており、年間265日もの授業日数を確保。学習習慣を身につけるとともに先取り学習を進め、確かな実力を養います。

●スクールライフ／3学期制／登校時刻…8：45／頭髪…染色・パーマ禁止／アルバイト…禁止／自転車通学…許可（最寄駅から自転車通学の場合、駐輪場の確保ができる生徒）／携帯…持込禁止

カリキュラム　CURRICULUM

●Ⅰ　類
京都大学を中心とする難関国立大学合格をめざします。質・量ともにかなり密度の高い、独自のカリキュラムです。2年次までに高校の履修内容をすべて終え、最終学年の1年間は難関大学の2次試験に対応できる論理的思考力と記述力を養成。「東大・京大特別進学講座」など大学別の対策講座を組み入れて実践力を高めます。東大、京大、国公立大学医学部医学科など最難関大学をめざすエクシード（EX）クラスも設置しています。

●Ⅱ　類
難関国公立大への進学を第1目標とし、首都圏・関西圏の難関私立大も視野に入れた進学指導を行います。2年進級時に文系／理系の進路選択を行い、各教科ごとの知識や考え方を専門的に学習。Ⅰ類と同様、2年次までに高校の履修内容をほぼ修了し、3年次には文／理の専門性をさらに高めるとともに、入試問題を中心とした演習授業を展開します。

●Ⅲ　類（体育・芸術コース）
硬式野球（男子）・ラグビー（男子）・ゴルフ・卓球（男子）・サッカー・バスケットボール・陸上競技・吹奏楽・バレエの必修クラブがあります。専門種目の技術を極めることを目標としながらその裏づけとなる理論を学び、将来指導者となるための素養を修得。またⅠ類・Ⅱ類と同様に高い学力を身につけて、難関大学への進学をめざします。

高校からの入学ですが、早朝テストのことはホームページなどで知っていました。毎朝のことなので最初は不安でしたが、覚えなくてはならない英単語の量を考えたとき、この早朝テストを通してコツコツ覚えていくのが一番。書いて覚えることも大切にしています。満点をとることは簡単ではありませんが、学習の習慣づけの大切さ、1つひとつ繰り返しやることの大切さがわかるようになりました。（Y・F）

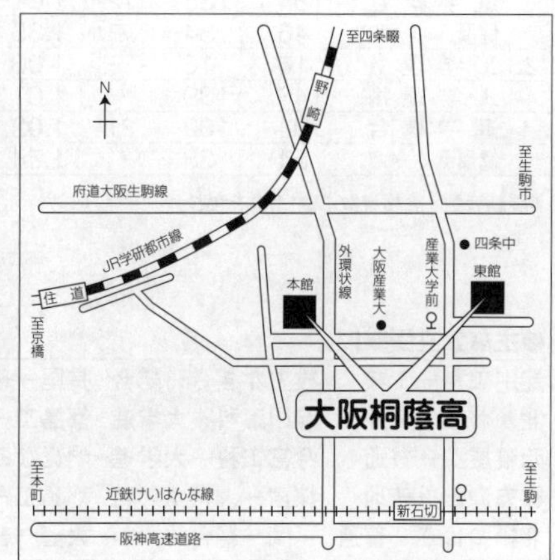

進研Vもし 合格のめやす

●目標偏差値(合格可能性80%)

併願		専願	
Ⅰ類	69	Ⅰ類	67
Ⅱ類	64	Ⅱ類	61
Ⅲ類	64		

30 35 40 45 50 55 60 65 70 75

Ⅰ類: 努力圏 合格圏 安全圏

Ⅱ類/Ⅲ類: 努力圏 合格圏 安全圏

入試ガイド

●募集要項 ＊2024年度入試実施分

募集人員	Ⅰ類190(エクシードクラス30名含む)、Ⅱ類80、Ⅲ類180
出願期間	1/22～1/30(郵送)2/8(窓口)
受験料	20,510円(通知郵送料510円を含む)
学力検査	2月10日
面接	実施しない
合格発表	2月11日
入学手続	専願 2月17日 併願 3月19日

●試験科目と配点・時間

科目	国語	数学	英語	社会	理科
配点	100点	100点	100点	100点	100点
時間	50分	50分	60分	50分	50分

＊英語・数学において外部検定資格の活用あり。

●学費

入学金	200,000円	制服代	約 128,000～円
年間授業料	620,000円	その他制定品費	約 34,000円
諸会費計	51,000円	積立金	240,000円
修学旅行積立	約 140,000円	初年度納入金合計	約 1,413,000～円

＊Ⅰ・Ⅱ類の場合

入試状況

●併願

年度	学科・コース	受験者数	合格者数	回し	倍率	合格最低点
'24	Ⅰ類	241	226	—	1.07	290/500
	Ⅱ類	12	11	5	1.09	263/500
	Ⅲ類	0	0	—	—	—/—
'23	Ⅰ類	291	213	—	1.37	297/500
	Ⅱ類	15	14	65	1.07	241/500
	Ⅲ類	0	0	—	—	—/—

●専願

年度	学科・コース	受験者数	合格者数	回し	倍率	合格最低点
'24	Ⅰ類	69	67	—	1.03	280/500
	Ⅱ類	8	7	2	1.14	244/500
	Ⅲ類	196	196	—	1.00	—/—
'23	Ⅰ類	88	44	—	2.00	287/500
	Ⅱ類	7	7	42	1.00	230/500
	Ⅲ類	166	165	—	1.01	—/—

＊受験者数は志願者数。

●主な公立受験校

四條畷－文理	高津－文理	天王寺－文理
寝屋川－普通	八尾－普通	郡山－普通
奈良－普通	夕陽丘－普通	大手前－文理
南陽－普通	清水谷－普通	奈県大－探究/併

卒業後の進路

卒業者数/ 591 人

大学進学	短大進学	専門学校等	就職	進学準備ほか
455人	—	10人	2人	124人

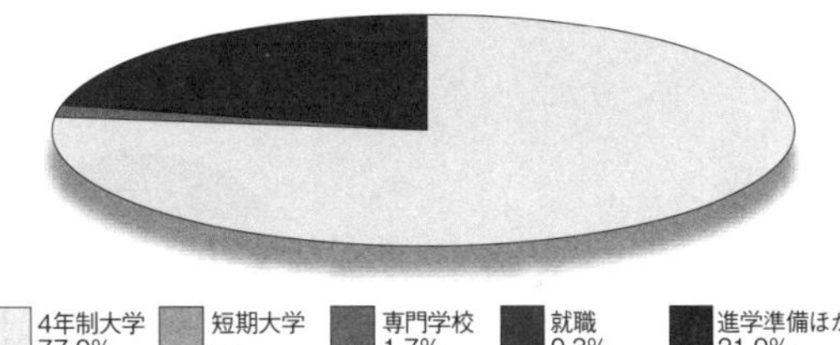

4年制大学 77.0%　短期大学 —　専門学校 1.7%　就職 0.3%　進学準備ほか 21.0%

●主な大学合格状況

国・公立大/

京都大 30	大阪大 20	神戸大 21
北海道大 4	滋賀大 1	滋賀医科大 1
京都教育大 1	京都工繊大 12	大阪教育大 7
奈良教育大 5	奈良女子大 3	和歌山大 5
広島大 2	滋賀県立大 3	京都府立大 1
京都府立医 1	大阪公立大 38	兵庫県立大 12
奈良県立大 2	奈良県立医 6	和歌山県医 1

私立大/

関西大 99	関西学院大 89	同志社大 123
立命館大 125	京都産業大 29	近畿大 276
甲南大 11	龍谷大 48	早稲田大 6

大阪夕陽丘学園高等学校

学校法人 大阪夕陽丘学園
〒543-0073 大阪市天王寺区生玉寺町7-72
TEL06-6771-9510　FAX06-6773-0356
https://www.oyg.ed.jp

■創立／昭和14年(1939)　■校長／大崎俊人
■生徒数／1,191人(1年／248人 2年／469人 3年／474人)
■併設校／大阪夕陽丘学園短期大学
■沿革／昭和14年設立の大丸洋裁研究所が前身。同22年財団法人大阪女子厚生学園を設立。同25年大阪女子学園高等学校に改称。平成17年男女共学化し、現校名に変更しました。
■交通／大阪メトロ谷町線「四天王寺前夕陽ヶ丘」より徒歩3分、近鉄「大阪上本町」から徒歩12分、南海「なんば」より徒歩12分

インフォメーション　INFORMATION

●**教育方針**／立学の精神は「愛と真実」。「愛」とは損得などを超えて人を愛し慈しむこと、「真実」とは人を偽らずに生きること。豊かな知性と、協力の精神に富んだ人間の形成に努めています。
●**学校行事**／遠足(5月)、演劇鑑賞(5月・3年)、文化祭(6月)、海外研修(8月・英語国際)、体育祭(9月)、修学旅行(12月)、卒業演奏会(1月・音楽)、卒業制作展(1月・美術)など。
●**クラブ活動**／体育系は少林寺拳法、弓道、女子ソフトボール、バドミントン、硬式テニスなど、文化系は音楽部(コーラス)、ESS、軽音楽、放送、書道、茶道、美術、演劇、家庭科などが活動しています。
●**海外交流**／英語国際コースのグローバルでは、2年次4月以降にアメリカ、カナダ、オーストラリア、ニュージーランドなどへ1年間留学します。
●**スクールライフ**／3学期制／登校時刻…8：35／頭髪…染色・パーマ禁止(髪の長さ)／アルバイト…許可(家庭の事情による)／自転車通学…許可(一定の通学範囲)／携帯…許可(事情のある生徒のみ)

カリキュラム　CURRICULUM

●**特進Ⅰ類コース／特進Ⅱ類コース**
国公立大・難関私立大学の進学のため、段階的かつ機能的に学習。「詰め込み学習」ではなく、「地道に学習」しながら、授業を軸に基礎学力を固め、年次を追って受験対策へと繋げます。1年次には自学自習の方法を身につける「学習合宿」を実施。2年次では文系・理系に分かれ、3年次では国公立型・私立型のカリキュラムを選択し、難関大学へ対応した受験対策を行います。
●**文理進学コース**
1年次に基礎的な学力を身につけ、2年次からは自分の進路に合わせて、リベラルアーツ／ベーシックサイエンスを選択します。2年生進級時に模試成績上位者で難関大学希望者は特進コースへ移動が可能です。3年次では希望する進路に合わせてきめ細かく進路指導します。総合型(旧AO)、学校推薦型(旧公募・旧指定校)で大学進学を目指す指導を行います。
●**英語国際コース**
1年間留学する「グローバル」、国内での学習に集中する「インテンシブ」を設定しています。週10時間以上の英語授業のほか、関西外国語大学との高大連携プログラムも充実。在学中に英検準1級・TOEIC800点取得をめざします。
●**音楽コース／●美術コース**
音楽大・美術大・芸術大への進学を目標に、「専門家としての本物の基礎」を習得します。音楽コースは声楽、ピアノなど3年間で25単位の専門科目を履修。美術コースでは、とくにデッサンに重点をおいて指導します。

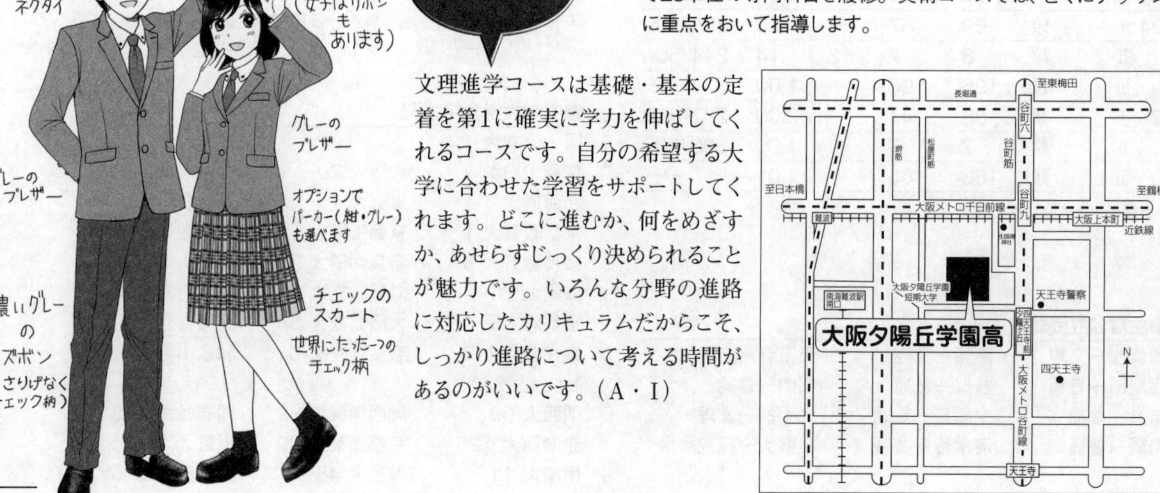

文理進学コースは基礎・基本の定着を第1に確実に学力を伸ばしてくれるコースです。自分の希望する大学に合わせた学習をサポートしてくれます。どこに進むか、何をめざすか、あせらずじっくり決められることが魅力です。いろんな分野の進路に対応したカリキュラムだからこそ、しっかり進路について考える時間があるのがいいです。(A・I)

進研Vもし 合格のめやす

●目標偏差値(合格可能性80%)

併願		専願	
特進Ⅰ類	53	特進Ⅰ類	50
英語国際	51	英語国際	48
特進Ⅱ類	48	特進Ⅱ類	46
音楽	48	音楽	43
美術	48	美術	43
文理進学	45	文理進学	40

30 35 40 45 50 55 60 65 70 75

特進Ⅰ類：努力圏 合格圏 安全圏

英語国際：努力圏 合格圏 安全圏

特進Ⅱ類／音楽／美術：努力圏 合格圏 安全圏

文理進学：努力圏 合格圏 安全圏

入試状況

●併願

年度	学科・コース	受験者数	合格者数	回し	倍率	合格最低点
'24	特進Ⅰ類	210	201	—	1.04	232/500
	特進Ⅱ類	143	140	8	1.02	204/500
	英語国際	70	70	—	1.00	145/300
	音楽	16	16	—	1.00	125/300
	美術	93	93	—	1.00	130/300
	文理進学	186	185	4	1.01	123/300

●専願

年度	学科・コース	受験者数	合格者数	回し	倍率	合格最低点
'24	特進Ⅰ類	18	17	—	1.06	230/500
	特進Ⅱ類	28	27	1	1.04	200/500
	英語国際	27	22	—	1.23	141/300
	音楽	10	10	—	1.00	130/300
	美術	17	16	—	1.06	122/300
	文理進学	84	84	5	1.00	120/300

●主な公立受験校

大阪ビジＦ－グロ	みどり清朋－普通	山本－普通
港－普通	港南造形－造／特	布施－普通
教育センター附属	柴島－総合	旭－普通
花園－普通	東淀川－普通	阿倍野－普通
工芸－プロダ／特	桜和－教育文理	花園－国際文化

入試ガイド

●募集要項　＊2024年度入試実施分

募集人員	特進Ⅰ類36、特進Ⅱ類72、文理進学108、英語国際72、音楽36、美術36
出願期間	1/21～1/27
受験料	20,000円
学力検査	2月10日
面接	専願のみ(個人)
合格発表	2月11日
入学手続	専願 2月21日 併願 3月25日

●試験科目と配点・時間

科目	国語	数学	英語	社会	理科
配点	100点	100点	100点	100点	100点
時間	50分	50分	50分	50分	50分

＊特進コースは5科、その他コースは3科(国数英)。

●学費

入学金	200,000円	制服・その他制定品費	約100,000円
年間授業料	588,000円	教科書・その他	約40,000円
諸会費計	72,200円	学習用iPad関連費用	120,000円
旅行費積立	120,000円	初年度納入金合計	約1,240,200円

＊別途各コース費用が必要。

卒業後の進路

卒業者数／374人

大学進学	短大進学	専門学校等	就職	進学準備ほか
270人	8人	68人	4人	24人

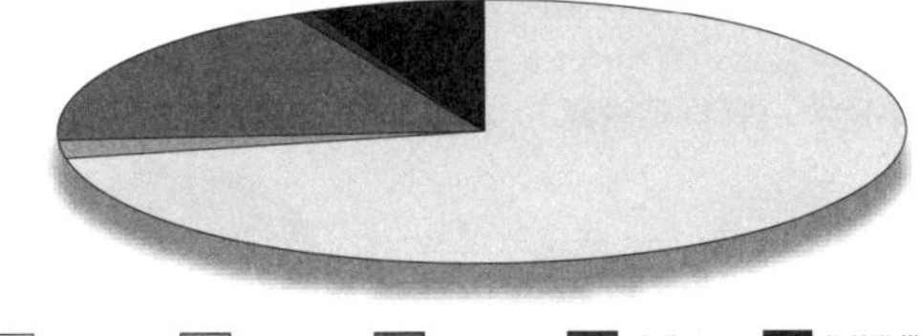

4年制大学 72.2%　短期大学 2.1%　専門学校 18.2%　就職 1.1%　進学準備ほか 6.4%

●主な大学合格状況

国・公立大／
大阪教育大 2　信州大 1　北見工業大 1

私立大／
関西学院大 3　立命館大 6　京都産業大 7
近畿大 32　甲南大 4　龍谷大 1
佛教大 1　摂南大 54　神戸学院大 29
追手門学院大 29　桃山学院大 60　関西外国語大 27
京都外国語大 4　同志社女子大 3　京都女子大 2
神戸女学院大 2　大阪女学院大 1　武庫川女子大 5
甲南女子大 3　大阪経済大 14　大阪芸術大 6
大阪音楽大 3　大和大 11　大阪歯科大 2
宝塚医療大 1

大阪緑涼高等学校

学校法人 谷岡学園
〒583-8558 藤井寺市春日丘3-8-1
TEL072-955-0718　FAX072-955-0748
https://www.osakaryokuryo.ed.jp/

■創立／昭和29年(1954)　■校長／西本真治
■生徒数／578人(1年／186人 2年／174人 3年／218人)
■系列校／大阪商業大学 神戸芸術工科大学 至学館大学(姉妹校)
■沿革／昭和30年、大阪女子短期大学開学と同時に、大阪商業大学附属女子高等学校を大阪女子短期大学附属高等学校と改称。平成12年新校舎竣工。同29年現校名に。同31年全科男女共学化。
■交通／近鉄南大阪線「藤井寺駅」から徒歩5分

インフォメーション INFORMATION

●**教育方針**／建学の理念「世に役立つ人物の養成」に基づき、良き社会人、良き家庭人として生きる力を身に付けた人物の養成を目指しています。「思いやりと礼節」を大切にし、豊かな心を育み、道徳性が身に付くことに重点を置いています。
●**学校行事**／弁論・コーラス大会(6月)は伝統行事です。ほかにコミュニケーションキャンプ(4月・1年)、緑涼祭(9月・10月、文化の部・体育の部)、芸術鑑賞・校外学習(11月)など。修学旅行(2年)は中部・関東方面へ(異なる場合があります)。
●**クラブ活動**／運動部はスポーツ特待生制度がある女子バレーボールを筆頭に、男女バスケットボール、男女サッカー、男女バドミントン、卓球、テニス、陸上競技、ダンス、テコンドーのクラブ・同好会があります。 文化部は数々の受賞を誇る書道部を筆頭に、吹奏楽部、軽音楽、ESS、サブカルチャー研究、箏曲、写真、美術、茶華道、家庭科、歴史研究、放送、科学のクラブ・同好会。
●**推薦制度**／系列校(大阪商業大学、神戸芸術工科大学)への入学について、独自の奨学金制度や入学金免除などの特典のほか、姉妹校(至学館大学)についても同様の制度が適用されます。
●**スクールライフ**／3学期制／登校時刻…8：30／頭髪…染色・パーマ禁止／アルバイト…原則禁止(申請により許可)／自転車通学…許可(保険要)／携帯…許可(授業中の使用厳禁)

カリキュラム CURRICULUM

●**文理ハイレベルコース**
国公立大学・有名私立大学を目指すコースです。少人数指導や習熟度別授業により、生徒一人ひとりに対して、きめ細やかなサポートで充実した学習指導を実践しています。
●**総合進学コース**
2年生から、『なりたい自分』をかなえるための5つの系統(言語と文化／理数科学／地域と社会／食と農マネジメント／ビジネスと情報)に分かれます。自分の得意を見つけ、課題を乗り越えることで、自身の将来に具体性を持たせることができます。
●**保育系進学コース**
幼稚園教諭や保育士などの子どもに携わる仕事を目指し、基礎的知識や技術を学ぶコースです。実習等を通して、子どもたちを笑顔にできる保育者の資質を高めます。一人ひとりの進度に合わせた技能指導を実施しています。
●**調理師コース**
高校卒業と同時に調理師免許を取得できるコースです。1年生から調理師に必要な知識や技術を学びます。校内で行う『模擬レストラン実習』を通じて、より実践的な力を身に付けます。
●**製菓衛生師コース**
お菓子づくりのプロを目指すコースです。2年生修了時までに製菓衛生師試験の受験に必要な科目を学び、3年生では国家試験に向けて専門科目の教員が対策講座を行います。在学中に国家試験に挑戦し、全員合格を目指します。

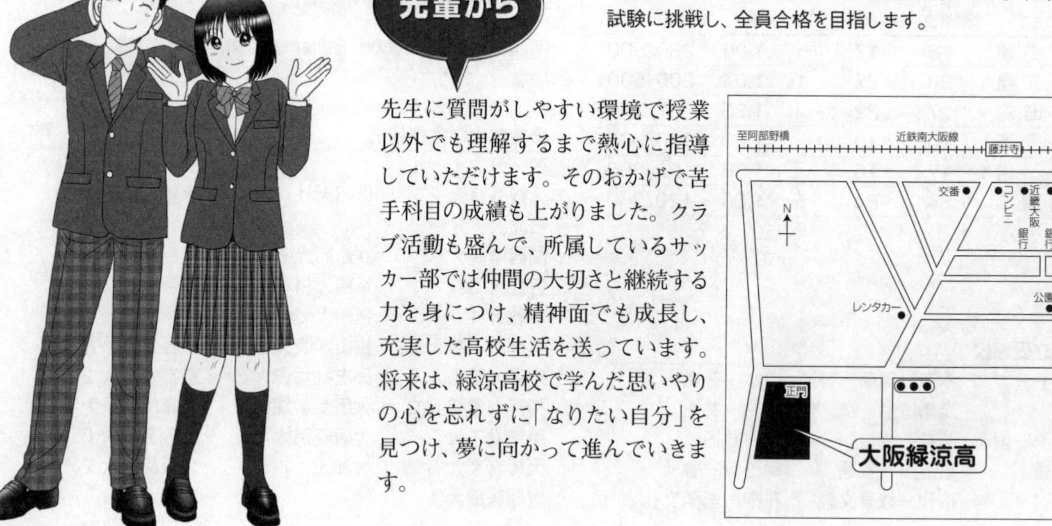

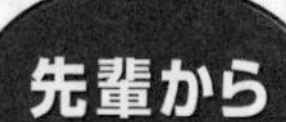

先生に質問がしやすい環境で授業以外でも理解するまで熱心に指導していただけます。そのおかげで苦手科目の成績も上がりました。クラブ活動も盛んで、所属しているサッカー部では仲間の大切さと継続する力を身につけ、精神面でも成長し、充実した高校生活を送っています。将来は、緑涼高校で学んだ思いやりの心を忘れずに「なりたい自分」を見つけ、夢に向かって進んでいきます。

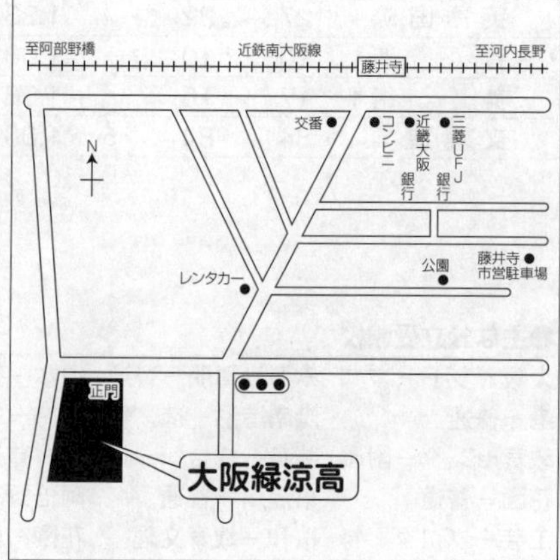

進研Vもし 合格のめやす

●目標偏差値（合格可能性80%）

併願		専願	
文理ハイレベル	45	文理ハイレベル	42
総合進学	42	総合進学	39
保育系進学	42	保育系進学	39
		調理製菓科	40

30 35 40 45 50 55 60 65 70 75

文理ハイレベル
努力圏 合格圏 安全圏

総合進学／保育系進学
努力圏 合格圏 安全圏

調理製菓科（専願）
努力圏 合格圏 安全圏

入試状況

●併願

年度	学科・コース	受験者数	合格者数	回し	倍率	合格最低点
'24	文理ハイレベル	45	45	—	1.00	225/500
	総合進学	328	327	—	1.00	125/300
	保育系進学	11	11	—	1.00	125/300
	調理師	—	—	—	—	—/—
	製菓衛生師	—	—	—	—	—/—

●専願

年度	学科・コース	受験者数	合格者数	回し	倍率	合格最低点
'24	文理ハイレベル	4	4	—	1.00	200/500
	総合進学	91	90	3	1.01	110/300
	保育系進学	9	9	—	1.00	110/300
	調理師	41	36	—	1.14	110/300
	製菓衛生師	26	26	—	1.00	110/300

●主な公立受験校

懐風館－普通	大塚－普通	長野－普通
藤井寺－普通	松原－総合	金剛－普通
八尾翠翔－普通	山辺－生物／特	吹田－普通
高田商－商業／特	八尾北－総合	長野－国際文化
長吉－Eパワ／特	教育センター附属	東百舌鳥－普通

入試ガイド

●募集要項　＊2024年度入試実施分

募集人員	普通科＝文理ハイレベル30、総合進学／保育系進学…150、調理製菓科＝調理師（専願）35、製菓衛生師（専願）25
出願期間	1/22～1/30
受験料	20,000円
学力検査	2月10日
面接	専願のみ（個人）
合格発表	2月13日
入学手続	専願 2月22日 併願 3月19日

●試験科目と配点・時間

科目	国語	数学	英語	理科	社会
配点	100点	100点	100点	100点	100点
時間	50分	50分	50分	50分	50分

＊文理ハイレベルは5科、総合進学・保育系進学・調理製菓科は3科（国・数・英）。

●学費

入学金	200,000円	制服・教科書等	別途円
年間授業料	600,000円	教材費	33,000円
諸会費・諸費	83,200円	コース費	50,000円
修学旅行積立	90,000円	初年度納入金合計	1,056,200円

＊総合進学コースの場合

卒業後の進路

卒業者数／217人

大学進学	短大進学	専門学校等	就職	進学準備ほか
94人	11人	64人	29人	19人

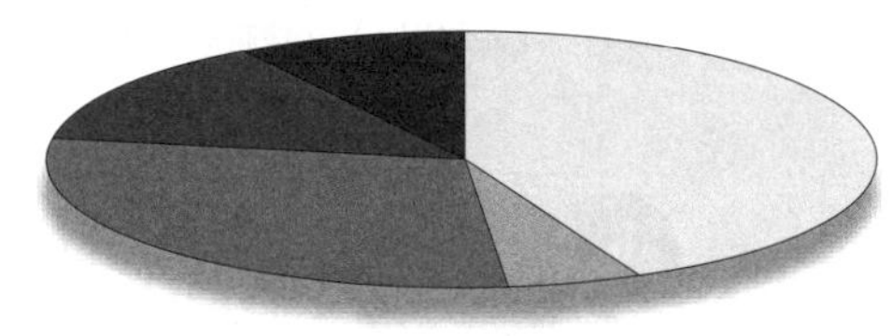

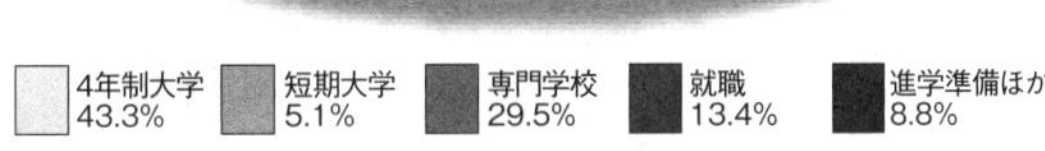

●主な大学合格状況（現役のみ）

私立大／

大阪商業大 21	近畿大 8	龍谷大 5
摂南大 7	追手門学院大 2	桃山学院大 2
関西外国語大 4	四天王寺大 16	帝塚山学院大 8
大阪電気通信大 7	大阪樟蔭女子大 3	常磐会学園大 6
東大阪大 1	大和大 1	大阪大谷大 1
大阪経済法科大 3	大阪学院大 1	大阪芸術大 2
大阪人間科学大 2	大阪総合保育大 2	森ノ宮医療大 2
太成学院大 2	阪南大 5	大手前大 2
大阪河崎ﾘﾊﾋﾞﾘﾃｰｼｮﾝ大 2	神戸女学院大 6	神戸常盤大 1
京都先端科学大 2	岐阜医療科学大 1	倉敷芸術科学大 1
日本文理大 1		

開明高等学校

学校法人 大阪貿易学院
〒536-0006 大阪市城東区野江1丁目9-9
TEL06-6932-4461　FAX06-6932-4400
https://www.kaimei.ed.jp/

■創立／大正3年（1914）　**■校長**／林　佳孝
■生徒数／742人（1年／261人 2年／245人 3年／236人）
■併設校／開明中学校
■沿革／大正3年設立の大阪貿易語学校が前身。平成7年現校名に改称。同16年男女募集を開始。同26年創立100周年を迎えました。
■交通／JR・京阪「京橋」から徒歩8分、JR・京阪「野江」、大阪メトロ長堀鶴見緑地線・今里筋線「蒲生四丁目」、谷町線「野江内代」から徒歩12分

インフォメーション INFORMATION

●教育方針／「開明」とは、人智が開け文物が進歩すること。リーダーとして活躍する人間、情報化社会に対応できる人間、国際感覚に富む人間、思いやりの心を備えた人間を育てます。

●学校行事／勉強合宿（4月）、体育大会（5月）、芸術鑑賞会（6月）、海外語学研修（8月）、文化祭・校外学習（9月）、勉強合宿（10月・2年）、耐寒訓練（1月）、スキー実習（2月・1年）など。修学旅行（6月・2年）は北海道へ。

●クラブ活動／体育系はラグビー、硬式野球、剣道、硬式テニス、卓球、サッカーなど。文化系はNHK全国高校放送コンテスト出場の放送部をはじめ将棋、かるた、写真、美術、ESS、情報工学、合唱、書道、クラシック音楽、囲碁などが活動しています。加入率は約60 ～ 70%です。

●海外交流／1年次の希望者を対象に、約2週間のオーストラリア語学研修（8月）を実施。ホームステイしながら、生の実践英語と異文化をじっくりと体験します。

●スクールライフ／3学期制／頭髪…染色・パーマ・長髪禁止（女子は肩にかかる場合はゴム等で束ねる）／アルバイト…禁止／自転車通学…許可（一定距離以上）／携帯…持込禁止

カリキュラム CURRICULUM

●6年文理編入コース
難関国公立大学への対応はもちろん、学びを大切にしています。1年間に3期の特別授業があり、3年間あわせると1年分の授業日数になります。つまり、3年間で4年分の授業日数となり、平常の授業で学んだ事を特別授業で磨きをかけます。
2年次からは文系・理系別、学習到達度別にクラス分けを行います。国文理クラスは高い学習到達度のクラスです。このクラスからは東大、京大をはじめ、国公立大学の医学部医学科などの難関大の合格者が多数出ています。難関大のクラス指導、教科指導、受験指導のノウハウの蓄積と、進路説明会、実力テストの緻密な分析により、工夫をこらした進路指導を行っています。
目標は、生徒が自分の夢を追求しながら、大学への現役合格を果たすこと。大学の研究室やゼミ訪問、研究機関への訪問など、進路探究活動もすすめています。

☆毎日行われる昼テスト（15分間）では、国語・英語・数学・理科などコツコツと積み上げていく必要のある項目をチェック。これを単位数に換算すると1週間で約2単位分になります。
☆夏期・冬期・春期には「特別授業」（全員参加）が設けられており、平常の授業で学んだ内容にさらに磨きをかけます。これらを3年間あわせると1年分の授業日数になります。

先輩から

開明は、とにかく授業数が多いことが特徴。高1の週3回は1日8時間の授業や昼テストは慣れるまで少し辛いと思います。先生方は熱心な方が多く夜遅くまで学校にいらっしゃるので、わからないことはすぐ質問をしに行けます。授業でわからないことは、その日のうちに解決しておくのがコツ。しかし勉強だけでは高校生活はつまらないので、勉強以外のことにも打ち込みながら、目標に向かって突き進んでください。

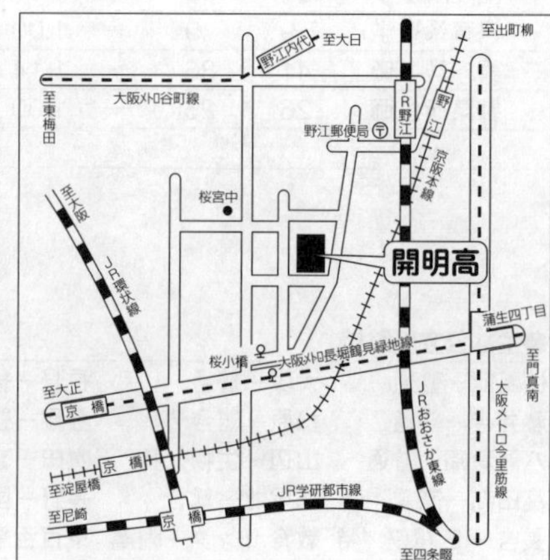

進研Vもし 合格のめやす

●目標偏差値(合格可能性80%)

併願	専願
6年文理編入………… 70	6年文理編入………… 67

30 35 40 45 50 55 60 65 70 75

6年文理編入

努力圏 合格圏 安全圏

入試ガイド

●募集要項 ＊2024年度入試実施分

募集人員 6年文理編入80

出願期間 1/22〜1/29
受験料 20,000円
学力検査 2月10日
面接 実施しない
合格発表 2月11日
入学手続 専願 2月15日
併願 3月19日

●試験科目と配点・時間

科目	国語	数学	英語	社会	理科
配点	100点	100点	100点	100点	100点
時間	50分	50分	50分	50分	50分

＊専願は志望理由書(100点)を提出。筆記試験(5科500点×0.8=400点)との合計500点満点で判定。

●学費

入学金	200,000円	制服代	—
年間授業料	650,000円	教材費	—
諸会費計	18,200円	学級費・積立金	280,000円
修学旅行積立	50,000円	初年度納入金合計	1,198,200円

入試状況

●併願

年度	学科・コース	受験者数	合格者数	回し	倍率	合格最低点
'24	6年文理編入	46	46	—	1.00	258/500
'23	6年文理編入	40	40	—	1.00	285/500
'22	6年文理編入	36	36	—	1.00	285/500

●専願

年度	学科・コース	受験者数	合格者数	回し	倍率	合格最低点
'24	6年文理編入	17	16	—	1.06	255/500
'23	6年文理編入	13	11	—	1.18	270/500
'22	6年文理編入	6	5	—	1.20	270/500

●主な公立受験校

四條畷−文理 八尾−普通 大手前−文理

卒業後の進路

卒業者数／239人

大学進学	短大進学	専門学校等	就職	進学準備ほか
168人	—	—	—	71人

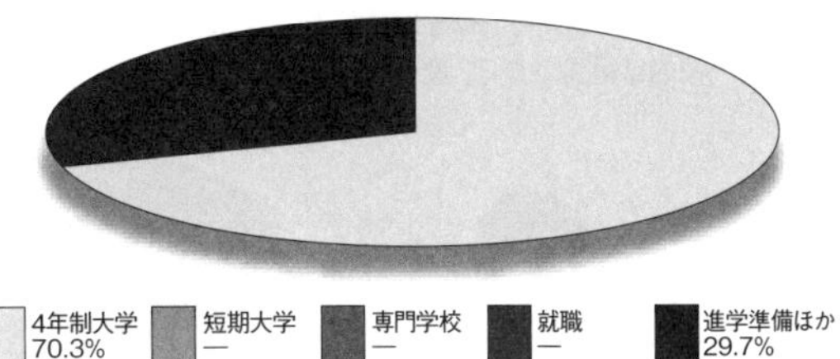

4年制大学 70.3% 短期大学 — 専門学校 — 就職 — 進学準備ほか 29.7%

●主な大学合格状況

国・公立大／

東京大 1 京都大 18 大阪大 5
神戸大 12 北海道大 4 東北大 1
名古屋大 1 九州大 2 京都教育大 1
京都工織大 2 大阪教育大 5 兵庫教育大 1
奈良教育大 3 奈良女子大 3 和歌山大 7
京都府立大 2 大阪公立大 23 兵庫県立大 3
奈良県立大 2 奈良県立医 2 和歌山県医 2

私立大／

関西大 87 関西学院大 43 同志社大 65
立命館大 58 京都産業大 7 近畿大 76
甲南大 3 龍谷大 16 佛教大 2

関西大倉高等学校

学校法人 関西大倉学園
〒567-0052 茨木市室山2-14-1
TEL072-643-6321 FAX072-643-8375
https://www.kankura.jp/

■創立／明治35年（1902）　■校長／古川英明
■生徒数／1,419人（1年／465人 2年／532人 3年／422人）
■併設校／関西大倉中学校
■沿革／昭和23年関西商工学校（明治35年創立）と大阪大倉商業学校（明治40年創立）が合併し、現校名に改称。令和4年創立120周年を迎えました。
■交通／JR「茨木」・阪急線「茨木市」「石橋阪大前」「北千里」・北大阪急行・大阪モノレール「千里中央」からスクールバス（20～25分）

インフォメーション INFORMATION

●教育方針／北摂の景勝地、大阪屈指の文教地区の中、「誠実で品性の高い教養ある人間の育成」を実践。知・徳・体のバランスのとれた、総合的な人格をもつ生徒を育成します。
●学校行事／体育祭（6月）、バスケットボール大会（6月・3年）、イギリスハロウ校海外研修（7月）、文化祭（9月）、芸術鑑賞会（10月、1・2年）、ロードレース大会（11月・1年）、ダンス発表会（2月・2年）など。修学旅行（11月・2年）は石垣島へ。
●クラブ活動／体育系は全国大会準優勝の実績をもつ女子ダンス部のほか洋弓、ソフトボール、陸上競技、柔道、硬式野球、サッカー、剣道など。文化系は全国高等学校将棋選手権大会女子団体優勝の囲碁将棋部をはじめ、ギターマンドリンクラブ、吹奏楽、書道、科学、和太鼓などが活動しています。加入率は約65%です。
●スクールライフ／3学期制／始業時刻…8：30／頭髪…染色・パーマ禁止、男子は襟にかからない・耳にかからない、女子は襟を超える長さの時は単色のゴムでまとめる／アルバイト…禁止（原則禁止だが、経済的状況などにより許可する場合もある）／自転車通学…許可（損害保険に加入する）／携帯…許可（要申請・校内は電源OFF、登下校時は緊急連絡に限る）

カリキュラム CURRICULUM

●特進Sコース
東大・京大など、最難関国立大の現役合格をめざす生徒のみで編成される選抜コース。1年次から質量ともに充実した授業内容であることはもちろん、国立大学の2次試験で求められる記述力・論述力の強化を早期からはかります。3年進級時のコース入れ替えは原則行わないため、2年間同じクラスの仲間たちと切磋琢磨しながら着実なステップを歩んでいくことができます。
●特進コース
阪大・神大をはじめとする難関国公立大への進学を強力に支援していくコースです。週34時間（55分授業）を基本に、受験科目に重点をおいた時間配分で教科のカリキュラムを設定。センター試験で高得点をとれる基礎力、各大学独自の2次試験をクリアするための応用力を養います。2年次から文系／理系に。3年次には演習中心の授業、目標校に狙いを定めた入試対策により、1人ひとりの生徒を志望大学合格へと導いていきます。

先輩から

入学当初はいろんな不安がありましたが、内容が非常に濃くて分かりやすい授業のおかげで、その不安もなくなりました。放課後の学習会では、どうしても分からないところや間違いやすい問題などを丁寧に解説してくださいます。勉強に対してとても積極的な学校なので、苦手教科でも楽しく授業を受けられるようになりました。クラブ活動も盛んで、設備も充実。日々多くの生徒が部活動でがんばっています。（R・N）

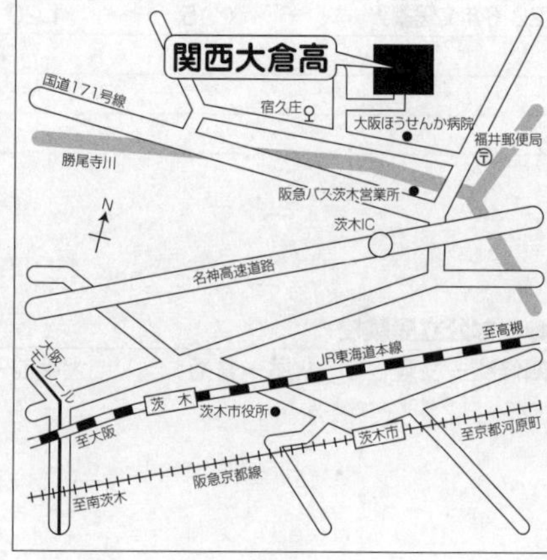

進研Vもし 合格のめやす

●目標偏差値（合格可能性80％）

併願		専願	
特進Ｓ	70	特進Ｓ	68
特進	64	特進	61

	努力圏	合格圏	安全圏
特進Ｓ	63〜67	67〜70	70〜
特進	57〜61	61〜64	64〜69

入試ガイド

●募集要項　＊2024年度入試実施分

募集人員　特進Ｓ35、特進280

出願期間　1/22〜1/29
受験料　20,000円
学力検査　2月10日
面接　実施しない
合格発表　2月13日
入学手続　専願 2月15日
　併願 3月19日

●試験科目と配点・時間

科目	国語	数学	英語	社会	理科
配点	100点	100点	100点	100点	100点
時間	50分	50分	50分	50分	50分

＊英語外部検定資格の活用あり。

●学費

入学金	200,000円	制服等制定品	約 88,000円
年間授業料	620,000円	クラス費	約 90,000円
諸会費計	14,400円	施設設備費	30,000円
修学旅行積立	約 130,000円	初年度納入金合計	約 1,172,400円

入試状況

●併願

年度	学科・コース	受験者数	合格者数	回し	倍率	合格最低点
'24	特進S	855	191	—	4.48	380/500
	特進	209	205	659	1.02	290/500
'23	特進S	862	219	—	3.94	375/500
	特進	283	194	580	1.46	325/500
	総合	37	35	146	1.06	275/500
'22	特進S	779	212	—	3.67	390/500
	特進	249	171	500	1.46	335/500
	総合	28	28	145	1.00	280/500

●専願

年度	学科・コース	受験者数	合格者数	回し	倍率	合格最低点
'24	特進S	49	1	—	49.00	375/500
	特進	50	43	45	1.16	270/500
'23	特進S	40	3	—	13.33	370/500
	特進	56	23	23	2.43	315/500
	総合	49	16	41	3.06	255/500
'22	特進S	29	2	—	14.50	385/500
	特進	45	13	16	3.46	325/500
	総合	21	17	39	1.24	260/500

●主な公立受験校

春日丘ー普通　豊中ー文理　茨木ー文理
三島ー普通　池田ー普通　千里ー国際文化
千里ー総合科学　箕面ー普通　北野ー文理
寝屋川ー普通　大手前ー文理　箕面ーグローバル
市西宮ー普通　葺合ー普通

卒業後の進路

卒業者数／604人

大学進学	短大進学	専門学校等	就職	進学準備ほか
488人	2人	4人	—	110人

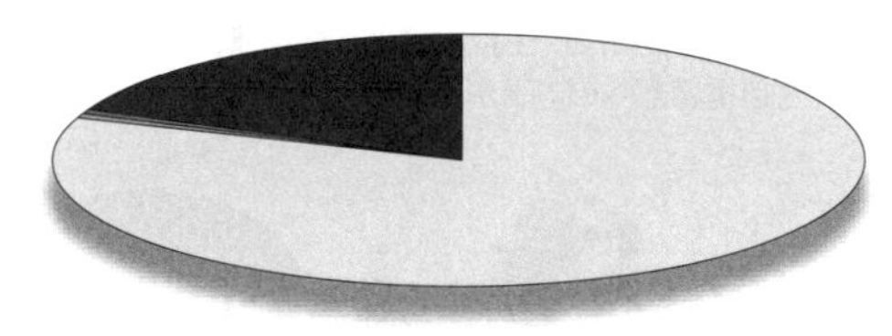

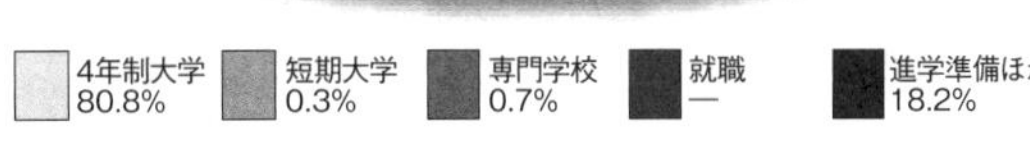

●主な大学合格状況

国・公立大／
東京大 1　京都大 6　大阪大 20
神戸大 13　北海道大 1　滋賀大 6
滋賀医科大 2　京都教育大 3　京都工繊大 7
大阪教育大 10　奈良教育大 2　奈良女子大 5
和歌山大 5　岡山大 4　滋賀県立大 7
京都府立大 6　京都府立医 3　大阪公立大 35
兵庫県立大 15　奈良県立大 1　奈良県立医 1

私立大／
関西大 135　関西学院大 136　同志社大 68
立命館大 159　京都産業大 88　近畿大 330
甲南大 26　龍谷大 170　佛教大 6

関西創価高等学校

学校法人 創価学園
〒576-0063 交野市寺3-20-1
TEL072-891-0011　FAX072-891-0015
https://kansai-senior.soka.ed.jp/

■創立／昭和48年（1973）　■校長／大月　昇
■生徒数／968人（1年／332人 2年／307人 3年／329人）
■併設校／創価大学　創価女子短期大学　関西創価中学校
■沿革／昭和48年、創価女子中学校・高等学校が開校。同57年、関西創価中学校・高等学校に校名変更、男女共学に移行しました。
■交通／JR学研都市線「河内磐船」・京阪交野線「河内森」から徒歩20分、JR学研都市線「津田」から自転車15分

インフォメーション INFORMATION

●**教育方針**／「他人の不幸のうえに自分の幸福を築くことはしない」という信条のもと、「一人も残らず、平和主義、文化主義、人間主義のグローバルリーダーに」とのポリシーを掲げ、創造性豊かな世界市民を育成する教育を行っています。

●**学校行事**／創大研修（6月・2年）、「栄光の日」記念の集い（7月）、サイエンスサマースクール（8月）、グローバルキャンプ（9月）、「情熱の日」記念競技大会・記念の集い（10月）、校外学習（10月）、創立記念式典（「英知の日」・11月）、音楽祭（12月）など。

●**クラブ活動**／硬式野球（第73回甲子園選抜ベスト4）や陸上が有名です。ほかに体育系は、サッカー、ラグビー、バレーボール、剣道など。また全国コンクール優秀賞の吹奏楽のほかダンス、箏曲、ディベート、鼓笛隊も全国レベルで活躍。ＥＳＳ、演劇など文化系も活動しています。

●**海外交流**／TOEICは全員受験。世界中から来校する高校生との交流プログラムも多彩に展開しています。

●**スクールライフ**／3学期制／登校時刻…8：45／頭髪…染色・パーマ禁止／アルバイト…許可（生徒指導部への申請が必要）／自転車通学…許可（生徒指導部への申請が必要）／携帯…許可（生徒指導部への申請が必要）

カリキュラム CURRICULUM

●**普通科**
小学校から大学までの一貫教育の中で、創価大学や創価女子短大への推薦制度があります。「勉学の場」であると同時に最高の「人間教育の場」として、のびのびと個人の才能を開花させます。授業では重点教科を中心に、各教科の基本力と応用力を堅実に養成。英会話（週2時間）は外国人教員が担当し、コミュニケーション力を身につけます（全員がTOEICを受験）。クラブ・生徒会・委員会などの諸活動、また国内や海外での国際交流などを通して、確かな知識と知恵を併せ持つ多彩な人格を育成。1人ひとりの個性を伸ばしながら、総合的な実力を養成します。
2024年度の1年生より「SGクラス」「SPクラス」がスタートしました。「SGクラス」は創価大学・創価女子短期大学の進学を見据え、海外の大学進学も視野に異文化交流も行います。「SPクラス」は国公立・難関大学に対応すべく早くから準備を行い、授業進度を速め、より深く、より広範囲に学びたい生徒のニーズに応えます。

先輩から

私の高校生活は挑戦と努力の毎日でした。海外の大学に進学すると決め、ネイティブの先生方との英会話や多読を通して、日々語学に挑戦しました。英語クラブにも所属し、毎週世界のトピックを英語で討論するなど、英語を使って自分の世界を広げることができました。くじけそうになる時もありますが、どんな時も寄り添い励ましてくれる仲間や先生に囲まれ、最高の学園生活を送ることができました。（R・K）

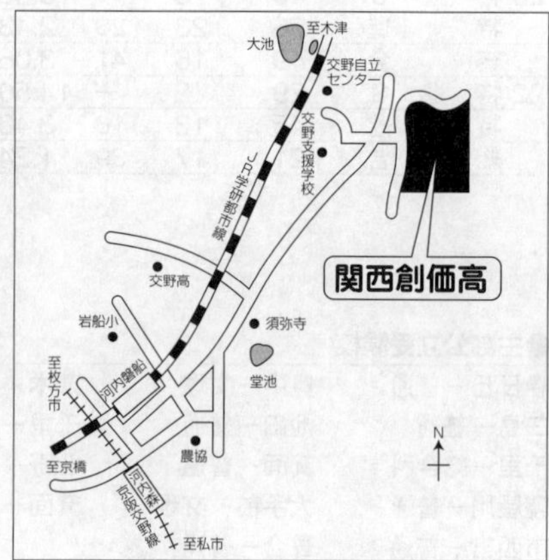

進研Vもし 合格のめやす

●目標偏差値(合格可能性80%)

併願		専願	
普通科	63	普通科	60

	努力圏	合格圏	安全圏
普通科			

入試ガイド

●募集要項 ＊2024年度入試実施分

募集人員　普通科140（一般110、地域限定推薦30）

出願期間　1/22〜2/3
受験料　18,000円
学力検査　2月10日
面接　グループ
合格発表　2月11日
入学手続　専願 2月11日
併願 公立合格発表翌日

●試験科目と配点・時間

科目	国語	数学	英語	—	—
配点	100点	100点	100点	—	—
時間	50分	50分	50分	—	—

＊通学専願・評定重視はほかに個人報告書。＊英検・数検の資格活用あり。

●学費

入学金	200,000円	制服等	約 95,000〜円
年間授業料	480,000円	教科書・副教材費	約 28,000円
維持費	130,000円	その他	—
積立金	43,200円	初年度納入金合計	約 976,200〜円

入試状況

●併願

年度	学科・コース	受験者数	合格者数	回し	倍率	合格最低点
'24	普通科	19	13	—	1.46	—/—
'23	普通科	15	7	—	2.14	—/—
'22	普通科	15	10	—	1.50	—/—

●専願

年度	学科・コース	受験者数	合格者数	回し	倍率	合格最低点
'24	普通科	148	121	—	1.22	—/—
'23	普通科	131	112	—	1.17	—/—
'22	普通科	145	123	—	1.18	—/—

●主な公立受験校

—

卒業後の進路

卒業者数／332人

大学進学	短大進学	専門学校等	就職	進学準備ほか
288人	10人	8人	—	26人

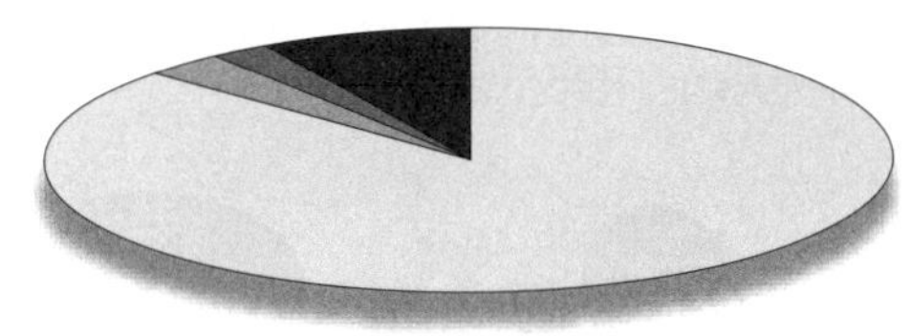

4年制大学 86.7%　短期大学 3.0%　専門学校 2.4%　就職 —　進学準備ほか 7.8%

●主な大学合格状況

国・公立大／
東京大 1　京都大 1　大阪大 1
神戸大 2　北海道大 1　京都工繊大 1
広島大 2　東京工業大 1　一橋大 1
岡山大 1　東京藝術大 1　名古屋工業大 1
大阪公立大 5　兵庫県立大 2　国際教養大 1

私立大／
早稲田大 1　東京理科大 1　関西大 8
関西学院大 14　同志社大 9　立命館大 9
京都産業大 5　近畿大 24　甲南大 8
龍谷大 8　佛教大 6　摂南大 18
神戸学院大 6　追手門学院大 2　関西外国語大 23

関西大学高等部

学校法人 関西大学
〒569-1098 高槻市白梅町7-1
TEL072-684-4327　FAX072-684-4347
https://www.kansai-u.ac.jp/senior/

■創立／平成22年（2010）　■校長／松村湖生
■生徒数／446人（1年／159人 2年／145人 3年／142人）
■併設校／関西大学　関西大学中等部　関西大学初等部
■沿革／明治19年（1886）に開設された関西法律学校からの歴史を持つ関西大学の一翼として、平成22年関西大学高槻ミューズキャンパスに開校。
■交通／JR京都線「高槻」から徒歩7分、阪急京都線「高槻市」から徒歩10分

インフォメーション INFORMATION

●**教育方針**／教育理念「学の実化（じつげ）」に基づき、グローバル化時代にふさわしい教育を展開。「知と心のバランスのとれた教育」を実践し、世界を舞台に活躍する人材を育成します。
●**学校行事**／体育祭（5月）、SDGsフォーラム（6月・1年）、関西大学学部説明会（7月）、文化祭（9月）、オータムセミナー（11月）、ポスター発表会（11月・1、2年）、短期交換留学（3月）など。研修旅行（1月・2年）は海外へ。
●**クラブ活動**／体育系はアイススケート、サッカー、水泳、日本拳法、バスケットボール、ラクロス（女子）。文化系は英字新聞、茶道、華道、吹奏楽、フィールドワーク、マルチメディア、囲碁将棋、クイズ、アート、能楽、合唱の17部とダンス、写真、科学の3同好会。加入率は約65～70%です。
●**海外交流**／全員が参加する海外研修旅行や希望者を対象とした海外研修（イギリス）、短期交換留学（台湾・シンガポール）、日韓交流プロブラムなど。各国からの留学生も積極的に受け入れています。
●**スクールライフ**／2学期制／登校時刻…8：25／頭髪…染色・パーマ禁止／アルバイト…禁止／自転車通学…許可／携帯…持込可（使用禁止、校内では電源を切る）

カリキュラム CURRICULUM

●**普通科**
基本的な学習習慣を身につけながら、基礎・基本を重視して学力の向上をめざす指導を展開しています。
探究する能力の育成に重点を置くプロジェクト学習を軸として活動を展開し、課題発見・調査・分析を行い、自ら考えて行動できる探究能力の育成をめざしています。3年次には各自のテーマについて、『課題（卒業）研究』を完成させます。
5教科を中心とした授業展開で学力の充実をはかるとともに、グローバル人材育成のため英語教育に力を入れ、コミュニケーション能力の育成に重点を置き、多彩な国際交流プログラムを展開しています。「英語考動力」を育む国際理解教育も特色のひとつ。海外研修、資格試験への挑戦などを通して、英語で自分の意見を明確に表現する力を育てます。
前期・後期の2期制により授業時間数をしっかり確保するとともに、綿密な学習面談・進路指導も実施。2年次からは志望校と成績によりⅠ類／Ⅱ類を編成します。Ⅰ類では関西大学への内部進学に対応した指導を実施し、ミスマッチのない進路選択をサポート。Ⅱ類では難関国立大学受験を見据えた発展的な授業を展開しています。

先輩から

大きな魅力は、新しい高校ということです。大型ディスプレイやICT環境など最新の設備と施設を使った授業は、今までに体験したことのないもので、勉強に対する興味と意欲を湧き立たせてくれます。また、私たちを熱心にサポートしてくださる先生方や、明るく積極的な仲間とともに学校を創ることを実感できます。このような学校生活を過ごす中で自分の可能性を見つけ出し、将来に繋ぐことができると思います。

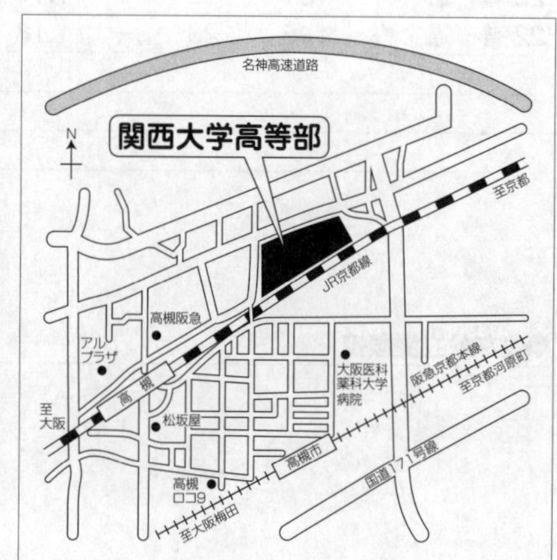

進研Vもし 合格のめやす

●目標偏差値(合格可能性80%)

併願	専願
普通科……………… 66	普通科……………… 61

30 35 40 45 50 55 60 65 70 75

普通科 努力圏 合格圏 安全圏

入試ガイド

●募集要項 *2024年度入試実施分

募集人員 普通科50

出願期間 1/22～1/29
受験料 20,000円
学力検査 2月10日
面接 実施しない
合格発表 2月11日
入学手続 専願 2月15日
　併願 3月19日

●試験科目と配点・時間

科目	国語	数学	英語	社会	理科
配点	100点	100点	100点	100点	100点
時間	50分	50分	50分	50分	50分

*英検資格活用あり。

●学費

入学金	200,000円	制服代	約 62,000円
年間授業料	700,000円	制定品・教科書等	約 90,000円
諸会費計	98,000円	施設費	200,000円
海外研修旅行費(高2)	別途	初年度納入金合計	約 1,350,000円

入試状況

●併願

年度	学科・コース	受験者数	合格者数	回し	倍率	合格最低点
'24	普通科	16	15	—	1.07	360/515
'23	普通科	16	13	—	1.23	382/515
'22	普通科	24	21	—	1.14	340/515

●専願

年度	学科・コース	受験者数	合格者数	回し	倍率	合格最低点
'24	普通科	63	58	—	1.09	315/515
'23	普通科	54	47	—	1.15	323/515
'22	普通科	51	46	—	1.11	291/515

●主な公立受験校

豊中－文理　春日丘－普通　芦間－総合
市西宮－普通

卒業後の進路

卒業者数／144人

大学進学	短大進学	専門学校等	就職	進学準備ほか
134人	—	—	—	10人

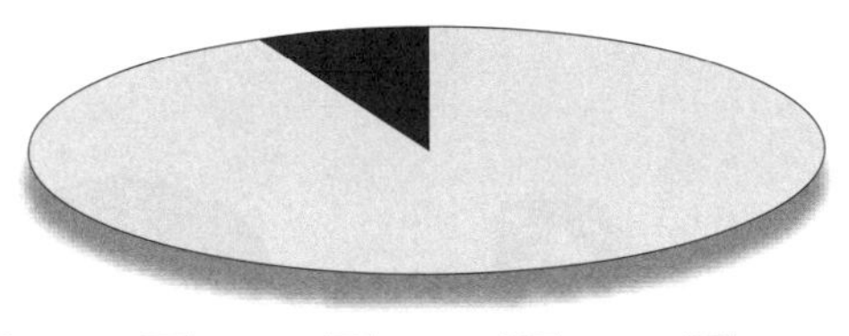

4年制大学 93.1%　短期大学 —　専門学校 —　就職 —　進学準備ほか 6.9%

●主な大学合格状況(現役のみ)

国・公立大／
京都大 1　大阪大 3　神戸大 5
京都工繊大 1　奈良教育大 3　滋賀県立大 1
大阪公立大 7　兵庫県立大 1

私立大／
関西大 112　関西学院大 4　同志社大 6
立命館大 5　慶應義塾大 1　国際基督教大 1
東京理科大 1　中央大 1　立教大 1

関西大学第一高等学校

学校法人 関西大学
〒564-0073 吹田市山手町3-3-24
TEL06-6337-7750　FAX06-6389-6640
https://www.kansai-u.ac.jp/dai-ichi/high/

■創立／大正2年(1913)　■校長／狩場治秀
■生徒数／1,165人(1年／403人 2年／380人 3年／382人)
■併設校／関西大学　関西大学第一中学校　関西大学幼稚園
■沿革／大正元年関西大学付属「関西甲種商業学校」設立認可。昭和23年学制改革により関西大学付属第一高等学校を開校。同27年関西大学第一高等学校と改称。平成7年中学校が、同10年高校が男女共学化。同25年創立100周年を迎えました。
■交通／阪急千里線「関大前」から南へ徒歩3分

インフォメーション INFORMATION

●**教育方針**／「正義を重んじ、誠実を貫く」を基本に、何事にも誠心誠意をつくせる人間を育成。充実した設備・環境のもと、中・高・大の一貫教育により、人間性豊かな知性を育みます。
●**学校行事**／宿泊研修(4月・1年)、校外学習(4月、2・3年)、体育祭(5月)、狂言・文楽鑑賞(6月)、関一祭(9月)など。
●**クラブ活動**／硬式野球部は甲子園選抜(第70回)準優勝・同夏(第80回)ベスト8。アメリカンフットボールも全国優勝の実績があります。ほかにサッカー、フェンシング、アイスホッケー、空手道、ラグビーなど体育系、マルチメディア、演劇など文化系が活動中。加入率は約84%です。
●**海外交流**／1・2年の希望者を対象にカナダ・バンクーバーで語学研修(7月)を実施しています。ホストファミリーと過ごす3週間は英語力を試し、磨くのに最適。英語学習への意欲向上と、国際的な感覚を身につけるきっかけとなっています。
●**スクールライフ**／3学期制／登校時刻…8：25／頭髪…染色・パーマ禁止／アルバイト…禁止／自転車通学…許可(学校に届出ること)／携帯…持込可(非常時のみ使用可)

カリキュラム CURRICULUM

●**普通科**
週6日制6限(土曜は4限)授業を展開し、7時限目の授業や、夏休みを削って授業に充てるといった特別なことはしていません。関西大学へ入学後、大学のフロントランナーとなるにふさわしい学力をもてるよう、国・社・数・理・英の5教科を中心に、バランスのとれた授業を行っています。とくに必要な教科・科目については繰り返し学習。ふだんの授業においては、勉学に興味を抱き、積極的に取り組める授業をめざしています。
1年次では基礎学力の完全習得をめざし、2年次からは一人ひとりの適性・進路に応じた3コース制のカリキュラムとなります。「文Ⅰコース」は関西大学文系学部への進学を主とするカリキュラム。「文Ⅱコース」は、関西大学および国公立大学文系学部への進学をもめざすことができる授業を展開。「理コース」も、関西大学理工系学部や他大学の医歯薬系学部を含め、国公立大学理系学部もめざせる授業を取り入れています。多様なニーズにあわせた選択授業などの授業が行われています。
基礎学力の充実をめざして、英検は在学中に全員が無料で3回受験でき、漢検・数検も希望者を対象に団体受験を実施しています。また、同校には35におよぶ部活動があります。種類も多彩で、指導者も豊富。大学の併設校というメリットを最大限に生かし、クラブ活動に打ち込みながら大学進学にむけた勉強に励むことができます。

＊女子はズボンスタイルも選択できます

先輩から

私の場合、勉強の基本は授業に集中して先生の話を聞くこと。クラブ活動もしているので、どうしても帰りが遅くなります。理コースなので勉強バリバリって感じで見られがちですが、全然そんなことありません。周りの友達もみんな部活動と両立させながら勉強しています。分からないところは友達同士で教えあったり、放課後先生に聞きに行ったり、毎日が充実しています。(A・Y)

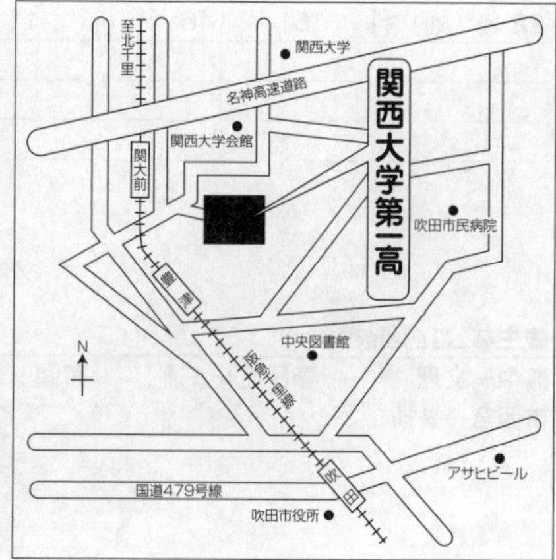

進研Vもし 合格のめやす

●目標偏差値(合格可能性80%)

併願	専願
普通科…………………… 64	普通科…………………… 62

30 35 40 45 50 55 60 65 70 75

普通科
努力圏 合格圏 安全圏

入試ガイド

●募集要項　＊2024年度入試実施分

募集人員　普通科400
＊内部進学予定者232名含む

出願期間　1/22〜1/29
受験料　20,000円
学力検査　2月10日
面接　2月11日(グループ)
合格発表　2月13日
入学手続　専願 2月17日
併願 3月21日

●試験科目と配点・時間

科目	国語	数学	英語	社会	理科
配点	100点	100点	100点	100点	100点
時間	50分	50分	60分	50分	50分

＊専願B(一般専願型)および併願は、5科500点満点と個人報告書(音・美・保・技家の評定40点満点)を加えた合計540点満点。＊ほかに入試方式は専願A(中学校成績重視型)・専願C(スポーツ実績重視型)がある。＊専願A活動実績評価において英検・数検・漢検資格活用あり。

●学費

入学金	200,000円	制服等制定品	約133,000〜円
年間授業料	640,000円	教科書・副教材等	約98,000〜円
諸会費・積立金	57,700円	施設費	50,000円
学年諸費	60,000円	初年度納入金合計	約1,238,700〜円

入試状況

●併願

年度	学科・コース	受験者数	合格者数	回し	倍率	合格最低点
'24	普通科	15	12	—	1.25	423/540
'23	普通科	9	9	—	1.00	397/540
'22	普通科	8	8	—	1.00	422/540

●専願

年度	学科・コース	受験者数	合格者数	回し	倍率	合格最低点
'24	普通科	235	172	—	1.37	415/500
'23	普通科	164	163	—	1.01	417/500
'22	普通科	183	172	—	1.06	418/500

＊受験者数は志願者数。＊合格最低点は専願Aのもの。(2024)専願Bは388/540点、専願Cは194/290点。

●主な公立受験校

生野ー文理　長田ー普通

卒業後の進路

卒業者数／381人

大学進学	短大進学	専門学校等	就職	進学準備ほか
367人	—	—	—	14人

4年制大学 96.3%　短期大学 —　専門学校 —　就職 —　進学準備ほか 3.7%

●主な大学合格状況

国・公立大／
神戸大 4　大阪教育大 1　筑波大 1
広島大 1　帯広畜産大 1　京都府立大 1
大阪公立大 2　奈良県立医 1

私立大／
関西大 355　関西学院大 1　同志社大 4
立命館大 3　近畿大 1　慶應義塾大 1
大阪医科薬科大 1　兵庫医科大 1　上智大 1
明治大 1

関西大学北陽高等学校

学校法人 関西大学
〒533-0006 大阪市東淀川区上新庄1-3-26
TEL06-6328-5964　FAX06-6327-2747
https://www.kansai-u.ac.jp/hokuyo/

■創立／大正14年(1925)　**■校長**／田中敦夫
■生徒数／1,243人(1年／443人 2年／402人 3年／398人)
■併設校／関西大学　関西大学北陽中学校
■沿革／大正14年甲種北陽商業高等学校として発足。昭和24年北陽高等学校と改称。平成20年関西大学の併設校となり現校名に。
■交通／阪急京都線「上新庄」から徒歩8分、阪急千里線「下新庄」から徒歩13分、JRおおさか東線「JR淡路」から徒歩15分、大阪メトロ今里筋線「瑞光四丁目」から徒歩20分

インフォメーション INFORMATION

●教育方針／関西大学への進学を視野に、①グローバルな視点を養う英語教育②思考力を引き出す数学教育③言語能力の向上をめざす国語教育④関西大学との連携を重視⑤人間力を育てる課外活動⑥学力向上サポートシステムの充実を掲げています。

●学校行事／校外学習(4月)、体育祭(6月)、プレフェスティバル・文化祭(9月)、スポーツ大会(10月)、カルタ大会(1月)、マラソン大会(1月)、弁論大会(2月)、合唱コンクール(2月・1年)、ダンス発表会(2月・2年女子)など。修学旅行(12月・2年)は沖縄、文理コースグローバルクラスはベトナム・シンガポール。

●クラブ活動／硬式野球、サッカー、水泳、陸上競技、バスケットボール、バレーボール、ハンドボール、ラグビー、柔道など全国大会で名の知られるクラブが目白押し。文化系では吹奏楽、ジャズバンドをはじめ歴史研究、美術など。クラブ数は体育系17部、文化系13部。

●海外交流／Global Studies Program(1・2年希望者)は、海外からの留学生をリーダーにグループディスカッションやプレゼンテーションを実施。

●スクールライフ／3学期制／登校時刻…8：40／頭髪…染色・パーマ禁止／アルバイト…禁止／自転車通学…許可(自転車保険加入者のみ)／携帯…許可(朝・昼・放課後のみ)

先輩から

部活動や行事などが盛んで、中でも体育祭は全校生徒を3つの団に分けて競い合う非常に盛り上がる行事です。高校3年生がクラブ引退後、毎日遅くまで残って勉強に取り組む姿勢も凄い集中力です。勉強、クラブ、行事など高校生活を全力でやり切りたい人には最適な学校だと思います。(Y・I)

カリキュラム CURRICULUM

●特進アドバンスコース
関西大学・難関国公立大への進学をめざすコースです。高校3年次を受験準備期間と考え、3年次の早い時期に英国数の高校課程を終了。現役合格のための演習指導を行います。長期休暇中の特別講習は必修、学習合宿もあり。また、国公立大と関西大学との併願受験も認められています。

●文理コース
関西大学への内部進学に特化した週35時間のカリキュラムのもと、希望学部への進学をめざします。ステップアップをめざす生徒には、長期休暇中の希望者講習も実施。クラブ活動、学校行事、学校生活のすべてを通して、1人ひとりの可能性を伸ばしていきます。2年次より国際理解教育を推進し、英語4技能の習得をめざすグローバルクラス(1クラス)を選択できます。

●進学アスリートコース
運動部の活動に打ち込みながら、基礎学力も十分に身につける文武両道のコースです。体育系だけでなく、幅広い大学進学を可能にします。学業成績や競技成績により、特別入試やスポーツフロンティア入試などを利用して関西大学への進学も可能です。

☆関西大学との充実した高大連携プログラムが用意され、入学初年度から幅広い大学での学びが可能です。
☆1人1台タブレット型端末を購入し、ICT教育を実施しています。

進研Vもし　合格のめやす

●目標偏差値(合格可能性80%)

併願		専願	
特進アドバンス	64	特進アドバンス	62
文理	61	文理	58
		進学アスリート	48

30　35　40　45　50　55　60　65　70　75

特進アドバンス　努力圏　合格圏　安全圏

文理　努力圏　合格圏　安全圏

進学アスリート（専願）　努力圏　合格圏　安全圏

入試状況

●併願

年度	学科・コース	受験者数	合格者数	回し	倍率	合格最低点
'24	特進アドバンス	69	54	—	1.28	318/500
	文理	84	80	14	1.05	308/500
	進学アスリート	—	—	—	—	—/—
'23	特進アドバンス	59	53	—	1.11	296/500
	文理	96	90	5	1.07	288/500
	進学アスリート	—	—	—	—	—/—

●専願

年度	学科・コース	受験者数	合格者数	回し	倍率	合格最低点
'24	特進アドバンス	32	18	—	1.78	305/500
	文理	237	194	11	1.22	297/500
	進学アスリート	82	82	—	1.00	—/500
'23	特進アドバンス	28	16	—	1.75	284/500
	文理	224	181	7	1.24	276/500
	進学アスリート	82	82	—	1.00	—/—

●主な公立受験校

箕面－普通　池田－普通　千里－国際文化
千里－総合科学　四條畷－文理　北千里－普通
豊中－文理　生野－文理　八尾－普通
清水谷－普通　寝屋川－普通　春日丘－普通
住吉－国際文化　旭－普通　千里青雲－総合

入試ガイド

●募集要項　＊2024年度入試実施分

募集人員　特進アドバンス30、文理180、進学アスリート（専願）70

出願期間　1/22～1/29
受験料　20,000円
学力検査　2月10日
面接　実施しない
合格発表　2月12日
入学手続　専願 2月19日
　併願 3月19日

●試験科目と配点・時間

科目	国語	数学	英語	社会	理科
配点	100点	100点	100点	100点	100点
時間	50分	50分	50分	50分	50分

＊英検・漢検資格活用あり。

●学費

入学金	200,000円	制服代	約 135,000円
年間授業料	640,000円	教科書代等	約 20,000～円
諸費等	187,000円	その他(iPad関連教材)	55,000円
施設費	50,000円	初年度納入金合計	約 1,287,000～円

卒業後の進路

卒業者数／ 380 人

大学進学	短大進学	専門学校等	就職	進学準備ほか
361人	3人	6人	1人	9人

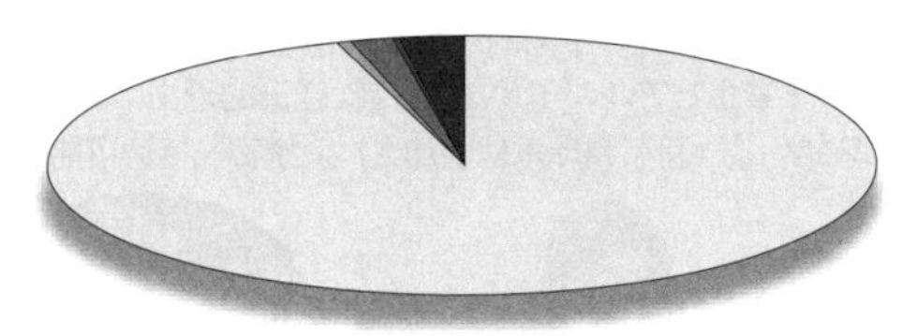

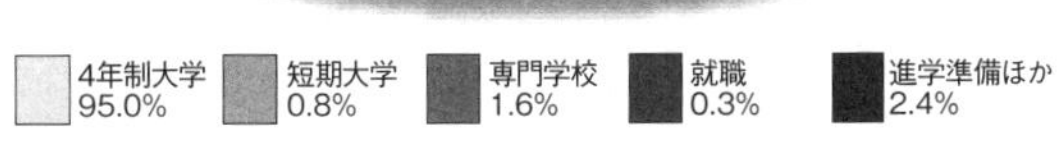

●主な大学合格状況

国・公立大／
大阪大 4　神戸大 1　京都工繊大 1
山形大 1　高知大 1　大阪公立大 1
兵庫県立大 1

私立大／
関西大 258　同志社大 4　立命館大 11
京都産業大 8　近畿大 14　甲南大 3
龍谷大 4　摂南大 12　神戸学院大 3
追手門学院大 12　桃山学院大 5　青山学院大 3
法政大 1　中央大 1　駒澤大 1
大阪経済大 7　大和大 5　びわこ成蹊ｽﾎﾟｰﾂ大 2
京都外国語大 1　関西外国語大 1　大阪工業大 4

関西福祉科学大学高等学校

学校法人 玉手山学園
〒582-0026 柏原市旭ヶ丘3-11-1
TEL072-976-1112　FAX072-977-5397
https://www.hs.fuksi-kagk-u.ac.jp/

■創立／昭和17年（1942）　■校長／玉井宏昌
■生徒数／969人（1年／282人 2年／377人 3年／310人）
■併設校／関西福祉科学大学　関西女子短期大学
認定こども園関西女子短期大学附属幼稚園
■沿革／昭和17年玉手山高等女学校設立。同23年玉手山高等学校に。平成10年現校名に改称。同11年男女募集を開始しました。
■交通／近鉄「河内国分」から徒歩12分、同「大阪教育大前」から徒歩10分、JR大和路線「高井田」・近鉄南大阪線「古市」からスクールバス

インフォメーション INFORMATION

●**教育方針**／建学の精神は「感恩」。多くの人々から受ける恩恵に感謝の気持ちをもつことが、良い家庭と社会を形成する原理であるという考えです。校訓は「明朗・誠実・友愛」。
●**学校行事**／校外学習・美化ボランティア（5月）、体育祭・文化祭（9月）、スポーツ大会・美化活動（10月）、秋の特別行事（11月）、K's Concert（12月）など。修学旅行（6月・2年）は北海道方面へ。
●**クラブ活動**／体育系は全国大会優勝の日本拳法、インターハイ出場のなぎなた部をはじめバレーボール、バドミントン、卓球、サッカー、剣道、水泳、バスケットボール、ソフトボール、陸上競技、ダンスバトン、ハンドボールなど。文化系は吹奏楽、茶道、演劇、箏曲、ハンドメイド、写真、美術・漫画研究など。
●**高大連携教育**／特別進学Ⅰ・特別進学Ⅱ・進学の各コースでは、併設大での「高大連携授業」（希望制）を実施。大学生と一緒に講義を体験することで、学問への興味がさらに深まります。保育進学コースでは併設短大や附属幼稚園での体験型授業も経験できます。
●**スクールライフ**／3学期制／登校時刻…8：30／頭髪…染色・パーマ禁止／アルバイト…許可制（経済的理由による）／自転車通学…許可制（自転車保険加入）／携帯…持込可能

カリキュラム CURRICULUM

●**特別進学Ⅰコース**
国語・英語・地歴に特化したカリキュラムで、関関同立など難関私立大・文系学部への進学をめざします。放課後に行われるK's Up !（進学補講・希望制）や小テストによって、基本的な学習習慣と学力を養成。併設大学への進学保証制度があり、安心して希望大学の受験に集中することができます。
●**特別進学Ⅱコース**
併設大学へは優先入学制度が利用でき、他大学へのチャレンジも可能。授業のほかに、大学の講義が受講できる高大連携授業や放課後のK's Up !（進学補講・希望制）、長期休業中の特別授業も実施し、学力の養成と定着をはかります。2年次から文系／理系の科目を選択。
●**進学コース**
基礎学力の確実な定着をはかるとともに、クラブ活動にもしっかり取り組めるコースです。1年次から始まるキャリア教育も充実。英検・漢検などの資格取得も奨励しており、多彩な分野への進路をめざします。希望により、放課後のK's Up !（進学補講・希望制）や高大連携授業も受講することができます。
●**保育進学コース〈女子のみ〉**
通常科目に加えて、保育系の科目も学習。ピアノやダンスなど実践的な保育を体験しながら、幼児教育・保育系への進学をめざします。併設短大との連携授業や附属幼稚園での保育実習も多彩に展開。併設大学・同短大へは優先的に入学できます。

＊女子はスカート・ズボンの選択可能。

先輩から

学校行事を運営していく中で、多くの先生方や仲間たちと協力し合うことができました。支え助け合う大切さを学び、今後の取り組みに向かって前向きに考えることができました。周りの人への感謝の気持ちを忘れず、そして生徒会で得た貴重な経験を活かし、これからも学校生活を大切に送りたいと思います。（M・T）

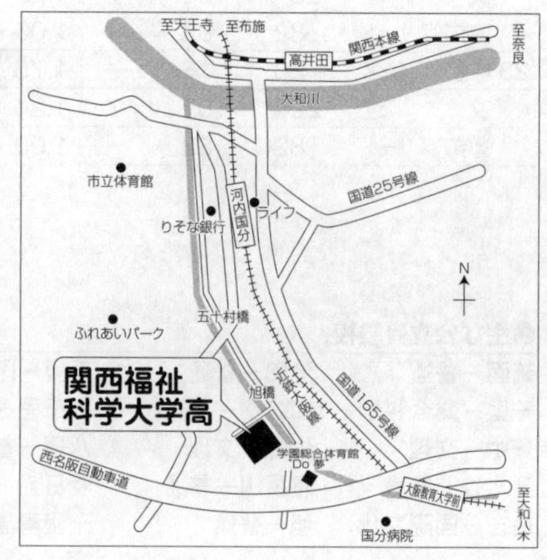

進研Vもし　合格のめやす

●目標偏差値(合格可能性80%)

併　願		専　願	
特別進学Ⅰ	50	特別進学Ⅰ	48
特別進学Ⅱ	46	特別進学Ⅱ	43
保育進学	44	保育進学	41
進学	42	進学	40

30　35　40　45　50　55　60　65　70　75

特別進学Ⅰ　努力圏　合格圏　安全圏

特別進学Ⅱ　努力圏　合格圏　安全圏

保育進学　努力圏　合格圏　安全圏

進学　努力圏　合格圏　安全圏

入試状況

●併願

年度	学科・コース	受験者数	合格者数	回し	倍率	合格最低点
'24	特別進学Ⅰ	217	126	4	1.72	—/300
	特別進学Ⅱ	289	238	53	1.21	—/300
	保育進学	26	23	—	1.13	—/300
	進学	380	342	63	1.11	—/300
'23	特別進学Ⅰ	216	121	—	1.79	195/300
	特別進学Ⅱ	349	256	32	1.36	158/300
	保育進学	35	31	—	1.13	123/300
	進学	415	385	134	1.08	100/300

●専願

年度	学科・コース	受験者数	合格者数	回し	倍率	合格最低点
'24	特別進学Ⅰ	19	12	4	1.58	—/300
	特別進学Ⅱ	90	72	3	1.25	—/300
	保育進学	19	19	—	1.00	—/300
	進学	124	123	22	1.01	—/300
'23	特別進学Ⅰ	21	13	3	1.62	186/300
	特別進学Ⅱ	119	87	5	1.37	140/300
	保育進学	22	22	—	1.00	107/300
	進学	160	160	32	1.00	87/300

●主な公立受験校

高田商－商業／特	香芝－普通	法隆寺国際－普通
八尾翠翔－普通	みどり清朋－普通	商業－商／特
山本－普通	五條－普通	高取国際－コ／特
法隆寺国－英／特	西和清陵－普通	八尾北－総合
高取国際－普通	生駒－普通	桜井－書芸／特

入試ガイド

●募集要項　＊2024年度入試実施分

募集人員	特別進学Ⅰ30、特別進学Ⅱ70、進学140、保育進学（女子）30
出願期間	1/20～1/31
受験料	20,000円
学力検査	2月10日
面接	専願のみ(グループ)
合格発表	2月12日
入学手続	専願 2月22日 併願 公立高校発表後の指定日

●試験科目と配点・時間

科目	国語	数学	英語	—	—
配点	100点	100点	100点	—	—
時間	45分	45分	45分	—	—

＊英検資格活用あり(特別進学Ⅰ)。

●学費

入学金	200,000円	制服・制定品費	122,181～円
年間授業料	608,000円	ICT 教育費	50,000円
学年費等	45,750～円	教科書等	約 24,000～円
修学旅行積立	90,000円	初年度納入金合計約	1,139,931～円

＊2023年度実績

卒業後の進路

卒業者数／283 人

大学進学	短大進学	専門学校等	就職	進学準備ほか
182人	52人	37人	5人	7人

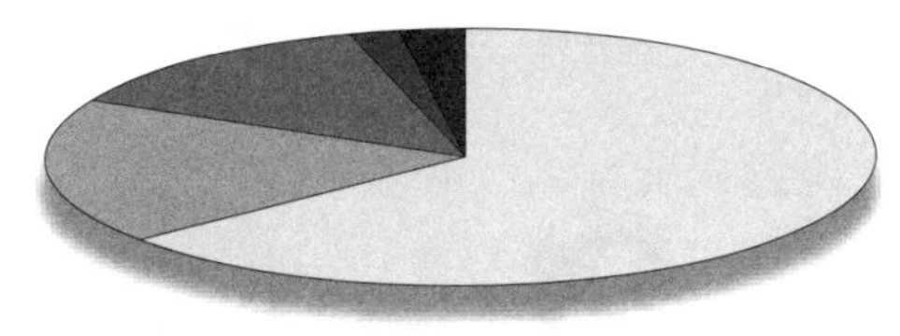

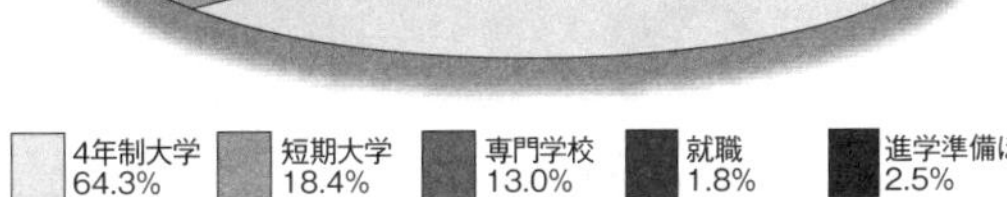

●主な大学合格状況（現役のみ）

私立大／

関西大 9	同志社大 1	立命館大 2
京都産業大 2	近畿大 21	龍谷大 10
摂南大 16	神戸学院大 4	追手門学院大 9
桃山学院大 40	明治大 1	同志社女子大 4
武庫川女子大 4	京都女子大 2	関西外国語大 1
京都外国語大 6	畿央大 12	大阪経済大 6
大和大 1	大阪産業大 12	大阪電気通信大 11
大阪歯科大 1	阪南大 42	関西福祉科学大 46
大阪商業大 7	奈良学園大 5	大阪芸術大 4
関西女子短大 41		

近畿大学附属高等学校

学校法人 近畿大学
〒578-0944 東大阪市若江西新町 5-3-1
TEL06-6722-1261　FAX06-6729-7385
https://www.jsh.kindai.ac.jp/

■創立／昭和14年（1939）　■校長／丸本周生
■生徒数／2,783人（1年／944人 2年／847人 3年／992人）
■併設校／近畿大学　同短大部　同附属中学校・小学校・幼稚園
■沿革／昭和14年設立の日本工業学校が前身。同24年現校名に改称。平成元年新校舎竣工。
■交通／近鉄大阪線「長瀬」・近鉄奈良線「八戸ノ里」から徒歩20分（近大シャトルバス10分）

インフォメーション INFORMATION

●教育方針／「人に愛される人、信頼される人、尊敬される人になろう」を校訓に、知・徳・体の調和のとれた全人教育を推進。
●学校行事／球技大会（5月）、校外学習（6月）、体育祭（9月）、近高祭（10月）、かるた大会（1月）、海外語学研修（3月英語特化）など。文理3コースの研修旅行（2年・6月）は北海道、進学コースの修学旅行（2年・3月）は沖縄へ。
●クラブ活動／陸上競技、水泳、レスリング、相撲、柔道、バスケットボール、テニス、サッカー、野球など全国レベルの強豪クラブが多数。ほかにゴルフ、体操競技、アメリカンフットボールなど。文化系では吹奏楽、囲碁・将棋、写真、書道などの活躍がめだっています。加入率は約45%です。
●海外交流／留学を希望する生徒に対して、多彩なプログラムを用意しています。行き先はオーストラリア・ニュージーランド・イギリス・アメリカ・マルタ共和国など。全コースを対象とした研修・留学制度（15日間・3週間・1年）もあります。
●スクールライフ／3学期制／登校時刻…8：25／頭髪…染色・パーマ禁止（長髪禁止）／アルバイト…禁止／自転車通学…許可（区域指定、近距離約1km禁止）／携帯…許可（教室での使用不可）

カリキュラム CURRICULUM

● Super 文理コース / 特進文理コースⅠ / 特進文理コースⅡ
京都大・大阪大の合格をめざす Super 文理、難関国公立大への進学をめざす特進文理Ⅰ、国公立大合格をめざす特進文理Ⅱの3コース。いずれも早期から卒業後の進路目標を設定し、志望大学をめざします。国・数・英を重視した共通カリキュラムに始まり、2年次から文系／理系へと専門化。充実した補習授業、コース別学習会、各種講演会などの行事も満載です。2年・3年進級時には、希望と習熟度によって文理3コース内でのコース変更を行います。
●英語特化コース
併設大をはじめ難関私立大の文系学部、海外の大学をめざすコースです。ネイティブ教員による英会話や長期・短期の留学、海外研修制度などを活用した英語教育を展開。また地域貢献に関するプロジェクトにも盛んに参加しています。2年進級時には成績に応じて国際バカロレア（IB）クラスを選択できます。Cambridge University Press 社によるベターラーニングパートナーの認定を受け、コミュニカティブな授業を実践しています。
●進学コース
高大7カ年連携教育ともいえるコースで、多くの生徒が近畿大学を第一志望としています。大学教授による特別講義や大学体験授業、研究室訪問など、連携メニューも充実。早期から目標に定めた学習にとりくみ、大学各学部の中核となる生徒を育成します。同コースの約84%が近畿大学に進学。クラブ活動で活躍している生徒が多いのもこのコースの特色です。

中学時代と比べ、各科目に分かれた授業内容の濃さとスピードは予想以上でしたが、先生方はとても熱心で、また授業も学校行事も楽しく、すぐに学校生活に慣れることができました。クラブ活動も活発で、勉強との両立のもと、毎年多くのクラブが全国大会に出場しています。3学年を併せるとほぼ2,800名の学校で、私は生徒会活動やクラブ活動にも参加していますが、そこでできた仲間は私の宝物です。（A・Y）

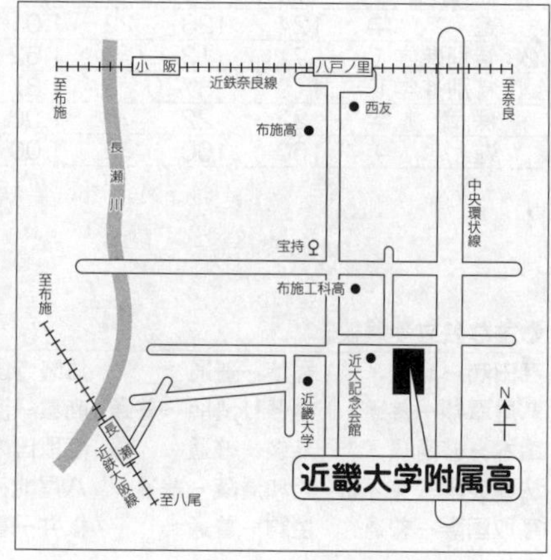

進研Vもし 合格のめやす

●目標偏差値(合格可能性80%)

併願		専願	
Super文理	69	Super文理	66
特進文理Ⅰ	66	特進文理Ⅰ	63
特進文理Ⅱ	63	特進文理Ⅱ	61
英語特化	61	英語特化	58
進学	60	進学	55

30 35 40 45 50 55 60 65 70 75

Super文理
努力圏 合格圏 安全圏

特進文理Ⅰ
努力圏 合格圏 安全圏

英語特化
努力圏 合格圏 安全圏

進学
努力圏 合格圏 安全圏

入試状況

●併願

年度	学科・コース	受験者数	合格者数	回し	倍率	合格最低点
'24	Super文理	1,176	718	—	1.64	311/500
	特進文理Ⅰ	180	77	100	2.34	308/500
	特進文理Ⅱ	78	43	202	1.81	293/500
	英語特化	31	21	5	1.48	359/600
	進学	125	109	276	1.15	253/500

●専願

年度	学科・コース	受験者数	合格者数	回し	倍率	合格最低点
'24	Super文理	64	30	—	2.13	291/500
	特進文理Ⅰ	34	12	5	2.83	288/500
	特進文理Ⅱ	38	28	25	1.36	273/500
	英語特化	61	36	1	1.69	339/600
	進学	399	338	42	1.18	240/500

●主な公立受験校

大手前－文理	四條畷－文理	高津－文理
生野－文理	寝屋川－普通	八尾－普通
東－理数	奈良－普通	郡山－普通
畝傍－普通	一条－外国語／推	一条－普通
高田－普通	奈県大－探究／併	奈良北－普通

入試ガイド

●募集要項 ＊2024年度入試実施分

募集人員	Super文理80、特進文理Ⅰ40、特進文理Ⅱ80、英語特化40、進学400
出願期間	1/20～1/30
受験料	20,000円
学力検査	2月10日
面接	実施しない
合格発表	2月13日
入学手続	専願 2月20日 併願 3月22日

●試験科目と配点・時間

科目	国語	数学	英語	社会	理科
配点	100点	100点	100点	100点	100点
時間	50分	50分	50分	50分	50分

＊英語特化コースの英語は200点満点。
＊英語特化コースのみ英語資格の活用あり。

●学費

入学金	200,000円	制服その他制定品	約130,000円
年間授業料	600,000円	iPad関連費	120,904円
諸会費・生活行事費	182,000円	その他	—
修学旅行積立	—	初年度納入金合計	約1,232,904円

卒業後の進路

卒業者数／852人

大学進学	短大進学	専門学校等	就職	進学準備ほか
795人	2人	11人	4人	40人

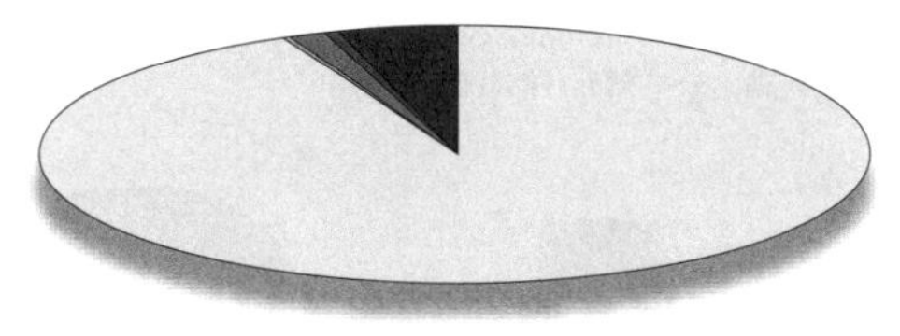

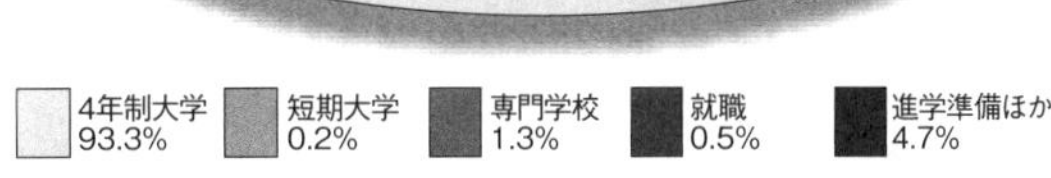

●主な大学合格状況

国・公立大／

京都大 3	大阪大 13	神戸大 7
九州大 2	滋賀大 1	滋賀医科大 1
京都工繊大 1	大阪教育大 7	奈良教育大 6
奈良女子大 5	和歌山大 8	滋賀県立大 4
京都府立大 1	大阪公立大 22	兵庫県立大 4
奈良県立大 5	奈良県立医 3	和歌山県医 2

私立大／

関西大 93	関西学院大 77	同志社大 53
立命館大 80	京都産業大 15	近畿大 706
甲南大 7	龍谷大 36	摂南大 32
神戸学院大 6	追手門学院大 15	桃山学院大 5

近畿大学泉州高等学校

学校法人 泉州学園
〒596-0105 岸和田市内畑町3558
TEL072-479-1231　FAX072-479-1960
http://www.kindai-sensyu.ed.jp/

■**創立**／昭和48年（1973）　■**校長**／堀川義博
■**生徒数**／437人（1年／157人 2年／149人 3年／131人）
■**連携校**／近畿大学
■**沿革**／昭和48年泉州高等学校を創立。平成11年飛翔館高等学校に改称。同21年近畿大学泉州高等学校に改称。
■**交通**／南海「泉大津」「岸和田」「泉佐野」、南海・近鉄「河内長野」、JR「和泉府中」「久米田」「東岸和田」「熊取」、水間鉄道「水間」、泉北高速「和泉中央」の各駅からスクールバス（2023年現在）

インフォメーション　INFORMATION

●**教育方針**／「誠実・礼節・友愛」を校訓として日本文化の伝統と特質を理解し、国際的視野と感覚を持ち合わせ、社会の発展に貢献できる心身ともに健康な人材を育成します。
●**学校行事**／校外学習（5月）、体育祭（6月）、宿泊研修（7月・1年）、文化祭（9月）、芸術鑑賞会（10月）、ボランティア清掃活動（12月）、学習合宿（12月・2年）、スキー合宿（1月・1年）など。修学旅行（11月・2年）はハワイへ。
●**クラブ活動**／体育系は硬式野球、バレーボール、バドミントン、バスケットボール、剣道、サッカー、創作ダンス、卓球、硬式テニスなど。文化系は、吹奏楽、合唱、書道、図書、自然科学、茶華道、軽音楽、鉄道研究、地歴、将棋、ドローンなどが活動しています。
●**海外交流**／アメリカポートランド語学研修（3月）、オーストラリアパース語学研修（8月）、アメリカオレゴン州語学留学（3ヶ月、1年）を実施します。
●**スクールライフ**／3学期制／登校時刻…8：45／頭髪…染色・パーマ・エクステ・流行型の頭髪禁止／アルバイト…原則禁止／自転車通学…許可（学校制定のシールを貼る）／携帯…許可（朝礼時に全て預かり終礼時に返却）

カリキュラム　CURRICULUM

●**英数特進コース**
近畿大学および、国公立大学合格をめざします。
●**進学Ⅰ類コース**
近畿大学合格をめざします。
●**進学Ⅱ類コース**
近畿大学を始め、医療看護系、情報系など多彩な進路をめざします。
―全コース共通の取り組み―
☆週37時間の豊富な授業時間を利用して、確実な学力の定着と積み上げを図ります。
☆クラス編成を入学時は学習到達度別に、2年時からは文理別・志望大学別に、3年生10月には受験大学別、受験タイプ別に行います。
☆映像授業を校内専用教室で受講でき、また自宅や通学中にスマホ・タブレット・パソコンなどでも受講できます。
☆早朝テストを毎日実施し、家庭学習の習慣を身につけます。
☆希望制の放課後講座では基礎学力講座とハイレベル講座を開設します。
☆英検・GTEC・漢検・数検に全生徒が取り組みます。
☆高大連携行事では近畿大学の施設・設備の利用やキャンパス見学、体験授業に参加します。

先輩から

英語に力をいれており、英単語の早朝テスト、近畿大学のE-Cube（英語村）での英会話レッスン、海外語学研修や留学があり、英検、漢検、数検、GTECなども学内で実施します。放課後の補習授業では検定試験対策や志望校に沿ったサポート体制も組まれています。今は満足のいく学習環境や先生方のおかげで、成績も伸び、勉強が楽しくなりました。皆さんも志望大学合格に向けて本校で学びませんか。（Y・C）

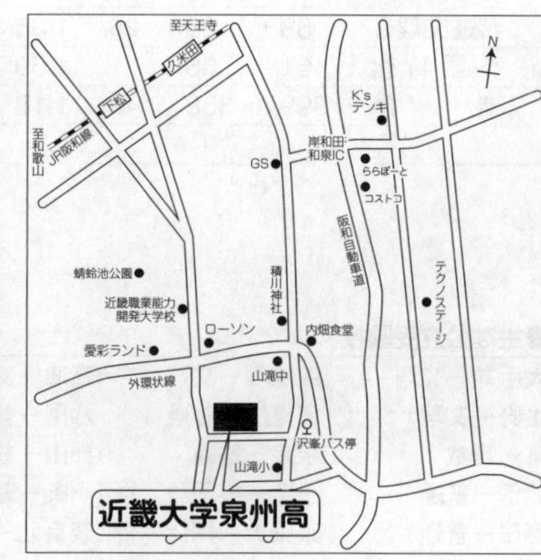

進研Vもし 合格のめやす

●目標偏差値（合格可能性80%）

併願		専願	
英数特進	56	英数特進	50
進学Ⅰ類	50	進学Ⅰ類	46
進学Ⅱ類	46	進学Ⅱ類	41

30 35 40 45 50 55 60 65 70 75

英数特進
努力圏 合格圏 安全圏

進学Ⅰ類
努力圏 合格圏 安全圏

進学Ⅱ類
努力圏 合格圏 安全圏

入試ガイド

●募集要項 ＊2024年度入試実施分

募集人員　英数特進80、進学Ⅰ類80、進学Ⅱ類80

出願期間　1/22～1/29
受験料　20,500円
学力検査　2月10日
面接　実施しない
合格発表　2月12日
入学手続　専願 2月21日
　併願 3月19日

●試験科目と配点・時間

科目	国語	数学	英語	社会	理科
配点	100点	100点	100点	100点	100点
時間	50分	50分	50分	50分	50分

＊英検の資格活用あり。

●学費

入学金	200,000円	制服・制定品等	201,000円
年間授業料（施設設備費含）	620,000円	教科書・副教材等	70,000円
諸会費等	53,000円	宿泊研修費等	100,000円
修学旅行積立	225,000円	初年度納入金合計	1,469,000円

入試状況

●併願

年度	学科・コース	受験者数	合格者数	回し	倍率	合格最低点
'24	英数特進	135	98	—	1.38	306/500
	進学Ⅰ類	43	32	20	1.34	263/500
	進学Ⅱ類	27	24	25	1.13	223/500
'23	英数特進	174	130	—	1.34	300/500
	進学Ⅰ類	63	43	31	1.47	265/500
	進学Ⅱ類	44	37	24	1.19	220/500

●専願

年度	学科・コース	受験者数	合格者数	回し	倍率	合格最低点
'24	英数特進	66	44	—	1.50	289/500
	進学Ⅰ類	38	28	14	1.36	244/500
	進学Ⅱ類	40	38	18	1.05	201/500
'23	英数特進	62	50	—	1.24	291/500
	進学Ⅰ類	41	32	9	1.28	251/500
	進学Ⅱ類	20	19	12	1.05	210/500

●主な公立受験校

星林－普通	向陽－普通	海南－普通海南
桐蔭－普通	久米田－普通	和歌山商－ビ創造
日根野－普通	那賀－普通	登美丘－普通
佐野－普通	粉河－普通	河南－普通
高石－普通	信太－普通	阿倍野－普通

卒業後の進路

卒業者数／132人

大学進学	短大進学	専門学校等	就職	進学準備ほか
123人	2人	7人	—	—

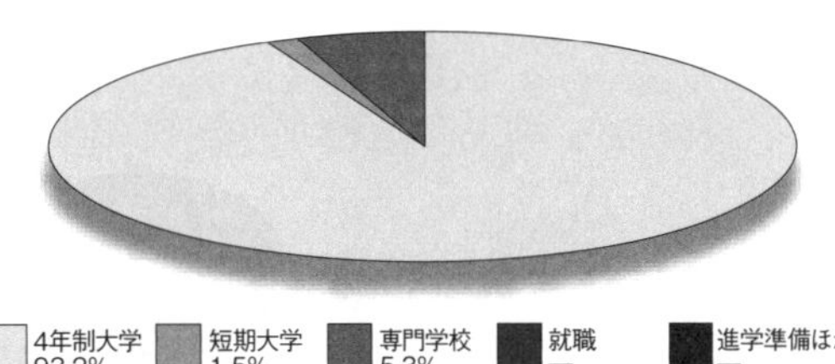

4年制大学 93.2%　短期大学 1.5%　専門学校 5.3%　就職 —　進学準備ほか —

●主な大学合格状況（現役のみ）

国・公立大／

大阪大 1	和歌山大 2	徳島大 2
大阪公立大 1	公立鳥取環境大 1	

私立大／

関西大 13	関西学院大 10	京都産業大 3
近畿大 180	龍谷大 2	摂南大 31
神戸学院大 14	追手門学院大 12	桃山学院大 8
桃山学院教育大 3	京都外国語大 4	関西外国語大 8
大阪経済大 7	大阪工業大 20	関西医療大 3
甲南女子大 1	神戸薬科大 1	武庫川女子大 5
畿央大 9	大阪学院大 6	大阪芸術大 2
大阪体育大 2	大阪電気通信大 4	大阪大谷大 3

建国高等学校

学校法人 白頭学院
〒558-0032 大阪市住吉区遠里小野2-3-13
TEL06-6691-1231　FAX06-6606-4808
https://keonguk.ac.jp

■創立／昭和21年（1946）　**■校長**／金　秀子
■生徒数／129人（1年／47人 2年／46人 3年／36人）
■併設校／建国中学校　建国小学校　認定こども園建国幼稚園
■沿革／昭和21年建国工業学校・建国高等女学校創立。同22年建国中学校に改称。同23年建国高等学校を設立。同26年学校教育法第1条による法人資格取得。
■交通／JR阪和線「杉本町」・南海高野線「我孫子前」から徒歩7分、市バス「山之内1丁目」下車すぐ

インフォメーション　INFORMATION

●教育方針／21世紀に活躍する国際人の育成をめざしています。特色は多言語（日・韓・英）教育と進学教育の両立です。
●学校行事／新入生オリエンテーション・校外学習・スポーツテスト・体育祭（5月）、進学補習（7月）、文芸祭（9月）、校外学習・韓国語英語スピーチ大会（10月）、マラソン大会（1月）、スキー実習（2月・1年）など。修学旅行（10月・2年）は台湾などのアジア、アメリカなどへ。
●クラブ活動／体育系は女子バレーボール、サッカー、バスケットボール、硬式テニス、テコンドー、柔道。文化系は伝統芸術、吹奏楽、美術、ダンスが活動中です。バレーボールは春の高校バレーにも出場。伝統芸術は全国高校総合文化祭に18年連続で出場しています。
●海外交流／創立当初から韓国の教育機関と連携を深め、さまざまな形で交流を展開しています。
●スクールライフ／3学期制／登校時刻…8：25／頭髪…染色・パーマ禁止／アルバイト…可（ただし事前申請要）／自転車通学…許可／携帯…許可（条件有）

カリキュラム　CURRICULUM

●特別進学コース
国公立大・難関私立大・韓国名門大学への現役合格を目標に、実力アップをはかります。各教科とも少人数編成をとり、独自のカリキュラムのもと、1人ひとりの進路にあわせたきめ細かな授業を展開。学力向上を目的とした放課後学習、長期休暇中の補習授業も実施。
●総合コース
「韓国語文化専攻」では韓国史など韓国文化はもとより、韓国語を自由に使える実力を養成。ネイティブ教師の指導により、生きた語学力と文化的柔軟性が身につきます。韓国での語学研修や留学の機会も豊富に設けられており、韓国名門大学への進学もサポートしています。
「英米文化専攻」では国際語としての英語が日常化するよう、実戦的な授業を展開。また英米文化に親しむとともに、国際社会への理解を深めていきます。英検・TOEICなどの受験もサポート。身につけた英語能力を活かした大学進学をめざします。
「中国文化専攻」は中国語での言語・会話学習だけでなく、プレゼンテーションや小論文などを実施し、中国圏の大学を視野に入れたカリキュラムとなっています。
※2025年度、上記カリキュラムおよびコース名称は変更される予定です。

先輩から

私は小学校から高校まで建国にいました。高校受験のときは外部進学も考えましたが、少人数での授業を受けることができる建国へ行こうと決意しました。建国は先生方との距離が近く、分からないところの質問にもいやな顔ひとつせずに答えてくださったり、勉強以外のこともいろいろ相談に乗ってもらいました。建国の先生方でなければ、念願の医学部合格はありえなかったと思います。（M・K）

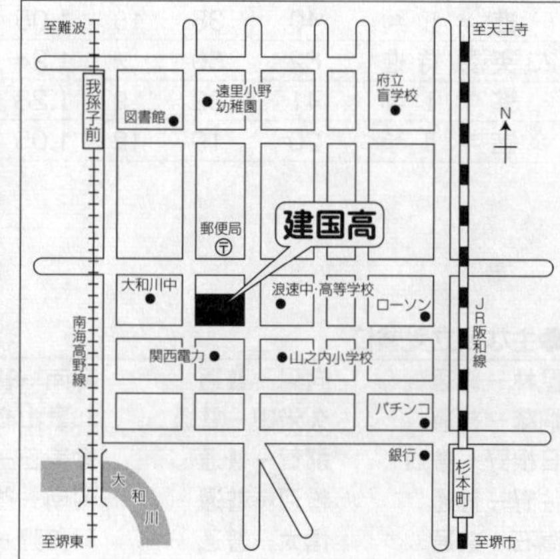

進研Vもし 合格のめやす

●目標偏差値(合格可能性80%)

併願		専願	
特別進学	43	特別進学	39
総合	39	総合	36

30 35 40 45 50 55 60 65 70 75

特別進学
努力圏 合格圏 安全圏

総合
努力圏 合格圏 安全圏

入試ガイド

●募集要項　＊2024年度入試実施分

募集人員	特別進学30、総合（韓国文化／英米文化／中国文化）50 ＊内部進学を含む
出願期間	1/22〜2/2
受験料	20,000円
学力検査	2月10日
面接	実施する
合格発表	2月12日
入学手続	専願 2月19日 併願 3月19日

＊ 2025 年度、コース改編予定。

●試験科目と配点・時間

科目	国語	数学	英語	—	—
配点	100点	100点	100点	—	—
時間	50分	50分	50分	—	—

＊特別進学は 3 科(国数英)、総合は 2 科(国英)。＊英検・漢検・TOPIK・HSKの資格活用あり。

●学費

入学金	200,000円	制服代・制定品	約 95,000円
年間授業料	402,000円	副教材・タブレット	140,790円
諸費計	198,000円	教育充実費	60,000円
修学旅行積立	84,000円	初年度納入金合計	約 1,179,790円

入試状況

●併願

年度	学科・コース	受験者数	合格者数	回し	倍率	合格最低点
'24	特別進学	3	2	—	1.50	—/—
	総合(韓国)	6	6	—	1.00	—/—
	総合(英米)	5	5	—	1.00	—/—
	総合(中国)	0	0	—	—	—/—
'23	特別進学	0	0	—	—	—/—
	総合(韓国)	9	9	—	1.00	—/—
	総合(英米)	2	2	—	1.00	—/—
	総合(中国)	0	0	—	—	—/—

●専願

年度	学科・コース	受験者数	合格者数	回し	倍率	合格最低点
'24	特別進学	5	5	—	1.00	—/—
	総合(韓国)	7	7	—	1.00	—/—
	総合(英米)	6	6	—	1.00	—/—
	総合(中国)	0	0	—	—	—/—
'23	特別進学	5	2	—	2.50	—/—
	総合(韓国)	15	17	—	—	—/—
	総合(英米)	3	3	—	1.00	—/—
	総合(中国)	4	4	—	1.00	—/—

●主な公立受験校

堺上ー普通　柴島ー総合　尼崎小田ー探／推

卒業後の進路

卒業者数／ 46 人

大学進学	短大進学	専門学校等	就職	進学準備ほか
29人	1人	15人	—	1人

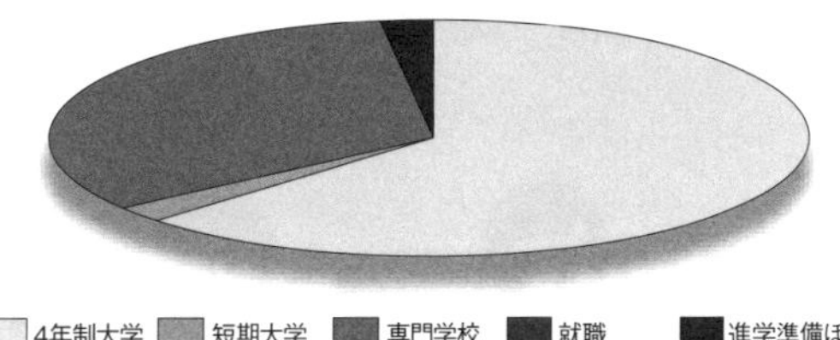

4年制大学 63.0%　短期大学 2.2%　専門学校 32.6%　就職 —　進学準備ほか 2.2%

●主な大学合格状況

私立大／

関西大 2	関西学院大 1	同志社大 2
立命館大 1	近畿大 2	甲南大 1
上智大 1	京都女子大 1	関西外国語大 4
天理大 1	帝塚山学院大 1	高麗大(韓国) 1
延世大(韓国) 2	成均館大(韓国) 2	漢陽大(韓国) 3
慶熙大(韓国) 1	中央大(韓国) 2	韓国外国語大(韓国) 2
西江大(韓国) 1	韓国海洋大(韓国) 1	

賢明学院高等学校

学校法人 賢明学院
〒590-0812 堺市堺区霞ヶ丘町4-3-30
TEL072-241-1679　FAX072-241-1529
https://kenmei.jp

■**創立**／昭和29年（1954）　■**校長**／石森圭一
■**生徒数**／446人（1年／175人 2年／131人 3年／140人）
■**併設校**／関西学院大学（系属校）　賢明学院中学校
■**沿革**／昭和29年霞ヶ丘カトリック幼稚園（現・賢明学院幼稚園）を設立。同41年中学校を、44年高校を設立。平成22年共学化。同28年、通信制課程を開設。令和2年関西学院大学の系属校となる。
■**交通**／JR阪和線「上野芝」から徒歩13分、南海高野線「堺東」から南海バス「霞ヶ丘」「南陵通一丁」下車徒歩3分

インフォメーション INFORMATION

●**教育方針**／全てにおいて、最上を目指して、最善の努力を尽くす、The Best の精神をモットーに、秩序と規律を重んじ、開かれた雰囲気の中で、キリスト教精神に基づく全人教育を実践しています。
●**学校行事**／HR 合宿（4月・1年）、聖母月の集い（5月）、体育大会（6月）、特別セミナー（8月）、秋麗祭（9月）、待降節ロウソク点灯式（11月）、クリスマスタブロー（12月）、2年研修旅行（1月）。
●**クラブ活動**／女子バレーボール、バスケットボールをはじめ各部に専用の練習場所があり、男子サッカーは人工芝の専用グラウンドで練習。バトンチアダンス（女子）、女子ダンスも人気です。伝統文化部は茶道・華道に取り組んでいます。加入率は約70%です。
●**海外交流**／ニュージーランドでの長期・短期留学・語学研修などプログラムは多彩です。
●**スクールライフ**／2学期制／週5日制（7限）・土曜講座有／登校時刻…8：25／頭髪…染色・パーマ禁止／アルバイト…禁止／自転車通学…許可／携帯…許可

カリキュラム CURRICULUM

●**関西学院大学特進サイエンスコース**
関西学院大学神戸三田キャンパス（理系4学部）への進学をめざすコースです。科学・技術分野における課題発見・設定の能力と課題解決能力、グローバル社会を生き抜くための語学力と自ら情報を精査し発信する力を育成します。
●**特進エグゼコース**
国公立大学、難関私立大学の文系・理系の各学部への進学をめざすコースです。入試に必要な5教科をバランスよく履修し、2年次からは進路希望に応じて文系・理系に分かれ、必要分野に特化した授業を行います。
●**特進コース**
有名私立大学や多彩な進路希望に対応するコースです。基礎的な学習を幅広い教科で学び、高い知性と豊かな人間性を育成します。2・3年次からは個々の進路実現に必要な教科を履修し、的を絞り学力を伸ばします。

先輩から

入学当初は高校の勉強についていけるか不安でしたが、先生方が丁寧に質問に応じてくれるので安心して勉強に取り組むことができます。また、どのコースでもクラブとの両立が可能で多くの生徒がいろいろな活動をしていて活気があります。楽しい時間と真剣な時間のけじめがついていて学校生活がとても充実しています。

進研Vもし 合格のめやす

●目標偏差値(合格可能性80%)

併願		専願	
関学特進サイエンス	57	関学特進サイエンス	54
特進エグゼ	54	特進エグゼ	51
特進	49	特進	46

コース	努力圏	合格圏	安全圏
関西学院大学特進サイエンス	50〜55	55〜60	60〜65
特進エグゼ	47〜52	52〜57	57〜62
特進	42〜47	47〜52	52〜57

入試状況

●併願

年度	学科・コース	受験者数	合格者数	回し	倍率	合格最低点
'24	関学特進サイエンス	16	13	—	1.23	176/300
	特進エグゼ	56	43	1	1.30	158/300
	特進	61	61	15	1.00	93/300
'23	関学特進サイエンス	17	13	—	1.31	166/300
	特進エグゼ	34	32	4	1.06	155/300
	特進	22	22	2	1.00	100/300

●専願

年度	学科・コース	受験者数	合格者数	回し	倍率	合格最低点
'24	関学特進サイエンス	27	24	—	1.13	168/300
	特進エグゼ	52	30	3	1.73	145/300
	特進	46	46	22	1.00	82/300
'23	関学特進サイエンス	35	32	—	1.09	161/300
	特進エグゼ	33	22	2	1.50	140/300
	特進	23	23	12	1.00	86/300

●主な公立受験校

東住吉−普通　久米田−普通　夕陽丘−普通
阿倍野−普通　泉北−国際文化　高石−普通
佐野−国際文化　和泉−普通　大阪ビジF−グロ
貝塚南−普通　泉北−総合科学　教育センター附属

入試ガイド

●募集要項　＊2024年度入試実施分

募集人員	関西学院大学特進サイエンス70、特進エグゼ50、特進100 ＊内部進学を含む
出願期間	1/22〜1/31
受験料	21,000円(事務手数料1,000円含む)
学力検査	2月10日
面接	実施しない
合格発表	2月12日
入学手続	専願 2月17日 併願 3月20日

●試験科目と配点・時間

科目	国語	数学	英語	—	—
配点	100点	100点	100点	—	—
時間	50分	50分	50分	—	—

＊英検資格活用あり。

●学費

入学金	250,000円	制服等制定品	約 160,000円
年間授業料	588,000円	教材・タブレット費	約 162,000円
諸会費計	18,000円	施設設備拡充費	60,000円
宿泊行事等積立	約 100,000円	初年度納入金合計	約 1,338,000円

＊特進エグゼコース／特進コースの場合

卒業後の進路

卒業者数／128人

大学進学	短大進学	専門学校等	就職	進学準備ほか
111人	4人	11人	1人	1人

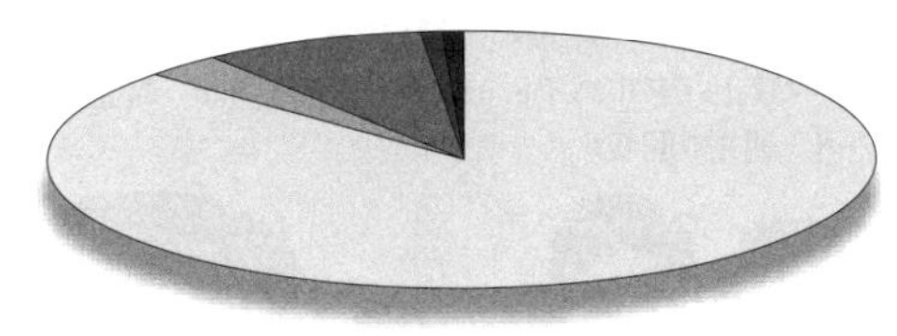

4年制大学 86.7%　短期大学 3.1%　専門学校 8.6%　就職 0.8%　進学準備ほか 0.8%

●主な大学合格状況

国・公立大／
大阪大 1　徳島大 1　九州工業大 1
大阪公立大 2　和歌山県医 1

私立大／
関西大 11　関西学院大 25　立命館大 4
京都産業大 6　近畿大 49　甲南大 1
龍谷大 7　摂南大 9　追手門学院大 14
桃山学院大 1　大阪医科薬科大 1　兵庫医科大 1
日本女子大 1　同志社女子大 1　京都女子大 1
神戸女学院大 12　関西外国語大 8　京都外国語大 1
大阪歯科大 1　桃山学院教育大 5　大阪工業大 9
大和大 6　関西福祉科学大 5　大阪電気通信大 4

香里ヌヴェール学院高等学校

学校法人 聖母女学院
〒572-8531 寝屋川市美井町18-10
TEL072-831-8452　FAX072-833-2537
http://www.seibo.ed.jp/nevers-hs/

■創立／大正12年(1923)　■校長／池田靖章
■生徒数／784人(1年／272人 2年／299人 3年／213人)
■併設校／香里ヌヴェール学院中学校　香里ヌヴェール学院小学校
■沿革／1921(大正10)年フランスヌヴェール愛徳修道会7人の修道女が海を渡り聖母女学院を設立。そのグローバリズムとフロンティアスピリットの下、2017(平成29)年4月「香里ヌヴェール学院」誕生。
■交通／京阪電車「香里園」から徒歩8分

インフォメーション INFORMATION

●**教育方針**／カトリックの人間観に基づいて真理を極めることのできる正しい判断力を持ち、世界中の仲間とともに、互いの力を引き出し合い、つなぎ合いながら、真の幸せを創造していくことのできる人を育成します。

●**学校行事**／体育祭(5月)、文化祭(9月)、カルタ大会(1月)のほか創立記念ミサ(6月)、クリスマスセアンス(12月)など宗教行事も特色のひとつ。募金活動や国際ボランティアなど福祉活動に力を入れています。研修旅行(2年)はコース毎に分かれて出発。

●**クラブ活動**／サッカー(男)、駅伝(女)、卓球、バドミントン、バスケットボール、硬式テニス(男)、ソフトテニス(女)、バレーボール(女)、ダンス、吹奏楽、コーラス・ハンドベル、軽音、美術、演劇、調理、理科、美術、茶道、手芸、からしだね(ボランティア)。

●**海外交流**／カナダ、ニュージーランド、フランス、シンガポールでの語学研修(希望者)のほか、アイルランド、カナダ、ニュージーランド、オーストラリアでの長期留学など、海外体験の機会が豊富です。

●**スクールライフ**／3学期制／登校時刻…8：30／頭髪…染色・パーマ禁止／アルバイト…禁止／自転車通学…禁止／携帯…持込可。朝礼で回収。

カリキュラム CURRICULUM

●**スーパーイングリッシュコース**
海外大学・難関私大を目指すコースです。より高度な英語力と国際感覚を磨きたい方、グローバル社会で活躍したい方にお勧めのカリキュラムです。新型入試や TOEFL を意識した授業展開やグローバルなプログラムを特徴とし、国際化が進むこれからの社会に必要なコミュニケーション能力・語学力を身に付けます。その一例として、高1の3学期には、アメリカのオレゴン州で3ヶ月のターム留学を実施しています。

●**グローバルサイエンスコース**
国公立大学・難関私大(文理)・海外進学を目指すコースです。生涯通用する学ぶ力をつけたい方にお勧めのカリキュラムです。世界を知り、大学・企業連携型 PBL プログラムと、ハイレベルな授業で科学的思考力と語学力、行動力を身につけます。高度な学力を習得。記述・論述・対話型を中心とした授業によって、科目の楽しさを実感できるのが特徴です。自分を変える世界と出会うきっかけがあります。

●**スーパーアカデミーコース**
海外大学・私大(文理)を目指すコースです。興味のあることを追究し世界を拓きたい方にお勧めのカリキュラムです。社会はどのような課題を抱えているか、どう解決すればいいのか、1対1あるいは、グループでの議論による課題解決型授業(PBL)を行います。その中で自らの考えを発信し多様な意見に触れ、整理・統合を繰り返すことで新たな解を導き出す問題解決能力を育成します。

先輩から

カナダ語学研修は、バンクーバー郊外のラングレーというところで、ホームステイしながら学校の授業を受講します。学校の授業で慣れているとは思っていましたが、いざ外国に行くとなるとさすがに緊張しました。現地に着いたとき、同じ年齢の人たちがやさしく迎えてくれ、最後まで楽しく過ごすことができました。最初に緊張していたのが嘘のようです。もっと英語に磨きをかけたいと思うようになりました。(M・S)

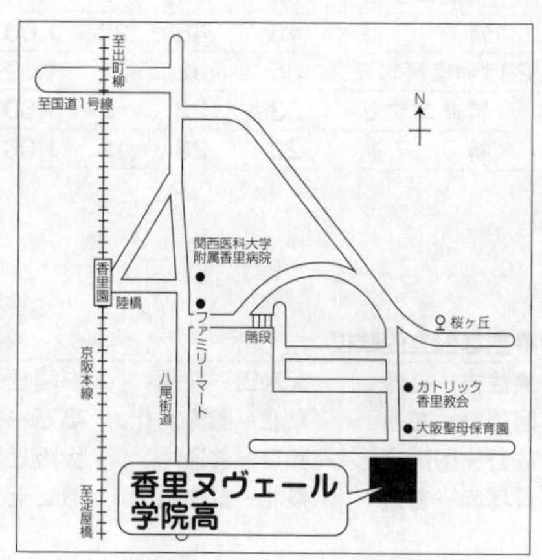

進研Vもし 合格のめやす

●目標偏差値（合格可能性80%）

併願	専願
スーパーイングリッシュ…53	スーパーイングリッシュ…50
グローバルサイエンス 53	グローバルサイエンス 50
スーパーアカデミー…49	スーパーアカデミー…44

30 35 40 45 50 55 60 65 70 75

スーパーイングリッシュ
努力圏 合格圏 安全圏

グローバルサイエンス
努力圏 合格圏 安全圏

スーパーアカデミー
努力圏 合格圏 安全圏

入試ガイド

●募集要項　＊2024年度入試実施分

募集人員　スーパーアカデミー／スーパーイングリッシュ／グローバルサイエンス…180
＊内部進学を含む

出願期間　1/22〜1/30

受験料　20,000円

学力検査　2月10日

面接　実施しない

合格発表　2月12日

入学手続　専願 2月17日
併願 3月19日

●試験科目と配点・時間

科目	国語	数学	英語	—	—
配点	100点	100点	100点	—	—
時間	50分	50分	50分	—	—

＊英検の資格活用あり。

●学費

入学金	180,000円	制定品	約 120,000円
年間授業料	504,000〜円	教科書・副教材費	150,000円
諸会費	別途	その他	234,000円
校外学習積立（別途）	180,000〜円	初年度納入金合計約	1,188,000〜円

入試状況

●併願

年度	学科・コース	受験者数	合格者数	回し	倍率	合格最低点
'24	ｽｰﾊﾟｰｲﾝｸﾞﾘｯｼｭ	56	52	—	1.08	62.3/100
	ｸﾞﾛｰﾊﾞﾙｻｲｴﾝｽ	80	72	—	1.11	62.7/100
	ｽｰﾊﾟｰｱｶﾃﾞﾐｰ	374	367	12	1.02	45.0/100
'23	ｽｰﾊﾟｰｲﾝｸﾞﾘｯｼｭ	42	39	—	1.08	51.0/100
	ｸﾞﾛｰﾊﾞﾙｻｲｴﾝｽ	44	43	—	1.02	51.7/100
	ｽｰﾊﾟｰｱｶﾃﾞﾐｰ	213	213	3	1.00	40.0/100

●専願

年度	学科・コース	受験者数	合格者数	回し	倍率	合格最低点
'24	ｽｰﾊﾟｰｲﾝｸﾞﾘｯｼｭ	—	—	—	—	—/—
	ｸﾞﾛｰﾊﾞﾙｻｲｴﾝｽ	—	—	—	—	—/—
	ｽｰﾊﾟｰｱｶﾃﾞﾐｰ	—	—	—	—	—/—
'23	ｽｰﾊﾟｰｲﾝｸﾞﾘｯｼｭ	30	27	—	1.11	51.0/100
	ｸﾞﾛｰﾊﾞﾙｻｲｴﾝｽ	24	24	—	1.00	51.7/100
	ｽｰﾊﾟｰｱｶﾃﾞﾐｰ	193	192	4	1.01	40.0/100

＊（2024）専併合算。

●主な公立受験校

交野ー普通	香里丘ー普通	枚方なぎさー総合
枚方ー普通	大冠ー普通	北かわちー普通
牧野ー普通	長尾ー普通	旭ー普通
泉陽ー普通	山田ー普通	旭ー国際文化
吹田東ー普通	芦間ー総合	大阪ビジＦーグロ

卒業後の進路

卒業者数／206人

大学進学	短大進学	専門学校等	就職	進学準備ほか
176人	2人	16人	4人	8人

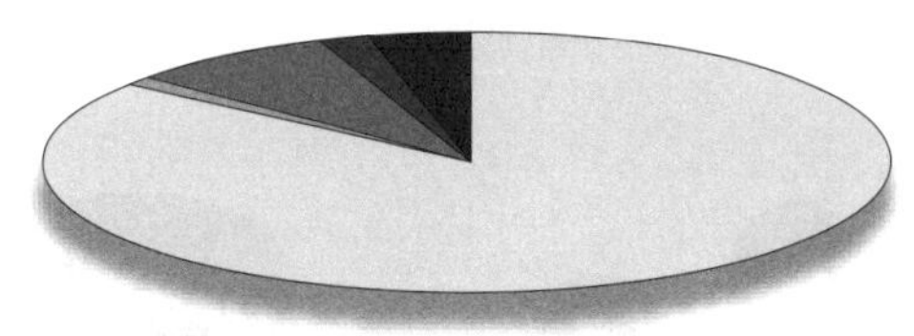

4年制大学 85.4%　短期大学 1.0%　専門学校 7.8%　就職 1.9%　進学準備ほか 3.9%

●主な大学合格状況

国・公立大／

北海道大 1　大阪教育大 1　福井大 1
高知大 1　大阪公立大 1

私立大／

関西大 8　関西学院大 13　同志社大 3
立命館大 5　京都産業大 15　近畿大 23
甲南大 3　龍谷大 21　佛教大 5
摂南大 38　神戸学院大 1　追手門学院大 12
桃山学院大 9　上智大 2　立命館ｱｼﾞｱ太平洋大 4
関西外国語大 27　京都外国語大 1　同志社女子大 6
京都女子大 11　神戸女学院大 8　武庫川女子大 8
関西医科大 2　兵庫医科大 1　藤田医科大 1

金光大阪高等学校

学校法人 関西金光学園
〒569-0002 高槻市東上牧1-3-1
TEL072-669-5211　FAX072-669-5214
https://www.kohs.ed.jp/

■創立／昭和57年(1982)　■校長／津本佳哉
■生徒数／1,010人(1年／331人 2年／344人 3年／335人)
■併設校／関西福祉大学(兵庫県赤穂市)　金光大阪中学校
■沿革／静徳高等女学校(大正15年創立)を前身とし、昭和57年金光第一高等学校を開校。同63年大阪金光中学校を併設。平成9年関西福祉大学を開学。平成11年現校名に。
■交通／阪急「上牧」から徒歩4分、JR京都線「島本」から徒歩18分

インフォメーション　INFORMATION

●**教育方針**／「人はみな等しく神の氏子である」という金光教の教えに基づき、与えられた個性を生かす教育を実践。知・徳・体にバランスのとれた、次代を担う人材を育成します。

●**学校行事**／校外学習(4月)、体育大会(6月)、学習合宿(7・8月)、文化祭(9月)、芸術鑑賞・感謝祭(11月)など。修学旅行(7月・2年)はオーストラリアへ。

●**クラブ活動**／体育系はサッカー、卓球、女子バレーボール、野球など全国大会出場組のほか陸上競技、剣道、柔道など。文化系は全日本マーチングコンテスト出場の吹奏楽、全国書きぞめ作品展覧会全国優勝の書道、ほかに演劇、美術、茶道などがあります。クラブ加入率は約70%です。

●**海外交流**／オーストラリア修学旅行(全員)のほか、希望者対象のカナダ語学研修(11日間)、長期留学プログラム(カナダまたはニュージーランド、1年次・1年間)を実施。ホームステイやスクーリングを通して、海外の生活や異文化を体感できます。

●**スクールライフ**／3学期制／登校時刻…8：40／頭髪…染色・パーマ禁止／アルバイト…禁止／自転車通学…許可(自転車保険加入)／携帯…申告許可制

カリキュラム　CURRICULUM

●**特進Ⅰコース／●特進Ⅱコース**
1年次は共通カリキュラムで学習。早朝・放課後講習を行い、確実な基礎学力を養成します。2年次からは特進Ⅰコース(国公立・難関私立大進学に対応)、または特進Ⅱコース(難関私立大受験に対応)を選択。志望校に応じた科目を選択することで、効率的な学力向上をはかります。

●**進学コース**
有名私立大への進学に的を絞ったカリキュラムのもと、部活動や課外活動を通じて豊かな人間性・個性を磨きます。早朝や放課後の特別講習、長期休暇中の進学講習、多彩な選択科目などで生徒の学習意欲と進路希望をサポート。バランスのとれた学力を養成し、さまざまなタイプの入試にも対応しています。

●**理系コース(※2年次から編成)**
工学・医療・薬学など理数系の国公立大・私立大への進学をめざします。理・数を強化科目とした独自のカリキュラムが特色です。夏期休業中には学習合宿も実施。3年次には習熟度別の特別講座を行うなど、少人数制ならではのきめ細かい指導により学力向上をはかります。

●**ロジカルスポーツコース(※2年次から編成)**
体育・スポーツに興味・関心のある生徒を対象とした新コースです。授業を通じて論理的かつ独創的に考える力を養い、実践力を培うことを目標としています。体育授業以外でも、様々な私大への進学も可能なカリキュラムになっており、各自の進路希望に応じて科目を選択できるようになっています。

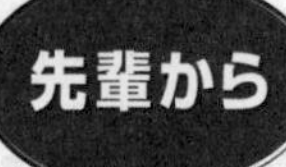

全国でも有名な金光大阪の吹奏楽部にあこがれて、入学しました。特進コースの中身の濃い勉強と本格的な吹奏楽を両立させるのは大変ですが、楽しい仲間や熱心に指導してくれる先生のおかげで、充実した学校生活が送れています。修学旅行では美しい風景に感動し、外国の人たちとの交流も楽しむことができました。もともと好きだった英語にますます興味がわき、勉強にも力が入ります。(Y・T)

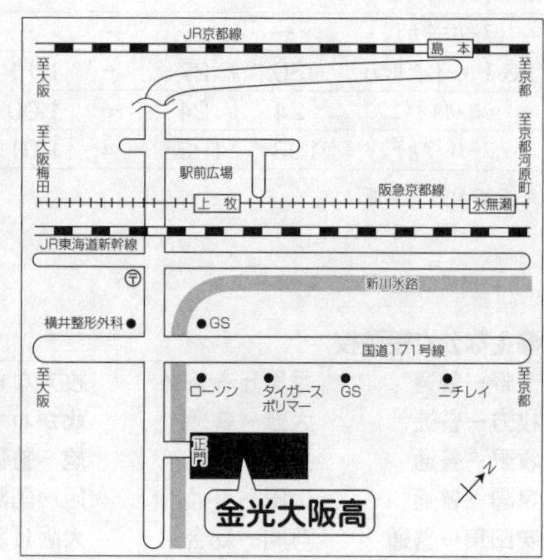

進研Vもし　合格のめやす

●目標偏差値（合格可能性80%）

併願		専願	
特進Ⅰ	56	特進Ⅰ	54
特進Ⅱ	51	特進Ⅱ	49
進学	45	進学	41

30　35　40　45　50　55　60　65　70　75

特進Ⅰ
努力圏　合格圏　安全圏

特進Ⅱ
努力圏　合格圏　安全圏

進学
努力圏　合格圏　安全圏

入試状況

●併願

年度	学科・コース	受験者数	合格者数	回し	倍率	合格最低点
'24	特　進　Ⅰ	164	67	—	2.45	311/500
	特　進　Ⅱ	218	154	57	1.42	255/500
	進　　学	322	320	104	1.01	199/500
'23	特　進　Ⅰ	216	85	—	2.54	337/500
	特　進　Ⅱ	252	146	81	1.73	279/500
	進　　学	338	334	155	1.01	221/500

●専願

年度	学科・コース	受験者数	合格者数	回し	倍率	合格最低点
'24	特　進　Ⅰ	51	31	—	1.65	288/500
	特　進　Ⅱ	45	22	15	2.05	232/500
	進　　学	184	182	28	1.01	176/500
'23	特　進　Ⅰ	43	22	—	1.95	314/500
	特　進　Ⅱ	51	29	9	1.76	256/500
	進　　学	151	150	33	1.01	198/500

＊合格最低点は基準点。

●主な公立受験校

芥川－普通	高槻北－普通	大冠－普通
吹田東－普通	摂津－普通	山田－普通
阿武野－普通	槻の木－普通	茨木西－普通
北千里－普通	豊島－普通	三島－普通
千里青雲－総合	桜塚－普通	柴島－総合

入試ガイド

●募集要項　＊2024年度入試実施分

募集人員　特進Ⅰ80、特進Ⅱ80、進学200
＊内部進学を含む

出願期間　1/22～1/29
受験料　20,000円
学力検査　2月10日
面接　実施しない
合格発表　2月12日
入学手続　専願 2月17日
併願 3月23日

●試験科目と配点・時間

科目	国語	数学	英語	社会	理科
配点	100点	100点	100点	100点	100点
時間	45分	45分	45分	45分	45分

＊英検資格活用あり。

●学費

入学金	200,000円	制服代（冬服）	約 45,000円
年間授業料	594,000円	その他制定品等	43,560円
諸会費計	144,220円	教科書	約 30,000円
修学旅行積立	150,000円	初年度納入金合計	約 1,200,000円

卒業後の進路

卒業者数／357人

大学進学	短大進学	専門学校等	就職	進学準備ほか
288人	6人	39人	4人	20人

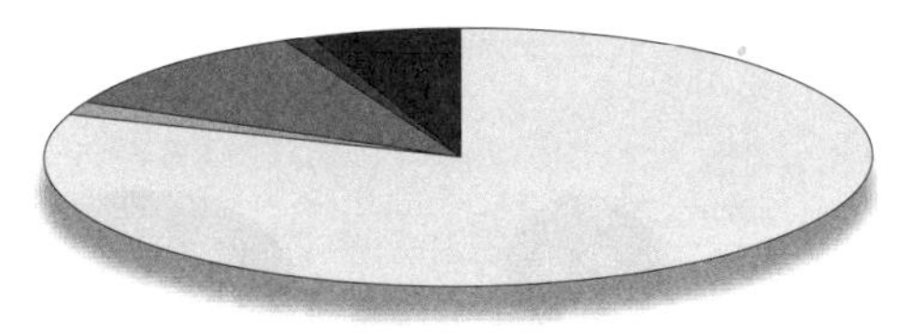

4年制大学 80.7%　短期大学 1.7%　専門学校 10.9%　就職 1.1%　進学準備ほか 5.6%

●主な大学合格状況

国・公立大／

神戸大 1	大阪教育大 1	北見工業大 1
兵庫県立大 1		

私立大／

関西大 40	関西学院大 10	同志社大 18
立命館大 8	京都産業大 53	近畿大 36
甲南大 2	龍谷大 51	佛教大 21
摂南大 82	神戸学院大 6	追手門学院大 81
桃山学院大 4	慶應義塾大 1	上智大 1
大阪産業大 62	大和大 25	大阪学院大 20
京都橘大 14	大阪成蹊大 12	大阪経済法科大 10
京都女子大 10	大阪電気通信大 11	関西福祉大 6

金光藤蔭高等学校

学校法人 関西金光学園
〒544-0003 大阪市生野区小路東4丁目1-26
TEL06-6751-2461　FAX06-6751-2470
https://www.konkoutouin.ed.jp

■創立／大正15年(1926)　■校長／武田充広
■生徒数／801人(1年／307人 2年／258人 3年／236人)
■併設校／関西福祉大学 金光大阪中高等学校 金光八尾中高等学校
■沿革／大正15年静徳高等女学校創立。昭和23年浪速女子、平成11年金光藤蔭と改称し男女を募集。同24年関西福祉大学金光藤蔭に、同31年現校名に変更。
■交通／千日前線「小路」から徒歩5分、近鉄「布施」から徒歩15分、JRおおさか東線「JR俊徳道」から徒歩15分

インフォメーション INFORMATION

●**教育方針**／建学の精神は「世界平和の達成と文化の発展のために貢献し、そこに生きがいと喜びを見いだす人を育てる」こと。家庭でも社会でも、真に役立つ人間の育成をめざします。
●**学校行事**／香芝キャンパスプログラム(4月)、遠足(5月)、体育大会(9月)、藤蔭祭(11月)、コースウィーク(12月)など。体育大会やクラブ合宿などが香芝キャンパスで行われます。修学旅行(2月・2年)は北海道へ。
●**クラブ活動**／女子ソフトボール(全国3位の実績)、バスケットボール(男子・女子)・柔道(インターハイ出場)をはじめ、ラグビー(男子)、男子サッカー、陸上競技(新設)の強化クラブ。体育系はほかに卓球、相撲など。文化系は和太鼓、吹奏楽、漫画声優部など。加入率は約65%です。
●**香芝キャンパス**／香芝キャンパスには5千坪の敷地にグラウンドとナイター設備、教育棟「まほろば館」があります。
●**スクールライフ**／3学期制／登校時刻…8：40／頭髪…染色・パーマ禁止／アルバイト…原則禁止／自転車通学…許可(学校に届け出が必要)／携帯…許可(休み時間・自分の教室のみ)

カリキュラム CURRICULUM

●**スタンダードコース**
1年次にガイダンスとして2年次の分岐コースに関わる様々な体験を行い、2年次より特進／調理・理美容／探求／ITの4つのコースにわかれて学習します。
●**エンカレッジコース**
不登校など、学校生活に不安を抱える生徒が対象。「体験と学びなおし」を行い、社会との接点を見出します。2年次から特進／調理・理美容／探求／ITコースを選ぶことも可能です。
●**アートアニメーションコース**
アニメーションの総合制作に特化したコースです。2年次からは制作分野、または声優分野を選択できます。3年次には2分野が協力し、本格的なアニメーション制作を行います。
●**トップアスリートコース**
強化指定7クラブ(ラグビー・女子ソフトボール・柔道・サッカー・男子女子バスケットボール・陸上競技)で構成される、運動クラブの活動に特化したコースです。

オールシーズン対応のパンツも加わりました！

先輩から

私は今、短大の保健科で児童の心の変化と行動、応急処置などを勉強しています。金光藤蔭で学んだ印象深いことのひとつは、「マナー」や「ルール」です。人が集団生活や社会生活を送るうえで、最低限守らなければいけないことがあります。高校時代の指導をある意味厳しく感じた人もいたようですが、私は卒業後その大切さがよくわかりました。今は高校で学んだことを心に刻んで充実した毎日を送っています。(Y・F)

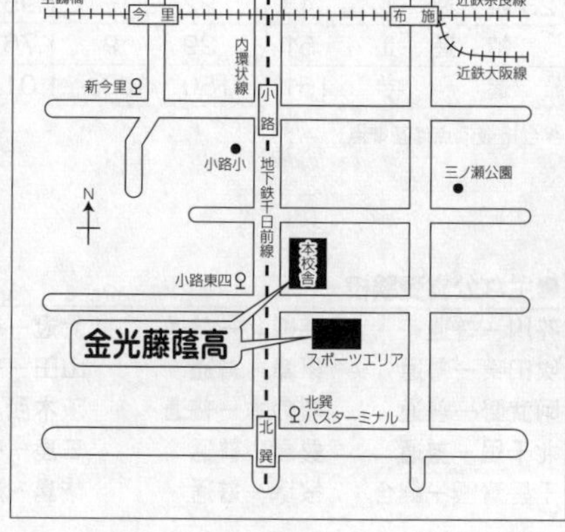

進研Vもし 合格のめやす

●目標偏差値(合格可能性80%)

併願		専願	
スタンダード	37	スタンダード	34
アートアニメーション	37	アートアニメーション	34
		エンカレッジ	33
		トップアスリート	33

30 35 40 45 50 55 60 65 70 75

スタンダード／アートアニメーション

努力圏 合格圏 安全圏

エンカレッジ（専願）／トップアスリート（専願）

努力圏 合格圏 安全圏

入試ガイド

●募集要項 ＊2024年度入試実施分

募集人員	スタンダード／エンカレッジ（専願）／アートアニメーション／トップアスリート（専願）…280
出願期間	1/22～1/30
受験料	20,000円
学力検査	2月10日
面接	エンカレッジ=個人、スタンダード・アニメーション=グループ
合格発表	2月12日
入学手続	専願 2月22日 併願 3月22日

●試験科目と配点・時間

科目	国語	数学	英語	社会	—
配点	100点	100点	100点	100点	—
時間	45分	45分	45分	45分	—

＊国・英は必須、数・社より1科目選択の3教科。

●学費

入学金	200,000円	制服等制定品	約130,000円
年間授業料	581,400円	その他制定品費	—
諸経費	146,000円	その他	—
修学旅行積立	140,000円	初年度納入金合計	約1,197,400円

入試状況

●併願

年度	学科・コース	受験者数	合格者数	回し	倍率	合格最低点
'24	スタンダード	238	238	—	1.00	54/300
	アートアニメーション	31	31	—	1.00	99/300
	エンカレッジ	—	—	—	—	—/—
	トップアスリート	—	—	—	—	—/—

●専願

年度	学科・コース	受験者数	合格者数	回し	倍率	合格最低点
'24	スタンダード	107	106	—	1.01	52/300
	アートアニメーション	23	23	—	1.00	88/300
	エンカレッジ	46	46	—	1.00	58/300
	トップアスリート	122	122	—	1.00	55/300

卒業後の進路

卒業者数／265人

大学進学	短大進学	専門学校等	就職	進学準備ほか
110人	8人	98人	29人	20人

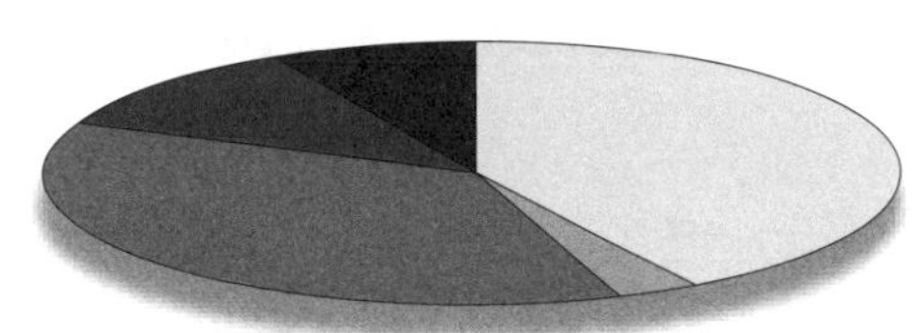

●主な大学合格状況

国・公立大／

鹿屋体育大 1

私立大／

関西学院大 1　京都産業大 2　近畿大 1
摂南大 3　追手門学院大 2　桃山学院大 2
京都外国語大 2　京都芸術大 1　大阪芸術大 4
大阪体育大 3　愛知工業大 1　大阪成蹊大 2
帝塚山学院大 2　奈良大 2　大阪商業大 11
大阪産業大 2　大阪経済法科大 3　大阪保健医療大 1
大阪電気通信大 7　四天王寺大 3　阪南大 4
帝京科学大 1　大和大白鳳短期 1

●主な公立受験校

布施北－Eパ／特　枚岡樟風－総合　布施工科－工業
鶴見商－商業　成城－Eパワ／特　奈商工－情ビ／特
商業－商／特　門真西－普通　野崎－普通
汎愛－体育／特　奈良南－普通　御所実－薬学／特
今宮工科－工業　生野工－電気　平野－普通

金光八尾高等学校

学校法人 関西金光学園
〒581-0022 八尾市柏村町1-63
TEL072-922-9162　FAX072-922-4496
https://www.konkoyao.ed.jp/

■創立／昭和60年(1985)　**■校長**／岡田親彦
■生徒数／598人(1年／170人 2年／221人 3年／207人)
■併設校／関西福祉大学(赤穂市)　金光八尾中学校
■沿革／昭和60年金光第一高等学校八尾学舎・金光八尾中学校を開校。同62年金光八尾高等学校として独立。平成9年関西福祉大学開学。
■交通／近鉄大阪線「高安」から徒歩10分、「恩智」から徒歩7分、JR大和路線「柏原」「志紀」からスクールバス

インフォメーション INFORMATION

●教育方針／「人はみな神の氏子である」という金光教祖の教えに基づき、個性を生かす教育を実践。クラブやボランティア活動も重視し、奉仕の精神に富む若人の育成をめざします。
●学校行事／オリエンテーション研修・金光教本部参拝(4月)、体育大会(6月)、芸術鑑賞・大学探訪(7月)、文化祭(9月)、感謝祭(11月)、スキー研修(1月・1年)など。修学旅行(10月・2年)は北海道方面へ。
●クラブ活動／硬式野球、剣道、柔道などの体育系と、大阪私学美術展学校団体賞・過去連続24年受賞の美術部や、各種行事で活躍する吹奏楽部など文化系があります。基本的には中・高合同で活動しています。
●ボランティア活動／ボランティア活動も特色のひとつ。学校周辺の清掃奉仕(1年全員・インターアクトクラブ)、募金活動や献血活動、特別支援学校での訪問演奏(吹奏楽部)などが多くの人に喜ばれています。
●スクールライフ／3学期制／登校時刻…8：30 ／頭髪…染色・パーマ禁止／アルバイト…禁止／自転車通学…許可(学校を中心として半径1km以上は可) ／携帯…許可制

カリキュラム CURRICULUM

●S特進コース
京都大・大阪大・神戸大・大阪公立大など、難関国公立大学の現役合格をめざして、難易度の高い入試問題に対応できる応用力・実践力を養うコースです。7・8時限目は必修講習とします。
●特進コース
国公立大学、早慶・関関同立など難関私立大学の現役合格をめざすコースです。2年生以降は、入試に必要な科目を集中的に学習します。7限目は必修講習、8時限目は講習またはクラブ活動のいずれかを選択できます。
●総合進学コース
関西圏を中心とした有名私立大学の現役合格をめざすコースです。通常7時限目は必修講習、その後はクラブ活動を中心に、学力との両立を図ります。
★美術コース
2年次より「総合進学コース」の中に編成されます。国公立大学(美術系)・有名私立美術大学などへの進学をめざします。美術関係教科を数多く設定した特色あるコースです。7限目の講習は必修です。

＊女子のスラックスも設定。

先輩から

生徒数が少ない分、先生方が生徒一人ひとりに対して手厚くサポートしてくださるのが金光八尾の魅力のひとつ。切磋琢磨できる友人とも出会えました。先生方や友人の存在が力となり、辛いことも乗り越えることができました。もちろん、楽なことばかりでは夢は叶えられません。大切なのは「絶対に諦めない心」。すぐに結果が出なくても、真剣に取り組み続ければ必ず自分の力になると思います。(T.I)

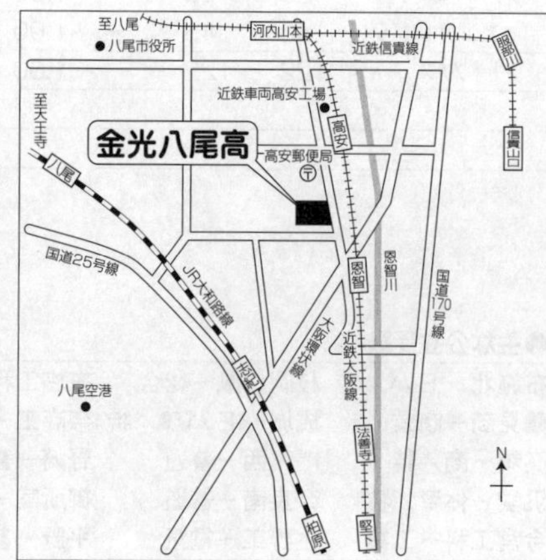

進研Vもし 合格のめやす

●目標偏差値(合格可能性80%)

併願		専願	
S特進	63	S特進	61
特進	58	特進	55
総合進学	54	総合進学	49

30 35 40 45 50 55 60 65 70 75

S特進：努力圏 合格圏 安全圏

特進：努力圏 合格圏 安全圏

総合進学：努力圏 合格圏 安全圏

入試状況

●併願

年度	学科・コース	受験者数	合格者数	回し	倍率	合格最低点
'24	S 特 進	92	43	—	2.14	330/500
	特 進	86	65	36	1.32	275/500
	総合進学	79	79	34	1.00	206/500
'23	S 特 進	106	50	—	2.12	313/500
	特 進	120	71	38	1.69	265/500
	総合進学	80	80	67	1.00	200/500

●専願

年度	学科・コース	受験者数	合格者数	回し	倍率	合格最低点
'24	S 特 進	35	27	—	1.30	310/500
	特 進	52	40	7	1.30	256/500
	総合進学	39	39	13	1.00	185/500
'23	S 特 進	34	23	—	1.48	290/500
	特 進	59	35	11	1.69	246/500
	総合進学	31	31	24	1.00	185/500

●主な公立受験校

布施－普通	高田－普通	山本－普通
八尾－普通	橿原－普通	花園－普通
清水谷－普通	東住吉－普通	高田商－商業／特
夕陽丘－普通	畝傍－普通	香芝－普通
一条－外国語／推	奈良北－普通	郡山－普通

入試ガイド

●募集要項 ＊2024年度入試実施分

募集人員	Ｓ特進40、特進80、総合進学85 ＊一部内部進学を含む
出願期間	1/22～1/29
受験料	20,000円
学力検査	2月10日
面接	実施しない
合格発表	2月12日
入学手続	専願 2月22日 併願 3月21日

●試験科目と配点・時間

科目	国語	数学	英語	社会	理科
配点	100点	100点	100点	100点	100点
時間	50分	50分	50分	50分	50分

＊英検資格活用あり。

●学費

入学金	200,000円	制服・指定物品代	約 84,000～円
年間授業料	594,000円	教科書等	約 45,400円
諸会費計	37,600円	その他学年諸費等	約 272,700円
修学旅行積立	—	初年度納入金合計	約 1,233,700～円

卒業後の進路

卒業者数／231 人

大学進学	短大進学	専門学校等	就職	進学準備ほか
208人	2人	13人	—	8人

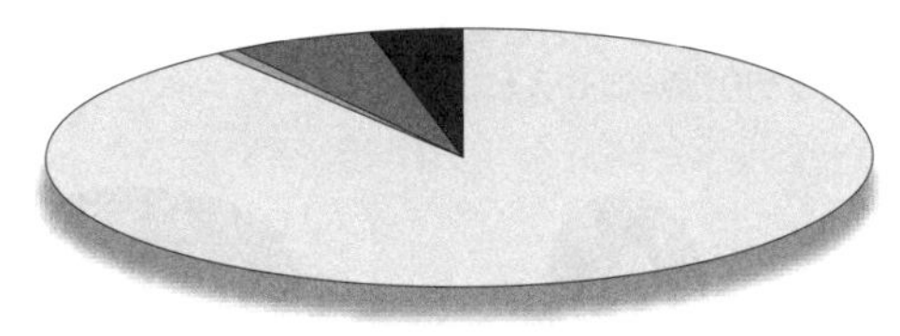

4年制大学 90.0%　短期大学 0.9%　専門学校 5.6%　就職 —　進学準備ほか 3.5%

●主な大学合格状況

国・公立大／

京都大 1	大阪大 5	神戸大 1
北海道大 1	大阪教育大 8	奈良教育大 2
奈良女子大 2	和歌山大 4	岡山大 1
広島大 1	京都府立大 2	大阪公立大 4
兵庫県立大 2	奈良県立大 1	和歌山県医 1

私立大／

関西大 65	関西学院大 25	同志社大 41
立命館大 20	京都産業大 8	近畿大 205
甲南大 3	龍谷大 53	佛教大 4
摂南大 40	神戸学院大 13	追手門学院大 20
桃山学院大 17	京都薬科大 4	大阪医科薬科大 6

四條畷学園高等学校

学校法人 四條畷学園
〒574-0001 大東市学園町6-45
TEL072-876-1327　FAX072-876-1866
https://hs.shijonawate-gakuen.ac.jp/

■**創立**／大正15年（1926）　■**校長**／白石秀継
■**生徒数**／1,619人（1年／593人 2年／470人 3年／556人）
■**併設校**／四條畷学園大学　四條畷学園短期大学 四條畷学園中学校　四條畷学園小学校　大学附属幼稚園　四條畷学園保育園
■**沿革**／1926年に四條畷高等女学校として創立。1948年に新制高等学校および小学校を設置。以降、幼稚園、中学校、短期大学、大学を設置。
■**交通**／JR学研都市線・バス「四条畷」から徒歩1分

インフォメーション　INFORMATION

●**教育方針**／建学の精神は「報恩感謝」。また、教育方針は「個性の尊重」、「明朗と自主」、「実行から学べ」、「礼儀と品性」であり、学習はもちろん、「ひと」をつくる教育に力を入れています。
●**学校行事**／校外学習（4月）、スポーツ大会（5月）、オーストラリアホームステイ（7月）、文化祭・英語暗唱大会（9月）、体育会・ハロウィンフェス（10月）、書初競書大会（1月）など。修学旅行は生徒たちが企画します。
●**クラブ活動**／体育系は、ソフトボール・バドミントン・弓道・水泳・剣道・バレーボールなど全国大会・近畿大会レベルの強豪ぞろいです。大阪高等学校総合体育大会女子総合でも、優秀な成績をおさめています。文化系は全国大会・近畿大会で活躍する吹奏楽、ダンスを筆頭に、書道、調理などが活動中です。茶道・華道は100帖の和室で活動。
●**海外交流**／1年留学（オーストラリア）、希望制の語学研修（特進文理）、オーストラリアホームステイを実施。
●**スクールライフ**／3学期制／登校時刻…8：50／頭髪…染色・パーマ禁止／アルバイト…許可（許可制、アルバイト先や経済状況から判断する）／自転車通学…許可／携帯…許可（校内では電源を切り、カバンに入れる）

カリキュラム　CURRICULUM

●**総合キャリアコース**
多くの大学、専門学校、企業と連携し、教育の枠を超えた授業であるキャリアデザインが人気です。保育士体験、服飾デザイナー、トータルビューティー、アニマルセラピー、韓国語(K-POP)、e-Sports、心理学、調理師、アイドルとマーケティングなどの講座を検討中です。【週5日制】
●**発展キャリアコース**
プロジェクト型学習からデキる大人をめざします。探究活動に力を入れており、やりたいことに挑戦するマイプロジェクト、企業インターン、海外留学、地域留学など積極的に外の世界に挑戦していくのが特徴です。【週5日制】
●**特別シンガクコース**
カタカナのシンガクには「深い学び」や「真に楽しむ」など、たくさんの意味が込められています。自分で勉強するチカラをきちんと養うことを目標とし、大学受験にもしっかり対応しています。そのため、どの先生も分かりやすい授業を展開。また、オンライン学習を導入することでクラブ活動との両立が可能になりました。

先輩から

発展キャリアコースは自分たちの興味のあることにみんなで挑戦できるとても楽しいコースです。プロジェクトで困ったときには先生が企業の方や多くの専門の人たちにつないでくれるので安心です。イベントもみんなで協力するのですが、文化祭のバイオハザードアトラクション企画では特殊メイクの専門学校の先生にメイク方法を教えてもらって楽しい思い出を作ることができました。

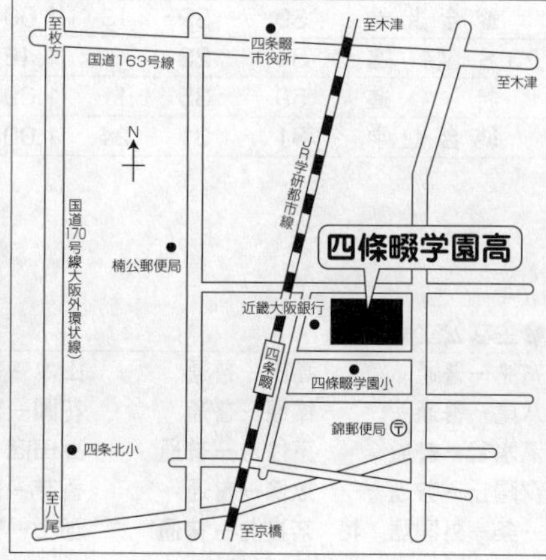

進研Vもし 合格のめやす

●目標偏差値(合格可能性80%)

併願		専願	
特別シンガク	51	特別シンガク	49
発展キャリア	47	発展キャリア	44
総合キャリア	42	総合キャリア	38

30 35 40 45 50 55 60 65 70 75

特別シンガク　努力圏 合格圏 安全圏

発展キャリア　努力圏 合格圏 安全圏

総合キャリア　努力圏 合格圏 安全圏

入試ガイド

●募集要項　＊2024年度入試実施分

募集人員　特別シンガク60、発展キャリア140、総合キャリア280
＊内部進学を含む

出願期間　1/22〜1/29

受験料　20,000円

学力検査　2月10日

面接　実施しない

合格発表　2月13日

入学手続　専願 2月22日
併願 3月25日

●試験科目と配点・時間

科目	国語	数学	英語	—	—
配点	100点	100点	100点	—	—
時間	50分	50分	50分	—	—

●学費

入学金	230,000円	制服・制定品	約 108,000円
年間授業料	600,000円	教科書・副読本	約 19,000円
諸経費計	約 69,550円	クロームブック費	約 56,000円
修学旅行積立	100,000円	初年度納入金合計	約 1,182,550円

＊総合キャリアコースの場合

入試状況

●併願

年度	学科・コース	受験者数	合格者数	回し	倍率	合格最低点
'24	特別シンガク	126	92	—	1.37	200/300
	発展キャリア	382	362	30	1.06	135/300
	総合キャリア	671	671	21	1.00	90/300
'23	特別シンガク	146	104	—	1.40	202/300
	発展キャリア	314	305	37	1.03	140/300
	総合キャリア	772	770	14	1.00	90/300

●専願

年度	学科・コース	受験者数	合格者数	回し	倍率	合格最低点
'24	特別シンガク	36	29	—	1.24	185/300
	発展キャリア	205	183	7	1.12	125/300
	総合キャリア	303	297	18	1.02	80/300
'23	特別シンガク	43	28	—	1.54	188/300
	発展キャリア	120	108	13	1.11	130/300
	総合キャリア	224	220	10	1.02	80/300

＊内部進学者を含む。

●主な公立受験校

北かわち－普通	枚方なぎさ－総合	枚方津田－普通
守口東－普通	緑風冠－普通	門真なみはや－総
長尾－普通	交野－普通	汎愛－普通
芦間－総合	西寝屋川－普通	柴島－総合
花園－普通	みどり清朋－普通	日新－普通

卒業後の進路

卒業者数／354人

大学進学	短大進学	専門学校等	就職	進学準備ほか
201人	48人	80人	12人	13人

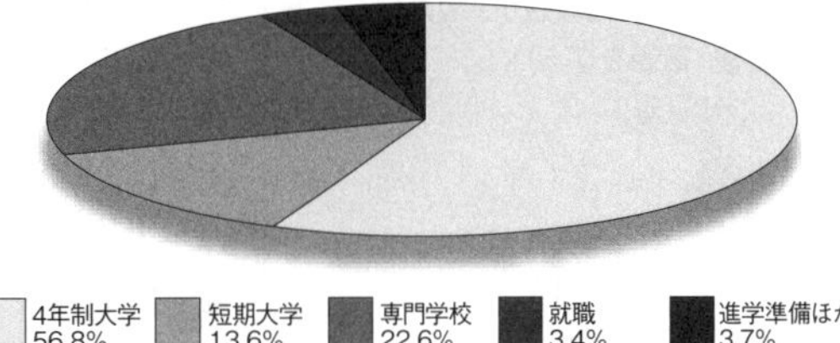

4年制大学 56.8%　短期大学 13.6%　専門学校 22.6%　就職 3.4%　進学準備ほか 3.7%

●主な大学合格状況（現役のみ）

国・公立大／

大阪大 1　大阪教育大 1

私立大／

関西大 12	関西学院大 3	同志社大 3
京都産業大 4	近畿大 10	甲南大 1
龍谷大 10	佛教大 3	摂南大 23
神戸学院大 1	追手門学院大 5	桃山学院大 6
四條畷学園大 11	同志社女子大 10	京都女子大 5
京都外国語大 3	関西外国語大 3	関西医科大 1
中央大 1	武庫川女子大 5	四條畷学園短大 34
関西学院短大 1	龍谷大短期 1	関西外国語大短期 2

四天王寺東高等学校

学校法人 四天王寺学園
〒583-0026 藤井寺市春日丘3-1-78
TEL072-937-2855　FAX072-937-2877
https://www.shitennojigakuen.ed.jp/higashi/

■創立／平成29年（2017）　**■校長**／柏井誠一
■生徒数／614人（1年／213人 2年／160人 3年／241人）
■併設校／四天王寺大学　同短期大学部　四天王寺東中学校
■沿革／大正11年聖徳太子1300年御忌記念事業として天王寺高等女学校を創立。平成21年藤井寺駅前に四天王寺学園小学校、同26年四天王寺学園中学校を開校。同29年四天王寺学園高校開校。四天王寺学園小学校を四天王寺小学校と改称。令和2年校名変更。
■交通／近鉄南大阪線「藤井寺」南出口から徒歩3分

インフォメーション INFORMATION

●教育方針／聖徳太子の仏教精神に基づく情操教育の実践及び教科学習・学校行事・クラブ活動を通して、豊かな人間性を備え、知・徳・体全てに調和が取れた人物を育成します。また社会ルールや校則を遵守し、探究型学習やICT教育などに積極的に取り組み、粘り強く努力を重ねて学習に励むことにより、希望する進路を実現し、将来、リーダーとして活躍できる人間力を供えた人物の育成を目指します。

●学校行事／花まつり・新入生授戒会（4月）、授戒灌頂会（5月）、体育祭（6月）、夏期講習（7月）、海外研修（8月・希望制）、文化祭（9月）、スキー学舎（3月・希望制）など。修学旅行（10月・2年）は北海道へ。

●クラブ活動／体育系は剣道、バスケットボール、バドミントン、卓球など。文化系では全国大会出場の放送部のほか、自然科学、クッキング、演劇、コンピューターサイエンス&ロボットなどが活動中。加入率は約67%です。

●スクールライフ／3学期制／登校時刻…8：30／頭髪…染色・パーマ禁止／アルバイト…禁止／自転車通学…許可（学校より半径500m以内は禁止、校内に駐輪場を設置）／携帯…許可（登校後、電源を切る）

カリキュラム CURRICULUM

●Ⅲコース
難関国公立大学、難関私立大学の現役合格を目指します。高2・高3では、国・社・数・理・英の5教科を学び、高3では大学受験に対応した実践力を身につけます。

●Ⅱコース
きめ細やかな指導を行い、難関私立大学、国公立大学の現役合格を目指します。高2・高3では、3教科を中心に学び、高3では大学受験に対応した実践力を身につけます。

●Ⅰコース
クラブへの積極的な参加が可能で、学習との両立をしながら学力向上を図ります。高2・高3では、英・国・社の文系3教科を学び、有名私立大学を目指します。

☆全コースに四天王寺大学・四天王寺大学短期大学部への優先入学制度があります。Ⅱ・Ⅲコースは演習後・補習後、クラブ活動が可能です。

☆アクティブ・ラーニングを効果的に進め、21世紀に生きる力を身につけるためのICT教育の実施、世界に雄飛する人材を育てるグローバル教育の実施、また、教員と現役大学生のチューターによる放課後個別学習や長期休暇前の講習の実施等、21世紀型の教育で、真の学力を身につけ、大学や社会で活躍できる人材を育成します。週34時間の授業に加え、コースの特性に応じて演習授業を実施します。

先輩から

私がこの学校を受けた理由は、他の学校にはない、整った環境や設備があったからです。例えば、授業にタブレットを使用してみんなと意見を共有し合うことや、先生から配布されるプリントを、データで受け取ることができます。また、放課後の勉強は、自分の都合に合った場所ででき、先生やチューターの先生に質問できる部屋や、静かに勉強できる部屋も用意されています。（S・M）

進研Vもし　合格のめやす

●目標偏差値（合格可能性80％）

併　願		専　願	
Ⅲコース	58	Ⅲコース	56
Ⅱコース	53	Ⅱコース	51
Ⅰコース	49	Ⅰコース	47

30 35 40 45 50 55 60 65 70 75

Ⅲコース　努力圏　合格圏　安全圏
Ⅱコース　努力圏　合格圏　安全圏
Ⅰコース　努力圏　合格圏　安全圏

入試ガイド

●募集要項　＊2024年度入試実施分

募集人員　Ⅲコース／Ⅱコース／Ⅰコース…175

出願期間　1/22〜1/31
受験料　15,000円
学力検査　2月10日
面接　実施しない
合格発表　2月12日
入学手続　専願 2月15･16日
　併願 3月19日

●試験科目と配点・時間

科目	国語	数学	英語	社会	理科
配点	100点	100点	100点	100点	100点
時間	50分	50分	50分	50分	50分

＊英検の資格活用あり。

●学費

入学金	200,000円	制服代	140,000円
年間授業料	540,000円	その他制定品費	—
諸会費計	104,400円	その他	—
修学旅行積立	—	初年度納入金合計	984,400円

入 試 状 況

●併願

年度	学科・コース	受験者数	合格者数	回し	倍率	合格最低点
'24	Ⅲ コ ー ス	152	142	—	1.07	298/500
	Ⅱ コ ー ス	151	134	4	1.13	262/500
	Ⅰ コ ー ス	57	56	22	1.02	224/500
'23	Ⅲ コ ー ス	140	120	—	1.17	332/500
	Ⅱ コ ー ス	129	100	15	1.29	310/500
	Ⅰ コ ー ス	58	58	34	1.00	239/500

●専願

年度	学科・コース	受験者数	合格者数	回し	倍率	合格最低点
'24	Ⅲ コ ー ス	43	34	—	1.26	283/500
	Ⅱ コ ー ス	68	58	6	1.17	247/500
	Ⅰ コ ー ス	36	35	12	1.03	209/500
'23	Ⅲ コ ー ス	18	15	—	1.20	313/500
	Ⅱ コ ー ス	40	29	3	1.38	290/500
	Ⅰ コ ー ス	24	24	11	1.00	225/500

●主な公立受験校

河南－普通　東住吉－普通　藤井寺－普通
畝原－普通　金剛－普通　高田－普通
山本－普通　夕陽丘－普通　富田林－普通
阿倍野－普通　狭山－普通　桜井－普通
阪南－普通　大阪ビジＦ－グロ　布施－普通

卒業後の進路

卒業者数／264人

大学進学	短大進学	専門学校等	就職	進学準備ほか
220人	9人	20人	2人	13人

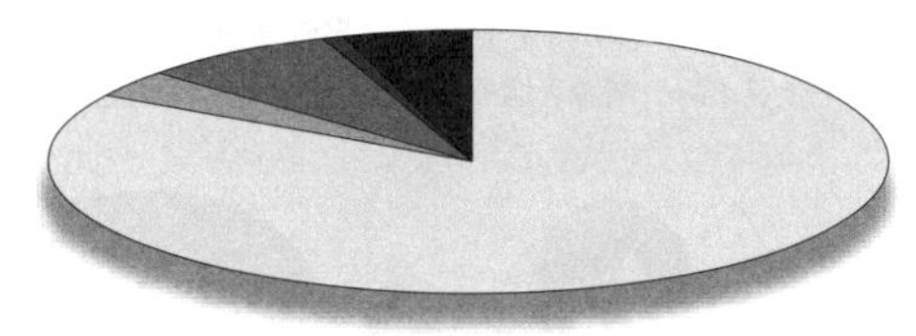

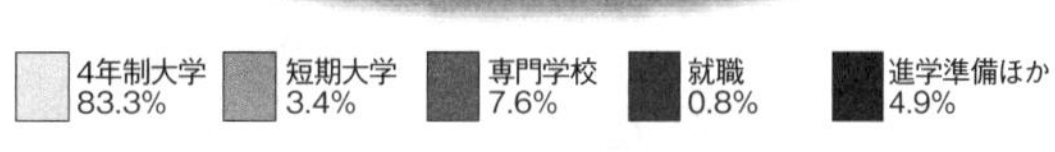

●主な大学合格状況

国・公立大／
大阪大 1　東北大 1　大阪教育大 1
奈良女子大 1　和歌山大 1　横浜国立大 1
愛媛大 1　豊橋技術科学大 1　兵庫県立大 1
長崎県立大 1
私立大／
関西大 40　関西学院大 10　同志社大 11
立命館大 10　京都産業大 21　近畿大 179
甲南大 3　龍谷大 9　摂南大 40
追手門学院大 58　桃山学院大 20　早稲田大 2
慶應義塾大 2　立教大 1　関西外国語大 15
武庫川女子大 19　大和大 23　四天王寺大 42

常翔学園高等学校

学校法人 常翔学園
〒535-8585 大阪市旭区大宮5丁目16-1
TEL06-6954-4436　FAX06-6167-4814
https://www.highs.josho.ac.jp/high/

■**創立**／大正11年（1922）　■**校長**／田代浩和
■**生徒数**／1,837人（1年／647人 2年／591人 3年／599人）
■**併設校**／大阪工業大学　摂南大学　広島国際大学　常翔学園中学校　常翔啓光学園中学校・高等学校
■**沿革**／大正11年創設の関西工学専修学校が母体。昭和25年大阪工業大学高等学校に改称。平成20年常翔学園高等学校に改称。
■**交通**／大阪シティバス「大宮小学校前」から徒歩3分、大阪メトロ谷町線「千林大宮」・今里筋線「太子橋今市」から徒歩12分ほか

インフォメーション　INFORMATION

●**教育方針**／教育理念は「自主・自律の精神と幅広い"職業観"を養い、実社会で活躍できる人材の育成」です。「大学合格」だけが目的ではなく、これからの未来を生き抜く力、"21世紀型スキル"を身に着けるキャリア教育やグローバル教育を実施しています。
●**学校行事**／校外学習（5月）、芸能鑑賞（6月）、体育祭（7月）、文化祭（9月）、海外研修旅行（10月）、球技大会（11月）、企業探究学習発表会（12月）、マラソン大会（2月）など。
●**クラブ活動**／ラグビー、サッカー、陸上競技など運動部と、吹奏楽、科学、放送など文化部のほか、山岳、自転車などのサークルも活動中。加入率は約59%です。
●**海外交流**／希望者を対象に、オーストラリア語学研修、セブ島英語研修（夏季休暇期間）・グローバルチャレンジプログラムin NY（春季休暇期間）などの海外語学研修を実施しています。また、オーストラリア語学研修の際に訪れる姉妹校からも生徒が来校するなど異文化交流も盛んに行われています。
●**スクールライフ**／3学期制／登校時間…8：30／頭髪…染色・パーマ禁止／アルバイト…禁止／自転車通学…許可／携帯・スマートフォン…電源を切ることを条件として持込を許可。

カリキュラム　CURRICULUM

●**スーパーコース**
難関国公立大学への進学を実現するため演習的要素を多くしたハイレベル・ハイスピードの演習のほか、予備校講座や学習合宿も実施。クラスの8割以上が国公立・関関同立・早慶レベルの大学に進学しています。
●**特進コース**
国公立・難関私立大学を目指し、ハイレベルな学力を養成します。学習進度に合わせた演習授業、放課後の学力強化講習も充実しています。コースの約4割の生徒が国公立・関関同立レベルの大学に進学しています。
●**文理コース**
学園内大学をはじめとする私立大への進学を目指すコースです。2年次からは文系／理系に分かれた目的別のクラスに再編成・学園内大学との高大連携講座を通して、大学進学へのモチベーションを高めていきます。バランスの取れたカリキュラムで、課外活動との両立も可能です。学園内大学への内部進学制度もありますが、推薦入試や一般入試で国公立大学・難関私立大学に進学する生徒もいます。

※高校2年進級時には新たにグローバル探究コース・薬学看護医療系コースが加わります。

先輩から

本校はクラブ活動が盛んで、全国大会に出場するクラブもたくさんあります。文武両道はとても大変ですが、自習室や図書館、手厚く丁寧に指導をしてくれる先生方がいるなど、自分から勉強したいと思える環境が整っています。僕自身も時間をやりくりし、勉強と並行して吹奏楽部の活動に熱心に取り組み、コンクールや演奏会で満足のいく成績を修めることができ、充実した毎日を送ることができています。（N・K）

進研Vもし　合格のめやす

●目標偏差値(合格可能性80%)

併願		専願	
スーパー	64	スーパー	60
特進	60	特進	57
文理	54	文理	51

30 35 40 45 50 55 60 65 70 75

スーパー　努力圏　合格圏　安全圏

特進　努力圏　合格圏　安全圏

文理　努力圏　合格圏　安全圏

入試状況

●併願

年度	学科・コース	受験者数	合格者数	回し	倍率	合格最低点
'24	スーパー	229	138	—	1.66	331/500
	特進	419	330	72	1.27	293/500
	文理	123	121	102	1.02	250/500
'23	スーパー	239	116	—	2.06	340/500
	特進	334	265	110	1.26	285/500
	薬学・医療系進学	16	16	9	1.00	257/500
	文理進学	171	168	71	1.02	248/500

●専願

年度	学科・コース	受験者数	合格者数	回し	倍率	合格最低点
'24	スーパー	48	14	—	3.43	311/500
	特進	168	122	22	1.38	273/500
	文理	216	194	53	1.11	230/500
'23	スーパー	45	20	—	2.25	313/500
	特進	94	62	22	1.52	265/500
	薬学・医療系進学	26	22	5	1.18	238/500
	文理進学	205	188	28	1.09	228/500

＊点数は英検による加点を含む。

●主な公立受験校

東ー普通	寝屋川ー普通	旭ー普通
市岡ー普通	東ー理数	清水谷ー普通
北千里ー普通	いちりつー普通	池田ー普通
山田ー普通	四條畷ー文理	箕面ーグローバル
刀根山ー普通	東住吉ー普通	八尾ー普通

入試ガイド

●募集要項　＊2024年度入試実施分

募集人員　スーパー40、特進200、文理240

出願期間　1/19～1/26
受験料　20,000円
学力検査　2月10日
面接　実施しない
合格発表　2月12日
入学手続　専願 2月20日
　併願 3月19日

●試験科目と配点・時間

科目	国語	数学	英語	社会	理科
配点	100点	100点	100点	100点	100点
時間	50分	50分	50分	50分	50分

＊英検の資格活用あり。

●学費

入学金	220,000円	制服等制定品費	約 120,000～円
年間授業料	618,000円	副教材・iPad費	約 140,000円
諸会費計	80,000円	その他	—
修学旅行積立	270,000円	初年度納入金合計	約 1,448,000～円

＊コースにより異なる

卒業後の進路

卒業者数／739人

大学進学	短大進学	専門学校等	就職	進学準備ほか
692人	4人	16人	2人	25人

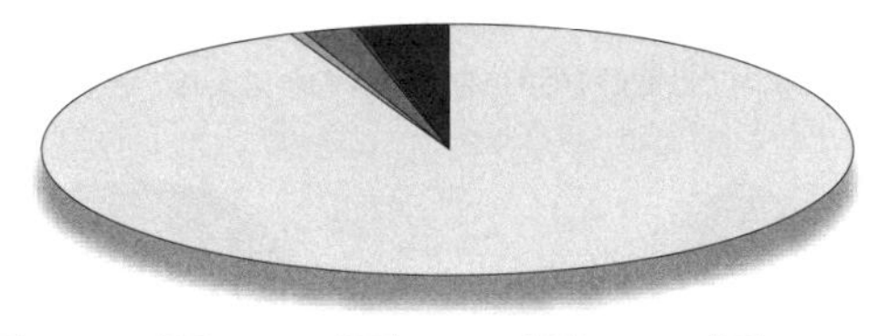

●主な大学合格状況

国・公立大／

京都大 1	大阪大 4	神戸大 5
東北大 1	九州大 1	滋賀大 1
京都教育大 2	京都工繊大 3	大阪教育大 3
奈良教育大 2	奈良女子大 1	和歌山大 5
滋賀県立大 3	大阪公立大 15	兵庫県立大 4
奈良県立大 3		

私立大／

関西大 198	関西学院大 89	同志社大 62
立命館大 113	京都産業大 40	近畿大 137
甲南大 12	龍谷大 86	佛教大 16
摂南大 125	神戸学院大 20	追手門学院大 18

常翔啓光学園高等学校

学校法人 常翔学園
〒573-1197 枚方市禁野本町1-13-21
TEL072-807-6632/入試部　FAX072-848-2969
https://www.keiko.josho.ac.jp/

■**創立**／昭和32年(1957)　■**校長**／山田長正
■**生徒数**／1,290人(1年／395人 2年／443人 3年／452人)
■**併設校**／大阪工業大学 摂南大学 広島国際大学
■**沿革**／昭和32年啓光学園中学校開校。同35年に啓光学園高等学校を開校。平成20年常翔学園の設置校となり、常翔啓光学園に校名変更。同21年男女募集。
■**交通**／京阪本線「枚方市」から徒歩約13分(または駅北口から京阪バスで「中宮住宅前」下車)、京阪交野線「宮之阪」から徒歩約7分

インフォメーション　INFORMATION

●**教育方針**／『熱心であれ(探求心)、力強くあれ(自学自習・人間力)、優しくあれ(思いやり)』を校訓とし、学力はもとより身だしなみやマナー、自己管理など人間力の養成も重視。ユニバーサル社会を創造する自覚と能力を育み、社会に貢献できる人材を育成します。
●**学校行事**／フレンドシップ・デイ(4月)、芸術鑑賞(7月)、啓光祭(9月)のほか体育祭(5月)、球技大会(11月)、マラソン大会(1月)などスポーツ系行事も多彩です。修学旅行(10月)は特進コースはイギリス、進学コースはバリ島へ。
●**クラブ活動**／体育系はインターハイ出場経験のあるワンダーフォーゲル部やテニス部、陸上競技部をはじめ野球部、サッカー部、ラグビー部、空手道部、剣道部など。文化系では吹奏楽部、軽音楽部などが活動中。
●**海外交流**／英語圏へ、夏期研修(約2週間)・短期(2ヶ月)・長期(11ヶ月)の留学制度があり、語学研修だけでなく、異文化の体験や、現地の人との触れ合いなど多彩なプログラムを用意。
●**スクールライフ**／3学期制／登校時刻…8：20／頭髪…染色・パーマ禁止／アルバイト…禁止／自転車通学…許可／携帯…許可(学内では電源を切り、制カバンの中に入れておく)

カリキュラム　CURRICULUM

●**特進コースⅠ類〔選抜〕**
自然科学系分野の力を付け、難関国公立大学や医歯薬系大学への進学を目指します。入学時から大学入学共通テスト、難関国公立大学の個別試験を視野に入れた授業・講習を展開。なかでも英語の長文読解力と、理系分野で最も大切な数学の演習問題を重視し、表現力と論理的思考力を養います。自然科学系を中心に自らの興味と適性を確認しながら、将来の進路に結び付いた学びを実現します。
●**特進コースⅡ類**
より高度な英語・数学の力を付け、国公立大学への進学を目指します。幅広い基礎学力を身に付けながら、2年生進級時には文系・理系に分かれて大学受験に必要な科目を徹底的に強化。さらに、思考力・記述力を高め、早期から大学入学共通テストに対応した授業を行います。3年生では志望校合格に合わせた講座や講習を実施。主要科目に絞り込んだ学習で実践的な力を身に付けます。
●**進学コース**
過去の豊富なデータベースと最新の入試傾向の分析に基づき、難関私立大学や学園内大学への合格を目指すコース。生徒のレベルに合わせた効果的な学習を実施し、文系・理系・看護・医療系など、さまざまな学部受験に対応した指導を展開します。

先輩から

中学時代の先生が話す評価以上に、常翔啓光学園は生徒のことを親身に考えてくれる学校でした。想像を上回る密度の濃い授業内容に、最初はとまどいました。でも担任の先生をはじめ、各教科の先生方が、丁寧にわかりやすく指導してくださいます。疑問があれば、放課後でも先生が納得いくまで説明してくれるのです。おかげで、私も以前より勉強が好きになりました。先輩も尊敬できる人が多いです。(Y・K)

進研Vもし 合格のめやす

●目標偏差値（合格可能性80%）

併願		専願	
特進Ⅰ類	61	特進Ⅰ類	57
特進Ⅱ類	57	特進Ⅱ類	53
進学	51	進学	48

30 35 40 45 50 55 60 65 70 75

特進Ⅰ類　努力圏　合格圏　安全圏

特進Ⅱ類　努力圏　合格圏　安全圏

進学　努力圏　合格圏　安全圏

入試状況

●併願

年度	学科・コース	受験者数	合格者数	回し	倍率	合格最低点
'24	特進Ⅰ類	320	193	—	1.66	344/500
	特進Ⅱ類	452	377	117	1.20	290/500
	進学	378	376	85	1.01	231/500
'23	特進Ⅰ類	354	203	—	1.74	344/500
	特進Ⅱ類	519	374	126	1.39	310/500
	進学	391	390	170	1.00	230/500

●専願

年度	学科・コース	受験者数	合格者数	回し	倍率	合格最低点
'24	特進Ⅰ類	31	8	—	3.88	339/500
	特進Ⅱ類	76	48	19	1.58	281/500
	進学	124	120	32	1.03	214/500
'23	特進Ⅰ類	31	8	—	3.88	339/500
	特進Ⅱ類	78	38	18	2.05	300/500
	進学	106	104	44	1.02	209/500

●主な公立受験校

四條畷－文理	枚方－国際文化	芦間－総合
寝屋川－普通	枚方－普通	門真なみはや－総
東－普通	旭－普通	交野－普通
牧野－普通	いちりつ－普通	北かわち－普通
槻の木－普通	香里丘－普通	長尾－普通

入試ガイド

●募集要項　＊2024年度入試実施分

募集人員	特進Ⅰ類40、特進Ⅱ類120、進学160
出願期間	1/22～1/29
受験料	20,000円
学力検査	2月10日
面接	実施しない
合格発表	2月13日
入学手続	専願 2月16日 併願 3月19日

●試験科目と配点・時間

科目	国語	数学	英語	社会	理科
配点	100点	100点	100点	100点	100点
時間	50分	50分	50分	50分	50分

＊英検資格活用あり。

●学費

入学金	220,000円	制服代	約93,000～166,000円
年間授業料	618,000円	教材費	約230,000円
学年諸費	93,000～125,000円	振興費	50,000円
修学旅行積立	180,000円	初年度納入金合計	約1,484,000円～1,589,000円

＊修学旅行積立は1年次の金額

卒業後の進路

卒業者数／431人

大学進学・短大進学	専門学校等	就職	進学準備ほか
395人	21人	1人	14人

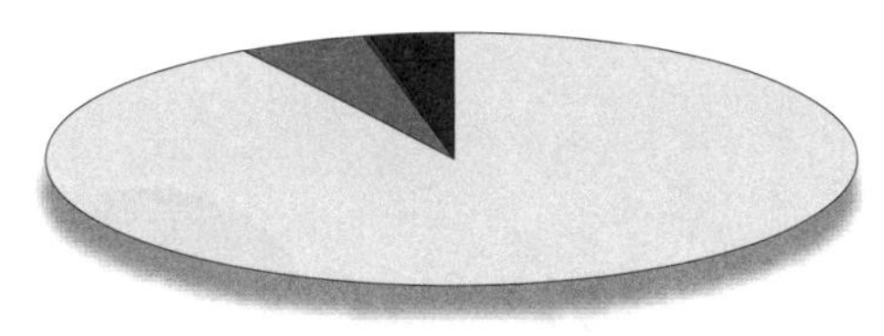

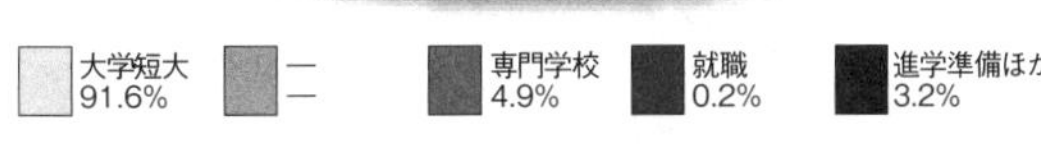

●主な大学合格状況

国・公立大／

神戸大 1	名古屋大 1	九州大 1
大阪公立大 4	京都教育大 1	京都工繊大 3
大阪教育大 2	奈良女子大 1	和歌山大 5
広島大 3	徳島大 4	愛媛大 3
金沢大 3	滋賀県立大 1	滋賀大 1
兵庫県立大 2	奈良県立大 1	和歌山県医 1

私立大／

関西大 52	関西学院大 37	同志社大 13
立命館大 30	京都産業大 68	近畿大 156
甲南大 3	龍谷大 214	京都女子大 26
大阪工業大 222	摂南大 610	広島国際大 9

昇陽高等学校

学校法人 淀之水学院
〒554-0011 大阪市此花区朝日1-1-9
TEL06-6461-0091　FAX06-6465-0336
https://www.oskshoyo.ed.jp/

■創立／大正13年(1924)　**■校長**／竹下健治
■生徒数／823人(1年／262人 2年／279人 3年／282人)
■併設校／昇陽中学校
■沿革／大正13年淀之水高等女学校創立。平成11年大阪初の福祉科を開設。同22年昇陽高校に校名を変更し、男女募集を開始。同24年から全コース共学に。令和6年創立100周年を迎えます。
■交通／JR環状線・阪神なんば線「西九条」から徒歩6分、阪神なんば線「千鳥橋」から徒歩5分

インフォメーション INFORMATION

●教育方針／For Others ～志高く～。知性を身につけ、自主性に富む生徒、社会奉仕の精神と情操豊かな生徒、国際化・情報化に対応できる生徒の育成をめざしています。
●学校行事／校外学習(5月)、体育大会(6月)、文化祭(9月)、芸術鑑賞(11月)、耐寒行事(12月)、福祉実習(福祉科)など。長期休業時には講習や勉強合宿が行われます。修学旅行(11月・2年)は海外各方面へ。
●クラブ活動／全国大会での優勝実績をもつソフトテニス(女子)、バレーボール(男子)は全国大会常連の強豪クラブ。ほかに体育系では卓球、新体操、サッカー、ハンドボール、バスケットボール、ダンス、柔道、バドミントン、陸上など、文化系は吹奏楽、茶道、軽音楽、ボランティア、美術などが活動中。
●海外交流／修学旅行のほかに語学研修も検討中。
●スクールライフ／3学期制／登校時刻…8：30／頭髪…染色・パーマ禁止／アルバイト…禁止／自転車通学…許可制／携帯…持込許可(校内使用禁止)／自習室…「昇陽塾」19：00まで

カリキュラム CURRICULUM

●普通科　特進コース
国公立大学および難関私立大進学をめざすコース。元有名予備校講師などによる徹底した受験指導を実施しています。
●普通科　進学コース
『標準進学』ではミネルヴァ・プランで生きる力を育成。2年次より希望する受験スタイルにより総合進学専攻も選べます。『看護医療進学』は看護系・医療系大学・専門学校などへの進学が目標。看護師の仕事が体験できる病院実習、進学講習も充実しています。『幼児教育進学』では大学・専門学校など保育士資格が取得できる養成校への進学をめざします。体験授業も豊富です。『アスリート進学』ではクラブ活動にも全力で取り組みながら、個々の希望スタイルで進学をめざします。
●普通科　IT フロンティアコース
プログラミングや動画編集、ドローン操作など、最新機器が揃ったIT 教室でスキルを学びます。デジタルアート専攻を新設。
●普通科　ビジネス・公務員コース
基礎学力を徹底的に習得。公務員試験に対応した科目充実のほか、英検・漢検・ビジネス関連の資格取得、官庁訪問なども実施。
●普通科　パティシエコース
講師は、全員が製菓専門学校などで教えた経験をもつプロばかり。3年間で本格的なお菓子作りの知識と技術が身につきます。
●福祉科　福祉コース
経験豊富な教員による指導と本格的な実習施設により、最短距離で介護福祉士の国家試験受験資格取得をめざします。

私の夢は、いろいろな国の文化・歴史に直接ふれてまわること。そのキッカケとなったのは昇陽高校の修学旅行(フランス)でした。はじめて異国の文化にふれ、感動しました。夢の実現に向けて、いま大学で英語を学んでいます。受験勉強で親身にサポートしてくれた先生方には本当に感謝しています。ソフトテニス部で得た「あきらめずに挑戦する精神」も大学生活で役立っています。

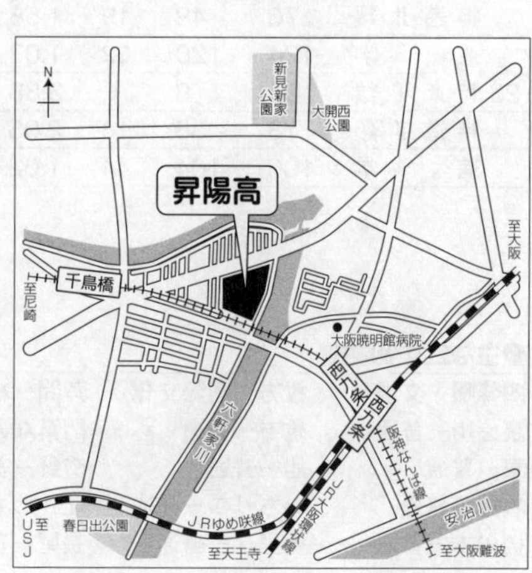

進研Vもし 合格のめやす

●目標偏差値（合格可能性80%）

併願		専願	
特進	41	特進	38
進学	39	進学	36
福祉	38	福祉	35
ビジネス・公務員	38	ビジネス・公務員	35
パティシエ	38	パティシエ	35
ＩＴフロンティア	37	ＩＴフロンティア	35

30 35 40 45 50 55 60 65 70 75

特進
努力圏 合格圏 安全圏

進学
努力圏 合格圏 安全圏

福祉／ビジネス・公務員／パティシエ
努力圏 合格圏 安全圏

IT フロンティア
努力圏 合格圏 安全圏

入試状況

●併願

年度	学科・コース	受験者数	合格者数	回し	倍率	合格最低点
'24	特進	23	22	—	1.05	—/—
	看護・医療系進学	20	20	—	1.00	—/—
	保育教育	23	23	—	1.00	—/—
	ビジネス/公務員チャレンジ	61	60	—	1.02	—/—
	パティシエ	48	46	—	1.04	—/—
	進学Ⅰ・Ⅱ・Ⅲ	162	160	—	1.01	—/—
	ＩＴフロンティア	52	50	—	1.04	—/—
	福祉	26	26	—	1.00	—/—

●専願

年度	学科・コース	受験者数	合格者数	回し	倍率	合格最低点
'24	特進	3	3	—	1.00	—/—
	看護・医療系進学	8	8	—	1.00	—/—
	保育教育	7	7	—	1.00	—/—
	ビジネス/公務員チャレンジ	24	24	—	1.00	—/—
	パティシエ	37	37	—	1.00	—/—
	進学Ⅰ・Ⅱ・Ⅲ	80	78	—	1.03	—/—
	ＩＴフロンティア	27	27	—	1.00	—/—
	福祉	25	24	—	1.04	—/—

●主な公立受験校

尼崎西－普通	淀商－商業	吹田－普通
県尼崎－普通	大正白稜－総合	西野田工科－工業
貝塚－総合	淀商－福祉ボラン	農芸－食品加工
西宮南－普通	港－普通	東住吉総－クリエ
成城－Ｅパワ／特	淀川清流－Ｅ／特	尼崎双星－機械

入試ガイド

●募集要項 ＊2024年度入試実施分

募集人員	普通科＝特進／進学Ⅰ・Ⅱ・Ⅲ／看護・医療系進学／ビジネス/公務員チャレンジ／ＩＴフロンティア／パティシエ／保育教育…270、福祉科＝福祉30
出願期間	1/22～1/29
受験料	20,000円
学力検査	2月10日
面接	専願のみ（10分）
合格発表	2月11日
入学手続	専願 2月14日　併願 3月19日

＊2025年度、進学Ⅰ・Ⅱ・Ⅲ／看護・医療系進学／保育教育は、進学コース（標準進学／看護医療進学／幼児教育進学）となる。また、新たに進学コース（アスリート進学）を設置。ビジネス/公務員チャレンジコース→ビジネス・公務員コースへ変更。

●試験科目と配点・時間

科目	国語	数学	英語	—	—
配点	100点	100点	100点	—	—
時間	50分	50分	50分	—	—

●学費

入学金	200,000円	制服・制定品・教材等	約 200,000円
年間授業料	600,000円	学習活動費積立金	150,000円
諸会費計	31,000円	その他	—
修学旅行積立	50,000円	初年度納入金合計	約 1,231,000円

＊修学旅行積立は行き先により変更あり　＊福祉科は別途実習費が必要

卒業後の進路

卒業者数／268 人

大学進学	短大進学	専門学校等	就職	進学準備ほか
111人	10人	70人	50人	27人

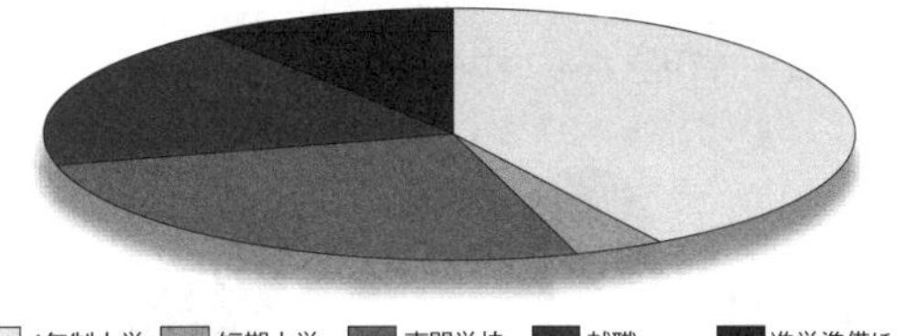

●主な大学合格状況

国・公立大／
滋賀大 1
私立大／

関西大 4	関西学院大 13	同志社大 1
立命館大 1	京都産業大 2	近畿大 21
甲南大 2	龍谷大 14	佛教大 3
摂南大 8	追手門学院大 8	桃山学院大 7
同志社女子大 3	武庫川女子大 1	甲南女子大 1
畿央大 1	天理大 1	大阪学院大 6
大阪国際大 6	大阪産業大 7	関西外国語大 9
関西福祉科学大 5	関西国際大 5	関西外国語大短期 5

精華高等学校

学校法人 精華学園
〒599-8245 堺市中区辻之1517
TEL072-234-3391　FAX072-234-3399
http://www.seika-h.ed.jp/

■創立／大正15年（1926）　■校長／正川昌彦
■生徒数／749人（1年／278人 2年／221人 3年／250人）
■沿革／大正15年精華実践女学校設立認可。昭和24年精華女子高等学校と改称。平成8年精華高等学校と改称。同10年男女共学。
■交通／泉北高速鉄道「泉ケ丘」「深井」からバスで「東中学校前」下車徒歩5分、南海高野線「北野田」からバスで「高山」下車徒歩8分、近鉄「富田林」・泉北高速鉄道「和泉中央」・JR阪和線「和泉府中」（新ルート）からスクールバス運行

インフォメーション INFORMATION

●教育方針／「自立・協調・創造」を教育目標とし、知性と豊かな心をもった人間の形成をめざしています。生徒一人ひとりがチャレンジし続ける学習環境を提供しています。

●学校行事／文化鑑賞（6月）、体育祭（9月）、精華学園祭文化の部（10月）、校外研修（11月）、マラソン大会（1月）、進学講座、修学旅行など。

●クラブ活動／特別強化クラブとして吹奏楽、強化指定クラブとして硬式野球・サッカー・卓球・剣道・女子バスケットボール・演劇があります。ほかに運動系は、なぎなた・バレーボール（男女）・バスケットボール（男女）・ラグビー・硬式テニス・陸上競技など、文化系は、美術・写真・イラスト・手芸・歴史文化・ボランティアなど。また女子ダンス部・eスポーツ部が始動しました。

●校外施設／堺市南区に『フィールドセンター』を所有しています。自然に囲まれた体育専用施設です。授業はもとより、硬式野球部の公式試合や通常練習にフル活用されています。

●スクールライフ／2学期制／登校時刻…8：35／頭髪…染色・パーマ・ピアス等禁止／アルバイト…許可（条件あり）／自転車通学…許可／携帯…校内使用禁止

カリキュラム CURRICULUM

●スーパーグローカルコース
「情報力・語学力・思考力・表現力」をキーワードに環境・経済・文化等を探究します。広い分野に興味・関心が持てるように、多彩なカリキュラムを構成。"グローカルパーソン"をめざします。

●ニュースタンダードコース
幅広く学ぶ事に楽しみを見いだし、自分の将来像を描き目標を達成するコースです。一人ひとりの個性を磨き、多岐にわたる進路の実現のため、最大限のサポートを実施します。

●スポーツ＆アートコース
さまざまな活動を通して、自己を「表現」する生徒を育成します。「勉強もがんばり、クラブ活動もがんばりたい」という生徒を支援します。強化クラブの生徒で構成されます。

● i-Techコース
Society5.0で実現される社会の中で少しでも活躍できる人材を育成。「情報」に関する資格取得はもちろんのこと、「AIと人とをつなぐ」役割を担えるように今までにはない授業を展開します。

●環境福祉コース
環境に対する人間の責任と役割を理解し、具体的な行動ができるように学習します。福祉分野ではこども園や高齢者福祉施設での活動を通じて実学形式の学びを得ます。

●フリーアカデミーコース
フルタイムで授業に参加できない状況にある生徒などを対象とするコースです。

先輩から

精華高校は、勉強とクラブ活動の両立ができます。在学中は誰かの助けを必要とすることが必ずあります。私にはいつも部活の仲間たちや先生方がそばにいました。入学前は、不安ばかりでしたが、入学後は、自分の将来像を描きながら充実した毎日を過ごすことができました。また、希望していた近畿大学にも合格することができたので、これからも更に努力をして、教員をめざしたいと思っています。（A・K）

進研Vもし　合格のめやす

●目標偏差値（合格可能性80%）

併　願		専　願	
スーパーグローカル	42	スーパーグローカル	37
ニュースタンダード	37	ニュースタンダード	34
i-Tech	37	i-Tech	34
		スポーツ＆アート	34
		環境福祉	34

30 35 40 45 50 55 60 65 70 75

スーパーグローカル
努力圏 合格圏 安全圏

ニュースタンダード／i-Tech
努力圏 合格圏 安全圏

スポーツ＆アート（専願）／環境福祉（専願）
努力圏 合格圏 安全圏

入試状況

●併願

年度	学科・コース	受験者数	合格者数	回し	倍率	合格最低点
'24	スーパーグローカル	9	9	—	1.00	182/300
	ニュースタンダード	344	334	—	1.03	106/300
	i-Tech	45	44	—	1.02	
	スポーツ＆アート	—	—	—	—	—/—
	環境福祉	—	—	—	—	—/—
	フリーアカデミー	—	—	—	—	—/—

●専願

年度	学科・コース	受験者数	合格者数	回し	倍率	合格最低点
'24	スーパーグローカル	2	2	—	1.00	176/300
	ニュースタンダード	109	108	—	1.01	86/300
	i-Tech	28	28	—	1.00	
	スポーツ＆アート	70	70	—	1.00	
	環境福祉	30	30	—	1.00	
	フリーアカデミー	20	20	—	1.00	74/200

＊フリーアカデミーは国・英2教科における点数。

●主な公立受験校

堺上－普通	成美－総合	堺工科－工業
堺西－普通	東百舌鳥－普通	市立堺－機械材料
福泉－普通	農芸－食品加工	市立堺－マネ創造
貝塚南－普通	美原－普通	懐風館－普通
長野－国際文化	農芸－資源動物	農芸－ハイテク農

入試ガイド

●募集要項　＊2024年度入試実施分

募集人員	ニュースタンダード120、スーパーグローカル20、スポーツ&アート（専願）80、i-Tech40、環境福祉（専願）30、フリーアカデミー（専願）30
出願期間	1/22～1/31
受験料	20,000円
学力検査	2月10日
面接	2月11日 グループ
合格発表	2月13日
入学手続	専願 3月2日 併願 3月19日

●試験科目と配点・時間

科目	国語	英語	選択	—	—
配点	100点	100点	100点	—	—
時間	50分	50分	50分	—	—

＊フリーアカデミー以外の各コースの入試科目は国・英・選択（数または社）。フリーアカデミーコースは国・英・作文（100点・50分）

●学費

入学金	150,000円	制定品・教科書代等	約 180,000円
年間授業料	576,000円	タブレット費	約 45,000円
諸費用	約 70,000～円	施設充実費	50,000円
修学旅行積立	75,000円	初年度納入金合計	約 1,146,000～円

＊コースにより異なる

卒業後の進路

卒業者数／268 人

大学進学	短大進学	専門学校等	就職	進学準備ほか
121人	11人	90人	23人	23人

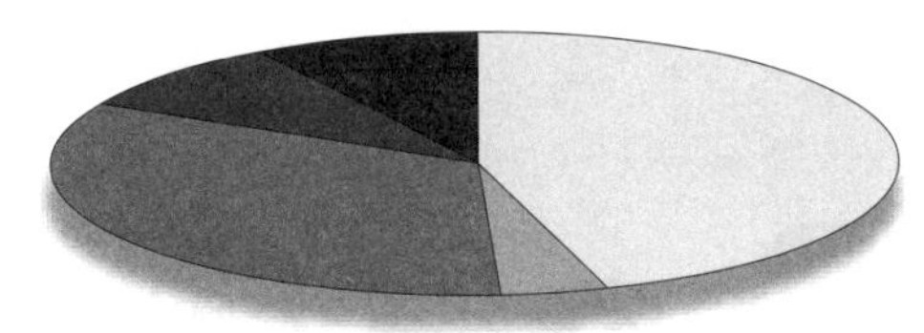

4年制大学 45.1%　短期大学 4.1%　専門学校 33.6%　就職 8.6%　進学準備ほか 8.6%

●主な大学合格状況

私立大／

京都産業大 1	近畿大 2	摂南大 3
追手門学院大 2	桃山学院大 11	桃山学院教育大 4
大阪工業大 1	神戸女学院大 1	阪南大 5
大阪電気通信大 4	大阪商業大 5	大阪学院大 5
園田学園女子大 2	大阪産業大 4	大阪大谷大 4
大阪芸術大 3	関西福祉科学大 2	大阪音楽大 1
創価大 1	流通科学大 1	京都外国語大 2
四天王寺大 13	大阪樟蔭女子大 1	

清教学園高等学校

学校法人 清教学園
〒586-8585 河内長野市末広町623
TEL0721-62-6828　FAX0721-63-5048
https://www.seikyo.ed.jp/

■**創立**／昭和26年（1951）　■**校長**／森野章二
■**生徒数**／1,315人（1年／468人 2年／419人 3年／428人）
■**併設校**／清教学園中学校　清教学園幼稚園
■**沿革**／昭和26年清教学園中学校を創立。同43年清教学園高等学校を設立。平成17年総合体育館竣工。同18年新校舎竣工。
■**交通**／南海高野線・近鉄長野線「河内長野」から徒歩10分、南海「岸和田」「泉佐野」・泉北高速「和泉中央」などからスクールバス

インフォメーション　INFORMATION

●**教育方針**／「神なき教育は知恵ある悪魔をつくり、神ある教育は愛ある知恵に人を導く」が建学精神。現役で大学合格をめざす進学指導、国際人の育成をめざす教育を実践しています。
●**学校行事**／スポーツ大会（4月・1年）、体育大会（6月）、ダンス発表会（6月・2年女子）、セブ島スタディツアー（8月・隔年）、文化祭（9月）、校外学習（11月）、クリスマス礼拝（12月）など。修学旅行（10月・2年）は国内・海外より選択。
●**クラブ活動**／体育系は全国大会出場のなぎなた部をはじめ野球、サッカー、ソフトテニス、陸上競技、剣道など。文化系は大阪府大会金賞の吹奏楽のほか書道、美術、ハンドベル、ダンス、ESS、演劇などが活動中。加入率は約75%です。
●**海外交流**／独自奨学金給付によるターム留学や、アメリカ・オーストラリア・中国の姉妹校との交換留学など、国際交流は40年以上の伝統があります。
●**スクールライフ**／3学期制／登校時刻…8：20／頭髪…染色・パーマ等禁止／アルバイト…禁止／自転車通学…許可（通学届が必要）／携帯…許可（ただし校内での使用不可）

カリキュラム　CURRICULUM

●**S特進理系コース**
医学部を含む難関国公立大の現役合格をめざします。1年次は、大学入学共通テストに対応する5教科を中心にハイレベルな授業を実施。確認テストも行い、基礎学力を徹底的に定着させます。2年次には理・数科目に重点がおかれ、高校の内容をほぼ修了。3年次は国公立2次試験対応に向けた実践的な演習を中心とし、密度の濃い授業を展開しています。
●**S特進文系コース**
難関国公立大・私立大に現役で合格すること、そして人間愛にあふれた創造性ある若きリーダーを育成することが目標です。1・2年次は大学入学共通テストに対応する5教科を中心に基礎学力の充実をはかり、2年次までに高校の内容をほぼ修了。3年次には国公立2次試験向けの演習で実践力を養成します。補講やセミナーなどにも十分な時間数を確保して、志望校合格に導きます。

☆自己と向き合う朝の礼拝、集中力を高める毎朝10分間の読書、確認テスト（英語・数学）も特色のひとつです。
☆基礎・応用（高1・2）から大学受験レベル（高3）まで90分の講座で徹底指導を行う夏期セミナー、難関国公立大志望者を対象とした定期補講（2年次～）なども実施。生徒の学習意欲に対応しています。
☆1人ひとりの目標に応じた進路サポートも充実。希望と適性により、2年進級時に理系／文系のコース変更が行われます。

先輩から

清教学園で過ごした3年間はとても充実していました。ひとつは勉強するための環境が私に合っていたこと。本来、勉強とは自発的にやって力をつけるものです。もうひとつは部活動が盛んであるということ。両立は十分可能です。忙しいからこそ時間の使い方もうまくなります。部活動を通して、喜びや苦労をともにした仲間を得ることができます。まさに「文武両道」を実現できる学校です。（H・O）

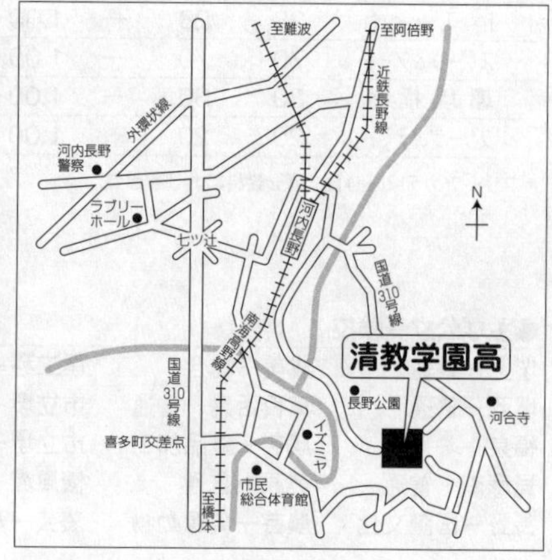

進研Vもし　合格のめやす

●目標偏差値（合格可能性80%）

併願		専願	
S特進理系	69	S特進理系	66
S特進文系	64	S特進文系	61

30 35 40 45 50 55 60 65 70 75

S特進理系
努力圏 合格圏 安全圏

S特進文系
努力圏 合格圏 安全圏

入試状況

●併願

年度	学科・コース	受験者数	合格者数	回し	倍率	合格最低点
'24	S特進理系	558	247	—	2.26	340/500
	S特進文系	54	52	308	1.04	282/500
'23	S特進理系	536	230	—	2.33	332/500
	S特進文系	70	70	304	1.00	260/500
'22	S特進理系	569	274	—	2.08	350/500
	S特進文系	74	74	294	1.00	280/500

●専願

年度	学科・コース	受験者数	合格者数	回し	倍率	合格最低点
'24	S特進理系	111	19	—	5.84	320/500
	S特進文系	51	44	92	1.16	247/500
'23	S特進理系	94	20	—	4.70	312/500
	S特進文系	38	34	74	1.12	241/500
'22	S特進理系	108	18	—	6.00	330/500
	S特進文系	26	25	90	1.04	245/500

●主な公立受験校

三国丘－文理　生野－文理　泉陽－普通
高津－文理　岸和田－文理　富田林－普通
天王寺－文理　八尾－普通　和泉－グローバル
鳳－普通　畝傍－普通

入試ガイド

●募集要項　＊2024年度入試実施分

募集人員　S特進理系80、S特進文系120

出願期間　1/22～1/29
受験料　20,000円
学力検査　2月10日
面接　実施しない
合格発表　2月11日
入学手続　専願 2月17日
　併願 3月19日

●試験科目と配点・時間

科目	国語	数学	英語	社会	理科
配点	100点	100点	100点	100点	100点
時間	50分	50分	50分	50分	50分

●学費

入学金	220,000円	制服代等	84,680～円
年間授業料	648,000円	制定品費	72,860円
諸会費計	15,600円	教材費	60,000円
修学旅行等積立	66,000円	初年度納入金合計約	1,167,140～円

卒業後の進路

卒業者数／402人

大学進学	短大進学	専門学校等	就職	進学準備ほか
349人	1人	5人	—	47人

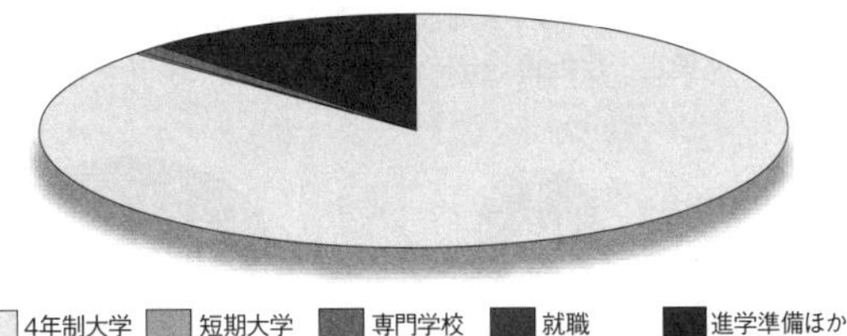

4年制大学 86.8%　短期大学 0.2%　専門学校 1.2%　就職 —　進学準備ほか 11.7%

●主な大学合格状況

国・公立大／
東京大 1　京都大 4　大阪大 7
神戸大 5　北海道大 3　東北大 1
九州大 1　京都工繊大 2　大阪教育大 9
奈良教育大 3　奈良女子大 1　和歌山大 18
三重大 5　鳥取大 5　広島大 4
徳島大 5　金沢大 3　岡山大 2
滋賀県立大 2　大阪公立大 35　兵庫県立大 4
奈良県立大 2　奈良県立医 1　和歌山県医 9

私立大／
関西大 259　関西学院大 41　同志社大 115
立命館大 95　早稲田大 3　慶應義塾大 4

星翔高等学校

学校法人 浪工学園
〒566-0022 摂津市三島3-5-36
TEL06-6381-0220　FAX06-6383-4822
https://www.osaka-seisho.ed.jp/

■**創立**／昭和13年(1938)　■**校長**／辻井安喜
■**生徒数**／728人(1年／258人 2年／261人 3年／209人)
■**沿革**／昭和13年、浪速工学校開校。同23年浪速工業高等学校に改称。同49年普通科を増設。平成4年国際科／電子機械科増設。同7年星翔高等学校と改称。同31年全科男女共学化。
■**交通**／阪急京都線「正雀」から徒歩14分、同「摂津市」から徒歩10分、JR「岸辺」「千里丘」から徒歩19分、モノレール「摂津」から徒歩12分

インフォメーション INFORMATION

●**教育方針**／将来の進路を見据え、適性重視の実践教育の中から個性を伸ばすことで一人ひとりの夢を実現させるとの観点から、多彩な5学科による編成。さまざまな資格に挑戦できます。
●**学校行事**／新入生研修・スポーツテスト(4月)、芸術鑑賞・球技大会(6月)、サマースクール(8月)、体育大会(10月)、星翔祭(11月)など。修学旅行(3月)は沖縄・東京。
●**クラブ活動**／体育系は伝統のある硬式野球、サッカー(男・女)、バスケットボール(男・女)、バレーボール(男・女)、卓球(男・女)のほか、女子柔道、アーチェリー、剣道など。文化系は自作電池自動車を扱う電気自動車研究部やドローン研究部、囲碁将棋ボードゲーム部、機械研究部などが有名です。
●**ドローンスクール**／在学中にドローンに関する資格取得ができるよう、業界でも最高レベルの講習団体である一般社団法人日本UAS産業振興協議会(JUIDA)の高校初の認定スクールとして、「星翔高等学校ドローンスクール」を開校。2023年度から国の登録機関校として国土交通省ドローンスクール国家ライセンススクールを開校。
●**スクールライフ**／3学期制／登校時刻…8：30／頭髪…染色・パーマ禁止／自転車通学…許可(保険加入、レインコート所持)

カリキュラム CURRICULUM

●**普通科**
「特進アドバンスコース」では、難関大学合格をめざし本校教員や外部講師陣による放課後や長期休暇中の進学講座を通して実践力を養成。主要3教科の授業数を大幅に増やし、学力を総合的にアップさせます。
「総合キャリアコース」では、自分の夢や将来の仕事について考える時間が豊富にあります。大学や専門学校と連携授業を展開。進路実現のサポートをめざします。また、英検や漢検、パソコン検定などの資格取得にもチャレンジできます。
「アスリートコース」では、世界で通用するトップアスリートとして必要な知識を学びつつ、各推薦クラブと連携しながら、心技体のすべてを高いバランスで育成します。
●**工業技術系(4工学科)**
入学後の1年間は工業の基礎を広く学び、個人の適性や興味を見きわめます。2年次から、機械の操作・加工・溶接などのものづくりを中心に学ぶ「機械工学科」、ロボットやドローンの製作を通して最先端の制御技術を学ぶ「電子機械工学科」、生活に欠かせない電気の全てを学ぶ「電気工学科」、最先端の電子テクノロジーを学ぶ「コミュニケーションシステム工学科」の4専門学科に分かれます。実験・実習を重視しながら、新しい技術や産業構造に対応できる応用力と創造力を養います。多彩な資格取得も魅力のひとつです。

星翔高校はクラブ活動が盛んで、気さくで熱心な先生が多い学校です。普通科では色々な分野を体験できる探究授業があり、進路を決める参考になりました。中庭や食堂がリニューアルし、制服が新しくなるなど、どんどん便利で明るくなっています。大学を選ぶ際も、先生方は私の意志を尊重して親身になって考えてくれました。(K・H)

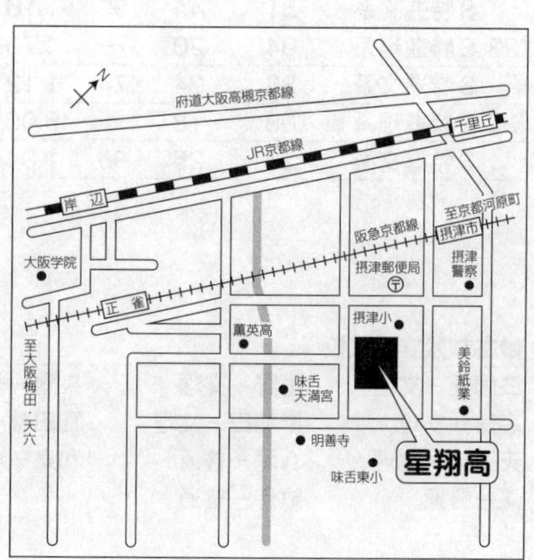

進研Vもし　合格のめやす

●目標偏差値（合格可能性80％）

併願		専願	
特進アドバンス	41	特進アドバンス	38
総合キャリア	37	総合キャリア	35
工業技術系	37	工業技術系	35
		アスリート	36

30 35 40 45 50 55 60 65 70 75

特進アドバンス
努力圏 合格圏 安全圏

総合キャリア／工業技術系
努力圏 合格圏 安全圏

アスリート（専願）
努力圏 合格圏 安全圏

入試状況

●併願

年度	学科・コース	受験者数	合格者数	回し	倍率	合格最低点
'24	特進アドバンス	35	33	—	1.06	215/500
	総合キャリア	275	275	2	1.00	109/300
	工業技術系	250	250	—	1.00	109/300
	アスリート	—	—	—	—	—/—
'23	特進アドバンス	35	35	—	1.00	202/500
	総合キャリア	273	273	—	1.00	108/300
	工業技術系	256	256	—	1.00	109/300
	スポーツ	—	—	—	—	—/—

●専願

年度	学科・コース	受験者数	合格者数	回し	倍率	合格最低点
'24	特進アドバンス	8	7	—	1.14	211/500
	総合キャリア	79	79	1	1.00	84/300
	工業技術系	75	74	—	1.01	87/300
	アスリート	61	61	—	1.00	88/300
'23	特進アドバンス	7	6	—	1.17	195/500
	総合キャリア	78	77	1	1.01	82/300
	工業技術系	108	108	—	1.00	87/300
	スポーツ	60	60	—	1.00	83/300

●主な公立受験校

阿武野－普通	茨木工科－工業	北摂つばさ－普通
淀川工科－工業	吹田－普通	茨木西－普通
福井－総合	城東工科－工業	西寝屋川－普通
尼崎双星－電／推	西野田工科－工業	守口東－普通
尼崎工－建築／推	東淀工－機械工学	尼崎工－電気／推

入試ガイド

●募集要項　＊2024年度入試実施分

募集人員	工業技術系＝140、普通科＝特進アドバンス20、総合キャリア70、アスリート（専願）70
出願期間	1/22～1/29
受験料	20,000円
学力検査	2月10日
面接	2月11日（個人約3分）
合格発表	2月13日
入学手続	専願 2月19日 併願 公立合格発表日15時

●試験科目と配点・時間

科目	国語	数学	英語	社会	理科
配点	100点	100点	100点	100点	100点
時間	50分	50分	50分	50分	50分

＊特進アドバンスコースは5科、その他コースは3科（国数英）。＊英検・漢検・数検の資格活用あり。

●学費

入学金	200,000円	制服代	66,600円
年間授業料	600,000円	その他制定品費	35,000円
副教材費	122,000～円	その他	18,155円
旅行積立・諸会費計	89,800円	初年度納入金合計	1,131,555～円

＊コースにより異なる

卒業後の進路

卒業者数／201人

大学進学	短大進学	専門学校等	就職	進学準備ほか
72人	3人	57人	66人	3人

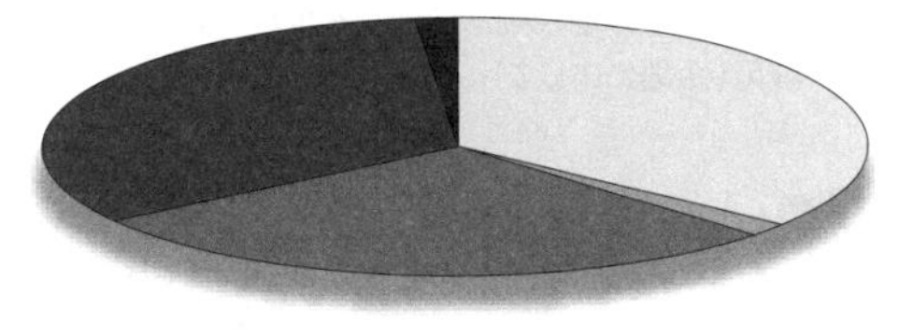

●主な大学合格状況

私立大／

近畿大 2	摂南大 1	追手門学院大 5
芦屋大 1	大阪学院大 11	大阪経済大 1
大阪経済法科大 4	大阪芸術大 2	大阪工業大 2
大阪国際大 3	大阪産業大 4	大阪商業大 1
大阪成蹊大 1	大阪電気通信大 7	宝塚大 1
天理大 2	武庫川女子大 1	福井工業大 1
千葉科学大 1		

清風南海高等学校

学校法人 清風南海学園
〒592-0014 高石市綾園5-7-64
TEL072-261-7761　FAX072-265-1762
https://www.seifunankai.ac.jp/

■**創立**／昭和38年（1963）　■**校長**／平岡　正
■**生徒数**／904人（1年／324人 2年／290人 3年／290人）
■**併設校**／清風南海中学校
■**沿革**／昭和38年、清風学園の姉妹校として清風南海学園を創設・開校。同58年中学校を併設開校。平成11年中学校男女共学実施。同14年高等学校男女共学実施。
■**交通**／南海本線「北助松」から徒歩5分、同「高石」から徒歩7分、JR阪和線「北信太」から徒歩20分（自転車通学可）

インフォメーション　INFORMATION

●**教育方針**／仏教を中心とした宗教による教育を重視。「徳・健・財、三拍子そろった姿でルールを守り、世に尽くす人間となるために勤勉努力する人物」の育成をめざします。
●**学校行事**／高野山修養行事（4月）、伊勢神宮／法隆寺修養行事、体育大会（6月）、文楽鑑賞会（6月・2年）、歌舞伎鑑賞会（7月）、文化・芸術の日（9月）、コミュニティーサービス（11月）、スポーツ大会（12月、1・2年）、マラソン大会（1月）など。修学旅行（7月・2年）は北海道へ。
●**クラブ活動**／府総体準優勝の実績をもつソフトボール部のほか剣道、硬式テニス、サッカー、卓球など体育系と、府大会優勝の実績がある囲碁将棋部をはじめインターアクト、吹奏楽、演劇など文化系が活動しています。加入率は約60%です。
●**海外交流**／希望者に対してイギリス・オーストラリアの姉妹校と交換留学（短期交換留学約40日）を行っています。
●**グローバル教育**／高校入学時、希望者を対象とした「グローバル探究ゼミ」を通年開講します（高1～高2の2年間）。
●**スクールライフ**／3学期制／登校時刻…8：30／頭髪…染色・パーマ禁止（その他校則あり）／アルバイト…禁止／自転車通学…許可（距離に応じて）／携帯…許可制

カリキュラム　CURRICULUM

●**3か年特進コース**
内部進学生とは別のコースでクラスを編成、独立したプログラムにより難関国立大への現役合格をめざします。きめ細やかな少人数制授業と密度の濃い授業（50分×7限、土曜日は4限の週39コマ）を基本とした「授業第一主義」を徹底。ていねいな授業と復習・予習の効率化、自習スペースや勉強合宿など、さらにハイレベルな学習環境づくりにも気を配っています。
入学直後から補充授業（英・数・国）を開始し、早期に学習のつまずきを発見するとともに、それに対応する個別指導を実施。小テスト（英・数・国）の成績不振者にはそのつど特別補習も行います。勉強合宿などで学習習慣の定着をはかりながら（1年次）、希望者を対象とした補習では基礎力と応用力を養成（2年次）。個々の個性を大切にし、学力が大きな創造力を生み出す学習指導を行っています。
大学入試から逆算した学習指導法を確立しており、2年次で高校の学習課程をほぼ修了します。3年次には志望校にターゲットを絞った補習（希望制）や、受験期には東大・京大・阪大などの2次試験に備えた特別講座を開講。長年にわたり培ってきたノウハウを生かし、最大限のバックアップを行っています。
☆放課後は下校時刻以降も19：00まで、希望者（高2・3）に校内学習の教室を提供。教職員が待機して、1人ひとりの質問に丁寧に対応しています。職員室前には個別指導用のスペースも設けられているなど、きめ細やかな指導環境を整えています。

先輩から

進路に迷っていた私は、学部の絞り込みが入学後にできる東京大学を志望校に決めました。難関ですが、学校の予復習を中心とした勉強法を変えることはありませんでした。入試突破の学力の礎となる学習はすべて授業の中にあったからです。質問も自由にでき、そのつど最適のアドバイスをいただきました。清風南海という場と時を徹底活用し、効率的な勉強をしたこと。これが私の東大現役合格の秘訣です。（T・U）

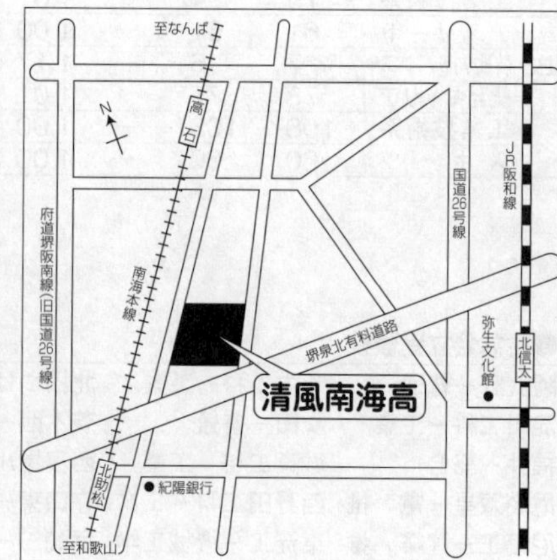

進研Vもし 合格のめやす

●目標偏差値（合格可能性80%）

併願	専願
3か年特進……………72	3か年特進……………68

30 35 40 45 50 55 60 65 70 75

3か年特進　努力圏　合格圏

入試ガイド

●募集要項 ＊2024年度入試実施分

募集人員　3か年特進40

出願期間　1/22～2/10
受験料　20,000円
学力検査　2月10日
面接　実施しない
合格発表　2月11日
入学手続　専願 2月15日
　　　　　併願 3月19日

●試験科目と配点・時間

科目	国語	数学	英語	社会	理科
配点	100点	100点	100点	100点	100点
時間	60分	60分	60分	50分	50分

＊① 5 科合計、② 4 科（国数英理）合計× 1.25、③ 3 科（国数英）合計× 500/300 を比較し、最高点で合否判定。ただし、専願は①～③、併願は①②。
＊英語検定資格の活用あり。

●学費

入学金	200,000円	制服代・その他制定品費	約 182,000～円
年間授業料	640,000円	その他行事・タブレット関連費等	約 235,000円
諸会費計	12,000円	施設拡充費	60,000円
修学旅行積立（高2）	約 164,000円	初年度納入金合計	約 1,329,000～円

入試状況

●併願

年度	学科・コース	受験者数	合格者数	回し	倍率	合格最低点
'24	3か年特進	230	226	—	1.02	307/500
'23	3か年特進	256	253	—	1.01	320/500
'22	3か年特進	250	247	—	1.01	292/500

●専願

年度	学科・コース	受験者数	合格者数	回し	倍率	合格最低点
'24	3か年特進	11	10	—	1.10	300/500
'23	3か年特進	16	14	—	1.14	300/500
'22	3か年特進	15	14	—	1.07	280/500

＊合格最低点は基準点。

●主な公立受験校

三国丘－文理　天王寺－文理

卒業後の進路

卒業者数／ 274 人

大学進学	短大進学	専門学校等	就職	進学準備ほか
171人	—	1人	—	102人

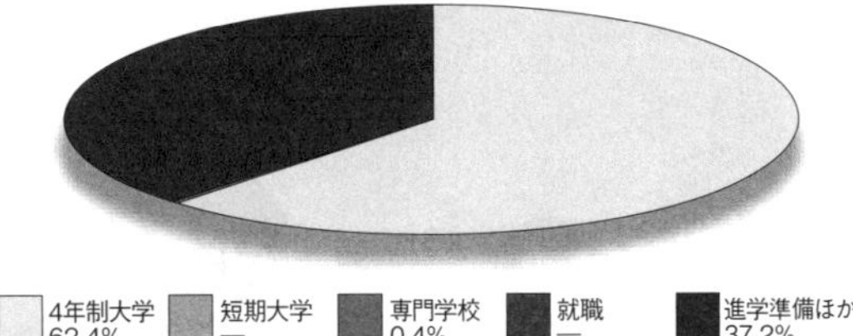

4年制大学 62.4%　短期大学 —　専門学校 0.4%　就職 —　進学準備ほか 37.2%

●主な大学合格状況

国・公立大／

東京大 5　京都大 35　大阪大 15
神戸大 32　北海道大 7　東北大 3
九州大 1　京都工繊大 4　大阪教育大 2
和歌山大 9　京都府立大 1　京都府立医 1
大阪公立大 34　奈良県立医 5　和歌山県医 4

清明学院高等学校

学校法人 住吉学園
〒558-0043 大阪市住吉区墨江2-4-4
TEL06-6673-8181　FAX06-6675-6816
https://www.seimei.ed.jp/

■創立／昭和16年（1941）　**■校長**／天野　久
■生徒数／696人（1年／216人 2年／221人 3年／259人）
■沿革／昭和16年大阪住吉女学校を創設。同21年住吉高等女学校（普通科）となり、同23年住吉学園高等学校に改組。平成2年学科制を廃止し、コース制を導入。同12年清明学院高等学校に校名変更、男女の募集を開始。
■交通／南海高野線「沢ノ町」から北西300m、南海本線「住吉大社」から南東900m

インフォメーション　INFORMATION

●教育方針／教育方針は「しつけ教育」「個性に適応した教育」「ボランティア精神の育成」です。「強くあれ」「正しくあれ」「優しくあれ」を校訓に、個性と学力を伸ばすコース制を実施。
●学校行事／宿泊オリエンテーション（4月・1年）、文化祭（6月）、体育祭（7月）、夏期講習（7～8月）、勉強合宿（8月・2年特進）、GTEC（9月）、芸術鑑賞（10月）、冬期講習（12月）、球技大会（1月）、勉強合宿（3月・2年進学）など。修学旅行（12月・2年）はハワイへ。
●クラブ活動／体育系は全国大会出場の実績をもつ剣道部、少林寺拳法部、ダンス部、サッカー部があり、また他にもバスケットボール（男・女）、バレーボール、テニス、卓球、陸上競技、バドミントン。文化系は吹奏楽、美術、書道、パソコン、ESS、日舞、手話、茶道、写真、イラスト、園芸、将棋、理科が活動中です。
●スクールライフ／3学期制／登校時刻…8：25 ／頭髪…染色・パーマ禁止／アルバイト…禁止（原則禁止ではあるが、届け出により許可をする）／自転車通学…許可／携帯…許可（校内では電源を切る）

カリキュラム　CURRICULUM

●文系特進コース
英語・国語・社会を中心としたカリキュラムで、難関大学（国公立・関関同立）への進学をめざします。
●理系特進コース
英語・数学・理科を中心としたカリキュラムで、難関大学（国公立・関関同立）への進学をめざします。
●看護・医療系特進コース
看護・医療系大学および専門学校への進学をめざし、入試に対応したカリキュラムで受験をサポートします。
●進学コース
6時限授業、また文系に特化したカリキュラムで、私立文系大学（産近甲龍）への進学をめざします。
●総合コース
幅広い知識を身につけるために全教科を学習。進路選択の幅を広げます。

☆特進3コース（文系／理系／看護・医療系）では、7時限授業（月・火・水・木曜日）に加えて夏・冬・春の長期休暇には特別集中講座を実施します。講習後、クラブ活動にも参加可能です。
☆進学コース／総合コースでは希望者に対して長期休暇中に特別講習を実施。クラブ活動との両立が可能です。

男女とも「オリーブデオリーブスクール」を採用

先輩から

清明学院では、各自の進路目標にあわせ、さまざまなコースに分かれた授業を展開しています。とくに特進コースでは毎朝の小テストはもちろん、7時間目・8時間目その他の課外講座も盛りだくさんに用意されています。最初は慣れないことも多く、不安なことばかりでしたが、熱心な先生方が親身になって私たちを指導してくださいます。クラブ活動も含め、今は毎日充実した楽しい高校生活を送っています。（Y・F）

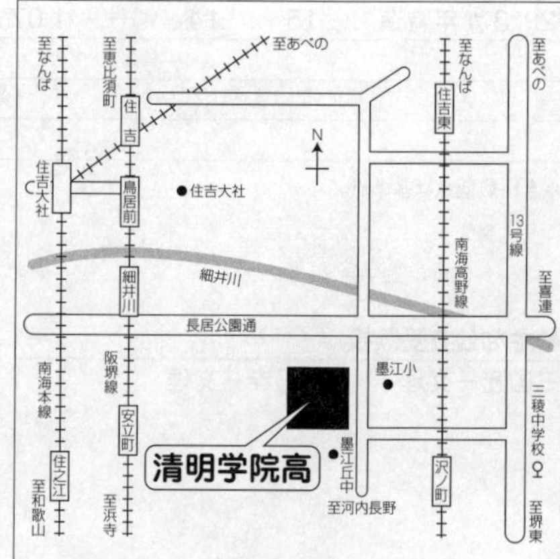

進研Vもし 合格のめやす

●目標偏差値(合格可能性80%)

併願		専願	
理系特進	47	理系特進	45
看護・医療系特進	47	看護・医療系特進	44
文系特進	47	文系特進	44
進学	43	進学	39
総合	41	総合	37

30 35 40 45 50 55 60 65 70 75

理系特進／看護・医療系特進
努力圏 合格圏 安全圏

文系特進
努力圏 合格圏 安全圏

進学
努力圏 合格圏 安全圏

総合
努力圏 合格圏 安全圏

入試状況

●併願

年度	学科・コース	受験者数	合格者数	回し	倍率	合格最低点
'24	理系特進 看護・医療系特進 文系特進	146	133	—	1.10	—/500
	進学	256	249	12	1.03	—/300
	総合	194	194	8	1.00	—/300

●専願

年度	学科・コース	受験者数	合格者数	回し	倍率	合格最低点
'24	理系特進 看護・医療系特進 文系特進	62	59	—	1.05	—/500
	進学	82	81	3	1.01	—/300
	総合	43	43	1	1.00	—/300

●主な公立受験校

教育センター附属　貝塚－総合　貝塚南－普通
泉大津－普通　長野－普通　岸和田産－商
堺上－普通　伯太－総合　信太－普通
東百舌鳥－普通　堺西－普通　東住吉総－クリエ
阪南－普通　金岡－普通　市立堺－サイ創造

入試ガイド

●募集要項　＊2024年度入試実施分

募集人員	看護・医療系特進／文系特進／理系特進…120、進学120、総合120
出願期間	1/22～1/29
受験料	20,000円
学力検査	2月10日
面接	専願のみ(グループ約10分)
合格発表	2月12日
入学手続	専願 2月25日 併願 3月20日

●試験科目と配点・時間

科目	国語	数学	英語	社会	理科
配点	100点	100点	100点	100点	100点
時間	50分	50分	50分	50分	50分

＊進学と総合は 3科(国・数・英)。

●学費

入学金	200,000円	制服等制定品費	約 137,000～円
年間授業料	590,000円	教科書等	約 25,000円
諸会費・学年費等	110,000円	タブレット関連費	100,000円
修学旅行積立(1年次)	120,000円	初年度納入金合計	約 1,282,000～円

卒業後の進路

卒業者数／281 人

大学進学	短大進学	専門学校等	就職	進学準備ほか
216人	10人	36人	12人	7人

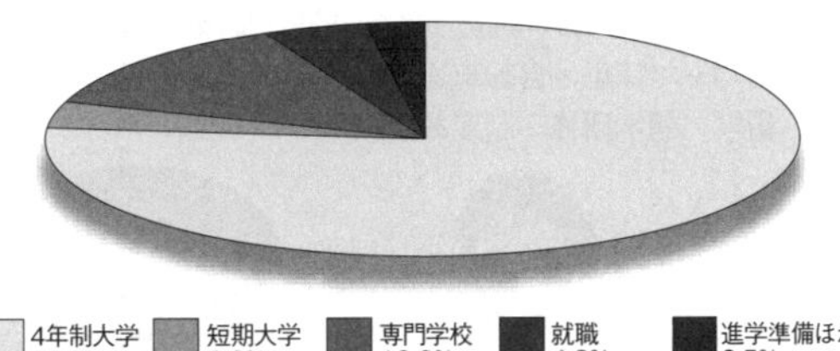

●主な大学合格状況

国・公立大／
和歌山大 1
私立大／
関西大 13　関西学院大 6　同志社大 1
京都産業大 15　近畿大 79　龍谷大 51
摂南大 52　神戸学院大 5　追手門学院大 37
桃山学院大 158　大阪医科薬科大 1　関西外国語大 1
京都外国語大 8　大阪経済大 17　大阪工業大 5
畿央大 6　大和大 6　武庫川女子大 3
阪南大 111　大阪総合保育大 2　大阪体育大 2
四天王寺大 13　大阪商業大 2　大阪産業大 12
帝塚山学院大 21　関西医療大 4　森ノ宮医療大 5

大商学園高等学校

学校法人 大商学園
〒561-0846 豊中市利倉東1-2-1
TEL06-6862-5223　FAX06-6862-5570
https://www.daisho.ac.jp

■創立／明治20年(1887)　■校長／奥野正巳
■生徒数／1,172人(1年／396人 2年／405人 3年／371人)
■沿革／明治20年私立商業学校仮創立所・教場を設ける。昭和23年新制・大阪商業高等学校認可。平成2年大商学園高等学校に校名変更。同18年商業科が男女共学化。同21年全コース男女共学化。同29年創立130周年を迎えました。
■交通／阪急宝塚線「服部天神」から西へ徒歩10分

インフォメーション INFORMATION

●**教育方針**／教育方針は「人格教育を主眼とし、有能で品格ある人物を養成する」こと。楽しく、かつ充実した3年間を送り、希望どおりの進路へ進めるよう指導します。

●**学校行事**／宿泊研修会(4月・1年)、校外学習(4月)、体育祭・海外語学研修(7月)、進学講習(7月・8月)、文化祭(9月)、校内競技大会・芸術鑑賞(11月)など。修学旅行(12月)はロサンゼルス、シンガポール、国内など。

●**クラブ活動**／体育部は[男子・女子]サッカー、テニス、バスケットボール、卓球、柔道、剣道、バレーボール、バドミントン、陸上競技、水泳。[男子]硬式野球部、軟式野球部、ラグビー。文化部は吹奏楽、ダンス、簿記、情報処理研究、書道、美術、音楽、漫画研究、写真、図書、放送、ESS、囲碁将棋、料理研究など。令和4年女子サッカー部全国優勝、同5年ダンス部全国第5位、令和6年女子テニス部団体で全国準優勝、個人で全国優勝。

●**施設・設備**／情報処理室3室、300人収容のホール、展望室のような図書館のほか、体育館も複数あり、人工芝のグラウンド、テニスコートは自慢の施設です。

●**スクールライフ**／3学期制／登校時間…8時40分まで／頭髪…染色・パーマ禁止／自転車通学…許可／携帯電話…持ち込み可／留学・語学研修…制度あり

カリキュラム CURRICULUM

●**普通科・特進コース(Ⅰ類・Ⅱ類)**
国公立大・難関私立大の現役合格をめざすコース。基礎学力の充実から、しだいに高度な内容へと発展していくカリキュラムにより、着実に理解を深めながら実力をつけることができます。朝テスト、勉強合宿などの教育環境も充実。クラブ活動との両立ができる「Ⅱ類」もあります(進学講習は午後7時から受講可能)。

●**普通科・情報クリエイティブコース**
情報化社会に自信をもって参加することができるよう、情報技術への対応と活用法を習得します。自らソフトを作成するプログラミング授業では高い応用力を養成。情報関連の国家資格にもチャレンジするとともに、情報系大学への進学をめざします。

●**普通科・進学コース**
中学校で学んだ基礎を定着・発展させ、大学進学への学習につなげていきます。クラブやボランティア活動など、有意義な高校生活を通して、幅広い将来設計を考えることができるコース。生徒のやる気を全力でサポートします。

●**商業科**
1年次には基礎力をじっくり養成。また簿記などの商業科目を学びながら、将来の進路に備えます。2年次からは簿記・情報処理・電卓、英検などの資格取得を目標に、専門知識を養成。身につけた資格を進学に生かす進学重視の商業科です。

先輩から

大商学園の商業科に入学したころは、「友達ができるだろうか」「新しく学ぶ教科についていけるだろうか」などと、いろいろ心配していましたが、その不安は1ヵ月もしないうちになくなりました。先生方がしっかり指導してくださるので、勉学面も生活面も十分満足でき、学力も上がっていくのが自分でもわかるほどでした。商業科は資格もとることができ、就職・進学に有利なので、お勧めの専門学科です。(T・F)

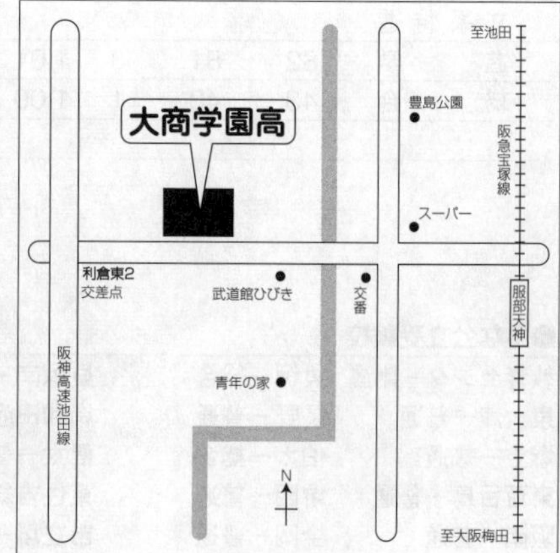

進研Vもし　合格のめやす

●目標偏差値(合格可能性80%)

併　願		専　願	
特進Ⅰ類	52	特進Ⅰ類	48
特進Ⅱ類	50	特進Ⅱ類	43
情報クリエイティブ	45	情報クリエイティブ	42
進学	44	進学	39
商業科	43	商業科	39

30　35　40　45　50　55　60　65　70　75

特進Ⅰ類
努力圏　合格圏　安全圏

特進Ⅱ類
努力圏　合格圏　安全圏

情報クリエイティブ
努力圏　合格圏　安全圏

進学
努力圏　合格圏　安全圏

入試状況

●併願

年度	学科・コース	受験者数	合格者数	回し	倍率	合格最低点
'24	特進Ⅰ類	78	75	—	1.04	281/500
	特進Ⅱ類	450	388	3	1.16	250/500
	情報クリエイティブ	88	83	—	1.06	212/500
	進学	713	712	65	1.00	191/500
	商業科	72	72	3	1.00	174/500

●専願

年度	学科・コース	受験者数	合格者数	回し	倍率	合格最低点
'24	特進Ⅰ類	5	5	—	1.00	265/500
	特進Ⅱ類	36	27	—	1.33	225/500
	情報クリエイティブ	30	27	—	1.11	180/500
	進学	209	196	8	1.07	179/500
	商業科	12	12	13	1.00	166/500

●主な公立受験校

伊丹西－普通　川西北陵－普通　尼崎双星－普通
市伊丹－普通　豊島－普通　尼崎小田－普通
渋谷－普通　県尼崎－普通　川西緑台－普通
宝塚－普通　武庫荘－総合　市尼崎－普通
伊丹北－総合　尼崎北－普通　猪名川－普通

入試ガイド

●募集要項　＊2024年度入試実施分

募集人員	普通科＝特進Ⅰ類／特進Ⅱ類／情報クリエイティブ／進学…320、商業科＝40
出願期間	1/20～1/29
受験料	20,000円
学力検査	2月10日
面接	実施しない
合格発表	2月12日
入学手続	専願 2月17日(最終日) 併願 3月21日(最終日)

●試験科目と配点・時間

科目	国語	数学	英語	社会	理科
配点	100点	100点	100点	100点	100点
時間	50分	50分	50分	50分	50分

●学費

入学金	200,000円	制服代・その他制定品費	約 100,000円
年間授業料	550,000円	その他	100,000円
諸会費計	50,000円	学級費	60,000～円
修学旅行積立	約 200,000円	初年度納入金合計	約 1,260,000～円

＊進学コースの場合

卒業後の進路

卒業者数／ 517 人

大学進学	短大進学	専門学校等	就職	進学準備ほか
399人	15人	74人	14人	15人

＊「進学準備ほか」には海外3名含む。

4年制大学 77.2%　短期大学 2.9%　専門学校 14.3%　就職 2.7%　進学準備ほか 2.9%

●主な大学合格状況

国・公立大／
兵庫県立大 1　京都市芸術大 1　防衛大学校 2

私立大／
関西大 12　関西学院大 4　同志社大 5
立命館大 2　京都産業大 41　近畿大 53
甲南大 13　龍谷大 37　佛教大 6
摂南大 64　神戸学院大 50　追手門学院大 173
桃山学院大 43　早稲田大 1　兵庫医科大 1
神戸女学院大 8　関西外国語大 10　京都外国語大 4
大阪工業大 13　駒澤大 1　大阪経済大 21
武庫川女子大 5　東洋大 8　日本大 2
神奈川大 4　日本体育大 1　亜細亜大 1

太成学院大学高等学校

学校法人 天満学園
〒574-0044 大東市諸福7-2-23
TEL072-871-1921 FAX072-875-0780
https://www.taisei-hs.ac.jp/

■**創立**／昭和10年（1935）　■**校長**／北野英敏
■**生徒数**／679人（1年／232人 2年／230人 3年／217人）
■**併設校**／太成学院大学　太成学院大学歯科衛生専門学校
太成学院天満幼稚園
■**沿革**／昭和10年大阪工学校を創立。同23年大阪天満高等学校となり、同37年太成高等学校に改称。平成15年現校名に改称。同25年度パティスリーコースを開設しました。
■**交通**／JR学研都市線「鴻池新田」から徒歩7分

インフォメーション　INFORMATION

●**教育方針**／「教育は徳なり」を建学の精神とし、「知・情・意の調和のとれたゆたかな人格をかたちづくること」が原点。多様な興味の芽を、根気強く伸ばしていくことを基本としています。
●**学校行事**／スポーツデー（6月）、体育祭（9月、ラクタブドーム）、文化祭（10月）、マラソン大会・校外学習（11月）など。研修旅行（12月）はシンガポール、グアム、オーストリアへ。
●**クラブ活動**／体育系は全国レベルの水泳、陸上、体操、剣道、硬式テニス、ラグビー、野球、バスケットボール、サッカー、バレーボールなど。文化系は全日本ロボット相撲大会出場のロボット制作部のほか、音楽、ダンス、ガトー部などが活動しています。加入率は約40%。
●**海外交流**／普通科では、各コースともに最長1年間の海外留学が可能です。留学中の学習もサポートしているため、留年することなく進級できます。またパティスリーコースでは、海外の研修旅行（2年次）で製菓体験を実施しています。
●**スクールライフ**／3学期制／登校時刻…8：40／頭髪…染色・パーマ禁止／アルバイト…許可（届出が必要）／自転車通学…許可／携帯…許可（校内使用禁止）

カリキュラム　CURRICULUM

●**普通科　特進セレクトコース**
私立大学進学をめざすコースです。授業と長期休暇中の進学講座で学力向上を図り、2年次からの文系・理系の科目選択により、それぞれの受験科目に特化した授業を展開しています。クラブ活動に励む余裕も十分あります。
●**普通科　製菓パティスリーコース**
お菓子作りを通じて専門的な技術や知識を身につけるだけでなく、感性やセンスを磨き、進路選択の幅を広げます。コース専用の製菓実習室にはプロ仕様の設備を備え、本格的な製菓実習を行います。また3年次のインターンシップでは、菓子店やホテルなどでの職場体験も可能です。
●**普通科　ライフデザインコース**
3年間で自分の人生設計（ライフデザイン）をしていくコースです。2年次からは興味のある講座を選択して、自分に合う進路（大学・専門学校・就職）を見つけていきます。
●**スポーツ科　スポーツ進学コース**
専門種目の競技力養成とともに基礎学力の向上をはかります。スポーツ・体育系大学や専門学校、私立文系大学への進学を視野に入れたカリキュラムを編成しています。
●**スポーツ科　アスリートコース**
競技スポーツに必要な知識や技能を身につけるためのカリキュラムを編成しています。競技力・人間力の向上を重視し、将来アスリートとして活躍できる人材、スポーツ業界に貢献できる人材を育成します。

先輩から

特進セレクトコースは関関同立・産近甲龍など、関西有名私大をめざすクラスです。最初は勉強の仕方もわからず大苦戦。教科担当の先生方からの的確なアドバイスのおかげで、最近では授業で行う箇所を予習する力もついてきました。やはり何もせずに諦めるより、できることは積極的に行うべきだと思い始めました。「学問に近道なし」。勉強に近道などないということです。これからも日々努力していこうと思います。

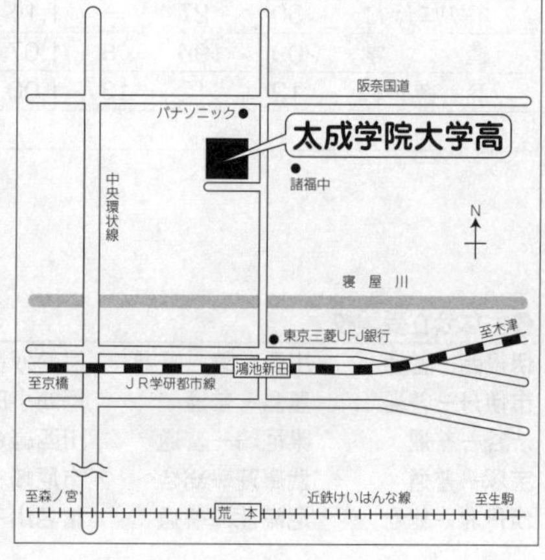

進研Vもし　合格のめやす

●目標偏差値（合格可能性80%）

併願		専願	
特進セレクト	42	特進セレクト	38
製菓パティスリー	40	製菓パティスリー	36
スポーツ科	38	スポーツ科	35
ライフデザイン	37	ライフデザイン	35

30　35　40　45　50　55　60　65　70　75

特進セレクト
努力圏　合格圏　安全圏

製菓パティスリー
努力圏　合格圏　安全圏

スポーツ科
努力圏　合格圏　安全圏

ライフデザイン
努力圏　合格圏　安全圏

入試状況

●併願

年度	学科・コース	受験者数	合格者数	回し	倍率	合格最低点
'24	特進セレクト	62	60	—	1.03	—/—
	製菓パティスリー	33	32	—	1.03	—/—
	ライフデザイン	262	262	—	1.00	—/—
	スポーツ進学	37	36	—	1.03	—/—
	アスリート	11	11	—	1.00	—/—

●専願

年度	学科・コース	受験者数	合格者数	回し	倍率	合格最低点
'24	特進セレクト	10	10	—	1.00	—/—
	製菓パティスリー	16	16	—	1.00	—/—
	ライフデザイン	81	80	—	1.01	—/—
	スポーツ進学	66	66	—	1.00	—/—
	アスリート	37	37	—	1.00	—/—

●主な公立受験校

緑風冠－普通	枚方津田－普通	城東工科－工業
西寝屋川－普通	守口東－普通	長尾－普通
交野－普通	かわち野－普通	汎愛－普通
野崎－普通	信太－普通	日新－商業
今宮工科－工業	汎愛－体育／特	鶴見商－商業

入試ガイド

●募集要項　＊2024年度入試実施分

募集人員	普通科＝特進セレクト80、ライフデザイン120、製菓パティスリー40、スポーツ科＝スポーツ進学40、アスリート40
出願期間	1/22～1/29
受験料	20,500円
学力検査	2月10日
面接	2月11日（2～3分程度）
合格発表	2月14日
入学手続	専願 2月23日 併願 3月20日

＊2025年度募集人員変更（普通科200名／スポーツ科120名）。

●試験科目と配点・時間

科目	国語	数学	英語	—	—
配点	100点	100点	100点	—	—
時間	40分	40分	40分	—	—

＊スポーツ科は他に基礎体力テストあり。

●学費

入学金	200,000円	制服代・その他制定品費	125,000～円
年間授業料	598,000円	その他制定品費	—
諸会費計	39,000円	その他	—
修学旅行積立	180,000～円	初年度納入金合計	1,142,000～円

＊コースにより異なる

卒業後の進路

卒業者数／268人

大学進学	短大進学	専門学校等	就職	進学準備ほか
125人	13人	80人	23人	27人

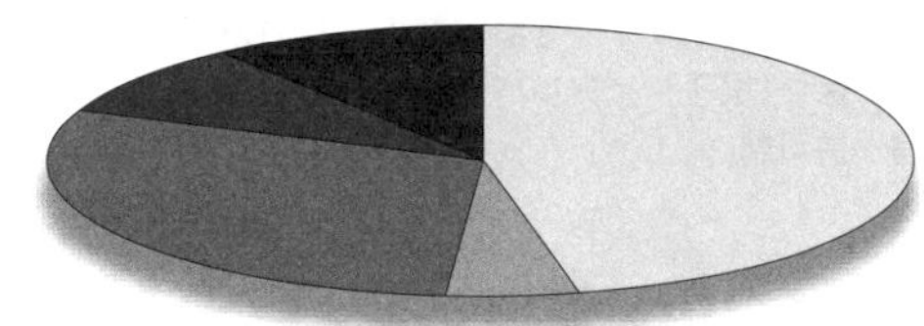

●主な大学合格状況（現役のみ）

私立大／

近畿大 6	龍谷大 2	摂南大 3
追手門学院大 7	桃山学院大 1	太成学院大 6
大阪学院大 4	大阪経済法科大 6	大阪工業大 2
大阪国際大 12	大阪産業大 13	大阪樟蔭女子大 1
大阪商業大 7	大阪成蹊大 4	大阪体育大 3
大阪電気通信大 2	大阪人間科学大 3	相愛大 4
帝塚山学院大 1	阪南大 3	桃山学院教育大 1
神戸女子大 1	帝塚山大 2	

帝塚山学院泉ヶ丘高等学校

学校法人 帝塚山学院
〒590-0113 堺市南区晴美台4-2-1
TEL072-293-1221　FAX072-292-2134
https://www.tezuka-i-h.jp/

■創立／昭和58年(1983)　■校長／飯田哲郎
■生徒数／946人(1年／331人 2年／316人 3年／299人)
■併設校／帝塚山学院大学　帝塚山学院泉ヶ丘中学校
■沿革／昭和58年男女併学校として開校。平成11年から男女共学化。同17年から中高6年コースと高校3年コースが分離されました。
■交通／泉北「泉ヶ丘」・南海「金剛」からバスで「泉ヶ丘校前」下車、南海「泉大津」・JR「和泉府中」・近鉄「富田林」、和泉はつが野口方面から直行バス

インフォメーション　INFORMATION

●**教育方針**／校訓は「あこがれは 遠く 高く」です。生徒1人ひとりと真剣に向き合うことにより、活力と協調性にあふれ、創造性と国際感覚の豊かな人間の育成に努めています。

●**学校行事**／1年の5月上旬、生活合宿を実施。集団生活を通して自立心と思いやりの精神を養い、けじめのある生活態度を身につけます。このほかに泉ヶ丘祭・体育大会、クロスカントリーなどの行事があります。

●**クラブ活動**／体育系はサッカー、硬式テニス、陸上競技、バスケットボールなど7部が活動。文科系は管弦楽、軽音楽、書道、ストリートダンス、鉄道研究など14部が活動しています。学年の違う仲間が一丸となって取り組む大切な学びの場です。

●**留学制度**／様々な留学制度を設けており、高1または高2の3学期に実施する約6～8週間のターム留学が人気です。オセアニアとカナダを中心に65校と提携。一人一家庭でのホームステイを実施しています。このほかにもニーズに応じた留学が可能です。

●**スクールライフ**／3学期制／登校時刻…8：25／頭髪…染色・パーマ・エクステ・巻き髪等禁止、耳及び襟元がかくれない長さに保つ(男子)／アルバイト…禁止／自転車通学…許可／携帯…許可制

カリキュラム　CURRICULUM

難関国公立大学を目指す「S特進」、国公立大学や難関私立大学を目指す「特進」の2つのコースに別れ、習熟度別の授業を行います。1年次は文系・理系の区別はなく、2年次からS特進・特進のそれぞれに文系・理系のコースを設けます。それとは別に2年次からは英語・国際教育に特化した「国際英語コース」に進級することもできます。国際英語コースは英語の授業時数が豊富であるほか、ネイティブ教員による英会話と第二外国語、実践英語(英検対策)、国際理解など独自の教科を設けています。特色ある英語教育と国際教育を通じて、難関私立大学に現役合格する実力を養成します。さらに、3年次からは「薬学系コース」に進級することもできます。薬学系コースは主に薬学部や歯学部などへの進学をめざすコースで、数学・理科・英語を中心とするカリキュラムです。

◇少数教育のメリットを活かした、学力向上プログラムも特色のひとつ。習熟度に応じた補習、放課後の特別授業や個別指導、早朝テスト・読書などが、確かな学力の伸長につながります。
◇第二外国語は韓国語・中国語から選択できます。
◇放課後に英検取得を目標としたオンライン英検対策講座や映像講座を行っています。2次面接対策として、高校2・3年生を中心に個別指導も行っています。

先輩から

楽しい行事がたくさんあります。入学してすぐに仲間づくりを目的とした宿泊行事が行われます。泉ヶ丘祭やその夜に行われる後夜祭では、有志によるダンスやパフォーマンスに高校生限定で参加することができます！秋には4チームに分かれて行う体育大会や、長い道のりをチームで走破するクロスカントリーがあります。クロスカントリーのシメは、PTAの方々が作ってくれるぜんざいです！(S・Y)

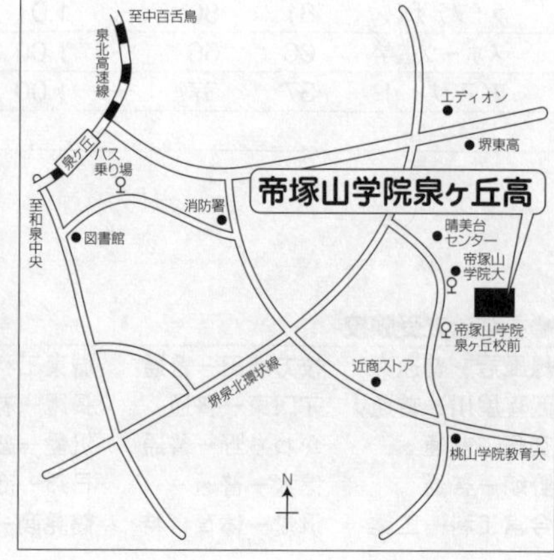

進研Vもし 合格のめやす

●目標偏差値(合格可能性80%)

併願		専願	
S特進	65	S特進	62
特進	62	特進	59

30 35 40 45 50 55 60 65 70 75

S特進 努力圏 合格圏 安全圏

特進 努力圏 合格圏 安全圏

入試ガイド

●募集要項 ＊2024年度入試実施分

募集人員 S特進70、特進70

出願期間 1/22～2/2
受験料 20,000円
学力検査 2月10日
面接 帰国生入試のみ個人(保護者同伴)約10分
合格発表 2月11日
入学手続 専願 2月15日
併願 3月19日

●試験科目と配点・時間

科目	国語	数学	英語	社会	理科
配点	100点	100点	100点	100点	100点
時間	60分	60分	70分	50分	50分

＊判定は3科(国数英) 合計×500/300、または5科合計得点のいずれか高得点の方を採用。＊帰国生は3科(国100点・数100点・英200点)。＊英語資格活用あり。

●学費

入学金	200,000円	修学旅行積立	100,000円
年間授業料	615,600円	制服・制定品等	約 130,000円
教育充実費 30,000円 学級費	70,000円	教材費	33,367円
諸会費計	56,000円	初年度納入金合計	1,234,967円

入試状況

●併願

年度	学科・コース	受験者数	合格者数	回し	倍率	合格最低点
'24	S特進	411	216	—	—	—/500
	特進		195	—	—	—/500
'23	S特進	433	228	—	—	—/500
	特進		201	—	—	—/500
'22	S特進	401	198	—	—	—/500
	特進		202	—	—	—/500

●専願

年度	学科・コース	受験者数	合格者数	回し	倍率	合格最低点
'24	S特進	88	45	—	—	—/500
	特進		38	—	—	—/500
'23	S特進	80	41	—	—	—/500
	特進		37	—	—	—/500
'22	S特進	54	33	—	—	—/500
	特進		20	—	—	—/500

＊受験者数は出願者数。＊出願者数・合格者数には帰国生・1.5次入試を含む。

●主な公立受験校

泉陽ー普通 岸和田ー文理 生野ー文理
高津ー文理 三国丘ー文理 住吉ー総合科学
和泉ーグローバル 鳳ー普通 富田林ー普通
和泉ー普通

卒業後の進路

卒業者数／317人

大学進学	短大進学	専門学校等	就職	進学準備ほか
268人	—	2人	—	47人

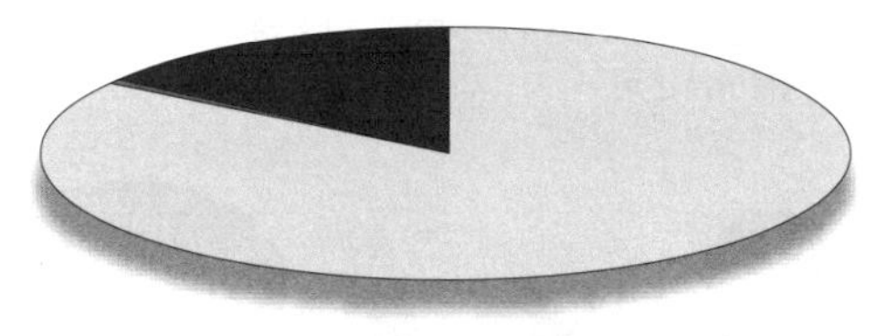

●主な大学合格状況

国・公立大／
京都大 4 大阪大 7 神戸大 4
東京工業大 1 北海道大 3 東北大 1
富山大(医・医) 1 徳島大(医・医) 1 奈良女子大 4
大阪教育大 7 奈良教育大 1 和歌山大 23
京都工繊大 1 大阪公立大 10 札幌医科大 1
奈良県立医 1 和歌山県医 4 奈良県立大 7
兵庫県立大 4 京都府立大 1

私立大／
関西大 99 関西学院大 88 同志社大 29
立命館大 27 慶應義塾大 1 上智大 1
中央大 3

東海大学付属大阪仰星高等学校

学校法人 東海大学
〒573-0018 枚方市桜丘町60-1
TEL072-849-7211　FAX072-849-0246
https://www.tokai-gyosei.ed.jp/

■創立／昭和58年(1983)　■校長／小寺建仁
■生徒数／1,034人(1年／345人 2年／358人 3年／331人)
■併設校／東海大学・大学院　ハワイ東海インターナショナルカレッジ
■沿革／昭和58年、東海大学付属仰星高等学校設置認可。同60年コース制導入。平成25年創立30周年式典挙行。
■交通／京阪交野線「村野」から徒歩10分

インフォメーション INFORMATION

●教育方針／人道主義に基づく人間教育、人格教育を推進。明るく自由な校風のもと、基本的マナーを確実に身につけた、勇気ある決断と正しい行動のできる青年の育成をめざします。

●学校行事／球技大会・校外学習(5月)、音楽鑑賞会(6月)、東海大学学園オリンピック(8月)、星河祭(9月、体育の部・文化の部)、マラソン大会(11月)、現代文明論の旅(11月・1年)、創作ダンス発表会(2月・女子)など。研修旅行(3月・2年)は学年ごとに生徒の研修旅行委員が海外3コース・国内1コースを選定し、各自が選択する。

●クラブ活動／体育系は全国大会常連のラグビーや柔道、センバツ2回出場の野球部をはじめサッカー、女子バレーボール、剣道、陸上競技、空手道、チアリーディング、バトントワリング、ゴルフなど。文化系は関西コンクール金賞の実績をもつ吹奏楽のほか放送、科学、写真、English Clubなど。加入率は約90%です。

●海外交流／体験留学プログラムがあり、英語力の向上はもちろん、大学での実践的な学習技術を修得することができます。

●スクールライフ／2学期制／登校時刻…8：35／頭髪…染色・パーマ禁止／アルバイト…申請により許可／自転車通学…許可／携帯…持込可

カリキュラム CURRICULUM

●英数特進コース
難関国公立・私立大学および東海大学医学部をめざすコースです。早期に英・数・国の高校課程を終え、大学入学共通テスト対策や個別学力試験対策を行います。ICT機器を活用した新しいスタイルの家庭学習と、それをベースにしたアクティブラーニング型授業を展開します。また、習熟度別授業や特別講座等、個々の学力に応じたサポート体制も充実しており、これらを通じて難関大学進学へ向けて確かな学力を養成します。なお、通常の授業時数は総合進学コースと同じであり、クラブ活動への参加制限はありません。

●総合進学コース
東海大学および他の難関・人気私立大学への進学をめざすコースです。クラブ活動・学校行事・自主活動などへも積極的に取り組み、文武両道の実践をサポートします。2・3年次には、学力に応じたクラス編成を行い、一人ひとりのレベルに合った授業を展開します。また、放課後のフォローアップ講座で基礎学力の定着を図ります。

先輩から

3年生で星河祭のスタッフになり、そこで経験したことは私にとって大切なものとなっています。星河祭のほとんどは生徒たちで企画し、作り上げていきます。消極的だった私も、責任感が身についたように思います。人と人との絆の大切さを学び、自分の強さや弱さを感じました。自分の目標を実現させるためにするべきこと、皆のためにできることの大切さも。そんな経験ができる環境が、仰星にはあります。(K・K)

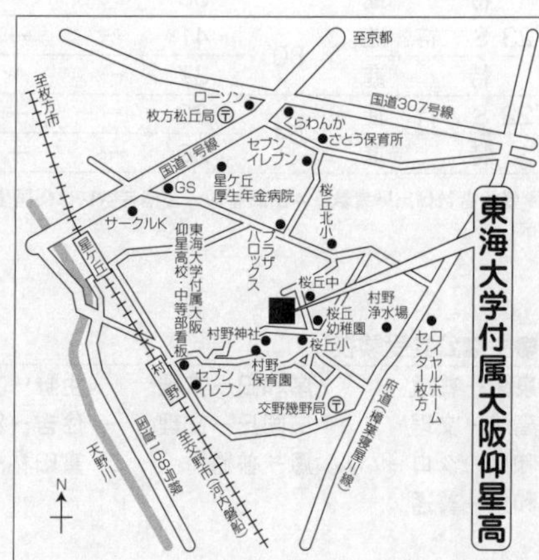

進研Vもし　合格のめやす

●目標偏差値（合格可能性80%）

併願		専願	
英数特進	61	英数特進	57
総合進学	56	総合進学	50

30 35 40 45 50 55 60 65 70 75

英数特進：努力圏　合格圏　安全圏

総合進学：努力圏　合格圏　安全圏

入試状況

●併願

年度	学科・コース	受験者数	合格者数	回し	倍率	合格最低点
'24	英数特進	81	79	—	1.03	—/—
	総合進学	156	155	2	1.01	—/—
'23	英数特進	94	89	—	1.06	321/500
	総合進学	115	114	5	1.01	261/500
'22	英数特進	111	102	—	1.09	330/500
	総合進学	122	118	8	1.03	263/500

●専願

年度	学科・コース	受験者数	合格者数	回し	倍率	合格最低点
'24	英数特進	35	32	—	1.09	—/—
	総合進学	226	223	2	1.01	—/—
'23	英数特進	33	32	—	1.03	317/500
	総合進学	205	199	1	1.03	231/500
'22	英数特進	40	38	—	1.05	321/500
	総合進学	197	191	2	1.03	229/500

●主な公立受験校

牧野－普通	寝屋川－普通	枚方－普通
香里丘－普通	いちりつ－普通	東－理数
旭－国際文化	東－普通	四條畷－文理
花園－普通	布施－普通	交野－普通
枚方－国際文化	農芸－資源動物	池田－普通

入試ガイド

●募集要項　＊2024年度入試実施分

募集人員　英数特進40、総合進学160

出願期間　1/22～1/29
受験料　20,000円
学力検査　2月10日
面接　実施しない
合格発表　2月13日
入学手続　専願 2月16日
　併願 公立合格発表日

●試験科目と配点・時間

科目	国語	数学	英語	社会	理科
配点	100点	100点	100点	100点	100点
時間	50分	50分	50分	50分	50分

＊英検資格活用あり。

●学費

入学金	220,000円	制服代・制定品費	約 220,000円
年間授業料	600,000円	学年積立金	67,200円
諸会費等	7,000円	その他	60,000円
修学旅行積立	別途	初年度納入金合計	約 1,174,200円

卒業後の進路

卒業者数／327人

大学進学	短大進学	専門学校等	就職	進学準備ほか
284人	9人	19人	6人	9人

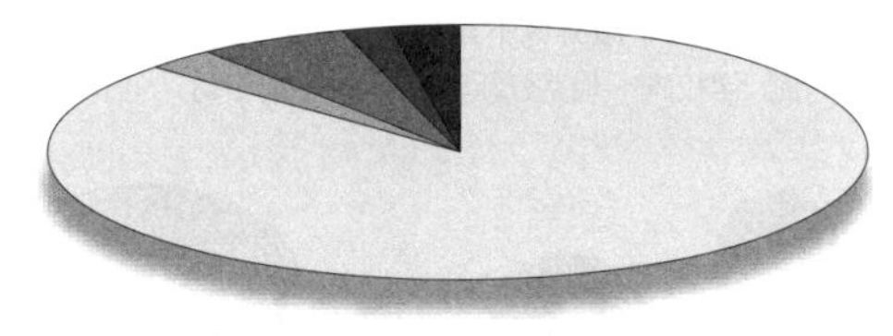

4年制大学 86.9%　短期大学 2.8%　専門学校 5.8%　就職 1.8%　進学準備ほか 2.8%

●主な大学合格状況

国・公立大／

京都教育大 1	大阪教育大 2	奈良教育大 1
愛媛大 1	山口大 1	大阪公立大 3
島根県立大 1		

私立大／

関西大 32	関西学院大 9	同志社大 13
立命館大 25	京都産業大 36	近畿大 70
甲南大 9	龍谷大 56	佛教大 10
摂南大 70	神戸学院大 4	追手門学院大 15
桃山学院大 11	東海大 29	関西外国語大 38
大阪産業大 84	大阪経済大 12	大和大 8
京都外国語大 7	大阪工業大 11	大阪学院大 6

同志社香里高等学校

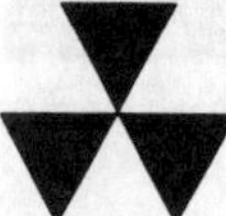

学校法人 同志社
〒572-8585 寝屋川市三井南町15-1
TEL072-831-0285　FAX072-834-3750
https://www.kori.doshisha.ac.jp/

■創立／昭和26年(1951)　■校長／瀧　英次
■生徒数／906人(1年／307人 2年／306人 3年／293人)
■併設校／同志社大学　同志社女子大学　同志社香里中学校
■沿革／昭和26年同志社と香里学園が合併、同志社香里中学校・高等学校を開設。平成17年全クラス男女共学。同18年第2体育館竣工。令和3年繫真館(メディアセンター)竣工。
■交通／京阪電車「香里園」から徒歩18分

インフォメーション　INFORMATION

●教育方針／徳育は建学の精神でもあるキリスト教を基本とし、聖書科の時間、礼拝も特色のひとつ。国際主義、自由主義を重んじ、「日本の良心」となるべき人材の育成をめざしています。

●学校行事／新入生オリエンテーション・校祖墓参(4月)、体育祭(5月)、海外語学研修(7月)、校外学習(9月)、文化祭(11月)、スポーツ大会(2月)、海外交流校訪問(3月)など。修学旅行(1月)はハワイへ。

●クラブ活動／全国大会出場の実績があるレスリング、少林寺拳法、スキー、ダンス、英国遠征のサッカー、器械体操、バスケットボールなどの運動部と、全国レベルのマンドリン、軽音楽、天文、生物など文化部があります。加入率は約85%です。

●海外交流／ハワイへの修学旅行に加え、希望者対象の語学研修(カナダ・ニュージーランド)、ボストン交流プログラム(春期)などは、語学以上に異文化理解・コミュニケーションを重視したプログラム。またクラブ単位の交流も活発です。

●スクールライフ／3学期制／登校時刻…8：50／頭髪…染色・パーマ禁止／アルバイト…許可制(どうしても必要な場合。夜7時以降・休暇中以外は不可)／自転車通学…登録制／携帯…許可制、学校内～最寄り駅改札外は使用不可

カリキュラム　CURRICULUM

●普通科

少人数教育、教師陣が協力して指導にあたるチームティーチングなどによる学力強化と同時に、多彩な研修プログラムやボランティア活動などへの取り組みを通して、知育・徳育・体育にバランスのとれた「全人教育」をめざしています。

定評ある「国際主義教育」では、ネイティブの教師によるきめ細かい指導により、より高度な英語力、コミュニケーション能力を修得します。情報教育においてはコンピュータ・リテラシーの向上をめざし、英語などの一般科目でもコンピュータを活用しながら、ハイレベルな創作表現ができるまでのスキルを修得。週6日制を導入し、英語・数学を中心とした補講を実施するなど、スムーズに高度な学習へ発展できるよう、無理のない、トータルな学力向上をはかっています。

2年次からは文系と理系に分かれて選択授業を実施。専門性の高い各グループのカリキュラムを通して、大学での各自の志向性を高めていきます。

卒業生は例年、約95%が同志社大学、同志社女子大学に進学しています。同志社大学の各学科の講義を受講する「高大連携講座」、国公立大や医・歯・薬・建築・芸術系など他大学受験を希望する生徒のための「アドバンス講座」も充実。生徒が自分の夢や進路に果敢にチャレンジできるよう指導しています。

先輩から

「好きなことに打ち込め」。先生の一言が、私の高校生活を充実させてくれました。テニス部で毎日練習し、週に一度の茶道教室で和の心も学びました。アメリカへの1年留学も私を大きく成長させてくれました。好奇心さえあれば、先生方や友達はそれを尊重し、応援してくれます。行動に対する責任は必要ですが、その分、充実感も格別です。高校での経験をもとに、さらに視野を広げていきたいと思っています。(Y・O)

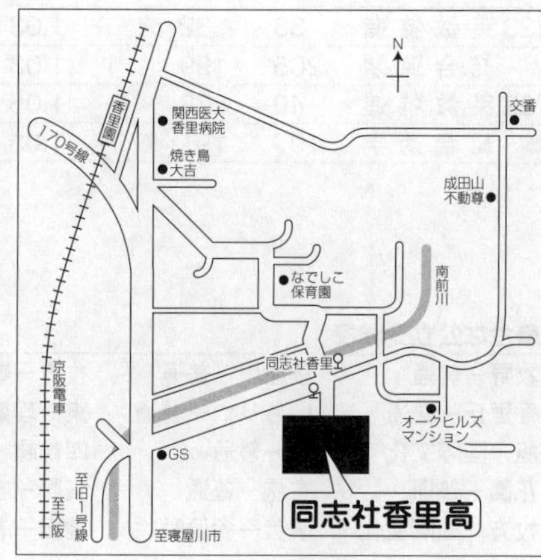

進研Vもし 合格のめやす

●目標偏差値（合格可能性80%）

併願	専願
普通科…………………… 63	普通科…………………… 60

30 35 40 45 50 55 60 65 70 75

普通科　努力圏　合格圏　安全圏

入試状況

●併願

年度	学科・コース	受験者数	合格者数	回し	倍率	合格最低点
'24	普通科	2	1	—	2.00	—/—
'23	普通科	0	0	—	—	—/—
'22	普通科	0	0	—	—	—/—

●専願

年度	学科・コース	受験者数	合格者数	回し	倍率	合格最低点
'24	普通科	64	64	—	1.00	120.0/150
'23	普通科	73	72	—	1.01	118.2/150
'22	普通科	48	48	—	1.00	120.0/150

●主な公立受験校

—

入試ガイド

●募集要項　＊2024年度入試実施分

募集人員　普通科60（男子30・女子30）

出願期間　1/25～1/29
受験料　20,000円
学力検査　2月10日
面接　実施する
合格発表　2月11日
入学手続　専願 2月16日
　併願 合格者に連絡

●試験科目と配点・時間

科目	—	—	—	—	—
配点	—	—	—	—	—
時間	—	—	—	—	—

＊作文(60分)・面接・提出書類で判定。
＊英検・数検・漢検の資格活用あり。

●学費

入学金	150,000円	制服代	—
年間授業料	644,000円	その他制定品費	—
諸会費計	24,400円	教育充実費	130,000円
修学旅行積立	—	初年度納入金合計	948,400円

卒業後の進路

卒業者数／ 298 人

大学進学	短大進学	専門学校等	就職	進学準備ほか
291人	—	1人	1人	5人

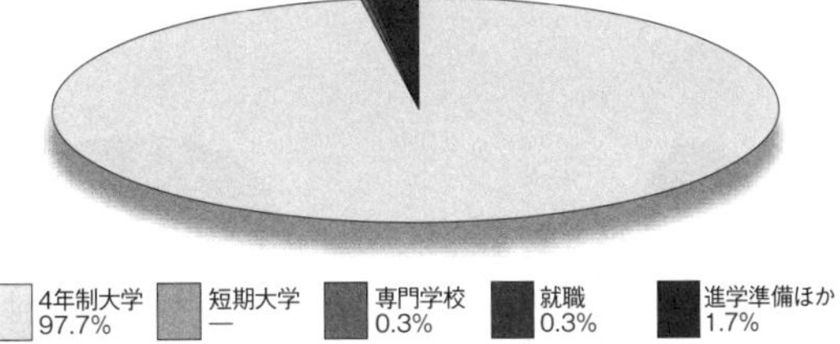

4年制大学 97.7%　短期大学 —　専門学校 0.3%　就職 0.3%　進学準備ほか 1.7%

●主な大学合格状況

国・公立大／
神戸大 1
私立大／
同志社大 279　同志社女子大 6　国際基督教大 1
多摩美術大 1

浪速高等学校

学校法人 浪速学院
〒558-0023 大阪市住吉区山之内2丁目13-57
TEL06-6693-4031　FAX06-6693-6511
https://www.naniwa.ed.jp

■**創立**／大正12年（1923）　■**校長**／飯田智文
■**生徒数**／2,680人（1年／966人 2年／881人 3年／833人）
■**併設校**／浪速中学校
■**沿革**／大正12年浪速中学校設立。昭和23年現校名に改称。平成17年共学化。令和5年開校100周年を迎えました。
■**交通**／JR阪和線「我孫子町」「杉本町」から徒歩10分、南海高野線「我孫子前」から徒歩6分、大阪ﾒﾄﾛ御堂筋線「あびこ」から徒歩14分

インフォメーション　INFORMATION

●**教育方針**／建学の精神は神社神道です。敬神崇祖を教育の根幹とし、「浄・明・正・直」の心を養う全人教育を実践。己に挑戦し、あくまでも前進する人間を育成します。
●**学校行事**／春季例祭（4月）、芸術芸能鑑賞（6月）、伊勢修養学舎（7月・1年）、秋季例祭・浪速祭（9月）、体育祭（10月）、合唱コンクール（12月・1年）、耐寒行事（2月）など。伊勢修養学舎では男子は伊勢五十鈴川で禊を行います。修学旅行はオーストラリア、マレーシア・シンガポール等。
●**クラブ活動**／運動部21文化部25が活動しています。空手道・硬式テニス・ボクシング・卓球・弓道・ダンス・アイススケート・吹奏楽などが全国レベルで活躍しています。
●**スクールライフ**／3学期制／登校時刻…8：20／頭髪…染色・パーマ禁止／その他…特に「イジメ」には厳しく指導する／アルバイト…許可（家庭の都合による）／自転車通学…許可（原則徒歩30分以上、自転車で30分以内）／携帯…許可（校内では必ず電源OFF）

カリキュラム　CURRICULUM

●**文理S1コース**
難関国公立大をめざすコースです。浪速の牽引的な役割を担うコースで、基礎科目である5教科を高レベルで養成。2年次から理系／文系に分かれ、集中的に実戦力を養います。
●**Ⅰ　類**
国公立大・難関私立大への進学をめざすコースです。週4〜8コマの実力アップ講座（希望制）などを通して、レベルアップをはかります。2年次から理系／文系の2コースに。3年次からは国公立型か私立型かを選べます。
●**Ⅱ　類**
難関私立大への進学をめざします。実力アップ講座（希望制）や休暇中の講習などを通して、実戦力を養成。2年次から理系／文系の2コースとなります。
●**Ⅲ　類**
私立大文系への現役進学をめざすコースですが、クラブ活動との両立も大きな目標のひとつ。1週間34時間を履修し、放課後はクラブ活動の時間を確保しています。
●**浪速国際コース（※2年次から編成）**
難関私立大の外国語系学部・海外大学受験に特化したコースです。2年進級時に全コースの成績優秀者を選抜してクラスを編成します。英語の授業はオールイングリッシュです。

先輩から

授業中は、先生と生徒のコミュニケーションがしっかりとれている感じで、質問も飛び交っています。浪速高校を選んだのは、受験勉強と部活の両立を実現できる学校だと思ったからです。部活は硬式野球部に入っていますが、入学してみて、自分の選択が間違っていなかったことを実感。きちんと両立できるシステムが確立されているからこそ、安心して大好きな野球が続けられるのだと思います。（K・M）

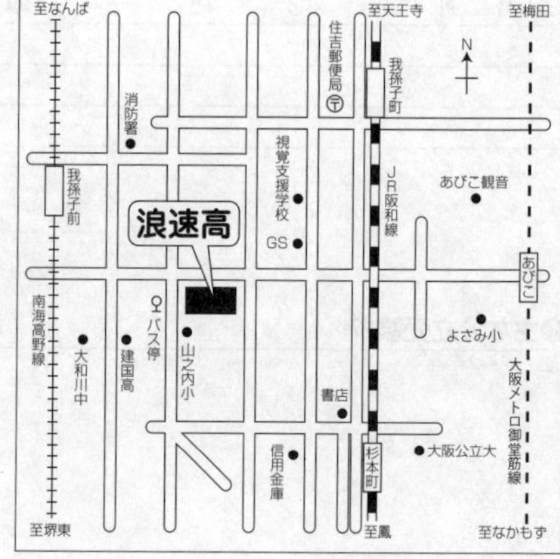

進研Vもし　合格のめやす

●目標偏差値（合格可能性80%）

併願		専願	
文理S１	64	文理S１	58
Ⅰ類	58	Ⅰ類	55
Ⅱ類	55	Ⅱ類	51
Ⅲ類	49	Ⅲ類	45

30 35 40 45 50 55 60 65 70 75

文理S１　努力圏 合格圏 安全圏

Ⅰ類　努力圏 合格圏 安全圏

Ⅱ類　努力圏 合格圏 安全圏

Ⅲ類　努力圏 合格圏 安全圏

入試状況

●併願

年度	学科・コース	受験者数	合格者数	回し	倍率	合格最低点
'24	文理S１	262	82	—	3.20	390/500
	Ⅰ類	543	425	163	1.28	360/500
	Ⅱ類	565	438	122	1.29	300/500
	Ⅲ類	160	159	139	1.01	260/500
'23	文理S１	271	102	—	2.66	390/500
	Ⅰ類	530	393	152	1.35	360/500
	Ⅱ類	531	382	138	1.39	300/500
	Ⅲ類	167	167	165	1.00	260/500

●専願

年度	学科・コース	受験者数	合格者数	回し	倍率	合格最低点
'24	文理S１	71	56	—	1.27	370/500
	Ⅰ類	111	79	11	1.41	340/500
	Ⅱ類	355	253	31	1.40	280/500
	Ⅲ類	185	179	105	1.03	240/500
'23	文理S１	51	39	—	1.31	370/500
	Ⅰ類	94	60	7	1.57	340/500
	Ⅱ類	219	146	34	1.50	280/500
	Ⅲ類	174	173	76	1.01	240/500

＊合格最低点は合格基準点。

●主な公立受験校

今宮－総合　久米田－普通　登美丘－普通
鳳－普通　和泉－普通　阿倍野－普通
阪南－普通　狭山－普通　佐野－普通
住吉－総合科学　高石－普通　東住吉－普通
泉北－総合科学　堺東－総合　泉陽－普通

入試ガイド

●募集要項　＊2024年度入試実施分

募集人員　文理S１ 40、Ⅰ類120、Ⅱ類240、Ⅲ類240
＊内部進学を含む

出願期間　1/22～1/30
受験料　20,000円
学力検査　2月10日
面接　実施しない
合格発表　2月12日
入学手続　専願 2月16日
併願 大阪府公立一般合格発表当日

●試験科目と配点・時間

科目	国語	数学	英語	社会	理科
配点	100点	100点	100点	100点	100点
時間	50分	50分	50分	50分	50分

＊英検・数検の資格活用あり。

●学費

入学金	200,000円	制服その他制定品費	約 120,000円
年間授業料	628,000円	その他	42,335円
諸会費計	16,850円	入学後諸費用	約 172,000～円
修学旅行積立	300,000円	初年度納入金合計	約 1,479,185～円

＊入学後諸費用はコースにより異なる。

卒業後の進路

卒業者数／729人

大学進学	短大進学	専門学校等	就職	進学準備ほか
601人	11人	73人	6人	38人

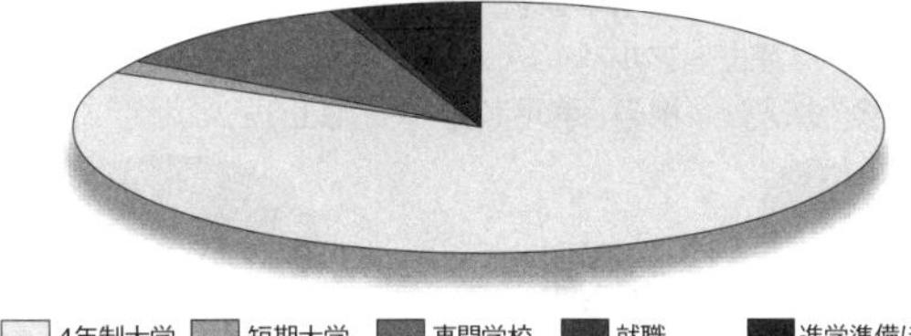

●主な大学合格状況

国・公立大／
神戸大 4　滋賀大 1　大阪教育大 3
奈良教育大 1　和歌山大 15　滋賀県立大 1
大阪公立大 6　奈良県立大 4　和歌山県医 1

私立大／
関西大 74　関西学院大 32　同志社大 7
立命館大 28　京都産業大 18　近畿大 222
甲南大 14　龍谷大 130　摂南大 126
神戸学院大 6　追手門学院大 191　桃山学院大 150
大阪経済大 68　関西外国語大 81　京都外国語大 12
大阪工業大 16　同志社女子大 10　京都女子大 6
武庫川女子大 27　神戸女学院大 3

羽衣学園高等学校

学校法人 羽衣学園
〒592-0003 高石市東羽衣1-11-57
TEL072-265-7561　FAX072-262-3385
https://hagoromogakuen.ed.jp

■創立／大正12年(1923)　**■校長**／中野泰志
■生徒数／1,370人(1年／401人 2年／481人 3年／488人)
■併設校／羽衣国際大学　羽衣学園中学校
■沿革／大正12年設立の羽衣高等女学校を前身とし、昭和22年中学校、同23年羽衣学園高等学校を開学。平成14年羽衣国際大学を開学。同20年関西大学と高大接続パイロット校の協定を締結。同25年度から男女を募集。
■交通／南海本線「羽衣」・JR阪和線「東羽衣」から徒歩4分

インフォメーション　INFORMATION

●教育方針／「人間尊重」「1人ひとりの個性を伸ばす」の理念のもと、伝統と革新を融合させながら、新時代の新しい教育を実践します。互いのきずなを深める多彩な行事も特色のひとつ。
学校行事／研修と親睦を兼ねたオリエンテーション合宿(4月)、遠足(6月・10月)、学園祭(6月)、課外授業(7月・8月・12月・3月)、体育祭(9月)、かるた大会(1月)、海外語学研修(3月・7月、希望者)など。修学旅行(12月・2年)はオーストラリア、マレーシア・シンガポール、北海道の3つから選択。
●クラブ活動／全国大会連続出場のダンス部、水泳部をはじめ、ソフトボール、ソフトテニスなどが全国レベル。運動部はほかに、ホッケー、バスケットボール、バレーボール、サッカーなど。文化部では、吹奏楽部、軽音(フォークソング)、パソコン(e-sports)をはじめ、科学(クイズ研究)、ボランティア、書道、箏曲、ギター、美術など多くのクラブが活動中。
●海外交流／カナダやフィリピンでの短期語学研修制度があります。また、国内や校内でネイティブ講師による英語セミナーやグローバル体験、オンライン交流会なども実施。
●スクールライフ／3学期制／登校時刻…8：30／頭髪…染色・パーマ禁止／アルバイト…禁止／自転車通学…許可(自転車保険の加入)／携帯…許可(校内使用禁止)

カリキュラム　CURRICULUM

●文理特進Ⅰ類コース
徹底した受験指導で、大阪大、神戸大、大阪公立大をはじめとする国公立大、関関同立など難関私立大の現役合格を目指すコースです。週39時間授業、5教科を中心に受験科目を重視したカリキュラムの他、長期休暇中には特別課外授業や学習強化合宿も実施。2年次から文系／理系に分かれ、3年次には5教科型・3教科型など、希望進路に応じた実践的な対策にシフトします。
●文理特進Ⅱ類コース
関関同立や産近甲龍など難関・有名私立大への進学をめざすコースです。英検対策を重点的に実施。国際交流による英語力、社会で通用する情報活用力の養成も特色のひとつで、コミュニケーション能力と企画力を養成するプロジェクト学習にも取り組みます。関大パイロット校推薦をはじめとするさまざまな入試の形態に対応しながら、目標大学に合格できる力を身につけます。
●進学コース
有名私立大や看護・医療系専門学校など、幅広い進路の実現をめざすコースです。将来の目標を見つけるキャリア教育に力を入れ、受験対策や小論文指導も充実しています。英語検定や漢字検定、パソコン検定などのさまざまな資格取得にもチャレンジ。クラブ活動にも余裕をもって参加できます。指定校推薦枠も多く、羽衣国際大学へは特別優遇制度があります。

先輩から

羽衣学園は昨年創立100周年を迎えた歴史のある学校で、2013年から男女共学になりました。制服はシャツの色やベストが選択できるブレザースタイル。特に女子はリボンとネクタイに加え、パンツスタイルが選べるのも人気です。通学が便利で、自転車通学もOK。大学へは国公立や関関同立などの進学が充実しています。全国や近畿大会で活躍するクラブも多く、勉強と両立してみんな頑張っています！(M・T)

進研Vもし 合格のめやす

●目標偏差値(合格可能性80%)

併願		専願	
文理特進Ⅰ類	56	文理特進Ⅰ類	53
文理特進Ⅱ類	52	文理特進Ⅱ類	48
進学	46	進学	42

30 35 40 45 50 55 60 65 70 75

文理特進Ⅰ類
努力圏 合格圏 安全圏

文理特進Ⅱ類
努力圏 合格圏 安全圏

進学
努力圏 合格圏 安全圏

入試状況

●併願

年度	学科・コース	受験者数	合格者数	回し	倍率	合格最低点
'24	文理特進Ⅰ類	269	182	—	1.48	—/—
	文理特進Ⅱ類	505	413	58	1.22	—/—
	進学	619	614	120	1.01	—/—
'23	文理特進Ⅰ類	233	167	—	1.40	310/500
	文理特進Ⅱ類	534	418	48	1.28	270/500
	進学	572	571	134	1.00	215/500

●専願

年度	学科・コース	受験者数	合格者数	回し	倍率	合格最低点
'24	文理特進Ⅰ類	45	41	—	1.10	—/—
	文理特進Ⅱ類	101	81	3	1.25	—/—
	進学	186	183	21	1.02	—/—
'23	文理特進Ⅰ類	41	34	—	1.21	300/500
	文理特進Ⅱ類	111	65	6	1.71	251/500
	進学	142	141	47	1.01	180/500

●主な公立受験校

高石－普通	久米田－普通	日根野－普通
佐野－普通	岸和田産－商	泉大津－普通
星林－普通	岸和田産－情報	貝塚－総合
金岡－普通	和歌山商－ビ創造	堺東－総合
東百舌鳥－普通	和泉－普通	貝塚南－普通

入試ガイド

●募集要項 ＊2024年度入試実施分

募集人員	文理特進Ⅰ類／文理特進Ⅱ類…170、進学170 ＊内部進学を含む
出願期間	1/22～1/29
受験料	20,000円
学力検査	2月10日
面接	2月11日 専願のみ(個人5分)
合格発表	2月12日
入学手続	専願 2月18日 併願 3月19日(公立一般合格発表日)

●試験科目と配点・時間

科目	国語	数学	英語	社会	理科
配点	100点	100点	100点	100点	100点
時間	50分	50分	55分	50分	50分

＊英語資格活用あり。

●学費

入学金	210,000円	制服・その他制定品 約	250,000円
年間授業料	550,000円	その他	71,000円
諸会費計	15,800円	コース別積立金	130,000円
修学旅行積立	160,000円	初年度納入金合計 約	1,386,800円

＊進学コースの場合

卒業後の進路

卒業者数／468人

大学進学	短大進学	専門学校等	就職	進学準備ほか
343人	13人	89人	9人	14人

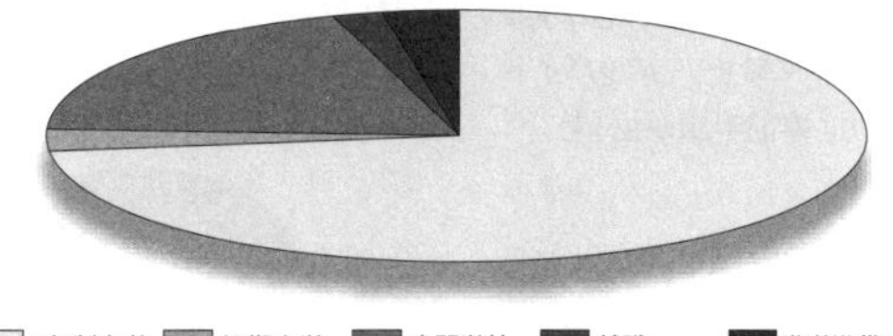

4年制大学 73.3% 短期大学 2.8% 専門学校 19.0% 就職 1.9% 進学準備ほか 3.0%

●主な大学合格状況

国・公立大／

大阪大 1	神戸大 2	大阪教育大 1
和歌山大 11	筑波大 1	大阪公立大 2
兵庫県立大 1	奈良県立大 1	釧路公立大 2

私立大／

関西大 56	関西学院大 22	同志社大 9
立命館大 23	京都産業大 15	近畿大 177
甲南大 5	龍谷大 31	佛教大 17
摂南大 45	神戸学院大 7	追手門学院大 38
桃山学院大 125	早稲田大 2	慶應義塾大 3
東京理科大 4	明治大 5	法政大 4
京都外国語大 16	関西外国語大 33	武庫川女子大 28

初芝富田林高等学校

学校法人 大阪初芝学園
〒584-0058 富田林市彼方1801
TEL0721-34-1010　FAX0721-34-1090
http://www.hatsushiba.ed.jp/tondabayashi/

■創立／昭和59年（1984）　■校長／安田悦司
■生徒数／519人（1年／158人 2年／203人 3年／158人）
■併設校／初芝富田林中学校
■沿革／昭和12年大阪初芝商業学校認可。同23年初芝高等学校と改称。同59年富田林学舎開設。同60年初芝富田林高等学校として独立。
■交通／近鉄「滝谷不動」「河内国分」・南海「河内長野」「金剛」・泉北高速「泉ヶ丘」「光明池」「和泉中央」・JR「和泉府中」等からスクールバス

インフォメーション INFORMATION

●教育方針／社会に通用する人間を作るために、学力、人間を育てていきます。教員の面倒見の良さには定評があり、全ての生徒が目指す進路に進んでいけるよう、教員一丸となってバックアップします。

●学校行事／新入生宿泊研修（4月）、体育大会・芸術鑑賞（6月）、東大見学会（6月・希望者）、文化祭（9月）、球技大会（12月）、耐寒ウォーキング（1月）など。修学旅行（9月・2年）は選択制で、国内（青森・北海道）と国外（イタリア、モンゴル、フィリピンなど）から選ぶことができます。

●クラブ活動／全国レベルの軟式野球、大阪総体優勝の実績をもつラグビーをはじめ体育系は陸上、剣道、サッカー、バレーボール、バスケットボール、硬式テニスなど。文化系は全国大会入選の書道に加え、ダンス、美術、コーラス、情報、写真、茶道などが活動中。クラブ加入率は約60%です。

●海外交流／イギリス短期留学（オックスフォード大学体験学習、2年生希望者対象）では伝統的な学寮生活を体験。生きた英語と、イギリスの歴史と文化を肌で体験できます。

●スクールライフ／3学期制／登校時刻…8：35 ／頭髪…染色・パーマ禁止／アルバイト…禁止／自転車通学…許可／携帯…許可（事前申請が必要）

カリキュラム CURRICULUM

基礎学力の定着と深く学ぶための「問い」を重視し、広い視野を持った問題解決能力を養うことができるよう、いずれのコースにおいても様々な放課後講座（「はつとん講座」）が選択可能です。

●S特進α
最難関の国立大学をめざすコースです。学年ごとの到達目標を設定し、授業とオンデマンド学習を両立させ、英数国は高2で高校内容を終えます。

●S特進β
難関の国公立大学をめざすコースです。学年ごとの到達目標を設定し、全員が達成できるよう徹底した指導を行っています。

●特進α
国公立大学・私立大学をめざすコースです。個性や長所を伸ばしつつ、バランスのとれた学力を育成。各学年の進級時に学年ごとの成績次第でS特進コースに進級することも可能です。

●特進β
難関私立大学をめざすコースです。オンライン英会話や少人数PBL授業で英語の発信力を強化し、グローバル社会に通用する英語力と国際感覚を育成。各学年の進級時に学年ごとの成績次第でS特進コースに進級することも可能です。

先輩から

挨拶も服装もきっちりとしていて、授業には緊張感があります。勉強でよくわからないところは、うやむやにせずに、質問することが肝心です。先生方からの適切なアドバイスにより、疑問点はその日のうちに解消することができるでしょう。また、基礎は授業内で行われる小テストでしっかり固めることができます。日々、充実した気持ちのよい生活が送れる学校です。（K・N）

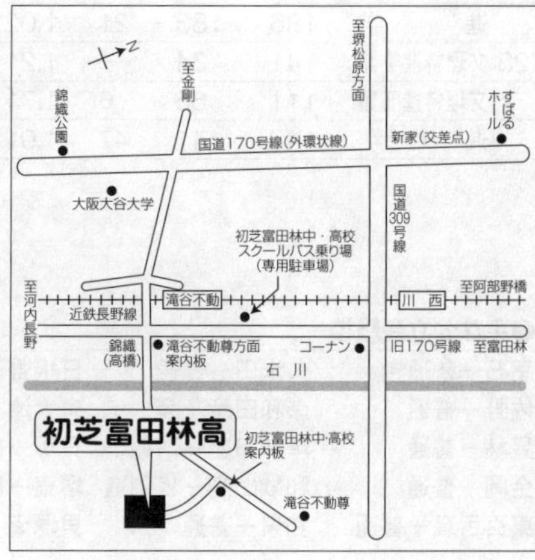

進研Vもし　合格のめやす

●目標偏差値（合格可能性80%）

併願		専願	
S特進α	68	S特進α	66
S特進β	64	S特進β	61
特進α	59	特進α	57
特進β	55	特進β	53

30　35　40　45　50　55　60　65　70　75

S特進α　努力圏　合格圏　安全圏

S特進β　努力圏　合格圏　安全圏

特進α　努力圏　合格圏　安全圏

特進β　努力圏　合格圏　安全圏

入試状況

●併願

年度	学科・コース	受験者数	合格者数	回し	倍率	合格最低点
'24	S特進α	58	41	—	1.41	327/500
	S特進β	36	25	12	1.44	295/500
	特進α	24	19	14	1.26	268/500
	特進β	3	3	7	1.00	236/500
'23	S特進α	62	35	—	1.77	325/500
	S特進β	55	52	—	—	306/500
	特進α	38	60	—	—	276/500
	特進β	4	12	—	—	236/500

●専願

年度	学科・コース	受験者数	合格者数	回し	倍率	合格最低点
'24	S特進α	19	11	—	1.73	318/500
	S特進β	23	14	2	1.64	283/500
	特進α	18	14	14	1.29	250/500
	特進β	4	4	5	1.00	230/500
'23	S特進α	35	15	—	2.33	304/500
	S特進β	7	12	—	—	280/500
	特進α	16	16	—	—	269/500
	特進β	3	18	—	—	230/500

●主な公立受験校

鳳－普通　富田林－普通　今宮－総合
河南－普通　登美丘－普通　畝傍－普通
橋本－普通　岸和田－文理

入試ガイド

●募集要項　＊2024年度入試実施分

募集人員	S特進α70、S特進β70、特進α70、特進β70 ＊内部進学を含む
出願期間	1/22〜1/31
受験料	20,000円
学力検査	2月10日
面接	実施しない
合格発表	2月12日
入学手続	専願 2月16日 併願 3月22日

●試験科目と配点・時間

科目	国語	数学	英語	社会	理科
配点	100点	100点	100点	100点	100点
時間	50分	50分	50分	50分	50分

●学費

入学金	200,000円	制服代	—
年間授業料	630,000円	学年費等	109,000円
諸会費計	23,200円	タブレットPC費	143,880円
修学旅行積立	140,000円	初年度納入金合計	1,246,080円

卒業後の進路

卒業者数／247人

大学進学	短大進学	専門学校等	就職	進学準備ほか
211人	—	9人	—	27人

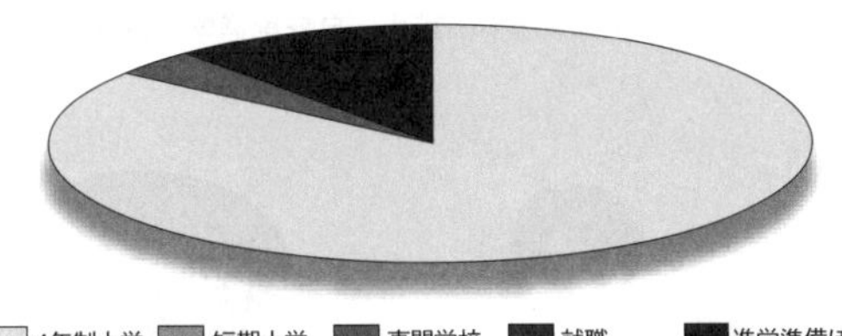

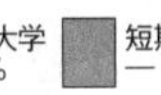

4年制大学 85.4%　短期大学 —　専門学校 3.6%　就職 —　進学準備ほか 10.9%

●主な大学合格状況

国・公立大／
大阪大 1　神戸大 1　名古屋大 1
大阪教育大 3　奈良教育大 1　奈良女子大 1
和歌山大 3　東京外国語大 1　徳島大 4
高知大 2　滋賀県立大 1　大阪公立大 4
兵庫県立大 1　奈良県立大 1　和歌山県医 1

私立大／
関西大 64　関西学院大 18　同志社大 21
立命館大 28　京都産業大 5　近畿大 127
甲南大 3　龍谷大 30　佛教大 1
摂南大 71　追手門学院大 20　桃山学院大 13
早稲田大 2　京都薬科大 4　大阪医科薬科大 5

初芝立命館高等学校

学校法人 大阪初芝学園
〒599-8125 堺市東区西野194-1
TEL072-235-3900　FAX072-235-6404
https://www.hatsushiba.ed.jp/ritsumeikan/

■**創立**／昭和12年（1937）　■**校長**／花上徳明
■**生徒数**／1,114人（1年／333人 2年／419人 3年／362人）
■**接続校**／立命館大学　立命館アジア太平洋大学（APU）
■**併設校**／初芝立命館中学校　はつしば学園小学校・同幼稚園
■**沿革**／昭和12年大阪初芝商業学校設立認可。同23年初芝高等学校と改称。平成21年立命館大学・APUの接続校となりコースを一新、現校名に。同23年度から北野田キャンパスに移転。
■**交通**／南海高野線「北野田」から徒歩15分

インフォメーション　INFORMATION

●**教育方針**／立命館大学・APU接続校としての利点を生かし、高度な教育内容を展開。社会のさまざまな方面で活躍・貢献できる品格高い人間の育成をめざしています。
●**学校行事**／新入生オリエンテーション・新入生歓迎会（4月）、校外学習・大学キャンパス見学会（5月）、陵風祭（6月）、勉強合宿（7月）、BKC研修（8月・立命館コース）、体育祭（9月）、海洋実習（9月・体育科）、スキー実習（2月・体育科）、海外研修（3月・希望者）など。
●**クラブ活動**／体育科指定の野球、剣道、サッカー、水泳をはじめ陸上、体操競技、ソフトボール、日本拳法、ダンスなどが近畿大会などで活躍。文化系はサイエンス、吹奏楽、新音楽研究、漫画研究、写真など。加入率は約70％です。
●**海外研修**／海外研修旅行は、学校交流やアクティビティーを通じて自文化・異文化理解につなげます。またグローバルリーダーシッププログラム（カナダブリティッシュコロンビア大学）、オーストラリア交換留学制度もあります。
●**スクールライフ**／3学期制／登校時刻…8：40／頭髪…染色・パーマ禁止／アルバイト…禁止／自転車通学…許可／携帯…許可

カリキュラム　CURRICULUM

●**アドバンストSPコース［α・β］**
理系難関国公立大学・難関私立大学への進学を目標とするコースです。1クラス30名程度のメリットを生かしたカリキュラムを設定。長期休暇中も3ヵ年の長期的学習計画に基づいた講習プログラムを実施し、5教科の総合的学力の増進をめざします。
●**スーペリアコース**
国公立大学・私立大学へ現役進学をめざすコースです。生徒の進路に合わせた多様なクラス編成を行い、それぞれの生徒に適したカリキュラムで授業を行います。マンツーマンの小論文指導や面接指導を行うなど、全学年を合わせて年間400時間の補習を開講。きめ細かな受験対策指導により、目標達成をサポートします。
●**立命館コース**
立命館大学・立命館アジア太平洋大学（APU）へ、提携校推薦（120名）で進学するコースです。大学での学びにつながることを意識したカリキュラムを設定しています。
●**体育科**
専門競技のスキルアップを目的としたカリキュラムを設定しています。競技力の向上とともに、総合的な能力を高め磨くことのできるコースです。

先輩から

立命館コースでは、立命館大学または立命館アジア太平洋大学での研究に向けた勉強をしています。数学では、基礎力をつけるため授業で習った内容を次の授業でテストします。「土曜講座」など、他校では出会えない授業もあり、興味を深めているところです。部活動にも多くの生徒が熱心に取り組んでいます。初芝立命館高校では、勉強と部活動を両立しながら楽しいスクールライフを送ることができます。（H・S）

進研Vもし　合格のめやす

●目標偏差値（合格可能性80%）

併願		専願	
アドバンストSPα	62	アドバンストSPα	59
立命館	61	立命館	58
アドバンストSPβ	59	アドバンストSPβ	56
スーペリア	53	スーペリア	50

30 35 40 45 50 55 60 65 70 75

アドバンストSPα　努力圏 合格圏 安全圏

立命館　努力圏 合格圏 安全圏

アドバンストSPβ　努力圏 合格圏 安全圏

スーペリア　努力圏 合格圏 安全圏

入試状況

●併願

年度	学科・コース	受験者数	合格者数	回し	倍率	合格最低点
'24	アドバンストSPα	79	51	—	1.55	404/600
	アドバンストSPβ	96	63	46	1.52	364/600
	立命館	51	18	—	2.83	404/600
	スーペリア	50	49	48	1.02	312/600
	体育科	—	—	—	—	—/—

●専願

年度	学科・コース	受験者数	合格者数	回し	倍率	合格最低点
'24	アドバンストSPα	9	7	—	1.29	392/600
	アドバンストSPβ	16	8	16	2.00	350/600
	立命館	119	94	—	1.27	390/600
	スーペリア	9	8	16	1.13	297/600
	体育科	39	39	—	1.00	—/—

＊立命館コース専願の点数はB方式を除く。

●主な公立受験校

狭山－普通　河南－普通　堺東－総合
登美丘－普通　泉陽－普通　鳳－普通
泉北－総合科学　金剛－普通　泉北－国際文化
富田林－普通　今宮－総合　住吉－国際文化
八尾－普通　岸和田－文理　三国丘－文理

入試ガイド

●募集要項　＊2024年度入試実施分

募集人員	普通科＝アドバンストSPα40、アドバンストSPβ80、立命館（理系クラスを含む）120、スーペリア80、体育科＝（特別専願）40　＊内部進学を含む
出願期間	1/22～1/30（窓口）1/26（郵送）
受験料	20,000円
学力検査	2月10日
面接	実施しない
合格発表	2月12日
入学手続	専願 2月15日 併願 3月21日

●試験科目と配点・時間

科目	国語	数学	英語	社会	理科
配点	100点	100点	100点	100点	100点
時間	50分	50分	50分	50分	50分

＊5教科型／数学重視型／英語重視型でそれぞれ算出し、最も高い得点で判定。＊立命館コース専願B方式は3科（国・数・英）と内申点・活動点を含めた総合判定。＊体育科（特別専願）は国・英。

●学費

入学金	200,000円	制服等制定品	約140,000円
年間授業料	650,000円	その他	40,000円
諸費	158,200円		—
研修旅行積立	150,000円	初年度納入金合計	約1,338,200円

＊立命館コースの場合

卒業後の進路

卒業者数／340人

大学進学	短大進学	専門学校等	就職	進学準備ほか
315人	1人	6人	1人	17人

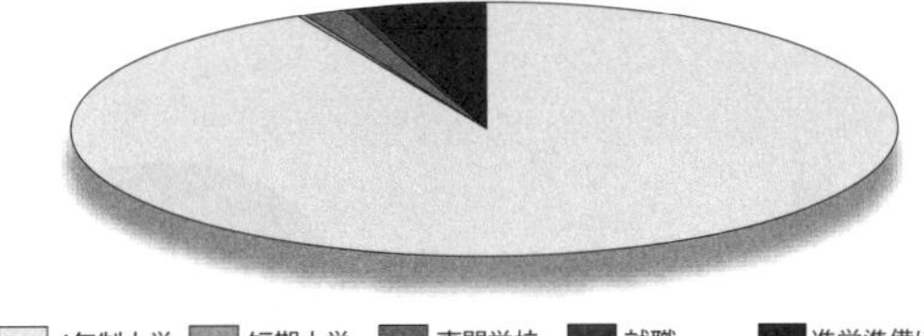

4年制大学 92.6%　短期大学 0.3%　専門学校 1.8%　就職 0.3%　進学準備ほか 5.0%

●主な大学合格状況

国・公立大／
和歌山大 4　宇都宮大 1　鳥取大 1
長崎大 1　鹿屋体育大 1　大阪公立大 1
兵庫県立大 1　奈良県立大 1　長野県立大 1

私立大／
関西大 18　関西学院大 11　同志社大 4
立命館大 126　京都産業大 6　近畿大 100
龍谷大 7　摂南大 48　神戸学院大 1
追手門学院大 12　桃山学院大 48　立命館ｱｼﾞｱ太平洋大 10
早稲田大 1　明治大 5　中央大 1
大阪産業大 28　大阪経済大 19　関西外国語大 22
四天王寺大 14　大阪大谷大 9　大和大 7

阪南大学高等学校

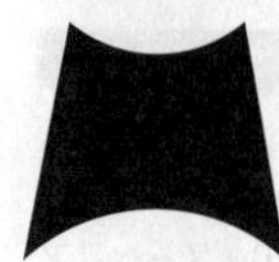

学校法人 阪南大学
〒580-0022 松原市河合2-10-65
TEL072-332-1221　FAX072-336-2017
http://www.hdk.ed.jp/

■**創立**／昭和14年(1939)　■**校長**／岸本尚子
■**生徒数**／1,465人(1年／494人 2年／460人 3年／511人)
■**併設校**／阪南大学
■**沿革**／昭和14年大鉄工学校創立。同23年大鉄高等学校と改称。同61年阪南大学高等学校に改称。平成14年現在地に移転。
■**交通**／近鉄南大阪線「高見ノ里」から徒歩7分。※南海「堺」「堺東」・JR阪和線「堺市」から南海バスで「高見の里駅前」下車

インフォメーション INFORMATION

●**教育方針**／校訓「思考 誠実 努力」のもと、知力・気力・実践力・コミュニケーション力を身に付けた、社会で必要とされる人材を育成します。

●**学校行事**／校外学習(6月)、芸術鑑賞(7月)、夏期講習(8月)、海外研修(8月)、学園祭(9月・文化の部、10月・体育の部、11月・球技の部)など。修学旅行(3月・2年)は北海道・グアム・シンガポールへ。

●**クラブ活動**／サッカーをはじめ硬式野球、バスケットボール、軟式野球、トランポリン、卓球、剣道、柔道、バレーボール、陸上、空手道などの体育系と、軽音楽、美術、写真、電子技術、書道など文化系が活動中です。

●**海外交流**／全コースの希望者を対象とした短期海外研修(カナダ・約10日間)を実施。異文化に触れながら楽しい交流が行われ、国際感覚を磨く貴重な体験となります。

●**スクールライフ**／3学期制／登校時刻…8：30／頭髪…染色・パーマ禁止／アルバイト…禁止(家庭の事情により許可する場合がある)／自転車通学…許可制(保険加入のこと)／携帯…許可(授業中は禁止)

カリキュラム CURRICULUM

●**探究特進コースS**
難関国公立・私立大学の現役合格を目標とするコースです。20分の朝活や英数を重視した週38時間授業で早期の受験指導を行います。探究活動にも力を入れており、1年次から町おこしなどの探究活動を実施し、自ら問いを立てる力を育成。2・3年次は、より強力な個別サポートが受けられる「SS」に進むと、大手予備校の授業やオンライン英会話に加え、一定期間atama+を無料で利用できます。クラブへの入部も推奨しています。

●**探究特進コースA**
国公立・私立大学の現役合格を目標とするコースです。20分の朝活や週36時間授業の受験指導とクラブ活動の両立を目指します。探究活動ではS同様、町おこしなどで未知の問題に立ち向かう力を育成します。2・3 年次は、受験指導に特化した「SA」や、より強力な個別サポートが得られる「SS」、探究活動がより充実した「I」の3展開で、きめ細かい指導を実現。1人1人のニーズに対応したカリキュラムが用意されています。

●**総合進学コース**
一人ひとりの目標に応じて、幅広い選択肢から進路を選択できるコースです。勉強とクラブ活動の両立を軸に学校生活の充実をはかります。3年間でバランスよくカリキュラムが組まれており、看護師や管理栄養士への進路にも対応。阪南大学との連携授業では、探究活動やプレゼンテーション大会などの取り組みを通して、社会で活かせるスキルの修得を目指します。阪南大学への特別推薦枠も用意されています。

先輩から

高校の3年間は朝活のために早起きをして、高校1年のときはそれが少し苦痛に感じることがありましたが、学年を重ねるごとに自分に力がつくのがわかりました。特進コースは授業時間もたくさんありますが、同じ目標を持つ友人たちと共に学ぶことで、自分の将来のためにがんばることができました。塾に通うことなく大学合格を達成できたのも、日々の積み重ねによるものだったと実感しています。(N・N)

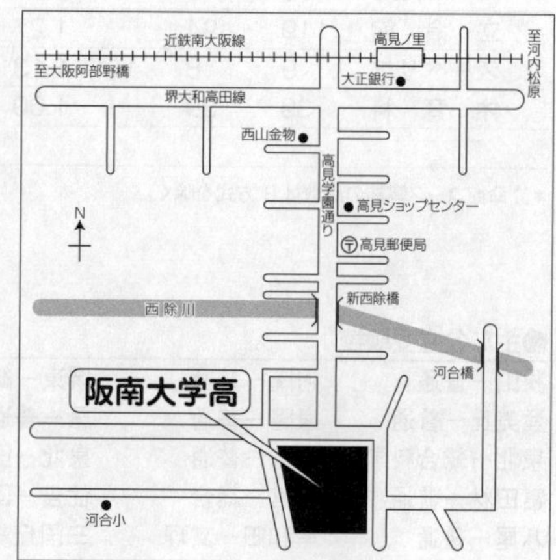

進研Vもし 合格のめやす

●目標偏差値（合格可能性80%）

併願		専願	
探究特進Ｓ	55	探究特進Ｓ	51
探究特進Ａ	51	探究特進Ａ	48
総合進学	46	総合進学	44

30 35 40 45 50 55 60 65 70 75

探究特進Ｓ：努力圏 合格圏 安全圏

探究特進Ａ：努力圏 合格圏 安全圏

総合進学：努力圏 合格圏 安全圏

入試状況

●併願

年度	学科・コース	受験者数	合格者数	回し	倍率	合格最低点
'24	探究特進Ｓ	93	56	—	1.66	—/500
	探究特進Ａ	149	85	15	1.75	—/500
	総合進学	636	633	86	1.00	—/500
'23	探究特進Ｓ	108	80	—	1.35	—/500
	探究特進Ａ	194	169	18	1.15	—/500
	総合進学	602	598	34	1.01	—/500

●専願

年度	学科・コース	受験者数	合格者数	回し	倍率	合格最低点
'24	探究特進Ｓ	18	13	—	1.38	—/500
	探究特進Ａ	37	24	4	1.54	—/500
	総合進学	393	386	14	1.02	—/500
'23	探究特進Ｓ	18	16	—	1.13	—/500
	探究特進Ａ	31	23	1	1.35	—/500
	総合進学	319	312	9	1.02	—/500

●主な公立受験校

藤井寺－普通	阪南－普通	金剛－普通
金岡－普通	河南－普通	阿倍野－普通
教育センター附属	狭山－普通	東百舌鳥－普通
花園－普通	大阪ビジＦ－グロ	堺東－総合
大塚－普通	山本－普通	泉北－国際文化

入試ガイド

●募集要項　＊2024年度入試実施分

募集人員　探究特進S40、探究特進A80、総合進学320

出願期間　1/22～1/29

受験料　20,000円

学力検査　2月10日

面接　2月11日 専願のみ

合格発表　2月13日

入学手続　専願 2月15日／併願 3月19日

●試験科目と配点・時間

科目	国語	数学	英語	社会	理科
配点	100点	100点	100点	100点	100点
時間	50分	50分	50分	50分	50分

●学費

入学金	190,000円	制服代等	約 130,000円
年間授業料	630,000円	学年費	49,000円
諸会費計	17,100円	タブレット関連費	約 70,000円
修学旅行積立	132,000円	初年度納入金合計	約 1,218,100円

＊総合進学コースの場合

卒業後の進路

卒業者数／486人

大学進学	短大進学	専門学校等	就職	進学準備ほか
392人	15人	70人	1人	8人

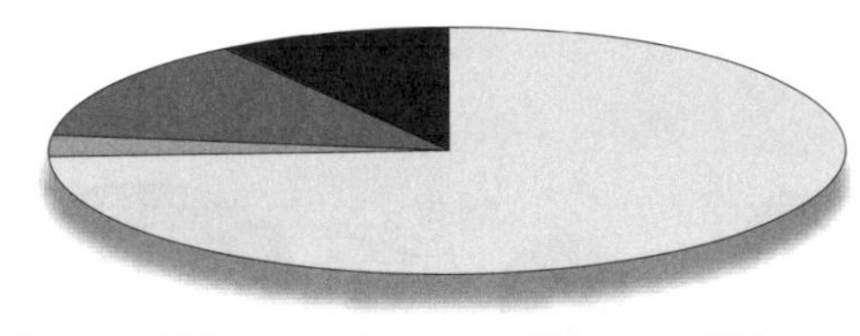

●主な大学合格状況

国・公立大／

京都工繊大 1　大阪教育大 1　三重大 1
岡山大 1　信州大 1　滋賀県立大 1
京都府立大 1　神戸市外国語大 1

私立大／

関西大 33　関西学院大 32　同志社大 2
立命館大 9　京都産業大 3　近畿大 109
甲南大 8　龍谷大 21　摂南大 41
神戸学院大 24　追手門学院大 34　桃山学院大 28
関西外国語大 20　京都外国語大 5　大阪大谷大 15
大阪電気通信大 21　帝塚山大 20　四天王寺大 10
大阪工業大 8　大阪経済大 8　阪南大 768

ＰＬ学園高等学校

学校法人 PL学園
〒584-0008 富田林市喜志2055
TEL0721-24-5132　FAX0721-24-4326
https://web.pl-gakuen.ac.jp

■創立／昭和30年（1955）　■校長／後藤多加志
■生徒数／42人（1年／9人 2年／18人 3年／15人）
■併設校／PL学園中学校　PL学園小学校　PL学園幼稚園　PL学園衛生看護専門学校
■沿革／昭和28年羽曳野丘陵の一帯がパーフェクトリバティー教団大本庁の敷地に。同30年、その一角にPL学園高等学校を設立。その後、幼稚園・小学校・中学校・専門学校を併設。
■交通／近鉄長野線「喜志」から徒歩15分

インフォメーション　INFORMATION

●教育方針／パーフェクト リバティー教団の教義に基づいた人間形成をはかります。「人生は芸術である。」を理念とし、信念にみちた未来社会の指導者を育成します。

●学校行事／学園祭（6月）、夏期補習セミナー（8月）、校外学習（9月）、校内球技大会（10月）、国際教育LHR(11月)、校内球技大会・修学旅行（2月）など。

●クラブ活動／全国大会優勝を重ねる剣道部、全国大会グランプリ25回のバトン部、また軟式野球も全国レベルの強豪チームです。ほかに体育系はバスケットボール、バレーボール。文化系は吹奏楽、美術、軽音楽、広報が活動中。加入率は約90%。

●寮生活／日本全国から集まる生徒のために、葛城寮（女子）・金剛寮（男子）があり、全生徒の約半数が寮生活を送っています。かつては全寮制でしたが、現在は寮生活か自宅通学かは自由。自宅が近い生徒でも、希望により寮生活を体験できます。

●スクールライフ／3学期制／登校時刻…8：15／頭髪…染色・パーマ禁止／アルバイト…許可（願い書提出後、許可が出た生徒に対して）／自転車通学…許可／携帯…持込禁止（校外での使用のみ可）

カリキュラム　CURRICULUM

●国公立コース
習熟度が一定以上の生徒を対象とし、5教科受験に対応した大学進学重視のコースです。早くから志望進路に適した授業が受けられるよう、入学時からコース分けによる授業を展開。2年次から文系／理系に分かれ、演習に重点をおくとともに、少人数クラス編成による効率的な学習を実施。きめ細かな進学指導により、各自が志望する進学目標を達成できるよう努めています。

●理文選修コース
理・工・看護などの理系から語学・法・経済などの文系まで、幅広い分野にわたる進学をサポートするコースです。1年次は理系・文系共通の授業により十分な基礎学力を養成します。2年次から語学・芸術・体育系などは文系、看護系などは理系を選択。多様な進路に対応した、1人ひとりの時間割を作ることができます。

☆1クラスは約20人。選択授業によっては数人の「少人数授業」を実施しています。
☆2年次からは選択授業も細分化されます。放課後の補習授業など支援も充実。また試験前には教員が寮に出向き、放課後や休日にも個別指導にあたります。

先輩から

私は人見知りをする方だったので、人と仲良くなるのにもふつうの人よりは時間がかかったと思います。この学園で、普通の学校では学べないようなことをたくさん学びました。勉強だけじゃなく人との付き合い方や物事に対しての考え方、さまざまな面で自分がどうあるべきなのかを学ばせてもらいました。それは、生涯の財産になることでしょう。入学を認めてくれた両親には感謝してもしきれない気持ちです。（A・B）

進研Vもし 合格のめやす

●目標偏差値（合格可能性80%）

併願		専願	
国公立	47	国公立	45
理文選修	46	理文選修	44

30 35 40 45 50 55 60 65 70 75

国公立：努力圏 合格圏 安全圏

理文選修：努力圏 合格圏 安全圏

入試状況

●併願

年度	学科・コース	受験者数	合格者数	回し	倍率	合格最低点
'24	国公立	1	0	—	—	—/—
	理文選修	5	5	1	1.00	—/—
'23	国公立	0	0	—	—	—/—
	理文選修	7	5	—	1.40	—/—
'22	国公立	1	0	—	—	—/—
	理文選修	3	3	1	1.00	—/—

●専願

年度	学科・コース	受験者数	合格者数	回し	倍率	合格最低点
'24	国公立	3	0	—	—	—/—
	理文選修	7	6	3	1.17	—/—
'23	国公立	8	2	—	4.00	—/—
	理文選修	6	6	6	1.00	—/—
'22	国公立	8	5	—	1.60	—/—
	理文選修	10	9	4	1.11	—/—

●主な公立受験校

—

入試ガイド

●募集要項　＊2024年度入試実施分

募集人員　国公立25、理文選修95
＊内部進学を含む

出願期間　1/22～2/3
受験料　15,000円
学力検査　2月10日
面接　保護者同伴（20分）
合格発表　2月13日
入学手続　専願 3月1日
併願 公立発表の2日後まで

●試験科目と配点・時間

科目	国語	数学	英語	—	—
配点	100点	100点	100点	—	—
時間	50分	50分	50分	—	—

●学費

入学金	180,000円	制服代	—
年間授業料	504,000円	その他制定品費	—
諸会費計	17,000円	施設維持費	60,000円
修学旅行積立	—	初年度納入金合計	761,000円

卒業後の進路

卒業者数／20人

大学進学	短大進学	専門学校等	就職	進学準備ほか
15人	—	5人	—	—

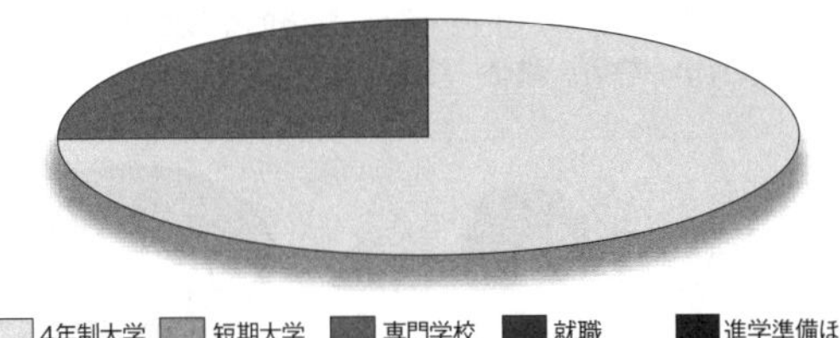

●主な大学合格状況

国・公立大／
大阪教育大 1　福井大 1　弘前大 1
宇都宮大 1　新潟県立大 1　名古屋市立大 1

私立大／
京都産業大 1　近畿大 1　桃山学院大 1
武庫川女子大 1　神戸女子大 1　兵庫医科大 1

東大阪大学敬愛高等学校

学校法人 村上学園
〒577-8567 東大阪市西堤学園町3-1-1
TEL06-6782-2881　FAX06-6782-2895
https://www.higashiosaka-hs.ac.jp/keiai/

■創立／昭和15年(1940)　■校長／新　浩幸
■生徒数／728人(1年／223人 2年／256人 3年／249人)
■併設校／東大阪大学　東大阪大学短期大学部
■沿革／昭和15年布施高等女学校設立。平成14年敬愛女子高等学校に改称。同18年現校名となり男女募集。
■交通／大阪メトロ中央線「高井田」・JR「高井田中央」から徒歩15分、大阪メトロ中央線「長田」から徒歩15分、近鉄奈良線「河内小阪」から徒歩15分

インフォメーション INFORMATION

●教育方針／生きる力を育て、命の大切さを重んじ、社会に対応できる人間性豊かな教育を実践。萬物感謝、質実勤労、自他敬愛の校訓を教育の柱としています。

●学校行事／オリエンテーション(4月・1年)、校外学習(5月)、スポーツ大会(6月)、キャンプ実習(9月・こども教育)、体育祭(10月)、ミュージカル鑑賞(10月・3年)、敬愛祭(11月)、生徒会行事(2月)など。修学旅行(2月・2年)は国内・海外から選択できます。

●クラブ活動／全国優勝実績をもつ柔道や空手道をはじめ、陸上競技も全国レベルです。ほかに体育系は弓道、ソフトテニス、サッカー、野球、バスケットボールなど全16部。文化系は吹奏楽、書道、茶道、美術、軽音楽など16部が活動中。

●海外交流／全コース(2年生)を対象としたオーストラリア(ブリスベン)留学プログラム(6ヵ月・1年間)では、現地のホームステイ先から提携高校に通学。英語力アップの大きなステップとなります。海外からの留学生も、積極的に受け入れています。

●スクールライフ／3学期制／登校時刻…8：40 ／頭髪…染色・パーマ禁止／アルバイト…許可(経済的な理由がある場合)／自転車通学…許可／携帯…授業中以外許可

カリキュラム CURRICULUM

●総合進学コース
キャリア教育をベースに自己を成長させ、希望進路を実現させるコース。資格・趣味・教養にわたる「敬愛講座」によって、自分の可能性がさらに広がります。2年次からは2クラスを用意。特別進学クラスは有名私立大(文系・理系)、総合進学クラスは大学・短大・専門学校への進学をめざします。

●こども教育コース
リトミック、キッズセミナー、レクリエーション実習など、こどもたちの興味を引き出す個性豊かな授業が充実しています。また、附属幼稚園では、保育の現場をいち早く体験。保育士、幼稚園教諭、小学校教諭など「こどもの専門家」に向けて基礎を固めます。卒業後は東大阪大学(こども学部)に内部進学できます。

●調理・製菓コース
家庭科教師・パティシエ・栄養士など「フードのスペシャリスト」をめざす人に適したコース。楽しみながら調理やお菓子作りを学びます。充実した実習授業や各種資格取得にも役立つ「食育セミナー」も特色のひとつ。東大阪大学短期大学部・健康栄養学科への内部進学制度が利用できます。

●ファッション創造
ファッションを通して自分の発想・アイデアを創造することを学び、表現力を身につけていくコース。デザイン、縫製など服づくり全般について学ぶ実習と、アクセサリーや靴、ヘア＆メイクを含めたトータルコーディネートを学ぶ実習の両方を基礎から学ぶことができます。

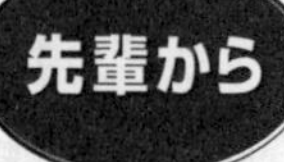

こども教育コースの生徒は、同じ目標を持っているのでクラスがよくまとまり、イベントでもたいへん盛り上がります。キッズセミナーという授業では、自分たちが子供の立場になり、遊びながら注意点や教え方を学ぶことができるのでとても勉強になります。附属幼稚園での実習では園児と触れ合い、「先生」と呼ばれます。とても新鮮な気持ちになり、保育士になりたいという希望がより強いものに変わりました。(K・I)

進研Vもし 合格のめやす

●目標偏差値（合格可能性80%）

併願		専願	
調理・製菓	40	調理・製菓	36
こども教育	39	こども教育	36
ファッション創造	39	ファッション創造	36
総合進学	37	総合進学	35

30 35 40 45 50 55 60 65 70 75

調理・製菓
努力圏 合格圏 安全圏

こども教育／ファッション創造
努力圏 合格圏 安全圏

総合進学
努力圏 合格圏 安全圏

入試状況

●併願

年度	学科・コース	受験者数	合格者数	回し	倍率	合格最低点
'24	調理・製菓	81	80	—	1.01	100/300
	こども教育	43	43	—	1.00	100/300
	ファッション創造	36	36	—	1.00	100/300
	総合進学	235	232	—	1.01	100/300
'23	調理・製菓	83	82	—	1.01	102/300
	こども教育	40	40	—	1.00	102/300
	ファッション創造	36	36	—	1.00	102/300
	総合進学	268	267	—	1.00	102/300

●専願

年度	学科・コース	受験者数	合格者数	回し	倍率	合格最低点
'24	調理・製菓	52	52	—	1.00	83/300
	こども教育	39	39	—	1.00	83/300
	ファッション創造	11	11	—	1.00	83/300
	総合進学	84	84	—	1.00	83/300
'23	調理・製菓	72	72	—	1.00	87/300
	こども教育	38	38	—	1.00	87/300
	ファッション創造	28	28	—	1.00	87/300
	総合進学	98	98	—	1.00	87/300

●主な公立受験校

枚岡樟風－総合	日新－普通	八尾北－総合
汎愛－普通	布施北－Ｅパ／特	西和清陵－普通
淀商－商業	成城－Ｅパワ／特	王寺工－情電／特
東住吉総－クリエ	香芝－普通	みどり清朋－普通
高田商－商業／特	日新－商業	港－普通

入試ガイド

●募集要項　＊2024年度入試実施分

募集人員	総合進学120、こども教育60、調理・製菓60、ファッション創造60
出願期間	1/20～1/31
受験料	20,000円
学力検査	2月10日
面接	専願のみ（個人）
合格発表	2月12日
入学手続	専願 2月13日 併願 3月24日

●試験科目と配点・時間

科目	国語	数学	英語	—	—
配点	100点	100点	100点	—	—
時間	50分	50分	50分	—	—

●学費

入学金	100,000円	制服等制定品代	115,180～円
年間授業料	600,000円	行事費・教材費等	130,000円
諸会費計	19,200円	施設設備費	100,000円
修学旅行積立	50,000円	初年度納入金合計	1,114,380～円

＊総合進学コースの場合

卒業後の進路

卒業者数／180人

大学進学	短大進学	専門学校等	就職	進学準備ほか
90人	22人	47人	15人	6人

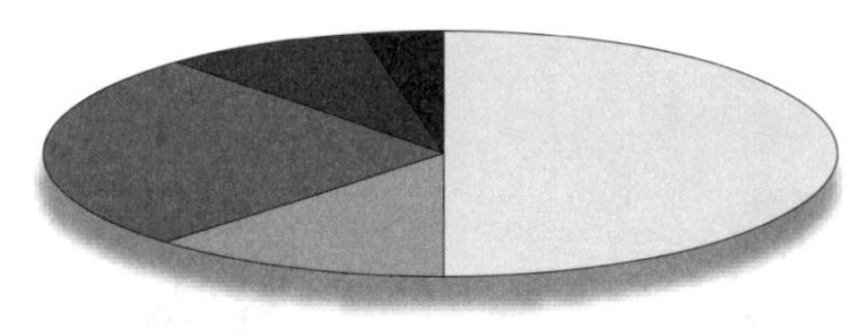

●主な大学合格状況

国・公立大／
京都教育大 1
私立大／

関西大 2	甲南大 1	龍谷大 4
摂南大 2	東大阪大 9	東大阪大短期 10
大阪経済大 2	大阪商業大 3	大阪体育大 3
関西外国語大 4	京都外国語大 4	

東大谷高等学校

学校法人 大谷学園
〒590-0111 堺市南区三原台2-2-2
TEL072-289-8069　FAX072-289-8021
https://higashiohtani.ac.jp

■創立／明治42年(1909)　■校長／長尾文孝
■生徒数／781人(1年／250人 2年／279人 3年／252人)
■併設校／大阪大谷大学
■沿革／明治42年難波別院内に設立された大谷裁縫女学校が前身。平成25年泉ヶ丘新キャンパスに移転し、男女共学校となる。
■交通／泉北高速鉄道「泉ケ丘」から徒歩約8分。スクールバスは近鉄「富田林」・南海高野線「金剛」、南海本線「泉大津」・JR「和泉府中」からの2ルートがあります。

インフォメーション　INFORMATION

●**教育方針**／親鸞聖人の「みおしえ」に基づく報恩感謝の念を培うという建学の精神に則り、心を育む宗教的情操教育を通じて、知・徳・体を備えた調和ある人間の育成をめざします。
●**学校行事**／体育大会(6月)、文化祭(9月)のほか、花まつり(5月)、校外学習(6月)、勉強合宿(特進・7月)、サマーセミナー(国際・8月)、合唱コンクール・報恩講(11月)など。修学旅行(2年)は北海道(特進・進学・6月)・オーストラリア(国際・7月)へ。
●**クラブ活動**／体育系は全国レベルのバトン、なぎなたをはじめ陸上、サッカー、剣道、硬式テニス、バドミントン、ハンドボール、ダンスなど。文化系は関西大会出場の吹奏楽、コーラスのほか美術、英語、ギターなど。加入率は約70%です。
●**海外交流**／国際コースでは、オーストラリア語学研修(2年次・2週間)などを通して、実践的な英語を学べます。
●**スクールライフ**／3学期制／登校時刻…8：25／頭髪…染色・パーマ・ピアス禁止／アルバイト…原則禁止／自転車通学…許可(指導部に願い出て許可された場合)／携帯…可

カリキュラム　CURRICULUM

●**特進コース**
自分の将来をしっかりと見据え、国公立大学、難関私立大学への進学をめざすコースです。各教科の基礎学力を養成するとともに、志望分野別の少人数授業を行い、目標達成に必要な学力の獲得をサポートします。また、BTによる教科課題の解決もサポートします。※BT＝独自のカリキュラム「ベネフィシャル・タイム」、授業で学習した内容をアウトプットすることで定着を図ります。
●**国際コース**
他国の文化や伝統を理解し、第二外国語や英会話の授業で十分な語学力を身につけ、語学系・国際系の学部を中心に、難関私立大学をめざすコースです。英検、GTEC対策も行います。海外語学研修(オーストラリア)、留学制度(短期3か月、中期6か月、長期1年)があります。
●**進学コース**
学力の充実をはかりながら、部活動や行事にも積極的に取り組み、併設大学の大阪大谷大学および有名私立大学への進学をめざすコースです。選抜クラスを導入し、推薦入試だけでなく、一般入試にも対応できるようにしています。
☆独自の10年未来プロジェクト(1年)や探究ゼミナール(2・3年)を通じて、10年後の未来を創造し、自ら考える力と発表する力を養います。また、生徒全員がChromebookを持ち、調べもの・資料作成・授業連絡・考査返却を効率的に行います。教室にはプロジェクターとホワイトボードがあり、ICTを利用した教育を実施しています。

＊女子はスラックスも選択できます。

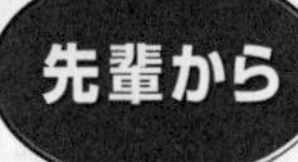

東大谷高校の生徒は「みんないつも元気」というイメージがあります。実際、みんな勉強に運動に遊びに、とにかく何をするにも力一杯、精一杯という感じでいつも楽しかったです。先生方も熱心に指導してくださいます。卒業後にいちど、夕方に東大谷高校を訪ねたことがあります。卒業前と変わらず、質問に来る生徒のために先生方が大勢残っていらっしゃるのを見て、うれしかったです。

進研Vもし 合格のめやす

●目標偏差値（合格可能性80%）

併願		専願	
特進	58	特進	56
国際	55	国際	52
進学	52	進学	49

30 35 40 45 50 55 60 65 70 75

特進 努力圏 合格圏 安全圏

国際 努力圏 合格圏 安全圏

進学 努力圏 合格圏 安全圏

入試状況

●併願

年度	学科・コース	受験者数	合格者数	回し	倍率	合格最低点
'24	特進	192	171	—	1.12	261/500
	国際	55	55	5	1.00	326/600
	進学	240	240	16	1.00	232/500
'23	特進	189	188	—	1.01	284/500
	国際	69	69	—	1.00	275/600
	進学	212	212	1	1.00	229/500

●専願

年度	学科・コース	受験者数	合格者数	回し	倍率	合格最低点
'24	特進	48	43	—	1.12	232/500
	国際	25	25	1	1.00	283/600
	進学	146	146	4	1.00	201/500
'23	特進	48	46	—	1.04	252/500
	国際	20	20	—	1.00	272/600
	進学	122	121	2	1.01	201/500

＊1.5次入試を含む。

●主な公立受験校

堺東－総合	登美丘－普通	狭山－普通
鳳－普通	泉北－総合科学	泉北－国際文化
夕陽丘－普通	阿倍野－普通	河南－普通
佐野－普通	久米田－普通	金岡－普通
金剛－普通	今宮－総合	岸和田－文理

入試ガイド

●募集要項　＊2024年度入試実施分

募集人員　特進80、国際80、進学120

出願期間　1/22～1/29
受験料　20,000円
学力検査　2月10日
面接　2月11日
合格発表　2月12日
入学手続　専願 2月20日
　併願 3月21日（公立発表の翌営業日）

●試験科目と配点・時間

科目	国語	数学	英語	社会	理科
配点	100点	100点	100点	100点	100点
時間	50分	50分	60分	50分	50分

＊国際コースの英語は200点。
＊英検・数検・漢検の資格活用あり。
＊英語はリスニングを含む。

●学費

入学金	200,000円	制服代・その他	約 330,000円
年間授業料	612,000円	学習諸費	約 95,000円
諸会費計	16,800円	施設設備費	30,000円
修学旅行積立	約 165,000円	初年度納入金合計	約 1,448,800円

＊コースにより異なる

卒業後の進路

卒業者数／284人

大学進学	短大進学	専門学校等	就職	進学準備ほか
250人	2人	19人	1人	12人

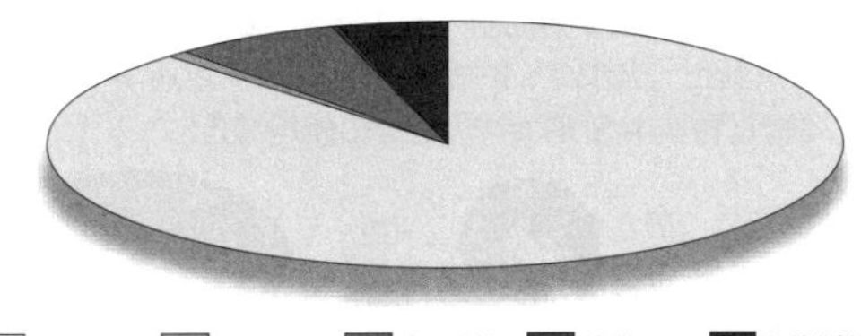

4年制大学 88.0%　短期大学 0.7%　専門学校 6.7%　就職 0.4%　進学準備ほか 4.2%

●主な大学合格状況

国・公立大／

大阪公立大 1	大阪教育大 3	京都教育大 1
奈良教育大 1	和歌山大 5	徳島大 1
高知大 2	島根大 1	琉球大 1
高知工科大 2	秋田県立大 1	

私立大／

関西大 29	関西学院大 7	同志社大 5
立命館大 3	上智大 1	青山学院大 1
京都産業大 9	近畿大 127	甲南大 5
龍谷大 21	佛教大 1	摂南大 45
神戸学院大 10	追手門学院大 38	桃山学院大 26
京都薬科大 1	大阪医科薬科大 1	大阪大谷大 47

箕面学園高等学校

学校法人 箕面学園
〒562-0001 箕面市箕面7-7-31
TEL072-723-6551　FAX072-724-2188
https://minohgakuen.ed.jp

■創立／昭和21年（1946）　■校長／田中祥雄
■生徒数／550人（1年／202人 2年／162人 3年／186人）
■併設校／箕面学園福祉保育専門学校　幼稚園型認定こども園箕面学園附属幼稚園
■沿革／昭和21年箕面学園高等女学校を開校。同23年学制改革により箕面学園高等学校（男女共学）に。平成22年から普通科総合選択制に移行。
■交通／阪急箕面線「箕面」から西へ徒歩5分

インフォメーション　INFORMATION

●**教育方針**／個々の能力を充分に伸長させるとともに、品性の高い教養ある人間を育成する。自己を厳しく律する克己の心を育て、文化国家の担い手にふさわしい人材を育成する。豊かな知性、正しい判断力、理解力を養うことを教育の根本とし、将来の目標を達成するために、恵まれた環境を活用してきめ細かい指導を行います。
●**学校行事**／新入生オリエンテーション（4月）、自転車講習会・学年デー（5月）、英語検定（5月・10月）、球技大会（6月）、漢字検定（6月・1月）、湖西学舎学習合宿（7月）、校内サマーセミナー（8月）、体育祭（9月）、文化祭（11月）など。修学旅行（12月・2年）は沖縄へ。
●**クラブ活動**／硬式野球、バレーボール、柔道、サッカー、バスケットボール、ハンドボールがアスリートクラブとして近畿・府下大会などで活躍。ほかに体育系は剣道、カヌー、陸上競技、卓球、ラグビーの11部とバドミントン同好会。文化系は勉強、美術、吹奏楽、音楽、Home Economics、漫画研究、放送、自然科学、ダンス、写真、パソコンの11部。
●**スクールライフ**／2学期制／登校時刻…8：30 ／頭髪…染色・パーマ禁止／アルバイト…原則禁止／自転車通学…許可／携帯…許可（授業中 SHR 朝学などでの使用禁止）

カリキュラム　CURRICULUM

2025年度、有名私立大学現役合格を目指すアドバンス（特進）クラス、一芸一能制度入学者によるアスリートクラスを新たに設置。
●**普通科総合選択制**
1年次には基礎学力の深化を図ります。
☆全員が履修する共通科目の他に、2・3年生では選択科目から自分の興味関心や進路希望に合わせて科目を選び（2年生で3科目6時間、3年生で4科目8時間）、学ぶことができます。
☆第1・3・5の土曜日にはエリア学習として希望進路実現に合わせた様々な講座を開講しています。受講するエリアは進路希望が変われば、変更することができます。
〈4つのエリア〉
①アドバンス…大学進学を目指すエリア
②キンダーアンドアート…幼児教育・美術系進学を目指すエリア
③アスリート…スポーツに打ち込むエリア
④キャリアアップ…資格取得を目指すエリア
☆将来を切り開く能力を育成するため、ピアノ講座、小論文講座（2・3年次）、公務員対策講座などの放課後講座（希望制）を開講しています。
☆入学時に1人1台タブレット端末を購入。授業で活用することで学びの世界を広げます。

先輩から

箕面学園ではクラスメイトとすぐに仲良くなれます。また、さまざまな先生に接する機会に恵まれ、どの先生にも私たちに対して真剣に対処していただきました。そんな姿を見て、私も教師になろうと思っています。今は授業とレポートに追われる毎日です。助け合い、何事にも積極的に考え、行動し努力すること…。高校時代に学んだ大切なことが、とても役立っています。（E・S）

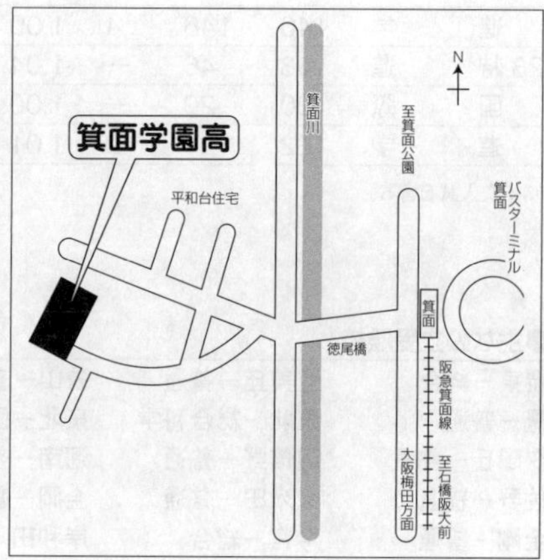

進研Vもし 合格のめやす

●目標偏差値(合格可能性80%)

併願	専願
普通科総合選択制…… 37	普通科総合選択制…… 35

30 35 40 45 50 55 60 65 70 75

普通科総合選択制

努力圏 合格圏 安全圏

入試ガイド

●募集要項 ＊2024年度入試実施分

募集人員 普通科総合選択制210

出願期間 1/22～1/29
受験料 20,000円
学力検査 2月10日
面接 2/10併願・2/11専願(グループ約10分)
合格発表 2月12日
入学手続 専願 2月20日 併願 3月19日

＊ 2025 年度、アドバンスクラス、アスリートクラスを新設。入試問題の傾向が変わります。

●試験科目と配点・時間

科目	国語	数学	英語	—	—
配点	100点	100点	100点	—	—
時間	50分	50分	50分	—	—

●学費

入学金	210,000円	制服代	69,300～円
年間授業料	600,000円	その他制定品費	37,860～円
諸会費計	112,345円	タブレット費	約 100,000円
修学旅行積立	120,000円	初年度納入金合計	約 1,249,505～円

入試状況

●併願

年度	学科・コース	受験者数	合格者数	回し	倍率	合格最低点
'24	普通科総合選択制	256	252	—	1.02	—/300
'23	普通科総合選択制	313	309	—	1.01	—/300
'22	普通科総合選択制	213	211	—	1.01	—/300

●専願

年度	学科・コース	受験者数	合格者数	回し	倍率	合格最低点
'24	普通科総合選択制	171	169	—	1.01	—/300
'23	普通科総合選択制	152	152	—	1.00	—/300
'22	普通科総合選択制	177	177	—	1.00	—/300

●主な公立受験校

渋谷－普通 園芸－バイオ 猪名川－普通
園芸－フラワー 宝塚東－普通 福井－総合
川西明峰－普通 箕面東－ＥパＩ特 茨木西－普通
園芸－環境緑化 伊丹北－総合 川西北陵－普通
吹田－普通 吹田東－普通 伊丹西－普通

卒業後の進路

卒業者数／ 181 人

大学進学	短大進学	専門学校等	就職	進学準備ほか
95人	6人	37人	39人	4人

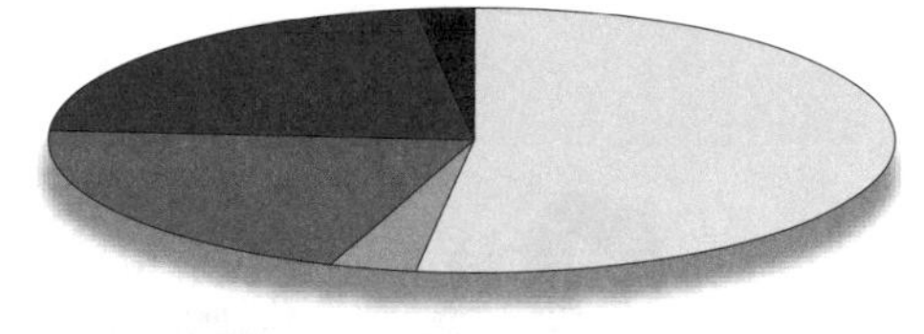

4年制大学 52.5%　短期大学 3.3%　専門学校 20.4%　就職 21.5%　進学準備ほか 2.2%

●主な大学合格状況

私立大／
関西学院大 2 京都産業大 4 近畿大 3
甲南大 1 摂南大 7 追手門学院大 5
桃山学院大 6 京都外国語大 1 大谷大 1
大阪電気通信大 4 大阪芸術大 1 京都美術工芸大 2

箕面自由学園高等学校

学校法人 箕面自由学園
〒560-0056 豊中市宮山町4-21-1
TEL06-6852-8110　FAX06-6843-3764
https://mino-jiyu.ed.jp/hs/

■創立／大正15年（1926）　■校長／田中良樹
■生徒数／1,644人（1年／506人 2年／325人 3年／813人）
■併設校／箕面自由学園中学校・同小学校・同幼稚園
■沿革／大正15年箕面学園尋常小学校として設立。昭和26年箕面自由学園高等学校を設立。
■交通／阪急箕面線「桜井」から徒歩7分、北大阪急行「千里中央」から阪急バスで「春日町4丁目」下車徒歩7分、JR「茨木」から阪急バスで「南桜井」（箕面自由学園正門前）下車

インフォメーション　INFORMATION

●教育方針／本校の建学の精神「教養高い社会人の育成」をめざし、将来を自らの手で切り拓き、たくましく生きるための「人間力」を磨くために、何事にも自ら選択・チャレンジし、最後までやり抜く力を養います。
●学校行事／MJGフェスタ（文化の部／体育の部／舞台芸術の部／合唱の部）、サマーキャンプ、スピーチコンテスト、修学旅行（10月2年Ⅰ類、3月2年Ⅱ類）など。
●クラブ活動／チアリーダー部のジャパンカップ9連覇を筆頭に、アメリカンフットボール部や吹奏楽部、放送部などの文化部を含め全国レベルで活躍しています。
●自主研修（希望者）／テーマにあわせて設定された研修旅行。北海道北方領土研修、東北震災研修、徳島SDGs研修など。
●海外交流／短期・中期・長期の語学研修、留学を実施。訪問国は台湾、ニュージーランド、フィリピンなど。
●スクールライフ／3学期制／登校時刻…9：00／頭髪…染色・パーマ禁止／アルバイト…原則禁止／自転車通学…許可／携帯…許可（校内での使用禁止）

カリキュラム　CURRICULUM

●SS特進コース
東大・京大・阪大などの最難関大を目標としています。
●S特進コース
阪大・神大・大阪公立大などの国公立大を目標としています。
●特進コース
目標大学は国公立大および関関同立大などの難関私立大。
☆平日7限まで・土曜4限までの授業、勉強合宿、長期休暇での講習などを通して、自ら学ぶ力を身につけることで、学力を伸ばすための学習習慣を確立します。また目標大学を見すえた学力別コース編成を行い、志望校合格に向けた受験学力の獲得をめざします。クラブ活動との両立も可能です。

●文理探究コース
特進コースと同様、国公立大および関関同立大などの難関私立大を目標大学としています。
●クラブ探究コース［専願のみ］
吹奏楽部・チアリーダー部・アメリカンフットボール部・女子バレーボール部・男子バスケットボール部の5つの強化クラブで全国大会出場、日本一をめざします。
☆平日6限授業。チャレンジ・創造・協働する力を、教室だけでなく、国際交流をはじめとするさまざまな体験活動やクラブ活動をとおして身につけます。個性を活かせる一般入試・総合型選抜入試を視野に、一人ひとりの将来の目標を見すえ大学受験指導を行います。

しんどい練習でも声を掛け合いながら一緒にやり抜いたチームメイト、大阪城ホールでの体育祭では団結して優勝をめざしたクラスメイト、仲間の大切さを改めて感じた3年間でした。箕面自由学園は先生方が進路に関して全力でバックアップしてくれます。学力で臨む入試対策も手厚いですが、総合型や推薦型の特殊な入試にも一人ひとりしっかり見て対応してくれます。塾などは必要ないサポート体制が魅力です。

進研Vもし　合格のめやす

●目標偏差値（合格可能性80%）

併願		専願	
SS特進	67	SS特進	64
S特進	63	S特進	60
特進	58	特進	55
文理探究	55	文理探究	52

30 35 40 45 50 55 60 65 70 75

SS特進：努力圏 合格圏 安全圏
S特進：努力圏 合格圏 安全圏
特進：努力圏 合格圏 安全圏
文理探究：努力圏 合格圏 安全圏

入試状況

●併願

年度	学科・コース	受験者数	合格者数	回し	倍率	合格最低点
'24	SS特進	375	138	—	2.72	350/500
	スーパー特進	392	273	185	1.44	290/500
	特進	249	249	171	1.00	250/500
	文理探究	397	394	—	1.01	250/500
	クラブ選抜	—	—	—	—	—/—

●専願

年度	学科・コース	受験者数	合格者数	回し	倍率	合格最低点
'24	SS特進	31	5	—	6.20	—/500
	スーパー特進	44	19	19	2.32	280/500
	特進	37	33	30	1.12	235/500
	文理探究	80	76	—	1.05	225/500
	クラブ選抜	63	63	—	1.00	—/300

●主な公立受験校

川西緑台－普通　池田－普通　箕面－普通
県伊丹－普通　宝塚北－普通　桜塚－普通
尼崎稲園－普通　刀根山－普通　北千里－普通
千里－総合科学　箕面－グローバル　県伊丹－普通／特
県西宮－普通／推　三田祥雲－普／推　千里－国際文化

入試ガイド

●募集要項　＊2024年度入試実施分

募集人員　Ⅰ類＝SS特進80、スーパー特進120、特進160、Ⅱ類＝文理探究120、クラブ選抜（専願）80
＊内部進学を含む
出願期間　1/22～1/29
受験料　20,400円（合否通知郵送料含む）
学力検査　2月10日
面接　実施しない
合格発表　2月12日
入学手続　専願 2月14日
併願 3月19日

＊2025年度、スーパー特進→S特進へ、クラブ選抜→クラブ探究へコース名称変更。

●試験科目と配点・時間

科目	国語	数学	英語	社会	理科
配点	100点	100点	100点	100点	100点
時間	50分	50分	50分	50分	50分

＊Ⅱ類クラブ選抜コースは3科（国・数・英）。
＊英検資格活用あり。

●学費

入学金	220,000円	制服・制定品費	約120,000円
年間授業料	564,000円	教科書代	20,000～円
諸会費・施設費	68,400円	預り金	150,000～円
修学旅行積立	別途	初年度納入金合計	約1,142,400～円

＊コースにより異なる

卒業後の進路

卒業者数／696人

大学進学	短大進学	専門学校等	就職	進学準備ほか
625人	4人	21人	1人	45人

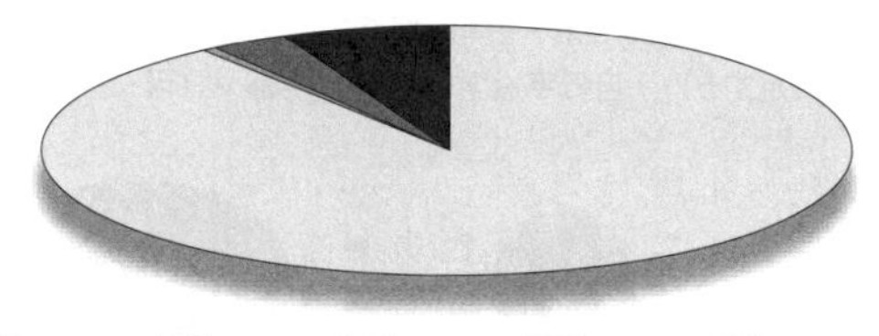

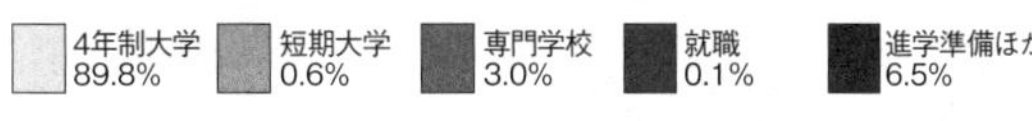

●主な大学合格状況

国・公立大／
東京大 1　京都大 2　大阪大 2
神戸大 6　北海道大 1　東北大 1
九州大 1　滋賀大 3　京都工繊大 2
大阪教育大 2　奈良女子大 2　和歌山大 6
京都府立大 1　大阪公立大 9　兵庫県立大 6
奈良県立大 1

私立大／
関西大 143　関西学院大 171　同志社大 59
立命館大 95　京都産業大 71　近畿大 198
甲南大 54　龍谷大 170　佛教大 20
摂南大 75　神戸学院大 29　追手門学院大 114

明浄学院高等学校

学校法人 藍野大学
〒545-0004 大阪市阿倍野区文の里3-15-7
TEL06-6623-0016　FAX06-6627-1165
https://www.meijo.ed.jp/

■創立／大正10年(1921)　■校長／渡邊雅彦
■生徒数／922人(1年／383人 2年／252人 3年／287人)
■併設校／藍野大学　藍野大学短期大学部　びわこリハビリテーション専門職大学
■沿革／大正10年日蓮宗寺院により明浄高等女学校を開校。令和6年藍野高等学校と統合、男女共学となりました。
■交通／大阪メトロ谷町線「文の里」から徒歩5分、JR「美章園」から徒歩7分、大阪メトロ御堂筋線「昭和町」から徒歩7分

インフォメーション INFORMATION

●**教育方針**／学校法人藍野大学の建学の精神である、知を愛する(フィロソフィア)人間教育を行ないます。[普通科]全学的に高質な教育の提供を維持し、授業や行事・部活動、地域連携など学校におけるあらゆる教育活動を通して、一人ひとりの能力を最大限に高め、めざす学校像の実現に最善を尽くし人材を育成。[衛生看護科]現代社会で生きるために必要な知識と規範意識を涵養。さらに、保健・医療・福祉分野の基礎知識を身につけ、多様な人たちと協同して行動するためのコミュニケーション能力と信頼される人間性を形成します。

●**学校行事**／体育大会(5月)、文化祭(11月)、ジョギング大会(1月)など。修学旅行(2年)は沖縄へ。

●**クラブ活動**／吹奏楽、女子バスケットボール、女子バレーボール、女子ソフトテニス、女子ソフトボール、ダンスが強化指定クラブとして活動しており、その他に一般クラブとして男子バスケットボール、書道、箏曲、茶道、家庭科、軽音楽、マンガ研究等があります。

●**スクールライフ**／3学期制／登校…8：25／頭髪…染色・パーマ禁止／アルバイト…許可(経済的な事情を考慮した上で協議し決定する)／自転車通学…許可／携帯…許可

カリキュラム CURRICULUM

●**普通科看護メディカルコース**
様々な医療職を体験するメディカルキャリアや藍野大学をはじめとしたグループ校との高大連携授業を通して医療人としての心を育てます。受験指導では看護医療系への指導経験が豊富な教員による綿密な分析により、一人ひとりに合致した大学、短期大学、専門学校への進学をサポートします。また、藍野大学グループ校への内部推薦制度を設けています(基準あり)。

●**普通科総合キャリアコース**
学び直しと基礎学力の徹底養成により将来の目標への土台を作ります。2年次からは5つの専攻(総合進学／幼児教育／クッキング／ファッション・メイクアップ／ITビジネス)ごとに専門家による授業が行われ、将来像の具体化を行います。

●**衛生看護科**
高校3年間で准看護師資格を得ることができるカリキュラムで、さらに藍野大学短期大学部第一看護学科への進学により、最短5年で正看護師資格を取得することができます。

＊セーラー服もあります。

先輩から

私は看護師になるという夢をもっています。でも中学生のころは勉強が苦手で、夢を見失っていました。そんな私の気持ちを変えたのが明浄学院との出会いです。先生方は、理解するまで熱心に教えてくださり、少しずつ勉強がわかるようになったのです。そして今では楽しく勉強しています。現在の目標は、4年制大学への進学。決してあきらめない心を持つことを、この学校に教えてもらいました。(S・S)

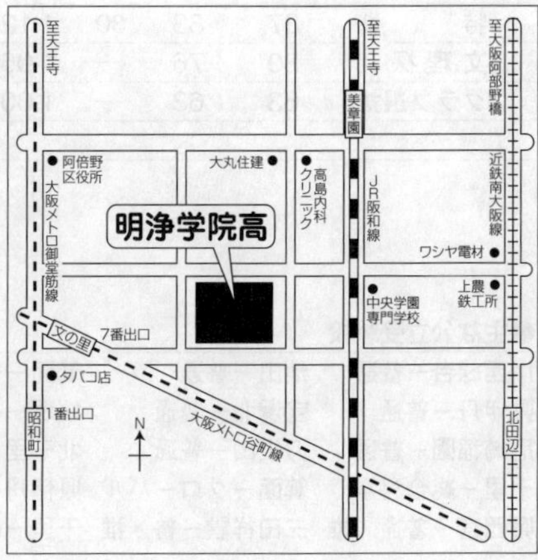

進研Vもし　合格のめやす

●目標偏差値(合格可能性80%)

併願		専願	
衛生看護科	46	衛生看護科	43
看護メディカル	43	看護メディカル	41
総合キャリア	40	総合キャリア	38

	努力圏	合格圏	安全圏
衛生看護科	40〜45	45〜50	50〜55
看護メディカル	35〜40	40〜45	45〜50
総合キャリア	33〜38	38〜43	43〜48

入試状況

●併願

年度	学科・コース	受験者数	合格者数	回し	倍率	合格最低点
'24	衛生看護科	47	39	—	1.21	162/300
	看護メディカル	26	26	6	1.00	122/300
	総合キャリア	131	130	1	1.01	95/300
'23	進学アドバンス	4	4	—	1.00	187/300
	看護メディカル	9	9	—	1.00	152/300
	総合キャリア	51	51	—	1.00	113/300

●専願

年度	学科・コース	受験者数	合格者数	回し	倍率	合格最低点
'24	衛生看護科	209	153	—	1.37	160/300
	看護メディカル	37	37	41	1.00	90/300
	総合キャリア	128	127	1	1.01	90/300
'23	進学アドバンス	8	8	—	1.00	198/300
	看護メディカル	46	46	—	1.00	136/300
	総合キャリア	92	92	—	1.00	98/300

●主な公立受験校

教育センター附属　工芸ーインテ／特　堺東ー総合
港南造形ー造／特　市立堺ーマネ創造　泉大津ー普通
港ー普通　松原ー総合　門真西ー普通
高円ー音楽／特　農芸ー食品加工

入試ガイド

●募集要項　＊2024年度入試実施分

募集人員	普通科＝総合キャリア144、看護メディカル36、衛生看護科＝120
出願期間	1/22〜1/31
受験料	20,000円
学力検査	2月10日
面接	実施する(＊普通科併願を除く)
合格発表	2月12日
入学手続	専願 2月20日 併願 3月22日

●試験科目と配点・時間

科目	国語	数学	英語	—	—
配点	100点	100点	100点	—	—
時間	50分	50分	50分	—	—

＊英検資格活用あり。

●学費

入学金	200,000円	制服代	約 120,000〜円
年間授業料	600,000円	その他制定品費	約 95,000〜円
諸会費計	13,500円		—
修学旅行積立	150,000〜円	初年度納入金合計	1,178,500〜円

＊普通科の場合

卒業後の進路

卒業者数／69人

大学進学	短大進学	専門学校等	就職	進学準備ほか
23人	8人	35人	1人	2人

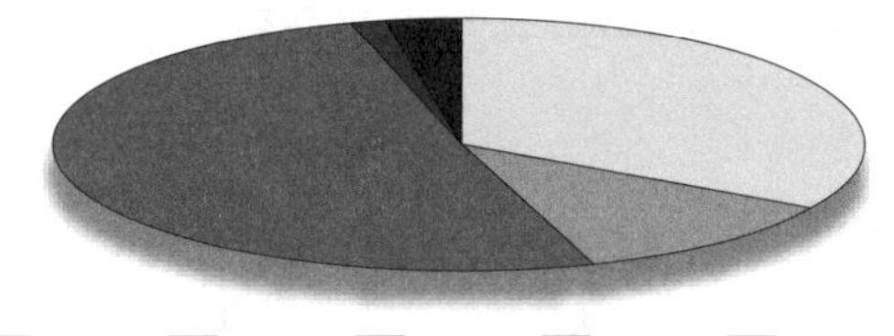

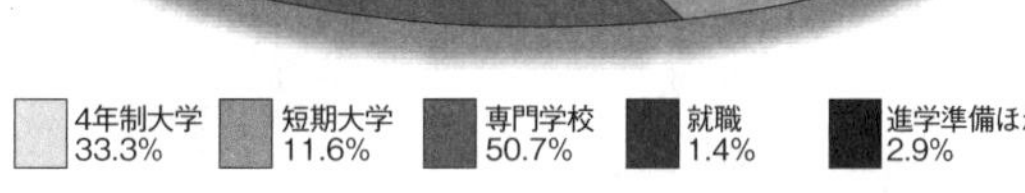

●主な大学合格状況 (現役のみ)

私立大／
立命館大 1　龍谷大 2　摂南大 1
桃山学院大 2　武庫川女子大 1　関西外国語大 1
京都外国語大 1　甲南女子大 3　阪南大 2
関西医療大 1　大阪大谷大 1　大阪音楽大 1
神戸女子大 1　藍野大短期 4

桃山学院高等学校

学校法人 桃山学院
〒545-0011 大阪市阿倍野区昭和町3-1-64
TEL06-6621-1181　FAX06-6629-6111
https://www.momoyamagakuin-h.ed.jp/

■創立／明治17年（1884）　**■校長**／生田耕三
■生徒数／2,046人（1年／694人 2年／697人 3年／655人）
■併設校／桃山学院中学校　桃山学院大学　桃山学院教育大学
■沿革／明治17年英国人宣教師が教会内に設けた男子校が母体。平成13年女子の受け入れを開始。令和6年創立140周年を迎えました。
■交通／大阪メトロ御堂筋線「昭和町」から徒歩5分、大阪メトロ谷町線「文の里」から徒歩8分、JR阪和線「南田辺」から徒歩10分

インフォメーション　INFORMATION

●教育方針／キリスト教精神である「自由と愛」を建学の精神とし、1人ひとりの人格と主体性を尊重する「自由」と、互いに支えあい、他者とともに生きる「愛」を大切にできる人材を育てています。
●学校行事／アンデレ祭（クラブ紹介）・1日遠足（4月・1年）、スポーツテスト（5月）、体育祭（6月）、夏期講習（7月）、桃山『学』宿（8月）、芸術鑑賞（10月・2年）、文化祭（11月）、クリスマスツリー点灯式（11月）、クリスマス礼拝（12月）、プロヴィデンスデイ（12月・1月）など。
●クラブ活動／体育系は指定強化クラブのハンドボール、バレーボール、バスケットボール、サッカー、水泳（いずれも男子）をはじめ、少林寺拳法、アーチェリー、空手道、剣道、卓球、テニス、野球、ラグビーなど。文化系は全国高校音楽祭金賞のクラシックギターをはじめ吹奏楽、ＥＳＳ、囲碁・将棋、合唱（聖歌隊）、軽音楽、鉄道研究、美術、放送、文芸などが活動中です。
●スクールライフ／3学期制／登校時刻…8：35／頭髪…染色・パーマ禁止／アルバイト…禁止／自転車通学…許可（自宅と学校の距離が実質2km以上、5km以内に限る）／携帯…許可

カリキュラム　CURRICULUM

●S英数コース
超難関国公立大学と医歯薬系大学への現役進学をめざすコース。優れた応用力と受験対応力を培う、学習の進度と深みを追求したカリキュラムを採用しています。定期考査や実力試験、模擬試験後には面談を実施し、生徒が高い目標を持って学習するための意識づけを徹底しています。
●英数コース
S英数コースと同じ学習環境の中、授業と実践的な講習で学力伸長を図ります。生徒自身が、自分の強み、弱みを知り、何をどのように強化すべきかを客観的に分析し、改善を図れるよう、自主的な学習計画の取り組みも徹底しています。
●文理コース（文理クラス／アスリートクラス）
勉強とクラブ活動を両立しながら、国公立大学・難関私立大学への現役進学をめざすコース。1年次には基礎学力の定着を図り、2年次には進路に合わせて文系・理系に分かれて学び、3年次ではさらに私立文系クラスも設置。またアスリートクラスは5つの強化指定クラブに所属し、勉強とクラブ活動を両立させながら、私立文系大学や桃山学院大学への進学をめざします。
●国際コース（短期留学／長期留学）
短期留学は1年次の3月に4日間のアジア研修と2年次の7月に約1カ月間のカナダ短期留学を経験。2年次からは英語の授業時間に相当数を割き、大学入試に対応できる力を身につけます。長期留学は1年次の1月下旬から約1年間の長期留学を実施。

先輩から

国際コース（短期留学）の私は、カナダで1ヵ月の留学とホームステイを体験しました。大自然やそこに生きるさまざまな人たちと接して、心に変化も生まれました。これからも、好奇心をもつことを大切にしたいです。皆さんも、将来へのヒントや新しい価値観を見つけられたらとても素敵だと思います。桃高には国際コース以外にもさまざまな留学の機会があります。ぜひ挑戦してみてください。（M・S）

進研Vもし 合格のめやす

●目標偏差値（合格可能性80%）

併願		専願	
S英数	71	S英数	67
英数	67	英数	64
文理	62	文理	58
国際	62	国際	58

30 35 40 45 50 55 60 65 70 75

S英数：努力圏 合格圏 安全圏

英数：努力圏 合格圏 安全圏

文理／国際：努力圏 合格圏 安全圏

入試ガイド

●募集要項　＊2024年度入試実施分

募集人員　S英数80、英数80、文理160（文理クラス120／アスリートクラス〈男子専願〉40）、国際（短期留学・長期留学）80
出願期間　1/22～1/29
受験料　20,000円
学力検査　2月10日
面接　実施しない
合格発表　2月12日
入学手続　専願 2月16日
併願 3月21日

●試験科目と配点・時間

科目	国語	数学	英語	社会	理科
配点	100点	100点	100点	100点	100点
時間	50分	50分	50分	50分	50分

＊国際コースは５科目合計得点と３科目(英国+高得点の１科目)×5/3倍を比較し、高得点の方で判定。＊英検の優遇制度あり（専願生のうち、文理クラスおよび国際コース短期留学)。

●学費

入学金	200,000円	制服代（任意）	約 45,000～円
年間授業料	620,000円	その他制定品費	約 90,000円
諸会費計	13,000円	その他	87,000円
修学旅行積立	130,000～円	初年度納入金合計	約 1,185,000～円

＊Ｓ英数・英数コースの場合

入試状況

●併願

年度	学科・コース	受験者数	合格者数	回し	倍率	合格最低点
'24	S 英数	941	355	—	—	410/500
	英数	388	349	—	—	370/500
	国際	34	49	—	—	310/500
	文理	177	775	—	—	320/500
	アスリート	—	—	—	—	—/—

●専願

年度	学科・コース	受験者数	合格者数	回し	倍率	合格最低点
'24	S 英数	89	19	—	—	390/500
	英数	64	26	—	—	350/500
	国際	50	58	—	—	290/500
	文理	90	174	—	—	300/500
	アスリート	41	41	—	—	—/—

＊合格者数は転コース合格による合格者を含む。

●主な公立受験校

岸和田－文理　高津－文理　泉陽－普通
生野－文理　三国丘－文理　住吉－国際文化
八尾－普通　天王寺－文理　大手前－文理
鳳－普通　畝傍－普通　住吉－総合科学
春日丘－普通　富田林－普通　和泉－グローバル

卒業後の進路

卒業者数／ 510 人

大学進学	短大進学	専門学校等	就職	進学準備ほか
421人	2人	12人	2人	73人

4年制大学 82.5%　短期大学 0.4%　専門学校 2.4%　就職 0.4%　進学準備ほか 14.3%

●主な大学合格状況

国・公立大／
東京大 1　京都大 9　大阪大 13
神戸大 14　北海道大 4　東北大 4
名古屋大 1　九州大 2　京都工繊大 1
大阪教育大 14　奈良教育大 1　奈良女子大 3
和歌山大 18　佐賀大 1　大阪公立大 32

私立大／
関西大 122　関西学院大 122　同志社大 51
立命館大 77　京都産業大 7　近畿大 269
甲南大 13　龍谷大 105　桃山学院大 36
早稲田大 10　慶應義塾大 3　東京理科大 3
立教大 7

履正社高等学校

学校法人 履正社
〒561-0874 豊中市長興寺南4-3-19
TEL06-6864-0456　FAX06-6865-1508
https://riseisha.ed.jp/

■創立／大正11年(1922)　**■校長**／松本　透
■生徒数／1,713人(1年／594人 2年／676人 3年／443人)
■併設校／履正社中学校
■沿革／大正11年大阪府福島商業学校として創立。昭和15年履正社中学校(旧制)開校。同58年現校名に改称。平成12年男女共学化。同29年新校舎完成。令和4年創立100周年を迎えました。
■交通／北大阪急行線・大阪メトロ御堂筋線「緑地公園」から徒歩18分(バス9分)、阪急宝塚線「曽根」から徒歩15分(バス5分)

インフォメーション　INFORMATION

●教育方針／校訓は「履正不畏」「勤労愛好」「報本反始」。21世紀型教育を推進し、めまぐるしく変化する社会に通用する資質・能力を楽しみながら身につけられる生徒の育成をめざします。2024年4月、ドラスティックに変化する時代に対応する人材を育成することを目的に「学術基盤センター」を立ち上げました。
●学校行事／校外学習(4月)、球技大会(5月)、ニュースポーツ大会(6月)、修学旅行(学藝コース高2・7月)、文化祭(9月)、体育祭・芸術鑑賞会(10月)、スポーツ大会(11月)、修学旅行(競技コース高2) など。修学旅行は学藝コースはシンガポール・マレーシア、沖縄、北海道から選択。競技コースは北海道へ。
●クラブ活動／学藝コース：サッカー (フットサル)、バスケットボール、バレーボール、バトミントン、テニス、卓球、弓道、チアリーディング、軟式野球、ダンス、水泳、陸上、軽音楽、将棋、かるた、書道、放送、吹奏楽など※吹奏楽は強化部ですが学藝コースで募集し、週6活動。
●スクールライフ／3学期制／登校時刻…8：30 ／頭髪…染色・パーマ禁止／アルバイト…禁止／自転車通学…許可(居住地・通学路により個々に判断) ／携帯…持込可

カリキュラム　CURRICULUM

●学藝コース(S類・Ⅰ類・Ⅱ類)
英語、プログラミング、課題解決型の探究授業を取り入れた21世紀型教育を推進し、めまぐるしく変化する社会に通用する資質・能力を楽しみながら身につけられる生徒の育成をめざすコースです。平日は6時限、土曜日は4時限までの授業をコアタイムとし、放課後に専攻ゼミと部活動を自由に選択することができます。専攻ゼミと部活動は原則各週3日の活動で、時間が重ならなければ自由に組み合わせて参加することができます(いずれも必須ではありません)。
類は入試の成績と希望に応じて、難関国公立大学への進学を志すS類、国公立・難関私立大学への進学を志すⅠ類、私立大学への進学を志すⅡ類の3コースを設定しています。専攻ゼミは国公立進学／スタンダード進学／グローバル／プログラミングを用意。※吹奏楽部は強化クラブですが学藝コースで募集しています。
●競技コース(Ⅲ類)
強化クラブ生のみで構成し、全国レベルの競技実績と学業の両立を特徴とするコースです。日々、競技スキルを研鑽して高みをめざしながら、早朝テストなどで主体的な学習習慣を獲得し、学業面でも成功体験を積み重ねることで、自己の成長を実感していきます。

先輩から

第1志望大学に合格でき、先生方には感謝の気持ちでいっぱいです。授業はどれも内容の濃いものばかりで、ひとつでも抜けると大きな遅れをとってしまうほどでしたが、同じ目標をもつ仲間がたくさんいたことは大きな支えとなりました。この経験は、今後人生の岐路に立ったとき、大きな財産になると思います。(T・O)

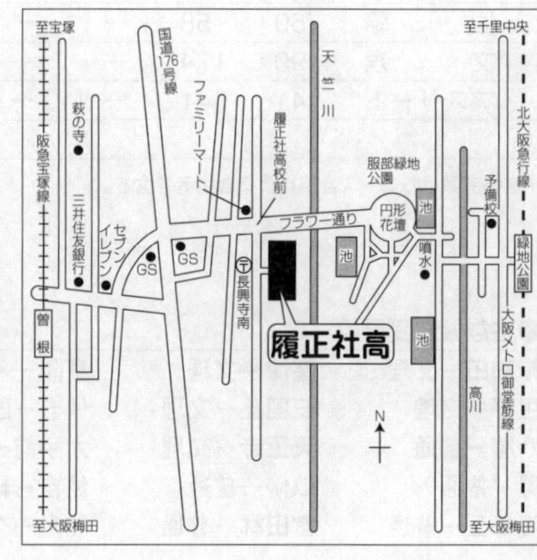

進研Vもし　合格のめやす

●目標偏差値（合格可能性80％）

併願		専願	
学藝Ｓ類	65	学藝Ｓ類	60
学藝Ⅰ類	60	学藝Ⅰ類	55
学藝Ⅱ類	52	学藝Ⅱ類	48
		競技Ⅲ類	46

30　35　40　45　50　55　60　65　70　75

学藝Ｓ類：努力圏　合格圏　安全圏

学藝Ⅰ類：努力圏　合格圏　安全圏

学藝Ⅱ類：努力圏　合格圏　安全圏

競技Ⅲ類（専願）：努力圏　合格圏　安全圏

入試状況

●併願

年度	学科・コース	受験者数	合格者数	回し	倍率	合格最低点
'24	学藝Ｓ類	215	70	—	—	—/—
	学藝Ⅰ類	471	400	—	—	—/—
	学藝Ⅱ類	233	450	—	—	—/—
	競技Ⅲ類	—	—	—	—	—/—
'23	学藝Ｓ類	223	53	—	4.21	—/—
	学藝Ⅰ類	554	303	143	1.83	—/—
	学藝Ⅱ類	349	349	280	1.00	—/—
	競技Ⅲ類	—	—	—	—	—/—

●専願

年度	学科・コース	受験者数	合格者数	回し	倍率	合格最低点
'24	学藝Ｓ類	53	16	—	—	—/—
	学藝Ⅰ類	160	134	—	—	—/—
	学藝Ⅱ類	107	167	—	—	—/—
	競技Ⅲ類	124	124	—	1.00	—/—
'23	学藝Ｓ類	56	18	—	3.11	—/—
	学藝Ⅰ類	136	67	27	2.03	—/—
	学藝Ⅱ類	123	121	77	1.02	—/—
	競技Ⅲ類	134	134	—	1.00	—/—

＊（2024）合格者数には回し合格を含む。

●主な公立受験校

刀根山－普通	桜塚－普通	千里青雲－総合
県伊丹－普通	箕面－普通	豊島－普通
川西緑台－普通	北千里－普通	池田－普通
尼崎北－普通	尼崎稲園－普通	県西宮－普通／推
山田－普通	尼崎稲園－普／推	宝塚西－普通

入試ガイド

●募集要項　＊2024年度入試実施分

募集人員	学藝Ｓ類43、学藝Ⅰ類86、学藝Ⅱ類129、競技Ⅲ類（専願）129
出願期間	1/10～1/29
受験料	25,000円
学力検査	2月10日
面接	実施しない
合格発表	2月11日
入学手続	専願 2月17日 併願 3月22日

●試験科目と配点・時間

科目	国語	数学	英語	社会	理科
配点	100点	100点	100点	100点	100点
時間	50分	50分	50分	50分	50分

＊学藝コースは５型（5科目）、４社型（国数英社）、４理型（国数英理）、３型（国数英）から選択。競技コースは２型（国・英）。＊英語・数検・漢検の資格活用あり。

●学費

入学金	280,000円	制服・制定品	134,460～円
年間授業料	560,000円	教科書・タブレット等	117,271円
諸費計	120,030円	施設設備費	80,000円
修学旅行積立	—	初年度納入金合計	1,291,761～円

＊修学旅行積立は行き先により異なる　＊諸費はコースにより異なる

卒業後の進路

卒業者数／313人

大学進学	短大進学	専門学校等	就職	進学準備ほか
255人	2人	23人	8人	25人

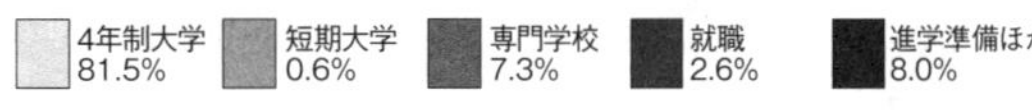

●主な大学合格状況

国・公立大／

大阪大 2	大阪教育大 1	和歌山大 1
横浜国立大 1	信州大 1	徳島大 2
鳥取大 1	山口大 1	佐賀大 1
鹿屋体育大 1	滋賀県立大 1	大阪公立大 3

私立大／

関西大 21	関西学院大 32	同志社大 9
立命館大 10	京都産業大 55	近畿大 158
甲南大 6	龍谷大 18	佛教大 10
摂南大 70	神戸学院大 27	追手門学院大 108
桃山学院大 66	大阪医科薬科大 4	大阪経済大 24
関西医科大 11	京都女子大 8	神戸女学院大 13

早稲田大阪高等学校

2025年校名変更
現・早稲田摂陵高等学校

学校法人 早稲田大阪学園
〒567-0051 茨木市宿久庄7-20-1
TEL072-643-6363　FAX072-640-5571
http://www.waseda-setsuryo.ed.jp

■創立／昭和37年（1962）　■校長／村上　徹
■生徒数／926人（1年／332人 2年／323人 3年／271人）
■系属校／早稲田大学
■沿革／昭和37年設立の全寮制大阪繊維工業高校（全日制）が母体。同49年摂陵高等学校に、平成21年早稲田摂陵に校名変更。同22年度男女共学となりました。令和7年早稲田大阪に改称。
■交通／モノレール「彩都西」から徒歩15分。JR「茨木」・阪急「茨木市」「北千里」「石橋」・北大阪急行「千里中央」からスクールバス

インフォメーション INFORMATION

●**教育方針**／「地域社会・国際社会に貢献する人材の育成」を目標に掲げ、「社会的自我」を備えた人材の育成をめざします。早稲田大学との高大接続教育プログラムも特色のひとつです。社会に貢献できる自律した人間を育成します。
●**学校行事**／校外学習（5月）、体育祭・芸術鑑賞（6月）、海外語学研修（8月、1・2年希望者）、早摂祭（9月）、関東研修（10月・1年）、研修旅行（11月・2年）、冬期講習（12月）、球技大会（3月）など。
●**クラブ活動**／体育系は全国大会で活躍するチアダンスをはじめ、陸上競技、硬式野球、ラグビー、テニス、剣道、バレーボールなど。文化系は囲碁・将棋、生物研究のほか吹奏楽、写真、ダンスなどが活動しています。加入率は約80％です。
●**海外交流**／フィリピン・スタディーツアー、ニュージーランド・スタディーツアーなど海外研修を実施。
●**スクールライフ**／3学期制／登校時刻…8：20／頭髪…染色・パーマ禁止／アルバイト…禁止／自転車通学…許可／携帯…許可制

カリキュラム CURRICULUM

●**早稲田コース**
早稲田大学進学を目標とするコースです。大学進学後を見据え、独自カリキュラムを設定。Global English 講座、少人数のゼミ形式授業を行う専門演習「ラボ」や卒業論文の作成など、多様なカリキュラムを通じて、深い学びを実現します。
●**文理コース**
高度な学習環境で、基礎学力の充実と同時に発展的な演習を取り入れながら授業を展開しています。国公立大学や難関私立大学を志望する生徒を中心に構成され、大学入学共通テストに向け5教科7科目を徹底的に指導。また、国立大学2次試験に向けた記述・論述対策なども実施します。1年次より選抜クラスを設置します。
●**総合コース**
「学び残しを作らない」をモットーに、授業・講習・小テストにより基礎学力の定着を図ります。難関私立大学への進学を志望する生徒を中心に構成されます。学力と志望を加味しながらクラス編成をおこない、3教科の徹底と演習により志望大学への現役合格をめざします。また、吹奏楽クラスでは楽器未経験者も安心のレベル別レッスンプログラムと充実した施設環境のもとで、躍動感あふれる早摂サウンドを追求。年間約40回の演奏活動、3年に1度の海外演奏旅行も行われます。

先輩から

私は苦手科目や得点を伸ばしたい科目は個別に先生方に見てもらい、「何が苦手か」、「どうしてそのような考え方になるのか」といったことが分かるまで質問していました。授業中に分からなかったことを質問して、苦手を潰していくことも学力アップにつながると思います。先生方も親身になって相談に乗ってくださり、支えてくださったため、受験勉強に専念できました。早稲田摂陵には頼れる先生方ばかりです。（K．K）

進研Vもし 合格のめやす

●目標偏差値（合格可能性80%）

併願		専願	
早稲田	64	早稲田	62
文理	58	文理	55
総合	53	総合	50

30 35 40 45 50 55 60 65 70 75

早稲田：努力圏 合格圏 安全圏

文理：努力圏 合格圏 安全圏

総合：努力圏 合格圏 安全圏

入試状況

●併願

年度	学科・コース	受験者数	合格者数	回し	倍率	合格最低点
'24	W	81	16	—	—	389/500
	B	249	200	—	—	299/500
	A	82	196	—	—	228/500
	吹奏楽	4	4	—	—	—/—
'23	W	149	27	—	—	356/500
	B	322	204	—	—	300/500
	A	124	363	—	—	226/500
	吹奏楽	2	2	—	—	—/—

●専願

年度	学科・コース	受験者数	合格者数	回し	倍率	合格最低点
'24	W	18	0	—	—	370/500
	B	33	32	—	—	281/500
	A	16	31	—	—	210/500
	吹奏楽	27	27	—	—	—/—
'23	W	21	4	—	—	334/500
	B	31	39	—	—	269/500
	A	17	26	—	—	205/500
	吹奏楽	20	20	—	—	—/—

＊最低点は基準点。＊合格者数に回し合格を含む。＊資格点数化入試＝W／受験者50名・合格者16名、B／受験者42名・合格者52名、A／受験者24名・合格者47名。帰国生入試＝W／受験者4名・合格者0名（B合格2名・A合格1名）。

●主な公立受験校

山田－普通	桜塚－普通	刀根山－普通
箕面－普通	北千里－普通	吹田東－普通
池田－普通	千里青雲－総合	槻の木－普通
三島－普通	千里－総合科学	箕面－グローバル
高槻北－普通	摂津－普通	夢野台－普通／特

入試ガイド

●募集要項　＊2024年度入試実施分

募集人員	Wコース30、Bコース70、Aコース105、吹奏楽（女子）35、
出願期間	1/22～2/3
受験料	23,000円
学力検査	2月10日
面接	帰国生入試・吹奏楽コースのみ
合格発表	2月12日
入学手続	専願 2月24日　併願 3月19日

＊2025年度校名変更。Wコース→早稲田コース（74名）、Bコース→文理コース（70名）、Aコース→総合コース（140名）に名称・募集人員変更。吹奏楽コースは総合コース吹奏楽クラスとなる。

●試験科目と配点・時間

科目	国語	数学	英語	社会	理科
配点	100点	100点	100点	100点	100点
時間	50分	50分	50分	50分	50分

＊吹奏楽は3科（国・数・英）・実技・面接、帰国生入試は3科（国・数・英）・面接。＊英検・数検の資格活用あり（資格点数化入試）。

●学費

入学金	230,000円	制服・制定品等	約100,000円
年間授業料	600,000円	その他	180,000円
諸会費計	12,000円		—
修学旅行積立	100,000円	初年度納入金合計	約1,222,000～円

＊コースにより異なる

卒業後の進路

卒業者数／232人

大学進学	短大進学	専門学校等	就職	進学準備ほか
213人	—	4人	—	15人

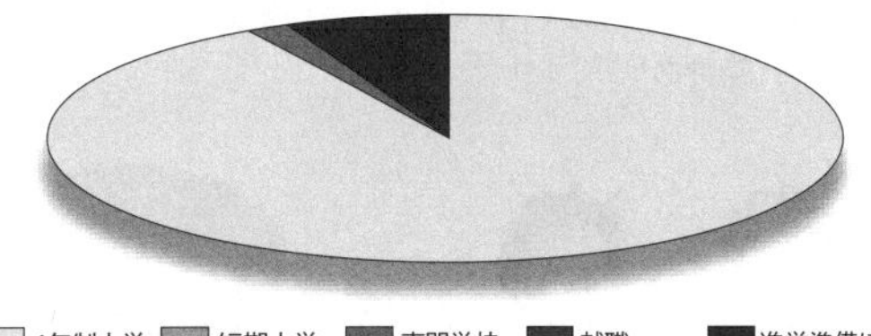

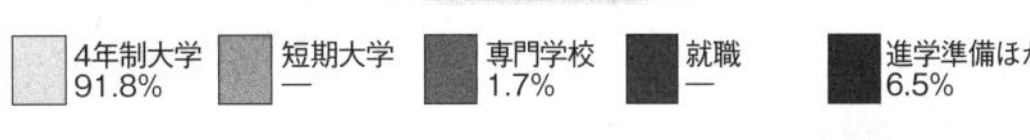

●主な大学合格状況

国・公立大／

滋賀大 4	金沢大 1	香川大 1
愛媛大 1	高知大 1	琉球大 1
室蘭工業大 1	高知工科大 1	下関市立大 1
新潟県立大 1		

私立大／

関西大 15	関西学院大 24	同志社大 8
立命館大 22	京都産業大 28	近畿大 150
甲南大 8	龍谷大 70	早稲田大 28
明治大 1	青山学院大 3	立教大 4
中央大 3	法政大 1	大阪医科薬科大 2
立命館ｱｼﾞｱ太平洋大 2	京都女子大 11	神戸女学院大 5

甲南高等学校

学校法人 甲南学園
〒659-0096 芦屋市山手町31-3
TEL0797-31-0551　FAX0797-31-7458
https://www.konan.ed.jp

■創立／大正8年(1919)　**■校長**／山内守明
■生徒数／570人(1年／188人 2年／183人 3年／199人)
■併設校／甲南大学　甲南大学大学院　甲南中学校
■沿革／大正8年甲南中学校開校。同12年甲南高等学校(7年制)開校。昭和23年新制甲南高等学校を開校。平成31年創立100周年を迎えました。
■交通／阪急神戸線「芦屋川」から徒歩20分、JR神戸線「芦屋」から徒歩25分、または阪急バスで「甲南高校前」下車

インフォメーション　INFORMATION

●教育方針／「世界に通用する紳士」を育成する教育。生徒の個性を尊重し、可能性を引き出し、伸ばすことを理念としています。帰国子弟も積極的に受け入れています。
●学校行事／体育祭・芸術鑑賞(5月)、灘甲戦(6月)、球技大会(7月)、夏期補習(8月)、音楽鑑賞・文化祭(10月)、六甲登山・校内読書月間(11月)、スキー教室(12月)など。修学旅行(6月・2年)は北海道・沖縄方面へ。
●クラブ活動／体育系は全国レベルのテニス、アーチェリーをはじめホッケー、ゴルフのほか、野球、卓球、陸上競技、ラグビー、剣道など。文化系はブラスアンサンブル、文芸、将棋のほか、書道、美術、器楽、物理研究など。また同好会・各種委員会も活発です。クラブ加入率は約75%です。
●海外交流／オーストラリア語学研修(8月・1年)のほか、長期留学・短期語学研修・クラブ間交流など、海外での経験を積む機会を多く設けています。姉妹校(イギリス・アメリカ・ニュージーランド・オーストラリア)の留学生との交流もさかんです。
●スクールライフ／3学期制／登校時刻…8：20／頭髪…染色・パーマ禁止／アルバイト…禁止／自転車通学…禁止／携帯…持込可(条件あり)

カリキュラム　CURRICULUM

甲南教育がめざす「ひと創り」の理念と教育目標に基づいた、中高一貫教育を展開しています。すべての学習において自ら考える力を養成します。

●アドバンスト・コース
甲南大文系学部での学びを見据えて、各教科をバランスよく学習。将来の自分の職業観や大学での専門的な学習に備える「キャリアデザイン」、「高大連携講座」などを通して自己の完成をめざします。海外研修を体験するグローバル・スタディ・プログラム(3週間〜半年)にも参加できます。

●フロントランナー・コース　※中高一貫生のみ
国公立大・難関私立大への進学をめざし、レベルの高い授業を展開しています。5教科のバランスのとれたカリキュラムにより、国公立大の合格をサポート。理系コースは実験・観察を重視した授業で医歯薬理工系大学、甲南大理工学部への進学をめざします(高校入学者はアドバンスト・コースのみの募集となります)。

◆グローバル・スタディ・プログラム
アドバンストコースの希望者を対象としたもので、事前の「留学準備」と帰国後の「体験共有」を加えた実践的なプログラム。体験をまとめ、発表することで、さらなる語学や国際理解学習の深化をはかっています。毎年アメリカ、イギリスなど海外大学への進学者も出ています。

高校2年生の3学期に、3ヵ月間のアメリカ留学を経験しました。現地では日本についていろいろ聞かれたのですが、グローバル・スタディ・プログラムで日本人のルーツなどを学んだことがとても役に立ちました。海外で日本企業がどう見られているかを知り、「海外で活動する日本企業を支えたい」という将来の目標もできました。(J・T)

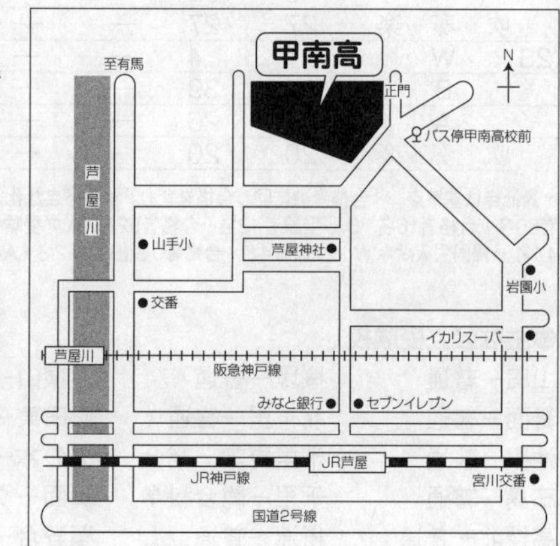

進研Vもし 合格のめやす

●目標偏差値（合格可能性80%）

	専願
	アドバンスト………… 55

30 35 40 45 50 55 60 65 70 75

アドバンスト（専願）

努力圏 合格圏 安全圏

入試状況

●専願

年度	学科・コース	受験者数	合格者数	回し	倍率	合格最低点
'24	アドバンスト	23	21	—	1.10	167/300
'23	アドバンスト	32	29	—	1.10	168/300
'22	アドバンスト	32	27	—	1.19	172/300

＊点数は優遇措置反映後のもの。

●主な公立受験校

—

入試ガイド

●募集要項　＊2024年度入試実施分

募集人員	アドバンスト・コース（専願）25 ＊グローバル・ファウンデーション含む
出願期間	1/19〜1/25
受験料	20,000円
学力検査	2月10日
面接	個人15分
合格発表	2月13日
入学手続	2月14日

●試験科目と配点・時間

科目	国語	数学	英語	—	—
配点	100点	100点	100点	—	—
時間	50分	50分	50分	—	—

＊英検・数検・日本語検定の資格活用あり。

●学費

入学金	200,000円	制服・制定品費	約 60,000円
年間授業料	626,800円	学年費(補助教材等)	約 150,000円
諸会費計	41,400円	施設維持費他	235,000円
修学旅行積立	約 150,000円	初年度納入金合計	約 1,463,200円

卒業後の進路

卒業者数／ 179 人

大学進学	短大進学	専門学校等	就職	進学準備ほか
166人	1人	2人	—	10人

4年制大学 92.7%　短期大学 0.6%　専門学校 1.1%　就職 —　進学準備ほか 5.6%

●主な大学合格状況

国・公立大／

大阪大 3　神戸大 2　北海道大 1
東北大 1　名古屋大 1　滋賀医科大 1
兵庫教育大 1　徳島大 4　愛媛大 4
金沢大 1　岡山大 1　兵庫県立大 4

私立大／

関西大 9　関西学院大 23　同志社大 17
立命館大 31　京都産業大 2　近畿大 19
甲南大 101　龍谷大 2　追手門学院大 1
桃山学院大 1　早稲田大 2　慶應義塾大 3
上智大 2　東京理科大 2　明治大 3
兵庫医科大 2　京都薬科大 1　神戸薬科大 2

彩星工科高等学校

学校法人 彩星工科高等学校
〒653-0003 神戸市長田区五番町8-5
TEL078-575-0230 FAX078-578-4402
https://saiseikoka.com

■創立／大正10年(1921)　■校長／吉田耕造
■生徒数／1,250人(1年／483人 2年／412人 3年／355人)
■沿革／大正10年神戸村野工業学校設立。昭和23年神戸村野工業高等学校に。令和2年創立100周年式典挙行。同5年彩星工科高校へ校名変更。
■交通／神戸高速鉄道「高速長田」から徒歩2分、市バス・市営地下鉄「長田」下車すぐ

インフォメーション INFORMATION

●**教育方針**／建学の精神は「人は人のために尽くすをもって本分とすべし」。多様な個性と豊かな創造性を養い、国際社会の理解と開かれた愛国心を育てる全人教育を目標としています。
●**学校行事**／特別教育活動合宿(4月)、体育大会(6月)、就業体験・夏季講習(7月)、校外学習(9月)、文化祭(11月)など。ほかに、時期に応じて危険物取扱者や技能検定などの国家資格、英検・漢検・機械製図・情報技術・フォークリフトなど多彩な検定、講習、発表会があります。修学旅行(2年・9月)は沖縄へ。
●**クラブ活動**／強化クラブの野球、バスケットボール、バドミントン。他にも水泳や少林寺が全国大会に出場しています。体育系はラグビーやサッカー、山岳など。文化系はロボット研究、機械工作、音楽、ダンスなどが活動中です。
●**高大連携教育**／産業技術短期大学(尼崎市、機械・電気電子・情報処理・ものづくり創造の4学科)と、5年制の工業教育システムを構築することで連携。指定校推薦も利用できます。
●**スクールライフ**／3学期制／登校時刻…8：15／頭髪…染色・パーマ禁止／アルバイト…禁止(要相談)／自転車通学…許可(書類の提出)／携帯…持込可

カリキュラム CURRICULUM

●**普通科**
◆アドバンスコース／大学や専門学校への進学をめざすコース。
◆キャリアアップコース／将来を明確にイメージし、やりたい仕事に就くことをめざします。
◆スポーツコース／得意なスポーツを活かし、進路実現をめざします。
●**工業科 ものづくり系**
「こうできたらいいな」「便利にしたいな」というイメージを、妥協することなく実物(作品)にする方法を学びます。2年次からウエルダースタイル(溶接技術)／メカニックスタイル(自動車システム)／フロンティアテクノロジースタイル(最先端技術)／エネルギースタイル(エネルギー技術)から専門科目を1つ選択し、自らのスタイルを確立します。
●**工業科 電気・情報系**
1年次は共通科目の学びに触れ、将来を見つめながら2年次からのコースを選択します。2年次からはそれぞれのコースで専門性を高め、卒業後の進路実現につなげます。
◆電気電子システム／電気エネルギーの発生や、電子に関する基礎知識、コンピュータの操作・制御などを幅広く学習します。
◆ITエキスパート／充実したパソコン環境で高度な資格取得を目標とし、基本のPC操作からCG・動画編集・WEBデザインなどのスキルを修得します。
◆マルチエンジニア／高度化・多様化する工業分野の中で、総合的な専門知識を学びます。

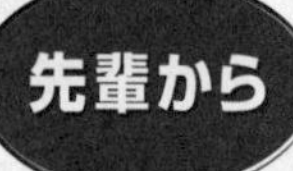

神戸村野工業高校(現・彩星工科高校)を卒業してから、はや30年。学校生活を振り返って一番思い出に残っているのは、硬式野球部が春・夏と連続して甲子園に出場したことです。春の選抜では、2回戦で松井秀喜選手の星稜高校と対戦するはずでしたが、当時高校№1といわれた安達智次郎投手が雨の中、力投も残念ながら初戦敗退。私は応援団長として、アルプス席で力戦奮闘したのが唯一の自慢です。(H・Y)

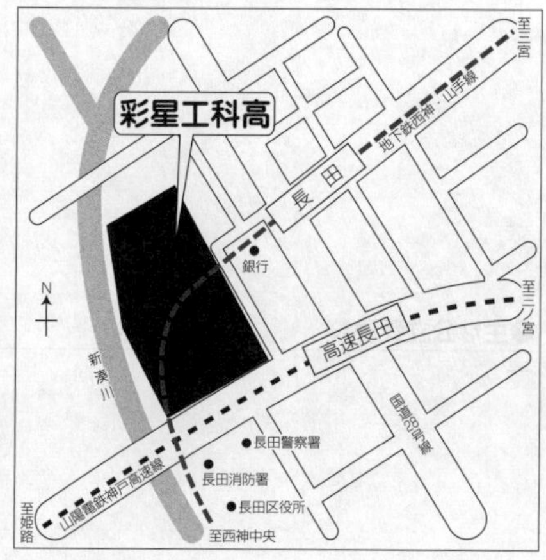

進研Vもし 合格のめやす

●目標偏差値(合格可能性80%)

併願		専願	
普通科	41	普通科	37
ものづくり系	41	ものづくり系	37
電気・情報系	41	電気・情報系	37

30 35 40 45 50 55 60 65 70 75

普通科／ものづくり系／電気・情報系

努力圏 合格圏 安全圏

入試ガイド

●募集要項　＊2024年度入試実施分

募集人員	普通科（アドバンス／キャリアアップ／スポーツ）135、工業科＝ものづくり系180、電気・情報系270
出願期間	1/10～1/26
受験料	20,000円
学力検査	2月10日
面接	専願のみグループ(10分)
合格発表	2月13日
入学手続	専願 2月22日 併願 3月22日

●試験科目と配点・時間

科目	国語	数学	英語	—	—
配点	100点	100点	100点	—	—
時間	50分	50分	50分	—	—

＊専願は国・数・英をまとめて実施(100点・60分)。

●学費

入学金等	500,000円	制服・制定品等	約 185,000円
年間授業料	408,000円	タブレット代	約 60,000円
諸会費計	39,600円	教育充実費	72,000円
修学旅行積立	84,000円	初年度納入金合計	約 1,348,600円

＊工業各科の場合

入試状況

●併願

年度	学科・コース	受験者数	合格者数	回し	倍率	合格最低点
'24	普通科	90	89	4	1.01	—/—
	ものづくり系	349	342	—	1.02	—/—
	電気・情報系	304	302	3	1.01	—/—
'23	普通科	76	75	2	1.01	—/—
	機械科	318	317	1	1.00	—/—
	電気科	108	107	3	1.01	—/—
	情報技術科	151	142	—	1.06	—/—
	機械電子科	59	59	2	1.00	—/—

●専願

年度	学科・コース	受験者数	合格者数	回し	倍率	合格最低点
'24	普通科	98	97	—	1.01	—/—
	ものづくり系	156	153	—	1.02	—/—
	電気・情報系	153	151	—	1.01	—/—
'23	普通科	83	83	—	1.00	—/—
	機械科	134	134	—	1.00	—/—
	電気科	50	50	—	1.00	—/—
	情報技術科	63	63	—	1.00	—/—
	機械電子科	58	58	—	1.00	—/—

●主な公立受験校

東播工－機械　科学技術－機／推　東播工－機械／推
科学技術－機械　兵庫工－機械工学　科学技術－電情
東播工－電気　科学技術－電／推　兵庫工－都市環境
科学技術－都／推　兵庫工－機械／推　兵庫工－情報技術
明石商－商業　兵庫工－電気／推　高砂－普通

卒業後の進路

卒業者数／324人

大学進学	短大進学	専門学校等	就職	進学準備ほか
69人	2人	55人	198人	—

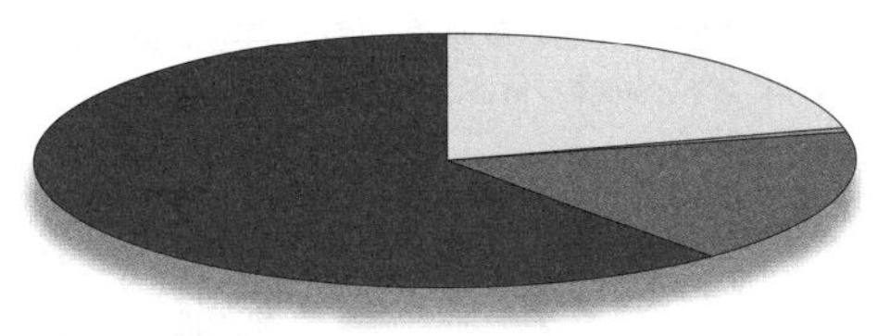

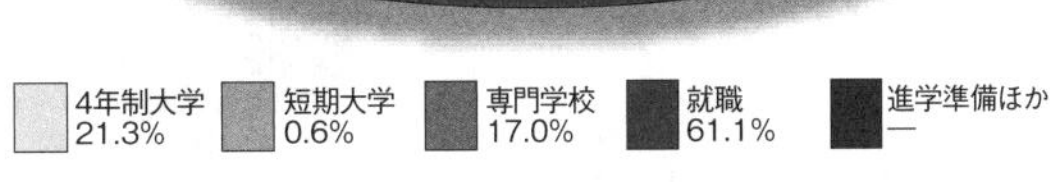

●主な大学合格状況（現役のみ）

国・公立大／
高知工科大 1

私立大／
関西大 1　京都産業大 1　神戸学院大 5
大阪電気通信大 13　大阪工業大 5　関西外国語大 1
神戸芸術工科大 4　天理大 2　など

灘高等学校

学校法人 灘育英会
〒658-0082 神戸市東灘区魚崎北町8-5-1
TEL078-411-7234　FAX078-411-7244
http://www.nada.ac.jp/

■**創立**／昭和2年(1927)　■**校長**／海保雅一
■**生徒数**／662人(1年／222人 2年／226人 3年／214人)
■**併設校**／灘中学校
■**沿革**／昭和2年旧制灘中学校設立認可。昭和22年新制灘中学校を、同23年新制灘高等学校を開校。平成25年新校舎竣工。
■**交通**／阪神本線「魚崎」・JR神戸線「住吉」から徒歩10分、阪急神戸線「岡本」から徒歩20分

インフォメーション　INFORMATION

●**教育方針**／精力善用・自他共栄を校是とし、生徒が自分で判断して行動することを尊重。創立以来のリベラルな校風と学問への高い志の下で、質の高い教育をめざしています。
●**学校行事**／文化祭(5月)、対甲南親善試合・文楽鑑賞会(6月)、スポーツ大会(7月・12月・3月)・英国異文化研修(7月)、体育祭(9月)、学芸祭・学年別遠足(11月)、クラブ対抗駅伝(2月)など。修学旅行(5月・2年)は沖縄へ。
●**クラブ活動**／囲碁、将棋、ディベートなどが全国大会でも活躍。クイズ研究同好会も有名です。体育系はサッカー、ラグビー、剣道、柔道など、文化系は数学研究、化学研究、生物研究、ESSなどが活動。加入率は約80%です。
●**施設・設備**／バスケット・バレー・バドミントンが並行してできる広い体育館、野球ができる人工芝第一グラウンド、サッカー・ラグビーの公式戦にも使われる人工芝第2グラウンド。天文台には県下高校一の望遠鏡が備えられています。
●**スクールライフ**／3学期制／登校時刻…8：40／頭髪…染色・パーマ禁止／アルバイト…禁止(原則禁止、事情によって許可する場合あり)／自転車通学…禁止(自宅から最寄りの駅までは許可、学校への乗り付けは禁止)／携帯…許可

カリキュラム　CURRICULUM

●**普通科**
中高6ヵ年完全一貫の教育システムによる、6年間を見通したカリキュラムが特色です。入学とともに各教科の担任7～8人が担任団を組み、卒業まで学年を持ち上がっていきます。
高校からは約40名の生徒が内部進学者と合流。2年次から文／理分けがなされますが、いずれにしても国公立大学対応型なので、地歴・公民が多いか、理科が多いかの違いだけです。週あたり授業時数は1年次34時間、2年次33時間、3年次は32時間と多くありませんが授業の進度は速く、高2で高校の課程を修了します。単に速いだけでなく、従来の課程を復習しながら進むらせん的な学習や考える力を養う幾何の学習、理科での実験重視、社会や英語でのプレゼンテーションなど、学びの深さを大事にしています。
担任持ち上がり制のメリットは、教科内容だけに限りません。それだけ先生が生徒を熟知して、勉学・生活すべての面で1人ひとりの個性にあわせたきめ細かな指導が可能になるということです。高校からの入学者は新しい息吹として、内部進学の生徒への刺激ともなり、お互いに切磋琢磨して高め合う仲間になっていきます。
創立以来、自由でのびのびした校風です。勉強でも学校生活でも強制はせず、規則は最小限にとどめ、生徒が自分で判断して行動することを尊重しています。自由な分、生徒には自ら追究していく自主性と、自分の行動に責任をもつ自律性が求められます。

先輩から

灘高は、先生も生徒もまさに日本一の集団です。生徒の中にはすごい音楽家、絵やプログラミングの天才、科学オリンピックのメダリストまでいます。ここで作り上げる仲間は、きっと生涯の友になるでしょう。僕も何度も仲間に助けられました。また、灘高はいろんなことに熱中できる場所でもあります。短い高校生活です。仲間を大切にしながら、自分なりの灘校生活を目いっぱい楽しんで「学んで」ください。(S・T)

進研Vもし 合格のめやす

●目標偏差値(合格可能性80%)

一　般	
普通科…………………… 77	

30 35 40 45 50 55 60 65 70 75

普通科 努力圏

入試ガイド

●募集要項　＊2024年度入試実施分

募集人員	普通科40
出願期間	1/9〜1/24
受験料	20,000円
学力検査	2月10日・11日
面接	実施しない
合格発表	2月12日
入学手続	2月16日

●試験科目と配点・時間

科目	国語	数学	英語	理科	—
配点	100点	100点	100点	100点	—
時間	70分	110分	90分	70分	—

＊試験時間は2023年度実績。

●学費

入学金	250,000円	制服代	—
年間授業料	480,000円	その他制定品費	—
諸会費計	204,000円	その他	—
施設費	250,000円	初年度納入金合計	1,184,000円

入試状況

●一般

年度	学科・コース	受験者数	合格者数	回し	倍率	合格最低点
'24	普通科	160	66	—	2.42	247/400
'23	普通科	154	65	—	2.37	247/400
'22	普通科	125	65	—	1.92	238/400

●主な公立受験校

—

卒業後の進路

卒業者数／218人

大学進学	短大進学	専門学校等	就職	進学準備ほか
139人	—	—	1人	78人

●主な大学合格状況

国・公立大／

東京大 94　京都大 53　大阪大 8
神戸大 9　北海道大 8　東北大 1
名古屋大 2　九州大 2　滋賀大 1
滋賀医科大 1　大阪教育大 1　東京工業大 1
一橋大 3　横浜国立大 4　京都府立医 2
大阪公立大 14　兵庫県立大 1　奈良県立医 3

私立大／

関西大 1　関西学院大 5　同志社大 21
立命館大 9　京都産業大 1　近畿大 26
龍谷大 1　早稲田大 40　慶應義塾大 33
東京理科大 14　関西医科大 4　大阪医科薬科大 2

報徳学園高等学校

学校法人 報徳学園
〒663-8003 西宮市上大市5-28-19
TEL0798-51-3021　FAX0798-53-6332
http://www.hotoku.ac.jp

■創立／明治44年(1911)　■校長／川口直彦
■生徒数／970人(1年／336人 2年／357人 3年／277人)
■併設校／報徳学園中学校
■沿革／明治44年御影町に報徳実業学校を創立。昭和22年現在地に移転・報徳中学校認可、同27年報徳学園中学校・高等学校と改称。平成10年2学期制を導入。
■交通／阪急今津線「甲東園」から徒歩20分

インフォメーション INFORMATION

●**教育方針**／二宮尊徳の思想に基づく「以徳報徳(徳をもって徳に報いる)」の全人教育が基盤。個性豊かで人間的魅力に満ちた人間を目標とした、創造的な教育活動を展開しています。
●**学校行事**／体育大会・芸術鑑賞会(5月)、HOTOKU サマーキャンプ(6月)、学園祭(10月)、六甲山強歩大会(11月)、マラソン大会(1月)など。修学旅行(3月・2年)はオーストラリア、シンガポール、長野から選択制。
●**クラブ活動**／硬式野球、ラグビー、陸上競技、卓球、相撲、少林寺拳法、水泳、体操競技、柔道など多くのクラブが全国大会で活躍しています。体育系はほかにテニス、サッカー、剣道、弓道など。文化系は理科研究、美術、放送、吹奏楽、数学研究など。加入率は約70%です。
●**海外交流**／海外への修学旅行のほか、希望者によるイギリス語学研修(2週間)、ホームステイ研修(オーストラリア・2週間、アメリカ・3週間)、交換留学研修(オーストラリア・3ヵ月)などを実施。海外からの留学生も積極的に受け入れています。
●**スクールライフ**／2学期制／登校時刻…8：20(選抜特進・特進)、8：30(進学)／頭髪…染色・パーマ禁止／アルバイト…禁止／自転車通学…許可(2km以上)／携帯…持込禁止

カリキュラム CURRICULUM

●**選抜特進コース**
東大・京大・阪大など難関国公立大の現役合格を目標とするクラスです。少人数による毎日7時間の授業、放課後の自学自習など、豊富な学習時間を設定。高度な問題に対応できる応用力・思考力を養います。学習合宿には全員が参加。2年次までに高校の課程を修了し、3年次には大学受験に向けた演習中心の授業を展開しています。
●**特進コース**
国公立大・関関同立への進学を目標とするコースです。大学進学に特化する生徒、またはクラブ活動との両立で有名私立大合格を目標とする生徒、さまざまなタイプが切磋琢磨しながらそれぞれの目標をめざします。小テスト・再テストの実施など、サポート体制も充実しています。
●**進学コース**
産近甲龍をはじめとする有名私立大・文系への進学をめざすコース。早朝テストや確認テストなど毎日の学習を大切にすることで、無理なく確実に学力を身につけることができます。クラブ活動への参加も十分可能(加入率80%)で、自主性・主体性を身につけながら、芸術・スポーツなど幅広いジャンルで自己の能力を最大限に伸ばし、将来の確かな道筋をつける教育に力を注いでいます。

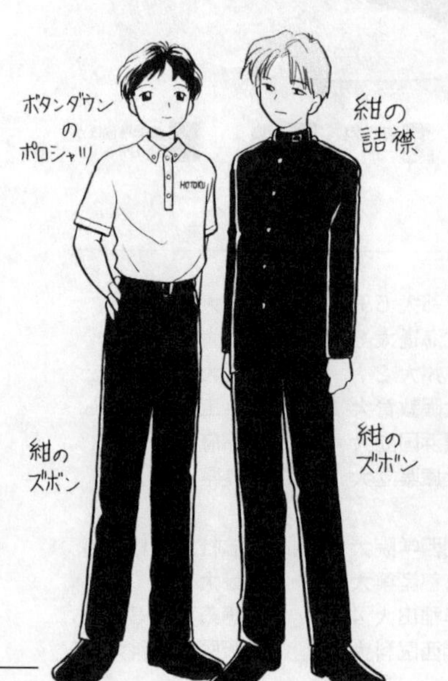

先輩から

選抜特進コースの授業は進むスピードも速く、宿題もかなり出ます。1日の授業内容を振り返るために、日誌を書きます。放課後5時半くらいまでの自主学習は、主に予習・復習・宿題などに費やします。やる気のある人は午後8時半まで残り、わからないところは先生に聞ける、とても便利な時間です。(M・K)

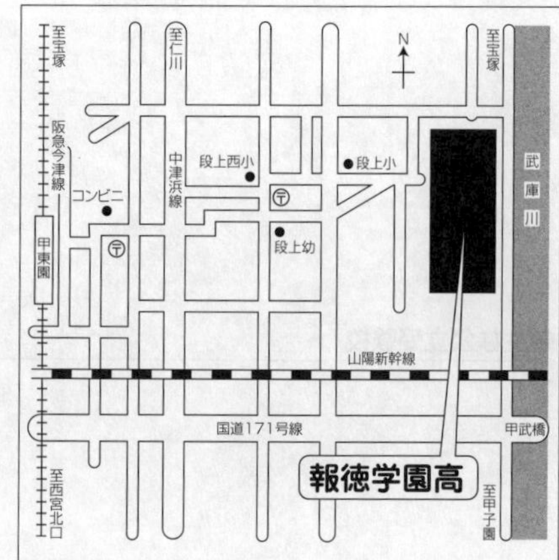

進研Vもし　合格のめやす

●目標偏差値（合格可能性80%）

併願		専願	
選抜特進	63	選抜特進	59
特進	56	特進	53
進学	50	進学	45

30　35　40　45　50　55　60　65　70　75

選抜特進
努力圏　合格圏　安全圏

特進
努力圏　合格圏　安全圏

進学
努力圏　合格圏　安全圏

入試状況

●併願

年度	学科・コース	受験者数	合格者数	回し	倍率	合格最低点
'24	選抜特進	46	37	—	1.24	218/300
	特進	111	87	8	1.28	173/300
	進学	190	190	25	1.00	120/300
'23	選抜特進	44	36	—	1.22	218/300
	特進	119	93	8	1.28	173/300
	進学	180	180	26	1.00	120/300

●専願

年度	学科・コース	受験者数	合格者数	回し	倍率	合格最低点
'24	選抜特進	5	5	—	1.00	208/300
	特進	34	28	8	1.21	163/300
	進学	182	182	25	1.00	110/300
'23	選抜特進	3	1	—	3.00	208/300
	特進	34	27	2	1.26	163/300
	進学	180	177	7	1.02	110/300

●主な公立受験校

市尼崎－普通	西宮今津－総合	市伊丹－普通
西宮南－普通	西宮今津－総／推	伊丹北－総合
宝塚－普通	鳴尾－普通	伊丹北－総合／推
川西緑台－普通	科学技術－都／推	県西宮－普通／推
西宮東－普通	尼崎双星－普通	県伊丹－普通

入試ガイド

●募集要項　＊2024年度入試実施分

募集人員	選抜特進20、特進70、進学160
出願期間	1/19～1/26
受験料	20,500円
学力検査	2月10日
面接	実施しない
合格発表	2月12日
入学手続	専願 2月14日 併願 3月21日

●試験科目と配点・時間

科目	国語	数学	英語	—	—
配点	100点	100点	100点	—	—
時間	60分	60分	60分	—	—

＊英検・数検・漢検資格活用あり。

●学費

入学金	200,000円	制服・制定品費	約 48,000～円
年間授業料	420,000円	ICT 教育費	70,000円
諸会費計	128,000円	施設設備費等	203,000円
教育充実費積立	132,000～円	初年度納入金合計	1,201,000～円

＊教育充実費は修学旅行含み、2、3年でも支払う

卒業後の進路

卒業者数／339 人

大学進学	短大進学	専門学校等	就職	進学準備ほか
296人	1人	13人	8人	21人

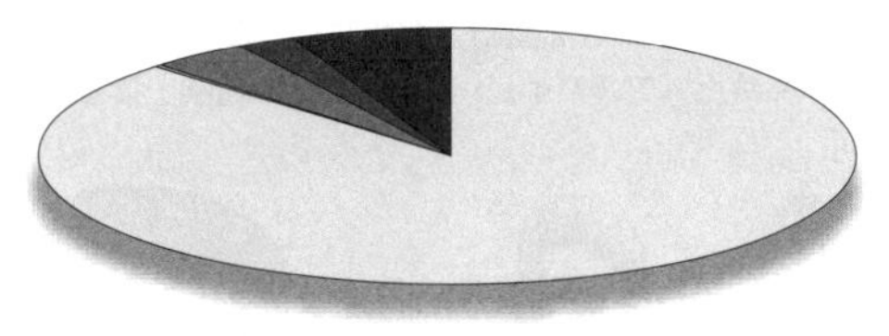

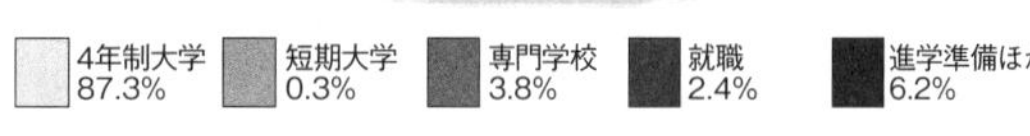

●主な大学合格状況

国・公立大／

京都大 1	大阪大 1	神戸大 2
北海道大 1	京都教育大 1	大阪教育大 1
広島大 1	北海道教育大 2	徳島大 3
山口大 2	大阪公立大 2	兵庫県立大 3

私立大／

関西大 15	関西学院大 40	同志社大 13
立命館大 15	京都産業大 33	近畿大 71
甲南大 15	龍谷大 53	佛教大 4
摂南大 26	神戸学院大 64	追手門学院大 36
桃山学院大 16	早稲田大 5	慶應義塾大 1
関西外国語大 20	大阪経済大 17	大阪工業大 10

愛徳学園高等学校

学校法人 愛徳学園
〒655-0037 神戸市垂水区歌敷山3-6-49
TEL078-708-5353　FAX078-708-5497
http://www.aitokugakuen.ed.jp

■創立／昭和26年(1951)　■校長／松浦直樹
■生徒数／68人(1年／23人 2年／19人 3年／26人)
■併設校／愛徳学園中学校 愛徳学園小学校 愛徳幼稚園 神陵台愛徳幼稚園
■沿革／昭和26年ホアキナ愛児園、同29年小学校、同34年中学校、同37年高校を創立。令和6年学園創立70周年を迎えます。
■交通／JR「舞子」北東へ約1km(バス利用の場合は「学園正門前」下車)、山陽電鉄「霞ヶ丘」北へ約800m、地下鉄「学園都市」からバス「学園正門前」下車

インフォメーション　INFORMATION

●**教育方針**／イエス・キリストの福音に基づき、愛徳カルメル修道会の創立者、聖女ホアキナの教育理念である「愛の教育」を実践。一人ひとりの個性を大切にし、その可能性を引き出し、伸ばします。そして、神様に与えられた命に感謝し、他者のために祈り、奉仕することができる女性に育てます。

●**学校行事**／新入生オリエンテーション(4月)、聖女ホアキナの全校ミサ(5月)、合唱コンクール(7月)、夏期講習(7・8月)、体育大会(9月)、学園祭(11月)、Global Festival・クリスマスミサ・冬期講習(12月)など。修学旅行(2年生)は、3泊4日で台湾へ。

●**クラブ活動**／全国大会出場の新体操をはじめ、体育系は卓球、ソフトテニス、バレーボール、バスケットボール、バドミントンの6部。文化系は社会奉仕、吹奏楽、写真、サイエンス、美術、家庭科、茶道、ESS が活動しています。

●**海外交流**／希望者対象の10日間オーストラリア海外研修(ホームステイ)、2年生の台湾修学旅行ではドミニカン・インターナショナルスクールとの交流のほか、カンボジアに手作りの英語の絵本を贈る「ブック・プロジェクト」など。

●**スクールライフ**／3学期制／登校時刻…8：15／頭髪…染色・パーマ禁止／アルバイト…禁止／自転車通学…禁止／携帯…許可

カリキュラム　CURRICULUM

「自ら考え、人に奉仕し、充実した人生を歩む女性」の育成を教育ビジョンとして掲げ、すべての教育活動を「Rainbow Program」として集約し、実践しています。2・3年生では、29単位分、42科目の選択授業の中から、希望する進学先の入試科目や入試形態に応じて選択でき、一人ひとりオーダーメイドのカリキュラムで学びます。

・1クラス10名程度の習熟度別授業(英語、数学)、1人でも開講可能な選択授業
・タブレット端末を使った授業や海外とのオンラインセッションなど、ICT を利活用したアクティブラーニング型授業の実施
・通年講習や長期休暇中の特別講習(無料)
・英検(2次対策を含む)、数検、漢検の対策講座の実施(全て無料)
・学校設定科目「Global Studies」で行う英語ディベートや模擬国連、「Global Festival」で行う校内英語スピーチコンテストやプレゼンテーションなど、特徴的な英語教育・グローバル教育を実践
・「職業インタビュー」「未来予想図」「卒業生とのつどい」「大学別進路ガイダンス」など、進路実現に向けた豊富なキャリア教育プログラム

先輩から

「やりたい」を形にできる場所、「なりたい」を応援してくれる場所。それが愛徳学園でした。少人数教育の賜物であるあたたかいサポートは、めざす道への期待と不安を、安心と自信につなげてくれます。「結果は後でついてくる、今できることに全力を尽くせ」と、最後まで後押ししてくれた先生たち。だから今の私がいるのだと感じています。愛徳で学んだ「しなやかさ」を持ち、進んでいきたいと思います。

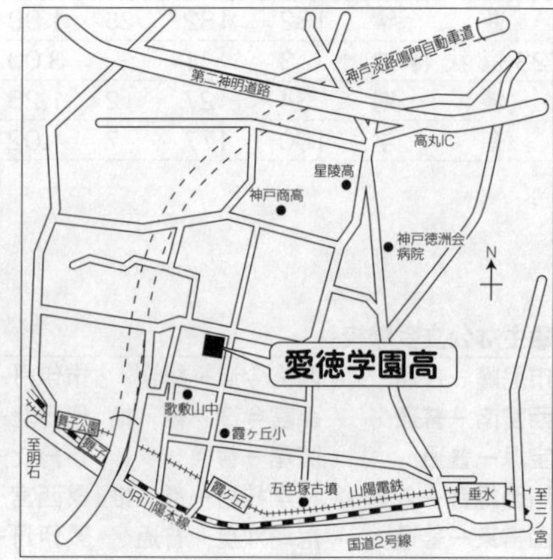

進研Vもし　合格のめやす

●目標偏差値（合格可能性80%）

併願	専願
普通科……………………52	普通科……………………48

30 35 40 45 50 55 60 65 70 75

普通科　努力圏　合格圏　安全圏

入試ガイド

●募集要項　＊2024年度入試実施分

募集人員　普通科20

出願期間　1/17～1/24（郵送）1/26（窓口）
受験料　20,000円
学力検査　2月10日
面接　専願のみ（個人）
合格発表　2月10日
入学手続　専願 2月15日
　併願 3月21日

●試験科目と配点・時間

科目	国語	数学	英語	—	—
配点	100点	100点	100点	—	—
時間	50分	50分	60分	—	—

＊英検・漢検・数検の資格活用あり。

●学費

入学金	260,000円	制服代	68,200円
年間授業料	420,000円	その他制定品費	71,980円
諸会費計	64,000円	施設費・協力金他	326,000円
積立金	84,000円	初年度納入金合計	1,294,180円

入試状況

●併願

年度	学科・コース	受験者数	合格者数	回し	倍率	合格最低点
'24	普通科	6	6	—	1.00	—/—
'23	普通科	4	4	—	1.00	—/—
'22	普通科	4	4	—	1.00	—/—

●専願

年度	学科・コース	受験者数	合格者数	回し	倍率	合格最低点
'24	普通科	0	0	—	—	—/—
'23	普通科	1	1	—	1.00	—/—
'22	普通科	2	2	—	1.00	—/—

●主な公立受験校

—

卒業後の進路

卒業者数／31人

大学進学	短大進学	専門学校等	就職	進学準備ほか
22人	2人	6人	—	1人

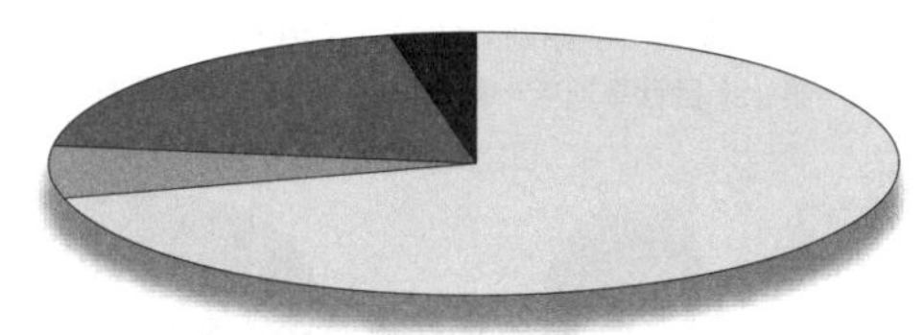

4年制大学 71.0%　短期大学 6.5%　専門学校 19.4%　就職 —　進学準備ほか 3.2%

●主な大学合格状況

国・公立大／
大阪大 1　兵庫県立大 3

私立大／
関西大 3　関西学院大 3　同志社大 1
立命館大 1　近畿大 2　甲南大 4
神戸学院大 5　同志社女子大 2　甲南女子大 3
神戸女学院大 1　神戸女子大 2　兵庫医科大 1
神戸薬科大 1　京都外国語大 1　関西外国語大 1
藍野大 1　関西看護医療大 1　神戸親和大 1
神戸松蔭女子学院大 1　神戸常盤大 1　武庫川女子大 1
早稲田大 1　学習院大 1　津田塾大 1

賢明女子学院高等学校

学校法人 賢明女子学院
〒670-0012 姫路市本町68
TEL079-223-8456 FAX079-223-8458
https://www.himejikenmei.ac.jp/

■創立／昭和26年(1951) ■校長／藤岡佐和子
■生徒数／272人(1年／87人 2年／100人 3年／85人)
■併設校／賢明女子学院中学校
■沿革／昭和26年、フランスで創立された奉献修道会が賢明女子学院中学校・同高等学校を開校。同41年リヴィエ館(講堂兼体育館)完成。同52年リヴィエ・スカラシップ(賢明の奨学金制度)創設。平成25年高校からの募集を開始しました。
■交通／JR「姫路」・山陽電鉄「山陽姫路」から北へ徒歩15分

インフォメーション INFORMATION

●**教育方針**／モットーは「The Best」。感受性豊かで他者への共感力に富み、永遠に変わらないものの存在を探し求める柔らかい心を育てます。教科教育のみならず、諸行事や課外活動など学校生活において自ら学び考え行動し、様々な一人ひとりの能力を開花させ、協働の精神をもって社会に貢献することのできる女性に成長することを目指します。

●**学校行事**／球技大会(6月)、芸術鑑賞(7月)、学院祭(9月)、体育大会(10月)、クリスマス行事(12月)など。修学旅行(11月・2年)は沖縄へ。

●**クラブ活動**／中・高合同で活動しています。テニス、バスケットボール、陸上競技、バドミントンなど体育系7部。かるた、ブラスバンド、ダンス、ハンドベル、コーラス、書道、パソコンなど文化系17部。加入率は約70%です。

●**海外交流**／1・2年生を対象としたカナダ語学研修(春休みの2週間)を実施。ホームステイ、姉妹校訪問などを通して生きた英語を学びます。また授業料・滞在費の負担がなく、単位互換制度による、1年間の長期留学制度もあります。

●**スクールライフ**／3学期制／頭髪…染色・パーマ禁止／アルバイト…禁止／自転車通学…許可／携帯…許可申請制

カリキュラム CURRICULUM

●**ソフィアコース(特進)**
大阪・神戸大など難関国公立大への進学をめざすコースです。授業の進度は少し早めで、発展的な内容も十分に学習できます。2年次から文系／理系の2コースに。文系コースは5教科にバランスのとれたカリキュラム、理系コースでは理数科目を重視したカリキュラムにより、各自の目標に応じた実力を計画的に、着実に養成していきます。

●**ルミエールコース(進学)**
難関私立大・国公立大の選択肢を備えたコースです。英語の習熟度別授業も実施。2年次からは私立文系／国公立文系／理系の3コースに分かれます。私立文系コースは英語・国語・地理歴史を重視したカリキュラム。3年次には、理系コースがさらに国公立理系／私立理系に分かれ、目標を絞った学習対策指導を展開します。

☆高校からの入学生も、内部進学生とともに同じクラスで目標に向けてスタートします。内部進学生が中学で先取りして学習している内容は、長期休暇や放課後の補習で補っていきます。
☆放課後補習は毎週月～土に実施。5教科にわたる多くの講座の中から、将来の進路にあわせて選択できます。基礎を固め、応用力をつけ、受験に対応できる真の力を養います。

先輩から

コツコツ勉強することが苦手だった私は、数学の先生の助言を受けて、定期的に先生に自習ノートを提出することにしました。国語や英作文も同じようにしていたと思います。目標を達成することができたのは、賢明の先生方が、個性に合った指導によって私のやる気を引き出してくださったおかげだったと思います。弁護士になった今でも、夢に向かって努力していた当時の自分を思い出して、頑張っています。(Y・K)

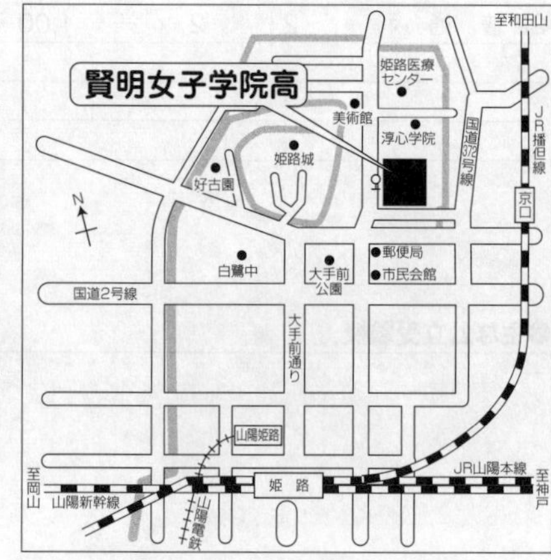

進研Vもし 合格のめやす

●目標偏差値（合格可能性80%）

併願		専願	
ソフィア	60	ソフィア	57
ルミエール	55	ルミエール	50

30 35 40 45 50 55 60 65 70 75

ソフィア：努力圏 合格圏 安全圏

ルミエール：努力圏 合格圏 安全圏

入試ガイド

●募集要項　＊2024年度入試実施分

募集人員　ソフィア15、ルミエール20

出願期間　1/22～1/26
受験料　20,000円
学力検査　2月10日
面接　専願のみ
合格発表　2月13日
入学手続　専願 2月15日
　　　　　併願 3月22日

●試験科目と配点・時間

科目	国語	数学	英語	—	—
配点	100点	100点	100点	—	—
時間	50分	50分	60分	—	—

●学費

入学金	400,000円	制服代・制定品	約 150,000円
年間授業料	396,000円	その他制定品費	—
諸会費計	114,600円	教育充実費	120,000円
修学旅行積立	78,000円	初年度納入金合計	約 1,108,600円

＊合計は制服・制定品約150,000円を除く。

入試状況

●併願

年度	学科・コース	受験者数	合格者数	回し	倍率	合格最低点
'24	ソフィア	21	16	—	1.31	—/300
	ルミエール	13	13	5	1.00	—/300
'23	ソフィア	25	20	—	1.25	—/300
	ルミエール	10	10	5	1.00	—/300
'22	ソフィア	31	22	—	1.41	—/300
	ルミエール	18	18	9	1.00	—/300

●専願

年度	学科・コース	受験者数	合格者数	回し	倍率	合格最低点
'24	ソフィア	0	0	—	—	—/300
	ルミエール	3	3	—	1.00	—/300
'23	ソフィア	1	1	—	1.00	—/300
	ルミエール	5	5	—	1.00	—/300
'22	ソフィア	1	0	—	—	—/—
	ルミエール	1	1	1	1.00	—/—

●主な公立受験校

市姫路－普通　姫路東－普通／推　福崎－普通
加古川西－普通　小野－普通

卒業後の進路

卒業者数／98人

大学進学	短大進学	専門学校等	就職	進学準備ほか
94人	—	—	—	4人

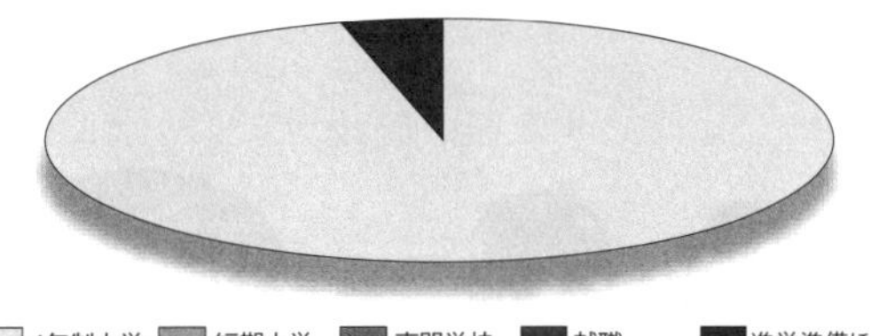

4年制大学 95.9%　短期大学 —　専門学校 —　就職 —　進学準備ほか 4.1%

●主な大学合格状況

国・公立大／
大阪大 1　神戸大 3　兵庫教育大 1
和歌山大 1　広島大 1　鳥取大 1
信州大 1　徳島大 1　香川大 1
兵庫県立大 6

私立大／
関西大 6　関西学院大 20　同志社大 11
立命館大 4　京都産業大 3　近畿大 15
甲南大 10　龍谷大 17　摂南大 1
神戸学院大 10　上智大 1　明治大 5
青山学院大 1　東京医科大 1　兵庫医科大 7
神戸女学院大 15　甲南女子大 14　武庫川女子大 11

甲子園学院高等学校

学校法人 甲子園学院
〒663-8107 西宮市瓦林町4-25
TEL0798-65-6100　FAX0798-67-8157
https://www.koshiengakuin-h.ed.jp/

■創立／昭和16年（1941）　■校長／宮島隆之
■生徒数／222人（1年／71人 2年／73人 3年／78人）
■併設校／甲子園大学　甲子園短期大学　甲子園学院中学校　甲子園学院小学校　甲子園学院幼稚園
■沿革／昭和16年甲子園高等女学校を開校。同23年学制改革により、新制中学校・高等学校に。令和3年創立80周年を迎えました。
■交通／JR神戸線「甲子園口」から徒歩7分、阪急神戸線「西宮北口」から徒歩15分（または阪急バスで「甲子園学院前」下車）

インフォメーション INFORMATION

●**教育方針**／「黽勉努力」「和衷協同」「至誠一貫」を校訓とし、誠をもって人に接することのできる、健康で知性豊かな女性の育成をめざしています。少人数授業や選択授業、個別学習計画などきめ細かな指導が特色です。

●**学校行事**／自転車通学安全講習・春季校外学習・高野山慰霊塔参拝（4月）、体育大会（5月）、コーラスコンクール（7月）、夏季補習（8月）、文化祭（9月）、秋季校外学習（11月）、冬季補習（12月）など。修学旅行（6月・3年）は東京・北海道へ。様々な自然体験やラフティングを満喫します（年度により行き先が変わることもあります）。

●**クラブ活動**／体育系は、剣道、ソフトテニス、バレーボール、バスケットボール、ダンス、ビリヤード、水泳、体操の8部。文化系は吹奏楽、美術、書道、家庭の4部のほか、かるた同好会。クラブ加入率は約70%です。

●**スクールライフ**／3学期制／登校時刻…8：35／頭髪…染色・パーマ禁止／アルバイト…許可（担任との相談が必要）／自転車通学…許可（安全教育を受けた生徒）／携帯…許可（担任との相談が必要）

カリキュラム CURRICULUM

●**プレミアムステージ**
内部進学を除く4年制大学進学を目標とするコースです。これまでの国公立大学進学コース、難関私立大学進学コース、看護系進学コースで培ってきたノウハウを活かし、予備校講師による授業をはじめ、学力向上を最優先にしたカリキュラム構成で、少人数授業により一人ひとりに合わせたきめ細かな指導を展開し、現役合格をめざします。

●**スタンダードステージ**
内部進学（甲子園大学・甲子園短期大学）を含む様々な進学および就職を目標とし、総合的に将来を考えるコースです。基礎学力の向上、キャリア教育なども充実させ、進級時の面談で方向性を見出すとともに、幅広く進路を考え、最適な進路選択を可能にします。

先輩から

1年次から7時間目の補習、個別ブース型の自習室など、勉強するための環境が整っていたと思います。進路指導についても、先生方から細かいアドバイスや励まし、ときには厳しい指導を受けることで、気持ちが途切れることなく目標に向かうことができました。小論文対策やディベート練習で、物事をいろんな方向から見て考える習慣が身につけられたのは大きなプラスとなっています。

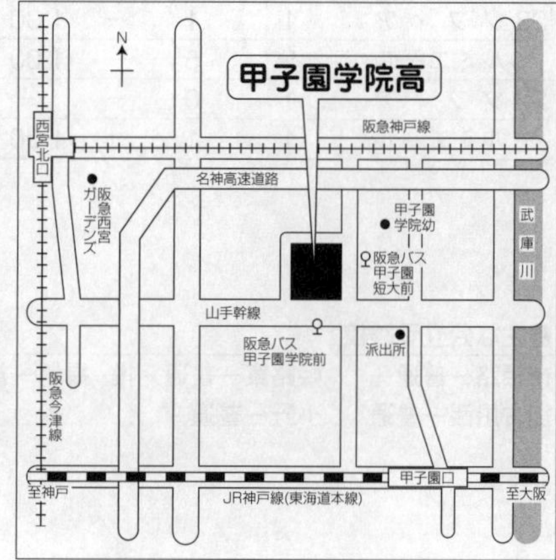

進研Vもし 合格のめやす

●目標偏差値(合格可能性80%)

併願		専願	
プレミアムステージ…	52	プレミアムステージ…	49
スタンダードステージ	44	スタンダードステージ	41

30 35 40 45 50 55 60 65 70 75

プレミアムステージ
努力圏 合格圏 安全圏

スタンダードステージ
努力圏 合格圏 安全圏

入試ガイド

●募集要項 ＊2024年度入試実施分

募集人員	プレミアムステージ80、スタンダードステージ200
出願期間	1/18～1/24
受験料	20,000円
学力検査	2月10日
面接	グループ
合格発表	2月13日
入学手続	専願 2月16日 併願 3月22日

●試験科目と配点・時間

科目	国語	数学	英語	―	―
配点	100点	100点	100点	―	―
時間	50分	50分	50分	―	―

＊英検・漢検の資格活用あり。

●学費

入学金	350,000円	制服代等諸費	約 200,000円
年間授業料等	約 624,000円	教材費等諸費	約 90,000円
諸会費計	―	その他	―
修学旅行積立	―	初年度納入金合計	約 1,264,000円

入試状況

●併願

年度	学科・コース	受験者数	合格者数	回し	倍率	合格最低点
'24	プレミアムステージ	29	29	―	1.00	137/300
	スタンダードステージ	97	97	―	1.00	93/300
'23	プレミアムステージ	39	35	―	1.11	―/300
	スタンダードステージ	118	118	4	1.00	―/300
'22	プレミアムステージ	42	42	―	1.00	―/300
	スタンダードステージ	131	131	―	1.00	―/300

●専願

年度	学科・コース	受験者数	合格者数	回し	倍率	合格最低点
'24	プレミアムステージ	10	10	―	1.00	137/300
	スタンダードステージ	57	57	―	1.00	93/300
'23	プレミアムステージ	8	8	―	1.00	―/300
	スタンダードステージ	52	52	―	1.00	―/300
'22	プレミアムステージ	16	14	―	1.14	―/300
	スタンダードステージ	56	56	2	1.00	―/300

＊内部進学を含む。＊点数はコース別集計（専併合算）。

●主な公立受験校

西宮南－普通　西宮今津－総合　市尼崎－普通
武庫荘－総合　尼崎西－普通　西宮甲山－普通
西宮北－普通　県西宮－普通　尼崎双星－普／特
宝塚－普通　尼崎小田－普通

卒業後の進路

卒業者数／74人

大学進学	短大進学	専門学校等	就職	進学準備ほか
39人	13人	17人	5人	―

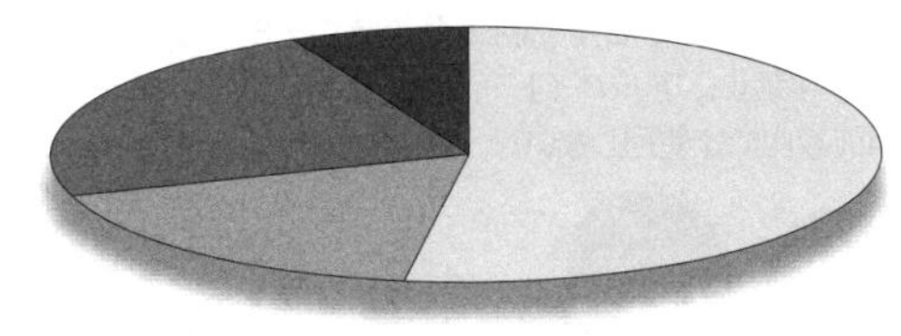

●主な大学合格状況（現役のみ）

私立大／
近畿大 4　龍谷大 1　佛教大 1
追手門学院大 1　甲子園大 3　京都外国語大 1
京都女子大 1　京都橘大 1　甲南女子大 5
神戸松蔭女子学院大 2　神戸女学院大 2　神戸女子大 1
神戸親和大 1　関西外国語大 1　大阪音楽大 3
大阪芸術大 1　梅花女子大 2　甲子園短大 12

神戸国際高等学校

学校法人 睦学園
〒654-0081 神戸市須磨区高倉台7-21-1
TEL078-731-4665　FAX078-731-4888
https://kis.ed.jp

■**創立**／平成6(1994)年　■**校長**／瀬尾幸司
■**生徒数**／159人(1年／45人 2年／56人 3年／58人)
■**併設校**／神戸国際中学校
■**沿革**／大正12年、睦学園を創立。平成3年神戸国際中学校を須磨キャンパスに設立。同4年現在地(高倉台キャンパス)に移転。同6年神戸国際高等学校を設立。同28年高校からの募集を開始しました。
■**交通**／市営地下鉄「妙法寺」、JR・山陽電鉄「須磨」から市バスで「高倉台7丁目」下車

インフォメーション INFORMATION

●**教育方針**／「個を生かす進学に強い女子校」をもとに、グローバル社会で活躍するために、「学力」「語学力」「人間力」の3つを育むとともに、これからの21世紀以降に求められる21世紀型スキルの獲得を目指し教育活動を展開しています。
●**学校行事**／文化祭（5月)、体育祭（6月)、夏季講習・補習（7～8月)、芸術鑑賞会（9月)、遠足（10月)、球技大会（11月)、英語オラトリカルコンテスト・仏語リサイタル（12月)、冬季講習・補習(12月)、受験対策特別講座(12月～2月、高3)、春季講習・補習（3月）など。
●**クラブ活動**／体育系はテニス、バレーボール、バスケットボール、ドッジボール（フットサル)、体操、ダンスの6部。文化系はESS（ギター)、演劇、科学、クリエイティブアート（写真）の4部が活動中。学年の枠にとらわれない豊かな人間関係を築くことができます。
●**語学教育**／高1は、日本人教師と外国人教師のダブル担任制。高2からは内部進学生と同じクラス編成。また世界中の多くの学校とも交流しており、短・長期の留学もサポートしています。
●**スクールライフ**／3学期制／登校時刻…8：45／頭髪…染色・パーマ禁止／アルバイト…禁止／自転車通学…許可／携帯…許可（校内では使用しない）

カリキュラム CURRICULUM

●**総合文化コース**
外国語、法律、経済など主に文化系学部への進学をめざすコースです。同校の強みである英語を中心に、国公立大への進学を視野に入れながら、理数科目までも幅広く学ぶことができます。高2・高3の発展段階においては多様な選択科目が用意されており、1人ひとりの目標に応じた学習を進めていきます。
●**理数・医歯薬コース**
医歯薬をはじめ、理工系を含めた理科系学部への進学をめざすコースです。理科・数学に重点を置いたカリキュラムで、理科3科目を全員が学びます。3年間を通して系統的な学習を行うことにより、進度（量）と深度（質）の両面において、効率的な学習を進めることができます。

◇グローバル人材の育成は大きな特色の1つです。多数のネイティブスピーカーとのコミュニケーション、海外語学研修（高2)、また英語オラトリカルコンテストなどの行事を通して、グローバルな視野と「生きた英語」が自然に身につきます。
◇目的に合わせた効果的な学習を行うため、トワイライトレクチャー（大学受験対策講座）をはじめ、春季・夏季・冬季講習や高3対象の共通テスト特別講座など多くの講座を開講しています。また、多様化する入試・進路に対応するため、高校3年生の2学期より土曜日を自由登校とする「Flex Saturday」を導入して、個々が目標とする志望校を突破する力を養います。

ＫＩＳでは自由な校風の中で楽しい3年間を過ごしました。朝、何を着ていこうか、今年はどの授業を選択しようか、自分で決めないといけないことが沢山ありました。最初は迷ったり、先生方の手を借りることもありましたが徐々に1人で決められるようになり、行動に責任と自信をもてるようになりました。今でもＫＩＳで自然に身についた自主性が仕事や子育てに大いに役立っています。（Ｉ・Ｒ）

進研Vもし　合格のめやす

●目標偏差値（合格可能性80%）

併　願	専　願
国際文化科…………… 58	国際文化科…………… 55

30	35	40	45	50	55	60	65	70	75

国際文化科：努力圏　合格圏　安全圏

入試状況

●併願・専願

年度 学科・コース	受験者数	合格者数	回し	倍率	合格最低点
'24 国際文化科	38	37	—	1.03	—/—
'23 国際文化科	49	48	—	1.02	—/300
'22 国際文化科	35	35	—	1.00	—/300

●主な公立受験校

北須磨－普通／推　国際－国際／推　兵庫－普通
葺合－国際／推　御影－総人間／推　須磨友が丘－総合
明石城西－普通　津名－自然／推

入試ガイド

●募集要項　＊2024年度入試実施分

募集人員　国際文化科15

出願期間　1/18～1/26
受験料　20,000円
学力検査　2月10日
面接　3教科・英語受験＝グループ　AO入試＝個人
合格発表　2月12日
入学手続　専願 2月14日
　併願 3月22日

●試験科目と配点・時間

科目	国語	数学	英語	—	—
配点	100点	100点	100点	—	—
時間	50分	50分	50分	—	—

＊①3教科受験、②英語受験（英150点・90分）、③AO入試（小論文100点・50分）がある。＊英語資格活用あり。

●学費

入学金	300,000円	制服・制定品代	—
年間授業料	426,000円	学年諸費	約 160,000円
諸会費計	32,800円	教育充実費	204,000円
修学旅行積立	180,000円	初年度納入金合計	約 1,302,800円

卒業後の進路

卒業者数／26 人

大学進学	短大進学	専門学校等	就職	進学準備ほか
24人	—	1人	—	1人

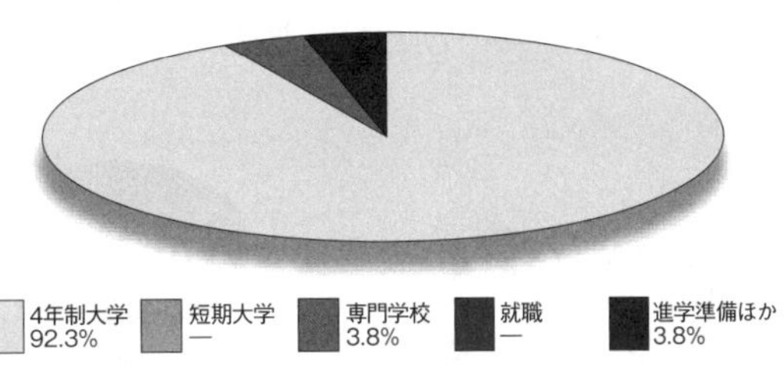

4年制大学 92.3%　短期大学 —　専門学校 3.8%　就職 —　進学準備ほか 3.8%

●主な大学合格状況

国・公立大／
大阪大 1　九州大 1　大阪教育大 1
山口大 1　徳島大 1
私立大／
関西大 3　関西学院大 4　同志社大 4
立命館大 2　近畿大 3　甲南大 4
神戸学院大 4　早稲田大 1　上智大 1
学習院大 1　明治大 1　法政大 1
東京都市大 1　京都女子大 3　京都外国語大 2
武庫川女子大 4　神戸女学院大 4　神戸女子大 2
岡山理科大 1　北里大 1　兵庫医科大 1
兵庫大 2　関西国際大 1

神戸常盤女子高等学校

学校法人 玉田学園
〒653-0824 神戸市長田区池田上町92
TEL078-691-0561　FAX078-691-4562
https://www.kobe-tokiwa.ed.jp

■創立／明治41年（1908）　■校長／友井基浩
■生徒数／626人（1年／229人 2年／184人 3年／213人）
■併設校／神戸常盤大学　神戸常盤大学附属ときわ幼稚園
■沿革／明治41年私立家政女学校を創設。昭和23年神戸常盤女子高等学校と改称し、現在に至る。平成20年創立100周年を迎え、神戸常盤大学を開学。
■交通／JR・地下鉄「新長田」から徒歩15分、山陽・神戸高速「西代」から徒歩8分、神戸高速「高速長田」・地下鉄「長田」から徒歩10分。

インフォメーション INFORMATION

●**教育方針**／現代社会に生きる女性にふさわしい知性・徳性・体力を磨き、豊かな人間性と常識をわきまえた生徒を育成。
●**学校行事**／新入生オリエンテーション合宿（4月）、陸上競技大会（5月）、球技大会（学年による）、文化祭（10月）、秋季遠足（11月）、芸術鑑賞会（11月）、予餞会（2月）など多数。
●**クラブ活動**／ソフトボール部、バスケットボール部、バトントワリング部、バレーボール部、卓球部、ソフトテニス部、弓道部、硬式テニス部、フットサル部、吹奏楽部、コーラス部、パソコンライセンス部、茶道部、書道部、家庭科研究部、園芸部、華道部、演劇部、理科研究部、写真部、文芸部、ギター部、放送部、新聞部、ESS 部、ボランティア部、漫画部、美術部。
●**併設大学**／神戸常盤大学には保健科学部（医療検査学科、診療放射線学科、口腔保健学科、看護学科）と教育学部（こども教育学科）があり、取得できる国家資格も豊富。
●**スクールライフ**／3学期制／登校時刻…8：50 ／頭髪…染色・パーマ禁止／アルバイト…禁止（但し、長期休暇中で学校が認めるアルバイトに限り許可）／自転車通学…禁止（但し、自宅から最寄り駅までは許可）／携帯…校内使用禁止（持ち込み可）

カリキュラム CURRICULUM

●**普通科・大学特進文系コース**
難関大学合格をめざすコースです。火・木の7限授業と土曜学習、学習合宿なども実施。1人ひとりの目標にあわせた学習指導により、ハイレベルな学力の養成をサポートします。
●**普通科・大学特進看護医療コース**
神戸常盤大学・看護学科をはじめ、他の看護医療系大学や専門学校への進学を目指すコースで、将来の国家試験も視野に入れたカリキュラム。併設大学での実習見学、ときわ病院の先生による講演などにより、看護医療への理解を深めます。
●**普通科・大学特進こども教育コース**
こども教育基礎・演習や幼教音楽表現のほか、将来の仕事を実感できる体験学習も多彩に展開。神戸常盤大学・教育学部をはじめとする大学・短大への進学を目指します。
●**普通科・総合コース**
2年次から2コースに。◆進学コース／進路目標に向けた選択カリキュラムで、学習力を強化。4年制大学や短大・専門学校への進学を目指します。◆キャリアコース／就職に向けた資格取得をサポートし、社会で役立つ実践力も身に付けます。
●**家庭科**
2年次から2コースに。◆服飾コース／被服製作からデザイン、手芸まで実習を中心に学びます。◆調理製菓コース／将来、調理師やパティシエなどを目指すコース。和・洋・中の料理を基礎から学びます。

先輩から

入学前から看護師を目指すと決めていたので、大学特進看護医療コースがある神戸常盤女子高等学校を選んだのは自然なことでした。授業では、わかるまで教えてくださる先生のおかげで、しっかり基礎力を身に付けることができたと思います。受験前には、目標校にあわせた対策授業も行っていただきました。現在は病院で手術室を担当。命と向き合う現場です。それだけに大きなやりがいを感じています。(S.O)

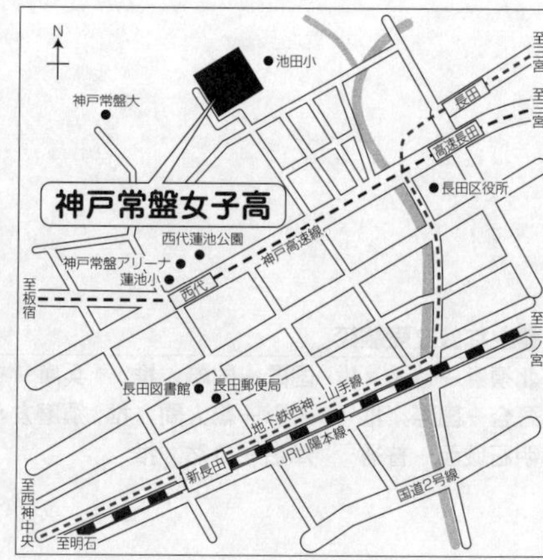

進研Vもし 合格のめやす

●目標偏差値（合格可能性80%）

併願		専願	
大学特進文系	52	大学特進文系	46
大学特進看護医療	51	大学特進看護医療	46
大学特進こども教育	48	大学特進こども教育	43
総合	43	総合	38
家庭科	42	家庭科	37

30 35 40 45 50 55 60 65 70 75

大学特進文系 努力圏 合格圏 安全圏

大学特進看護医療 努力圏 合格圏 安全圏

大学特進こども教育 努力圏 合格圏 安全圏

家庭科 努力圏 合格圏 安全圏

入試状況

●併願

年度	学科・コース	受験者数	合格者数	回し	倍率	合格最低点
'24	大学特進文系	30	30	—	1.00	—/—
	大学特進看護医療	109	105	—	1.04	—/—
	大学特進こども教育	50	48	—	1.04	—/—
	総合	75	75	3	1.00	—/—
	家庭科	115	115	3	1.00	—/—

●専願

年度	学科・コース	受験者数	合格者数	回し	倍率	合格最低点
'24	大学特進文系	4	3	—	1.33	—/—
	大学特進看護医療	49	45	—	1.09	—/—
	大学特進こども教育	25	23	—	1.09	—/—
	総合	41	41	5	1.00	—/—
	家庭科	74	73	2	1.01	—/—

●主な公立受験校

須磨翔風－総／推	東播磨－普通	神戸鈴蘭台－普通
日高－看護／推	明石－普通	社－普通
伊川谷－普通	高砂南－普通	神戸甲北－総／推
明石西－普通	東灘－普通	神戸北－普通／特
淡路－総合	播磨南－普通	六甲アー普通／推

入試ガイド

●募集要項 ＊2024年度入試実施分

募集人員　大学特進文系30、大学特進看護医療60、大学特進こども教育30、総合105、家庭科60

出願期間　1/16～1/24
受験料　20,000円
学力検査　2月10日
面接　グループ（5分）
合格発表　2月13日
入学手続　専願 2月22日
　併願 3月25日

●試験科目と配点・時間

科目	国語	数学	英語	—	—
配点	100点	100点	100点	—	—
時間	50分	50分	50分	—	—

●学費

入学金	300,000円	制服等学用品	136,700円
年間授業料	440,000円	教育・施設充実費	84,000円
諸会費・合宿費等	44,100円	施設設備費	120,000円
修学旅行積立	84,000円	初年度納入金合計	1,208,800円

＊普通科総合コースの場合

卒業後の進路

卒業者数／223人

大学進学	短大進学	専門学校等	就職	進学準備ほか
105人	8人	68人	29人	13人

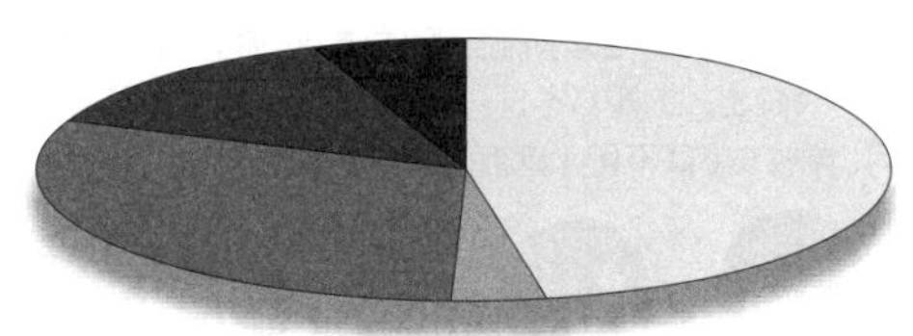

●主な大学合格状況

国・公立大／

兵庫県立大 1　神戸市看護大 1　川崎市立看護大 1

私立大／

近畿大 1　甲南大 1　神戸学院大 3
帝京大 1　関西外国語大 7　東海大 1
兵庫医科大 2　武庫川女子大 2　昭和女子大 1
神戸女子大 1　甲南女子大 2　大和大 1
神戸女学院大 1　関西福祉大 5　神戸薬科大 1
兵庫大 5　東海学園大 1　大手前大 7
神戸常盤大 43

松蔭高等学校

学校法人 松蔭女子学院
〒657-0805 神戸市灘区青谷町3-4-47
TEL078-861-1105 FAX078-861-1887
https://www.shoin-jhs.ac.jp

■創立／明治25年(1892)　■校長／浅井宣光
■生徒数／335人(1年／98人 2年／130人 3年／107人)
■併設校／神戸松蔭女子学院大学　松蔭中学校
■沿革／明治25年松蔭女学校を開校。大正4年高等女学校の設立が認可。昭和4年現在地に移転、同23年に松蔭高等学校を設置。令和4年創立130周年を迎えました。
■交通／阪急「王子公園」から徒歩15分、JR「灘」から徒歩18分、阪神「岩屋」から徒歩20分

インフォメーション INFORMATION

●**教育方針**／大切にしてきたのは、家族のように心を開いて育む「Open Heart,Open Mind」の精神です。女子教育を熟知した松蔭ならではの教育プログラムにより、多様な未来・進路を応援します。

●**学校行事**／文化祭・イースター礼拝(4月)、遠足(5月)、全校鑑賞会(6月)、球技大会(7月)、ニュージーランド語学留学(8月)、体育祭(9月)、クリスマス礼拝(12月)など。修学旅行(10月・2年)はシンガポールへ。

●**クラブ活動**／アーチェリー(OBがリオ・オリンピックに出場)、少林寺拳法、コーラス、全国大会常連の放送などが有名。ほかにテニス、バレーボールなど運動系全10部。ダンス、演劇、美術など文化系全12部が活動中。加入率は約70～80%です。

●**海外交流**／ニュージーランド短期語学留学(夏休みの2週間・希望制)では英語集中講義のほか、高校の授業にも参加。ホームステイ先の家族とも温かな交流の時間を過ごします。長期留学を希望する生徒には、1年単位認定留学制度を用意。また韓国の姉妹校にも毎年8月に訪問しています。

●**スクールライフ**／3学期制／登校時刻…8：40／頭髪…染色・パーマ禁止／アルバイト…禁止／自転車通学…最寄り駅までは可、学校までは不可／携帯…許可制

カリキュラム CURRICULUM

キリスト教主義にもとづく個性を大切にする教育を実践し、多様な個性をさらに伸ばす3つのコースを設置しています。

● **Language & Science Course(LS)**
言語力と問題解決力を軸に、国際感覚を養います。自然と英語に親しみ、得意になれる授業やプログラムが充実しており、楽しみながら確かな英語力を身につけます。また、難関私立大学や国公立大学をめざす生徒のために、特進クラスを設置し、幅広い進路選択に対応しています。

● **Athlete & Artist Course(AA)**
平日は5時限、土曜日は授業なしの週25時間という、校外での活動に集中できるカリキュラムを採用し、スポーツや芸術の活動と学業との両立をサポートします。国際試合や海外での舞台をめざす生徒のため、充実した英語教育を展開し、グローバルに通用する英語力を鍛えます。

● **Global Leader Course(GL)**
「セミインターナショナル」をコンセプトとし、110ヵ国の先生と話せるオンライン英会話授業を通して、ハイレベルな語学力を習得することができます。教科の枠を超えた、ユニークな探究型学習を展開。多様なテーマについて考察・発表する体験を通じて、課題解決力やプレゼンテーション力、自ら行動する力が養われます。

先輩から

共学校を志望していましたが、いくつか学校見学に行き、雰囲気が自分に合っていて決めました。制服もお気に入りです。女子校はややこしいかな、と心配していましたが、とっても居心地がよく、本を読むことが好きなので図書館をよく利用します。思っていたよりも勉強は厳しめですが、英語が好きになりました。高校1年で英検2級を取得できるようにがんばっています。

進研Vもし 合格のめやす

●目標偏差値(合格可能性80%)

併願	専願
LS ……………………… 55	LS ……………………… 51

30 35 40 45 50 55 60 65 70 75

LS

努力圏 合格圏 安全圏

入試ガイド

●募集要項 ＊2024年度入試実施分

募集人員　LS／GL／AA（専願）…50

出願期間	1/30必着
受験料	20,000円
学力検査	2月10日
面接	実施しない
合格発表	2月13日
入学手続	専願 2月14日 併願 3月22日

●試験科目と配点・時間

科目	国語	数学	英語	—	—
配点	100点	100点	100点	—	—
時間	50分	50分	50分	—	—

＊学力検査は国・英・数の基礎学力判定試験。＊英語・漢検資格活用あり。

●学費

入学金	300,000円	制服代・学用品	約 100,000円
年間授業料	488,400円	ICT関連費	約 100,000円
諸会費計	118,300円	学年費	約 80,000円
修学旅行積立	約 100,000円	初年度納入金合計	約 1,286,700円

＊ LS ／ AA コースの場合

入試状況

●併願

年度	学科・コース	受験者数	合格者数	回し	倍率	合格最低点
'24	LS	4	4	—	1.00	—/—
	GL	1	1	—	1.00	—/—
	AA	—	—	—	—	—/—
'23	LS	22	22	—	1.00	—/—
	GL	3	3	—	1.00	—/—
	AA	—	—	—	—	—/—
'22	普通科	4	4	—	1.00	—/300

●専願・推薦

年度	学科・コース	受験者数	合格者数	回し	倍率	合格最低点
'24	LS	17	17	—	1.00	—/—
	GL	1	1	—	1.00	—/—
	AA	19	19	—	1.00	—/—
'23	LS	24	24	—	1.00	—/—
	GL	2	2	—	1.00	—/—
	AA	13	13	—	1.00	—/—
'22	普通科	21	21	—	1.00	—/300

●主な公立受験校

国際ー国際／推　葺合ー普通　芦屋ー普通／推
神鈴蘭台ー国／推

卒業後の進路

卒業者数／ 97 人

大学進学	短大進学	専門学校等	就職	進学準備ほか
86人	2人	4人	—	5人

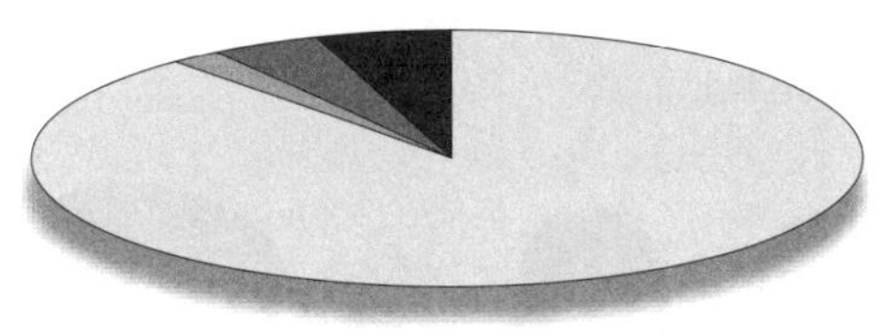

4年制大学 88.7%　短期大学 2.1%　専門学校 4.1%　就職 —　進学準備ほか 5.2%

●主な大学合格状況

私立大／

関西大 4	関西学院大 7	京都産業大 2
近畿大 2	甲南大 6	摂南大 4
神戸学院大 9	追手門学院大 1	神戸松蔭女子大 27
大阪産業大 4	関西外国語大 5	関西看護医療大 2
甲南女子大 11	神戸女子大 5	神戸女学院大 11
姫路獨協大 2	兵庫大 2	大阪音楽大 2
大阪学院大 1	大阪芸術大 2	神戸親和大 1
同志社女子大 1	武庫川女子大 1	京都外国語大 1
京都芸術大 1	京都光華女子大 1	早稲田大 2
立教大 5	明治大 1	明治学院大 1

親和女子高等学校

学校法人 親和学園
〒657-0022 神戸市灘区土山町6-1
TEL078-854-3800　FAX078-854-3804
https://www.kobe-shinwa.ed.jp/

■創立／明治20年(1887)　■校長／中村晶平
■生徒数／539人(1年／170人 2年／179人 3年／190人)
■併設校／神戸親和大学・大学院　親和中学校
■沿革／1887(明治20)年親和女学校として開校。1947年親和中学校を併設、翌年親和高等女学校から親和女子高等学校に。1989年六甲新校舎が完成し、2015年高校からの生徒募集を再開しました。
■交通／阪急「六甲」から徒歩15分、市バス「高羽町」から徒歩5分

インフォメーション INFORMATION

●**教育方針**／建学の精神「誠実・堅忍不抜・忠恕温和」を柱に、137年の歴史と伝統を受け継ぎながら、変化の激しいこれからの国際社会で生き抜くため、学力、人間力、国際力、情報力など、多彩な能力と個性をバランスよく高める教育を実践しています。また、従来からの理数重点化構想が認められ、2024年 SSH(スーパーサイエンスハイスクール)に指定されました。

●**学校行事**／遠足(4月・10月)、文化祭(5月)、芸術鑑賞(6月・2年)、球技大会(7月)、体育祭(9月)、研修旅行(10月・2年)、音楽会(11月)、スキー訓練(3月・1年)など。

●**クラブ活動**／※バレーボール、※バドミントン、テニス、卓球、バスケットボール、ハンドボール、空手道、ソフトボール、陸上競技、水泳の運動系10部。文化系はＥＳＳ、書道、演劇、軽音楽、コーラス、パソコン、美術、写真、生物、理化、器楽、ギター、放送、ダンスなど20部が活動中。(※は強化クラブ指定)

●**海外交流**／異文化探究研修(8月・1年)、イギリス英語・文化研修(8月・2年)。

●**スクールライフ**／3学期制／登校時刻…8：30／頭髪…染色・パーマ禁止／アルバイト…禁止／自転車通学…禁止／携帯…校内持込禁止

カリキュラム CURRICULUM

●**アドバンストコース**
大学進学に向けた夢を実現し、社会で活躍できる女性としての基礎をつくります。1年次には基礎学力の養成を主眼としながら、内部進学生との進度を調整し、2年次からは文系／理系に分かれて学習。できるだけ多くの授業時間を確保したカリキュラムと、夏期講習・春期講習などを通して、生徒一人ひとりの学力強化をサポートしています。

●**スポーツ・カルチャーコース**
強化クラブはもちろん、スポーツや文化芸術活動などの分野で個人的に取り組みながら、勉強と両立させつつ、大学進学をめざしたい生徒に適したコース。進度を早めることなく、各学年に応じた学習内容に取り組み、3年間かけて、じっくり学力を高めてゆくカリキュラムが特長です。教員採用試験で高い実績を誇っている、神戸親和大学教育学部への推薦入学制度もその特色の一つです。

●**グローバルコース**
語学力を高め、国際感覚を磨き、グローバルに活躍できる女性を育成します。在学中に中長期の留学を原則必修とし、高度な英語力を身に付けます。第二外国語も履修し、言語によるコミュニケーションの幅を広げ、価値観の多様性をより深く理解する力を養います。また国際情勢や時事問題を英語で学ぶ科目や英語でのディスカッション、プレゼンテーションなどをする「探究学習」など、国際理解を深め、日本文化を発信する力を育てるための多彩な「学校設定科目」も大きな特色です。

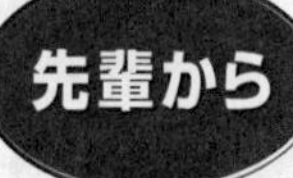

親和の魅力は「個性」。たとえば毎年5月3日に開催される文化祭では、文化部を中心とした演劇やミュージカル、ライブなどが行われ、有志による模擬店も出店されるなど、毎年大いに盛り上がります。私は書道部として、10メートルの紙に色墨を使用し、書道パフォーマンスを行いました。明るく活発な人が多いここ親和で、新しいあなたの「個性」を発見してみませんか？（C・Y）

進研Vもし 合格のめやす

●目標偏差値（合格可能性80%）

併願		専願	
アドバンスト	60	アドバンスト	58
スポーツ・カルチャー	58	スポーツ・カルチャー	56
グローバル	58	グローバル	56

30 35 40 45 50 55 60 65 70 75

アドバンスト
努力圏 合格圏 安全圏

スポーツ・カルチャー
努力圏 合格圏 安全圏

グローバル
努力圏 合格圏 安全圏

入試ガイド

●募集要項 ＊2024年度入試実施分

募集人員	アドバンスト30、スポーツ・カルチャー30、グローバル20
出願期間	1/22～1/31
受験料	20,000円
学力検査	2月10日
面接	グローバル=全員（個別）、その他コース=専願のみ（グループ）
合格発表	2月13日
入学手続	専願 2月14日 併願 3月21日

●試験科目と配点・時間

科目	国語	数学	英語	—	—
配点	100点	100点	100点	—	—
時間	50分	50分	50分	—	—

＊グローバルコースは英語のみ。

●学費

入学金	350,000円	制服等制定品費	約 117,000円
年間授業料	396,000円	その他費用	282,000円
諸会費計	約 25,000円		—
旅行積立・教材費	約 355,000円	初年度納入金合計	約 1,525,000円

入試状況

●併願

年度	学科・コース	受験者数	合格者数	回し	倍率	合格最低点
'24	アドバンスト	15	15	—	1.00	—/300
	スポーツ・カルチャー	1	1	—	1.00	—/300
	グローバル	7	7	—	1.00	—/100
'23	特進A	14	14	—	1.00	—/—
	特進B	2	2	—	1.00	—/—
	国際	10	10	—	1.00	—/—

●専願

年度	学科・コース	受験者数	合格者数	回し	倍率	合格最低点
'24	アドバンスト	6	6	—	1.00	—/300
	スポーツ・カルチャー	6	6	—	1.00	—/300
	グローバル	1	1	—	1.00	—/100
'23	特進A	3	3	—	1.00	—/—
	特進B	16	16	—	1.00	—/—
	国際	4	4	—	1.00	—/—

●主な公立受験校

葺合－国際／推　神戸鈴蘭台－普通　国際－国際／推
北摂三田－普通　西宮東－総人／推　神戸－普通

卒業後の進路

卒業者数／176人

大学進学	短大進学	専門学校等	就職	進学準備ほか
157人	1人	6人	—	12人

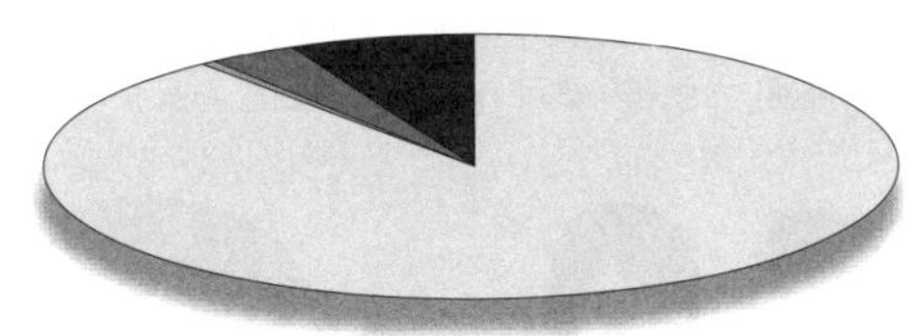

●主な大学合格状況

国・公立大／
大阪大 2　神戸大 1　九州大 1
奈良女子大 1　広島大 1　岡山大 1
徳島大 4　大阪公立大 2　兵庫県立大 7
和歌山県医 1　神戸市看護大 3　神戸市外国語大 1

私立大／
関西大 34　関西学院大 50　同志社大 13
立命館大 21　京都産業大 2　近畿大 77
甲南大 36　龍谷大 7　佛教大 1
摂南大 4　神戸学院大 28　追手門学院大 7
早稲田大 1　上智大 1　神戸女学院大 40
大阪医科薬科大 7　神戸薬科大 7　武庫川女子大 16

園田学園高等学校

学校法人 園田学園
〒661-0012 尼崎市南塚口町1-24-16
TEL06-6428-2242　FAX06-6428-0201
https://www.sonodagakuen.ed.jp

■**創立**／昭和13年(1938)　■**校長**／厚田太加志
■**生徒数**／475人(1年／176人 2年／144人 3年／155人)
■**併設校**／園田学園女子大学　同・短期大学部　園田学園中学校　園田学園幼稚園　園田学園女子大学附属学が丘幼稚園
■**沿革**／昭和13年園田高等女学校開校。同22年園田学園中学校、翌23年園田学園高等学校開校。
■**交通**／阪急神戸線「塚口」から徒歩8分、JR「塚口」から徒歩16分

インフォメーション INFORMATION

●**教育方針**／「明るく 清く 正しく 強く」を生活の指標として、健康でいきいきした、活力あふれる人材の育成をめざしています。併設大との連携により、教育活動も充実しています。
●**学校行事**／新入生オリエンテーション(4月)、コーラス大会(6月)、SCC 研修(8月・希望者)、文化祭・体育祭(9月)、休眠衣料活動(10月)、球技大会(12月・3月)、地域清掃美化活動(3月)など。修学旅行(3月・2年)は海外へ。
●**クラブ活動**／テニス、バドミントン、バスケットボール、陸上競技、ソフトボールが全国レベルで活躍。ほか水泳、モダンダンス、バレーボールなど体育系11部。文化系は吹奏楽、演劇、コーラス、美術、バトントワリング部など11部・4同好会が活動中。加入率は約65%です。
●**海外交流**／ニュージーランドのSCC(そのだクライストチャーチキャンパス)を拠点に、3週間または6ヵ月の留学を実施(希望者)。語学研修やニュージーランド研究、ホームステイのほか、姉妹校(ヴィラ・マリア女子高校)との交流も行います。
●**スクールライフ**／3学期制／登校時刻…8：30／頭髪…染色・パーマ禁止／アルバイト…禁止／自転車通学…許可(1㎞～7㎞の範囲)／携帯…許可(誓約書の提出)

カリキュラム CURRICULUM

●**特別進学コース**
国公立大学や難関私立大学への合格をめざすコースです。健やかな心と身体を育むため、勉強とクラブ活動の両立でバランスのとれた学校生活を実現します。特別進学コースでは、国公立大学や難関私立大学を目標としていますが、決してそれがゴールではありません。まず、自分が「どんな職業に就きたいのか」、「どんな生き方がしたいのか」という視点から将来を見つめ、それぞれが希望進路を考えていきます。
●**進学コース**
1年生の早い段階から一人ひとりの個性・特性・適性などをもとに進路指導を行います。「なりたい自分」を具体的に考えることで、内部進学や他の大学進学など将来の進むべき進路を決定します。2年生からは希望進路に応じた5つの系統に分かれて、希望進路実現に向けて効果的な学習に取り組みます。また、土曜日の系統別進路学習の時間には、大学の先生の授業を直接受講するなど、希望進路実現に向けて取り組みます。
●**総合コース**
幅広い知識と教養、技能を身につけ、社会で活躍する女性として豊かな人間性や創造性を育てるためのコースです。各教科の基礎的な学力の定着を図るとともに、キャリアアップに役立つ検定試験にも挑戦。また、農村や介護福祉施設などの現場体験を通して、将来に向けた幅広い視野を養います。それぞれの希望に応じた幅広いフィールドをめざします。希望進路を実現するため、一人ひとりの基礎的素養を力強く育みます。

3週間のニュージーランド生活では現地の空気、食事、街、自然、景色、人々…すべてがワクワクの連続でした。嬉しかったのは留学先の生徒と、好きなアーティストの話で盛り上がれたこと。この経験を通して、私は外国への興味がいっそう強くなりました。大学進学に有利な条件がほしいと思ってチャレンジした留学でしたが、そんな浅はかな考えを大きく塗り替えられる、素晴らしい感動の連続の日々でした。(K・K)

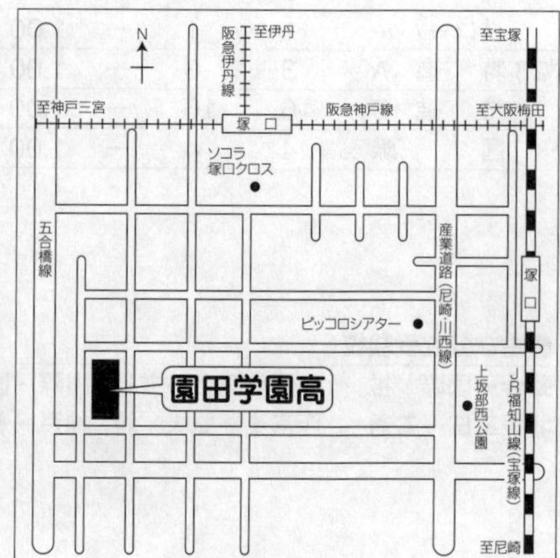

進研Vもし 合格のめやす

●目標偏差値(合格可能性80%)

併願		専願	
特別進学	54	特別進学	50
進学	48	進学	43
総合	45	総合	38

30 35 40 45 50 55 60 65 70 75

特別進学　努力圏　合格圏　安全圏

進学　努力圏　合格圏　安全圏

総合　努力圏　合格圏　安全圏

入試状況

●併願

年度	学科・コース	受験者数	合格者数	回し	倍率	合格最低点
'24	特別進学	198	192	—	1.03	141/300
	進学	429	425	6	1.01	123/300
	総合	144	144	3	1.00	81/300
'23	特別進学	187	174	—	1.07	155/300
	進学	392	386	12	1.02	128/300
	総合	139	139	6	1.00	86/300

●専願

年度	学科・コース	受験者数	合格者数	回し	倍率	合格最低点
'24	特別進学	12	10	—	1.20	141/300
	進学	84	81	2	1.04	123/300
	総合	35	34	3	1.03	81/300
'23	特別進学	9	8	—	1.13	155/300
	進学	62	57	1	1.09	128/300
	総合	30	29	5	1.03	86/300

＊点数はコース別集計(専併合算)。

●主な公立受験校

武庫荘－総合／推　尼崎双星－普通　尼崎小田－普通
市尼崎－普通　尼崎北－普通　市伊丹－普通
武庫荘－総合　尼崎西－普通　県尼崎－普通
伊丹西－普通　尼崎北－普通／特　伊丹西－普通／特
西宮甲山－普通　尼崎双星－商／推　尼崎小田－普／特

入試ガイド

●募集要項　＊2024年度入試実施分

募集人員	特別進学60、進学140、総合70 ＊内部進学を含む
出願期間	1/17～1/24
受験料	20,000円
学力検査	2月10日
面接	実施しない
合格発表	2月13日
入学手続	専願 2月17日 併願 3月22日

●試験科目と配点・時間

科目	国語	数学	英語	—	—
配点	100点	100点	100点	—	—
時間	50分	50分	50分	—	—

●学費

入学金	330,000円	制服等制定品費	130,000円
年間授業料	480,000円	タブレット関連費	64,000円
諸会費計	48,400円	諸経費	85,000円
修学旅行積立	120,000円	初年度納入金合計	1,257,400円

＊進学コースの場合

卒業後の進路

卒業者数／157人

大学進学	短大進学	専門学校等	就職	進学準備ほか
90人	32人	25人	7人	3人

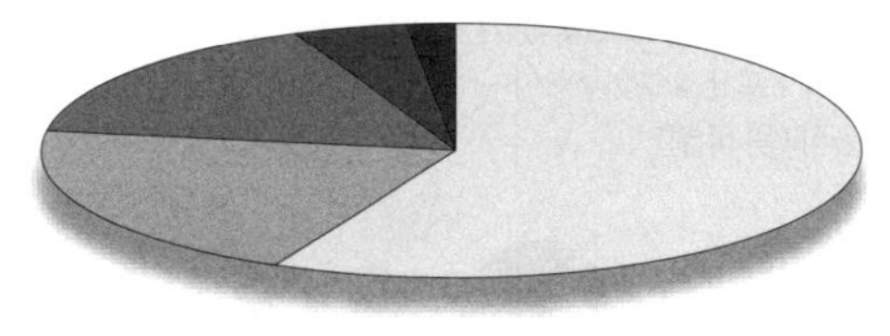

4年制大学 57.3%　短期大学 20.4%　専門学校 15.9%　就職 4.5%　進学準備ほか 1.9%

●主な大学合格状況(現役のみ)

国・公立大／
愛媛大 1

私立大／
関西大 1　関西学院大 3　立命館大 2
京都産業大 1　近畿大 12　佛教大 1
神戸学院大 2　追手門学院大 13　桃山学院大 1
関西外国語大 1　大阪経済法科大 1　大阪体育大 1
武庫川女子大 2　甲南女子大 7　森ノ宮医療大 2
藍野大 3　園田学園女子大 94

姫路女学院高等学校

学校法人 摺河学園
〒670-0964 姫路市豊沢町83
TEL079-224-1711　FAX079-224-1716
https://www.himeji-jogakuin.ed.jp/

■創立／大正10年（1921）　**■校長**／摺河祐彦
■生徒数／450人（1年／148人 2年／130人 3年／172人）
■併設校／姫路女学院中学校　姫路ハーベスト医療福祉専門学校
岡本ハーベストこども園
■沿革／大正10年共愛裁縫女学校設立。昭和19年兵庫県播磨女子商業学校に、同23年兵庫県播磨高等学校に改称。平成19年岡本ハーベストこども園を、同20年姫路ハーベスト医療福祉専門学校開校。令和2年現校名へ改称。
■交通／JR「姫路」から南へ徒歩5分

インフォメーション INFORMATION

●教育方針／未来指針は「自立」と「共生」。「形から入って心を育てる」教養をベースに、リベラルアーツと国際教育を学ぶことにより、自分自身の価値を培い、地球規模でものごとを捉えることのできる"国際教養人"を育成します。

●学校行事／新入生蒜山セミナーハウス宿泊研修（4月）、体育祭（5月）、リベラルアーツサマーキャンプ（8月）、修学旅行（9月・2年）、バス旅行（9月、1・3年）、文化祭（10月）、リベラルアーツフェスティバル（2月）など。

●クラブ活動／体育系はサッカー、バレーボール、ソフトボール、陸上競技、剣道、ダンスなど全12部。そのほか吹奏楽、ギター・マンドリン、美術、書道・硬筆、華道、和装、茶道など文化系19部と特別クラブ2部が活動中。中でもサッカー、ギター・マンドリンは全国大会出場するなど活躍しています。

●国際教育プログラム／姉妹校短期留学研修（タイ・インドネシア・ポーランド）、国連SDGs研修（ニューヨーク）、海外大学進学プログラム（デュアル・ディプロマ・プログラム、国際高大連携プログラム）。

●スクールライフ／3学期制／登校時刻…8：25／頭髪…染色・パーマ禁止／アルバイト…禁止／自転車通学…許可／携帯…持込可（許可制）

カリキュラム CURRICULUM

●普通科・特別進学国際教養コース
国公立大・難関私立大・海外の大学への進学をめざすコースです。志望学部や習熟度によって基本クラスを分割した少人数授業など、一人ひとりの目的と状況に合わせたカリキュラムを展開。また英語では「話す」「聞く」「書く」「読む」の4技能をバランスよく伸ばします。TOEFLや英検、GTECの対策も充実しています。

●普通科・教養コース
高校入試段階で進路の方向設定を課さず、カウンセリングと進路指導により希望に沿った目標を見つけ出すことがこのコースの最大の特徴です。1年次で身につけた基礎学力と学校生活全般を通して培われた教養力を基礎に、2年次からは生徒一人ひとりの進路希望に応じて「グローバル＝語学系・国際系に進学」「アカデミック＝大学・短大・専門学校に進学」「メディカル＝医療・看護系に進学」「ビジネスデザイン＝資格を生かし企業・自治体に就職」の4つの選択に分かれます。

●普通科・アスリートコース
強化運動部（サッカー・バレーボール・ソフトボール・剣道・陸上競技）に所属し、競技経験を生かした進学や就職をめざします。体育の授業時間数を多く確保し、競技力と体力の向上を図ります。また、科学的トレーニングやマッサージ技術の習得など、特色ある専門科目も特徴の一つです。

先輩から

大学受験へ向けて、勉強面でも評判のよかった姫路女学院へ進学しました。先生方が誠心誠意接してくださったおかげで、充実した高校生活を送ることができました。今、私は海外で働いていますが、姫路女学院で学んだ礼儀や教養は国際的にも通用すると思います。言葉を交わせば自分や相手の気持ちや体調も判ります。挨拶は初対面の方に自分を表現したり、相手を知る第一歩です。（A・S）

進研Vもし 合格のめやす

●目標偏差値(合格可能性80%)

併願		専願	
特別進学国際教養	57	特別進学国際教養	50
教養	47	教養	40

コース	努力圏	合格圏	安全圏
特別進学国際教養	50〜55	55〜60	60〜65
教養	40〜45	45〜50	50〜55

入試ガイド

●募集要項　＊2024年度入試実施分

募集人員　特別進学国際教養30、教養180、アスリート60

出願期間　1/22〜1/26
受験料　20,000円
学力検査　2月10日
面接　一般1教科入試および推薦入試において実施(個人)
合格発表　2月13日
入学手続　専願 3月12日※招集日
併願 3月22日※招集日

●試験科目と配点・時間

科目	国語	数学	英語	—	—
配点	100点	100点	100点	—	—
時間	50分	50分	50分	—	—

＊一般入試は2教科(英国 or 英数) または1教科(リーディング50分／リスニング・ライティング50分／スピーキング〈英語個別面接〉)を選択。ただし、アスリートコースは2教科のみ。
＊推薦入試(アスリートコース) は国数英から1教科選択・作文(800字程度)・面接。

●学費

入学金	320,000円	制服代	約 110,000円
年間授業料	438,000円	その他制定品費	約 100,000円
生徒会費	28,800円	施設設備費	116,000円
修学旅行含む積立	151,200円	初年度納入金合計	約 1,264,000円

入試状況

●併願

年度	学科・コース	受験者数	合格者数	回し	倍率	合格最低点
'24	特別進学国際教養	97	89	—	1.09	—/—
	教養	545	545	8	1.00	—/—
	アスリート	9	9	—	1.00	—/—
'23	特別進学国際教養	101	96	—	1.05	—/—
	教養	644	644	5	1.00	—/—
	アスリート	12	12	—	1.00	—/—

●専願

年度	学科・コース	受験者数	合格者数	回し	倍率	合格最低点
'24	特別進学国際教養	17	16	—	1.06	—/—
	教養	63	63	1	1.00	—/—
	アスリート	26	26	—	1.00	—/—
'23	特別進学国際教養	6	4	—	1.50	—/—
	教養	68	67	2	1.01	—/—
	アスリート	29	29	—	1.00	—/—

●主な公立受験校

太子一総合	姫路南一普通	姫路別所一普通
市姫路一普通	松陽一普通	相生一普通
飾磨一普通	網干一普通	太子一総合／推
上郡一普通	姫路商一商業／推	相生産一商業／推
姫路商一商業	相生産一商業	山崎一普通

卒業後の進路

卒業者数／208人

大学進学・短大進学	専門学校等	就職	進学準備ほか
90人	95人	23人	—

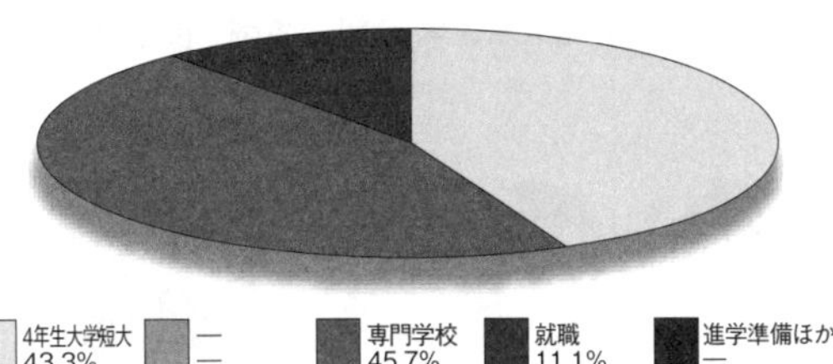

4年生大学短大 43.3%　— —　専門学校 45.7%　就職 11.1%　進学準備ほか —

●主な大学合格状況(現役のみ)

国・公立大／
神戸市看護大 1

私立大／

関西学院大 5	同志社大 5	立命館大 1
近畿大 4	甲南大 4	龍谷大 1
神戸学院大 3	追手門学院大 4	桃山学院大 1
京都女子大 1	同志社女子大 1	京都外国語大 2
武庫川女子大 5	神戸女学院大 7	神戸女子大 11
神戸国際大 1	神戸松蔭女子学院大 1	神戸親和大 1
神戸芸術工科大 2	甲南女子大 3	姫路獨協大 2
甲子園大 1	流通科学大 3	大阪経済大 1
大阪商業大 1	大手前大 2	京都ﾉｰﾄﾙﾀﾞﾑ女子大 1

兵庫大学附属須磨ノ浦高等学校

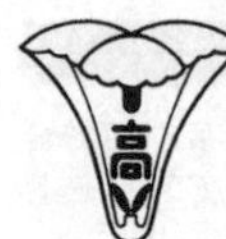

学校法人 睦学園
〒654-0052 神戸市須磨区行幸町2-7-3
TEL078-735-7111　FAX078-735-7130
https://www.sumanoura.ed.jp/

■創立／大正12年（1923）　■校長／河野幸星
■生徒数／661人（1年／206人 2年／233人 3年／222人）
■併設校／兵庫大学　兵庫大学短期大学部
■沿革／大正12年太子館日曜学校の附属事業として開設した高等裁縫部がはじまり。昭和23年須磨ノ浦女子高等学校を開校。平成9年須磨キャンパスに新校舎完成。令和5年に創立100周年を迎えました。
■交通／JR「須磨海浜公園」・山陽電鉄「月見山」（阪神・山陽特急停車駅）から徒歩5分、神戸市営バス「離宮道」から徒歩2分

インフォメーション INFORMATION

●教育方針／建学の精神は「和の精神」。1人ひとりの知性と創造力、グローバルな視野で次代にはばたく国際性、しなやかなこころを育む教育を行っています。

●学校行事／宿泊研修（4月・1年）、明日祭・体育大会（10月）、新春かるた大会（1月）のほか京都キャンパスツアー、兵大セミナー、保育実習、介護実習などコース独自の多彩なイベントあり。修学旅行（2年）はニュージーランド・オーストラリア・シンガポールへ（コースにより異なる）。

●クラブ活動／全国レベルのソフトボール、バレーボール、新体操をはじめバスケットボール、硬式テニス、剣道など体育系12部。文化系は吹奏楽、アニメーション、コーラス、演劇、書道など13部が活動中。茶道、フランス語、ピアノなどの「研修」（習い事）も充実しています。

●海外交流／フランスの姉妹校とは毎年春と秋に生徒代表が相互訪問、ホームステイなどで親交を深めます。また特進アドバンスコースでは在学中に長期・短期の留学が可能です。

●スクールライフ／3学期制／頭髪…染色・パーマ禁止／アルバイト…許可制／自転車通学…禁止／携帯…校内禁止

カリキュラム CURRICULUM

●特進アドバンスコース
国公立・難関大学文系学部への現役合格をめざします。充実した7～8時間授業に加え朝の時間外の補習で基本事項の確認をおこない、放課後の補習では大学の過去問題などを個々の進度や理解度に合わせて取り組むことでレベルアップを図ります。

●特進看護医療コース
将来は看護師や保健師をめざし、看護・医療系など理系大学への進学を目標にします。兵庫大学との高大連携講座では、看護に関する探究学習に取り組み、看護医療についての知識が深まります。

●幼児教育コース
将来の幼稚園教諭や保育士をめざします。高校に隣接する兵庫大学附属須磨幼稚園があり、恵まれた環境の中で園児と幼稚園教諭の活動に接することができます。「ピアノ実習」や「リトミック」などの授業を通して実践力を高めます。

●キャリア進学コース
2年生より進学専攻、未来デザイン専攻、製菓・調理専攻にわかれ、4年制大学・短期大学・専門学校進学、就職に幅広く対応。ベーシックな必履修科目に加え、楽しい講座の受講や各種検定への挑戦を通して、自分の適性や将来像を知ることができます。

●介護福祉士コース
兵庫県の私立高校では唯一、介護福祉士の国家試験受験資格が取得可能です。合格すると18歳で介護福祉士になることができます。さらに、福祉系各種検定の取得もめざします。

憧れだった大学に入学し、学校の先生をめざしてがんばっています。授業は難しくてたいへんだけど、大好きなソフトボールも続け、楽しく過ごしています。須磨ノ浦では勉強と部活、学校行事と、毎日精一杯やってきました。両立が辛いこともあったけど、どんなときも仲間が支えてくれ、先生も夜遅くまで教えてくださいました。先生とも友達とも、一生繋がる深い絆ができた、充実の3年間でした。（T・K）

進研Vもし 合格のめやす

●目標偏差値（合格可能性80%）

併　願		専　願	
特進アドバンス	50	特進アドバンス	45
特進看護医療	47	特進看護医療	43
幼児教育	43	幼児教育	38
キャリア進学	41	キャリア進学	36
介護福祉士	41	介護福祉士	36

30　35　40　45　50　55　60　65　70　75

特進アドバンス　努力圏　合格圏　安全圏

特進看護医療　努力圏　合格圏　安全圏

幼児教育　努力圏　合格圏　安全圏

キャリア進学／介護福祉士　努力圏　合格圏　安全圏

入試状況

●併願

年度	学科・コース	受験者数	合格者数	回し	倍率	合格最低点
'24	特進アドバンス	23	—	—	—	—/—
	特進看護医療	34	—	—	—	—/—
	幼児教育	89	—	—	—	—/—
	キャリア進学	152	—	—	—	—/—
	介護福祉士	29	—	—	—	—/—

●専願

年度	学科・コース	受験者数	合格者数	回し	倍率	合格最低点
'24	特進アドバンス	9	—	—	—	—/—
	特進看護医療	13	—	—	—	—/—
	幼児教育	46	—	—	—	—/—
	キャリア進学	86	—	—	—	—/—
	介護福祉士	5	—	—	—	—/—

＊受験者数は出願者数。＊学校推薦入試では進学アドバンス3名、介護福祉士6名が出願。

●主な公立受験校

播磨南－普通	明石清水－普通	明石商－商業
加古川南－総／推	高砂南－普通	淡路－総合／推
農業－園芸／推	小野工－生活創造	三木東－総合／推
松陽－普通	明石商－商業／推	明石南－総合／推
農業－園芸	東灘－普通／特	松陽－生活文化

入試ガイド

●募集要項　＊2024年度入試実施分

募集人員	特進アドバンス30、特進看護医療30、幼児教育70、キャリア進学144、介護福祉士26
出願期間	12/1～1/26
受験料	20,000円
学力検査	2月10日
面接	学校推薦入試のみ
合格発表	2月13日
入学手続	専願 2月17日 併願 3月23日

●試験科目と配点・時間

科目	国語	数学	英語	—	—
配点	100点	100点	100点	—	—
時間	50分	50分	50分	—	—

＊学校推薦入試は課題作文と面接。

●学費

入学金	330,000円	制服等制定品費	137,600円
年間授業料	408,000円	施設充実費	100,000円
諸会費計	33,000円	その他	—
修学旅行積立	—	初年度納入金合計	1,008,600円

卒業後の進路

卒業者数／267人

大学進学	短大進学	専門学校等	就職	進学準備ほか
116人	43人	60人	40人	8人

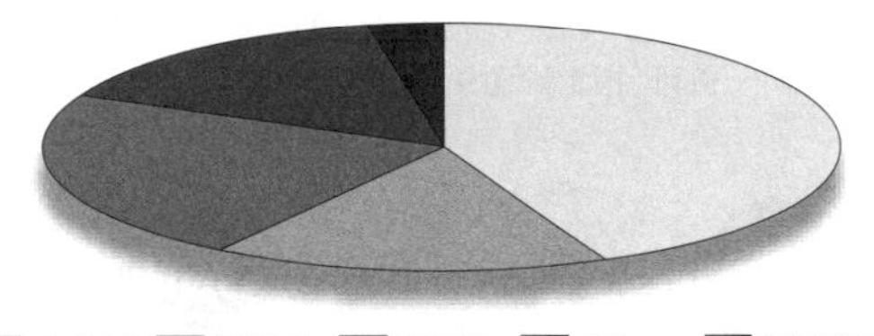

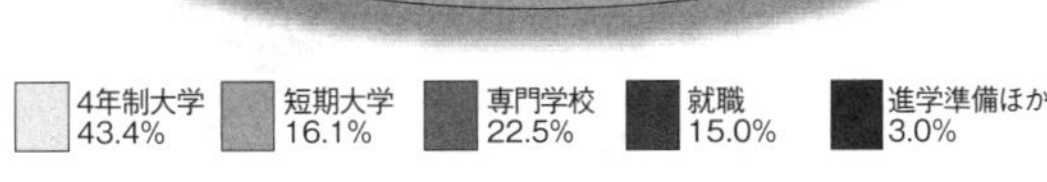

●主な大学合格状況（現役のみ）

私立大／

甲南大 2	龍谷大 5	神戸学院大 7
兵庫大 43	京都女子大 2	甲南女子大 7
神戸女子大 6	武庫川女子大 3	兵庫医科大 2
神戸親和大 6	関西看護医療大 3	関西国際大 5
園田学園女子大 3	神戸松蔭女子学院大 3	関西福祉大 1
兵庫大短期 19	関西学院短大 1	関西外国語大短期 2
神戸女子短大 2	大手前短大 2	頌栄短大 3

武庫川女子大学附属高等学校

学校法人 武庫川学院
〒663-8143 西宮市枝川町4-16
TEL0798-47-6436　FAX0798-47-2244
https://jhs.mukogawa-u.ac.jp/

■創立／昭和14年(1939)　■校長／世良田重人
■生徒数／690人(1年／237人 2年／207人 3年／246人)
■併設校／武庫川女子大学　武庫川女子大学附属中学校　武庫川女子大学附属幼稚園
■沿革／昭和14年武庫川高等女学校を創設。平成7年武庫川女子大学附属中学校・高等学校と改称。
■交通／阪神「鳴尾・武庫川女子大前」から徒歩約15分、同「甲子園」から徒歩約20分(路線バスあり)

インフォメーション INFORMATION

●**教育方針**／立学の精神である「高い知性」・「善美な情操」・「高雅な徳性」を教育の原点とし、「自ら考え、動く」人の育成をめざし、「知識・姿勢・行動」という視点からなる「MUKOGAWA COMPASS」に基づく教育活動を展開しています。

●**学校行事**／武庫川フェスティバル(5月)、サマーコンサート(6月)、宿泊研修(高1・2年、6月)、修学旅行(高3年・6月)、グローバル研修・リーダートレーニング(8月)、体育大会・芸術鑑賞会(10月)、オラトリカルコンテスト(11月)、クリスマスミニコンサート(12月)。

●**クラブ活動**／コーラス部、放送部、バトントワリング部、体操部、テニス部、水泳部、創作ダンス部は全国大会出場のクラブです。体育系18部・文化部22部。

●**海外交流**／アメリカ・フィンランド・オーストラリアなどの提携校(6カ国・7校)との短期・長期交換留学をはじめ海外英語研修、異文化セミナーなど幅広い活動を展開。語学習得にとどまらず、外国の生活習慣や考え方などの理解をはかっています。

●**スクールライフ**／隔週土曜休日／3学期制／登校時間…8：30／頭髪…染色・パーマ禁止／アルバイト…原則禁止／自転車通学…許可(指定区域内)／携帯…許可

カリキュラム CURRICULUM

「SOARグローバルサイエンスコース」「SOAR探究コース」では、生徒一人ひとりのニーズに応じた文理の枠にとらわれない授業を展開。また、探究活動や海外研修、短期留学を強化し、部活動と学習を両立させるなど、大学附属校だからこそできる一貫教育の魅力にあふれています。

●**SOARグローバルサイエンスコース**
～専門的な学びを深めて世界へはばたく～
これまでのSSHの活動を継承し、科学的立場にたった探究的な活動に取り組み、グローバルリーダーとして、どの分野でも活躍できるような女性の育成を目指します。国際感覚を身につけるべく、英語力の向上はもちろんのこと、異文化への理解を深めます。

●**SOAR探究コース**
～探究的学びを通して武庫女からはばたく～
中高を通して、地元(鳴尾地区・西宮市・兵庫県)の各機関や武庫川女子大学と連携した探究的な活動に取り組みます。「本物」と直接触れることを重視し、この体験から、将来のあるべき自分を見つけていきます。

先輩から

入学前教育という、大学の授業を受ける機会があります。進学予定先である薬学部で化学のテストと生物の講義を受け、大学生の気分を味わうことができました。化学では、テストの解説を丁寧にしていただき、よく理解できました。自分の進もうとする学部への興味も深まり、大学生活へ向けていっそう意欲が高まりました。この体験を無駄にすることのないよう、充実した学生生活を送りたいと思います。(F・M)

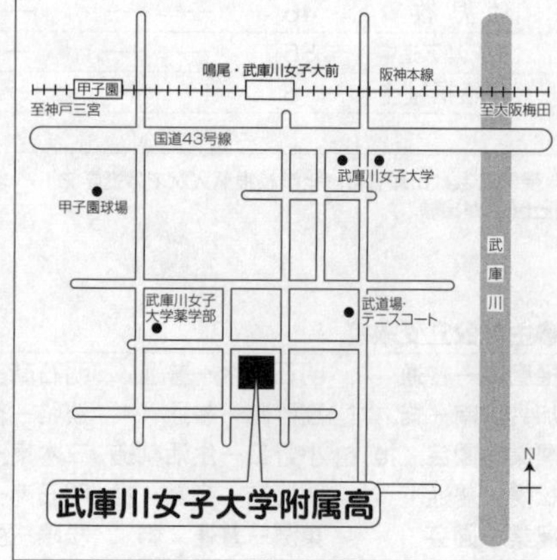

進研Vもし 合格のめやす

●目標偏差値(合格可能性80%)

併願		専願	
SOARグローバルサイエンス	60	SOARグローバルサイエンス	55
SOAR探究	58	SOAR探究	53

30 35 40 45 50 55 60 65 70 75

SOARグローバルサイエンス

努力圏 合格圏 安全圏

SOAR探究

努力圏 合格圏 安全圏

入試ガイド

●募集要項 ＊2024年度入試実施分

募集人員	SOARグローバルサイエンス20、SOAR探究140
出願期間	1/22～2/2
受験料	20,000円
学力検査	2月10日
面接	B方式･C方式のみ
合格発表	2月13日
入学手続	専願 2月21日 併願 3月22日

●試験科目と配点・時間

科目	国語	数学	英語	理科	—
配点	100点	100点	100点	100点	—
時間	50分	50分	50分	50分	—

＊A方式は4教科のうち、英・数を必須とし、理または国を選択。＊漢検・数検・英語資格活用あり。＊B方式は書類・面接、C方式は書類・面接・実技。

●学費

入学金	350,000円	制服・その他制定品	241,348円
年間授業料	640,800円	施設費	100,000円
諸会費	31,820円	その他(教材費等)	144,300円
積立金	176,400円	初年度納入金合計	1,684,668円

＊上記はR5創造グローバルコースの場合

入試状況

●併願・専願

年度	学科・コース	受験者数	合格者数	回し	倍率	合格最低点
'24	SOARグローバルサイエンス	147	19	—	—	199/300
	SOAR探究		126	—	—	138/300
'23	創造サイエンス	150	15	—	—	291/400
	創造グローバル		135	—	—	151/300
'22	創造サイエンス	171	20	—	—	300/400
	創造グローバル		151	—	—	160/300

●主な公立受験校

尼崎小田ー普通　鳴尾ー普通　尼崎稲園ー普通
尼崎北ー普通　池田ー普通　御影ー普通
市岡ー普通　東播磨ー普通　県西宮ー普通／推
尼崎小田ー普／特　市伊丹ー国文／推　県伊丹ー普通／特
国際ー国際／推　神戸鈴蘭台ー普通　夢野台ー普通

卒業後の進路

卒業者数／223人

大学進学	短大進学	専門学校等	就職	進学準備ほか
212人	1人	7人	1人	2人

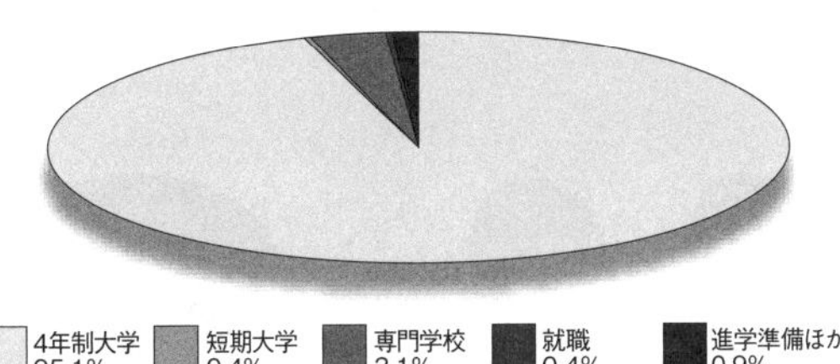

4年制大学 95.1%　短期大学 0.4%　専門学校 3.1%　就職 0.4%　進学準備ほか 0.9%

●主な大学合格状況

国・公立大／
神戸大 2　大阪教育大 1　兵庫県立大 1
私立大／
関西大 2　関西学院大 2　同志社大 2
武庫川女子大 187　武庫川女子大短期 1

百合学院高等学校

学校法人 百合学院
〒661-0974 尼崎市若王寺2-18-2
TEL06-6491-6298　FAX06-6491-6607
http://www.yuri-gakuin.ac.jp/

■創立／昭和28年（1953）　**■校長**／葵　光裕
■生徒数／214人（1年／67人 2年／78人 3年／69人）
■併設校／百合学院中学校　百合学院小学校　百合学院幼稚園
■沿革／昭和28年、聖母幼稚園を開園。同30年百合学院設立。同39年百合学院高等学校を開校。平成14年ミカエルホール等完成。
■交通／阪急「園田」から徒歩12分、JR「塚口」から徒歩18分。スクールバス＝阪急「園田」（5分）、JR「尼崎」（10分）、阪神「尼崎」（30分）

インフォメーション INFORMATION

●教育方針／「純潔・愛徳」を校訓とし、カトリックの隣人愛の教えを教育の基礎として、少人数のアットホームで落ち着いた雰囲気の中、豊かな心をはぐくむ教育を実践しています。
●学校行事／聖母祭・学院バザー（6月）、体育祭・文化活動発表会（9月）、校外学習・待降節の集い（11月）、クリスマスの集い（12月）、インターンシップ（2月）など。修学旅行（6月・2年）は北海道へ。
●クラブ活動／体育系は全国大会出場のチアダンス、近畿大会出場のバスケットボール、軟式野球、バドミントン、テニスの5部。文化系はアンサンブル、書道、美術、プログラミングなど8部。また「課外レッスン」として声楽・ピアノ・いけばなの3つが活動しています。
●スクールライフ／3学期制／登校時刻…8：25／頭髪…染色・パーマ禁止（肩にかかる場合は結ぶ）／アルバイト…禁止／自転車通学…許可（許可書提出）／携帯…許可（許可書提出）

カリキュラム CURRICULUM

2025年度、新コースがスタートします。20年以上の実績を持ち、文部科学大臣表彰を受賞した先進のキャリア教育と、個別指導および豊富な指定校推薦枠で100%近い大学現役合格を誇る進学指導が基盤となります。

●アカデミックリサーチコース
個々の興味を徹底的に深めて発表する20年以上の実績を持つ独自の探究学習は、その力を生かして難関大学に合格する生徒を多数輩出しています。この探究学習をさらに進化させて国公立大学・難関私立大学を目指すコースです。特色ある取り組みは、探究学習の他、毎日7時間授業、1・2年生の夏休み前に行われる勉強合宿、個々の進路に合わせたきめ細やかな選択授業、外部講師を招いての各教科の学び方や大学の模擬授業などです。

●キャリアリサーチコース
「どうしたら社会で生きる力がつくのか」を試行錯誤してきたキャリア教育では、実在の企業にアイデアを提案するコンテストで20年連続全国大会に出場しています。ここで身につけた力で幅広い学部の私立大学進学を目指すコースです。特色ある取り組みは、キャリアの授業の他に、「看護・医療系」「情報系」等進路に合わせた実践的な選択科目、「プレゼンテーション講座」や「自分の強みを生かしたキャリア形成講座」など学年の特色に合わせた特別授業などです。

先輩から

百合学院は、先生との距離も近く、自分の個性を活かせる学校です。テスト前など、分からないところがある時、先生に何度も質問をしに行きますが、その度に先生は優しく丁寧に教えて下さいます。また、普段から勉強に関することや学校生活のことなどでよく声をかけてくださいます。将来は、日本の伝統を海外に伝える仕事をしたいと思っています。（A・K）

進研Vもし 合格のめやす

●目標偏差値(合格可能性80%)

併願	専願
アカデミックリサーチ 53	アカデミックリサーチ 50
キャリアリサーチ…… 49	キャリアリサーチ…… 47

30 35 40 45 50 55 60 65 70 75

アカデミックリサーチ
努力圏 合格圏 安全圏

キャリアリサーチ
努力圏 合格圏 安全圏

入試状況

●併願

年度 学科・コース	受験者数	合格者数	回し	倍率	合格最低点
'24 選抜特進	30	30	—	1.00	141/300
特進	26	26	—	1.00	113/300
'23 選抜特進	29	29	—	1.00	150/300
特進	35	35	—	1.00	111/300
'22 選抜特進	26	26	—	1.00	154/300
特進	30	30	—	1.00	90/300

●専願

年度 学科・コース	受験者数	合格者数	回し	倍率	合格最低点
'24 選抜特進	24	22	—	1.09	145/300
特進	38	38	2	1.00	108/300
'23 選抜特進	29	25	—	1.16	140/300
特進	44	44	4	1.00	94/300
'22 選抜特進	25	20	—	1.25	148/300
特進	40	39	5	1.03	98/300

＊内部進学を含む。＊選抜特進の点数は3科目のもの。

●主な公立受験校

市伊丹－普通	西宮北－普通	尼崎小田－普通
川西北陵－普通	川西緑台－普通	鳴尾－普通
宝塚東－普通	尼崎稲園－普通	伊丹西－普通
兵県大附－総／推	市尼崎－普通／特	伊丹北－総合
西宮今津－総合	尼崎双星－普通	北摂三田－普通

入試ガイド

●募集要項　＊2024年度入試実施分

募集人員	選抜特進40、特進100
出願期間	1/5～1/31
受験料	20,000円
学力検査	2月10日
面接	個人(約5分)
合格発表	2月12日
入学手続	専願 2月17日 併願 3月22日

＊2025年度より、アカデミックリサーチコース／キャリアリサーチコースの2コースに改編。

●試験科目と配点・時間

科目	国語	数学	英語	—	—
配点	100点	100点	100点	—	—
時間	50分	50分	50分	—	—

＊選抜特進コースは理・社(各50分・各100点)を加えた5科型受験の選択も可能。推薦入試は国・数・英の中から1つ選択。
＊英検・漢検・数検の資格活用あり。

●学費

入学金	270,000円	制服等制定品費	105,280～円
年間授業料	384,000円	施設設備費	180,000円
諸会費計	128,800円	学年教材費	120,000円
修学旅行積立	84,000円	初年度納入金合計	1,272,080～円

＊特進コースの場合

卒業後の進路

卒業者数／78人

大学進学	短大進学	専門学校等	就職	進学準備ほか
72人	2人	2人	—	2人

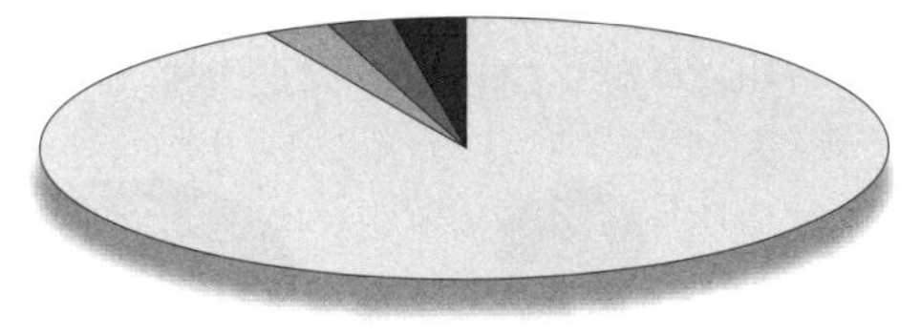

4年制大学 92.3%　短期大学 2.6%　専門学校 2.6%　就職 —　進学準備ほか 2.6%

●主な大学合格状況

国・公立大／
神戸大 1　和歌山県医 1　神戸市外国語大 1

私立大／
関西大 5　関西学院大 11　同志社大 1
立命館大 1　京都産業大 2　近畿大 3
甲南大 5　龍谷大 2　摂南大 2
神戸学院大 2　追手門学院大 2　桃山学院大 2
神戸女学院大 6　甲南女子大 5　神戸松蔭女子学院大 4
大阪成蹊大 4　京都女子大 3　神戸親和大 3
京都ﾉｰﾄﾙﾀﾞﾑ女子 2　京都芸術大 2　大阪音楽大 2
京都外国語大 2　大阪産業大 2　大阪学院大 3
神戸薬科大 2　京都薬科大 1　大阪医科薬科大 1

芦屋学園高等学校

学校法人 芦屋学園
〒659-0011 芦屋市六麓荘町16-18
TEL0797-31-0666　FAX0797-31-6641
https://www.ashiya.ed.jp/

■**創立**／昭和11年（1936）　■**校長**／磯村　要
■**生徒数**／677人（1年／259人 2年／221人 3年／197人）
■**併設校**／芦屋大学　芦屋学園中学校
■**沿革**／昭和11年芦屋高等女学校を設立。同60年国際文化科を設置。同61年芦屋大学附属高等学校に改称。平成21年芦屋学園高等学校に校名を変更。同24年から全コースで男女を募集。
■**交通**／阪急神戸線「芦屋川」、JR神戸線・阪神本線「芦屋」、三田・岡場方面からスクールバス

インフォメーション　INFORMATION

●**教育方針**／「人それぞれに天職に生きる」が教育理念。大阪湾を一望できる恵まれた教育環境のもと、生徒1人ひとりの個性に対応し、基礎基本を大切にした授業を行っています。
●**学校行事**／学習合宿（7月・特進1・2年）、カナダ短期留学（7月・国際文化2年）、海外提携校語学研修・クラブ合宿（8月）、体育大会・学園祭（10月）、修学旅行（11月・2年）、芸術鑑賞会（12月）など。
●**クラブ活動**／体育系は全国レベルのサッカー、ダンス、卓球（女子）、レスリングをはじめ硬式テニス、バスケットボール（男女）、陸上、バドミントン、ボクシング、ソフトテニスなど。文化系は書道、美術、吹奏楽、ESS、ボランティア、パソコン、合唱、放送などが活動中。加入率は約80％です。
●**海外交流**／国際文化科を中心とした、海外留学・研修プログラムが充実。また海外研修・修学旅行（英語圏）や提携校留学（主にオーストラリア、2～3週間）、ホームステイ語学研修（希望者）など、普通科も参加できる制度も豊富です。
●**スクールライフ**／3学期制／登校時刻…8：45　／頭髪…染色・パーマ禁止／アルバイト…許可（原則は禁止であるが、個々に対応し許可している）／自転車通学…禁止／携帯…許可

カリキュラム　CURRICULUM

●**普通科　アドバンスコース**
学力向上へ強い意欲を持ち、深い探求心と高い教養を身に付けて、難関大学進学を目指します。
●**普通科　スタンダードコース**
充実した学校生活を通じて、目標とする生き方を見つけ、自分の可能性を引き出して進路決定を目指します。
●**普通科　アスリートコース**
運動系の部活動を中心とした学校生活を送り、スポーツで培った人間力で進路実現を目指します。
●**国際文化科**
英語4技能を総合して伸ばすとともに、海外留学等の国際経験を活かした進路実現を目指します。

先輩から

いちばん好きな授業は、やはり英会話。日本人の先生の授業では教えてもらえない言葉をたくさん学べるので、とても楽しいです。その結果、留学もとても充実して過ごすことができました。英語力はもちろん、留学を通じて視野が広くなり、考え方も柔軟になったような気がします。今は英語や日本語の表現方法をもっと深く勉強して、さらに豊かな国際感覚を身につけたいと思っています。（国際文化科　T・O）

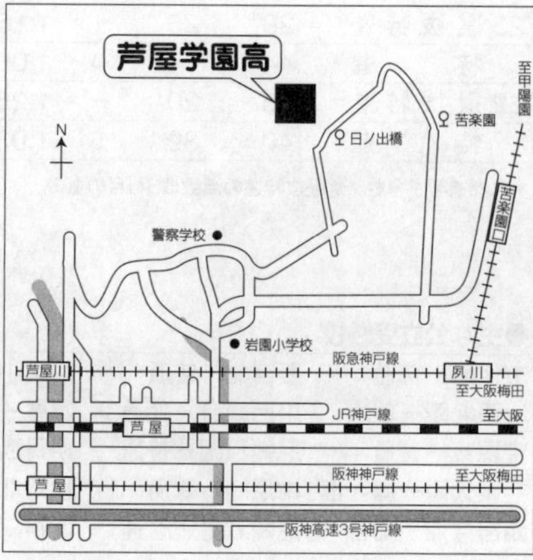

進研Vもし 合格のめやす

●目標偏差値(合格可能性80%)

併願		専願	
アドバンス	50	アドバンス	46
国際文化科	48	国際文化科	44
スタンダード	44	スタンダード	42
		アスリート	42

30 35 40 45 50 55 60 65 70 75

アドバンス　努力圏 合格圏 安全圏

国際文化科　努力圏 合格圏 安全圏

スタンダード　努力圏 合格圏 安全圏

アスリート（専願）　努力圏 合格圏 安全圏

入試状況

●併願

年度	学科・コース	受験者数	合格者数	回し	倍率	合格最低点
'24	特進	82	80	—	1.03	151/300
	国際文化科	26	26	—	1.00	164/300
	総合進学Ⅰ類	98	98	1	1.00	123/300
	総合進学Ⅱ類	152	152	1	1.00	108/300
	アスリート	—	—	—	—	—/—

●専願

年度	学科・コース	受験者数	合格者数	回し	倍率	合格最低点
'24	特進	10	7	—	1.43	144/300
	国際文化科	13	13	—	1.00	122/300
	総合進学Ⅰ類	19	13	—	1.46	146/300
	総合進学Ⅱ類	92	91	13	1.01	82/300
	アスリート	40	35	—	1.14	84/300

●主な公立受験校

西宮南－普通　西宮甲山－普通　西宮今津－総合
西宮今津－総／推　西宮南－普通／特　東灘－普通
宝塚－普通／特　宝塚－普通　国際－国際／推
西宮北－普通　尼崎西－普通　宝塚東－普通
鳴尾－普通　伊丹西－普通　市尼崎－普通

入試ガイド

●募集要項　＊2024年度入試実施分

募集人員	普通科＝特進20、総合進学Ⅰ類30、総合進学Ⅱ類125、アスリート（専願）35、国際文化科＝30 ＊内部進学を含む
出願期間	1/15～1/25
受験料	20,000円
学力検査	2月10日
面接	専願のみ(グループ10分)
合格発表	2月13日
入学手続	専願 2月16日 併願 3月21日

＊2025年度、特進コース・総合進学コースは新コース(アドバンスコース・スタンダードコース)として再編。

●試験科目と配点・時間

科目	国語	数学	英語	—	—
配点	100点	100点	100点	—	—
時間	50分	50分	50分	—	—

●学費

入学金	300,000円	制服等制定品費	約 110,000～円
年間授業料	432,000円	教科書・副教材費	50,000円
諸会費計	27,000円	教育充実費	120,000円
修学旅行積立	156,000円	初年度納入金合計	約 1,195,000～円

＊普通科の場合

卒業後の進路

卒業者数／240人

大学進学	短大進学	専門学校等	就職	進学準備ほか
155人	6人	50人	8人	21人

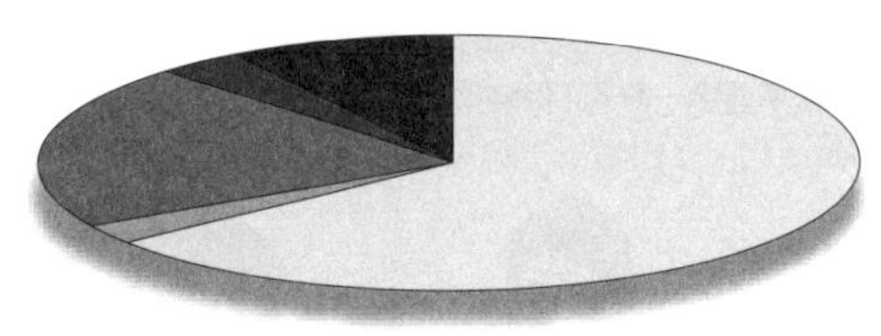

4年制大学 64.6%　短期大学 2.5%　専門学校 20.8%　就職 3.3%　進学準備ほか 8.8%

●主な大学合格状況

私立大／

関西大 1　関西学院大 1　同志社大 1
京都産業大 2　近畿大 2　甲南大 3
神戸学院大 11　追手門学院大 2　芦屋大 19
大手前大 15　大阪音楽大 1　大阪学院大 12
関西外国語大 4　大阪商業大 2　京都外国語大 3
大阪産業大 6　大阪工業大 1　日本体育大 1
大阪経済大 4　立命館ｱｼﾞｱ太平洋大 1　兵庫医科大 2
天理大 1　神戸女学院大 1　神戸松蔭女子学院大 3
流通科学大 19　森ノ宮医療大 1

育英高等学校

学校法人 武井育英会
〒653-0855 神戸市長田区長尾町2-1-15
TEL078-611-6001　FAX078-611-6041
http://www.ikuei.ac.jp

■創立／明治32年（1899）　■校長／清瀬欣之
■生徒数／908人（1年／225人 2年／319人 3年／364人）
■沿革／明治32年「数英漢学会」（神戸市中山手通）を創立。昭和5年現在地に移転。同23年新制育英高等学校に。平成27年男女共学スタート。令和元年創立120周年を迎えました。
■交通／山陽電鉄・市営地下鉄「板宿」から徒歩15分（またはバス）、神戸電鉄「長田」から市バスで「育英高校前」下車

インフォメーション INFORMATION

●**教育方針**／「各有能（1人ひとりの能力を育てる）」を理念とし、豊かな人間形成を追求。平成27年からは女子も加わり、勉学やスポーツ、文化活動に、特性をさらに伸ばす教育を展開しています。

●**学校行事**／新入生オリエンテーション（4月）、校外学習（5月）、育英祭（6月）、海外語学研修・夏期講習（7月）、体育祭（10月）、校外学習（11月）、防災訓練（1月）など。修学旅行（2月・2年）はハワイ・北海道の選択制。

●**クラブ活動**／硬式野球、バスケットボール、剣道、柔道、卓球、ハンドボールなどが全国大会をはじめとする各大会で活躍中。また、写真、吹奏楽、美術など文化部の活動も盛んです。体育系13部・文化系6部のほか、2同好会、2委員会、生徒会。クラブ加入率は約60％です。

●**海外交流**／夏休みを利用したオーストラリア海外語学研修と現地交流を実施しています（希望者対象）。語学学校での学習とホームステイによる16日間の体験プログラムです。

●**スクールライフ**／3学期制／登校時刻…8：35／頭髪…染色・パーマ・ピアス・カラーコンタクト等禁止／アルバイト…禁止／自転車通学…許可（保険に加入）／携帯…許可（校内での使用禁止）

カリキュラム CURRICULUM

●**特別進学理系コース／特別進学文系コース**
5教科重視のカリキュラムで、国公立大・難関私立大への進学を目指すコースです。週4日は7限授業に加え、8・9限目の講習を設定しています。きめ細やかなサポートはもとより特設の補習、休暇中の特別講習などを通して、難関校に対応できる学力を培います。進級時には他コースへの変更も可能です。

●**理系進学コース**
難関私立大学理系学部進学を目指すコースです。理系3教科を重視したカリキュラムを組んでおり、週4日は7限授業が行われます。7限終了後は講習の受講（8・9限）、または部活動への参加が可能です。進級時には他コースへの変更も可能です。

●**文系進学コース**
難関私立大学文系学部進学を目指すコースです。文系3教科を重視したカリキュラムを組んでおり、週4日は7限授業が行われます。7限終了後は講習の受講（8・9限）、または部活動への参加が可能です。進級時には他コースへの変更も可能です。

●**総合進学コース**
私立大・専門学校進学から就職まで、幅広い進路に対応。月～金すべてが6限授業のため、クラブ活動との両立がしやすいコースです。1年次は徹底した基本事項の反復により、基礎学力を養成。進級時には他コースへの変更も可能です。

先輩から

印象に残っているのは先生方の楽しい授業、休み時間中の友人たちとのいろいろな語らい、年に1度の育英祭など、楽しかった日々の思い出ばかりです。どの先生も授業や生活面で、厳しくも優しく指導していただき、授業終了後や放課後も勉強・進路のほか、悩み事などについても親身になって助言をしてくださいました。部活動が盛んな育英の友人たちは、広い心を持った思いやりのある人ばかりでした。（D・Y）

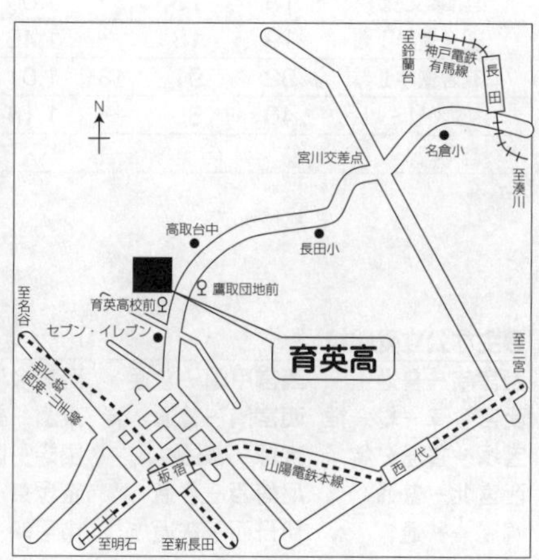

進研Vもし　合格のめやす

●目標偏差値（合格可能性80%）

併願		専願	
特別進学理系	56	特別進学理系	51
特別進学文系	55	特別進学文系	50
理系進学	51	理系進学	46
文系進学	50	文系進学	45
総合進学	47	総合進学	42

30　35　40　45　50　55　60　65　70　75

特別進学理系　努力圏　合格圏　安全圏

特別進学文系　努力圏　合格圏　安全圏

理系進学　努力圏　合格圏　安全圏

総合進学　努力圏　合格圏　安全圏

入試状況

●併願

年度	学科・コース	受験者数	合格者数	回し	倍率	合格最低点
'24	特別進学理系	172	153	—	1.12	190/300
	特別進学文系	175	139	—	1.26	190/300
	理系進学	207	192	13	1.08	160/300
	文系進学	230	206	24	1.12	160/300
	総合進学	502	502	56	1.00	129/300

●専願

年度	学科・コース	受験者数	合格者数	回し	倍率	合格最低点
'24	特別進学理系	4	2	—	2.00	175/300
	特別進学文系	9	6	—	1.50	175/300
	理系進学	5	5	1	1.00	145/300
	文系進学	21	17	3	1.24	145/300
	総合進学	100	100	5	1.00	114/300

●主な公立受験校

舞子ー普通　須磨翔風ー総／推　須磨東ー普通
神戸鈴蘭台ー普通　須磨友が丘ー総合　須磨友丘ー総／推
伊川谷北ー普通　夢野台ー普通　明石ー普通
神戸高塚ー普通　須磨翔風ー総合　伊川谷ー普通
神港橘ーみらい商　明石城西ー普通　六甲アー普通

入試ガイド

●募集要項　＊2024年度入試実施分

募集人員	特別進学理系30、特別進学文系30、理系進学40、文系進学40、総合進学220
出願期間	1/10〜1/30
受験料	20,000円
学力検査	2月10日
面接	実施しない
合格発表	2月13日
入学手続	専願 2月20日 併願 3月21日

●試験科目と配点・時間

科目	国語	数学	英語	—	—
配点	100点	100点	100点	—	—
時間	50分	50分	50分	—	—

●学費

入学金	200,000円	制服・制定品費	89,180〜円
年間授業料	438,000円	教科書代	約 30,000円
諸会費等計	146,000円	施設設備資金	230,000円
修学旅行積立総額	140,000〜円	初年度納入金合計	1,273,180〜円

卒業後の進路

卒業者数／347人

大学進学	短大進学	専門学校等	就職	進学準備ほか
—	—	—	—	—

＊人数は非公表

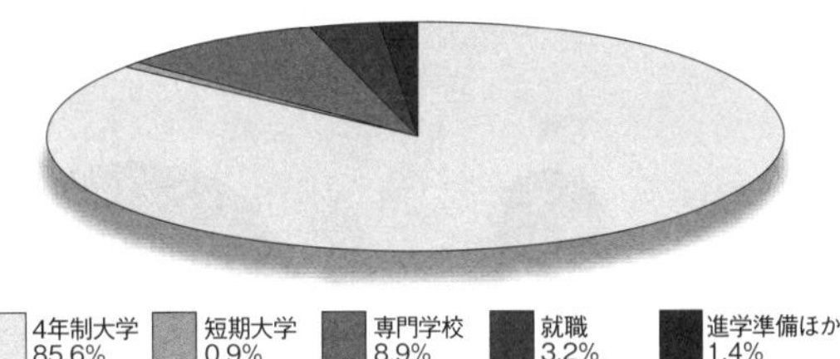

4年制大学 85.6%　短期大学 0.9%　専門学校 8.9%　就職 3.2%　進学準備ほか 1.4%

●主な大学合格状況

国・公立大／
山口大 1　香川大 1　大分大 1
琉球大 1　兵庫県立大 2　県立広島大 1

私立大／
関西大 8　関西学院大 27　同志社大 5
立命館大 5　京都産業大 20　近畿大 69
甲南大 28　龍谷大 2　摂南大 8
神戸学院大 77　追手門学院大 11　桃山学院大 4
慶應義塾大 1　中央大 1　明治大 2
大阪工業大 21　大阪電気通信大 12　大阪経済大 7
兵庫医科大 3　武庫川女子大 11　同志社女子大 1
関西外国語大 12　大阪産業大 41

市川高等学校

学校法人 市川学院
〒679-2395 神崎郡市川町東川辺776-18
TEL0790-26-0751　FAX0790-26-0703
https://www.ichikawa.ed.jp

■創立／昭和34年（1959）　■校長／石川伸也
■生徒数／385人（1年／104人 2年／132人 3年／149人）
■沿革／昭和36年市川町立市川商業学校として発足。同40年現校名に変更。同56年室内温水プール（洗心館）完成。同62年武道場（至道館）完成。平成4年相撲場（百錬道場）・テニスコート完成。同13年卓球場（急水場）完成。令和2年創立60周年を迎えました。
■交通／JR播但線「甘地」から徒歩15分、スクールバスあり（加古川／加古川北・小野／高砂／社・滝野・西脇／新宮・龍野の各コース）

インフォメーション INFORMATION

●**教育方針**／「崇高な精神を養い、健康な身体を鍛え、互いに敬い、互いに愛し、円満な人格を完成します」を校訓（建学の精神）とし、すべての教育活動を通して、「学び」「育ち」「ひと」を醸成し建学の精神の具現化を図ることを教育目標としています。
●**学校行事**／花まつり（5月）、球技大会（6月・12月）、大学見学会・インターンシップ（8月）、体育大会（10月）、文化祭（11月）、マラソン大会（2月）など。修学旅行（6月）は北海道へ。
●**クラブ活動**／体育系の野球、相撲及び柔道部は強化部、他にソフトテニス、剣道、バレーボール、陸上競技、卓球、バスケットボール及び応援団。文化系は、吹奏楽、茶華道、書道及び情報メディア。同好会はダンスがあります。
●**施設・設備**／3階建ての本館及び新館を中心に、体育館（講堂）、図書室、学生食堂、第一・第二グラウンド、相撲場、卓球場など充実しています。
●**スクールライフ**／3学期制／登校時刻…8：30／頭髪…染色・パーマ禁止／アルバイト…許可制／自転車通学…許可制／携帯…許可制（校内使用禁止）

カリキュラム CURRICULUM

●**アドバンスコース**
国公立大学や有名私立大学をめざせるカリキュラムを編成しています。多様化する大学や専門学校への進学を経験豊かなスタッフが、一人一人を応援します。また、難関企業への就職、公務員などさまざまな進路選択を可能としています。
●**キャリアコース**
基礎から学べるカリキュラムで、授業だけでなく朝学習、放課後や夏休みの補習などあらゆる機会に学習活動を展開しています。キャリアコースは、2年生からはキャリアクラスと地域探究クラスを編成し、地域での探究を深めます。漢字検定、英語検定など各種検定試験に挑戦します。教員（教科、担任、部活動顧問）が、きめ細かく丁寧に学びをサポートします。

先輩から

市川高校では独自のカリキュラム「坐禅」の授業があります。禅堂で1時間しっかり座り、自己を見つめます。最初は慣れず、苦痛に感じることもありましたが、3年間やり遂げたときには大きな達成感を味わえました。人間的に大きくなるのだと思います。授業以外でも体育大会、文化祭など盛り上がる行事が多くあります。個性豊かな学生とともに、伝統ある市川高校で自分を高めてほしいと思います。（J・F）

進研Vもし 合格のめやす

●目標偏差値(合格可能性80%)

併願		専願	
アドバンス	53	アドバンス	50
キャリア	42	キャリア	39

30 35 40 45 50 55 60 65 70 75

アドバンス：努力圏 合格圏 安全圏

キャリア：努力圏 合格圏 安全圏

入試ガイド

●募集要項 ＊2024年度入試実施分

募集人員　アドバンス30、キャリア320

出願期間　1/22〜1/26
受験料　20,000円
学力検査　2月10日
面接　実施しない
合格発表　2月13日
入学手続　推薦・専願 2月27日
　併願 3月22日

●試験科目と配点・時間

科目	国語	数学	英語	—	—
配点	100点	100点	100点	—	—
時間	50分	50分	50分	—	—

●学費

入学金	210,000円	制服・学用品等	139,700〜円
年間授業料	390,000円	学年諸費用	約 40,000円
諸会費計	21,000円	施設費	200,000円
修学旅行積立	120,000円	初年度納入金合計約	1,120,700〜円

入試状況

●併願

年度	学科・コース	受験者数	合格者数	回し	倍率	合格最低点
'24	アドバンス	109	107	—	1.02	—/300
	キャリア	391	390	2	1.00	—/300
'23	アドバンス	160	159	—	1.01	—/300
	キャリア	459	453	1	1.01	—/300
'22	アドバンス	168	166	—	1.01	—/300
	キャリア	465	462	2	1.01	—/300

●専願

年度	学科・コース	受験者数	合格者数	回し	倍率	合格最低点
'24	アドバンス	13	12	—	1.08	—/300
	キャリア	83	83	1	1.00	—/300
'23	アドバンス	11	10	—	1.10	—/300
	キャリア	120	120	1	1.00	—/300
'22	アドバンス	6	6	—	1.00	—/300
	キャリア	146	146	—	1.00	—/300

●主な公立受験校

福崎－普通　飾磨工－機械工学　飾磨工－機械／推
飾磨工－E環境　香寺－総合／推　飾磨工－基礎／Ⅱ
相生産－機械　上郡－普通　相生産－電気／推
上郡－地域環境　西脇－普通　松陽－普通／特
高砂－普通　西脇工－機械／推　佐用－普通

卒業後の進路

卒業者数／158人

大学進学	短大進学	専門学校等	就職	進学準備ほか
30人	—	50人	69人	9人

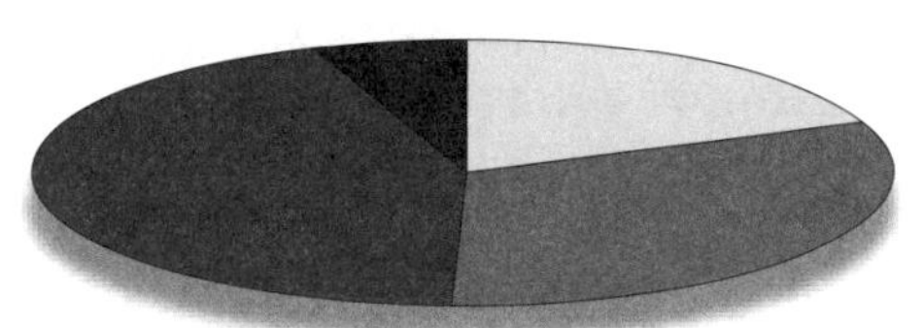

4年制大学 19.0%

短期大学 —

専門学校 31.6%

就職 43.7%
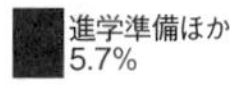
進学準備ほか 5.7%

●主な大学合格状況

私立大／
近畿大 1　龍谷大 1　神戸学院大 8
大阪経済大 1　大阪産業大 2　大阪商業大 1
京都芸術大 1　神戸医療未来大 8　神戸常盤大 1
神戸親和大 1　宝塚医療大 1　姫路獨協大 1
兵庫大 2　流通科学大 2　大阪電気通信大 1
大手前大 1　日本福祉大 1

関西学院高等部

学校法人 関西学院
〒662-8501 西宮市上ケ原一番町1-155
TEL0798-51-0975　FAX0798-51-0973
https://sh.kwansei.ac.jp/

■創立／明治22年（1889）　**■校長**／枝川　豊
■生徒数／1,151人（1年／383人 2年／386人 3年／382人）
■併設校／関西学院大学　関西学院中学部　関西学院初等部ほか
■沿革／明治22年、W・R・ランバスにより関西学院が創立されました。昭和4年 現在地に移転。同22年 新学制により新制中学部を開設。翌23年 新制高等部を開設。平成27年共学校となりました。
■交通／阪急今津線「甲東園」から徒歩15分（またはバス5分）、同「仁川」から徒歩15分、JR「西宮」からバス15分

インフォメーション　INFORMATION

●教育方針／キリスト教主義、「Mastery for Service（奉仕のための練達）」をモットーに、広く社会に貢献できる人間を育成。自由な校風の中で、多様な素質をのばします。
●学校行事／新入生オリエンテーション（4月）、春季宗教運動（5月）、校外ホームルーム（6月）、海外英語研修旅行（夏休み・希望者）、秋季宗教運動（10月）、文化祭・芸術鑑賞（11月）、クリスマス礼拝（12月）など。修学旅行（3月・2年）はコース別で実施。
●クラブ活動／アメリカンフットボールをはじめテニス、サッカー、ダンス、バスケットボール、野球、剣道、ラグビー、水泳、陸上競技などが県トップレベル及び全国大会で活躍。学友会（生徒会）では本部役員やサービス・リーダーズ（チアリーダー）、宗教部、文化部では吹奏楽、グリークラブ（合唱）、ESS、写真、理科部などが活発に活動しています。
●海外交流／「英語の関学」として知られ、国際交流も活発。海外英語研修旅行、中期・長期留学（希望者）のほか、世界の名門校と交流提携を結び、多彩な交流が行われています。
●スクールライフ／3学期制／登校時刻…8：30／頭髪…染色・パーマ禁止／アルバイト…許可（申請後、状況に応じて許可制）／自転車通学…許可（申請後、地域・状況に応じて許可制）／携帯…許可（スクールアワーには使用不可）

カリキュラム　CURRICULUM

●普通科
関西学院大学への推薦制度に支えられた、受験勉強にとらわれない豊かな学びを目指しています。2年次から文系・理系に分かれますが、ともにバランス良く様々な分野での知識を得て、人としての基本的な教養を得られるようなリベラルアーツ教育を伝統としています。英語科では、英語でスピーチやプレゼンテーションなどに取り組む、より実践的な授業を行っているほか、キリスト教主義教育の根幹を成す聖書科、卒業論文の作成を通じて自ら問いを立て、調べ、発表する力を養う読書科の授業は3年間を通じて行われます。
3年次の幅広い選択授業も特色のひとつで、通常教科をより深く学ぶ科目、体育・芸術・情報などの実技系科目、第二外国語も含めた語学系科目、そして関西学院大学の各学部の入門授業など多彩な科目が開講されています。また、英語力をさらに高めたい生徒は、大学が開講する英語インテンシブプログラムを受講することも可能です。

先輩から

文武の両立をめざして入学しました。勉強面では、2年次からコースに分かれ、3年次には選択科目が豊富に用意されていたので、興味のある授業が多く勉強できました。英語が好きなので、英語でのディベートやプレゼンテーションに積極的に取組みました。クラブの面でも全国大会をめざして、悔いのない3年間でした。全国にはあと一歩でしたが、とても熱い思いを経験することができました。（A・H）

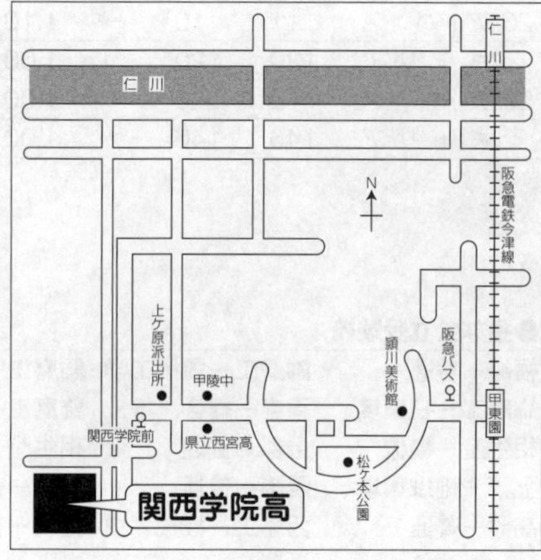

進研Vもし 合格のめやす

●目標偏差値（合格可能性80%）

併願	専願
普通科A方式…………66	普通科A方式…………63

30 35 40 45 50 55 60 65 70 75

普通科Ａ方式

努力圏 合格圏 安全圏

入試状況

●Ａ方式（一般／専願・併願）

年度	学科・コース	受験者数	合格者数	回し	倍率	合格最低点
'24	普通科	157	134	—	1.17	—/—
'23	普通科	172	126	—	1.37	—/—
'22	普通科	229	120	—	1.91	—/—

●B方式（自己推薦・専願）

年度	学科・コース	受験者数	合格者数	回し	倍率	合格最低点
'24	普通科	28	28	—	1.00	—/—
'23	普通科	50	35	—	1.43	—/—
'22	普通科	69	36	—	1.92	—/—

●主な公立受験校

市西宮－普通　神戸－総理学／推　桜塚－普通

入試ガイド

●募集要項　＊2024年度入試実施分

募集人員	普通科120（A方式100・B方式20・海外帰国生若干名）
出願期間	1/6～1/18
受験料	20,000円
学力検査	A方式 2月10日（英国数） ※B方式 2月16日（作文のみ）
面接	A方式＝個人5分　B方式＝個人15分
合格発表	A方式 2月13日　B方式 2月17日
入学手続	A方式専願2月20日　B方式2月26日 A方式併願3月21日

●試験科目と配点・時間

科目	国語	数学	英語	—	—
配点	100点	100点	120点	—	—
時間	60分	60分	70分	—	—

＊上記はＡ方式。＊英語はリスニングテスト約10分を含む。

●学費

入学金	200,000円	制服代	—
年間授業料	915,000円	その他	—
その他諸費	282,800円	その他	—
修学旅行積立	—	初年度納入金合計	1,397,800円

＊年間授業料には教育充実費を含む

卒業後の進路

卒業者数／378人

大学進学	短大進学	専門学校等	就職	進学準備ほか
367人	2人	2人	—	7人

4年制大学 97.1%　短期大学 0.5%　専門学校 0.5%　就職 —　進学準備ほか 1.9%

●主な大学合格状況

国・公立大／
東京大 1　大阪大 1　神戸大 4
東北大 2　大阪公立大 1

私立大／
関西大 4　関西学院大 371　同志社大 3
立命館大 21　近畿大 2　国際基督教大 1
上智大 1　青山学院大 2　兵庫医科大 3
大阪医科薬科大 1　神戸薬科大 1　麻布大 1

近畿大学附属豊岡高等学校

学校法人 近畿大学
〒668-0065 豊岡市戸牧100
TEL0796-22-4305　FAX0796-24-5362
https://www.kindai-toyooka.ed.jp/

■創立／昭和39年（1964）　**■校長**／吉田武志
■生徒数／532人（1年／177人 2年／170人 3年／185人）
■併設校／近畿大学　近畿大学附属豊岡中学校
■沿革／昭和39年開校。令和6年開設60周年を迎えます。
■交通／JR山陰本線「豊岡」から徒歩15分
■寮設備完備／遠方からの入学生のために男子寮・女子寮を完備しています。

インフォメーション　INFORMATION

●教育方針／知・徳・体・感の調和のとれた全人教育により、社会・人類の発展に貢献しうる優れた人材を育成することが目標。日々の学習プロセスを通して個々の可能性、思考力・表現力・創造力などを最大限に伸ばすよう指導しています。
●学校行事／近梅祭（9月）、夏季球技大会・芸術鑑賞（7月）、体育祭（9月）、研修旅行（10月・2年）、冬季球技大会（12月）、カルタ大会・スキー実習（1月）など。
●クラブ活動／陸上競技、なぎなた、男女バレーボール、男女バスケットボール、剣道、サッカー、軟式野球同好会、写真、美術、書道、自然科学（NSC）、放送、茶道、琴、ＥＳＳ、演劇、ダンス、かるた同好会、吹奏楽同好会が活動中です。
●英語教育／豊富な英語の授業をはじめとして、英語4技能の資格取得対策も万全です（令和5年準1級取得20名）。またオンライン英会話など、英会話力向上プログラムも充実しています。
●スクールライフ／3学期制／登校時刻…8：45／頭髪…染色・パーマ禁止／アルバイト…禁止／自転車通学…許可（通学距離の条件あり）／携帯…許可（許可制。朝預け、夕方返却）

カリキュラム　CURRICULUM

●特進コース（国公立大・私立大を目指すコース）
①自分の進路に合わせ全クラス、国公立大・私立大の受験が可能です。※入試の成績によって難関大合格を目指す「選抜クラス」を編成します。
②45分授業の7時間授業（月～金／土は4時間）により、これまでのノウハウをいかした中身の濃い授業を展開し、ゆとりの出来た放課後は、自分に合った補習、部活動、面談など主体的に選択できる体制を整えます。令和6年度から校時表が変わり、朝の時間帯も有意義につかえます。
③11年連続志願者数日本一の近畿大学の附属校として「近畿大学附属特別推薦制度」（専願制・併願制※併願制は国公立大との併願が可能）があります。学生寮（男子寮・女子寮）が完備され、神戸・大阪からの入学者が増加しています。自然豊かで落ち着いた環境の中で、3年後の近畿大学入学を目指すことができます。
④1人1台の Chromebook 活用で、学びの範囲を大きく拡げ、未来への力を育成しています。合成生物学の世界大会＠パリで世界最優秀賞、ロボット競技世界大会＠モロッコでロボットデザイン部門世界3位など、様々な場所で輝く生徒が育っています。

先輩から

僕の近大豊岡の3年間は他の自宅通学生とは違い、寮に荷物を運び入れることから始まりました。入寮してみると、不安でいっぱいだった僕に先輩たちが「こっち来て一緒に話そう」と言ってくれたので、すぐに仲良くなれたのを覚えています。この寮でみんなと協力して過ごせたおかげで、京都大学にも入学できたのだと思います。また、この仲間はこれからもずっと助け合える大切な親友です。（Y・W）

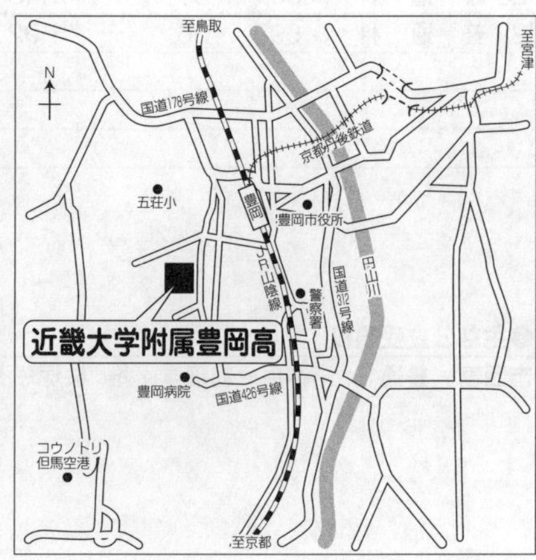

進研Vもし 合格のめやす

●目標偏差値(合格可能性80%)

併願	専願
特進……57	特進……53

	30	35	40	45	50	55	60	65	70	75
特進					努力圏	合格圏	安全圏			

入試状況

●併願

年度	学科・コース	受験者数	合格者数	回し	倍率	合格最低点
'24	特進	238	238	—	1.00	—/—
'23	特進	217	217	—	1.00	—/—
'22	特進	227	226	—	1.00	—/—

●専願

年度	学科・コース	受験者数	合格者数	回し	倍率	合格最低点
'24	特進	109	109	—	1.00	—/—
'23	特進	107	107	—	1.00	—/—
'22	特進	127	127	—	1.00	—/—

●主な公立受験校

豊岡ー普通	峰山ー普通／前	豊岡ー理数／推
八鹿ー普通	豊岡総合ー総合	兵県大附ー総／推
峰山ー普通	龍野ー総自然／推	龍野ー普通

入試ガイド

●募集要項　＊2024年度入試実施分

募集人員	特進120
出願期間	1/18～2/2
受験料	20,000円
学力検査	2月10日
面接	学業特待生希望者・近大附属「子どもの未来サポートプラン」希望者のみ
合格発表	2月13日
入学手続	専願 2月16日 併願 3月21日

●試験科目と配点・時間

科目	国語	数学	英語	—	—
配点	100点	100点	100点	—	—
時間	60分	60分	60分	—	—

＊A配点(学科試験300点満点)とB配点(学科試験150点＋調査書150点)で算出し、高得点の方を合否判定に用いる。＊英検の資格活用あり。

●学費

入学金	250,000円	制服・体操服代	—
年間授業料	459,600円	施設設備費	—
諸会費計	26,100円	その他	—
修学旅行積立	126,000円	初年度納入金合計	861,700円

卒業後の進路

卒業者数／154人

大学進学	短大進学	専門学校等	就職	進学準備ほか
143人	—	8人	—	3人

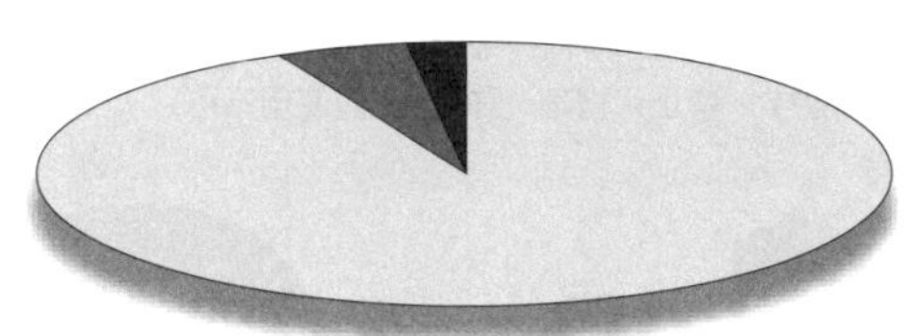

4年制大学 92.9%　短期大学 —　専門学校 5.2%　就職 —　進学準備ほか 1.9%

●主な大学合格状況

国・公立大／

京都大 1　大阪大 5　神戸大 3
北海道大 1　名古屋大 1　滋賀大 2
京都工繊大 1　大阪教育大 1　電気通信大 1
広島大 1　鳥取大 7　島根大 2
山口大 1　高知大 2　大阪公立大 2
兵庫県立大 3　福知山公立大 1　名古屋市立大 1

私立大／

関西大 4　関西学院大 6　同志社大 7
立命館大 23　京都産業大 4　近畿大 139
龍谷大 10　慶應義塾大 2　上智大 1
東京理科大 5　明治大 1

啓明学院高等学校

学校法人 啓明学院
〒654-0131 神戸市須磨区横尾9-5-1
TEL078-741-1501　FAX078-741-1512
https://www.keimei.ed.jp

■創立／大正12年（1923）　■校長／指宿　力
■生徒数／739人（1年／256人 2年／248人 3年／235人）
■併設校／関西学院大学（継続校）　啓明学院中学校
■沿革／1886年パルモア学院創立。1923年パルモア学院女子部独立。1940年啓明女学院に改称。2002年啓明学院中学校、2005年高等学校が発足。2023年創立100周年を迎えました。
■交通／地下鉄「妙法寺」から徒歩12分（またはバスで3分）、山陽電鉄「山陽須磨」・JR「須磨」から市バスで「啓明学院前」下車

インフォメーション　INFORMATION

●**教育方針**／キリスト教の精神を土台とした全人教育をめざしています。大学教育までをふまえた人間教育と知的鍛錬により、生涯にわたって学び続ける自学自習の姿勢を確立させます。

●**学校行事**／前島オリエンテーションキャンプ（4月）、体育祭（5月）、合唱コンクール（6月）、海洋冒険キャンプ（7月）、校外学習（9月）、関西学院大学学部訪問（10月）、明星祭（11月）、クリスマス礼拝・インド交流プログラム（12月）など。修学旅行（9月・2年）はマレーシア・シンガポールへ。

●**クラブ活動**／体育系はアメリカンフットボール、テニス、サッカー、バスケットボール、ソフトテニス、チアリーディング、剣道など。文化系は吹奏楽、ESS、演劇、軽音楽、伝統文化など。クラブ加入率は約90％以上です。

●**海外交流**／同校では全生徒の約1割を帰国生が占め、留学生もいっしょに学んでいます。イギリス語学研修（7月・約1ヵ月間）、インド交流プログラム（9日間）なども実施。多様性の中で新しい発見が生まれ、1人ひとりの成長が加速されていきます。

●**スクールライフ**／3学期制／登校時刻…8：30／頭髪…染色・パーマ禁止／アルバイト…許可（高3、または経済的な事情）／自転車通学…禁止／携帯…許可（校内使用不可）

カリキュラム　CURRICULUM

●**普通科**

関西学院大への進学を軸としながら、国公立大・有名私立大への進学者もいます。文系／理系のコース分けは行わず、文系に進む生徒も数学・理科を、理系に進む生徒も国語・社会をしっかり学びます。外国人教師による英会話を必修とするなど、100年余におよぶ英語学校としての伝統が受け継がれ、英検やTOEIC受験もサポート。欧米の伝統的な読書技術を学ぶ「読書教育」と「多読」の手法によって英語の思考回路を身につけ、論理的な思考力を高めます。3年次には各自の研究テーマごとに「学術研究レポート」を作成、要旨をまとめてプレゼンテーションを行います。3年次の3学期には、第2外国語（ドイツ語・フランス語・中国語・韓国語・スペイン語・ポルトガル語）が選択必修となっています。

月〜金曜日は週5日・33時間の必修授業により、基礎学力を養成。土曜日は、生徒が生涯学習への扉を開けることができるよう、文章教室や東洋医学、音楽講座からヨガ教室に至るまで、語学・理数系・芸術・教養・スポーツなど多彩な分野にわたる選択講座を導入しています。法学特別講座など、関西学院大学と連携した講座も充実。2020年度からは「SDGs（持続可能な開発目標）」への取り組みがスタートしました。

先輩から

啓明の魅力は「自由」にあります。それは何をしてもいい、の意ではなく、各自が選択し、伸びる可能性を与えられているということです。海外留学やボランティアのチャンスも多くあります。『Trained to Serve』『本を読め 友と交われ 汗をかけ』の言葉に背を押され、いろんなことに挑戦するたび、この2つの言葉の意味がより鮮明に見えてきます。（A・T）

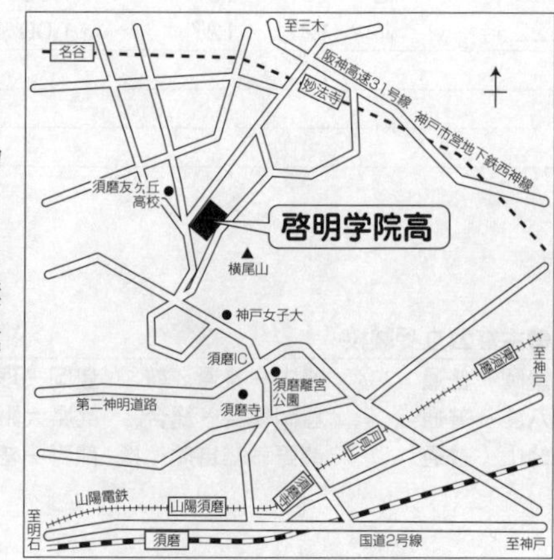

進研Vもし　合格のめやす

●目標偏差値(合格可能性80%)

	専　願
	普通科……………………59

30 35 40 45 50 55 60 65 70 75

普通科　努力圏　合格圏　安全圏

入試ガイド

●募集要項　＊2024年度入試実施分

募集人員　普通科（推薦・専願）80

出願期間　12/18〜1/26
受験料　20,000円
学力検査　2月10日
面接　実施する(10分)＊5分間の自己推薦プレゼンテーションを含む
合格発表　2月13日
入学手続　2月15日

●試験科目と配点・時間

科目	数学	英語	作文	—	—
配点	50点	50点	50点	—	—
時間	50分	50分	50分	—	—

●学費

入学金	300,000円	制服代	約 110,000〜円
年間授業料	433,000円	その他制定品費	—
諸会費計	126,000円	その他	263,000円
修学旅行積立	90,000円	初年度納入金合計	約 1,322,000円

入試状況

●推薦専願

年度	学科・コース	受験者数	合格者数	回し	倍率	合格最低点
'24	普通科	94	80	—	1.18	—/—
'23	普通科	91	81	—	1.12	—/—
'22	普通科	66	63	—	1.05	—/—

●主な公立受験校

—

卒業後の進路

卒業者数／243人

大学進学	短大進学	専門学校等	就職	進学準備ほか
238人	1人	2人	1人	1人

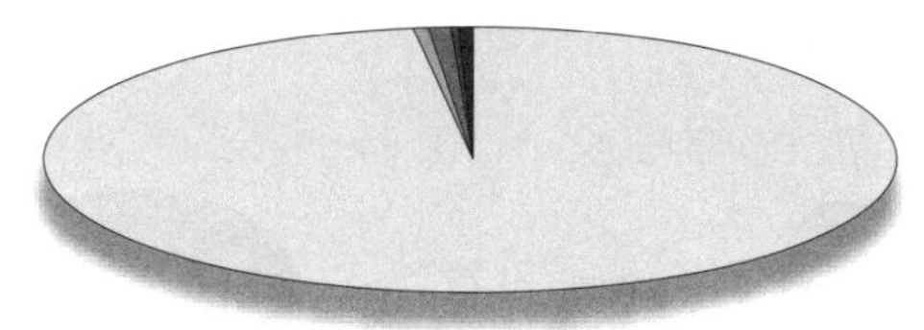

4年制大学 97.9%　短期大学 0.4%　専門学校 0.8%　就職 0.4%　進学準備ほか 0.4%

●主な大学合格状況

私立大／

関西学院大 224　早稲田大 1　慶應義塾大 1
国際基督教大 3　明治学院大 2　中央大 1
上智大 1　法政大 1　大阪産業大 2
大阪商業大 2　神戸親和大 2　大和大 1

兵庫［共学］

神戸学院大学附属高等学校

学校法人 神戸学院
〒650-0046 神戸市中央区港島中町4-6-3
TEL078-302-2016　FAX078-302-9380
https://www.kobegakuin-f.ed.jp

■**創立**／明治45年(1912)　■**校長**／西尾　勝
■**生徒数**／830人(1年／279人 2年／257人 3年／294人)
■**併設校**／神戸学院大学　神戸学院大学附属中学校
■**沿革**／明治45年私立森裁縫女学校創立。昭和41年神戸学院大学開学に伴い、神戸学院女子高等学校と改称。平成13年現校名に改称、男女共学校に。同28年ポートアイランドに校舎を移転しました。
■**交通**／ポートライナー「みなとじま」から徒歩1分

インフォメーション INFORMATION

●**教育方針**／「照顧脚下」「切磋琢磨」を校訓に、ともに社会を築く人材を育成。高大連携教育、教育の情報化、社会との出会い、国際的視野をテーマに、きめ細かな教育を展開しています。
●**学校行事**／宿泊研修(4月)、体育大会(6月)、夏期学習合宿(8月)、学院祭・校外学習(10月)、修学旅行(10月・2年)、芸術鑑賞(11月)、球技大会・合唱コンクール(12月)など。
●**クラブ活動**／全国大会出場の空手道、硬式野球をはじめ、男子バレーボール、女子ソフトテニス、剣道、柔道も近畿・県大会などで活躍中。体育系はほかに男・女サッカー、陸上競技など。文化系は吹奏楽、ESS、家庭科、パソコン、写真、放送、軽音楽、美術など。
●**海外交流**／特進グローバルコースではコースの生徒全員がニュージーランドへの1ターム留学に参加します。そのほかに希望者を対象としたオーストラリア短期語学研修、カンボジアスタディツアー、フィリピン語学研修を用意。
●**スクールライフ**／2学期制／登校時刻…8：30／頭髪…染色・パーマ禁止／アルバイト…禁止／自転車通学…禁止／携帯…許可(届出制)

カリキュラム CURRICULUM

●**特進文理コース**
国公立大学や難関私立大学への進学をめざすコースです。通常授業に加え、独自のカリキュラムを組み込んだ授業、大学や研究機関から招いた専門家による講義、科学基礎実験、ビブリオバトルやディベートなど実践を通して探究心を高め、希望の進路に必要な力を育みます。2年次からは目標に合わせて理系／文系を選択します。
●**特進グローバルコース**
国際舞台で活躍できるグローバルリーダーを育成し、海外大学・有名私立大学の語学・国際系学部への進学をめざすコースです。語学留学、英語集中講座、語学ツアーなど、多様なカリキュラムを通じて基礎能力を養成。高2終了時に英検2級の全員取得、3年次には準1級にチャレンジすることが目標です。
●**総合進学コース**
大学に進学するための学力を養成しながら、クラブ活動でも実力を発揮できるコースです。キャリア教育や高大連携プログラムも特色のひとつ。2年次からは、目標に合わせて理系／文系を選択し、充実した高校生活を送りながら「なりたい自分」を見つけることができます。

先輩から

目標はバイオテクノロジーを活用した医療関係の研究職。先生のアドバイスもあって、生物工学科のある大学に進学しました。高校では毎週「実験演習」という授業があり、ずいぶん経験を積むことができました。大学で友人に聞いてみると、他校では実験の機会は少ないようです。興味があることを深く勉強できるのも魅力。やりたいことに突き進める環境だし、先生もバックアップしてくれます。(K・Y)

進研Vもし　合格のめやす

●目標偏差値（合格可能性80%）

併願		専願	
特進文理	59	特進文理	54
特進グローバル	57	特進グローバル	51
総合進学	53	総合進学	48

30 35 40 45 50 55 60 65 70 75

特進文理　努力圏 合格圏 安全圏

特進グローバル　努力圏 合格圏 安全圏

総合進学　努力圏 合格圏 安全圏

入試状況

●併願

年度	学科・コース	受験者数	合格者数	回し	倍率	合格最低点
'24	特進文理	193	181	—	1.07	—/—
	特進グローバル	57	56	—	1.02	—/—
	総合進学	294	293	13	1.00	165/300
'23	特進文理	205	182	—	1.13	—/—
	特進グローバル	54	53	—	1.02	—/—
	総合進学	223	221	24	1.01	240/435

●専願

年度	学科・コース	受験者数	合格者数	回し	倍率	合格最低点
'24	特進文理	15	14	—	1.07	—/—
	特進グローバル	15	15	—	1.00	—/—
	総合進学	139	137	1	1.01	165/300
'23	特進文理	17	13	—	1.31	—/—
	特進グローバル	20	20	—	1.00	—/—
	総合進学	146	143	4	1.02	240/465

＊専願は加算点を含む。

●主な公立受験校

神戸鈴蘭台－普通　夢野台－普通　葺合－普通
六甲アー普通／推　御影－普通　六甲アー普通
芦屋－普通　須磨翔風－総合　東播磨－普通
須磨東－普通　西宮東－普通　須磨翔風－総／推
須磨友丘－総／推　兵庫－普通　須磨友が丘－総合

入試ガイド

●募集要項　＊2024年度入試実施分

募集人員	特進文理40、特進グローバル30、総合進学130
出願期間	1/19～1/26
受験料	22,000円
学力検査	2月10日
面接	―
合格発表	2月13日
入学手続	専願 2月16日 併願 3月22日

●試験科目と配点・時間

科目	国語	数学	英語	社会	理科
配点	100点	100点	100点	100点	100点
時間	50分	50分	50分	50分	50分

＊特進文理は国・数・英・選択（社または理）の４科。＊特進グローバル／総合進学は３科（国・数・英）。ただし特進グローバルの英語は200点満点に換算。

●学費

入学金	300,000円	制服代・制定品費	約 120,000円
年間授業料等	576,000円	施設設備費	100,000円
諸会費計	65,600円	その他	35,000円
修学旅行積立	156,000円	初年度納入金合計	約 1,352,600円

＊特進文理／総合進学コースの場合

卒業後の進路

卒業者数／ 292 人

大学進学	短大進学	専門学校等	就職	進学準備ほか
268人	2人	10人	1人	11人

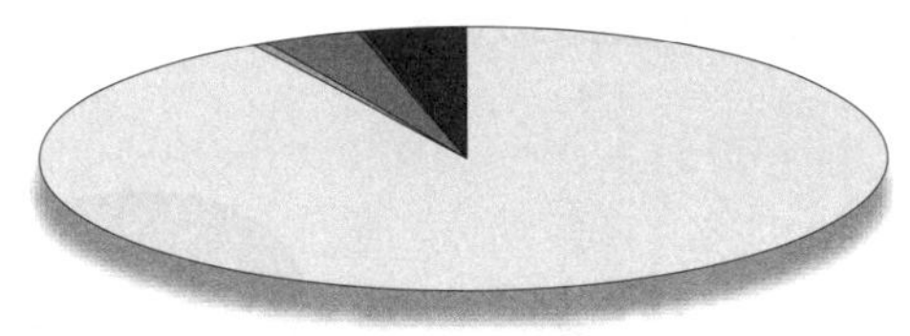

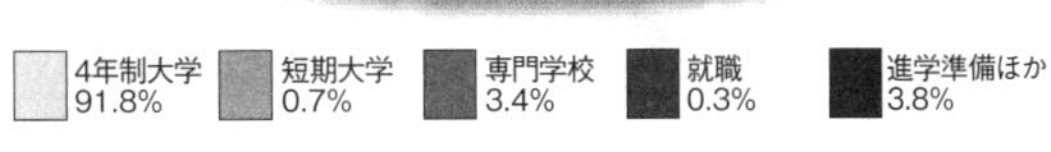

●主な大学合格状況

国・公立大／
大阪教育大 2　兵庫県立大 2

私立大／
関西大 19　関西学院大 28　同志社大 11
立命館大 17　京都産業大 21　近畿大 41
甲南大 27　龍谷大 2　佛教大 2
摂南大 5　神戸学院大 99　立命館ｱｼﾞｱ太平洋大 3
神戸薬科大 6　兵庫医科大 1　京都薬科大 1
関西外国語大 18　京都外国語大 4　同志社女子大 8
武庫川女子大 17　東京理科大 3　立教大 1
法政大 1

神戸弘陵学園高等学校

学校法人 神戸弘陵学園
〒651-1101 神戸市北区山田町小部妙賀山10-4
TEL078-593-3535 FAX078-593-6215
http://www.kobe-koryo.ed.jp/

■創立／昭和58年(1983)　■校長／井上和彦
■生徒数／580人(1年／197人 2年／206人 3年／177人)
■沿革／昭和58年開校。平成8年学生寮を設置。同26年一部コースで男女共学化、女子寮を設置。令和2年完全男女共学化。同4年創立40周年を迎えました。
■交通／神戸電鉄「北鈴蘭台」から徒歩15分、各方面スクールバス、駅からのシャトルバス有り

インフォメーション INFORMATION

●**教育方針**／「個人の能力の開発」「精神生活の拡充」「規律と秩序の確立」「公共心、道徳心の向上」をめざし、緑豊かな環境の中で、社会に即応できる能力と豊かな人間性を育成します。
●**学校行事**／校外学習(4月)、夏季進学補習(8月)、文化祭(9月)、体育祭(10月)、防災訓練・冬季進学補習(12月)など。修学旅行(2月・2年)は沖縄へ。
●**クラブ活動**／強化クラブは硬式野球(男女)・サッカー(男女)・バレーボール(男)・剣道(男女)。いずれのクラブも全国大会に出場しており、全国制覇を目標に練習に励んでいます。ほかに体育系は陸上競技、ブッシュクラフト同好会など。文化系はアニメ美術、軽音楽、写真など。加入率は約70%です。
●**施設・設備**／キャンパスには第1～第3グラウンドをはじめテニスコート3面、剣道場、野球部のトレーニングルーム、また美術室・書道室・音楽室など、各種の部活動に打ち込める環境が整っています。第3グランドは全面人工芝を完備しています。
●**スクールライフ**／3学期制／登校時刻…8：50／頭髪…染色・パーマ・加工した形禁止／アルバイト…許可(届出制)／自転車通学…許可(届出制)／携帯…許可(休み時間・昼休み)

カリキュラム CURRICULUM

●**特進コース**
国公立大・難関私立大への進学希望者を対象としたコースです。主要教科は2コマ(2時限分)連続の90分授業、土曜日は入試に備えた補習授業を実施。大学入学共通テストに対応したカリキュラムと密度の濃い少人数制授業により、学力アップをはかります。
●**進学コース**
進学に重点をおき、大学・短大・専門学校など幅広い進路に対応できるカリキュラムを用意しています。2年次からは各自の志望に対応し、理系／文系に分かれて学習。勉強やクラブ活動に、活躍できる場がたくさんあります。
●**総合コース**
私立大への進学と就職を視野に、勉学とクラブ活動の両立をめざします。1・2年次は基礎・基本を重視し、3年次には進学／就職に対応したクラスを設定。効率的なカリキュラムで、各自の適性と希望に応じた進路の実現をサポートします。
●**体育コース**
勉強とスポーツの両立をはかりながら、各自の夢実現をめざします。強化クラブである硬式野球(男・女)、サッカー(男・女)、バレーボール(男子)、剣道(男・女)の各競技に分かれて練習。卒業生は大学・社会人・プロスポーツの分野で活躍しています。

先輩から

国立大の合格、また高いレベルで全国大会をめざしてサッカーに取り組める神戸弘陵の特進コースに進路を決めました。国数英の主要教科は90分授業で、大学入試に対応した時間設定。優れた先生方が難関大学合格に向けて指導してくれます。勉強とクラブ活動の切り替えを意識することで、人間的にも大きく成長できました。難関大進学とサッカーを両立させたい人は、ぜひ特進コースで夢をつかんでください。

進研Vもし 合格のめやす

●目標偏差値（合格可能性80%）

併願		専願	
特進	50	特進	45
進学	45	進学	40
総合	41	総合	38
		体育	43

30 35 40 45 50 55 60 65 70 75

特進：努力圏 合格圏 安全圏

進学：努力圏 合格圏 安全圏

総合：努力圏 合格圏 安全圏

入試ガイド

●募集要項　＊2024年度入試実施分

募集人員　特進25、進学70、総合140、体育75

出願期間　1/9～1/29
受験料　20,000円
学力検査　2月10日
面接　実施する※体育コース以外
合格発表　2月13日
入学手続　専願 2月17日
　併願 3月26日

●試験科目と配点・時間

科目	国語	数学	英語	―	―
配点	100点	100点	100点	―	―
時間	50分	50分	50分	―	―

●学費

入学金	200,000円	制服等学用品	約 120,000円
年間授業料	393,600円	施設設備費	200,000円
諸会費等計	98,270円	学年費	25,000円
修学旅行積立	72,000円	初年度納入金合計	約 1,108,870円

入試状況

●併願

年度	学科・コース	受験者数	合格者数	回し	倍率	合格最低点
'24	特進	30	23	―	1.30	200/300
	進学	99	79	7	1.25	140/300
	総合	137	137	20	1.00	70/300
	体育	―	―	―	―	―/―
'23	特進	33	31	―	1.06	200/300
	進学	94	84	2	1.12	130/300
	総合	119	119	10	1.00	70/300
	体育	―	―	―	―	―/―

●専願

年度	学科・コース	受験者数	合格者数	回し	倍率	合格最低点
'24	特進	18	16	―	1.13	180/300
	進学	6	5	4	1.20	130/300
	総合	52	49	2	―	60/300
	体育	111	110	―	1.01	70/300
'23	特進	21	20	―	1.05	180/300
	進学	16	14	1	1.14	120/300
	総合	56	56	2	1.00	60/300
	体育	109	109	―	1.00	70/300

＊総合コース専願受験者のうち3名は進学コースで合格（総合コースの合格者数には含まない）。

●主な公立受験校

神戸北－普通　三木－普通　三木北－普通
神戸甲北－総／推　神戸甲北－総合　三木東－総合
三木東－総合／推　三田西陵－普通　三田西陵－普／特
神港橘－みらい商　神戸鈴蘭台－普通　科学技術－電／推
小野工－生活創造　津名－普通　兵庫工－デザ／推

卒業後の進路

卒業者数／184人

大学進学	短大進学	専門学校等	就職	進学準備ほか
132人	5人	29人	17人	1人

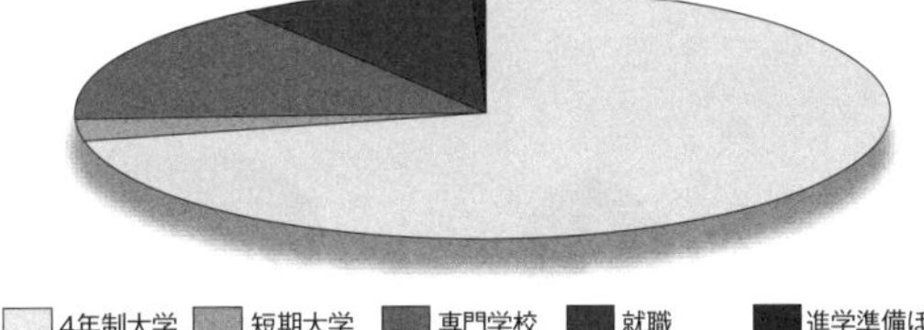

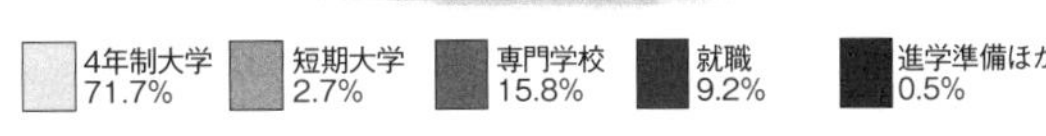

●主な大学合格状況　＊人数は非公表

国・公立大／
東京学芸大　横浜市立大
私立大／
関西大　立命館大　京都産業大
近畿大　龍谷大　摂南大
追手門学院大　関西外国語大　明治国際医療大
大阪学院大　阪南大

神戸国際大学附属高等学校

ST.MICHAEL'S H.S.

学校法人 八代学院
〒655-0004 神戸市垂水区学が丘5-1-1
TEL078-707-1001　FAX078-706-4808
http://www.kobe-michael.ac.jp

■**創立**／昭和38年(1963)　■**校長**／杉之内裕
■**生徒数**／751人(1年／320人 2年／216人 3年／215人)
■**併設校**／神戸国際大学
■**沿革**／昭和38年八代学院高等学校を創設。平成4年現校名に変更。令和6年全コース男女共学となりました。
■**交通**／JR「舞子」・山陽電鉄「舞子公園」・地下鉄「学園都市」からバス「多聞東小学校前」下車徒歩8分、登校時「舞子」から学校までの直通バスあり

インフォメーション　INFORMATION

●**教育方針**／日本聖公会に属するキリスト教主義の学校。1年次から普通科の文理特進／総合進学／アスリートの3コース制と国際科により、3年後の進路実現をめざします。
●**学校行事**／イースター礼拝(4月)、球技大会(5月)、高校祭・バザー・芸術鑑賞(10月)、インターナショナルフェスティバル(11月)、六甲山縦走・クリスマス礼拝(12月)など。コース別実習は北海道、沖縄、マレーシアへ。
●**クラブ活動**／硬式野球、ハンドボール、サッカー、柔道、ソフトテニス、剣道など体育系11部。強豪として知られるチームも少なくありません。文化系は吹奏楽、放送、書道、美術、軽音楽など9部・3同好会と生徒会執行部が活動中です。
●**海外交流**／国際科では、1年次にフィリピン語学実習、2年次にマレーシア・ベトナムでの海外研修を行っています。またイギリス・カナダ海外研修もあり、海外の大学への進学も視野に学ぶことができます(3年次希望者)。
●**スクールライフ**／3学期制／登校時刻…8：30／頭髪…染色・パーマ禁止／アルバイト…許可／自転車通学…許可／携帯…許可

カリキュラム　CURRICULUM

●**国際科**
多彩な語学実習プログラムを通して自分の意見を「英語で発信する力」と、各教科さまざまな角度から深く考える手法を取り入れて「探究する力」を身につけることができます。グローバル社会を生き抜き、世界で活躍するKOKUSAI人を育成します。
●**文理特進コース**
国公立大や難関私立大への進学を目標とする「難関大コース」と、神戸国際大学リハビリテーション学部をめざす「高大連携コース」を設置。文理特進コース専属の英語教員による授業・放課後補習を実施し、生徒一人ひとりに対応したプログラムで個々の英語力を伸ばします。
●**総合進学コース**
2年次から以下の3クラスを用意。
◆国際大クラス　神戸国際大(経済学部)との相互単位認定制度を導入。早期から大学進学を意識し、内部進学をめざします。
◆文系選択クラス　得意科目を伸ばしながら、文系私立大への進学をめざすクラス。部活動との両立も十分可能です。
◆理系選択クラス　英数科目が充実したカリキュラムで、医療系を含む理系分野(大学・専門学校)への進学をサポートします。
●**アスリートコース**
硬式野球(男)・サッカー(男)、柔道(男)、ハンドボール(男女)、ソフトテニス(男)、剣道(男女)に所属する生徒で構成されるコースです。トップアスリートとして技術とともに人間性を高めるコースです。

濃紺のブレザー
濃紺のブレザーとズボン
チェックのプリーツスカート

先輩から

私が夢を追いかけ始めたのは、特進クラスに入ってからのこと。クラスメートがそれぞれ目標を持って勉強している姿を見るうちに、「レベルの高い大学への進学」という自分の夢をしっかり意識するようになりました。補習にも積極的に臨み、家庭学習の時間も増えていきました。目標を持つと、取り組む姿勢も変わるんですよね。生徒を第一に考えてくれる先生がたくさんいたことも幸せなことでした。(K・M)

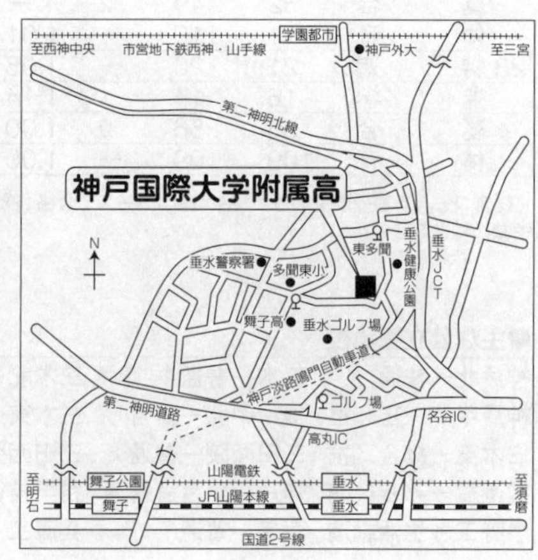

進研Vもし 合格のめやす

●目標偏差値(合格可能性80%)

併願		専願	
文理特進	47	文理特進	43
国際科	47	国際科	42
総合進学	41	総合進学	38

30 35 40 45 50 55 60 65 70 75

文理特進／国際科

努力圏 合格圏 安全圏

総合進学

努力圏 合格圏 安全圏

＊アスリートコースはスポーツ推薦入試（専願）のため、めやすを設定していません。

入試ガイド

●募集要項　＊2024年度入試実施分

募集人員	文理特進50、総合進学200、アスリート（専願）80、国際科30
出願期間	1/10～1/26
受験料	20,000円
学力検査	2月10日
面接	実施する(アスリートコースを除く)
合格発表	2月13日
入学手続	専願 2月20日 併願 3月21日

●試験科目と配点・時間

科目	国語	数学	英語	—	—
配点	100点	100点	100点	—	—
時間	50分	50分	50分	—	—

＊国際科は国(100点)・英(200点)。＊英検資格活用あり(国際科)。

●学費

入学金	230,000円	制服代	約 65,700～円
年間授業料	408,000円	教科書・体操服・通学バッグ	約 47,400～円
後援会・学年費・PTA・生徒会等	49,200円	その他（施設設備費等）	248,000円
実習積立金	144,000円	初年度納入金合計	約 1,192,300～円

＊普通科の場合

入試状況

●併願

年度	学科・コース	受験者数	合格者数	回し	倍率	合格最低点
'24	文理特進	61	59	—	1.03	175/300
	国際科	23	23	—	1.00	158/300
	総合進学	203	202	2	1.00	128/300
	アスリート	—	—	—	—	—/—
'23	文理特進	95	85	—	1.12	167/300
	国際科	15	15	1	1.00	124/200
	進学キャリア	88	88	9	1.00	116/300
	アスリート	—	—	—	—	—/—

●専願

年度	学科・コース	受験者数	合格者数	回し	倍率	合格最低点
'24	文理特進	19	17	—	1.12	152/300
	国際科	27	26	—	1.04	137/300
	総合進学	139	139	2	1.00	112/300
	アスリート	89	89	—	1.00	—/300
'23	文理特進	38	25	—	1.52	145/300
	国際科	22	22	1	1.00	108/200
	進学キャリア	75	74	11	1.01	101/300
	アスリート	89	89	—	1.00	—/300

●主な公立受験校

明石商－商業	高砂南－普通	明石清水－普通
高砂－普通	伊川谷－普通	明石商－会計／推
神港橘－みらい商	兵庫工－建築	国際－国際／推
須磨翔風－総／推	伊川谷－普通／特	六甲アー普通／推
神戸商－情報／推	農業－生物／推	舞子－環防災／推

卒業後の進路

卒業者数／244 人

大学進学	短大進学	専門学校等	就職	進学準備ほか
161人	3人	45人	27人	8人

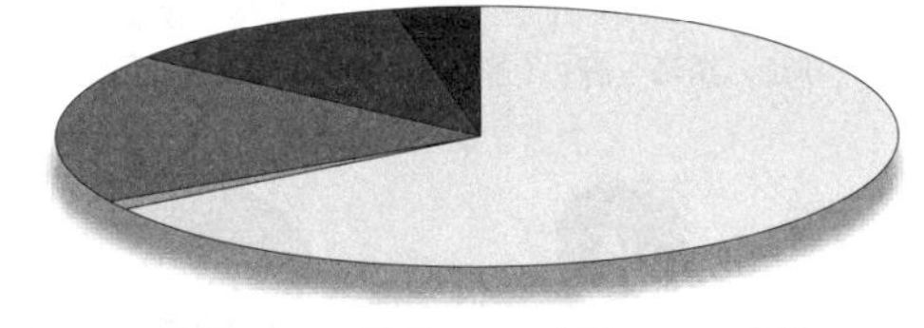

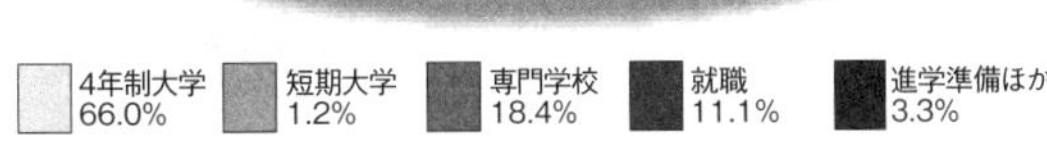

●主な大学合格状況（現役のみ）

国・公立大／
兵庫県立大 1
私立大／

関西大 3	関西学院大 1	京都産業大 4
近畿大 4	甲南大 2	龍谷大 1
神戸学院大 22	追手門学院大 3	桃山学院大 1
神戸国際大 26	立教大 8	関西外国語大 1
京都外国語大 1	流通科学大 20	大手前大 6
大阪商業大 5	神戸芸術工科大 4	神戸親和大 4
大阪工業大 3	大阪産業大 3	大阪体育大 3
関西国際大 3	兵庫大 3	東海大 3
神戸女学院大 2	関西福祉科学大 2	宝塚医療大 2

神戸星城高等学校

学校法人 熊見学園
〒654-0113 神戸市須磨区緑が丘1-12-1
TEL078-741-1860　FAX078-741-6304
https://www.seijoh.ac.jp/

■創立／昭和4年（1929）　■校長／熊見和祥
■生徒数／1,152人（1年／419人 2年／405人 3年／328人）
■沿革／昭和4年神戸実践女学校設立。同30年熊見学園女子商業高等学校設立。同35年神戸女子商業高等学校に、平成10年神戸星城高等学校に校名変更。同11年特進コースを、同31年特進Sコースを、令和6年みらい総合コースを設置し、全コース完全共学。
■交通／地下鉄「妙法寺」から徒歩15分・市バス「神戸星城高校」、市バス「広畑橋」から500m、市バス「緑が丘1」から100m

インフォメーション　INFORMATION

●**教育方針**／教育方針は「役立つ教育」「らしくの教育」「健康教育」。校訓は「良志久」（可能性を追求し豊かに生きる）と「自彊」（自ら考え進んで努力する）です。
●**学校行事**／宿泊オリエンテーション・球技大会（4月）、星城祭（5月）、進学合宿・インターンシップ・海外教育研修・夏期講習（7～8月）、体育大会（9月）、芸術鑑賞会（12月）、テーブルマナー講習会（2月）、オーストラリア語学研修（10月・1年特S）など。修学旅行（10月・2年）は北海道へ。
●**クラブ活動**／女子ハンドボール、ソフトテニス（男女）、アーチェリーなどが全国レベルで活躍しています。ほかに体育系は男子サッカー、バスケットボール、陸上競技、女子ダンスなど。文化系はコンピュータ、ビジネス研究、音楽（吹奏楽）、創作アート、書道、茶道などが活動しています。
●**国際交流**／1982年に始まった海外教育研修（アメリカ・約3週間）は、ホームステイを中心とした独自のプログラムを企画・実施しています。
●**スクールライフ**／3学期制／登校時刻…8：50／頭髪…染色・パーマ禁止／アルバイト…許可（家庭事情による）／自転車通学…禁止／携帯…許可（各自ロッカー迄、校内不可）

カリキュラム　CURRICULUM

●**特進Sコース**
難関国公立大学・難関私立大学への進学をめざします。大学入学共通テストに必要な総合力や記述力・英語4技能が身につく学習支援プログラムを導入しています。また、神戸星城流アントレプレナーシップ教育や国語力・英会話力・プログラミング能力の3言語力の強化により、AI時代に新たな価値を創造できる人材を育成。卒業して10年後を見据えた教育を実践しています。
●**特進A・Bコース**
国公立大学・私立大学への進学をめざします。英語・国語・簿記・情報処理を重点的に学習するカリキュラムを編成し、資格取得を推進。商業高校の特性を活かし、学校推薦型選抜や総合型選抜等に対応しています。また2・3年生では、進学合宿や小論文指導、面接指導など、1対1の進学指導を重視しています。
●**みらい総合コース**
自分がより深く学びたい科目（簿記やプログラミングなど）を選択でき、社会で役立つ実践的なスキルや資格を習得し、文武両道を実現します。その学びにより、就職・大学・専門学校と自分に合った進路をめざします。

先輩から

入学当初は、まさか自分が国立大学に行くことになるとは思っていませんでした。部活に入っていたため、本格的に受験勉強を始めたのは8月。知識付けに没頭し、本を何冊も読み、資料プリントはミニノートに切り貼りしました。2学期からはひたすら書く毎日。受験は本当に苦しいのですが、自分を見つめ直す大切な時期です。したいこと、そのために何をすべきかを見つけた私は、胸を張って進み続けます。（K・S）

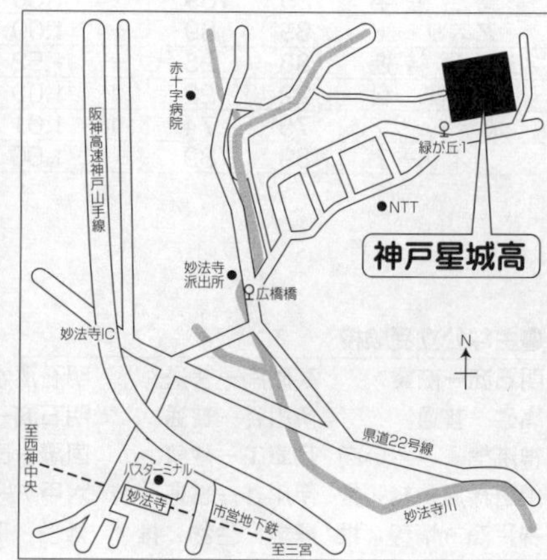

＊女子はスカートとスラックスの選択が可能。

進研Vもし　合格のめやす

●目標偏差値(合格可能性80%)

併願		専願	
特進S	57	特進S	52
特進A	51	特進A	47
特進B	45	特進B	41
みらい総合	43	みらい総合	39

30 35 40 45 50 55 60 65 70 75

特進S　努力圏　合格圏　安全圏

特進A　努力圏　合格圏　安全圏

特進B　努力圏　合格圏　安全圏

みらい総合　努力圏　合格圏　安全圏

入試状況

●併願

年度	学科・コース	受験者数	合格者数	回し	倍率	合格最低点
'24	特進S	126	79	—	1.59	—/300
	特進A	414	319	33	1.30	—/300
	特進B	310	268	95	1.16	—/300
	みらい総合	236	236	55	1.00	—/300
'23	特進S	152	43	—	3.53	—/300
	特進A	416	240	74	1.73	—/300
	特進B	335	297	200	1.13	—/300
	キャリア	109	109	46	1.00	—/300

●専願

年度	学科・コース	受験者数	合格者数	回し	倍率	合格最低点
'24	特進S	12	8	—	1.50	—/300
	特進A	111	90	4	1.23	—/300
	特進B	129	116	18	1.11	—/300
	みらい総合	91	90	15	1.01	—/300
'23	特進S	35	22	—	1.59	—/300
	特進A	118	96	9	1.23	—/300
	特進B	121	113	23	1.07	—/300
	キャリア	56	54	10	1.04	—/300

●主な公立受験校

神港橘－みらい商　三木－普通　神港橘－み商／推
神戸高塚－普通　神戸商－商業／推　須磨翔風－総／推
神戸鈴蘭台－普通　神戸商－商業　神戸甲北－総／推
須磨翔風－総合　明石商－商業／推　六甲アー普通／推
須磨友丘－総／推　伊川谷北－普通　三木東－総合

入試ガイド

●募集要項　＊2024年度入試実施分

募集人員	商業科＝特進S30、特進A120、特進B160、みらい総合80
出願期間	1/22～1/26 (Web入力1/11～1/24)
受験料	20,000円
学力検査	2月10日
面接	推薦入試のみ(個人)
合格発表	2月13日
入学手続	専願 2月26日 併願 3月21日

●試験科目と配点・時間

科目	国語	数学	英語	—	—
配点	100点	100点	100点	—	—
時間	50分	50分	50分	—	—

＊推薦入試は作文。＊英検・数検・漢検の資格活用あり。

●学費

入学金	300,000円	学校制定品費	127,200～円
年間授業料	438,000円	教科書・ノートパソコン等	160,000円
諸会費など	96,000円	施設設備費	120,000円
修学旅行積立 (1年生)	108,000円	初年度納入金合計	1,349,200～円

＊特進A・B・みらい総合コースの場合

卒業後の進路

卒業者数／306人

大学進学	短大進学	専門学校等	就職	進学準備ほか
208人	10人	53人	27人	8人

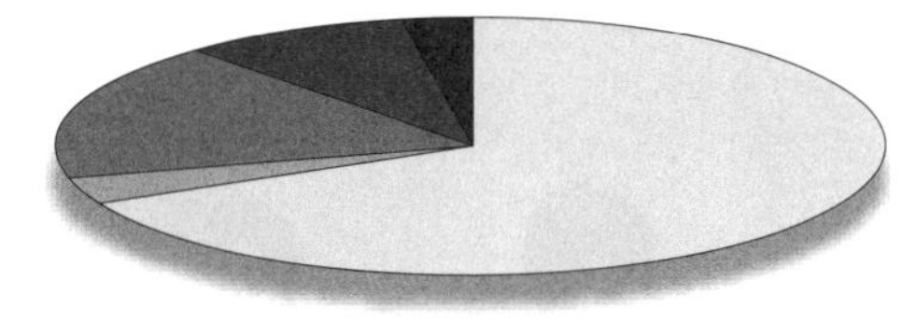

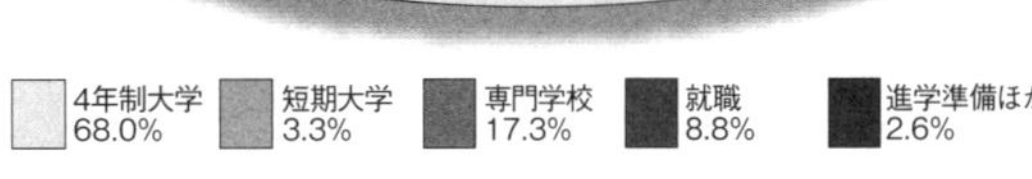

●主な大学合格状況(現役のみ)

国・公立大／
滋賀大 2　兵庫教育大 1　和歌山大 2
広島大 1　金沢大 1　岡山大 1
静岡大 7　香川大 2　山口大 6
佐賀大 2　京都府立大 1　大阪公立大 1

私立大／
関西大 5　関西学院大 3　同志社大 1
京都産業大 9　近畿大 32　甲南大 8
龍谷大 6　摂南大 18　神戸学院大 37
大阪経済大 53　大阪経済法科大 16　大阪産業大 20
大阪商業大 8　関西外国語大 8　京都外国語大 3
大手前大 6　流通科学大 34　甲南女子大 4

神戸第一高等学校

学校法人 スバルが丘岸本学園
〒651-0058 神戸市中央区葺合町寺ヶ谷1
TEL078-242-4811　FAX078-242-5723
http://www.kobedai1.ed.jp/

■創立／大正2年（1913）　■校長／岸本二郎
■生徒数／527人（1年／206人 2年／192人 3年／129人）
■沿革／大正2年神戸女子高等技芸学校を設立。昭和29年塩原女子家庭高等学校を設立。同32年普通科を、同36年商業科を設置。平成12年男女共学化、現校名に改称。
■交通／地下鉄「新神戸」から徒歩10分、JR・阪急・阪神・地下鉄「三宮」から徒歩20分

インフォメーション INFORMATION

●**教育方針**／「行学一致」の精神のもと、「為すことによって学ぶ」ことが方針のひとつ。各種の検定資格を取得し、それを基礎にした進学・就職をすすめています。
●**学校行事**／オリエンテーション合宿（4月）、学校祭（6月）、球技大会（7月）、体育祭（10月）、秋季遠足（11月）、球技大会（12月）、耐寒登山（1月）、予餞会（2月）など。修学旅行（1月・2年）は宮古島へ。
●**クラブ活動**／全国大会連続出場の空手道、世界チャンピオンを輩出しているボクシングをはじめ硬式野球、剣道、サッカー、柔道、ダンス、テニスなど体育系11部。文化系は音楽、美術、書道、茶華道、写真、家庭科など7部が活動しています。
●**スクールライフ**／3学期制／登校時刻…8：50／頭髪…染色・パーマ禁止／アルバイト…許可（条件あり）／自転車通学…禁止／携帯…許可

カリキュラム CURRICULUM

●**普通コース**
進学にも就職にも応用ができるコースです。各種検定・資格の取得にもチャレンジします。
●**スポーツコース**
硬式野球、陸上競技と空手道、バドミントン。勉学との両立をはかり、有名大学や専門学校への進学を実現。
●**ビジネスコース**
将来の起業やビジネスの力をつけるために、実践的な学び・資格取得に力を入れ、進学や就職に対応する力をつけます。
●**システム情報コース**
IT 技術者など情報関連の現場で必要とされる人材をめざし、幅広い IT の知識・スキルを習得します。
●**保育・福祉コース**
保育士の資格取得に必要とされる基礎的な知識や技術、介護・福祉の専門的な知識や技術を学ぶコースです。
●**ファッションデザインコース**
豊かな感性を育てながら、総合的な生活デザイン力を養成。将来のファッションデザイナーをめざす実力が身につきます。
●**調理師コース**
卒業と同時に国家資格である調理師免許が取得できるコース。和・洋・中の調理技術はもちろん、幅広い知識も深めていきます。
●**製菓衛生師コース**
プロの指導により将来のパティシエをめざします。豊富な実習によりしっかりした技術を習得し、独自のセンスを磨きます。

大リーグで活躍する日本人選手の姿に憧れ、中学生から野球を始めました。神戸第一では朝練、昼休み、放課後も野球漬けの日々。おかげで、我慢強さや忍耐力がついたと思います。とくに「言葉遣いや服装の乱れはプレーに出る。周りに流されるな」と言われたことが、今でも心に残っています。みなさんも高校生の間にやりたいことを見つけてほしいと思います。（T・O）

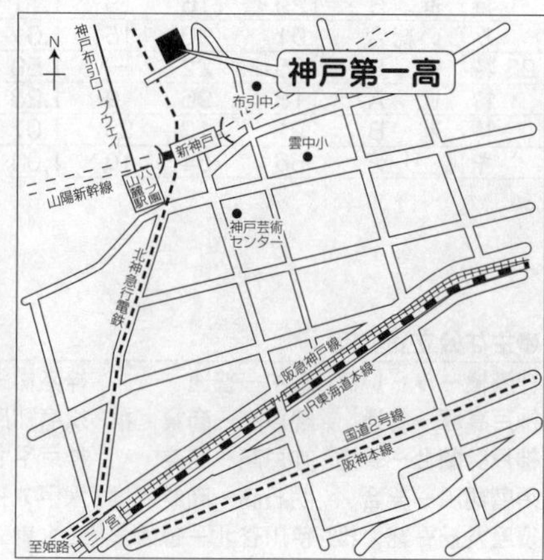

進研Vもし　合格のめやす

●目標偏差値(合格可能性80%)

併願		専願	
普通	40	普通	35
保育・福祉	40	保育・福祉	35
スポーツ	38	スポーツ	35
ビジネス	38	ビジネス	35
システム情報	38	システム情報	35
ファッションデザイン	38	ファッションデザイン	35
調理師	38	調理師	35
製菓衛生師	38	製菓衛生師	35

30 35 40 45 50 55 60 65 70 75

普通／保育・福祉

努力圏 合格圏 安全圏

ｽﾎﾟｰﾂ／ﾋﾞｼﾞﾈｽ／ｼｽﾃﾑ情報／ﾌｧｯｼｮﾝﾃﾞｻﾞｲﾝ／調理師／製菓衛生師

努力圏 合格圏 安全圏

入試ガイド

●募集要項　＊2024年度入試実施分

募集人員　普通120、スポーツ40、ビジネス20、システム情報20、調理師40、製菓衛生師40、ファッションデザイン40、保育・福祉40、

出願期間　1/15〜1/25

受験料　20,000円

学力検査　2月10日

面接　専願のみ(個人)

合格発表　2月13日

入学手続　専願　2月22日
　併願　3月25日

●試験科目と配点・時間

科目	国語	数学	英語	—	—
配点	100点	100点	100点	—	—
時間	50分	50分	50分	—	—

＊国・数・英から1教科選択＋作文(30分)。

●学費

入学金	280,000円	制定品・教科書等	94,509〜円
年間授業料	420,000円	コース費・学年費	68,000円
諸会費計	21,800円	その他	325,000円
修学旅行積立	98,400円	初年度納入金合計	1,307,709〜円

＊普通コースの場合

入試状況

●併願

年度	学科・コース	受験者数	合格者数	回し	倍率	合格最低点
'24	普通	118	117	—	1.01	—/—
	保育・福祉	19	19	—	1.00	—/—
	スポーツ	21	21	—	1.00	—/—
	ビジネス	6	6	—	1.00	—/—
	システム情報	16	16	—	1.00	—/—
	ﾌｧｯｼｮﾝﾃﾞｻﾞｲﾝ	26	26	—	1.00	—/—
	調理師	13	13	—	1.00	—/—
	製菓衛生師	19	19	—	1.00	—/—

●専願

年度	学科・コース	受験者数	合格者数	回し	倍率	合格最低点
'24	普通	29	28	1	1.04	—/—
	保育・福祉	13	13	—	1.00	—/—
	スポーツ	33	33	—	1.00	—/—
	ビジネス	3	3	1	1.00	—/—
	システム情報	6	6	—	1.00	—/—
	ﾌｧｯｼｮﾝﾃﾞｻﾞｲﾝ	22	22	—	1.00	—/—
	調理師	32	30	—	1.07	—/—
	製菓衛生師	25	25	—	1.00	—/—

卒業後の進路

卒業者数／187人

大学進学	短大進学	専門学校等	就職	進学準備ほか
61人	1人	53人	66人	6人

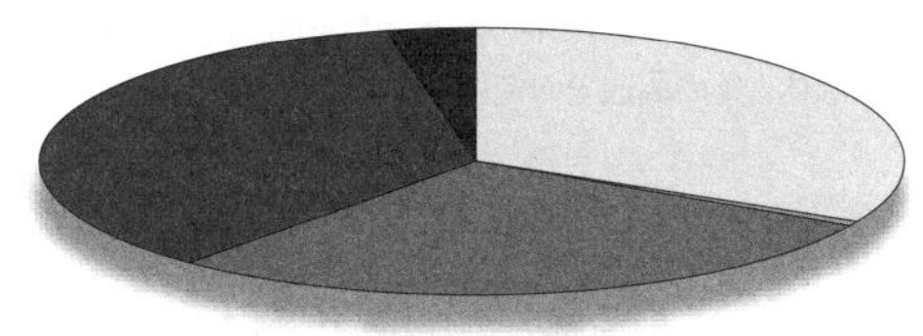

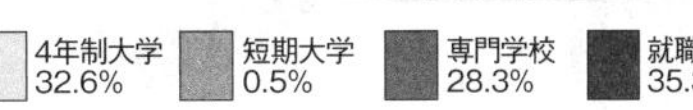

●主な大学合格状況(現役のみ)

私立大／

関西学院大 1　近畿大 1　佛教大 1
神戸学院大 1　桃山学院大 1　神戸芸術工科大学 5
大手前大 5　兵庫大 6　甲子園大 2
神戸国際大 2　神戸女子大 1　関西国際大 3
神戸親和大 3　芦屋大 1　宝塚医療大 1
関西福祉大 1　流通科学大 8　関西看護医療大 1
京都ﾉｰﾄﾙﾀﾞﾑ女子大 1　大阪体育大 3　大阪芸術大 1
大阪商業大 3　大阪経済大 4

●主な公立受験校

尼崎工－建築　西宮南－普通　東灘－普通
播磨農－農経／推　農業－食品科学　播磨南－普通
東播工－機械　淡路－総合　神戸北－普通
加古川南－総／推　松陽－普通／特　社－生活科学
川西明峰－普通　小野工－生活創造　東播工－機械／推

神戸野田高等学校

学校法人 神戸野田学園
〒653-0052 神戸市長田区海運町6-1-7
TEL078-731-8015　FAX078-731-2123
https://www.kobenoda-h.ed.jp/

■創立／大正15年（1926）　■校長／尾﨑文雄
■生徒数／1,012人（1年／347人 2年／338人 3年／327人）
■沿革／大正15年神戸野田奨学会を設立、神戸野田高等女学校設立認可。昭和23年神戸野田高等学校設立認可。平成2年東新館完成、校舎全面改修完了。同23年一部コースで男女募集を開始。同28年創立90周年を迎え、全コース共学となりました。
■交通／JR「鷹取」から徒歩7分、JR「新長田」・市営地下鉄「新長田」「駒ヶ林」から徒歩13分

インフォメーション INFORMATION

●**教育方針**／「質実剛健にして進取の気性を持て」の建学の精神のもと、生徒一人ひとりの持つ才能と可能性をひき出す教育を行い、健やかで心豊かな社会人の育成をめざします。
●**進路指導**／進路に関する豊富な資料を完備。教員による説明会や講師を招いての講話会を通して、生徒が自らの進路を見出せるように3年間系統的・計画的に進路指導を実施していきます。また、生徒一人ひとりに対しても個別指導を繰り返し、きめ細かく行っています。
●**学校行事**／校外学習（4月）、文化祭（アカシア祭）（6月）、夏季補習（7・8月）、体育祭（9月）、修学旅行（11月）など。
●**クラブ活動**／指定強化クラブは全国大会で活躍する女子ソフトボール、ダンス、女子バレーボールの3部。ほかに体育系はテニス（男・女）をはじめ、バスケットボール（男・女）、バドミントン（男・女）、卓球、男子ソフトボール。吹奏楽、演劇、自然科学、書道、美術、写真、軽音楽、箏曲、コーラス、パソコン、放送、調理、英語、茶道、インターアクトなど文化系も活動中。
●**スクールライフ**／3学期制／登校時刻…8：25／頭髪…染色・パーマ禁止／アルバイト…禁止／自転車通学…禁止／携帯…許可（校内とその周辺での使用禁止）

カリキュラム CURRICULUM

●**特進Ｓコース［SS系列・S系列］**
SS系列はトップレベルの授業と放課後や土曜日の徹底的な個別指導で難関国公立大学合格を目指します。また、進路アドバイザーが生徒一人ひとりに定期的に面談を行い、進路実現のための目標設定など、細やかにアドバイスしていきます。S系列は放課後の学内予備校やまとめの時間で学習をサポート。国公立大学・難関私立大学合格を目指します。
●**特進グローバル英語（GE）コース［SG系列・G系列］**
英語に重点を置いた独自のカリキュラムで4技能（話す・聞く・書く・読む）を伸長させ、難関大学・外国語系大学を目指します。SG系列は3か月ターム留学で生きた英語を身につけ、英検準一級資格取得を目指します。G系列は国内外W留学で国際的な視野を広げ、自己表現やコミュニケーション能力を高めます。
●**特進アドバンス（A）コース［文理国際系列・スポーツ系列］**
文理国際系列は1年次は基礎学力の定着を図り、2年次からは「文理融合系」と「国際文化系」に分かれ、有名私立大学合格を目指します。スポーツ系列は、強化クラブを中心に6限後部活動に専念し、インターハイや全国制覇を目指します。
●**進学総合コース**
2年次より各自の進路、興味、関心に応じた選択授業を実施。大学受験への対応だけでなく、物事を多角的に判断できる幅広い教養を持った人材を育成します。また、放課後に希望者は補習を受講するなど、各自に合った学習スタイルで進路実現を目指します。

神戸野田は、外国人の先生方やグローバルアリーナをはじめとする設備が充実しているので、生きた英語を学ぶことができます。座学中心だった中学校の授業に比べ実践の場が増え、グループワークも多いので、英語はもちろん日本語のコミュニケーション力も上がりました。将来は、英語を使って国際社会で活躍することが私の夢です。（特進ＧＥコースＴ・Ｍ）

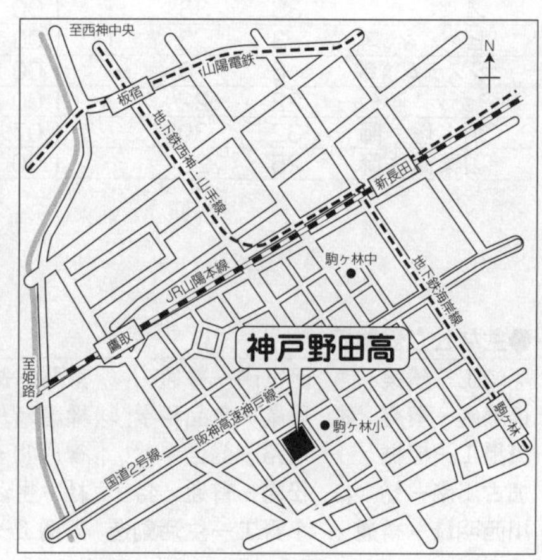

進研Vもし　合格のめやす

●目標偏差値（合格可能性80%）

併願		専願	
特進S	57	特進S	53
特進グローバル英語	57	特進グローバル英語	53
特進アドバンス	50	特進アドバンス	47
進学総合	47	進学総合	44

30　35　40　45　50　55　60　65　70　75

特進S
努力圏　合格圏　安全圏

特進グローバル英語
努力圏　合格圏　安全圏

特進アドバンス
努力圏　合格圏　安全圏

進学総合
努力圏　合格圏　安全圏

入試状況

●併願

年度	学科・コース	受験者数	合格者数	回し	倍率	合格最低点
'24	特進S	883	628	—	—	—/—
	特進グローバル英語	123	104	—	—	—/—
	特進アドバンス	742	975	—	—	—/—
	進学総合	798	836	—	—	—/—
'23	特進S	915	615	—	—	—/—
	特進グローバル英語	113	140	—	—	—/—
	特進アドバンス	833	1,085	—	—	—/—
	進学総合	689	707	—	—	—/—

●専願

年度	学科・コース	受験者数	合格者数	回し	倍率	合格最低点
'24	特進S	22	15	—	—	—/—
	特進グローバル英語	17	15	—	—	—/—
	特進アドバンス	86	86	—	—	—/—
	進学総合	82	92	—	—	—/—
'23	特進S	22	14	—	—	—/—
	特進グローバル英語	15	12	—	—	—/—
	特進アドバンス	79	79	—	—	—/—
	進学総合	91	102	—	—	—/—

＊合格者数に回し合格者を含む。

●主な公立受験校

明石西－普通	明石－普通	明石城西－普通
明石南－総合／推	明石南－総合	明石北－普通
東播磨－普通	神戸高塚－普通	明石清水－普通
高砂南－普通	伊川谷北－普通	須磨東－普通
舞子－普通	加古川西－普通	播磨南－普通

入試ガイド

●募集要項

＊2024年度入試実施分

募集人員	特進S35、特進グローバル英語（GE）35、特進アドバンス（A）100、進学総合150
出願期間	12/11～1/26
受験料	20,000円
学力検査	2月10日
面接	特進グローバル英語コースのみ（グループ）
合格発表	2月13日
入学手続	専願 2月24日 併願 3月26日

●試験科目と配点・時間

科目	国語	数学	英語	—	—
配点	100点	100点	100点	—	—
時間	50分	50分	50分	—	—

＊特進グローバル英語コースの英語は200点。＊英検・数検・漢検の資格活用あり。

●学費

入学金	300,000円	制服等制定品	118,000円
年間授業料	438,000円	諸経費・学年費	117,800円
諸会費計	60,000円	施設費	120,000円
修学旅行積立	180,000円	初年度納入金合計	1,333,800円

＊2024年進学総合コースの場合

卒業後の進路

卒業者数／302人

大学進学	短大進学	専門学校等	就職	進学準備ほか
210人	9人	57人	14人	12人

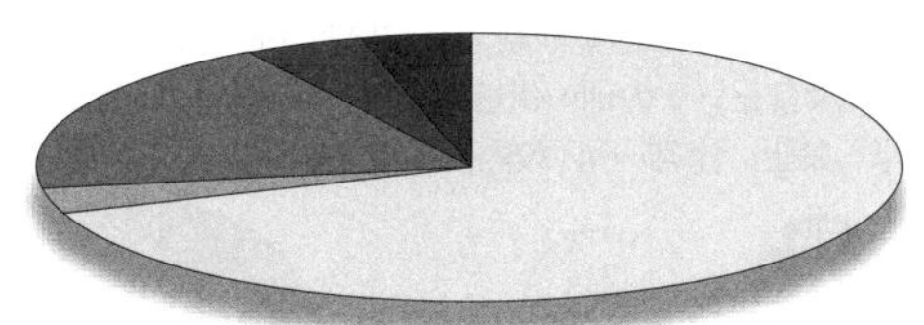

●主な大学合格状況

国・公立大／
名古屋工業大 1　徳島大 3　兵庫県立大 2
高知工科大 1

私立大／
関西大 3　関西学院大 23　立命館大 4
京都産業大 24　近畿大 40　甲南大 22
龍谷大 2　佛教大 5　摂南大 12
神戸学院大 63　追手門学院大 16　上智大 1
関西外国語大 23　立命館ｱｼﾞｱ太平洋大 2　大阪工業大 8
武庫川女子大 19　甲南女子大 29　神戸女子大 25
兵庫医科大 3　流通科学大 20

神戸山手グローバル高等学校

2025年校名変更
現・神戸山手女子高等学校

学校法人 濱名山手学院
〒650-0006 神戸市中央区諏訪山町6-1
TEL078-341-2133 FAX078-341-1882
https://www.kobeyamate.ed.jp

■創立／大正13年（1924）　■校長／平井正朗
■生徒数／238人（1年／62人 2年／84人 3年／92人）
■併設校／関西国際大学　神戸山手女子中学校ほか
■沿革／大正13年山手学習院創立。昭和22年中学校、同23年高等学校開校。令和7年男女共学校となる。
■交通／JR・阪急・阪神「三宮」、JR・阪神「元町」から市バスで「諏訪山公園下」下車徒歩5分、市営地下鉄「県庁前」から徒歩15分

インフォメーション INFORMATION

●教育方針／建学の精神「自学自習・情操陶冶」。教育ミッション3C「Communication（対話、伝達）・Consideration（熟慮、考察、思いやり）・Commitment（参画、貢献）」。新しい時代に求められる学校へと躍進し、豊かで幸せな人生が送れる、そんな学力と能力を培うことができるよう、未来志向型教育を行います。

●学校行事／球技大会（7月）、夏期講習・勉強合宿（8月）、文化祭・バザー（9月）、体育大会（10月）、文化鑑賞会（11月）、研修旅行（2年・12月）など。

●クラブ活動／運動系は陸上競技（強化指定部）、卓球（強化指定部）、バレーボール、バスケットボール、バドミントン、硬式テニス、ソフトテニス、アーチェリー、水泳、ダンス、スポーツクライミング。文化系は吹奏楽（強化指定部）、マンドリンギター、コーラス、箏曲、写真、アート、家庭、インターアクト、放送、データサイエンス（eスポーツ併設）、広報、中国語。他に課外講座（華道・茶道・バイオリンアンサンブル）も開講しています。

●海外交流／海外研修旅行やオンラインでの海外交流、外部機関を活用した長期留学（1年間）、短期留学（1ヵ月・3ヵ月）など。

●スクールライフ／3学期制／登校時刻…8：25／頭髪…染色・パーマ禁止／その他…化粧禁止／アルバイト…禁止／自転車通学…禁止／携帯…可（校内使用禁止）

カリキュラム CURRICULUM

●グローバル選抜探究コース（男女対象）
国公立大学、有名私立大学、海外の大学への進学をめざすコースです。学校で英語に触れる時間は1週間に10時間以上。英語の到達目標は、高校卒業段階でCEFR基準B2レベル（英検準1級レベル）を設定。英語教育は英語"を"学ぶのではなく、英語"で"学ぶが基本です。英語をコミュニケーション・ツールとしてマスターすることを目途とし、音楽、家庭科、プログラミングなどの科目にも英語を取り入れた学習を展開していきます。また、「グローバル探究」という時間を設け、教科横断的な視点から社会の具体的な問題の解決策を考える産官学協同の学習を実施。多様性を受け入れる柔軟な考え方や、最適解・納得解を導き出す解決力を養います。

●選抜コース（男女対象）
中堅国公立大学や難関私立大学への進学をめざすコースです。大学入学共通テストに対応したカリキュラムで、合格水準の学力を段階的に育みます。各自の目標別の対策学習の機会なども充実しています。

●未来探究コース（女子対象）
基礎学力を徹底して身につけ、応用、発展へと段階的に学びを進めていくコースです。「未来探究」の授業では、調べ学習やグループディスカッションなどで、柔軟なものの見方・考え方を通して、正解が一つでない課題に対して、最適解・納得解を導き出せる解決力を養います。また、4年生大学進学をめざすための選択授業も充実しています。

春のセンバツ高校野球大会開会式で、大会歌「今ありて」を合唱しています。神戸山手でしか経験することができない貴重な行事で、高校1・2年生全員で参加しています。'55年（昭和30年）の第27回大会から毎年参加し、中には、祖母から3世代にわたって参加経験のある友達もいます。私たちと一緒に、春の甲子園でさわやかな歌声を届けませんか！

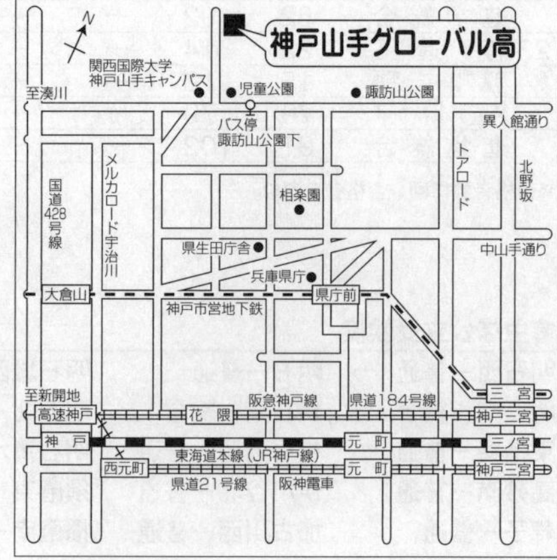

＊男子制服は別途制定

進研Vもし　合格のめやす

●目標偏差値(合格可能性80%)

併　願		専　願	
グローバル選抜探究	56	グローバル選抜探究	53
選抜	54	選抜	51
未来探究	50	未来探究	46

30　35　40　45　50　55　60　65　70　75

グローバル選抜探究　努力圏　合格圏　安全圏

選抜　努力圏　合格圏　安全圏

未来探究　努力圏　合格圏　安全圏

入試状況

●併願

年度	学科・コース	受験者数	合格者数	回し	倍率	合格最低点
'24	グローバル選抜探究	9	9	—	1.00	—/300
	選抜	14	13	—	1.08	—/300
	未来探究	17	17	1	1.00	—/300
'23	グローバル選抜探究	9	8	—	1.13	—/300
	選抜	15	13	—	1.15	—/300
	未来探究	17	17	3	1.00	—/300

●専願

年度	学科・コース	受験者数	合格者数	回し	倍率	合格最低点
'24	グローバル選抜探究	5	5	—	1.00	—/300
	選抜	13	13	—	1.00	—/300
	未来探究	16	16	—	1.00	—/300
'23	グローバル選抜探究	6	6	—	1.00	—/300
	選抜	14	11	—	1.27	—/300
	未来探究	31	31	3	1.00	—/300

＊(2024)英語重視＝グローバル受験者1名・合格者1名。自己アピール＝未来探究受験者7名・合格者7名。

●主な公立受験校

西宮今津－総合　神港橘－み商／推　宝塚－普通
東灘－普通／特　御影－普通　神港橘－みらい商
神戸商－商業／推　夢野台－普通／特　六甲アー普通／推
西宮甲山－普通　明石商－商業／推

入試ガイド

●募集要項

＊2024年度入試実施分

募集人員	グローバル選抜探究30、選抜35、未来探究105
出願期間	1/12～2/5
受験料	15,000円
学力検査	2月10日
面接	自己アピール方式･英語重視方式のみ
合格発表	2月13日
入学手続	専願 2月16日　併願 3月22日

＊ 2025年度校名変更。共学校となる（グローバル選抜探究コース・選抜コースは男女を募集、未来探究コースは女子のみ）。

●試験科目と配点・時間

科目	国語	数学	英語	—	—
配点	100点	100点	100点	—	—
時間	50分	50分	50分	—	—

＊自己アピール方式・英語重視方式は作文・面接。＊英検資格活用あり。

●学費

入学金	300,000円	制服その他購入品費	約 201,000円
年間授業料	396,000円	教育充実費・諸会費	144,000円
施設設備資金ほか	132,000円	学年費	約 90,000円
研修旅行費	計 180,000円	初年度納入金合計	約 1,443,000円

＊上記は未来探究コース。

卒業後の進路

卒業者数／ 100 人

大学進学	短大進学	専門学校等	就職	進学準備ほか
80人	5人	11人	1人	3人

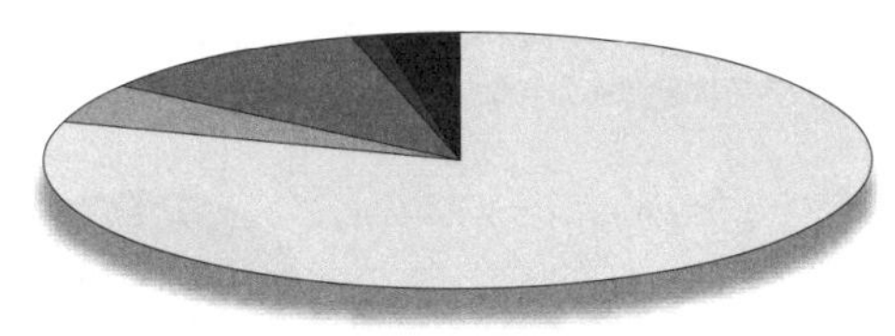

4年制大学 80.0%　短期大学 5.0%　専門学校 11.0%　就職 1.0%　進学準備ほか 3.0%

●主な大学合格状況（2022 ～ 2024 年）

国・公立大／
神戸大 1　大阪教育大 1　広島大 1
お茶の水女子大 1　大阪公立大 2　兵庫県立大 1
愛知県立芸術大 1　京都市立芸術大 1　新見公立大 1

私立大／
関西大 5　関西学院大 8　同志社大 4
立命館大 2　近畿大 9　甲南大 25
龍谷大 14　佛教大 2　摂南大 1
神戸学院大 20　青山学院大 1　関西国際大 32
関西外国語大 1　産業医科大 1　中央大 1
同志社女子大 6　日本大 1　武庫川女子大 17
大和大 1　酪農学園大 1

神戸龍谷高等学校

学校法人 成徳学園
〒651-0052 神戸市中央区中島通5-3-1(本学舎)
TEL078-241-0076　FAX078-241-5546
https://www.koberyukoku.ed.jp

■創立／大正10年(1921)　■校長／山﨑眞一郎
■生徒数／966人(1年／301人 2年／341人 3年／324人)
■併設校／神戸龍谷中学校
■沿革／大正10年成徳実践女学校として創立。昭和23年成徳学園高等学校へ改称。平成14年現校名に変更、男女の募集を開始しました。
■交通／地下鉄「新神戸」から徒歩15分、市バス「青谷」から徒歩5分。

インフォメーション INFORMATION

●**教育方針**／「和顔愛語」を校訓に、人間教育(いのちの尊さの感得)・自然教育(共生と共存の理解)・国際教育(四海同朋の理解)を実践しています。
●**学校行事**／降誕会(5月)、神龍祭・ファミリーコンサート(6月)、ニュージーランド短期留学(7月)、English Camp(7月・1年グローバル文系)、比叡山研修(9月・1年)、修学旅行(9月・2年)、体育大会(10月)、合唱コンクール・芸術鑑賞会(11月)、成道会(12月)など。
●**クラブ活動**／陸上競技、少林寺拳法、バスケットボール、空手道などは全国レベル。ほかにソフトボール、テニス、新体操など体育系14部。文化系は吹奏楽、演劇、野外活動、箏曲、コーラスなど10部・4同好会。加入率は約65%です。
●**海外交流**／ニュージーランド短期留学(特進G・1ヵ月)を行っています。ほかに選考合格者を対象とした交換留学(1年間)・セメスター留学(3～6ヵ月)の制度あり。また、海外からの留学生受け入れにも積極的です。
●**スクールライフ**／3学期制／登校時刻…8：30／頭髪…染色・パーマ禁止／アルバイト…禁止／自転車通学…禁止／携帯…許可(校内では電源を入れない)

カリキュラム CURRICULUM

●**特進グローバル理系コース**
英語力だけでなく、理数系カリュキラムも充実させ、将来は理系に強いグローバル人材を育てます。アメリカ研修旅行を実施し、海外大学の理系学部での体験を行います。国公立・難関私立大学の理系を目指します。
●**特進グローバル文系コース**
英語ネイティブスピーカーと日本人教員のW担任制、HRから日常的な指導まですべて英語で行われます。クラス全員が短期(1か月)・長期(1年間)の海外留学を体験します。英語力を生かし、文系大学へ進学しますが、海外の大学に進学する生徒もいます。
●**特進文理Sコース**
国公立大学・難関私立大学を目指し、すべての教科に力を入れて学習するコースです。先取り学習・少人数制授業を取り入れ、2年次までに高校での学習内容を終了させます。3年次には、大学入試に対応できるように実践演習や個別指導もしています。
●**龍谷総合コース**
21世紀型教育を展開し、課題探究・プレゼンテーション能力を身につけ、自立した学習者を育てます。6時間授業で放課後のクラブ活動の時間も十分にとれ、全国レベルで活躍している生徒も少なくありません。龍谷総合学園の大学を含む、数多い指定校推薦やAO入試・自己推薦を利用し大学へ進学します。

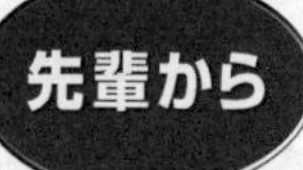

本格的な英語の勉強がしたくて、この高校を選びました。最初はネイティブスピーカーの先生の英語が聞き取れなくて苦労しましたが、最近少し慣れてきました。授業では全員活発に発言し、ゲーム形式の授業も多いので、積極的に英語を使う習慣が身についてきたようです。夏休みには1ヵ月間のニュージーランド研修に参加します。ホームステイもあるので、思い切って飛び込んできます。(特進グローバル A・S)

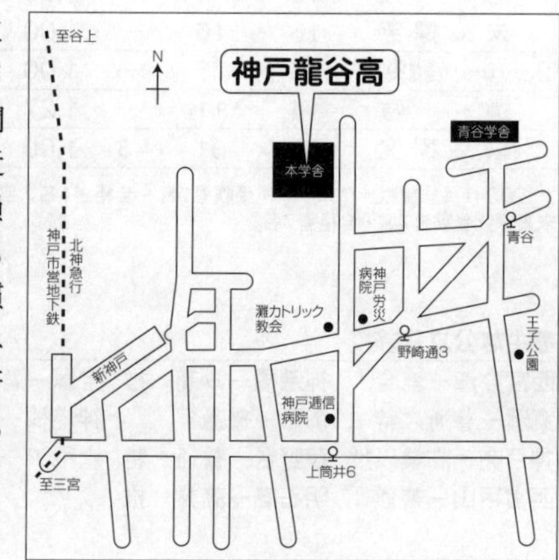

進研Vもし　合格のめやす

●目標偏差値（合格可能性80%）

併願		専願	
特進グローバル理系	60	特進グローバル理系	55
特進グローバル文系	60	特進グローバル文系	55
特進文理Ｓ	58	特進文理Ｓ	53
龍谷総合	53	龍谷総合	50

30 35 40 45 50 55 60 65 70 75

特進グローバル理系　努力圏 合格圏 安全圏

特進グローバル文系　努力圏 合格圏 安全圏

特進文理Ｓ　努力圏 合格圏 安全圏

龍谷総合　努力圏 合格圏 安全圏

入試状況

●併願

年度	学科・コース	受験者数	合格者数	回し	倍率	合格最低点
'24	特進グローバル理系	88	87	—	1.01	263/400
	特進グローバル文系	138	137	—	1.01	213/400
	特進文理Ｓ	486	485	1	1.00	181/400
	龍谷総合	293	293	2	1.00	—/300
'23	特進グローバル理系	92	92	—	1.00	229/400
	特進グローバル文系	127	119	—	1.07	266/400
	特進文理Ｓ	543	543	5	1.00	174/400
	龍谷総合	278	278	3	1.00	—/300

●専願

年度	学科・コース	受験者数	合格者数	回し	倍率	合格最低点
'24	特進グローバル理系	10	10	—	1.00	227/400
	特進グローバル文系	9	9	—	1.00	197/400
	特進文理Ｓ	38	38	—	1.00	161/400
	龍谷総合	73	73	—	1.00	—/300
'23	特進グローバル理系	8	8	—	1.00	189/400
	特進グローバル文系	23	23	—	1.00	243/400
	特進文理Ｓ	43	43	—	1.00	188/400
	龍谷総合	75	75	—	1.00	—/300

●主な公立受験校

葺合－普通　御影－普通　神戸鈴蘭台－普通
夢野台－普通　六甲アー普通　六甲アー普通／推
芦屋－普通　兵庫－普通　芦屋－普通／推
国際－国際／推　葺合－国際／推　須磨東－普通
星陵－普通　尼崎北－普通　有馬－総合／推

入試ガイド

●募集要項　＊2024年度入試実施分

募集人員	特進グローバル理系35、特進グローバル文系40、特進文理Ｓ105、龍谷総合80
出願期間	1/22～1/25
受験料	20,000円
学力検査	2月10日
面接	実施しない
合格発表	2月13日
入学手続	専願 2月15日 併願 3月22日

●試験科目と配点・時間

科目	国語	数学	英語	社会	理科
配点	100点	100点	100点	100点	100点
時間	50分	50分	50分	50分	50分

＊龍谷総合は３科（国数英）、その他は４科受験。特進文理Ｓは国数英＋理または社、特進グローバル文系は国数英＋英②、特進グローバル理系は国数英＋英②または理。＊英検資格活用あり（加算点）。

●学費

入学金	200,000円	制服代・制定品費	約 130,000円
年間授業料	408,000円	学年費	60,000円
施設費・諸会費計	131,500円	諸経費	163,800円
修学旅行積立	160,000～円	初年度納入金合計	1,016,000～円

＊コースにより異なる

卒業後の進路

卒業者数／286人

大学進学	短大進学	専門学校等	就職	進学準備ほか
248人	12人	8人	1人	17人

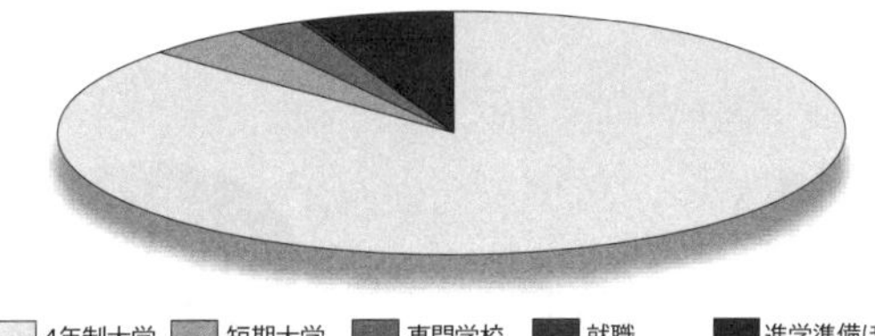

4年制大学 86.7%　短期大学 4.2%　専門学校 2.8%　就職 0.3%　進学準備ほか 5.9%

●主な大学合格状況

国・公立大／
大阪大 3　神戸大 1　兵庫教育大 1
東京外国語大 1　静岡大 1　香川大 1
鳴門教育大 1　滋賀県立大 1　大阪公立大 1
兵庫県立大 1　神戸市外国語大 5　神戸市看護大 1

私立大／
関西大 13　関西学院大 47　同志社大 14
立命館大 16　京都産業大 9　近畿大 95
甲南大 38　龍谷大 53　摂南大 11
神戸学院大 64　追手門学院大 37　国際基督教大 1
上智大 2　中央大 1　立命館ｱｼﾞｱ太平洋大 2
大阪医科薬科大 1　関西外国語大 29　京都外国語大 14

三田学園高等学校

学校法人 三田学園
〒669-1535 三田市南が丘2-13-65
TEL079-564-2291　FAX079-564-3130
https://www.sandagakuen.ed.jp/

■**創立**／明治45年（1912）　■**校長**／眞砂和典
■**生徒数**／830人（1年／283人 2年／276人 3年／271人）
■**併設校**／三田学園中学校
■**沿革**／明治45年私立三田中学校を開校。昭和23年三田高等学校を併置。同37年高校新校舎竣工。同42年現校名に変更。平成10年中学本館・記念図書館が国の登録有形文化財に登録。同24年男女募集を開始しました。
■**交通**／神戸電鉄「横山」下車すぐ

インフォメーション INFORMATION

●**教育方針**／校訓「質実剛健・親愛包容」に基づく全人教育を継承しています。学問を究め、心身を鍛え、徳を積もうとする人材、社会に貢献できる「常識ある人物」の育成に努めています。
●**学校行事**／球技大会（5月）、体育大会（9月）、桜陵祭（10月）など。修学旅行（2年）は海外（アジア方面）と沖縄方面の選択制で検討中。
●**クラブ活動**／甲子園4回出場の野球部をはじめサッカー、弓道、水泳、柔道、卓球、テニス、陸上競技、バドミントン、ハンドボール、吹奏楽、物理など、多くのクラブが全国レベルで活躍しています。クラブ加入率は約73%です。
●**海外交流**／希望者に対してシリコンバレーとオーストラリアで海外研修を実施しています。ホームステイ・現地の生徒との交流を通して、語学はもちろん生活習慣や学校生活に親しみ、国際的センスを身につけます。
●**スクールライフ**／3学期制／登校時刻…8：30／頭髪…染色・パーマ禁止／アルバイト…禁止／自転車通学…許可（保険加入）／携帯…許可

カリキュラム CURRICULUM

●**普通科**
国公立大学・難関私立大学の現役合格を目指します。高校2年生からは、進路希望に応じて文系・理系に分かれます。1年次は高校からの入学生のクラスで学び、3年次（一部は2年次）から内部進学生徒と同じクラスになります。
毎朝の小テスト、放課後の個別指導や夏期講習なども開講。夏期講習は多彩な講座からなり、生徒はこれらを自由に選択し、苦手科目の克服や、応用力の強化をはかります。
また、生徒全員に貸与したタブレットの活用は、思考力、表現力の強化に繋がります。
目的意識と意欲を支援する進路指導も充実しています。卒業生のデータの分析による、現役合格大学検索システムも完備。教員と生徒の信頼関係を基礎としながら、進路指導部と学年担任団の複数教員による個別面談やさまざまな進路プログラムを通じて、「将来の自分像」へ近づくための進路選択を考えさせます。
現役合格をサポートする体制も整えられており、定期的に受験する模試の成績分析から、弱点克服のためのワークシートも作成。効率的に志望大学への現役合格をめざすことができます。
生活面についてもきめ細かく指導しており、生徒たちはクラブ活動、学校行事にも積極的に取り組んでいます。

先輩から

高校生活の醍醐味は勉学・部活動に全力で臨めることだと思います。その環境が整っていたのが三田学園でした。考査とサッカーの大会の期間が重なることもありましたが、まさに文武両道で自分を律することの大切さを学びました。副主将としてインターハイに出場することができたのは、その集大成だったように思います。現在は起業することも視野に入れ、大学で専門的な勉強に励んでいます。（M・S）

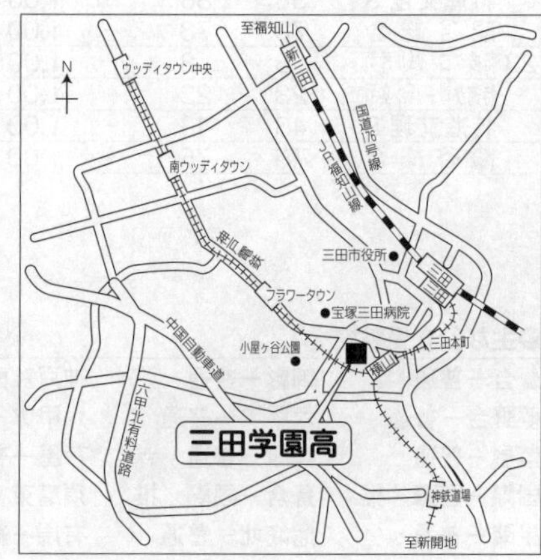

進研Vもし 合格のめやす

●目標偏差値(合格可能性80%)

併願	専願
普通科Ａ方式 ……… 62	普通科Ａ方式 ……… 58

30 35 40 45 50 55 60 65 70 75

普通科Ａ方式　努力圏　合格圏　安全圏

入試ガイド

●募集要項　＊2024年度入試実施分

募集人員　普通科40（B方式は30名まで）

出願期間　1/18〜1/26
受験料　20,000円
学力検査　2月10日
面接　専願のみ
合格発表　2月13日
入学手続　専願 2月16日
　併願 3月22日

●試験科目と配点・時間

科目	国語	数学	英語	—	—
配点	100点	100点	100点	—	—
時間	60分	60分	60分	—	—

●学費

入学金	300,000円	制服代	約 60,000円
年間授業料	436,800円	その他制定品費	約 20,000円
諸会費計	138,000円	その他（施設設備費）	200,000円
修学旅行積立	100,000円	初年度納入金合計	約 1,254,800円

入試状況

●併願

年度	学科・コース	受験者数	合格者数	回し	倍率	合格最低点
'24	普通科A方式	63	62	—	1.02	—/300
	普通科B方式	—	—	—	—	—/—
'23	普通科A方式	58	58	—	1.00	—/350
	普通科B方式	—	—	—	—	—/—
'22	普通文系A	47	47	—	1.00	—/350
	普通文系B	—	—	—	—	—/—

●専願

年度	学科・コース	受験者数	合格者数	回し	倍率	合格最低点
'24	普通科A方式	15	11	—	1.36	—/300
	普通科B方式	36	36	—	1.00	—/300
'23	普通科A方式	7	7	—	1.00	—/350
	普通科B方式	36	36	—	1.00	—/350
'22	普通文系A	11	11	—	1.00	—/350
	普通文系B	36	36	—	1.00	—/350

●主な公立受験校

北摂三田ー普通　北摂三田ー普／特　御影ー普通
兵庫ー普通　市西宮ー普通　三田祥雲館ー普通
夢野台ー普通／特　三田祥雲ー普／推　神戸ー普通
夢野台ー普通　兵県大附ー総／推　西脇ー普通

卒業後の進路

卒業者数／ 279 人

大学進学	短大進学	専門学校等	就職	進学準備ほか
246人	1人	2人	—	30人

4年制大学 88.2%　短期大学 0.4%　専門学校 0.7%　就職 —　進学準備ほか 10.8%

●主な大学合格状況

国・公立大／
京都大 9　大阪大 12　神戸大 13
北海道大 2　東北大 1　名古屋大 1
滋賀大 3　京都工繊大 2　奈良教育大 1
奈良女子大 1　和歌山大 1　筑波大 4
徳島大 8　広島大 5　岡山大 5
滋賀県立大 1　大阪公立大 17　兵庫県立大 9
私立大／
関西大 76　関西学院大 181　同志社大 127
立命館大 54　京都産業大 10　近畿大 162
甲南大 44　龍谷大 33　摂南大 22
神戸学院大 18　早稲田大 11　慶應義塾大 3

三田松聖高等学校

学校法人 湊川相野学園
〒669-1342 三田市四ツ辻1430
TEL079-568-1001　FAX079-568-1995
http://www.sandashosei.net

■創立／大正8年（1919）　■校長／廣瀬雅樹
■生徒数／664人（1年／213人 2年／228人 3年／223人）
■併設校／湊川短期大学　湊川短期大学附属幼稚園・附属保育園
■沿革／大正8年裁縫女塾を創設。昭和29年湊川家政高等学校を開校。同33年湊川女子高等学校と改称。平成16年現校名に改称し男女の募集を開始しました。
■交通／JR福知山線「相野」から徒歩5分

インフォメーション INFORMATION

●**教育方針**／「何事にもくじけぬ不屈の精神と、誠をもって貫き通す強い意志と力」が教育の基本。和敬協調・自律自学の信念のもと、高い徳性と健全な身体、新時代に対応できる知性と技術をもった社会人の育成をめざしています。

●**学校行事**／新入生オリエンテーション（4月）、松聖祭（6月）、生徒会役員改選（9月）、体育祭（10月）、菊水茶会（10月）、合唱コンクール（11月）のほか、海外高校との文化交流、交換留学など。修学旅行（1月）は国内旅行を予定。

●**クラブ活動**／「全入部活制」を導入しています。野球・サッカー・陸上競技・バスケットボール・バレーボール・吹奏楽は強化部です。水泳・ソフトテニスなど体育系9部、茶道・コーラスなど文化系14部と文化系3同好会が活動中。

●**海外交流**／交換留学生制度（国際ロータリー第2680地区国際青少年交換プログラムによる）を実施しています。

●**スクールライフ**／3学期制／登校時刻…8：45／頭髪…染色・パーマ禁止／アルバイト…禁止（家庭事情により許可する場合あり）／自転車通学…許可／携帯…許可（届け出制）

カリキュラム CURRICULUM

●**特別進学コース**
国公立大学・難関私立大学進学を目指し、週6日34時間の高密度カリキュラム、7時間目英語アドバンス講座や長期休暇中の特別講座で基礎から応用まで総合的な学力を身につけます。また、TT 方式の予備校講師の授業を実施しています。

●**進学アスリートコース**
「文武両道」のもと、スポーツの知識習得・探究も進め、大学進学の達成を目指します。

●**総合コース**
入学時の進路希望により2タイプのクラス（大学進学・総合進学）を編成。全教科をバランスよく学ぶとともに自己発見プログラムにより、人間性を重視したキャリア教育を行います。2年次からさらに希望のコースを選択します。

◆大学進学コース（文系・理系）／平日7時間週34時間授業。特別進学コースに準じて長期休暇中の特別講座も行い、4年制大学をめざす学力をじっくり身につけていきます。

◆キャリア進学コース／短大・専門学校・就職希望の生徒に対応し他コースにないキャリア教育が最大の特徴です。幼稚園教諭・保育士資格をめざす生徒を対象に、併設の湊川短期大学及び附属幼稚園・保育園との高大連携の「保育探究」も編成しています。

先輩から

ＪＲ宝塚駅から25分、尼崎駅からも45分とアクセスがとっても良い学校です。六甲山を一望できる自然にあふれた相野の環境に、100周年記念人工芝サッカー場、野球場、陸上練習場、体育館等充実の施設があり、野球部・サッカー部・バスケットボール部など多くの部が全国大会を目指して頑張っています。裏千家茶道などの伝統文化をとり入れているので、落ち着いた雰囲気の中で学習に取り組んでいます。

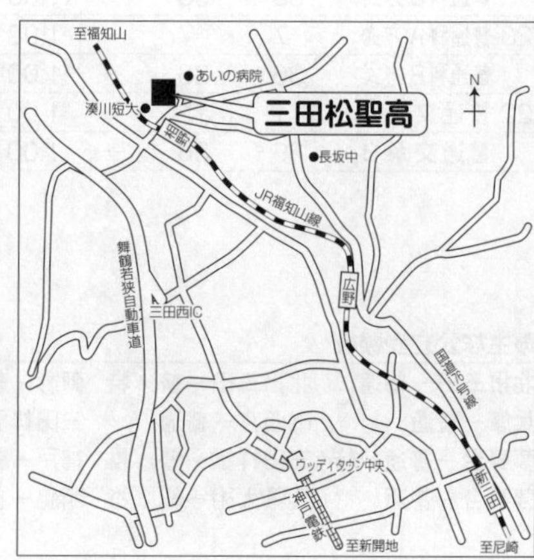

進研Vもし 合格のめやす

●目標偏差値(合格可能性80%)

併願		専願	
特別進学	51	特別進学	48
総合	43	総合	38

30 35 40 45 50 55 60 65 70 75

特別進学：努力圏 合格圏 安全圏

総合：努力圏 合格圏 安全圏

入試ガイド

●募集要項 ＊2024年度入試実施分

募集人員	特別進学30、総合／進学アスリート（専願）…180
出願期間	1/26～1/29
受験料	20,000円
学力検査	2月10日
面接	実施しない
合格発表	2月13日
入学手続	専願 2月20日 併願 3月21日

●試験科目と配点・時間

科目	国語	数学	英語	―	―
配点	100点	100点	100点	―	―
時間	50分	50分	50分	―	―

＊英検の資格活用あり。

●学費

入学金	150,000円	制服・制定品費	約 120,000円
年間授業料	450,000円	学年費など	97,008円
諸会費計	18,000円	施設費	50,000円
修学旅行積立	60,000円	初年度納入金合計	約 945,008円

入試状況

●併願・専願

年度	学科・コース	受験者数	合格者数	回し	倍率	合格最低点
'24	特別進学	389	378	―	1.03	157/300
	総合	1,421	1,420	11	1.00	83/300
	進学アスリート	52	51	―	1.02	
'23	特別進学	470	462	―	1.02	159/300
	総合	1,501	1,501	8	1.00	82/300
	進学アスリート	52	52	―	1.00	

●主な公立受験校

西脇－普通	三田西陵－普通	社－普通
有馬－総合	宝塚東－普通	有馬－総合／推
宝塚－普通	猪名川－普通	篠山鳳鳴－普通
川西明峰－普通	北摂三田－普通	三田祥雲－普／推
三田祥雲館－普通	西脇工－機械／推	三田西陵－普／特

卒業後の進路

卒業者数／220人

大学進学	短大進学	専門学校等	就職	進学準備ほか
94人	19人	79人	17人	11人

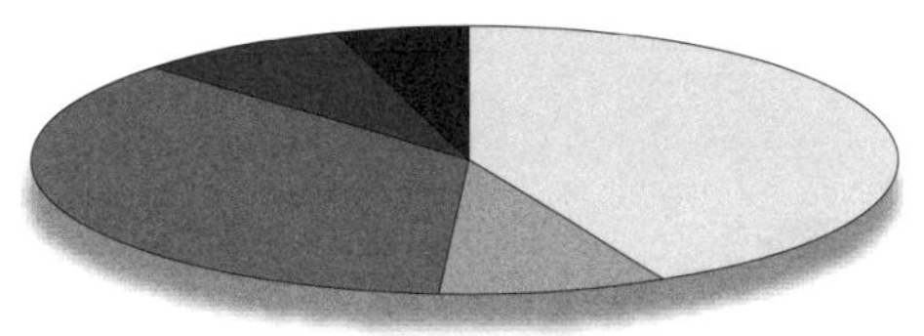

 4年制大学 42.7%
 短期大学 8.6%
 専門学校 35.9%
就職 7.7%
 進学準備ほか 5.0%

●主な大学合格状況

私立大／

立命館大 1	甲南大 1	佛教大 2
摂南大 6	神戸学院大 8	追手門学院大 9
桃山学院大 2	関西外国語大 5	京都外国語大 3
大阪経済大 3	大阪経済法科大 1	大阪産業大 8
大阪学院大 8	大手前大 20	流通科学大 10
阪南大 1	大阪電気通信大 4	武庫川女子大 1
関西国際大 4	大和大 1	甲南女子大 2
神戸親和大 4	日本大 1	帝京大 1
湊川短大 12		

夙川高等学校

学校法人 須磨学園
〒652-0043 神戸市兵庫区会下山町1丁目7-1
TEL078-578-7226　FAX078-578-7245
https://www.sumashuku.jp/

■**創立**／明治13年(1880)　■**校長**／土屋博文
■**生徒数**／344人(1年／142人 2年／115人 3年／87人)
■**併設校**／夙川中学校
■**沿革**／明治13年神戸市御影に裁縫塾を開設。昭和11年増谷高等女学校を設立。同23年夙川学院中学校・高等学校を設置。平成28年男女の募集開始。同31年学校法人・校名変更とともに会下山キャンパス(神戸市兵庫区)に移転。
■**交通**／神戸電鉄「湊川」駅、地下鉄「湊川公園」駅から徒歩12分

インフォメーション　INFORMATION

●**教育方針**／『生徒の個性を最大限に伸ばす』『生徒の「好き」を大切にする』　生徒一人ひとりの個性を尊重し、持てる能力を最大限に伸ばし、希望する進路の実現を図ります。
●**学校行事**／オリエンテーション合宿（4月)、広島平和学習（4月・3年)、文化祭（6月)、体育祭（9月)、古都研修旅行（10月・1年)、東京研修旅行（10月・2年)、芸術鑑賞会（11月）など。
●**クラブ活動**／体育系は柔道、空手道、卓球、テニス、陸上競技、バドミントン、ダンス、水泳、サッカー（男子)、剣道、バスケットボール、ゴルフ、軟式野球(男子)。文化系は吹奏楽、軽音楽、クッキング、茶道、ボランティア活動、ＥＳＳ、美術、演劇・映画研究、クイズ研究会、理科研究など。
●**海外交流**／短期留学プログラム（イギリス・カナダ、2週間、1年次の希望者）を実施しています。異文化への理解を深め、国際的な視野を広げるプログラムです。
●**スクールライフ**／3学期制／登校時刻…8：30／頭髪…染色・パーマ等禁止／アルバイト…許可（条件あり）／自転車通学…許可(条件あり)／携帯…許可(全員制携帯〈スマホ〉を所持)

カリキュラム　CURRICULUM

●**特進コース**
難関国公立大学を目指します。国内外を問わず、生徒自身の希望に沿った進学ができるよう、英語や理数科目を中心とした学力の習得・向上を目指します。
●**進学コース**
難関私立大学を目指します。高校生活3年間を通して「主体的に学ぶ力」を身につけ、生徒自身が将来としっかり向き合えるようサポートします。

☆進路の実現／一人ひとりの手厚い指導による進路実現を目指し、大学現役合格をサポートします。
☆ダブルスクール不要／授業では、毎回「確認テスト」を含み、「その日のうちに徹底理解」。また、放課後、各教科で習熟度に合わせた特別講座を開講しており、生徒は希望する講座を自分で選択して受講することができます。長期休暇中の特別授業も全員参加で実施しています。さらに、集中して学習したい生徒のために、午後9時まで自習室を開放しています。
☆基礎から確実に積み上げる／1年次で学力の土台をしっかりと作り、2年次・3年次と学力を積み上げていきます。
☆新しい入試制度に対応するカリキュラム／主体性・多様性・協働性を身につけるため、英語力を磨く・キャリア教育・個別指導・受験対策などを行います。
☆部活動と両立する／計画的に時間を使い、質の高い授業を活用することで、勉強と部活動を両立させて文武両道を実現。

先輩から

夙川の良い所はみんながいつも笑顔でいる所です。学校の雰囲気もよく、毎日が充実しています。先生方の授業は、とてもおもしろくて楽しいです。もし分からないことがあれば分かりやすく教えてくれます。先生とのコミュニケーションもとても楽しく、相談にのってくれたりします。（Y・T）

進研Vもし　合格のめやす

●目標偏差値（合格可能性80%）

併願		専願	
特進	57	特進	56
進学	53	進学	52

30 35 40 45 50 55 60 65 70 75

特進

努力圏 合格圏 安全圏

進学

努力圏 合格圏 安全圏

入試ガイド

●募集要項　＊2024年度入試実施分

募集人員　特進80、進学80

出願期間　1/18～1/23
受験料　20,000円
学力検査　2月10日
面接　専願生全員・併願生のうち他私学・県外の生徒・過年度生・長期欠席者のみ実施（グループ）
合格発表　2月13日
入学手続　専願 2月16日
併願 3月21日

●試験科目と配点・時間

科目	国語	数学	英語	—	—
配点	100点	100点	100点	—	—
時間	60分	60分	70分	—	—

●学費

入学金	220,000円	制服代・制定品費等	160,000円
年間授業料	528,000円	その他	102,000円
諸会費計	96,000円	施設設備費	200,000円
修学旅行積立	96,000円	初年度納入金合計	1,402,000円

入試状況

●併願

年度	学科・コース	受験者数	合格者数	回し	倍率	合格最低点
'24	特進	67	65	—	1.03	165/300
	進学	13	15	—	—	150/300
'23	特進	67	67	—	1.00	194/300
	進学	7	7	—	1.00	184/300
'22	特進	100	61	—	—	206/300
	進学	7	46	—	—	187/300

●専願

年度	学科・コース	受験者数	合格者数	回し	倍率	合格最低点
'24	特進	16	11	—	1.45	155/300
	進学	5	9	—	—	—/300
'23	特進	17	17	—	1.00	184/300
	進学	1	1	—	1.00	—/300
'22	特進	31	14	—	—	198/300
	進学	4	18	—	—	—/300

＊進学コース合格者数には回し合格を含む。

●主な公立受験校

夢野台－普通　神戸鈴蘭台－普通　葺合－普通
御影－普通　夢野台－普通／特　兵庫－普通
須磨東－普通／特　須磨翔風－総合　神戸－普通
北須磨－普通　三田祥雲館－普通　明石城西－普通
宝塚北－普通　星陵－普通　加古川西－普通

卒業後の進路

卒業者数／ 54 人

大学進学	短大進学	専門学校等	就職	進学準備ほか
49人	—	2人	—	3人

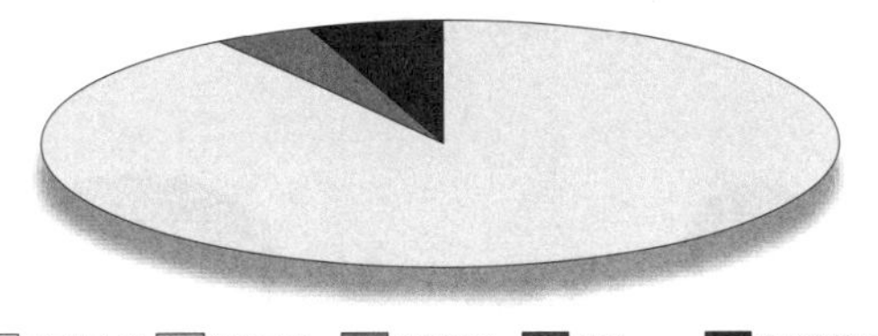

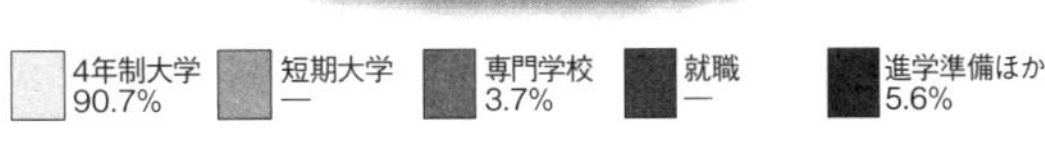

●主な大学合格状況

国・公立大／
島根大 1　琉球大 2　兵庫県立大 1
私立大／
関西大 1　関西学院大 1　同志社大 3
京都産業大 5　近畿大 9　甲南大 6
龍谷大 2　佛教大 5　摂南大 3
神戸学院大 20　追手門学院大 1　中央大 1
大阪経済大 2　大阪工業大 4　兵庫医科大 2
神戸常盤大 1　神戸女学院大 5　武庫川女子大 2
甲南女子大 4　神戸女子大 1　神戸松蔭女子学院大 7
大和大 4　大手前大 5　大阪学院大 1
大阪経済法科大 2　大阪電気通信大 3　京都橘大 4

神港学園高等学校

学校法人 神港学園
〒650-0003 神戸市中央区山本通4-19-20
TEL078-241-3135　FAX078-232-1570
http://www.shinko.ed.jp

■創立／大正14年（1925）　■校長／中野憲二
■生徒数／802人（1年／232人 2年／280人 3年／290人）
■沿革／大正14年私立神港中学の設立許可。昭和23年兵庫県神港高等学校に改編。平成16年男女共学を開始。同29年現校名に改称。
■交通／JR・阪神「元町」から徒歩10分、地下鉄「県庁前」から徒歩5分、阪急「神戸三宮」から徒歩15分

インフォメーション INFORMATION

●**教育方針**／校訓は「進取」「錬磨」「礼節」。自由を尊重する校風のなかで、生徒が自ら夢を見つけ、その実現に向けて未来を切り拓く力を育成させます。
●**学校行事**／キャリア教育活動（5月）、オリエンテーリング・文化祭（6月）、体育大会（9月）、スポーツ大会（11月）、芸術鑑賞会（12月）など。修学旅行（3月・2年）は海外または国内の選択制。
●**クラブ活動**／甲子園出場8回の硬式野球部をはじめ柔道、空手道、ゴルフ、バレーボールなども全国レベル。体育系はほかに陸上競技、剣道、バスケットボール、射撃など。文化系はブラスバンド、写真、観光ガイド、美術、パティシエなど。クラブ加入率は約81％です。
●**海外交流**／修学旅行（海外）では、英語でのコミュニケーションを体験。現地の人々との交流も行われます。世界の都市を、日常では味わえない感動を体感。団体行動を通じて、クラスメートとの絆も深まります。
●**スクールライフ**／3学期制／登校時刻…8：30 ／頭髪…染色・パーマ禁止／アルバイト…許可（届出要） ／自転車通学…許可（届出要） ／携帯…許可（校内では電源を切る）

カリキュラム CURRICULUM

●**特進コース**
国公立大・難関私立大への進学を目標としたコースです。2年次からは少人数制の文系／理系に分かれ、より実践的な指導を展開します。ＩＣＴ教材・校内予備校の導入、充実した土曜日の授業や補習のほか、春休みには3泊4日の勉強合宿を予定。高い目標を実現するためのきめ細かな指導を特色としています。
●**進学コース**
クラブ活動との両立をはかりながら中堅私立大学文系学部、看護医療・栄養・生活科学系学部への進学をめざします。英語・数学を中心にグレード別授業を行い大学受験に向けてきめ細かな指導を実施します。理工系進学希望の場合は、2年次より特進コース理系へコース変更します。
●**総合進学コース**
クラブ活動を続けながら、希望進路に対応する基礎学力の養成をはかります。標準的な文系カリキュラムにより、生徒の個性や適性を見守り、ていねいな進路指導を実施。大学進学はもちろん、専門学校進学や就職など多彩な進路に対応しており、2年進級時には特進／進学コースへの変更も可能です。
●**トップアスリートコース**
特色ある体育の専門的な授業でアスリートとしての資質を身につけます。専攻実技はもとより、エアロビクス、トレーニングなどの知識や技術を修得、同時にスポーツ科学や医療・栄養学部などへの進学希望者には国語・英語のほか生物・数学などの科目を選択し将来の進路に備えます。

小学生のときから始めた社交ダンスを続けたいし、勉強にも力を入れたい。そんな私にとって神港学園はぴったりの進路でした。２年次からは文系クラスを選択し、20人ほどのクラスで落ち着いて勉強を続けています。１年次から同じ担任の先生が見てくださるので、安心して相談できるのも特進コースの魅力です。将来は数々の賞をとれるダンサー、そして人から目標とされるダンスの先生をめざしています。（Ｙ・Ｋ）

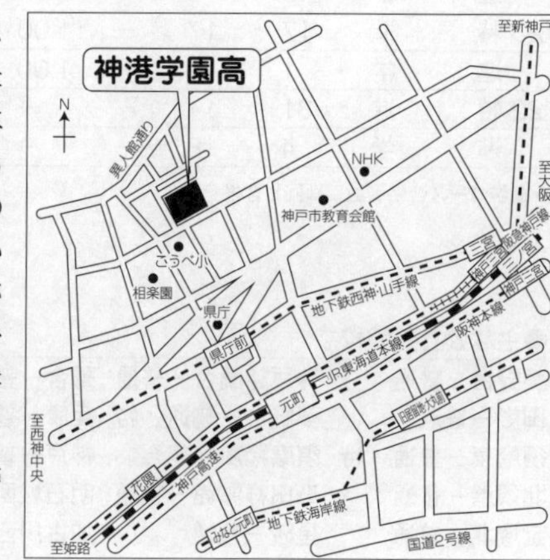

進研Vもし　合格のめやす

●目標偏差値(合格可能性80%)

併　願		専　願	
特進	48	特進	43
進学	43	進学	40
総合進学	41	総合進学	37

30　35　40　45　50　55　60　65　70　75

特進　努力圏　合格圏　安全圏

進学　努力圏　合格圏　安全圏

総合進学　努力圏　合格圏　安全圏

入試状況

●併願

年度	学科・コース	受験者数	合格者数	回し	倍率	合格最低点
'24	特　　進	25	24	—	1.04	172/300
	進　　学	108	108	1	1.00	137/300
	総合進学	206	205	—	1.00	116/300
	トップアスリート	10	10	—	1.00	—/300
'23	特　　進	39	33	—	1.18	173/300
	進　　学	107	106	6	1.01	122/300
	総合進学	227	225	1	1.01	90/300
	トップアスリート	10	10	—	1.00	—/300

●専願

年度	学科・コース	受験者数	合格者数	回し	倍率	合格最低点
'24	特　　進	12	11	—	1.09	154/300
	進　　学	22	22	1	1.00	118/300
	総合進学	95	94	—	1.01	101/300
	トップアスリート	57	57	—	1.00	—/300
'23	特　　進	20	14	—	1.43	140/300
	進　　学	29	27	6	1.07	98/300
	総合進学	103	101	3	1.02	79/300
	トップアスリート	77	76	—	1.01	—/300

●主な公立受験校

東灘－普通	明石清水－普通	播磨南－普通
明石南－総合	兵庫工－建築	神戸商－商業
須磨翔風－総／推	伊川谷－普通	武庫荘－総合／推
西宮甲山－普通	神港橘－みらい商	尼崎西－普通／特
神港橘－み商／推	市尼崎－体育／推	西宮今津－総／推

入試ガイド

●募集要項　＊2024年度入試実施分

募集人員	特進30、進学120、総合進学120、トップアスリート40
出願期間	1/9～1/22
受験料	20,000円
学力検査	2月10日
面接	部活動推薦者を除く専願者
合格発表	2月13日
入学手続	専願 2月16日 併願 3月22日

●試験科目と配点・時間

科目	国語	数学	英語	—	—
配点	100点	100点	100点	—	—
時間	50分	50分	50分	—	—

＊英検・漢検資格活用あり。

●学費

入学金	200,000円	制服代	約 78,000～円
年間授業料	408,000円	学年費・副教材費等	150,000円
諸費	240,000円	諸経費	111,600円
修学旅行積立	78,000～円	初年度納入金合計約 1,265,600～円	

卒業後の進路

卒業者数／ 258 人

大学進学	短大進学	専門学校等	就職	進学準備ほか
142人	4人	62人	37人	13人

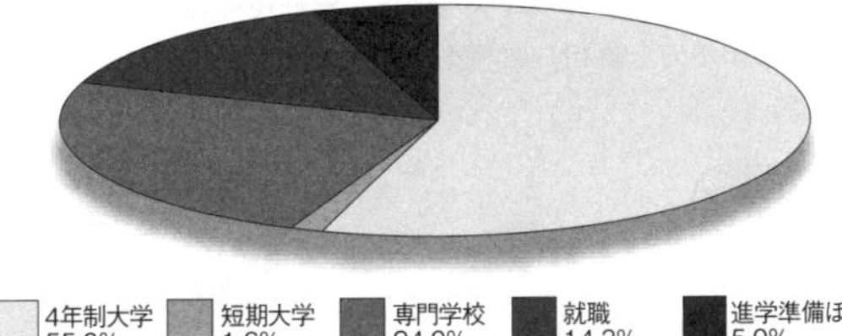

4年制大学 55.0%　短期大学 1.6%　専門学校 24.0%　就職 14.3%　進学準備ほか 5.0%

●主な大学合格状況

国・公立大／

広島市立大 1

私立大／

関西大 2	関西学院大 2	同志社大 1
京都産業大 3	近畿大 3	神戸学院大 35
追手門学院大 5	桃山学院大 3	大阪経済大 1
大阪芸術大 1	大阪音楽大 1	京都外国語大 1
関西外国語大 8	神戸薬科大 1	神戸女子大 4
神戸芸術工科大 1	仙台大 1	國學院大 1
中央大 2	帝京大 1	桐蔭横浜大 1
東洋大 1	びわこ成蹊ｽﾎﾟｰﾂ大 2	大和大 1
武庫川女子大 2		

須磨学園高等学校

学校法人 須磨学園
〒654-0009 神戸市須磨区板宿町3-15-14
TEL078-732-1968 FAX078-732-6129
https://www.suma.ac.jp

■創立／大正11年（1922） ■校長／堀井雅幸
■生徒数／1,195人（1年／396人 2年／361人 3年／438人）
■併設校／須磨学園中学校
■沿革／1922年須磨裁縫女学校を創立。1938年須磨女学校と改称。1960年現在地に新築移転。1999年須磨学園高等学校に改称、男女共学スタート。2004年須磨学園中学校を開校。2022年創立100周年を迎えました。
■交通／山陽電鉄・地下鉄西神山手線「板宿」から徒歩約15分

インフォメーション INFORMATION

●**教育方針**／建学の精神は「清く、正しく、たくましく。」「なりたい自分」と「社会の中の自分」を意識しながら、たくましく自己を実現できる人を育成します。

●**学校行事**／オリエンテーション合宿（4月・1年）、広島平和学習（4月・3年）、文化祭（6月）、体育祭（10月）、古都研修旅行（10月・1年）、東京研修旅行（10月・2年）、芸術鑑賞会（11月）、チャリティコンサート（12月）など。

●**クラブ活動**／全国高校駅伝で常連の陸上競技をはじめ水泳、剣道、ソフトテニス、アーチェリーなども全国レベル。ほかにサッカーなど体育系17部。管弦楽、ハンドベル、文芸、放送、ギター、美術など文化系27部。加入率は約80%です。

●**海外交流**／短期留学プログラム（①イギリス②カナダ、2週間、1年次の希望者）を実施しています。①はオックスフォード・ケンブリッジの大学寮に滞在、②はブリティッシュコロンビア大学の大学寮に滞在。異文化への理解を深め、国際的な視野を広げるプログラムです。

●**スクールライフ**／3学期制／登校時刻…8：30／頭髪…染色・パーマ禁止／アルバイト…禁止／自転車通学…禁止（最寄駅までは申請の上許可）／携帯…許可（全員制携帯<スマホ>を所持）

先輩から

須磨学園の授業は50分で7校時です。先生たちがおもしろい話や雑学を交えて進めてくださるので、楽しく受けられます。そして50分のうち、最後の約10分は理解度を測る「確認テスト」が行われます。授業をしっかり聞いていないと分からないので、緊張感を持続させながら集中することができます。放課後は9時学（自学）を利用することが多く、復習や予習をしっかり済ませて帰っています。（M・S）

カリキュラム CURRICULUM

●**Ⅲ類理数**
最難関国公立大学・医歯薬理系への進学を目指し、授業や特別講座における数多くの問題演習を通して、大学受験の確固たる対応力を身につけます。とくに数学・理科では原理・本質への深い理解を重視した圧倒的演習量が特徴です。

●**Ⅲ類英数**
最難関国公立大学文系・理系への進学を目指し、読解力・洞察力・論理的思考力を高める英語・国語の豊富な演習が特徴です。新大学入試に対応した表現力の育成に向けた取り組みも充実しています。2年進級時にはⅢ類理数への変更も可能です。

●**Ⅱ類**
難関国公立大学への進学を目指し、密度の濃い授業、習熟度別のバラエティ豊かな特別講座を通して、新大学入試に求められる表現力・記述力の養成を図っています。また、課外活動についても多くの生徒が積極的に参加しています。2年進級時にはⅢ類への変更も可能です。

●**Ⅰ類**
国公立大学・難関私立大学への進学を目指し、1年生では基礎学力の育成、2年生からは文系・理系に分かれて応用力の強化を行います。大学受験に対応したカリキュラムに基づき、実践的で高度な学力を身につけることができます。また、スポーツ・芸術で得意を伸ばした進学の実績も豊富です。

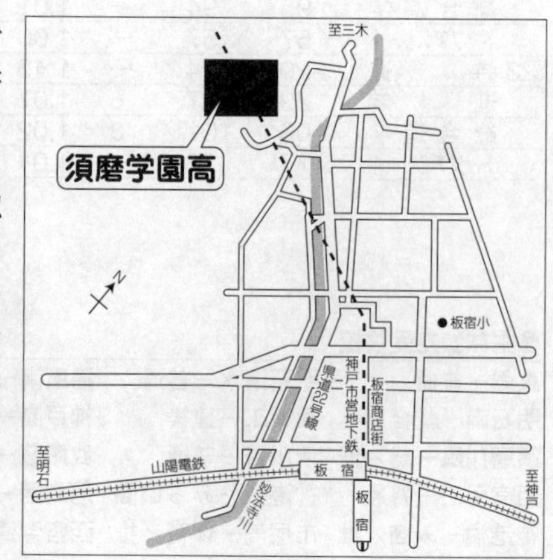

進研Vもし 合格のめやす

●目標偏差値（合格可能性80%）

一般（併願）		AO（専願）	
Ⅲ類理数	70	Ⅲ類理数	67
Ⅲ類英数	68	Ⅲ類英数	65
Ⅱ類	65	Ⅱ類	62

	30〜60	60〜65	65〜70	70〜75
Ⅲ類理数			努力圏	合格圏・安全圏
Ⅲ類英数		努力圏	合格圏	安全圏
Ⅱ類		努力圏	合格圏	安全圏

＊Ⅰ類はスポーツ・芸術推薦（専願のみ）のため、めやすを設定していません。

入試状況

●一般（併願）

年度	学科・コース	受験者数	合格者数	回し	倍率	合格最低点
'24	Ⅲ類理数	1,252	448	—	2.79	202/300
	Ⅲ類英数	376	384	—	—	190/300
	Ⅱ類	173	962	—	—	162/300
	Ⅰ類	1	1	—	1.00	—/300
'23	Ⅲ類理数	1,129	467	—	—	214/300
	Ⅲ類英数	412	395	—	—	204/300
	Ⅱ類	181	857	—	—	170/300
	Ⅰ類	5	5	—	—	—/300

●AO（専願）

年度	学科・コース	受験者数	合格者数	回し	倍率	合格最低点
'24	Ⅲ類理数	55	17	—	3.24	192/300
	Ⅲ類英数	14	16	—	—	181/300
	Ⅱ類	19	48	—	—	152/300
	Ⅰ類	32	32	—	1.00	—/300
'23	Ⅲ類理数	76	23	—	—	204/300
	Ⅲ類英数	20	20	—	—	194/300
	Ⅱ類	13	54	—	—	160/300
	Ⅰ類	29	29	—	—	—/300

＊Ⅲ類英数・Ⅱ類合格者数には回し合格を含む。

●主な公立受験校

神戸－普通　兵庫－普通　長田－普通
加古川東－普通　市西宮－普通　御影－普通
星陵－普通　西宮東－普通　神戸－総理学／推
長田－普通／特　西宮東－自然／推　姫路西－普通
御影－総人間／推　兵庫－創科学／推　葺合－普通

入試ガイド

●募集要項　＊2024年度入試実施分

募集人員	Ⅲ類理数40、Ⅲ類英数40、Ⅱ類160、Ⅰ類（スポーツ・芸術の推薦制）40
出願期間	1/18〜1/23
受験料	20,000円
学力検査	2月10日
面接	グループ(AO、Ⅰ類、他私学・県外の生徒、過年度生、長期欠席者)
合格発表	2月13日
入学手続	AO入試 2月16日 一般入試 3月21日

●試験科目と配点・時間

科目	国語	数学	英語	—	—
配点	100点	100点	100点	—	—
時間	60分	60分	70分	—	—

＊AO入試は学力検査・調査書・作文（出願時提出）・グループ面接の総合判定。一般入試は学力検査・調査書（一部グループ面接）の総合判定。

●学費

入学金	220,000円	制服代・制定品費等	160,000円
年間授業料	576,000円	施設設備費	220,000円
諸会費計	96,000円	その他	102,000円
旅行積立金計	96,000円	初年度納入金合計	1,470,000円

卒業後の進路

卒業者数／495人

大学進学	短大進学	専門学校等	就職	進学準備ほか
426人	—	—	1人	68人

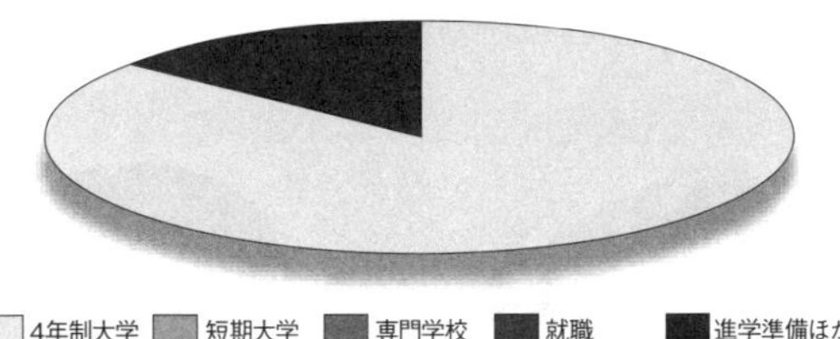

4年制大学 86.1%　短期大学 —　専門学校 —　就職 0.2%　進学準備ほか 13.7%

●主な大学合格状況

国・公立大／
東京大 10　京都大 18　大阪大 34
神戸大 54　北海道大 5　東北大 5
名古屋大 5　九州大 7　滋賀大 4
滋賀医科大 1　京都工繊大 1　大阪教育大 1
奈良教育大 1　奈良女子大 2　和歌山大 1
東京工業大 1　岡山大 12　大阪公立大 20
兵庫県立大 37　奈良県立医 1　和歌山県医 1

私立大／
関西大 74　関西学院大 403　同志社大 177
立命館大 228　京都産業大 54　近畿大 245
甲南大 47　早稲田大 20　慶應義塾大 11

蒼開高等学校

学校法人 柳学園
〒656-0013 洲本市下加茂1-9-48
TEL0799-22-2552 FAX0799-22-3817
https://yanagi-h.ed.jp/soukai/

■創立／大正2年(1913)　■校長／阪口寛明
■生徒数／199人(1年／57人 2年／65人 3年／77人)
■併設校／蒼開中学校
■沿革／大正2年柳裁縫女学校として創立。昭和35年柳学園中学校・高等学校(進学部)となり、中高一貫教育がスタート(男女共学)。平成30年現校名に改称。
■交通／神戸淡路鳴門自動車道(高速バス)・洲本ICバス停からスクールバス10分。淡路交通「新加茂橋」下車徒歩7分

インフォメーション INFORMATION

●**教育方針**／「和と実」を校訓としています。建学の精神は「社会に貢献できる人材の育成」で、元気で溌剌とした高校生活を送り、分からないことは理解できるまで挑戦していく姿を大切にしています。

●**学校行事**／新入生研修(4月・1年)、新入生歓迎行事・校外学習(5月)、体育大会(6月)、キャリアディスカッション(7月)、夏季補習(7月～8月)、文化祭(9月)、みどり農園実習(9月・1年)、淡路島学(11月)、クリスマスコンサート(12月)、朝ランニング(2月)、球技大会・勉強合宿(3月)など。研修旅行(2月)はコース別で北海道へ。

●**クラブ活動**／体育系はボート、水泳、テニス、剣道、バスケットボールなど7部(アスリート進学コース以外)。アスリート進学コースは、男子サッカー、女子サッカー、女子硬式野球、柔道の3競技4部です。文化系はジャズバンド、茶華道、書道、家庭、インターアクトなど8部が活動中です。加入率は約80%です。

●**スクールライフ**／3学期制／登校時刻…8：35／頭髪…染色・パーマ禁止／アルバイト…禁止／自転車通学…許可／携帯…許可(校内使用禁止、授業前に学校で預かる)

カリキュラム CURRICULUM

●**Ⅲ類　スーパー特進コース**
中高一貫の緑風6カ年コースと連携して3年間を効率的に活用し、周囲との調和を重んじることのできる次世代のリーダーの養成と、難関国公立大学・医歯薬学部・難関私立大学への合格をめざします。30名の少人数制となっているため1人ひとりの生徒に対してきめ細かい進路指導が行えます。また、「英検」「漢検」「数検」などに学校全体で取り組んでいます。

●**Ⅱ類　グローバル進学コース**
国際的な視野を持ったグローバル人材を育成することを目標に、日本から世界へはばたけるステップとして有名私立大学文系への進学をめざします。さまざまな体験型プログラムがあるだけでなく、授業では大学と連携して演劇を取り入れながら自分を表現していく演劇ワークショップなど特徴的な講座もあります。

●**Ⅰ類　アスリート進学コース**
男子サッカー・女子サッカー・女子硬式野球・男子柔道・女子柔道の強化クラブを中心に文武両道で、広い視野を持った豊かな人間性の育成を目標にしたアスリート教育を「心育」などのさまざまなプログラムを通じて行います。アスリートとして必要な表現力を磨くために、「心育」や「探究」などでの学びを個人・グループで整理、共有し、発表します。そのなかで、価値観の多様性を学び、人の話を「聴く力」や、プレゼンテーションでの「伝える力」「表現力」、柔軟な発想力を身につけます。

ここはさまざまなコースの特性を生かし、一般の授業カリキュラムを早い段階で終了させ、受験期に入ってからは演習に目一杯時間を費やすことができるように組まれているので、大学入試に向けてじっくり確実に準備することができます。また、先生方は勉学以外の面でも様々なサポートをしてくださり、非常に充実した学生生活を送ることができました。この学校に入学してよかったです。(K・T)

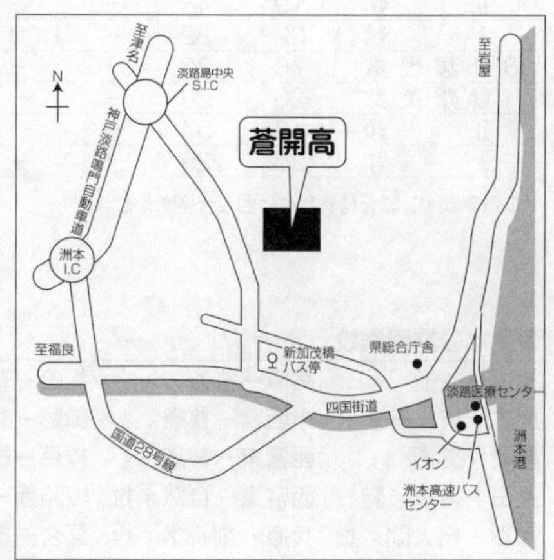

進研Vもし 合格のめやす

●目標偏差値(合格可能性80%)

併 願	専 願
Ⅲ類スーパー特進…… 58	Ⅲ類スーパー特進…… 51
Ⅱ類グローバル進学… 48	Ⅱ類グローバル進学… 41

30 35 40 45 50 55 60 65 70 75

Ⅲ類スーパー特進
努力圏 合格圏 安全圏

Ⅱ類グローバル進学
努力圏 合格圏 安全圏

入試ガイド

●募集要項 ＊2024年度入試実施分

募集人員　Ⅲ類スーパー特進30、Ⅱ類グローバル進学30、Ⅰ類アスリート進学（専願）40

出願期間　1/10～1/26
受験料　20,000円
学力検査　2月10日
面接　専願のみ(個人10分)
合格発表　2月13日
入学手続　専願 2月19日
　併願 3月22日

●試験科目と配点・時間

科目	国語	数学	英語	—	—
配点	100点	100点	100点	—	—
時間	50分	50分	50分	—	—

＊英検資格活用あり。

●学費

入学金	420,000円	制服等制定品費	約 160,000円
年間授業料	444,000円	その他(施設費)	60,000円
諸会費計	69,600円	その他	—
修学旅行積立	144,600円	初年度納入金合計	約 1,298,200円

入 試 状 況

●併願

年度	学科・コース	受験者数	合格者数	回し	倍率	合格最低点
'24	Ⅲ類スーパー特進	106	83	—	1.28	—/300
	Ⅱ類グローバル進学	312	310	23	1.01	—/300
	Ⅰ類アスリート	—	—	—	—	—/—
'23	Ⅲ類スーパー特進	99	79	—	1.25	—/300
	Ⅱ類グローバル進学	324	319	20	1.02	—/300
	Ⅰ類アスリート	—	—	—	—	—/—

●専願

年度	学科・コース	受験者数	合格者数	回し	倍率	合格最低点
'24	Ⅲ類スーパー特進	2	2	—	1.00	—/300
	Ⅱ類グローバル進学	10	10	—	1.00	—/300
	Ⅰ類アスリート	30	30	—	1.00	—/300
'23	Ⅲ類スーパー特進	2	2	—	1.00	—/300
	Ⅱ類グローバル進学	8	7	—	1.14	—/300
	Ⅰ類アスリート	33	33	—	1.00	—/300

●主な公立受験校

洲本－普通　津名－普通　淡路三原－普通
洲本実－電気　洲本実－機械／推　洲本実－商業
星陵－普通　淡路－総合／推　洲本－普通／特
洲本実－商業／推　洲本実－電気／推　淡路－総合

卒業後の進路

卒業者数／ 79 人

大学進学	短大進学	専門学校等	就職	進学準備ほか
49人	3人	16人	7人	4人

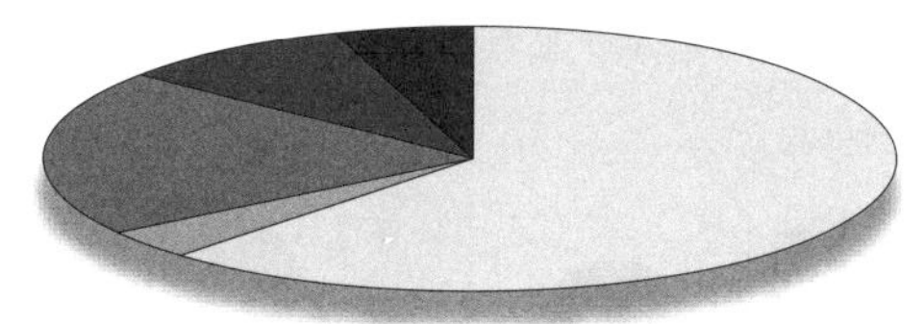

●主な大学合格状況

国・公立大／
神戸大 4　大阪教育大 1　鳥取大 1
徳島大 3　兵庫県立大 1　高知工科大 1
私立大／
関西大 1　関西学院大 8　同志社大 6
立命館大 6　京都産業大 7　近畿大 8
甲南大 1　龍谷大 1　佛教大 2
神戸学院大 3　法政大 2　立教大 1
京都薬科大 1　神戸女学院大 4　兵庫医科大 1
神戸親和大 4　神戸女子大 5　大阪医科薬科大 2
川崎医科大 1　大阪経済大 1　大阪体育大 1
東海大 2　武庫川女子大 1　関西看護医療大 1

滝川高等学校

学校法人 瀧川学園
〒654-0007 神戸市須磨区宝田町2-1-1
TEL078-732-1625　FAX078-732-7391
https://www.takigawa.ed.jp

＊完成イメージ図

■創立／大正7年（1918）　**■校長**／下川清一
■生徒数／703人（1年／279人 2年／217人 3年／207人）
■併設校／滝川中学校
■沿革／大正7年私立兵庫中学校を設立。昭和22年新制滝川中学校、同23年新制滝川高校設置。同58年中高一貫教育計画発足。同59年第2校地に滝川第二高校新設。平成14年新校舎完成。令和6年度男女共学。
■交通／山陽電鉄・市営地下鉄「板宿」から徒歩5分

インフォメーション　INFORMATION

●教育方針／至誠一貫・質実剛健・雄大寛厚の校訓に立脚した「滝川リーダーシップ教育」により、次代のリーダーを養成。個々の進路を見極めた、充実のカリキュラムを用意しています。
●学校行事／春季遠足（4月）、学園祭（6月）、夏期講習（8月）、スポーツフェスティバル（9月）、探究学習合宿（10月・1年）、秋季遠足（11月）など。研修旅行（2月・2年）はシンガポールへ。
●クラブ活動／卓球、アーチェリーは全国大会でも活躍しています。ほかに陸上競技、ソフトボール、水泳、柔道、剣道、野球、サッカー、アメリカンフットボールなど体育系15部。生物、将棋、鉄道研究など文化系7部が活動中です。加入率は約70％です。
●海外交流／海外研修旅行のほかに、希望者を対象とした短期海外研修やセブ島語学研修を実施しています。語学修得だけでなく多文化社会を体験する絶好の機会となっています。
●スクールライフ／3学期制／登校時刻…8：30／頭髪…染色・パーマ禁止／アルバイト…禁止／自転車通学…許可／携帯…許可（校内使用禁止）

カリキュラム　CURRICULUM

● Science Global（男女）
理数教育を重視するコースです。毎日の授業では理数科目を強化したカリキュラムを設定し、科学的・論理的思考力を伸ばします。国際的な視野を育むため、実践的な英語力を鍛えるプログラムを充実させ、ケンブリッジ英語やオンライン英会話の活用で「使える英語」を身につけます。セブ島での語学研修のほか、希望者は夏休みを利用して、海外短期留学に参加できるなど、さまざまな機会を通して国際社会で活躍できるリーダーの素養を習得。みずから考え行動できる力や好奇心、向上心を育て、最難関国公立・私立大学への道を開きます。
●ミライ探究（男子）
独自の探究活動をはじめとする深い学びを通して知性と教養、思考力を磨き、未知なる課題に挑戦して次代を切り拓くリーダーを育てるコースです。社会課題の解決策を探ったり、企業とのコラボレーションに挑戦するなど、体験型のプログラムを充実させています。また、質・量ともに豊富な学習計画を通して揺るぎない知力を伸ばすとともに外国語運用能力や社会で求められる幅広い実践力、国際的な視野を育てることで「社会的知性」と「行動力」を養成します。国公立・私立大学進学に必要な力はもちろん、変化の激しい時代に対応できるクリエイティブな能力を身につけます。

先輩から

滝川の思い出は部活動です。アーチェリー部に所属しており、自己鍛錬の厳しさを知りました。がんばれたのは、多くの先輩や後輩との深いつながりが大きな励みになっていたのだと思います。滝川の良いところは文武両道を実現できる環境、そして精神的に成長できる自由な校風です。あらゆる場面で教わった「至誠一貫」「質実剛健」「雄大寛厚」の校訓は、社会人になってからも気づきの原点になっています。（N・O）

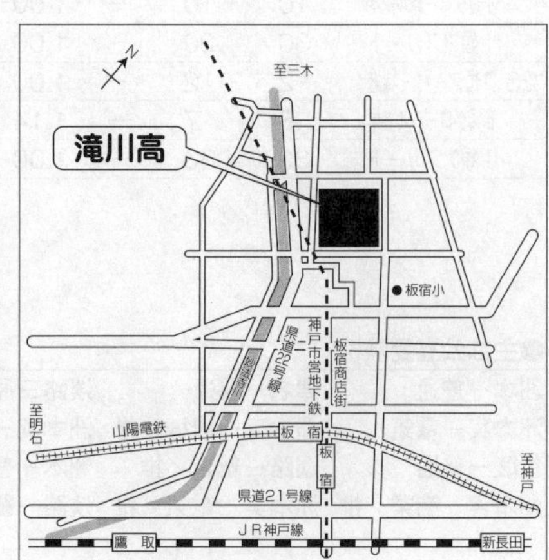

進研Vもし 合格のめやす

●目標偏差値(合格可能性80%)

併願		専願	
Science Global	63	Science Global	60
ミライ探究	59	ミライ探究	56

30 35 40 45 50 55 60 65 70 75

Science Global　努力圏 合格圏 安全圏

ミライ探究　努力圏 合格圏 安全圏

入試ガイド

●募集要項　＊2024年度入試実施分

募集人員　Science Global（男女）40、ミライ探究（男子）130

出願期間　1/10〜1/26
受験料　20,000円
学力検査　2月10日
面接　実施しない
合格発表　2月13日
入学手続　専願 2月16日
　併願 3月21日

●試験科目と配点・時間

科目	国語	数学	英語	—	—
配点	100点	100点	100点	—	—
時間	50分	50分	50分	—	—

＊ほかに 5科内申点100点満点(5科×4倍) を加え 400点満点とする。＊英検資格活用あり。＊英語はリスニングを含む。

●学費

入学金	400,000円	制服・学用品等	約 85,000円
年間授業料	450,000円	その他(入学時)	30,000円
諸費（旅行積立含む）	265,800円	その他	—
修学旅行積立	—	初年度納入金合計	約 1,231,200円

＊ ScienceGlobal は別途研修費が必要

入試状況

●併願

年度 学科・コース	受験者数	合格者数	回し	倍率	合格最低点
'24 Science Global	519	518	—	1.00	249/400
ミライ探究	120	120	1	1.00	175/400
'23 Science Global	187	183	—	1.02	263/500
ミライ探究	105	105	4	1.00	197/400
'22 Science Global	171	141	—	1.21	250/400
ミライ探究	91	91	29	1.00	152/300

●専願

年度 学科・コース	受験者数	合格者数	回し	倍率	合格最低点
'24 Science Global	60	59	—	1.02	249/400
ミライ探究	49	49	1	1.00	175/400
'23 Science Global	28	25	—	1.12	263/500
ミライ探究	63	63	3	1.00	197/400
'22 Science Global	28	21	—	1.33	250/400
ミライ探究	48	48	7	1.00	152/300

＊合格者成績はコース別集計（専併合算）。専願者は規定の点数を加算。
＊合格最低点は合格基準点。

●主な公立受験校

夢野台－普通　星陵－普通　葺合－普通
須磨東－普通　星陵－普通／特　兵庫－普通
加古川西－普通　須磨友が丘－総合　御影－普通
東播磨－普通　小野－科学／推　北須磨－普通／推
東播磨－普通／特　北須磨－普通　明石城西－普通

卒業後の進路

卒業者数／ 210 人

大学進学	短大進学	専門学校等	就職	進学準備ほか
166人	3人	4人	—	37人

4年制大学 79.0%　短期大学 1.4%　専門学校 1.9%　就職 —　進学準備ほか 17.6%

●主な大学合格状況

国・公立大／
大阪大 1　神戸大 6　北海道大 1
九州大 2　京都工繊大 1　大阪教育大 2
岡山大 1　鳥取大 3　島根大 2
徳島大 3　香川大 2　滋賀県立大 1
大阪公立大 4　兵庫県立大 5　奈良県立医 1

私立大／
関西大 24　関西学院大 38　同志社大 22
立命館大 26　京都産業大 6　近畿大 130
甲南大 32　龍谷大 31　佛教大 2
摂南大 25　神戸学院大 56　追手門学院大 4
桃山学院大 14　早稲田大 6　慶應義塾大 2

滝川第二高等学校

《竜》
学校法人 瀧川学園
〒651-2276 神戸市西区春日台6-23
TEL078-961-2381　FAX078-961-4591
https://takigawa2.ed.jp/

■創立／昭和59年(1984)　■校長／本郷　卓
■生徒数／771人(1年／269人 2年／232人 3年／270人)
■併設校／滝川第二中学校
■沿革／昭和59年滝川第二高等学校開校。平成16年滝川第二中学校開校。
■交通／神姫バス「平野小学校前」下車徒歩8分、同「環境西事業所前」下車徒歩10分、神戸市営バス「西体育館前」下車徒歩5分、JR「明石」「西明石」から直通バス運行(登下校時)

インフォメーション　INFORMATION

●**教育方針**／「至誠一貫」「質実剛健」「雄大寛厚」を校訓とし、個性を伸ばすコース制と思い切ったカリキュラムにより、気品と実行力のある人間を育成。「滝二」の愛称で親しまれています。
●**学校行事**／滝二祭(5月)、夏期講習(7月・8月)、校内球技大会・芸術鑑賞会(7月)、クラブ合宿(8月)、体育祭(9月)、遠足(11月)、校内球技大会(12月)など。研修旅行はオーストラリア(Fコース共通)・北海道(Cコース)※Cコースはコロナ禍時。現在、海外研修調整中。
●**クラブ活動**／野球、サッカー、卓球、剣道、陸上競技、ゴルフ、吹奏楽はCコースの重点クラブ。全国・近畿大会などで活躍しています。ほかに体育系はアーチェリー、バスケットボール、女子バドミントン、テニス、空手道など全12部。文化系は演劇、華道などの全5部・5同好会。多様な部活動を設置しています。
●**海外交流**／研修旅行ではホストファミリー（ファームステイ）との交流も貴重な体験(オーストラリア)。短期・中期(3ヵ月)・長期(1年間)の留学制度あり。
●**スクールライフ**／3学期制／登校時刻…8：25／頭髪…染色・パーマ禁止／アルバイト…許可(保護者を通じて学校長の許可を得る)／自転車通学…許可(条件あり)

カリキュラム　CURRICULUM

●**スーパーフロンティアコース**
難関国公立大学への進学をめざすコースです。重点5教科(国、数、英、社、理)の時間を増やした、実力養成のためのカリキュラムを構成。週4日の7校時体制による先取り学習、および十分な受験対策が行える環境を整えています。文系・理系を問わず、外国人教諭による英語の4技能(読む、聞く、話す、書く)の強化にも力を入れています。また、全員参加の大手予備校講師・滝川第二高校教員による「フロンティアゼミナール」(週3日、90分間、国・数・英)は大学受験に直結した内容で、新たな気分で臨むことができます。
●**クリエイティブフロンティアコース**
国公立・有名私立大学への進学をめざすコースです。2年次からは、志望大学にあわせた国公立5教科型と私立3教科型で、それぞれ文系と理系を選択します。早朝テスト(確認テスト)が行われ、到達目標に達していない場合は、放課後に理解度を深める補習が実施されます(国・数・英)。なお、1年次のカリキュラムはスーパーフロンティアと同様なので、規定を満たせば2年次からの転コースも可能です。
●**Cコース(スポーツ・芸術コース)**
重点部活動(野球・サッカー・卓球・剣道・陸上競技・ゴルフ・吹奏楽)に励みながら、大学進学をめざすコース。技術・体力に優れた生徒が在籍し、全国制覇をめざしています。海外との交流にも力を入れており、幅広い活動が可能です。

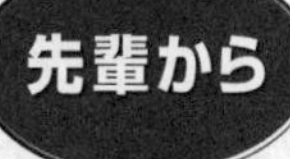

高校生活をどう過ごすかで将来が決まると考え、勉強に集中できる滝二を志望しました。週4日の7校時授業のほか、早朝補習やテストなど、勉強は大変。通学に1時間かかることもあって、時間の使い方を意識するようになりました。この学校は、学習と遊びのけじめをしっかりつけるのが特徴。これからの3年間、いろんなことを吸収し、教師になる夢をかなえたいと思っています。(クリエイティブFコース M・H)

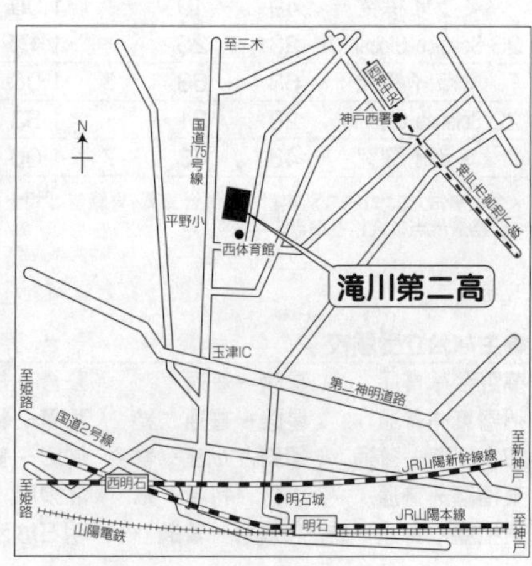

進研Vもし 合格のめやす

●目標偏差値（合格可能性80%）

併願		専願	
スーパーフロンティア	63	スーパーフロンティア	60
クリエイティブフロンティア	59	クリエイティブフロンティア	54
		C	45

30 35 40 45 50 55 60 65 70 75

スーパーフロンティア　努力圏 合格圏 安全圏

クリエイティブフロンティア　努力圏 合格圏 安全圏

C（専願）　努力圏 合格圏 安全圏

入試ガイド

●募集要項　＊2024年度入試実施分

募集人員　スーパーフロンティア30、クリエイティブフロンティア35、C（専願）100

出願期間　12/11〜1/26
受験料　20,000円
学力検査　2月10日
面接　専願のみ
合格発表　2月13日
入学手続　専願 2月16日
併願 3月22日

●試験科目と配点・時間

科目	国語	数学	英語	—	—
配点	100点	100点	100点	—	—
時間	50分	50分	50分	—	—

＊英検資格活用あり。

●学費

入学金	400,000円	制服代（サマースラックス、サマースカート、ポロシャツを含まない）	44,250円
年間授業料	441,600円	学年費	72,000円
諸会費計	36,600円	その他	50,000円
修学旅行積立（総額）	350,000円	初年度納入金合計	1,394,450円

＊BYOD（Bring Your Own Device）形式での端末活用のためノートパソコン・タブレット端末など準備が必要。

入試状況

●併願

年度	学科・コース	受験者数	合格者数	回し	倍率	合格最低点
'24	スーパーフロンティア	694	534	—	1.30	175/300
	クリエイティブフロンティア	280	280	160	1.00	120/300
	C	—	—	—	—	—/—
'23	スーパーフロンティア	710	527	—	1.35	175/300
	クリエイティブフロンティア	276	275	183	1.00	117/300
	C	—	—	—	—	—/—

●専願

年度	学科・コース	受験者数	合格者数	回し	倍率	合格最低点
'24	スーパーフロンティア	12	10	—	1.20	155/300
	クリエイティブフロンティア	7	7	2	1.00	100/300
	C	130	130	—	1.00	—/300
'23	スーパーフロンティア	3	2	—	1.50	182/300
	クリエイティブフロンティア	5	3	1	1.67	107/300
	C	138	137	—	1.01	—/—

●主な公立受験校

星陵－普通　小野－普通　須磨東－普通
明石北－普通　北須磨－普通　加古川東－普通
北須磨－普通／推　夢野台－普通　加古川西－普通
長田－普通　兵庫－普通　伊川谷北－普通
明石城西－普通　東播磨－普通　星陵－普通／特

卒業後の進路

卒業者数／263人

大学進学	短大進学	専門学校等	就職	進学準備ほか
221人	1人	16人	4人	21人

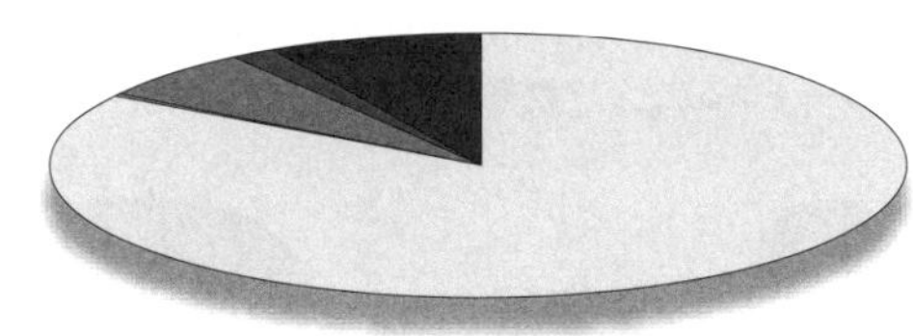

4年制大学 84.0%　短期大学 0.4%　専門学校 6.1%　就職 1.5%　進学準備ほか 8.0%

●主な大学合格状況

国・公立大／
大阪大 3　神戸大 4　九州大 1
京都工繊大 2　徳島大 4　岡山大 2
広島大 2　島根大 1　大阪公立大 2
兵庫県立大 14　奈良県立大 1　神戸市外国語大 3

私立大／
関西大 30　関西学院大 58　同志社大 20
立命館大 26　京都産業大 2　近畿大 74
甲南大 40　龍谷大 13　佛教大 1
摂南大 6　神戸学院大 38　追手門学院大 8
慶應義塾大 2　神戸女学院大 27　武庫川女子大 21
大阪工業大 17　兵庫医科大 7　関西外国語大 5

東洋大学附属姫路高等学校

学校法人 東洋大学
〒671-2201 姫路市書写1699
TEL079-266-2626　FAX079-266-4590
https://www.toyo.ac.jp/himeji/

■**創立**／昭和38年(1963)　■**校長**／上田　肇
■**生徒数**／1,253人(1年／392人 2年／425人 3年／436人)
■**併設校**／東洋大学　東洋大学附属姫路中学校
■**沿革**／明治20年私立哲学館(東洋大学の前身)を創設。昭和38年東洋大学附属姫路高校開校。平成元年男女共学開始。
■**交通**／JR「姫路」(北口)神姫バス姫路駅バスターミナルから、バスで25分(「東洋大学姫路高校」下車)

インフォメーション　INFORMATION

●**教育方針**／校訓「自立・友情・英知」を教育活動に取り込み、人間性豊かでたくましく生きる力を養成。勉学にも、クラブ活動等にも、一生懸命に取り組む姿勢を重視しています。
●**学校行事**／書写登山(4月・1年)、文化祭(6月)、1Day University(7月)、芸術鑑賞会(7月)、夏季補習(7月・8月)、体育祭(9月)、冬季補習(12月・1月)、春季補習(3月)など。修学旅行(6月・2年)は北海道・沖縄・台湾から生徒がコース選択。
●**クラブ活動**／剣道部、柔道部、空手道部、卓球部、将棋部が全国大会に出場。また、地域活性部が近畿経済産業局をはじめ多くの団体から表彰されるなど運動部、文化部ともに活躍が目立っています。運動部は全14部。文化部は全16部。
●**海外交流**／海外語学研修(1、2年・希望者対象)は、地中海のマルタ共和国でホームステイ。また2024年よりフィリピン「セブ島」サマーキャンプが加わります。語学はもちろん現地の文化や習慣に親しむことができます。オーストラリアに海外姉妹校、友好校もあります。
●**スクールライフ**／3学期制／登校時刻…8：50／頭髪…染色・パーマ等禁止／アルバイト…原則禁止／自転車通学…許可(ステッカーをはること)／携帯…許可(校内使用禁止)

カリキュラム　CURRICULUM

1年次はSコースとTコースに分かれます。授業進度やカリキュラムは同じで、深度を変え、Sコースは基礎の上に応用力の涵養を、Tコースは基礎の定着を図ります。高校1年から高校3年まで1週35時間で、土曜日も4時間の授業を行い、学習時間を確保します。放課後は、クラブ活動、補習授業、自主学習など生徒各自が選択し、将来を切り開く挑戦の時間にあてます。高校2年生からは成績と希望によりコースが分かれます。

●**Sコース**
国公立大学進学を目指し、高校2年次から難関国公立大学文系・理系 、国公立大学文系・理系に分かれ、各レベルの国公立大学の一般入試に対応する学力をつけるだけでなく、学校推薦型選抜、総合型選抜などの推薦入試も視野に大学進学を目指します。

●**Tコース**
高校1年次は基礎力をつけ、進級時には成績と希望により国公立大学を目指すクラスに変更できます。高校2年時には私立大学を目指す生徒対象となり、文系と理系に分かれ、難関私立大学の一般入試や推薦入試にも対応する十分な学力をつける授業を行います。また、東洋大学附属推薦や私立大学の指定校推薦も利用できるほか、就職指導など個人の目標に応じた対応で、進路実現を目指します。

先輩から

東洋大姫路での3年間は、とても充実していました。私は弓道部に所属していましたが施設など環境も整っていて、恵まれた高校生活だったと思います。実家を継いだときに役立つ知識を得たいと考え、いまは東洋大学の企業法学科に在学中。目的が明確だと、講義を聞いても「将来役立つから覚えておこう」と思いますし、学びが楽しくなります。みなさんも、しっかりと目的をもって大学進学をめざしてください。(H・K)

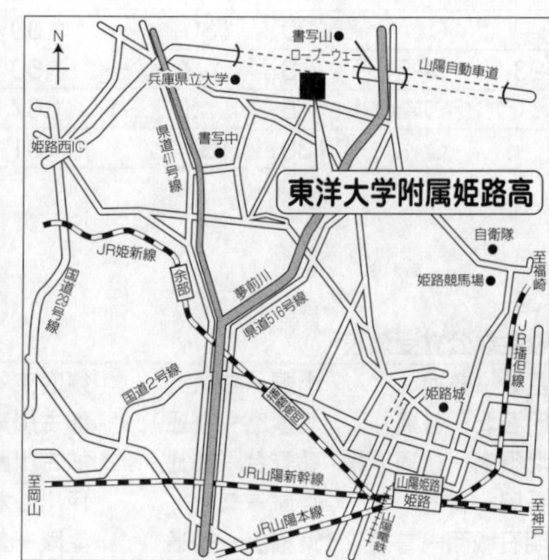

進研Vもし 合格のめやす

●目標偏差値(合格可能性80%)

併願		専願	
Sコース	62	Sコース	55
Tコース	49	Tコース	43

30 35 40 45 50 55 60 65 70 75

Sコース: 努力圏 55–60 / 合格圏 60–65 / 安全圏 65–70

Tコース: 努力圏 42–47 / 合格圏 47–52 / 安全圏 52–57

入試ガイド

●募集要項　＊2024年度入試実施分

募集人員　Sコース70、Tコース240

出願期間　1/22～1/26
受験料　20,000円
学力検査　2月10日
面接　実施しない
合格発表　2月13日
入学手続　専願 2月26日
　併願 3月22日

●試験科目と配点・時間

科目	国語	数学	英語	—	—
配点	100点	100点	100点	—	—
時間	50分	50分	50分	—	—

●学費

入学金	200,000円	制服・PC等制定品	約 180,000円
年間授業料	396,000円	教科書代等	約 40,000円
諸会費計	54,800円	その他(施設費等)	304,000円
修学旅行積立	132,000円	初年度納入金合計	1,306,800円

＊Tコースの場合

入試状況

●一般（併願・専願）・推薦

年度	学科・コース	受験者数	合格者数	回し	倍率	合格最低点
'24	Sコース	1,809	1,626	—	1.11	—/300
	Tコース	2,170	2,164	183	1.00	—/300
'23	Sコース	1,758	1,617	—	1.09	—/300
	Tコース	2,067	2,064	141	1.00	—/300
'22	Sコース	1,906	1,822	—	1.05	—/300
	Tコース	1,865	1,864	84	1.00	—/300

●主な公立受験校

姫路西－普通　姫路東－普通　琴丘－普通
市姫路－普通　相生－普通　龍野－普通
姫路南－普通　姫路商－商業　飾磨－普通
網干－普通　姫路飾西－普通　太子－総合
福崎－普通　姫路東－普通／推　姫路商－商業／推

卒業後の進路

卒業者数／329人

大学進学	短大進学	専門学校等	就職	進学準備ほか
232人	2人	52人	22人	21人

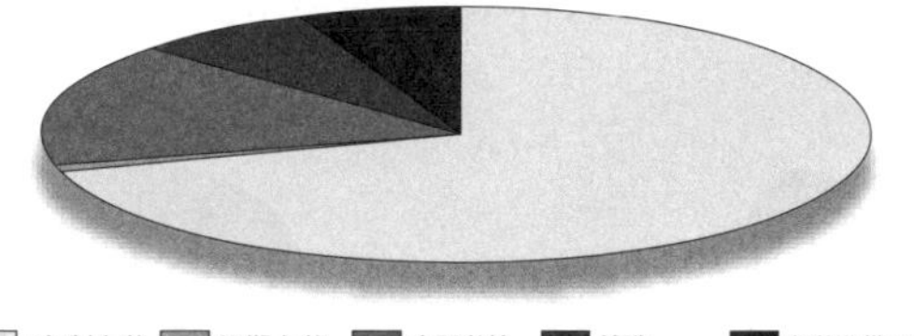

4年制大学 70.5%　短期大学 0.6%　専門学校 15.8%　就職 6.7%　進学準備ほか 6.4%

●主な大学合格状況

国・公立大／
大阪大 3　大阪教育大 1　鳥取大 6
島根大 1　岡山大 3　山口大 1
徳島大 1　香川大 3　高知大 1
長崎大 1　兵庫県立大 6　下関市立大 4

私立大／
関西大 5　関西学院大 24　同志社大 8
立命館大 12　京都産業大 22　近畿大 76
甲南大 19　龍谷大 7　佛教大 3
摂南大 6　神戸学院大 70　追手門学院大 2
桃山学院大 1　明治大 3　神戸女学院大 8
大阪工業大 16　大阪産業大 45　東洋大 9

仁川学院高等学校

学校法人 仁川学院
〒662-0812 西宮市甲東園2-13-9
TEL0798-51-3621　FAX0798-52-0599
https://www.nigawa.ac.jp/high/

■創立／昭和25年（1950）　■校長／永尾　稔
■生徒数／911人（1年／323人 2年／245人 3年／343人）
■併設校／仁川学院中学校　仁川学院小学校　マリアの園幼稚園
■沿革／昭和25年マリアの園幼稚園開設。同31年仁川学院小学校を開校。同37年仁川学院中学校・高等学校を開校。平成7年完全共学に移行しました。
■交通／阪急今津線「仁川」「甲東園」から徒歩6分

インフォメーション　INFORMATION

●教育方針／建学の精神は「和と善」。必修科目「宗教」や毎日の祈り、ミサなど宗教行事による人格形成を特色とし、「17歳の人生地図を描く」ために必要なカリキュラムを編成しています。

●学校行事／比叡山研修（4月・1年）、黙想会（4月・3年）、体育祭（4月）、球技大会・鑑賞教室（7月）、学院祭・球技大会（10月）、追悼ミサ（11月）、球技大会・クリスマスウィーク（12月）、探究発表会（2月・1、2年）など。修学旅行（12月・2年）は、イタリアと東北または北海道の選択制。

●クラブ活動／体育系は硬式野球、ソフトテニス、サッカー、剣道、アメリカンフットボール、卓球、陸上競技など、文化系は吹奏楽、軽音楽、ESS、美術などが活動しています。加入率は約70%です。

●海外交流／アメリカ（アリゾナ州の姉妹校）およびオーストラリアへの留学制度（1年間）があります。また修学旅行（イタリア研修）を「スタディツアー」と位置づけ、同学院の源流であり、聖フランシスコの聖地でもあるイタリア・アッシジを訪問します。

●スクールライフ／3学期制／登校時刻…8：15／頭髪…染色・パーマ禁止／アルバイト…禁止／自転車通学…禁止／携帯…許可制

カリキュラム　CURRICULUM

●アカデミアコース
学問的な探究を意識した学習プログラムで、質の高い学力を身につけます。目標とする進路は難関国立大学をはじめとする国公立大学です。高1では、基礎力はもちろん、学問的探究心を養うためのプログラムを実施。人文・社会科学、グローバル、数理などをテーマに「探究」の時間を設け、論文やポスター発表に必要なスキルを身につけ、より深いレベルで学力を高めます。また、難関国公立大受験で大切となる国語・数学・英語の基礎力養成のため、授業時間数を多く配当しています。

●カルティベーションＳコース
カルティベーションコースとしての学びを土台とし、アカデミアコースへの変更も視野に入れて、より発展的な学びを実践します。目標とする進路は難関私立大学です。
すべてのコースに共通して、2年進級次に、各自の希望進路および学力、適性などをもとに、コース選択を行います。2年生からは、目標とする進路に向かってより主体的に深く学べるように、アカデミアコースとカルティベーションコースを、進路目標にあわせて、それぞれ2つずつのコースに細分化します。

●カルティベーションコース
基礎学力の徹底とともに、さまざまな体験を通した協働的な学びで自らの可能性を広げます。目標とする進路は私立大学です。難関私大進学も視野に、基礎学力の徹底をはかるとともに、さまざまな体験プログラムをとおして個性を伸ばします。

先輩から

中学・高校と野球部に入っていて、高3の夏まではクラブ活動重視でした。受験勉強では「野球での集中力を生かせ」と先生に励まされ、第1希望校に合格することができました。生徒同士の連帯感が強く、みんなが共に助け合いながら、自律的に行動していたことが仁川学院の印象です。仁川で学んだ協調性や前向きな姿勢は、今後の社会生活の中でこそ、生きてくるのではないかと思っています。（M・K）

進研Vもし 合格のめやす

●目標偏差値（合格可能性80%）

併願		専願	
アカデミア	63	アカデミア	59
ｶﾙﾃｨﾍﾞｰｼｮﾝ S	58	ｶﾙﾃｨﾍﾞｰｼｮﾝ S	54
ｶﾙﾃｨﾍﾞｰｼｮﾝ	52	ｶﾙﾃｨﾍﾞｰｼｮﾝ	49

30 35 40 45 50 55 60 65 70 75

アカデミア

努力圏 合格圏 安全圏

カルティベーションS

努力圏 合格圏 安全圏

カルティベーション

努力圏 合格圏 安全圏

入試状況

●併願

年度	学科・コース	受験者数	合格者数	回し	倍率	合格最低点
'24	アカデミア	1,121	583	—	1.92	63.0%
	ｶﾙﾃｨﾍﾞｰｼｮﾝ S	1,100	779	435	1.41	170/300
	ｶﾙﾃｨﾍﾞｰｼｮﾝ	467	465	420	1.00	—/300
'23	アカデミア	1,121	581	—	1.93	67.4%
	ｶﾙﾃｨﾍﾞｰｼｮﾝ S	1,213	908	463	1.34	172/300
	ｶﾙﾃｨﾍﾞｰｼｮﾝ	467	463	380	1.01	—/300

●専願

年度	学科・コース	受験者数	合格者数	回し	倍率	合格最低点
'24	アカデミア	34	22	—	1.55	61.7%
	ｶﾙﾃｨﾍﾞｰｼｮﾝ S	86	43	9	2.00	162/300
	ｶﾙﾃｨﾍﾞｰｼｮﾝ	75	64	42	1.17	—/300
'23	アカデミア	20	15	—	1.33	65.3%
	ｶﾙﾃｨﾍﾞｰｼｮﾝ S	73	36	2	2.03	162/300
	ｶﾙﾃｨﾍﾞｰｼｮﾝ	50	44	36	1.14	—/300

●主な公立受験校

宝塚西－普通	県伊丹－普通	宝塚北－普通
西宮東－普通	鳴尾－普通	尼崎北－普通
西宮北－普通	県西宮－普通／推	県西宮－普通
尼崎稲園－普通	北摂三田－普通	尼崎稲園－普／推
御影－普通	葺合－普通	宝塚－普通

入試ガイド

●募集要項　＊2024年度入試実施分

募集人員	アカデミア40、カルティベーションＳ80、カルティベーション160 ＊内部進学を含む
出願期間	1/22～1/29
受験料	22,000円
学力検査	2月10日
面接	専願のみ
合格発表	2月13日
入学手続	専願 3月1日 併願 3月21日

●試験科目と配点・時間

科目	国語	数学	英語	社会	理科
配点	100点	100点	100点	100点	100点
時間	50分	50分	50分	50分	50分

＊アカデミアコースは3科（国数英）または5科の選択制。カルティベーションSコース・カルティベーションコースは3科。

●学費

入学金	250,000円	制服等制定品・教科書	約 114,000円
年間授業料	450,000円	副教材・行事経費等	約 213,000円
諸会費計	23,500円	施設費等	347,200円
修学旅行積立	—	初年度納入金合計	約 1,397,700円

＊カルティベーションS／カルティベーションコースの場合

卒業後の進路

卒業者数／238人

大学進学	短大進学	専門学校等	就職	進学準備ほか
219人	3人	7人	—	9人

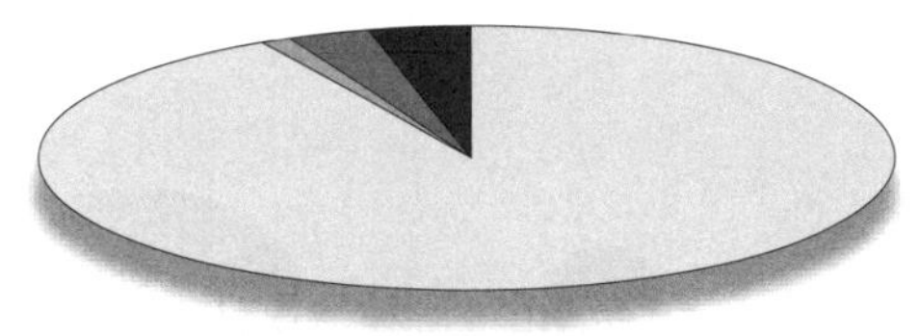

4年制大学 92.0%　短期大学 1.3%　専門学校 2.9%　就職 —　進学準備ほか 3.8%

●主な大学合格状況

国・公立大／

神戸大 1	岡山大 1	高知大 1
三重大 1	山口大 1	徳島大 1
金沢大 1	大阪公立大 2	兵庫県立大 1

私立大／

関西大 36	関西学院大 41	同志社大 15
立命館大 20	京都産業大 30	近畿大 116
甲南大 35	龍谷大 42	佛教大 11
摂南大 60	神戸学院大 46	追手門学院大 116
桃山学院大 24	大阪医科薬科大 2	兵庫医科大 11
関西医科大 2	神戸薬科大 5	大阪経済大 17
大阪工業大 42	関西外国語大 34	京都外国語大 5

白陵高等学校

学校法人 三木学園
〒676-0827 高砂市阿弥陀町阿弥陀2260
TEL079-447-1675　FAX079-447-1677
http://www.hakuryo.ed.jp

■創立／昭和38年(1963)　■校長／宮崎陽太郎
■生徒数／563人(1年／188人 2年／193人 3年／182人)
■併設校／白陵中学校
■沿革／昭和38年白陵中学校・高等学校開校。平成20年校舎新築建替。同27年技芸棟が完成。
■交通／JR山陽本線「曽根」から徒歩15分

インフォメーション INFORMATION

●**教育方針**／人本主義の精神に則り、研究と訓練・独立不羈・正明闊達を校是とし、深遠なる洞察力と高い学識を持ち、事にあたって責任感と勇猛心ある人材たるの基礎を培います。

●**学校行事**／入学式(4月・1年)、球技大会(6月)、夏季特別授業(7月・8月)、運動会・文化祭(9月)、創立記念日・文化公演会(11月)、百人一首大会(1月)、柔道大会(2月)、春季特別授業(3月)など。修学旅行(11月・2年)は沖縄方面へ。

●**クラブ活動**／柔道、剣道、バレーボール、野球、ソフトテニスなど体育系9部。吹奏楽、写真、将棋、ESS、天文、書道、美術など文化系17部があります。文武両道を旨とし、限られた活動時間の中で、それぞれの目標に向けて奮闘しています。加入率は約90%です。

●**生徒寮**／キャンパスの一画に「白陵寮」(寄宿舎・男子生対象)を設置。家庭を離れての寮生活は、豊かな人間形成の場でもあります。

●**スクールライフ**／3学期制／登校時刻…8：50／頭髪…染色・パーマ禁止／アルバイト…禁止／自転車通学…許可／携帯…許可制

カリキュラム CURRICULUM

●**普通科**

中学・高校の6ヵ年一貫した教育をベースとし、より高度な知識の修得と学力の充実に努めています。教師の1人ひとりが情熱を傾けた指導のもとで、人格・学力の陶冶向上と大学進学をめざす生徒が、勉学に励んでいます。学習面では、とくに国語・数学・外国語の学力養成に重点を置いた指導を展開。将来の目標に向けた計画的なカリキュラムを編成しています。教員1人に対し生徒わずか12人の組織編成は、学習面・生活面、また課外授業にいたるまで、先生と生徒の密接な関係を作り上げています。高校3年次には問題演習、総復習、模擬試験を行い、大学進学の準備には万全の体制をとっています。

先輩から

校内の自然は他校では類のないほど素晴らしく、四季を感じながら学園生活を送ることができます。校舎も新しく建て替えられ、最高の学習環境が整っています。毎日の授業も予習、復習をきっちり行えばとくに問題はありません。早く学校生活に慣れてください。クラブ活動もほとんどの生徒が入部して、文武両道を実践しています。学園生活を充実させるためにも、ぜひクラブに入部してください。

＊私服登校が可能です。

進研Vもし 合格のめやす

●目標偏差値（合格可能性80%）

	専願
	普通科…………………… 70

30 35 40 45 50 55 60 65 70 75
普通科：努力圏／合格圏／安全圏

入試ガイド

●募集要項 ＊2024年度入試実施分

募集人員　普通科若干名（専願のみ）

出願期間　1/31〜2/3
受験料　20,000円
学力検査　2月10日
面接　実施しない
合格発表　2月11日
入学手続　—

●試験科目と配点・時間

科目	国語	数学	英語	—	—
配点	100点	100点	100点	—	—
時間	60分	60分	60分	—	—

●学費

入学金	150,000円	制服代	—
年間授業料	408,000円	施設整備費	250,000円
諸会費計	303,600円	その他	—
修学旅行積立	—	初年度納入金合計	約 1,111,600円

＊上記は外進生

入試状況

●専願

年度	学科・コース	受験者数	合格者数	回し	倍率	合格最低点
'24	普通科	6	3	—	2.00	162/300
'23	普通科	8	4	—	2.00	162/300
'22	普通科	6	4	—	1.50	143/300

●主な公立受験校

—

卒業後の進路

卒業者数／186人

大学進学	短大進学	専門学校等	就職	進学準備ほか
—	—	—	—	—

＊非公表

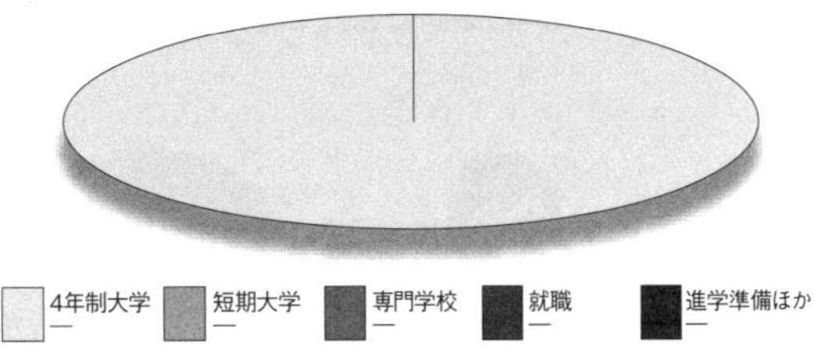

●主な大学合格状況

国・公立大／
東京大 16　京都大 14　大阪大 13
神戸大 19　北海道大 5　東北大 2
九州大 6　滋賀大 2　滋賀医科大 1
京都工繊大 1　東京工業大 1　一橋大 1
筑波大 3　広島大 5　徳島大 4
京都府立医 1　大阪公立大 5　兵庫県立大 9

私立大／
関西大 20　関西学院大 40　同志社大 41
立命館大 31　近畿大 7　甲南大 5
神戸学院大 3　早稲田大 27　慶應義塾大 22
兵庫医科大 8　関西医科大 6　京都薬科大 6

日ノ本学園高等学校

学校法人 日ノ本学園
〒679-2151 姫路市香寺町香呂890
TEL079-232-5578　FAX079-232-3420
https://www.hinomoto.ac.jp/

■**創立**／明治26年(1893)　■**校長**／中川　守
■**生徒数**／599人(1年／212人 2年／238人 3年／149人)
■**併設校**／姫路日ノ本短期大学　姫路日ノ本短期大学付属幼稚園
■**沿革**／明治26年「日の本女学校」開校。昭和23年新制の中学校・高等学校となる。同49年短期大学開学。同53年現在地に新築移転、短期大学付属幼稚園開園。令和5年完全男女共学化。
■**交通**／JR播但線「香呂」から徒歩15分

インフォメーション INFORMATION

●**教育方針**／校訓は「心の飾りを」。豊かな自然環境と充実した設備のもと、キリスト教主義に基づいたこころの教育を実践。1人ひとりの個性を生かした、新時代の人材を育成します。
●**学校行事**／学園祭(7月)、体育大会(10月)、芸術鑑賞会(11月)、クリスマス礼拝(12月)、修学旅行(1月)など。
●**クラブ活動**／体育系は女子サッカー、新体操は全国優勝、バレーボール、陸上競技、ゴルフは全国大会出場の実績があります。またバドミントン、バスケットボール、卓球は近畿大会、県大会で活躍しています。文化系は放送部(NHK杯全国コンテスト入選)のほか音楽(コーラス)、演劇、生物、ダンスなどが活動中です。2024年度から日ノ本学園レオクラブを創設し、地域社会の奉仕活動や社会貢献活動に取り組みます。
●**施設・生徒寮**／スクールバス・福祉実習施設・体育施設・音楽施設など、公立高校にはない充実した設備を整えています。
●**スクールライフ**／2学期制／登校時刻…8：30／頭髪…染色・パーマ禁止(肩より長い髪は黒色系のゴムでくくる)／アルバイト…届出制／自転車通学…許可(自宅から学校までの距離が原則1km以上)／携帯…許可(校内での使用は禁止)

カリキュラム CURRICULUM

●**学際科学コース**
少人数のクラス編成の中で切磋琢磨して学業成績を向上させ、大学へ進学するコースです。2・3年次では週6時間の選択授業で、各自の進路目標に応じた授業を受講することができます。
●**未来探究コース**
情報、国際文化、福祉などさまざまな分野の探究学習を通して、自らの可能性を広げ『自分自身の意思で行動できる人材』を育成します。2・3年次では週6時間の選択の授業で、自分の興味関心、進路に合った授業を選択し、進路実現を目指します。
●**幼児教育・音楽コース**
『子ども心』を持つ保育士・幼稚園教諭をめざします。1年次は音楽面の基礎を固め、2・3年次の幼稚園訪問では園児と触れ合い、保育士・幼稚園教諭という仕事のやりがいを実感します。
●**スーパーアスリートコース**
強化指定運動部(女子サッカー・女子新体操・女子バレーボール・女子バスケットボール・陸上競技・バドミントン・ゴルフ)を対象とし、各競技において結果を追求するコースです。
●**フリーアカデミーコース**
中学校までの間で不登校を経験した生徒の『新たな挑戦』を応援するコースです。通学専修系列(毎日登校)と、通庭併修系列(週4日登校・家庭学習日1日)を設けています。
●**ステップコース**
体調不良等で欠席日数は多いが、全日制普通科で生活リズムを整え、大学進学を目指します。授業は2時間目から7時間目まで。

私はフリーアカデミーコースの3年間を振り返ってとても成長できたと思います。不登校だった私が人前に立って話すことができるようになったし、以前より自信がついて前向きになれるようになりました。それは私を支えてくれる家族、友達、先生など周りの人たちのおかげだと思います。これからはしっかりと自立し、今度は人の役に立てる人になりたいと思います。(フリーアカデミーコース Y・H)

進研Vもし 合格のめやす

●目標偏差値(合格可能性80%)

併願		専願	
学際科学	48	学際科学	42
未来探究	42	未来探究	37
幼児教育・音楽	42	幼児教育・音楽	37
スーパーアスリート	42	スーパーアスリート	37
		フリーアカデミー	37
		ステップ	37

30 35 40 45 50 55 60 65 70 75

学際科学
努力圏 合格圏 安全圏

未来探究／幼児教育・音楽／スーパーアスリート
努力圏 合格圏 安全圏

フリーアカデミー（専願）／ステップ（専願）
努力圏 合格圏 安全圏

入試状況

●併願・専願

年度 学科・コース	受験者数	合格者数	回し	倍率	合格最低点
'24 学際科学	639	—	—	—	—/—
未来探究		—	—	—	—/—
幼児教育・音楽		—	—	—	—/—
スーパーアスリート		—	—	—	—/—
フリーアカデミー		—	—	—	—/—
ステップ		—	—	—	—/—

●主な公立受験校

北条－普通	福崎－普通	香寺－総合
神崎－普通	相生産－商業	夢前－普通
小野－普通	播磨農－園芸	西脇－普通
香寺－総合／推	松陽－普通	太子－総合
上郡－普通／特	高砂南－普通	佐用－普通

入試ガイド

●募集要項 ＊2024年度入試実施分

募集人員	未来探究／幼児教育・音楽／スーパーアスリート／フリーアカデミー（専願）／学際科学／ステップ（専願）…200
出願期間	1/19～1/25
受験料	15,000円
学力検査	2月10日
面接	実施しない
合格発表	2月13日
入学手続	専願 2月16日 併願 3月22日

●試験科目と配点・時間

科目	国語	選択	—	—	—
配点	100点	100点	—	—	—
時間	50分	50分	—	—	—

＊国語と選択科目(数学・英語・社会・理科から1科目）の2科目。

●学費

入学金	400,000円	制服代	約 70,000円
年間授業料	396,000円	その他制定品費	約 20,000円
諸会費計	43,200円	教育活動関連費	約 69,000円
修学旅行積立	72,000円	初年度納入金合計	約 1,070,200円

卒業後の進路

卒業者数／114人

大学進学	短大進学	専門学校等	就職	進学準備ほか
44人	27人	13人	21人	9人

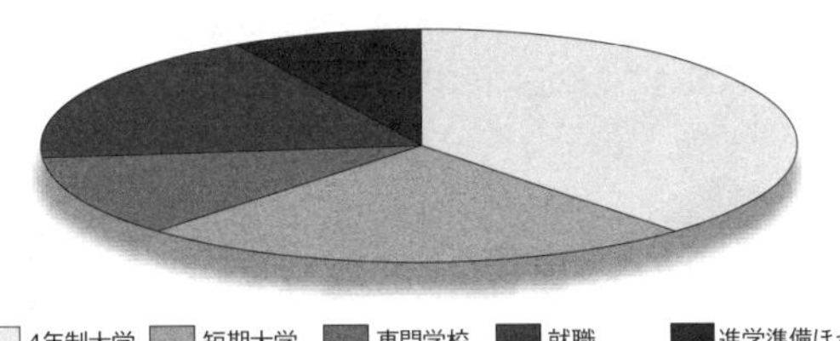

●主な大学合格状況

私立大／

関西学院大 1	神戸学院大 6	早稲田大 1
関西外国語大 1	神奈川大 2	甲南女子大 1
神戸女学院大 1	京都芸術大 1	大阪商業大 1
日本体育大 1	大阪体育大 1	国士舘大 1
京都橘大 1	大手前大 1	流通科学大 4
姫路大 3	園田学園女子大 2	山梨学院大 2
姫路獨協大 1	明治医療福祉大 1	兵庫大 3

雲雀丘学園高等学校

学校法人 雲雀丘学園
〒665-0805 宝塚市雲雀丘4-2-1
TEL072-759-1300　FAX072-755-4610
https://hibari.jp

■創立／昭和25年(1950)　**■校長**／中井啓之
■生徒数／965人(1年／289人 2年／344人 3年／332人)
■併設校／雲雀丘学園中学校　雲雀丘学園小学校
■沿革／昭和24年川辺郡西谷村立小学校の分教場として雲雀丘小学校を開校。同31年雲雀丘学園高等学校設置。平成22年、屋上の緑化にも配慮した高校新校舎が完成しました。
■交通／阪急宝塚線「雲雀丘花屋敷」から徒歩3分、JR宝塚線「川西池田」から徒歩12分

インフォメーション INFORMATION

●教育方針／校是である「高志」「自律」「努力」は、まさに社会で役立つ力の核となるものです。21世紀の日本を支える「世界的な視野をもったクリエイティブな人材」の育成をめざします。
●学校行事／体育大会(5月)、芸術鑑賞(7月)、文化祭(9月)、文楽鑑賞(10月)、柔道・剣道寒稽古(1月)、球技大会(3月)など。修学旅行(6月・2年)は北海道とシンガポールからの選択制。
●クラブ活動／運動部では、硬式テニス・ソフトテニス・硬式野球・サッカー・バスケットボール・バレーボール・水泳・陸上・剣道・柔道が活動しています。文化部では、全国レベルのギターマンドリン・囲碁将棋・放送をはじめ、演劇・写真・ESS・吹奏楽・鉄道研究などが活動しています。
●海外交流／多様なニーズに応える海外研修・留学制度があり、高1・2年対象オーストラリア・アイルランド語学研修、ボストングローバル研修、中期留学・長期留学制度などに参加することができます。また、ドイツのヘルバルト校と提携しており、長年にわたるホームステイ受け入れなどの交流実績があります。
●スクールライフ／3学期制／登校時刻…8：30／頭髪…染色・パーマ禁止／アルバイト…禁止／自転車通学…禁止／携帯…許可制(校内では担任に預ける)

カリキュラム CURRICULUM

●文理探究コース
全員が高校から入学した生徒のコースで、東大・京大・阪大など超難関国立大の現役合格をめざします。2年次からは文系探究と理系探究の2コースに分かれたカリキュラムで、進路目標にあわせた授業を受けます。授業以外にも1年次から全員が放課後に週2回英国数のスタディアップゼミを受講し、2年次からは理社を加えた講座を受講します。3年次になるとさらに志望大学に合わせた講座が0限・7限・8限・土曜午後などに開講され、多くの希望者が受講しています。また、講座以外にも面接・小論文などの個別指導を行っており、きめ細かいサポート体制を整えています。
☆多種多様なプログラム
・ICTを活用した授業／全教室に電子黒板を設置済みで、ICT機器を活用して学習を進めます。
・ライフデザイン教育／職業人レクチャー、One Day College、Academic Summer、サントリー研究者体験、高大連携講座などを通じて、将来の進路目標を具体化します。
・グローバルプログラム／年間を通して昼休みや放課後に自由に英会話を楽しめるEnglish Zoneの設置、ディベート力をつけるPDA即興型英語ディベートの開催、春休みの集中講座のエンパワーメントプログラムの実施など、英語でのコミュニケーション対応力を養います。

先輩から

私は医学部を目指し、東京大学理科Ⅲ類に合格しました。私の中学時代からの目標は、とにかく真面目に与えられた課題に取り組むことでした。受験が近づけば、課題をこなすことがとても困難となりますが、先生方と信頼関係が築かれていると、志望校に向けた課題調整や的確なアドバイスがいただけます。後輩のみなさんも、まず、課題をこなす癖をつけて、志望校合格を掴み取ってほしいと思います。(H・O)

進研Vもし 合格のめやす

●目標偏差値(合格可能性80%)

併願	専願
文理探究……………… 66	文理探究……………… 64

30 35 40 45 50 55 60 65 70 75

文理探究 努力圏 合格圏 安全圏

入試ガイド

●募集要項 ＊2024年度入試実施分

募集人員　文理探究115（Ａ日程100／Ｂ日程15）

出願期間　A日程 1/22～1/29　B日程 1/22～2/9
受験料　20,000円
学力検査　A日程2月10日　B日程2月16日
面接　専願のみ(個人)
合格発表　A日程 2月13日　B日程 2月16日(HP)・17日(郵送)
入学手続　専願 2月22日
　併願 3月19日

●試験科目と配点・時間

科目	国語	数学	英語	社会	理科
配点	100点	100点	100点	100点	100点
時間	50分	50分	50分	40分	40分

＊B日程は 3科受験(国・数・英)。
＊英検資格活用あり。

●学費

入学金	280,000円	制服代	—
年間授業料	542,000円	学習材料費等	174,200円
施設費（入学時）	200,000円	諸会費計	40,800円
修学旅行積立	別途円	初年度納入金合計	1,237,000円

入試状況

●併願

年度 学科・コース	受験者数	合格者数	回し	倍率	合格最低点
'24 文理探究	779	761	—	1.02	302/500
'23 文理探究	940	923	—	1.02	314/500
'22 文理探究	851	841	—	1.01	305/500

●専願

年度 学科・コース	受験者数	合格者数	回し	倍率	合格最低点
'24 文理探究	65	55	—	1.18	277/500
'23 文理探究	94	79	—	1.19	289/500
'22 文理探究	83	78	—	1.06	285/500

＊Ａ日程のもの。＊最低点は優遇措置の点数を加点したもの。

●主な公立受験校

市西宮－普通　尼崎稲園－普／推　尼崎稲園－普通
西宮東－普通　北摂三田－普通　市西宮－普通／特
神戸－普通　豊中－文理　宝塚北－普通
北摂三田－普／特　三田祥雲－普／推　池田－普通
北野－文理　西宮東－自然／推　茨木－文理

卒業後の進路

卒業者数／269人

大学進学	短大進学	専門学校等	就職	進学準備ほか
233人	1人	1人	—	34人

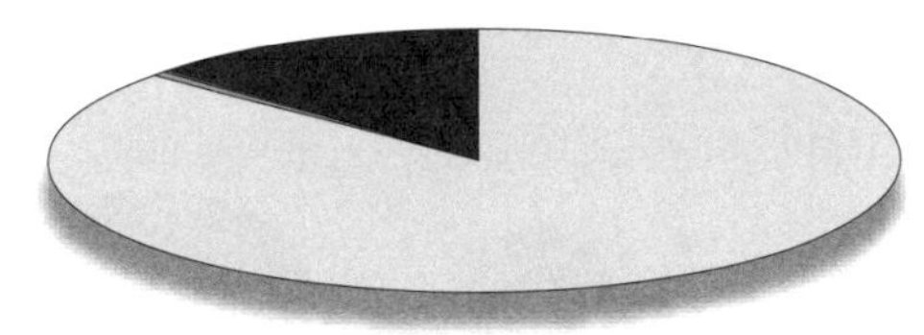

4年制大学 86.6%　短期大学 0.4%　専門学校 0.4%　就職 —　進学準備ほか 12.6%

●主な大学合格状況

国・公立大／
東京大 1　京都大 6　大阪大 15
神戸大 18　北海道大 2　東北大 2
滋賀大 2　京都工繊大 4　大阪教育大 2
奈良女子大 4　和歌山大 2　京都府立大 1
大阪公立大 12　兵庫県立大 10　奈良県立大 2

私立大／
関西大 147　関西学院大 144　同志社大 85
立命館大 99　京都産業大 14　近畿大 147
甲南大 46　龍谷大 43　佛教大 1
摂南大 14　神戸学院大 5　追手門学院大 8
桃山学院大 4　早稲田大 6　慶應義塾大 1

東山高等学校

学校法人 佛教教育学園
〒606-8445 京都市左京区永観堂町51
TEL075-771-9121(代)　FAX075-771-7217
https://www.higashiyama.ed.jp/

■創立／明治元年(1868)　■校長／塩貝省吾
■生徒数／1,153人(1年／366人 2年／401人 3年／386人)
■併設校／東山中学校　東山幼稚園
■沿革／明治元年知恩院境内に勧学院を創立。同42年現在地に移転。同45年東山中学校(旧制)設立。昭和23年東山高等学校(新制)設立。平成26年南館・講堂完成。
■交通／地下鉄東西線「蹴上」から徒歩10分。市バス「南禅寺・永観堂道」から徒歩5分、同「東天王町」から徒歩6分

インフォメーション　INFORMATION

●**教育方針**／“セルフ・リーダーシップ”とは、明確な目標に向かって自分を律し、多数の中にあっても埋没せず、強い意志と行動力を継続して発揮できる力のこと。その精神を育むことができるよう、全教職員が情熱を傾け、真剣に取り組んでいます。
●**学校行事**／花まつり・知恩院参拝(4月)、聖日音楽法要・球技大会(5月)、校外学習(6月)、夏期集中学習会(8月)、文化祭(9月)、体育祭(10月)、成道会(12月)、涅槃会(2月)など。修学旅行(3月・2年)は沖縄・北海道・海外より選択制。
●**クラブ活動**／体育系はインターハイ常連の卓球をはじめ、テニス、バレーボール、サッカー、バスケットボール、剣道が全国レベル。また文化系も地学、写真、放送、書道、ロボット研究会などが全国的に活躍。ほかに野球、陸上競技、ラグビー、吹奏楽などが活動しています。加入率は約60%です。
●**海外交流**／夏期休暇中の約2週間、英語圏で学ぶプログラムを設定。語学研修を行いながら、ホストファミリーと交流します。
●**スクールライフ**／2学期制／登校時刻…8：20／頭髪…染色・パーマ禁止／自転車通学…許可(登録制)／携帯…許可(校内使用禁止)

カリキュラム　CURRICULUM

●**パスカルコース**
最難関国公立大の医歯薬系・自然科学系学部をめざす少数精鋭コースです。数・理に重点をおき、科学的な探究心や論理的な思考力を育成。放課後補習や自習時間も教師がサポートし、学習に取り組む姿勢と目的意識を高めていきます。
●**クレセントコース**
難関私立・国公立大への現役合格をめざすコースです。土曜講座(大学受験対策)などを通して学力養成をはかりつつ、多くの生徒がクラブ活動との両立を実現。例年、同コースの90%以上が連携校・指定校推薦により、希望する大学に進学しています。
●**トップアスリートコース**
スポーツ推薦選抜者による構成。トップアスリートの育成を主眼としており、プロや大学、社会人として活躍できるスポーツ技能を磨きます。関関同立などへの進学者も少なくありません。

先輩から

「人に流されるな、埋もれてはだめだ！」東山高校に通っていた頃、テニス部コーチの熱い言葉に大きな影響を受けました。「体調の管理も自己の責任」。つまり、自己管理の意味も教わったんです。東山での受験勉強、そして今も、何か面倒になったとき、その言葉を思い出すとがんばれるんです。大学にはクレセントコースから指定校推薦枠で進学を決定しました。今も、東山マインドを胸にがんばっています。(N・I)

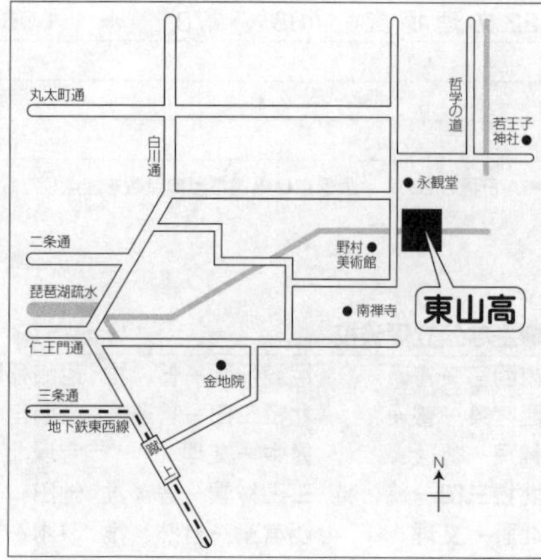

進研Vもし 合格のめやす

●目標偏差値（合格可能性80%）

併願		専願	
パスカル	66	パスカル	63
クレセント	53	クレセント	48

30 35 40 45 50 55 60 65 70 75

パスカル
努力圏 合格圏 安全圏

クレセント
努力圏 合格圏 安全圏

入試状況

●併願

年度	学科・コース	受験者数	合格者数	回し	倍率	合格最低点
'24	パスカルA日程	52	42	—	1.24	341/500
	パスカルB日程	69	59	—	1.17	349/500
	クレセントA日程	71	70	11	1.01	205/500
	クレセントB日程	50	50	12	1.00	221/500
	トップアスリート	—	—	—	—	—/—

●専願

年度	学科・コース	受験者数	合格者数	回し	倍率	合格最低点
'24	パスカルA日程	15	12	—	1.25	325/500
	パスカルB日程	12	7	—	1.71	331/500
	クレセントA日程	114	111	2	1.03	188/500
	クレセントB日程	33	31	3	1.06	207/500
	トップアスリート	41	41	—	1.00	—/—

＊A日程クレセント専願の受験者数・合格者数にはスポーツ推薦を含む。

●主な公立受験校

鴨沂－普通　洛北－普通　膳所－理数
洛北－普通／前　紫野－普通　守山－普通
彦根東－普通　大手前－文理　桂－普通／前
紫野－アカデ／前　亀岡－普通　開建－ルミノベーション／前
北稜－普通　西京－エンタ／前　日吉ヶ丘－普通

入試ガイド

●募集要項　＊2024年度入試実施分

募集人員	パスカル30、クレセント160、トップアスリート（スポーツ推薦）40
出願期間	1/15～1/23
受験料	20,000円（2回同時30,000円）
学力検査	A日程2月10日　B日程2月12日
面接	スポーツ推薦Ⅰのみ
合格発表	2月14日
入学手続	推薦・専願 2月19日 併願 3月19日

●試験科目と配点・時間

科目	国語	数学	英語	社会	理科
配点	100点	100点	100点	100点	100点
時間	50分	50分	50分	50分	50分

＊スポーツ推薦Ⅰは3科（国数英）・作文（50分）・面接。＊パスカルコースは理系換算併用判定（①5科500点満点②国数英理4科400点満点を500点満点に換算。①②の合計得点を比較し高い方を採用）を実施。

●学費

入学金	120,000円	制服・制定品費	約91,000円
年間授業料	550,000円	教科書代	約25,000円
諸会費計	約68,000円	その他	235,000円
修学旅行積立	約160,000～円	初年度納入金合計	約1,249,000～円

＊別途ICT機器費（3年計約120,000円）必要

卒業後の進路

卒業者数／421人

大学進学	短大進学	専門学校等	就職	進学準備ほか
368人	—	5人	4人	44人

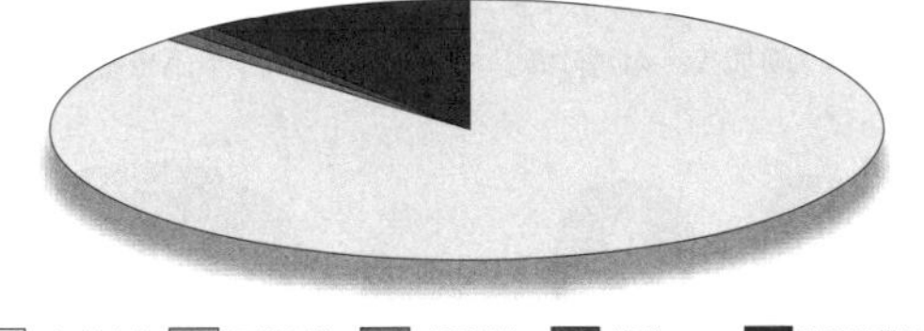

4年制大学 87.4%　短期大学 —　専門学校 1.2%　就職 1.0%　進学準備ほか 10.5%

●主な大学合格状況

国・公立大／
京都大 3　大阪大 9　神戸大 6
北海道大 3　東北大 3　名古屋大 1
九州大 3　滋賀大 7　滋賀医科大 2
東京工業大 1　京都府立大 5　京都府立医 1
大阪公立大 13　横浜市立大 1

私立大／
関西大 36　関西学院大 39　同志社大 64
立命館大 124　近畿大（医・医）2　早稲田大 6
慶應義塾大 3　上智大 3　東京理科大 9
関西医科大 1　兵庫医科大 2

華頂女子高等学校

学校法人 佛教教育学園
〒605-0062 京都市東山区林下町3-456
TEL075-541-0391　FAX075-541-5962
https://www.kacho.ed.jp

■**創立**／明治44年(1911)　■**校長**／前田千秋
■**生徒数**／265人(1年／79人 2年／91人 3年／95人)
■**併設校**／京都華頂大学 華頂短期大学 佛教大学 華頂短大附属幼稚園 佛教大学附属幼稚園　東山中学高等学校 東山幼稚園
■**沿革**／明治44年華頂宮邸あとに創設された華頂女学院が前身。平成14年佛教大学と法人合併。令和3年創立110周年を迎えました。
■**交通**／地下鉄東西線「東山」から徒歩4分、京阪「祇園四条」から徒歩10分、「三条」から徒歩8分、阪急「京都河原町」から徒歩13分

インフォメーション INFORMATION

●**教育方針**／「和言愛語」の校訓のもと、建学の精神である法然上人の仏教精神に基づき、「生命の尊さを深く理解し、素直に感謝の出来る社会人を育成する」を教育方針とし、宗教行事や仏教の時間等を通して、宗教情操教育に取り組んでいます。自分を大切にすること、他者への思いやりを持つことを学ぶとともに、私たちが多くのいのちとともに生かされているということに気づき、素直に感謝できる共生(ともいき)の心を育てます。
●**学校行事**／新入生歓迎会(4月)、スポーツ大会・花まつり(5月)、遠足(6月)、鑑賞会(7月)、文化祭・体育祭(9月)、成道会・講演会(12月)、聖日・かるた大会(1月)、涅槃会(2月)など。修学旅行(7月・2年)は北海道へ。
●**クラブ活動**／空手道部はインターハイ3度、全国選抜大会2度の優勝を誇り、全国大会連続出場のクラブです。そのほかにも卓球部、硬式テニス部、バドミントン部、ダンス部、吹奏楽部、JRC 部などが活動しています。また、2025年度には柔道部が新設されます。
●**スクールライフ**／3学期制／登校時刻…8：50／頭髪…染色・パーマ禁止／アルバイト…禁止／自転車通学…許可(申請書提出、保険加入、40分以内)／携帯…許可(申請書提出)

カリキュラム CURRICULUM

●**普通科**
国語、地歴、公民、数学、理科、英語の基礎学力、保健体育、芸術、家庭、情報の知識・技能を総合的に学修します。また、様々な進路学習や進路サポートを通して、2年生からは大学・短大進学を想定した分野別履修モデルコースを選択することにより、多様に富み各分野の適応に優れた資質を育てます。将来の進路についての知識や理解を深めます。

☆高大連携科目による継続した学び
【教育・保育系】【教養系(幅広い文系)】【メディア・情報系】【理系(看護・栄養系)】の4つの履修モデルコースでは、高大連携科目を設け、7年・5年を通し継続した学びができます。また、京都華頂大学・華頂短期大学に進学した場合は、大学での履修単位に充当できます。

先輩から

私は幼い頃から保育士になりたいと思っていました。佛教大学の教育学部で学びたいと思い、進学が有利な華頂女子高校を受験しました。全く知らない場所での1からのスタートは不安もたくさんありましたが、小さなことで笑い合える友達ができ、充実した毎日を過ごすことができました。また、先生方は放課後でも私が納得するまで何度も教えてくださり、勉強する楽しさを感じた3年間でもありました。(K・H)

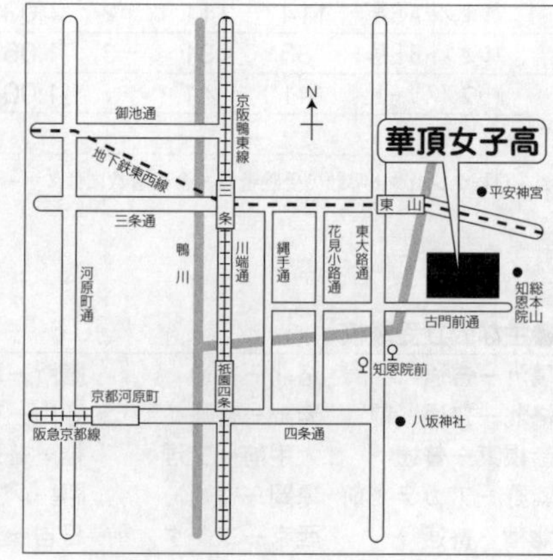

進研Vもし 合格のめやす

●目標偏差値(合格可能性80%)

併願	専願
普通科……………………45	普通科……………………42

30 35 40 45 50 55 60 65 70 75

普通科

努力圏 合格圏 安全圏

入試ガイド

●募集要項 ＊2024年度入試実施分

募集人員	普通科120
出願期間	1/15～1/23
受験料	20,000円
学力検査	2月10日
面接	推薦・専願のみ(グループ)
合格発表	2月14日
入学手続	推薦・専願 2月20日 併願 京都府公立中期合格発表翌日

●試験科目と配点・時間

科目	国語	数学	英語	社会	理科
配点	100点	100点	100点	100点	100点
時間	50分	50分	50分	50分	50分

＊推薦・専願は3科(国・数・英)、併願は5科。

●学費

入学金	90,000円	制服等制定品・教科書他	別途
年間授業料	540,000円	教育充実費	30,000円
諸会費計	42,000円	その他	168,000円
修学旅行積立	約 140,000円	初年度納入金合計	約 1,010,000円

＊修学旅行積立は1、2年次積立

入試状況

●併願

年度	学科・コース	受験者数	合格者数	回し	倍率	合格最低点
'24	普通科	54	45	—	1.20	—/500
'23	普通科	58	52	—	1.12	—/500
'22	普通科	62	57	—	1.09	—/500

●専願

年度	学科・コース	受験者数	合格者数	回し	倍率	合格最低点
'24	普通科	72	72	—	1.00	—/300
'23	普通科	86	86	—	1.00	—/300
'22	普通科	102	102	—	1.00	—/300

●主な公立受験校

長尾ー普通　乙訓ー普通／前　亀岡ー普通／前
堅田ー普通／推　久御山ー普通　朱雀ー普通／前
西乙訓ー普通／前　甲西ー普通　玉川ー普通

卒業後の進路

卒業者数／81人

大学進学	短大進学	専門学校等	就職	進学準備ほか
48人	9人	20人	3人	1人

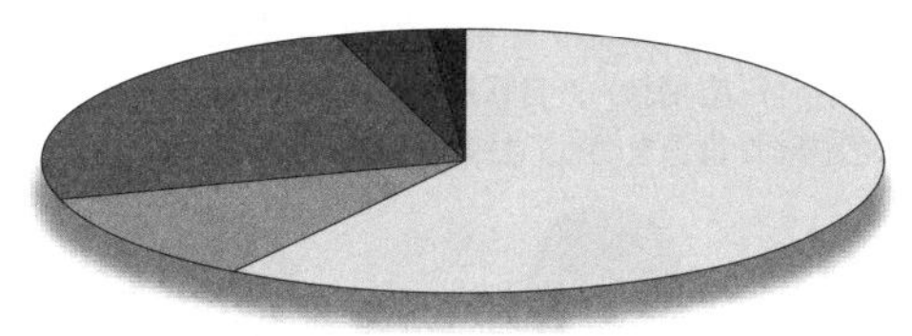

4年制大学 59.3%　短期大学 11.1%　専門学校 24.7%　就職 3.7%　進学準備ほか 1.2%

●主な大学合格状況(現役のみ)

私立大／
立命館大 1　京都産業大 1　龍谷大 1
佛教大 22　京都華頂大 5　華頂短大 7
大阪樟蔭女子大 1　大谷大 1　九州産業大 1
京都光華女子大 3　京都精華大 1　京都ﾉｰﾄﾙﾀﾞﾑ女子大 5
甲南女子大 1　国士舘大 1　同志社女子大 2
東洋大 1　人間環境大 1　びわこ成蹊ｽﾎﾟｰﾂ大 1
びわこﾘﾊﾋﾞﾘ専門職大 1　平安女学院大 1

京都光華高等学校

学校法人 光華女子学園
〒615-0861 京都市右京区西京極野田町39
TEL075-325-5255　FAX075-311-6103
https://hs.koka.ac.jp/

■**創立**／昭和14年(1939)　■**校長**／澤田清人
■**生徒数**／299人(1年／88人 2年／87人 3年／124人)
■**併設校**／京都光華女子大学・大学院　京都光華女子大学短期大学部　京都光華中学校　光華小学校　光華幼稚園
■**沿革**／昭和14年光華高等女学校設置認可。同23年光華高等学校開設。平成13年京都光華高等学校に校名変更。
■**交通**／阪急京都線(普通・準急)「西京極」から徒歩5分、市バス・京都バス・京阪バス「光華女子学園前」下車すぐ

インフォメーション INFORMATION

教育方針／校訓「真実心」(＝おもいやりの心＝慈悲の心＝摂取不捨の心)のもと、「美しいひととなろう」をスクールコンセプトに、女子の能力を最大限に伸ばし、自身の可能性を信じて、社会に向かっていこうとする姿勢を持つ「自己を確立し、未来を創造する女性」を育成します。

●**学校行事**／学園花まつり・ハイキングウォーキング(4月)、新入生本山宿泊研修・チームワーク大会(5月)、DIVE！(キャリア学習)(6月)、学習合宿(7月)、宝塚観劇(8月・2年)、おおきに祭(文化祭)(9月)、伝統文化学習発表会・Move！(体育祭)(10月)、研修旅行(12月・2年)、学園太子忌(2月)など。

●**クラブ活動**／伝統ある陸上競技部、全国常連のソフトテニス部・スキー部など6つの運動系クラブと、吹奏楽部・軽音楽部・ダンス部・茶道部など13の文科系クラブ・4同好会があり、多くのクラブで中高生が一緒に楽しく活動しています。

●**海外交流**／ニュージーランド・カナダ留学(3ヶ月・6ヶ月・1年)、デュアルディプロマプログラム(DDP)。

●**スクールライフ**／3学期制／始業時刻…8：30／頭髪…染色・パーマ禁止／その他…化粧・アクセサリー禁止／アルバイト…原則不可(応相談)／自転車通学…許可／携帯…校内持込許可(校内では電源を切っておく)

カリキュラム CURRICULUM

●**普通科　看護医療コース**
保健・医療福祉分野(薬学・看護・リハビリ・放射線・歯科衛生)に特化し将来、人・生命に寄り添う職業を目指します。病院インターンシップなど実践的な学びや医療系進路実現を支えるプログラムでサポートします。

●**普通科　未来創造コース**
基礎学力をしっかりと養いながら、勉強もクラブ活動も全力で頑張り、進路実現を目指します。興味・関心・目標に応じて選択できるカリキュラムや、ICTを用いた手厚い学習支援を実施。原則、京都光華女子大学への内部進学が保障されます。

●**普通科　特進アドバンストコース**
きめ細かなサポート体制のもと、国公立大学・難関私立大学現役合格を目指します。長期休暇中の進学補習や学習合宿、放課後の「特進ゼミ」を実施。2年次からは、志望進路に応じて3つのカリキュラム(国公立特進／看護医療特進／関大特進)に分かれます。

●**専門学科　国際挑戦科**
幅広い教養と高い語学力を身につけ、多様な人と協働し、世界を舞台に活躍することを目指します。少人数制授業で英語検定準1級の力をつけながら、国内外の企業・大学・団体と連携し、協調性・コミュニケーション力・プレゼン力を養成します。海外留学も可能です。

探究活動では、フィールドワークで観光客にインタビューをしたり、企業と連携して社会問題の解決策を考えたり、自分たちだけではできない経験をたくさんすることができました。学外の方と関わる場面では、普段から学んでいる礼儀マナーもしっかりと活かすことができます。また、探究活動だけでなく、英語や国語など普段の授業でも意見を交わす場面も多く、自ら考え、意見を発信する力がつきます。(R・Y)

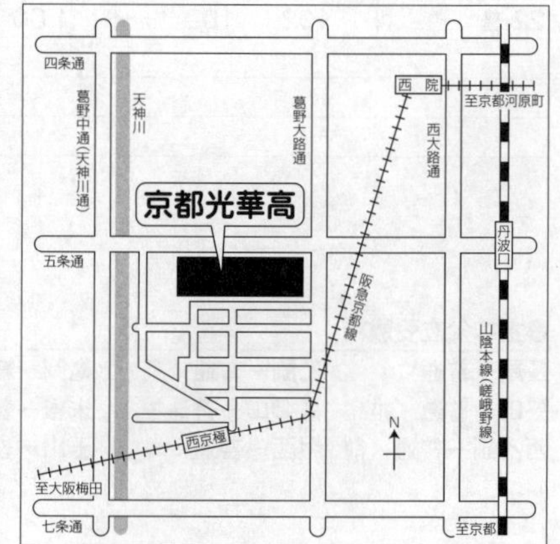

進研Vもし 合格のめやす

●目標偏差値（合格可能性80%）

併願		専願	
特進アドバンスト	55	特進アドバンスト	53
看護医療	49	看護医療	47
国際挑戦科	45	国際挑戦科	42
未来創造	42	未来創造	40

30 35 40 45 50 55 60 65 70 75

特進アドバンスト　努力圏 合格圏 安全圏

看護医療　努力圏 合格圏 安全圏

国際挑戦科　努力圏 合格圏 安全圏

未来創造　努力圏 合格圏 安全圏

入試状況

●併願

年度	学科・コース	受験者数	合格者数	回し	倍率	合格最低点
'24	未来創造（アドバンスト）	6	6	—	1.00	65.0%/—
	医療貢献（アドバンスト）	8	7	—	1.14	62.3%/—
	医療貢献（オリジナル）	16	16	—	1.00	53.6%/—
	国際挑戦科	8	7	—	1.14	50.7%/—
	未来創造（オリジナル）	55	55	2	1.00	36.3%/—

●推薦・専願

年度	学科・コース	受験者数	合格者数	回し	倍率	合格最低点
'24	未来創造（アドバンスト）	3	3	—	1.00	—/—
	医療貢献（アドバンスト）	3	3	—	1.00	—/—
	医療貢献（オリジナル）	14	13	—	1.08	—/—
	国際挑戦科	3	3	—	1.00	—/—
	未来創造（オリジナル）	30	29	1	1.03	—/—

＊合格最低点には合格最低得点率を記載。

●主な公立受験校

開建ールミノベーション　鳥羽ー普通　日吉ヶ丘ー普通
桂ー普通　北嵯峨ー普通　向陽ー普通／前
鳥羽ーグロー／前　亀岡ー普通　洛西ー普通
鴨沂ー普通　北稜ー普通

入試ガイド

●募集要項　＊2024年度入試実施分

募集人員	普通科＝医療貢献（アドバンストプログラム／オリジナルプログラム）／未来創造（アドバンストプログラム／オリジナルプログラム）／国際挑戦科…150　＊内部進学を含む
出願期間	1/15〜1/26
受験料	20,000円
学力検査	2月10日（推薦・専願・併願）　2月11日（併願）
面接	実施する
合格発表	2月13日
入学手続	推薦・専願 2月22日 併願 3月21日

＊2025年度、普通科は特進アドバンスト／未来創造／看護医療の3コースに改編。

●試験科目と配点・時間

科目	国語	数学	英語	社会	理科
配点	100点	100点	100点	100点	100点
時間	45分	45分	45分	45分	45分

＊2/11入試の未来創造（アドバンストプログラム）併願受験のみ5科。その他は3科（国数英）。

●学費

入学金	140,000円	制服代	約79,000円
年間授業料	702,000円	その他制定品費	約70,000円
諸会費計	119,100円	タブレット端末費	約98,000円
修学旅行積立	120,000〜円	初年度納入金合計	約1,328,100〜円

＊普通科の場合

卒業後の進路

卒業者数／114人

大学進学	短大進学	専門学校等	就職	進学準備ほか
90人	13人	9人	—	2人

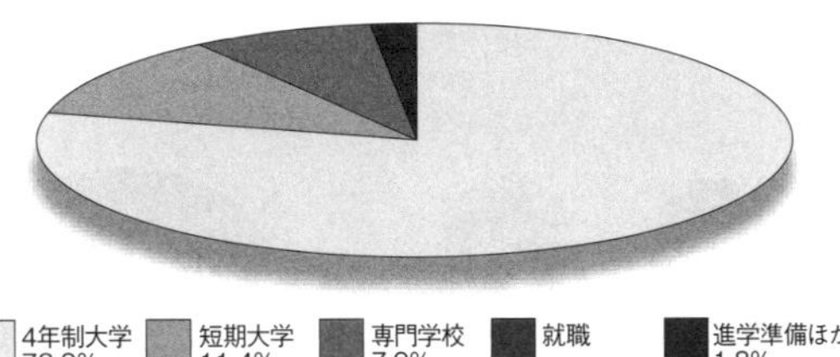

●主な大学合格状況（現役のみ）

国・公立大／
滋賀県立大 1　京都府立大 1
私立大／
関西大 11　関西学院大 1　同志社大 6
立命館大 11　京都産業大 4　龍谷大 27
佛教大 5　摂南大 5　大阪学院大 1
大阪芸術大 1　大阪成蹊大 1　大谷大 1
関西外国語大 1　京都外国語大 4　京都芸術大 4
京都女子大 4　京都先端科学大 3　京都橘大 11
同志社女子大 4　立命館アジア太平洋大 2　大和大 1
梅花女子大 1　神戸女学院大 1　豊田工業大 1
京都光華女子大 33　京都光華女子大短期 12

京都女子高等学校

学校法人 京都女子学園
〒605-8501 京都市東山区今熊野北日吉町17
TEL075-531-7334　FAX075-531-7351
https://www.kgs.ed.jp

■創立／明治43年(1910)　**■校長**／林　信康
■生徒数／984人(1年／306人 2年／326人 3年／352人)
■併設校／京都女子大学　京都女子中学校　附属小学校
■沿革／明治32年私塾「顕道女学院」設立。同43年京都高等女学校に。大正3年現在地に移転。令和2年創立110周年を迎えました。
■交通／京阪本線「七条」から徒歩15分、市バス「東山七条」から徒歩5分、京都駅八条口・四条河原町・京阪七条からプリンセスラインバス(京都女子大行)で「京都女子中高前」下車

インフォメーション INFORMATION

●教育方針／仏教精神、とりわけ親鸞聖人の教えを基本に、「真実を求める心」「美しいもの、崇高なるものに感動する心」「命を大切にし、他人を尊重する心」を重んじる人間教育を実践。

●学校行事／宿泊研修(4月・1年)、球技大会(4月)、花まつり(5月)、芸術鑑賞会・高2能楽鑑賞会(6月)、高3宗教研修会(7月)、文化祭(9月)、体育祭(10月)など。修学旅行(11月・2年)は沖縄(普通科)へ。

●クラブ活動／体育系は全国大会出場の実績をもつ少林寺拳法、ダンス、バトントワリングのほか、陸上競技、ソフトボール、剣道、弓道など。文化系は演劇、ESS、書道、オーケストラ、コーラス、箏曲、美術など。加入率は約70%です。

●海外交流／国際社会を担う女性の育成をめざし、ウィステリア科では3年次に海外研修(2月・2週間程度)を実施しています。ネイティブ教師による指導はもちろん英語によるプレゼンテーションなど、事前研修も充実しています。

●スクールライフ／3学期制／登校時刻…8：30／頭髪…染色禁止／アルバイト…原則禁止／自転車通学…禁止／携帯…許可(朝礼から終礼まで使用禁止)

カリキュラム CURRICULUM

●普通科CSコース
難関国公立大学をめざすコースです。きめ細やかな受験指導と、より発展的な内容の授業を行います。7限目を効果的に使いながら、先取り授業を行っていき、高校3年次には豊富な演習授業を展開していきます。

●普通科藤華コース
国公立大をはじめとする難関大学への進学をめざすコースです。分割授業などを通して6ヵ年生との進度の差をフォローしつつ、高いレベルの学力養成をはかります。2年次からは文理コースとなります。

●ウィステリア科
京都女子大学への進学を前提とした、高大一貫の専門学科です。ウィステリア科独自の科目「京都文化論」を各学年に設定するほか、プロジェクト学習「ウィステリアリサーチ」では京の伝統文化研究(1年)・建学の精神の具現化(2年)・国際理解研究(3年)をテーマに、関連教科・科目と連携しながら取り組みます。また国際教育面では英語教育の充実に加え第2外国語を必修とし(ドイツ語・フランス語・中国語・コリア語から選択)、約2週間の海外研修も実施。より高度な学力と高い水準の生活力を身につけて、大学での学びに備えます。

先輩から

入学当初は授業のレベルの高さに驚きました。なかでも英語はハードそのもの。休み時間や電車の中でも単語帳やテキストを読んでいました。おかげで構文はしっかり習得でき、大学で英文資料読解を求められても、動じずに取り組めています。めざしているのは作業療法士。息抜きする間もないほどのカリキュラムですが、高校で鍛えられた私は意外と平気。京女生ならではのメンタリティで頑張っています。(Y・K)

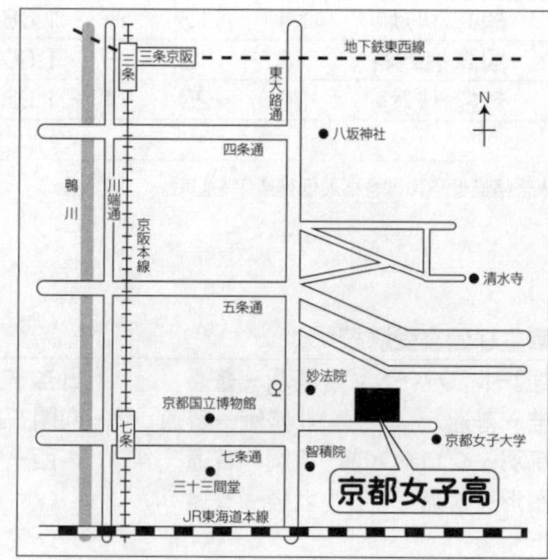

進研Vもし 合格のめやす

●目標偏差値（合格可能性80%）

併願		専願	
CS	67	CS	65
藤華	64	藤華	59
		ウィステリア科	58

30 35 40 45 50 55 60 65 70 75

CS: 努力圏 合格圏 安全圏

藤華: 努力圏 合格圏 安全圏

ウィステリア（専願）: 努力圏 合格圏 安全圏

入試状況

●併願

年度	学科・コース	受験者数	合格者数	回し	倍率	合格最低点
'24	CS（A日程）	58	35	—	1.66	390/650
	CS（B日程）	116	95	—	1.22	270/450
	Ⅱ類型（A日程）	16	13	20	1.23	340/650
	Ⅱ類型（B日程）	36	32	19	1.13	230/450
	ウィステリア科（A日程）	—	—	—	—	—/—
	ウィステリア科（B日程）	—	—	—	—	—/—

●推薦・専願

年度	学科・コース	受験者数	合格者数	回し	倍率	合格最低点
'24	CS（A日程）	12	6	—	2.50	360/650
	CS（B日程）	14	10	—	1.40	255/450
	Ⅱ類型（A日程）	43	42	5	1.02	295/650
	Ⅱ類型（B日程）	8	7	3	1.14	205/450
	ウィステリア科（A日程）	22	20	—	1.10	230/650
	ウィステリア科（B日程）	5	5	—	1.00	180/450

●主な公立受験校

膳所－普通	膳所－普通／特	三島－普通
守山－普通	春日丘－普通	彦根東－普通
堀川－探究／前	嵯峨野－こ共／前	石山－普通
石山－普通／特	四條畷－文理	東大津－普通／特
守山－普通／特	池田－普通	洛北－普通／前

入試ガイド

●募集要項　＊2024年度入試実施分

募集人員	普通科＝Ⅱ類型70、CS40、ウィステリア科＝40（推薦・専願）
出願期間	1/15～1/27
受験料	15,000円
学力検査	A日程2月10日　B日程2月12日
面接	推薦のみ（グループ20分）
合格発表	2月14日
入学手続	推薦・専願 2月17日 併願 3月22日

＊ 2025 年度、Ⅱ類型→藤華コースへ名称変更。

●試験科目と配点・時間

科目	国語	数学	英語	社会	理科
配点	150点	150点	150点	100点	100点
時間	60分	60分	60分	40分	40分

＊推薦は 3科（国・数・英）と面接。＊B日程は 3科。＊英語資格活用あり。

●学費

入学金	150,000円	制服・制定品等	—
年間授業料	552,000円	施設費	100,000円
諸会費計	16,700円	学年費	60,000円
修学旅行積立	—	初年度納入金合計	878,700～円

＊普通科の場合

卒業後の進路

卒業者数／ 326 人

大学進学	短大進学	専門学校等	就職	進学準備ほか
—	—	—	—	—

＊非公表

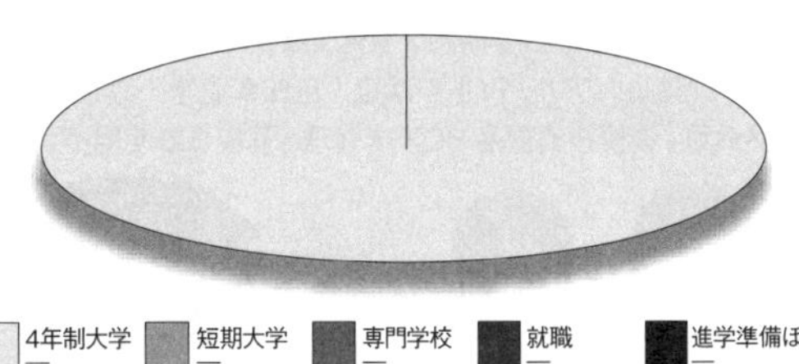

4年制大学 —　短期大学 —　専門学校 —　就職 —　進学準備ほか —

●主な大学合格状況

国・公立大／

京都大 3	大阪大 7	神戸大 6
滋賀大 3	滋賀医科大 5	京都教育大 1
京都工繊大 5	大阪教育大 1	奈良女子大 4
和歌山大 1	信州大 2	岡山大 1
滋賀県立大 2	京都府立大 3	京都府立医 5
大阪公立大 4	兵庫県立大 1	奈良県立大 1

私立大／

関西大 34	関西学院大 32	同志社大 39
立命館大 77	京都産業大 20	近畿大 45
龍谷大 34	佛教大 11	摂南大 16
神戸学院大 4	早稲田大 1	慶應義塾大 1

京都聖母学院高等学校

学校法人 聖母女学院
〒612-0878 京都市伏見区深草田谷町1
TEL075-645-8103　FAX075-641-0805
https://www.seibo.ed.jp/kyoto-hs/

■創立／大正12年(1923)　■校長／川口恒久
■生徒数／593人(1年／217人 2年／190人 3年／186人)
■併設校／京都聖母学院中学校 京都聖母学院小学校 京都聖母学院幼稚園 京都聖母学院保育園 聖母インターナショナルプリスクール
■沿革／大正12年聖母女学院設立認可を受け開校(大阪市玉造)。昭和27年京都聖母女学院高等学校開設。平成23年現校名に改称。令和5年聖母女学院設立100周年を迎えました。
■交通／京阪「藤森」から徒歩90秒、JR奈良線「稲荷」から徒歩12分

インフォメーション　INFORMATION

●教育方針／キリスト教の理念に基づき、次世代を逞しく歩んでいける女子のための教育を行います。「愛と奉仕と正義」の建学の精神のもと、地域や国際社会に深く関わることができる輝く女性に成長することを願っています。

●学校行事／体育祭(5月)、合唱コンクール(6月)、学院祭(9月)、クリスマスミーティング(12月)、修学旅行(11月・2年)はシンガポールへ。

●クラブ活動／運動系は新体操、ダンス、バトントワリング、サッカー、バレーボール、バスケットボール、バドミントン、水泳、ソフトテニス。文化系は吹奏楽、コーラス、ハンドベル、写真、軽音楽、美術、茶道、文芸、放送、ESS、サイエンス、社会事業、調理同好会が活動中。

●海外交流／言語や形態に柔軟な留学制度が利用可能。夏季短期語学研修(高1・2年希望制、夏季休暇中2週間、オーストラリア)1年間交換留学プログラム(高1年・12～1月出発1年間、世界各国)、私費留学(ターム留学・1年留学)など。2025年1月、テンプル大学が藤森キャンパス内に開設。

●スクールライフ／3学期制／登校時刻…8：25／頭髪…染色・パーマ禁止／アルバイト…禁止／自転車通学…禁止／携帯…持込み可(登校後貴重品BOXで管理、下校まで使用不可)

カリキュラム　CURRICULUM

●Ⅲ類(最難関特進コース)
難関大学突破に向け、様々なアプローチで現役合格に導きます。統計資料やグラフ・データの読み取り分析に対応できる多角的な思考力、さらには論理的思考力・表現力の育成を目指します。補習や補講、長期休暇中の特別講習も実施。

●Ⅱ類(特進コース)
高校2年生から文理に分かれ、国公立大や医歯薬私大進学を目標とします。文系・理系ともに必要な言語や数式を論理的に扱う演習に重点をおいて取り組んでいきます。関関同立や同志社女子大の理系指定校推薦制度を優先的に活用。

●看護系大学進学コース
協定校関係にある大学の協力のもと、大学訪問や講義体験を行います。充実した医療現場訪問プログラムを実施し、医療現場を支える女性を育てます。各自がめざす職業に応じた進路を選び、看護系の国公立大学・私立大学への進学を目指します。

●Ⅰ類 GSC(グローバルスタディーズコース)
各自のレベルに応じたグレード別・少人数での授業を展開し、高い英語コミュニケーション能力を育成。英語でSDGs探究学習にも取り組んでいます。海外協定大学推薦制度(UPAA)を活用した海外大学進学も視野に入れた英語力向上を目指します。

●Ⅰ類(大学連携コース)
私立大文系をめざすコース。2年生からは国英社に特化した授業体制です。指定校推薦制度を優先的に活用でき、同志社女子大クラス(3年次)は原則全員が同志社女子大に進学可能です。

先輩から

学校生活でチャレンジしたいこと、将来の夢は人それぞれ違います。生徒が中心となって、毎年多くの感動をよぶ学校行事やクラブ活動、奉仕や平和の心を実践するボランティア活動、文系／理系コース別の徹底したカリキュラムや充実した講習、また海外研修制度など、京都聖母学院ではすべてを自分で選ぶことができます。恵まれた環境のもと、目標に向かって自分を磨くことができる学校です。(A・M)

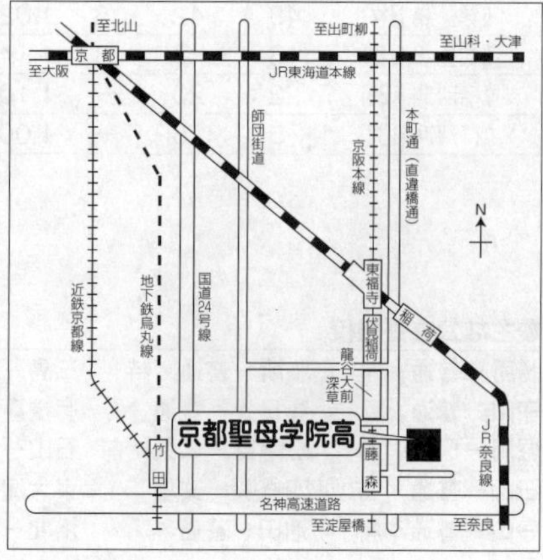

進研Vもし 合格のめやす

●目標偏差値(合格可能性80%)

併願		推薦・専願	
Ⅲ類	65	Ⅲ類	62
Ⅱ類	56	Ⅱ類	53
看護系大学進学	55	看護系大学進学	52
Ⅰ類 GSC	52	Ⅰ類 GSC	49
Ⅰ類	52	Ⅰ類	49

30 35 40 45 50 55 60 65 70 75

Ⅲ類　努力圏　合格圏　安全圏

Ⅱ類　努力圏　合格圏　安全圏

看護系大学進学　努力圏　合格圏　安全圏

Ⅰ類／Ⅰ類 GSC　努力圏　合格圏　安全圏

入試状況

●推薦・専願・併願

年度	学科・コース	受験者数	合格者数	回し	倍率	合格最低点
'24	Ⅲ類(1次A)	7	6	—	—	—/—
	Ⅱ類(1次A)	26	27	—	—	—/—
	看護系大学進学(1次A)	22	22	—	—	—/—
	Ⅰ類GSC(1次A)	18	18	—	—	—/—
	Ⅰ類(1次A)	52	52	—	—	—/—
	Ⅲ類(1次B)	9	4	—	—	—/—
	Ⅱ類(1次B)	22	22	—	—	—/—
	看護系大学進学(1次B)	11	12	—	—	—/—
	Ⅰ類GSC(1次B)	10	9	—	—	—/—
	Ⅰ類(1次B)	28	33	—	—	—/—

＊合格者数には転類合格を含む。

●主な公立受験校

東ー理数	寝屋川ー普通	いちりつー普通
紫野ー普通／前	城南菱創ー普通	洛北ー普通／前
紫野ー普通	桃山ー普通	京すばるー企／前
京都堀川音楽／前	日吉ヶ丘ー普通	城南菱創ー普／前
西城陽ー普通	玉川ー普通／特	莵道ー普通

入試ガイド

●募集要項　＊2024年度入試実施分

募集人員	Ⅲ類／Ⅱ類／看護系大学進学／Ⅰ類GSC／Ⅰ類…180 ＊内部進学を含む
出願期間	1/15〜1/31
受験料	20,830円(郵送料830円含む)
学力検査	1次A 2月10日　1次B 2月11日
面接	推薦のみ
合格発表	2月12日
入学手続	推薦・専願 2月19日 併願 公立高校発表後

●試験科目と配点・時間

科目	国語	数学	英語	社会	理科
配点	100点	100点	100点	100点	100点
時間	50分	50分	50分	50分	50分

＊推薦は作文・面接(Ⅰ類 GSC は作文・英語力面接)。＊社・理は1次A、1次Bの Ⅲ類志願者のみ。
＊英検資格活用あり。

●学費

入学金	150,000円	制服代・その他制定品費	約 140,000円
年間授業料	504,000円	教材・PC 代等	160,000〜円
諸会費計	18,000円	その他	204,000円
修学旅行積立	165,000円	初年度納入金合計	約 1,341,000〜円

＊コースにより異なる

卒業後の進路

卒業者数／183人

大学進学	短大進学	専門学校等	就職	進学準備ほか
163人	2人	14人	—	4人

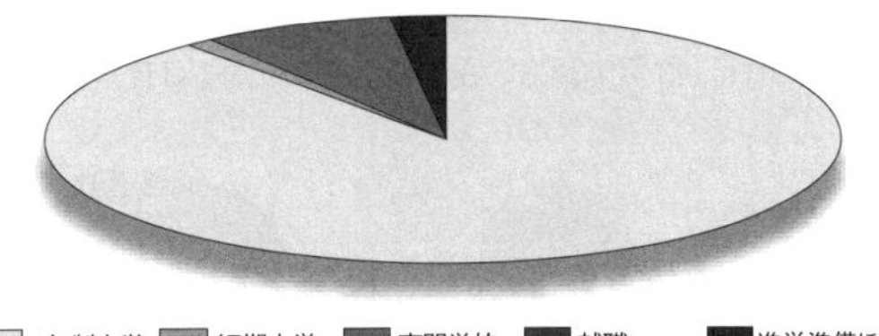

●主な大学合格状況(現役のみ)

国・公立大／

北海道大 1	滋賀医科大 1	奈良女子大 2
和歌山大 1	長崎大 1	宮崎大 1
京都府立大 3	京都府立医 1	福知山公立大 1
県立広島大 1	敦賀市立看護大 1	釧路公立大 1

私立大／

関西大 4	関西学院大 8	同志社大 12
立命館大 20	京都産業大 4	近畿大 15
龍谷大 21	佛教大 16	上智大 1
東京理科大 1	聖心女子大 1	京都女子大 6
神戸女学院大 4	京都橘大 8	関西外国語大 5

同志社女子高等学校

学校法人 同志社
〒602-0893 京都市上京区今出川通寺町西入
TEL075-251-4305　FAX075-251-4308
https://www.girls.doshisha.ac.jp

■創立／明治10年(1877)　■校長／中村久美子
■生徒数／803人(1年／268人 2年／271人 3年／264人)
■併設校／同志社大学　同志社女子大学　同志社女子中学校
■沿革／明治10年開設の同志社分校女紅場(女学校)が前身。昭和23年高等女学校を廃止し、中学校と併立した同志社女子高等学校を開設。
■交通／地下鉄烏丸線「今出川」から徒歩7分、京阪本線「出町柳」から徒歩10分

インフォメーション INFORMATION

●教育方針／学業や技術にすぐれているだけでなく「地の塩」「世の光」を実践する女性、キリスト教的人生観・世界観を身につけた主体性のある人間として、奉仕する人間を育成します。
●学校行事／イースター礼拝(4月)、遠足・母の日礼拝(5月)、球技大会・芸術鑑賞(6月)、語学研修(8月)、体育祭(9月)、文化祭・バザー(10月)、収穫感謝礼拝(11月)、クリスマスページェント(12月)、文化週間(1～2月)、課外音楽演奏発表会(2月)、スキー学舎(3月)など。修学旅行(3月)は沖縄へ。
●クラブ活動／体育系はインターハイ等出場のテニス、フェンシング、アーチェリー、スキーをはじめ体操、バレーボール、ソフトボール、陸上など。文化系はマンドリン、放送、軽音楽、管弦楽、ハンドベル、ESS、聖歌隊、演劇、書道、美術、地歴、箏曲、茶道、華道などが活動中。加入率は約90%です。
●海外交流／イギリス語学研修(夏休み・2週間)があります。
●スクールライフ／3学期制／登校時刻…8：25／頭髪…染髪禁止／その他…化粧、装身具など禁止／アルバイト…禁止(学期中のアルバイトは禁止、特別な事情がある場合は要相談)／自転車通学…許可(許可範囲は自宅から学校間で1～3㎞)／携帯…許可(許可申請書の提出が必要、校内では使用禁止)

カリキュラム CURRICULUM

●リベラル・アーツコース
同志社大学・同志社女子大学への推薦進学を基本としたコースです。伝統ある国際主義に基づく英語教育、自主的・積極的な人格の育成が大きな特色のひとつです。ネイティブによる少人数授業により、語学力と幅広い国際理解能力を養成。TOEIC Bridge・TOEIC IP を全員が受験しています。また宗教的信念と情操を培ううえで、朝の礼拝や週1時間聖書の時間が設けられており、さまざまな宗教行事にも参加します。
カリキュラムは、多様な学部へ対応できる能力を養成することを主眼としています。たとえば1年次の数学では、単に答えを求めるだけでなく、問題をさまざまな方向から見つめ、筋道を立てて考える力や説明する力を身につけます。また3年次には週に5科目(16時間)選べる選択科目制を設けており、希望進路にあわせた分野をより専門的に学習します。隣接する同志社大学の公開講座や企業人による講座、各学部が開催する大学準備講座など、多彩な高大連携講座も充実。授業終了後に参加できるため、毎年多くの生徒が受講しています。
併設大学に進学する生徒が大半ですが、医学部・歯学部を中心とした国公立大を含む外部への進学をめざす生徒もいます。

先輩から

同志社女子高校は自由な校風のもと、勉強にもクラブにも自分らしさをのびのびと発揮することができる学校です。キリスト教精神に基づき、毎日全員が参加する礼拝をはじめ、1年を通してさまざまな宗教行事があります。なかでもクリスマスページェントは、イエスの誕生をお祝いする特別な礼拝で、私の好きな行事のひとつ。ほかにも行事がたくさんあり、充実した高校生活を過ごしています。(F・T)

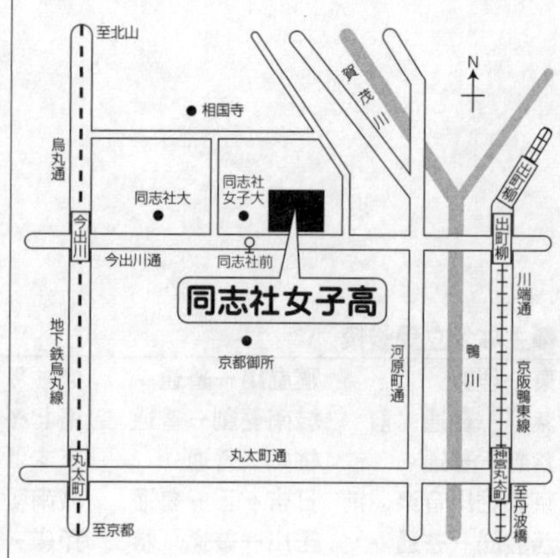

進研Vもし 合格のめやす

●目標偏差値(合格可能性80%)

	推 薦
	リベラル・アーツ…… 59

30 35 40 45 50 55 60 65 70 75

リベラルアーツ

努力圏 合格圏 安全圏

入 試 状 況

●推薦

年度	学科・コース	受験者数	合格者数	回し	倍率	合格最低点
'24	リベラルアーツ	27	27	—	1.00	—/—
'23	リベラルアーツ	23	23	—	1.00	—/—
'22	リベラルアーツ	26	26	—	1.00	—/—

●主な公立受験校

—

入試ガイド

●募集要項　＊2024年度入試実施分

募集人員　リベラルアーツ（推薦）20

出願期間　1/16～1/19
受験料　20,000円
学力検査　2月10日
面接　個人10分
合格発表　2月10日
入学手続　2月16日

●試験科目と配点・時間

科目	—	—	—	—	—
配点	—	—	—	—	—
時間	—	—	—	—	—

＊作文・面接を実施し、報告書・活動歴等で総合判定。

●学費

入学金	130,000円	制服代	—
年間授業料	670,000円	制定品・教科書他	176,400円
諸会費計	31,500円	教育充実費	130,000円
修学旅行積立	48,000円	初年度納入金合計	1,185,900円

卒業後の進路

卒業者数／ 259 人

大学進学	短大進学	専門学校等	就職	進学準備ほか
253人	—	1人	—	5人

●主な大学合格状況

国・公立大／
京都大 1　大阪大 1　滋賀医科大 1
京都工繊大 2　琉球大 1　滋賀県立大 1
京都府立医 1　大阪公立大 1
私立大／
関西学院大 2　同志社大 218　立命館大 6
近畿大 1　龍谷大 2　佛教大 1
摂南大 1　追手門学院大 1　早稲田大 3
大阪医科薬科大 1　兵庫医科大 1　東京医科大 1
東京女子医科大 1　関西医科大 2　金沢医科大 1
川崎医科大 1　国際基督教大 1　京都薬科大 3
大阪歯科大 1　同志社女子大 14

ノートルダム女学院高等学校

学校法人 ノートルダム女学院
〒606-8423 京都市左京区鹿ケ谷桜谷町110
TEL075-771-0570 FAX075-752-1087
https://www.notredame-jogakuin.ed.jp/

■創立／昭和28年(1953)　■校長／栗本嘉子
■生徒数／289人(1年／87人 2年／108人 3年／94人)
■併設校／京都ノートルダム女子大学　ノートルダム女学院中学校　ノートルダム学院小学校
■沿革／昭和27年ノートルダム女学院中学校開校。翌28年ノートルダム女学院高等学校が開校しました。
■交通／「祇園四条」「蹴上」からスクールバス、地下鉄東西線「蹴上駅」徒歩20分、市バス「錦林車庫」徒歩8分・「上宮ノ前町」徒歩5分

インフォメーション INFORMATION

●教育方針／教育プログラム「ノートルダム教育・18歳の姿」を達成することが目標です。伝統行事や学習環境の改善も重視。1人ひとりの自分力・関わり力・学び力を着実に高めていきます。
●学校行事／黙想会・遠足（4月)、スポーツデー（6月)、合唱祭（7月)、海外研修・天体観望会（8月)、文化祭（9月)、体育祭・指輪贈呈式（10月)、ボランティアスクール・キャンドルサービス（12月）などがあります。研修旅行（3月・1年）はローマ・沖縄の選択制。
●クラブ活動／テニス、バスケットボール、剣道、バドミントンなど体育系と、全国高校選抜オーケストラフェスタ出場のオーケストラ部をはじめ、軽音楽、演劇、ＥＳＳ、美術、コーラス、囲碁など文化系が活動中。クラブ加入率は約70%です。
●海外交流／希望者対象のアメリカ・イギリス語学研修、セブ島語学研修、カナダ語学研修、姉妹校研修（アメリカ・イギリス・韓国）などを実施。また海外姉妹校からの留学生も受け入れ、文化交流をはかっています。
●スクールライフ／3学期制／登校時刻…8：25／頭髪…染色・パーマ禁止／アルバイト…禁止／自転車通学…許可（学校から約3㎞以内）／携帯…許可（ただし校内は電源ＯＦＦ）

カリキュラム CURRICULUM

● STE@M 探究コース
自由な発想や感性を活かしながら、問題解決型学習と探究活動を進めるなかで、知的好奇心および探究心を高め、批判的思考と探究力を育みます。科学的な思考をベースに、各自が設定したテーマについて、仮説、情報収集、検証、対話、発表、リフレクションを繰り返しながら、探究活動に取り組むことを特色とするコースです。国公立・難関私立大学進学を目指します。

●グローバル英語コース
グローバル化が進むこれからの社会で、想いや考えを不自由なく伝えあえる「高い英語力」と、あらゆる人々と共感し協働できる「豊かなグローバルマインド」を身につけ、自信をもって世界へと羽ばたく力を育みます。コース開設以来、半数以上の生徒が卒業までに大学中級程度の英語力の証明である英検準1級に合格しています。学校での学びに加え、全員必須の海外研修などの制度も用意されています。

●プレップ総合コース
体験型の学びを充実させ、議論やプレゼンテーションを繰り返し行うことで、批判的思考力、論理的思考力やコミュニケーション力を伸ばします。教科学習だけでなく、キャリアデザインまで幅広く学ぶコースです。さまざまな関心や目的、能力をもった生徒が、“対話”を通して自己と他者への理解を深めていきます。クラブ活動や自分が頑張りたい事・好きな事と勉学との両立に取り組むことができます。

先輩から

何に対しても自らが積極的に取り組める環境が整っています！　この学校だったからこそ、私は部活動を最後までやり遂げ、第1志望の大学にも合格できました。勉強と部活の両立が難しく悩んでいたとき、相談にのってくれた先生、また励ましてくれた友人や先輩、後輩の存在も忘れられません。目標達成に向け突き進むことができ、また先生、仲間がサポートしてくれたお陰で充実した学生生活を送れました。（T・M）

進研Vもし 合格のめやす

●目標偏差値(合格可能性80%)

併願		専願	
STE@M 探究	56	STE@M 探究	53
グローバル英語	53	グローバル英語	49
プレップ総合	50	プレップ総合	47

30 35 40 45 50 55 60 65 70 75

STE@M 探究：努力圏 合格圏 安全圏

グローバル英語：努力圏 合格圏 安全圏

プレップ総合：努力圏 合格圏 安全圏

入試状況

●併願

年度	学科・コース	受験者数	合格者数	回し	倍率	合格最低点
'24	STE@M 探究	12	11	—	1.09	285/500
	グローバル英語	10	9	—	1.11	291/500
	プレップ総合	15	15	—	1.00	200/500
'23	STE@M 探究	17	14	—	1.21	337/500
	グローバル英語	10	9	—	1.11	282/500
	プレップ総合	17	17	—	1.00	220/500

●専願・推薦

年度	学科・コース	受験者数	合格者数	回し	倍率	合格最低点
'24	STE@M 探究	6	5	—	1.20	285/500
	グローバル英語	9	8	—	1.13	291/500
	プレップ総合	17	17	—	1.00	200/500
'23	STE@M 探究	8	8	—	1.00	337/500
	グローバル英語	11	11	—	1.00	282/500
	プレップ総合	29	29	—	1.00	220/500

＊志望コース外合格者は除く。＊点数はコース別での集計(専併合算)。

●主な公立受験校

城南菱創ー教／前　北稜ー普通　洛北ー普通／前
洛北ー普通

入試ガイド

●募集要項　＊2024年度入試実施分

募集人員	STE@M探究／グローバル英語／プレップ総合…75
出願期間	1/15～1/26
受験料	20,570円(通知郵送料570円含む)
学力検査	推薦・専願・併願A 2月10日　併願B 2月11日
面接	推薦・専願(10分)
合格発表	2月13日
入学手続	推薦・専願 2月19日 併願 3月19日(京都府外の受験生は各府県公立発表翌日)

●試験科目と配点・時間

科目	国語	数学	英語	社会	理科
配点	100点	100点	100点	100点	100点
時間	50分	50分	50分	50分	50分

＊推薦・併願Bは3科(国・数・英)。＊英検資格活用あり。

●学費

入学金	150,000円	制服・制定品代	約 150,000円
年間授業料	580,000円	教育補助活動費	180,000円
諸会費計	18,990円	教育充実費等その他	345,000円
修学旅行積立	別途	初年度納入金合計	約 1,423,990円

＊プレップ総合コースの場合

卒業後の進路

卒業者数／107人

大学進学	短大進学	専門学校等	就職	進学準備ほか
99人	—	3人	—	5人

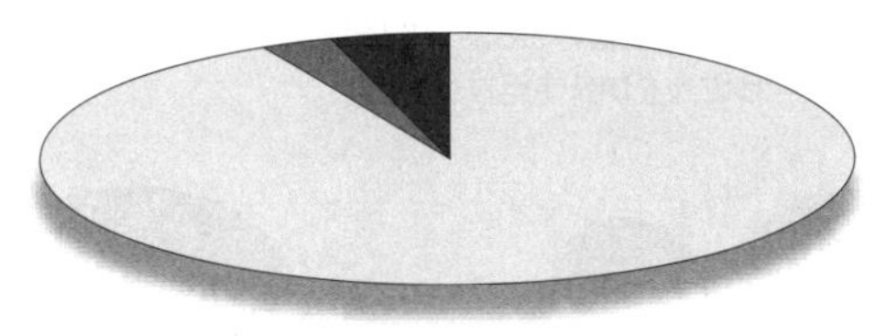

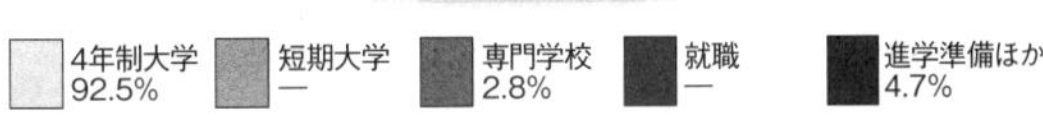

●主な大学合格状況

私立大／

関西大 6　関西学院大 6　同志社大 5
立命館大 10　京都産業大 8　甲南大 1
龍谷大 3　上智大 6　立教大 1
明治大 1　京都女子大 3　同志社女子大 2
神戸女学院大 6　京都外国語大 2　南山大 1
立命館ｱｼﾞｱ太平洋大 1　京都ﾉｰﾄﾙﾀﾞﾑ女子大 22

平安女学院高等学校

学校法人 平安女学院
〒602-8013 京都市上京区下立売通烏丸西入五町目町172-2
TEL075-414-8101　FAX075-414-8109
https://jh.heian.ac.jp/

■創立／明治8年（1875）　■校長／今井千和世
■生徒数／439人（1年／174人 2年／129人 3年／136人）
■併設校／平安女学院大学
■沿革／明治8年米国聖公会宣教師により「エディの学校」（大阪川口居留地）を開設。同27年平安女学院と改称し、翌年現在地に移転。昭和23年平安女学院高校を設置。
■交通／京都市営地下鉄・烏丸線「丸太町駅」から徒歩3分
京阪電鉄「神宮丸太町駅」から徒歩15分、バス約7分

インフォメーション INFORMATION

●**教育方針**／キリスト教学校として大切にしている教育理念である「愛の教育」と「平和の実現」を根幹とし、これからの多様性が重視される社会で求められる「3つの力」を教育目標に据えています。①「自尊感情」を育て高めること。②「共感力」を育てること。③「対話力」（国際対話力を含む）を育てること。愛に包まれた環境で、生徒が成長を遂げる教育を行います。

●**学校行事**／イースター礼拝、新入生歓迎会、クラブ紹介、体育祭、団体鑑賞、夏期補習、ビブリオバトル、姉妹校交流、文化祭、クリスマスカンタータなど。

●**クラブ活動**／運動系は近畿大会や全国大会へ出場している体操部（体操・新体操）をはじめテニス、バドミントン、バレーボール、バスケットボール、卓球、バトントワリング。文化系はコーラス、吹奏楽、ハンドベル、箏曲、美術、ダンス、軽音楽、UNESCO、理科、姉妹校交流が活動中。また課外レッスン「アグネスアクティビティ」は、いけばな、茶道、韓国語、クッキング、書道の5つ。

●**スクールライフ**／3学期制／登校時刻…8：20／アルバイト…保護者の判断・監督のもと可／自転車通学…許可／携帯…許可（授業中は電源を切り使用しないこと）

カリキュラム CURRICULUM

●**立命館進学（RS）コース**
立命館大学・立命館アジア太平洋大学（APU）との高・大一貫教育により、国際性・自主性・行動力を養い、グローバル社会で活躍できる女性を育成します。とくに英語はTOEFL（ITP）500点以上を目標に実践的な運用能力を習得。資格条件を満たした希望者全員を、立命館大学文系学部、APUへ推薦します。

●**アグネス進学（AS）コース**
アグネス進学コースは、2年・3年時に設置されている20単位を超える選択科目で、それぞれの目標に対応できる力を身につけ、ひとり一人の進路を実現します。豊富な指定校推薦枠、併設大学への「特別推薦制度」や、自由に進路選択ができる「特別奨学生制度」、併設大学への進学希望者には「高大連携奨学生制度」などで、夢の実現を応援します。

●**幼児教育進学（CS）コース**
保育技術検定は1年は3級、2年で2級、3年で1級を取得。3年間で20日間の幼稚園・保育所実習を実施します。全学年希望者参加の海外実習奨学金制度を利用して、現地幼稚園での実習もできます。併設大学の子ども教育学部等への推薦入学が可能です。

●**ミルトスコース（単位制）**
自分自身の立てた目標を達成するために、自分の学習に対する意欲や学習方法を、自ら選ぶことで効果的に学習を進めます。教員はそれぞれの分野で豊富な経験と知識を持ったナビゲーターとしてサポートするなど、万全なサポート体制を整えます。

ブラウスは2色あります
紺のブレザー
紺のスカート
ブラウス
紺のスカート
白、紺のニットベストとカーディガンがあります

先輩から

高校時代に頑張っていたことは英語と生徒会活動です。週に12時間あった英語の授業はレベルが高い内容です。ネイティブの先生方と話す機会が多くあったことも、大学入学後の英語授業で役立ちました。オーストラリアのホームステイも自分を成長させてくれたと思います。生徒会活動では全校生徒をまとめる立場を多く経験。責任感と仲間意識が、今の私につながっています。（K・W）

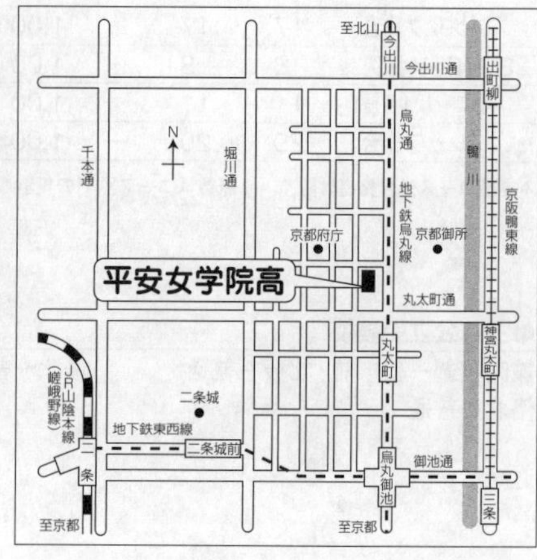

進研Vもし 合格のめやす

●目標偏差値(合格可能性80%)

併願	専願
	立命館進学……………56
アグネス進学…………51	アグネス進学…………47
幼児教育進学…………51	幼児教育進学…………47

30 35 40 45 50 55 60 65 70 75

立命館進学(専願)：努力圏 合格圏 安全圏

アグネス進学：努力圏 合格圏 安全圏

幼児教育進学：努力圏 合格圏 安全圏

入試状況

●併願

年度	学科・コース	受験者数	合格者数	回し	倍率	合格最低点
'24	立命館進学	—	—	—	—	—/—
	アグネス進学	30	30	2	1.00	240/500
	幼児教育進学	4	4	—	1.00	210/500
	ミルトス	—	—	—	—	—/—

●推薦・専願

年度	学科・コース	受験者数	合格者数	回し	倍率	合格最低点
'24	立命館進学	専18	11	—	1.64	325/500
	アグネス進学	推33	33	—	1.00	—/—
		専6	5	3	1.20	230/500
	幼児教育進学	推7	7	—	1.00	—/—
		専1	1	—	1.00	200/500
	ミルトス	専19	19	—	1.00	—/—

＊合格最低点には合否判定ラインを記載。

●主な公立受験校

京都堀川音楽／前　鳥羽ー普通／前　鴨沂ー普通／前
西乙訓ー普通／前　東大津ー普通／特

入試ガイド

●募集要項　＊2024年度入試実施分

募集人員	立命館進学(RS)〈専願〉10、アグネス進学(AS)30、幼児教育進学(CS)30、ミルトス〈単位制・専願〉20
出願期間	1/15～1/31
受験料	20,000円
学力検査	AS･CS･RS=2月10日　ミルトス=2月11日
面接	全コース推薦･専願(個人約3分)
合格発表	2月13日
入学手続	専願 2月19日 併願 3月21日

●試験科目と配点・時間

科目	国語	数学	英語	社会	理科
配点	100点	100点	100点	100点	100点
時間	60分	60分	60分	50分	50分

＊推薦は3科(国・数・英)。＊ミルトスコースは3科(国・数・英)各40分の基礎力確認テスト。＊英検資格活用あり。

●学費

入学金	100,000円	制服代	47,300円
年間授業料	580,000円	その他制定品費	89,230～円
諸会費計	15,000円	その他	195,000円
修学旅行積立	—	初年度納入金合計	1,026,530～円

卒業後の進路

卒業者数／140人

大学進学	短大進学	専門学校等	就職	進学準備ほか
126人	2人	10人	—	2人

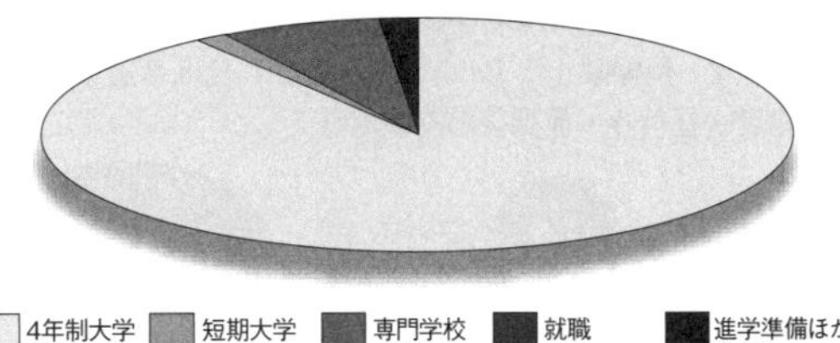

4年制大学 90.0%　短期大学 1.4%　専門学校 7.1%　就職 —　進学準備ほか 1.4%

●主な大学合格状況(現役のみ)

私立大／

関西大 2　関西学院大 4　同志社大 1
立命館大 68　近畿大 5　龍谷大 5
佛教大 13　摂南大 5　立教大 2
国際基督教大 1　同志社女子大 3　京都女子大 1
京都ﾉｰﾄﾙﾀﾞﾑ女子大 6　京都精華大 1　京都看護大 1
京都光華女子大 3　京都先端科学大 1　京都文教大 1
京都芸術大 2　大阪樟蔭女子大 2　大阪体育大 1
神戸女学院大 2　朝日大 1　京都外国語大 1
大阪歯科大 2　平安女学院大 11

大谷高等学校

学校法人 真宗大谷学園
〒605-0965 京都市東山区今熊野池田町12
TEL075-541-1312　FAX075-541-7627
http:/www.otani.ed.jp

■**創立**／明治8年（1875）　■**校長**／乾　文雄
■**生徒数**／1,550人（1年／464人 2年／537人 3年／549人）
■**併設校**／大谷大学　大谷中学校　大谷幼稚園
■**沿革**／明治8年東本願寺「京都府下小教校」として開校。同26年大谷尋常中学校と改称。昭和23年大谷高等学校発足。平成12年男女共学化。令和2年に「智身館」、同3年には人工芝グラウンド、亀岡野球専用グラウンドが完成。
■**交通**／京阪・JR奈良線「東福寺」から徒歩5分

インフォメーション INFORMATION

●**教育方針**／仏教、とりわけ親鸞聖人の教えに立って人間教育を実践。「人と成る」ことをめざします。校訓は真理を尊重せよ・義務を果遂せよ・相互に敬愛せよ・不断に精進せよ。
●**学校行事**／本山参拝（4月）、遠足・花まつり・芸術鑑賞（5月）、海外研修・夏期講習（8月）、学園祭、体育大会（9月）、報恩講（11月）、成道会・冬期講習（12月）、修正会（1月）、涅槃会（2月）など。研修旅行（12月・2年）は7コース（ハワイ、バリ、シドニー、シンガポール、韓国、北海道、沖縄）からの選択制（※年度によりコース内容は変更する場合があります）。
●**クラブ活動**／体育系はスキー、野球をはじめ、サッカー、バスケットボール、バレーボールなど。文化系は「We are sneaker ages」グランプリ大会グランプリの軽音楽、GSI、吹奏楽、科学、競技かるたなど。クラブ加入率は約70%です。
●**海外交流**／ニュージーランド海外研修（8月・15日間）ではホームステイと英語研修、現地の高校生との交流、博物館訪問、アクティビティなどを体験します。また、姉妹校である大韓民国水原女子高等学校との交流活動も実施。（いずれも希望者対象）
●**スクールライフ**／3学期制／登校時刻…8：30 ／頭髪…染色・パーマ・長髪禁止／アルバイト…禁止／自転車通学…許可制／携帯…昼休み・放課後のみ使用可

カリキュラム CURRICULUM

●**バタビアコース・マスタークラス**
国公立大学の入試特性にあわせたハイレベルな授業を展開しています。基礎を確実に固めること、自ら学ぶ姿勢を確立すること、十分な量の学習をこなす精神力を養うことを3本柱とし、興味を持って自ら調べ、学ぶ意識を育てます。
●**バタビアコース・コアクラス**
難関私立大をはじめ、国公立大入試にも対応できる力を養成しながら、個性を伸ばせるクラスです。得意科目をさらに伸ばし、苦手科目をしっかり学べるよう、国・数・英の一部で習熟度別授業を採用。少人数制により、効果的にレベルアップをはかれます。3年次には大学入試に向けた自由選択講座も履修可能です。
●**バタビアコース・グローバルクラス**
未来の国際人としての基礎を築くための、特色ある学びを行っていきます。バタビアの基礎学力定着を必要条件とし、その上に3年間で2回の留学を大きな柱として、グローバルな社会を生き抜くために、自国を知る・発信力を付けるなど、様々なノウハウを養っていきます。
●**インテグラルコース**
クラブの加入率は約80%。指定クラブをはじめとする部活動に真剣に取り組みながらも、それぞれがめざす進路を実現することが目標です。指定校・協定校推薦などの制度や充実したサポート体制を生かして、ほとんどの生徒が大学に進学しています。

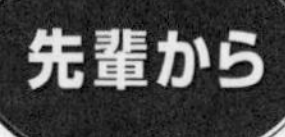

学校行事が戻ってきて、人工芝グラウンドで体育大会ができ、学園祭もほぼこれまで通りの形になりました。学園祭と体育大会をミックスさせたイベントも、2022年から中学生が加わり、さらには文化系クラブの発表も充実した「O-CAST」という行事に進化。また、研修旅行ではシドニーをはじめとした国内外へ行くことができました。行事をおもいっきり楽しむという、大谷らしさが発揮できたように思います。

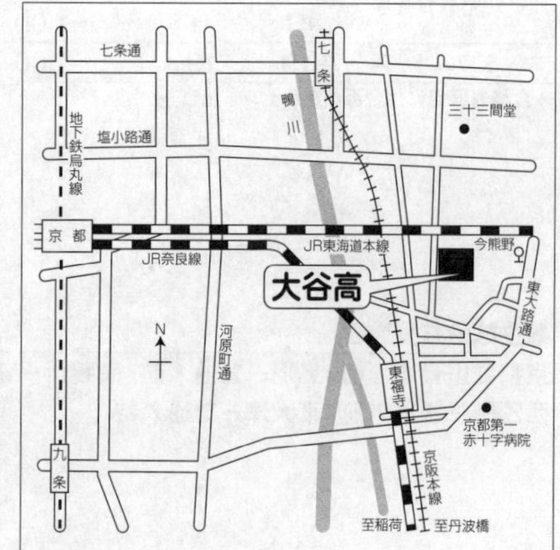

進研Vもし 合格のめやす

●目標偏差値(合格可能性80%)

併願		専願	
バタビア・マスター	66	バタビア・マスター	63
バタビア・コア	59	バタビア・コア	57
バタビア・グローバル	59	バタビア・グローバル	56
インテグラル	52	インテグラル	50

30 35 40 45 50 55 60 65 70 75

バタビア・マスター
努力圏 合格圏 安全圏

バタビア・コア／バタビア・グローバル
努力圏 合格圏 安全圏

インテグラル
努力圏 合格圏 安全圏

入試状況

●併願

年度	学科・コース	受験者数	合格者数	回し	倍率	合格最低点
'24	バタビア・マスター(前)	1,610	550	—	—	385/500
	バタビア・コア(前)		617	—	—	320/500
	バタビア・グローバル(前)					
	インテグラル(前)		415	—	—	260/500
	バタビア・マスター(後)	789	371	—	—	205/300
	バタビア・コア(後)		206	—	—	180/300
	バタビア・グローバル(後)					
	インテグラル(後)		177	—	—	155/300

●専願

年度	学科・コース	受験者数	合格者数	回し	倍率	合格最低点
'24	バタビア・マスター(前)	244	14	—	—	365/500
	バタビア・コア(前)		70	—	—	295/500
	バタビア・グローバル(前)					
	インテグラル(前)		136	—	—	230/500

＊合格最低点には判定基準を記載。

●主な公立受験校

膳所－普通	東大津－普通	石山－普通
石山－普通／特	守山－普通	莵道－普通
膳所－普通／特	西城陽－普通	西京－エンタ／前
鴨沂－普通	山城－普通	南陽－普通
洛北－普通	彦根東－普通	東大津－普通／特

入試ガイド

●募集要項　＊2024年度入試実施分

募集人員　バタビア（マスタークラス／グローバルクラス／コアクラス）／インテグラル…400

出願期間　1/15～1/22
受験料　20,000円
学力検査　前期2月10日　後期2月12日
面接　実施しない(グローバルクラス特別推薦入試および帰国生入試のみ実施)
合格発表　2月13日
入学手続　専願 2月17日
併願 公立合格発表翌日

●試験科目と配点・時間

科目	国語	数学	英語	社会	理科
配点	100点	100点	100点	100点	100点
時間	50分	50分	50分	50分	50分

＊後期は3科(国数英)受験。
＊英検・数検・漢検の資格活用あり。

●学費

入学金	140,000円	制服等制定品費	約80,000～円
年間授業料	552,000円	教科書・PC代等	約110,000円
諸会費計	36,000円	教育費・雑費他	約260,000～円
修学旅行積立	約135,000～円	初年度納入金合計	約1,313,000～円

＊コース・クラスにより異なる

卒業後の進路

卒業者数／591人

大学進学	短大進学	専門学校等	就職	進学準備ほか
508人	5人	33人	3人	42人

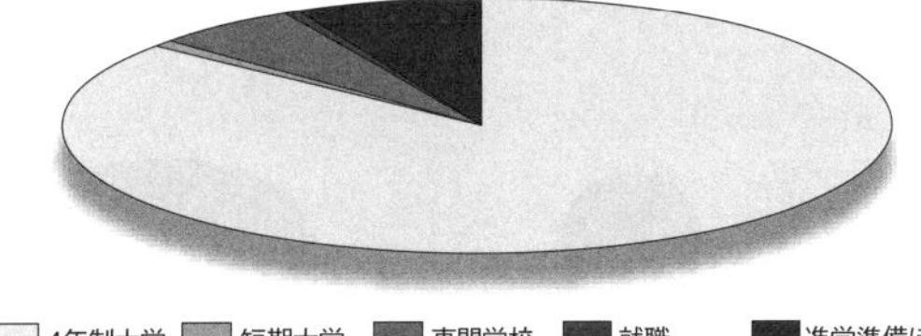

4年制大学 86.0%　短期大学 0.8%　専門学校 5.6%　就職 0.5%　進学準備ほか 7.1%

●主な大学合格状況（現役のみ）

国・公立大／

京都大 1	大阪大 4	神戸大 4
北海道大 4	名古屋大 1	九州大 1
滋賀大 4	滋賀医科大 1	京都教育大 1
京都工繊大 8	奈良女子大 3	滋賀県立大 11
京都府立大 8	京都府立医 2	大阪公立大 3
奈良県立大 8	奈良県立医 1	

私立大／

関西大 80	関西学院大 27	同志社大 72
立命館大 137	京都産業大 103	近畿大 157
龍谷大 243	佛教大 103	摂南大 51
追手門学院大 77	桃山学院大 9	早稲田大 9

京都［共学］

京都外大西高等学校

学校法人 京都外国語大学
〒615-0074 京都市右京区山ノ内苗町37
TEL075-321-0712　FAX075-322-7733
https://kufs.ac.jp

■創立／昭和31年（1956）　■校長／長者善高
■生徒数／845人（1年／312人 2年／288人 3年／245人）
■併設校／京都外国語大学　京都外国語短期大学　京都外国語専門学校
■沿革／昭和31年京都西高等学校設置認可。平成13年京都外大西高等学校と改称。
■交通／阪急「西院」から徒歩14分、地下鉄東西線「太秦天神川」から徒歩10分、京福嵐山線「嵐電天神川」「山ノ内」から徒歩6分

インフォメーション INFORMATION

●**教育方針**／「不撓不屈」の建学の精神のもと、「強く、正しく、明るく」を校訓とし、国際感覚豊かな人材を育成。自分にしかできないものを求め、個性に磨きをかけてほしいと願っています。
●**学校行事**／クラス親睦会（5月）、模擬国連（6月）、夏期特別講習（7月）、文化祭・体育祭（9月）、模擬試験（10月）、校外研修旅行（11月）、海外研修（国際文化コース）など。
●**クラブ活動**／空手道、水泳、陸上競技、弓道、テニスはインターハイ常連。硬式野球部は甲子園15回出場の実績あり。体育系はほかにラグビー、サッカー、少林寺拳法、ラクロス、バスケットボールなど。また、文化系は吹奏楽をはじめ美術、ESS、囲碁・将棋、茶道、ユネスコなど。加入率は約80%です。
●**海外交流**／国際文化コースでは全員が海外短期留学（Aクラス＝カナダ／Bクラス＝ニュージーランド）に参加。現地の高校生とともに学び、ホームステイを通じて交流を深めます。
●**スクールライフ**／3学期制／登校…8：45／頭髪…染色・パーマ・化粧禁止／アルバイト…原則禁止（条件により許可）／自転車通学…許可（申請必要）／携帯…時と場所をわきまえ、不適切な取り扱いをしない。

カリキュラム CURRICULUM

●**グローバル特進コース（選抜文系）**
国公立大への進学をめざし、難関大学に合格できる学力養成を最優先に考えながら、人間育成も重視。少人数クラスに徹し、1人ひとりに応じた適切な指導を行います。学力強化をはかる「土曜予備校」は原則全員参加、休暇中の特別講習も必修です。
●**国際文化コースA・B**
本当の意味での「国際人」をめざし、コース専属の外国人教師による少数制英語授業、短期留学などを通して「高い英語力」を修得。英検やTOEIC受験にも取り組みます。Aは第2外国語も選択する併設大進学クラス、Bは難関大進学クラスです。
●**グローバル特進コース（躍進文理）**
国公立・難関私大に対応できる実力を養いながら、クラブ活動にも積極的にとりくむことができるコースです。両立をはかれるよう、「フォローアップ講座」「土曜予備校」や休暇中の特別講習は選択制。自分の目標と適性にあわせて、個性豊かな高校生活が送れます。
●**総合進学コース**
私立大への進学に対応しています。「定期考査対策講座」（希望制）のほか、部活との両立も奨励。理系希望者は、審査（1年終了時）によって特進コース理系に編入できます。
●**体育コース〈男子〉**
スポーツを通じて人間性を磨き、国際的視野を備えたトップアスリートを育成。文武両道の人材養成をめざしています。

先輩から

ＫＧＮ（京都外大西高校）で将来の目標を見出すことができました。それは、国際関係の仕事です。ＫＧＮでは海外の学校との交流が盛んに行われており、授業でも多くの外国人の先生方と直接触れ合うことができます。このような環境が、僕の視野を大きく広げてくれました。またクラスや部活での友人たちとの出会い、数多くの未知への挑戦が現在の僕にとってかけがえのない宝物になっています。（Ｋ・Ｍ）

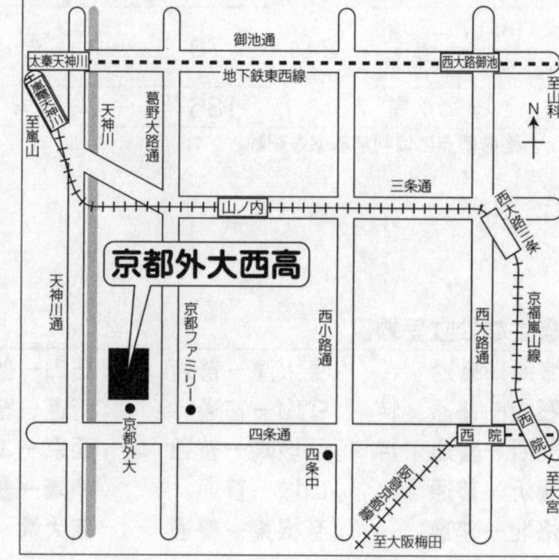

進研Vもし 合格のめやす

●目標偏差値(合格可能性80%)

併願		専願	
グローバル特進（選抜文系）	58	グローバル特進（選抜文系）	53
国際文化A	56	国際文化A	52
国際文化B	56	国際文化B	52
グローバル特進（躍進文理）	53	グローバル特進（躍進文理）	48
総合進学	45	総合進学	40
		体育	40

30 35 40 45 50 55 60 65 70 75

グローバル特進（選抜文系）　努力圏 合格圏 安全圏

国際文化A／国際文化B　努力圏 合格圏 安全圏

グローバル特進（躍進文理）　努力圏 合格圏 安全圏

総合進学　努力圏 合格圏 安全圏

入試状況

●併願

年度	学科・コース	受験者数	合格者数	回し	倍率	合格最低点
'24	グローバル特進（選抜文系）	35	29	—	—	330/500
	グローバル特進（躍進文理）	120	125	—	—	253/500
	国際文化A	41	41	—	—	331/600
	国際文化B	50	36	—	—	373/600
	総合進学	236	236	—	—	237/500
	体育	—	—	—	—	—/—

●専願・推薦

年度	学科・コース	受験者数	合格者数	回し	倍率	合格最低点
'24	グローバル特進（選抜文系）	推1	1	—	—	—/—
	グローバル特進（躍進文理）	専26	35	—	—	246/500
		推63	63	—	—	—/—
	国際文化A	専16	15	—	—	320/600
		推10	10	—	—	—/—
	国際文化B	専26	13	—	—	363/600
		推13	13	—	—	—/—
	総合進学	専70	47	—	—	230/500
		推36	36	—	—	—/—
	体育	推27	27	—	—	—/—

＊合格者数に第2志望以降も含む。＊合格最低点および満点はA日程のもの。

●主な公立受験校

日吉ヶ丘－普通　桂－普通　鴨沂－普通
洛西－普通　北嵯峨－普通　乙訓－普通／前
西乙訓－普通　開建－ルミノベーション／前　紫野－アカデ／前
洛西－普通／前　洛東－普通／前　日吉ヶ丘－普／前
開建－ルミノベーション　鴨沂－普通／前　鳥羽－グロー／前

入試ガイド

●募集要項　＊2024年度入試実施分

募集人員	グローバル特進（選抜文系／躍進文理）…100、総合進学60、国際文化A／B…80、体育（男子・推薦）40
出願期間	1/15～1/22
受験料	20,000円(A・B日程両日は25,000円)
学力検査	A日程 2月10日　B日程 2月11日
面接	推薦・帰国生徒選考のみ実施
合格発表	2月13日
入学手続	専願 2月22日 併願 3月21日

●試験科目と配点・時間

科目	国語	数学	英語	社会	理科
配点	100点	100点	100点	100点	100点
時間	40分	40分	40分	40分	40分

＊国際文化コースの英語は得点を2倍にする(200点満点)。
＊帰国生徒選考・B日程は3科(国・数・英)。

●学費

入学金	150,000円	制定品・教科書代	約81,000～円
年間授業料	510,000円	維持費	252,000円
諸会費計	34,400円	コース費・実習費	約40,000～円
修学旅行積立	—	初年度納入金合計	約1,067,400～円

＊別途タブレット費(3年計129,888円)必要　＊コースにより異なる

卒業後の進路

卒業者数／274人

大学進学	短大進学	専門学校等	就職	進学準備ほか
—	—	—	—	—

＊非公表

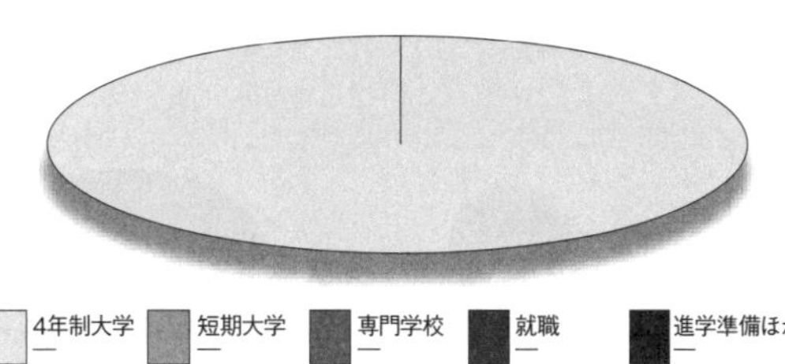

●主な大学合格状況

国・公立大／
都留文科大 1
私立大／
関西大 15　関西学院大 3　同志社大 8
立命館大 12　京都産業大 36　近畿大 17
甲南大 1　龍谷大 41　佛教大 40
摂南大 1　神戸学院大 1　追手門学院大 8
桃山学院大 1　京都外国語大 45　立命館ｱｼﾞｱ太平洋大 1
中央大 1　関西外国語大 18　明治学院大 1
駒澤大 1　京都女子大 3　同志社女子大 5
武庫川女子大 1

京都芸術高等学校

学校法人 京都黎明学院
〒611-0011 宇治市五ヶ庄西浦6番地2
TEL0774-32-7012　FAX0774-33-3698
http://www.kyoto-geikou.ed.jp

■創立／昭和11年（1936）　■校長／加藤由子
■生徒数／423人（1年／150人 2年／136人 3年／137人）
■沿革／昭和11年に認可された洛南報徳技芸女学校を母体としています。平成13年、関西初の美術科単科高校として京都芸術高等学校を設立。同23年度昼間定時制から全日制に移行しました。
■交通／JR奈良線・京阪宇治線「黄檗」下車すぐ

インフォメーション INFORMATION

●**教育方針**／日本の歴史文化に触れながら、感性豊かな心優しい心を重視する人間教育を目標としています。環境の美化、遅刻ゼロ運動、部活動などを通じて、自主自律の精神を培います。
●**学校行事**／写生実習（4月）、体育大会（5月）、私学フェアKyoto・修学旅行（6月）、黎明祭・卒業制作展（11月）、進級作品展（3月）などがあります。
●**クラブ活動**／運動系はスポーツ研究部、文化系では美術、漫画研究、合唱、茶華道、アニメーションが活動中。課外活動を通した地域交流もさかんです。クラブ参加率は約35%。
●**進路指導**／芸術・美術系大学の入試を想定したデッサン実技模試や進学対策補習、また希望する芸術・美術系大学の先生方による校内大学進学相談会も実施。卒業生の多くが美術系を中心とした大学・短大・専門学校に進学しています。
●**スクールライフ**／2学期制／登校時刻…8：45／頭髪…染色・パーマ禁止／アルバイト…許可／自転車通学…禁止／携帯…許可

カリキュラム CURRICULUM

●**美術科**
1年次はデッサン、絵画、立体造形などさまざまな表現を体験し、自己の可能性を探求。2年次から次の5コースに分かれます。
◆絵画コース
アクリル画・油彩画・日本画を中心に写実表現やイメージ画などの幅広い絵画表現を学習。豊かな人間性を育みながら大きく広い視野を身につけ、自由な制作活動を展開していきます。
◆マンガ・キャラクターコース
カートゥーン（1コママンガ）やストーリーマンガなどの表現世界を、作画・編集・批評の観点から掘り下げて学習。世界が注目するマンガの芸術表現を総合的に学びます。
◆立体造形コース
木彫・塑像・陶芸など、立体を中心としたものづくりの技術や仕組みを研究・学習。テーマにあわせたカタチを表現する具体的な制作を重ねて、さまざまな表現形態を身につけていきます。
◆イラスト・ビジュアルデザインコース
デザインに不可欠な要素である創造力・発想力を磨きます。自己中心的な表現にこだわらず、必要な基礎能力を身につけるとともに、広い視野に立ってメッセージを伝えます。
◆アニメーション・映像コース
カメラやパソコンなど、映像機器を用いた表現と鑑賞の能力を育成。情報の集積力と編集力を身につけ、メディアの境界を越えて自在に表現ができる総合的な感性を磨きます。

先輩から

当初は「芸高でやっていけるかな…」と不安でした。でも、本当に基礎基本から教えてくださった先生方、アドバイスし合った友達のおかげで「美術が好き！」という気持ちはいっそう大きくなっていきました。私はいま、その美術のすばらしさを伝えるため、教師をめざして勉強しています。芸校の3年間は人生でいちばん濃かったと思います。頑張れば、その分だけ自分に返ってくる。そんなやる気が出る学校です。（Y・S）

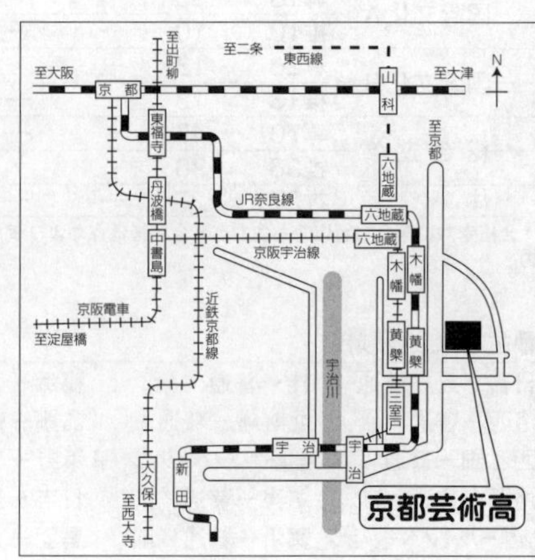

進研Vもし 合格のめやす

●目標偏差値（合格可能性80%）

併願	専願
美術科……………………42	美術科……………………38

30 35 40 45 50 55 60 65 70 75

美術科

	努力圏	合格圏	安全圏	

入試ガイド

●募集要項　＊2024年度入試実施分

募集人員　美術科175

出願期間　1/15～1/31
受験料　20,000円
学力検査　2月10日
面接　実施しない
合格発表　2月13日
入学手続　推薦・専願 2月22日
　併願 3月22日

●試験科目と配点・時間

科目	国語	数学	英語	実技	—
配点	100点	100点	100点	200点	—
時間	50分	50分	50分	120分	—

＊推薦は国語・実技（鉛筆デッサン）。
＊専願A（国・英・実技）／専願B（国・数・実技）／併願A（国・英・実技）／併願B（国・数・実技）。

●学費

入学金	120,000円	制服等制定品	約 190,000円
年間授業料	552,000円	校費	132,000円
諸会費・修学旅行積立	83,600円	その他	100,000円
	—	初年度納入金合計	1,177,600円

入試状況

●併願

年度	学科・コース	受験者数	合格者数	回し	倍率	合格最低点
'24	美術科	85	84	—	1.01	124/400
'23	美術科	100	96	—	1.04	110/400
'22	美術科	107	106	—	1.01	145/400

●専願

年度	学科・コース	受験者数	合格者数	回し	倍率	合格最低点
'24	美術科	134	134	—	1.00	94/400
'23	美術科	121	121	—	1.00	78/300
'22	美術科	126	126	—	1.00	98/400

●主な公立受験校

美術工芸／前　高円－美術／特　亀岡－美術／前
城陽－普通／前　田辺－普通／前　栗東－美術／推

卒業後の進路

卒業者数／146人

大学進学	短大進学	専門学校等	就職	進学準備ほか
70人	15人	26人	25人	10人

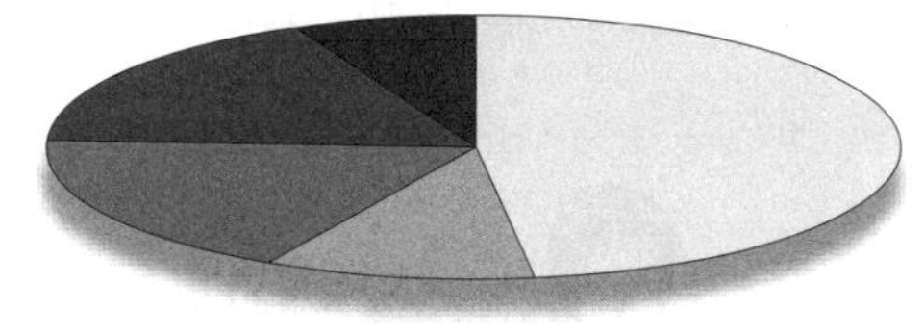

4年制大学 47.9%　短期大学 10.3%　専門学校 17.8%　就職 17.1%　進学準備ほか 6.8%

●主な大学合格状況（現役のみ）

国・公立大／
京都教育大 1　富山大 1　京都市立芸術大 1
愛知県立芸術大 1　広島市立大 1

私立大／
近畿大 1　龍谷大 1　佛教大 2
京都芸術大 22　京都精華大 20　成安造形大 18
大阪芸術大 3　嵯峨美術大 9　京都美術工芸大 1
大阪成蹊大 1　神戸芸術工科大 1　羽衣国際大 1
京都ﾉｰﾄﾙﾀﾞﾑ女子大 1　花園大 1

京都廣学館高等学校

学校法人 南京都学園
〒619-0245 相楽郡精華町下狛中垣内48
TEL0774-93-0518　FAX0774-93-2266
https://kyoto-kogakkan.mkg.ac.jp

■創立／昭和59年（1984）　**■校長**／瀧野博史
■生徒数／578人（1年／174人 2年／222人 3年／182人）
■併設校／京都福祉専門学校　京都動物専門学校
■沿革／昭和32年南京都学園創立。同59年南京都高等学校開校。平成19年から男女募集を開始。同25年京都廣学館に校名変更。
■交通／JR学研都市線「下狛」から徒歩3分、近鉄京都線「狛田」から徒歩5分

インフォメーション INFORMATION

●教育方針／教育理念「人間の能力は生まれつきのものではなくその人の努力によって開発され、無限に伸ばされる」 生徒が持つ可能性を伸ばすために、様々な活動を通じて能力を伸長し、豊かな人間性を育成します。
●学校行事／学年DAY（校外学習・5月）、少林寺拳法本部研修（3年・6月）、海外研修旅行（2年・6月）、廣学館祭（文化祭＆体育祭・9月）など。
●クラブ活動／重点クラブは吹奏楽部、サッカー部、陸上競技部、硬式野球部、ダンス部、少林寺拳法部。その他に、e-Sports部、芦原空手道部（2025年度より同好会）、家庭科部、硬式テニス部、写真部、卓球部、女子バスケットボール部、男子バスケットボール部、女子バレーボール部、男子バレーボール部、ボクシング部、ライフル射撃部、ラグビー部、レスリング部と、アコースティック同好会、バドミントン同好会が活動しています。
●スクールライフ／3学期制／登校時刻…8：20（アドバンス）、8：30（ジェネラル）／頭髪…染色・パーマ・高校生らしくない髪型禁止／アルバイト…許可（生徒部への申請が必要）／自転車通学…許可（生徒部への申請が必要）／携帯…許可

カリキュラム CURRICULUM

●アドバンスコース
放課後ゼミや長期休暇中の講習等、授業外での学習を提供し、また、個別の学習プランを立てることで、目標とする大学の合格を目指すコースです。
●ジェネラルコース
基礎学力から応用力の育成を図り、大学や専門学校などへの進学、公務員・一般企業への就職など自分らしい進路目標の実現を目指すコースです。
●クエストコース（単位制通信制課程）
オンラインでの学習を活用して、少ない登校日数でも学びを深め、自己管理能力を養い、自分らしい可能性を見つけることを目指すコースです。

先輩から

私には法律に関わる職業に就く夢があり、先生方が親身に相談にのってくださったおかげで、自分自身に合った大学を見つけることができました。放課後授業や個別指導で細かく指導していただいたり、吹奏楽部では、部活中も勉強する時間を設け、受験勉強にも力を入れられるような体制を顧問の先生方が整えてくださいました。たくさんの人に支えられて大学に合格することができました。とても感謝しています。(M.K)

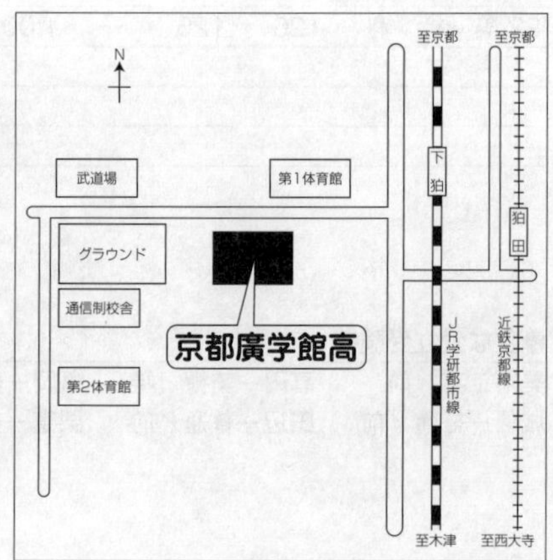

進研Vもし 合格のめやす

●目標偏差値(合格可能性80%)

併願		専願	
アドバンス	46	アドバンス	43
ジェネラル	40	ジェネラル	37

30 35 40 45 50 55 60 65 70 75

アドバンス: 努力圏 合格圏 安全圏

ジェネラル: 努力圏 合格圏 安全圏

入試状況

●併願

年度	学科・コース	受験者数	合格者数	回し	倍率	合格最低点
'24	アドバンス	264	196	—	1.35	—/—
	ジェネラル	396	359	40	1.10	—/—
'23	アドバンス	268	224	—	1.20	—/—
	ジェネラル	483	449	41	1.08	—/—
'22	アドバンス	250	207	—	1.21	—/—
	ジェネラル	484	438	40	1.11	—/—

●専願

年度	学科・コース	受験者数	合格者数	回し	倍率	合格最低点
'24	アドバンス	64	64	—	1.00	—/—
	ジェネラル	108	101	—	1.07	—/—
'23	アドバンス	96	86	—	1.12	—/—
	ジェネラル	146	144	8	1.01	—/—
'22	アドバンス	59	54	—	1.09	—/—
	ジェネラル	163	154	4	1.06	—/—

●主な公立受験校

城陽－普通	田辺－普通	城陽－普通／前
久御山－普通	木津－普通／前	東宇治－普通
木津－園芸／前	京都八幡－普／前	田辺－普通／前
奈商工－総ビ／特	田辺－機技／前	京すばる－情報
西城陽－普通	東宇治－普通／前	田辺－工学／前

入試ガイド

●募集要項　＊2024年度入試実施分

募集人員　アドバンス60、ジェネラル180

出願期間　1/15～1/26
受験料　20,520円
学力検査　前期2月10日　後期2月12日
面接　実施しない
合格発表　2月14日
入学手続　専願 2月22日
併願 各府県公立高校合格発表の翌日

＊2025年度クエストコース（単位制通信制課程）開設。

●試験科目と配点・時間

科目	国語	数学	英語	社会	理科
配点	100点	100点	100点	100点	100点
時間	50分	50分	50分	50分	50分

＊前後期専願、後期併願は3科(国数英)。前期併願は5科。
＊アドバンス推薦(クラブ・コース・検定)、ジェネラル推薦(検定) は3科(国数英)。ジェネラル推薦(クラブ・コース) は課題作文。

●学費

入学金	100,000円	制服等制定品費	約150,000円
年間授業料	564,000円	学級費	50,000円
諸会費計	39,600円	その他	182,000円
修学旅行積立	96,000円	初年度納入金合計	約1,181,600円

＊ジェネラルコースの場合

卒業後の進路

卒業者数／187人

大学進学	短大進学	専門学校等	就職	進学準備ほか
115人	2人	47人	20人	3人

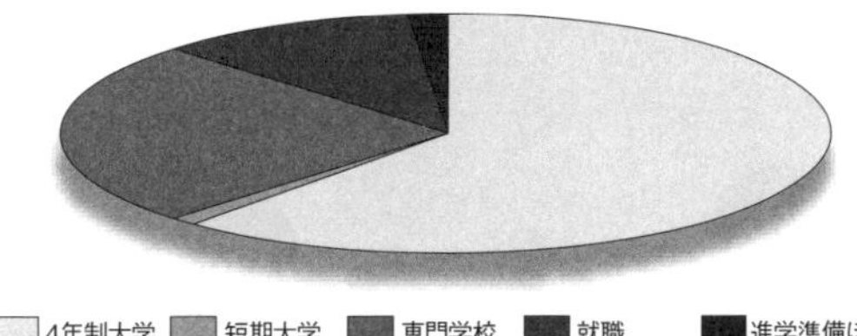

●主な大学合格状況（現役のみ）

国・公立大／
高知大 1
私立大／
同志社大 1　京都産業大 6　近畿大 1
龍谷大 1　佛教大 26　摂南大 10
追手門学院大 11　桃山学院大 3　京都女子大 2
武庫川女子大 1　同志社女子大 1　日本大 1
関西外国語大 2　京都看護大 1　畿央大 4
金沢学院大 1　国際武道大 1　京都先端科学大 5
びわこ成蹊ｽﾎﾟｰﾂ大 4　大阪産業大 28　帝塚山大 14
奈良学園大 6　花園大 4　大阪学院大 6
大阪経済法科大 6

京都国際高等学校

学校法人 京都国際学園
〒605-0978 京都市東山区今熊野本多山町1番地
TEL075-525-3535　FAX075-525-3563
https://kyoto-kokusai.ed.jp/

■創立／平成15年(2003)　■校長／白　承桓
■生徒数／137人(1年／52人 2年／42人 3年／43人)
■併設校／京都国際中学校
■沿革／1958年に京都韓国中学校としてスタート。2003年の京都府知事認可により一条校の京都国際中学校・高等学校として再出発しました。
■交通／京阪本線・JR奈良線「東福寺」から徒歩18分、市バス「東福寺」から徒歩15分(通学登校時スクールバスを運行)

インフォメーション INFORMATION

●**教育方針**／『京都からアジアへ、そして世界へ』多文化環境でのトリリンガル教育により、真の国際人を育成します。
●**学校行事**／体育祭(5月)、国際交流研修・進学合宿(7月)、韓国語学研修(8月)、文化祭・韓国語能力試験(10月)、芸術鑑賞・野外学習(11月)、ボランティアデー(12月)、スキー合宿(2月)など。修学旅行(11月・2年)は韓国へ。
●**クラブ活動**／体育系では2021年夏の甲子園でベスト4となった硬式野球部をはじめ硬式テニス部、ダンス部、バスケットボール同好会が活動しています。文化系は韓国舞踊部、軽音楽部、美術同好会、家庭科同好会、社会問題研究同好会、PCプログラミング同好会、百人一首同好会があります。
●**スクールライフ**／3学期制／登校時刻…8：30(進学コースのみ8:25)／頭髪…染色・パーマ禁止／アルバイト…許可(学校許可が必要)／自転車通学…許可(申請制)／携帯…許可(朝礼時回収、終礼時返却)

カリキュラム CURRICULUM

●**普通科**
進路に合わせた2つのコースがあり、それぞれの目標に向けた特色ある教育を実践しています。
◆進学コース　国内難関大学や海外への留学をめざして学びます。少人数制を生かした手厚い指導に加え、毎朝始業前には朝学習を実施。放課後には「AS塾」を開講し、好きな先生から学びたい教科を自分で選んで教えてもらえるなど、生徒の自主的な学習を支援しています。学習意欲の向上をはかる夏期進学合宿のほか、春・夏・冬の長期休暇中にも講習会を実施して力をつけます。
◆総合コース　進学・スポーツ進学・就職の3つを柱に、生徒のニーズにあわせた授業、進路指導を展開しています。基礎からしっかり学習し、細やかな進路支援により自己理解を深めて適性を見きわめ、一人ひとりが希望する未来をめざします。コミュニケーションやビジネスマナーなど、社会人としてのスキルを身につける講習を受けることができ、英検など各種検定試験にもチャレンジします。

☆「真の国際人」を育成するため、両コースとも英語と韓国語の語学教育が充実しており、多くの海外研修・短期留学プログラムもあります。韓国語能力検定や英語検定も積極的に受験し、高い合格率を誇っています。

先輩から

弓を引けば引くほど矢は遠くへ飛ぶように、異文化や歴史、様々な国の言葉を深く学ぶことは自分の将来に必ずつながることでもあります。それを教えてくれる場所がこの学園。私は数多くのことを学ぶことができました。大きな木が育つためには、その木以上に大きな根が必要。社会の中で強く、自分らしく生きるための大きな根を育てることができ、この学園で学べてよかった。私はそう確信しています。

進研Vもし　合格のめやす

●目標偏差値(合格可能性80%)

併願		専願	
進学	45	進学	43
総合	40	総合	38

30　35　40　45　50　55　60　65　70　75

進学
努力圏　合格圏　安全圏

総合
努力圏　合格圏　安全圏

入試状況

●併願

年度	学科・コース	受験者数	合格者数	回し	倍率	合格最低点
'24	進学	7	5	—	1.40	208/300
	総合	18	14	1	1.29	124/300
'23	進学	11	9	—	1.22	215/300
	総合	8	6	2	1.33	141/300
'22	進学	6	4	—	1.50	223/300
	総合	16	14	1	1.14	119/300

●専願

年度	学科・コース	受験者数	合格者数	回し	倍率	合格最低点
'24	進学	14	12	—	1.17	180/300
	総合	38	37	1	1.03	110/300
'23	進学	8	6	—	1.33	179/300
	総合	35	35	2	1.00	117/300
'22	進学	13	11	—	1.18	187/300
	総合	35	34	1	1.03	118/300

●主な公立受験校

山城ー普通／前　　京都八幡ー普／前

入試ガイド

●募集要項　　＊2024年度入試実施分

募集人員　進学15、総合35
＊内部進学を含む

出願期間　1/15〜2/2
受験料　20,000円
学力検査　2月10日
面接　グループ10分
合格発表　2月13日
入学手続　専願 2月22日
併願 3月29日

●試験科目と配点・時間

科目	国語	数学	英語	—	—
配点	100点	100点	100点	—	—
時間	50分	50分	50分	—	—

●学費

入学金	100,000円	制服代	実費
年間授業料	420,000円	諸経費	＊88,000〜円
諸会費計	20,000円	施設拡充費	98,000円
修学旅行積立	55,000円	初年度納入金合計	781,000〜円

＊総合コースの場合

卒業後の進路

卒業者数／39人

大学進学	短大進学	専門学校等	就職	進学準備ほか
21人	3人	8人	6人	1人

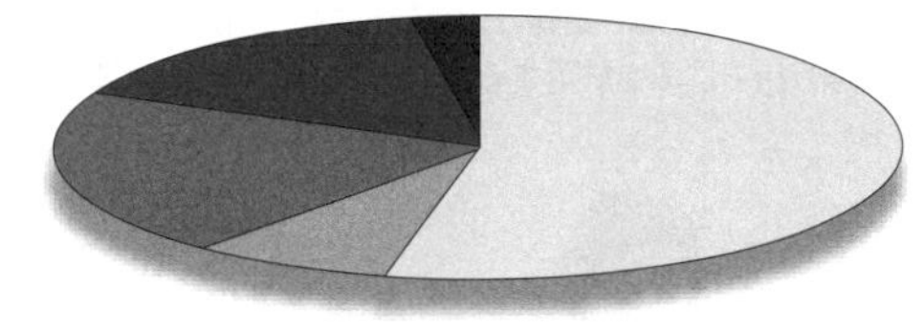

●主な大学合格状況

私立大／
同志社大 1　龍谷大 2　東京農業大 1
京都外国語大 3　中京大 1　京都芸術大 1
ソウル科学技術大(韓国) 1　西江大(韓国) 1　韓国外国語大(韓国) 1
ソウル市立大(韓国) 1

京都産業大学附属高等学校

学校法人 京都産業大学
〒600-8577 京都市下京区中堂寺命婦町1-10
TEL075-279-0001　FAX075-277-0300
https://www.jsh.kyoto-su.ac.jp/

■創立／平成19年(2007)　■校長／福家崇明
■生徒数／1,160人(1年／421人 2年／351人 3年／388人)
■併設校／京都産業大学　京都産業大学附属中学校
■沿革／平成19年京都産業大学附属高校としてスタート。中学校も同時開校。同24年4月から校地を現在地に移転しました。
■交通／JR嵯峨野線「丹波口」から徒歩4分、阪急京都線「大宮」・京福嵐山線「四条大宮」から徒歩10分

インフォメーション　INFORMATION

●**教育方針**／知性(好奇心を持ち、学びを重んずる)・品格(他者を尊重し、社会の一員として尊敬される)・気概(信念を持ち、行動する精神の勁さ)をもった人間の育成をめざしています。

●**学校行事**／遠足(5月)、競技大会(6月)、夏期講習(7〜8月)、宿泊学習(8月)、文化祭(9月)、体育祭(10月)、芸術鑑賞(11月)、冬期講習(12月)など。研修旅行(2年)は特進コース・文理コースではシンガポール、KSUコースはオーストラリア・イタリア・ハワイ・フィンランドから選択。

●**クラブ活動**／体育系はソフトボール、バレーボール、柔道、バドミントン、硬式野球、ワンダーフォーゲル、陸上競技、サッカーなど。文化系は吹奏楽、演劇、軽音楽、ESS、ボランティア、写真、歴史、地理、美術、生物、イラスト、華道など。

●**海外交流**／語学研修や海外研修旅行(KSUコースは目的地選択制)など、多彩なプログラムを用意。異文化に対する理解と共生の感覚に基づく、国際感覚豊かな国際人をめざしています。

●**スクールライフ**／3学期制／登校時刻…8：35／頭髪…染色・パーマ禁止／アルバイト…禁止／自転車通学…許可(収容台数に限りがあるため、距離により許可制)／携帯…持込禁止(届出により持ち込みを許可するが、校内での使用は厳禁)

カリキュラム　CURRICULUM

●**特進コース**
国公立大、および難関私立大学の現役合格をめざします。朝テストや宿泊学習などを通して理解度をしっかりチェック。個別指導を行うなど、きめ細かな指導を行います。また志望校別の進学講座を開講し、現役合格のための学習を進めていきます。
週37時間以上の授業を確保したカリキュラム。国公立大の2次試験を視野に入れ、記述力を重視したハイレベルな授業を展開。2年次以降は特別選択科目により、万全の受験対策を行います。

●**進学コース**
2年次から以下の2コースに分かれます。
〈文理コース〉は京都産業大学に設置していない学部を中心に他大学への現役合格をめざすコース(たとえば看護・福祉系の学部など)。朝テスト・進学講座など、めざす目標に向かって確実に力をつけていくさまざまな取り組みを実施します。勉強とクラブ活動の両立を可能にする週32時間＋αのカリキュラムのもとで、充実した高校生活の実現をめざします。
〈KSUコース〉は京都産業大学への進学を前提とし、独自のカリキュラムでキャリアアップをめざします。希望する学部によって社会系／国際系／理工系のクラスを編成し、高大連携による多彩な接続授業を展開。キャリア教育を重視し、課外活動を積極的に奨励するなど、人間力を高める教育に力を注ぎます。

先輩から

私たちの学校は、平成19年に開校した大学附属の高校です。国公立大への進学を目標に高度な学習に取り組む「特進コース」、京都産業大学への進学を前提に、キャリア教育・高大接続授業など独自の教育を行い、人間力を養う「KSUコース」があります。いずれの生徒たちも目標を持ち、積極的に活動しています。平成24年4月には下京区に新校舎が完成し、充実した環境のもとで学校生活を送っています。(T・M)

進研Vもし 合格のめやす

●目標偏差値（合格可能性80%）

併願		専願	
特進	60	特進	56
進学	55	進学	51

	努力圏	合格圏	安全圏
特進	53〜58	58〜63	63〜68
進学	48〜53	53〜58	58〜63

入試ガイド

●募集要項　＊2024年度入試実施分

募集人員　特進／進学…280

出願期間　1/15〜1/23
受験料　20,520円
学力検査　2月10日
面接　実施しない
合格発表　2月13日
入学手続　専願 2月21日
　併願 3月19日

●試験科目と配点・時間

科目	国語	数学	英語	社会	理科
配点	100点	100点	100点	100点	100点
時間	50分	50分	50分	50分	50分

＊英検・漢検の資格活用あり。

●学費

入学金	120,000円	制服代・制定品費	約 100,000円
年間授業料	600,000円	コース費	100,000円
諸会費計	5,000円	教育充実費	220,000円
修学旅行積立	約 15万〜 25万円	初年度納入金合計	約 1,295,000〜円

＊別途タブレット費（3年間計約100,000円）必要

入試状況

●併願

年度	学科・コース	受験者数	合格者数	回し	倍率	合格最低点
'24	特進	243	240	—	1.01	275/500
	進学	162	158	3	1.03	250/500
'23	特進	214	203	—	1.05	280/500
	進学	156	154	9	1.01	260/500
'22	特進	258	244	—	1.06	285/500
	進学	188	172	7	1.09	270/500

●推薦・専願

年度	学科・コース	受験者数	合格者数	回し	倍率	合格最低点
'24	特進	44	38	—	1.16	260/500
	進学	260	232	4	1.12	235/500
'23	特進	27	27	—	1.00	270/500
	進学	203	197	—	1.03	250/500
'22	特進	36	36	—	1.00	275/500
	進学	270	223	—	1.21	260/500

＊点数には英検・漢検加算点を含む。

●主な公立受験校

紫野－普通　山城－普通　山城－普通／前
東大津－普通　嵯峨野－普通　莵道－普通
鴨沂－普通　石山－普通　桃山－普通／前
洛北－普通／前　嵯峨野－普／前　草津東－普通／特
莵道－普通／前　鳥羽－普通／前　山城－文理／前

卒業後の進路

卒業者数／396 人

大学進学	短大進学	専門学校等	就職	進学準備ほか
379人	—	4人	1人	12人

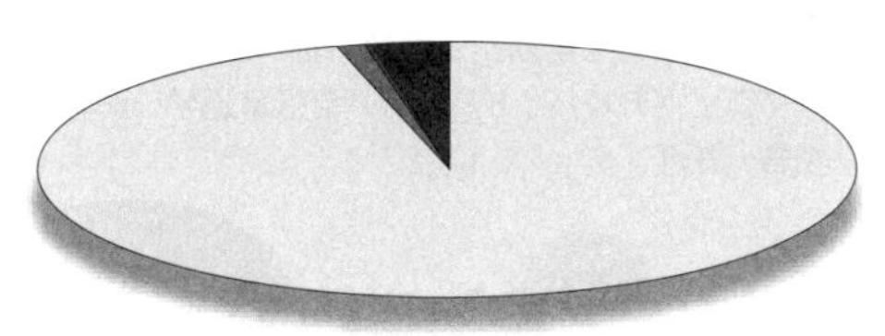

4年制大学 95.7%　短期大学 —　専門学校 1.0%　就職 0.3%　進学準備ほか 3.0%

●主な大学合格状況

国・公立大／
京都大 1　大阪大 1　神戸大 1
北海道大 2　滋賀大 3　京都工繊大 4
島根大 1　静岡大 2　香川大 2
滋賀県立大 2　京都府立大 2　大阪公立大 2
私立大／
関西大 24　関西学院大 3　同志社大 22
立命館大 35　京都産業大 273　近畿大 41
龍谷大 89　佛教大 9　摂南大 36
追手門学院大 13　早稲田大 1　京都橘大 16
同志社女子大 10　京都女子大 6　大和大 6
大谷大 6　大阪医科薬科大 4　関西外国語大 4

京都［共学］

京都翔英高等学校

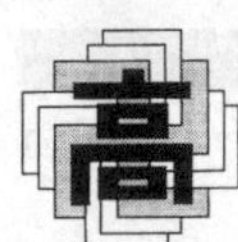

学校法人 明珠学園
〒611-0013 宇治市莵道大垣内33-10
TEL0774-23-2238　FAX0774-23-9088
http://www.kyoto-shoei.ac.jp/

■創立／昭和59年(1984)　■校長／堤　清彰
■生徒数／678人(1年／289人 2年／200人 3年／189人)
■沿革／昭和59年創設(京都少林寺高等専修学校)。平成6年京都翔英高等学校(昼間定時制・単位制)を開校。同9年、男女共学化。同15年昼間定時制課程を廃止し、全日制・単位制高等学校となりました。
■交通／京阪宇治線「宇治」から徒歩5分、JR「宇治」から徒歩13分、近鉄「大久保」からバスで「京阪宇治」下車徒歩5分

インフォメーション INFORMATION

●**教育方針**／『新しい時代を切り開く、たくましい若人の育成』日本の伝統や文化を正しく理解し、尊重する青年を育むとともに、国際社会の一員としての自覚を培います。1年「脚下照顧」、2年「自己確立」、3年「自他共楽」を校訓としています。

●**学校行事**／学習合宿(8月・FA)、翔英祭(9月・体育祭、文化祭)、少林寺拳法本部研修(11月・2年)、スキー学習(1月、SS・CBE・FA・看護科)、スキー学習(2月・1年)、修学旅行(2月・2年)は長野へ。

●**クラブ活動**／甲子園出場の硬式野球をはじめ少林寺拳法も全国レベル。ほかに体育系は軟式野球、バスケットボール(男・女)、サッカー(男・女)、女子バレーボール、チアリーダー、陸上(駅伝競走)など。文化系は吹奏楽、芸術、軽音楽、e-スポーツ、科学、文芸文化研究会が活動中です。

●**施設・設備**／情報処理室や美術室、図書館のほか、体育館にはメインアリーナや多目的ホール、道場、トレーニングルームも完備。硬式野球部の専用グラウンドもあります。2024年2月に看護棟が完成しました。

●**スクールライフ**／2学期制／登校時刻…8：50／頭髪…染色・パーマ禁止／アルバイト…許可／自転車通学…許可(届出制)／携帯…許可

カリキュラム CURRICULUM

●**普通科**
1年次から4つの特色あるクラスに分かれています。

◆特進SSクラス(Super Sophia)／「英智」を意味するラテン語の「sophia」のとおり、主体的で深い学びを追求するクラス。国公立・難関私立大学の現役合格を目指しています。受験に直結した指導により、進路希望を叶えるように力を注いでいます。

◆国際文化CBEクラス(Culture Based Education)／「日本文化を学んで、外国の人と国際交流を図る」クラス。着物や浴衣の着付け、お茶、お華はもちろんのこと、フィールドワークとしてボランティア通訳ガイドを行います。バランスの取れた英語の5技能学習で、これからの時代に即した人材を育てます。

◆未来探究ウォラーレクラス／ラテン語で「翔(はばた)く」を意味します。授業は6時間授業で、7時間目は選択。1年次で必履修科目を主に履修し、これから自分が進むべき方向性を決め、2年次から「未来開拓講座」として8単位を好きな科目で組み合わせていくことができます。

◆FAクラス(Free Academy)／不登校でお悩みの方、また学校生活においてその兆候がある方を対象に開かれたクラスです。このクラスは上記3クラスとは異なるカリキュラムを展開。

●**看護科**
2024年度開設。5年一貫課程により、最短5年で国家試験受験資格を取得することができます。実際の臨床場面を疑似再現したシミュレーション教育を強化しています。1年生から臨地実習を行い、臨床現場で経験できるカリキュラムです。

中学生の時に学校に行けなくなってしまい、これからどうすればいいのだろうと不安なときに知ったのがこの高校でした。入学したFAクラスには同じ境遇の生徒や、私たちを理解してくださる先生方がいます。その中で「変わりたい」と思い行動したことで、第一志望にも合格することができました。一般クラスやSSクラスなどにも自分を変えたい、変わりたいという人が多くいますし、そのサポートも手厚いです。(T・S)

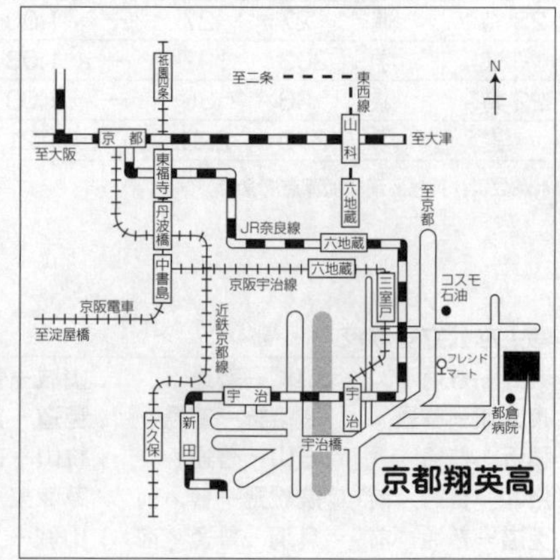

進研Vもし 合格のめやす

●目標偏差値（合格可能性80%）

併願		専願	
特進 SS	45	特進 SS	43
		看護科	42
国際文化 CBE	43	国際文化 CBE	41
未来探究ウォラーレ	35	未来探究ウォラーレ	33

30　35　40　45　50　55　60　65　70　75

特進 SS
努力圏　合格圏　安全圏

看護科（専願）
努力圏　合格圏　安全圏

国際文化 CBE
努力圏　合格圏　安全圏

未来探究ウォラーレ
努力圏　合格圏　安全圏

入試状況

●併願

年度	学科・コース	受験者数	合格者数	回し	倍率	合格最低点
'24	特進 SS	16	16	—	1.00	—/—
	国際文化CBE	8	8	—	1.00	—/—
	未来探究ウォラーレ	334	327	—	1.02	—/—
	F A	51	51	—	1.00	—/—
	看護科	—	—	—	—	—/—
'23	特進／国際／一般	278	275	—	1.01	—/—
	F A	29	27	—	1.07	—/—

●専願

年度	学科・コース	受験者数	合格者数	回し	倍率	合格最低点
'24	特進 SS	2	2	—	1.00	—/—
	国際文化CBE	2	2	—	1.00	—/—
	未来探究ウォラーレ	推103	103	—	1.00	—/—
		専53	51	—	1.04	—/—
	F A	63	61	—	1.03	—/—
	看護科	25	25	—	1.00	—/—
'23	特進／国際／一般	128	128	—	1.00	—/—
	F A	56	55	—	1.02	—/—

●主な公立受験校

木津－普通	洛東－普通	東稜－普通
洛水－普通	城陽－普通	田辺－機技／前
洛東－普通／前	田辺－普通	京都八幡－普／前
木津－普通／前	東稜－普通／前	西乙訓－普通
田辺－機械技術	京すばる－企／前	京都八幡－介／前

入試ガイド

●募集要項　＊2024年度入試実施分

募集人員　普通科220、看護科（専願）40

出願期間　1/15～1/31
受験料　20,000円
学力検査　2月10日
面接　2月10日・11日（個人10分）
合格発表　2月13日
入学手続　専願 2月27日
　併願 公立合格発表日

●試験科目と配点・時間

科目	国語	数学	英語	—	—
配点	100点	100点	100点	—	—
時間	50分	50分	50分	—	—

●学費

入学金	100,000円	制服・制定品費	約 140,000円
年間授業料	580,000円	教科書・実習費他	約 204,000～円
諸会費計	94,000円	施設設備費	50,000円
修学旅行積立	60,000円	初年度納入金合計	約 1,228,000～円

＊普通科の場合

卒業後の進路

卒業者数／200 人

大学進学	短大進学	専門学校等	就職	進学準備ほか
107人	13人	38人	23人	19人

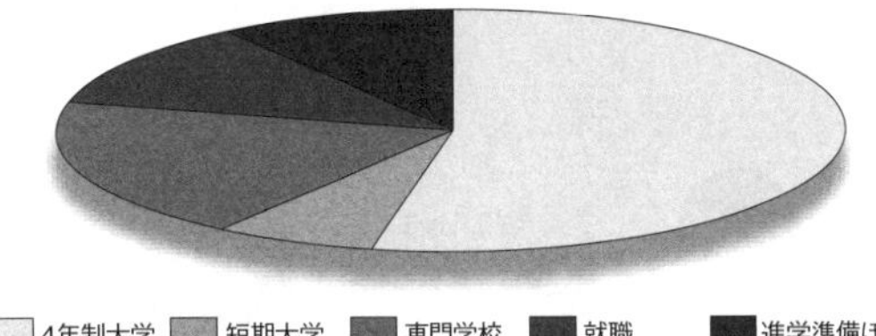

4年制大学 53.5%　短期大学 6.5%　専門学校 19.0%　就職 11.5%　進学準備ほか 9.5%

●主な大学合格状況

私立大／

関西大 2	同志社大 1	立命館大 1
京都産業大 11	近畿大 3	龍谷大 6
摂南大 7	桃山学院大 3	大阪学院大 15
京都先端科学大 11	京都文教大 11	花園大 11
京都橘大 7	京都精華大 5	種智院大 4
成安造形大 3	奈良学園大 3	大阪大谷大 2
大阪観光大 2	大阪産業大 2	大阪電気通信大 2
京都光華女子大 2	明治国際医療大 2	亜細亜大 2
大阪経済大 1	大阪経済法科大 1	大阪国際大 1
大阪体育大 1	京都ﾉｰﾄﾙﾀﾞﾑ女大 1	兵庫医科大 1
平安女学院大 1	天理大 1	びわこ学院大 1

京都精華学園高等学校

学校法人 京都精華学園
〒606-8305 京都市左京区吉田河原町5-1
TEL075-771-4181　FAX075-761-5238
http://www.k-seika.ed.jp/

■創立／明治38年(1905)　■校長／山本綱義
■生徒数／1,041人(1年／354人 2年／356人 3年／331人)
■併設校／京都精華大学　京都精華学園中学校
■沿革／明治38年設立の精華女学校が前身。昭和43年京都精華女子高等学校と改称。平成27年創立110周年。同28年度から京都精華学園に校名を変更、男女共学校となりました。
■交通／京阪「出町柳」から徒歩5分、市バス「京大正門前」「荒神口」から徒歩5分

インフォメーション INFORMATION

●**教育方針**／「知（知性）・律（自律）・礼（礼儀）」に基づく人間教育を実践し、「優しく・賢く・強い」人物を育成。幅広い学力の向上をめざし、補習・模擬試験などにも力を入れています。
●**学校行事**／新入生ガイダンス（4月）、球技大会（5月）、団体鑑賞（7月）、文化祭（9月）、体育祭（10月）、精華文学賞発表（11月）、修学旅行（3月・2年）など。
●**クラブ活動**／全国大会常連のバスケットボールをはじめサッカー、空手道、吹奏楽などが各種全国大会で活躍。体育系はほかになぎなた、テニス、卓球、自転車競技、硬式野球など。文化系は演劇、ダンス、美術、マンガ研究、軽音楽、自然科学、写真、茶道、放送など。加入率は約70.7%です。
●**学園風景**／鴨川を臨む明るい食堂は、リバーサイド・レストラン。ノートパソコンが自由に使えるメディアルーム、パン焼きオーブン完備の調理室も、精華自慢の施設です。比叡山の麓にあるクラブハウス「帰心館」も、さまざまな活動に使用されています。
●**スクールライフ**／3学期制／登校時刻…8：30／頭髪…染色・パーマ禁止／アルバイト…禁止／自転車通学…許可／携帯…許可（校内電源OFF）

カリキュラム CURRICULUM

●**普通科・進学Aコース**
幼児教育選択／パティシエ選択／吹奏楽選択／看護・医療系選択／スポーツ選択を設置し、高大連携や実習、プロ講師による指導など、特色ある授業を展開。関心ある分野について「本物」に触れ、専門的な力を身につけたうえで、上級学校への進学をめざします。
●**普通科・進学Bコース**
2年次から第1選択カリキュラム（中堅私立大進学）／第2選択カリキュラム（難関私立大進学）を設定しています。習熟度に応じた学習プログラムにより、基礎から発展までの学力を無理なく養成。第1志望校の合格をめざします。
●**普通科・遊学コース**
「グローバル化」がノーマルとなりつつある現代の社会で活躍するために、必須となる国際的なコミュニケーション能力やICTスキルの習得を目指します。〈授業例〉「プレゼンテーション」「グローバル探究」「論文作成法」「英会話（オンライン英会話を導入）」など。
●**美術科**
絵画領域／立体造形領域／デザイン・映像領域／マンガ・イラスト領域を設定しています。基礎・基本を大切にしながら専門性を追求する柔軟なカリキュラムによって、総合的な美術力を身につけます。

先輩から

精華のいいところは、先生と生徒との間に質問しやすい雰囲気があること。いろいろなコースや選択があり、将来の夢や自分の目標にあわせて選べることも、大きな特色のひとつです。また多彩な学校行事やクラブ活動を通して、コースを越えた一体感も生まれます。食堂のメニューは安くて全部おいしいし、メディアルームや図書コーナーなど便利な施設が充実。高校生活が本当に楽しめます。（R・M）

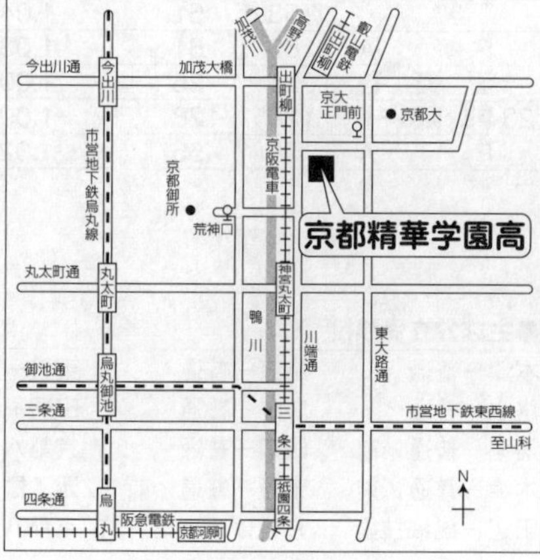

進研Vもし 合格のめやす

●目標偏差値(合格可能性80%)

一般		専願	
進学AB・遊学	46	進学AB・遊学	42
美術科	46	美術科	42

30 35 40 45 50 55 60 65 70 75

普通科（進学AB・遊学）

努力圏 合格圏 安全圏

美術科

努力圏 合格圏 安全圏

入試ガイド

●募集要項　＊2024年度入試実施分

募集人員　普通科＝進学A／進学B／遊学…170、美術科＝30

出願期間　1/15～1/23
受験料　20,000円
学力検査　A日程2月10日　B日程2月11日
面接　実施する
合格発表　2月14日
入学手続　推薦・専願 2月21日
一般 3月19日

●試験科目と配点・時間

科目	国語	数学	英語	社会	理科
配点	100点	100点	100点	100点	100点
時間	50分	50分	50分	50分	50分

＊A日程＝国・英・選択(数理社から1科目)、B日程＝普通科5科、美術科3科(国数英)。＊美術科は他に実技(鉛筆デッサン120分)。

●学費

入学金等	150,000円	制服・制定品等	約 130,000円
年間授業料	504,000円	校費・維持費	180,000円
諸会費計	12,000円	その他	—
修学旅行等積立	132,000円	初年度納入金合計	約 1,108,000円

入試状況

●一般

年度	学科・コース	受験者数	合格者数	回し	倍率	合格最低点
'24	進学AB・遊学	424	408	—	1.04	144/300
	美術科	87	82	—	1.06	
'23	進学AB・遊学	437	424	—	1.03	146/300
	美術科	107	100	—	1.07	
'22	進学AB・遊学	426	412	—	1.03	154/300
	美術科	92	84	—	1.10	

●専願

年度	学科・コース	受験者数	合格者数	回し	倍率	合格最低点
'24	進学AB・遊学	195	191	—	1.02	114/300
	美術科	49	47	—	1.04	
'23	進学AB・遊学	234	225	—	1.04	118/300
	美術科	35	30	—	1.17	
'22	進学AB・遊学	208	203	—	1.02	126/300
	美術科	53	52	—	1.02	

＊合格最低点は合格基準点。＊点数はA日程のもの。

●主な公立受験校

北稜－普通　美術工芸／前　久御山－普通
東宇治－普通　北稜－普通／前　鴨沂－普通
日吉ヶ丘－普通　朱雀－普通　桂－普通／前
亀岡－美術／前　城陽－普通　紫野－普通
朱雀－普通／前　乙訓－普通　東宇治－普通／前

卒業後の進路

卒業者数／322人

大学進学	短大進学	専門学校等	就職	進学準備ほか
214人	20人	73人	6人	9人

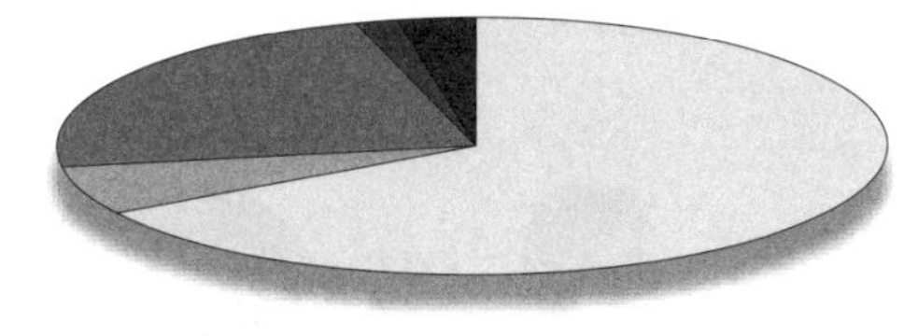

4年制大学 66.5%　短期大学 6.2%　専門学校 22.7%　就職 1.9%　進学準備ほか 2.8%

●主な大学合格状況

国・公立大／
神戸大 1　京都教育大 2　滋賀県立大 1
京都府立医 1　京都市芸術大 1　金沢美術工芸大 1
長岡造形大 1

私立大／
関西大 6　関西学院大 1　同志社大 2
立命館大 11　京都産業大 39　近畿大 10
甲南大 1　龍谷大 29　佛教大 93
摂南大 15　神戸学院大 4　追手門学院大 27
関西外国語大 15　京都外国語大 4　同志社女子大 6
京都女子大 4　京都先端科学大 24　大谷大 23
京都橘大 15　大阪産業大 14　京都精華大 30

京都成章高等学校

学校法人 明徳学園
〒610-1106 京都市西京区大枝沓掛町26
TEL075-332-4830　FAX075-331-0827
https://kyoto-seisho.ed.jp

■創立／昭和61年(1986)　■校長／湯浅泰正
■生徒数／1,263人(1年／366人 2年／512人 3年／385人)
■併設校／京都経済短期大学　京都明徳高等学校
■沿革／昭和61年開校。平成15年男女共学となりました。
■交通／阪急京都線「桂」・JR「亀岡」「桂川」から京阪京都交通バスで「京都成章高校前」下車

インフォメーション INFORMATION

●**教育方針**／「自学・自成・自立」の校訓のもと、生徒の自由と自主性を重んじ、生徒たちが自ら考え主体的に行動することを促し、それをサポートすることを教育方針としています。

●**学校行事**／校外活動、遠足、文化祭、芸術鑑賞、体育祭、球技大会など。スキー研修旅行(1年・2年の2回)は信州へ。

●**クラブ活動**／体育系は全国大会の実績をもつ野球、ラグビー、女子ソフトボール、バドミントン、剣道、卓球、女子ソフトテニスをはじめ、バスケットボール、バレーボールなどが活動をしています。文化系は吹奏楽、邦楽、写真などがあります。

●**教育の特色**／生徒の自由と自主性を大切にしています。マナーを守り、モラルを持って行動することを基礎と考えるため、校則は少なく、自由な校風が特徴です。制服はありますが、式典など学校が定めた日以外の着用は自由です。また、校舎内には自主学習に使用できる空間がたくさん用意されています。それらの空間はさまざまにデザインされており、日によって異なる空間を利用して生徒たちは学習を行っています。

●**スクールライフ**／3学期制／登校時刻…9：30／頭髪…染色・パーマ禁止／自転車通学…許可／携帯電話…許可

カリキュラム CURRICULUM

●**TSクラス**
2023年度に開設した新しいクラスです。徹底したハイレベル演習で、最難関国公立大学にチャレンジします。

●**ASクラス**
国公立大学への現役進学をめざします。2年次から文系／理系に分かれ、3年次にはめざす大学・学部に対応した選択授業も設定されます。3年間に3回 TS クラスに編入できる機会があります。

●**アカデミークラス**
私立の4年制大学への現役進学をめざします。2年次からは文系／理系に分かれ、3年次にはめざす大学・学部に対応した選択授業も設定されます。3年間に3回、TS・ASクラスに編入できる機会があります。 選択科目の選び方で国公立大学を受験することもできます。

●**メディカルスポーツクラス**
スポーツ医学を学びながら、大学進学をめざすクラスです。基礎医学の観点から学ぶ科学的な理論や故障の予防方法、栄養学的見地からの健康な体づくり、またチーム作りやコーチング、メンタルトレーニングにまで及びます。普通科のクラスであるため、専門科目以外は私立大学をめざすカリキュラムとなっています。

普段は制服登校でも私服登校でも可。

先輩から

開始時間が9時半なので、朝は時間に余裕をもって登校できます。和室やカフェ風などの『多様な学びの空間』があり、その日の気分や好みに合った場所で、空き時間や放課後の時間を過ごすことができます。テレビを観ることもできるので、友達と一緒に息抜きをしたり、自販機で売っているお菓子やアイスクリームを食べながら勉強しています。(M・S)

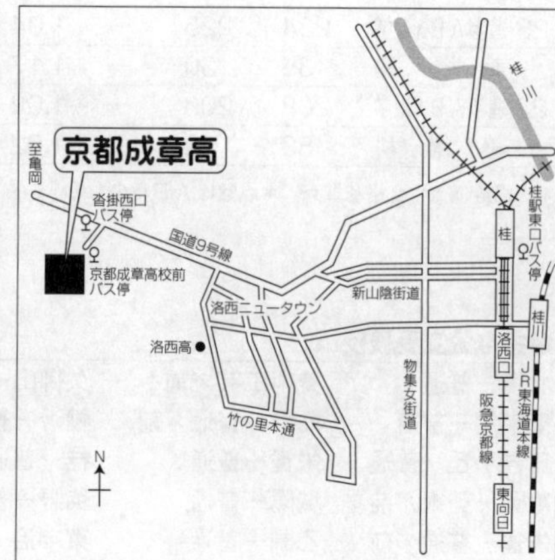

進研Vもし 合格のめやす

●目標偏差値(合格可能性80%)

併願		専願	
TS	68	TS	66
AS	64	AS	62
アカデミー	56	アカデミー	54
メディカルスポーツ	50	メディカルスポーツ	46

30 35 40 45 50 55 60 65 70 75

TS 努力圏 合格圏 安全圏

AS 努力圏 合格圏 安全圏

アカデミー 努力圏 合格圏 安全圏

メディカルスポーツ 努力圏 合格圏 安全圏

入試状況

●併願

年度	学科・コース	受験者数	合格者数	回し	倍率	合格最低点
'24	TS	417	95	—	—	—/—
	AS		132	—	—	—/—
	アカデミー		164	—	—	—/—
	メディカルスポーツ		25	—	—	—/—
'23	TS	495	144	—	—	—/—
	AS		133	—	—	—/—
	アカデミー		200	—	—	—/—
	メディカルスポーツ		16	—	—	—/—

●専願・推薦

年度	学科・コース	受験者数	合格者数	回し	倍率	合格最低点
'24	TS	315	20	—	—	—/—
	AS		70	—	—	—/—
	アカデミー		130	—	—	—/—
	メディカルスポーツ		85	—	—	—/—
'23	TS	476	37	—	—	—/—
	AS		131	—	—	—/—
	アカデミー		204	—	—	—/—
	メディカルスポーツ		96	—	—	—/—

＊受験者数は出願者数。＊アカデミークラス併願合格者にはTS・AS専願・A併願合格者を含む。

●主な公立受験校

桃山ー普通　嵯峨野ーこ共／前　嵯峨野ーこ専／前
西京ーエンタ／前　洛西ー普通／前　桃山ー自然／前
嵯峨野ー普／前　山城ー普通　石山ー普通
鳥羽ー普通　桂ー普通　嵯峨野ー普通
開建ールミノベーション　東大津ー普通　桃山ー普通／前

入試ガイド

●募集要項　＊2024年度入試実施分

募集人員　TS／AS／アカデミー／メディカルスポーツ…400

出願期間　1/15〜1/24
受験料　20,520円(郵送費含)
学力検査　2月10日
面接　実施しない
合格発表　2月13日
入学手続　専願 2月29日
　併願 公立高校合格発表後

●試験科目と配点・時間

科目	国語	数学	英語	社会	理科
配点	100点	100点	100点	100点	100点
時間	40分	40分	40分	40分	40分

＊英検の資格活用あり。

●学費

入学金	90,000円	制服代	約 50,000円
年間授業料	540,000円	その他制定品費	約 25,000円
諸会費計	39,000円	その他	166,000円
修学旅行積立	—	初年度納入金合計約	910,000〜円

卒業後の進路

卒業者数／238人

大学進学	短大進学	専門学校等	就職	進学準備ほか
201人	1人	21人	1人	14人

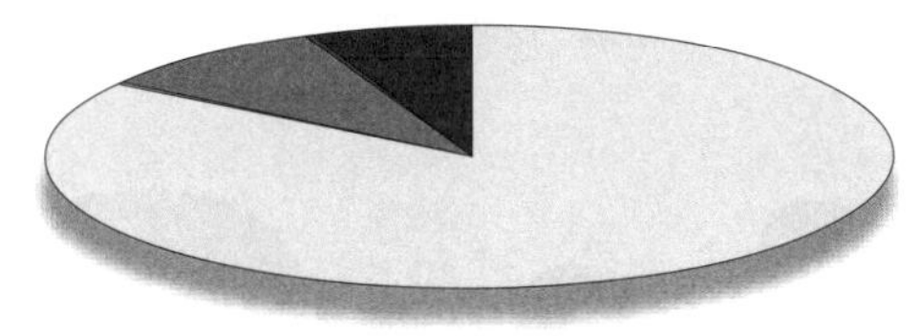

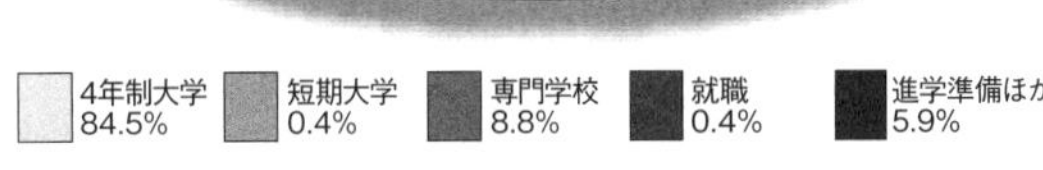

●主な大学合格状況

国・公立大／
京都大 2　大阪大 4　神戸大 2
滋賀大 1　滋賀医科大 1　京都教育大 1
京都工繊大 6　大阪教育大 1　奈良教育大 1
金沢大 3　滋賀県立大 5　京都府立大 1
京都府立医 1　大阪公立大 2　兵庫県立大 3
私立大／
関西大 33　関西学院大 18　同志社大 39
立命館大 68　京都産業大 33　近畿大 36
龍谷大 58　佛教大 13　摂南大 7
神戸学院大 2　追手門学院大 4　同志社女子大 13
京都女子大 5　関西医科大 3　大阪医科薬科大 3

京都［共学］

京都先端科学大学附属高等学校

学校法人 永守学園
〒616-8036 京都市右京区花園寺ノ中町8
TEL075-461-5105　FAX075-461-5138
https://www.js.kuas.ac.jp/

■創立／大正14年(1925)　**■校長**／佐々井宏平
■生徒数／1,291人(1年／441人 2年／355人 3年／495人)
■併設校／京都先端科学大学附属中学校　京都先端科学大学・大学院
■沿革／大正14年京都商業学校設立。昭和23年京都商業高等学校開校。昭和39年男女共学化。平成2年京都学園高等学校に校名変更。令和3年学校法人永守学園と法人合併に伴い、現校名に変更。
■交通／JR嵯峨野線「花園」から徒歩15分、京福北野線「龍安寺」「等持院」から徒歩3分、市バス「等持院南町」から徒歩2分

インフォメーション　INFORMATION

●教育方針／建学の精神は、「世界のどの舞台に立っても堂々と自分の意志で行動する人財の育成」です。授業・探究活動・部活動・各種行事など、さまざまな経験を通して、学ぶことの大切さや楽しさに気づいていきます。ワクワク・ドキドキから「好奇心」「探究心」「挑戦心」を育む多様なプログラムを提供します。
●学校行事／年間を通して、文化的・体育的行事（海外留学・研修旅行、文化祭、体育祭、校外学習・団体鑑賞）など多種多様な企画、運営をしています。
●クラブ活動／運動部は柔道部や卓球部、文化部は、バトン部や理科部、美術部、図書サークルなどが優秀な成績を収めています。生徒会活動もさかんで自分たちで主体的に考え、行事を企画・運営しています。
●海外交流／全コース、全員が海外留学・研修旅行を体験（2年次）。国際（イギリス10か月またはカナダ7～10か月留学）、特進A(イギリス3週間研修)、特進B／進学(アメリカ1週間研修)。
●スクールライフ／2学期制／登校時刻…8：30／頭髪…染色・パーマ禁止／アルバイト…許可（担任との相談による）／自転車通学…許可／携帯…許可（使用できる時間を限定）

カリキュラム　CURRICULUM

●国際コース（難関私大・海外大）
イギリス・カナダ正規長期留学（7か月または10か月）やアジア・欧州へのフィールドトリップを実施。W担任制、英数は習熟度別少人数制、週約10時間の英語授業、オリジナル探究学習「KOA学」など、ICTを駆使した授業とそれぞれに合った進路サポート体制を用意しています。
●特進 ADVANCED コース（国公立大・難関私大）
国公立大5教科8科目に対応したカリキュラムで、学力定着を図る確認テスト、英数化学は習熟度別授業を実施。難関大学数学講座や高大連携のオリジナル探究学習「SGS」も実施。「授業＋探究＋学力伸長講座＋添削指導」で総合的な受験学力を身につけます。
●特進 BASIC コース（有名私大）
週3日（月火木）7限授業（1・2年次）。得意科目を徹底的に伸ばし、多様な選抜方法で有名私大をめざします。英数は習熟度別、学び直しプログラム（英数）、学力伸長講座「特B塾」（放課後・土曜日・長期休暇中）、質問会、学習合宿で学力の定着を図ります。
●進学コース（中堅私大）
週1日（火）7限授業（1・2年次）。部活動・課外活動で活躍しながら学校推薦型選抜（公募・指定校）で中堅私大をめざします。数学はチームティーチング、学び直しプログラム（英数）、放課後・長期休暇の学力伸長講座など、きめ細かい学習指導で文武両道をサポートします。
※すべてのコースから内部進学（専願・併願）が可能です。

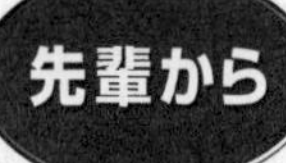

高校での学習環境は非常に恵まれていたと改めて思います。受験において環境は自分の意識を高める上で何より大事です。この学校は学習意欲の高い生徒が大勢おり、互いに切磋琢磨し、高め合えたことは強みだと思います。先生方は親身になって寄り添い、毎日質の高い授業を展開してくださいました。将来は再生医療で、創薬開発に携わるという志を抱いて、これからも精進していきます。Y・G（大阪公立大理学部進学）

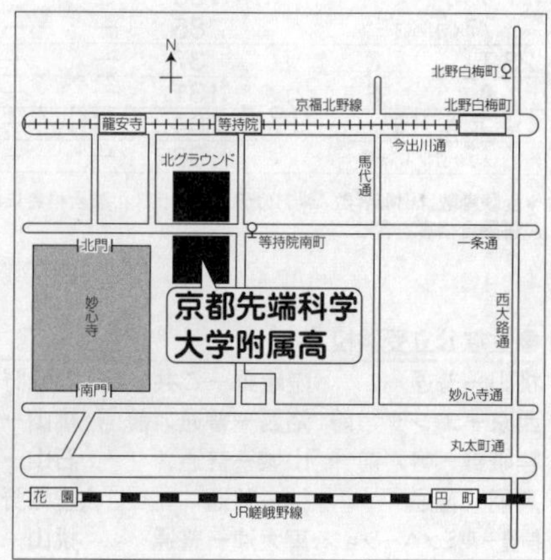

進研Vもし 合格のめやす

●目標偏差値（合格可能性80%）

併願		専願	
特進 ADVANCED	56	特進 ADVANCED	55
国際	53	国際	52
特進 BASIC	49	特進 BASIC	46
進学	44	進学	40

30 35 40 45 50 55 60 65 70 75

特進 ADVANCED 努力圏 合格圏 安全圏

国際 努力圏 合格圏 安全圏

特進 BASIC 努力圏 合格圏 安全圏

進学 努力圏 合格圏 安全圏

入試状況

●併願

年度	学科・コース	受験者数	合格者数	回し	倍率	合格最低点
'24	特進 ADVANCED	177	171	—	1.04	269/500
	国際	48	47	—	1.02	296/600
	特進 BASIC	333	326	4	1.02	231/500
	進学	289	277	5	1.04	202/500

●専願

年度	学科・コース	受験者数	合格者数	回し	倍率	合格最低点
'24	特進 ADVANCED	推13	13	—	1.00	265/500
		専14	12	—	1.17	267/500
	国際	推17	17	—	1.00	276/600
		専18	17	—	1.06	286/600
	特進 BASIC	推31	31	—	1.00	205/500
		専60	59	3	1.02	212/500
	進学	推124	124	—	1.00	169/500
		専84	77	1	1.09	189/500

＊受験者は志願者数。＊人数は1.5次を含む。＊点数は A 日程のもの。
＊合格最低点は目安。

●主な公立受験校

北嵯峨ー普通	鴨沂ー普通	山城ー普通
洛西ー普通	桂ー普通	開建ールミノベーション
北嵯峨ー普通／前	紫野ー普通	日吉ヶ丘ー普通
洛西ー普通／前	北稜ー普通	北稜ー普通／前
乙訓ー普通	山城ー普通／前	桂ー植物クリ／前

入試ガイド

●募集要項　＊2024年度入試実施分

募集人員　特進ADVANCED／特進BASIC／国際／進学…320

出願期間　1/15〜1/22
受験料　20,000円
学力検査　A 2月10日　B 2月12日
面接　国際コースのみ
合格発表　2月14日
入学手続　推薦・専願2月22日
併願 3月19日（他府県公立高校との併願合格者は要相談）

●試験科目と配点・時間

科目	国語	数学	英語	社会	理科
配点	100点	100点	100点	100点	100点
時間	50分	50分	60分	50分	50分

＊国際コースの英語は 200点満点。＊B日程は 3科（国数英）。＊英検の資格活用あり。

●学費

入学金等	100,000円	制服・制定品	143,000円
年間授業料	520,000円	教科書・教材費等	90,000円
諸会費計	27,500円	教育充実費他	280,000円
修学旅行費	約 450,000円	初年度納入金合計	1,160,500円

＊進学コースの場合　＊修学旅行費は分割納入可のため合計には含まない

卒業後の進路

卒業者数／414 人

大学進学	短大進学	専門学校等	就職	進学準備ほか
347人	7人	38人	9人	13人

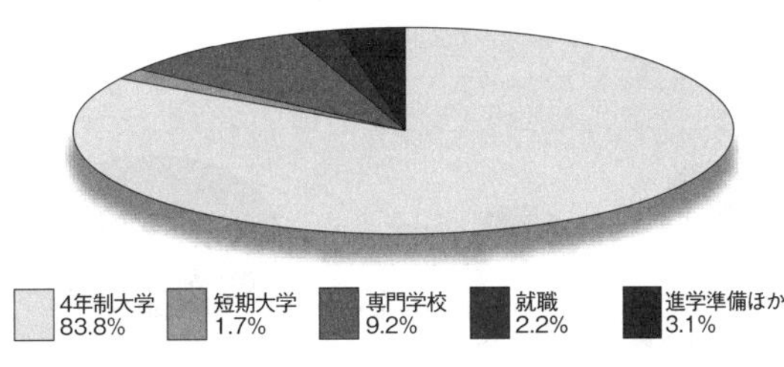

●主な大学合格状況

国・公立大／

大阪大 1	北海道大 2	富山大（医 /医） 1
大阪公立大 1	鳥取大（農 /獣医） 1	岡山大 1
京都工繊大 2	名古屋工業大 1	京都教育大 2
京都府立大 1	京都府立医 1	滋賀県立大 1

私立大／

京都先端科学大 130	関西大 24	関西学院大 4
同志社大 8	立命館大 36	京都産業大 42
近畿大 15	龍谷大 95	佛教大 105
国際基督教大 2	東京理科大 4	青山学院大 1
立教大 2	中央大 1	法政大 1
立命館ｱｼﾞｱ太平洋大 7	京都女子大 6	関西外国語大 42

京都橘高等学校

学校法人 京都橘学園
〒612-8026 京都市伏見区桃山町伊賀50
TEL075-623-0066　FAX075-623-0070
https://www.tachibana-hs.jp/

■創立／明治35年（1902）　**■校長**／安田文彦
■生徒数／1,048人（1年／345人 2年／378人 3年／325人）
■併設校／京都橘大学　京都橘中学校
■沿革／明治35年創立の京都女子手芸学校が母体。昭和32年京都橘女子高等学校に改称。平成12年男女共学開始、現校名に改称。同15年全コース共学化。
■交通／京阪宇治線「桃山南口」から徒歩5分、JR奈良線「桃山」から徒歩10分、近鉄京都線「桃山御陵前」から徒歩15分

インフォメーション　INFORMATION

●教育方針／桃山御陵の緑に包まれた落ち着いた環境の中で、「進路保障」「学習と自立活動の両立」「国際理解」をめざし様々な教育活動を行っています。質の高い授業を基本に進学特別授業講座や学習合宿で実力を養成し希望進路を実現しています。
●学校行事／新入生研修合宿・校外学習・太鼓部定期演奏会（4月）、体育祭（6月）、舞台芸術鑑賞（7月）、橘祭（9月）、吹奏楽部定期演奏会（3月）など。研修旅行（3月・1年）はカンボジアまたは沖縄へ。
●クラブ活動／全国レベルで活躍する女子バレーボール・陸上競技・男子サッカーなど、体育系12部が活動中。文化系16部も、吹奏楽・太鼓部など全国レベルで活躍しています。
●海外交流／研修旅行のほかに、語学研修（カナダ3週間）、中期・ターム留学（ニュージーランド5週間・9週間）、1年留学など。
●スクールライフ／3学期制／登校時刻…8：30／頭髪…染色・パーマ禁止／アルバイト…禁止／自転車通学…許可（学校への届出を行い、登録許可が必要）／携帯…許可（校内での使用禁止）

カリキュラム　CURRICULUM

選抜類型と総合類型の2類型を設け、難関国公立・難関私立大学進学から、自主活動での成果を生かした進学まで、充実した学校生活を送りながら希望進路にあわせて選択が可能です。高校2年生・3年生は国公立αクラス（難関国公立）／国公立大・難関私大クラス／私立大クラスに分かれます。

●選抜類型
基礎基本の定着に加え、真理に迫る専門性の高いカリキュラムを通して知を深めます。国公立大学や医学部、難関私立大学をめざします。

●総合類型
基礎基本の定着を図り、多様な選択カリキュラムを通して知を広げます。京都橘大学内部進学のほか、指定校推薦や高大連携などで多様な進路をめざします。

☆大学進学プログラム『ASTM』は生徒一人ひとりの目標・目的に応えるための独自の取り組みです。「TSゼミ」（放課後進学講座）、「土曜ゼミ」の実施に加え、「スタディルーム」の開設など、充実した学習環境と手厚いサポートにより進路実現を目指します。また、atama+（アタマプラス）を導入し、生徒一人ひとりにあった学習を行っています。

先輩から

京都橘は様々な意味で環境が整っています。学習面ではTSゼミや一般入試の直前期には対策講座が開かれます。先生方は丁寧に質問などに応じてくださる他、進路についての相談にも親身に乗ってくださいます。また、物事に挑戦できる環境があり、僕は2年生の時に英検一級を取得できたのも、このような環境があったからこそだと思います。皆さんも是非目標を持ち、挑戦してください。（K・R）

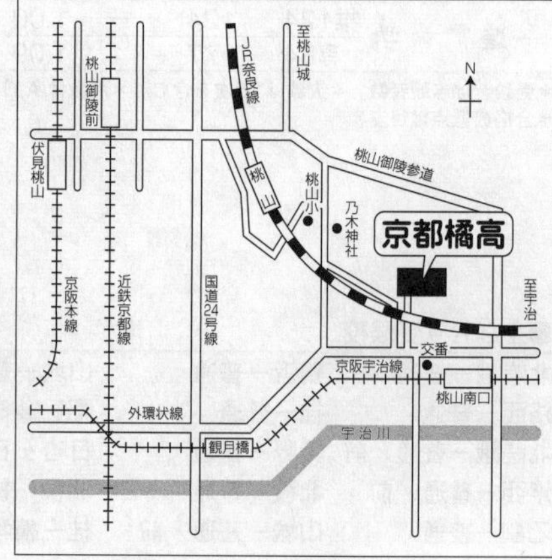

進研Vもし 合格のめやす

●目標偏差値（合格可能性80%）

併願		推薦・専願	
選抜類型	65	選抜類型	62
総合類型	51	総合類型	47

30 35 40 45 50 55 60 65 70 75

選抜類型：努力圏　合格圏　安全圏

総合類型：努力圏　合格圏　安全圏

入試状況

●併願

年度	学科・コース	受験者数	合格者数	回し	倍率	合格最低点
'24	選抜類型（前）	406	307	—	1.32	340/500
	選抜類型（後）	311	226	—	1.38	210/300
	総合類型（前）	309	299	98	1.03	240/500
	総合類型（後）	174	163	83	1.07	140/300

●推薦・専願

年度	学科・コース	受験者数	合格者数	回し	倍率	合格最低点
'24	選抜類型（前）	専45	27	—	1.67	—/—
		推5	5	—	1.00	—/—
	選抜類型（後）	37	28	—	1.32	—/—
	総合類型（前）	専94	90	18	1.04	—/—
		推73	73	—	1.00	—/—
	総合類型（後）	64	54	9	1.19	—/—

●主な公立受験校

莵道－普通	西城陽－普通	東宇治－普通
莵道－普通／前	奈良北－普通	西京－エンタ／前
日吉ヶ丘－普通	南陽－サイエ／前	桃山－普通
城南菱創－普／前	西城陽－普通／前	城南菱創－教／前
四條畷－文理	城南菱創－普通	奈県大－探究／併

入試ガイド

●募集要項　＊2024年度入試実施分

募集人員　選抜類型70、総合類型200

出願期間　1/15～1/23
受験料　20,000円
学力検査　前期2月10日　後期2月12日
面接　実施しない
合格発表　2月13日
入学手続　推薦・専願 2月22日
　併願 3月19日

●試験科目と配点・時間

科目	国語	数学	英語	社会	理科
配点	100点	100点	100点	100点	100点
時間	50分	50分	50分	50分	50分

＊後期は 3科（国数英）。＊英検の資格活用あり。

●学費

入学金	100,000円	制服代・その他制定品費	約 110,000円
年間授業料	600,000円	タブレット端末等	113,920円
諸会費計	124,800～円	設備費・校費	222,000円
修学旅行積立	約 170,000～円	初年度納入金合計	約 1,440,720～円

＊コースにより異なる

卒業後の進路

卒業者数／ 411 人

大学進学	短大進学	専門学校等	就職	進学準備ほか
368人	4人	19人	1人	19人

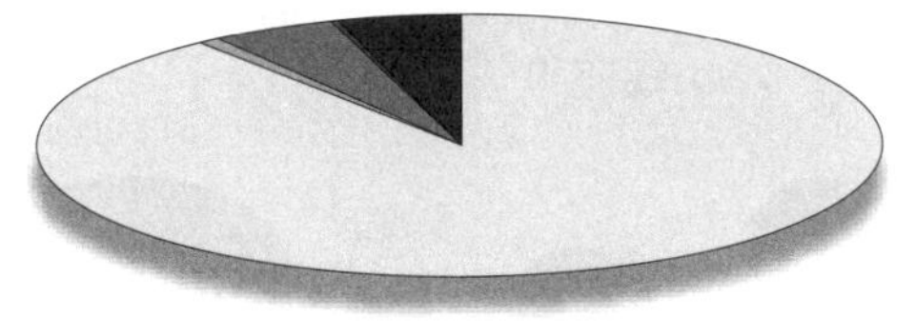

●主な大学合格状況

国・公立大／

京都大 1	神戸大 2	北海道大 1
九州大 2	滋賀大 6	滋賀医科大 1
京都教育大 1	京都工繊大 2	奈良教育大 1
滋賀県立大 3	京都府立大 4	京都府立医 2
大阪公立大 3	兵庫県立大 2	奈良県立大 1

私立大／

関西大 48	関西学院大 20	同志社大 46
立命館大 101	京都産業大 52	近畿大 107
甲南大 1	龍谷大 150	佛教大 11
摂南大 23	追手門学院大 28	桃山学院大 6
早稲田大 2	慶應義塾大 1	京都橘大 806

京都西山高等学校

学校法人 京都西山学園
〒617-0002 向日市寺戸町西野辺25
TEL075-934-2480　FAX075-931-4079
https://kyotonishiyama.ed.jp

■創立／昭和2年（1927）　■校長／森川弘仁
■生徒数／659人（1年／206人 2年／207人 3年／246人）
■併設校／京都西山短期大学　向陽幼稚園
■沿革／昭和2年西山高等女学校設立。平成16年京都西山高等学校と改称。令和4年男女共学校となりました。
■交通／阪急京都線「東向日」から徒歩5分、JR京都線「向日町」から徒歩12分

インフォメーション INFORMATION

●教育方針／仏教の「報恩感謝の精神」を基盤とし、自分の命や人生を大切にすると同時に自分以外の命や周りの人たちの人生を大切にする教育。「夢の実現に向けて頑張れる力・苦難に打ち勝てる力・最後まで人を思いやれる力」を育て、自分らしく生きていくためのライフデザインを描く3年間をめざします。
●学校行事／本山参拝（4月）、遠足・花まつり・球技大会（5月）、夏期セミナー（8月）、西山フェスタ（9月）、テーブルマナー（2月）など。季節ごとに配された宗教行事も特色のひとつです。修学旅行（6月・2年）は北海道へ。
●クラブ活動／ソフトボール、少林寺拳法などが全国大会で活躍。体育系はほかにバスケットボール、バドミントン、バレーボール、陸上競技、サッカー、ハンドボールなど。文化系は吹奏楽、イラストレーション、美術などが活動しています。
●海外交流（隔年）／オーストラリア（メルボルン）の姉妹校と交流。3月に本校が訪問、10月に短期留学生を迎え入れています。交流を通じて、生きた英語と国際理解力が身につきます。
●スクールライフ／3学期制／登校時刻…8：50／頭髪…染色・パーマ禁止／アルバイト…許可制／自転車通学…許可／携帯…許可（校内は使用不可）

カリキュラム CURRICULUM

●特進コース
難関大学を目指すコースです。関関同立大及び産近甲龍佛大や医療・看護系、教育系大学の合格をサポートする充実したカリキュラムで志望校合格へと導きます。
●総合進学コース
大学、専門学校、就職と様々な進路に対応した多様な選択科目で進路実現をサポート。保育系・教育系・医療系大学対策から、専門学校・就職対策まで一人ひとりの志望に対応します。

先輩から

先生方の丁寧な指導と、互いに励まし合えるクラスメートのおかげで、模試の成績が伸びずに不安な時期も乗り越え、第1志望の大学合格まで頑張ることができました。特進コースを選んで本当に良かったと思います。進学先でも、何事も諦めずに最後までやり遂げます！（N・N）

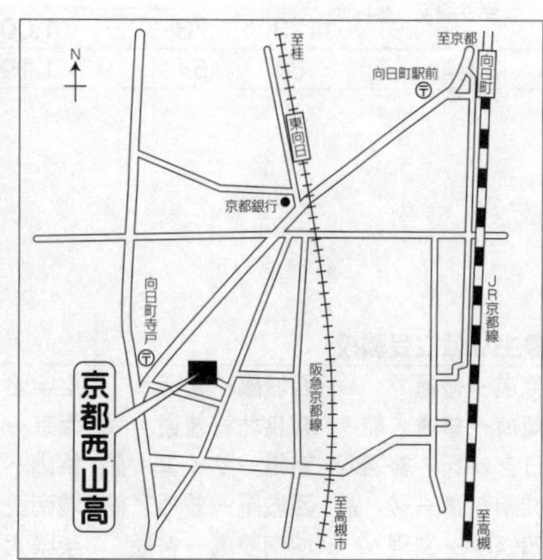

進研Vもし 合格のめやす

●目標偏差値(合格可能性80%)

併願		専願	
特進	53	特進	51
総合進学	42	総合進学	38

30 35 40 45 50 55 60 65 70 75

特進

努力圏 合格圏 安全圏

総合進学

努力圏 合格圏 安全圏

入試ガイド

●募集要項 ＊2024年度入試実施分

募集人員　特進／総合進学…250

出願期間　1/15～1/22
受験料　20,000円
学力検査　A日程 2月10日　B日程 2月11日
面接　推薦・専願のみ(グループ約7分)
合格発表　2月13日
入学手続　推薦・専願 2月22日
併願 3月22日

●試験科目と配点・時間

科目	国語	数学	英語	社会	理科
配点	100点	100点	100点	100点	100点
時間	50分	50分	50分	50分	50分

＊総合進学コースは 3科受験。

●学費

入学金	80,000円	制服等制定品	約 135,000円
年間授業料	516,000円	ICT 教材費	約 45,000円
行事費・諸会費計	205,800円	教育充実費	144,000円
修学旅行積立	130,000円	初年度納入金合計	約 1,255,800円

入試状況

●併願

年度	学科・コース	受験者数	合格者数	回し	倍率	合格最低点
'24	特進	48	43	—	1.12	—/—
	総合進学	233	218	2	1.07	—/—
'23	特進	37	36	—	1.03	—/—
	総合進学	212	205	1	1.03	—/—

●専願

年度	学科・コース	受験者数	合格者数	回し	倍率	合格最低点
'24	特進	推10	10	—	1.00	—/—
		専2	2	—	1.00	—/—
	総合進学	推126	126	—	1.00	—/—
		専51	51	—	1.00	—/—
'23	特進	推11	11	—	1.00	—/—
		専4	3	—	1.33	—/—
	総合進学	推149	149	—	1.00	—/—
		専40	39	1	1.03	—/—

●主な公立受験校

乙訓－普通	向陽－普通	向陽－普通／前
洛西－普通／前	西乙訓－普通／前	北稜－普通
洛東－普通	京すばる－起／前	洛西－普通
朱雀－普通	乙訓－スポ健／前	乙訓－普通／前
桂－普通	鳥羽－普通／前	海洋－海洋学／前

卒業後の進路

卒業者数／132 人

大学進学	短大進学	専門学校等	就職	進学準備ほか
59人	22人	37人	6人	8人

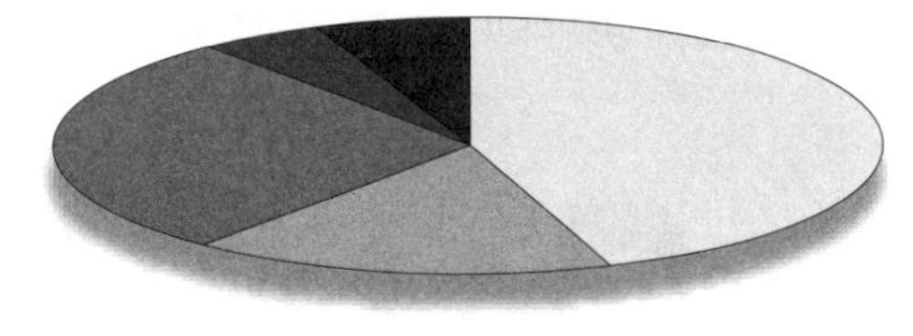

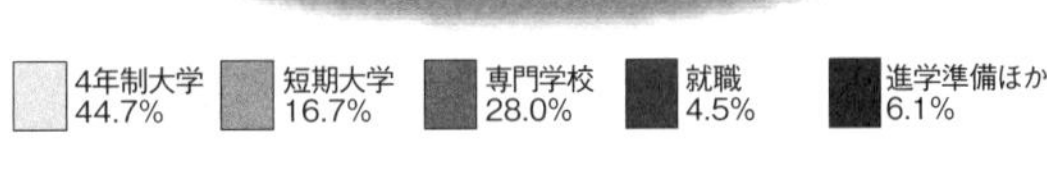

●主な大学合格状況

国・公立大／
滋賀大 1　滋賀医科大 1　京都府立大 1
私立大／
立命館大 6　京都産業大 3　近畿大 2
龍谷大 7　佛教大 11　摂南大 22
神戸学院大 1　追手門学院大 8　京都女子大 7
同志社女子大 1　京都橘大 2　京都先端科学大 8
関西外国語大 2　京都外国語大 1　花園大 1
大和大 2　大阪成蹊大 2　梅花女子大 3
平安女学院大 2　京都光華女子大 5　大谷大 1
大阪電気通信大 1　びわこ成蹊ｽﾎﾟｰﾂ大 1

京都文教高等学校

学校法人 京都文教学園
〒606-8344 京都市左京区岡崎円勝寺町5
TEL075-771-6155　FAX075-752-6808
https://www.kbu.ac.jp

■**創立**／明治37年（1904）　■**校長**／石橋克彦
■**生徒数**／925人（1年／302人 2年／307人 3年／316人）
■**併設校**／京都文教大学　京都文教短期大学　京都文教中学校　京都文教小学校
■**沿革**／明治37年高等家政女学校を開校。昭和9年現在地に移転。同23年家政学園高等学校開校。平成7年京都文教女子高等学校に校名変更。同15年現校名に改称。同16年男女募集を開始しました。
■**交通**／地下鉄東西線「東山」から3分、京阪「三条」から徒歩10分

インフォメーション　INFORMATION

●**教育方針**／「三宝帰依」の校訓のもと、自分・他人（ひと）・もののいのちの大切さに目覚め、たくましさ、明るさ、やさしさ、楽しさが実現できる教育を推進しています。
●**学校行事**／知恩院参拝（4月）、遠足（6月）、合唱コンクール・文化祭・体育祭（9月）、知恩院聖日音楽法要（10月）、芸術鑑賞会（11月）、授戒会（12月・2年）など。修学旅行（3月・2年）はオーストラリア、北海道へ。
●**クラブ活動**／体育系は全国レベルの陸上、水泳、柔道、ソフトテニスをはじめバレーボール（女子）などが活動中です。文化系は吹奏楽、バトン、ダンス、将棋のほか伝統芸能、演劇、書道、モダンバレエ、英語研究、写真など。クラブ加入率は約89%です。
●**海外交流**／1・2年生を対象に、希望すれば短期海外留学に参加できます。ホームステイをしながら、現地の学校で学ぶ約10日間。帰国後はますます英語学習への意欲が高まります。また、国際英語専攻ではカナダに6ヵ月留学します。
●**スクールライフ**／3学期制／登校時刻…8：30／頭髪…染色・パーマ・長髪禁止／アルバイト…許可（届出制）／自転車通学…許可（届出制、8㎞圏内）／携帯…許可（届出制）

カリキュラム　CURRICULUM

●**特進コース／クラスA・B**
クラスA／文系・理系は京大・阪大・神大などの難関国公立大や難関私立大、クラスB／文理専攻は中堅私立大以上の大学への進学をめざすコースです。1年次から志望校合格のための放課後特別授業を実施。文系／理系とも早い時期から演習授業に取り組み、実践的な思考力と判断力を身につけていきます。
クラスB／国際英語専攻では十分な語学力を身につけた後、2年次9月から6ヵ月間にわたりカナダ（バンクーバー郊外）へ留学。帰国後もネイティブ教員とともに学習を継続することにより、国際社会で通用する英語が身につきます。
●**進学コース**
苦手科目克服に主眼をおき、時間をかけて基礎力を養成します。私立大文系の受験を考慮したカリキュラムが特徴で、クラブ活動や資格取得など幅広い活動も十分可能です。内部進学プログラムを受講、修了すれば京都文教大学・同短大への進学が優先されます。
●**体育コース**
5つの指定クラブ（硬式野球〈男子〉・陸上・ソフトテニス・水泳・柔道）に所属する生徒が在籍しています。専門の部活動に励みながら、学力の向上もはかっています。また、茶道の授業を通して「和敬清寂の精神」を学ぶこともこのコースの特徴です。体育系大学を含む幅広い進路選択が可能となります。

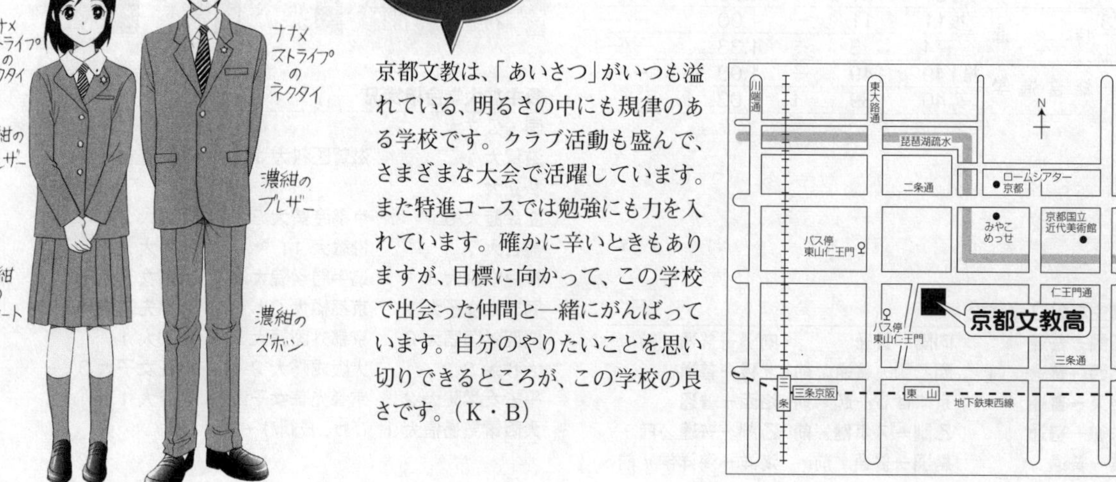

京都文教は、「あいさつ」がいつも溢れている、明るさの中にも規律のある学校です。クラブ活動も盛んで、さまざまな大会で活躍しています。また特進コースでは勉強にも力を入れています。確かに辛いときもありますが、目標に向かって、この学校で出会った仲間と一緒にがんばっています。自分のやりたいことを思い切りできるところが、この学校の良さです。（K・B）

進研Vもし 合格のめやす

●目標偏差値(合格可能性80%)

併願		専願	
特進A	58	特進A	55
特進B	52	特進B	50
進学	45	進学	42
体育	45	体育	42

30 35 40 45 50 55 60 65 70 75

特進A
努力圏 合格圏 安全圏

特進B
努力圏 合格圏 安全圏

進学/体育
努力圏 合格圏 安全圏

入試状況

●併願

年度	学科・コース	受験者数	合格者数	回し	倍率	合格最低点
'24	特進A(前期)	84	78	—	—	308/500
	特進B文理(前期)	92	96	—	—	272/500
	特進B国際(前期)	16	15	—	—	
	進学(前期)	393	383	—	—	222/500
	体育(前期)	13	13	—	—	
	特進A(後期)	29	17	—	—	—/—
	特進B文理(後期)	47	52	—	—	—/—
	特進B国際(後期)	10	10	—	—	—/—
	進学(後期)	162	164	—	—	—/—
	体育(後期)	6	6	—	—	—/—

●推薦・専願

年度	学科・コース	受験者数	合格者数	回し	倍率	合格最低点
'24	特進A(前期)	15	14	—	—	308/500
	特進B文理(前期)	40	36	—	—	272/500
	特進B国際(前期)	9	8	—	—	
	進学(前期)	106	111	—	—	専102/300
	体育(前期)	60	59	—	—	推93/200
	特進A(後期)	1	1	—	—	—/—
	特進B文理(後期)	8	3	—	—	—/—
	特進B国際(後期)	1	0	—	—	—/—
	進学(後期)	20	21	—	—	—/—
	体育(後期)	3	0	—	—	—/—

＊合格者数に回し合格を含む。＊合格最低点は合格基準点。

●主な公立受験校

東宇治ー普通	日吉ヶ丘ー普通	久御山ー普通
鴨沂ー普通	北稜ー普通	東宇治ー普通/前
紫野ー普通	洛北ー普通	桂ー普通
城陽ー普通	洛東ー普通	東稜ー普通/前
山城ー普通	洛東ー普通/前	城陽ー普通/前

入試ガイド

●募集要項　＊2024年度入試実施分

募集人員　特進(クラスA・B)40、進学130、体育30

出願期間　1/15〜1/22
受験料　20,000円
学力検査　前期2月10日　後期2月11日
面接　専願のみ(個人)
合格発表　2月14日
入学手続　推薦・専願 2月20日
併願 公立中期合格発表日を含む2日以内

●試験科目と配点・時間

科目	国語	数学	英語	社会	理科
配点	100点	100点	100点	100点	100点
時間	50分	50分	50分	50分	50分

＊前期日程:特進は推薦・専願とも5科。進学・体育の専願は3科(国数英)、推薦は2科(国・英)。併願は全コース5科。＊後期日程:全コース専願併願とも3科。＊英検資格活用あり。

●学費

入学金	100,000円	制服・制定品費	約 120,000円
年間授業料	558,000円	その他(教科書・ICT関連等)	約 145,000〜円
諸会費計	18,800円	教育充実費	210,000円
修学旅行積立	約 170,000〜円	初年度納入金合計	約 1,321,800〜円

＊進学コースの場合

卒業後の進路

卒業者数/ 299 人

大学進学	短大進学	専門学校等	就職	進学準備ほか
248人	8人	29人	1人	13人

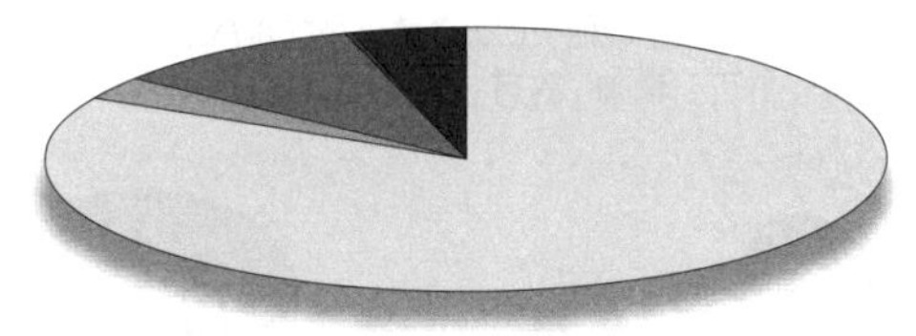

●主な大学合格状況

国・公立大/
京都教育大 2　筑波大 1　山形大 1
岐阜大 1　滋賀県立大 1　京都府立大 1
兵庫県立大 1　奈良県立大 1　神戸市外国語大 1

私立大/
関西大 12　関西学院大 1　同志社大 5
立命館大 18　京都産業大 30　近畿大 10
甲南大 2　龍谷大 30　佛教大 53
摂南大 12　神戸学院大 1　追手門学院大 9
桃山学院大 1　中央大 1　北里大 1
関西医科大 1　大阪歯科大 2　関西外国語大 6
立命館ｱｼﾞｱ太平洋大 6　同志社女子大 3　京都文教大 39

京都明徳高等学校

学校法人 明徳学園
〒610-1111 京都市西京区大枝東長町3-8
TEL075-331-3361　FAX075-331-8088
https://www.meitoku.ac.jp

■**創立**／大正10年(1921)　■**校長**／二宮庸介
■**生徒数**／959人(1年／328人 2年／349人 3年／282人)
■**併設校**／京都経済短期大学
■**沿革**／大正10年宗祖日蓮聖人生誕を記念し明徳女学校を創立。平成9年現校名に、同12年男女共学校となりました。
■**交通**／阪急「桂」駅より市バス10分「京都明徳高校前」下車、JR「桂川」駅より直行バス10分、修学院・北大路・円町方面と中書島・竹田方面と神川・長岡京方面よりそれぞれスクールバス運行

インフォメーション　INFORMATION

●**教育方針**／学校生活を通して、他者を考え、周囲と協力し、社会に対して広い視野を持つ生徒の育成に努めます。また、グローバル化やＡＩによる急激な社会変化が予想される未来において、未来を創造することができる力を養成します。
●**学校行事**／花祭り(4月)、遠足(5月)、球技大会・芸術鑑賞会(6月)、夏期講習会(8月)、学園祭・体育祭(10月)、明徳キャリアウィーク(10月、就業体験や大学入学体験を実施)、ダンス部ライブ・冬期講習会(12月)、吹奏楽部スパークリングコンサート(2月)など。修学旅行は2年1月に実施。
●**クラブ活動**／ダンス(世界大会優勝)、吹奏楽(ディズニー出演・全国大会出場)、ソフトボール(2018選抜予選準優勝)、男子バスケットボール(2017ウィンターカップ予選ベスト8)、剣道(2018インターハイ予選準優勝)などが各種大会で実績をあげています。女子バスケットボール、サッカー、男子硬式野球、女子硬式野球、テニス、バレーボール、卓球、陸上、バトントワリング、パソコン、簿記、珠算、料理、日本伝統文化が活動中。
●**スクールライフ**／3学期制／登校時刻…9：00 ／頭髪…染色・パーマ禁止／その他…ピアス禁止／アルバイト…禁止／自転車通学…許可／携帯…許可(校内使用 OK)

カリキュラム　CURRICULUM

●**普通科 みらい社会 EL(特進コース)**
国公立大・難関私大への現役合格を目指します。少人数クラスで志望大学ごとの個別対策も充実。7限授業で基礎力の定着を図り、放課後や長期休暇中の進学講座により、応用力を身に付け、受験に必要な学力を確実なものにします。
●**普通科 みらい社会 PL(総合／文理コース)**
２年から進路別に文理クラスと総合クラスに分かれ、それぞれ別カリキュラムで学習を進めます。文理クラスでは産近佛龍・看護系大学合格を目指し、総合クラスでは資格取得も含め幅広く学習し、大学・短大・専門学校など多様な進路に対応します。
●**専門学科 みらい社会 CL(商業資格コース)**
大学の経営学部・経済学部・商学部で学ぶ「簿記」「情報処理」「マーケティング」などは、大学を意識した授業内容。また、資格取得を活かして国公立や産近甲龍などへの大学受験を有利に進めます。
●**専門学科 みらい社会 SL (スポーツマネジメントコース)**
スポーツビジネスやマネジメントの理論と手法を多角的な視点から学び、基礎力を養ったうえで、大学での高度な専門的な学びへと繋げていきます。

先輩から

大学の入試では、合格通知を手にするまではとても不安でした。それでも第1志望校に合格できたのは、先生方の熱心なご指導と温かい支えがあってのことと感謝しています。勉強は大変でしたが、今となってはよい思い出。この合格をきっかけとして、さらにがんばりたいと思います。明徳で学んだことを、ひとつでも多く活かしたいと思います。(N・H)

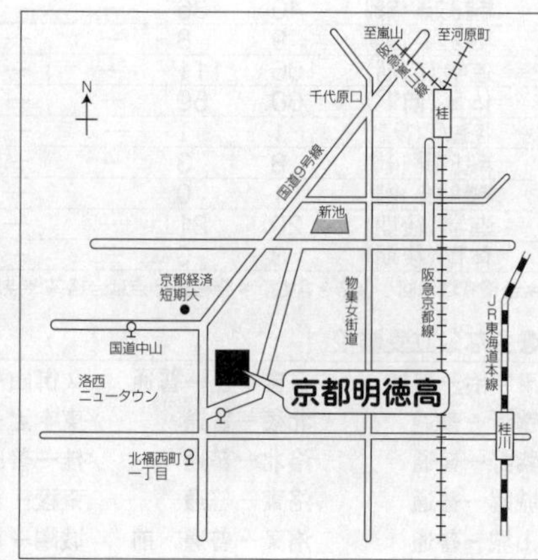

進研Vもし 合格のめやす

●目標偏差値(合格可能性80%)

併願		専願	
みらい社会 EL	47	みらい社会 EL	44
みらい社会 PL	42	みらい社会 PL	37
みらい社会 CL	40	みらい社会 CL	36
みらい社会 SL	40	みらい社会 SL	36

30 35 40 45 50 55 60 65 70 75

みらい社会 EL

努力圏 合格圏 安全圏

みらい社会 PL

努力圏 合格圏 安全圏

みらい社会 CL／みらい社会 SL

努力圏 合格圏 安全圏

入試状況

●併願

年度	学科・コース	受験者数	合格者数	回し	倍率	合格最低点
'24	みらい社会EL	75	54	—	1.39	—/—
	みらい社会PL	413	399	20	1.04	—/—
	みらい社会CL	105	101	1	1.04	—/—
	みらい社会SL	31	28	—	1.11	—/—

●推薦・専願

年度	学科・コース	受験者数	合格者数	回し	倍率	合格最低点
'24	みらい社会EL	推21	21	—	1.00	—/—
		専8	7	—	1.14	—/—
	みらい社会PL	推73	73	—	1.00	—/—
		専26	23	—	1.13	—/—
	みらい社会CL	推66	66	—	1.00	—/—
		専27	27	1	1.00	—/—
	みらい社会SL	推76	76	—	1.00	—/—
		専11	10	—	1.10	—/—

*1.5次を含む。

●主な公立受験校

乙訓－普通	向陽－普通	桂－普通
洛西－普通	西乙訓－普通	洛東－普通
京すばる－企／前	桂－園芸ビジ／前	北稜－普通
朱雀－普通	亀岡－普通	京工学院－ま／前
向陽－普通／前	開建－ルミノベーション	大冠－普通

入試ガイド

●募集要項 *2024年度入試実施分

募集人員	普通科＝みらい社会EL／みらい社会PL／専門学科＝みらい社会CL／みらい社会SL…350
出願期間	1/15～1/24
受験料	20,520円(AB日程両日は30,520円)
学力検査	A日程 2月10日　B日程 2月12日
面接	グループ(5～10分)
合格発表	2月13日
入学手続	専願 2月16日 併願 3月21日

●試験科目と配点・時間

科目	国語	数学	英語	社会	理科
配点	100点	100点	100点	100点	100点
時間	40分	40分	40分	40分	40分

*みらい社会 EL のみ 5 科。その他コースは 3 科(国数英)。*英検・漢検の資格活用あり。

●学費

入学金	90,000円	制服代・その他制定品費	約 83,000円
年間授業料	531,000円	その他制定品費	約 13,000～円
諸会費計	63,600円	その他	166,000円
修学旅行積立	約 100,000円	初年度納入金合計	約 1,046,600～円

卒業後の進路

卒業者数／311 人

大学進学	短大進学	専門学校等	就職	進学準備ほか
170人	42人	72人	17人	10人

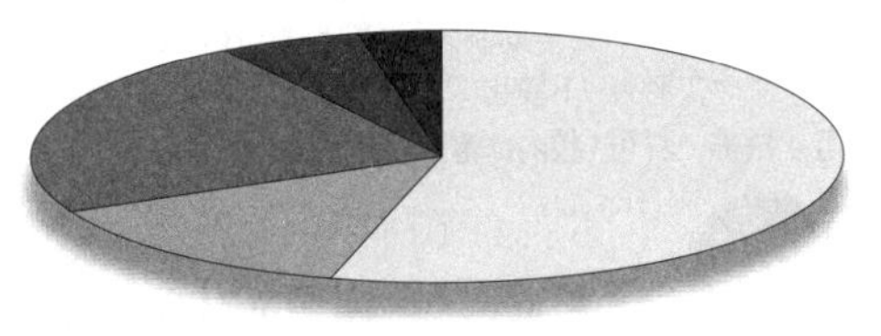
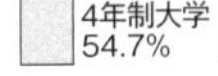

●主な大学合格状況 (現役のみ)

国・公立大／

大阪大 1	京都教育大 1	徳島大 1
愛媛大 1	京都府立医 1	公立鳥取環境大 2

私立大／

関西大 27	同志社大 8	立命館大 4
京都産業大 73	龍谷大 45	佛教大 67
摂南大 7	追手門学院大 3	桃山学院大 1
京都女子大 2	同志社女子大 2	大和大 1
京都橘大 10	関西外国語大 1	大阪経済大 4
京都先端科学大 23	大阪学院大 20	花園大 12
京都光華女子大 7	大谷大 6	京都文教大 6
武庫川女子大 3	京都外国語大 2	大阪産業大 4

京都両洋高等学校

学校法人 両洋学園
〒604-8851 京都市中京区壬生上大竹町13
TEL075-841-2025　FAX075-841-0178
https://www.kyoto-ryoyo.ed.jp

■創立／大正4年（1915）　■校長／角田良平
■生徒数／1,312人（1年／431人 2年／424人 3年／457人）
■沿革／大正4年京都正則予備校を創設。昭和27年両洋高等学校開設。同62年京都両洋高等学校に改称。平成7年週休2日制を導入。同16年全コース男女共学となり、2学期制を開始しました。
■交通／阪急京都線「西院」から徒歩8分、地下鉄東西線「西大路御池」から徒歩5分、JR嵯峨野線「二条」から徒歩12分

インフォメーション INFORMATION

●**教育方針**／建学の精神は「東洋と西洋の架け橋となる国際人の育成」。高校生活3年間という期間の中で「いかに社会に出て役立つ青年として育て、次のステージに送り出せるか。」という視点を常にもった教育を目指し、「自律」「尊重」「対話」「創造」というキーワードにこだわり、継続しています。

●**学校行事**／スピーチフェスティバル・校外学習（5月）、演劇鑑賞（6月）、文化祭（9月）、体育祭（10月）など。修学旅行（2年）はベトナム（ダナン）、フィリピン（セブ島）他。

●**クラブ活動**／吹奏楽、女子バスケットボール、男子バスケットボール、男子硬式野球、サッカー、女子バレーボール、陸上競技、水泳、ダンス、女子硬式野球が各種大会にて活躍しています。運動部ではほかにバドミントン、柔道、空手道など、文化系ではクイズ研究会、放送映像、写真など充実しています。

●**海外交流**／海外への修学旅行に加え、英語留学系はフィリピン・セブ島やニュージーランドでの海外研修（3ヵ月間または10ヵ月留学）を実施（希望制）。実践的な事前研修、現地でのホームステイなどを通して、海外生活・文化への理解を深めます。

●**スクールライフ**／2学期制／登校時刻…8：40／頭髪…染色・パーマや変形カット禁止／アルバイト…許可／自転車通学…許可／携帯…許可（校内は電源OFF）

カリキュラム CURRICULUM

●**K特進コース**
国公立大学への進学を目指します。少人数でのクラス編成と、7限授業＋放課後の進学講座で、飛躍的な学力アップを目指します。2年次より文系・理系に分かれて履修し、目標達成のための実力養成に努めます。

●**J進学コース（準特）【選抜進学系・進学系・英語留学系】**
選抜進学系は関関同立、国公立、私大医歯薬系学部を、進学系・英語留学系は産近佛龍レベル以上の難関・有名私立大学を目指せる実力を養成します。いずれの系でもクラブと学業を両立。また、英語留学系ではオールイングリッシュの授業で生きた英語力を身につけ、海外研修で国際的な視野も広めます。

●**Jキャリアコース**
大学・専門学校への進学又は、公務員を志望する生徒で構成するコースです。授業を中心として「確かな学力」を身につけ自分の進路の高みを創造する進学系と、文武両道で「人のためになる」実感が得やすい仕事を目指すキャリアチャレンジ系（医療・健康／情報・IT メディア／初等・幼児教育／公務員）を設置。

●**S探究コース**
進学や就職など全ての進路に対応したコースです。観光・ホテル・ブライダル／英語コミュニケーション・ダンス／アニメ・メディアクリエーター／IT・ロボット／スポーツ／栄養／芸術・デザイン／調理・製菓／保育・福祉などすべての系統について学び、自分の適性や進路を探究します。「総合進学系」では、国語・英語などの受験対応科目を受講することもできます。

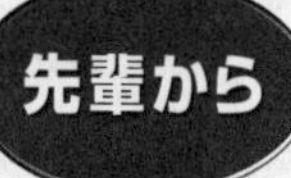

京都両洋のオリジナル科目「Fナビ」の授業では、今まで知らなかった自分のことに気づかされ、進学したい大学のことも知ることができました。3年間通して学ぶ「7つの習慣J」を通して、自分の目標を明確化。3年次には、社会人としての正しいマナーや敬語も身につけることができました。この授業で学んだ「続けられる自分」「あきらめない自分」を大切にしたい思います。（S探究コース M・H）

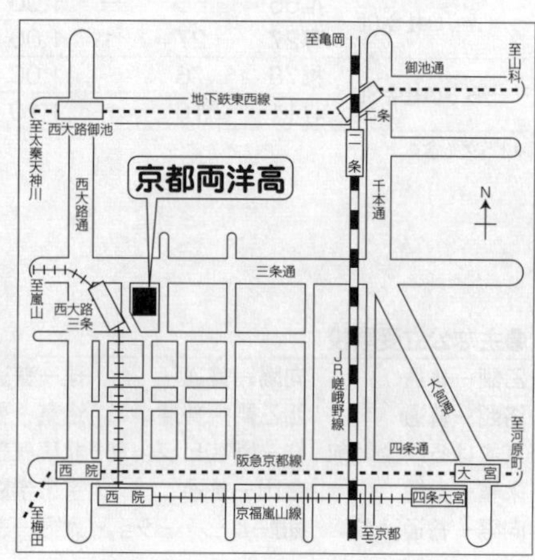

進研Vもし　合格のめやす

●目標偏差値(合格可能性80%)

併願		推薦・専願	
K特進	52	K特進	50
J進学	45	J進学	43
Jキャリア	43	Jキャリア	40
S探究	41	S探究	38

	努力圏	合格圏	安全圏
K特進	45–50	50–55	55–60
J進学	38–43	43–48	48–53
Jキャリア	36–41	41–46	46–51
S探究	34–39	39–44	44–49

入試状況

●併願

年度	学科・コース	受験者数	合格者数	回し	倍率	合格最低点
'24	K特進	18	10	—	—	—/500
	J進学（選抜進学）	26	13	—	—	—/300
	J進学（進学）	147	127	—	—	—/300
	J進学（英語留学）	15	13	—	—	—/300
	Jキャリア	152	135	—	—	—/300
	S探究	327	350	—	—	—/300

●推薦・専願

年度	学科・コース	受験者数	合格者数	回し	倍率	合格最低点
'24	K特進	4	4	—	—	301/500
	J進学（選抜進学）	11	11	—	—	174/300
	J進学（進学）	93	86	—	—	115/300
	J進学（英語留学）	8	6	—	—	122/300
	Jキャリア	75	68	—	—	101/300
	S探究	163	170	—	—	71/300

＊合格者数はまわし合格を含む。

●主な公立受験校

洛東－普通　東稜－普通　北稜－普通
北嵯峨－普通　京工学院－も／前　朱雀－普通
堅田－普通　開建－ルミノベーション／前　京工学院－もの
乙訓－普通／前　向陽－普通　洛西－普通
桂－普通　桂－園芸ビジネス　開建－ルミノベーション

入試ガイド

●募集要項　＊2024年度入試実施分

募集人員　K特進15、J進学（選抜進学系／進学系／英語留学系）／Jキャリア／S探究…420

出願期間　1/15～1/24
受験料　20,000円
学力検査　A日程2月10日　B日程2月12日
面接　A日程2月11日　B日程2月12日
合格発表　2月14日
入学手続　推薦・専願 2月29日
　併願 公立合格発表の翌日

●試験科目と配点・時間

科目	国語	数学	英語	社会	理科
配点	100点	100点	100点	100点	100点
時間	40分	40分	40分	40分	40分

＊K特進は5科。J進学・Jキャリア・S探究は3科。＊英検資格活用あり。

●学費

入学金	150,000円	制服・その他制定品費	約130,000円
年間授業料等	648,000円	その他	84,440円
諸会費計	44,600円	ICT関連費	約95,000円
修学旅行積立	約160,000円	初年度納入金合計	約1,312,040円

卒業後の進路

卒業者数／394人

大学進学	短大進学	専門学校等	就職	進学準備ほか
272人	16人	67人	18人	21人

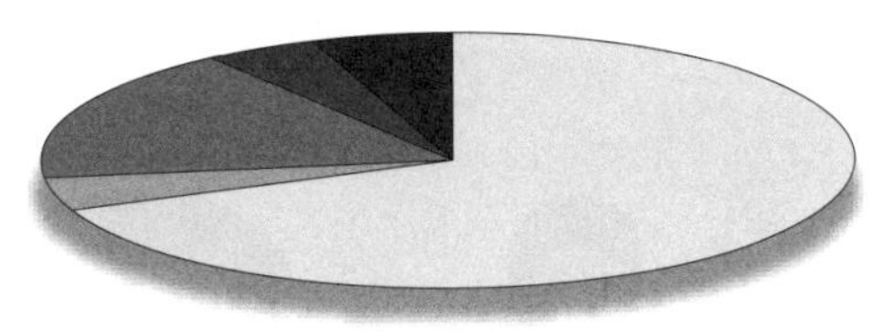

4年制大学 69.0%　短期大学 4.1%　専門学校 17.0%　就職 4.6%　進学準備ほか 5.3%

●主な大学合格状況

国・公立大／
滋賀大 2　京都教育大 2　東京工業大 1
千葉大 1　長崎大 1　滋賀県立大 1
京都府立大 1　福知山公立大 1　下関市立大 2
都留文科大 1　広島市立大 1　周南公立大 1
釧路公立大 1

私立大／
早稲田大 4　慶應義塾大 2　関西大 8
関西学院大 6　立命館大 24　京都産業大 39
近畿大 39　甲南大 4　龍谷大 58
佛教大 43　摂南大 13　神戸学院大 3
追手門学院大 21　桃山学院大 4　立教大 1

京都［共学］

同志社高等学校

学校法人 同志社
〒606-8558 京都市左京区岩倉大鷺町89
TEL075-781-7121　FAX075-781-7124
https://www.js.doshisha.ac.jp

■**創立**／昭和23年（1948）　■**校長**／中澤　圭
■**生徒数**／1,088人（1年／368人 2年／362人 3年／358人）
■**併設校**／同志社大学　同志社女子大学　同志社中学校　同志社小学校　同志社幼稚園
■**沿革**／明治8年同志社英学校開校。昭和23年新制高等学校として設立。同24年今出川から岩倉校地に移転。同25年男女共学化。
■**交通**／地下鉄烏丸線「国際会館」下車すぐ、叡山電鉄鞍馬線「八幡前」から徒歩7分

インフォメーション　INFORMATION

●**教育方針**／キリスト教を徳育の基本とし、個性豊かな「良心を手腕に運用する人物」を送り出すことに努めています。グローバルな視野に立ち、共生を希求する人間の育成をめざします。
●**学校行事**／遠足（5月）、宗教週間・球技大会（6月）、団体鑑賞・1年クラス合宿（7月）、ウェズリー交換留学・クラブ合宿（8月）、体育祭・岩倉祭（9月）、宗教週間（11月）、クリスマス礼拝・岩倉キャンパスクリスマス（12月）、スキー（3月）など。
●**クラブ活動**／全国大会で活躍する体育系、華やかに発表する文化系。どのクラブも生徒が自主的に運営し、積極的にすすめています。体育系はアーチェリー、バドミントン、バスケットボール、ラグビー、サッカー、ラクロス、剣道など、文化系は美術、地学、地歴、英語、管弦楽、演劇、将棋囲碁、軽音楽、写真などが活動中。生徒のクラブ加入率は約85%です。
●**海外交流**／オーストラリアにあるウェズリー校との交換留学、アメリカのヌエバ校での短期留学を実施しています。
●**スクールライフ**／3学期制／登校時刻…8：15／アルバイト…許可（届出制）／自転車通学…許可（登録制）／携帯…禁止していない

カリキュラム　CURRICULUM

●**普通科**
学ぶ生徒の興味・関心に応え、学習意欲を引き出す特色ある教育を行っています。週5日制を実施しており、1年次はすべての科目が必修（共通履修科目）。幅広い素養を身につけ、社会の良心となる人間の育成をめざして文系や理系、特進といったコース制はとらず、できるだけ多様な科目を学習することを基本としています。ほぼ全員が大学進学を希望しており、幅広い分野での基礎学力の養成を目的に、質の高い授業をめざしています。
2年次からは、6単位の選択科目を設置。進路や興味・関心に応じて文系／理系、または文理融合の自由な組み合わせで選択し、学ぶことができます。
3年次には14単位が選択枠となります。総合的な探究の時間、自由選択科目は発表、ディスカッションなど形式もさまざま。教科の枠にとらわれず、多角的に、総合的に物事をとらえる力を育んでいきます。大学入学後の学びに通じる講座も開講、他大学への進学を希望する人は演習講座で実力を養成できます。併設する同志社大学・同志社女子大学へは推薦入学制度が設けられ、多くの生徒が内部進学しています。

☆土曜日には、希望者（2・3年）を対象に、演習形式による特別補講を行っています。
☆各学年に週1時間、「キリスト教学」の授業が設けられ、毎朝礼拝が行われています。聖書の真理を通して、人間の生きる意味を学び、考えます。

同志社はそれまでの中学校や他の高校に比べても、多くの自由を与えてくれました。ここでの自由とは、努力することの自由です。同志社には、何かをがんばろうと思えばそれを受け止め支えてくれるだけの懐の深さがありました。私たちは、過去を振り返ったときに「自分の意思でそうした」といえなければならないと思います。それが自由に伴う責任というものであり、母校で学んだ最も大切なことのひとつです。（H・M）

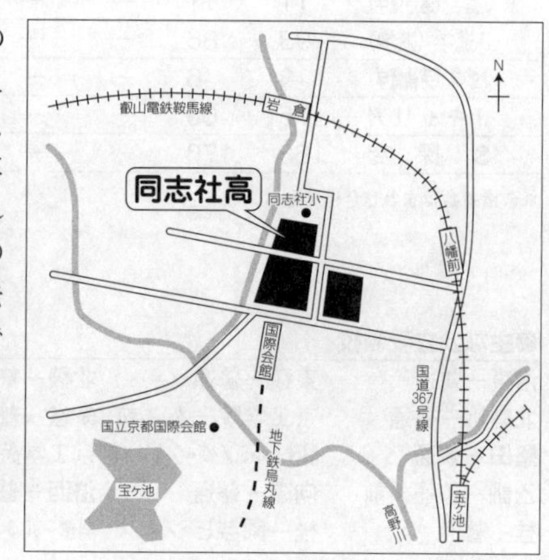

進研Vもし 合格のめやす

●目標偏差値(合格可能性80%)

一般	推薦
普通科…………………67	普通科…………………65

30 35 40 45 50 55 60 65 70 75

普通科 努力圏 合格圏 安全圏

入試状況

●一般

年度	学科・コース	受験者数	合格者数	回し	倍率	合格最低点
'24	普通科	272	134	—	2.03	286/500
'23	普通科	252	145	—	1.74	292/500
'22	普通科	247	131	—	1.89	280/500

●推薦

年度	学科・コース	受験者数	合格者数	回し	倍率	合格最低点
'24	普通科	30	30	—	1.00	—/—
'23	普通科	30	30	—	1.00	—/—
'22	普通科	30	30	—	1.00	—/—

●主な公立受験校

膳所－普通　嵯峨野－こ共／前　膳所－普通／特
嵯峨野－こ専／前　石山－普通　奈良－普通

入試ガイド

●募集要項　＊2024年度入試実施分

募集人員	普通科80（一般50・推薦30）
出願期間	1/15～1/23
受験料	20,000円
学力検査	2月10日
面接	実施しない
合格発表	2月13日
入学手続	推薦 2月29日 一般 3月21日

●試験科目と配点・時間

科目	国語	数学	英語	社会	理科
配点	100点	100点	100点	100点	100点
時間	50分	50分	50分	50分	50分

●学費

入学金	130,000円	制服代	—
年間授業料	736,000円	タブレット端末	約 53,000円
諸会費計	163,800円	その他	—
修学旅行積立	—	初年度納入金合計	1,082,800円

卒業後の進路

卒業者数／348 人

大学進学	短大進学	専門学校等	就職	進学準備ほか
331人	—	1人	—	16人

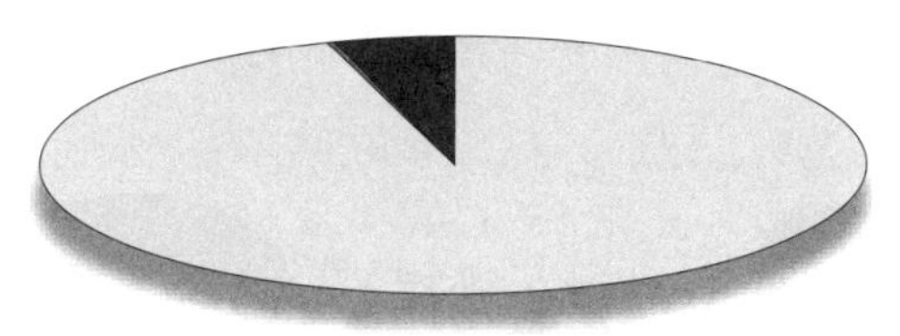

●主な大学合格状況

国・公立大／
京都大 2　大阪大 1　金沢大 1
岐阜大 1　大阪公立大 1

私立大／
同志社大 313　関西学院大 2　立命館大 1
京都産業大 2　近畿大 5　摂南大 4
早稲田大 1　慶應義塾大 7　立教大 2
明治大 1　青山学院大 1　国際基督教大 2
駒澤大 2　上智大 1　京都薬科大 2
立命館ｱｼﾞｱ太平洋大 3　大阪医科薬科大 3　大阪歯科大 3
神戸女子大 2　京都橘大 3　関西医科大 1
関西外国語大 1　神戸薬科大 1　武庫川女子大 1

同志社国際高等学校

学校法人 同志社
INTERNATIONAL
〒610-0321 京田辺市多々羅都谷60-1
TEL0774-65-8911　FAX0774-65-8990
http://www.intnl.doshisha.ac.jp

■**創立**／昭和55年（1980）　■**校長**／西田喜久夫
■**生徒数**／811人（1年／264人 2年／280人 3年／267人）
■**併設校**／同志社大学　同志社女子大学　同志社国際中学校
■**沿革**／昭和55年「帰国生徒受け入れ専門校」として開校。同63年中高一貫教育をめざし中学校を開校。
■**交通**／近鉄京都線「興戸」から徒歩15分、JR学研都市線「同志社前」から徒歩10分

インフォメーション INFORMATION

●**教育方針**／建学の精神「一国の良心というべき人々の育成」を受け継ぎ、国際社会のなかで飛躍できる有為の人物を育成。広い知識・深い知性とともに、個性の伸長をめざしています。
●**学校行事**／新入生宿泊研修・校祖墓参（4月）、球技大会（6月）、宗教教育強調週間（6月・11月）、リトリートキャンプ（7月）、文化祭（9月）、体育祭・読書週間（10月）など。研修旅行（3月・2年）は沖縄へ。
●**クラブ活動**／アメリカンフットボール、女子バレーボール、硬式野球、ラグビー、テニス、剣道、ゴルフなどの体育系と、美術、放送、吹奏楽、ESS、コーラス、ダンス、文芸、演劇、写真などの文化系が活動中。加入率は約85%です。
●**海外交流**／さまざまな異文化体験を持った帰国生徒が多い環境で、日々の学校生活が国際理解の手がかりとなっています。アメリカ、フランス、ドイツ、ニュージーランドなど、多彩な留学プログラムを設置。
●**スクールライフ**／3学期制／登校時刻…8：20／服装・頭髪…規制なし／アルバイト…許可（長期休暇中のみ・届け必要）／自転車通学…許可（届け必要）／携帯…許可（授業中は電源オフ）

カリキュラム CURRICULUM

●**普通科**
毎朝の礼拝と聖書の授業（週1時間）、宗教行事や学生生活の全般を通じて、キリスト教を基本にすえた人間の形成をめざしています。全校生徒の3分の2が海外での生活経験のある帰国生徒。ホームルームは、多様な外国生活を経験してきた帰国生徒と国内一般生徒との混成クラスです。生徒たちは、それぞれが持っている多様な経験を共有。日常の何気ない生活、授業、さまざまなイベントなどあらゆる場面で刺激を受け、グローバルな感覚を自然と身につけていきます。
それぞれのバックグラウンドに応じて、1人ひとりの可能性を伸ばす習熟度別（英語は4段階）のクラス編成も実施。3年次からは一部の科目が人文社会科学系と自然科学系とに分かれ、興味や関心に応じた選択科目によって、自主的に学べる環境が整っています。第2外国語はドイツ語、フランス語、スペイン語、中国語、韓国・朝鮮語から選択できます。
中学・高校を同一敷地内に併設しており、一貫教育によって広い知識と深い知性を体系的に身につける教育を展開しています。多くの部活動も一緒に行われ、高大連携プログラムも実施。約90%の生徒は、同志社大学・同志社女子大学に推薦進学します。国内他大学や国公立大、海外の大学への進学についても1人ひとりの希望がかなえられるよう、サポートを行っています。

図書館のすごさ、英語で会話をしている友人、みんな授業に積極的に参加していることに当初は驚きました。でも圧倒されているわけではありません、経験が違うのですから。私はそのすごさを参考にして努力していこうと思いました。英語はツールとして使えるようになりたい。私は外部の大学を受験しますが、この学校は推薦制度が充実しており、世界の動きをじっくり見る目を養うことができます。（C・S）

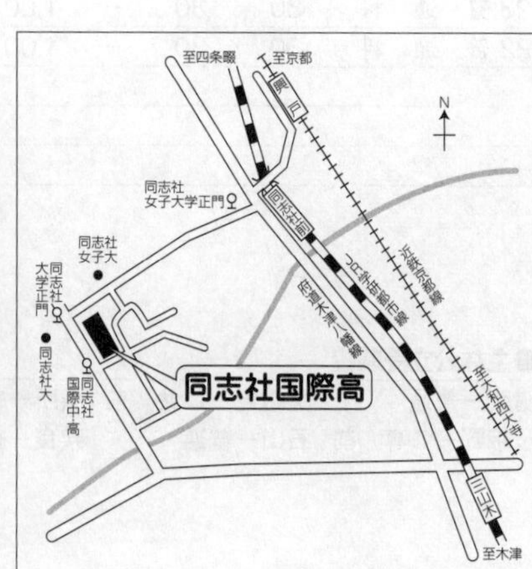

進研Vもし 合格のめやす

●目標偏差値(合格可能性80%)

併願		専願	
国内一般	65	国内一般	63

30 35 40 45 50 55 60 65 70 75

国内一般 努力圏 合格圏 安全圏

入試ガイド

●募集要項 ＊2024年度入試実施分

募集人員 普通科（国内一般生徒）45

出願期間 1/15～1/23
受験料 20,000円
学力検査 2月10日
面接 推薦のみ
合格発表 2月11日
入学手続 3月中旬

●試験科目と配点・時間

科目	国語	数学	英語	社会	理科
配点	100点	100点	100点	100点	100点
時間	50分	50分	50分	50分	50分

＊専願は報告書(360 点満点) との総合評価による選考。＊推薦は成績資格・書類・面接・学力調査による選考。＊帰国生徒の募集は 90 人(12月入試と 2月入試)。

●学費

入学金	100,000円	制服代	—
年間授業料	850,000円	その他制定品費	—
教育充実費	130,000円	その他	—
修学旅行積立	—	初年度納入金合計	1,080,000円

入試状況

●併願・一般

年度	学科・コース	受験者数	合格者数	回し	倍率	合格最低点
'24	帰国生徒	116	69	—	1.68	169/300
	国内一般	1	0	—	—	—/—
'23	帰国生徒	106	64	—	1.66	—/—
	国内一般	1	1	—	1.00	—/—

●推薦・専願

年度	学科・コース	受験者数	合格者数	回し	倍率	合格最低点
'24	帰国生徒	70	60	—	1.17	—/—
	国内一般	推35	35	—	1.00	—/—
		専26	11	—	2.36	616/860
'23	帰国生徒	79	64	—	1.23	—/—
	国内一般	推35	35	—	1.00	—/—
		専22	10	—	2.20	625/860

＊帰国生徒入試について…専願・推薦受験者数70は志願者数。A 選考 B 選考合計。合格最低点は2月 B 選考のもの。

●主な公立受験校

—

卒業後の進路

卒業者数／261 人

大学進学	短大進学	専門学校等	就職	進学準備ほか
259人	—	1人	1人	—

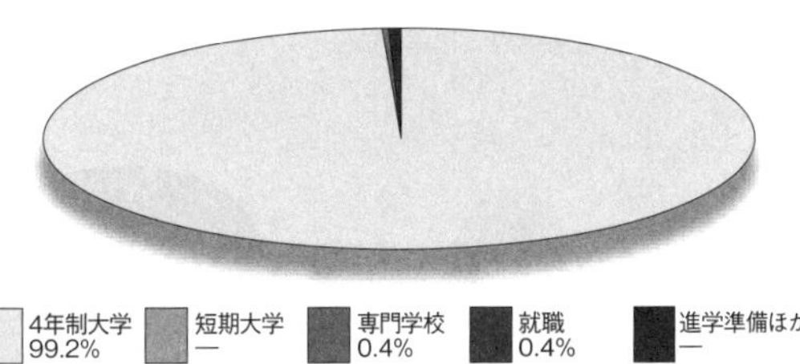

●主な大学合格状況（現役のみ）

国・公立大／
東京外国語大 1

私立大／
同志社大 233　同志社女子大 1　関西学院大 1
早稲田大 9　慶應義塾大 3　上智大 5
立教大 2　中央大 1　国際基督教大 4
青山学院大 1　大和大 1　大阪医科薬科大 1
日本大 1

花園高等学校

学校法人 花園学園
〒616-8034 京都市右京区花園木辻北町1
TEL075-463-5221　FAX075-464-9469
https://www.kyoto-hanazono-h.ed.jp/

■**創立**／明治5年（1872）　■**校長**／溜　剛
■**生徒数**／1,304人（1年／424人 2年／430人 3年／450人）
■**併設校**／花園大学　花園中学校
■**沿革**／明治5年京都花園妙心寺山内に創立された般若林がその母体。昭和23年臨済学院中等部を花園高等学校に改制。令和4年創立150周年を迎えました。
■**交通**／JR嵯峨野線「花園」から徒歩7分、市バス・京都バス「木辻南町」から徒歩2分、阪急京都線「西院」からスクールバス運行

インフォメーション INFORMATION

●**教育方針**／禅の精神を基本理念とし、「誠実にして勤勉なれ、規律を重んじ礼儀を守れ、健康にして明朗なれ」を校訓としています。本来の自分に目覚めることを教え、心の教育を重要視。
●**学校行事**／校外研修（5月）、錬成会（5月・1年）、鑑賞教室（6月）、セブ島英語合宿（7月）、体育祭・花園祭（9月）、開山忌（11月）など。研修旅行（10月・2年）はＡコースはハワイ、Ｂコースはグアム、カルティベートコースはハワイまたは沖縄を予定。
●**クラブ活動**／体育系は全国レベルの陸上競技、男子バレーボール、ラグビー、硬式野球、剣道、自転車競技、卓球、バドミントンをはじめサッカー、山岳など。文化系は全国大会金賞の吹奏楽、全国大会優勝の囲碁将棋部を筆頭に写真、パソコン、美術のほか、フットサル同好会なども活発に活動しています。
●**海外交流**／海外への研修旅行のほか、希望者を対象としたオーストラリア語学研修（春休み10日間）を隔年で実施。
●**スクールライフ**／3学期制／登校時刻…8：30　／頭髪…染色・パーマ・ツーブロック他禁止／アルバイト…許可（保護者の同意必要）　／自転車通学…許可（学校から1㎞以上離れている地域）　／携帯…持込可

カリキュラム CURRICULUM

●**特進Aコース**
「次代を担うリーダーの育成」を目標に、京大・阪大・神大など難関国公立大への進学をめざします。論理エンジン、独習会、グレード授業など独自のプログラムを通して、リーダーの資質である独習力・学力・コミュニケーション力・人間力を育成。個を大切にする「オーダーメイド教育」によって、1人ひとりにスポットライトが当たるような指導を展開します。
●**特進Bコース**
関関同立をはじめとする難関私立大をめざすコースです。私立大受験に特化した文系／理系の3科目重点カリキュラムのもと、早朝テストや放課後学習会なども利用しながら、目標校に合格できる実力を養成。放課後オプションによって受験に備えた学力を形成することで、クラブ活動にも安心して参加できます。2年進級時にはコース変更が可能（審査有）。
●**進学カルティベートコース**
4年制私立大学への進学を大きな柱としています。「分かる授業」「学び方を身につける授業」に加えて、基礎力完成プログラム（1・2年次）、および実力養成プログラム（3年次）によって着実に実力を養成。放課後・土曜日の学習会、特色ある選択講座やキャリア教育などさまざまな取り組みを通して、将来の選択幅を広げます。クラブ活動への参加も奨励しています。2年進級時にはコース変更が可能（審査有）。

先輩から

花園高校では毎朝、早朝テストがあります。最初はつらくてしんどいものでしたが、いつか習慣となり、単語・熟語を覚えるコツもつかめてきました。「積み重ね」が大切だということが分かりました。授業のスピード、予習・復習の重点のおき方も科目によって異なります。私はとくに予習でわからないところを授業で集中して聞くようにしています。クラブとの両立で忙しいけれど、楽しい毎日です。（Y・O）

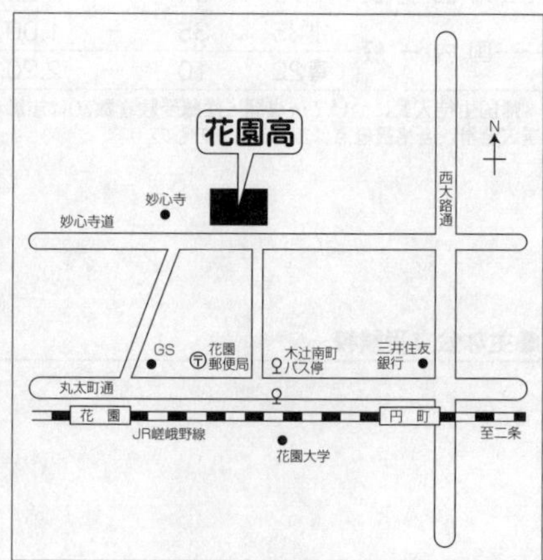

進研Vもし 合格のめやす

●目標偏差値(合格可能性80%)

併願		専願	
特進A	64	特進A	60
特進B	55	特進B	51
進学カルティベート	45	進学カルティベート	41

コース	努力圏	合格圏	安全圏
特進A	努力圏	合格圏	安全圏
特進B	努力圏	合格圏	安全圏
進学カルティベート	努力圏	合格圏	安全圏

(30 35 40 45 50 55 60 65 70 75)

入試状況

●併願

年度	学科・コース	受験者数	合格者数	回し	倍率	合格最低点
'24	特進A(第1回)	159	129	—	1.23	330/500
	特進A(第2回)	119	107	—	1.11	190/300
	特進B(第1回)	296	276	—	—	250/500
	特進B(第2回)	145	136	—	—	160/300
	進学カルティベート(第1回)	305	339	—	—	160/300
	進学カルティベート(第2回)	88	103	—	—	160/300

●専願

年度	学科・コース	受験者数	合格者数	回し	倍率	合格最低点
'24	特進A(第1回)	13	11	—	1.18	310/500
	特進A(第2回)	2	2	—	1.00	180/300
	特進B(第1回)	104	87	—	—	230/500
	特進B(第2回)	17	8	—	—	150/300
	進学カルティベート(第1回)	163	165	—	—	150/300
	進学カルティベート(第2回)	12	12	—	—	150/300

＊特進B・進学カルティベート合格者数には第2・3志望合格者を含む。
＊特進A特別選抜は16名受験16名合格。 ＊合格最低点はボーダー。

●主な公立受験校

北嵯峨ー普通	山城ー普通	亀岡ー普通
桂ー普通	嵯峨野ーこ共／前	洛西ー普通
紫野ー普通	日吉ヶ丘ー普通	嵯峨野ー普通
鴨沂ー普通	紫野ー普通／前	洛西ー普通／前
北稜ー普通	桃山ー普通	山城ー普通／前

入試ガイド

●募集要項　＊2024年度入試実施分

募集人員	特進A70、特進B110、進学カルティベート80
出願期間	1/15〜1/24
受験料	20,000円(連続受験は25,000円)
学力検査	第1回 2月10日　第2回 2月12日
面接	グループ　※特進A特別選抜のみ個人
合格発表	第1回 2月11日　第2回 2月13日
入学手続	専願 2月15日 併願 公立合格発表日翌日

●試験科目と配点・時間

科目	国語	数学	英語	社会	理科
配点	100点	100点	100点	100点	100点
時間	50分	50分	50分	50分	50分

＊第1回入試の特進A・Bは5科、進学カルティベートは3科。特進A特別選抜は作文(80分)・面接。＊第2回入試は全コース3科。

●学費

入学金	120,000円	制服・制定品費	約100,000円
年間授業料	500,000円	教科書・ICT関連等	約100,000円
諸費計	約68,400円	その他	340,000円
修学旅行積立	約200,000円	初年度納入金合計	約1,428,400円

卒業後の進路

卒業者数／393人

大学進学	短大進学	専門学校等	就職	進学準備ほか
305人	7人	49人	6人	26人

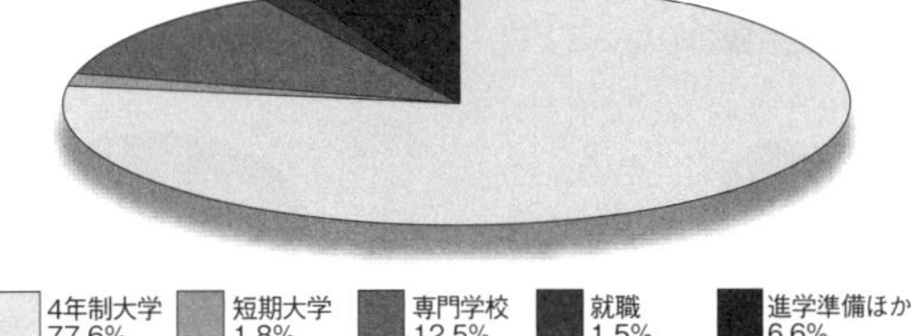

4年制大学 77.6%　短期大学 1.8%　専門学校 12.5%　就職 1.5%　進学準備ほか 6.6%

●主な大学合格状況

国・公立大／

大阪大 4　神戸大 2　九州大 1
滋賀大 2　京都教育大 1　京都工繊大 2
奈良女子大 2　金沢大 2　香川大 1
高知大 1　滋賀県立大 5　京都府立大 3
京都府立医 2　大阪公立大 6　兵庫県立大 2

私立大／

関西大 27　関西学院大 12　同志社大 31
立命館大 93　京都産業大 53　近畿大 26
龍谷大 66　佛教大 57　摂南大 11
神戸学院大 2　追手門学院大 13　桃山学院大 2
明治大 3　法政大 1　花園大 9

京都[共学]

洛南高等学校

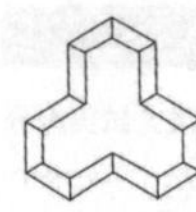

学校法人 真言宗洛南学園
〒601-8478 京都市南区壬生通八条下る東寺町559
TEL075-681-6511　FAX075-671-2317
https://www.rakunan-h.ed.jp/

■創立／昭和37年(1962)　**■校長**／北川辰雄
■生徒数／1,247人(1年／425人 2年／421人 3年／401人)
■併設校／洛南高校附属中学校　洛南高校附属小学校
■沿革／はじまりはおよそ1200年前の綜藝種智院にまで遡ることができます。昭和37年洛南高等学校として発足。同60年附属中学校を開設。平成18年女子にも門戸を開放、男女共学校となりました。
■交通／JR・地下鉄・近鉄「京都」八条口から徒歩13分、近鉄京都線「東寺」から徒歩10分、市バス「東寺東門前」から徒歩3分

インフォメーション INFORMATION

●教育方針／「三帰依」を現代の言葉に直した「自己を尊重せよ」「真理を探求せよ」「社会に献身せよ」を校訓とし、「規律正しく、清潔につとめ、情操豊かに、勉学に励む」を実践項目に掲げています。
●学校行事／御影供(毎月21日)、クラブ紹介・遠足(4月)、バレーボール大会(6月)、水泳大会(7月・1年)、学習合宿(8月、1年)、体育祭(9月)、文化祭(10月)、吹奏楽部定期演奏会・サッカー大会(11月)、歳末助け合い運動(12月)、歌かるた大会(1月)、柔道大会・バスケットボール大会(2月)など。修学旅行(7月・2年)は北海道へ。
●クラブ活動／体育系では全国レベルの陸上、バスケットボール、水泳、体操のほかバレーボール、サッカー、柔道、テニス、野球、剣道などが活躍。文化系は全国大会出場の吹奏楽や競技かるた、ほかに囲碁、将棋、書道、クイズ研究、放送、茶道、理科、写真、華道などの活躍がめだっています。クラブ加入率は約50%です。
●スクールライフ／3学期制／登校時刻…8：40／頭髪…染色・パーマ禁止／アルバイト…禁止／自転車通学…許可(距離、代替の交通機関のないこと等)／携帯…許可制

先輩から

入学前は、生活指導や勉強が厳しいと聞いていましたが、実際入ってみると生活指導は当たり前のことばかりで厳しくはありません。集団や社会のルールを守っていればよいだけで、自然とマナーが身につくように思います。授業は高度な内容もあり、興味深い脱線話も。さすがに進度が速く辛く思うこともありますが、放課後には部活も楽しめ、仲間と励ましあいながら毎日を有意義に過ごしています。

カリキュラム CURRICULUM

●空パラダイム
東大・京大をはじめとする最難関国立大、国公立大医学部への進学をめざすコースです。高校課程の履修内容を早期に完成させ、ハイレベルな演習を実現します。1・2年次は特別講座や学習合宿、予復習の督励と自学自習会などにより基本内容を徹底サポートし、2年次後期には内部進学生の授業進度に同調。応用力完成期となる3年次には入試問題演習・大学別対策を徹底して行い、目標校へのチャレンジに備えます。
●海パラダイム
標準カリキュラムに加えてさらに教科学習を究めようとする人と、課外の活動で自己実現をはかろうとする人がそれぞれの立場を認め合う中で、多様な価値観を育むコースです。αプログラムは主要教科の重点学習により、京大・阪大・神大などの難関国公立大をめざすプログラム。βプログラムは標準カリキュラムに加えて課外の活動をとくに奨励、有名私立大文系進学をめざすプログラムです。

☆学習合宿(1年高野山)は洛南の伝統行事。高野山では1日12時間勉強漬けの日々を送ることで、忍耐する心と規律の大切さを体得します。
☆向上しあう学びの環境こそが強じんな精神力を育みます。3年間の一貫したホームルーム指導とコース制、選択講座できめ細かく、その環境を整えています。

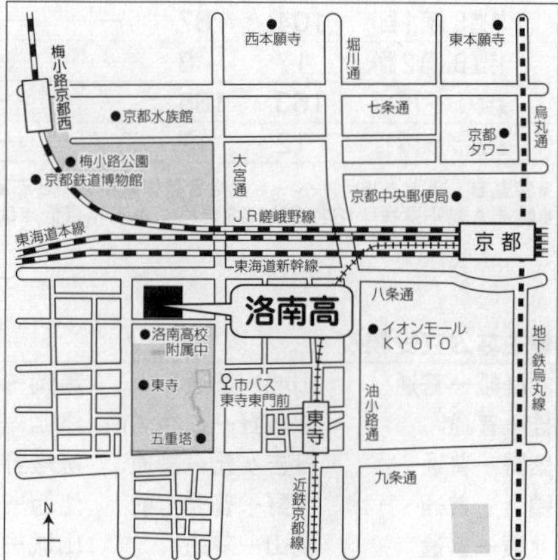

進研Vもし 合格のめやす

●目標偏差値(合格可能性80%)

併願		専願	
空パラダイム	73	空パラダイム	68
海パラダイム	70	海パラダイム	65

30 35 40 45 50 55 60 65 70 75

空パラダイム 努力圏 合格圏

海パラダイム 努力圏 合格圏 安全圏

入試状況

●併願

年度 学科・コース	受験者数	合格者数	回し	倍率	合格最低点
'24 空パラダイム	487	267	—	—	346/500
海パラダイム		152	—	—	303/500
'23 空パラダイム	517	234	—	−	329/500
海パラダイム		216	—	−	285/500
'22 空パラダイム	541	224	—	−	327/500
海パラダイム		235	—	−	285/500

●専願

年度 学科・コース	受験者数	合格者数	回し	倍率	合格最低点
'24 空パラダイム	134	30	—	—	281/500
海パラダイム		89	—	—	238/500
'23 空パラダイム	124	25	—	−	274/500
海パラダイム		88	—	−	221/500
'22 空パラダイム	122	25	—	−	283/500
海パラダイム		84	—	−	238/500

＊合格最低点は合格点を記載。

●主な公立受験校

膳所－普通／特　膳所－普通　堀川－探究／前
膳所－理数／特　西京－エンタ／前　膳所－理数
北野－文理　奈良－普通　嵯峨野－こ専／前
神戸－総理学／推　嵯峨野－こ共／前　市西宮－普通

入試ガイド

●募集要項 ＊2024年度入試実施分

募集人員　空パラダイム48、海パラダイム（α・β）96

出願期間　1/19～1/23
受験料　20,000円
学力検査　2月10日
面接　2月11日
合格発表　2月14日
入学手続　専願 2月15日
　併願 3月20日

●試験科目と配点・時間

科目	国語	数学	英語	社会	理科
配点	100点	100点	100点	100点	100点
時間	60分	60分	60分	50分	50分

●学費

入学金	100,000円	制服等学用品	101,920～円
年間授業料・教育費	763,200円	その他制定品費	—
諸会費計	64,200円	その他	—
修学旅行積立	約 120,000円	初年度納入金合計	約 1,149,320～円

卒業後の進路

卒業者数／420 人

大学進学	短大進学	専門学校等	就職	進学準備ほか
299人	—	3人	1人	117人

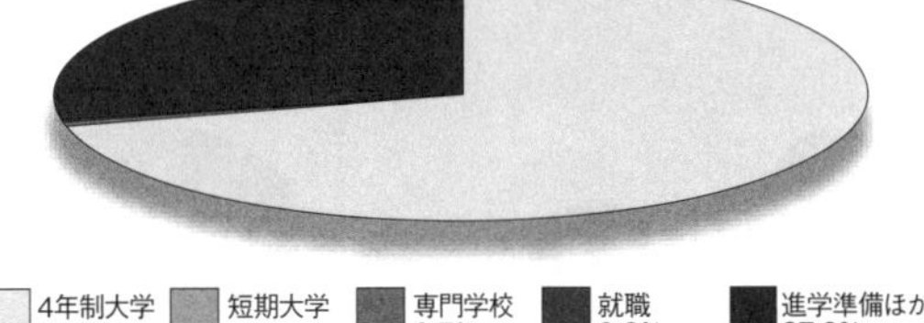

●主な大学合格状況

国・公立大／
東京大 12　京都大 83　大阪大 22
神戸大 27　北海道大 5　東北大 1
滋賀大 8　滋賀医科大 3　京都工繊大 10
大阪教育大 3　奈良女子大 2　滋賀県立大 1
京都府立大 1　京都府立医 11　大阪公立大 35
兵庫県立大 4　奈良県立医 5　和歌山県医 2

私立大／
関西大 79　関西学院大 43　同志社大 114
立命館大 163　京都産業大 13　近畿大 93
甲南大 4　龍谷大 59　佛教大 5
神戸学院大 5　早稲田大 28　慶應義塾大 30

京都［共学］

洛陽総合高等学校

学校法人 洛陽総合学院
〒604-8453 京都市中京区西ノ京春日町8
TEL075-802-0394　FAX075-822-0472
http://www.rakuyo.ed.jp

■**創立**／大正13年(1924)　■**校長**／土屋智裕
■**生徒数**／642人(1年／177人 2年／245人 3年／220人)
■**併設校**／洛陽幼稚園　洛陽第二幼稚園
■**沿革**／大正13年洛陽高等技芸女学校を創立。昭和38年洛陽女子高等学校に校名変更。平成11年洛陽総合高等学校・総合学科の認可を受け、男女共学となりました。
■**交通**／JR嵯峨野線「円町」から徒歩5分、地下鉄東西線「西大路御池」から徒歩10分、阪急京都線「西院」からスクールバス(10分)

インフォメーション　INFORMATION

●**教育方針**／「誠実・忍耐・温和・勤労」を校訓とし、自ら考え判断し、行動するために必要な「総合力」を育成。多彩な専門学習を通して、社会のニーズに適応できる能力を養います。
●**学校行事**／球技大会・文化祭(11月)、ライフプラン発表会(2月)など。修学旅行(2年・10月)は台湾、北海道、関東方面へ。
●**クラブ活動**／全国レベルの実績を残す空手道、ボウリングをはじめ、体育系はバレーボール(男・女)、バスケットボール(男子)、ソフトテニス、サッカー、卓球、陸上競技、バドミントン、ダンス、アームレスリングなど。文化系は軽音楽、美術文芸、パソコン、茶道、料理、e-Sports、競技かるた、写真など。
●**スクールライフ**／2学期制／登校時刻…8：55／頭髪…染色・パーマ禁止／自転車通学…許可(自転車講習を受ける)／携帯…許可(授業中は電源OFF)

カリキュラム　CURRICULUM

●**総合学科**
京都市内で唯一の総合学科の高校です。2年次から系列に分かれて将来の夢や職業選択に見合った授業を選択することができます。その夢を確かなものにするため、1年次に『産業社会と人間』という科目を学び、社会にどんな仕事があるのか、自分の適性はどこにあるのかをしっかり考えることができるようになっています。
◆総合進学系列／基礎から学び、難関・有名私立大学進学を目指します。
◆情報メディア系列／主に映像デザインを学び情報関連の検定にチャレンジします。
◆情報ビジネス系列／ビジネスに関するプロジェクトや実習を通じて社会人としてのスキルを磨きます。
◆感性表現系列／五感を重視してアートや自然と向き合います。
◆調理製菓系列／プロの料理人やパティシエによる授業やアドバイスを通して、食に関する知識や技術の修得を目指します。
◆保育系列／保育の基礎を知り、幼児教育に必要な経験と資質を磨いていきます。

☆「おもしろいな」と感じたことに、しっかり向き合える系列を選び、自分の進路に合った授業を受けることができます。系列の授業を通して「やらされるのではなく、自分から行動する」という、これからの時代に求められる「生きる力」を育みます。

先輩から

PCや映像制作に興味があり、自分の好きなことを学ぶことができる洛陽総合高校に進学を決めました。情報系列の友人や先輩たちと本気で映像制作に取り組み、楽しい時間を過ごすことができました。大学受験は途方もない目標のように感じられましたが、先生方の手厚いサポートや力強い言葉に背中を押され、合格することができました。自分を信じる気持ちをくれる、洛陽総合高校にはそんな出会いがありました。

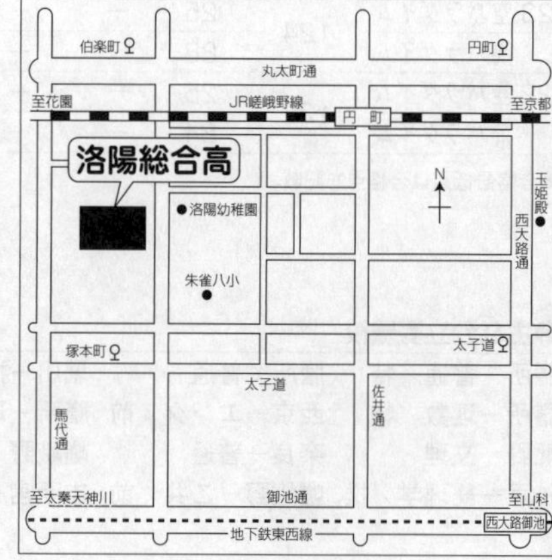

進研Vもし 合格のめやす

●目標偏差値(合格可能性80%)

併願	専願
総合学科(総合進学系列)…43	総合学科(総合進学系列)…41
総合学科(その他専門学科系列)…42	総合学科(その他専門学科系列)…40

30 35 40 45 50 55 60 65 70 75

総合学科(総合進学系列)
努力圏 合格圏 安全圏

総合学科(その他専門学科系列)
努力圏 合格圏 安全圏

入試状況

●併願

年度 学科・コース	受験者数	合格者数	回し	倍率	合格最低点
'24 総合学科	290	290	—	1.00	—/300
'23 総合学科	330	326	—	1.01	—/300
'22 総合学科	286	279	—	1.03	—/300

●専願

年度 学科・コース	受験者数	合格者数	回し	倍率	合格最低点
'24 総合学科	153	151	—	1.01	—/300
'23 総合学科	238	231	—	1.03	—/200
'22 総合学科	208	202	—	1.03	—/200

●主な公立受験校

東稜－普通　朱雀－普通　洛東－普通
栗東－普通　京工学院－もの　洛西－普通
堅田－普通　京すばる－企／前　守山北－普通
北嵯峨－普通　西乙訓－普通　紫野－普通
洛水－普通　向陽－普通／前　洛東－普通／前

入試ガイド

●募集要項　＊2024年度入試実施分

募集人員　総合学科280

出願期間　1/15～1/22
受験料　20,630円
学力検査　2月10日
面接　推薦＝個人　専願＝グループ
合格発表　2月13日
入学手続　推薦・専願　2月21日
併願　3月19日(京都府公立中期発表日翌日)

●試験科目と配点・時間

科目	国語	数学	英語	—	—
配点	100点	100点	100点	—	—
時間	50分	50分	50分	—	—

●学費

入学金	100,000円	制服・制定品費	約 81,000円
年間授業料	570,000円	教科書代	約 15,000円
諸会費計	69,200円	教育充実費	150,000円
施設設備費	70,000円	初年度納入金合計	約 1,055,200円

＊修学旅行費・iPad 代別途必要

卒業後の進路

卒業者数／215人

大学進学	短大進学	専門学校等	就職	進学準備ほか
69人	10人	75人	34人	27人

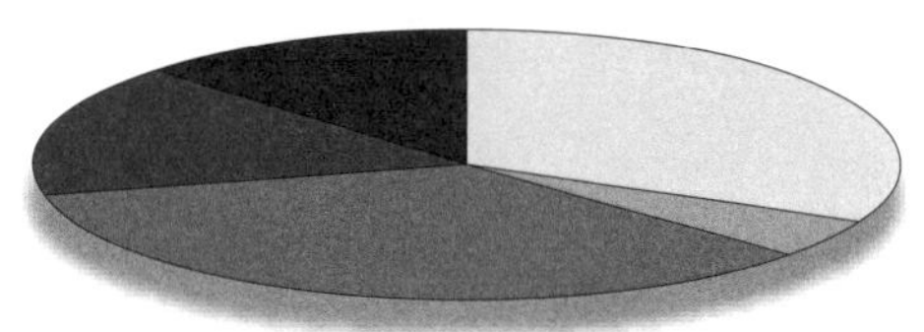

4年制大学 32.1%　短期大学 4.7%　専門学校 34.9%　就職 15.8%　進学準備ほか 12.6%

●主な大学合格状況

私立大／
関西大 3　立命館大 8　京都産業大 11
近畿大 2　龍谷大 8　佛教大 55
追手門学院大 1　明治大 2　法政大 2
立命館ｱｼﾞｱ太平洋大 1　専修大 2　京都橘大 1
京都先端科学大 3　京都精華大 5　京都文教大 1
花園大 24　大谷大 11　大阪学院大 5
大阪電気通信大 4　大阪産業大 2　大阪商業大 1
国士舘大 1　福井工業大 1　天理大 1
京都芸術大 1

京都[共学]

立命館高等学校

学校法人 立命館
〒617-8577 長岡京市調子1丁目1-1
TEL075-323-7111　FAX075-323-7123
https://www.ritsumei.ac.jp/nkc/

■**創立**／明治38年（1905）　■**校長**／東谷保裕
■**生徒数**／1,078人（1年／373人 2年／355人 3年／350人）
■**併設校**／立命館大学　立命館アジア太平洋大学　立命館中学校
■**沿革**／明治38年創立の私立清和普通学校を母体とし、昭和23年新制立命館高等学校を設置。昭和63年深草学舎へ移転、男女共学化。平成26年9月、長岡京キャンパスに移転しました。
■**交通**／阪急「西山天王山」から徒歩8分、JR「長岡京」から徒歩15分、京阪「淀」よりバス約12分

インフォメーション INFORMATION

●**教育方針**／「平和と民主主義」を中心にすえ、「未来を切り開く人間」の養成をめざしています。総合学園ならではの一貫教育を推進。多彩な「国際社会で求められる人材」を育成します。
●**学校行事**／芸術祭（6月）、球技大会（6月、2・3年）、文化祭（9月）、体育祭（10月）、球技大会（11月・1年）、プレゼンテーションコンテスト（2月）など。修学旅行（3月・2年）は生徒がプランを作成（海外2・国内2コース）。
●**クラブ活動**／ホッケー、水泳、フェンシング、ヨットなどが全国大会で活躍しています。ほかに陸上競技、空手道、剣道、硬式野球、サッカー、卓球などの体育系と、放送、書道、演劇、吹奏楽、サイエンス、美術、ダンスなど文化系か活動しています。
●**海外交流**／アメリカ、イギリス、オーストラリア、中国、韓国、東南アジアなど世界中の提携校・姉妹校への留学プログラムを用意。海外からの留学生も受け入れています。
●**スクールライフ**／3学期制／登校時刻…8：50／頭髪…染色・パーマ禁止／アルバイト…禁止／自転車通学…許可（学校から直線距離で2km以上離れ、5km以内に自宅がある場合申請できる）／携帯…許可

カリキュラム CURRICULUM

●**MSコース（文理特進）**
医学部をはじめとする難関国公立大学への進学を視野に入れた、ハイレベルな学びを展開。1年次から難易度の高い学習に挑戦するとともに、命の尊さを学ぶプログラムも充実。3年次には受験科目に対応した演習により合格をサポートします。
●**コアコース（文理総合）**
大学や社会で活躍するのに必要な基礎学力・人間力を育成します。1年次には All in English の授業も行う特別クラス（GJ クラス）を設置。2年次からは、以下の専門3コースを選択します。
◆CEコース（文社系）
立命館大学各学部との連携により、先進的な学習プログラムや科目を導入しています。ロースクール進学をめざすプログラム、文・経営・スポーツ健康学部の単位認定科目など多彩。テーマを設定・調査し、発表する「課題研究」も特色のひとつです。
◆SSコース（理数系）
スーパーサイエンスハイスクール（SSH）として取り組んできた成果をベースに、ハイレベルな理数教育を展開。多様な国際プログラムに取り組む特別クラス（SSG クラス）を設置。
◆GLコース（文社系国際）
立命館大学の国際関係学部、立命館アジア太平洋大学、海外大学への進学を視野に、異文化の理解と高い英語運用能力を養成し、次代を担うグローバル・リーダーをめざします。

先輩から

高2のとき、10ヶ月間カナダでの留学を経験。口頭発表を英語で行なうなど、留学前には全く想像つかないことの連続でした。カナダの学校での授業は皆で議論を交しながら進めます。その中で私が学んだのは、他人に同調することではなく、「違い」を見い出し発信することがコミュニケーションにおいて大切だということです。今では「留学前よりハキハキ自分の意見を言うようになった」とよく言われています。（M・K）

進研Vもし 合格のめやす

●目標偏差値(合格可能性80%)

併願		専願	
MS	70	MS	68
コアGJ	69	コアGJ	65
コア	68	コア	64

30 35 40 45 50 55 60 65 70 75

MS：努力圏 合格圏 安全圏

コアGJ：努力圏 合格圏 安全圏

コア：努力圏 合格圏 安全圏

入試状況

●併願

年度	学科・コース	受験者数	合格者数	回し	倍率	合格最低点
'24	MS(前期)	43	32	—	1.34	317/500
	コアGJ(前期)	8	3	—	2.67	315/500
	コア(前期)	15	5	—	3.00	314/500
	MS(後期)	132	96	—	1.38	194/300
	コアGJ(後期)	27	21	—	1.29	193/300
	コア(後期)	36	10	2	3.60	191/300

●専願

年度	学科・コース	受験者数	合格者数	回し	倍率	合格最低点
'24	MS(前期)	1	1	—	1.00	187/250
	コアGJ(前期)	9	4	—	2.25	190/250
	コア(前期)	17	10	1	1.70	180/250
	MS(後期)	1	1	—	1.00	186/250
	コアGJ(後期)	10	7	—	1.43	182/250
	コア(後期)	14	8	—	1.75	182/250

＊推薦入試はMS3名受験3名合格、コアGJ21名受験21名合格、コア76名受験76名合格。＊コア GJ 合格最低点には英検資格取得加点を含む。

●主な公立受験校

茨木－文理　北野－文理　堀川－探究／前
千里－国際文化　豊中－文理　桃山－自然／前
嵯峨野－こ共／前　山城－文理／前　膳所－普通／特

入試ガイド

●募集要項　＊2024年度入試実施分

募集人員	MS（文理特進）70、コア・GJクラス（国際）80、コア（文理総合）200 ＊内部進学約220含む
出願期間	1/16～1/25
受験料	20,000円
学力検査	前期2月10日　後期2月12日
面接	推薦入試およびMSコース専願
合格発表	2月14日
入学手続	推薦・専願 2月16日 併願 3月21日

●試験科目と配点・時間

科目	国語	数学	英語	社会	理科
配点	100点	100点	100点	100点	100点
時間	50分	50分	50分	50分	50分

＊後期は3教科(国数英) 各60分・各100点。＊推薦入試MS＝3科、コアGJ＝英語エッセイ、コア＝小論文。＊専願総合判定＝(3年間評定合計135点)＋(活動実績15点)＋(学科試験合計÷科目数)＝250点。＊英検資格活用あり(コア GJ)。

●学費

入学金	120,000円	諸会費計	24,500円
年間授業料	672,000円	教材学級諸費	90,500～円
教育充実費	264,000円	iPad関連費	79,860～円
	—	初年度納入金合計	1,250,860～円

＊コースにより異なる

卒業後の進路

卒業者数／347 人

大学進学	短大進学	専門学校等	就職	進学準備ほか
—	—	—	—	—

＊人数は非公表

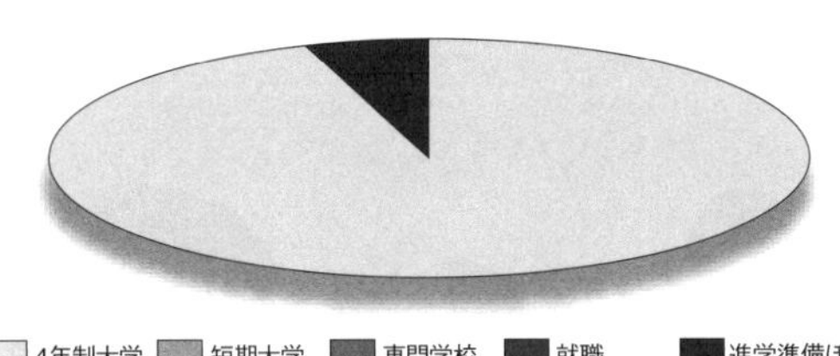

●主な大学合格状況

国・公立大／
京都大 8　大阪大 3　神戸大 3
北海道大 1　九州大 3　滋賀大 1
滋賀医科大 2　京都教育大 1　京都工繊大 2
東京工業大 1　広島大 1　金沢大 1
信州大 2　岡山大 1　九州工業大 2
滋賀県立大 1　京都府立医 1　大阪公立大 5
兵庫県立大 1

私立大／
立命館大 285　立命館ｱｼﾞｱ太平洋大 9　関西大 13
関西学院大 6　同志社大 24　近畿大 4
摂南大 3　早稲田大 1　慶應義塾大 1

立命館宇治高等学校

学校法人 立命館
〒611-0031 宇治市広野町八軒屋谷33番1
TEL0774-41-3000　FAX0774-41-3555
https://www.ritsumei.ac.jp/uji/

■創立／平成7年（1995）　**■校長**／越智規子
■生徒数／1,207人（1年／405人 2年／408人 3年／394人）
■併設校／立命館大学 立命館アジア太平洋大学
■沿革／平成7年立命館大学附属高校として開校。同14年現在地に全面移転。同31年文部科学省からWWL拠点校の指定を受けました。
■交通／近鉄「大久保」・JR「新田」から徒歩約20分（バス約10分）、京阪宇治線「宇治」からバス約20分、JR奈良線「宇治」からバス約15分

インフォメーション　INFORMATION

●教育方針／語学力と広い視野をもって異文化を理解する国際化教育、高い倫理観による貢献の教育、統合と卓越の教育、情報化教育をコンセプトとし、世界水準の人間を育てます。
●学校行事／オリエンテーション・校外学習（4月）、体育祭（5月）、演劇鑑賞（6月）、興風祭（9月）、学術祭（2月）など。海外研修旅行はオーストラリア、カナダ、イギリス、バリ島、タイへ。
●クラブ活動／体育系では女子駅伝で知られる陸上競技をはじめ、硬式野球、アメリカンフットボール、柔道、サッカー、テニス、ラクロス、バトントワリングなどの活躍が目立ちます。文化系は書道や演劇、美術、吹奏楽、写真、自然科学などが活動中です。
●海外交流／研修旅行はオーストラリア・タイ・カナダ・イギリス・バリ島などの希望地でホームステイ（約2週間）。IMコースは英語圏での留学（1年間）が必須。姉妹校とのネットワークを生かし、短期・長期の交換留学制度を整えています。
●スクールライフ／3学期制／登校時刻…8：40／頭髪…染色・パーマ禁止／アルバイト…禁止／自転車通学…許可（条件を満たしている者のみ、台数制限あり）／携帯…許可

カリキュラム　CURRICULUM

●IB（国際バカロレア）コース
海外の名門大学への進学をめざすコースです。国際バカロレア・ディプロマプログラム（IBDP）に基づく世界水準の教育プログラムで学ぶことにより、海外の大学への出願・入学資格を得ることができます。英語以外の教科力も厳しくかつバランスよく養成し、世界に目を向けながら、世界で活躍できる実力を身につけていきます。
●IM（イマージョン）コース
国内トップクラスの高度な英語力を育成するコースです。在学中に1年間の海外留学を実施。帰国後は世界水準の共通カリキュラムに基づき、国語以外の授業を英語で学ぶイマージョンプログラムを展開。卒業後は、併設大で4年間英語だけで学ぶ高度な国際教育プログラムへの進学をはじめ、海外大学への進学の道も開けます。
●IG（インテグレイテッド グローバル）コース
立命館大学の附属校であるメリットを最大限に生かしたコースです。2年生からは文系・理系の枠を超えた科目選択が可能で、それぞれの興味・関心・進学希望学部にあわせて履修科目を選択していきます。英語は習熟度別に受講。一定の要件をみたせば模擬国連等の国際的なイベントにも参加できます。

先輩から

「英語が話せるようになりたい」の一心で、IMコースに入学しました。私が留学先に選んだのはニュージーランド。ネイティブの先生からしっかり学んでいたので、現地校の授業も早期に理解できるようになりました。毎日が楽しくて、出発前の「行きたくない」が「帰りたくない」に変わるのに時間はいりませんでした。帰国後は、国語以外の授業はすべて英語。英語で受講する数・理・社もレベルが高いです。

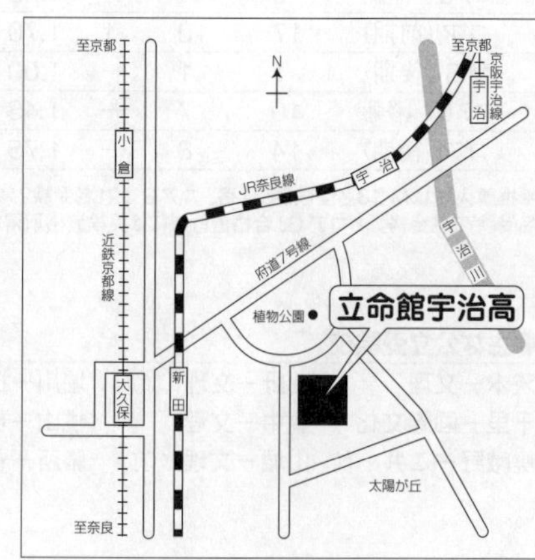

進研Vもし 合格のめやす

●目標偏差値(合格可能性80%)

併願	専願
	IB……65
	IM……65
IG・B日程……65	IG・B日程……63
	IG・A日程……63

コース	努力圏	合格圏	安全圏
IB	努力圏	合格圏	安全圏
IM	努力圏	合格圏	安全圏
IG・B日程(併願)	努力圏	合格圏	安全圏
IG・A日程	努力圏	合格圏	安全圏

(目盛:30 35 40 45 50 55 60 65 70 75)

入試状況

●併願

年度	学科・コース	受験者数	合格者数	回し	倍率	合格最低点
'24	IB・A日程	—	—	—	—	—/—
	IM・A日程	—	—	—	—	—/—
	IM・B日程	—	—	—	—	—/—
	IG・A日程	—	—	—	—	—/—
	IG・B日程	40	12	—	3.33	315/500

●専願

年度	学科・コース	受験者数	合格者数	回し	倍率	合格最低点
'24	IB・A日程	推1	1	—	1.00	—/—
		専1	1	—	1.00	—/—
	IM・A日程	推16	16	—	1.00	—/—
		専27	15	—	1.80	345/500
	IM・B日程	専24	13	—	1.85	306/500
	IG・A日程	推134	134	—	1.00	—/—
		専45	19	—	2.37	350/500
	IG・B日程	専54	15	—	3.60	296/500

＊点数は500点満点に換算。＊国際入試除く。

●主な公立受験校

桃山ー自然／前

入試ガイド

●募集要項 ＊2024年度入試実施分

募集人員	IB（国際バカロレア）／IM（イマージョン）／IG…225 ＊帰国生・外国籍生徒40名を含む
出願期間	1/15〜1/23
受験料	20,000円
学力検査	A日程2月10日　B日程2月11日
面接	推薦・専願のみ(IBは保護者1名同伴)
合格発表	2月13日
入学手続	推薦・専願 2月16日 併願 3月18日

●試験科目と配点・時間

科目	国語	数学	英語	社会	理科
配点	100点	100点	100点	100点	100点
時間	50分	50分	50分	50分	50分

＊A日程推薦：IBは小論文(英)と数学(英)、IG/IMは3科(国数英)。＊A日程専願：IG5科、IM3科、IB小論文(英)と数学(英)。＊B日程(IG専併/IM専)は3科。＊IB数学は45分。

●学費

入学金	120,000円	制服代	61,616〜円
年間授業料	638,000円	その他制定品費	39,760〜円
諸会費計	98,800円	教育充実費	291,000円
修学旅行積立	—	初年度納入金合計約	1,027,800〜円

＊修学旅行積立は行き先により異なる。　＊合計は制服・制定品代除く。

卒業後の進路

卒業者数／418人

大学進学	短大進学	専門学校等	就職	進学準備ほか
—	—	—	—	—

＊非公表

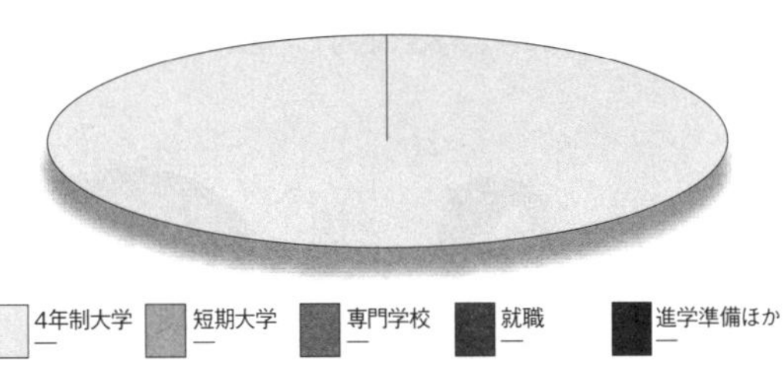

●主な大学合格状況(現役のみ) ＊進学決定先

国・公立大／
岡山大 1　神戸市外国語大 1

私立大／
立命館大 363　立命館ｱｼﾞｱ太平洋大 5　関西大 1
同志社大 2　兵庫医科大 1　早稲田大 4
慶應義塾大 1　上智大 4　国際基督教大 1
青山学院大 1　明治大 1　東京農業大 1
仙台大 1　愛知学院大 1　桜美林大 1
洗足学園音楽大 1

京都［共学］

龍谷大学付属平安高等学校

学校法人 龍谷大学
〒600-8267 京都市下京区御器屋町30
TEL075-361-4231　FAX075-371-1793
https://www.heian.ed.jp

■創立／明治9年（1876）　■校長／山脇　護
■生徒数／1,292人（1年／451人 2年／426人 3年／415人）
■併設校／龍谷大学　同短期大学部　龍谷大学付属平安中学校
■沿革／明治9年金亀教校を開校。昭和23年新制平安高等学校設立。平成7年龍谷大学と教育連携。同15年男女共学を開始。同20年龍谷大学の付属校となり、現校名に変更。
■交通／JR「京都」徒歩15分、JR「梅小路京都西」徒歩7分、阪急「大宮」徒歩15分、京阪「七条」からバスで「七条大宮・京都水族館前」

インフォメーション INFORMATION

●**教育方針**／仏教、とくに親鸞聖人のみ教えに基づく人間教育が建学の精神。龍谷大学との連携プログラムのもと、「ことば・じかん・いのち」を大切にした人間形成に努めています。
●**学校行事**／花まつり（4月）、宗祖降誕会・校外学習（5月）、芸術鑑賞（6月）、文化祭（9月）、体育祭（10月）、報恩講（1月）、涅槃会（2月）など。学園祭では合唱（1年）・演劇（2年）・模擬店（3年）を実施。研修旅行（2年）はハワイまたは沖縄へ。
●**クラブ活動**／全国制覇4回の硬式野球をはじめ軟式野球、フェンシング、チアダンス、卓球、柔道などが全国レベルで活躍。体育系はほかに剣道、陸上競技など。文化系は吹奏楽、写真、美術、鉄道研究、書道などが活動しています。
●**海外交流**／全員参加の研修旅行や、希望者を対象としたオーストラリア語学研修（3週間・1、2年次）と同・短期留学（2ヵ月間・プログレス3年次）、ハワイPBAとの生徒相互受け入れ交流プログラムがあります。
●**スクールライフ**／3学期制／登校時刻…8：25／頭髪…染色・パーマ等禁止／アルバイト…禁止／自転車通学…許可（申請必要）／携帯…許可（学校敷地内では電源をOFFにする）

カリキュラム CURRICULUM

●**特進コース**
週3回の大学受験対策講座、休暇中の補習講座を実施し、大学入試に対応できる学力を育みます。また、1年間を通して定期的に模擬テストを実施し、一人ひとりに的確な学習計画を立てた指導をしていきます。2年次には進学先にあわせた文系・理系のクラスを編成し、基礎学力から実践力養成まで、充実した学習で、第一志望大学現役合格を目指します。
●**プログレスコース**
龍谷大学に進学して何を学ぶのかを、早い段階から考え、大学教育で求められる学力の育成を目指します。2年次から、『グローバル英語専修クラス』『理数専修クラス』を設け、特色を生かした龍谷大学の学部学科への接続を図ります。2・3年次には、教科を超えた「現代を学ぶ」「理数研究」などの学校設定科目も履修し、人間的な成長を促し、龍谷大学の中核的な学生となるために必要な力を養います。
●**アスリートコース**
硬式野球部（男子）の生徒だけで編成されるクラスです。目標は『全国制覇』、目的を『人間形成』とし、「心・技・体・知」を磨きます。龍谷大平安ボールパークで練習に励み、甲子園出場、そして全国制覇を目指します。HEIAN全生徒の青春の証は甲子園、その要となるのがアスリートコースです。

先輩から

龍谷大平安の良いところは先生方が熱く、面倒見の良いところ。私が出会った先生方はそれぞれ違うアプローチの仕方で全員が自分たち生徒のことを第一に考えてくれていました。また、ドラゴンゼミでは綿密な模試結果の分析に基づく、本格的な大学受験対策が受けられるなどメリットがあり、力強くサポートしていただきました。第一志望の大学に合格できたのも学校で勉強のリズムを確立できたことが大きかったです。

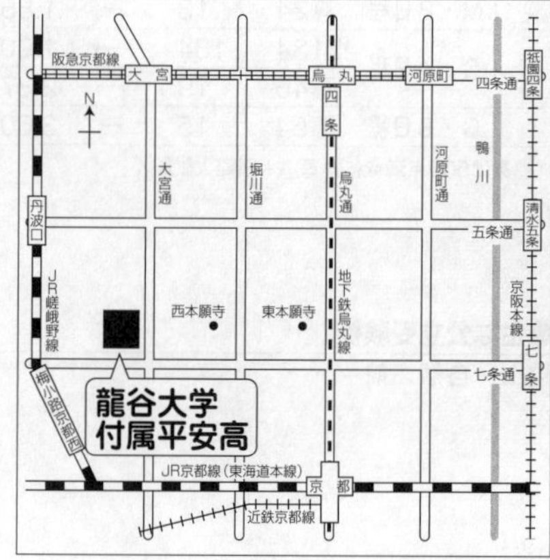

進研Vもし 合格のめやす

●目標偏差値（合格可能性80%）

併　願		専　願	
特進	58	特進	56
プログレス	53	プログレス	50

30 35 40 45 50 55 60 65 70 75

特進
努力圏 合格圏 安全圏

プログレス
努力圏 合格圏 安全圏

入試状況

●併願

年度	学科・コース	受験者数	合格者数	回し	倍率	合格最低点
'24	特　　進	181	151	—	1.20	340/500
	プログレス	267	235	29	1.14	300/500
	アスリート	—	—	—	—	—/—

●専願

年度	学科・コース	受験者数	合格者数	回し	倍率	合格最低点
'24	特　　進	30	25	—	1.20	340/500
	プログレス	356	293	4	1.22	300/500
	アスリート	32	32	—	1.00	—/500

＊合格最低点は専併とも同じ。加算点を含む。

●主な公立受験校

鳥羽ー普通	山城ー普通	莵道ー普通
鳥羽ーグロー／前	紫野ー普通	東大津ー普通／特
桂ー普通	洛西ー普通	東大津ー普通
大津ー普通	玉川ー普通	桃山ー普通
洛北ー普通	西城陽ー普通／前	草津東ー普通

入試ガイド

●募集要項　＊2024年度入試実施分

募集人員	特進40、プログレス260、アスリート（推薦男子・硬式野球）30
出願期間	1/15～1/26
受験料	20,000円
学力検査	2月10日
面接	実施しない
合格発表	2月12日
入学手続	推薦・専願 2月15日 併願 3月19日（公立発表の翌日）

●試験科目と配点・時間

科目	国語	数学	英語	社会	理科
配点	100点	100点	100点	100点	100点
時間	50分	50分	50分	50分	50分

＊英検・漢検・数検資格活用あり。

●学費

入学金	120,000円	制服代	約 108,000～円
年間授業料（施設費含）	860,000円	ICT 端末費	約 100,000円
諸会費計	91,600円	その他諸経費	77,000円
研修旅行積立	約 200,000円	初年度納入金合計	約 1,356,600～円

＊合計は研修旅行積立金を除く　＊プログレスコースの場合

卒業後の進路

卒業者数／484 人

大学進学	短大進学	専門学校等	就職	進学準備ほか
454人	3人	8人	4人	15人

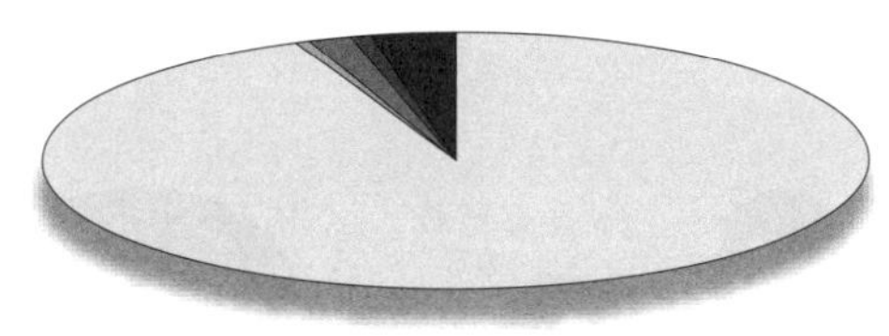

4年制大学 93.8%　短期大学 0.6%　専門学校 1.7%　就職 0.8%　進学準備ほか 3.1%

●主な大学合格状況

国・公立大／

東京大 1	神戸大 2	滋賀大 1
京都教育大 2	京都工繊大 1	和歌山大 1
広島大 1	千葉大 1	岐阜大 1
高知大 2	島根大 1	滋賀県立大 2
京都府立医 2	奈良県立大 1	釧路公立大 2

私立大／

関西大 24	関西学院大 4	同志社大 8
立命館大 21	京都産業大 19	近畿大 33
甲南大 1	龍谷大 364	佛教大 31
摂南大 4	神戸学院大 2	追手門学院大 5
早稲田大 1	慶應義塾大 2	東京理科大 1

一燈園高等学校

学校法人 燈影学園
〒607-8025 京都市山科区四ノ宮柳山町29
TEL075-595-3711　FAX075-595-6764
http://www.ittoen.ed.jp

■**創立**／昭和9年（1934）　■**校長**／村田俊喜
■**生徒数**／14人（1年／8人 2年／2人 3年／4人）
■**併設校**／一燈園中学校
■**沿革**／大正13年実践的思想家・西田天香によって創設された燈影塾を前身としています。昭和22年新制中学校として認可され、燈影学園中学校を設置。同26年一燈園中学校と校名変更。翌27年高等部が一燈園高等学校として認可されました。
■**交通**／京阪大津線「四宮」から徒歩5分

インフォメーション INFORMATION

●**教育方針**／“根本のことを自然な方法で教える”という建学の精神にもとづき、机上の学習だけでなく人間教育、人格教育を大切にしています。なかでも小学校から高校までの1学年10人程度の少人数教育の中で、縦の人間関係の育成に注力。「祈り」「汗」「学習」の三本柱をもとに、基礎学力の充実をはかっています。

●**学校行事**／遠足（5月）、観劇会（6月）、夏期セミナー「夏安居」（7月）、夏山登山（8月）、運動会（9月）、霜月接心（11月）、年頭行願（1月）、スキー教室（2月）、避難訓練（3月）など。夏期学校（夏安居・大禹壁）では、全国の先生からユニークな授業を受けることができます。研修旅行（6月）は宮崎へ。

●**クラブ活動**／少林寺拳法、バドミントン、音楽、家庭科、美術の各クラブが活動しています。

●**スクールライフ**／3学期制／登校時刻…8：20／頭髪…校則なし／アルバイト…許可（アルバイト申請願を提出し、許可の場合に限る）／自転車通学…許可（自転車通学希望届を提出し、許可の場合に限る）／携帯…許可（登下校のみ可、授業中は職員室あずかり）

カリキュラム CURRICULUM

●**普通科**
少人数教育の長所を生かし、基礎学力の充実をはかっています。場合によっては1人ひとりに適切な教材を与え、それぞれの持つ力を効率的に伸ばす指導が行われています。また、他校では実施されていない特別な科目も開講されています。奉仕活動（作務と称する）、謡曲・能、日本舞踊、洋舞、剣道、少林寺拳法などが時間割に組み込まれて実施されています。これらの授業は生徒の集中力を向上させたり、総合的な学力伸長に大きな影響を与えていると思われます。各種検定にも力を入れており、漢字検定・英語検定には全員年1回以上挑戦しています。
1学年1クラス10名前後の少人数によるきめの細かい教育を行い、毎朝の一燈園礼堂における朝課、昼食時の食作法では小学生・中学生と同席し、縦のつながりを大切にしながら礼儀・作法を身につけます。また、英語検定・漢字検定を奨励し、自主学習・自立学習を指導しています。

先輩から

一燈園の学校には、作務という授業があります。作務とは奉仕活動のようなもので、清掃、竹林の土入れ、筍掘りなど様々な仕事をします。私はこの時間を通して今まで“あたりまえ”だと思っていた事は、誰かのおかげで成り立っていたことに身をもって実感し、誰かのために働く喜び、達成感を知りました。これは、一燈園だからこそ学べたことだと思います。この学校でそんな学びをしてみませんか？（K・M）

進研Vもし　合格のめやす

●目標偏差値(合格可能性80%)

併願	専願
普通科…………47	普通科…………42

30 35 40 45 50 55 60 65 70 75

普通科　努力圏　合格圏　安全圏

入試ガイド

●募集要項　＊2024年度入試実施分

募集人員　普通科10

出願期間　1/16～2/2
受験料　20,000円
学力検査　2月10日
面接　生徒・保護者別で実施
合格発表　2月13日
入学手続　専願 2月20日
　併願 公立合格発表の翌日

●試験科目と配点・時間

科目	国語	数学	英語	—	—
配点	100点	100点	100点	—	—
時間	50分	50分	50分	—	—

●学費

入学金	120,000円	制服代	—
年間授業料	493,200円	施設設備費	108,000円
教育充実費	36,000円	その他	—
修学旅行積立	—	初年度納入金合計	757,200円

入試状況

●併願

年度	学科・コース	受験者数	合格者数	回し	倍率	合格最低点
'24	普通科	—	—	—	—	—/—
'23	普通科	2	2	—	1.00	—/—
'22	普通科	—	—	—	—	—/—

●専願

年度	学科・コース	受験者数	合格者数	回し	倍率	合格最低点
'24	普通科	1	1	—	1.00	—/—
'23	普通科	1	1	—	1.00	—/—
'22	普通科	4	3	—	1.33	—/—

●主な公立受験校

—

卒業後の進路

卒業者数／8人

大学進学	短大進学	専門学校等	就職	進学準備ほか
5人	1人	1人	1人	—

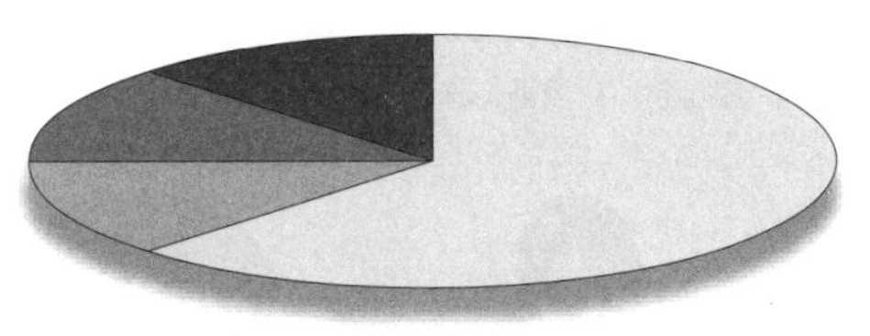

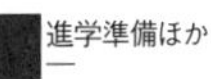

●主な大学合格状況

私立大／
同志社大 1　梅花女子大 1　京都芸術大 1
関西外国語大 1　産業技術短大 1　大阪国際工科専門職大 1

京都共栄学園高等学校

学校法人 共栄学園
〒620-0933 福知山市篠尾62-5
TEL0773-22-6241　FAX0773-22-0968
https://www.kyoei.ed.jp

■創立／昭和23年（1948）　■校長／谷垣拓郎
■生徒数／651人（1年／205人 2年／232人 3年／214人）
■併設校／京都共栄学園中学校
■沿革／昭和23年私塾を開設。同24年経理専門学校となる。同36年高等学校を、同43年中学校を開校。同61年普通科単独校となる。平成15年単位制通信制課程を開設。
■交通／JR「福知山」から徒歩7分

インフォメーション INFORMATION

●**教育方針**／建学の精神である「自立共栄」のもと、生徒の多様な価値観と個性を尊重し、「志を持って豊かな未来を創る人」を導き育てる、北近畿随一の教育拠点であり続けることをスクールミッションと定めています。

●**学校行事**／（4月）校外学習、（9月）文化祭、（10月）体育祭、（12月）高2ハワイ修学旅行。

●**クラブ活動**／体育系は全国出場を目指し、陸上競技、柔道、剣道、硬式野球、サッカー、バスケットボール、硬式テニス、女子ソフトボール、水泳が活動しています。文化系では吹奏楽、美術、放送、理科、茶道・華道、鉄道研究、文芸、将棋、合唱、e-sportsが活動中。

●**施設・設備**／武道館は専用クッションを採用した最高水準のフロア。また「サッカー部・柔道部」が入寮するスポーツ寮1、「野球部」が入寮するスポーツ寮2に加え、2023年度から「吹奏楽部」の女子生徒専用の女子寮が開始。サッカー部専用グラウンドと野球部専用球場の建設に着手しました。

●**スクールライフ**／3学期制／登校時刻…8：50／頭髪…染色・パーマ禁止／アルバイト…許可（申請による）／自転車通学…許可（登録制）／携帯…許可（授業中OFF）

先輩から

共栄で過ごした3年間は、一生忘れられないほど濃密なものでした。先生方は確かな学力と指導力を持ちながらも、生徒の気持ちに寄り添った授業をしてくださったことで、無理なく実力を伸ばすことができたのだと思います。子供のころから医者になりたいという夢があったのですが、バタビアコースに入ったことで夢に近づくことができました。共栄は「今」の充実感と「未来」への希望を与えてくれる学校です。（K・N）

カリキュラム CURRICULUM

●**バタビアコース**
東大・京大などの難関国公立大、医歯薬学部への進学率が高いことがバタビアの特徴です。個々の目標に応じた科目が選択でき、あらゆる受験に対応したカリキュラム。長期休暇中の進学補講や放課後の特別進学補講、また的確な指導を進めることにより、難関大学への現役合格を確実にする体制を整えています。

●**進学コース**
部活動に励み、勉強もする。はっきりとした目標を持って国公立大学や有名私立大学への進学をめざすコースです。7校時授業や補習により学習時間をしっかり確保し、豊富な国数英等の教科に加えて受験学部に必要な科目も選択可能です。

●**総合コース**
◆文理系　進学にも就職にも対応できる、幅広い進路をめざすコースです。漢検や英検などの資格取得、部活動にも十分取り組むことができます。キャリア教育にも力を入れています。
◆情報系　情報処理の基礎から応用に至るまで、時間をかけて習得していきます。情報系の各種検定の取得も可能です。
◆美術系　デザイン・絵画・立体造形を基礎から学び、作品制作を行うとともに、デジタルでの作品制作にも力を入れています。多彩な実習・鑑賞は勿論、大学の実技試験対策授業もあり、多くの先輩が美大・芸大に進学しています。
◆スポーツ系　外部講師を定期的に招き、実践的なスポーツ理論やコンディショニングなどの授業を展開します。また授業として所属するクラブの競技に取り組む時間も確保しています。

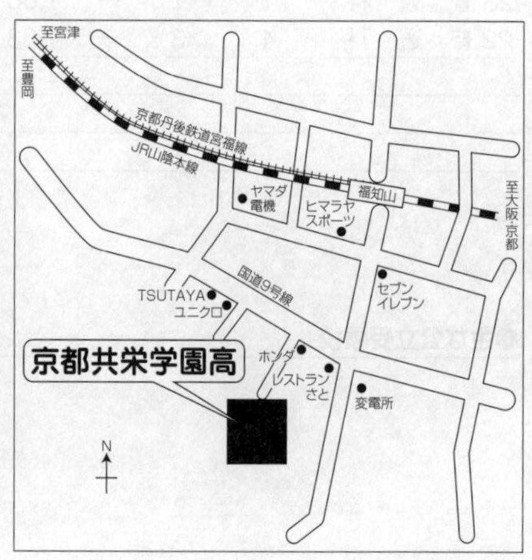

進研Vもし 合格のめやす

●目標偏差値(合格可能性80%)

併願		専願	
バタビア	63	バタビア	58
進学	52	進学	48
総合	44	総合	39

30 35 40 45 50 55 60 65 70 75

バタビア
努力圏 合格圏 安全圏

進学
努力圏 合格圏 安全圏

総合
努力圏 合格圏 安全圏

入試状況

●併願

年度	学科・コース	受験者数	合格者数	回し	倍率	合格最低点
'24	バタビア	13	8	—	1.63	—/—
	進学	129	127	5	1.02	—/—
	総合	97	92	2	1.05	—/—
'23	バタビア	15	3	—	5.00	—/—
	進学	178	156	12	1.14	—/—
	総合	134	124	22	1.08	—/—

●専願

年度	学科・コース	受験者数	合格者数	回し	倍率	合格最低点
'24	バタビア	37	36	—	1.03	—/—
	進学	55	52	—	1.06	—/—
	総合	78	77	3	1.01	—/—
'23	バタビア	38	35	—	1.09	—/—
	進学	63	60	3	1.05	—/—
	総合	105	13	3	8.08	—/—

＊受験者数は出願数。

●主な公立受験校

福知山－普通　福知山－文理／前　福知山－普通／前
工業－ロボ／前　綾部－普通　宮津－普通
宮津－普通／前　工業－機械／前　八鹿－普通
柏原－普通　工業－情報／前　東舞鶴－普通／前
西舞鶴－普通　西舞鶴－理数／前　峰山－普通

入試ガイド

●募集要項　＊2024年度入試実施分

募集人員	バタビア35、進学80、総合（情報系／美術系／スポーツ系〈専願のみ〉／文理系）80
出願期間	1/24～1/31
受験料	15,000円
学力検査	2月10日
面接	学校推薦、自己推薦のみ(個人)
合格発表	2月15日
入学手続	専願 2月25日 併願 3月21日

●試験科目と配点・時間

科目	国語	数学	英語	社会	理科
配点	100点	100点	100点	100点	100点
時間	50分	50分	50分	50分	50分

＊学校推薦入試・自己推薦入試は作文(50分・600字程度)、面接。

●学費

入学納付金	100,000円	制服・制定品代	60,170～円
年間授業料	532,000円	教科書代等	約 59,000～円
教育充実費	10,000円	iPad代	約 80,000円
諸会費計	17,200円	初年度納入金合計	約 858,370～円

＊別途修学旅行費約300,000円必要(分納可)　＊総合コースの場合

卒業後の進路

卒業者数／212 人

大学進学	短大進学	専門学校等	就職	進学準備ほか
134人	6人	38人	30人	4人

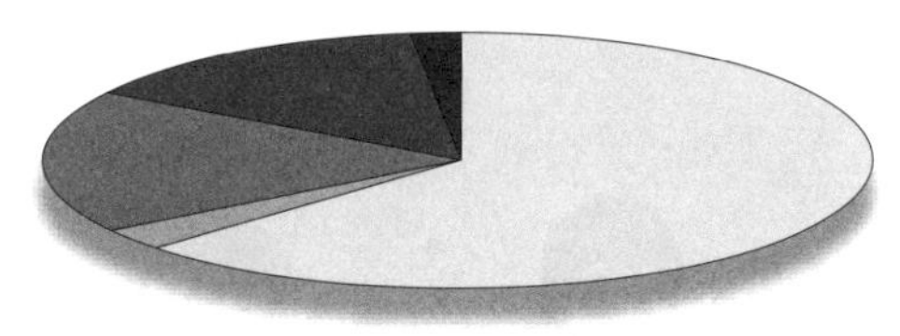

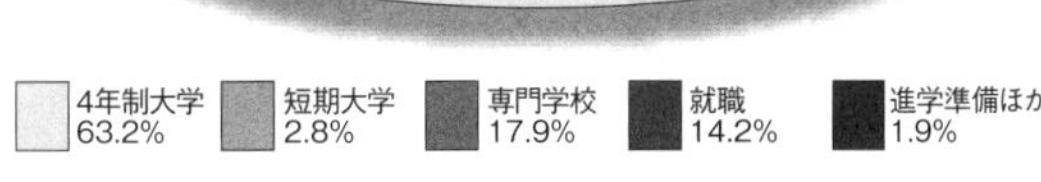

●主な大学合格状況

国・公立大／
京都大 1　神戸大 2　滋賀医科大 1
京都教育大 2　京都工繊大 3　大阪教育大 1
和歌山大 1　筑波大 1　鳥取大 3
島根大 2　名古屋工業大 1　広島大 1
京都府立医 1　大阪公立大 2　兵庫県立大 1
私立大／
関西大 15　関西学院大 23　同志社大 14
立命館大 38　京都産業大 10　近畿大 28
甲南大 2　龍谷大 28　佛教大 17
摂南大 4　神戸学院大 3　追手門学院大 1
早稲田大 1　東京理科大 3　明治大 3

京都暁星高等学校

学校法人 聖ヨゼフ学園
〒626-0065 宮津市獅子崎30
TEL0772-22-2560 FAX0772-22-5902
https://kghs.ed.jp/

■創立／明治40年(1907)　**■校長**／玉手健裕
■生徒数／113人(1年／38人 2年／32人 3年／43人)
■沿革／明治40年ルラーブ神父が女子教育の場として、教会敷地内に宮津裁縫伝習所を創設。昭和36年暁星女子高等学校と改称。平成15年宮津市獅子崎に新校舎完成移転。京都暁星高等学校と校名変更。男女共学普通科総合選択制を導入。
■交通／京都丹後鉄道「宮津」から2.2km(徒歩30分)、丹海バス・田井線「暁星高校前」下車すぐ

インフォメーション INFORMATION

●教育方針／校訓は「自尊　自知　自制」で創立者ルイ・ルラーブ神父から暁星を託されたブルトン司教が定めたもの。キリスト教の価値観に基づき、少人数教育を生かし、一人ひとりを大切に、徹底した個人指導を展開する。
●学校行事／新入生オリエンテーション(4月・1年)、文化祭(6月)、ニュージーランド海外研修(7月・1年)、夏期講習(7月)、各種ボランティア(8月)、ネパールワークキャンプ(9月・2年)、秋期講習(9月・進学講習選択者)、体育祭(10月)、冬期講習(12月・進学講習選択者)、学校クリスマス(12月)、修学旅行(3月・2年)。
●クラブ活動／体育系は男子バスケットボール、文化系は音楽、茶道、華道、福祉、放送が活動中です。遠方から通っている生徒も多いため、活動時間は長くないですが、どのクラブも限られた時間の中で精一杯頑張っています。
●スクールライフ／2学期制／登校時刻…8：35／頭髪…染色・パーマ禁止／アルバイト…許可(長期休暇のみ)／自転車通学…許可／携帯…持込禁止

カリキュラム CURRICULUM

●普通科
一人ひとりの可能性を伸ばすために3つの類系が設置されており、2年次よりそれぞれの類系に分かれます。
◆進学類系　国公立・私立・文系・理系・医療系(4年制・2年制・専門学校・各種学校)への進学をめざします。英語・国語・数学において、習熟度別授業を実施し「わかる」授業展開をめざして学力を伸ばします。各学年30単位を基本としていますが、4年制大学をめざす生徒については相談の上、7時間目に進学講習を実施。進学講習は英語(2時間)、国語(2時間)、数学(1時間)を行います。2年生は8単位、3年生は10単位の選択科目を実施し、個々の進学に合わせた授業を展開します。
◆福祉類系　人を「しあわせ」にするための知識・技術・心を学び将来、福祉従事者になることをめざします。介護の現場で働く多くのプロの講師から専門知識を学んだり、ボランティアや奉仕活動を通して、福祉に必要な心を育てます。共通履修科目だけでなく、2年生は4単位、3年生は6単位の社会福祉専門科目を実施し、介護職員初任者研修修了をめざします。
◆情報類系　複雑化した情報化社会において情報を正しく活用できる力を磨くことをめざします。Word、Excel、PowerPointなどの実用的な技術を学ぶだけでなく、情報モラルや正しいコンピュータの使い方も学びます。共通履修科目だけでなく、2年生は4単位、3年生は6単位の情報専門科目を実施。ワープロ検定2級、ICT プロフィシエンシー検定準2級取得をめざします。

暁星高校では、ニュージーランド海外研修やネパールワークキャンプなど、たくさんの体験ができます。特に印象に残っているのはウォーカソンで、東日本大震災やネパールへの支援を目的として、生徒全員がスポンサーを集め、長距離を歩くというものです。実際に自分達が歩くことで支援するので、思いをより共有することが出来ます。学習面では、先生方が進路に合わせて添削や助言を丁寧にして下さいます。(R・M)

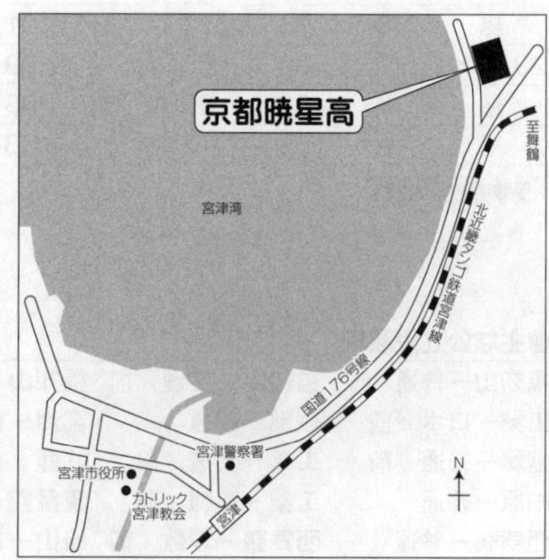

進研Vもし 合格のめやす

●目標偏差値(合格可能性80%)

併願	専願
普通科……………………44	普通科……………………38

30 35 40 45 50 55 60 65 70 75

普通科 努力圏 合格圏 安全圏

入試ガイド

●募集要項 ＊2024年度入試実施分

募集人員　普通科70

出願期間　1/23～1/25
受験料　15,000円
学力検査　2月10日
面接　個人(約10分)
合格発表　2月15日
入学手続　専願 2月20日
　　　　　併願 3月19日

●試験科目と配点・時間

科目	国語	数学	英語	—	—
配点	100点	100点	100点	—	—
時間	40分	40分	40分	—	—

＊推薦は面接のみ。

●学費

入学金	50,000円	制服代	約 50,000円
年間授業料	480,000円	その他制定品費	約 50,000円
設備費	50,000円	その他	—
修学旅行積立	—	初年度納入金合計	約 680,000円

入試状況

●一般・推薦

年度	学科・コース	受験者数	合格者数	回し	倍率	合格最低点
'24	普通科	153	—	—	—	—/—
'23	普通科	163	—	—	—	—/—
'22	普通科	—	—	—	—	—/—

卒業後の進路

卒業者数／37人

大学進学	短大進学	専門学校等	就職	進学準備ほか
10人	2人	17人	7人	1人

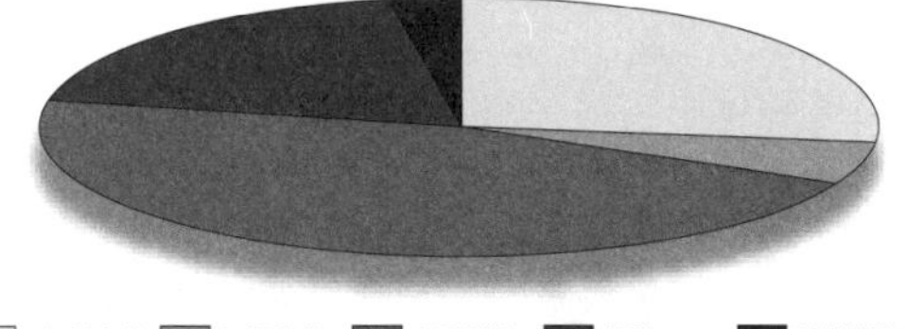

●主な大学合格状況(現役のみ)

私立大／
関西学院大 1　京都産業大 3　龍谷大 1
佛教大 2　京都医療科学大 1　京都精華大 1
大阪学院大 1　大谷大 1　帝塚山大 1
長浜バイオ大 1　京都経済短大 1　大手前短大 1

●主な公立受験校

峰山－普通　加悦谷－普通　宮津－普通
網野－普通　加悦谷－普通／前　工業－電気／前
峰山－普通／前　網野－普通／前

京都聖カタリナ高等学校

学校法人 聖カタリナ学園
〒622-0002 南丹市園部町美園町1-78
TEL0771-62-0163　FAX0771-63-0989
https://www.catalina-kyoto.ed.jp/

■創立／昭和26年（1951）　■校長／後藤直樹
■生徒数／205人（1年／32人 2年／56人 3年／49人 4年／40人 5年／28人）
■沿革／昭和26年聖家族女子高校を創立。同55年衛生看護科を設置。平成11年衛生看護専攻科設置。同13年看護科5年一貫課程設置、同18年から現校名に。同19年に看護科、同20年に普通科が男女共学となる。
■交通／JR嵯峨野線「園部」から徒歩13分、JRバス「本町口」から徒歩5分、京阪京都交通バス篠山市「福住」から乗車「栄町」下車

インフォメーション INFORMATION

●**教育方針**／校訓は「誠実　高潔　奉仕」。カトリックの精神に基づき、誠実に人を愛し、喜びも苦しみも友と分かち合う。そのような理想を求めて、先生と生徒がこの学校で学んでいます。
●**学校行事**／フレッシュセミナー（4月）、芸術鑑賞（4月）、聖母を讃える集い・奉仕活動・戴帽式（5月）、学園祭（9月）、体育祭（10月）、慰霊祭ミサ（11月）、クリスマスミサ（12月）のほか、時期に応じた実習など、学科ごとの多彩なイベントが行われています。研修旅行（12月・2年）は沖縄へ。
●**クラブ活動**／体育系はバレーボール、バスケットボール、サッカー（男子・女子）、卓球のほかダンス同好会、バドミントン同好会。文化系は吹奏楽、放送、茶道、美術工芸、家庭科、インターアクト、eスポーツ。
●**施設・設備**／看護実習室や医療器械室、調理実習室などが完備されており、看護やどうぶつ、調理・パティシエなど、各学科・系ごとに充実した実習を行うことができます。
●**スクールライフ**／3学期制／登校時刻…8：45／頭髪…染色・パーマ禁止／自転車通学…許可／携帯…許可／その他…iPad 1人1台

カリキュラム CURRICULUM

●**看護科（5年一貫課程）**
最短の5年間（高校＋専攻科）で看護師をめざすコースです。高校で看護専門科目の基礎・基本を学んだあと、専攻科でさらに高度な専門知識と技術を養成。伝統と実績の5年間の一貫教育システムによって、看護師国家試験合格に向けて着実に学習できます。早い時期から専門教育を受けることで、看護の心が育まれます。
●**普通科**
2C 教育を行います。進路に向けて、多くの挑戦（challenge）ができ、自分の将来を創造（create）する力を培うプログラムを用意しています。1年では将来の進路決定につながる5つの学びを体験。2年では大学受験を念頭においた「アドバンスコース」と1年での学びを深める「キャリアコース」に分かれます。3年では各コースの学びを進路につなげていきます。
◆アドバンスコース
生徒の希望を叶えることができるサポート体制のなか、4年制私立大学進学に向けて志望校合格を目指していきます。
◆キャリアコース
5つの系から好きな分野を絞り込める、効果的なカリキュラムで将来の夢を見つけ、具体的な進路につなげていきます。

先輩から

聖カタリナの授業はレベルが高く、先生は「高校3年間でいかに基礎を身に付けられるか」とよく言われていました。実際、4年生になるとより専門的になり、就職してからも学ぶことが多いので、その意味を身に染みて感じているところです。病院では、高齢の患者さんが多く、急性期はケアも大変で緊張しますが、患者さんが改善される経過を見ると、とてもやりがいを感じています。
（看護科 A・K）

進研Vもし　合格のめやす

●目標偏差値(合格可能性80%)

併願		専願	
看護科	43	看護科	40
普通科	37	普通科	34

30 35 40 45 50 55 60 65 70 75

看護科
努力圏 合格圏 安全圏

普通科
努力圏 合格圏 安全圏

入試ガイド

●募集要項　＊2024年度入試実施分

募集人員　看護科＝60、普通科＝35

出願期間　1/15〜1/27
受験料　20,000円
学力検査　2月10日
面接　推薦・専願のみ(グループ)
合格発表　2月13日
入学手続　推薦・専願 2月22日
　併願 3月19日

●試験科目と配点・時間

科目	国語	数学	英語	—	—
配点	100点	100点	100点	—	—
時間	50分	50分	50分	—	—

＊推薦は国・数・英の基礎学力テスト(100点・50分)。

●学費

入学金	60,000円	制服・制定品等普通 173,000円看護 221,000円	
年間授業料普通 366,000円看護 384,000円		教育充実費	144,000円
施設拡充費普通 70,000円看護 90,000円		その他	94,956円
研修旅行積立	100,000円	初年度納入金普通 1,007,956円看護 1,093,956円	

入試状況

●併願

年度	学科・コース	受験者数	合格者数	回し	倍率	合格最低点
'24	看護科	—	—	—	—	—/—
	普通科	—	—	—	—	—/—
'23	看護科	10	10	—	1.00	—/—
	普通科	65	65	—	1.00	—/—
'22	看護科	7	5	—	1.40	—/—
	普通科	68	68	2	1.00	—/—

●専願

年度	学科・コース	受験者数	合格者数	回し	倍率	合格最低点
'24	看護科	—	—	—	—	—/—
	普通科	—	—	—	—	—/—
'23	看護科	39	36	—	1.08	—/—
	普通科	17	17	2	1.00	—/—
'22	看護科	48	47	—	1.02	—/—
	普通科	14	14	1	1.00	—/—

＊(2024)非公表。

●主な公立受験校

南丹ー総合／前　亀岡ー普通　清明ー普通／特
須知ー食品／前　南丹ー総合　園部ー普通／前

卒業後の進路

卒業者数／43人

大学進学	短大進学	専門学校等	就職	進学準備ほか
9人	4人	21人	8人	1人

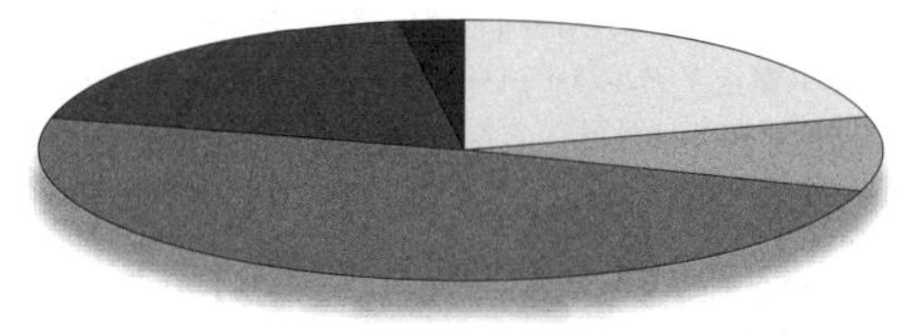

●主な大学合格状況(現役のみ)

私立大／
大阪歯科大 1　明治国際医療大 1　京都先端科学大 1
京都文教大 1　大手前大 1　花園大 1
大阪学院大 1　華頂短大 1　京都文教短大 1
池坊短大 1　京都光華女大短期 1

日星高等学校

学校法人 聖ヨゼフ学園
〒624-0913 舞鶴市上安久381
TEL0773-75-0452　FAX0773-75-0860
https://www.nisseihs.ed.jp/

■創立／昭和4年（1929）　**■校長**／滋野哲秀
■生徒数／280人（1年／114人 2年／81人 3年／85人）
■沿革／昭和4年舞鶴裁縫女学院を創立。同23年学制改革により、日星高等学校に。同42年衛生看護科を設置。平成7年衛生看護専攻科を開設。同14年衛生看護科を看護科5年課程に変更（男女共学）。令和元年創立90周年を迎えました。
■交通／JR舞鶴線「西舞鶴」から徒歩19分（バスで約6分）

インフォメーション INFORMATION

●教育方針／カトリックの精神に基づく「人とともに生き、人のために役立つ心豊かな人の育成」が目標。キャリア・学び・コミュニケーションの「チャレンジ・プラン」を掲げ、2学科・2コースの教育を通して、なりたい自分を実現できるよう、サポートしています。

●学校行事／創立記念復活ミサ（5月）、体育祭（6月）、課外授業（7～8月）、文化祭（9月）、芸術鑑賞（11月）、クリスマス行事（12月）、学習旅行（3月・2年）は沖縄へ。

●クラブ活動／体育系は硬式野球、薙刀、バレーボール、バスケットボール、バドミントン、チアリーディング、レスリングの7部。文化系には吹奏楽、イラスト美術、放送、手話、ボランティア、合唱、SDGs、書道、調理、パソコンの10部。加入率は約60％です。

●海外交流／特進コースでは、1年次に海外での短期語学研修、2年次には長期語学研修を受けることもできます。またセント・パトリック高校などとの姉妹校提携により、定期的な交流を展開。相互訪問による親密かつ実りある交流が続いています。

●スクールライフ／3学期制／登校時刻…8：30／染色・パーマ・ピアス禁止／アルバイト…原則禁止／自転車通学…許可／携帯…許可（使用は放課後のみ）

カリキュラム CURRICULUM

●看護科（5年課程）
看護教育に半世紀の実績を持つ学科です。看護の実践に必要な基礎能力の養成はもとより、いのちを大切にする心の育成も重視。5年一貫の専門教育により、看護師国家試験の全員合格をめざします。充実した実習授業を通して、コミュニケーション能力も養成。多くの先輩が、患者さんに信頼される看護師として活躍しています。看護師国家試験に5年連続100％合格しています。iPad を活用した電子教科書を導入。ＩＣＴを活用した授業が特徴です。

●普通科・特進コース
国公立難関大・医学部・難関私学への進学をめざすコースです。少数制（20人）の個別指導体制、充実したカリキュラムに加え、土曜講座や学部講師による特別授業。いつでも質問できる自学・自習タイムも設けられ、高い目標をもった生徒の確実な学力アップをサポートします。iPad を活用した授業が行われています。

●普通科・総合コース
総合コースでは、中学校の学び直しから難関大学を目指せる発展内容まで幅広いニーズに対応しています。さらにＩＣＴを駆使することで個別学習が可能です。

先輩から

現在、実習でお世話になった病院に勤務しています。ここには実習時の指導スタッフや日星高校の先輩もたくさんおられ、心強い思いで仕事ができることをうれしく思っています。高校在学中にはくじけそうになったことがありましたが、先生やクラスメートに助けていただき、5年間という短い期間で看護師の資格を取得することができました。患者様、スタッフの方々に信頼されるようがんばっていきます。（N・S）

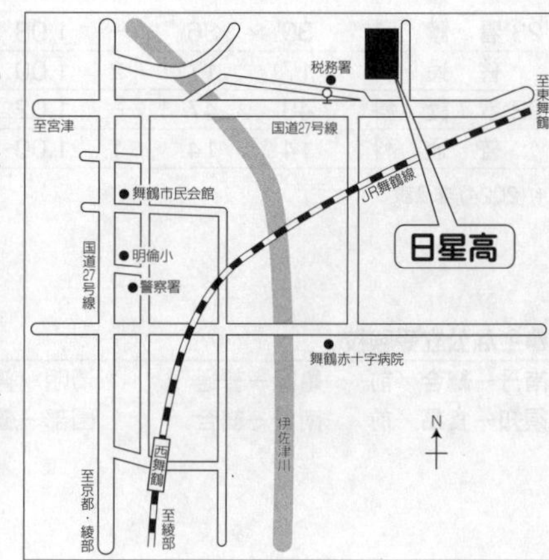

進研Vもし 合格のめやす

●目標偏差値（合格可能性80%）

併願		専願	
特進	55	特進	52
看護科５年課程	45	看護科５年課程	42
総合	39	総合	36

	努力圏	合格圏	安全圏
特進	48～53	53～58	58～63
看護科	38～43	43～48	48～53
総合	32～37	37～42	42～47

入試状況

●併願

年度	学科・コース	受験者数	合格者数	回し	倍率	合格最低点
'24	特進	26	26	—	1.00	—/—
	看護科５年課程	3	3	—	1.00	—/—
	総合	272	267	—	1.02	—/—

●推薦・専願

年度	学科・コース	受験者数	合格者数	回し	倍率	合格最低点
'24	特進	推1	1	—	1.00	—/—
		専6	6	—	1.00	—/—
	看護科５年課程	推15	15	—	1.00	—/—
		専10	9	—	1.11	—/—
	総合	推38	38	—	1.00	—/—
		専43	42	—	1.02	—/—

●主な公立受験校

西舞鶴－普通　綾部－普通　東舞鶴－普通
綾部東－農芸／前　西舞鶴－普通／前　西舞鶴－理数／前
東舞鶴－普通／前　海洋－海洋学／前　工業－情報／前
綾部－スポ／前　工業－環境／前

入試ガイド

●募集要項　＊2024年度入試実施分

募集人員	看護科（５年課程）＝40、普通科＝特進20、総合100
出願期間	1/6～1/23
受験料	15,000円
学力検査	2月10日
面接	一般＝集団、推薦＝個人
合格発表	2月15日
入学手続	専願 2月23日 併願 3月19日

●試験科目と配点・時間

科目	国語	数学	英語	—	—
配点	100点	100点	100点	—	—
時間	40分	40分	40分	—	—

＊推薦は小論文（30分・600字）。

●学費

入学金等	120,000円	制服・制定品代	約 102,500～円
年間授業料等	492,000円	教科書・タブレット代	約 81,500円
諸会費計	21,000円	共同購入費	49,100円
修学旅行積立	100,000円	初年度納入金合計	約 966,100～円

＊普通科総合コースの場合

卒業後の進路

卒業者数／108人

大学進学	短大進学	専門学校等	就職	進学準備ほか
28人	3人	51人	25人	1人

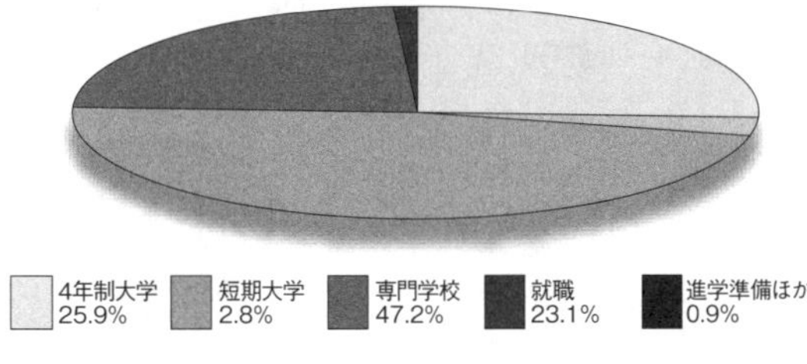

●主な大学合格状況（現役のみ）

国・公立大／
京都教育大 1　金沢大 1　島根大 1
私立大／
京都産業大 1　近畿大 1　佛教大 3
南山大 1　ノートルダム清心女子大 1　岡山理科大 1
明星大 1　関西外国語大 3　京都外国語大 6

京都［共学］

福知山淑徳高等学校

学校法人 淑徳学林
〒620-0936 福知山市正明寺36番10号
TEL0773-22-3763　FAX0773-23-5519
https://www.kan-on-sen-ku.ed.jp/

■創立／大正13年（1924）　■校長／山口　剛
■生徒数／397人（1年／133人 2年／148人 3年／116人）
■沿革／大正13年福知山淑徳技芸学舎として創立。昭和23年福知山淑徳高等学校となりました。平成8年食物科で男女募集を開始。同13年完全男女共学化。令和6年創立100周年を迎えました。
■交通／JR「福知山」から徒歩25分（スクールバスあり）

インフォメーション　INFORMATION

●**教育方針**／校訓「感恩先苦」（周囲の恩に感謝し、奉仕して生きる）。特色ある6つの系列、多彩な高校生活を通し、自律・自立できるウデとチエを身につけることが目標。

●**学校行事**／校外学習（4月）、生徒総会（5月）、体育祭（6月）、淑徳祭（11月）、Re: 淑徳祭（12月）、針供養・花菱会（2月）、進路ガイダンスなど。淑徳祭では各系列の学習成果をステージ・模擬店・作品展示などの形で発表しています。 修学旅行（2年生3月）は海外・国内選択制。

●**クラブ活動**／女子バレーボール全国私学大会出場。一般的な部活動の他に和太鼓、人形劇、合唱部などの外部公演も多数。調理は常に各種大会で成績上位入賞中。

●**環境・設備**／校舎は木々に囲まれ、落ち着いた環境。CG 室では専門的な描画ソフトの他、新たにタブレットでの制作活動も開始。調理実習室は衛生管理が充実し、安全かつ高度な調理ができる環境。壁一面鏡ばりのリズム室も完備。

●**寮**／一般女子寮、女子バレーボール寮。

●**スクールライフ**／ 3学期制／始業時刻…8：55 ／頭髪…染色・パーマ禁止／アルバイト…許可制／自転車通学…許可／携帯 …許可（ルール厳守）

カリキュラム　CURRICULUM

●**総合学科**
以下の6系列にわたる選択科目により、個々の興味と進路に応じた科目を履修することができます。

◆アートデザイン系列　誰もが持つ美意識、感性を柔らかく、豊かに育成。クリエイティブな空間でデッサン、油絵、CG の基本を身につけることにより、表現力もどんどんついていきます。

◆アパレルファッション系列　洋裁・和裁のプロセスを基礎から習得できる系列。11月の淑徳祭には、生徒のデザイン・出演によるファッションショーが彩りをそえます。

◆福祉系列　介護の中から学ぶことはたくさんあります。医療福祉系学校への進学や福祉分野の各施設などへ就職することを目標とする系列。介護職員初任者研修を修了できます。

◆幼児教育系列　リズムダンスやピアノ、歌、読み聞かせ、造形・表現遊びなど、保育士に必要な知識と実技を幅広く養成。未来の幼児・児童教育に携わる人材の育成をめざします。

◆調理系列　食材の知識から和・洋・中の調理テクニック、栄養・衛生学などにもおよぶ知識と技術を習得します。所定の科目を修得すると、卒業と同時に調理師免許証取得可能（国家試験免除）。和食やスイーツなど各種全国大会にも出場しています。

◆アクティヴ系列　大学や短大、専門学校への進学をめざし、必修科目のレベルアップをはかります。受験科目を集中的に学ぶ時間割を組むことができるのも、総合学科の大きな特色のひとつ。取得した資格を就職に役立てることも可能です。

先輩から

高校入学前から調理に興味があり、オープンスクールへも参加し、淑徳高校への入学を決めました。１年生から先輩や仲間とチームを組ませていただき、各種全国大会にも出場。テレビ出演も経験することができました。校内での学びはもちろん、イベント模擬店での実演販売、職場実習なども大きな経験となりました。大阪の老舗割烹料理店に就職させていただくこともでき、さらに修行の道を頑張ります。（I・R）

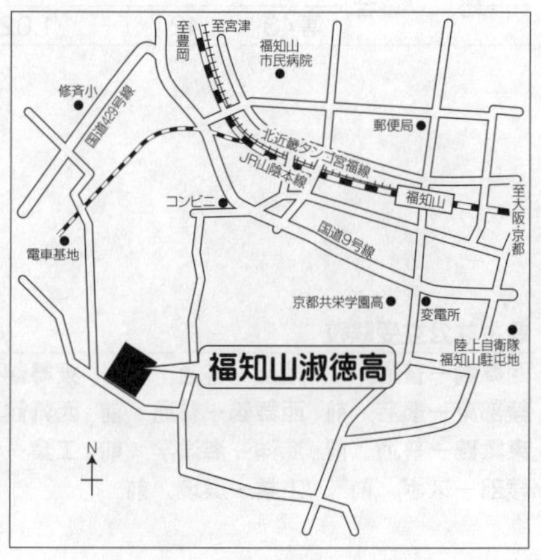

進研Vもし 合格のめやす

●目標偏差値(合格可能性80%)

併　願	専　願
総合学科……………… 40	総合学科……………… 37

30 35 40 45 50 55 60 65 70 75

総合学科

努力圏 合格圏 安全圏

入試ガイド

●募集要項　＊2024年度入試実施分

募集人員　総合学科195

出願期間　12/8～1/26
受験料　15,000円
学力検査　2月10日
面接　実施しない
合格発表　2月15日
入学手続　専願 2月23日
　併願 3月15日(公立発表後も可能)

●試験科目と配点・時間

科目	国語	数学	英語	—	—
配点	100点	100点	100点	—	—
時間	30分	30分	30分	—	—

＊推薦は作文(50分)。

●学費

入学金	70,000円	制服・制定品費	約 80,000円
年間授業料	480,000円	学年費・系列諸費他	約 115,000～円
諸会費計	20,000円	施設金	70,000円
修学旅行積立	総額約 150,000円	初年度納入金合計	約 985,000～円

入試状況

●併願

年度 学科・コース	受験者数	合格者数	回し	倍率	合格最低点
'24 総合学科	204	203	—	1.00	—/—
'23 総合学科	161	160	—	1.01	—/—
'22 総合学科	181	181	—	1.00	—/—

●専願

年度 学科・コース	受験者数	合格者数	回し	倍率	合格最低点
'24 総合学科	128	127	—	1.01	—/—
'23 総合学科	153	153	—	1.00	—/—
'22 総合学科	126	126	—	1.00	—/—

●主な公立受験校

福知山－普通　柏原－普通　綾部東－園芸／前
峰山－普通

卒業後の進路

卒業者数／127人

大学進学	短大進学	専門学校等	就職	進学準備ほか
21人	22人	36人	38人	10人

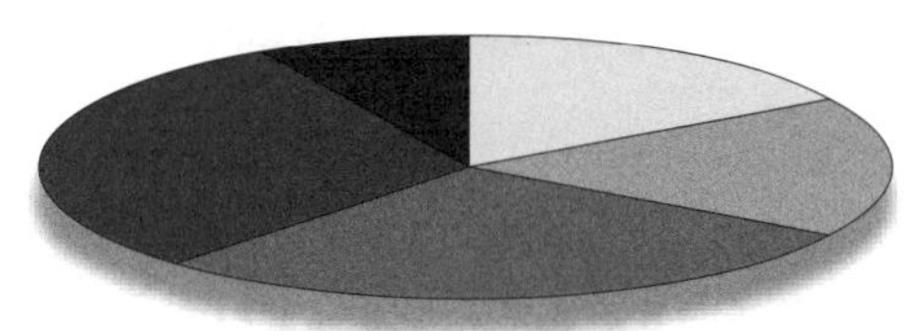

●主な大学合格状況(現役のみ)

私立大／
神戸学院大 1　京都女子大 1　京都先端科学大 2
美作大 3　神戸女学院大 1　関西学院短大 1
華頂短大 3　湊川短大 5　嵯峨美術短大 2
京都文教短大 2

福知山成美高等学校

学校法人 成美学園
〒620-0876 福知山市字堀3471番1号
TEL0773-22-6224　FAX0773-24-5416
https://www.seibi-hs.jp/

■**創立**／明治4年（1871）　■**校長**／兒島裕之
■**生徒数**／1,050人（1年／392人 2年／317人 3年／341人）
■**沿革**／明治4年前身となる私塾・愛花草舎を創立。大正13年福知山商業学校、昭和23年福知山商業高等学校に改組。平成12年現校名に変更、男女共学校となりました。
■**交通**／JR「福知山」から徒歩20分（またはバスで「成美高校前」下車）

インフォメーション　INFORMATION

●**教育方針**／創立以来、実学・実践主義を一貫し、『真・善・美』を体現する人間を育成することを目標に掲げています。特色ある5コースを設定し、生徒のさまざまな目標に対応し、生徒が望む夢の実現を全力でサポートします。
●**学校行事**／研修旅行（4月・1年）、バス遠足（4月、2・3年）、両丹高校総合体育大会（5月）、体育祭・文化祭（9月）、マラソン大会（11月）など。修学旅行（12月・2年）はグアムへ。
●**クラブ活動**／女子ビーチバレー、男子硬式野球部をはじめ女子硬式野球、男子バスケットボール、ソフトテニス（男子・女子）、卓球（男子・女子）、女子ソフトボール、スキーなどが全国レベルで活躍中。文化系は吹奏楽、茶道、華道、コンピュータ、将棋などが活動しています。
●**海外交流**／オンライン英会話授業、国際交流、長期留学のほか、留学生の受け入れを行っており、全クラス対象のオーストラリア・アカデミックホームステイ（1年）などの制度もあります。
●**スクールライフ**／3学期制／登校時刻…8：50／頭髪…染色・パーマ禁止／アルバイト…許可（保護者来校の上、許可説明）／自転車通学…許可／携帯…許可（授業中の使用は禁止）

カリキュラム　CURRICULUM

●**普通科・アカデミーコース**
難関国公立大進学を目標としており、通常7時間授業のほかに、8校時ゼミや年間50日の進学講習（夏冬春休み）も実施。ハイレベルな指導により、目標達成をめざします。
●**普通科・国際コース**
語学教育が充実しており、海外留学（6ヵ月または1年間）も可能です。国公立大・難関私立大学への進学を目標としています。留学先の授業が単位認定されます。
●**普通科・進学コース**
勉強とクラブ活動の文武両道を果たしながら、大学進学をめざすコースです。6時間授業をベースとし、希望者には進学講習を実施。クラブ引退後には特別講座を開講し、受験に備えます。
●**普通科・普通コース**
基礎的な学力を確実に身につけながら、部活動や生徒会、ボランティアなどさまざまな活動にチャレンジできます。希望者には進路講習（進学・就職）も実施。進路は大学進学や公務員・就職など多岐にわたります。
●**商業科・情報コース**
簿記や情報処理、マーケティングなどの専門科目、また起業体験や企業とのコラボ体験を通して経営の専門家をめざします。情報・商業に関する資格が取得できるのも魅力のひとつです。

先輩から

留学を通じて経験したことが、将来やりたいことを見つけるきっかけになりました。留学中の授業で学んだことや、校外授業で日本との違いを見つけたり、国際社会を舞台に活躍する人々と出会ったりしたことは有意義なものでした。異なる文化を持った人々がコミュニケーションを取り合っているところを見て、私も将来は国を超えて多くの人々が関わり合う輪の中に入って仕事をしたいと思うようになりました。（M・Y）

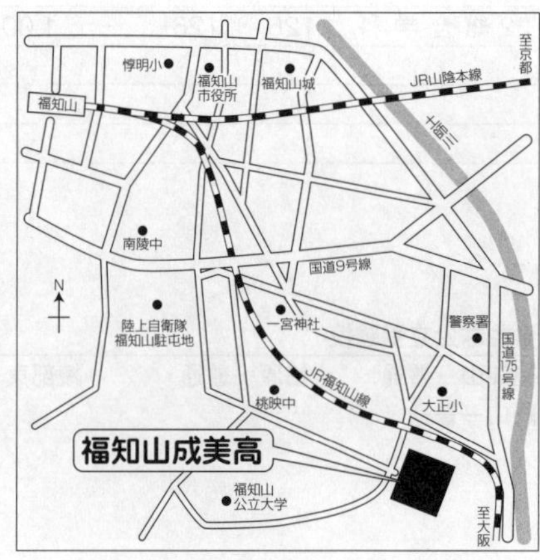

進研Vもし　合格のめやす

●目標偏差値（合格可能性80%）

併願		専願	
アカデミー	61	アカデミー	57
国際	56	国際	52
進学	51	進学	48
情報	45	情報	42
普通	45	普通	42

30　35　40　45　50　55　60　65　70　75

アカデミー　努力圏　合格圏　安全圏

国際　努力圏　合格圏　安全圏

進学　努力圏　合格圏　安全圏

情報／普通　努力圏　合格圏　安全圏

入試状況

●一般（併願・専願）

年度	学科・コース	受験者数	合格者数	回し	倍率	合格最低点
'24	アカデミー	64	—	—	—	—/—
	国際	45	—	—	—	—/—
	進学	422	—	—	—	—/—
	情報	56	—	—	—	—/—
	普通	447	—	—	—	—/—

●推薦

年度	学科・コース	受験者数	合格者数	回し	倍率	合格最低点
'24	アカデミー	0	—	—	—	—/—
	国際	5	—	—	—	—/—
	進学	15	—	—	—	—/—
	情報	2	—	—	—	—/—
	普通	22	—	—	—	—/—

●主な公立受験校

福知山－普通　柏原－普通　綾部－普通
工業－機械／前　福知山－文理／前　工業－電気／前
工業－情報／前　福知山－普通／前　篠山鳳鳴－普通
篠山産－電気建設　峰山－普通　綾部－普通／前
宮津－建築／前　加悦谷－普通　宮津－普通／前

入試ガイド

●募集要項　＊2024年度入試実施分

募集人員	普通科＝アカデミー35、国際35、進学120、普通125、商業科＝情報35
出願期間	1/15～1/26
受験料	15,000円
学力検査	2月10日
面接	小論文型選抜受験者のみ
合格発表	2月15日
入学手続	専願 2月29日 併願 3月21日

●試験科目と配点・時間

科目	国語	数学	英語	—	—
配点	100点	100点	100点	—	—
時間	40分	40分	40分	—	—

＊小論文型選抜（推薦希望者）は小論文（40分・600字程度）を2題。

●学費

入学納付金	100,000円	制服・制定品費	87,920～円
授業料	440,000円	iPad費	約67,000～円
諸会費計	16,500円	維持・教育振興費	100,000円
修学旅行積立	—	初年度納入金合計約	811,420～円

卒業後の進路

卒業者数／324人

大学進学	短大進学	専門学校等	就職	進学準備ほか
182人	13人	52人	66人	11人

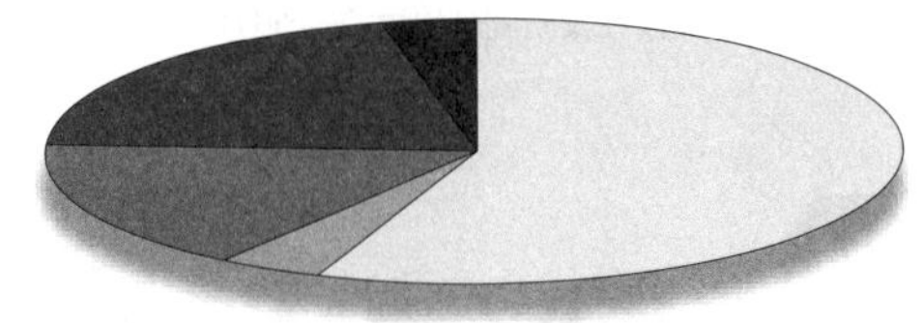

4年制大学 56.2%　短期大学 4.0%　専門学校 16.0%　就職 20.4%　進学準備ほか 3.4%

●主な大学合格状況（現役のみ）

国・公立大／
大阪大 1　神戸大 5　京都教育大 2
大阪教育大 1　徳島大 1　筑波大 1
広島大 1　横浜国立大 1　山口大 1
鳥取大 1　京都府立医 1　大阪公立大 3
兵庫県立大 2　岡山県立大 1　高知県立大 1
私立大／
関西大 6　関西学院大 28　同志社大 6
立命館大 11　京都産業大 22　近畿大 11
甲南大 1　龍谷大 15　佛教大 15
摂南大 3　神戸学院大 1　追手門学院大 4
桃山学院大 1　早稲田大 1　東京理科大 2

綾羽高等学校

学校法人 綾羽育英会
〒525-0025 草津市西渋川1-18-1
TEL077-563-3435　FAX077-565-5820
https://www.ayaha.ed.jp/

■**創立**／昭和40年(1965)　■**校長**／高萩康全
■**生徒数**／627人(1年／198人 2年／221人 3年／208人)
■**沿革**／昭和40年開校。平成2年修業年限3年制を導入。同6年週末コースを設置、週5日制を導入。同10年食物調理科設置。同20年全日制課程(普通科)を開設。令和4年学科・コースを再編。
■**交通**／JR琵琶湖線「草津」から徒歩7分

インフォメーション INFORMATION

●**教育方針**／「行学一致」を建学の精神として生きる力を育み、自らの将来像を見定め、ひとり一人の学力向上とともに専門的知識の習得や資格取得を目指し、社会性豊かな人材の育成をバックアップします。
●**学校行事**／バス旅行(5月)、自然体験学習(8月・週末コース)、体育祭(6月)、文化祭(11月)、スケート実習(11月・週末コース)、修学旅行(2年・国内)など。
●**クラブ活動**／強化指定クラブ(サッカー、硬式野球、ソフトテニス、女子バレーボール、柔道)のほか、バドミントンなど体育系8クラブ。文化系は軽音楽部、家庭部など8クラブが活動中。
●**社会実習**／食物調理科、美容コース、定時制普通コースでは3年間の社会実習を義務づけ、卒業に必要な単位として認定。正しい職業観や社会性を身に付け、自立した高校生になるよう指導しています。
●**スクールライフ**／3学期制(週末コースは2学期制)／登校時刻…8：40／頭髪など…染色・パーマ、装飾品禁止／アルバイト…普通科：禁止、週末：推奨／自転車通学…許可(登録者のみ)／携帯…許可(授業時間帯は学校預かり)

カリキュラム CURRICULUM

●**全日制課程**
◇普通コース／学業と課外活動の両立をめざします。「探究学習」を通して自分の興味・関心のある「好き」を追求します。
◇情報コース／ICT時代の中心となる人材の育成をめざすコースです。
◇製菓コース／パティシエに必要な知識・技能を基礎から応用まで習得。「製菓衛生師」の合格をめざします。
●**昼間定時制課程**
◇食物調理科／調理を基礎から学び、高校卒業時には国家試験免除で調理師免許が取得できます。
◇美容コース／提携の美容専門学校の講師による専門知識や技術の習得、社会実習では美容の現場での接客や技術の向上をはかります。3年次に美容師国家試験合格をめざします。
◇普通コース／基礎学力を磨き、興味を持った業界での社会実習によって、キャリア教育を実践します。
●**通信制課程**
◇週末コース
スクーリングとレポートの添削を中心とした学習形態で、自分のペースで学習できる環境です。

先輩から

食物調理科に入学した私は、午前中は学校の授業、午後からは社会実習としてホテルの厨房で働いていました。忙しい毎日でしたが、自分で決めて選んだ道だけにとても充実していました。学校では調理実習や調理理論などを学び、社会実習先では接客や調理補助をすることで、実践的に学ぶことができました。中華レストランに就職した現在の私の目標は中華の道を極め、自分の店を持つことです。(N・M)

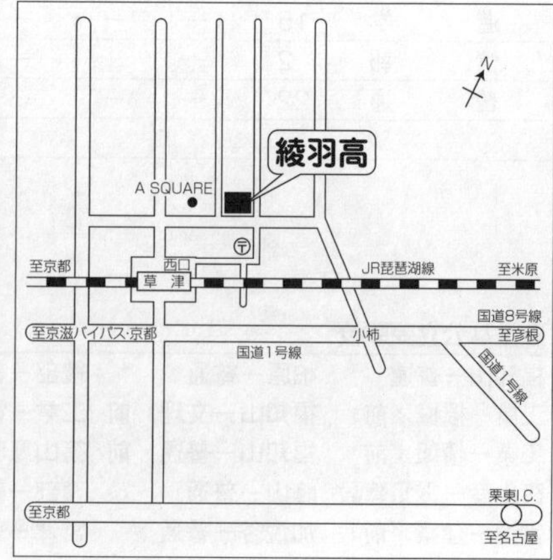

進研Vもし 合格のめやす

●目標偏差値(合格可能性80%)

併願		専願	
普通科	41	普通科	38
定時制	39	定時制	37

30 35 40 45 50 55 60 65 70 75

普通科: 努力圏 合格圏 安全圏

定時制: 努力圏 合格圏 安全圏

入試状況

●併願

年度	学科・コース	受験者数	合格者数	回し	倍率	合格最低点
'24	普通科	682	678	—	1.01	—/—
	定時制(食物調理)	21	18	—	1.17	—/—
	定時制(普通科)	60	40	—	1.50	—/—
'23	普通科	784	776	14	1.01	—/—
	定時制(食物調理)	18	18	—	1.00	—/—
	定時制(普通科)	75	55	—	1.36	—/—

●専願

年度	学科・コース	受験者数	合格者数	回し	倍率	合格最低点
'24	普通科	107	107	—	1.00	—/—
	定時制(食物調理)	29	27	—	1.07	—/—
	定時制(普通科)	46	33	—	1.39	—/—
'23	普通科	125	119	2	1.05	—/—
	定時制(食物調理)	34	29	1	1.17	—/—
	定時制(普通科)	48	38	—	1.26	—/—

＊(2024)普通科専願には推薦受験者・合格者38名を含む。

●主な公立受験校

草津－普通	水口－普通	甲西－普通
守山北－普通	国際情報－総合	国際情報－総／推
堅田－普通	栗東－普通	水口－普通／推
瀬田工－電気	瀬田工－機械	守山北－普通／推
草津－普通／推	八幡工－機械	栗東－普通／推

入試ガイド

●募集要項　＊2024年度入試実施分

募集人員	全日制＝普通科（普通コース・情報コース・製菓コース）185、昼間定時制＝食物調理科40、普通科（美容コース・普通コース）40、通信制週末コース105
出願期間	1/12～1/19
受験料	20,000円
学力検査	併願2/1　推薦・専願2/2
面接	推薦・専願のみ(10分)
合格発表	2月6日
入学手続	推薦・専願 2月9日 併願 2月9日・公立合格発表日

●試験科目と配点・時間

科目	国語	数学	英語	社会	理科
配点	100点	100点	100点	100点	100点
時間	30分	30分	30分	30分	30分

＊専願は国・選択(数英社理から1科)。＊推薦は作文(30分)。

●学費

入学金	150,000円	制服代	約 50,000円
年間授業料	550,000円	その他制定品費等	約 54,500～円
諸会費計	67,200円	その他(パソコン代)	72,600円
修学旅行積立	約 100,000円	初年度納入金合計	約 1,044,300～円

＊全日制普通コースの場合

卒業後の進路

卒業者数／204人

大学進学	短大進学	専門学校等	就職	進学準備ほか
52人	11人	45人	72人	24人

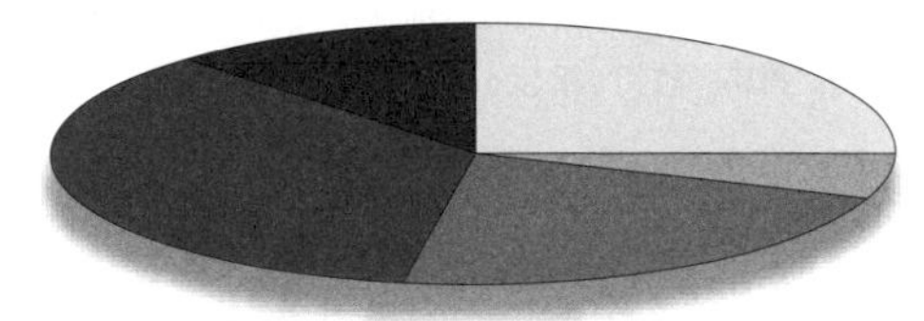

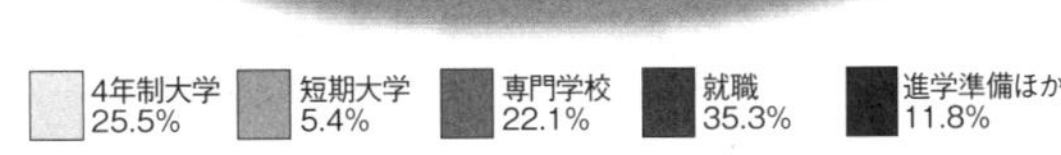

●主な大学合格状況

私立大／

立命館大 1	京都産業大 5	龍谷大 1
佛教大 1	摂南大 1	追手門学院大 2
亜細亜大 1	桜美林大 1	大阪産業大 2
大阪商業大 1	大谷大 8	京都光華女子大 5
京都先端科学大 1	京都橘大 2	天理大 2
長浜バイオ大 2	びわこ成蹊ｽﾎﾟｰﾂ大 4	北陸大 2

近江高等学校

学校法人 近江育英会
〒522-0002 彦根市松原町大黒前 3511-1
TEL0749-22-2323　FAX0749-24-6351
https://www.ohmi-h.ed.jp

■創立／昭和13年（1938）　■校長／伊東　洋
■生徒数／797人（1年／270人 2年／290人 3年／237人）
■沿革／昭和13年近江実修工業学校創立。同23年近江高等女学校と併合し、近江高等学校を設立。同57年金亀校舎から松原校舎へ全面移転。
■交通／JR「彦根」から徒歩18分

インフォメーション　INFORMATION

●**教育方針**／明朗闊達で誠実勤勉な人格形成をめざし、社会の発展に貢献できる人材を育成。自らを重んじ他を敬愛する精神の涵養、身体を鍛え気力を養うことを教育の目標としています。
●**学校行事**／全校遠足（4月）、壮行会（5月・10月）、体育祭・英語検定・芸術鑑賞（6月）、夏期英国語学研修（7月）、進学補習（8月・12月・3月）、青海祭（9月）、ブリティッシュヒルズ語学研修（11月・GL 1年）、海外修学旅行（12月・2年）など。
●**クラブ活動**／硬式野球、バレーボール（男子・女子）、サッカー、柔道、陸上競技など全国レベルで活躍しています。体育系はほかに弓道、硬式テニスなど。文化系では吹奏楽、ダンス、軽音楽、書芸、華道、新聞などが活動中です。加入率は約80％です。
●**国際教育**／英語の授業の実践と英語コミュニケーション能力の向上を目指し、オンライン英会話の授業や英国語学研修・ブリティッシュヒルズ語学研修・海外修学旅行で国際的志向性も養っています。
●**スクールライフ**／3学期制／登校時刻…8：50 ／頭髪…染色・パーマ禁止／アルバイト…原則禁止（許可制）／自転車通学…許可／携帯…許可（朝 SHR 前、昼休み）

カリキュラム　CURRICULUM

●**普通科・アカデミーコース**
一人一人の個性と目標を尊重したサポート体制で、1年次よりオンライン英会話など徹底した個別指導を実施。1日8限の独自カリキュラムと長期休業中の講座、学習データの分析や丁寧な進路相談により、国公立大や最難関私立大の現役合格をめざす特別進学コースです。
●**普通科・アドバンスコース**
勉強でもクラブでも、一番をめざしたい人をサポート。文武両道で難関私立大学への現役合格をめざす準特進コースです。毎朝の単語テストや「スタディサプリ」などスキマ時間を有効利用した効率的な学習習慣を身につけます。
●**普通科・プロスペクトコース**
『わかる授業』で基礎学力を補強し、じっくり進路を考え、広げられるコースです。2年次より「情報コミュニケーション系」科目で情報処理やビジネスマナーなどの資格取得をめざし、「スポーツ科学系」科目では理論と実践を通して様々な角度からスポーツについて学びます。
●**グローバル探究科・グローバル探究コース**
英語で考えて伝える力を育て、国公立大・難関私立大・海外の大学など幅広い進路をめざします。ICTで世界とつながる『未来の教室』を新設。世界各地で様々な問題に取り組む人々とのリアルタイム・コミュニケーションを通じて世界的な課題を探究し、批判的思考力・課題解決能力・リーダーシップなど、グローバルに活躍するために必要となる能力を育成します。

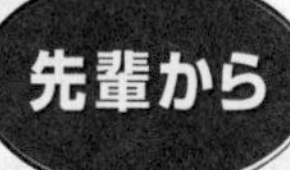

近江高校のグローバル探究コースを選んだのは、大好きな英語と部活動を両立したかったからです。週10時間の英語の授業とALTの先生のおかげで、リスニング力と英会話力が成長したと感じています。ブリティッシュヒルズでの語学研修は、映画の世界のような施設での授業が本当に楽しかったです。今年度中に英検準1級を取得できるように力を入れています。将来は国際関係の仕事に就きたいです。（M・I）

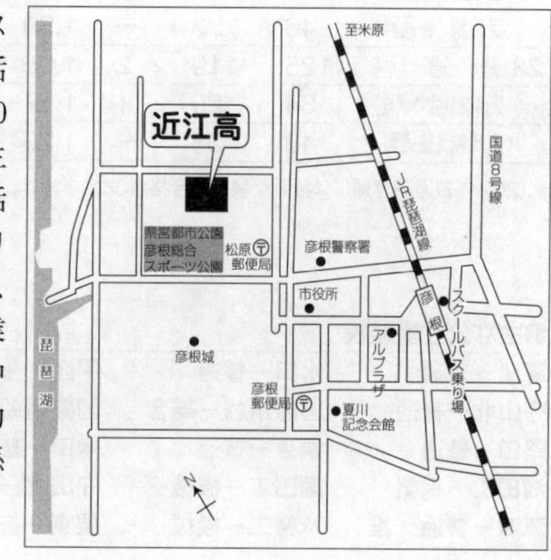

進研Vもし 合格のめやす

●目標偏差値（合格可能性80％）

併　願		専　願	
アカデミー	58	アカデミー	55
グローバル探究	55	グローバル探究	53
アドバンス	49	アドバンス	47
プロスペクト	42	プロスペクト	37

30 35 40 45 50 55 60 65 70 75

アカデミー
努力圏 合格圏 安全圏

グローバル探究
努力圏 合格圏 安全圏

アドバンス
努力圏 合格圏 安全圏

プロスペクト
努力圏 合格圏 安全圏

入試ガイド

●募集要項　＊2024年度入試実施分

募集人員	普通科＝アカデミー／アドバンス／プロスペクト…280、グローバル探究科＝グローバル探究80
出願期間	1/12〜1/19
受験料	20,000円
学力検査	2月1日（総合テスト2/2）
面接	専願のみ
合格発表	2月6日
入学手続	専願 2月9日 併願 2月9日・3月13日

●試験科目と配点・時間

科目	国語	数学	英語	社会	理科
配点	100点	100点	100点	100点	100点
時間	40分	40分	40分	40分	40分

＊プロスペクト専願は総合テストと作文。＊英検・数検・漢検資格活用あり。

●学費

入学金	150,000円	制服等制定品代	70,300〜円
年間授業料	396,000円	教科書代	約 24,927円
諸会費計	254,000円	クロームブック費	75,900円
修学旅行積立(1年次)	148,000円	初年度納入金合計約	1,119,127〜円

＊教科書はアドバンスコースの場合

入試状況

●併願

年度	学科・コース	受験者数	合格者数	回し	倍率	合格最低点
'24	グローバル探究	60	65	—	—	—/—
	アカデミー	427	332	—	—	—/—
	アドバンス	547	482	—	—	—/—
	プロスペクト	201	346	—	—	—/—
'23	グローバル探究	77	67	—	—	—/—
	アカデミー	454	387	—	—	—/—
	アドバンス	529	501	—	—	—/—
	プロスペクト	224	326	—	—	—/—

●専願

年度	学科・コース	受験者数	合格者数	回し	倍率	合格最低点
'24	グローバル探究	14	13	—	—	—/—
	アカデミー	34	33	—	—	—/—
	アドバンス	91	65	—	—	—/—
	プロスペクト	111	130	—	—	—/—
'23	グローバル探究	24	21	—	—	—/—
	アカデミー	29	28	—	—	—/—
	アドバンス	125	101	—	—	—/—
	プロスペクト	105	126	—	—	—/—

＊合格者数に第2・3合格希望者を含む。

●主な公立受験校

長浜北－普通	彦根翔西－総合	長浜北星－総合
米原－普通	虎姫－普通	長浜北－普通／特
河瀬－普通	彦根東－普通	八幡－普通
彦根翔西－総／推	八日市－普通	長浜北星－総／推
伊吹－普通	米原－普通／特	彦根東－普通／特

卒業後の進路

卒業者数／262人

大学進学	短大進学	専門学校等	就職	進学準備ほか
168人	14人	44人	26人	10人

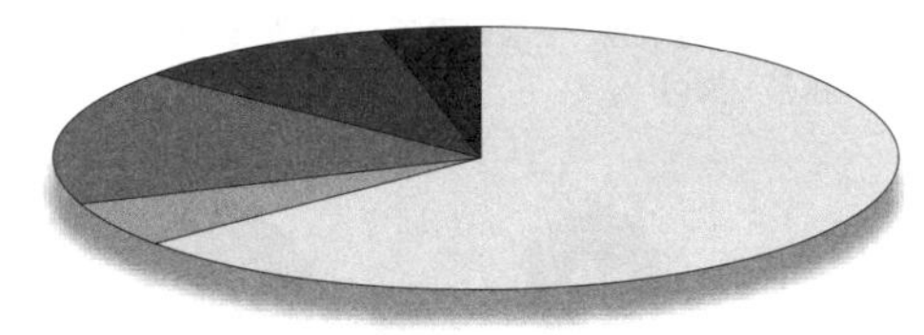

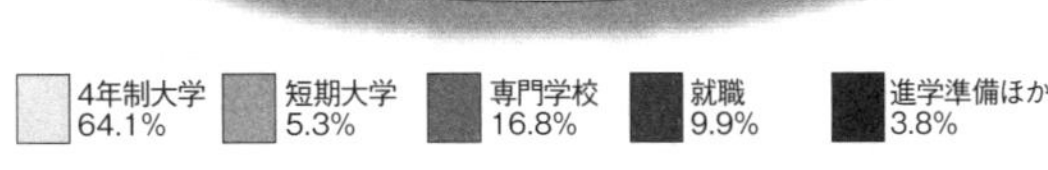

●主な大学合格状況

国・公立大／

滋賀大 2	金沢大 1	岐阜大 1
長崎大 1	鹿児島大 1	長野大 1
滋賀県立大 4	兵庫県立大 1	高知県立大 1

私立大／

関西大 3	関西学院大 4	同志社大 3
立命館大 14	京都産業大 14	近畿大 23
甲南大 1	龍谷大 35	佛教大 6
摂南大 1	神戸学院大 1	追手門学院大 5
桃山学院大 1	大谷大 14	京都橘大 20
京都文教大 8	花園大 5	大阪産業大 7
関西外国語大 4	長浜バイオ大 7	大阪学院大 4

近江兄弟社高等学校

学校法人 ヴォーリズ学園
〒523-0851 近江八幡市市井町177
TEL0748-32-3444　FAX0748-32-3979
https://vories.ac.jp/

■創立／昭和23年(1948)　**■校長**／春日井敏之
■生徒数／1,128人(1年／383人 2年／365人 3年／365人 4年／15人)
■併設校／近江兄弟社中学校　こども園・保育園
■沿革／大正11年に開設された清友園がはじまり。昭和8年近江勤労女学校を近江兄弟社女学校と改称。同23年近江兄弟社高等学校(共学)を開設。同26年幼稚園から高校までをもつ近江兄弟社学園を設立。平成27年学校法人ヴォーリズ学園に改称。
■交通／JR「近江八幡」からバスで10分、各地からスクールバス運行

インフォメーション　INFORMATION

●教育方針／キリストの教えをもとに人間性を高め、国際的視野を身につけ、個性を伸ばすことが目標です。「生きること」「学ぶこと」をテーマとした創造教育が繰り広げられています。
●学校行事／芸術鑑賞・花の日礼拝・春季総体・高文祭(5月)、学園祭(6月)、ICC サマープログラム(7月)、クリスマス礼拝(12月)など。研修旅行(11月・2年)はアジアへの分散型(国際Cクラスはオーストラリアへ)。
●クラブ活動／女子バレーボール、女子バスケットボール、男子ハンドボール、弓道、陸上、卓球などが近畿大会・全国大会出場。ほかに硬式野球など体育系15部・同好会。文化系では英語ディベートが全国大会、吹奏楽が関西大会出場。ほかに美術など17部・同好会が活動しています。
●海外交流／全員が参加する海外研修旅行のほか、アジア・オセアニア・アメリカなど数か国の姉妹校との短期(2週間)／中期(6週間・3ヵ月)／長期(7ヵ月)交換留学を展開しています。
●スクールライフ／2学期制／登校時刻…8：20／頭髪…染色・パーマ禁止／アルバイト…禁止／自転車通学…許可(通学規程に従い、バスを利用できない者で、自宅から1km以上の場合のみ)／携帯…許可

カリキュラム　CURRICULUM

●全日制　普通科
◇アーツサイエンスクラス(ASC)
ハイレベルな学習とクラブ活動で自分を磨き上げ、高い「こころざし」をもつリーダーをめざす進学クラスです。充実した学習環境と高いモチベーションで、国公立大・難関私立大への進学をめざします。
◇グローバルクラス(GLC)
高校3年間で確かな基礎学力を身につけ、クラブ活動の両立をめざして努力することを追求する総合進学クラスです。基礎学力を重視した学びで、実践的な資格をとれる堅実な私立大・短大への進学をめざします。
◇ヒューマンネイチャークラス(HNC：単位制課程)
多様な学び方を活用し、単位を積み重ねていく全日制普通科単位制のクラスです。自分の生き方をじっくり考えながら、進路目標にあわせて授業を選択し、上級学校への進学をめざします。
●全日制　国際コミュニケーション科
◇国際コミュニケーションクラス(ICC)
学園の伝統である国際人教育・外国語教育を展開する、専門学科のクラスです。日本人と外国人教師によるティームティーチング、海外研修、受け入れ留学生との交流などを通して、本物のコミュニケーション能力を養成します。幅広い分野の文系学部への進学や、海外の大学への進学をめざします。

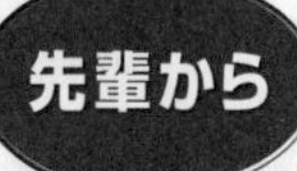

私が近江兄弟社高校に進学した最も大きな理由は、環境や校風です。周囲が自然に囲まれたキャンパス、きれいで充実した校舎が日常の学校生活を快適にしてくれます。またキリスト教主義の校風は、落ち着いて学習に集中させてくれます。先生方も、進路や勉強のことだけでなく、他愛のない話にも耳を傾けてくれるきさくな人ばかり。とくに礼拝で得られる体験は勉強になり、今後の財産になると思います。(K・O)

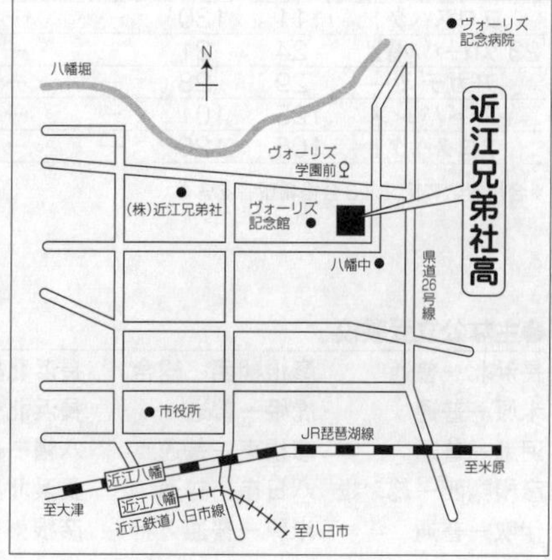

進研Vもし 合格のめやす

●目標偏差値（合格可能性80%）

併願		専願	
アーツサイエンス	55	アーツサイエンス	50
		国際コミュニケーション科	50
グローバル	48	グローバル	44
		ヒューマンネイチャー	42

30 35 40 45 50 55 60 65 70 75

アーツサイエンス　努力圏 合格圏 安全圏

国際コミュニケーション科（専願）　努力圏 合格圏 安全圏

グローバル　努力圏 合格圏 安全圏

ヒューマンネイチャー（単位制〈専願〉）　努力圏 合格圏 安全圏

入試状況

●併願

年度	学科・コース	受験者数	合格者数	回し	倍率	合格最低点
'24	国際コミュニケーション科	—	—	—	—	—/—
	アーツサイエンス	662	648	—	1.02	295/500
	グローバル	296	292	14	1.01	250/500
	ヒューマンネイチャー	—	—	—	—	—/—
'23	国際コミュニケーション科	—	—	—	—	—/—
	アーツサイエンス	712	693	—	1.03	284/500
	グローバル	288	285	17	1.01	239/500
	ヒューマンネイチャー	—	—	—	—	—/—

●専願

年度	学科・コース	受験者数	合格者数	回し	倍率	合格最低点
'24	国際コミュニケーション科	47	42	—	1.12	270/500
	アーツサイエンス	108	103	—	1.05	283/500
	グローバル	101	94	10	1.07	235/500
	ヒューマンネイチャー	79	79	—	1.00	—/—
'23	国際コミュニケーション科	35	32	—	1.09	253/500
	アーツサイエンス	136	125	—	1.09	273/500
	グローバル	83	78	12	1.06	225/500
	ヒューマンネイチャー	78	78	—	1.00	—/—

＊専願には内部進学生を含む。＊国際コミュニケーションの最低点は500点満点に換算。

●主な公立受験校

八幡一普通	八日市一普通	八日市一普通／特
八幡一普通／推	大津一普通	玉川一普通
彦根翔西一総合	河瀬一普通	玉川一普通／特
八幡商一商業	米原一普通	彦根翔西一総／推
彦根東一普通	草津東一普通	守山一普通

入試ガイド

●募集要項

＊2024年度入試実施分

募集人員	国際コミュニケーション科（専願）＝70、普通科学年制＝アーツサイエンス／グローバル…240、単位制＝ヒューマンネイチャー（専願）80
出願期間	1/12〜1/19
受験料	20,000円
学力検査	2月1日
面接	2/2 専願:グループ(15分)、推薦・帰国・国際C・ヒューマンネイチャー:個人(5分)＊国際Cは一部英語。
合格発表	2月6日
入学手続	専願 2月9日　併願 2月9日・3月13日

●試験科目と配点・時間

科目	国語	数学	英語	社会	理科
配点	100点	100点	100点	100点	100点
時間	50分	50分	50分	40分	40分

＊国際コミュニケーション科は国200点、英300点、他各100点。＊国際コミュニケーション科は英語外部資格活用あり。

●学費

入学金	150,000円	制服代	60,800〜円
年間授業料	420,000円	その他制定品費	22,350〜円
学習費・施設設備費	238,000円	その他	16,800円
預り金	約 263,400円	初年度納入金合計	1,171,350〜円

卒業後の進路

卒業者数／387人

大学進学	短大進学	専門学校等	就職	進学準備ほか
286人	16人	55人	3人	27人

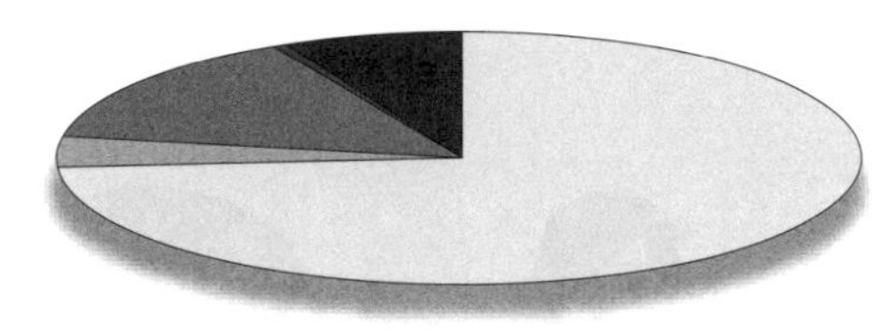

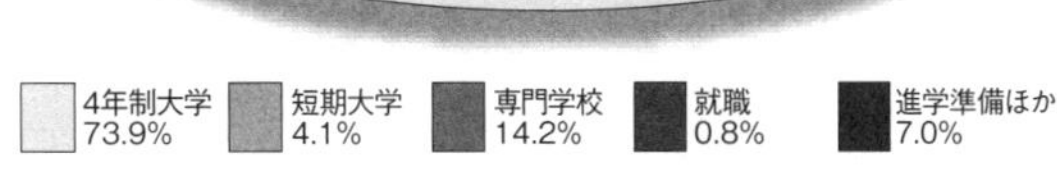

●主な大学合格状況

国・公立大／

滋賀大 1	大阪教育大 1	島根大 1
香川大 1	京都府立大 1	

私立大／

関西大 6	関西学院大 10	同志社大 20
立命館大 11	京都産業大 14	近畿大 3
龍谷大 34	佛教大 15	摂南大 13
神戸学院大 2	追手門学院大 21	桃山学院大 3
長浜バイオ大 26	大谷大 24	京都外国語大 5
京都先端科学大 18	京都橘大 41	同志社女子大 18
大阪学院大 10	大阪産業大 46	大阪電気通信大 9
関西外国語大 18	大和大 8	

光泉カトリック高等学校

学校法人 聖パウロ学園
〒525-8566 草津市野路町178
TEL077-564-7771　FAX077-564-1800
https://www.kousen.ed.jp

■創立／昭和63年（1988）　■校長／桂　幸生
■生徒数／969人（1年／305人 2年／327人 3年／337人）
■併設校／光泉カトリック中学校　光泉カトリック幼稚園
■沿革／昭和63年現在地に男女共学の光泉中学・高等学校として開校しました。平成12年記念講堂・聖堂・図書室・武道場を新設。令和2年4月現校名へ変更。同3年コース制に改編。
■交通／JR琵琶湖線「南草津」から徒歩7分

インフォメーション　INFORMATION

●**教育方針**／カトリックの教えに基づき、世の光（新約聖書マタイの福音書）となる人材を育成。「愛と正義、そして責任ある自由」を校訓とした教育を実践しています。
●**学校行事**／校外学習（5月）、農業体験（5月・10月、1年）、聖ペトロ・パウロの祝日ミサ（6月）、海外語学研修（8月）、文化祭・体育大会（9月）、修学旅行（11月・2年）、クリスマスミサ（12月）、球技大会（3月）など。
●**クラブ活動**／全国レベルの男子バスケットボール、男子テニス、ラグビーフットボール、アイスホッケーをはじめ硬式野球、サッカー、男子バレーボール、陸上競技、バドミントンなど体育系クラブは14。吹奏楽、文芸・漫画、英会話、書道、将棋、コンピューターなど文化系クラブ・同好会15が活躍中。
●**海外交流**／「創造性豊かな国際人の育成」をめざし、海外語学研修や海外姉妹校との交流も充実。
●**スクールライフ**／3学期制／登校時刻…8：20／頭髪…染色・パーマ禁止／アルバイト…禁止／自転車通学…許可／携帯…持込禁止（許可制）

カリキュラム　CURRICULUM

● **Sコース（文理）**
京都大、大阪大、神戸大と、国公立大医学部への進学を目指すコース。精選したカリキュラムで学習できるコースです。
● **Aコース（文理）**
同志社大、立命館大合格に特化したコース。同立大のほか、同偏差値帯以上の私立大理系・看護系に対応しています。
● **Lコース（文理）**
国公立大学合格に特化したコース。大学入試に必要な5教科全ての学びを深め、世の中の幅広い分野の課題やテーマに対応出来る人材をめざしています。国公立大学推薦入試の対象。
● **Pコース（文理）**
京滋の有名私大、龍谷大、京産大合格に合わせたコース。看護系学部への進学にも対応しています。また、公務員試験受験対策講座も充実。2年次より文系・理系・看護系・Career Path系の4つの系に分かれます。
● **FRコース（文）**
有名私大合格にチャレンジするコース。勉強と部活動を中心に人間力を高める事が出来るコースです。
◇Global Program／英検準1級以上取得を目標とするA・Pコースでの特別プログラム。All English で学び、英語によるコミュニケーションを通して英語で発信する力を身につけます。
◇ Career Path Program／公務員試験合格をめざす、Pコースの生徒が選択できるプログラム。また、付属農場にて実施する農業などを通して、公務員としての資質を高めていきます。

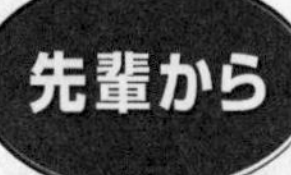

進路や悩み事についても相談しやすい雰囲気なので、安心して勉強に取り組んでいます。授業では先生も生徒も真剣そのもの。毎朝の小テストや放課後の特別講習（特講）は、苦手分野の克服につながります。またスクールアワーなど学びの機会も多く、夢も意欲も広がっていく感じ。将来の進路を自由に選び取れるよう、しっかりと学力を磨いていきたいです。（Sコース N・T）

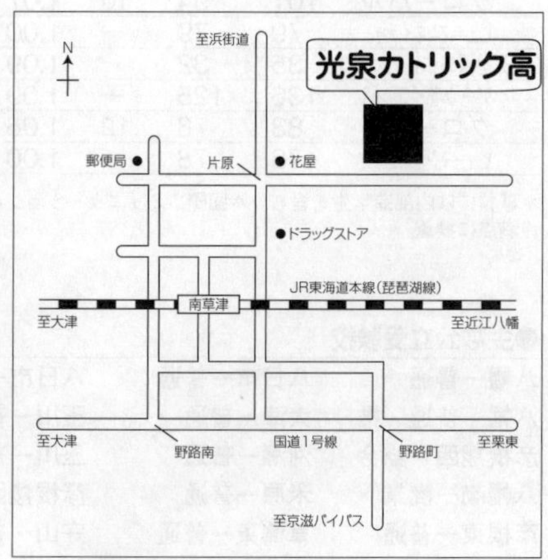

進研Vもし 合格のめやす

●目標偏差値(合格可能性80%)

併願		専願	
S	68	S	66
A	62	A	60
L	58	L	56
P	52	P	50
FR	46	FR	44

コース	努力圏	合格圏	安全圏
S	61〜65	66〜70	71〜75
A	55〜59	60〜64	65〜69
L	51〜55	56〜60	61〜65
P	45〜49	50〜54	55〜59

入試状況

●併願

年度	学科・コース	受験者数	合格者数	回し	倍率	合格最低点
'24	S	686	231	—	2.97	410/500
	A	563	188	300	2.99	350/500
	L	429	144	276	2.98	315/500
	P	178	104	431	1.71	260/500
	FR	39	39	183	1.00	205/500

●専願・推薦

年度	学科・コース	受験者数	合格者数	回し	倍率	合格最低点
'24	S	13	4	—	3.25	—/—
	A	41	11	5	3.73	—/—
	L	18	3	8	6.00	—/—
	P	41	28	27	1.46	—/—
	FR	32	32	25	1.00	—/—

＊最低点は合格のめやす。専願の合格のめやすは併願の2～3%下。

●主な公立受験校

玉川ー普通	草津東ー普通	東大津ー普通
石山ー普通	東大津ー普通／特	守山ー普通
膳所ー普通	玉川ー普通／特	草津東ー普通／特
石山ー普通／特	大津ー普通	彦根東ー普通
甲西ー普通	膳所ー普通／特	国際情報ー総合

入試ガイド

●募集要項　＊2024年度入試実施分

募集人員	Sコース35、Aコース70、Lコース35、Pコース105、FRコース105、＊内部進学を含む
出願期間	1/12～1/19
受験料	20,000円
学力検査	2月1日
面接	推薦・専願のみ(グループ10分)
合格発表	2月6日
入学手続	専願 2月9日 併願 2月9日・3月14日

●試験科目と配点・時間

科目	国語	数学	英語	社会	理科
配点	100点	100点	100点	100点	100点
時間	40分	40分	40分	40分	40分

＊スポーツ推薦・活動実績推薦は3科(国・数・英)。

●学費

入学金	150,000円	制服代	約 75,000円
年間授業料	504,000円	教材費	230,000円
諸会費計	58,200円	教育充実費 144,000円	施設整備費 84,000円
修学旅行積立	100,000円	初年度納入金合計	約 1,345,200円

卒業後の進路

卒業者数／384人

大学進学	短大進学	専門学校等	就職	進学準備ほか
—	—	—	—	—

＊非公表

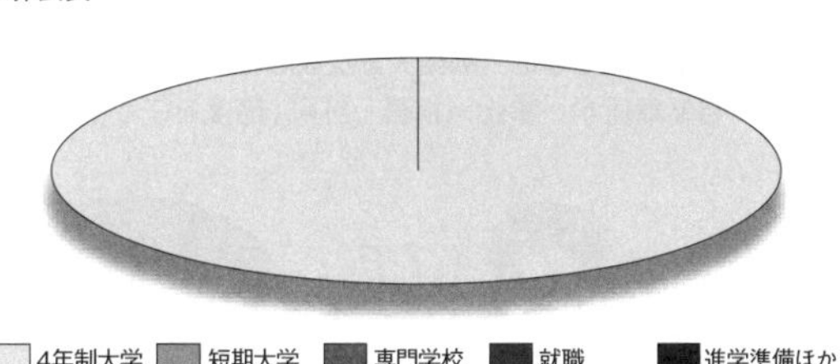

●主な大学合格状況

国・公立大／

大阪大 5	神戸大 3	滋賀大 8
滋賀医科大 1	京都工繊大 3	筑波大 2
名古屋工業大 3	岡山大 2	滋賀県立大 16
京都府立大 2	大阪公立大 1	兵庫県立大 1

私立大／

関西大 29	関西学院大 13	同志社大 39
立命館大 104	京都産業大 83	近畿大 79
甲南大 1	龍谷大 249	佛教大 118
摂南大 15	追手門学院大 19	桃山学院大 2
早稲田大 1	京都橘大 70	大谷大 48
長浜バイオ大 17	大阪工業大 16	大和大 11

滋賀学園高等学校

学校法人 滋賀学園
〒527-0003 東近江市建部北町520-1
TEL0748-23-0858　FAX0748-23-6145
https://www.shigagakuen.ed.jp/

■創立／昭和8年（1933）　**■校長**／近藤芳治
■生徒数／528人（1年／227人 2年／144人 3年／157人）
■併設校／びわこ学院大学　同短期大学部
■沿革／昭和8年開設の和服裁縫研究所が始まり。同59年八日市女子高校開校。平成11年現校名に変更、男女共学化。
■交通／近江鉄道「八日市」からスクールバス（7分）＊県内各地からスクールバスを運行（全8コース）

インフォメーション　INFORMATION

●教育方針／社会に貢献できる人間の育成をめざして学力の向上と充実、進取の精神と剛健な体力を養成。個性を発揮しながら知識や技能を修得し、感性を磨きます。
●学校行事／新入生歓迎会・宿泊オリエンテーション（4月）、体育祭・春季高校総体（6月）、夏期進学講習（7月）、文化祭（9月）、秋季高校総体（11月）、冬期進学講習（12月）など。修学旅行（2月・2年）は小笠原諸島またはニュージーランドへ。
●クラブ活動／実績のある硬式野球、サッカー、陸上競技、ソフトボール、卓球、バレーボールは、アスリート躍進コースの強化クラブでもあります。ほかに空手道、射撃、弓道、バスケットボール、ラグビー、チアリーディングなど体育系は全14部。文化系は吹奏楽、美術、書道、コンピュータなど7部が活動中。加入率は約65％です。
●海外交流／ニュージーランドへの留学制度（3ヵ月間・1年間）があります。ホームステイしながら現地の姉妹校で学習。出発までに英検準2級程度の力を身につけます。
●スクールライフ／3学期制／登校時刻…8：45／頭髪…染色・パーマ禁止／その他…華美・奇抜なもの禁止／アルバイト…禁止／自転車通学…禁止／携帯…許可（節度を守って使用すること）

英語をネイティブのように話す先輩たちにあこがれて、滋賀学園に入学しました。私は英語が苦手で、留学コースに入って大丈夫だろうか、英語が話せるようになるだろうかと不安でいっぱいでした。実際、英語のレベルはかなり高くて、とても大変です。授業の進め方には慣れてきましたが…。それでも、いつか先輩たちのように、英語が話せるようになりたい。滋賀学園にはそのためのシステムが整っています。（M・O）

カリキュラム　CURRICULUM

●グローバル特進コース
グローバルスタディーズ（文系）、グローバルサイエンス（理系）に分かれ、国公立大学や難関私立大学をめざします。勉強と部活動の両立も可能。放課後は、学内塾や部活動を選択できます。
●未来開進コース
3つの探究に分かれ、自分の未来を切りひらくことをめざします。2年生より、自分の興味・関心や、めざす将来に合わせ3つの探究（文理探究、メディアコミュニケーション探究、社会科学探究）に分かれ、自分自身の未知の可能性を探せるカリキュラムが特長です。2・3年生の選択講座は、外部講師と連携して、ワークショップを開催するなど、将来めざす分野について、実践的に楽しく学びます。
●アスリート躍進コース
心・技・体を鍛え、全国の舞台での活躍をめざします。全国レベルの競技力を身につけ、進学、就職をめざすコースです。専攻実技科目1種目を選択することにより、技術だけでなく理論についても学びます。対象競技は、硬式野球（男子）、サッカー（男子）、陸上競技（男女）、ソフトボール（女子）、卓球（女子）、バレーボール（女子）。
●看護科
2024年度に開設した学科です。看護科3年、看護専攻科2年の5年一貫教育により、最短で看護師をめざします。高校から専攻科へは入学試験なしで進学できるため、看護師国家資格合格に向けて集中して学ぶことができます。

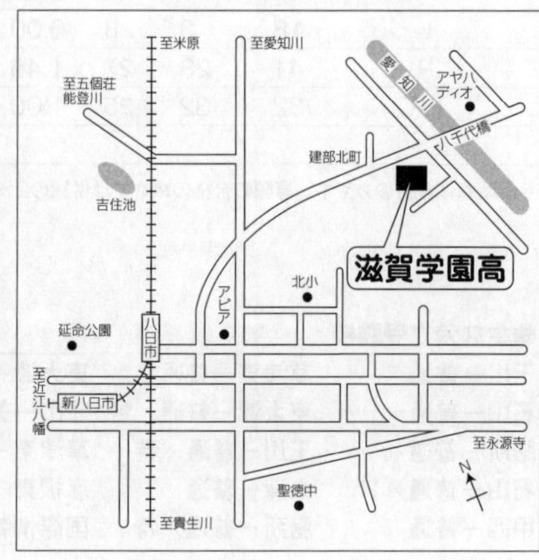

進研Vもし　合格のめやす

●目標偏差値（合格可能性80%）

併　願		専　願	
		看護科	50
グローバル特進	52	グローバル特進	50
未来開進	40	未来開進	36
アスリート躍進	40	アスリート躍進	36

30　35　40　45　50　55　60　65　70　75

看護科（専願）　努力圏　合格圏　安全圏

グローバル特進　努力圏　合格圏　安全圏

未来開進　努力圏　合格圏　安全圏

アスリート躍進　努力圏　合格圏　安全圏

入試状況

●併願

年度	学科・コース	受験者数	合格者数	回し	倍率	合格最低点
'24	看　護　科	—	—	—	—	—/—
	グローバル特進	120	118	—	1.02	—/—
	未　来　開　進	586	582	—	1.01	—/—
	アスリート躍進	19	19	—	1.00	—/—
'23	グローバル特進	107	104	—	1.03	—/—
	未　来　開　進	583	577	2	1.01	—/—
	アスリート躍進	10	10	—	1.00	—/—

●専願

年度	学科・コース	受験者数	合格者数	回し	倍率	合格最低点
'24	看　護　科	32	32	—	1.00	—/—
	グローバル特進	7	7	—	1.00	—/—
	未　来　開　進	93	93	—	1.00	—/—
	アスリート躍進	65	65	—	1.00	—/—
'23	グローバル特進	11	11	—	1.00	—/—
	未　来　開　進	64	64	—	1.00	—/—
	アスリート躍進	46	46	—	1.00	—/—

●主な公立受験校

彦根翔西－総合	八幡－普通	日野－総合
能登川－普通	水口－普通	甲南－総合
八幡工－機械	甲西－普通	彦根工－機械
守山北－普通	八幡工－機械／推	八幡商－商業
八幡工－電気	愛知－普通	八日市南－農業

入試ガイド

●募集要項　＊2024年度入試実施分

募集人員	グローバル特進／未来開進／アスリート躍進…200、看護科（専願）40
出願期間	1/12～1/19
受験料	20,000円
学力検査	2月1日
面接	2月2日専願のみ（グループ）
合格発表	2月6日
入学手続	専願 2月9日 併願 2月9日・3月13日

●試験科目と配点・時間

科目	国語	数学	英語	社会	理科
配点	100点	100点	100点	100点	100点
時間	50分	50分	50分	50分	50分

＊普通科はA方式（英・国・数）／B方式（英・理・数）／C方式（英・国・社）から選択。看護科はA方式（英・国・数）／B方式（英・理・数）から選択。＊英検・数検・漢検の資格活用あり。

●学費

入学金	150,000円	制服代	約 70,000円
年間授業料	426,000円	その他制定品費	約 91,500円
諸会費計	24,000円	施設設備費・教育充実費	234,000円
修学旅行積立	約 180,000円	初年度納入金合計	約 1,175,500円

＊普通科の場合

卒業後の進路

卒業者数／138 人

大学進学	短大進学	専門学校等	就職	進学準備ほか
78人	16人	25人	18人	1人

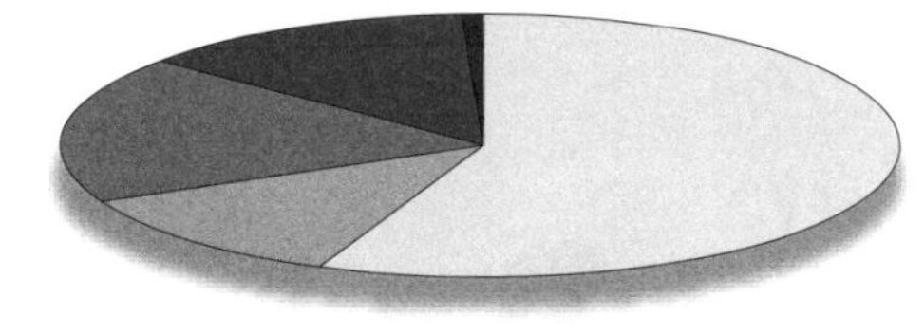

●主な大学合格状況（現役のみ）

私立大／

関西大 1	関西学院大 1	同志社大 2
立命館大 1	京都産業大 2	近畿大 2
龍谷大 3	佛教大 1	摂南大 6
追手門学院大 2	愛知産業大 1	青山学院大 1
京都橘大 3	同志社女子大 1	京都外国語大 4

滋賀短期大学附属高等学校

学校法人 純美禮学園
〒520-0052 大津市朝日が丘1-18-1
TEL077-522-3465　FAX077-536-5322
https://www.sumire.ac.jp/highschool/

■創立／大正7年（1918）　■校長／小林昌彦
■生徒数／713人（1年／272人 2年／224人 3年／217人）
■併設校／滋賀短期大学　滋賀短期大学附属幼稚園　滋賀短期大学附属すみれ保育園
■沿革／大正7年創設の松村裁縫速進教授所が母体。昭和45年普通科を設置、短期大学開学。平成20年現校名に変更。
■交通／JR琵琶湖線「大津」から徒歩12分、京阪石山坂本線「石場」から徒歩17分

インフォメーション INFORMATION

●**教育方針**／建学の精神は「心技一如」。心と技は絶えず目標に向かう両輪であることを念頭において教育活動を行います。
●**学校行事**／オリエンテーション（4月）、春季高校総体・体育祭（6月）、文化祭（9月）、すみれンピック（3月）など。研修旅行（10月・2年）はマレーシア・オーストラリア選択制。
●**クラブ活動**／バスケットボール、バドミントン、バレーボールが国体強化拠点校。ソフトボール、硬式野球、陸上競技、卓球、体操・新体操、ソフトテニス、剣道、吹奏楽、軽音楽などが全国・近畿大会で活躍。ほかにサッカー、家庭、イラスト、書道、茶道、華道、ECC、ダンス、eスポーツ、女子硬式野球部（2024年創部）など多彩です。
●**海外交流**／研修旅行（オーストラリア、マレーシアの選択制）やニュージーランド、カナダへの短期留学制度（3週間または3か月）があります。
●**スクールライフ**／3学期制／登校時刻…8：35 ／頭髪…染色・パーマ禁止／アルバイト…許可制（平日禁止） ／自転車通学…許可／携帯…許可（校内使用禁止）

カリキュラム CURRICULUM

●**普通科Ⅱ類**
国公立大・難関私大をはじめとする四年制大学進学を目指します。少人数、到達度別授業を展開。2年次からは選抜クラスを設置し、学力の向上、定着をはかります。部活動との両立も前向きにバックアップします。
●**普通科Ⅰ類**
2年次からコース別で、学びを深めていきます。
◇総合進学コース
地域社会で活躍できる人材育成を目指しています。生涯学び続けるモチベーションと基礎学力を育成します。
◇スポーツ健康コース
地域と連携し、プロの講師から学び、15種目以上のスポーツを体験します。一人ひとりにあったスポーツとのかかわり方を見つけ学びを深めます。
◇生活デザインコース
保育と食に分かれます。生活の基盤となる衣食住保育を中心に、実習など体験的な授業を通して、社会貢献できる人材を育成します。

☆校内塾
学力試験で大学合格を目指す生徒を対象に2年生秋から開講（受講料無料）。教員が運営しているため授業との連携が可能です。放課後すぐにスタートし、時間を有効活用することができます。

滋賀短の一番の魅力は勉強しやすい環境です。私は2年生で校内塾に参加し、受験勉強を始めました。校内塾では、つまずいたところや進路の悩みなども気軽に相談できるので、いつも前向きな気持ちになりました。大学合格をした時は、頑張りが報われたことへのうれしさと、親や先生に支えてもらっていたことへの感謝の気持ちでいっぱいになりました。ぜひ、勉強が自然と好きになる滋賀短で学んでください。（O・Y）

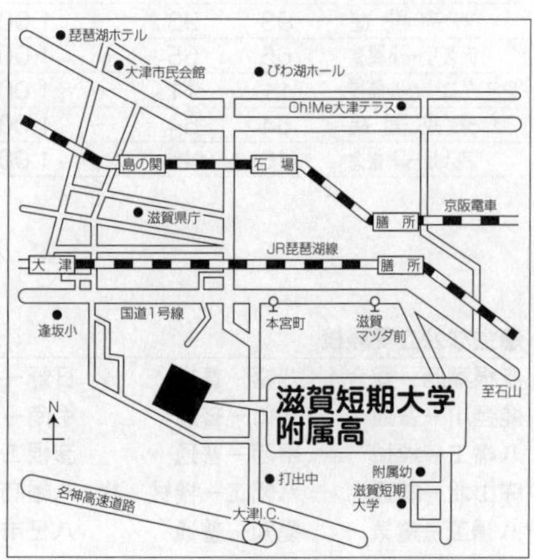

進研Vもし 合格のめやす

●目標偏差値(合格可能性80%)

併願		専願	
普通科Ⅱ類	51	普通科Ⅱ類	49
普通科Ⅰ類	45	普通科Ⅰ類	43

30 35 40 45 50 55 60 65 70 75

普通科Ⅱ類
努力圏 合格圏 安全圏

普通科Ⅰ類
努力圏 合格圏 安全圏

入試状況

●併願

年度	学科・コース	受験者数	合格者数	回し	倍率	合格最低点
'24	普通科Ⅱ類	374	314	—	1.19	—/500
	普通科Ⅰ類	483	463	58	1.04	—/500
'23	普通科Ⅱ類	321	256	—	1.25	—/—
	普通科Ⅰ類	502	476	65	1.05	—/—
'22	普通科Ⅱ類	392	312	—	1.26	—/—
	普通科Ⅰ類	453	427	79	1.06	—/—

●専願

年度	学科・コース	受験者数	合格者数	回し	倍率	合格最低点
'24	普通科Ⅱ類	50	42	—	1.19	—/500
	普通科Ⅰ類	154	148	7	1.04	—/500
'23	普通科Ⅱ類	34	31	—	1.10	—/—
	普通科Ⅰ類	119	119	3	1.00	—/—
'22	普通科Ⅱ類	52	38	—	1.37	—/—
	普通科Ⅰ類	119	112	14	1.06	—/—

●主な公立受験校

草津ー普通	堅田ー普通	大津商ー総合ビジ
国際情報ー総合	甲西ー普通	八幡ー普通
堅田ー普通/推	玉川ー普通	大津商ー総ビ/推
大津ー家庭科学	大津商ー情シ/推	玉川ー普通/特
大津ー普通	草津ー普通/推	瀬田工ー機械

入試ガイド

●募集要項　＊2024年度入試実施分

募集人員　Ⅱ類90、Ⅰ類160

出願期間　1/12～1/19
受験料　20,000円
学力検査　2月1日
面接　2月2日専願のみ(グループ10分)
合格発表　2月6日
入学手続　専願 2月13日
　併願 2月9日・3月13日

●試験科目と配点・時間

科目	国語	数学	英語	社会	理科
配点	100点	100点	100点	100点	100点
時間	50分	50分	50分	50分	50分

●学費

入学金	150,000円	制服・制定品代	83,000～円
年間授業料	396,000円	教科書・副教材	17,000円
校費・設備費	168,000円	諸会費計	73,062～円
修学旅行積立	149,800～円	初年度納入金合計	1,036,862～円

＊別途 iPad 費必要(3年間計100,000円程度)

卒業後の進路

卒業者数/ 221 人

大学進学	短大進学	専門学校等	就職	進学準備ほか
121人	45人	42人	3人	10人

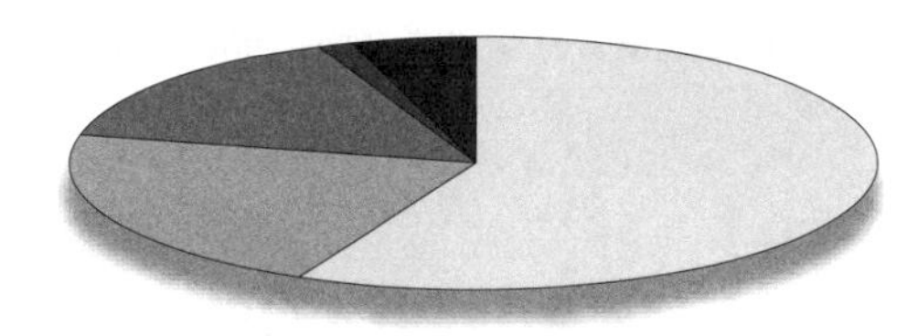

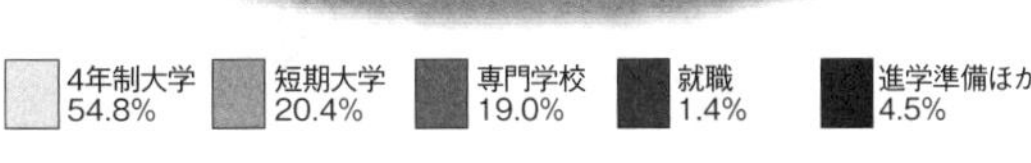

●主な大学合格状況

国・公立大/
滋賀大 1
私立大/

関西大 10	関西学院大 3	立命館大 2
京都産業大 22	龍谷大 26	佛教大 46
摂南大 5	追手門学院大 4	関西医科大 1
武庫川女子大 2	同志社女子大 1	京都女子大 3
関西外国語大 17	京都外国語大 4	京都橘大 75
大谷大 44	順天堂大 1	専修大 1

比叡山高等学校

学校法人 延暦寺学園
〒520-0113 大津市坂本4-3-1
TEL077-578-0091　FAX077-579-3413
https://www.hieizan.ed.jp/

■創立／明治6年(1873)　■校長／竹林幸祥
■生徒数／1,392人(1年／481人 2年／429人 3年／482人)
■併設校／比叡山中学校　比叡山幼稚園
■沿革／学園の創立は明治6年の「天台宗総黌」ですが、そのはじまりは延暦寺が開設された延暦7年(788)にまでさかのぼります。昭和23年学制改革を機に、宗門外の一般生徒募集を開始しました。
■交通／京阪石山坂本線「坂本比叡山口」から徒歩10分、JR湖西線「比叡山坂本」から徒歩20分

インフォメーション INFORMATION

●**教育方針**／「豊かな社会性と謙虚な奉仕の精神に燃える人材の育成」という伝教大師(最澄)の教育理念のもと、独自の教育を推進。朝礼と清掃活動、あいさつを徹底して指導しています。
●**学校行事**／三塔巡拝(4月)、比叡山研修(4月、1年)、体育祭・文化祭(9月)、ウィンタースポーツ(2月、1年)、海外研修(3月、1・2年)など。修学旅行(2月、2年)は北海道／東京・福島／鹿児島・屋久島・種子島／沖縄・八重山・石垣島の4コースから選択。
●**クラブ活動**／バドミントン、硬式野球、女子ソフトボール、水泳、剣道、陸上競技、柔道、放送などが全国レベルで活躍しています。ほかに体育系はバレーボール、サッカー、ラグビー、ソフトテニス、軟式野球、スキーなど。文化系は吹奏楽、コーラス、演劇、新聞、美術、写真、書道など。加入率は約80%です。
●**海外交流**／ニュージーランドで海外研修を実施(1・2年生対象、約2週間)。英語の実践力を高め、視野を広げます。
●**スクールライフ**／3学期制／登校…8：40／頭髪…染色・パーマ禁止／アルバイト…許可(長期休暇中、要届出)／自転車通学…許可(最寄駅まで)／携帯…許可(始業～終業までは使用不可)

カリキュラム CURRICULUM

● **Crest course(クレストコース)**
難関国公立大学・難関私立大学の現役合格を目標とするコースです。進学に必要な知識・技能を身に付け、国・数・英では習熟度別授業を展開。身に付けた知識・技能をつなぎ、広げられた思考力・判断力・表現力の習得をめざします。
● **Bright course(ブライトコース)**
興味・関心のある分野の知識・技能を深め、有名私立大学・国公立大学への現役合格をめざします。学校行事や課外活動を通じて自分の役割を果たし、「自ら考え、学ぶ力」を身に付けます。
● **Act course(アクトコース)**
基礎学力を向上し、私立大学への現役合格をめざします。学習習慣の定着を図るため、基礎学力として必要な知識・技能を習得。基礎から見直すことで、進学に必要な学力を身に付けます。また、課外活動にも積極的に取り組み、主体性や協働性を伸ばします。

先輩から

難関国公立大学・難関私立大学に現役合格することを目指して比叡山高校に入学しました。クラブ活動と勉強を両立することはとても大変ですが、長期休暇中の補習や友達の存在が大きな励みになり頑張っています。これからは、大学や学部の情報を集めて、自分の将来の夢につながる大学に行けるように、授業により集中して取り組み、友達と切磋琢磨しながら一度きりしかない高校生活を楽しみたいと思います。(N・M)

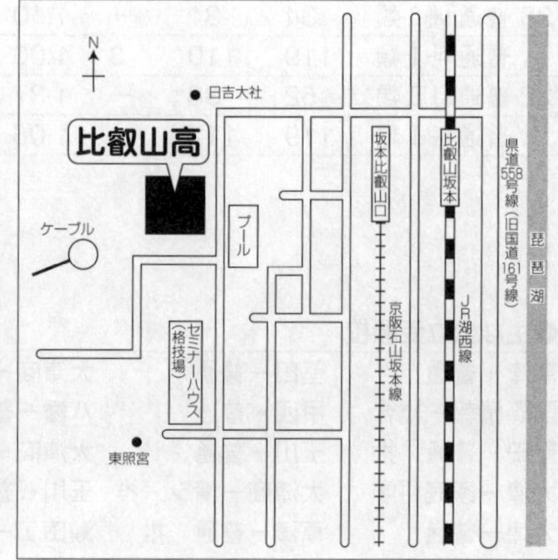

進研Vもし　合格のめやす

●目標偏差値(合格可能性80%)

併願		専願	
Crest	65	Crest	62
Bright	57	Bright	52
Act	48	Act	43

30 35 40 45 50 55 60 65 70 75

Crest　努力圏　合格圏　安全圏

Bright　努力圏　合格圏　安全圏

Act　努力圏　合格圏　安全圏

入試ガイド

●募集要項　＊2024年度入試実施分

募集人員　Crest140、Bright140、Act140
＊内部進学を含む

出願期間　1/12～1/19
受験料　20,000円
学力検査　2月1日
面接　2/1･2 専願及び宗内生希望者のみ
合格発表　2月6日
入学手続　専願 2月9日
併願 3月13日

●試験科目と配点・時間

科目	国語	数学	英語	社会	理科
配点	100点	100点	100点	100点	100点
時間	50分	50分	50分	50分	50分

＊ほかに調査書(90点)。

●学費

入学金	150,000円	制服代	約 45,000円
年間授業料	396,000円	その他制定品費	約 85,000円
諸会費計	262,600円	ICT 関連費	約 45,000円
修学旅行積立	50,000円	初年度納入金合計	約 1,033,600円

＊修学旅行積立は1年次の金額

入試状況

●併願

年度	学科・コース	受験者数	合格者数	回し	倍率	合格最低点
'24	Crest	464	445	—	1.04	420/590
	Bright	381	352	17	1.08	350/590
	Act	58	56	33	1.04	270/590
'23	Crest	445	426	—	1.04	400/590
	Bright	417	388	19	1.07	310/590
	Act	86	74	30	1.16	270/590

●専願

年度	学科・コース	受験者数	合格者数	回し	倍率	合格最低点
'24	Crest	29	21	—	1.38	410/590
	Bright	140	115	7	1.22	330/590
	Act	122	115	23	1.06	250/590
'23	Crest	32	26	—	1.23	380/590
	Bright	149	130	5	1.15	290/590
	Act	112	95	12	1.18	260/590

＊内部進学者を含む。＊合格最低点は基準点。

●主な公立受験校

石山－普通　東大津－普通　膳所－普通
大津－普通　膳所－普通／特　草津東－普通
東大津－普通／特　大津－普通／特　石山－普通／特
大津商－総合ビジ　玉川－普通　大津－家庭科学
守山－普通　大津商－総ビ／推　草津東－普通／特

卒業後の進路

卒業者数／384人

大学進学	短大進学	専門学校等	就職	進学準備ほか
323人	4人	27人	7人	23人

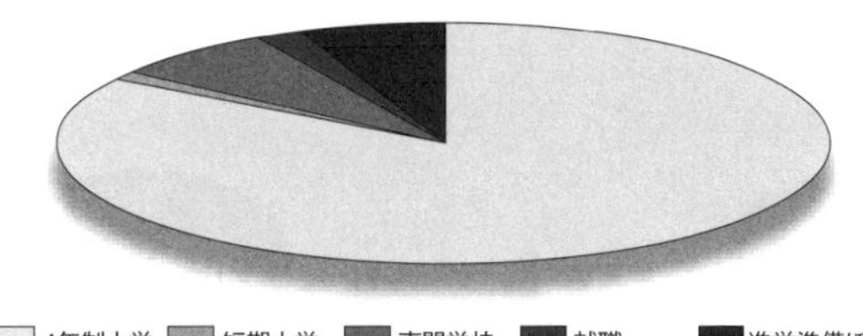

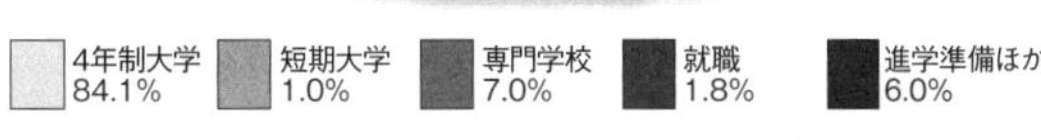

●主な大学合格状況

国・公立大／
京都大 1　大阪大 1　北海道大 2
滋賀大 1　滋賀医科大 1　京都教育大 1
京都工繊大 2　滋賀県立大 9　京都府立大 1
大阪公立大 2

私立大／
関西大 12　関西学院大 6　同志社大 21
立命館大 35　京都産業大 51　近畿大 29
甲南大 3　龍谷大 114　佛教大 36
摂南大 16　神戸学院大 16　追手門学院大 24

彦根総合高等学校

学校法人 松風学園
〒522-0033 彦根市芹川町328
TEL0749-26-0016　FAX0749-22-1510
https://www.hikosou.jp/

■創立／昭和23年（1948）　■校長／坂井宏安
■生徒数／710人（1年／232人 2年／240人 3年／238人）
■沿革／昭和23年設立の白鳩洋裁研究所が母体。同29年彦根高等技芸専門学校を創設。同45年向陽台高校（大阪府茨木市）との技能連携による通信制高校となる。平成10年彦根女子高等学校設立。同18年彦根総合高等学校に改称しました。
■交通／JR・近江鉄道「彦根」から徒歩12分、近江鉄道「ひこね芹川」から徒歩4分

インフォメーション INFORMATION

●**教育方針**／建学の精神は「社会に貢献しうる人材の育成」。「豊かな人間性を育む」「学力を確実に向上させる」「生きる力を涵養する」を3本の柱にすえ、学校教育に取り組んでいます。
●**学校行事**／宿泊オリエンテーション、校外学習、体育祭、交通安全教室、文化祭、防災講習会、球技大会、総合学科発表大会など。修学旅行（2年）は台湾へ。
●**クラブ活動**／体育系はハンドボール（男子）、バドミントン、バレーボール、卓球、ソフトテニス、硬式野球（男子）、陸上競技など9部。文化系は吹奏楽、美術、クッキング、クラフト、コンピュータなど10部が活動中です。
●**海外交流**／ニュージーランドへの留学制度があります（全校生対象）。短期留学（夏休みの2週間）を実施し、それに参加した生徒はさらに1年間の長期留学も可能です。
●**スクールライフ**／3学期制／登校時刻…9：00／頭髪…染色・パーマ禁止／アルバイト…許可（学業に差し障りのないこと）／自転車通学…許可／携帯…許可（授業等では電源を切り、鞄に片付ける）

カリキュラム CURRICULUM

●**総合学科**
◆人文・自然系列／4年制大学や短大への進学を目標とする系列です。入試科目にあわせて、国語・数学・英語など一般教科中心の授業を実施しています。
◆情報・ビジネス系列／コンピュータ関連の仕事をめざす人、情報社会に対応した知識や技術を身につけたい人に適した系列。文書デザインや画像処理などの技術に加え、ビジネスマナーや簿記なども学べます。
◆福祉・保育系列／福祉・保育に関する基本的な知識・技能を習得し、専門職としての能力を育みます。3年次夏には校外での実習も実施。
◆アート・デザイン系列／「アート」では絵画など、美術の専門的な知識を養成。「デザイン」では、衣食住のライフデザインに関する知識を身につけます。
◆製菓コーディネート系列／専門学校との併修で、製菓衛生師免許の受験資格、卒業時にはフードコーディネーター3級を取得することができます。
◆スポーツエキスパート系列／スポーツ活動を通じて、社会性を育みます。
◆リベラル系列／通常の授業とNHK学園高等学校の通信制を併修して、卒業に必要な単位を修得します。
●**フードクリエイト科**
3年間で調理師として充分な知識・技能を習得し、卒業と同時に国家試験免除で調理師免許の取得ができます。

彦根総合高校は教師と生徒の距離が近く、少人数ならではの良さがいたるところで発見できる学校です。先生方が丁寧に教えてくださるので授業もわかりやすく、どんなことでも親身になって相談にのってくれます。人の気持ちを解りあえる友達も多かったので、楽しい思い出ばかり。この学校で3年間過ごせて幸せでした。進路についても幅広い選択ができるよう、1年次から指導してもらえるので安心です。（Y・G）

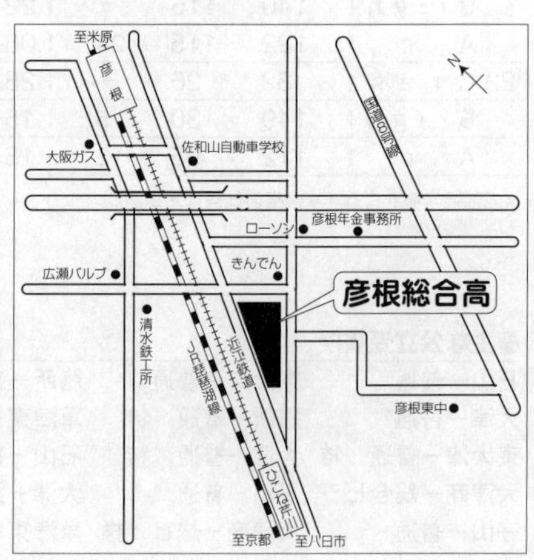

進研Vもし　合格のめやす

●目標偏差値(合格可能性80%)

併願	専願
総合学科……………… 36	総合学科……………… 32
	フードクリエイト科… 33

30　35　40　45　50　55　60　65　70　75

総合学科

努力圏　合格圏　安全圏

フードクリエイト科（専願）

努力圏　合格圏　安全圏

入試ガイド

●募集要項　＊2024年度入試実施分

募集人員	フードクリエイト科（専願）35、総合学科210
出願期間	1/12～1/19
受験料	20,000円
学力検査	2月1日
面接	2/2 推薦、L型・S型（個人5分）
合格発表	2月6日
入学手続	専願 2月9日 併願 2月9日・3月13日

●試験科目と配点・時間

科目	国語	数学	英語	—	—
配点	100点	100点	100点	—	—
時間	40分	40分	40分	—	—

＊専願は総合問題（100点・50分）。

●学費

入学金	150,000円	制服代	40,550～円
年間授業料	408,000円	その他制定品費	9,200円
諸会費計	16,500円	施設設備費・教育充実費	240,000円
修学旅行積立	230,000円	初年度納入金合計	1,094,250～円

＊総合学科（製菓コーディネート系列除く）の場合

入試状況

●併願

年度 学科・コース	受験者数	合格者数	回し	倍率	合格最低点
'24 総合学科	453	434	—	1.04	—/—
フードクリエイト科	—	—	—	—	—/—
'23 総合学科	494	466	—	1.06	—/—
フードクリエイト科	—	—	—	—	—/—
'22 総合学科	525	500	—	1.05	—/—
フードクリエイト科	—	—	—	—	—/—

●専願

年度 学科・コース	受験者数	合格者数	回し	倍率	合格最低点
'24 総合学科	195	192	1	1.02	—/—
フードクリエイト科	32	30	—	1.07	—/—
'23 総合学科	213	210	—	1.01	—/—
フードクリエイト科	32	30	—	1.07	—/—
'22 総合学科	200	197	5	1.02	—/—
フードクリエイト科	43	37	—	1.16	—/—

●主な公立受験校

長浜北星－総合	守山北－普通	八幡工－電気
栗東－普通	長浜農－農業	彦根翔西－総合
彦根工－機械	能登川－普通	伊香－普通
湖南農－農業	瀬田工－機械	伊吹－普通
彦根工－電気	長浜農－食品	長浜北星－総／推

卒業後の進路

卒業者数／252人

大学進学	短大進学	専門学校等	就職	進学準備ほか
44人	15人	74人	97人	22人

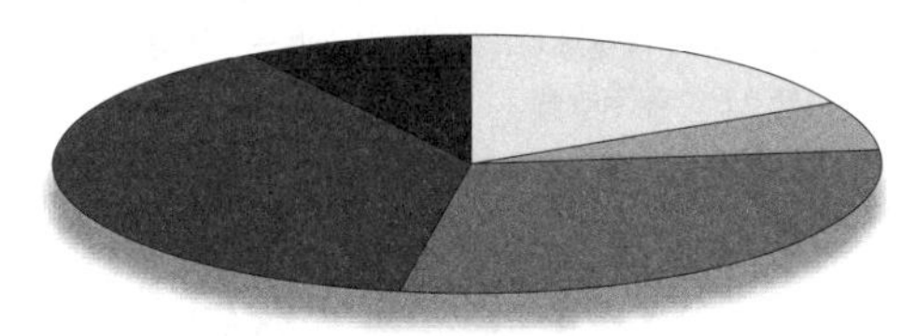

●主な大学合格状況

私立大／

立命館大 1	近畿大 1	龍谷大 1
佛教大 2	成安造形大 2	岐阜協立大 1
びわこ成蹊ｽﾎﾟｰﾂ大 1	聖泉大 1	びわこ学院大 2
大阪経済大 1	京都外国語大 1	京都先端科学大 1
花園大 3	明治医療国際大 3	平安女学院大 3
福井工業大 1	西日本工業大 1	長浜バイオ大 1
東海学院大 2	神戸親和大 1	大阪産業大 2
大阪学院大 2		

立命館守山高等学校

学校法人 立命館
〒524-8577 守山市三宅町250
TEL077-582-8000　FAX077-582-8038
https://www.mrc.ritsumei.ac.jp/

■創立／平成18年(2006)　■校長／岩崎成寿
■生徒数／1,043人(1年／357人 2年／342人 3年／344人)
■併設校／立命館大学　立命館アジア太平洋大学　立命館守山中学校
■沿革／平成18年、立命館4校目の附属高校として開校。同19年4月から新校舎に移転、併設の立命館守山中学校が開校。
■交通／JR東海道本線(琵琶湖線)「守山駅」から直通バス(10分)

インフォメーション INFORMATION

●**教育方針**／建学の精神「自由と清新」、教学理念「平和と民主主義」のもと、新しい価値を生み出す『Game Changer』を育成。大学と連動したカリキュラムにより、多彩な分野で活躍する人材養成をめざしています。

●**学校行事**／体育祭、芸術鑑賞、文化祭など。

●**クラブ活動**／体育系はアメリカンフットボール、ハンドボール、バスケットボール、硬式野球をはじめ、サッカー、テニス(硬式・軟式)、陸上競技、剣道など。文化系はサイテック(科学)、吹奏楽、バトントワリング、将棋、書道、ESSなど。クラブ加入率は約90%です。

●**海外交流**／生徒全員が海外研修に参加します。アカデミックチャレンジプログラム(3月・2年)はアメリカ、オーストラリア、フィンランド、エストニアなど、全7カ国・8プランを用意。様々な課題に挑みます。

●**スクールライフ**／3学期制／登校時刻…9：20(FTコースは8：20)／頭髪…染色・パーマ禁止／アルバイト…許可(要申請)／自転車通学…許可(学校周辺に居住する者)／携帯…許可(キャンパス内では電源OFFにしロッカーで管理)／1人1台タブレット・PC端末所有

カリキュラム CURRICULUM

●**アカデメイアコース(高大一貫コース)**
大学での学びに直結する高度な探究活動を通じて未来を切り拓くための力を着実に形成します。1年時に文理共通の基礎学力を養成し、2、3年時には大学等進路を見据えた文系・理系カリキュラムを選択履修します。思考力・論理力・発信力を重視し、大学接続を強化した教科横断型の科目を設置し、広い視野、解のない課題への対応力を育成します。

●**グローバルコース(高大一貫・国際系進学コース)**
基本的にアカデメイアコースと同じ教育課程枠の中で、国際社会に高い関心をもち、積極的に国際交流を行いたいと考える生徒が選ぶコースです。海外研修や海外高校生との交流プログラムにより、コミュニケーション能力や英語運用能力を磨き、国際社会で活躍する人材を育てます。また、立命館大学との連携を重視した、多様な授業が展開されます。

●**フロンティアコース(医学系・難関国公立大学進学コース)**
文系・理系ともに、最難関大学の合格につながる高度な学びと多様な体験を通じて、高い学力と人間性を養成するコースで、3年間継続することを原則としています。週33時間の授業に加え、長期休暇中の補講などがあります。きめ細かいサポート体制のほか、滋賀医科大学との連携により大学レベルの学びに触れる機会も豊富です。

先輩から

学校生活は毎日が刺激的です。生徒は自分の意見をもち、積極的に行動を起こしています。リーダーとしての素養を持つ人、集団メンバーの一員として力を発揮する人など、さまざまな個性をもった生徒がいるため、意見交流がとても活発。また生徒の意見を受け止め、反映させる学校です。自分の力をフルに活用して社会に貢献したいと考えている人は、ここでその第一歩を踏み出すことをおすすめします。(K・M)

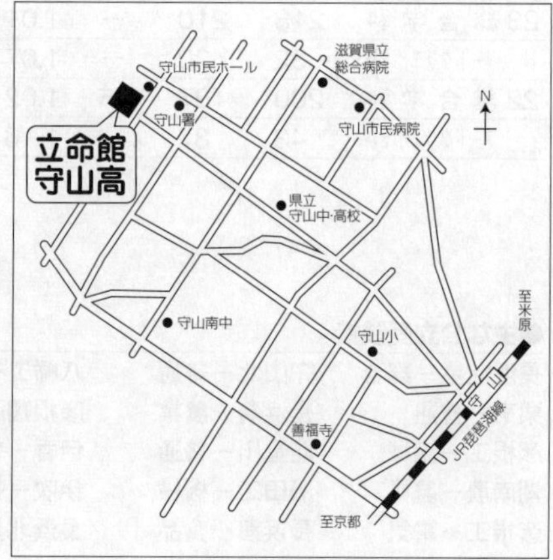

＊女子はスカートとパンツスタイルからの選択。

進研Vもし 合格のめやす

●目標偏差値(合格可能性80%)

併願		専願	
フロンティア	69	フロンティア	65
グローバル	67	グローバル	63
アカデメイア	67	アカデメイア	63

30 35 40 45 50 55 60 65 70 75

フロンティア
努力圏 合格圏 安全圏

グローバル／アカデメイア
努力圏 合格圏 安全圏

入試ガイド

●募集要項　＊2024年度入試実施分

募集人員	アカデメイア／グローバル／フロンティア…160
出願期間	1/12～1/19
受験料	20,000円
学力検査	2月1日
面接	推薦のみ(個人)
合格発表	2月5日
入学手続	推薦・専願 2月12日 併願 3月20日

●試験科目と配点・時間

科目	国語	数学	英語	社会	理科
配点	100点	100点	100点	100点	100点
時間	50分	50分	50分	50分	50分

＊5科合計と4科(国数英理)を1.25倍した得点の高い方で判定。専願は内申点を加味して判定(試験得点:内申＝7:3)。＊推薦は小論文(800字・60分)と面接。

●学費

入学金	120,000円	制服代	57,363～円
年間授業料	630,000円	指定品・教科書代	59,793～円
諸会費計	32,400円	諸費	168,000～円
教育充実費	240,000円	初年度納入金合計	1,307,556～円

＊コースにより異なる

入試状況

●併願

年度	学科・コース	受験者数	合格者数	回し	倍率	合格最低点
'24	フロンティア	115	78	—	1.47	349/500
	グローバル	17	11	—	1.55	
	アカデメイア	31	10	—	3.10	
'23	フロンティア	169	86	—	—	329/500
	グローバル		9	—	—	
	アカデメイア		4	—	—	

●専願

年度	学科・コース	受験者数	合格者数	回し	倍率	合格最低点
'24	フロンティア	13	6	—	2.17	331/500
	グローバル	17	4	—	4.25	
	アカデメイア	62	20	9	3.10	
'23	フロンティア	85	2	—	—	310/500
	グローバル		3	—	—	
	アカデメイア		33	—	—	

＊(2024)推薦入試はフロンティア2名、グローバル30名、アカデメイア86名受験、全員合格。

●主な公立受験校

膳所ー普通　膳所ー普通／特　膳所ー理数
膳所ー理数／特　堀川ー普通／前　堀川ー探究／前
守山ー普通　石山ー普通／特

卒業後の進路

卒業者数／347人

大学進学	短大進学	専門学校等	就職	進学準備ほか
342人	—	—	—	5人

●主な大学合格状況

国・公立大／
京都大 1　大阪大 1　神戸大 5
滋賀大 3　滋賀医科大 2　奈良女子大 1
筑波大 1　旭川医科大 1　金沢大 1
電気通信大 1　富山大 1　滋賀県立大 1
大阪公立大 2　京都市立芸術大 1　愛知県立大 1

私立大／
立命館大 313　立命館ｱｼﾞｱ太平洋大 6　関西大 5
関西学院大 7　同志社大 10　早稲田大 2
慶應義塾大 1　東京理科大 2　法政大 2
明治大 1　京都薬科大 5　金沢医科大 1
自治医科大 1　川崎医科大 1　兵庫医科大 3

育英西高等学校

学校法人 奈良育英学園
〒631-0074 奈良市三松4-637-1
TEL0742-47-0688 FAX0742-47-2689
https://www.ikuei.ed.jp/ikunishi/

■創立／昭和58年（1983） ■校長／北谷成人
■生徒数／533人（1年／188人 2年／150人 3年／195人）
■併設校／育英西中学校
■沿革／昭和58年開校。平成20年立命館コース開設。同30年国際バカロレア（IB）候補校、同31年文部科学省グローカル型指定校、令和3年国際バカロレアMYP認定校となる。同3年大阪府立大学、同4年大阪公立大学と「教育活動の連携に関する協定」締結。
■交通／近鉄奈良線「富雄」から直通バス7分

インフォメーション INFORMATION

●**教育方針**／豊かな教養と純真な人間愛をもって社会に貢献できる女性の育成」を教育理念とし、グローバル社会で活躍できる自立した女性の育成を目指しています。
●**学校行事**／オリエンテーション合宿（4月・1年）、西校祭（5月・体育行事）、テーブルマナー（7月）、夏期補習会（7～8月）、西校祭（9月・文化行事）、球技大会（9月）など。修学旅行（10月・2年）はマレーシアへ。
●**クラブ活動**／ハンドボール、バスケットボール、バドミントン、将棋などが近畿・県大会などで活躍しています。ほかに体育系は陸上競技、バレーボールなど、文化系は音楽、箏曲、書道、演劇などが活動しています。
●**海外交流**／マレーシア修学旅行、海外留学（1ヵ月・3ヵ月・1年、希望者対象）などの海外交流があります。
●**スクールライフ**／3学期制／登校時刻…8：30 ／頭髪…染色・パーマ禁止／アルバイト…禁止／自転車通学…許可（自宅から学校までとする） ／携帯…許可（校内では電源を切り個人ロッカーで管理）

カリキュラム CURRICULUM

●**立命館コース**
立命館大学・立命館アジア太平洋大学への内部推薦基準のみで進学できるコースです。受験勉強にとらわれず、幅広い知識と応用力を養うカリキュラムを設定しています。独自の探究科目SD（Science&Discovery）ではグループで自主研究し、その成果をまとめて発表します。また、GTEC や TOEIC などを通して、英語能力や異文化理解・コミュニケーション能力を育成し、文理両方に明るいバランスのとれた生徒の育成をめざします。
●**特設コース**
国公立大学・難関私立大学への進学を目指すコース。放課後の補習はもとより、個別指導など、小規模校ならではのきめ細やかなサポートが特色。希望と成績に応じてⅡ類・Ⅰ類のクラス編成を行い、専門性を高めるカリキュラムを設定し、文系・理系など、生徒の希望に沿った科目選択、進路指導を行っています。また、関西大学や近畿大学、京都女子大学をはじめとする協定校との高大連携を活かした教育や、推薦枠を利用しての進路選択が可能です。

先輩から

育英西には、勉強も学校生活も全力で楽しんでいる人がたくさんいます。勉強面では、補習の時間割や自習する環境が充実していたり、先生方も丁寧に質問対応してくださるので、分からないところがあっても安心です。また、女子しかいない環境だからこそ、何事にも前向きに挑戦し、学校行事やクラブ、委員会、ボランティア活動など、本気で取り組めます。ぜひ、育英西で女子校ならではの青春を過ごしましょう！（R.D.）

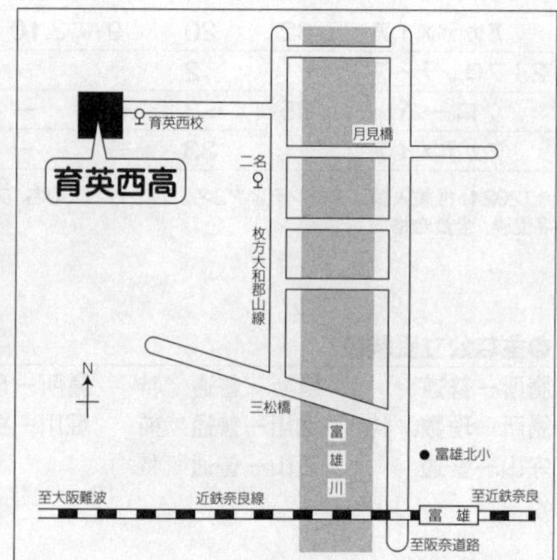

進研Vもし 合格のめやす

●目標偏差値(合格可能性80%)

併願		専願	
特設Ⅱ類すみれ	65	特設Ⅱ類すみれ	63
立命館	61	立命館	58
特設Ⅱ類	59	特設Ⅱ類	56
特設Ⅰ類	55	特設Ⅰ類	53

30 35 40 45 50 55 60 65 70 75

特設Ⅱ類すみれ 努力圏 合格圏 安全圏

立命館 努力圏 合格圏 安全圏

特設Ⅱ類 努力圏 合格圏 安全圏

特設Ⅰ類 努力圏 合格圏 安全圏

入試状況

●併願

年度	学科・コース	受験者数	合格者数	回し	倍率	合格最低点
'24	立命館	146	116	38	1.26	450/650
	特設Ⅱ類すみれ	142	50	—	2.84	484/650
	特設Ⅱ類	20	19	75	1.05	316/650
	特設Ⅰ類	45	43	13	1.05	285/650
'23	立命館	165	149	50	1.11	380/650
	特設Ⅱ類すみれ	138	51	—	2.71	485/650
	特設Ⅱ類	28	28	49	1.00	294/650
	特設Ⅰ類	32	32	6	1.00	280/650

●専願

年度	学科・コース	受験者数	合格者数	回し	倍率	合格最低点
'24	立命館	83	59	2	1.41	421/650
	特設Ⅱ類すみれ	13	4	—	3.25	461/650
	特設Ⅱ類	9	7	8	1.29	300/650
	特設Ⅰ類	47	45	20	1.04	278/650
'23	立命館	47	42	—	1.12	364/650
	特設Ⅱ類すみれ	18	6	—	3.00	450/650
	特設Ⅱ類	6	3	9	2.00	286/650
	特設Ⅰ類	54	54	8	1.00	264/650

＊入試結果は内部受験生、追試験、1.5次入試を含む。＊合格最低点は英検自己推薦制度による加点を含む。

●主な公立受験校

郡山－普通　一条－普通　畝傍－普通
橿原－普通　高田－普通　奈良北－普通
国際－国際／特　一条－外国語／推　桜井－普通
奈県大－探究／併　泉北－総合科学　奈良－普通
香芝－普通

入試ガイド

●募集要項　＊2024年度入試実施分

募集人員	立命館80、特設（Ⅰ類／Ⅱ類）80 ＊内部進学を含む
出願期間	1/10～1/19
受験料	20,000円
学力検査	2月6日
面接	実施しない
合格発表	2月9日
入学手続	専願 2月13日 併願 3月19日

●試験科目と配点・時間

科目	国語	数学	英語	社会	理科
配点	150点	150点	150点	100点	100点
時間	50分	50分	50分	40分	40分

＊立命館コースは国英（各105点）・数(225点)・理(150点)・社(65点) の計650点満点でも算出し、高得点の方を採用。＊英検資格活用あり。

●学費

入学金	200,000円	制服代	70,000円
年間授業料	686,000円	その他制定品費	約 75,000円
諸会費計	44,000円	タブレット(3年間)	約 75,000円
修学旅行積立	約 200,000円	初年度納入金合計	約 1,350,000円

＊特設コースの場合

卒業後の進路

卒業者数／162人

大学進学	短大進学	専門学校等	就職	進学準備ほか
147人	5人	4人	—	6人

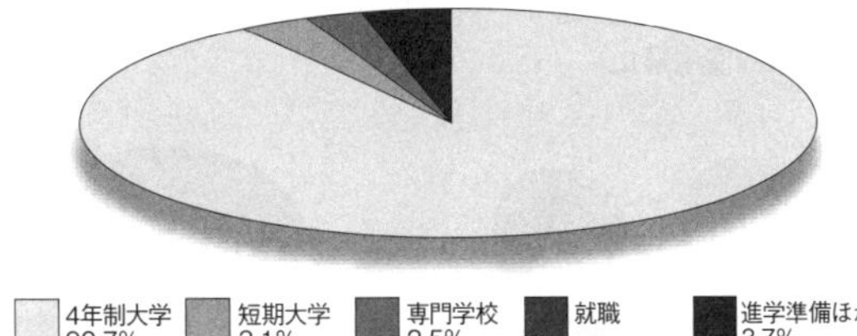

4年制大学 90.7%　短期大学 3.1%　専門学校 2.5%　就職 —　進学準備ほか 3.7%

●主な大学合格状況

国・公立大／
滋賀大 1　京都工繊大 1　大阪公立大 1
奈良県立大 1　奈良県立医 1

私立大／
関西大 11　関西学院大 3　同志社大 1
立命館大 55　京都産業大 2　近畿大 14
龍谷大 16　佛教大 1　摂南大 23
桃山学院大 3　武庫川女子大 21　帝塚山大 19
同志社女子大 16　京都女子大 12　畿央大 11
関西外国語大 4　大阪工業大 2　立命館ｱｼﾞｱ太平洋大 2
大阪医科薬科大 2　京都薬科大 1　神戸薬科大 1
藤田医科大 1　法政大 1　神戸女学院大 1

奈良女子高等学校

学校法人 白藤学園
〒630-8121 奈良市三条宮前町3-6
TEL0742-33-3601　FAX0742-35-2312
https://shirafuji.ac.jp/

■創立／明治26年(1893)　■校長／石原　勉
■生徒数／311人(1年／105人 2年／104人 3年／102人)
■併設校／奈良保育学院　奈良保育学院付属幼稚園
■沿革／明治26年創設の正気書院が母体。昭和25年奈良白藤高等学校と改称。平成9年奈良女子高等学校と改称。令和5年創立130周年を迎えました。
■交通／JR「奈良」から徒歩5分、近鉄奈良線「新大宮」から徒歩7分

インフォメーション　INFORMATION

●**教育方針**／敬身（心身を鍛え、ねばりある人に)、敬学（真理を愛し、善事に励み、美しさを知る感性豊かな人に)、敬事（行いを正し、誠実に生きる喜びを知る人に）の三敬銘が建学の精神です。正しく豊かな社会生活を営む女性の育成に努めています。

●**学校行事**／防犯セミナー（4月)、校外学習（6月)、文化祭（9月)、体育祭（10月）のほか、テーブルマナー（5月)、幼児安全支援員養成講習会（7月)、学習合宿（8月)、コーラスコンクール（9月)、保育フェスタ（12月)、奈良スイーツコンテスト（1月）など。修学旅行（11月）は石垣島へ。

●**クラブ活動**／生徒のみずみずしい情熱と全身にみなぎっているエネルギーは、スポーツの世界、芸術の世界という枠を越えて人々に感動を与えます。バレーボール、卓球、ソフトボール、バスケットボールは全国・近畿大会常連クラブ。ほかに体育系はテニスの全5部。文化系はダンス、茶道、演劇、書道、軽音楽、ブラス・アンサンブルなど10部・5サークルが活動中です。

●**スクールライフ**／3学期制／登校時刻…8：40／頭髪…染色・パーマ禁止／その他…化粧・ピアス禁止／アルバイト…許可（届出制）／自転車通学…許可（自転車保険加入）／携帯…許可（校内使用禁止)

カリキュラム　CURRICULUM

●**特別進学コース**
難関大学合格を目指すコースです。放課後、水曜日と土曜日以外は7時間授業。特別講座で受験力を高めます。

●**保育進学コース**
高校・専門学校5年一貫教育で幼児教育のプロを育成。保育に関する実践的なプログラムが充実しています。併設の奈良保育学院への優先入学制度があります。

●**総合進学コース**
基礎学力の強化を図り進学と就職の両方に対応できる力を養成します。また2年次より、自分の興味や進路に合わせ、3分野（標準選択・パティシエール選択・デザイン選択）から授業を選択できます。

☆次世代教育探究プロジェクトを進行し、ICT教育の推進による最新の学び、探究学習の推進による全国高校生マイプロジェクトアワードへの参加、産学連携による新たな可能性の拡大に挑戦しています。

先輩から

本校の魅力の1つは、1人ひとりにあった個別指導を受けられることです。先生方は熱心に、授業では触れないような深いところまで徹底的に教えてくださいます。また、体育祭も魅力の1つで、女子校ならではの団結力が生まれ、楽しく盛り上がります。みなさんも奈良女子高校で、楽しい毎日を過ごしてみませんか？
(M・I)

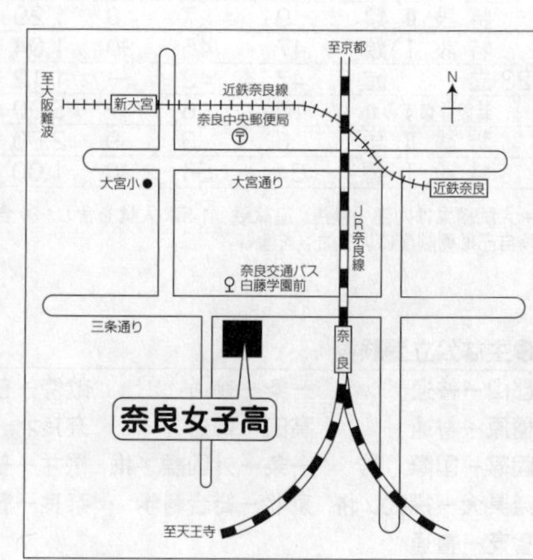

進研Vもし 合格のめやす

●目標偏差値(合格可能性80%)

併願		専願	
特別進学	45	特別進学	43
保育進学	41	保育進学	39
総合進学	40	総合進学	38

30 35 40 45 50 55 60 65 70 75

特別進学 努力圏 合格圏 安全圏

保育進学 努力圏 合格圏 安全圏

総合進学 努力圏 合格圏 安全圏

入試状況

●併願

年度	学科・コース	受験者数	合格者数	回し	倍率	合格最低点
'24	特別進学	59	57	—	1.04	155/300
	保育進学	40	39	—	1.03	85/300
	総合進学	206	206	3	1.00	65/300
'23	特別進学	50	45	—	1.11	155/300
	保育進学	50	50	—	1.00	85/300
	総合進学	230	230	5	1.00	65/300

●専願

年度	学科・コース	受験者数	合格者数	回し	倍率	合格最低点
'24	特別進学	7	6	—	1.17	145/300
	保育進学	15	15	—	1.00	70/300
	総合進学	57	57	1	1.00	60/300
'23	特別進学	19	18	—	1.06	145/300
	保育進学	17	17	—	1.00	70/300
	総合進学	43	43	1	1.00	60/300

●主な公立受験校

西和清陵ー普通	高円ー普通	添上ー普通
磯城野ーヒュ/特	商業ー商/特	奈商工ー総ビ/特
法隆寺国際ー普通	磯城野ーフー/特	高円ーデザ/特
磯城野ーバ技/特	高円ー美術/特	十津川ー総合/特
添上ー普通/人文	奈商工ー観光/特	大和広陵ー普通

入試ガイド

●募集要項　＊2024年度入試実施分

募集人員　特別進学20、保育進学40、総合進学140

出願期間　1/9〜1/19
受験料　18,000円
学力検査　2月6日
面接　推薦=個人　専願=グループ
合格発表　2月9日
入学手続　推薦·専願 2月15日
　併願 3月22日

●試験科目と配点・時間

科目	国語	数学	英語	—	—
配点	100点	100点	100点	—	—
時間	45分	45分	45分	—	—

●学費

入学金	100,000円	制服・制定品	約 156,180円
年間授業料	528,000円	学年費ほか	169,000〜円
諸会費計	65,850円	施設設備資金	100,000円
修学旅行積立	別途	初年度納入金合計約	1,119,030〜円

＊コースにより異なる

卒業後の進路

卒業者数/ 104 人

大学進学	短大進学	専門学校等	就職	進学準備ほか
40人	17人	31人	7人	9人

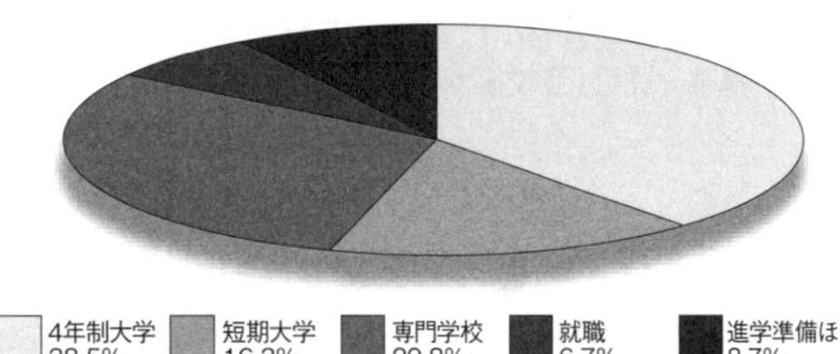

●主な大学合格状況(現役のみ)

私立大/

関西大 4	同志社大 1	京都産業大 1
近畿大 14	龍谷大 15	佛教大 3
桃山学院大 1	京都女子大 3	同志社女子大 1
武庫川女子大 1	中京大 1	大阪工業大 3
関西外国語大 3	帝塚山大 7	大阪樟蔭女子大 4
大阪経済法科大 4	大阪芸術大 2	奈良大 2
大阪学院大 1	大阪商業大 1	天理大 1
大阪城南女子短大 3	大和大白鳳短期 3	奈良佐保短大 3
藍野大短期 2		

奈良文化高等学校

学校法人 奈良学園
〒635-8530 大和高田市東中127
TEL0745-22-8315　FAX0745-23-3582
https://www.narabunka.ed.jp

■**創立**／昭和40年(1965)　■**校長**／中野善久
■**生徒数**／351人(1年／95人 2年／111人 3年／145人)
■**併設校**／奈良学園大学　奈良文化幼稚園
■**沿革**／昭和40年奈良文化女子短期大学付属高等学校を開校。同45年全日制課程衛生看護科を設置。平成19年奈良文化高等学校に校名変更。
■**交通**／近鉄南大阪線「高田市」から徒歩15分、近鉄「高田市」「大和高田」・JR「高田」から奈良文化高校行バスあり

インフォメーション INFORMATION

●**教育方針**／歴史的風土と自然に囲まれた環境の中で、心のふれあいを大切にしながら、「誠実と良識を備えた、あたたかく、やさしい健康な女性」の育成をめざしています。課外活動も盛んで、全国的に高い評価を受けているクラブも少なくありません。
●**学校行事**／校外学習(4月)、マナー教室(5月)、病院実習(5月・10月3年衛生看護科)、体育大会(6月)、文化祭(9月)、戴帽式(9月・2年衛生看護科)、幼稚園遠足(10月・2年子ども教育コース)、伝統食品(柿の葉寿司)実習(2月・2年食文化コース)などがあります。修学旅行(12月・2年)は九州へ(スポーツ特進は2月・北海道)。
●**クラブ活動**／全国大会常連のソフトボール、新体操、バスケットボール、バレーボールが強化指定クラブ。ほかに体育系は少林寺拳法、ハンドボール、テニス、剣道、バドミントン、陸上競技、フットサル、文化系では吹奏楽、書道、茶道、華道、ダンス、美術、演劇、写真、家庭、園芸、理科などが活動しています。加入率は約58%です。
●**スクールライフ**／3学期制／登校時刻…8：40／頭髪…染色・パーマ禁止／アルバイト…禁止／自転車通学…許可(条件つき)／携帯…許可(登校後カバンの中に入れる)

カリキュラム CURRICULUM

●**衛生看護科**
准看護師の資格取得をめざし、必要な知識と技術を身につけます。卒業後は併設の衛生看護専攻科に特別入学でき、中学校卒業後最短の5年で看護師国家試験を受験することができます。
●**普通科Ⅰ類**
2年次よりコース選択を行います。
◆子ども教育コース　将来の幼稚園教諭、保育士を視野に入れ、幼稚園児とふれあいながら、専門知識と技術を修得します。
◆食文化コース　オールIHクッキングヒーターのキッチンスタジオ(調理室)とホテルバンケット風の試食室を中心に、和・洋・中・製菓・製パンから郷土食まで、「食」と「食文化」を学びます。
◆総合進学コース　表現力や個性を伸ばし、幅広い進路に対応しています。多彩な学びの中で、資格取得や検定合格を目標に、将来なりたい自分を見つけます。
●**普通科Ⅱ類**
◆看護医療特進コース　看護医療系の進学サポートに力を入れます(奨学金の利用対象です)。
◆特進コース　有名私立大学の文系学部をめざす「人文社会系」です。第一志望大学合格に向けサポートを強化しています(奨学金の利用対象です)。
◆スポーツ特進コース　スポーツに打ち込みながら国語・英語・地理歴史の学力を重点強化。スポーツと学びを両立させ、有名私立大学(体育系・文系)への進学をめざします。

先輩から

高校の3年間は毎日が充実していました。いつも新鮮な刺激を受けた専門科目の授業、チームメイトと苦楽を共有したクラブ活動、また臨床実習では患者様との関わりから、常にその時々の自分にできる最大限の努力をすることの大切さを学びました。現在、奈良文化高校衛生看護専攻科に在学中。人の思いや願いを傾聴することのできる看護師をめざしています。(衛生看護科卒 K・K)

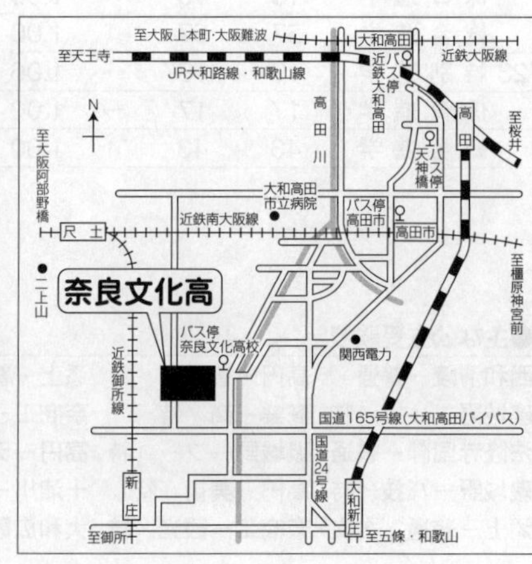

進研Vもし 合格のめやす

●目標偏差値（合格可能性80%）

併願		専願	
		衛生看護科	43
Ⅱ類	42	Ⅱ類	40
Ⅰ類	39	Ⅰ類	37

30 35 40 45 50 55 60 65 70 75

衛生看護科（専願）　努力圏 合格圏 安全圏

Ⅱ類　努力圏 合格圏 安全圏

Ⅰ類　努力圏 合格圏 安全圏

入試状況

●併願

年度	学科・コース	受験者数	合格者数	回し	倍率	合格最低点
'24	衛生看護科	—	—	—	—	—/—
	Ⅱ類（医療看護）	27	27	—	1.00	—/—
	Ⅱ類（特進）	53	51	—	1.04	—/—
	Ⅱ類（スポーツ）	0	0	—	—	—/—
	Ⅰ　類	142	139	1	1.02	—/—

●専願

年度	学科・コース	受験者数	合格者数	回し	倍率	合格最低点
'24	衛生看護科	52	49	—	1.06	—/—
	Ⅱ類（医療看護）	4	4	—	1.00	—/—
	Ⅱ類（特進）	4	4	—	1.00	—/—
	Ⅱ類（スポーツ）	16	16	—	1.00	—/—
	Ⅰ　類	13	13	—	1.00	—/—

●主な公立受験校

商業－商／特　磯城野－ファ／特　高取国際－英／特
磯城野－フー／特　西和清陵－普通　磯城野－バ技／特
五條－普通　磯城野－農業／特　宇陀－普通／特
高円－音楽／特　御所実－環緑／特　奈良南－普通
磯城野－ヒュ／特　宇陀－こども／特

入試ガイド

●募集要項　＊2024年度入試実施分

募集人員	普通科＝Ⅱ類（看護医療特進／特進）20、Ⅱ類（スポーツ特進）30、Ⅰ類（子ども教育／食文化／総合進学）60、衛生看護科（専願）＝80
出願期間	1/13～1/19
受験料	18,000円
学力検査	2月6日
面接	専願のみ
合格発表	2月8日
入学手続	専願 2月17日 併願 公立2次募集合格発表翌日

●試験科目と配点・時間

科目	国語	数学	英語	—	—
配点	100点	100点	100点	—	—
時間	45分	45分	45分	—	—

●学費

入学金	120,000円	制服代・制定品費	98,560～円
年間授業料	510,000～円	その他制定品費	—
諸会費計	30,000円	施設費	80,000～円
修学旅行積立	100,000円	初年度納入金合計	938,560～円

卒業後の進路

卒業者数／153人

大学進学	専攻科	短大専門学校等	就職	進学準備ほか
34人	75人	30人	8人	6人

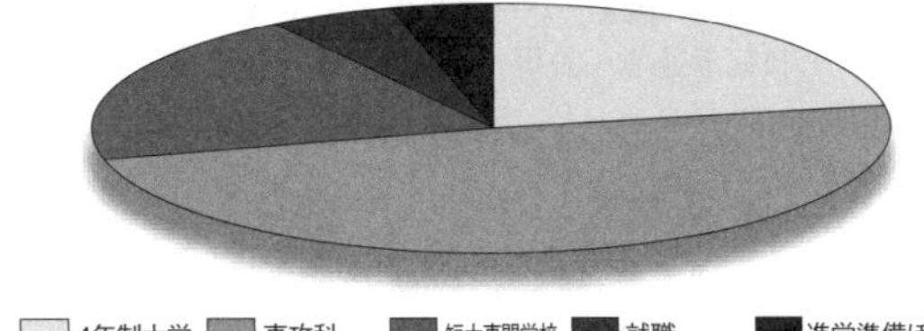

●主な大学合格状況

私立大／
京都産業大 2　龍谷大 1　立教大 1
中京大 1　武庫川女子大 3　関西外国語大 1
大和大 1　奈良学園大 3　東京医療保健大 1
帝塚山大 2　国士舘大 1

橿原学院高等学校

学校法人 聖心学園
〒634-0063 橿原市久米町222
TEL0744-27-3242　FAX0744-27-5402
https://www.kashigaku.ed.jp/

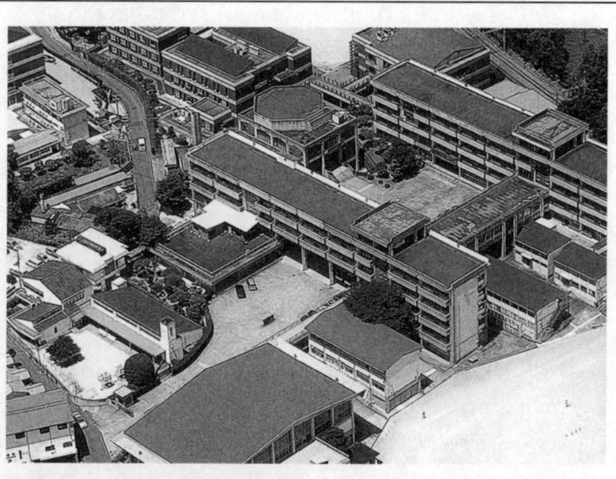

■創立／昭和39年(1964)　■校長／松本邦夫
■生徒数／296人(1年／102人 2年／101人 3年／93人)
■併設校／奈良芸術短期大学
■沿革／昭和39年、学校創立。同43年美術科を設置。
■交通／近鉄橿原線・近鉄吉野線「橿原神宮前」から徒歩8分、近鉄南大阪線「橿原神宮西口」から徒歩5分

インフォメーション INFORMATION

●**教育方針**／世界的視野に立つ、心身ともに健康的な紳士、淑女の養成を教育目標に、学力の錬磨、進学指導の充実、国際理解の深化、芸術感性と豊かな表現力の育成に努めています。

●**学校行事**／大学見学会(4月)、校外学習(5月・11月)、校外スケッチ・球技大会(5月)、美術作品展・奈良芸術短大集中講座(7月・12月)、サマースクール(8月)、体育大会・文化祭(10月)、修学旅行(11月)など。

●**クラブ活動**／体育系は弓道、陸上競技、野球、バスケットボール、テニス、ダンス、レスリングの全7部。文化系は漫画研究、吹奏楽、インターアクト、放送の4部が活動中。加入率は約60%です。

●**海外交流**／修学旅行(11月)ではオーストラリアの雄大な自然に触れるとともに、現地の高校生とも交流。海外短期留学(8月)は、EF(エデュケーション・ファースト)と橿原学院生の国際交流の可能性を広げるため、世界各国50カ国以上と協定を結んでいます。

●**スクールライフ**／3学期制(3年生のみ2学期制)／登校時刻…8：40／頭髪…染色・パーマ禁止／アルバイト…許可(一部許可)／自転車通学…許可／携帯…許可(登校後回収→下校時返却)

カリキュラム CURRICULUM

●**普通科・特進コース**
国公立大および難関私立大への進学をめざすコースです。1・2年次はとくに国・数・英の基礎力と応用力を養成。2年次から文系／理系を選択します。早朝テストや習熟度別授業、入試対策講座、予備校講習会などきめ細かな指導を展開。早期に教科書を修了させ、3年次からは大学ごとの過去問演習など、実践的な内容の授業に取り組みます。

●**普通科・標準コース**
文武両道をめざすコースです。バランスのとれた学習計画のもと、基礎学力の定着と学ぶ意欲の向上をはかるとともに、課外活動の時間も十分に確保されています。大学受験を前提とした学力を養成するため、放課後に受験対策講座(通年)・検定対策講座も実施。大学入試の情報もいち早くキャッチし、各自がめざす進路に幅広く対応できる指導を行っています。

●**美術科**
基本的な学力向上をはかりながら、現代美術の動向に即した多様な造形活動を通して、豊かな感性と表現力を育成。2年次から、絵画(日本画・油彩画)／デザイン／CGの3コースに分かれます。奈良芸術短期大学との高大連携による実技演習を受けることができるのも大きなメリット。さらに大学進学対応の素描演習など、美術系大学進学に向けた指導を行っています。

橿原学院の特徴は、先生と生徒の距離がとても近く、笑顔の絶えない学校だということです。生徒が集中できるように先生方が工夫してくださるので、1時間1時間が充実しており、気がつけば1日の授業があっという間に終わっています。またいろいろなクラブがあり、放課後も学校全体が活気づいています。私も標準コースで勉強し、クラブ活動でも汗を流してがんばっている1人です。(M・H)

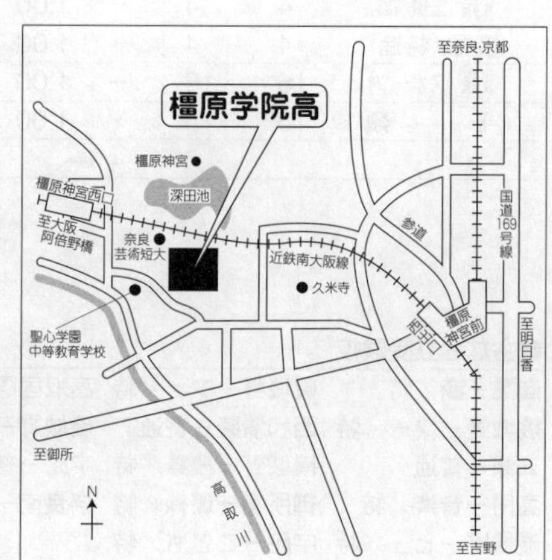

進研Vもし　合格のめやす

●目標偏差値(合格可能性80%)

併願		専願	
特進	52	特進	49
標準	45	標準	40
美術科	45	美術科	40

30 35 40 45 50 55 60 65 70 75

特進
努力圏 合格圏 安全圏

標準
努力圏 合格圏 安全圏

美術科
努力圏 合格圏 安全圏

入試ガイド

●募集要項　＊2024年度入試実施分

募集人員	普通科＝特進40、標準80、美術科＝70
出願期間	1/10～1/20
受験料	18,000円
学力検査	2月6日
面接	専願および美術科推薦(集団約5分)
合格発表	2月8日
入学手続	専願 2月12日 併願 3月21日

●試験科目と配点・時間

科目	国語	数学	英語	社会	理科
配点	100点	100点	100点	100点	100点
時間	50分	50分	50分	50分	50分

＊特進コースは5科受験、標準コースは3科(国・数・英)受験。＊美術科一般入試は国・英・実技(120分・200点)、推薦入試は国・実技(120分・200点)。

●学費

入学金	100,000円	制服代	約 90,000円
年間授業料	普通 564,000円 美術 582,000円	その他	約 100,000円
諸会費計	24,000円	施設設備費	120,000円
修学旅行積立(2年間)	320,000円	初年度納入金合計約 1,200,000～円	

入試状況

●併願

年度	学科・コース	受験者数	合格者数	回し	倍率	合格最低点
'24	特進	535	401	—	1.33	—/500
	標準	574	541	132	1.06	—/300
	美術科	24	18	—	1.33	—/400
'23	特進	573	392	—	1.46	—/500
	標準	619	589	179	1.05	—/300
	美術科	46	41	—	1.12	—/400

●専願

年度	学科・コース	受験者数	合格者数	回し	倍率	合格最低点
'24	特進	15	13	—	1.15	—/500
	標準	50	50	1	1.00	—/300
	美術科	専6	5	—	1.20	—/400
		推15	15	—	1.00	—/300
'23	特進	13	9	—	1.44	—/500
	標準	36	35	4	1.03	—/300
	美術科	専8	6	—	1.33	—/400
		推14	14	—	1.00	—/300

●主な公立受験校

香芝－普通　高田商－商業/特　桜井－普通
高取国際－普通　五條－普通　橿原－普通
商業－商/特　高円－美術/特　法隆寺国－英/特
高取国際－コ/特　王寺工－機械/特　桜井－書芸/特
桜井－英語/特　法隆寺国際－普通　奈商工－総ビ/特

卒業後の進路

卒業者数/93人

大学進学	短大進学	専門学校等	就職	進学準備ほか
69人	12人	9人	1人	2人

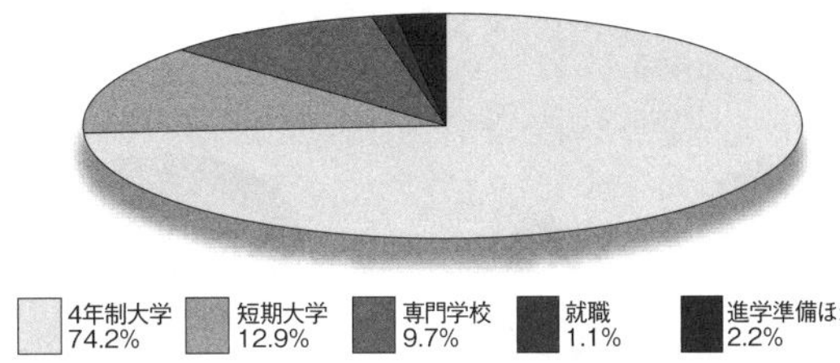

●主な大学合格状況

私立大/
関西大 8　同志社大 7　立命館大 21
京都産業大 4　近畿大 25　龍谷大 41
佛教大 7　摂南大 14　追手門学院大 2
桃山学院大 6　関西外国語大 2　京都外国語大 6
大阪産業大 6　大阪商業大 1　大阪経済大 1
大阪経済法科大 1　大阪学院大 1　阪南大 1
関西福祉科学大 3　四天王寺大 6　大阪体育大 1
大阪芸術大 6　京都芸術大 5　天理大 6
奈良大 2　奈良学園大 3　帝塚山大 2
畿央大 1

奈良[共学]

智辯学園高等学校

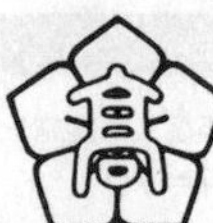

学校法人 智辯学園
〒637-0037 五條市野原中4-1-51
TEL0747-22-3191　FAX0747-24-4057
https://www.chiben.ac.jp/gojo

■創立／昭和40年（1965）　■校長／手塚　彰
■生徒数／344人（1年／121人 2年／111人 3年／112人）
■併設校／智辯学園中学校
■沿革／昭和40年智辯学園高等学校開校。平成9年メディアセンター開設。
■交通／JR和歌山線「五条」から徒歩30分（バス10分）南海「林間田園都市、御幸辻」・近鉄「福神、橿原神宮前、大和八木」・JR「粉河、岩出」からスクールバス（申込者）

インフォメーション　INFORMATION

●**教育方針**／建学の精神「心身ともに健康で、使命感を持つ、誠実な人間の育成」に基づき、知力の徹底的訓練、情感をはぐくむ教育（「宗教」は必修）、国際人を育てる教育を推進しています。
●**学校行事**／錬成会（4月・1年）、球技大会（5月）、野球応援（7月）、国公立大キャンパス見学会（8月・1年）、文化発表会（9月）、陸上競技大会（10月）、ウォーキング（3月）など。修学旅行（10月・2年）はシンガポール・マレーシアへ。
●**クラブ活動**／運動部では甲子園出場春夏合計33回を誇る公式野球部をはじめ、卓球、サッカー、剣道、陸上、ソフトテニス、バレーボール、バスケットボールが活動中。文化部は文芸、コーラス、和太鼓、囲碁・将棋、吹奏楽、放送などがあります。加入率は約50%です。
●**海外交流**／韓国への研修旅行は伝統があり、ソウルにある姉妹校からの留学生受け入れも並行して実施。アメリカの提携校とも短期の相互交換留学を行っており、学校・生徒間の交流を深めています。
●**スクールライフ**／3学期制／登校時刻…8：30／頭髪…染色・パーマ禁止／アルバイト…禁止／自転車通学…許可／携帯…持込可（要申請）

カリキュラム　CURRICULUM

●**国公立大学進学コース**
国公立大学への現役合格を目指し、6年制コースとは独立したカリキュラム・クラスで、週あたり35コマ（約2,000時間）の授業時間を確保します。高校3年生の前半で教科書の内容を終了し、後半は演習授業を繰り返すことで、実践力を鍛えます。またICTの活用による学習支援と個別最適化学習指導を行い、揺るぎない学力を養成します。
●**未来探究コース**
指定校推薦制度を活用して私立大学への現役合格を目指し、6年制コースとは独立したカリキュラム・クラスで、幅広い能力の育成にあたります。充実した探究活動を実践することで思考力・判断力・表現力を、またプログラミングの授業により、論理的思考力を育成します。また「Global Competence Program」により、グローバルな価値観と英語による表現力を鍛えます。
●**普通コース**
スポーツ（野球部）中心のカリキュラムで学習しますが、文系科目を中心として丁寧な指導で実践的な学びへと導く授業を実施し、私立大学への進学をめざします。
☆春・夏・冬期の各期末を活用して特別授業が編成されます。
☆宗教の時間はもとより、毎朝始業時には「御真言・御宝号」を唱え、毎月1回「感謝祭」も実施。情感をはぐくむ教育の実践を通して、心豊かな人間の育成をはかっています。

先輩から

「環境が人間を作る」私は今までこの意見に懐疑的でした。しかし、今ではその言葉のもつ意味を、少し理解できるような気がします。それぞれに目標をもち、互いに励ましあえる友人たち、必要とするサポートを提供してくださる先生方。智辯学園という環境に身をおき、そういった方々と過ごすことがなければ今の私はなかったでしょう。「あの人に出逢えてよかった」そんな出逢いが、あなたにも訪れますように。（Y・Y）

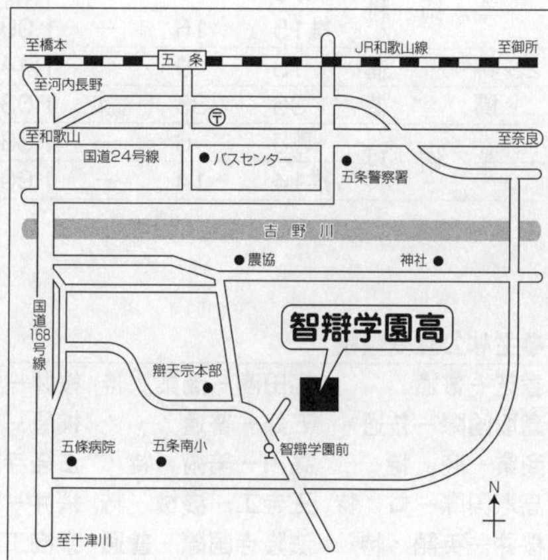

進研Vもし　合格のめやす

●目標偏差値（合格可能性80%）

併願		専願	
国公立大学進学	60	国公立大学進学	55
未来探究	55	未来探究	53

30　35　40　45　50　55　60　65　70　75

国公立大学進学　努力圏　合格圏　安全圏

未来探究　努力圏　合格圏　安全圏

入試ガイド

●募集要項　＊2024年度入試実施分

募集人員	国公立大学進学30、未来探究30、普通（男子専願）20
出願期間	1/10～1/21
受験料	20,000円
学力検査	2月6日
面接	未来探究コース自己推薦および普通コース一般入試で実施
合格発表	2月7日
入学手続	専願 2月10日 併願 3月22日

●試験科目と配点・時間

科目	国語	数学	英語	社会	理科
配点	100点	100点	100点	100点	100点
時間	50分	50分	50分	50分	50分

＊専願3科（国数英）、併願5科。＊未来探究コース自己推薦は作文（60分・100点）。

●学費

入学金	200,000円	制服・制定品代	約 170,000円
年間授業料	450,000円	PC・ネットワーク使用料	132,000円
諸会費計	ー円	校費・教材費	129,000円
修学旅行等積立	195,000円	初年度納入金合計	約 1,276,000円

入試状況

●併願

年度	学科・コース	受験者数	合格者数	回し	倍率	合格最低点
'24	国公立大学進学	127	126	—	1.01	285/500
	未来探究	15	15	1	1.00	250/500
	普通	—	—	—	—	—/—
'23	英数	93	92	—	1.01	262/500
	普通	—	—	—	—	—/—
'22	英数	116	114	—	1.02	155/300
	普通	—	—	—	—	—/—

●専願

年度	学科・コース	受験者数	合格者数	回し	倍率	合格最低点
'24	国公立大学進学	11	9	—	1.22	156/300
	未来探究	9	9	2	1.00	131/300
	普通	20	20	—	1.00	—/300
'23	英数	7	7	—	1.00	—/300
	普通	21	21	—	1.00	—/300
'22	英数	9	9	—	1.00	—/300
	普通	19	19	—	1.00	—/300

＊未来探究コース専願には自己推薦を含む。

●主な公立受験校

畝傍ー普通　高田ー普通　橋本ー普通
桜井ー英語／特

卒業後の進路

卒業者数／117人

大学進学	短大進学	専門学校等	就職	進学準備ほか
100人	—	8人	1人	8人

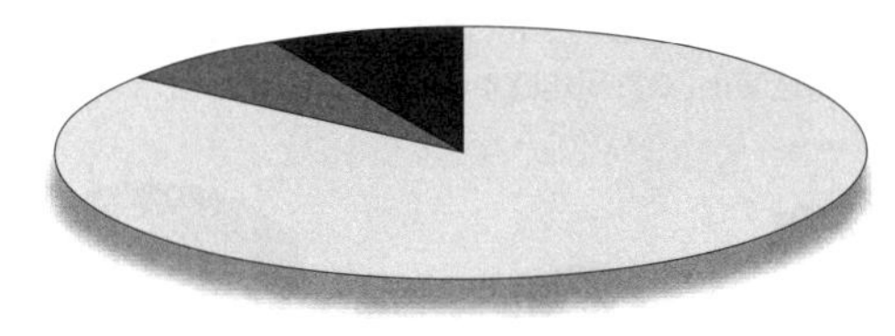

●主な大学合格状況

国・公立大／

神戸大 2　九州大 1　京都工繊大 1
奈良教育大 2　奈良女子大 2　和歌山大 1
広島大 1　徳島大 1　高知大 1
北見工業大 2　大阪公立大 5　国際教養大 1

私立大／

関西大 18　関西学院大 10　同志社大 8
立命館大 9　京都産業大 1　近畿大 77
龍谷大 9　佛教大 5　摂南大 15
神戸学院大 3　追手門学院大 3　桃山学院大 2
早稲田大 1　大阪医科薬科大 1　神戸薬科大 2
同志社女子大 2　京都外国語大 2　大阪産業大 69

智辯学園奈良カレッジ高等部

学校法人 智辯学園
〒639-0253 香芝市田尻 265
TEL0745-79-1111(代) FAX0745-79-8852
https://www.chiben.ac.jp/naracollege/

■創立／平成16年(2004) ■校長／藤田清一朗
■生徒数／281人(1年／106人 2年／87人 3年／88人)
■併設校／智辯学園奈良カレッジ中学部
■沿革／昭和40年智辯学園高等学校開校。同42年智辯学園中学校開校。同53年智辯学園和歌山中学・高等学校開校。平成16年智辯学園奈良カレッジ小・中・高等部開校。
■交通／近鉄大阪線「関屋」から徒歩約15分、近鉄南大阪線「上ノ太子」・JR大和路線「高井田」からスクールバス各約15分

インフォメーション INFORMATION

●**教育方針**／「誠実明朗」をモットーとし、「能力の最大開発」と「人間性の陶冶」をめざす宗教的情操を基盤とした全人教育をおこないます。そして、21世紀の社会が求める高い叡智と豊かな人間性を備えた真のエリートを育て、真・善・美・聖の高い価値を身につけた人材の育成をめざします。

●**学校行事**／錬成会（4月・高1)、能楽鑑賞教室（5月・高2)、球技大会(6月)、文化発表会(9月)、音楽鑑賞会・陸上競技大会(10月)、修学旅行(10月・高2)、ウォーキング(3月)、アメリカ短期留学(3月・高1) など。

●**クラブ活動**／原則、月・水・土の週3回集中して取り組みます。体育系は剣道、卓球、サッカー、ソフトテニス、軟式野球、陸上、バスケットボール。文化系では理科、美術、音楽、ブラスバンド、演劇、囲碁将棋、PCロボット、社会研究、園芸、クイズ研究、ESSが活動。他にダンスと合気道の同好会があります。なお、クラブによって週3回以上の練習を実施することがあります。

●**スクールライフ**／3学期制／登校時刻…8：40／頭髪…染色・パーマ禁止／アルバイト…禁止／自転車通学…禁止／携帯…原則持込禁止（※許可申請すれば持込可)

カリキュラム CURRICULUM

●**文理選抜コース**
幅広い分野において高い知識と技能を身につけ、自らの志を実現するために最難関大学への進学をめざします。

●**特進選抜コース**
陸上競技部において全国大会をめざしながら、難関大学への進学をめざします。

☆ホームルームクラスは文理選抜・特進選抜それぞれ別クラスですが、教科によって到達度別の合同授業になります。
☆1年次は高校教材への慣れや習得のために、六年一貫コースとは異なった進度とカリキュラムで学習します。
☆2年次は文系・理系に分かれますが、六年一貫コースとの合体はありません。ただし、社会・理科などの選択科目において、六年一貫コースとの合同授業があります。
☆3年次は3年制コース独自の進路やレベルに合った細やかな授業選択ができるように、カリキュラムを構築します。

先輩から

奈良カレッジでは、周りに志の高い同級生がたくさんいて、励まし合ったり、教え合ったりして、早い段階から受験を意識した勉強に打ち込むことができました。また、熱心で親切な先生が多かったことが良かったです。先生方は、授業以外でも、僕たちが納得するまで粘り強く解説してくれました。大学でも奈良カレッジで学んだことを忘れずに、夢に向かって努力を続けていきたいです。
(I・K)

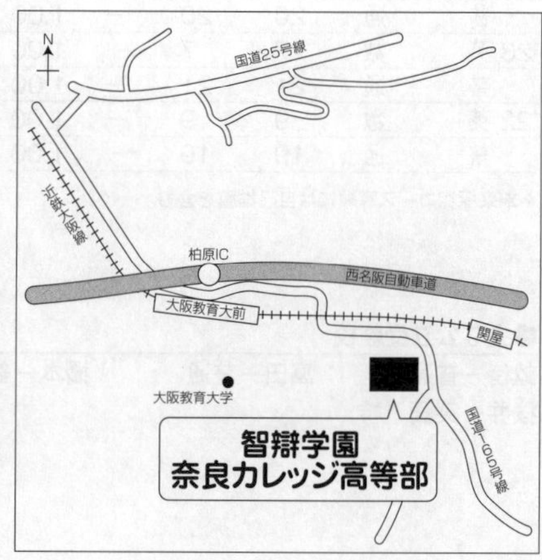

進研Vもし　合格のめやす

●目標偏差値（合格可能性80%）

併願	専願
文理選抜……………… 65	文理選抜……………… 61

30 35 40 45 50 55 60 65 70 75

文理選抜　努力圏　合格圏　安全圏

入試ガイド

●募集要項　＊2024年度入試実施分

募集人員　文理選抜35、特進選抜（専願）15

出願期間　1/10～1/21
受験料　20,000円
学力検査　2月6日
面接　実施しない
合格発表　2月7日
入学手続　専願 2月14日
　併願 3月22日

●試験科目と配点・時間

科目	国語	数学	英語	社会	理科
配点	100点	100点	100点	100点	100点
時間	50分	50分	50分	50分	50分

＊特進選抜は 3科（国数英）。＊英語資格活用あり。

●学費

入学金	200,000円	制服・制定品費	約 160,000円
年間授業料	468,000円	書籍・タブレット端末費	約 140,000円
諸会費計	135,400円	学級費	70,000円
修学旅行積立	180,000円	初年度納入金合計	約 1,353,400円

入試状況

●併願

年度 学科・コース	受験者数	合格者数	回し	倍率	合格最低点
'24 文理選抜	26	25	—	1.04	60.5%
'23 文理選抜	17	15	—	1.13	60.0%
'22 高等部編入	—	—	—	—	—/—

●専願

年度 学科・コース	受験者数	合格者数	回し	倍率	合格最低点
'24 文理選抜	1	1	—	1.00	—/—
'23 文理選抜	4	4	—	1.00	51.6%
'22 高等部編入	—	—	—	—	—/—

＊（2023・2024）特進選抜は非公開。＊（2022）非公開。＊合格最低点には合格最低得点率を記載。

●主な公立受験校

畝傍－普通　高田－普通　橋本－普通

卒業後の進路

卒業者数／ 92 人

大学進学	短大進学	専門学校等	就職	進学準備ほか
83人	—	3人	—	6人

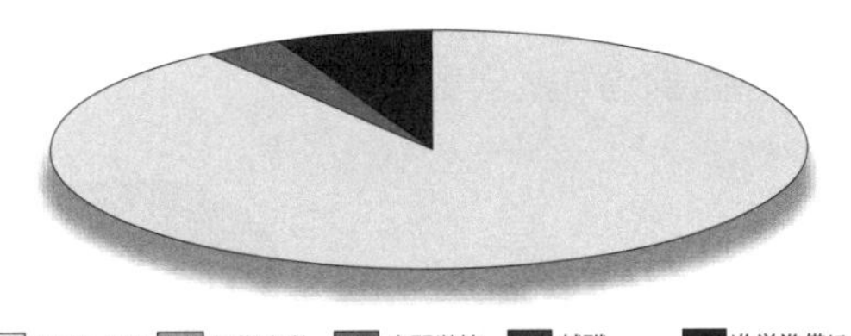

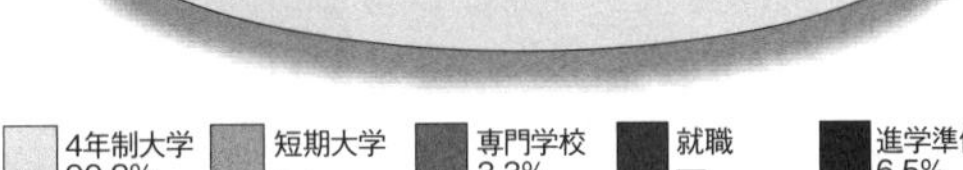

●主な大学合格状況

国・公立大／
京都大 1　大阪大 4　神戸大 6
滋賀医科大 1　京都工繊大 1　奈良女子大 2
和歌山大 2　東京学芸大 1　三重大 2
鳥取大 1　島根大 1　大阪公立大 6
兵庫県立大 1　奈良県立医大 3　国際教養大 1

私立大／
関西大 20　関西学院大 15　同志社大 21
立命館大 17　近畿大 32　甲南大 2
早稲田大 4　青山学院大 2　明治大 1
兵庫医科大 2　関西医科大 1　大阪医科薬科大 5
京都薬科大 2　神戸薬科大 1　大阪歯科大 3

帝塚山高等学校

学校法人 帝塚山学園
〒631-0034 奈良市学園南3-1-3
TEL0742-41-4685　FAX0742-41-4684
https://www.tezukayama-h.ed.jp/

■創立／昭和16年(1941)　**■校長**／小林　健
■生徒数／1,019人(1年／341人 2年／318人 3年／360人)
■併設校／帝塚山大学　帝塚山中学校　帝塚山小学校
■沿革／昭和16年帝塚山学園設立、帝塚山中学校開校。同23年新制帝塚山高等学校を設置。平成5年ACJCと姉妹校提携。同8年コース別中高一貫教育を開始。令和3年創立80周年を迎えました。
■交通／近鉄奈良線「学園前」から徒歩1分

インフォメーション INFORMATION

●教育方針／良識と思いやりのある人物を育成。国際化時代にふさわしいグローバルな感覚を養います。共学と別学の良さを採り入れ、授業は男女別に、その他の活動は男女合同で実施。
●学校行事／学園祭・遠足(4月)、体育祭(5月)、コーラスコンクール(6月)、林間学舎(7月・1年長野県)、スポーツ大会・遠足(10月)、芸術鑑賞(11月)、英語スピーチコンテスト・弁論大会(2月)など。学年旅行(10月・2年)は北海道へ。
●クラブ活動／体育系はテニス、野球、サッカー、陸上競技、卓球、水泳、剣道など。文化系は全国高校音楽祭金賞のギターマンドリン部、ロボカップ世界大会出場の理科部を筆頭に放送、吹奏楽、美術、英語、弦楽、書道、演劇などが活動中。クラブ加入率は約60～70%です。
●海外交流／姉妹校であるシンガポールACJCとのスポーツ・文化交流のほか、さまざまな機関を利用した長期海外留学も可能。交流演奏会(ギターマンドリン部)、ロボット競技世界大会(理科部)など、クラブ単位の国際交流も活発です。
●スクールライフ／3学期制／登校時刻…8：40／頭髪…染色・パーマ禁止／アルバイト…禁止／自転車通学…禁止／携帯…許可(保護者の許可願いの提出)

カリキュラム CURRICULUM

●男子英数コース(スーパー理系選抜クラス・英数クラス)
東大・京大・阪大・神大・国公立大医学部医学科への現役合格を目標とするコースです。高2までに全課程の授業を修了し、3年次には徹底した演習により受験に備えます。到達度別クラス編成、長期休暇中の受験セミナーや特別指導などで、目標にあわせた学力を養成。2年次からは、男女合同の特別授業が編成されます。
●女子英数コース(スーパー選抜クラス・英数クラス)
男子英数コースと同様、高2までに全課程の授業内容を修了。東大・京大・阪大・国公立大医学科への現役合格をめざします。授業時間を最大限に確保し(週36～37時間)、自主的な学習習慣を確立させながらハイレベルな学力、次代のリーダーに必要な資質を養成。2年次からは、男女合同の特別授業が編成されます。
●女子特進コース
国公立大・難関私立大の現役合格をめざします。英数コースに準じたカリキュラムで、高2までに高校の内容を修了。休暇中の受験セミナーで応用力を高めます。3年次から私立大に対応したカリキュラムが選択でき、受験対策も充実。クラブ活動との両立、多彩な行事に参加することによって豊かな学校生活を送ることができます。

帝塚山の高校生活で最初の楽しみは、学園祭(4月)です。続いてコーラスコンクール、夏休み中の林間学舎などがあります。積極的に参加することで、より充実した学校生活を送れることでしょう。また中高一貫の帝塚山では、高校からの入学者のために1年間の特別クラスが編成されます。高1の間は中学内部進学生と比べると勉強は大変ですが、この1年間の努力は絶対に将来の大きな武器になると感じています。(A・I)

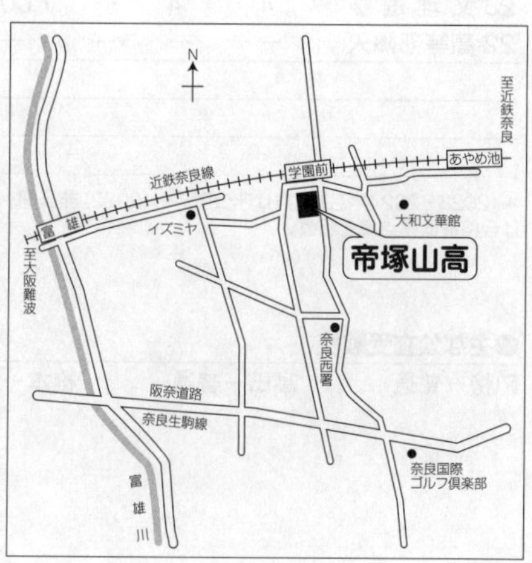

進研Vもし 合格のめやす

●目標偏差値（合格可能性80%）

併願		専願	
スーパー理系選抜	72	スーパー理系選抜	69
男子英数	69	男子英数	67
スーパー選抜	72	スーパー選抜	69
女子英数	70	女子英数	67
女子特進	65	女子特進	62

30 35 40 45 50 55 60 65 70 75

男子スーパー理系選抜／女子スーパー選抜 努力圏 合格圏

男子英数 努力圏 合格圏 安全圏

女子英数 努力圏 合格圏 安全圏

女子特進 努力圏 合格圏 安全圏

入試状況

●併願

年度	学科・コース	受験者数	合格者数	回し	倍率	合格最低点
'24	スーパー理系選抜	403	221	—	1.82	437/650
	男子英数	182	136	—	1.34	387/650
	スーパー選抜	535	235	—	2.28	437/650
	女子英数	300	185	—	1.62	393/650
	女子特進	115	100	—	1.15	359/650
'23	男子英数	324	295	—	1.10	396/650
	女子英数	491	363	—	1.35	403/650
	女子特進	128	114	—	1.12	349/650

●専願

年度	学科・コース	受験者数	合格者数	回し	倍率	合格最低点
'24	スーパー理系選抜	2	0	—	—	417/650
	男子英数	5	1	—	5.00	370/650
	スーパー選抜	5	1	—	5.00	417/650
	女子英数	8	2	—	4.00	370/650
	女子特進	7	4	—	1.75	335/650
'23	男子英数	5	2	—	2.50	385/650
	女子英数	4	0	—	—	385/650
	女子特進	6	6	4	1.00	325/650

＊男子英数クラス・女子英数クラス・女子特進コースの人数は第2・第3志望を含む。＊合格最低点は合格基準点。

●主な公立受験校

奈良－普通	三国丘－文理	郡山－普通
畝傍－普通	奈県大－探究／併	西京－エンタ／前
生野－文理	高津－文理	堀川－探究／前
大手前－文理	天王寺－文理	洛北－普通
桃山－自然／前	嵯峨野－こ共／前	

入試ガイド

●募集要項　＊2024年度入試実施分

募集人員	男子英数（スーパー理系選抜若干名・英数クラス15）、女子英数（スーパー選抜若干名・英数クラス15）、女子特進30
出願期間	1/10～1/22
受験料	20,000円
学力検査	2月6日
面接	実施しない
合格発表	2月8日
入学手続	専願 2月11日 併願 3月20日

●試験科目と配点・時間

科目	国語	数学	英語	社会	理科
配点	150点	150点	150点	100点	100点
時間	60分	60分	60分	50分	50分

●学費

入学金	180,000円	制服代	61,420円
年間授業料	655,000円	その他制定品費	66,960円
諸会費計	40,700円	施設設備充実費	117,000円
修学旅行積立	150,000円	初年度納入金合計	1,271,080円

卒業後の進路

卒業者数／ 333 人

大学進学	短大進学	専門学校等	就職	進学準備ほか
204人	1人	3人	1人	124人

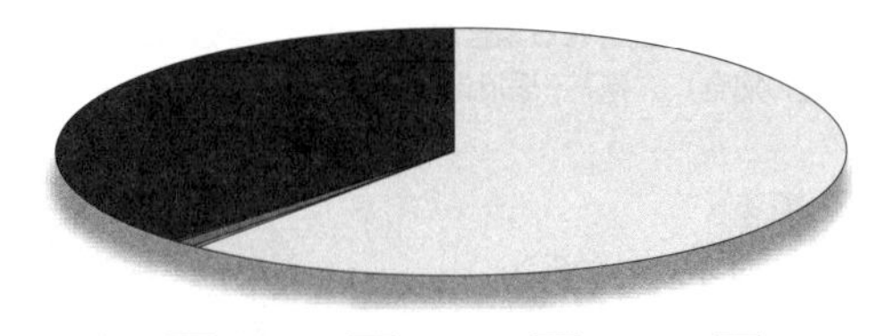

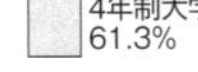 4年制大学 61.3%
 短期大学 0.3%
 専門学校 0.9%
 就職 0.3%
 進学準備ほか 37.2%

●主な大学合格状況

国・公立大／

東京大 3	京都大 13	大阪大 15
神戸大 12	北海道大 10	東北大 2
名古屋大 1	滋賀大 1	滋賀医科大 2
京都工繊大 2	大阪教育大 4	奈良教育大 3
奈良女子大 9	和歌山大 3	滋賀県立大 1
京都府立大 1	京都府立医 1	大阪公立大 28
兵庫県立大 2	奈良県立医 6	和歌山県医 2

私立大／

関西大 77	関西学院大 71	同志社大 94
立命館大 109	京都産業大 12	近畿大 191
甲南大 6	龍谷大 52	佛教大 8

天理高等学校

学校法人 天理大学
〒632-8585 天理市杣之内町1260
TEL0743-63-7691　FAX0743-63-1368
https://www.tenri-h.ed.jp/

■創立／明治41年（1908）　**■校長**／西田伊作
■生徒数／1,187人（1年／402人 2年／394人 3年／391人）
■併設校／天理大学　天理中学校
■沿革／明治33年、天理教の学校教育を行う機関として創設された天理教校を母体に同41年天理中学校（5年制）を開校。大正9年天理女学校（4年制）を開校。昭和23年学制改革により新制天理高等学校（第一部・第二部）として発足しました。
■交通／近鉄天理線・JR桜井線「天理」から徒歩18分

インフォメーション　INFORMATION

●教育方針／天理教の信仰、信念を身につけた、有為な人材を育成します。「人間力」の向上を掲げ、「心の勉強」を通じて感謝を知り、「学ぶ力」「生きる力」を養う教育を実践。生徒それぞれのもてる徳分を伸ばせるよう、育成にあたっています。
●学校行事／新入生歓迎クラブ発表会・教祖御誕生祭・全校一斉ひのきしん（4月）、用木コース集中活動（7月）、こどもおぢばがえりひのきしん（7月）、校内講演大会・天高祭・みのり寮北寮ふしん寮寮祭（9月）、芸術鑑賞・校外学習（11月）、おせちひのきしん（1月）、新潟スキー実習（3月）など。
●クラブ活動／硬式野球、柔道、ラグビー、水泳、ホッケー、軟式野球はそれぞれ過去複数回の全国優勝。体育系はほかに剣道、ソフトボールなど。文化系は全国コンクールで30回金賞受賞の吹奏楽部をはじめバトントワリング、ダンス、弦楽、合唱、求道、ESS、美術、書道、理研など。加入率は約93％です。
●海外交流／1年希望者を対象にタイでの海外研修を実施。
●スクールライフ／3学期制／登校時刻…7：50（11月～3月8：20）／頭髪…染色・パーマ禁止／アルバイト…許可（やむを得ない事由と判断される場合のみ許可）／自転車通学…許可（遠距離の場合）／携帯…届出制

カリキュラム　CURRICULUM

●特別進学（2類）
国公立大・難関私立大の合格を目標とするコースです。週4日の7限の教科指導に加え、朝の小テストから副教材や問題集を使用した受験対策演習まで、確実に実戦力がアップする学習体制。さらに、少人数制ならではのキメ細かな個々への指導や充実の夏期勉強合宿に加え、2・3年次には、放課後河合塾のグリーンコースを学校内で受講できます。2年次からは、進路希望にあわせて文型または理型を選択できます。
●進学（1類）
教科学習およびクラブ活動を通して、個々の資質を伸ばすコースです。1年次の数学については習熟度別講座を編成し、個々の生徒にキメ細かく対応。2年次からA（英・国・社重視）／B（理・数重視）／C（英語重視）のいずれかの型を選択します。また、3年間を通して週2時間の課外講習を開講。学力に応じて、国・数・英の基礎講習または国公立対策講習を受講できます。
入学時に、天理教の布教者として役立つ人材を育成する「用木コース活動」を選択することができます。
●天理スポーツ・文化（3類）
指定スポーツ・芸術分野にとくに優れた能力をもつ生徒のクラスです。週4時間の特講（特別講座）を行う特別なカリキュラムを設定。体力増強の実践方法を習得し、課外のクラブ特講により専門家のもとで技術を磨きます。芸術の募集分野は吹奏楽、弦楽です。

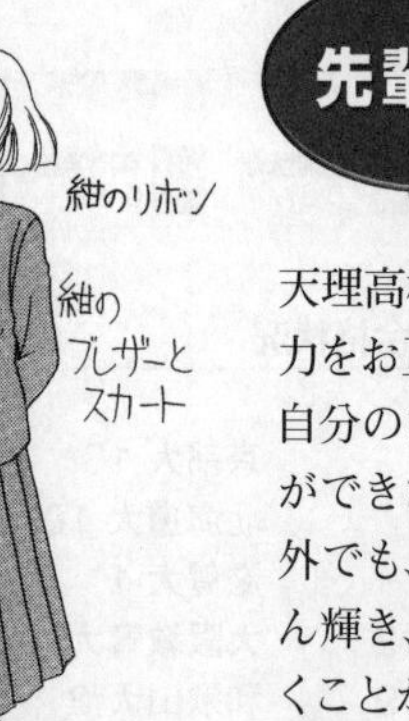

＊女子はスラックス着用可

先輩から

天理高校では、それぞれの個性や能力をお互いに尊重するので、自分が自分のままで、高校生活を送ることができます。部活動、勉学、それ以外でも、自分が輝ける分野でとことん輝き、輝くための努力を続けていくことができるのも、仲間との絆や周りの支えがあるからです。同級生、先輩、寮の幹事さん、先生など高校時代に出会った人達は僕の一生の宝物です。（M・A）

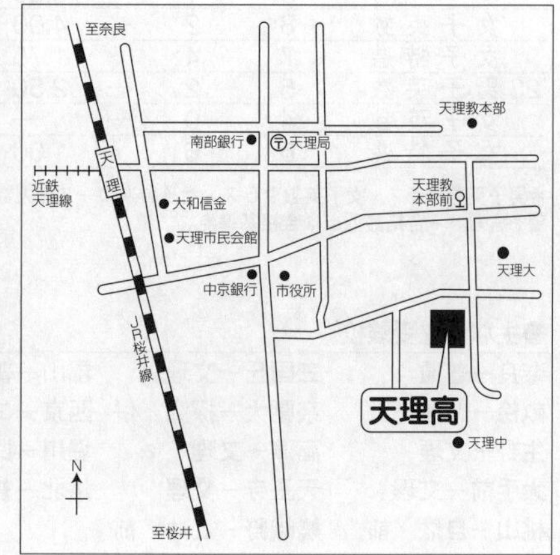

進研Vもし 合格のめやす

●目標偏差値(合格可能性80%)

併願	専願
特別進学(2類)……58	特別進学(2類)……54
進学(1類)…………51	進学(1類)…………46
	天理スポーツ・文化(3類)…42

30 35 40 45 50 55 60 65 70 75

特別進学[2類]

努力圏 合格圏 安全圏

進学[1類]

努力圏 合格圏 安全圏

天理スポーツ・文化[3類](専願)

努力圏 合格圏 安全圏

入試状況

●併願

年度	学科・コース	受験者数	合格者数	回し	倍率	合格最低点
'24	特別進学(2類)	67	63	—	1.06	327/650
	進学(1類)	69	58	—	—	271/650
	天理スポーツ・文化(3類)	—	—	—	—	—/—
'23	特別進学(2類)	84	76	—	1.11	367/650
	進学(1類)	84	66	—	—	322/650
	天理スポーツ・文化(3類)	—	—	—	—	—/—

●専願

年度	学科・コース	受験者数	合格者数	回し	倍率	合格最低点
'24	特別進学(2類)	43	40	—	1.08	295/650
	進学(1類)	308	268	—	—	209/650
	天理スポーツ・文化(3類)	47	73	—	—	—/—
'23	特別進学(2類)	47	38	—	1.24	340/650
	進学(1類)	321	269	—	—	275/650
	天理スポーツ・文化(3類)	48	75	—	—	—/—

＊内部進学者を含む。＊受験者数は志願者数。＊進学コース、天理スポーツ・文化コース合格者数に第2志望を含む。＊合格最低点は基準点。

●主な公立受験校

桜井ー英語/特	奈良北ー普通	桜和ー教育文理
莵道ー普通/前	開建ールミノベーション	奈良ー普通
高田ー普通	畝原ー普通	法隆寺国際ー普通
国際ー国際/特	奈県大ー探究/併	郡山ー普通

入試ガイド

●募集要項 ＊2024年度入試実施分

募集人員	進学[1類]320、特別進学[2類]80、天理スポーツ・文化[3類](専願)80 ＊内部進学を含む
出願期間	1/10～1/26
受験料	15,000円
学力検査	2月6日・7日
面接	専願のみ
合格発表	2月9日
入学手続	専願 2月22日 併願 3月22日

●試験科目と配点・時間

科目	国語	数学	英語	社会	理科
配点	150点	150点	150点	100点	100点
時間	60分	60分	60分	50分	50分

＊進学[1類]・特別進学[2類]はほかに作文を実施(25分・判定資料)。＊天理スポーツ・文化[3類]は国・英・社と実技(250点)・作文(25分・判定資料)。

●学費

入学金	50,000円	制服代	約60,000円
年間授業料	530,000円	学級費	60,000円
諸会費計	44,770円	クロームブック費	約65,000円
スキー実習費	約70,000円	初年度納入金合計	約879,700円

＊1類の場合

卒業後の進路

卒業者数/421人

大学進学	短大進学	専門学校等	就職	進学準備ほか
321人	4人	70人	19人	7人

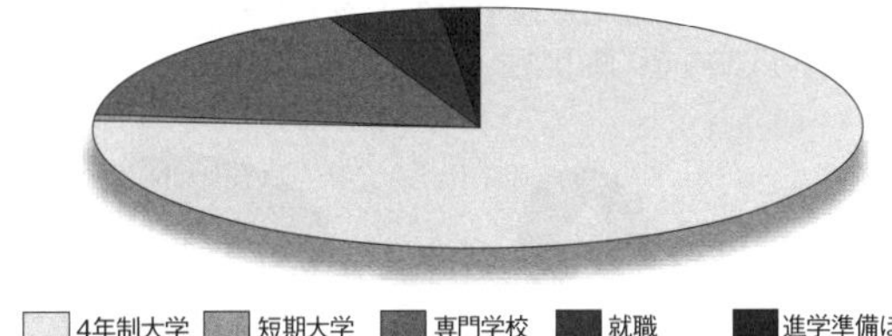

●主な大学合格状況

国・公立大/

京都大 1	神戸大 1	北海道大 1
名古屋大 2	京都工繊大 1	大阪教育大 1
奈良教育大 2	奈良女子大 1	千葉大 1
名古屋工業大 1	広島大 1	徳島大 1
島根大 1	京都府立大 1	大阪公立大 1
兵庫県立大 2	奈良県立大 1	奈良県立医 1

私立大/

関西大 13	関西学院大 1	同志社大 10
立命館大 1	京都産業大 5	近畿大 20
龍谷大 15	摂南大 4	追手門学院大 7
桃山学院大 2	関西外国語大 4	天理大 118

奈良育英高等学校

学校法人 奈良育英学園
〒630-8558 奈良市法蓮町1000
TEL0742-26-2845　FAX0742-27-2433
https://www.ikuei.ed.jp/

■創立／大正5年（1916）　■校長／米田安男
■生徒数／1,196人（1年／452人 2年／414人 3年／330人）
■併設校／奈良育英中学校　奈良育英小学校　奈良育英幼稚園
■沿革／大正5年創立の育英女学校を母体に、同12年奈良育英高等女学校を設立。昭和22年学制改革により奈良育英中学校（男女共学）を、同23年奈良育英高等学校（男女共学）を設置。
■交通／近鉄奈良線「近鉄奈良」から徒歩10分、JR奈良線・大和路線「奈良」から徒歩15分、奈良交通バス「育英学園」下車

インフォメーション　INFORMATION

●教育方針／めまぐるしく変化する時代に応じて必要とされる学力やスキルを身につけ、生き方を養い、多様な社会に貢献できる人材を育成することを目標としています。
●学校行事／宿泊研修（4月・1年）、体育祭（6月）、菫咲祭（9月）、文化行事（11月）、球技大会（2月）など。修学旅行（3月・2年）は海外。
●クラブ活動／体育系では、多くのプロ選手を輩出しているサッカーのほか、バスケットボール・ソフトテニス・テニス・陸上競技・ゴルフ・剣道・柔道・チアダンスなど、全国大会出場や全国優勝をめざして練習に励んでいます。文化系は情報技術・軽音楽・吹奏楽・文芸・囲碁将棋・英会話・サイエンス研究などが活躍しています。
●海外交流／オーストラリア（1年間・2週間）、カナダ（2週間）の長期・短期留学プログラムがあります。いずれもホームステイしながら現地の学校に通学します。
●スクールライフ／3学期制／登校時刻…8：30／頭髪…染色・パーマ禁止／アルバイト…許可（長期休暇中は可、但し学校に申請が必要）／自転車通学…許可（学校に申請が必要）／携帯…許可（校内では使用禁止の為、電源は切ること）

カリキュラム　CURRICULUM

●選抜コース
難関大への進学を目標に、受験教科を中心としたカリキュラムを編成。学習合宿、希望者を対象としたアフタースクールプログラム（補習・自習）など、きめ細やかな指導により目標大学への進学をサポートします。
●国際理解Gコース
英語に特化したグローバル教育を導入。難関私立大、外国語大、海外の大学への進学、および多文化共生社会を切り拓くリーダーの育成をめざします。オークランド3ヵ月留学（1年次）をはじめ国際協働プレゼンテーション（2年次）、英語による卒業制作（3年次）など、独自のプログラムも多数設けています。
●高大連携Sコース
難関私立大への進学をめざすとともに、連携私立大（関西・立命館・近大・龍谷・帝塚山・畿央・摂南・大阪電通・梅花女子・天理・京都外大）との推薦枠を積極的に利用した進学を支援するコースです。社会で必要なコミュニケーション能力を育成する「言語技術」も特色のひとつ。『読む・聞く・書く・話す』の4技能を養います。
●総合進学コース
有名私立大学への進学をめざし、大学の多様な入試制度に対応。学習習慣を確立させる「朝学習」、基礎学力を定着させる「繰り返し学習」を実施。クラブ活動にも積極的に取り組んでおり、希望者には補習授業も設定しています。

先輩から

現在、東京で大学生活を送っています。高校生活の中でも、とくに厳しかったのはサッカー部の活動でした。しかし、その厳しさの中にも楽しさを見つけることができたことが、大きな支えとなりました。将来の夢は教師になってサッカーを教えること。奈良育英での3年間はその意味でも貴重な体験でした。人間として大切なことを学んだような気がします。勉学だけでなく、スポーツにもぜひ親しんでほしいですね。（S・O）

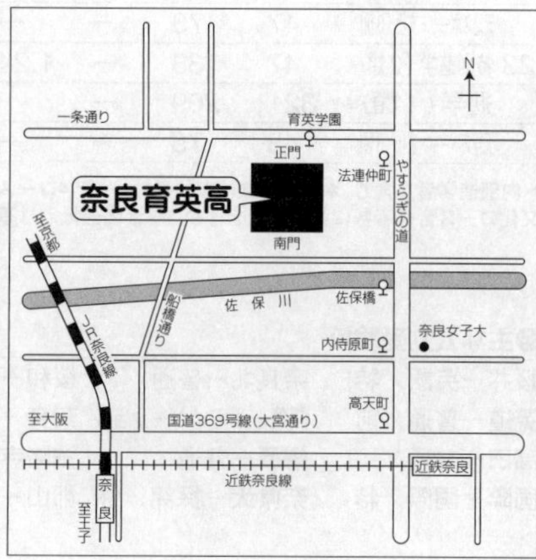

進研Vもし　合格のめやす

●目標偏差値(合格可能性80%)

併　願		専　願	
選抜	60	選抜	57
高大連携 S	55	高大連携 S	52
国際理解 G	54	国際理解 G	51
総合進学	52	総合進学	47

30　35　40　45　50　55　60　65　70　75

選抜
努力圏　合格圏　安全圏

高大連携S
努力圏　合格圏　安全圏

国際理解G
努力圏　合格圏　安全圏

総合進学
努力圏　合格圏　安全圏

入試状況

●併願

年度	学科・コース	受験者数	合格者数	回し	倍率	合格最低点
'24	選抜	1,175	934	—	1.26	320/500
	高大連携S	769	449	88	1.71	305/500
	国際理解G	65	54	21	1.20	290/500
	総合進学	114	73	365	1.56	285/500
'23	選抜	1,442	1,137	—	1.27	320/500
	高大連携S	819	540	164	1.52	305/500
	国際理解G	87	72	28	1.21	270/500
	総合進学	164	138	388	1.19	250/500

●専願

年度	学科・コース	受験者数	合格者数	回し	倍率	合格最低点
'24	選抜	14	4	—	3.50	290/500
	高大連携S	208	117	6	1.78	250/500
	国際理解G	14	14	—	1.00	212/500
	総合進学	103	89	88	1.16	200/500
'23	選抜	15	9	—	1.67	285/500
	高大連携S	143	94	1	1.52	250/500
	国際理解G	11	9	—	1.22	212/500
	総合進学	108	102	50	1.06	200/500

＊合格最低点は基準点。

●主な公立受験校

奈良北－普通	生駒－普通	一条－普通
郡山－普通	橿原－普通	高田－普通
奈県大－探究／併	一条－外国語／推	桜井－普通
国際－国際／特	奈良北－数理	奈県大－探究／専
畝傍－普通	香芝－普通	法隆寺国際－普通

入試ガイド

●募集要項　＊2024年度入試実施分

募集人員	選抜60、国際理解G20、高大連携S80、総合進学120
出願期間	1/10～1/19
受験料	20,000円
学力検査	2月6日
面接	実施しない
合格発表	2月9日
入学手続	専願 2月14日 併願 3月19日

●試験科目と配点・時間

科目	国語	数学	英語	社会	理科
配点	100点	100点	100点	100点	100点
時間	45分	45分	45分	45分	45分

●学費

入学金	200,000円	制服代	96,400～円
年間授業料	686,000円	その他制定品費	33,650～円
諸会費計	45,900円	タブレット・教科書・学級費	別途
修学旅行積立	約 160,000円	初年度納入金合計	約 1,221,950～円

卒業後の進路

卒業者数／308人

大学進学	短大進学	専門学校等	就職	進学準備ほか
270人	6人	15人	3人	14人

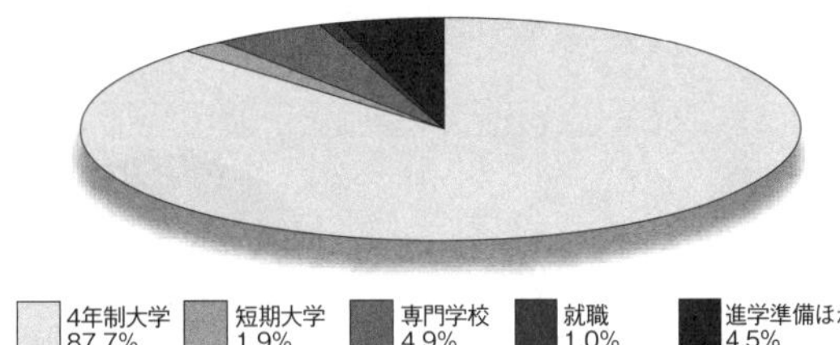

●主な大学合格状況

国・公立大／

大阪教育大 2	奈良教育大 1	奈良女子大 1
和歌山大 1	山口大 1	香川大 1
室蘭工業大 1	富山大 1	京都府立大 1
大阪公立大 2	奈良県立大 2	奈良県立医 1

私立大／

関西大 30	関西学院大 3	同志社大 6
立命館大 9	京都産業大 11	近畿大 107
甲南大 2	龍谷大 60	佛教大 2
摂南大 29	神戸学院大 5	追手門学院大 21
桃山学院大 18	同志社女子大 5	京都女子大 11
武庫川女子大 25	大阪産業大 64	関西外国語大 21

奈良学園高等学校

学校法人 奈良学園
〒639-1093 大和郡山市山田町430
TEL0743-54-0351　FAX0743-54-0335
https://www.naragakuen.ed.jp/

■**創立**／昭和54年（1979）　■**校長**／河合保秀
■**生徒数**／556人（1年／187人 2年／176人 3年／193人）
■**併設校**／奈良学園中学校
■**沿革**／昭和54年奈良学園中学校・高等学校開校。平成12年中学校が共学に。同19年高校からの外部募集を再開しました。
■**交通**／JR大和路線「大和小泉」からバス15分、近鉄橿原線「近鉄郡山」からバス25分、近鉄奈良線「学園前」からバス35分

インフォメーション　INFORMATION

●**教育方針**／校訓は「至誠力行」。至誠とは誠実であること、力行とは力の限り目標に向かって努力すること。人にも自分にも誠実に、高い志を持ち続けることのできる人物の育成が目標です。
●**学校行事**／遠足（4月）、球技大会（5月）、研修旅行（5月・2年）、夏期補習（7〜8月）、シンガポール語学研修（8月・1年）、文化祭（9月）、文化行事（10月）、球技大会（11月）、スキー実習（1月・1年）、入試激励会（1月・3年）、耐寒自主トレ・矢田山縦走（2月）など。
●**クラブ活動**／全国大会で活躍するアーチェリー、陸上競技、卓球、テニスのほかサッカー、柔道、バドミントン、剣道など体育系と、囲碁将棋を筆頭に室内楽、科学、ＥＳＳなど文化部が活動中。クラブ加入率は約70％です。
●**海外交流**／ＳＳＨ活動の一環として、ベトナム海外サイエンス研修（2年対象）を実施。ハノイ工科大学では英語によるサイエンス交流もあります。
●**スクールライフ**／3学期制／登校時刻…8：40／頭髪…染色・パーマ禁止／アルバイト…禁止／自転車通学…許可（入学後1ヶ月はバス通学、自転車指導後通学可）／携帯…校内では使用禁止

カリキュラム　CURRICULUM

難関国公立大学への現役合格をめざす3ヵ年コースです。教育の大きな柱として掲げているのが、「科学的な視点」を有した人材の育成。物事の原因や他への影響などを積極的に探求する姿勢を身につけてほしいと考えています。2年次で行う「課題研究」をさらに深めたい生徒は、SS 発展グループに所属し、ベトナム海外研修に参加できます。
中学校での既習内容にも配慮し、1・2年次は原則として内部進学生とは別のカリキュラムを編成。基礎学力の定着と「自学自習」の習慣をつける多彩な学力アッププログラム、放課後・早朝の「日常補習」、希望者を対象とした勉強合宿（夏季・冬季セミナー）なども実施。3年次には目標別講座などで内部進学生と同じ環境で学び、互いが切磋琢磨できるよう、3ヵ年の指導にも工夫を凝らしています。
文・理を問わず、「課題研究」をとおして科学的な視点を有した人材の育成に重点をおいています。
部活動も心身を練磨し、自己実現をはかっていくうえで大切な教育活動のひとつです。クラスの半数以上の生徒がクラブに所属し、学校行事にも積極的に参加しています。

先輩から

奈良学園は自然豊かな学校です。その自然を活かし、しいたけ栽培や里山学習を行っています。SSH（スーパー・サイエンス・ハイスクール）に指定されていて、文系でも「文系科学探究」という学校設定科目があります。私のグループは、社会をよりよくするためにはどうすればよいかを SDGs を軸に考えた成果を発表しました。また、この学校は男女関係なく仲良くなれるのも魅力です。（H・N）

進研Vもし 合格のめやす

●目標偏差値(合格可能性80%)

併願	専願
理数……68	理数……65

30 35 40 45 50 55 60 65 70 75

理数 努力圏 合格圏 安全圏

入試ガイド

●募集要項　＊2024年度入試実施分

募集人員　理数40

出願期間　1/10〜1/19
受験料　19,000円
学力検査　2月6日
面接　実施しない
合格発表　2月7日
入学手続　専願 2月9日
併願 3月16日(他府県公立受験者は3月21日)

●試験科目と配点・時間

科目	国語	数学	英語	社会	理科
配点	100点	100点	100点	100点	100点
時間	50分	50分	50分	50分	50分

●学費

入学金	150,000円	制服代・制定品費	約 100,000円
年間授業料	618,000円	その他制定品費	—
諸会費計	33,400円	施設費	100,000円
修学旅行積立	95,000円	初年度納入金合計	約 1,096,400円

入試状況

●併願

年度	学科・コース	受験者数	合格者数	回し	倍率	合格最低点
'24	理数	245	233	—	1.05	276/500
'23	理数	254	240	—	1.06	263/500
'22	理数	297	233	—	1.27	278/500

●専願

年度	学科・コース	受験者数	合格者数	回し	倍率	合格最低点
'24	理数	10	6	—	1.67	266/500
'23	理数	15	10	—	1.50	253/500
'22	理数	16	7	—	2.29	268/500

●主な公立受験校

奈良一普通　郡山一普通　畝傍一普通
奈県大一探究／併

卒業後の進路

卒業者数／192人

大学進学	短大進学	専門学校等	就職	進学準備ほか
126人	—	—	—	66人

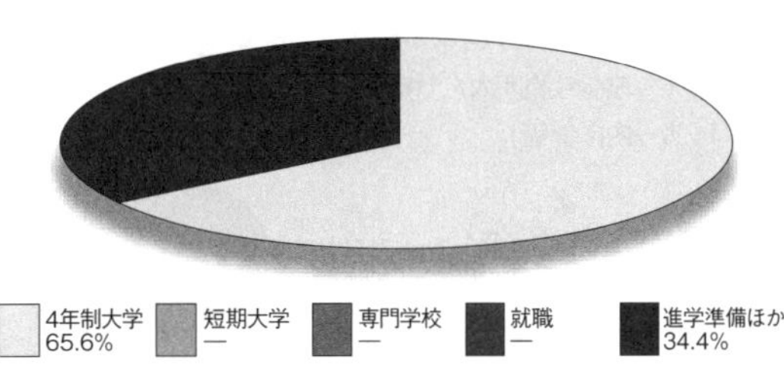

4年制大学 65.6%　短期大学 —　専門学校 —　就職 —　進学準備ほか 34.4%

●主な大学合格状況

国・公立大／
東京大 1　京都大 10　大阪大 13
神戸大 8　北海道大 4　九州大 3
京都工繊大 3　大阪教育大 4　奈良教育大 4
奈良女子大 2　和歌山大 2　京都府立大 1
京都府立医 1　大阪公立大 12　奈良県立医 6
和歌山県医 2　防衛医科大学校 1

私立大／
関西大 65　関西学院大 60　同志社大 53
立命館大 78　京都産業大 4　近畿大 75
龍谷大 5　佛教大 2　摂南大 2
桃山学院大 3　早稲田大 5　慶應義塾大 5

奈良大学附属高等学校

学校法人 奈良大学
〒631-8555 奈良市秋篠町50番地
TEL0742-41-8840　FAX0742-41-8843
https://www.nara-u-h.ed.jp

■創立／大正14年（1925）　■校長／堀川忠道
■生徒数／993人（1年／328人 2年／366人 3年／299人）
■併設校／奈良大学　奈良大学附属幼稚園
■沿革／大正14年南都正強中学を創設。昭和23年学制改革に伴い奈良正強高等学校を開設。同32年男女共学制に。平成8年奈良大学附属高等学校と改称。同18年から全コース参加によるオーストラリア研修旅行を実施。同27年創立90周年を迎えました。
■交通／近鉄京都線「平城」から徒歩約10分

インフォメーション INFORMATION

●**教育方針**／「努力が天才なり」、「正しく強く」を建学の精神とし、人権を尊ぶ「知・徳・体」の調和のとれた心豊かな人間、正しい勤労観をもち、国際化、情報化の進む社会を担うことのできる人間を育てるため、一人ひとりの生徒を大切にした確かな教育を実践します。

●**学校行事**／球技大会、野球応援、合宿（クラブ、クラス）、体育祭、文化祭、教育講演会など。研修旅行はすべてのコースでオーストラリアを設定。

●**クラブ活動**／体育系は全国大会常連のバドミントンや剣道をはじめ、硬式野球、陸上競技、スキー、弓道、サッカー、なぎなた、バスケットボールなど。文化系は全国レベルの美術のほかチアリーダー、吹奏楽、放送、書道など。加入率は約70%です。

●**海外交流**／すべての生徒を対象に、オーストラリア研修旅行を設定（2年次）し、ホームステイや現地校との交流活動などコースの目的に応じた研修を実施します。また、オンラインによる国際交流プログラムも行っています。

●**スクールライフ**／3学期制／登校時刻…8：35／頭髪…染色・パーマ禁止／アルバイト…禁止／自転車通学…許可（学校から半径1～5kmの範囲内）／携帯…許可（校内では電源を切り、個人ロッカー内に保管）

カリキュラム CURRICULUM

●**特進コースⅠ類**
国公立大学、難関私立大学の受験を想定し、大学入学共通テストや一般選抜に向けて学習時間を確保します。週4回の7限授業と放課後や長期休業中の進学講習といったコース独自の学習プログラムで応用力を身につけます。

●**特進コースⅡ類**
難関私立大学の現役合格をめざし、ICTを積極的に活用する効率的な学習法や到達度別の授業によって、一般選抜に必要な実践力を養成します。部活動などの課外活動への参加を奨励し、より主体的な学習習慣の定着を図ります。

●**文理コース**
医療・看護系を含む私立大学への進学を見据えた実力養成を図ります。英語検定取得や小論文対策といった目的別の講習（希望制）を実施するなど、個々の特性や得意分野を生かす受験方式にあわせた学習指導を展開します。

●**標準コース**
総合型選抜や学校推薦型選抜などの多様な受験方式に対応する丁寧な学習指導によって、基礎学力の定着を図り、私立大学への進学をサポートします。部活動などの課外活動に積極的に参加する生徒も多く在籍しています。

私は高校受験で志望校に合格できませんでしたが、大学こそは志望大学に合格したいという目標を抱き、奈良大学附属高等学校に入学しました。実際の受験では5教科7科目が必要だったので、苦手な教科に時間を費やしました。その結果、第一志望の大学に合格することができました。無謀だった私の夢を否定せず、最後まで支えてくださった、この学校だったからこそ夢に向かって頑張ることができました。

進研Vもし 合格のめやす

●目標偏差値(合格可能性80%)

併願		専願	
特進(Ⅰ類Ⅱ類)	52	特進(Ⅰ類Ⅱ類)	47
文理	47	文理	43
標準	43	標準	40

30 35 40 45 50 55 60 65 70 75

特進(Ⅰ類Ⅱ類) 努力圏 合格圏 安全圏

文理 努力圏 合格圏 安全圏

標準 努力圏 合格圏 安全圏

入試状況

●併願

年度	学科・コース	受験者数	合格者数	回し	倍率	合格最低点
'24	特進Ⅰ	68	67	—	1.01	242/500
	特進Ⅱ	195	187	—	1.04	241/500
	文理	700	612	9	1.14	215/500
	標準	288	216	64	1.33	175/500
'23	特進Ⅰ	82	80	—	1.03	214/500
	特進Ⅱ	172	168	—	1.02	213/500
	文理	642	591	6	1.09	171/500
	標準	312	286	50	1.09	121/500

●推薦・専願

年度	学科・コース	受験者数	合格者数	回し	倍率	合格最低点
'24	特進Ⅰ	6	4	—	1.50	221/500
	特進Ⅱ	17	15	—	1.13	221/500
	文理	144	107	3	1.35	191/500
	標準	90	83	36	1.08	131/500
'23	特進Ⅰ	4	4	—	1.00	220/500
	特進Ⅱ	14	13	—	1.08	194/500
	文理	79	73	1	1.08	152/500
	標準	106	104	6	1.02	106/500

●主な公立受験校

法隆寺国際－普通	生駒－普通	高円－普通
奈県大－探究/専	香芝－普通	奈良北－普通
奈商工－総ビ/特	法隆寺国－英/特	添上－普通
高田商－商業/特	西城陽－普通	西和清陵－普通
奈商工－建築/特	高取国際－普通	奈良北－数理

入試ガイド

●募集要項　＊2024年度入試実施分

募集人員　特進Ⅰ類30、特進Ⅱ類30、文理105、標準115

出願期間　1/10～1/19
受験料　18,000円
学力検査　2月6日
面接　2月7日　推薦・専願のみ
合格発表　2月9日
入学手続　推薦・専願 2月16日
併願 3月22日

●試験科目と配点・時間

科目	国語	数学	英語	社会	理科
配点	100点	100点	100点	100点	100点
時間	50分	50分	50分	50分	50分

＊英検・漢検・数検資格活用あり。

●学費

入学金・施設設備費	200,000円	制服代	約 80,000～円
年間授業料等	579,000円	その他制定品費約	160,000～円
諸会費計	32,900円	その他	—
修学旅行積立	150,000円	初年度納入金合計	1,201,900～円

卒業後の進路

卒業者数/222人

大学進学	短大進学	専門学校等	就職	進学準備ほか
175人	8人	27人	4人	8人

＊就職には防衛大学校1名を含む。

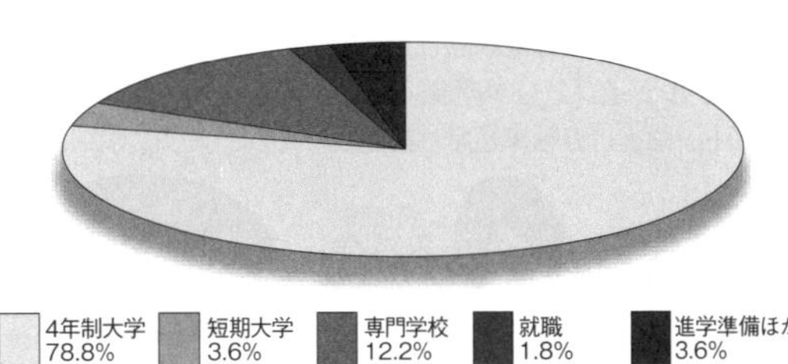

4年制大学 78.8%　短期大学 3.6%　専門学校 12.2%　就職 1.8%　進学準備ほか 3.6%

●主な大学合格状況

国・公立大/
大阪教育大 1　東京学芸大 1
私立大/

関西大 4	関西学院大 1	同志社大 4
立命館大 3	京都産業大 4	近畿大 29
甲南大 1	龍谷大 5	佛教大 1
摂南大 18	神戸学院大 8	追手門学院大 26
桃山学院大 8	関西外国語大 3	京都外国語大 1
同志社女子大 2	神戸女学院大 1	武庫川女子大 1
大阪経済大 6	大阪工業大 6	阪南大 8
大和大 2	畿央大 4	大阪電気通信大 6
大阪商業大 5	森ノ宮医療大 2	奈良大 34

西大和学園高等学校

学校法人 西大和学園
〒636-0082 河合町薬井295
TEL0745-73-6565　FAX0745-73-1947
https://www.nishiyamato.ed.jp

■創立／昭和61年(1986)　■校長／飯田光政
■生徒数／1,103人(1年／370人 2年／370人 3年／363人)
■併設校／大和大学　白鳳短期大学　西大和学園中学校
■沿革／昭和61年開校。平成5年西大和学園カリフォルニア校開校。同10年白鳳女子短大開学。同26年大和大学開学。同27年創立30周年を迎えました。
■交通／JR大和路線・近鉄生駒線「王寺」から徒歩18分(またはバスで「星和台1丁目」下車すぐ)、近鉄田原本線「大輪田」から徒歩8分

インフォメーション　INFORMATION

●教育方針／「次代を担う高い理想と豊かな人間性をもった生徒」の育成が目標。「探究、誠実、気迫」の校訓のもと、学力の充実、強健な体力と気力の養成、世界的視野の育成などを特色とする教育を実践しています。
●学校行事／遠足(4月)、青雅祭(体育祭・5月)、清榮祭(文化祭)・芸術鑑賞会(9月)、球技大会(10月)、マラソン大会(2月)など。修学旅行は「海外探究プログラム」(11月・高1)としてインド、ベトナム・カンボジア、インドネシアの3コースから選択。
●クラブ活動／体育系では、県大会などで活躍する陸上競技、サッカー、卓球、テニスをはじめバスケットボール、柔道、剣道など、文化系ではコンピューター、鉄道研究、書道、写真、科学、吹奏楽、クイズ研究、ＥＳＳなどが活動中。またバドミントン、折り紙、料理研究、軽音楽、ダンス同好会があります。加入率は約80%です。
●海外交流／海外探究プログラムのほかに、「アメリカホームステイプログラム」(高1・希望者)では現地校との交流も体験。「次世代リーダー養成プログラム」(高2・希望者)ではハーバード大学(受講体験)やＭＩＴを訪問し、将来のキャリア像を描きます。
●スクールライフ／2学期制／頭髪…染色・パーマ禁止／アルバイト…禁止／自転車通学…許可

先輩から

僕にとっての受験勉強は、塾や予備校へ通うことなく、学校で先生方から配られる教材をしっかりこなし、集中して授業を聞くことで十分でした。目標だった東京大学理科Ⅱ類に合格したことはもちろん大きな喜びでしたが、西大和学園で周りの人たちへの感謝や人を思いやる気持ちを学べたこともそれに負けないくらい大切な財産です。クラブ活動や多彩な学校行事で大きく成長できた充実した高校生活でした。(Ｈ・Ｋ)

カリキュラム　CURRICULUM

●東大・京大・国公医コース
高校から入学してくる生徒に対する計画的な教育課程を編成し、高度な学力養成をめざします。日々の授業で重視しているのは特別な受験技術を磨くことではなく、毎日の学習内容をその場その時で確実に身につけさせること。分からないことを後日に残さない学習指導と、万全のフォロー体制を整えています。
高2の段階で高校課程までのカリキュラムを修了。最終学年では志望大学にそった演習を中心とした学習で学力をレベルアップさせ、志望大学進学の実現をはかります。独自の受験ノウハウときめ細やかな進路指導、また大学と連携して生徒たちの学問的な興味をさらに深めながら、的確な進学指導を行います。
各種行事や部活動にも力を入れ、大半の生徒がクラブ活動に参加。自主性と積極性、リーダーシップの養成に役立っています。
☆文部科学省による「将来の国際的な科学技術人材を育成するｽｰﾊﾟｰｻｲｴﾝｽﾊｲｽｸｰﾙ」は、先進的な理数教育や最先端のテクノロジーから刺激を受ける絶好の機会を生み出しています。民間企業の協力により、最新テクノロジーが我々の生活にどのように応用されているかを実感できる機会を獲得しています。また、世界を舞台に活躍するグローバルビジネスリーダー育成を目的とした「ｱｸｼｮﾝｲﾉﾍﾞｰｼｮﾝﾌﾟﾛｸﾞﾗﾑ(AIP)」は、『気づいたこと・理解したことの唯一の証は行動することである』というマインドマップを基に、イノベーション創発人材を育成します。AIセミナー(トップランナー講義)では様々な業界のトップランナーの生き様や考え方に触れ、強烈な刺激を受けることができます。

進研Vもし 合格のめやす

●目標偏差値（合格可能性80%）

併願	専願
東大・京大・国公医… 74	東大・京大・国公医… 71

30 35 40 45 50 55 60 65 70 75

東大・京大・国公医

努力圏 合格圏

入試ガイド

●募集要項 ＊2024年度入試実施分

募集人員 東大・京大・国公医120
＊他会場の募集定員を含む

出願期間 1/13～1/20
受験料 20,000円
学力検査 2月6日
面接 英語重視型・帰国生入試・外国人のための入試のみ実施
合格発表 2月8日
入学手続 専願 2月9日
併願 各都道府県公立合格発表翌日

●試験科目と配点・時間

科目	国語	数学	英語	社会	理科
配点	100点	100点	100点	80点	80点
時間	60分	60分	60分	50分	50分

＊英語重視型Aは国・数（各60分・各50点）・英（40分・100点）と英エッセイ（20分・60点）、英面接（40点）。英語重視型Bは国・数（各60分・各100点）＋英検取得級による得点加算（準1級：25点・1級：50点）。＊帰国生は3科（国・数・英）。外国人のための入試は数（60分）・英（40分）・英エッセイ（20分）。

●学費

入学金	200,000円	制服・制定品費	約 150,000円
年間授業料	576,000円	教育充実費	132,000円
諸会費計	19,200円	施設充実費	60,000円
修学旅行積立	360,000円	初年度納入金合計	1,497,200円

入試状況

●併願

年度	学科・コース	受験者数	合格者数	回し	倍率	合格最低点
'24	東大・京大・国公医	703	573	—	1.23	303/460
'23	東大・京大・国公医	668	529	—	1.26	312/460
'22	東大・京大・国公医	667	564	—	1.18	293/460

●専願

年度	学科・コース	受験者数	合格者数	回し	倍率	合格最低点
'24	東大・京大・国公医	105	62	—	1.69	259/460
'23	東大・京大・国公医	113	69	—	1.64	275/460
'22	東大・京大・国公医	141	67	—	2.10	256/460

＊帰国生入試は受験者14名（併8専6）、合格者8名（併4専4）。英語重視型Aは受験者5名（併3専2）、合格者3名（併1専2）。英語重視型Bは受験者20名（併14専6）、合格者11名（併7専4）。

●主な公立受験校

奈良－普通　天王寺－文理　神戸－普通
市西宮－普通　三国丘－文理　北野－文理
神戸－総理学／推　堀川－探究／前　膳所－普通／特
南陽－普通　尼崎稲園－普通

卒業後の進路

卒業者数／ 341 人

大学進学	短大進学	専門学校等	就職	進学準備ほか
201人	—	—	—	140人

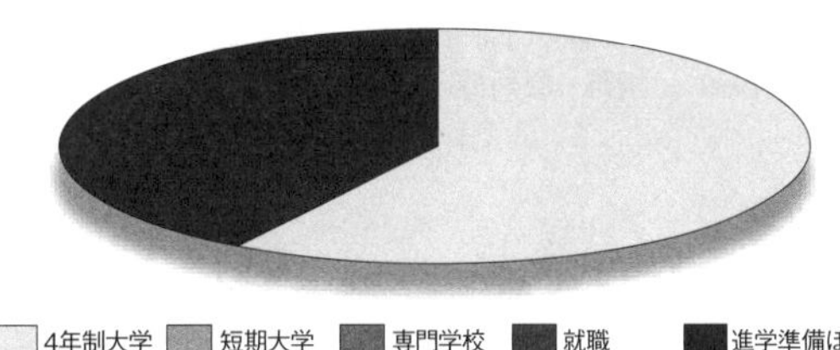

4年制大学 58.9%　短期大学 —　専門学校 —　就職 —　進学準備ほか 41.1%

●主な大学合格状況

国・公立大／
東京大 71　京都大 29　大阪大 20
神戸大 24　北海道大 10　東北大 1
名古屋大 1　九州大 6　滋賀医科大 1
京都工繊大 2　大阪教育大 2　和歌山大 3
東京工業大 3　大阪公立大 24　兵庫県立大 3
奈良県立大 1　奈良県立医 6　和歌山県医 4
私立大／
関西大 25　関西学院大 35　同志社大 85
立命館大 39　近畿大 21　甲南大 1
龍谷大 5　摂南大 4　早稲田大 60
慶應義塾大 49　関西医科大 9　大和大 37

和歌山信愛高等学校

学校法人 和歌山信愛女学院
〒640-8151 和歌山市屋形町2-23
TEL073-424-1141　FAX073-424-1160
https://www.shin-ai.ac.jp

■創立／昭和21年(1946)　■校長／平良優美子
■生徒数／543人(1年／176人 2年／207人 3年／160人)
■併設校／和歌山信愛大学　和歌山信愛短期大学
■沿革／昭和21年桜映女学校として開設、昭和26年幼きイエズス修道会に経営移管。昭和30年和歌山信愛女子短期大学附属高等学校に校名変更。平成25年現校名に変更。
■交通／JR「和歌山」から徒歩12分(バス4分)、南海本線「和歌山市」からバス(10分)で「三木町」「三木町新通」下車すぐ

インフォメーション INFORMATION

●**教育方針**／カトリック精神を基盤とした「幼きイエズス修道会」の理念に基づき、自分で発展していけるための"信愛育成型"教育を実践。豊かな心で社会に貢献する人間を育成します。
●**学校行事**／新入生研修合宿(4月)、聖母祭・わかば祭・スポーツテスト(5月)、遠足(6月)、バレーボール大会(7月)、体育祭(10月)、芸術鑑賞(11月)、クリスマスミサ(12月)など。修学旅行(6月・2年)はイタリア、北海道の選択制。
●**クラブ活動**／全国大会春夏連覇のソフトテニス、またバスケットボール、バレーボールも全国大会の常連です。ほかにサッカー同好会、ボクシング同好会、合気道同好会など。文化系でも科学、写真、競技かるたなどが全国大会に出場。軽音楽部、演劇部、吹奏楽同好会などもあります。
●**海外交流**／海外語学研修は1・2年生対象の希望制のプログラムです。オーストラリアのパースで同世代の女子生徒たちと学習するほか、ホームステイ先のファミリーとの生活は貴重な異文化体験となります。
●**スクールライフ**／3学期制／登校時刻…8：30／頭髪…染色・パーマ禁止／アルバイト…禁止／自転車通学…許可(半径1.5㎞～5㎞)／携帯…原則持込禁止

カリキュラム CURRICULUM

●**特進コース**
質・量ともに豊かで、密度の濃い授業を展開しています。高2でほぼ高校の学習内容を修了したあと、高3では選択科目により理系／文系の演習を中心とした学習を行います。各教科において小テストを反復して実施することにより着実に積み重ねられる学習。これは予習・復習を習慣づける意味でも大きな効果を発揮しています。また生徒1人1人に対する毎日のきめ細かな指導をベースとし、難関国公立大の理系／文系、早慶・関関同立など難関私大の理系／文系への現役合格をめざします。
●**学際コース**
入学後の選択幅が広く、進路に応じた選択科目を用意。国公立大学、難関私立大学文系学部、看護系、芸術系への合格を目標にしています。1年次は学習習慣の徹底を基本に基礎学力の充実を重視し、2年次から「文系5教科型」「文系3教科型」の2クラスに分かれ、生徒の個性を生かした自己実現をサポートします。また入学後、スポーツクラブ(バレーボール・バスケットボール・ソフトテニス)で活動する生徒を約30名募集しています(スポーツ特別募集)。

＊パンツスタイルもあります。

先輩から

高校に入学して驚いたのは、授業に向かう姿勢です。信愛ではみんなが真剣に授業に集中しています。その代わり、休み時間はとてもにぎやか。けじめをつけて勉強するのにすごくいい環境だと思います。全校生徒で一斉に行う掃除の時間もいいリフレッシュになります。授業の進度はやはり中学よりも早く、帰宅してからも宿題や小テストの予習と忙しい毎日ですが、とても充実しています。(R・W)

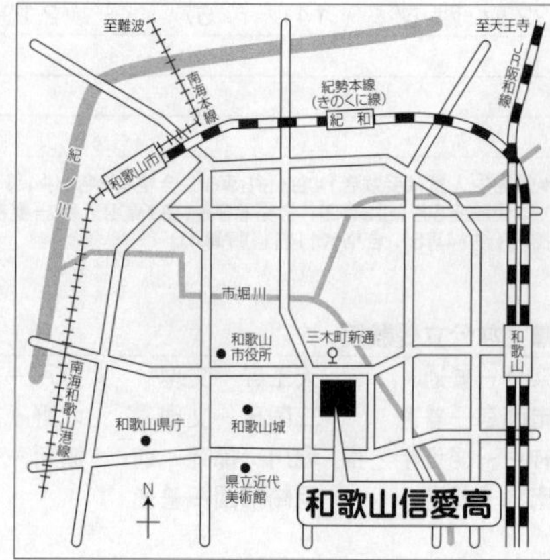

進研Vもし 合格のめやす

●目標偏差値（合格可能性80%）

併願		専願	
特進	57	特進	54
		学際	47

30 35 40 45 50 55 60 65 70 75

特進：努力圏 50–55 / 合格圏 55–60 / 安全圏 60–65

学際（専願）：努力圏 40–45 / 合格圏 45–50 / 安全圏 50–55

入試ガイド

●募集要項　＊2024年度入試実施分

募集人員	特進60、学際70
出願期間	1/25必着
受験料	20,000円
学力検査	1月28日
面接	専願のみ
合格発表	1月29日
入学手続	専願 2月1日 併願 公立合格発表日

●試験科目と配点・時間

科目	国語	数学	英語	社会	理科
配点	100点	150点	150点	80点	80点
時間	60分	70分	70分	40分	40分

＊3教科型（国数英）と5教科型の選択制。＊英検資格活用あり。

●学費

入学金	200,000円	制服・その他制定品費	約 220,000円
年間授業料	420,000円	その他	45,000円
諸会費計	104,000円	その他	—
修学旅行積立	14,500～円	初年度納入金合計	1,003,500～円

入試状況

●併願

年度	学科・コース	受験者数	合格者数	回し	倍率	合格最低点
'24	特進	302	259	—	1.17	218/400
	学際	—	—	—	—	—/—
'23	特進	339	285	—	1.19	198/400
	学際	—	—	—	—	—/—
'22	特進	287	250	—	1.15	188/400
	学際	—	—	—	—	—/—

●専願

年度	学科・コース	受験者数	合格者数	回し	倍率	合格最低点
'24	特進	21	19	20	1.11	211/400
	学際	12	12	23	1.00	151/400
'23	特進	22	17	23	1.29	181/400
	学際	28	26	34	1.08	118/400
'22	特進	12	10	21	1.20	188/400
	学際	19	19	15	1.00	127/400

＊学際スポーツは受験者21名全員合格。

●主な公立受験校

向陽－普通　桐蔭－普通　星林－普通
海南－普通海南　那賀－普通　海南－教養理学
熊野－総合

卒業後の進路

卒業者数／198人

大学進学	短大進学	専門学校等	就職	進学準備ほか
180人	5人	9人	2人	2人

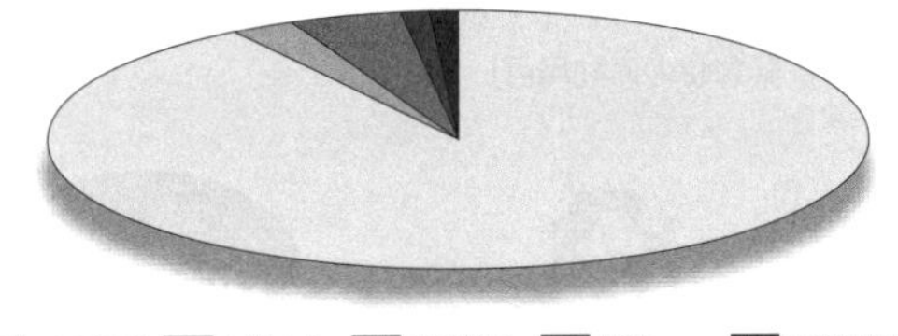

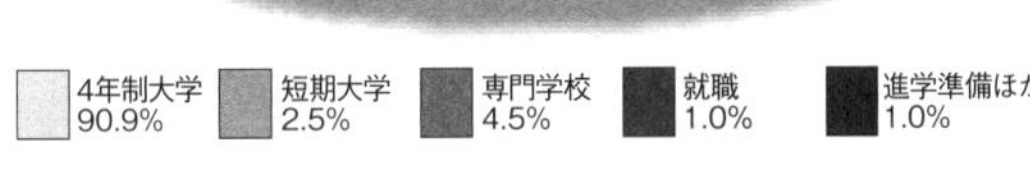

●主な大学合格状況

国・公立大／
大阪大 1　神戸大 1　名古屋大 1
京都工繊大 1　大阪教育大 2　奈良女子大 3
和歌山大 11　鳥取大 3　筑波大 1
広島大 1　岡山大 1　徳島大 1
大阪公立大 3　奈良県立大 1　和歌山県医 6

私立大／
関西大 12　関西学院大 7　同志社大 6
立命館大 5　京都産業大 7　近畿大 62
甲南大 2　龍谷大 10　佛教大 1
神戸学院大 4　追手門学院大 1　桃山学院大 6
早稲田大 1　上智大 2　同志社女子大 16

開智高等学校

学校法人 開智中学校・高等学校
〒640-8481 和歌山市直川113-2
TEL073-461-8080　FAX073-461-7555
https://www.kaichi.ed.jp/

■創立／平成5年（1993）　■校長／高松雅貴
■生徒数／948人（1年／335人 2年／312人 3年／301人）
■併設校／開智中学校
■沿革／平成5年開智中学校・開智高等学校開校。令和4年開校30周年を迎えました。
■交通／JR阪和線「六十谷」から徒歩8分、南海本線「紀ノ川」から和歌山バスで「垂井」下車すぐ

インフォメーション INFORMATION

●**教育方針**／建学の精神は「四恩報答」。わたくしたちを生かし、支えてくださっている一切のものの恩に感謝し、主体的・行動的に生きる人間の育成をはかります。学力はもとより、豊かな心を持ち、バランスのとれた人間の育成を建学の理念としています。

●**学校行事**／新入生宿泊研修・遠足（4月）、花まつり（5月）、芸術鑑賞会（7月）、語学研修（8月・希望者）、文化祭（9月）、体育祭（10月）など。修学旅行（6月・2年）は北海道へ。

●**クラブ活動**／全国レベルの実力で知られるバレーボール（男・女）をはじめ、体育系はバスケットボール、硬式テニス、陸上競技、ソフトテニス、サッカー、剣道、卓球。文化系は音楽部をはじめ美術、書道、演劇、茶道、囲碁、将棋、箏曲、サイエンス、農芸、天文、写真、放送などが活動中。

●**海外交流**／カナダ・オーストラリア語学研修（8月・各約2週間）、グローバルリーダー研修 in Boston（8月・約10日間）や英国研修（3月・約2週間）、また英国ダートフォード・グラマースクールや韓国姉妹校との多彩な交流活動などを展開。

●**スクールライフ**／3学期制／登校時刻…8：50／頭髪…染色・パーマ禁止／アルバイト…禁止／自転車通学…許可／携帯…持込可（緊急時のみ利用可）

カリキュラム CURRICULUM

●**SＩ類**

難関国公立大への現役合格を目標とするコースです。早い段階からの先取り学習によって、レベルの高い学力を養成。徹底した学習指導と効率的なカリキュラム編成により、バランスのとれた主要5教科の学力向上に努めます。2年次からは、それぞれの進路目標にあわせて理系／文系に分かれ、効率的に学習。3年次には志望大学に焦点をあわせた演習により、実戦的な応用力を養います。

●**Ｉ類**

文武両道を実践しながら、和歌山大をはじめ、国公立大への現役合格を目標とするコースです。1人ひとりの得意科目や個性を伸ばす授業によって自分にあった学習スタイルを確立。各教科にわたる小テスト、演習や特別授業などを通して確かな実力を養います。2年次からはSＩ類と同じく理系／文系に分かれ、目標校に的を絞った学習対策カリキュラムで実力を養成。また2年進級時には、SＩ類への転コース制度も設けられています。

☆週6日制、長期休暇を短縮しているため、休日による学習リズムの乱れは最小限に抑えられます。また授業の効率化と前倒しをはかることにより、志望大学の入試傾向にあわせた演習の時間も十分に確保。特別講習も充実しており、無理なく現役で合格できる学力を身につけることができます。

先輩から

きれいな校舎、多目的教室（自習室）、プラセットホールなど快適な教育環境のなかで、充実した高校生活を送っています。勉強面では予習・復習はもちろん、小テストもあるので大変ですが、質問に行けば先生方は必ず理解できるまで丁寧に教えてくださいます。おかげで私も、少しずつではありますが、自信がついてきました。ぜひとも夢の実現に向かって、がんばっていきたいと思います。（R・W）

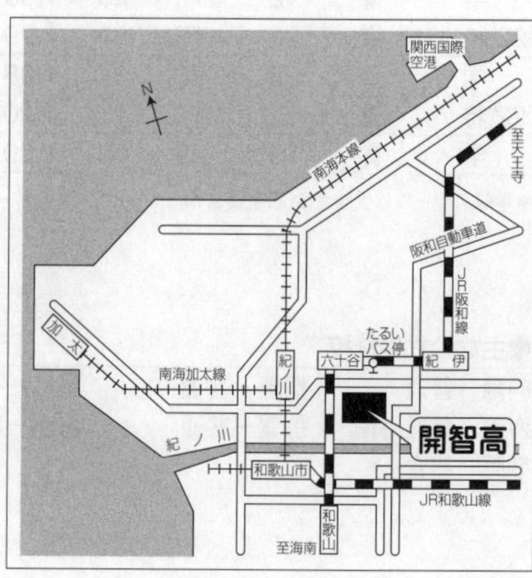

進研Vもし　合格のめやす

●目標偏差値(合格可能性80%)

併願		専願	
SⅠ類	66	SⅠ類	62
Ⅰ類	62	Ⅰ類	57

30 35 40 45 50 55 60 65 70 75

SⅠ類　努力圏　合格圏　安全圏

Ⅰ類　努力圏　合格圏　安全圏

入試ガイド

●募集要項　＊2024年度入試実施分

募集人員　SⅠ類約40、Ⅰ類約120（バレーボール専攻含む）

出願期間　1/6～1/23
受験料　20,000円
学力検査　1月27日
面接　専願のみ(グループ15分)
合格発表　1月29日
入学手続　専願 2月2日
　併願 公立合格発表日16:00

●試験科目と配点・時間

科目	国語	数学	英語	社会	理科
配点	100点	100点	100点	50点	50点
時間	60分	60分	60分	45分	45分

＊3教科型(国数英)・5教科型を選択。

●学費

入学金	200,000円	制服代	118,000～円
年間授業料	420,000円	その他制定品費	—
諸会費計	123,600円	その他	—
修学旅行積立	—	初年度納入金合計	861,600～円

入試状況

●併願

年度	学科・コース	受験者数	合格者数	回し	倍率	合格最低点
'24	SⅠ類	501	206	—	2.43	210/300
	Ⅰ類	142	90	231	1.58	166/300
'23	SⅠ類	461	246	—	1.87	206/300
	Ⅰ類	142	116	201	1.22	156/300
'22	SⅠ類	461	198	—	2.33	215/300
	Ⅰ類	139	102	206	1.36	172/300

●専願

年度	学科・コース	受験者数	合格者数	回し	倍率	合格最低点
'24	SⅠ類	108	28	—	3.86	201/300
	Ⅰ類	73	44	56	1.66	165/300
'23	SⅠ類	63	22	—	2.86	201/300
	Ⅰ類	58	50	41	1.16	150/300
'22	SⅠ類	86	26	—	3.31	205/300
	Ⅰ類	69	55	54	1.25	158/300

●主な公立受験校

桐蔭－普通　向陽－普通　岸和田－文理
那賀－普通　海南－普通　星林－普通
和泉－普通　和泉－グローバル　三国丘－文理
田辺－普通

卒業後の進路

卒業者数／283人

大学進学	短大進学	専門学校等	就職	進学準備ほか
245人	—	6人	—	32人

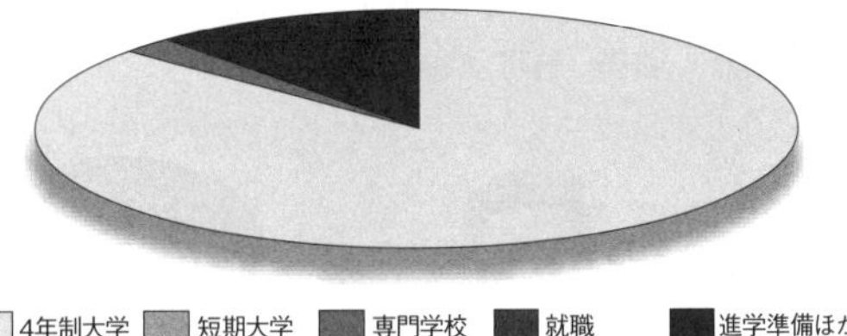

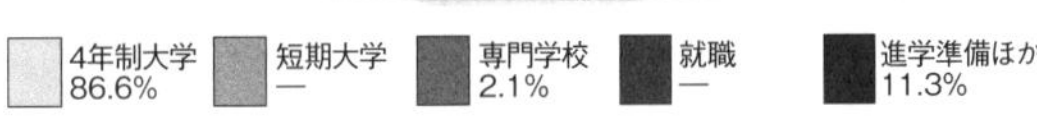

●主な大学合格状況

国・公立大／
京都大 2　大阪大 7　名古屋大 1
九州大 2　神戸大 1　和歌山県医 9
大阪公立大 8　大阪教育大 4　奈良教育大 1
和歌山大 38　神戸市外国語大 3　筑波大 1
東京農工大 1　奈良女子大 3　国際教養大 1

私立大／
慶應義塾大 1　早稲田大 5　上智大 1
東京理科大 4　同志社大 24　立命館大 37
関西学院大 31　関西大 56　明治大 6
青山学院大 6　法政大 4　近畿大 223
京都産業大 54　龍谷大 38　甲南大 3

近畿大学附属新宮高等学校

学校法人 近畿大学
〒647-0081 新宮市新宮4966
TEL0735-22-2005　FAX0735-21-7890
https://www.shingu.kindai.ac.jp

■**創立**／昭和38年（1963）　■**校長**／池上博基
■**生徒数**／319人（1年／116人 2年／99人 3年／104人）
■**併設校**／近畿大学　近畿大学附属新宮中学校
■**沿革**／昭和38年近畿大学附属新宮女子高校として開校。同55年共学化により近畿大学附属新宮高校と改称。平成3年近畿大学附属新宮中学校（中高一貫校）を設置。
■**交通**／JR紀勢本線「新宮」から徒歩20分

インフォメーション　INFORMATION

●**教育方針**／校訓は「人に愛される人　信頼される人　尊敬される人になろう」。南紀唯一の私立高校として、進学指導と人間教育を重視し、バランスのとれた人間形成をめざしています。
●**学校行事**／新入生オリエンテーション合宿・学年レクリエーション（4月）、東大・京大・阪大キャンパスツアー（6月）、クラスマッチ（7月）、夏期講習（8月）、近大新宮祭（9月）など。修学旅行（3月・1年）は東京方面へ。
●**クラブ活動**／硬式野球をはじめ、体育系は卓球、サッカー、バスケットボール、ソフトテニス、なぎなた、空手道、女子バレーボール、ダンスサークル。文化系はスーパーサイエンス、吹奏楽、美術、書道、茶道、華道、メディアなどが活動中。
●**チューター制度**／担任・副担任とは別に、1人ひとりにチューター教員がついています。状況に応じて、学習や生活面についても親身にアドバイス。進学実績に成果をあげています。
●**生徒寮**／遠隔地からの生徒のため、徒歩通学圏内に3つの生徒寮を設置。生徒の17%が寮生です。
●**スクールライフ**／2学期制／登校時刻…8：35 ／頭髪…染色・パーマ禁止／アルバイト…禁止／自転車通学…許可（半径1km以遠）／携帯…許可（校内電源OFF）

カリキュラム　CURRICULUM

●**アグレッシブコース**
目標は国公立大学への現役合格です。前・後期制の7時限授業により授業時間をふやし、英・数・国の3教科は標準時間よりも多く確保しています。主要5教科のバランスに配慮しつつ、特別授業や補習を実施。豊富な授業時間数、中身の濃いカリキュラムで、志望校合格へ導きます。東京大や京都大、大阪大など国公立大へのキャンパスツアーも行い、大学受験に向けてモチベーションを高めます。
●**フロンティアコース**
近畿大学を含む有名私立大学への進学をめざすコースです。生徒一人ひとりが得意教科を見つけてそれを伸ばすためのカリキュラムと個別指導で部活動との文武両道を目指しています。近畿大学へは附属高校ならではの有利な推薦入試制度があります。

◆フロンティアコースには、全国レベルでの活躍をめざす運動部の生徒も在籍しており、硬式野球、サッカー、空手道をはじめとする部活動での活躍が注目されています。学習指導はもとより、高校生活にいたるまで担任以外の教員も多岐にわたってサポートしています。

先輩から

アグレッシブコースでは、全員が国公立大の現役合格をめざして、分野別に、1人ひとりに適した学習を行うことができます。たとえばトップレベルの講習に参加することでさらにその分野を伸ばしていき、苦手分野は基礎学習と個別の添削などを通して補えます。担任やチューターの先生方は、クラブ活動など学習面以外でも相談に乗ってくれますし、私たちは恵まれた環境の中で学校生活を送っています。（S・T）

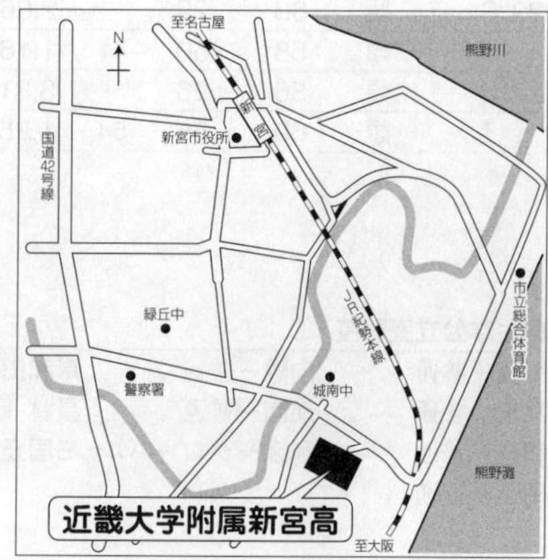

進研Vもし 合格のめやす

●目標偏差値(合格可能性80%)

併願		専願	
アグレッシブ	49	アグレッシブ	47
フロンティア	48	フロンティア	46

30 35 40 45 50 55 60 65 70 75

アグレッシブ
努力圏 合格圏 安全圏

フロンティア
努力圏 合格圏 安全圏

入試ガイド

●募集要項　＊2024年度入試実施分

募集人員	アグレッシブ35、フロンティア75
出願期間	前期 1/18～1/23　後期2/8～2/15
受験料	15,000円
学力検査	前期 1月27日　後期 2月17日
面接	学校推薦型入試(個人10分)
合格発表	前期 1月31日　後期 2月21日
入学手続	専願 前期 2月7日　後期2月26日 併願 3月21日

●試験科目と配点・時間

科目	国語	数学	英語	—	—
配点	100点	100点	100点	—	—
時間	50分	50分	50分	—	—

＊学校推薦は、面接・志願理由書・調査書。

●学費

入学金	150,000円	制服代	50,000円
年間授業料	432,000円	その他制定品費	36,000円
諸会費計	50,000円	その他	—
修学旅行積立	90,000円	初年度納入金合計	808,000円

入試状況

●一般

年度	学科・コース	受験者数	合格者数	回し	倍率	合格最低点
'24	アグレッシブ	16	12	—	—	—/—
	フロンティア			—	—	—/—
'23	アグレッシブ	専0	0	—	–	—/—
		併4	1	—	4.00	—/—
	フロンティア	専3	3	—	1.00	—/—
		併1	0	—	–	—/—
'22	アグレッシブ	1	1	—	1.00	—/—
	フロンティア	10	6	—	1.67	—/—

●推薦

年度	学科・コース	受験者数	合格者数	回し	倍率	合格最低点
'24	アグレッシブ	72	72	—	—	—/—
	フロンティア			—	—	—/—
'23	アグレッシブ	23	23	—	1.00	—/—
	フロンティア	38	38	—	1.00	—/—
'22	アグレッシブ	22	22	—	1.00	—/—
	フロンティア	45	45	—	1.00	—/—

＊受験者数は志願者数。＊推薦にサポートプラン入試を含む。

●主な公立受験校

—

卒業後の進路

卒業者数／114人

大学進学	短大進学	専門学校等	就職	進学準備ほか
106人	1人	4人	1人	2人

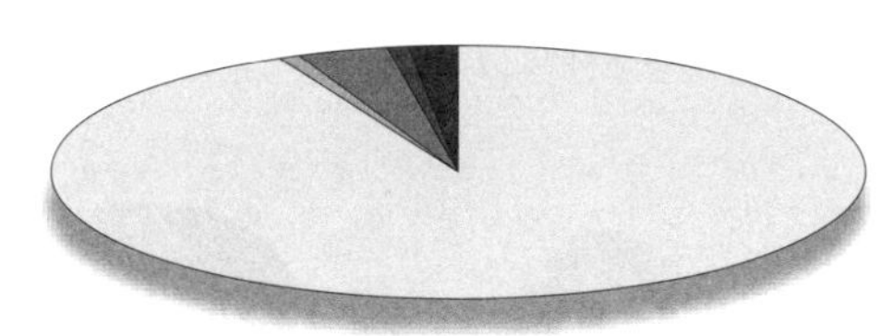

4年制大学 93.0%　短期大学 0.9%　専門学校 3.5%　就職 0.9%　進学準備ほか 1.8%

●主な大学合格状況

国・公立大／

大阪大 1　和歌山大 2　高知大 1
徳島大 2　鳥取大 1　広島大 2
三重大 2　埼玉大 1　静岡大 1
大阪公立大 1　兵庫県立大 1　和歌山県医 2

私立大／

関西大 3　関西学院大 1　同志社大 4
立命館大 7　近畿大 81　龍谷大 3
佛教大 4　摂南大 1　桃山学院大 1
早稲田大 1　東京理科大 3　立教大 1
明治大 2　京都外国語大 4　大阪産業大 13
神戸女学院大 1　大阪工業大 4　皇學館大 6

近畿大学附属和歌山高等学校

学校法人 近畿大学
〒640-8471 和歌山市善明寺516
TEL073-452-1161　FAX073-451-0394
https://www.hwaka.kindai.ac.jp/

■**創立**／昭和58年（1983）　■**校長**／川合廣征
■**生徒数**／1,055人（1年／385人 2年／338人 3年／332人）
■**併設校**／近畿大学附属和歌山中学校
■**沿革**／昭和58年開校。同60年近畿大学附属和歌山中学校開校。令和5年創立40周年。
■**交通**／JR阪和線「和歌山」・南海本線「和歌山市」から和歌山バスで「近畿大学附属和歌山校前」下車すぐ

インフォメーション　INFORMATION

●**教育方針**／緑豊かな丘陵地の恵まれた教育環境のなかで、柔軟で視野の広い人間となるための基礎を育成。「知育・徳育・体育に調和のとれた教育」の実現を目標としています。
●**学校行事**／新入生オリエンテーション・春季遠足・校外学習（4月）、芸術鑑賞会（6月）、光雲祭（9月、文化祭・体育祭）、秋季遠足（11月）、クロスカントリー大会・大阪フィルハーモニー鑑賞会（2月）など。修学旅行（2月・1年）は九州・沖縄方面へ。
●**クラブ活動**／ラグビー、サッカー、陸上競技、柔道、テニスなどが全国大会レベルで活躍しています。ほかに体育系は卓球、ダンスなど。文化系には全国大会出場の科学、漫画研究をはじめESS、将棋、吹奏楽などがあります。
●**進路指導**／担任・進路指導部を中心とした個別面談指導や各教室に配置したプロジェクター、電子黒板などのICTの活用、最新の大学入試情報など豊富な資料に基づいて、生徒1人ひとりの進路希望実現をサポートしています。
●**スクールライフ**／2学期制／登校時刻…8：30／頭髪…染色・パーマ禁止／アルバイト…禁止／自転車通学…許可／携帯…緊急時連絡用として許可

カリキュラム　CURRICULUM

●**スーパーADコース**
難関国公立大受験に完全対応したカリキュラムを特色とし、3年間を通して高密度かつ高レベルな授業を展開しています。精選した教育課程に基づいて、経験豊富な教科担当が徹底指導。速い進度でありながら無理のないカリキュラム構成により、3年次には入試問題演習の時間がふんだんに設定されています。蓄積されたノウハウを最大限に活用し、総合的な応用力と志望校に応じた受験対策の完成をめざします。
●**ADコース**
進路に応じてバランスのとれたカリキュラムに基づき、密度の濃い授業を展開。有名国公立大・私立大の現役合格をめざします。5教科の授業にしっかり対応するための予習・復習、英語のウィークリーテストなどをきちんとこなせば、志望大学に合格できるだけの十分な学力が身につく体制を整えています。2年次からは文系／理系に分かれるとともに進路に応じた教科・科目を選択。学力を伸長させる進学補習、必要な場面で展開される苦手科目克服のための個別指導など、懇切でていねいな指導を行っています。また、クラブ活動など課外活動への参加も積極的に支援しています。

☆2学期制を採用、土曜日も授業を行っています。
☆特別奨学生制度、特待生制度、近畿大学への附属高校推薦入試制度などの特典があります。

先輩から

先生方の指導は懇切丁寧で、補習や毎日の小テストによって知らないうちに実力がつきます。光雲祭（文化祭・体育祭）では1500名近くもの保護者が見に来てくれ、最高の達成感と感動を味わえます。大阪方面からは「遠い学校」というイメージかもしれませんが、交通手段に恵まれ通学にも便利です。勉強も学校生活も充実した毎日を送れると思います。（M・K）

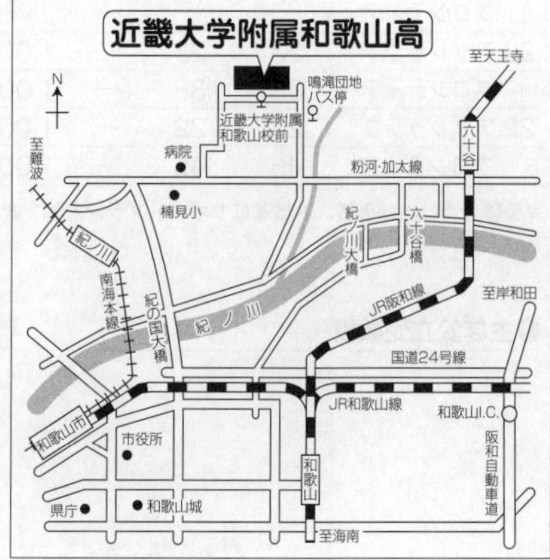

進研Vもし 合格のめやす

●目標偏差値(合格可能性80%)

併願		専願	
スーパーＡＤ	68	スーパーＡＤ	63
ＡＤ	64	ＡＤ	57

30 35 40 45 50 55 60 65 70 75

スーパー AD
努力圏 合格圏 安全圏

AD
努力圏 合格圏 安全圏

入試状況

●併願

年度	学科・コース	受験者数	合格者数	回し	倍率	合格最低点
'24	スーパーＡＤ	101	64	—	1.58	463/600
	ＡＤ	54	45	34	1.20	372/600
'23	スーパーＡＤ	—	—	—	—	—/—
	ＡＤ	121	108	—	1.12	344/600
'22	スーパーＡＤ	—	—	—	—	—/—
	ＡＤ	149	131	—	1.14	397.6/600

●専願

年度	学科・コース	受験者数	合格者数	回し	倍率	合格最低点
'24	スーパーＡＤ	68	37	—	1.84	406/600
	ＡＤ	152	125	27	1.22	324/600
'23	スーパーＡＤ	43	33	—	1.30	344/600
	ＡＤ	122	118	10	1.03	234/600
'22	スーパーＡＤ	62	36	—	1.72	395/600
	ＡＤ	141	127	23	1.11	303.4/600

●主な公立受験校

桐蔭－普通　向陽－普通　岸和田－文理
和泉－グローバル　三国丘－文理　海南－普通海南

入試ガイド

●募集要項　＊2024年度入試実施分

募集人員	スーパーＡＤ60、ＡＤ115
出願期間	1/5～1/22
受験料	20,000円
学力検査	1月27日
面接	実施しない
合格発表	1月28日
入学手続	専願 2月4日 併願 3月19日

●試験科目と配点・時間

科目	国語	数学	英語	社会	理科
配点	200点	200点	200点	120点	120点
時間	60分	60分	60分	40分	40分

＊3教科または5教科を選択。3教科受験の場合、配点Ａ（国200点・数200点・英200点）。5教科受験の場合、配点Ａと配点Ｂ（国数英×0.6倍＋社＋理）の高い方で判定。＊英検の資格活用あり（専願のみ）。

●学費

入学金	200,000円	制服代・制定品費	約 90,000円
年間授業料	529,200円	その他制定品費	—
諸費	約 80,000～円	その他	—
修学旅行積立	—	初年度納入金合計	約 899,200～円

卒業後の進路

卒業者数／346人

大学進学	短大進学	専門学校等	就職	進学準備ほか
316人	—	3人	—	27人

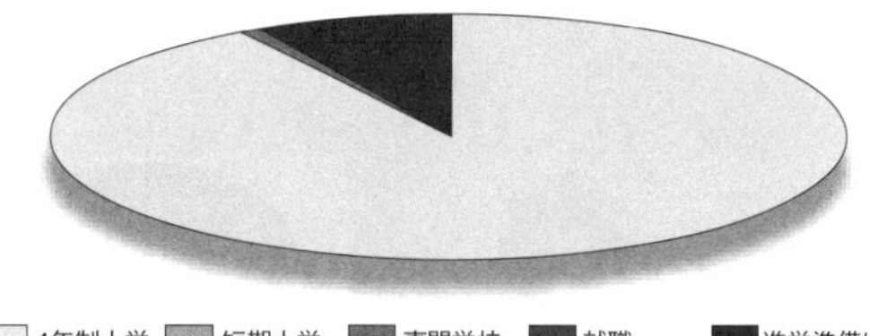

●主な大学合格状況

国・公立大／
東京大 2　京都大 2　大阪大 10
神戸大 3　北海道大 1　名古屋大 3
九州大 6　滋賀大 2　京都教育大 1
京都工繊大 1　大阪教育大 1　兵庫教育大 1
奈良教育大 1　奈良女子大 1　和歌山大 22
滋賀県立大 2　京都府立大 1　大阪公立大 11
兵庫県立大 6　和歌山県医 14

私立大／
関西大 72　関西学院大 60　同志社大 57
立命館大 36　京都産業大 5　近畿大 315
甲南大 1　龍谷大 14　佛教大 5

高野山高等学校

学校法人 高野山学園
〒648-0288 伊都郡高野町高野山212
TEL0736-56-2204　FAX0736-56-3705
https://www.koyasan-h.ed.jp

■創立／明治19年（1886）　■校長／橋本真人
■生徒数／119人（1年／41人 2年／29人 3年／49人）
■併設校／高野山大学
■沿革／明治19年創立の古義真言宗尋常中学林が母体。昭和23年高野山高等学校と改称。平成13年全日制宗教科認可。同18年創立120周年記念式典挙行。
■交通／南海高野線「極楽橋」で乗換え、ケーブル「高野山」からバスで「高校前」下車。南海「橋本」、JR「笠田」からスクールバス

インフォメーション INFORMATION

●**教育方針**／弘法大師が828年京都に開設した庶民のための学校「綜芸種智院」。その歴史と精神を受け継ぎ、人間性豊かな、世のため人のために貢献できる人材の育成をめざしています。
●**学校行事**／遠足（4月）、音楽法会（5月）、青葉祭（6月）、こぼんさん研修（8月・宗教科）、体育大会（9月）、明神社大祭（10月）、南嶺祭（11月）、スキー（2月・スポーツ）など。
●**クラブ活動**／体育系は硬式野球、サッカー、空手、駅伝、女子ハンドボール。空手部や女子ハンドボール部は全国大会でも活躍しています。文化系はインターアクトクラブ、弁論、軽音楽、ダンス、文芸、書道等。インターアクトクラブは海外研修あり。弁論部は全国大会の常連校です。
●**男子寮・女子寮**／保護者の元を離れての暮らしを通して、自立心や向上心、協調性が芽生え、感謝の心が養われます。
●**スクールライフ**／3学期制／登校時刻…8：40／頭髪…染色・パーマ禁止／アルバイト…許可（経済的理由でアルバイトが必要になった時等）／自転車通学…許可／携帯…許可（寮生は学校持込禁止、通学生は登校時に担任に預ける）

カリキュラム CURRICULUM

●**普通科Ⅰ類・特別進学コース**
難関国公立大・私立大学の現役合格をめざすコースです。少人数制によるハイレベルな授業、独自のカリキュラム編成により、生徒の学ぶ意欲にとことん応え、目標とする大学の合格をサポートします。

●**普通科Ⅱ類・自己探求コース**
英語・数学・国語の基礎を徹底指導。勉強の習慣を育み、確かな土台を築くことにより、自らの可能性を探求していきます。公務員受験対策講座や沖縄三線づくりなどの体験学習も多彩で豊富。1人ひとりの自主性と行動力を養います。

●**普通科Ⅱ類・スポーツコース**
全国レベルのアスリート、高度な知識を身につけた指導者の育成を目指しています。野球は甲子園出場を視野に入れた練習をおこなっています。ハンドボールは近年インターハイ出場が続いています。技術や知識だけでなく、礼儀や責任感も学ぶことができます。

●**普通科Ⅱ類・吹奏楽コース**
放課後のクラブ活動だけでなく、授業で理論・実践を基礎から学ぶことができます。

●**宗教科**
◆Ⅰ類　普通教科に加えて高野山ならではの仏教授業、書や華道など日本文化体験を通して、宗教界で活躍できる人材を育成。
◆Ⅱ類　宗教科の勉強をしながら私立文系難関大学をめざすコースです。月・水・金の放課後に受験対策授業を行います。

先輩から

公立高校で不登校に陥った私を、大学進学まで支えてくださったのが高野山高校です。温かく受け入れてくれ、遅れていた分の勉強を取り戻すため、先生方は個別指導をしてくださったり、とても良い環境で勉強に集中できました。少人数制で先生との距離が近く、会話も多かったことが、教員を目指すきっかけとなりました。兵庫教育大学に合格し、目標の実現に向けて頑張っています。
（特別進学コース卒 Ｉ・Ｍ）

進研Vもし 合格のめやす

●目標偏差値(合格可能性80%)

併願		専願	
特別進学	60	特別進学	55
宗教科	47	宗教科	42
自己探求	40	自己探求	36

30 35 40 45 50 55 60 65 70 75

特別進学
努力圏 合格圏 安全圏

宗教科
努力圏 合格圏 安全圏

自己探求
努力圏 合格圏 安全圏

入試ガイド

●募集要項 ＊2024年度入試実施分

募集人員	普通科＝Ⅰ類（特別進学）10、Ⅱ類（スポーツ／自己探求／吹奏楽）50、宗教科（Ⅰ類・Ⅱ類）＝20
出願期間	1/9～1/24
受験料	20,000円
学力検査	1/27～2/9 各自実施
面接	実施しない
合格発表	2月13日
入学手続	推薦・専願 2月29日 併願 3月22日

●試験科目と配点・時間

科目	国語	数学	英語	—	—
配点	100点	100点	100点	—	—
時間	—	—	—	—	—

＊ほかに志望理由シート。＊推薦入試は書類審査（調査書・推薦書)、自己推薦入試は書類審査(調査書・自己推薦書・電話面談)・課題作文(内定後)。

●学費

入学金	130,000円	制服・制定品代	ー円
年間授業料	396,000円	施設費	160,000円
諸会費計	90,000円	建築特別基金	60,000円
修学旅行積立	ー円	初年度納入金合計	836,000円

入試状況

●併願

年度	学科・コース	受験者数	合格者数	回し	倍率	合格最低点
'24	特別進学	10	10	—	1.00	95/300
	宗教科	3	3	—	1.00	
	自己探求	22	22	—	1.00	
	スポーツ	2	2	—	1.00	
	吹奏楽	0	0	—	—	

●専願

年度	学科・コース	受験者数	合格者数	回し	倍率	合格最低点
'24	特別進学	0	0	—	—	60/300
	宗教科	7	7	—	1.00	
	自己探求	2	2	—	1.00	
	スポーツ	25	25	—	1.00	
	吹奏楽	1	1	—	1.00	

●主な公立受験校

—

卒業後の進路

卒業者数／39人

大学進学	短大進学	専門学校等	就職	進学準備ほか
24人	1人	7人	4人	3人

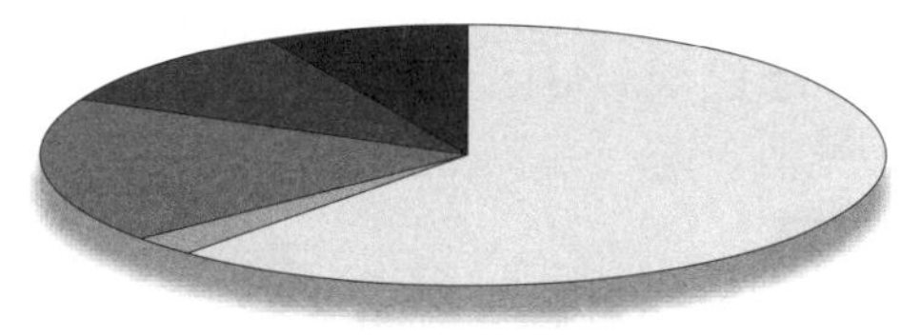

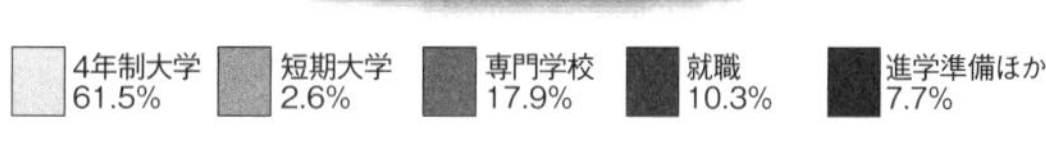

●主な大学合格状況

私立大／

愛知工業大 1　大阪産業大 1　環太平洋大 1
神戸国際大 2　高野山大 5　専修大 1
第一工科大 1　太成学院大 1　名古屋産業大 1
奈良学園大 1　日本体育大 1　阪南大 2
東大阪大 1　北海道文教大 1　龍谷大短期 1

智辯学園和歌山高等学校

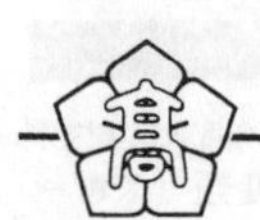

学校法人 智辯学園
〒640-0392 和歌山市冬野2066-1
TEL073-479-2811　FAX073-479-1190
https://www.chiben.ac.jp/wakayama

■創立／昭和53年（1978）　■校長／宮口祐司
■生徒数／761人（1年／261人 2年／240人 3年／260人）
■併設校／智辯学園和歌山中学校　智辯学園和歌山小学校
■沿革／昭和53年開校。同54年体育館竣工。同60年編入コースを設置。平成元年野球専用グラウンド竣工。同14年智辯学園和歌山小学校開校。
■交通／JR紀勢本線「黒江」から徒歩10分

インフォメーション INFORMATION

●教育方針／教育目標は「持てる能力の最大開発」および宗教的情操教育を基盤とした「豊かな人間性を育む教育」。わが国を創造していく高い理想と、それを実現する叡智を備えた人間の育成をめざします。

●学校行事／錬成会（4月・1年）、球技大会（5月）、音楽鑑賞会（6月）、高校野球応援・アメリカ留学生来校（7月）、韓国留学生来校（8月）、体育大会・オーストラリア留学生来校（9月）、文化祭（10月）、アメリカ・オーストラリア短期留学（3月・1年）など。修学旅行（10月・2年）はシンガポールへ。

●クラブ活動／体育系は甲子園常連の野球部（スポーツコース）と、陸上競技部（編入コース）のみ。文化系はブラスバンド、天文、囲碁将棋、コンピュータ、写真、演劇、美術、箏曲、書道、生物、茶華道、放送、合唱、英語、科学、競技かるた、クイズ研究、文芸、数学研究会が活動中。

●海外交流／アメリカ、韓国、オーストラリアに姉妹校等を持ち、交換留学を実施。留学体験や交流を通じて多角的に国際理解を深め、国際社会に幅広く貢献できる人材の育成に努めています。

●スクールライフ／3学期制／登校時刻…8：30 ／頭髪…染色・パーマ禁止／アルバイト…禁止／自転車通学…許可／携帯…許可制

カリキュラム CURRICULUM

●編入コース

中・高6年の一貫教育課程に編入するコースです。6年一貫コースの進度が先行しているため、入学前から補習授業を行い、入学後の授業にスムーズに入っていけるよう配慮されています。カリキュラムは無理なく最高の効果をあげられるように計画されており、教育内容の精選と授業の効率化がはかられています。

2年次から文系／理系のクラス分けを実施し、6年一貫教育の生徒と合流。それぞれが必要な選択科目を履修することにより、効果的で深みのある学力を養うことができます。

最終学年となる3年次には大学入試に備え、全科目とも演習中心の授業に取り組み、実戦力の養成に集中して取り組みます。早朝演習・直前演習などにより大学入学共通テスト対策にも力を入れ、夏期講習や直前2次対策によって高得点を獲得するための実戦力に磨きをかけます。

1校時60分・週最高39時間の授業により基礎学力の習得から高度な内容にまで理解を深める「知力の徹底的訓練」。6年一貫コースのメリットは、編入コースの教育にも十分に生かされています。個々の可能性を最大限に引き出し、東大・京大・国公立大医学科をはじめとする難関国公立大の現役合格をめざします。

●スポーツコース

野球と陸上（駅伝）に対して高い技術と情熱を有する生徒が集い、さらに高度なレベルアップを図り、全国大会出場をめざすコースです。

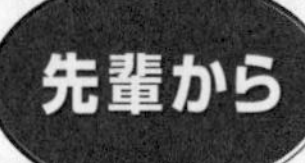

智辯学園には和歌山だけでなくさまざまな地域から生徒が集まります。育った環境や価値観などが異なる友人たちと語りあうことで考え方の幅が広がり、自分と異なる意見も受け入れられるようになりました。大学受験においては、同じ大学をめざす友人の存在が大きかったです。得意な科目・分野を教えあったり、出題傾向を一緒に考えたりできる友人がいたからこそ、目標校（京大）に合格できたと思います。（K・M）

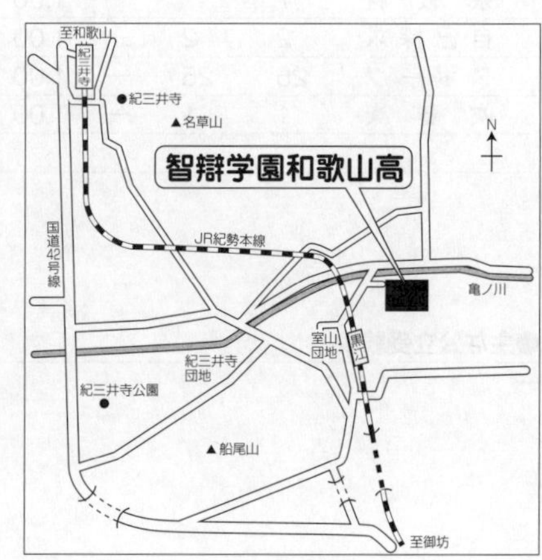

進研Vもし 合格のめやす

●目標偏差値(合格可能性80%)

併願	専願
編入……69	編入……65

30 35 40 45 50 55 60 65 70 75

編入 努力圏 合格圏 安全圏

入試ガイド

●募集要項 ＊2024年度入試実施分

募集人員	編入（共学・専願併願）45、スポーツ（男子・専願）10
出願期間	12/15～1/25
受験料	20,000円
学力検査	1月28日
面接	専願のみ(個人)　併願(面接票記入)
合格発表	1月28日
入学手続	専願 1月30日 併願 3月19日

●試験科目と配点・時間

科目	国語	英語	数学	—	—
配点	100点	100点	100点	—	—
時間	60分	60分	60分	—	—

●学費

入学金	200,000円	制服・制定品 約	160,000円
年間授業料	456,000円	タブレット端末費	130,000円
諸会費計	44,600円	その他	104,400円
修学旅行積立	150,000円	初年度納入金合計 約	1,245,000円

＊編入コースの場合

入試状況

●併願

年度	学科・コース	受験者数	合格者数	回し	倍率	合格最低点
'24	編入	78	57	—	1.37	207/300
'23	編入	66	53	—	1.25	213/300
'22	編入	58	43	—	1.35	203/300

●専願

年度	学科・コース	受験者数	合格者数	回し	倍率	合格最低点
'24	編入	35	31	—	1.13	151/300
'23	編入	30	30	—	1.00	155/300
'22	編入	46	43	—	1.07	155/300

＊(2024) スポーツコースは17名受験・17名合格。

●主な公立受験校

桐蔭ー普通

卒業後の進路

卒業者数／245 人

大学進学	短大進学	専門学校等	就職	進学準備ほか
166人	—	—	2人	77人

 4年制大学 67.8%
 短期大学 —
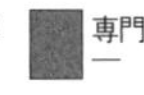 専門学校 —
 就職 0.8%
 進学準備ほか 31.4%

●主な大学合格状況

国・公立大／

東京大 2	京都大 9	大阪大 3
神戸大 8	北海道大 2	名古屋大 1
九州大 3	滋賀医科大 1	和歌山大 7
京都府立医 2	大阪公立大 13	奈良県立医 3
和歌山県医 15	防衛医科大学校 10	国公立大医学部医学科 30

私立大／

関西大 17	関西学院大 14	同志社大 29
立命館大 15	京都産業大 12	近畿大 43
龍谷大 5	摂南大 13	神戸学院大 3
追手門学院大 5	桃山学院大 2	早稲田大 15
慶應義塾大 8	大阪医科薬科大 9	私立大医学部医学科 29

初芝橋本高等学校

学校法人 大阪初芝学園
〒648-0005 橋本市小峰台2-6-1
TEL0736-37-5600　FAX0736-37-0210
https://www.hatsushiba.ed.jp/hatsuhashi/

■創立／平成3年(1991)　■校長／佐本一晃
■生徒数／382人(1年／108人 2年／126人 3年／148人)
■併設校／初芝橋本中学校
■沿革／平成3年初芝橋本高校開設、同7年初芝橋本中学校開設。同20年学校法人立命館と提携。
■交通／南海高野線「林間田園都市」からバス(10分)、JR「橋本」「五条」「岩出」、近鉄「橿原神宮前」「福神」「近鉄新庄」「忍海」「御所」方面からスクールバス

インフォメーション INFORMATION

●**教育方針**／「誠実剛毅」を校訓とし、急速に国際化・多様化する現代社会に即応できる人材を育成。剛健な体力と人格の形成をはかり、知・徳・体の調和のとれた全人教育を行っています。
●**学校行事**／球技大会(6月)、文化祭・体育祭(9月)、芸術鑑賞会(10月)、修学旅行(12月・2年)など。
●**クラブ活動**／体育系はサッカー、テニス、バスケットボール、なぎなた、卓球、陸上競技、柔道、野球、剣道、ゴルフの全10部で多くのクラブが全国・近畿大会で活躍。文化系は吹奏楽、書道、美術、インターアクトクラブなどの8部。クラブ加入率は約80%です。
●**海外交流**／「使える英語力」を習得する英語プロジェクトの一環として語学研修(カナダ・2週間)、留学制度(6ヵ国・3ヵ月、オーストラリア・8ヵ月)を設けています(希望者)。
●**スクールライフ**／3学期制／登校時刻…8：40 ／頭髪…染色・パーマ禁止／アルバイト…禁止／自転車通学…許可／携帯…許可

カリキュラム CURRICULUM

●**プレミアム進学コースα**
国公立大学合格を目標とするコースです。1年次から国公立大学受験に向けた深度で授業を実施。ハイレベルな授業内容、放課後の「進プロ」に加えて、ICT を活用した家庭学習のサポートで高度な応用力、難問解答力を習得します。
●**プレミアム進学コースβ**
「多様な個性を伸ばす」をコンセプトに希望大学に進学できる学力を身につけます。生徒が自分の将来を展望し、大学・学部の選択をおこなえるよう、生徒一人ひとりの個性と能力を引き出し、基礎から学力を積み上げていきます。
●**立命館コース**
一定の基準を満たせば立命館大学や立命館アジア太平洋大学(APU)へ進学できるコースです。キャンパス見学や授業体験、学生との交流も早期からおこないます。大学や大学院での学びを視野に、「社会や学問への関心と知識」「資料収集・分析の能力」「プレゼンテーションスキル」「留学も可能な英語運用能力」などを高めます。
●**スポーツコース**
6つの重点クラブ(サッカー・硬式野球・バスケットボール・柔道・陸上競技・硬式テニス)に所属し、トップアスリートをめざし、競技種目に集中するスポーツコースです。競技力だけでなく、人間力の育成にも重点を置いています。特に挨拶や奉仕活動を積極的におこない、社会性を身につけていきます。

先輩から

初橋は勉強とクラブ活動を両立することができ、自分の目指す進路に向かって先生方が全面的にサポートしてくれます。入学して間もないころは、中学校との違いにいろいろな不安や戸惑いもありましたが、放課後の進プロや先生方のサポートによって乗り切ることができました。また学校行事では文化祭や体育祭、修学旅行などの楽しいイベントもあり、充実した毎日を送っています。

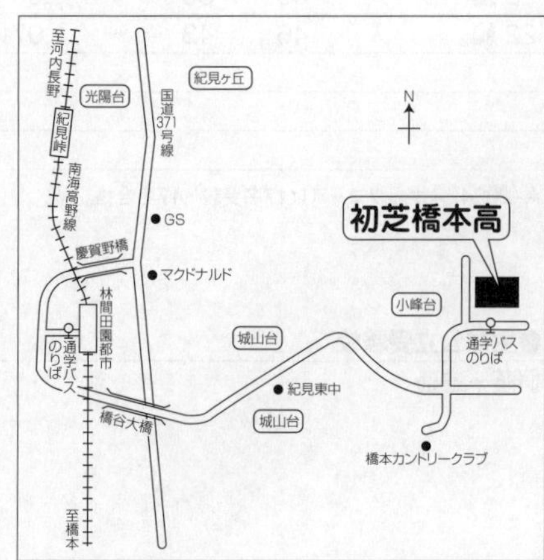

進研Vもし 合格のめやす

●目標偏差値(合格可能性80%)

併願		専願	
プレミアム進学α	59	プレミアム進学α	55
立命館	57	立命館	53
プレミアム進学β	49	プレミアム進学β	45

30 35 40 45 50 55 60 65 70 75

プレミアム進学α 努力圏 合格圏 安全圏

立命館 努力圏 合格圏 安全圏

プレミアム進学β 努力圏 合格圏 安全圏

入試状況

●併願

年度	学科・コース	受験者数	合格者数	回し	倍率	合格最低点
'24	プレミアム進学α	138	101	—	1.37	353/500
	立命館	54	32	—	1.69	341/500
	プレミアム進学β	121	112	57	1.08	238/500
	スポーツ	3	2	—	1.50	—/500
'23	プレミアム	116	85	—	1.36	335/500
	立命館	62	42	9	1.48	316/500
	総合進学	154	147	41	1.05	221/500
	スポーツ	2	2	—	1.00	—/500

●専願

年度	学科・コース	受験者数	合格者数	回し	倍率	合格最低点
'24	プレミアム進学α	8	6	—	1.33	336/500
	立命館	26	19	—	1.37	325/500
	プレミアム進学β	4	3	6	1.33	—/500
	スポーツ	44	44	—	1.00	—/500
'23	プレミアム	5	5	—	1.00	—/300
	立命館	23	21	—	1.10	181/300
	総合進学	6	5	2	1.20	125/300
	スポーツ	63	63	—	1.00	—/300

●主な公立受験校

橋本－普通	那賀－普通	粉河－普通
笠田－普通	橿原－普通	畝傍－普通
高田－普通	五條－普通	那賀－国際
笠田－情報処理	奈県大－探究／専	桜井－普通
笠田－総合ビジ	向陽－普通	

入試ガイド

●募集要項 ＊2024年度入試実施分

募集人員 プレミアム進学α30、プレミアム進学β30、立命館30、スポーツ80
＊内部進学を含む

出願期間 A日程1/15～1/22 B日程2/5～2/14

受験料 20,000円

学力検査 A日程1月27日 B日程2月14日

面接 スポーツコース特別選抜入試のみ(個人)

合格発表 A日程1月29日 B日程2月14日

入学手続 専願 A日程2月2日 B日程2月19日
併願 3月19日

●試験科目と配点・時間

科目	国語	数学	英語	社会	理科
配点	100点	100点	100点	100点	100点
時間	50分	50分	50分	50分	50分

＊A日程は3科または5科を選択。A日程推薦入試・特別選抜入試およびB日程は3科(国数英)。＊英検資格活用あり。

●学費

入学金	200,000円	制服代	約55,000円
年間授業料	570,000円	その他制定品費	約30,000円
諸会費計	29,200円	その他	約400,000円
修学旅行積立	120,000円	初年度納入金合計	約1,400,000円

卒業後の進路

卒業者数／139人

大学進学	短大進学	専門学校等	就職	進学準備ほか
124人	2人	6人	5人	2人

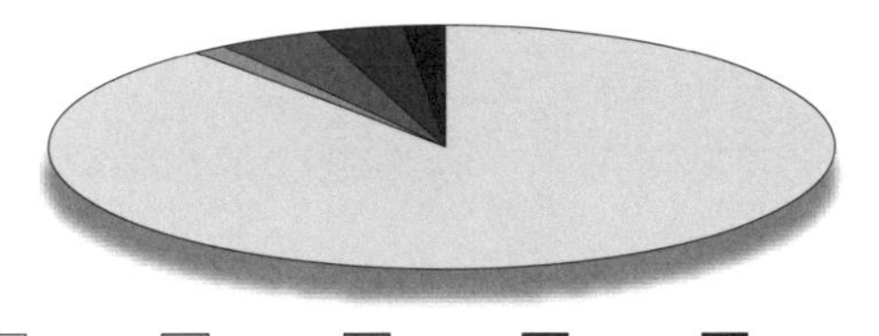

4年制大学 89.2%　短期大学 1.4%　専門学校 4.3%　就職 3.6%　進学準備ほか 1.4%

●主な大学合格状況

国・公立大／

大阪教育大 1　和歌山大 2

私立大／

関西大 9	関西学院大 1	同志社大 1
立命館大 24	京都産業大 3	近畿大 36
龍谷大 7	佛教大 4	摂南大 3
神戸学院大 1	追手門学院大 12	桃山学院大 18
大阪産業大 7	帝塚山学院大 7	大阪工業大 5
大阪体育大 5	関西外国語大 4	大阪成蹊大 4
大阪経済大 3	大阪商業大 3	関西福祉科学大 3
四天王寺大 3	大阪学院大 2	天理大 2
びわこ成蹊ｽﾎﾟｰﾂ大 2	明治国際医療大 2	流通経済大 2

その他 学校案内

大阪公立大学工業高等専門学校

〒572-8572 大阪府寝屋川市幸町26-12 TEL072-821-6401 ■交通／京阪電車「寝屋川市」から北東へ徒歩15分

インフォメーション INFORMATION

昭和38（1963）年に開校した大阪府立工業高等専門学校が前身。ものづくりの街・大阪に位置する都市型高専として、地域及び産業の発展に寄与してきました。学生の男女比は男子約85%・女子約15%。クラブ活動もさかんで、約70%の学生が加入し、活躍しています。本科（５年間）卒業後の進路は高専専攻科への進学、大学３年次編入、就職などさまざま。身につけた得意分野を生かせるのも、高専生のメリットです。2022年現校名となりました。

●検査日（2024年度参考） 特別１月20日 学力２月11日
●学力検査選抜

満点	国語	数学	英語	社会	理科
650	100	150	150	100	150

＊調査書（450点満点）をあわせて総合成績（1,100点満点）として選考。＊特別選抜は調査書（130点）・小論文（80点）・面接（30点）。

進研Vもし 合格のめやす

総合工学システム 62

30 35 40 45 50 55 60 65 70 75

総合工学システム　努力圏　合格圏　安全圏

入試状況

2024年度募集定員 160人（小論文と面接80、学力検査80）

年度	小論文と面接による選抜 受験者数	合格者数	倍率	学力検査による選抜 受験者数	合格者数	倍率
'24	167	80	2.09	135	80	1.69
'23	148	80	1.85	130	80	1.63
'22	163	80	2.04	145	80	1.81

明石工業高等専門学校

〒674-8501 兵庫県明石市魚住町西岡679-3 TEL078-946-6017 ■交通／JR神戸線「魚住」から徒歩5分、山陽電鉄「山陽魚住」から徒歩10分

インフォメーション INFORMATION

高専制度創設第一期校として昭和 37年（1962）に設置。15歳から実験や実習を重視した早期専門教育を、教養教育とバランス良く行うことにより、優れた工学的センスを持つ技術者や研究者を養成しています。大学への編入学や高専専攻科への進学率が高く、東京大学のほか国立大学への編入学、さらには海外大学の編入学の実績もあり。また、自主性を重んじる自由な校風のもと、在学中は多くの学生が部活動に参加しています。

●検査日（2024年度参考） 推薦１月20日 学力２月11日
●学力検査選抜

満点	国語	数学	英語	社会	理科
600	100	150	150	100	100

＊学力検査（600点）・調査書（270点）を総合して選抜。＊推薦は調査書・特別活動等・グループワークを総合して選抜。＊帰国生徒特別選抜は3科（理・英・数）と作文、面接。

進研Vもし 合格のめやす

電気情報工学 68 ／機械工学 68
都市システム工学 66 ／建築学 66

30 35 40 45 50 55 60 65 70 75

電気情報工学／機械工学　努力圏　合格圏　安全圏

入試状況

2024年度募集定員 160人（各学科40人）

学科／コース	推薦選抜 受験者数	合格者数	倍率	学力選抜 受験者数	合格者数	倍率
電気情報工学	69	21	3.29	68	20	－
機械工学	30	20	1.50	13	21	－
都市システム工学	26	18	1.44	13	24	－
建築学	49	21	2.33	29	20	－

＊「受験者数」は志願者数。＊学力選抜の合格者数には第２・３志望を含む。

神戸市立工業高等専門学校

〒651-2194 兵庫県神戸市西区学園東町8-3 TEL078-795-3311 ■交通／地下鉄「総合運動公園」「学園都市」から徒歩13～15分

インフォメーション INFORMATION

昭和38年（1963）に設立された、５年一貫教育の高等教育機関。工学に関わる専門知識はもとより、国際・情報都市神戸にある高専として、国際社会で活躍できる人材の育成をめざしています。学生の男女比は男子約85%・女子約15%で、ロボットやソーラーカーなど、工業系ならではの部活動が多いのも特色。スポーツもさかんで、水泳やラグビーなどが全国高専大会で活躍しています。校舎は研究学園都市の中にあり、部活動でも大学との交流が行われています。

●検査日（2024年度参考） 推薦１月20日 学力２月11日
●学力検査選抜

満点	国語	数学	英語	理科
450	100	150	100	100

＊調査書（225点）との合計（675点）により判定。＊推薦選抜は調査書・推薦書・面接結果により判定。

進研Vもし 合格のめやす

機械工学 62 ／電気工学 62 ／都市工学 62 ／
電子工学 63 ／応用化学 63

30 35 40 45 50 55 60 65 70 75

機械工学／電気工学／都市工学　努力圏　合格圏　安全圏

入試状況

2024年度募集定員 240人（各学科40人※機械工は80人）

学科／コース	推薦選抜 受験者数	合格者数	倍率	学力選抜 受験者数	合格者数	倍率
機械工学	70	－	－	148	－	－
電気工学	30	－	－	45	－	－
都市工学	25	－	－	41	－	－
電子工学	53	－	－	80	－	－
応用化学	31	－	－	48	－	－

＊「受験者数」は志願者数。

舞鶴工業高等専門学校

〒625-8511 京都府舞鶴市字白屋234 TEL0773-62-5600 ■交通／JR「東舞鶴」から京都交通バスで「国立高専前」下車。

インフォメーション INFORMATION

昭和40年(1965)開校。5年間の一貫教育で一般科目と大学工学部レベルの専門科目をバランスよく学び、実践的な技術者に必要な豊かな教養と体系的な専門知識を身につけます。就職や進学に関するキャリア教育を1年次から行うなど、生徒一人ひとりの進路選択をサポート。進学希望者のほとんどは国公立大学(編入学)もしくは高専専攻科に進学します。また、高専の中でも有数の規模を誇る学寮があり、多くの学生がキャンパス内にある学寮で生活しています。

●検査日(2024年度参考) 一般推薦1月6日 学力2月11日
●学力検査選抜

満点	国語	数学	英語	社会	理科
600	100	150	150	100	100

＊ほかに調査書(400点)＊特別選抜【一般推薦型】調査書(270点)・適性検査〈数理英〉(90点)・面接(90点)。＊帰国生徒特別選抜あり。＊特別選抜【地域創生型】あり。

進研Vもし 合格のめやす

電子制御工学 57／機械工学 56／電気情報工学 56／建設システム工学 54

30 35 40 45 50 55 60 65 70 75

機械工学／電気情報工学

努力圏 合格圏 安全圏

入試状況

2024年度募集定員 160人(各学科40人)

学科／コース	特別選抜			学力選抜		
	受験者数	合格者数	倍率	受験者数	合格者数	倍率
電子制御工学	41	－	－	15	－	－
機械工学	48	－	－	23	－	－
電気情報工学	38	－	－	16	－	－
建設システム工学	41	－	－	14	－	－

＊「受験者数」は志願者数。＊特別選抜は地域創生型・一般推薦型の合計。

奈良工業高等専門学校

〒639-1080 奈良県大和郡山市矢田町22 TEL0743-55-6000 ■交通／近鉄線「近鉄郡山」から徒歩25分またはバスで「奈良高専」下車。

インフォメーション INFORMATION

昭和39年(1964)開校。産業のグローバル化に対応して国際的視野や国際コミュニケーション力を持ち、課題を発見し解決できる創造的技術者の養成を目指しています。充実した施設での実験や実習は、より実践的な技術の修得を可能にしています。卒業後は、工学部を持つ国公私立大学への進学(3年次編入学)、高専専攻科への進学、企業などへの就職と多様な進路が選択できます。在学中には大学受験がなく、部活動やスポーツ大会などにも打ち込める環境です。

●検査日(2024年度参考) 推薦1月20日 学力2月11日
●学力検査選抜

満点	国語	数学	英語	社会	理科
500	100	100	100	100	100

＊ほかに調査書(240点満点)を加味し総合的に選抜。＊推薦は推薦書・調査書(100点満点)・適性検査(数・理各100点満点)と面接(100点満点)の結果を総合して選抜。女性エンジニアリーダー養成枠は適性検査免除(調査書150点／面接150点)。

進研Vもし 合格のめやす

機械工学 62／電気工学 62
電子制御工学 63／情報工学 63／物質化学工学 63

30 35 40 45 50 55 60 65 70 75

電子制御工学／情報工学／物質化学工学

努力圏 合格圏 安全圏

入試状況

2024年度募集定員 200人(各学科40人)

学科／コース	推薦選抜			学力選抜		
	受験者数	合格者数	倍率	受験者数	合格者数	倍率
機械工学	23	24	－	20	－	－
電気工学	29	24	－	22	－	－
電子制御工学	33	24	－	19	－	－
情報工学	49	24	－	30	－	－
物質化学工学	36	24	－	24	－	－

＊「受験者数」は志願者数。＊推薦選抜は適性検査枠・女性エンジニアリーダー育成枠の合計。＊合格者数には第2志願による合格内定者を含む。

和歌山工業高等専門学校

〒644-0023 和歌山県御坊市名田町野島77 TEL0738-29-2301 ■交通／JR紀勢本線「御坊」から御坊南海バスで「学園前」下車。

インフォメーション INFORMATION

昭和39年(1964)設置。5年間の一貫教育を通じて、エンジニアとしての素養を身につける基礎教育と、実践を重視した専門教育を効果的に行うことにより、工学を社会の繁栄と環境との調和に生かすための創造力と問題解決能力を身につけ、豊かな人間性と国際性を備えた人材の育成を目指します。「きのくにロボットフェスティバル」では次世代を担う子供たち(小中学生)にロボットを通してものづくりの楽しさを伝える役割を担っています。

●検査日(2024年度参考) 推薦1月6日 学力2月11日
●学力検査選抜

満点	国語	数学	英語	理科
400	100	100	100	100

＊調査書点(100点満点)を加えた総合点(500点満点)により判定。＊推薦は調査書・面接・小論文。＊ほかに体験実習入試・帰国生徒特別選抜入試あり。

進研Vもし 合格のめやす

生物応用工学 59／
知能機械工学 58／電気情報工学 58／環境都市工学 58

30 35 40 45 50 55 60 65 70 75

知能機械工学／電気情報工学／環境都市工学

努力圏 合格圏 安全圏

入試状況

2024年度募集定員 160人(各学科40人)

学科／コース	推薦選抜			学力選抜		
	受験者数	合格者数	倍率	受験者数	合格者数	倍率
生物応用工学	44	24	1.83	22	16	1.38
知能機械工学	46	24	1.92	23	16	1.44
電気情報工学	60	24	2.50	40	16	2.50
環境都市工学	38	24	1.58	15	16	－

＊「受験者数」は志願者数。＊学力選抜の合格者数には第2志願による合格者を含む。

天王寺学館高等学校

学校法人 天王寺学館
〒547-0041 大阪市平野区平野北1-10-43
TEL06-6795-1860 FAX06-6795-1866
https://www.tg-group.ac.jp/tgkoko

■創立／平成14年（2002）　■校長／橋本吉弘
■生徒数／757人（1年／177人 2年／285人 3年／295人）
■単位制・狭域通信制（大阪府・奈良県）
■併設校／関西外語専門学校
■沿革／天王寺学館は昭和28年の予備校創設に始まります。高等学校は平成14年に開校。翌15年には全国に先駆けて通学部を設置。平成22年、現平野校地に移転。
■交通／JR大和路線「平野」下車・北出口すぐ。

インフォメーション INFORMATION

●教育方針／「すべての教育活動は生徒の成長に資するべきである」という考えの下、新しい学校作りに取り組んでいます。年間授業36週。午前は大学スタイル。得意・不得意や興味・関心に対応する単位制授業を行い、午後は習熟度別クラスでしっかりと基礎学力を身につけます。

●学校行事／私立全日制の取り組みに準じます。校外学習（4月）、修学旅行・生徒総会（5月）、スポーツ大会・臨海実習（7月）、NZ中期留学（8・9月）、秋期講習（9月）、文化祭（10月）、芸術鑑賞会（12月）、スキー実習（1月）、春期講習（3月）他。

●クラブ活動／忙しい現代の高校生活に対応して現在では週2回の活動制限を行っています。運動部でも通常週2回までしか活動がないので、初心者や体力に自信のない人でもチャレンジし易い環境です。現在体育系11、文化系9のクラブ・同好会が活動しています。昨年は「心理学同好会」が発足しました。

●トピックス／大学・短大・専門学校等への進学にも、高い実績を誇っています。

●学習指導／本校では幅広い学力の生徒を受け入れています。学力にやや自信のない生徒には、中学校のレベルからやり直せる「学び直し」の場を設けることにより、確かな基礎力を養成。

卒業後の進路（2024年3月卒業生）

卒業者数／249人

大学進学	短大進学	専門学校等	就職	進学準備ほか
123人	3人	43人	7人	73人

●主な大学合格状況

国・公立大／
大阪大 1　大阪教育大 1　大阪公立大 2
京都工繊大 1　和歌山大 1　広島大 1

私立大／
関西大 21　関西学院大 1　同志社大 5
立命館大 8　京都産業大 4　近畿大 51
龍谷大 38　東京女子医科大 1

カリキュラム CURRICULUM

●総合学科
普通科と専門学科を融合させた学科です。科目編成は①普通科科目群、②外国語・異文化に関する科目群、③芸術・情報に関する科目群の3系列からなっています。必修科目以外は自由に選択でき、たとえば数学を3年間履修することも、1年次の必修科目「数学Ⅰ」の履修だけに留めるという選択も可能です。単位制ですから、3年間で必修科目をすべて含む74単位以上修得することで卒業の道が開けます。

◇通信部（週3日午前のみ）／月・水・金曜日の午前のみ開講される完全選択制授業。大学スタイルの授業形式です。必修（基礎）科目のみならず、70科目以上の幅広い選択が可能です。

◇通学部3日制（週3日全日）◇通学部5日制（週5日全日）／午前の完全選択制授業に加えて、午後からは5教科を中心とした習熟度別クラス授業を受講します。例えば、通学部3日制1年次では、英国数を週4時間、年間約30週学ぶことになり、基礎学力の養成に優れた全日制の授業スタイルです。習熟度基礎クラスは中学の学び直しから始める一方で、特進クラスの授業設定はss60前後。一般に進学校で採択されている教材を使い、それに近い環境で学ぶことができます。基礎から大学受験まで幅広い対応が可能です。特進・総合・基礎の習熟度クラスと文系・理系・文理総合・芸術の各専攻があります。

入試ガイド（2024度入試実施分）

募集人員　総合学科400人
入試教科　①面接・作文を中心に入試選考を行っています。
　②英語・国語・数学（学力検査に用い、主にクラス分けの参考とする）
受験料　通信部10,000円、通学部20,000円

●学費

通信部（30単位登録の場合）		通学部（5日制）	
入学金	50,000円	入学金	120,000円
年間授業料	255,000円	年間授業料	493,000円
諸費用合計	51,000円	諸費用合計	61,000円
納付合計額	356,000円～	納付合計額	674,000円～

入試状況

教育方針の周知を推進しており、事前説明や個別相談を通じて本校の方針をご理解いただいた上でご受験いただくようお願い致します。

関西インターナショナルハイスクール

学校法人 天王寺学館
〒545-0053 大阪市阿倍野区松崎町2-9-36
TEL06-6621-8108 FAX06-6621-1880
https://www.kihs.jp

■**創立**／平成元年(1989)　■**校長**／花畑好一
■**併設校**／天王寺学館高等学校
■**生徒数**／134人(1年／42人 2年／61人 3年／31人)
■**沿革**／昭和28年、天王寺予備校創設。昭和42年、天王寺英語学院(関西外語専門学校の前身)設立。平成元年、関西インターナショナルハイスクール(関西外語専門学校 国際高等課程)を開校。
■**交通**／JR・大阪メトロ御堂筋線「天王寺」から徒歩3～5分、近鉄「大阪阿部野橋」から徒歩3分、大阪メトロ谷町線「阿倍野」から徒歩5分

インフォメーション INFORMATION

●**教育方針**／外国人教員の授業を数多く取り入れることにより、英語のListening, Speaking, Reading, Writingを総合的に養成。国際舞台で活躍できる"真の国際人"の育成を目標としています。提携の通信制高校との併修により、高校卒業資格も取得可能。あわせて国際理解や国際関係など幅広い知識を修得、国内・海外大学への進学をめざします。

●**学校行事**／新入生歓迎会(4月)、課外活動(5月)、模擬国連(6月・7月)、ホームステイ(8月)、海外研修旅行(9月)、ハロウィン(10月)、芸術鑑賞(11月)、英語スピーチコンテスト(2月)、学内模擬国連(3月)など。

●**国際交流**／2年生が原則全員で参加するホームステイ・プログラム(オーストラリア・約2週間)は重要な行事のひとつ。現地の語学学校で英語を学び、ホームステイなどを通じて海外生活のノウハウも習得できます。また一定の条件を満たせば、海外の高校に留学できる制度も。留学先での単位も認定され、3年間で卒業できます。

●**セミ・イマージョン英語教育**／ネイティブ教員の授業を中心に、英語をそのまま英語で理解するシステムのこと。いわば英語にどっぷり浸りながら英語力をはぐくむ教育です。

●**模擬国連**／3年生が参加。参加者それぞれが1つの国を担当し、国連の運営方式にそって英語による会議を行い、その解決をはかります。年ごとのテーマについて半年も前から準備を開始。白熱した議論を通し、大きな達成感を味わうことができます。

卒業後の進路(直近3年間の進学実績)

●**主な大学合格状況**

国・公立大／

大阪大 1	国際教養大 3	都留文科大 1

私立大／

上智大 1	国際基督教大 1	明治大 1
同志社大 3	関西学院大 13	青山学院大 1
立命館大 9	法政大 1	関西大 3
中央大 1	立命館アジア太平洋大 1	関西外国語大 7
京都外国語大 10	京都女子大 1	同志社女子大 1
近畿大 1	甲南大 2	龍谷大 1
京都産業大 1	武蔵野大 1	その他の大学 23
関西外大短期部など短大 10	海外留学 16	専門学校 14
浪人 5		

カリキュラム CURRICULUM

●**国際教養学科**

海外の大学へも留学できる総合的な英語力の養成をめざしています。英語ネイティブ教員による授業が多く、社会科・理科も外国人教員が英語で授業を実施しています。1年次にはネイティブ教員の授業に慣れることからスタート。半年～1年後には、ナチュラルスピードの授業に移行していきます。

S/L、R/Wなどの英語科目は、個人の英語力に応じたクラス編成。6レベルに分かれた習熟度別のクラスが用意されており、効果的に学習を進めていくことができます。さらに15人程度という少人数クラス制を採用しているため、生徒がどんどん発言できる環境がここにはあります。卒業時には英検2級以上を83%の生徒が取得しています。

また、一般の高校で学ぶ基本教科は原則として本校で学びます。大きな違いは外国人教員による授業だけでなく、日本人教員も社会科科目(地理、世界史、公民)などはアメリカ等で発行されている教科書を使用し、グローバルな視点で授業を展開していること。総合学習科目の「国際理解」では、多文化・多民族への理解を深めながら、幅広い国際的な事柄を学んでいきます。

卒業生の多くは国内・海外の有名・難関大学に進学しています。

入試ガイド(2024年度入試実施分)

募集人員	国際教養学科 60名
入試教科	英語 230点 国語(作文・漢字) 70点 面接
受験料	20,000円

●**学費**

入学金	300,000円	制服代	―
年間授業料	540,000円	その他制定費	―
施設設備費	80,000円	入学手続時納入金額	300,000円
課外活動費	25,000円	初年度納入金合計	945,000円～

入試状況

●**併願**

年度	学科・コース	受験者数	合格者数	回し	倍率	合格最低点
'24	国際教養	9	9	―	1.00	182/300
'23	国際教養	10	9	―	1.10	219/300
'22	国際教養	7	7	―	1.00	204/300
'21	国際教養	11	10	―	1.10	184/300
'20	国際教養	8	7	―	1.14	197/300

●**専願**

年度	学科・コース	受験者数	合格者数	回し	倍率	合格最低点
'24	国際教養	40	39	―	1.10	147/300
'23	国際教養	62	59	―	1.05	145/300
'22	国際教養	35	33	―	1.06	151/300
'21	国際教養	58	56	―	1.03	149/300
'20	国際教養	64	57	―	1.12	139/300

公立高校案内

普通科・専門学科・総合学科

公立高校

大阪府

兵庫県

公立高校

本書の見方

志望校選びにとっておきの情報を掲載！

公立高校案内

インフォメーション　INFORMATION

各高校の沿革や校風・特色、教育方針、カリキュラムや学校生活などを紹介しています。
主な大学合格状況は2023年度入試のものを掲載しています。

北野／茨木／豊中

大阪

北野高等学校

〒532-0025 大阪市淀川区新北野2-5-13 TEL06-6303-5661 ■交通／阪急「十三」から西へ700m

インフォメーション　INFORMATION

明治6(1873)年、難波御堂内に欧学校として開校。創立150年にわたる歴史と伝統がある学校です。アカデミックな校風のもと、文武両道と知・徳・体のバランスのとれた自立性のある生徒の育成を基本方針に、数多くの優れた人材を社会に輩出してきました。国際教育に力を入れており、広い視野と豊かな知識を持ったリーダーを育成します。進路希望により、2年進級時に「文科」と「理科」の各小学科にわかれます。部活動加入率は90%を越え、運動部・文化部・同好会共に活発です。

●主な大学合格状況

東京大 9	京都大 81	大阪大 53
神戸大 29	大阪公立大 32	関西学院大 52
同志社大 166	立命館大 142	早稲田大 23

進研Vもし 合格のめやす

文理学科 / 一般 75-270(270)

30 35 40 45 50 55 60 65 70

文理学科　努力圏

入試状況

2024年度募集定員　文理学科320

年度	受験者数	合格者数	倍率	一般選抜 受験者数	一般選抜 合格者数	一般選抜 倍率
'24	—	—	—	408	—	1.
'23	—	—	—	452	360	1.
'22	—	—	—	432	320	1.

茨木高等学校

〒567-8523 茨木市新庄町12-1 TEL072-622-3423 ■交通／阪急京都線「茨木市」から南西へ650m

インフォメーション　INFORMATION

明治28(1895)年の大阪府第四尋常中学校として創立以来、120余年の歴史をもつ伝統校。校訓「勤倹力行」は今も引き継がれ、「質実剛健」の校風とともに教育方針の柱となっています。2年次から理数研究系と人文社会国際系に分かれて勉強します。2学期制のもとで、65分・5限授業を実施。基礎基本から発展内容までしっかり学べる教育課程を編成しています。学力保障の一環として、月2回程度土曜日に授業を行っています。国際交流や地域連携にも積極的で、3年間を通して希望の進路を実現させます。

●主な大学合格状況

東京大 2	京都大 26	大阪大 78
神戸大 39	大阪公立大 27	関西大 139
関西学院大 138	同志社大 237	立命館大 394

進研Vもし 合格のめやす

文理学科 / 一般 72-270(270)

30 35 40 45 50 55 60 65 70

文理学科　努力圏　合格

入試状況

2024年度募集定員　文理学科360

年度	受験者数	合格者数	倍率	一般選抜 受験者数	一般選抜 合格者数	一般選抜 倍率
'24	—	—	—	534	—	1.
'23	—	—	—	481	320	1.
'22	—	—	—	510	360	1.

豊中高等学校

〒560-0011 豊中市上野西2-5-12 TEL06-6854-1207 ■交通／阪急「豊中」・大阪モノレール「少路」から徒歩15分

インフォメーション　INFORMATION

大正10(1921)年創立の伝統校。文理学科では数・理・英を専門科目としてより深く学び、2年次から文科／理科にわかれて各分野の課題研究も実施。知識や技術に対して、自ら考え・行動し・広げることをめざし、普段の授業で主体的かつ対話的な学習を展開。大学・研究施設・企業などとの連携も行っており、最先端科学に触れる研修も実施しています。また、部活動や地域でのボランティア活動などの自主的な活動にも積極的に取り組んでいます。令和6年度より、65分・5限授業になりました。

●主な大学合格状況

東京大 1	京都大 9	大阪大 47
神戸大 33	大阪公立大 30	関西大 245
関西学院大 215	同志社大 161	立命館大 282

進研Vもし 合格のめやす

文理学科 / 一般 69-270(270)

30 35 40 45 50 55 60 65 70

文理学科　努力圏　合格圏

入試状況

2024年度募集定員　文理学科360

年度	受験者数	合格者数	倍率	一般選抜 受験者数	一般選抜 合格者数	一般選抜 倍率
'24	—	—	—	564	—	1.5
'23	—	—	—	562	360	1.5
'22	—	—	—	575	360	1.6

＊能勢分校選抜は大阪府最終ページの一覧に掲載。

472

進研Vもし 合格のめやす

普通／一般	67	－	270	(270)
学科・コース名／選抜区分	目標偏差値〈合格可能性 80%ライン〉		目標偏差値に相応する内申点	内申点満点

※弊社の合否調査による設定。今年度の調査集計後、変更になる場合があります。

春日丘高等学校

67-0031 茨木市春日2-1-2 TEL072-623-2061 ■交通／JR京都線「茨木」から北西へ300m

インフォメーション INFORMATION

治44(1911)年創立の三島女子技芸学校以来の伝統校。国の姉妹高校との交流など、国際交流活動を推進してい。日々の授業を大切にし、基礎学力の充実とともに生徒活動や学校行事等も非常に活発。また、年２回の「進路調」を通じて、学習状況や学習面での悩み等に関する状況把を行い、各担任によるキャリアカウンセリングの基礎資として活用することで、生徒理解に努めています。部活動体育系、文化系あわせて35部近くあり、１・２年生の加率は90%を超えています。

主な大学合格状況

阪大	15	神戸大	12	北海道大	2
阪教育大	12	大阪公立大	25	関西大	157
西学院大	90	同志社大	93	立命館大	229

進研Vもし 合格のめやす

普通 / 一般 67-270(270)

30 35 40 45 50 55 60 65 70 75

普通 努力圏 合格圏 安全圏

入試状況

2024年度募集定員　普通320

年度	受験者数	合格者数	倍率	一般選抜 受験者数	一般選抜 合格者数	一般選抜 倍率
'24	—	—	—	461	—	1.44
'23	—	—	—	535	320	1.67
'22	—	—	—	516	320	1.61

春日丘／池田／三島

判定圏グラフ

原則普通科（一般）を中心に、設定学科・コースの判定圏を帯グラフで示しています。
それぞれの開始位置から、
努力圏（合格可能性 30% ～）
合格圏（合格可能性 70% ～）
安全圏（合格可能性 90% ～）
を表示しています。

大阪

池田高等学校

63-0022 池田市旭丘2-2-1 TEL072-761-1131 ■交通／阪急宝塚線「石橋」から北東へ1.7km

インフォメーション INFORMATION

和15(1940)年、府立第十六中学校として創立した伝統２年次から文系／理系にわかれて学習します。ほぼ全員大学進学を希望しており、国公立大をはじめ、各自の進路標に応じたカリキュラムを展開。オーストラリア姉妹校の語学研修や、国内での国際交流など、コミュニケーション能力の育成にも力を注いでいます。また、ICT を活用し効果的な授業も実施しています。１年次からキャリア教の時間を設け、自分で進路を決めて実現する力を身につて行きます。

主な大学合格状況

阪大	3	神戸大	8	大阪教育大	6
阪公立大	13	兵庫県立大	10	関西大	182
西学院大	172	同志社大	56	立命館大	102

進研Vもし 合格のめやす

普通 / 一般 63-258(270)

30 35 40 45 50 55 60 65 70 75

普通 努力圏 合格圏 安全圏

入試状況

2024年度募集定員　普通360

年度	受験者数	合格者数	倍率	一般選抜 受験者数	一般選抜 合格者数	一般選抜 倍率
'24	—	—	—	443	—	1.23
'23	—	—	—	417	360	1.16
'22	—	—	—	424	360	1.18

三島高等学校

69-1135 高槻市今城町27-1 TEL072-682-5884 ■交通／JR京都線「摂津富田」から北東へ徒歩18分

インフォメーション INFORMATION

和45(1970)年開校。創立以来「自主・自律の精神」をも社会に貢献できる人材を育てることを大切にしていま１年次ではしっかりとした基礎力を養成するため、数学英語は少人数制授業を実施しています。２年次から文系理系のコースに分かれます。３年次ではより広範囲な選科目が設けられており、個々の進路・興味・関心に応じた習が可能です。国際交流もさかんで、毎年夏にオーストラリア語学研修を実施。また部活動には約90%の生徒が参加活発に活動しています。

主な大学合格状況

阪大	3	神戸大	4	滋賀大	5
阪公立大	8	関西大	160	関西学院大	59
志社大	70	立命館大	301	近畿大	177

進研Vもし 合格のめやす

普通 / 一般 61-251(270)

30 35 40 45 50 55 60 65 70 75

普通 努力圏 合格圏 安全圏

入試状況

2024年度募集定員　普通360

年度	受験者数	合格者数	倍率	一般選抜 受験者数	一般選抜 合格者数	一般選抜 倍率
'24	—	—	—	419	—	1.16
'23	—	—	—	459	360	1.28
'22	—	—	—	433	320	1.35

473

入試状況

過去の入試結果（選抜別）を掲載しています。複数の学科／コースを設置している場合は、2024年度入試結果のみ掲載しています。

※倍率＝受験者数÷合格者数
※合格者数には第２志望・第２志願等での合格を含む。
※大阪府の場合、
2024 年度の倍率＝受験者数÷募集定員
（受験者数は第１志望の志願者数）
※兵庫県の場合、複数志願選抜実施校の受験者数は第１志願の受験者数。

大阪府

通学区域について
府内全域、どの学校・学科・コースでも受験することができます。

選抜名	特別選抜	一般選抜
実施学科	◇工業に関する学科（デザイン系） ◇体育に関する学科 ◇音楽科 ◇芸能文化科 ◇美術科・総合造形科 ◇演劇科 ◇グローバル探究科 ◆エンパワメントスクール ●ステップスクール ◆クリエイティブスクールⅠ部・Ⅱ部 ◆昼夜間単位制	◇全日制のすべての学科 （特別選抜を行う学科を除く） ◆定時制 ○通信制 ※◇◆○●はそれぞれ下記選抜資料に対応。
選抜資料	◇調査書、自己申告書、学力検査（5教科）＋実技検査 ◆調査書、自己申告書、学力検査（5教科）＋面接 ●調査書、自己申告書、学力検査（3教科）＋面接	◇調査書、自己申告書、学力検査（5教科） ◆調査書、自己申告書、学力検査（3教科） ○調査書、面接、自己申告書（参考）

※2025年度の主な入試日程を記載。

月	旬	特別選抜	一般選抜
2月	中旬	出願期間 2/14から2/17まで（音楽科は2/4、2/5）	
2月	下旬	学力検査等 2/20、2/21、2/25（音楽科は2/15、2/20）	
3月	上旬	合格発表 3/3 ✕特別選抜合格者は、一般選抜に出願できません。	出願期間 3/5、3/6、3/7（通信制を除く）
3月	中旬		学力検査等 3/12
3月	下旬		合格発表 3/21 2次選抜 出願 3/25 検査 3/26

入試当日のスケジュール（変更になる場合があります）

<特別選抜>

時限	第1時	第2時	第3時		第4時	第5時
教科	国語	数学	英語		理科	社会
問題	A・B	A・B	A・B	リスニング	共通	共通
時間	40分	40分	40分	15分	40分	40分
時刻	9:00～9:40	10:00～10:40	11:00～11:40	11:50～12:05	13:00～13:40	14:00～14:40
配点	45点	45点	45点		45点	45点

実技検査（学力検査翌日に実施。音楽科の視唱・専攻実技は学力検査より前、聴音は当日実施。）

学科	デザイン美術系	体育	音楽	グローバル探究	芸能文化	演劇
種目	基礎的描写 総合的表現	運動能力 運動技能	聴音 視唱 専攻実技	英文の音読 英語の口頭試問	朗読 口頭試問	身体表現 歌唱表現
配点	75点 75点	45点 180点	20点 30点 100点	20点 80点	50点 50点	75点 75点

<一般選抜>

時限	第1時	第2時	第3時		第4時	第5時
教科	国語	数学	英語		理科	社会
問題	A・B・C	A・B	A・B	リスニング	共通	共通
時間	50分	50分	40分	15分	40分	40分
時刻	9:10～10:00	10:20～11:10	11:30～12:10	12:20～12:35	13:30～14:10	14:30～15:10
問題		C	C	リスニング	※数学のC問題は60分。対象校では英語以降の開始時刻が10分ずつ遅くなります。	
時間		60分	30分	25分		
配点	90点	90点	90点		90点	90点

入学者選抜の概要 (2024年度の場合)

学力検査にはA・B・C問題がある

国語・数学・英語の問題については、2種類(特別選抜)/3種類(一般選抜)が 作成され、各高校ではそのいずれかを選択して出題されます。

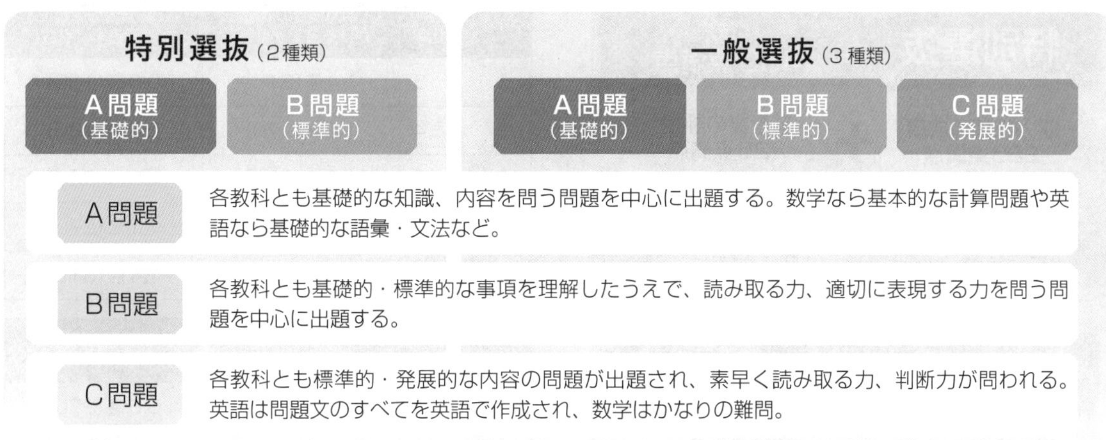

※英語の学力検査で使用する英単語は、府教委が作成する「大阪版中学校で学ぶ英単語集」の範囲から出題。問題作成にあたっては、学力検査の難易度に応じた単語を使用します。

英語資格(外部検定)の活用について

学力検査「英語」において、外部機関が認証した英語力判定テスト(TOEFL iBT・IELTS・英検)のスコア等を活用することができます。以下の読み替え率により換算した点数と英語の学力検査の点数を比較し、高い方の点数が英語の学力検査の成績となります。

TOEFL iBT	IELTS	英検	読み替え率
60〜120点	6.0〜9.0	準1級・1級	100%
50〜 59点	5.5	対応なし	90%
40〜 49点	5.0	2級	80%

全員、出願時に「自己申告書」の提出が必須!

あらかじめ教育委員会が提示するテーマについて記述し、出願時に提出します。「あなたは、中学校等の生活でどんな経験をし、何を学びましたか。また、それを高等学校でどのように生かしたいと思いますか」といったテーマに対し、できるだけ具体的に記述することがポイント。点数化はされず、また字数の制限もないが 1,200 字〜 1,400 字程度が想定されています。

複数学科設置校について 〜例:箕面・和泉(グローバル科/普通科設置)など

出願は1校1学科等に限りますが、複数の学科を設置している学校では他の1学科等を第2志望することができます。
第2志望の扱いは以下のとおり。
①志望学科に関係なく、すべての受験生を総合点順に並べ、上位者からそれぞれの第1志望の学科の合格候補者とする。
②1つの学科のボーダーゾーン(※次ページ参照)を含んだ人数が合格候補者で満たされた時点で、その学科の合格者を先に決定する。
③その時点での合格決定者を除いた者の中から、志望順位に関わらず総合点の上位者から順に、他方の学科の合格者を決定(ただしその学科を志望しない者を除く)。
④3つ以上の学科を併置している場合は、同じ手順をくり返す。

大阪

学力と調査書の判定比率は、高校によって異なる

各高校では、あらかじめ下記の5タイプからいずれかを選択。高校ごとに決められた比率（学力検査：調査書評定）によって、合否判定のための総合点が算出されます。

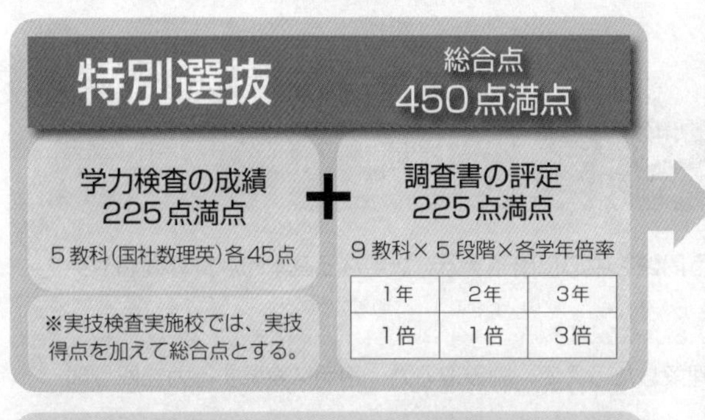

タイプ	①と②の比率	①学力検査の成績にかける倍率（点数）	②調査書の評定にかける倍率（点数）
Ⅰ	7：3	1.4倍（315）	0.6倍（135）
Ⅱ	6：4	1.2倍（270）	0.8倍（180）
Ⅲ	5：5	1.0倍（225）	1.0倍（225）
Ⅳ	4：6	0.8倍（180）	1.2倍（270）
Ⅴ	3：7	0.6倍（135）	1.4倍（315）

一般選抜　総合点 900点満点

学力検査の成績 450点満点　5教科（国社数理英）各90点

＋

調査書の評定 450点満点　9教科×5段階×各学年倍率

1年	2年	3年
2倍	2倍	6倍

タイプ	①と②の比率	①学力検査の成績にかける倍率（点数）	②調査書の評定にかける倍率（点数）
Ⅰ	7：3	1.4倍（630）	0.6倍（270）
Ⅱ	6：4	1.2倍（540）	0.8倍（360）
Ⅲ	5：5	1.0倍（450）	1.0倍（450）
Ⅳ	4：6	0.8倍（360）	1.2倍（540）
Ⅴ	3：7	0.6倍（270）	1.4倍（630）

合否判定の方法

1. 一般選抜（通信制除く）・特別選抜（実技検査実施）

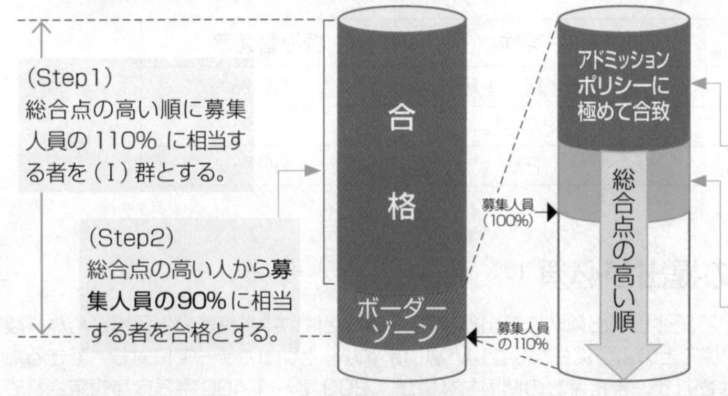

（Ⅰ）群の中で合格が決まっていない者を（Ⅱ）群（ボーダーゾーン）とする。

(Step3)
ボーダーゾーンの中から、自己申告書及び調査書の「活動・行動の記録」の記載内容がその高校のアドミッションポリシーに極めて合致するものを優先的に合格とする。

(Step4)
上記合格者を除き、改めて総合点の高い者から順に、募集人員を満たすまで合格者を決定する。

2. 特別選抜（面接実施）

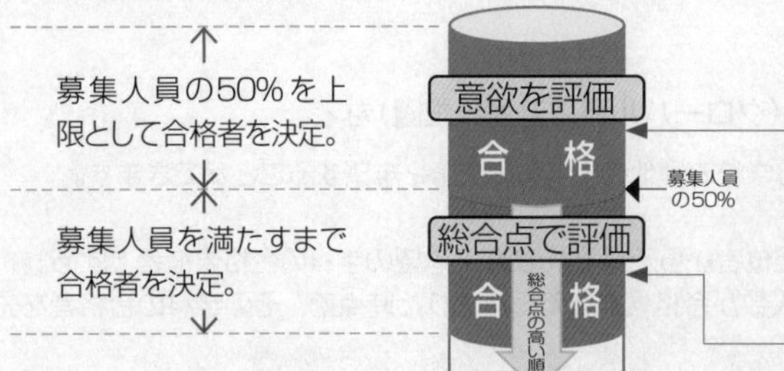

(Step1)
学力検査成績が、府教委が定める基準に達した者の中から「学校のアドミッションポリシー」に最も適合する者から順に合格とする。

※A＝面接、B＝自己申告書、C＝調査書の「活動・行動の記録」を選抜資料とし（意欲評価）、その際の評価の比率はA：B：C＝2：1：1とする。

(Step2)　Step1の合格者を除き、総合点の高い者から順に合格とする。

3. 一般選抜（通信制課程）・二次選抜

面接（自己申告書等を参考資料とする）および調査書を総合的に判断し、合格者を決定します。

調査書の取り扱い（2024 年度入試）

大阪府では、公平な入学者選抜を実施するため、各中学校がつける調査書の評定について、大阪府全体の状況に照らし適正であるかどうかを確認するために、チャレンジテストを活用した府内統一ルールを定めています。

府内統一ルール（中３生）

①学力５教科について、府教育委員会は、中学２年生の学年末の評定の状況により、中学３年生の「府全体の評定平均」を定める。

府全体評定平均＝3.50

5（評定）×24%+ 4×26%+ 3×32%+ 2×12%+ 1×6%＝3.50

②各中学校は、中学３年生の９月に実施するチャレンジテストの自校の結果と府全体の平均とを比べて、自校の「評定平均の範囲」を算出する（※図Ⅰ）。

③各中学校は自校の３年生全体の５教科の評定平均と②で求めた「評定平均の範囲」とを比べ、適切な評価が行われているか検証し、範囲に収まらない場合、評価方法を見直して評定をつける。

④実技４教科について、中学２年生の学年末の評定状況により、中学３年生の「府全体の４教科の評定平均」を定める。

府全体評定平均＝3.55

5（評定）×21%+ 4×31%+ 3×35%+ 2×8%+ 1×5%＝3.55

⑤各中学校は自校の３年生全体の４教科の評定平均を算出し、「府全体の４教科の評定平均」の± 0.3 の範囲と②で求めた「評定平均の範囲」とを組み合わせて設定した「自校の４教科の評定の範囲」と自校の３年生全体の４教科の評定平均とを比べ適切な評価が行われているか検証し、範囲に収まらない場合、評価方法を見直して評定をつける（※図Ⅱ）。

図Ⅰ：評定平均の範囲

	A中学校	府全体	B中学校
平均正答率	57.0%	60.0%	63.0%
対府比	0.95	1とする	1.05
評定平均のめやす	3.33	3.50	3.68
評定平均の範囲（評定平均のめやす± 0.3）	3.03 ～ 3.63	－	3.38 ～ 3.98

※平均正答率は仮定した場合

図Ⅱ：4教科の検証範囲について
（例：府全体の４教科の評定平均が3.55、
図Ⅰ A中学校の場合、3.03～3.85の範囲に収める。）

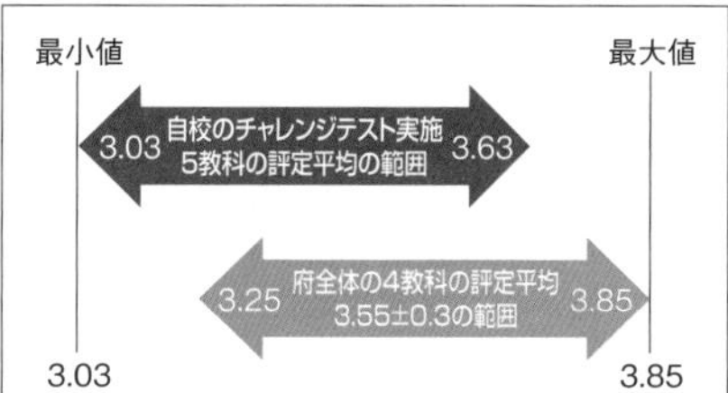

入学者選抜実施要項一覧

選抜	課程・学科等		学力検査 国語	社会	数学	理科	英語	計	調査書 国語	社会	数学	理科	英語	音楽	美術	保体	技家	計	実技検査	面接	作文	小論文	申告書	記録	総合点
特別選抜	全日制専門学科	工業に関する学科（デザイン系）／美術科／総合造形科／音楽科／演劇科	45	45	45	45	45	225	25	25	25	25	25	25	25	25	25	225	150				○	○	600 ※1
特別選抜	全日制専門学科	体育に関する学科	45	45	45	45	45	225	25	25	25	25	25	25	25	25	25	225	225				○	○	675 ※1
特別選抜	全日制専門学科	グローバル探究科／芸能文化科	45	45	45	45	45	225	25	25	25	25	25	25	25	25	25	225	100				○	○	550 ※1
特別選抜	エンパワメントスクール		45	45	45	45	45	225	25	25	25	25	25	25	25	25	25	225		★○			★○△	★○△	450 ※2
特別選抜	ステップスクール		45		45		45	＊225	※4									225		■			△	○	※3
特別選抜	クリエイティブスクールⅠ部・Ⅱ部 昼夜間単位制		45	45	45	45	45	225	25	25	25	25	25	25	25	25	25	225		★○			★○△	★○△	450 ※2
大阪府立豊中高等学校能勢分校に係る入学者選抜			45	45	45	45	45	＊525	25	25	25	25	25	25	25	25	25	225		＊18			＊9△	＊9△	1,050
		能勢町または豊能町在住者	45	45	45	45	45	225	25	25	25	25	25	25	25	25	25	225		＊18			＊9△	＊9△	750
海外から帰国した生徒の入学者選抜					45		45	90												○			△		90
日本語指導が必要な帰国生徒・外国人生徒入学者選抜					45		45	90													○				90
一般選抜	全日制	普通科（単位制を含む） 専門学科（特別選抜実施学科除く） 総合学科 クリエイティブスクール	90	90	90	90	90	450	50	50	50	50	50	50	50	50	50	450					○	○	900 ※2
一般選抜	定時制の課程		90		90		90	270	30	30	30	30	30	30	30	30	30	270					○	○	540 ※2
一般選抜	通信制の課程								25	25	25	25	25	25	25	25	25	225		○			△	△	225
二次入学者選抜									※選抜の資料とするが、配点は定めない。											○			△	○	
公立大学工業高専			100	100	150	150	150	650	50	50	50	50	50	50	50	50	50	450							1,100

※１ 学力検査の成績の合計と調査書の評定の合計に、各高校が選択し教育委員会が決定した倍率をそれぞれ乗じて合計し実技検査の点数を加え総合点とする。
※２ 学力検査の成績の合計と調査書の評定の合計に、各高校が選択し教育委員会が決定した倍率をそれぞれ乗じて合計し総合点とする。
※３ 学力検査の成績の合計と調査書の評定の合計を「これまでの学び等に関する評価」、面接を「高校生活に対する意欲等に関する評価」とし、それぞれを府教育委員会が別に定める比率に基づき一定の幅に区分したうえで、段階による評価を行う。
※４ 各教科の評定は 25 点満点（3 学年の評定× 3 ＋ 2 学年の評定× 1 ＋ 1 学年の評定× 1）で算出し、教科毎の合計点のうち、得点の高い 3 教科の得点を 2 倍する。合計 300 点に 225 ／ 300 を乗じる。
豊中能勢分校の学力検査＊ 525 点（合計 225 点× 7 ／ 3）、他項目検査は合計 36 点に 300 ／ 36 を乗じて 300 点満点とする。
ステップスクールの学力検査＊ 225 点（合計 135 点× 225 ／ 135）
・○印については、選抜の資料とするが、配点は定めない。　・△印については、面接の参考資料とする。　・★印については、面接、自己申告書、調査書（活動／行動の記録）の評価の比率を、2：1：1とする。
・■印については、面接をA～Jの 10 段階で評価する。
・上記以外に知的障がい生徒自立支援コース選抜（要推薦書）、秋季選抜（クリエイティブスクール）がある。また過年度卒や満 21 才以上の選抜については別途実施要項がある。

大阪

北野高等学校

〒532-0025 大阪市淀川区新北野2-5-13 TEL06-6303-5661 ■交通／阪急「十三」から西へ700m

インフォメーション INFORMATION

明治6(1873)年、難波御堂内に欧学校として開校。創立150年にわたる歴史と伝統がある学校です。アカデミックな校風のもと、文武両道と知・徳・体のバランスのとれた自立性のある生徒の育成を基本方針に、数多くの優れた人材を社会に輩出してきました。国際教育に力を入れており、広い視野と豊かな知識を持ったリーダーを育成します。進路希望により、2年進級時に「文科」と「理科」の各小学科にわかれます。部活動加入率は90%を越え、運動部・文化部・同好会共に活発です。

●主な大学合格状況

東京大	9	京都大	81	大阪大	53
神戸大	29	大阪公立大	32	関西学院大	52
同志社大	166	立命館大	142	早稲田大	23

進研Vもし 合格のめやす

文理学科 / 一般 75-270(270)

30 35 40 45 50 55 60 65 70 75

文理学科　努力圏　合格圏

入試状況

2024年度募集定員　文理学科320

年度	受験者数	合格者数	倍率	一般選抜 受験者数	合格者数	倍率
'24	—	—	—	408	—	1.28
'23	—	—	—	452	360	1.26
'22	—	—	—	432	320	1.35

茨木高等学校

〒567-8523 茨木市新庄町12-1 TEL072-622-3423 ■交通／阪急京都線「茨木市」から南西へ650m

インフォメーション INFORMATION

明治28(1895)年の大阪府第四尋常中学校として創立以来、120余年の歴史をもつ伝統校。校訓「勤倹力行」は今も引き継がれ、「質実剛健」の校風とともに教育方針の柱となっています。2年次から理数研究系と人文社会国際系に分かれて勉強します。2学期制のもとで、65分・5限授業を実施。基礎基本から発展内容までしっかり学べる教育課程を編成しています。学力保障の一環として、月2回程度土曜日に授業を行っています。国際交流や地域連携にも積極的で、3年間を通して希望の進路を実現させます。

●主な大学合格状況

東京大	2	京都大	26	大阪大	78
神戸大	39	大阪公立大	27	関西大	139
関西学院大	138	同志社大	237	立命館大	394

進研Vもし 合格のめやす

文理学科 / 一般 72-270(270)

30 35 40 45 50 55 60 65 70 75

文理学科　努力圏　合格圏

入試状況

2024年度募集定員　文理学科360

年度	受験者数	合格者数	倍率	一般選抜 受験者数	合格者数	倍率
'24	—	—	—	534	—	1.48
'23	—	—	—	481	320	1.50
'22	—	—	—	510	360	1.42

豊中高等学校

〒560-0011 豊中市上野西2-5-12 TEL06-6854-1207 ■交通／阪急「豊中」・大阪モノレール「少路」から徒歩15分

インフォメーション INFORMATION

大正10(1921)年創立の伝統校。文理学科では数・理・英を専門科目としてより深く学び、2年次から文科／理科にわかれて各分野の課題研究も実施。知識や技術に対して、自ら考え・行動し・広げることをめざし、普段の授業で主体的かつ対話的な学習を展開。大学・研究施設・企業などとの連携も行っており、最先端科学に触れる研修も実施しています。また、部活動や地域でのボランティア活動などの自主的な活動にも積極的に取り組んでいます。令和6年度より、65分・5限授業になりました。

●主な大学合格状況

東京大	1	京都大	9	大阪大	47
神戸大	33	大阪公立大	30	関西大	245
関西学院大	215	同志社大	161	立命館大	282

進研Vもし 合格のめやす

文理学科 / 一般 69-270(270)

30 35 40 45 50 55 60 65 70 75

文理学科　努力圏　合格圏　安全圏

入試状況

2024年度募集定員　文理学科360

年度	受験者数	合格者数	倍率	一般選抜 受験者数	合格者数	倍率
'24	—	—	—	564	—	1.57
'23	—	—	—	562	360	1.56
'22	—	—	—	575	360	1.60

＊能勢分校選抜は大阪府最終ページの一覧に掲載。

春日丘高等学校

〒567-0031 茨木市春日2-1-2 TEL072-623-2061 ■交通／JR京都線「茨木」から北西へ300m

インフォメーション INFORMATION

明治44(1911)年創立の三島女子技芸学校以来の伝統校。米国の姉妹高校との交流など、国際交流活動を推進しています。日々の授業を大切にし、基礎学力の充実とともに生徒会活動や学校行事等も非常に活発。また、年２回の「進路調査」を通じて、学習状況や学習面での悩み等に関する状況把握を行い、各担任によるキャリアカウンセリングの基礎資料として活用することで、生徒理解に努めています。部活動は体育系、文化系あわせて35部近くあり、１・２年生の加入率は90%を超えています。

●主な大学合格状況

大阪大	15	神戸大	12	北海道大	2
大阪教育大	12	大阪公立大	25	関西大	157
関西学院大	90	同志社大	93	立命館大	229

進研Vもし 合格のめやす

普通／一般 67-270(270)

30 35 40 45 50 55 60 65 70 75

普通 努力圏 合格圏 安全圏

入試状況

2024年度募集定員　普通320

年度				一般選抜		
	受験者数	合格者数	倍率	受験者数	合格者数	倍率
'24	—	—	—	461	—	1.44
'23	—	—	—	535	320	1.67
'22	—	—	—	516	320	1.61

池田高等学校

〒563-0022 池田市旭丘2-2-1 TEL072-761-1131 ■交通／阪急宝塚線「石橋」から北東へ1.7km

インフォメーション INFORMATION

昭和15(1940)年、府立第十六中学校として創立した伝統校。２年次から文系／理系にわかれて学習します。ほぼ全員が大学進学を希望しており、国公立大をはじめ、各自の進路目標に応じたカリキュラムを展開。オーストラリア姉妹校への語学研修や、国内での国際交流など、コミュニケーション能力の育成にも力を注いでいます。また、ICTを活用した効果的な授業も実施しています。１年次からキャリア教育の時間を設け、自分で進路を決めて実現する力を身につけて行きます。

●主な大学合格状況

大阪大	3	神戸大	8	大阪教育大	6
大阪公立大	13	兵庫県立大	10	関西大	182
関西学院大	172	同志社大	56	立命館大	102

進研Vもし 合格のめやす

普通／一般 63-258(270)

30 35 40 45 50 55 60 65 70 75

普通 努力圏 合格圏 安全圏

入試状況

2024年度募集定員　普通360

年度				一般選抜		
	受験者数	合格者数	倍率	受験者数	合格者数	倍率
'24	—	—	—	443	—	1.23
'23	—	—	—	417	360	1.16
'22	—	—	—	424	360	1.18

三島高等学校

〒569-1135 高槻市今城町27-1 TEL072-682-5884 ■交通／JR京都線「摂津富田」から北東へ徒歩18分

インフォメーション INFORMATION

昭和45(1970)年開校。創立以来「自主・自律の精神」をもち、社会に貢献できる人材を育てることを大切にしています。１年次ではしっかりとした基礎力を養成するため、数学と英語は少人数制授業を実施しています。２年次から文系／理系のコースに分かれます。３年次ではより広範囲な選択科目が設けられており、個々の進路・興味・関心に応じた学習が可能です。国際交流もさかんで、毎年夏にオーストラリア語学研修を実施。また部活動には約90%の生徒が参加し、活発に活動しています。

●主な大学合格状況

大阪大	3	神戸大	4	滋賀大	5
大阪公立大	8	関西大	160	関西学院大	59
同志社大	70	立命館大	301	近畿大	177

進研Vもし 合格のめやす

普通／一般 61-251(270)

30 35 40 45 50 55 60 65 70 75

普通 努力圏 合格圏 安全圏

入試状況

2024年度募集定員　普通360

年度				一般選抜		
	受験者数	合格者数	倍率	受験者数	合格者数	倍率
'24	—	—	—	419	—	1.16
'23	—	—	—	459	360	1.28
'22	—	—	—	433	320	1.35

箕面高等学校

〒562-0004 箕面市牧落4-8-66 TEL072-721-7091 ■交通／阪急箕面線「牧落」から南東へ徒歩14分

インフォメーション INFORMATION

昭和38(1963)年開校。普通科／グローバル科の２科を設置しています。グローバル科は、英語教育・国際理解教育の充実だけでなく、基礎学力を身につけるカリキュラムを設定しています。普通科では、２年次から文系／理系にわかれて学習し、基礎学力の定着と希望進路を切り開く力を育成します。夏期海外研修や海外からの留学生受け入れ等、国際交流も多く、海外への大学進学を希望、実現する生徒もいます。ダンス部をはじめとする部活動も活発で、運動系・文化系共に力を入れています。

●主な大学合格状況

大阪大	4	神戸大	2	大阪公立大	1
関西大	153	関西学院大	75	同志社大	35
立命館大	85	近畿大	193	龍谷大	102

進研Vもし 合格のめやす

グローバル / 一般 64-262(270)

普通 / 一般 60-247(270)

30 35 40 45 50 55 60 65 70 75

グローバル：努力圏 合格圏 安全圏

普通：努力圏 合格圏 安全圏

入試状況

2024年度募集定員 グローバル77、普通280

学科／コース				一般選抜		
	受験者数	合格者数	倍率	受験者数	合格者数	倍率
グローバル	—	—	—	182	—	1.34
普通	—	—	—	298	—	

北千里高等学校

〒565-0873 吹田市藤白台5-6-1 TEL06-6872-0535 ■交通／阪急千里線「北千里」から北へ徒歩15分

インフォメーション INFORMATION

昭和53(1978)年開校。千里北公園に隣接した、緑豊かな環境にあります。授業は各学年とも週32時間(50分授業)、2年次から文型／理型に分かれて学習します。国公立大・難関私立大受験に対応したカリキュラムが特徴で、学習強化週間、土曜学習会、長期休暇中の補講習なども充実。また社会人や大学教授による出前授業、英語弁論大会、オーストラリア語学研修、地域活動への参加など、多彩な学習の機会を提供しています。部活動もさかんで、多くのクラブが近畿大会やインターハイに出場しています。

●主な大学合格状況

神戸大	5	大阪教育大	3	大阪公立大	9
兵庫県立大	4	関西大	120	関西学院大	54
立命館大	80	近畿大	131	龍谷大	102

進研Vもし 合格のめやす

普通 / 一般 59-325(360)

30 35 40 45 50 55 60 65 70 75

普通：努力圏 合格圏 安全圏

入試状況

2024年度募集定員 普通320

年度				一般選抜		
	受験者数	合格者数	倍率	受験者数	合格者数	倍率
'24	—	—	—	376	—	1.18
'23	—	—	—	381	320	1.19
'22	—	—	—	406	320	1.27

桜塚高等学校

〒561-0881 豊中市中桜塚4-1-1 TEL06-6853-2244 ■交通／阪急宝塚線「岡町」から東へ800m

インフォメーション INFORMATION

昭和12(1937)年に府立第14高等女学校として創立。国公立・関関同立など難関大学の合格に向けて学力の底上げを図ります。２年次からのグローバルスタディコース(１年次の希望より選考)では、英語力の強化に加え、課題解決型学習を進めることで、自ら学び続け、将来地域と世界で活躍できる生徒を育てます。また、全生徒がChromebookを所持し、ツールや端末を使用した革新的な学習環境づくりに取り組んでいます。朝10分間の「朝学」を行い、読解力も身につけます。

●主な大学合格状況

九州大	1	京都教育大	1	京都工繊大	1
大阪教育大	1	関西大	85	関西学院大	60
立命館大	21	近畿大	71	龍谷大	55

進研Vもし 合格のめやす

普通 / 一般 57-236(270)

30 35 40 45 50 55 60 65 70 75

普通：努力圏 合格圏 安全圏

入試状況

2024年度募集定員 普通360

年度				一般選抜		
	受験者数	合格者数	倍率	受験者数	合格者数	倍率
'24	—	—	—	408	—	1.13
'23	—	—	—	466	360	1.29
'22	—	—	—	447	320	1.40

山田高等学校

〒565-0821 吹田市山田東3-28-1 TEL06-6875-5010 ■交通／大阪モノレール「万博記念公園」から南へ600m

インフォメーション INFORMATION

昭和59(1984)年開校。万博記念公園の南に位置し「太陽の塔」から約700ｍという恵まれた環境にある学校です。ほとんどの生徒が大学進学を希望しており、必要に応じて補習・講習も実施。朝学習の時間を設け、家庭学習の習慣化と基礎学力の定着に取り組んでいます。進学実績も国公立大学、難関私立大学を含めて、着実な成果を上げています。また、オーストラリアの学校と交流があり、希望者には海外研修の機会があります。部活動の加入率は約90%と高く、体育系・文化系あわせて約30の部が活動しています。

●主な大学合格状況

大阪教育大	1	和歌山大	2	兵庫県立大	2
関西大	72	関西学院大	24	同志社大	11
立命館大	39	近畿大	88	龍谷大	68

進研Vもし 合格のめやす

普通／一般 56-233(270)

30 35 40 45 50 55 60 65 70 75

普通 努力圏 合格圏 安全圏

入試状況

2024年度募集定員　普通360

年度	受験者数	合格者数	倍率	一般選抜 受験者数	一般選抜 合格者数	一般選抜 倍率
'24	—	—	—	447	—	1.24
'23	—	—	—	496	360	1.38
'22	—	—	—	498	360	1.38

刀根山高等学校

〒560-0045 豊中市刀根山6-9-1 TEL06-6843-3781 ■交通／阪急宝塚線「蛍池」北東700m

インフォメーション INFORMATION

昭和52(1977)年開校。「行きたい学校、行かせたい学校」をめざした教育活動を展開しています。２年次から文型／理型にわかれて学習。希望進路の実現にむけ、50分を基本とする週31時間の授業に取り組みます。英語・数学での習熟度別・少人数授業や、放課後・夏季休業中の講習といった学習支援も実施しており、それぞれの希望進路の実現をめざします。行事・部活動の充実をはかっており、放課後には運動場、体育館および校舎内などで30を超える運動部や文化部が活動しています。

●主な大学合格状況

兵庫県立大	1	関西大	45	関西学院大	25
同志社大	6	立命館大	17	京都産業大	25
近畿大	73	龍谷大	34	摂南大	23

進研Vもし 合格のめやす

普通／一般 53-223(270)

30 35 40 45 50 55 60 65 70 75

普通 努力圏 合格圏 安全圏

入試状況

2024年度募集定員　普通360

年度	受験者数	合格者数	倍率	一般選抜 受験者数	一般選抜 合格者数	一般選抜 倍率
'24	—	—	—	402	—	1.12
'23	—	—	—	416	360	1.16
'22	—	—	—	421	360	1.17

高槻北高等学校

〒569-1112 高槻市別所本町36-3 TEL072-683-8739 ■交通／ JR「高槻」・阪急「高槻市」からバスで「古曽部台」下車

インフォメーション INFORMATION

昭和52(1977)年開校。「鍛える」「見守る」「高める」をキーワードに、「知・徳・体」のバランスの取れた、将来、社会で自立・貢献できる人材を育成。２年次から文系／理系／教志コースにわかれて学習。３年次には進路実現に向けた選択科目を用意。教志コースでは、大学の先生による出張講義授業や実際に幼稚園や小学校で学ぶ機会も豊富にあり、幼児・初等教育の基本を学びます。「年間学力向上計画」に基づき、個々の進路に向けた手厚い指導が行われます。また、部活動は体育系・文化系共に活躍しています。

●主な大学合格状況

京都工繊大	1	大阪教育大	1	滋賀県立大	2
関西大	37	関西学院大	3	同志社大	2
立命館大	46	近畿大	34	龍谷大	137

進研Vもし 合格のめやす

普通／一般 53-297(360)

30 35 40 45 50 55 60 65 70 75

普通 努力圏 合格圏 安全圏

入試状況

2024年度募集定員　普通360

年度	受験者数	合格者数	倍率	一般選抜 受験者数	一般選抜 合格者数	一般選抜 倍率
'24	—	—	—	339	—	0.94
'23	—	—	—	388	320	1.22
'22	—	—	—	355	320	1.11

吹田東高等学校

〒565-0802 吹田市青葉丘南16-1 TEL06-6877-6715 ■交通／大阪モノレール「宇野辺」から南西へ徒歩15分

インフォメーション INFORMATION

昭和49(1974)年開校。令和元年に新校舎が完成、整った環境の中で学ぶことが出来ます。「確かな学力の育成」「豊かな人間性の育成」「部活動の推進」「地域連携の深化」の４つをキーワードに、教育を展開。２年次から文系／理系にわかれて学習します。授業を基本に、放課後・土曜日の講習、英検の受験、外部講師による講座など、さまざまな取り組みを通して生徒の「伸び率」アップをめざしています。クラブ活動も活発で約80％の生徒が参加、全国大会や近畿大会へほぼ毎年出場しているクラブもあります。

●主な大学合格状況

京都工繊大	1	鳥取環境大	1	関西大	18
関西学院大	10	立命館大	12	京都産業大	18
近畿大	14	龍谷大	27	追手門学院大	60

進研Vもし 合格のめやす

普通／一般 51-289(360)

30 35 40 45 50 55 60 65 70 75

普通 努力圏 合格圏 安全圏

入試状況

2024年度募集定員　普通360

年度	受験者数	合格者数	倍率	一般選抜 受験者数	一般選抜 合格者数	一般選抜 倍率
'24	—	—	—	391	—	1.09
'23	—	—	—	456	320	1.43
'22	—	—	—	360	320	1.13

豊島高等学校

〒560-0001 豊中市北緑丘3-2-1 TEL06-6849-7651 ■交通／北大阪急行「箕面船場阪大前」から徒歩10分、大阪モノレール「千里中央」から徒歩15分

インフォメーション INFORMATION

昭和50(1975)年開校。普通科総合選択制を経て、平成28年度から普通科専門コース制の高校に改編されました。２年次から普通科の文系／理系の他に、３つの専門コース(スポーツ／情報・芸術[造形、音楽、情報]／インターナショナル・コミュニケーション)を設置。国際教育にも積極的な他、多彩なキャリア学習や勉強学習、また体育祭や文化祭など充実した学校行事を通して、生徒一人ひとりの進路実現をめざします。部活動はさかんで、全国大会や近畿大会にも出場しています。

●主な大学合格状況

関西大	20	関西学院大	5	京都産業大	11
近畿大	25	甲南大	4	龍谷大	18
摂南大	3	追手門学院大	18	桃山学院大	5

進研Vもし 合格のめやす

普通／一般 48-277(360)

30 35 40 45 50 55 60 65 70 75

普通 努力圏 合格圏 安全圏

入試状況

2024年度募集定員　普通360

年度	受験者数	合格者数	倍率	一般選抜 受験者数	一般選抜 合格者数	一般選抜 倍率
'24	—	—	—	392	—	1.09
'23	—	—	—	402	320	1.26
'22	—	—	—	421	320	1.32

芥川高等学校

〒569-1027 高槻市浦堂1-12-1 TEL072-689-0109 ■交通／JR京都線「高槻」から市バスで「緑ヶ丘」下車

インフォメーション INFORMATION

昭和55(1980)年開校。「やる気と元気溢れる芥川」がキャッチフレーズです。早朝、放課後、長期休業中の講習など、きめ細かな学習支援体制をとっています。２年次から文系／理系(３年次は看農薬／理工に展開)／グローバル専門にわかれて学習します。グローバル専門コースは国際・外国語系をターゲットとしたカリキュラムを編成しています。英検、漢検などが校内で受検できるなど、資格取得もサポートしています。部活動は、和太鼓・サッカー・ダンス部他、全国・近畿大会にも出場する部が多数あります。

●主な大学合格状況

関西学院大	1	京都産業大	21	近畿大	2
龍谷大	17	佛教大	2	摂南大	18
追手門学院大	16	大阪学院大	24	京都橘大	20

進研Vもし 合格のめやす

普通／一般 47-273(360)

30 35 40 45 50 55 60 65 70 75

普通 努力圏 合格圏 安全圏

入試状況

2024年度募集定員　普通320

年度	受験者数	合格者数	倍率	一般選抜 受験者数	一般選抜 合格者数	一般選抜 倍率
'24	—	—	—	345	—	1.08
'23	—	—	—	349	320	1.09
'22	—	—	—	380	320	1.19

摂津高等学校

〒566-0033 摂津市学園町1-5-1 TEL072-635-1441 ■交通／JR「千里丘」・大阪モノレール「摂津」から徒歩15分

インフォメーション INFORMATION

昭和47(1972)年に開校。普通科と体育科を併置。普通科では２年次から文系／理系にわかれて学習。生徒のほとんどが進学を希望しており、授業の充実はもとより夏期・冬期の集中講座や高大連携授業を通して、生徒一人ひとりの進路実現をサポートしています。体育科では競技力の向上をめざすとともに、将来のスポーツ指導者を育成します。タータントラック・人工芝グラウンド・エアードーム式プール等、設備も充実。部活動にも力を入れ、運動部・文化部ともに多くの生徒が活躍しています。

●主な大学合格状況

関西大	1	関西学院大	1	同志社大	1
立命館大	4	京都産業大	12	近畿大	18
龍谷大	19	摂南大	15	追手門学院大	44

進研Vもし 合格のめやす

体育 / 特別 44-163(225)
普通 / 一般 47-273(360)

30 35 40 45 50 55 60 65 70 75
体育 努力圏 合格圏 安全圏
普通 努力圏 合格圏 安全圏

入試状況

2024年度募集定員　体育80、普通200

学科／コース	特別選抜 受験者数	特別選抜 合格者数	特別選抜 倍率	一般選抜 受験者数	一般選抜 合格者数	一般選抜 倍率
体育	45	—	0.56	—	—	—
普通	—	—	—	189	—	0.95

東淀川高等学校

〒532-0003 大阪市淀川区宮原4-4-5 TEL06-6391-2427 ■交通／大阪メトロ御堂筋線「新大阪」から北へ徒歩４分

インフォメーション INFORMATION

昭和30(1955)年開校。２年次から文系／理系／看護医療コース／幼児教育コース、３年次は異文化理解やフードデザインなど、より専門的な科目を選択可能です。専門コースの看護医療／幼児教育は近隣施設での実習なども充実。それぞれ医療系や教育系の大学・短大などへの進学をめざします。また専門コースを選択しない人は、文系／理系を選択し、目標とする大学・短大・専門学校をめざします。全国大会で活躍する部も多く、「文武両道」をモットーに部活動や学校行事もさかんです。

●主な大学合格状況

立命館大	3	京都産業大	1	近畿大	2
龍谷大	21	神戸学院大	1	桃山学院大	2
京都外国語大	6	大阪学院大	11	大阪経済大	3

進研Vもし 合格のめやす

普通 / 一般 44-261(360)

30 35 40 45 50 55 60 65 70 75
普通 努力圏 合格圏 安全圏

入試状況

2024年度募集定員　普通304

年度	受験者数	合格者数	倍率	一般選抜 受験者数	一般選抜 合格者数	一般選抜 倍率
'24	—	—	—	321	—	1.06
'23	—	—	—	354	264	1.34
'22	—	—	—	299	224	1.33

茨木西高等学校

〒567-0045 茨木市紫明園10-68 TEL072-625-5711 ■交通／大阪モノレール「宇野辺」北西900m

インフォメーション INFORMATION

昭和51年(1976)年開校。「自ら気づく人を育てる」を目標に掲げ、「茨西PRIDE」のもと、地域とともに生徒の夢と志をはぐくむ学校をめざしています。進路指導は、１年次から行います。１年次では基礎基本の定着をはかり、英語・数学は少人数授業を実施。２年次から文型／理型にわかれて学習します。高大連携授業やインターンシップ・学習サポーターの活用など、目標の進路実現をサポートする取り組みも展開。課外では生徒会活動・部活動の充実をはかり、健康で心豊かな人間を育成しています。

●主な大学合格状況

関西大	1	京都産業大	1	近畿大	2
龍谷大	5	摂南大	10	神戸学院大	4
追手門学院大	11	大阪学院大	30	大阪産業大	26

進研Vもし 合格のめやす

普通 / 一般 43-257(360)

30 35 40 45 50 55 60 65 70 75
普通 努力圏 合格圏 安全圏

入試状況

2024年度募集定員　普通240

年度	受験者数	合格者数	倍率	一般選抜 受験者数	一般選抜 合格者数	一般選抜 倍率
'24	—	—	—	285	—	1.19
'23	—	—	—	267	240	1.11
'22	—	—	—	271	240	1.13

大冠高等学校

〒569-0034 高槻市大塚町4-50-1 TEL072-672-3450 ■交通／阪急「高槻市」・JR「高槻」からバスで「大塚」下車

インフォメーション INFORMATION

昭和61(1986)年に府立島上高等学校大冠校として開校し、1995年に独立。「Find a Way or Make One(みつけようつくりだそう明日への道)」をスクールモットーに、学習や学校行事・部活動に取り組んでいます。2年次から文系／理系にわかれて学習。特色ある選択科目として「手作りコンサート」「アスリートスポーツ」などがあり、自分に適した授業を選ぶことが可能です。各考査ごとの集中勉強会の実施や高大連携により、生徒の進路を応援します。グローバル人材を育成するため、国際交流にも取り組んでいます。

●主な大学合格状況

立命館大	2	龍谷大	9	佛教大	7
摂南大	7	追手門学院大	10	桃山学院大	2
大阪学院大	25	大阪経済大	5	関西外国語大	3

進研Vもし 合格のめやす

普通／一般 43-257(360)

普通: 努力圏 合格圏 安全圏 (30 35 40 45 50 55 60 65 70 75)

入試状況

2024年度募集定員 普通320

年度	受験者数	合格者数	倍率	一般選抜 受験者数	合格者数	倍率
'24	—	—	—	332	—	1.04
'23	—	—	—	312	280	1.11
'22	—	—	—	310	280	1.11

渋谷高等学校

〒563-0021 池田市畑4-1-1 TEL072-751-2895 ■交通／阪急「石橋」「池田」からバスで「石澄(渋谷高校前)」下車

インフォメーション INFORMATION

大正6(1917)年、手芸女学校として開校、2017年に創立100周年を迎えました。1年次は共通のカリキュラムで、国・数・英を中心に基礎基本をていねいに学習し、2年次から文系充実／理系充実／医療看護／渋谷+Sの4類型にわかれて学習します。文系／理系は関関同立・産近甲龍などの難関・中堅大学をめざします。渋谷+S類型では、20を超える科目から希望に応じて選択でき(3年次)、芸術・保育・体育・福祉などへの進学や就職をめざします。学習サポーターなど進学支援対策も充実。部活動もさかんです。

●主な大学合格状況

近畿大	1	佛教大	2	摂南大	2
神戸学院大	11	京都外国語大	4	大阪学院大	24
大阪青山大	12	大阪産業大	19	千里金蘭大	4

進研Vもし 合格のめやす

普通／一般 42-254(360)

普通: 努力圏 合格圏 安全圏 (30 35 40 45 50 55 60 65 70 75)

入試状況

2024年度募集定員 普通240

年度	受験者数	合格者数	倍率	一般選抜 受験者数	合格者数	倍率
'24	—	—	—	238	—	0.99
'23	—	—	—	264	240	1.10
'22	—	—	—	244	240	1.02

阿武野高等学校

〒569-1141 高槻市氷室町3-38-1 TEL072-693-4670 ■交通／JR「摂津富田」から徒歩20分、バス停「氷室」下車

インフォメーション INFORMATION

昭和58(1983)年開校。「敬愛」「愛知」「忍耐」を校訓とし、心豊かなたくましい人間の育成をめざしています。2年次から文系／理系(3年次から理数／看護医療)／スポーツ／福祉・保育にわかれて学習。多様な専門科目を設定し、幅広い進路希望に対応しています。アメリカシアトルの姉妹校と国際交流を実施、海外短期留学も経験できます。また、アクティブラーニングを導入、ICTを活用するなど、生徒が積極的に参加できる授業を行っています。地域の活動もに参加し、地域貢献にも積極的です。

●主な大学合格状況

追手門学院大	3	大阪学院大	14	大阪産業大	4
大阪経済大	1	大阪樟蔭女大	3	大手前大	2
京都先端大	2	明治大	4	法政大	1

進研Vもし 合格のめやす

普通／一般 40-246(360)

普通: 努力圏 合格圏 安全圏 (30 35 40 45 50 55 60 65 70 75)

入試状況

2024年度募集定員 普通240

年度	受験者数	合格者数	倍率	一般選抜 受験者数	合格者数	倍率
'24	—	—	—	208	—	0.87
'23	—	—	—	268	240	1.12
'22	—	—	—	234	234	1.00

吹田高等学校

〒564-0004 吹田市原町4-24-14 TEL06-6387-6651 ■交通／JR・阪急「吹田」から阪急バスで「吹田高校」下車

インフォメーション INFORMATION

昭和25(1950)年、新制大阪府立高校第1番校として開校。「人間力の向上」を目標に、わかる授業の展開・部活動の活性化・展望をもった進路指導に取り組んでいます。2年次から普通クラス(3年次から文系／看護系)、進学クラスにわかれて学習。進学クラスでは難関大学をめざして、習熟度別授業、単独クラス、大学教授による高大連携講座、放課後講習などをとおして学習をサポート。クラブ活動は文化系・体育系共に活発で、文化祭や体育祭などの学校行事にも力を入れています。

●主な大学合格状況

京都産業大	5	近畿大	3	追手門学院大	5
大阪学院大	7	大阪経済大	4	大阪青山大	2
大手前大	2	兵庫大	1	大阪樟蔭女大	1

進研Vもし 合格のめやす

普通／一般 39-243(360)

普通　努力圏 合格圏 安全圏

入試状況

2024年度募集定員　普通240

年度	受験者数	合格者数	倍率	一般選抜 受験者数	合格者数	倍率
'24	—	—	—	258	—	1.08
'23	—	—	—	251	240	1.05
'22	—	—	—	248	240	1.03

北摂つばさ高等学校

〒567-0848 茨木市玉島台2-15 TEL072-633-2000 ■交通／JR「茨木」・阪急「茨木市」からバスで「北摂つばさ高校前」下車

インフォメーション INFORMATION

平成19(2007)年、茨木東高校と鳥飼高校の統合により開校。2018年度より、普通科専門コース制に改編されました。2年次から、3つの系(総合系／看護医療系／理系)と3つの専門コース(人文ステップアップ／社会文化コミュニケーション／美術工芸表現)に分かれて、希望の進路に応じた学習を展開。普通科総合選択制の経験を活かし、「なりたい自分」をしっかりサポートします。部活動は野球、サッカー、ダンス、軽音楽、美術などバラエティーに富んでいます。

●主な大学合格状況

京都産業大	1	摂南大	2	桃山学院大	3
大阪学院大	14	大阪経法大	6	京都外国語大	4
大阪青山大	3	大阪経済大	2	大阪産業大	2

進研Vもし 合格のめやす

普通／一般 38-239(360)

普通　努力圏 合格圏 安全圏

入試状況

2024年度募集定員　普通240

年度	受験者数	合格者数	倍率	一般選抜 受験者数	合格者数	倍率
'24	—	—	—	172	—	0.72
'23	—	—	—	212	212	1.00
'22	—	—	—	242	240	1.01

大手前高等学校

〒540-0008 大阪市中央区大手前2-1-11 TEL06-6941-0051 ■交通／京阪・大阪メトロ谷町線「天満橋」から南東へ400m

インフォメーション INFORMATION

明治19年(1886年)に大阪府女学校として開校、2018年度から全クラスが文理学科に改編されました。2学期制、65分5限授業を実施しており、基礎、標準、発展、探究と知識の定着と、思考力、判断力、表現力などを磨きます。高度な理数系教育をはじめ、国際交流事業も積極的に展開しています。語学研修・国際交流の他、サイエンス研修、リーダーシップ研修と、目的別に4種の海外研修を実施しています。また京都大学をはじめとする高大連携を通して、次代のリーダーに必要な能力を育みます。

●主な大学合格状況

京都大	14	大阪大	40	神戸大	31
大阪公立大	58	関西大	175	関西学院大	97
同志社大	194	立命館大	252	近畿大	111

進研Vもし 合格のめやす

文理学科／一般 71-270(270)

文理学科　努力圏 合格圏 安全圏

入試状況

2024年度募集定員　文理学科360

年度	受験者数	合格者数	倍率	一般選抜 受験者数	合格者数	倍率
'24	—	—	—	436	—	1.21
'23	—	—	—	488	360	1.36
'22	—	—	—	463	360	1.29

四條畷高等学校

〒575-0035 四條畷市雁屋北町1-1 TEL072-877-0004 ■交通／ JR学研都市線「四条畷」から北西へ800m

インフォメーション INFORMATION

明治36（1903）年開校の歴史と伝統ある学校です。2018年から全クラス文理学科に改編されました。「守る伝統から創る伝統」をモットーに、35単位・65分授業の実施、夜8時までの自習室開放、土曜日の進学講習、またオーストラリア研修をはじめとする国際交流活動など、さまざまな特色ある教育活動を推進しています。先進的な理数教育を実施するとともに高大連携事業も推進しています。生徒のクラブ活動への参加率は90％以上で、勉学と部活動の両立を実践しています。

●主な大学合格状況

京都大	8	大阪大	28	神戸大	27
京都工繊大	9	大阪公立大	52	関西大	234
関西学院大	94	同志社大	142	立命館大	233

進研Vもし 合格のめやす

文理学科 / 一般 68-270(270)

文理学科：努力圏 合格圏 安全圏（目盛 30〜75）

入試状況

2024年度募集定員 文理学科360

年度	受験者数	合格者数	倍率	一般選抜 受験者数	合格者数	倍率
'24	—	—	—	428	—	1.19
'23	—	—	—	524	360	1.46
'22	—	—	—	488	360	1.36

寝屋川高等学校

〒572-0832 寝屋川市本町15-64 TEL072-821-0546 ■交通／京阪「寝屋川市」から東へ徒歩7分

インフォメーション INFORMATION

明治43（1910）年、河北高等女学校として開校。2年次に類型選択（文型／理型）とコース選択（専門コース／標準コース）を行います。専門コースは3年次にGC（グローバルコミュニケーション）とGS（グローバルサイエンス）が選抜され、難関国公立大をめざします。2学期制、33単位、65分授業を展開しており、生徒が自ら学ぶ意欲や学習習慣を身につけるようサポートしています。カナダ、台湾、ハワイでの研修など国際交流活動も充実。部活動加入率は90％におよび、多くの部活動で入賞実績があります。

●主な大学合格状況

京都大	1	大阪大	3	神戸大	5
大阪教育大	14	大阪公立大	14	関西大	191
関西学院大	37	同志社大	78	立命館大	109

進研Vもし 合格のめやす

普通 / 一般 63-258(270)

普通：努力圏 合格圏 安全圏（目盛 30〜75）

入試状況

2024年度募集定員 普通360

年度	受験者数	合格者数	倍率	一般選抜 受験者数	合格者数	倍率
'24	—	—	—	397	—	1.10
'23	—	—	—	413	320	1.29
'22	—	—	—	470	320	1.47

東高等学校

〒534-0024 大阪市都島区東野田町4-15-14 TEL06-6354-1251 ■交通／ JR・京阪・大阪メトロ「京橋」北西800m

インフォメーション INFORMATION

大正12（1923）年開校。普通科／英語科／理数科の3学科を併設しています。普通科では2年次から理系・文系に分かれて学習し、3年次には幅広い選択科目を開講、少人数のゼミ形式授業も実施しています。英語科では英語の授業は少人数制で特にきめ細かく指導。スピーチコンテストや英検への積極的参加を勧めています。理数科ではさまざまな理科の実験や実習、科学に関して実体験を伴う学習を行うとともに、研究者との対話、科学系コンテストへの参加も。部活動もさかんで数多くの部・同好会があります。

●主な大学合格状況

神戸大	1	大阪教育大	4	大阪公立大	6
関西大	127	関西学院大	53	同志社大	25
立命館大	42	近畿大	88	龍谷大	72

進研Vもし 合格のめやす

理数 / 一般 62-254(270)
英語 / 一般 60-247(270)
普通 / 一般 59-243(270)

理数：努力圏 合格圏 安全圏（目盛 30〜75）
普通：努力圏 合格圏 安全圏

入試状況

2024年度募集定員 理数80、英語38、普通200

学科／コース	受験者数	合格者数	倍率	一般選抜 受験者数	合格者数	倍率
理数	—	—	—	103	—	
英語	—	—	—	52	—	1.38
普通	—	—	—	284	—	

牧野高等学校

〒573-1123 枚方市南船橋1-11-1 TEL072-851-1050 ■交通／京阪「牧野」から北東へ徒歩20分（自転車で10分）

インフォメーション INFORMATION

昭和51（1976）年開校。週32時間の授業時間を確保しており、1年次から進路を意識し、大学だけでなく、医療看護系・各種専門学校・就職など、個々の希望進路に応じた授業を展開しています。2年次から文系／準理系／理系に分かれて学習します。選択授業では、「演習」を多く設け、学習内容の定着をはかっています。ICT活用授業を実践しており、オンライン学習ツールの導入を進めています。生徒自らの自発的な集団活動への参加とその経験を通して、自律的、自主的生活態度を培うよう努めています。

●主な大学合格状況

滋賀大	1	大阪教育大	1	大阪公立大	3
関西大	89	関西学院大	16	同志社大	50
立命館大	22	京都産業大	40	近畿大	84

進研Vもし 合格のめやす

普通／一般 58-240(270)

30 35 40 45 50 55 60 65 70 75

普通 努力圏 合格圏 安全圏

入試状況

2024年度募集定員　普通280

年度	受験者数	合格者数	倍率	一般選抜 受験者数	合格者数	倍率
'24	—	—	—	316	—	1.13
'23	—	—	—	329	280	1.18
'22	—	—	—	325	280	1.16

いちりつ高等学校

〒573-0064 枚方市北中振2-8-1 TEL072-833-0101 ■交通／京阪「光善寺」から東へ350m

インフォメーション INFORMATION

昭和16（1941）年設立。普通科／英語科／理数科の3つの学科があり、普通科は2年次から文系／理系に分かれます。英語科では一部の授業を少人数で実施しているほか、多角的な視野を養い、大学レベルの講義に対応できる実践的な英語力を養います。理数科では数学と理科で少人数授業を実施しており、それぞれの基本になる考え方や原理、法則などを基礎から学習します。オーストラリア姉妹校との国際交流にも力を入れており、部活動もさかんで数々の大会で好成績を収めています。

●主な大学合格状況

大阪大	1	三重大	1	大阪公立大	2
関西大	35	関西学院大	4	同志社大	5
立命館大	21	近畿大	20	龍谷大	82

進研Vもし 合格のめやす

理数／一般 58-240(270)
英語／一般 56-233(270)
普通／一般 56-233(270)

30 35 40 45 50 55 60 65 70 75

理数 努力圏 合格圏 安全圏

普通／英語 努力圏 合格圏 安全圏

入試状況

2024年度募集定員　理数40、英語40、普通240

学科／コース	受験者数	合格者数	倍率	一般選抜 受験者数	合格者数	倍率
理数	—	—	—	40	—	0.95
英語	—	—	—	24	—	
普通	—	—	—	240	—	

旭高等学校

〒535-0031 大阪市旭区高殿5-6-41 TEL06-6951-3133 ■交通／大阪メトロ谷町線「関目高殿」から北西へ徒歩7分

インフォメーション INFORMATION

昭和27（1952）年開校。普通科と国際文化科を併設していますが、普通科の英語学習環境も充実しており、海外との交流もさかんです。夏休み期間中に行われる海外語学研修にも学科の区別なく参加しています。普通科では2年次から文系／理系にわかれて学習し、それぞれの希望に応じた授業を展開。国際文化科では専門科目として国際理解、第2外国語などを学びます。文化祭や体育祭、合唱コンクールなど、学校行事も多彩で、部活動では運動系、文化系、同好会が熱心に活動しています。

●主な大学合格状況

大阪公立大	2	関西大	32	関西学院大	15
同志社大	6	立命館大	2	京都産業大	7
近畿大	62	龍谷大	65	摂南大	28

進研Vもし 合格のめやす

国際文化／一般 54-302(360)
普通／一般 54-302(360)

30 35 40 45 50 55 60 65 70 75

国際文化 努力圏 合格圏 安全圏

普通 努力圏 合格圏 安全圏

入試状況

2024年度募集定員　国際文化74、普通240

学科／コース	受験者数	合格者数	倍率	一般選抜 受験者数	合格者数	倍率
国際文化	—	—	—	72	—	1.06
普通	—	—	—	261	—	

枚方高等学校

〒573-0027 枚方市大垣内町3-16-1 TEL072-843-3081 ■交通／京阪「枚方市」から南東へ徒歩10分

インフォメーション INFORMATION

昭和38年(1963)年開校。国際文化科と普通科の併置校として、切磋琢磨し、個性を伸ばしています。国際文化科は英語を重視したカリキュラムを編成し、異文化理解や外国人講師による英語のみの少人数制授業など、国際文化科ならではの授業も展開。普通科では２年次から文／理にわかれて学習し、幅広い進路に対応したカリキュラムを編成。普通科も国際文化科の専門的な取り組みに参加可能で、学科を問わず英語の総合力を伸ばせる学習環境が充実。毎年、部活動加入率は約80%です。

●主な大学合格状況

東京大	1	京都教育大	1	大阪教育大	1
奈良女子大	1	関西大	38	同志社大	12
立命館大	15	近畿大	61	龍谷大	72

進研Vもし 合格のめやす

普通 / 一般 54-226(270)

国際文化 / 一般 52-220(270)

(30 35 40 45 50 55 60 65 70 75)

普通: 努力圏 合格圏 安全圏

国際文化: 努力圏 合格圏 安全圏

入試状況

2024年度募集定員　普通240、国際文化79

学科／コース	受験者数	合格者数	倍率	一般選抜 受験者数	合格者数	倍率
普通	—	—	—	292	—	1.08
国際文化	—	—	—	51	—	

香里丘高等学校

〒573-0093 枚方市東中振2-18-1 TEL072-832-3421 ■交通／京阪「光善寺」から東へ徒歩15分

インフォメーション INFORMATION

昭和55(1980)年開校。「君が輝き香里丘が輝く」をモットーに、生徒一人ひとりが個性を伸ばし、生き生きと輝ける学校をめざしています。授業は週32時間で、多くの生徒が４年制大学への進学を希望。２年次から文型／文型アクティブ／理型／理型アクティブに分かれます。アクティブ専門コースはスポーツや音楽に特化した授業を選択。また、３年次から国公立・難関私大を目指すアドバンスクラスも開設。部活動も活発で全国大会・近畿大会や地区ブロック大会で優勝・上位入賞し、健闘中。

●主な大学合格状況

京都教育大	1	滋賀県立大	1	岡山大	1
関西大	17	京都産業大	16	近畿大	28
龍谷大	96	摂南大	42	追手門学院大	16

進研Vもし 合格のめやす

普通 / 一般 52-220(270)

(30 35 40 45 50 55 60 65 70 75)

普通: 努力圏 合格圏 安全圏

入試状況

2024年度募集定員　普通280

年度	受験者数	合格者数	倍率	一般選抜 受験者数	合格者数	倍率
'24	—	—	—	286	—	1.02
'23	—	—	—	278	240	1.16
'22	—	—	—	271	240	1.13

交野高等学校

〒576-0064 交野市寺南野10-1 TEL072-891-9251 ■交通／JR学研都市線「河内磐船」から北東へ徒歩10分

インフォメーション INFORMATION

昭和49(1974)年開校。校内には東車塚古墳をはじめとする５つの古墳があり、生駒山系の豊かな自然、歴史・文化に恵まれた学校です。２年次から英語／理数／学芸の３つの専門コースにわかれて学習。選択科目も豊富で、生徒の希望進路に対応しています。50分授業(週３日は７時限)、早朝・放課後講習や、長期休業中の補習、補講も実施しています。英検受験など、生徒の進路実現に向けた多彩な取り組みを展開。長期留学生の受け入れも行い、英語圏をはじめとする様々な国との国際交流も特色のひとつです。

●主な大学合格状況

大阪教育大	1	関西大	7	同志社大	8
立命館大	2	京都産業大	5	近畿大	13
龍谷大	19	摂南大	27	追手門学院大	22

進研Vもし 合格のめやす

普通 / 一般 48-277(360)

(30 35 40 45 50 55 60 65 70 75)

普通: 努力圏 合格圏 安全圏

入試状況

2024年度募集定員　普通240

年度	受験者数	合格者数	倍率	一般選抜 受験者数	合格者数	倍率
'24	—	—	—	237	—	0.99
'23	—	—	—	250	240	1.04
'22	—	—	—	265	240	1.10

桜宮高等学校

〒534-0001 大阪市都島区毛馬町5-22-28 TEL06-6921-5231 ■交通／JR「大阪」などからバスで「大東町」下車、北へ500m

インフォメーション INFORMATION

大正５(1916)年、北区実科女学校として開校。普通科では、２年次から文系／理系にわかれて学力の充実と、希望進路の実現をめざします。人間スポーツ科学科では、人間力を高めるとともに、健康で豊かに生きる社会の実現に貢献できる人材をめざします。充実したスポーツ施設を利用したイベントや、文化・芸術的な催し物を開催しており、地域に開かれた新しいタイプのスポーツ特色校をめざしています。部活動では生徒の８割以上が参加しており、多くの部が全国大会やコンクールで活躍しています。

●主な大学合格状況

関西大	4	立命館大	1	京都産業大	3
近畿大	6	甲南大	1	龍谷大	6
摂南大	4	桃山学院大	2	大阪経済大	25

進研Vもし 合格のめやす

人間スポーツ科学 / 特別 48-138(180)

普通 / 一般 45-331(450)

30 35 40 45 50 55 60 65 70 75

人間スポーツ科学 努力圏 合格圏 安全圏

普通 努力圏 合格圏 安全圏

入試状況

2024年度募集定員　人間スポーツ科学120、普通160

学科／コース	特別選抜 受験者数	特別選抜 合格者数	特別選抜 倍率	一般選抜 受験者数	一般選抜 合格者数	一般選抜 倍率
人間スポーツ科学	129	—	1.08	—	—	—
普通	—	—	—	128	—	0.80

港高等学校

〒552-0001 大阪市港区波除2-3-1 TEL06-6583-1401 ■交通／JR環状線・大阪メトロ中央線「弁天町」から徒歩５分

インフォメーション INFORMATION

明治44(1911)年に創立された江戸堀高等女学校以来の歴史ある学校。「Challenge, Change, Smile!」を合言葉に、学力の充実と希望進路の実現をめざしています。50分×６限(週に１度は７限)授業に加え、朝学習や放課後講習を導入して学習時間を確保。１・２年次には少人数展開授業を実施(数学・英語)。２年次から文系／理系にわかれ、国公立・私立大や看護・医療系など、希望に応じた進路指導を実施。ICTを活用したアクティブラーニングのほか、全員で英検受験など、資格取得もサポートしています。

●主な大学合格状況

関西大	3	追手門学院大	11	桃山学院大	8
阪南大	14	大阪経済大	9	大阪経法大	8
大阪樟蔭女大	8	大阪学院大	5	大手前大	4

進研Vもし 合格のめやす

普通 / 一般 45-331(450)

30 35 40 45 50 55 60 65 70 75

普通 努力圏 合格圏 安全圏

入試状況

2024年度募集定員　普通280

年度	受験者数	合格者数	倍率	一般選抜 受験者数	一般選抜 合格者数	一般選抜 倍率
'24	—	—	—	323	—	1.15
'23	—	—	—	346	240	1.44
'22	—	—	—	291	240	1.21

北かわち皐が丘高等学校

〒572-0851 寝屋川市寝屋北町1-1 TEL072-822-2241 ■交通／京阪「寝屋川市」からバスで「寝屋川団地口」下車、北東へ400m

インフォメーション INFORMATION

東寝屋川高校と四條畷北高校の統合により、平成20(2008)年普通科総合選択制高校として開校。２年次から３つのコースに分かれます。英語アドバンスト専門コースでは英語力を深め、理数アドバンスト専門コースでは理・数科目をより深く学習し、それぞれ大学入試に対応できる力を養成。総合系では進路希望に対応した選択科目を用意しており、大学・短大・各種専門学校、就職など、さまざまな進路目標の実現をめざします。部活動はもちろん、体育祭や文化祭などの行事にも活発に取り組んでいます。

●主な大学合格状況

関西大	2	同志社大	4	立命館大	1
京都産業大	3	龍谷大	5	摂南大	8
追手門学院大	3	大阪産業大	27	阪南大	10

進研Vもし 合格のめやす

普通 / 一般 44-326(450)

30 35 40 45 50 55 60 65 70 75

普通 努力圏 合格圏 安全圏

入試状況

2024年度募集定員　普通240

年度	受験者数	合格者数	倍率	一般選抜 受験者数	一般選抜 合格者数	一般選抜 倍率
'24	—	—	—	226	—	0.94
'23	—	—	—	250	240	1.04
'22	—	—	—	307	240	1.28

汎愛高等学校

〒538-0042 大阪市鶴見区今津中2-1-52 TEL06-6961-0431 ■交通／ JR学研都市線「放出」から徒歩15分

インフォメーション INFORMATION

昭和17（1942）年開校。「知・創・健」を校訓とし、文武両道をモットーに、人とのつながりを大切にし、感謝と思いやりがある人づくりに取り組んでいます。体育科と普通科を設けており、体育科では、健康スポーツ／アスリート／武道の３コースを設置。運動技能・競技力・指導力の向上をめざします。普通科では、２年次に文系／理系に分かれ、文系はさらに３年次に看護医療コースを選択できます。部活動には生徒の８割近くが参加しており、運動部、文化部ともに、毎年各大会やコンクールにおいて優秀な成績を残しています。

●主な大学合格状況

近畿大	2	摂南大	9	神戸学院大	6
桃山学院大	1	阪南大	27	大阪学院大	8
大阪経法大	2	関西外国語大	2	京都外国語大	1

進研Vもし 合格のめやす

体育 / 特別 42-159(225)
普通 / 一般 43-322(450)

30 35 40 45 50 55 60 65 70 75

体育 努力圏 合格圏 安全圏
普通 努力圏 合格圏 安全圏

入試状況

2024年度募集定員 体育120、普通200

学科／コース	特別選抜 受験者数	特別選抜 合格者数	特別選抜 倍率	一般選抜 受験者数	一般選抜 合格者数	一般選抜 倍率
体育	125	—	1.04	—	—	—
普通	—	—	—	192	—	0.96

長尾高等学校

〒573-0102 枚方市長尾家具町5-1-1 TEL072-855-1700 ■交通／ JR「長尾」からバス「ポエムノール北山」下車

インフォメーション INFORMATION

昭和48（1973）年創立。府下有数の広大な敷地と自然環境に恵まれています。英・数の少人数指導や放課後・長期休業を利用した補習等により学力補強をはかっています。２年次には「人文ステップアップコース」（文系難関大学や看護医療系への進学をめざす専門コース）とカテゴリー制（興味や進路に応じた科目を選択する緩やかなコース制）を用意。希望進路の実現をバックアップしています。高大連携のキャリア教育や、ICT教育の環境を整えており、生徒主体の行事や部活動もさかんです。

●主な大学合格状況

京都産業大	1	摂南大	2	大阪工業大	1
大阪経法大	12	大阪産業大	5	大阪経済大	2
大阪学院大	3	関西医科大	2	京都華頂大	1

進研Vもし 合格のめやす

普通 / 一般 42-317(450)

30 35 40 45 50 55 60 65 70 75

普通 努力圏 合格圏 安全圏

入試状況

2024年度募集定員 普通240

年度	受験者数	合格者数	倍率	一般選抜 受験者数	一般選抜 合格者数	一般選抜 倍率
'24	—	—	—	193	—	0.80
'23	—	—	—	248	240	1.03
'22	—	—	—	223	223	1.00

枚方津田高等学校

〒573-0121 枚方市津田北町2-50-1 TEL072-858-7003 ■交通／ JR学研都市線「藤阪」から徒歩２分

インフォメーション INFORMATION

昭和61（1986）年開校。枚方市の北東部の丘陵の端に位置し、眺望・環境がよく、通学にも便利な学校です。７時間目授業の選択や、豊富な選択科目により目標進路の実現をサポート。２年次から文型／英語専門／理型／準理型をえらび、さらに型に応じて必修科目や選択科目を選びます。英語専門コースを中心に、グローバル社会で活躍できる英語や国際教養などの基礎力育成をめざしています。また、部活動も活発で、多くの生徒が体育系・文化系にわたる部活動に参加しています。

●主な大学合格状況

佛教大	2	摂南大	1	追手門学院大	1
大阪経法大	6	大阪樟蔭女大	5	四天王寺大	4
大手前大	3	京都外国語大	2	京都先端大	2

進研Vもし 合格のめやす

普通 / 一般 42-317(450)

30 35 40 45 50 55 60 65 70 75

普通 努力圏 合格圏 安全圏

入試状況

2024年度募集定員 普通240

年度	受験者数	合格者数	倍率	一般選抜 受験者数	一般選抜 合格者数	一般選抜 倍率
'24	—	—	—	243	—	1.01
'23	—	—	—	258	240	1.08
'22	—	—	—	251	240	1.05

緑風冠高等学校

〒574-0072 大東市深野4-12-1 TEL072-871-5473 ■交通／JR学研都市線「野崎」から西へ徒歩15分

インフォメーション INFORMATION

平成18(2006)年、南寝屋川高校と大東高校の統合によって誕生。次代を担う英知と、豊かな人間性・創造性・社会性を身につけた人間の育成を目標としています。2018年度より普通科総合選択制から普通科専門コース制に改編されました。２年次から総合系／人文・英語発展専門コース／理数・看護発展専門コース(理数分野／看護分野)にわかれて学習。専門コースでは演習や研究などの発展的な授業を多く設定しています。漢検、英検、ワープロ検定等、資格取得にも積極的です。部活動も活発です。

●主な大学合格状況

京都産業大	2	近　畿　大	1	追手門学院大	3
京都外国語大	4	大阪学院大	7	大阪経済大	1
大阪工業大	2	大阪産業大	2	関西外国語大	2

進研Vもし 合格のめやす

普通／一般 42-254(360)

30 35 40 45 50 55 60 65 70 75

普通　努力圏 合格圏 安全圏

入試状況

2024年度募集定員　普通240

年度	受験者数	合格者数	倍率	一般選抜 受験者数	一般選抜 合格者数	一般選抜 倍率
'24	—	—	—	216	—	0.90
'23	—	—	—	244	240	1.02
'22	—	—	—	239	239	1.00

守口東高等学校

〒570-0005 守口市八雲中町2-1-32 TEL06-6906-8211 ■交通／大阪メトロ谷町線「守口」から徒歩10分

インフォメーション INFORMATION

昭和58(1983)年開校、キーワードは、「衣を正し(服装・マナー)、時を守り(時間)、場を清める(環境)、そして自分を磨く(チャレンジ)」。授業では、「解る」「創る」「伝える」を掲げ、生徒の主体的な学びを実践、社会で通用する人材を育成します。一人ひとりに行き届いた指導を行うため、１学年の国語と数学と英語では少人数展開授業を展開しています。3年次は、豊富な選択科目の中から、進路に添った科目を選択できます。部活動も盛んで、運動部・文化部共に積極的に活動しています。

●主な大学合格状況

大阪経法大	12	大阪学院大	6	大手前大	4
大阪樟蔭女大	1	帝塚山学院大	1	大東文化大	2

進研Vもし 合格のめやす

普通／一般 39-304(450)

30 35 40 45 50 55 60 65 70 75

普通　努力圏 合格圏 安全圏

入試状況

2024年度募集定員　普通240

年度	受験者数	合格者数	倍率	一般選抜 受験者数	一般選抜 合格者数	一般選抜 倍率
'24	—	—	—	229	—	0.95
'23	—	—	—	255	240	1.06
'22	—	—	—	236	236	1.00

西寝屋川高等学校

〒572-0075 寝屋川市葛原2-19-1 TEL072-828-6700 ■交通／京阪「寝屋川市」から京阪バスで「対馬江」下車

インフォメーション INFORMATION

昭和55(1980)年開校。「すべての指導を通じて一人ひとりを生かす教育を行う」を教育方針とし、よりよい学校づくりをめざしています。３年次から文型／文理型にわかれて学習。進路指導部では、大学進学・専門学校進学・就職のそれぞれに多くの情報を収集し、生徒個々の進路希望に応えられる進路指導をめざしています。スペシャル授業(保育実習、スノーケル＆水中呼吸体験)もユニーク。少人数習熟度別クラスやＩＣＴ活用の他、校内で英検・漢検・ワープロ検定を受験できる機会も設けられています。

●主な大学合格状況

摂　南　大	2	大阪学院大	2	大阪産業大	13

進研Vもし 合格のめやす

普通／一般 36-291(450)

30 35 40 45 50 55 60 65 70 75

普通　努力圏 合格圏 安全圏

入試状況

2024年度募集定員　普通240

年度	受験者数	合格者数	倍率	一般選抜 受験者数	一般選抜 合格者数	一般選抜 倍率
'24	—	—	—	181	—	0.75
'23	—	—	—	256	240	1.07
'22	—	—	—	216	216	1.00

門真西高等学校

〒571-0038 門真市柳田町29-1 TEL06-6909-0318 ■交通／京阪「古川橋」から徒歩15分（バスは「試験場前」下車）

インフォメーション INFORMATION

昭和52（1977）年に開校。校訓「勤勉努力」、教育目標「自分の将来に向かって精一杯努力すること」を育成する教育を推進しています。２年次から言語活動の充実した文化コミュニケーションコースが選択可能。１年次の国・数・英、３年時の選択科目では、学力の定着・充実をめざし、少人数授業を実施している他、授業におけるICTの活用にも注力しており、「わかる授業」をめざしています。また、ガイダンスや体験学習など、自身の将来・進路について考える機会が多くあります。部活動も体育系・文化系共に熱心に活動中。

●主な大学合格状況

桃山学院大	2	京都ノートルダム	1	大阪産業大	3
大阪女学院大	1	帝塚山学院大	1		

進研Vもし 合格のめやす

普通／一般 36-349(540)

30 35 40 45 50 55 60 65 70 75

普通
努力圏 合格圏 安全圏

入試状況

2024年度募集定員 普通200

年度	受験者数	合格者数	倍率	一般選抜 受験者数	一般選抜 合格者数	一般選抜 倍率
'24	—	—	—	179	—	0.90
'23	—	—	—	193	193	1.00
'22	—	—	—	179	179	1.00

野崎高等学校

〒574-0014 大東市寺川1-2-1 TEL072-874-0911 ■交通／JR学研都市線「野崎」から南へ徒歩15分

インフォメーション INFORMATION

昭和51（1976）年に創立。近くに府の指定有形文化財の堂山竹林もある、緑豊かな学習環境に恵まれた学校です。１年次にはティームティーチングや少人数・習熟度別授業を取り入れ、生徒一人ひとりの理解や習熟の程度に応じたきめ細かい指導を実施。２年次からは個々の希望にあわせて多くの科目を選択できるActiveコース、就職試験を目標にした実用的な学習をするBasicコース、大学・短大への進学を目標とした応用的な科目に取り組むChallengeコースに分かれます。運動部、文化部共に部活動も活発です。

●主な大学合格状況

大阪学院大 2

進研Vもし 合格のめやす

普通／一般 35-286(450)

30 35 40 45 50 55 60 65 70 75

普通
努力圏 合格圏 安全圏

入試状況

2024年度募集定員 普通240

年度	受験者数	合格者数	倍率	一般選抜 受験者数	一般選抜 合格者数	一般選抜 倍率
'24	—	—	—	142	—	0.59
'23	—	—	—	110	110	1.00
'22	—	—	—	129	129	1.00

天王寺高等学校

〒545-0005 大阪市阿倍野区三明町2-4-23 TEL06-6629-6801 ■交通／JR阪和線「美章園」から北西へ300m

インフォメーション INFORMATION

明治29（1896）年創立。「日本や国際社会で活躍する真のリーダーの育成」をめざし、「授業第一主義」「鍛錬主義」「本物志向」を教育方針の三本柱として、知力・体力・精神力を養っています。全クラス文理学科で、２年次より、文科／理科にわかれて学習します。２学期制・45分７限授業により学力の向上をめざすとともに、多彩な行事や部活動にもゆとりをもって取り組みます。第一線で活躍するさまざまな分野の専門家による講義や、校外での研究活動などを通して、視野を広げ、知識の深化をはかります。

●主な大学合格状況

東京大	7	京都大	47	大阪大	46
神戸大	37	大阪公立大	44	関西大	74
関西学院大	67	同志社大	131	立命館大	86

進研Vもし 合格のめやす

文理学科／一般 73-270(270)

30 35 40 45 50 55 60 65 70 75

文理学科
努力圏 合格圏

入試状況

2024年度募集定員 文理学科360

年度	受験者数	合格者数	倍率	一般選抜 受験者数	一般選抜 合格者数	一般選抜 倍率
'24	—	—	—	407	—	1.13
'23	—	—	—	420	360	1.17
'22	—	—	—	406	360	1.13

高津高等学校

〒543-0016 大阪市天王寺区餌差町10-47 TEL06-6761-0336 ■交通／近鉄線「大阪上本町」から北東へ800m

インフォメーション INFORMATION

大正7(1918)年に創立。2学期制、50分×7限(週3回)授業を採用。文理学科のみを編成しており、2年次から文科／理科にわかれて学習します。早朝・土曜・長期休暇を利用した講習など、強制ではなく生徒の学びたい気持ちを大切にした指導体制が充実しています。大学や研究機関と連携した研究・授業も幅広く展開。模試の実施や体験型進路学習など、進路実現への取り組みにも積極的で、例年卒業生の多くが国公立大・難関私立大へ進学。部活動も活発で、各種大会で活躍しています。

●主な大学合格状況

東京大	1	京都大	10	大阪大	31
神戸大	35	大阪公立大	43	関西大	159
関西学院大	154	同志社大	133	近畿大	153

進研Vもし 合格のめやす

文理学科／一般 69-270(270)

文理学科: 努力圏 合格圏 安全圏

入試状況

2024年度募集定員 文理学科360

年度	受験者数	合格者数	倍率	一般選抜 受験者数	合格者数	倍率
'24	—	—	—	561	—	1.56
'23	—	—	—	517	360	1.44
'22	—	—	—	568	360	1.58

生野高等学校

〒580-0015 松原市新堂1-552 TEL072-332-0531 ■交通／近鉄南大阪線「河内松原」南西600m

インフォメーション INFORMATION

大正9(1920)年に開校し、創立100余年の歴史と伝統を誇る高校です。文理学科のみを編成しており、2年次から文科／理科にわかれます。授業は70分×5限を採用、1つ1つの教科に集中して取り組みます。また放課後に利用可能な自習室を設けるなど、学習環境が充実しており、毎年高い進学実績を上げています。理数教育において多様な研究課題に取り組むとともに、国際人として社会の様々な分野で活躍するリーダーとなる人材の育成をめざしています。部活動では全国・近畿大会などに多数出場しています。

●主な大学合格状況

東京大	1	京都大	10	大阪大	12
神戸大	10	大阪公立大	27	関西大	188
関西学院大	89	同志社大	86	立命館大	93

進研Vもし 合格のめやす

文理学科／一般 67-270(270)

文理学科: 努力圏 合格圏 安全圏

入試状況

2024年度募集定員 文理学科360

年度	受験者数	合格者数	倍率	一般選抜 受験者数	合格者数	倍率
'24	—	—	—	496	—	1.38
'23	—	—	—	531	360	1.48
'22	—	—	—	505	360	1.40

富田林高等学校

〒584-0035 富田林市谷川町4-30 TEL0721-23-2281 ■交通／近鉄長野線「富田林西口」から南東へ500m

インフォメーション INFORMATION

明治34(1901)年創立。120年を越える歴史と伝統をもち、府立学校として初めての中高一貫校となりました。1年次は内部進学生と外部合格生は別々に学習し、2年次の系列選択時に融合します。系列選択では、文系／理系と各系内でGEコース／標準コースが選択可能。GEコースでは、高い語学力と科学的知識を身につけるためのより高度な学習に取り組みます。充実した自習環境と早朝・放課後・土曜・長期休業中の進学講習など、恵まれた環境の中、生徒たちは、学習・行事・部活に「ぜんぶ全力！」で取り組んでいます。

●主な大学合格状況

京都大	2	大阪大	13	神戸大	6
和歌山大	9	大阪公立大	17	関西大	108
関西学院大	31	同志社大	48	立命館大	22

進研Vもし 合格のめやす

普通／一般 62-254(270)

普通: 努力圏 合格圏 安全圏

入試状況

2024年度募集定員 普通123

年度	受験者数	合格者数	倍率	一般選抜 受験者数	合格者数	倍率
'24	—	—	—	118	—	0.96
'23	—	—	—	136	121	1.12
'22	—	—	—	161	123	1.31

八尾高等学校

〒581-0073 八尾市高町1-74 TEL072-923-4261 ■交通／ JR大和路線「八尾」から北へ徒歩８分

インフォメーション INFORMATION

明治28（1895）年、府立第三尋常中学校として設立。２学期制で、半期単位認定制。２年次から文系／理系／アドバンス・教育コースの３つにわかれて学習します。全てのコースで国公立・私立大学への進学に対応していますが、アドバンス教育コースでは、教職を希望する生徒が多数在籍しています。大阪教育大学との単位互換制度もあり、教職への道をサポートします。文化祭・体育祭・修学旅行は企画から運営まですべて生徒主体。近畿大会・全国大会で成績を残す部活も多数あり、文武両道を貫いている学校です。

●主な大学合格状況

大阪大	4	神戸大	3	大阪教育大	15
和歌山大	9	大阪公立大	18	関西大	191
関西学院大	29	同志社大	35	近畿大	259

進研Vもし 合格のめやす

普通／一般 62-254(270)

30 35 40 45 50 55 60 65 70 75

普通 努力圏 合格圏 安全圏

入試状況

2024年度募集定員　普通320

年度	受験者数	合格者数	倍率	一般選抜 受験者数	合格者数	倍率
'24	—	—	—	345	—	1.08
'23	—	—	—	394	280	1.41
'22	—	—	—	348	280	1.24

清水谷高等学校

〒543-0011 大阪市天王寺区清水谷町2-44 TEL06-6762-0185 ■交通／ JR大阪環状線「玉造」から西へ800m

インフォメーション INFORMATION

明治34（1901）年に清水谷高等女学校として創立。歴史と伝統のある高校です。３学期制・週32時間の授業を確保し、学習活動の充実・部活動の振興・自治活動の尊重を教育目標とし、実践しています。２年次からは理型／文型に分かれ、３年次においては進路に合わせて多くの選択科目を設置しています。放課後の自習室開室や、長期休業中にもバラエティに富んだ講習・補習を行うなど、生徒の進路に即応できる教育課程を編成。運動部、文化部共に活発で、全国大会で成績を残す部もあります。

●主な大学合格状況

大阪大	2	神戸大	2	大阪教育大	6
奈良女子大	4	大阪公立大	10	関西大	121
関西学院大	59	同志社大	14	立命館大	37

進研Vもし 合格のめやす

普通／一般 61-251(270)

30 35 40 45 50 55 60 65 70 75

普通 努力圏 合格圏 安全圏

入試状況

2024年度募集定員　普通320

年度	受験者数	合格者数	倍率	一般選抜 受験者数	合格者数	倍率
'24	—	—	—	386	—	1.21
'23	—	—	—	359	280	1.28
'22	—	—	—	284	280	1.01

夕陽丘高等学校

〒543-0035 大阪市天王寺区北山町10-10 TEL06-6771-0665 ■交通／ JR環状線「桃谷」から西へ徒歩５分

インフォメーション INFORMATION

明治39年（1906年）島之内高等女学校として創立。府内唯一の音楽科を設置し、国内外で活躍する人材を育てています。２学期制を採用しており、普通科では２年次から文系／理系にわかれて学習します。音楽科では、音楽に関する専門的な指導を行います。伝統音楽への理解やコンピュータを活用した創作活動等を通して、音楽文化の発展に寄与する人材を育成します。海外留学生の受け入れ、海外修学旅行やニューヨーク語学研修（希望者）、ウィーン音楽研修など、グローバルな交流の機会も豊富です。

●主な大学合格状況

京都大	1	大阪大	1	神戸大	2
大阪教育大	8	大阪公立大	6	関西大	86
関西学院大	39	立命館大	31	近畿大	182

進研Vもし 合格のめやす

音楽／特別 56-155(180)

普通／一般 59-243(270)

30 35 40 45 50 55 60 65 70 75

音楽 努力圏 合格圏 安全圏

普通 努力圏 合格圏 安全圏

入試状況

2024年度募集定員　音楽40、普通280

学科／コース	特別選抜 受験者数	合格者数	倍率	一般選抜 受験者数	合格者数	倍率
音楽	46	—	1.15	—	—	—
普通	—	—	—	343	—	1.23

東住吉高等学校

〒547-0033 大阪市平野区平野西2-3-77 TEL06-6702-3838 ■交通／近鉄南大阪線「針中野」から東へ徒歩11分

インフォメーション INFORMATION

昭和30(1955)年創立。50分7限授業(月・金)を導入。授業の充実はもちろん、放課後や土曜、長期休暇中の進学講習や自習室解放等、集中して学習できる環境が整っています。普通科では2年次から文系／理系にわかれて学習。芸能文化科は日本で唯一の舞台芸術に関する専門学科です。伝統芸能／演劇／映像放送の3領域で構成され、実践的・総合的に学ぶことができます。ICTを活用した授業を全教科で行い、生徒の個別最適化の学びを推進する他、国際交流やボランティア活動等も活発です。

●主な大学合格状況

大阪大	1	大阪教育大	1	和歌山大	6
大阪公立大	2	関西大	76	関西学院大	20
同志社大	18	立命館大	10	近畿大	175

進研Vもし 合格のめやす

芸能文化 / 特別 50-107(135)

普通 / 一般 57-236(270)

30 35 40 45 50 55 60 65 70 75

芸能文化 努力圏 合格圏 安全圏

普通 努力圏 合格圏 安全圏

入試状況

2024年度募集定員 芸能文化40、普通280

学科／コース	特別選抜 受験者数	合格者数	倍率	一般選抜 受験者数	合格者数	倍率
芸能文化	43	—	1.08	—	—	—
普通	—	—	—	333	—	1.19

布施高等学校

〒577-0803 東大阪市下小阪3-14-21 TEL06-6723-7500 ■交通／近鉄奈良線「八戸ノ里」から南へ徒歩3分

インフォメーション INFORMATION

昭和17(1942)年、府立第17中学校として創立。3学期制、50分×7限(週2回)を採用。2年次にアドバンストコース(国公立・難関私大・医療系)とスタンダードコースに分かれ、それぞれ系列(文系／理系)も選択します。3年間を通したキャリア教育と豊富な進学講習、自習室の解放など、自学自習力を高めます。自治会活動や部活動も活発で、体育祭や文化祭等の学校行事は熱気・活気に満ちています。国際交流にも力を入れており、留学生の受け入れや、語学研修の機会もあります。

●主な大学合格状況

大阪教育大	4	奈良女子大	1	大阪公立大	1
関西大	70	関西学院大	15	同志社大	22
立命館大	27	近畿大	100	龍谷大	85

進研Vもし 合格のめやす

普通 / 一般 56-233(270)

30 35 40 45 50 55 60 65 70 75

普通 努力圏 合格圏 安全圏

入試状況

2024年度募集定員 普通360

年度	受験者数	合格者数	倍率	一般選抜 受験者数	合格者数	倍率
'24	—	—	—	387	—	1.08
'23	—	—	—	411	320	1.28
'22	—	—	—	382	320	1.19

河南高等学校

〒584-0038 富田林市錦ケ丘町1-15 TEL0721-23-2081 ■交通／近鉄長野線「富田林西口」から西へ徒歩7分

インフォメーション INFORMATION

明治45(1912)年創設の南河内郡立実科高等女学校を前身とする伝統校。学習・部活動・学校行事全て全力で取り組みます。学習面では3学期制、50分授業を実施。進学補習や少人数クラス、自習室の充実、放課後・土曜の講習など、進路実現に向けたさまざまな取り組みを行っています。2年次から文系／理数・医療系(看護士・療法士・栄養士方面)／eコース(教育志望)にわかれて学習し、生徒自身の希望の進路を目指します。交換留学制度や短期留学など、国際化教育にも積極的です。

●主な大学合格状況

神戸大	1	大阪教育大	2	大阪公立大	2
奈良県立大	2	関西大	24	関西学院大	4
立命館大	5	近畿大	74	龍谷大	9

進研Vもし 合格のめやす

普通 / 一般 53-223(270)

30 35 40 45 50 55 60 65 70 75

普通 努力圏 合格圏 安全圏

入試状況

2024年度募集定員 普通320

年度	受験者数	合格者数	倍率	一般選抜 受験者数	合格者数	倍率
'24	—	—	—	305	—	0.95
'23	—	—	—	286	280	1.02
'22	—	—	—	290	280	1.04

阿倍野高等学校

〒545-0021 大阪市阿倍野区阪南町1-30-34 TEL06-6628-1461 ■交通／大阪メトロ御堂筋線「昭和町」から徒歩３分

インフォメーション INFORMATION

大正11（1922）年に府立第11高等女学校として創立された伝統ある高校。２年次からⅠ型／Ⅱ型に分かれます（文系／理系）。英語・数学の授業では学力にそった習熟度別授業を実施。定期考査前土曜の学習会開催や、放課後・長期休暇中の進学講座など、学力定着をサポートします。ICT環境の拡充、個室ブース型の自習室の設置、海外語学研修、全国模試（希望者）受験の推進など、希望進路を実現できるよう環境を整えています。部活動もさかんで、運動部文化部共に活発に活動しています。

●主な大学合格状況

大阪公立大	1	関西大	17	関西学院大	10
同志社大	2	立命館大	5	近畿大	65
龍谷大	27	摂南大	24	桃山学院大	36

進研Vもし 合格のめやす

普通／一般 53-223(270)

30 35 40 45 50 55 60 65 70 75

普通 努力圏 合格圏 安全圏

入試状況

2024年度募集定員 普通320

年度	受験者数	合格者数	倍率	一般選抜 受験者数	合格者数	倍率
'24	—	—	—	339	—	1.06
'23	—	—	—	393	280	1.40
'22	—	—	—	348	280	1.24

狭山高等学校

〒589-0011 大阪狭山市半田4-1510 TEL072-366-8400 ■交通／南海高野線「金剛」から徒歩12分

インフォメーション INFORMATION

昭和55（1980）年開校。「夢をえがく力・夢をかなえる力」を育み、国際感覚を備えた地域に貢献できるリーダーを育成します。２年次からは興味・関心に応じて文型／理型に分かれます。国際交流と地域連携の取り組みを積極的に行っており、韓国、オーストラリアの姉妹校とホームステイの訪問・受け入れを隔年で実施しています。また、各学年ごとに１部屋ずつ自習室を設置するなど、学習の環境も充実しています。部活動への加入率は約80％で、近畿大会、全国大会でも活躍しています。

●主な大学合格状況

高知工科大学	1	関西大	18	関西学院大	6
立命館大	2	京都産業大	4	近畿大	32
龍谷大	14	摂南大	10	桃山学院大	40

進研Vもし 合格のめやす

普通／一般 52-220(270)

30 35 40 45 50 55 60 65 70 75

普通 努力圏 合格圏 安全圏

入試状況

2024年度募集定員 普通240

年度	受験者数	合格者数	倍率	一般選抜 受験者数	合格者数	倍率
'24	—	—	—	236	—	0.98
'23	—	—	—	282	240	1.18
'22	—	—	—	256	240	1.07

花園高等学校

〒578-0931 東大阪市花園東町3-1-25 TEL072-961-4925 ■交通／近鉄奈良線「東花園」から南へ徒歩５分

インフォメーション INFORMATION

昭和37（1962）年開校。普通科と国際文化科それぞれの特色を生かした教育を展開しています。普通科では２年次から文系／理系にわかれて学習、普段の授業を大切にしています。国際文化科は充実した英語教育や個性・能力を伸ばす「国際文化科目」があります。ネイティブ教員による少人数授業、CALL教室を利用したセミナーやレッスン、全員参加の語学研修旅行、オーストラリア・韓国の姉妹校交流など国際理解行事も充実。普通科を含む多くの生徒が英検にチャレンジしています。部活動も活発です。

●主な大学合格状況

大阪公立大	1	関西大	23	関西学院大	2
同志社大	3	京都産業大	11	近畿大	57
甲南大	3	龍谷大	34	摂南大	57

進研Vもし 合格のめやす

国際文化／一般 53-297(360)
普通／一般 52-293(360)

30 35 40 45 50 55 60 65 70 75

国際文化 努力圏 合格圏 安全圏

普通 努力圏 合格圏 安全圏

入試状況

2024年度募集定員 国際文化79、普通280

学科／コース	受験者数	合格者数	倍率	一般選抜 受験者数	合格者数	倍率
国際文化	—	—	—	98	—	1.05
普通	—	—	—	278	—	

山本高等学校

〒581-0831 八尾市山本町北1-1-44 TEL072-999-0552 ■交通／近鉄大阪線「河内山本」から北へ徒歩10分

インフォメーション INFORMATION

昭和2(1927)年創立。周辺は信貴生駒の山並みを近くに望むことのできる閑静な住宅地で学習に適した環境です。1年次では全員が同じ科目を学び基礎学力を確立。2年次に文型／理型にわかれて進路実現をめざします。3年次では文／理Ⅰ／理Ⅱの3コースにわかれ、進路に応じた科目選択により、進路実現のための実力を養成。図書館を利用した読書活動や地域行事への参加、近隣学校園との交流などを通し、人間力を高めます。部活動も盛んで、全国大会で活躍する部もあります。

●主な大学合格状況

岡山大	1	福岡教育大	1	関西大	4
関西学院大	6	同志社大	6	京都産業大	2
近畿大	20	龍谷大	17	摂南大	8

進研Vもし 合格のめやす

普通／一般 51-289(360)

30 35 40 45 50 55 60 65 70 75

普通 努力圏 合格圏 安全圏

入試状況

2024年度募集定員 普通280

年度	受験者数	合格者数	倍率	一般選抜 受験者数	合格者数	倍率
'24	—	—	—	293	—	1.05
'23	—	—	—	339	280	1.21
'22	—	—	—	323	280	1.15

阪南高等学校

〒558-0012 大阪市住吉区庭井2-18-81 TEL06-6692-0356 ■交通／大阪メトロ御堂筋線「あびこ」から徒歩8分

インフォメーション INFORMATION

昭和34(1959)年開校。1年次は共通科目を学び、基礎学力を固めます。2年次から、人文系／理数系／アジア太平洋文化の3コースにわかれ、各自の希望進路をめざします。アジア太平洋文化コースでは、英語以外にも第二外国語を習得し、他国の文化も学びます。学習環境(自習室も完備)や講習も充実しています。国際交流がさかんな高校としても知られ、ニュージーランド・韓国・台湾の姉妹校と相互交流を行っています。部活動も活発で、体育系・文化系共に多彩なクラブが活動中。

●主な大学合格状況

関西学院大	2	立命館大	1	近畿大	4
甲南大	4	龍谷大	7	摂南大	21
追手門学院大	4	桃山学院大	5	大阪工業大	9

進研Vもし 合格のめやす

普通／一般 50-214(270)

30 35 40 45 50 55 60 65 70 75

普通 努力圏 合格圏 安全圏

入試状況

2024年度募集定員 普通280

年度	受験者数	合格者数	倍率	一般選抜 受験者数	合格者数	倍率
'24	—	—	—	298	—	1.06
'23	—	—	—	293	240	1.22
'22	—	—	—	352	240	1.47

藤井寺高等学校

〒583-0037 藤井寺市津堂3-516 TEL072-939-7750 ■交通／近鉄南大阪線「藤井寺」から北西へ2.4km

インフォメーション INFORMATION

昭和49(1974)年開校。「やさしさ・かしこさ・たくましさを育てる」がモットーです。1年次は基礎学力の定着が目標。2年次から文型(3年次から文A型／文B型)／理型／文理型(看護医療系・栄養系希望者)に分かれ、日々の補習・講習や土曜・長期休業中の講習、学習合宿も実施。一人ひとりが自学自習の習慣を体得できるよう工夫。夏休みには海外ホームステイ研修も実施。四天王寺大学等との高大連携や、地域小学校でのサポートボランティア活動等も行っています。部活動も活発で、入部率が70%を超えています。

●主な大学合格状況

関西大	2	立命館大	2	近畿大	6
摂南大	4	追手門学院大	7	桃山学院大	10
阪南大	55	大阪経済大	21	大阪学院大	5

進研Vもし 合格のめやす

普通／一般 46-269(360)

30 35 40 45 50 55 60 65 70 75

普通 努力圏 合格圏 安全圏

入試状況

2024年度募集定員 普通240

年度	受験者数	合格者数	倍率	一般選抜 受験者数	合格者数	倍率
'24	—	—	—	245	—	1.02
'23	—	—	—	282	240	1.18
'22	—	—	—	270	240	1.13

金剛高等学校

〒584-0071 富田林市藤沢台2-1-1 TEL0721-28-3811 ■交通／近鉄長野線「富田林」からバス「藤沢台6丁目」下車

インフォメーション INFORMATION

昭和55(1980)年開校の普通科専門コース設置校です。1年次は共通科目を履修し、2年次から文系／理系／専門コースにわかれて学習します。専門コースは生命科学(看護・医療・栄養系)／地域コミュニケーション(保育・福祉・教育系)の2コースを設置、様々な進路希望に応える科目選択が可能です。週31時間(50分6時限、週1回7限)授業。ICT機器の設置や英語の少人数展開授業も取り入れ、学力充実をはかります。部活動は、体育系・文化系・同好会が活動し、全国的にも優秀な成績を収めています。

●主な大学合格状況

関西大	3	関西学院大	1	近畿大	7
佛教大	2	摂南大	4	神戸学院大	4
追手門学院大	3	桃山学院大	8	帝塚山学院大	10

進研Vもし 合格のめやす

普通／一般 46-336(450)

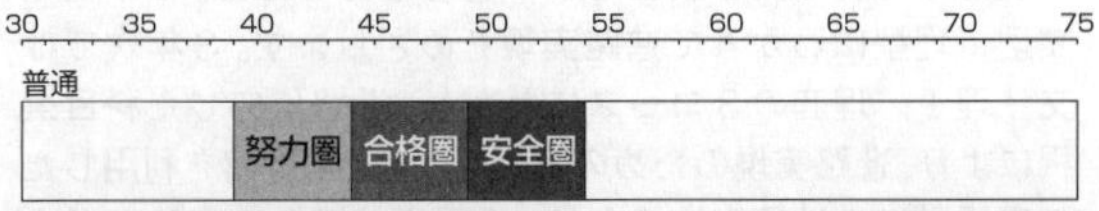

入試状況

2024年度募集定員 普通240

年度				一般選抜		
	受験者数	合格者数	倍率	受験者数	合格者数	倍率
'24	—	—	—	235	—	0.98
'23	—	—	—	235	235	1.00
'22	—	—	—	281	240	1.17

みどり清朋高等学校

〒579-8064 東大阪市池島町6-3-9 TEL072-987-3302 ■交通／近鉄奈良線「東花園」から南へ徒歩20分

インフォメーション INFORMATION

平成20(2008)年度に池島高校と清友高校が統合し、普通科専門コース設置校となりました。2年次から一般文系／理系／専門コースにわかれて学習します。専門コースは人文探究／こども保育を設置。人文探究専門コースでは大学入試に対応した多彩な授業により、目標の実現をめざします。こども保育専門コースは幼児教育や音楽、体育に関する実技学習が特色。大学・短大への進学をめざすとともに、保育士・幼稚園教諭の知識・心構えを育成します。希望進路に向けた講習・補講のほか、各種検定の取得にも積極的です。

●主な大学合格状況

関西大	12	近畿大	52	龍谷大	3
摂南大	3	追手門学院大	11	桃山学院大	16
大阪産業大	24	大阪経済大	20	大阪経法大	11

進研Vもし 合格のめやす

普通／一般 45-265(360)

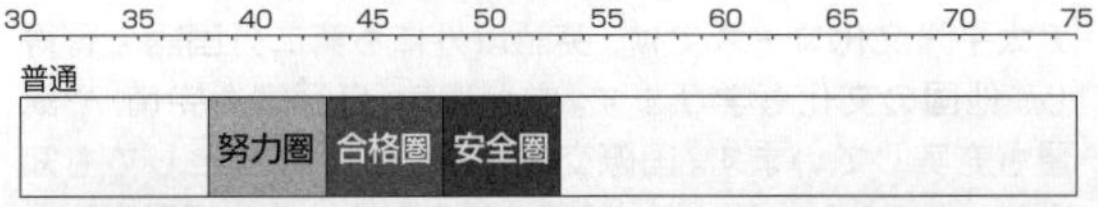

入試状況

2024年度募集定員 普通240

年度				一般選抜		
	受験者数	合格者数	倍率	受験者数	合格者数	倍率
'24	—	—	—	248	—	1.03
'23	—	—	—	264	240	1.10
'22	—	—	—	295	240	1.23

八尾翠翔高等学校

〒581-0885 八尾市神宮寺3-107 TEL072-943-8107 ■交通／近鉄大阪線「法善寺」から徒歩10分

インフォメーション INFORMATION

平成14(2002)年、八尾東高校と八尾南高校が統合され、普通科総合選択制高校として創立。その後普通科(専門コース設置校)に改編されました。専門コースは理数ステップアップ(理数の内容を深め、理系大学進学をめざす)／人文ステップアップ(文系難関大学に対応した演習科目が充実)／教職トライ(小中学校・高校の教員をめざす)の3コース。また「総合系」では進路希望に応じた選択科目を開設し、国公立を含めた大学や専門学校、幼児教育系や看護系、公務員・一般企業などへの就職実現をめざします。

●主な大学合格状況

大阪教育大	1	奈良県立大	1	関西大	9
関西学院大	2	同志社大	4	近畿大	27
龍谷大	14	摂南大	10	桃山学院大	18

進研Vもし 合格のめやす

普通／一般 45-265(360)

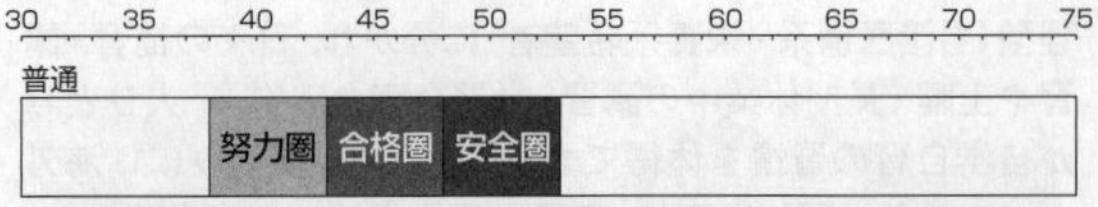

入試状況

2024年度募集定員 普通240

年度				一般選抜		
	受験者数	合格者数	倍率	受験者数	合格者数	倍率
'24	—	—	—	179	—	0.75
'23	—	—	—	164	164	1.00
'22	—	—	—	175	175	1.00

長野高等学校

〒586-0021 河内長野市原町2-1-1 TEL0721-53-7371 ■交通／南海高野線「千代田」から南西へ800m

インフォメーション INFORMATION

昭和48(1973)年創立。普通科と国際文化科を併設。普通科は2年次から総合スタンダード／看護メディカル／理系アドバンスに、3年次更に文化アドバンスに分かれます。適性や進路に応じた選択科目を設定。分野別講習や面接、小論文指導など進路サポートの体制も整っています。国際文化科では、夏季休業中に海外語学研修を実施。充実した語学教育によりコミュニケーション能力を向上させ、国際社会で活躍できる人材を育成します。部活動では文化部・運動部ともに活発で、優秀な成果をあげています。

●主な大学合格状況

京都産業大	2	桃山学院大	13	京都外国語大	1
大阪学院大	6	大阪経法大	12	四天王寺大	7
帝塚山学院大	7	武庫川女子大	2	天理大	2

進研Vもし 合格のめやす

国際文化／一般 46-269(360)
普通／一般 43-257(360)

30 35 40 45 50 55 60 65 70 75
国際文化 努力圏 合格圏 安全圏
普通 努力圏 合格圏 安全圏

入試状況

2024年度募集定員 国際文化79、普通160

学科／コース	受験者数	合格者数	倍率	一般選抜 受験者数	合格者数	倍率
国際文化	—	—	—	24	—	0.76
普通	—	—	—	158	—	

東大阪市立日新高等学校

〒579-8003 東大阪市日下町7-9-11 TEL072-985-5551 ■交通／近鉄奈良線「石切」から北西へ徒歩15分

インフォメーション INFORMATION

大正10(1921)年創立。普通科／商業科／英語科の3学科を併設。普通科では2年次から文理コース／スポーツコース／総合系に分かれて学習。生徒の多様な進路の実現をめざします。英語科では4技能(聞く・話す・読む・書く)を深化させて、国際社会に貢献できる人材を育成。商業科は2年生で会計／ビジネスいずれかのコースを選択。3種以上の検定1級合格をめざします。各学科で、他学科の専門教科も学習できるカリキュラムを編成しています。部活動は体育系、文化系、同好会が活発に活動しています。

●主な大学合格状況

鹿児島大	1	京都産業大	7	近畿大	2
甲南大	2	摂南大	4	京都外国語大	13
大阪学院大	3	大阪経済大	3	大手前大	3

進研Vもし 合格のめやす

普通／一般 42-317(450)
英語／一般 42-317(450)

30 35 40 45 50 55 60 65 70 75
普通 努力圏 合格圏 安全圏
英語 努力圏 合格圏 安全圏

入試状況

2024年度募集定員 普通160、英語39

学科／コース	受験者数	合格者数	倍率	一般選抜 受験者数	合格者数	倍率
普通	—	—	—	153	—	0.88
英語	—	—	—	26	—	

＊倍率は学校全体の倍率です。商業科は大阪府最終ページの一覧に掲載。

大塚高等学校

〒580-0011 松原市西大塚2-1005 TEL072-332-7515 ■交通／近鉄南大阪線「河内松原」から南東へ徒歩17分

インフォメーション INFORMATION

昭和58(1983)年開校、1992年に体育科を設置。普通科は幅広い教育ニーズに応える地域に根ざした学校、体育科は競技力の向上と広く府民の体育スポーツの振興・発展の拠点校であることをめざしています。普通科では2年次から文系／理系にわかれて学習し、国・数・英では少人数授業を展開するほか、進学講習も実施しています。体育科では進学や就職に対応したカリキュラムと多彩な専門科目が特色です。部活動の躍進は目を見張るものがあり、多くの部が近畿大会や全国大会出場の常連校となりつつあります。

●主な大学合格状況

筑波大	2	関西大	5	近畿大	2
龍谷大	2	摂南大	14	追手門学院大	5
大阪産業大	12	帝塚山学院大	2	天理大	3

進研Vもし 合格のめやす

体育／特別 46-168(225)
普通／一般 41-312(450)

30 35 40 45 50 55 60 65 70 75
体育 努力圏 合格圏 安全圏
普通 努力圏 合格圏 安全圏

入試状況

2024年度募集定員 体育80、普通160

学科／コース	特別選抜 受験者数	合格者数	倍率	一般選抜 受験者数	合格者数	倍率
体育	98	—	1.23	—	—	—
普通	—	—	—	131	—	0.82

懐風館高等学校

〒583-0847 羽曳野市大黒776 TEL072-957-0001 ■交通／近鉄南大阪線「駒ヶ谷」から南へ徒歩13分

インフォメーション INFORMATION

羽曳野と西浦の統合により、平成21（2009）年開校した普通科専門コース設置校です。スポーツユースリーダー専門コースではスポーツに関する授業に加え、課題解決型の体験学習を通して地域のスポーツリーダーを養成します。チャイルドケアリーダー専門コースでは幼稚園教諭や保育士を養成する大学等への進学に必要な知識や技能を磨きます。専門コースを選択しない生徒には人文系／理数・メディカル系の２つの系列を用意。ネイティブ教員による少人数授業や、海外高校生との交流など、国際教育にも積極的。

●主な大学合格状況

大阪学院大	1	大阪樟蔭女大	1	四天王寺大	2

進研Vもし 合格のめやす

普通 / 一般 40-308(450)

普通: 努力圏 合格圏 安全圏 (30–75 scale)

入試状況

2024年度募集定員　普通240

年度	受験者数	合格者数	倍率	一般選抜 受験者数	一般選抜 合格者数	一般選抜 倍率
'24	—	—	—	151	—	0.63
'23	—	—	—	164	164	1.00
'22	—	—	—	172	172	1.00

三国丘高等学校

〒590-0023 堺市堺区南三国ケ丘町2-2-36 TEL072-233-6005 ■交通／南海高野線「堺東」から東へ300m

インフォメーション INFORMATION

明治28（1895）年、大阪府第二尋常中学校として創立、2011年度から文理学科が開設されました。次世代を牽引する真のグローバルリーダーを育成するべく、さまざまな教育活動を展開しています。２年次から文科／理科に分かれます。土曜授業（月２回程）、進路に応じた補習・講習のほか、卒業生の大学教授等による「三丘セミナー」、海外スタディツアーなど、基礎レベルより一歩進んだ学力の養成を目指します。大学見学会や、卒業生との進路交流会など、キャリア教育にも積極的に取り組んでいます。

●主な大学合格状況

東京大	1	京都大	22	大阪大	39
神戸大	31	大阪公立大	59	関西大	203
関西学院大	172	同志社大	157	立命館大	104

進研Vもし 合格のめやす

文理学科 / 一般 72-270(270)

文理学科: 努力圏 合格圏 (30–75 scale)

入試状況

2024年度募集定員　文理学科320

年度	受験者数	合格者数	倍率	一般選抜 受験者数	一般選抜 合格者数	一般選抜 倍率
'24	—	—	—	471	—	1.47
'23	—	—	—	510	320	1.59
'22	—	—	—	459	320	1.43

岸和田高等学校

〒596-0073 岸和田市岸城町10-1 TEL072-422-3691 ■交通／南海本線「蛸地蔵」から北へ徒歩３分

インフォメーション INFORMATION

明治30（1897）年、大阪府第六尋常中学校として創立。2018年に全クラス文理学科に改編。時代の変化、発展する社会を見すえた教育を実践し、地域・社会に有為な人材を輩出してきました。豊かな感性と幅広い教養を持つグローバルリーダーの育成をめざします。２年次から文科／理科にわかれて学習します。各科に１クラスのスーパークラスを設定し、より発展的な演習に取り組む授業を展開しています。講演会や発表会、施設訪問、大学ツアー、国際交流など多種にわたるプログラムも充実。

●主な大学合格状況

京都大	1	大阪大	18	神戸大	7
大阪公立大	34	関西大	254	関西学院大	106
同志社大	77	立命館大	67	近畿大	196

進研Vもし 合格のめやす

文理学科 / 一般 67-270(270)

文理学科: 努力圏 合格圏 安全圏 (30–75 scale)

入試状況

2024年度募集定員　文理学科320

年度	受験者数	合格者数	倍率	一般選抜 受験者数	一般選抜 合格者数	一般選抜 倍率
'24	—	—	—	395	—	1.23
'23	—	—	—	419	320	1.31
'22	—	—	—	364	320	1.14

泉陽高等学校

〒590-0943 堺市堺区車之町東3-2-1 TEL072-233-0588 ■交通／南海高野線「堺東」から北西へ徒歩10分

インフォメーション INFORMATION

明治33(1900)年創設、120年以上の歴史をもつ伝統校です。多くの生徒が国公立大学への進学を希望しています。週３回の７時限授業を実施。２年次から文・理を選択し、３年次には選択科目を豊富に用意しています。授業以外にも多彩な講習・補習を実施するほか、土曜日、長期休業中には自習室を開放、自発的な学習態度を育成し、基礎学力の充実に努めています。海外語学研修など、国際的な交流も充実。部活動では、運動系、文化系共に非常に活発で、90%以上の生徒が参加しています。

●主な大学合格状況

京都大	1	大阪大	5	神戸大	10
大阪教育大	23	大阪公立大	28	関西大	237
関西学院大	159	同志社大	82	立命館大	65

進研Vもし 合格のめやす

普通 / 一般 65-266(270)

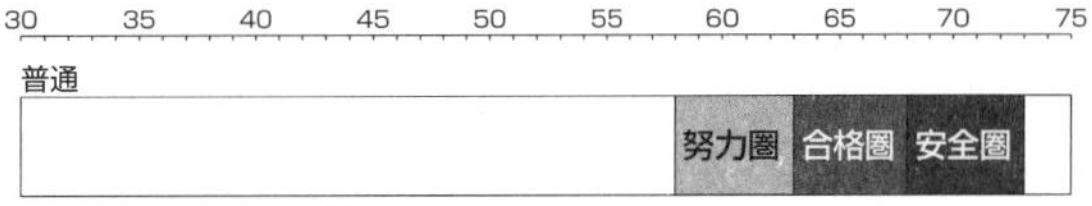

30 35 40 45 50 55 60 65 70 75

普通　努力圏　合格圏　安全圏

入試状況

2024年度募集定員　普通320

年度	受験者数	合格者数	倍率	一般選抜 受験者数	一般選抜 合格者数	一般選抜 倍率
'24	—	—	—	444	—	1.39
'23	—	—	—	419	320	1.31
'22	—	—	—	483	320	1.51

和泉高等学校

〒596-0825 岸和田市土生町1-2-1 TEL072-423-1926 ■交通／ JR阪和線「東岸和田」から西へ800m

インフォメーション INFORMATION

明治34(1901)年創立。グローバル科／普通科を設置。グローバル科／普通科ともに２年次から文系／理系にわかれて学習します。グローバル科では英語に特化した授業を展開、土曜授業等を通し、読・聞・書・話の４技能を育成します。普通科では論理的・批判的思考力、表現力を鍛える「総合的探究」の時間や、数学の少人数展開授業を実施、希望の進路を実現します。土曜講習、夏期講習、全国模試の校内実施、自習室の充実など、進路をサポートする様々なプログラムを展開しています。

●主な大学合格状況

大阪教育大	6	和歌山大	28	大阪公立大	7
関西大	130	関西学院大	24	同志社大	17
立命館大	9	近畿大	213	摂南大	41

進研Vもし 合格のめやす

グローバル / 一般 63-258(270)
普通 / 一般 61-251(270)

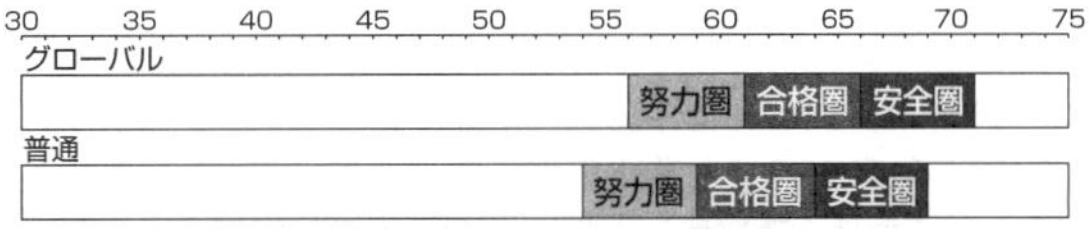

30 35 40 45 50 55 60 65 70 75

グローバル　努力圏　合格圏　安全圏

普通　努力圏　合格圏　安全圏

入試状況

2024年度募集定員　グローバル77、普通240

学科／コース	受験者数	合格者数	倍率	一般選抜 受験者数	一般選抜 合格者数	一般選抜 倍率
グローバル	—	—	—	99	—	1.11
普通	—	—	—	252	—	

佐野高等学校

〒598-0005 泉佐野市市場東2-14-1 TEL072-462-3825 ■交通／南海本線「泉佐野」から東へ徒歩10分

インフォメーション INFORMATION

明治36(1903)年、佐野村立裁縫学校として創立。120年の歴史と伝統をもつ学校です。普通科と国際文化科が設置され、留学生の受け入れや海外語学研修、海外修学旅行などの国際交流活動も積極的に実施。日常生活で異文化に触れ、世界や日本について学ぶ機会も多くあります。国際文化科では第２外国語も学びます。普通科は２年次から理系／文系わかれて学習、多様な進路に対応したカリキュラムを展開しています。部活動や生徒会、ボランティアなど、活発で自主的な活動が展開されています。

●主な大学合格状況

神戸大	1	大阪教育大	3	奈良教育大	2
和歌山大	5	関西大	45	立命館大	23
近畿大	132	龍谷大	21	摂南大	26

進研Vもし 合格のめやす

国際文化 / 一般 56-233(270)
普通 / 一般 56-233(270)

30 35 40 45 50 55 60 65 70 75

国際文化　努力圏　合格圏　安全圏

普通　努力圏　合格圏　安全圏

入試状況

2024年度募集定員　国際文化75、普通240

学科／コース	受験者数	合格者数	倍率	一般選抜 受験者数	一般選抜 合格者数	一般選抜 倍率
国際文化	—	—	—	37	—	1.05
普通	—	—	—	294	—	

登美丘高等学校

〒599-8125 堺市東区西野51 TEL072-236-5041 ■交通／南海高野線「北野田」から南西へ徒歩７分

インフォメーション INFORMATION

大正13(1924)年に黒山実践女学校として創立。1年次の英語では、基礎力を充実させるため少人数授業を実施しています。２年次から文型／理型に分かれ、希望進路に応じた選択科目も用意。個々の進路実現に向け、早朝や放課後、長期休暇中の講習の他に小論文ゼミや面接対策等も実施するなど、きめ細かくサポートします。ホームステイ形式の語学研修の機会もあり、ボランティア活動や地域との交流にも積極的です。学校行事やクラブ活動はとても活発で、ダンス部をはじめ、全国で活躍する部も多数あります。

●主な大学合格状況

和歌山大	3	大阪公立大	1	関西大	41
関西学院大	12	同志社大	7	立命館大	6
京都産業大	7	近畿大	141	龍谷大	12

進研Vもし 合格のめやす

普通／一般 55-230(270)

30 35 40 45 50 55 60 65 70 75

普通 努力圏 合格圏 安全圏

入試状況

2024年度募集定員 普通320

年度	受験者数	合格者数	倍率	一般選抜 受験者数	合格者数	倍率
'24	―	―	―	308	―	0.96
'23	―	―	―	371	280	1.33
'22	―	―	―	329	280	1.18

久米田高等学校

〒596-0822 岸和田市額原町1100 TEL072-443-6651 ■交通／JR阪和線「下松」から徒歩８分

インフォメーション INFORMATION

昭和53(1978)年開校。２年次から理数専門／文系の２コースよりいずれかを選択します。理数専門コースでは、将来の進路を視野に入れた高度な理数専門科目の学習が可能です。文系コースでは、選択授業によりさまざまな進路実現に対応しています。集中講習、学習合宿、海外語学研修などを通して、学力向上と進路実現をバックアップ。土曜授業も実施しており、ワンランクアップの授業で、応用力・実践力を身につけます。看護士や保育士、教師、警察官、消防士等、地域に人材を多く輩出しています。

●主な大学合格状況

関西大	44	関西学院大	2	同志社大	6
立命館大	9	京都産業大	9	近畿大	94
龍谷大	6	摂南大	15	桃山学院大	27

進研Vもし 合格のめやす

普通／一般 53-223(270)

30 35 40 45 50 55 60 65 70 75

普通 努力圏 合格圏 安全圏

入試状況

2024年度募集定員 普通320

年度	受験者数	合格者数	倍率	一般選抜 受験者数	合格者数	倍率
'24	―	―	―	339	―	1.06
'23	―	―	―	326	280	1.16
'22	―	―	―	363	280	1.30

日根野高等学校

〒598-0021 泉佐野市日根野2372-1 TEL072-467-1555 ■交通／JR阪和線「日根野」から北東へ800m

インフォメーション INFORMATION

昭和62(1987)年に開校、普通科専門コース設置校。２年次から専門コース／文系／理系に分かれ学習します。専門コースはアドバンスト人文・社会(文系の国公立・私立大学進学が目標)、子どもみらい(基礎学力の充実とともに幼児教育に関する知識を学ぶ)、看護メディカル専門(文系・理系をバランスよく学習し、医療系への進学をめざす)の３コース。専門コースを選択しない生徒は文系／理系のカリキュラムで学びます。３年間を通して、自身の進路を発見・決定する独自のキャリア教育プログラムも展開。

●主な大学合格状況

近畿大	2	摂南大	17	追手門学院大	2
桃山学院大	10	大阪経済大	26	大阪産業大	22
大阪経法大	8	大阪樟蔭女大	3	阪南大	3

進研Vもし 合格のめやす

普通／一般 49-211(270)

30 35 40 45 50 55 60 65 70 75

普通 努力圏 合格圏 安全圏

入試状況

2024年度募集定員 普通240

年度	受験者数	合格者数	倍率	一般選抜 受験者数	合格者数	倍率
'24	―	―	―	261	―	1.09
'23	―	―	―	286	240	1.19
'22	―	―	―	295	240	1.23

高石高等学校

〒592-0005 高石市千代田6-12-1 TEL072-265-1941 ■交通／南海本線「北助松」から北西へ800m

インフォメーション INFORMATION

昭和52(1977)年創立。1年次は共通履修、2年次から文系A／文系B／理系・看護医療に、3年次は理系・看護医療系がさらに看護医療系と理系に分かれます。50分×6限授業で放課後の時間を確保、自習室の設置や毎朝10分の読書などを通して、自学自習を促します。国際交流活動も活発で、夏季休暇中のオーストラリア語学研修や姉妹都市カリフォルニア州ロミタ市との交換留学も実施しています。防災・減災教育にも取り組んでおり、研究成果の発表や災害ボランティアにも参加します。

●主な大学合格状況

関西大	9	立命館大	8	近畿大	20
龍谷大	9	摂南大	7	追手門学院大	31
桃山学院大	48	大阪経済大	22	大阪産業大	12

進研Vもし 合格のめやす

普通／一般 49-211(270)

30 35 40 45 50 55 60 65 70 75

普通 努力圏 合格圏 安全圏

入試状況

2024年度募集定員 普通360

年度	受験者数	合格者数	倍率	一般選抜 受験者数	合格者数	倍率
'24	—	—	—	366	—	1.02
'23	—	—	—	402	320	1.26
'22	—	—	—	364	320	1.14

金岡高等学校

〒591-8022 堺市北区金岡町2651 TEL072-257-1431 ■交通／南海高野線「初芝」から北へ1.5km

インフォメーション INFORMATION

昭和49(1974)年開校。3年次から、文系Ⅰ／文系Ⅱ／理系／看護・医療の4類型にわかれて学習します。1年次から進学ガイダンスや職業ガイダンスを行い、自分の進路について考えを深めます。放課後の講習や、春期・夏期の特別進学講習などを実施しており、4年制大学、短大、看護・医療系、各種専門学校などの多様な進路へのサポートを行っています。生徒たちは校訓「克己」のもと、学習・部活動・HR活動に生き生きと取り組んでいます。クラブは運動系・文化系共に活発に活動中です。

●主な大学合格状況

関西大	9	関西学院大	3	同志社大	2
立命館大	2	京都産業大	4	近畿大	30
龍谷大	3	追手門学院大	10	桃山学院大	26

進研Vもし 合格のめやす

普通／一般 47-273(360)

30 35 40 45 50 55 60 65 70 75

普通 努力圏 合格圏 安全圏

入試状況

2024年度募集定員 普通280

年度	受験者数	合格者数	倍率	一般選抜 受験者数	合格者数	倍率
'24	—	—	—	280	—	1.00
'23	—	—	—	271	240	1.13
'22	—	—	—	299	280	1.07

堺西高等学校

〒590-0141 堺市南区桃山台4-16 TEL072-298-4410 ■交通／泉北高速「栂・美木多」からバスで「堺西高前」下車

インフォメーション INFORMATION

明治40(1907)年創立の市立堺女子手芸学校を前身とする、伝統ある高校です。1年次には共通科目を履修し、基礎・基本を徹底。3年間を通したキャリア教育と2年次以降の科目選択やコース選択をリンクさせ、進路希望の実現につなげています。2年次からは専門コースである体育・芸術表現創造と、文系／理型の各コースからいずれかを選択。理型コースは、3年次でさらに看護・医療と理系に分かれます。部活動もさかんで、全国大会・近畿大会などに出場するクラブもあります。

●主な大学合格状況

同志社大	2	近畿大	5	桃山学院大	5
帝塚山学院大	5	関西外国語大	3	大阪学院大	3
帝塚山大	4	大阪産業大	2	大手前大	2

進研Vもし 合格のめやす

普通／一般 43-257(360)

30 35 40 45 50 55 60 65 70 75

普通 努力圏 合格圏 安全圏

入試状況

2024年度募集定員 普通240

年度	受験者数	合格者数	倍率	一般選抜 受験者数	合格者数	倍率
'24	—	—	—	227	—	0.95
'23	—	—	—	258	240	1.08
'22	—	—	—	267	240	1.11

東百舌鳥高等学校

〒599-8234 堺市中区土塔町2377-5 TEL072-235-3781 ■交通／泉北高速「深井」から北東へ２km

インフォメーション INFORMATION

昭和51(1976)年設立。２年次から文系アドバンスコース、文系キャリアコース、看護医療専門コース、理系コースの４つのコースに分かれて幅広い進路実現をめざします。コミュニケーション能力の向上に重点を置いた使える英語教育に力を入れており、希望者はオーストラリア研修(２週間)にも参加可能です。ICTを活用したアクティブラーニング型授業を積極的に取り入れており、社会に有用な人材の育成をめざしています。体育祭・文化祭などの学校行事は非常に盛り上がり、クラブ活動も活発です。

●主な大学合格状況

近畿大	19	龍谷大	10	摂南大	2
追手門学院大	2	桃山学院大	28	大阪学院大	5
大阪経済大	16	帝塚山学院大	11	阪南大	5

進研Vもし 合格のめやす

普通／一般 43-193(270)

普通：努力圏　合格圏　安全圏（30〜75）

入試状況

2024年度募集定員　普通240

年度	受験者数	合格者数	倍率	一般選抜 受験者数	合格者数	倍率
'24	—	—	—	245	—	1.02
'23	—	—	—	264	240	1.10
'22	—	—	—	239	239	1.00

貝塚南高等学校

〒597-0043 貝塚市橋本620 TEL072-432-2004 ■交通／JR阪和線「和泉橋本」から徒歩15分

インフォメーション INFORMATION

昭和49(1974)年開校。「明るく・たくましく・心爽やかな人間」の育成を教育目標にしています。1・2年の英語・数学では習熟度別・少人数制授業を行い、基礎学力を確実に身につけます。２年次から文系／理系に、３年次から文系／理系／看護医療の３コースにわかれて学習します。講習や補習のほか、大学見学バスツアーの実施や保育所での保育体験など、キャリアアップ教育も充実。例年約90％の生徒が大学等へ進学しています。文武両道の精神を大切にしており、運動系・文化系共に活発に活動しています。

●主な大学合格状況

追手門学院大	1	桃山学院大	7	大阪樟蔭女大	1
四天王寺大	2	帝塚山学院大	4	桃山教育大	2
京都外国語大	7				

進研Vもし 合格のめやす

普通／一般 42-254(360)

普通：努力圏　合格圏　安全圏（30〜75）

入試状況

2024年度募集定員　普通240

年度	受験者数	合格者数	倍率	一般選抜 受験者数	合格者数	倍率
'24	—	—	—	238	—	0.99
'23	—	—	—	248	240	1.03
'22	—	—	—	215	215	1.00

泉大津高等学校

〒595-0012 泉大津市北豊中町1-1-1 TEL0725-32-2876 ■交通／南海「松ノ浜」・ＪＲ「和泉府中」から徒歩15分

インフォメーション INFORMATION

昭和16(1941)年開校。遺跡の上に建っているという特徴を生かし、敷地や近隣から発掘された貴重な考古資料を展示した考古資料室があります。１年次は共通のカリキュラムで国語・数学・英語の基礎力向上をめざし、２年次から文系／看護医療系／理系に分かれて、それぞれの希望進路に向けて学習。進学希望者には夏期講習や模試、予備校と連携した土曜英語講習(１年次から)を、就職希望者にはガイダンスや公務員試験への対策などを実施。幅広い進路指導をサポートしています。部活動も活発です。

●主な大学合格状況

大阪学院大	3	大阪経済大	5	大阪物療大	1
四天王寺大	1	帝塚山学院大	3	大手前大	2
天理大	1				

進研Vもし 合格のめやす

普通／一般 42-254(360)

普通：努力圏　合格圏　安全圏（30〜75）

入試状況

2024年度募集定員　普通240

年度	受験者数	合格者数	倍率	一般選抜 受験者数	合格者数	倍率
'24	—	—	—	225	—	0.94
'23	—	—	—	247	240	1.03
'22	—	—	—	251	240	1.05

堺上高等学校

〒593-8311 堺市西区上61 TEL072-271-0808 ■交通／JR阪和線「津久野」から南海バスで「毛穴南」下車

インフォメーション INFORMATION

昭和59(1984)年開校。大学、専門学校への進学から、就職、公務員まで、生徒の進路希望に応じた体制を整えています。1年次の英語・体育・数学は少人数授業を展開。すべての学習の基礎となる国語(言語活動)の充実をはかっているほか、理科では化学・物理・生物・地学の4分野すべてを学習し、幅広い教養を身につけます。3年次は多彩な選択科目を用意しており、希望進路に向けて学習します。コミュニケーション力の向上、進路や生き方を見つめる学習も取り入れています。部活動は運動系、文化系共に活発です。

●主な大学合格状況

摂南大	2	大阪経法大	58	帝塚山学院大	10
大阪経済大	5	大阪樟蔭女子大	2	大阪女学院大	1

進研Vもし 合格のめやす

普通／一般 39-304(450)

30 35 40 45 50 55 60 65 70 75

普通 努力圏 合格圏 安全圏

入試状況

2024年度募集定員 普通240

年度	受験者数	合格者数	倍率	一般選抜 受験者数	合格者数	倍率
'24	—	—	—	249	—	1.04
'23	—	—	—	270	240	1.13
'22	—	—	—	266	240	1.11

信太高等学校

〒594-0081 和泉市葛の葉町3-6-8 TEL0725-23-3631 ■交通／南海本線「北助松」から東へ1.2km

インフォメーション INFORMATION

昭和58(1983)年開校。スポーツ科学専門コースは2年次に、人文／教養／理工／医療・看護／情報の5コースは3年次に選択し、生徒がめざす多様な進路の実現に向けて学習に取り組みます。キャリア教育も充実しており、漢字検定(2年次に全員受検)・パソコン検定・模擬試験の校内実施、保育・看護の体験学習、少人数授業(1年次、数・英)、補習・講習など、生徒一人ひとりの夢を応援する、様々な取り組みを展開しています。部活動にも実績があり、運動系・文化系共に活発に活動しています。

●主な大学合格状況

桃山学院大	4	大阪学院大	2	大阪経法大	6
大阪樟蔭女大	2	帝塚山学院大	1		

進研Vもし 合格のめやす

普通／一般 36-349(540)

30 35 40 45 50 55 60 65 70 75

普通 努力圏 合格圏 安全圏

入試状況

2024年度募集定員 普通240

年度	受験者数	合格者数	倍率	一般選抜 受験者数	合格者数	倍率
'24	—	—	—	269	—	1.12
'23	—	—	—	225	225	1.00
'22	—	—	—	252	240	1.05

りんくう翔南高等学校

〒590-0521 泉南市樽井2-35-54 TEL072-483-4474 ■交通／南海本線「樽井」から南東へ700m

インフォメーション INFORMATION

平成21(2009)年、砂川高校と泉南高校の伝統を受け継いで誕生した普通科専門コース設置高校です。2年次から一般／ハートフルほいく／看護の3コースにわかれて学習します。ハートフルほいくコースでは、幼児教育に関する教科や実習、施設訪問などを通して福祉マインドを養成。看護コースでは、理数系科目を中心とし、看護医療系専門学校等への進路実現をめざします。一般コースでは、多様な進路実現をめざすとともに、社会人として必要な知識や技能も修得します。海外交流や地域交流などグローカル活動も活発。

●主な大学合格状況

大阪樟蔭女大	1	帝塚山学院大	2	大手前大	3

進研Vもし 合格のめやす

普通／一般 36-291(450)

30 35 40 45 50 55 60 65 70 75

普通 努力圏 合格圏 安全圏

入試状況

2024年度募集定員 普通240

年度	受験者数	合格者数	倍率	一般選抜 受験者数	合格者数	倍率
'24	—	—	—	183	—	0.76
'23	—	—	—	211	211	1.00
'22	—	—	—	225	225	1.00

福泉高等学校

〒593-8314 堺市西区太平寺323 TEL072-299-9500 ■交通／JR「鳳」・泉北高速「栂・美木多」からバス「福泉高校前」

インフォメーション INFORMATION

昭和58(1983)年開校。少人数クラス、少人数・習熟度別授業(英・国・数)、学力に応じた個人指導や補充授業、漢検・英検・ワープロ検定の実施、環境教育の推進(ホタルの人工飼育など)、海外修学旅行など、充実した学習活動に取り組んでいます。ICT環境も充実しています。２年次から、一般・教養／国際文化／環境科学にわかれ、個々の興味・関心や進路に応じたカリキュラムを設定。進学指導・就職指導も力を入れており、進路実現に向けたサポート体制の強化をはかっています。

●主な大学合格状況

大阪学院大	2	大阪樟蔭女大	2	帝塚山学院大	3
阪南大	5				

進研Vもし 合格のめやす

普通／一般 34-339(540)

普通：努力圏・合格圏・安全圏（30〜75）

入試状況

2024年度募集定員 普通240

年度	受験者数	合格者数	倍率	一般選抜 受験者数	一般選抜 合格者数	一般選抜 倍率
'24	—	—	—	143	—	0.60
'23	—	—	—	130	130	1.00
'22	—	—	—	164	164	1.00

鳳高等学校(単位制)

〒593-8317 堺市西区原田150 TEL072-271-5151 ■交通／JR阪和線「富木」から東へ徒歩15分

インフォメーション INFORMATION

大正11(1922)年府立第14中学校として創立、普通科単位制高校。140を超える科目を設置しており、丁寧なガイダンスを通して、２年次から各自の学習計画に基づいた科目選択が可能です。英語・数学をはじめとした多くの科目で少人数授業を実施。学びを深め、各自の第１志望達成をめざしています。夏季休暇中にオーストラリアホームステイを実施しており、現地高校との交流を通して、幅広い視野と国際感覚を備えた人格を養います。部活動も活発で、広いグラウンドを中心に数多くのクラブが活動しています。

●主な大学合格状況

神戸大	2	大阪教育大	5	和歌山大	21
大阪公立大	12	関西大	128	関西学院大	43
同志社大	12	立命館大	34	近畿大	202

進研Vもし 合格のめやす

普通／一般 62-254(270)

普通：努力圏・合格圏・安全圏（30〜75）

入試状況

2024年度募集定員 普通320

年度	受験者数	合格者数	倍率	一般選抜 受験者数	一般選抜 合格者数	一般選抜 倍率
'24	—	—	—	311	—	0.97
'23	—	—	—	334	320	1.04
'22	—	—	—	393	280	1.40

槻の木高等学校(単位制)

〒569-0075 高槻市城内町2-13 TEL072-675-2600 ■交通／阪急京都線「高槻市」から南へ700m

インフォメーション INFORMATION

平成15(2003)年、大阪で初めての進学を重視した普通科単位制高校として開校しました。２期制で、期ごとに単位を認定する半期認定制(半年ごとに時間割変更が可能)。２年次から文系／理系に分かれます。希望の進路を実現する、多くの選択科目が用意されています。講習や土曜講習、一日勉強会など、自分にあった学習法を習得する機会も充実。オーストラリア・タイ・韓国の姉妹校との交流もさかんに行われています。始業時刻は８時10分と早めですが、部活動の時間を確保し、勉学との両立をめざしています。

●主な大学合格状況

神戸大	2	滋賀大	1	京都教育大	3
大阪教育大	2	大阪公立大	3	関西大	81
同志社大	38	立命館大	76	近畿大	46

進研Vもし 合格のめやす

普通／一般 58-240(270)

普通：努力圏・合格圏・安全圏（30〜75）

入試状況

2024年度募集定員 普通240

年度	受験者数	合格者数	倍率	一般選抜 受験者数	一般選抜 合格者数	一般選抜 倍率
'24	—	—	—	225	—	0.94
'23	—	—	—	244	240	1.02
'22	—	—	—	283	240	1.18

市岡高等学校（単位制）

〒552-0002 大阪市港区市岡元町2-12-12 TEL06-6582-0330 ■交通／JR環状線・大阪メトロ「弁天町」南東へ400m

インフォメーション INFORMATION

明治34（1901）年に大阪府第七中学校として創立。卒業後はほとんどの生徒が４年制大学へ進学する、進学重視型の高校です。３学期制、45分×７限授業。設置科目が80以上もあり、一人ひとりの学習計画に最適な科目が選べるのも単位制高校のメリットです。２年次から文系／準理系／理系にわかれて学習します。放課後学習スペースの設置や長期休業中の講習などの学習サポート、海外語学研修などの国際交流システムも充実。ICTを活用した教育にも積極的に取り組んでいます。

●主な大学合格状況

大阪大	1	神戸大	1	大阪教育大	4
和歌山大	6	大阪公立大	4	関西大	72
関西学院大	39	同志社大	23	近畿大	159

進研Vもし 合格のめやす

普通 / 一般 57-236(270)

30 35 40 45 50 55 60 65 70 75

普通　努力圏 合格圏 安全圏

入試状況

2024年度募集定員　普通280

年度	受験者数	合格者数	倍率	一般選抜 受験者数	合格者数	倍率
'24	—	—	—	326	—	1.16
'23	—	—	—	346	280	1.24
'22	—	—	—	324	280	1.16

教育センター附属高等学校（単位制）

〒558-0011 大阪市住吉区苅田4-1-72 TEL06-6692-0006 ■交通／大阪メトロ御堂筋線「あびこ」から東北東へ1.2km

インフォメーション INFORMATION

平成23（2011）年、府教育センターと一体となって先進的・先導的な教育実践に取り組むナビゲーションスクールとして誕生。授業は各学年31単位で、文理融合型のバランスのとれたカリキュラムで、学力向上をめざします。数学・英語は少人数学習により（１年次）、基礎力の習得と学習習慣の定着をはかっています。「探究ナビ」は、教科の枠や分野を超えた独自の教科。さまざまなテーマに取り組み、探究力や表現力を養います。ＩＣＴを活用した教育を実践しており、１人１台端末を使って学習しています。

●主な大学合格状況

近畿大	4	龍谷大	2	摂南大	5
桃山学院大	2	大阪経済大	6	帝塚山学院大	12
阪南大	7	京都先端大	2	四天王寺大	3

進研Vもし 合格のめやす

普通 / 一般 42-317(450)

30 35 40 45 50 55 60 65 70 75

普通　努力圏 合格圏 安全圏

入試状況

2024年度募集定員　普通240

年度	受験者数	合格者数	倍率	一般選抜 受験者数	合格者数	倍率
'24	—	—	—	231	—	0.96
'23	—	—	—	290	240	1.21
'22	—	—	—	265	240	1.10

水都国際高等学校

〒559-0033 大阪市住之江区南港中3-7-13 TEL06-7662-9601 ■交通／南港ポートタウン線（ニュートラム）「ポートタウン西」「ポートタウン東」から南へ約800m

インフォメーション INFORMATION

全国初の公設民営による中高一貫教育校として令和元年（2019）に開校。グローバル探究科を設置し、国際社会で活躍するためのコミュニケーション能力や英語運用能力を習得。また、課題を特定し、原因と解決方法を探究・確立するための論理的思考力を養います。２年次からはグローバルコミュニケーション／グローバルサイエンス／国際バカロレアの３コースを設け、個々の興味・関心・進路目標などに応じてコース別に履修。英語・数学・理科・グローバルイシュー探究（国際理解）の各教科では英語で授業を行います。

●主な大学合格状況

大阪公立大	1	関西大	5	関西学院大	2
同志社大	4	立命館大	6	京都産業大	2
近畿大	6	龍谷大	14	追手門学院大	3

進研Vもし 合格のめやす

グローバル探究 / 特別 56-155(180)

30 35 40 45 50 55 60 65 70 75

グローバル探究　努力圏 合格圏 安全圏

入試状況

2024年度募集定員　グローバル探究82

年度	特別選抜 受験者数	合格者数	倍率	一般選抜 受験者数	合格者数	倍率
'24	97	—	1.18	—	—	—
'23	131	76	1.72	—	—	—
'22	118	74	1.59	—	—	—

桜和高等学校

〒530-0037 大阪市北区松ケ枝町1-38 TEL06-6351-0036 ■交通／JR東西線「大阪天満宮」から北東へ600m

インフォメーション INFORMATION

西高校・南高校・扇町総合高校の再編整備により令和４(2022)年に開校。教育文理学科が設置され、２年次から教職教育(文系／理系)／国際文化／理数情報の３コースにわかれて学習。専門科目「教育探究」をはじめとした対話的・協働的学びを通して、教育界だけでなく、それぞれの分野で社会をリードし次世代を支える人材を育成します。高大連携や地域社会との交流を通し豊かな教育を実践します。また、オーストラリア・アメリカの海外姉妹校との交換留学や海外研修など、国際交流もさかんです。

●主な大学合格状況

—

進研Vもし 合格のめやす

教育文理学科／一般 52-293(360)

教育文理学科：努力圏 合格圏 安全圏

入試状況

2024年度募集定員　教育文理学科240

年度	受験者数	合格者数	倍率	一般選抜 受験者数	合格者数	倍率
'24	—	—	—	236	—	0.98
'23	—	—	—	296	240	1.23
'22	—	—	—	296	240	1.23

千里高等学校

〒565-0861 吹田市高野台2-17-1 TEL06-6871-0050 ■交通／阪急千里線・大阪モノレール「山田」から南へ900m

インフォメーション INFORMATION

昭和42(1967)年開校、国際文化科／総合科学科を並置する国際・科学高校。"普通科＋α"をキーワードに、一般的な学校より多い週35単位の授業を実施。普通科高校と同じ授業にプラスして、国際文化科では英語を、総合科学科では理科・数学を深く学びます。留学生の受け入れ、第二外国語の学習、整った設備で行われる実験授業等を通して、様々な分野においてグローバルに活躍できる人材を育成します。また、夏季講習や共通テスト対策講習、面接練習など、進学指導・学力養成にも徹底的に取り組んでいます。

●主な大学合格状況

京都大	1	大阪大	21	神戸大	7
大阪教育大	7	大阪公立大	16	関西大	111
関西学院大	110	同志社大	111	立命館大	169

進研Vもし 合格のめやす

総合科学／一般 65-266(270)
国際文化／一般 65-266(270)

総合科学：努力圏 合格圏 安全圏
国際文化：努力圏 合格圏 安全圏

入試状況

2024年度募集定員　総合科学155、国際文化157

学科／コース	受験者数	合格者数	倍率	一般選抜 受験者数	合格者数	倍率
総合科学	—	—	—	225	—	1.36
国際文化	—	—	—	200	—	

住吉高等学校

〒545-0035 大阪市阿倍野区北畠2-4-1 TEL06-6651-0525 ■交通／阪堺上町線「北畠」下車すぐ

インフォメーション INFORMATION

大正11(1922)年創立、国際文化科／総合科学科を併置する国際・科学高校。国際文化科では、第２外国語の履修、海外姉妹校との国際交流、語学研修などを通して異文化理解を深めます。総合科学科では実験授業や実験合宿のほか、先端科学の講演等も豊富です。両科ともにグローバル人材の育成を目標としており、「使える英語」教育に力を入れています。長期休暇中の集中講座、自習室の開放など、教育環境も充実。部活動もさかんで、ほとんどの生徒が参加、主体的で積極的な学校生活を送っています。

●主な大学合格状況

京都大	1	大阪大	3	神戸大	5
大阪教育大	12	大阪公立大	13	関西大	124
関西学院大	53	同志社大	41	立命館大	63

進研Vもし 合格のめやす

総合科学／一般 62-254(270)
国際文化／一般 62-254(270)

総合科学：努力圏 合格圏 安全圏
国際文化：努力圏 合格圏 安全圏

入試状況

2024年度募集定員　総合科学155、国際文化157

学科／コース	受験者数	合格者数	倍率	一般選抜 受験者数	合格者数	倍率
総合科学	—	—	—	206	—	1.33
国際文化	—	—	—	210	—	

泉北高等学校

〒590-0116 堺市南区若松台3-2-2 TEL072-297-1065 ■交通／泉北高速鉄道「泉ヶ丘」から南へ徒歩10分

インフォメーション INFORMATION

昭和44(1969)年開校、国際文化科／総合科学科からなる国際・科学高校。授業は65分×５限です。両学科共に英語教育には力を入れており、ネイティブの外国人講師によるオールイングリッシュ授業やTOEIC・英検対策授業も実施。国際文化科では第２外国語も学び、英語でのスピーチコンテストも行います。総合科学科では、理科実験室はどの教室も最新の情報・映像機器を備え、実験・実習重視の授業を展開しています。「見て聞いて感じる」ことから「考え創造する」ことへつながる科学的感性を育みます。

●主な大学合格状況

滋賀大	1	和歌山大	3	大阪公立大	1
関西大	40	関西学院大	24	同志社大	11
立命館大	16	近畿大	61	龍谷大	14

進研Vもし 合格のめやす

総合科学 / 一般 58-240(270)
国際文化 / 一般 58-240(270)

30 35 40 45 50 55 60 65 70 75

総合科学 努力圏 合格圏 安全圏

国際文化 努力圏 合格圏 安全圏

入試状況

2024年度募集定員　総合科学158、国際文化154

学科／コース	受験者数	合格者数	倍率	一般選抜 受験者数	合格者数	倍率
総合科学	—	—	—	161	—	1.03
国際文化	—	—	—	161	—	

今宮高等学校

〒556-0013 大阪市浪速区戎本町2-7-39 TEL06-6641-2612 ■交通／大阪メトロ四つ橋線・御堂筋線「大国町」から徒歩５分

インフォメーション INFORMATION

明治39(1906)年の開校。総合学科高校として、多彩な選択科目から進路に合わせた授業を選択することが出来ます。２年次から国公立大文系／国公立大理系／私立大文系／私立大理系／看護・専門の５コースにわかれて、それぞれの進路をめざします。学年別に自習室を用意しており、自学自習を促します。三年間を通した探究学習の時間では、思考力・協働力・発信力をつけ、社会で生き抜く力を育みます。屋内プールやLAN教室など、設備も整っており、部活動、生徒自治会活動もとても活発です。

●主な大学合格状況

大阪大	1	大阪教育大	2	和歌山大	7
大阪公立大	2	関西大	33	関西学院大	17
同志社大	3	近畿大	51	龍谷大	43

進研Vもし 合格のめやす

総合 / 一般 58-240(270)

30 35 40 45 50 55 60 65 70 75

総合学科 努力圏 合格圏 安全圏

入試状況

2024年度募集定員　総合240

年度	受験者数	合格者数	倍率	一般選抜 受験者数	合格者数	倍率
'24	—	—	—	284	—	1.18
'23	—	—	—	352	240	1.47
'22	—	—	—	288	240	1.20

堺東高等学校

〒590-0113 堺市南区晴美台1-1-2 TEL072-291-5510 ■交通／泉北高速「泉ヶ丘」からバスで「堺東高校前」下車

インフォメーション INFORMATION

昭和47(1972)年開校。総合学科高校として、５つの系列(文化・社会／英語／理数／医療・看護／スポーツ・芸術)を用意しており、グループ化された科目から希望進路に必要な科目を選択することで、効率的で中身の濃い学習ができます。２学期制で、65分×５限授業。高大連携講座やボランティア活動への参加を通しての単位認定もあります。部活動も活発で、全校生徒の約70%が参加し、アーチェリーや女子ハンドボール、陸上競技をはじめ、全国大会や近畿大会で活躍する部もあります。

●主な大学合格状況

関西大	8	関西学院大	4	京都産業大	2
近畿大	38	甲南大	3	龍谷大	16
摂南大	10	追手門学院大	1	桃山学院大	14

進研Vもし 合格のめやす

総合 / 一般 52-220(270)

30 35 40 45 50 55 60 65 70 75

総合学科 努力圏 合格圏 安全圏

入試状況

2024年度募集定員　総合280

年度	受験者数	合格者数	倍率	一般選抜 受験者数	合格者数	倍率
'24	—	—	—	277	—	0.99
'23	—	—	—	294	240	1.23
'22	—	—	—	279	240	1.16

芦間高等学校

〒570-0096 守口市外島町1-43 TEL06-6993-7687 ■交通／大阪メトロ谷町線「守口」から徒歩5分

インフォメーション INFORMATION

平成14(2002)年開校の総合学科高校。3年間を通したキャリア教育のもと、生徒自身で授業を選択し、希望の進路を目指します。1年次は基礎学力の向上の為、英語・数学・古典で少人数展開授業を行います。2年からは120以上ある科目の中から自由に選択し学習することができます。3年では、選択科目の中に演習科目を多く配置し、さらに実践的な力を身につけていきます。大学のセミナー講習や英検、数検、漢検などの各種検定試験で単位が認定されるのも特徴のひとつです。

●主な大学合格状況

関西大	17	同志社大	1	立命館大	5
京都産業大	2	近畿大	24	甲南大	2
龍谷大	22	摂南大	14	追手門学院大	9

進研Vもし 合格のめやす

総合／一般 51-289(360)

30 35 40 45 50 55 60 65 70 75

総合学科 努力圏 合格圏 安全圏

入試状況

2024年度募集定員　総合240

年度	受験者数	合格者数	倍率	一般選抜 受験者数	合格者数	倍率
'24	—	—	—	283	—	1.18
'23	—	—	—	283	240	1.18
'22	—	—	—	288	240	1.20

千里青雲高等学校

〒560-0084 豊中市新千里南町1-5-1 TEL06-6831-3045 ■交通／北大阪急行「千里中央」から徒歩15分

インフォメーション INFORMATION

平成19(2007)年開校の総合学科高校。緑豊かな校地には広いグラウンド・2つの体育館・ドーム型プール・トレーニングルームなど充実した設備が備わっています。1年次は授業時間の半分を英語・数学・国語に割り当て、少人数クラス編成によって学力の土台をつくります。2年以降は、全授業の7割以上が選択科目に。各自の進路に合わせて発展的な学習を積み上げます。高大連携や地域貢献活動も活発。早朝や放課後に「青雲道場」を実施(希望者)。教員が受験勉強を強力にサポートします。

●主な大学合格状況

関西大	22	同志社大	1	立命館大	10
京都産業大	10	近畿大	24	甲南大	7
龍谷大	23	摂南大	17	神戸学院大	4

進研Vもし 合格のめやす

総合／一般 51-217(270)

30 35 40 45 50 55 60 65 70 75

総合学科 努力圏 合格圏 安全圏

入試状況

2024年度募集定員　総合240

年度	受験者数	合格者数	倍率	一般選抜 受験者数	合格者数	倍率
'24	—	—	—	244	—	1.02
'23	—	—	—	330	240	1.38
'22	—	—	—	275	240	1.15

咲くやこの花高等学校

〒554-0012 大阪市此花区西九条6-1-44 TEL06-6464-8881 ■交通／JR環状線「西九条」から南西へ500m

インフォメーション INFORMATION

平成20(2008)年に開校した公立中高一貫教育校。総合学科の生徒の半分は併設中学校から入学します。総合学科には理数／ロボット工学／スポーツ科学／言語社会／造形芸術／映像表現の6系列が用意され、2年次に自身に適した系列を選択します。演劇科では演劇の実習を通して身体と言葉を用いた豊かなコミュニケーション能力を習得、食物文化科では食に関する知識・技術を身につけ、卒業と同時に調理師免許を取得できます。各分野における専門性の高い外部講師による質の高い教育を実践しています。

●主な大学合格状況

大阪大	3	神戸大	2	京都工繊大	1
大阪公立大	3	関西大	19	関西学院大	6
同志社大	16	立命館大	12	近畿大	6

進研Vもし 合格のめやす

総合／一般 50-285(360)

30 35 40 45 50 55 60 65 70 75

総合学科 努力圏 合格圏 安全圏

入試状況

2024年度募集定員　総合80

年度	受験者数	合格者数	倍率	一般選抜 受験者数	合格者数	倍率
'24	—	—	—	96	—	1.13
'23	—	—	—	92	80	1.15
'22	—	—	—	95	80	1.19

＊24年度倍率は食物文化科を合わせた学校倍率。食物文化科／演劇科は大阪府最終ページの一覧に掲載。

門真なみはや高等学校

〒571-0016 門真市島頭4-9-1 TEL072-881-2331 ■交通／京阪「大和田」から京阪バス「門真団地」下車すぐ

インフォメーション INFORMATION

統合により平成13(2001)年開校の総合学科高校。2年次から5つの系列(グローバル／自然科学／福祉／子ども教育／スポーツ)と10のフィールド(国際英語／理数／文化／情報／美術など)を中心に科目を選択し、各自の興味・関心を深め、多様な進路の実現をめざします。外国にルーツのある生徒も数多く在籍しており、日本語指導が必要な生徒たちのために日本語の授業なども開講しています。外国から訪れる生徒との交流もさかん。部活動も活発で、多くの生徒が入部しています。

●主な大学合格状況

京都工繊大	1	関西大	21	立命館大	2
近畿大	11	龍谷大	45	摂南大	7
神戸学院大	2	大阪経済大	22	大阪学院大	5

進研Vもし 合格のめやす

総合／一般 48-346(450)

30 35 40 45 50 55 60 65 70 75

総合学科 努力圏 合格圏 安全圏

入試状況

2024年度募集定員　総合226

年度	受験者数	合格者数	倍率	一般選抜 受験者数	合格者数	倍率
'24	—	—	—	224	—	0.99
'23	—	—	—	265	226	1.17
'22	—	—	—	264	226	1.17

柴島高等学校

〒533-0024 大阪市東淀川区柴島1-7-106 TEL06-6323-8351 ■交通／阪急「崇禅寺」・「柴島」から徒歩3分

インフォメーション INFORMATION

昭和50(1975)年開校の総合学科高校。多様な開設科目の中から自身で履修する科目を選択し、「自分だけの時間割」で学習にのぞみます。2年次から、人文科学・社会科学・自然科学・人間科学の4系列から自由に科目を選択することができ、進学や就職に対応した科目も設置しています。完全2期制で、選択科目は半期ごとに単位を認定。2・3年次にはクラス単位ではなく、各講座にわかれての授業となります。医療系や福祉系、芸術系など、生徒ひとりひとりの多様な希望進路に対応した指導を行います。

●主な大学合格状況

摂南大	1	追手門学院大	1	大阪学院大	5
阪南大	5	大阪経済大	4	大阪樟蔭女子大	3
大手前大	3	神戸松蔭女子大	3	京都外国語大	2

進研Vもし 合格のめやす

総合／一般 46-336(450)

30 35 40 45 50 55 60 65 70 75

総合学科 努力圏 合格圏 安全圏

入試状況

2024年度募集定員　総合240

年度	受験者数	合格者数	倍率	一般選抜 受験者数	合格者数	倍率
'24	—	—	—	297	—	1.24
'23	—	—	—	288	240	1.20
'22	—	—	—	315	240	1.31

枚方なぎさ高等学校

〒573-1187 枚方市磯島元町20-1 TEL072-847-1001 ■交通／京阪「御殿山」から南へ600m

インフォメーション INFORMATION

統合により平成16(2004)年に開校。2019年度からは総合学科へ改編。知的探究(特進)／国際文化／芸術表現／生活看護／地域創造の5つの系列を設定しています。進路や将来の夢の実現に向け、2年次で系列を選択し、さらにその中で必要な科目を選択していきます。放課後や夏休みなどの長期休暇中には、受験科目を中心に進学講習を実施。また、アクティブラーニングルームをはじめ、ICT機器を活用した授業で、コミュニケーション力やプレゼンテーション力を育成します。部活動も活発です。

●主な大学合格状況

京都産業大	2	龍谷大	2	摂南大	11
追手門学院大	2	大阪産業大	17	花園大	4
大阪学院大	3	大阪工業大	3	大阪経済大	2

進研Vもし 合格のめやす

総合／一般 42-254(360)

30 35 40 45 50 55 60 65 70 75

総合学科 努力圏 合格圏 安全圏

入試状況

2024年度募集定員　総合240

年度	受験者数	合格者数	倍率	一般選抜 受験者数	合格者数	倍率
'24	—	—	—	246	—	1.03
'23	—	—	—	265	240	1.10
'22	—	—	—	269	240	1.12

貝塚高等学校

〒597-0072 貝塚市畠中1-1-1 TEL072-423-1401 ■交通／南海本線「貝塚」から南東へ800m

インフォメーション INFORMATION

昭和16(1941)年、貝塚実業学校として創設された伝統と歴史ある総合学科高校。1年次は、全員が共通の科目を履修。2・3年次は進路や興味・関心にあわせて系列ごとに科目をまとめた「パック」と自由選択科目を選択し、独自の時間割を作成します。生徒が自ら科目を選択し学ぶことで、個性を生かした主体的な学習を行い、将来の進路実現と将来の職業選択を意識した学習も重視しています。各種検定試験も数多く校内で実施しています。クラブ活動も活発で、各種大会などで優秀な成績を残しています。

●主な大学合格状況

龍谷大	3	桃山学院大	3	大阪経済大	9
帝塚山大	6	帝塚山学院	4	阪南大	2
天理大	2	大阪学院大	1	大阪青山大	1

進研Vもし 合格のめやす

総合／一般 41-250(360)

総合学科：努力圏／合格圏／安全圏

入試状況

2024年度募集定員 総合240

年度	受験者数	合格者数	倍率	一般選抜 受験者数	一般選抜 合格者数	一般選抜 倍率
'24	—	—	—	252	—	1.05
'23	—	—	—	263	240	1.10
'22	—	—	—	256	240	1.07

松原高等学校

〒580-0041 松原市三宅東3-4-1 TEL072-334-8008 ■交通／近鉄南大阪線「河内松原」から北東へ2.5km

インフォメーション INFORMATION

昭和49(1974)年創立の総合学科高校。1年次から普通教科(英・数・国など)や専門教科(農業・工業・看護・福祉・体育・音楽・美術・国際教養など)が選択可能で、進路に関する学習が充実していること、自らが考え発表する取り組みが充実していることが特徴です。選択科目は5系列(ヒューマンネットワーク／コミュニティー／クリエイティブ／スポーツ／エコロジーサイエンス)と進路別講座群に分類されています。海外研修旅行やボランティア活動、スタディーツアーなどの学外活動や部活動も活発です。

●主な大学合格状況

大阪学院大	1

進研Vもし 合格のめやす

総合／一般 40-370(540)

総合学科：努力圏／合格圏／安全圏

入試状況

2024年度募集定員 総合240

年度	受験者数	合格者数	倍率	一般選抜 受験者数	一般選抜 合格者数	一般選抜 倍率
'24	—	—	—	228	—	0.95
'23	—	—	—	256	240	1.07
'22	—	—	—	247	240	1.03

八尾北高等学校

〒581-0834 八尾市萱振町7-42 TEL072-998-2100 ■交通／近鉄大阪線「八尾」から北へ1.2km

インフォメーション INFORMATION

昭和58(1983)年創立の総合学科高校。5つの系列(福祉ネットワーク／国際コミュニケーション／情報・テクノロジー／ライフクリエーション／人間科学)にグルーピングされた総合選択科目と、必修科目を発展させた自由選択科目、あわせて約140科目を設定し、生徒の夢や希望の実現を学習面から支援しています。放課後には進学向けセミナーも実施。また外国にルーツをもつ生徒も募集しており、日本語や母語の学習に取り組んでいます。部活動は体育系、文化系共に活発です。

●主な大学合格状況

関西大	4	龍谷大	6	大阪経法大	9
阪南大	8	大阪経済大	3	大阪樟蔭女大	4
帝塚山学院大	1	大阪学院大	1	京都外国語大	3

進研Vもし 合格のめやす

総合／一般 40-370(540)

総合学科：努力圏／合格圏／安全圏

入試状況

2024年度募集定員 総合226

年度	受験者数	合格者数	倍率	一般選抜 受験者数	一般選抜 合格者数	一般選抜 倍率
'24	—	—	—	212	—	0.94
'23	—	—	—	237	226	1.05
'22	—	—	—	232	229	1.01

枚岡樟風高等学校

〒579-8036 東大阪市鷹殿町18-1 TEL072-982-5437 ■交通／近鉄奈良線「瓢箪山」から北へ900m

インフォメーション INFORMATION

平成13(2001)年、玉川高校の普通科および食品産業高校の食品に関する学科を統合し、総合学科の高校として開校。1年次に「産業社会と人間」の授業、ガイダンス、系列体験を通して、自身の進みたい系列を決め、2年次から農と自然／情報／福祉・保育／工業デザイン／文理／地域文化／スポーツ健康科学の7つの系列からいずれかを選択・履修。また、自由選択科目から希望進路に応じて科目を選択します。部活動は水泳、剣道、陸上などの体育系、漫画アニメ、吹奏楽などの文化系が熱心に活動しています。

●主な大学合格状況

龍谷大	4	追手門学院大	4	阪南大	9
大阪学院大	3	帝塚山大	3	奈良学園大	1

進研Vもし 合格のめやす

総合／一般 37-354(540)

30 35 40 45 50 55 60 65 70 75

総合学科

努力圏 合格圏 安全圏

入試状況

2024年度募集定員　総合240

年度	受験者数	合格者数	倍率	一般選抜 受験者数	一般選抜 合格者数	一般選抜 倍率
'24	—	—	—	175	—	0.73
'23	—	—	—	195	195	1.00
'22	—	—	—	185	185	1.00

成美高等学校

〒590-0137 堺市南区城山台4-1-1 TEL072-299-9000 ■交通／泉北高速「光明池」からバスで「城山台4丁」下車

インフォメーション INFORMATION

美木多高校・上神谷高校の再編整備により、平成15(2003)年に開校、2018年度から総合学科に改編されました。生徒の興味・関心に対応した多様な進路実現をはかるため、5つの系列(国際コミュニケーション／福祉・子ども／社会・情報／芸術クリエイト／看護・スポーツ・サイエンス)を設定。100以上の選択科目から、系列選択科目と進路選択科目を組み合わせて自分の時間割を作ります。「つなぐチカラ」を育み、夢をつなぐ(かなえる)教育活動を展開しています。部活動もさかんです。

●主な大学合格状況

関西外国語大	2	帝塚山学院大	4	阪南大	1
大手前大	2				

進研Vもし 合格のめやす

総合／一般 37-295(450)

30 35 40 45 50 55 60 65 70 75

総合学科

努力圏 合格圏 安全圏

入試状況

2024年度募集定員　総合224

年度	受験者数	合格者数	倍率	一般選抜 受験者数	一般選抜 合格者数	一般選抜 倍率
'24	—	—	—	153	—	0.68
'23	—	—	—	170	170	1.00
'22	—	—	—	208	208	1.00

福井高等学校

〒567-0067 茨木市西福井3-33-11 TEL072-641-4361 ■交通／JR「茨木」・阪急「茨木市」からバス「福井」北西200m

インフォメーション INFORMATION

昭和59(1984)年開校の総合学科高校。1年次は共通科目を履修し、2年次から、人文コミュニケーション／福祉保育ヒューマニティ／健康スポーツ／情報メディア／総合サイエンスの5系列から進路や興味関心に応じて、系列・自由選択科目を選ぶことができます。ドリカム授業(キャリア教育)、個々に応じた進学対策、地域交流活動も実施。多文化共生をめざし、外国にルーツを持つ生徒が一緒に学校生活を送っています。部活動は、体育系・文化系共に活発に活動しています。

●主な大学合格状況

関西大	2	追手門学院大	6	大阪学院大	5
大阪樟蔭女大	2	京都外国語大	1	平安女学院大	1

進研Vもし 合格のめやす

総合／一般 36-349(540)

30 35 40 45 50 55 60 65 70 75

総合学科

努力圏 合格圏 安全圏

入試状況

2024年度募集定員　総合189

年度	受験者数	合格者数	倍率	一般選抜 受験者数	一般選抜 合格者数	一般選抜 倍率
'24	—	—	—	148	—	0.78
'23	—	—	—	147	147	1.00
'22	—	—	—	131	131	1.00

伯太高等学校

〒594-0023 和泉市伯太町2-4-11 TEL0725-45-9321 ■交通／JR阪和線「和泉府中」から北東へ約1km

インフォメーション INFORMATION

昭和53(1978)年開校の総合学科高校です。自然科学／生活と経済／健康と福祉／ITビジネス／ことばと文化の５系列を設定。情報を「調べる・まとめる・発信する」力を育みます。２年次から自身の希望進路にあわせて科目を選択・学習します。充実したICT環境、少人数・習熟度別授業、朝学習や勉強合宿なども実施しており、学力サポート体制が充実。大学見学や出前授業、１年次の適性検査を実施し、きめ細かで一人ひとりにあった進路指導を実施しています。部活動は、運動系、文化系ともに積極的に取り組んでいます。

●主な大学合格状況

大阪学院大	1	大阪経法大	2	大阪工業大	4
帝塚山学院大	5	森ノ宮医療大	3	奈良大	1

進研Vもし 合格のめやす

総合 / 一般 36-291(450)

30 35 40 45 50 55 60 65 70 75

総合学科

努力圏 合格圏 安全圏

入試状況

2024年度募集定員　総合240

年度	受験者数	合格者数	倍率	一般選抜 受験者数	合格者数	倍率
'24	—	—	—	273	—	1.14
'23	—	—	—	253	240	1.05
'22	—	—	—	270	240	1.13

大正白稜高等学校

〒551-0031 大阪市大正区泉尾3-19-50 TEL06-6552-0026 ■交通／JR環状線・大阪メトロ長堀鶴見緑地線「大正」南西1.2km

インフォメーション INFORMATION

平成30(2018)年、泉尾高校と大正高校の統合により総合学科の高校として誕生しました。学校オリジナル科目「リーディングスキル基礎・応用」をはじめ、プレゼンテーションやグループ学習、また幅広い進学・就職に対応できるカリキュラムなどを通して、「考え抜く力」「チームで働く力」「踏み出す力」「創造する力」を育てます。２年次からは、文理・アドバンス／ライフ・健康／地域・ビジネス／IT・クリエイティブの４系列を用意。多彩な自由選択科目から一人ひとりが自分に必要な科目を選択します。

●主な大学合格状況

大阪学院大	9	大阪樟蔭女大	1	四天王寺大	1

進研Vもし 合格のめやす

総合 / 一般 35-286(450)

30 35 40 45 50 55 60 65 70 75

総合学科

努力圏 合格圏 安全圏

入試状況

2024年度募集定員　総合160

年度	受験者数	合格者数	倍率	一般選抜 受験者数	合格者数	倍率
'24	—	—	—	74	—	0.46
'23	—	—	—	120	120	1.00
'22	—	—	—	137	137	1.00

成城高等学校

〒536-0021 大阪市城東区諏訪3-11-41 TEL06-6962-2801 ■交通／大阪メトロ中央線「深江橋」から北東へ500m

インフォメーション INFORMATION

昭和34(1959)年開校、2016年度にエンパワメントスクール改編されました。進路実現のための基礎学力充実と資格取得を推進し、各分野のリーダー育成をめざしています。数理・人文／生活科学／電気情報／ものづくり／商業実務の５系列を用意。１学級35人の少人数クラス編成、全学年一斉の早朝０時限学習と7・8限授業(希望者)、独自の教材などによる基礎力充実システム、国英数は2・3年次でも習熟度別講座編成、ICTの学習利用にも力を入れるなど、生徒の進路実現をサポートします。部活動も非常に活発。

●主な大学合格状況

立命館大	1	桃山学院大	5	大阪学院大	2
大阪樟蔭女大	3	大手前大	1		

進研Vもし 合格のめやす

エンパワメントスクール / 特別 38-150(225)

30 35 40 45 50 55 60 65 70 75

エンパワメントスクール

努力圏 合格圏 安全圏

入試状況

2024年度募集定員　エンパワメントS210

年度	特別選抜 受験者数	合格者数	倍率	受験者数	合格者数	倍率
'24	223	—	1.06	—	—	—
'23	220	210	1.05	—	—	—
'22	204	204	1.00	—	—	—

箕面東高等学校

〒562-0025 箕面市粟生外院5-4-63 TEL072-729-4008 ■交通／阪急千里線「北千里」からバスで「粟生団地」下車

インフォメーション INFORMATION

昭和49(1974)年開校、2015年度にエンパワメントスクールに改編されました。生徒の力を最大限に引き出し、進路実現をはかります。2年次から情報・ビジネス／環境・サイエンス／人文・アート／福祉・スポーツ／国際・コミュニケーションの5系列を用意。国数英を基礎から学べる少人数モジュール授業(30分単位・習熟度別)、グループ学習や参加体験型学習も行うエンパワメントタイムも特色のひとつです。また、デュアルシステム(企業実習)により、社会性やコミュニケーション力を身につけることができます。

●主な大学合格状況

大阪学院大 10　京都外国語大 2　大手前大 2
大阪経済大 1　大阪青山大 1

進研Vもし 合格のめやす

エンパワメントスクール / 特別 36-145(225)

30 35 40 45 50 55 60 65 70 75

エンパワメントスクール
努力圏 合格圏 安全圏

入試状況

2024年度募集定員　エンパワメントS210

年度	特別選抜					
	受験者数	合格者数	倍率	受験者数	合格者数	倍率
'24	163	—	0.78	—	—	—
'23	163	163	1.00	—	—	—
'22	166	166	1.00	—	—	—

和泉総合高等学校

〒594-0082 和泉市富秋町1-14-4 TEL0725-41-1250 ■交通／JR阪和線「信太山」から北西へ600m

インフォメーション INFORMATION

昭和38(1963)年開校、2018年度からエンパワメントスクールに改編されました。1年次は基本的な学力の定着と学び直しのため、30分・少人数・習熟度別で行うモジュール授業を実施。2年次からは、ものづくり／くらしと保育／ステップアップの3系列を設置。工業・生活・普通科目の選択科目が充実しています。コミュニケーション力・ソーシャルスキルの育成のため、グループワークや発表の機会を多く取り入れた学習を行います。地域連携に力を入れており、様々なイベントの開催や参加をします。

●主な大学合格状況

帝塚山学院大 1

進研Vもし 合格のめやす

エンパワメントスクール / 特別 34-141(225)

30 35 40 45 50 55 60 65 70 75

エンパワメントスクール
努力圏 合格圏 安全圏

入試状況

2024年度募集定員　エンパワメントS210

年度	特別選抜					
	受験者数	合格者数	倍率	受験者数	合格者数	倍率
'24	206	—	0.98	—	—	—
'23	201	201	1.00	—	—	—
'22	212	210	1.01	—	—	—

淀川清流高等学校

〒533-0013 大阪市東淀川区豊里2-11-35 TEL06-6328-2331 ■交通／阪急京都線「上新庄」から徒歩約15分

インフォメーション INFORMATION

平成30(2018)年、北淀高校と西淀川高校の統合によりエンパワメントスクールとして開校しました。1年次では、国語・数学・英語は30分のモジュール授業で基礎学力の定着をはかります。2年次からは情報・アート／ビジネス・教養／環境・健康／数理・人文の4系列を設置。一人ひとりの夢を育み、多様な進路が実現するよう、生徒の興味・関心・適性によって学習できる選択科目を設けています。選択科目の中には、受験に対応できる科目も多くあり、大学受験の対策も可能です。また、部活動は体育系・文化系共に活発です。

●主な大学合格状況

大阪青山大 2　大阪学院大 4　大阪産業大 3
大阪樟蔭女大 1

進研Vもし 合格のめやす

エンパワメントスクール / 特別 34-141(225)

30 35 40 45 50 55 60 65 70 75

エンパワメントスクール
努力圏 合格圏 安全圏

入試状況

2024年度募集定員　エンパワメントS210

年度	特別選抜					
	受験者数	合格者数	倍率	受験者数	合格者数	倍率
'24	192	—	0.91	—	—	—
'23	179	179	1.00	—	—	—
'22	175	175	1.00	—	—	—

布施北高等学校

〒577-0024 東大阪市荒本西1-2-72 TEL06-6787-2666 ■交通／近鉄けいはんな線「荒本」から南へ徒歩10分

インフォメーション INFORMATION

昭和53（1978）年開校、2017年度からエンパワメントスクールとして改編されました。基礎基本の学力を確かなものとするモジュール授業、思考力・表現力を養うエンパワメントタイムのほか、２年次からはモノづくり・ビジネス／教育・福祉／多文化・教養の３系列を用意。系列ごとに興味や進路に応じた科目を選びます。独自のキャリア教育である「デュアルシステム」では、１年次には２日間のインターンシップ、２・３年次には週１回、地元企業での体験実習を実施。社会で活躍するための力を身につけます。

●主な大学合格状況

大阪学院大	4	大阪経法大	1	大阪樟蔭女大	1
大阪女学院大	2	帝塚山学院大	1	大手前大	2

進研Vもし 合格のめやす

エンパワメントスクール / 特別 34-141(225)

30 35 40 45 50 55 60 65 70 75

エンパワメントスクール　努力圏　合格圏　安全圏

入試状況

2024年度募集定員　エンパワメントS210

年度	特別選抜					
	受験者数	合格者数	倍率	受験者数	合格者数	倍率
'24	184	—	0.88	—	—	—
'23	195	195	1.00	—	—	—
'22	190	190	1.00	—	—	—

長吉高等学校

〒547-0015 大阪市平野区長吉長原西3-11-33 TEL06-6790-0700 ■交通／大阪メトロ谷町線「長原」から南西1.1km

インフォメーション INFORMATION

昭和50（1975）年創立、2015年度からエンパワメントスクールに改編されました。個人のレベルにあわせて行うモジュール授業（１年次・30分・国数英）、「正解が１つではない問題」について考えるエンパワメントタイムなどにより、わかる喜びや学ぶ意欲を呼び起こし、生徒の力を引き出します。多文化共生／ITとコンピュータ／文芸と実学／スポーツと生活科学の４系列があり、自分の進路や適性、興味にあわせて科目を選択することができます。部活動もさかんで、多くのクラブが各種大会で好成績を残しています。

●主な大学合格状況

京都外国語大	1	大阪樟蔭女大	1

進研Vもし 合格のめやす

エンパワメントスクール / 特別 34-141(225)

30 35 40 45 50 55 60 65 70 75

エンパワメントスクール　努力圏　合格圏　安全圏

入試状況

2024年度募集定員　エンパワメントS210

年度	特別選抜					
	受験者数	合格者数	倍率	受験者数	合格者数	倍率
'24	200	—	0.95	—	—	—
'23	184	184	1.00	—	—	—
'22	203	201	1.01	—	—	—

岬高等学校

〒599-0301 泉南郡岬町淡輪3246 TEL072-494-0301 ■交通／南海本線「みさき公園」東へ1km

インフォメーション INFORMATION

昭和54（1979）年開校。2024年度からステップスクール（総合学科）に改編。校舎から大阪湾が一望できる環境で、自分らしく学びながら社会で自立する力を育みます。１年次は10名程度の少人数クラスや国・数・英は毎日30分授業を行うなど、基礎学力とコミュニケーション力を身に付けます。２年次からはマリンアドベンチャー／アクティブIT／ソーシャルケア／クロスカルチャーの４系列にわかれ、希望の進路に向けた科目を選択します。スクールカウンセラー他、校内支援体制も充実しています。

●主な大学合格状況

大阪学院大	1

進研Vもし 合格のめやす

ステップスクール / 特別 33-139(225)

30 35 40 45 50 55 60 65 70 75

ステップスクール　努力圏　合格圏　安全圏

入試状況

2024年度募集定員　ステップS150

年度	特別選抜					
	受験者数	合格者数	倍率	受験者数	合格者数	倍率
'24	128	—	0.85	—	—	—
'23	126	126	1.00	—	—	—
'22	106	106	1.00	—	—	—

西成高等学校

〒557-0062 大阪市西成区津守1-13-10 TEL06-6562-5751 ■交通／南海汐見橋線「津守」下車すぐ

インフォメーション INFORMATION

昭和49(1974)年に開校、2024年度からステップスクール(総合学科)に改編。「楽しいから学校に行きたい！」と思える学校を目指し、生徒一人ひとりの成長を「元気+全力」でサポートします。多くの生徒の「学び直し」を応援し、少人数の習熟度別授業(国・数・英)で学びます。進路実現に向けての様々な取り組みやキャリア支援も充実しており、一人ひとりに合った「社会へ自立する力」を育みます。また、教科の枠にはおさまらない体験学習や地域の力を活用した体験・実習も充実しています。

●主な大学合格状況

大阪学院大 1

進研Vもし 合格のめやす

ステップスクール / 特別 33-139(225)

30 35 40 45 50 55 60 65 70 75

ステップスクール
努力圏 合格圏 安全圏

入試状況

2024年度募集定員 ステップS150

年度	特別選抜					
	受験者数	合格者数	倍率	受験者数	合格者数	倍率
'24	179	—	1.19	—	—	—
'23	230	210	1.10	—	—	—
'22	183	183	1.00	—	—	—

淀川工科高等学校

〒535-0001 大阪市旭区太子橋3-1-32 TEL06-6952-0001 ■交通／大阪メトロ谷町線「守口」から西へ300m

インフォメーション INFORMATION

昭和12(1937)年開校。2014年度には従来の工業系に加え、工学系大学進学専科が設置されました。工業系は２年次から機械系／電気系／メカトロニクス系の専門分野に。３年次にはさらに各自の進路にそった専科に分かれて学習します。大学進学専科は大学進学を見すえたカリキュラムで、とくに英・数は普通科高校理系進学コースと同等の時間数を確保するとともに、クラスを２つ(20人)に分けることで、きめ細かな授業を行っています。専門科目の授業はすべて少人数授業です。部活動も活発。

●主な大学合格状況

南 山 大 2　森ノ宮医療大 1

進研Vもし 合格のめやす

工学系大学進学 / 一般 45-331(450)
工業 / 一般 42-317(450)

30 35 40 45 50 55 60 65 70 75

工学系大学進学専科
努力圏 合格圏 安全圏

工業
努力圏 合格圏 安全圏

入試状況

2024年度募集定員 工学系大学進学35、工業175

学科／コース				一般選抜		
	受験者数	合格者数	倍率	受験者数	合格者数	倍率
工学系大学進学	—	—	—	33	—	0.96
工業	—	—	—	168	—	

今宮工科高等学校

〒557-0024 大阪市西成区出城1-1-6 TEL06-6631-0055 ■交通／ JR環状線・南海本線「新今宮」から徒歩７分

インフォメーション INFORMATION

大正３(1914)年開校。機械系／電気系／建築系／グラフィックデザイン系の4つの専門系と、工学系大学進学専科を設置しています。専門系は２年次に選択し、本格的な専門の学習をスタートさせます。大学進学専科では機械・電気・建築などの専門科目を幅広く学びつつ、英語・数学・理科に重点を置き、大学進学に特化したカリキュラム。工学系大学との連携を強化、充実させることで科学や工学への視野を広め、リーディングエンジニアとしての資質を育みます。クラブ活動も活発です。

●主な大学合格状況

京都産業大 3　大阪学院大 1　森ノ宮医療大 1

進研Vもし 合格のめやす

工学系大学進学 / 一般 44-261(360)
工業 / 一般 42-254(360)

30 35 40 45 50 55 60 65 70 75

工学系大学進学専科
努力圏 合格圏 安全圏

工業
努力圏 合格圏 安全圏

入試状況

2024年度募集定員 工学系大学進学35、工業175

学科／コース				一般選抜		
	受験者数	合格者数	倍率	受験者数	合格者数	倍率
工学系大学進学	—	—	—	33	—	1.04
工業	—	—	—	186	—	

茨木工科高等学校

〒567-0031 茨木市春日5-6-41 TEL072-623-1331 ■交通／JR京都線「茨木」から北へ徒歩15分

インフォメーション INFORMATION

昭和38(1963)年に開校、2005年度に工科高校へ再編整備されました。２年次から機械／電気／環境化学システムの３系に分かれて学習。各系の専門テーマについて、企業等が求める高い専門知識・技術を身につけることができるよう工夫しています。工学系大学進学専科ではものづくりの幅広い知識・技能の習得をはかりながら、理工学系大学への進学に対応した数学・理科・英語の学力強化に努めます。各専門系での学びを活かし、外部のコンテストなど自分の力を全国レベルで確認する機会もあります。

●主な大学合格状況

神戸学院大	4	追手門学院大	3	藍野大	1
大阪青山大	1	大阪学院大	4		

進研Vもし 合格のめやす

工学系大学進学／一般 40-308(450)

工業／一般 37-295(450)

30 35 40 45 50 55 60 65 70 75

工学系大学進学専科：努力圏 合格圏 安全圏

工業：努力圏 合格圏 安全圏

入試状況

2024年度募集定員　工学系大学進学35、工業175

学科／コース	受験者数	合格者数	倍率	一般選抜 受験者数	合格者数	倍率
工学系大学進学	—	—	—	14	—	0.82
工業	—	—	—	158	—	

佐野工科高等学校

〒598-0012 泉佐野市高松東1-3-50 TEL072-462-2772 ■交通／南海本線「泉佐野」から東へ徒歩５分

インフォメーション INFORMATION

大正14(1925)年創立、2005年度に工科高校へ改編されました。創立以来の伝統、教育活動を活かし、優れた技術と創造性を身につけた、地域社会のリーダー育成をめざしています。インターンシップ、企業実習や就労体験の充実も大きな特色。２年次から機械／電気／産業創造の３系とそれぞれの専科にわかれて学習、工業技術の基礎となるものづくり教育、資格取得をめざします。就職に有利な各種検定や資格取得の支援も充実しています。部活動にも力を入れており、体育系・文化系クラブが毎日活動しています。

●主な大学合格状況

—

進研Vもし 合格のめやす

工業／一般 37-295(450)

30 35 40 45 50 55 60 65 70 75

工業：努力圏 合格圏 安全圏

入試状況

2024年度募集定員　工業210

年度	受験者数	合格者数	倍率	一般選抜 受験者数	合格者数	倍率
'24	—	—	—	214	—	1.02
'23	—	—	—	213	210	1.01
'22	—	—	—	183	183	1.00

城東工科高等学校

〒578-0976 東大阪市西鴻池町2-5-33 TEL06-6745-0051 ■交通／JR学研都市線「鴻池新田」から西へ300m

インフォメーション INFORMATION

昭和4(1929)年創設。地域産業の担い手であると同時に、グローバル社会にも対応できる人材を育成。地域産業と連携したキャリア教育のほか、技能検定などの資格取得にも力を入れています。１年次のキャリアガイダンスで自分自身の適性や能力を見つめる機会を持ち、２年次からの分野選択(機械系／電気系／メカトロニクス系)に備えます。地元企業との連携により、職場見学やインターンシップの機会があり、生徒の職業観を育みます。2025年度、布施工科高校と統合し、新たな工業系高校として開校予定です。

●主な大学合格状況

—

進研Vもし 合格のめやす

工業／一般 36-291(450)

30 35 40 45 50 55 60 65 70 75

工業：努力圏 合格圏 安全圏

入試状況

2024年度募集定員　工業210

年度	受験者数	合格者数	倍率	一般選抜 受験者数	合格者数	倍率
'24	—	—	—	159	—	0.76
'23	—	—	—	179	179	1.00
'22	—	—	—	167	167	1.00

布施工科高等学校

〒577-0805 東大阪市宝持3-7-5 TEL06-6722-0221 ■交通／近鉄奈良線「八戸ノ里」から徒歩15分

インフォメーション INFORMATION

昭和14(1939)年設立。ものづくりに関する基礎・基本的な学習から、先端技術機器などの高度な技術力まで学習します。自分の将来設計を考えるキャリア教育も充実しており、1年次には希望する技術分野(系)を決定。2年次から機械系／電気系／建築設備系の専門分野に分かれて学習します。インターンシップ、機械系の企業研究など就業体験の機会も豊富。3年次には課題研究に取り組み、作品製作や製作発表が行われます。2025年度、城東工科高校と統合し、新たな工業系高校として開校予定です。

●主な大学合格状況

—

進研Vもし 合格のめやす

工業 / 一般 36-349(540)

30 35 40 45 50 55 60 65 70 75

工業

努力圏 合格圏 安全圏

入 試 状 況

2024年度募集定員　工業210

年度	受験者数	合格者数	倍率	一般選抜 受験者数	合格者数	倍率
'24	—	—	—	162	—	0.77
'23	—	—	—	158	158	1.00
'22	—	—	—	142	142	1.00

藤井寺工科高等学校

〒583-0021 藤井寺市御舟町10-1 TEL072-955-0281 ■交通／近鉄南大阪線「藤井寺」から東へ500m

インフォメーション INFORMATION

昭和38(1963)年開校の河南工業高校を前身とし、2005年度に工科高校として改編。工業技術に興味・関心を持ち、将来工業関係の仕事に携わりたい生徒が学んでいます。2年次から機械系／電気系／メカトロニクス系の3系にわかれて学習、さらに各系は2つの専科に分かれて専門的な知識・技術を習得します。就職内定率は100%。また工業を学んだ強みを生かした、理系大学等への進学の道も開いています。コンピュータ部、生産技術部など、部活動にも多数の生徒が参加しています。

●主な大学合格状況

四天王寺大　1

進研Vもし 合格のめやす

工業 / 一般 36-291(450)

30 35 40 45 50 55 60 65 70 75

工業

努力圏 合格圏 安全圏

入 試 状 況

2024年度募集定員　工業210

年度	受験者数	合格者数	倍率	一般選抜 受験者数	合格者数	倍率
'24	—	—	—	185	—	0.88
'23	—	—	—	153	153	1.00
'22	—	—	—	129	129	1.00

堺工科高等学校

〒590-0801 堺市堺区大仙中町12-1 TEL072-241-1401 ■交通／JR阪和線「百舌鳥」から西へ徒歩15分

インフォメーション INFORMATION

昭和11(1936)年創立、2005年に工科高校へ改編されました。機械／電気／環境化学システムの3系を設置、各系はさらに2つの「専科」に分かれます。1年次には、工業科全般の授業や実習を体験しながら希望する系・専科を決定。2年次から各系に分かれて学びます。インターンシップに参加しての就業体験や、企業から技術者を招いての授業など、専門分野の学習・体験を深めます。国家資格取得のための講習やサポートも充実。部活動もさかんで運動部・文化部ともに熱心に活動中。

●主な大学合格状況

大阪学院大　1　帝塚山学院大　1

進研Vもし 合格のめやす

工業 / 一般 35-286(450)

30 35 40 45 50 55 60 65 70 75

工業

努力圏 合格圏 安全圏

入 試 状 況

2024年度募集定員　工業210

年度	受験者数	合格者数	倍率	一般選抜 受験者数	合格者数	倍率
'24	—	—	—	204	—	0.97
'23	—	—	—	195	195	1.00
'22	—	—	—	204	204	1.00

大阪ビジネスフロンティア高等学校

〒543-0042 大阪市天王寺区烏ヶ辻2-9-26 TEL06-6772-7961 ■交通／JR大阪環状線「桃谷」から南西へ400m

インフォメーション INFORMATION

平成24（2012）年、大阪市立の東商業／市岡商業／天王寺商業の３校が統合・再編されました。大阪の新産業創造を担い、起業の精神にあふれ、国際ビジネス社会で活躍する高度な専門性を備えたビジネススペシャリストを育成し、大学や産業界と連携して高大７年間を見据えた教育を行う、新しいタイプのビジネス高校です。国際社会で活躍するうえで必要とされる「英語」「会計」「情報」の習得に重点を置き、高大接続科目や探究型学習で大学レベルの知識を育成します。連携大学への特別入学制度もあります。

●主な大学合格状況

高知県立大	1	関西大	1	立命館大	1
京都産業大	1	近畿大	9	龍谷大	3
神戸学院大	3	追手門学院大	1	大阪経法大	9

進研Vもし 合格のめやす

グローバルビジネス／一般 51-361(450)

30 35 40 45 50 55 60 65 70 75

グローバルビジネス

努力圏 合格圏 安全圏

入試状況

2024年度募集定員　グローバルビジネス240

年度				一般選抜		
	受験者数	合格者数	倍率	受験者数	合格者数	倍率
'24	—	—	—	303	—	1.26
'23	—	—	—	262	240	1.09
'22	—	—	—	254	240	1.06

高校名	学科名	入試状況									進研Vもし 合格のめやす	
		募集定員	特別選抜				一般選抜				特別選抜	一般選抜
			定員	受験者数	合格者数	倍率	定員	受験者数	合格者数	倍率	合格のめやす―相応内申点(満点)	合格のめやす―相応内申点(満点)
豊中	能勢分校選抜	70	70	31	—	0.44	—	—	—	—	36 - 145(225)	—
都島工業	機械・機械電気	70	—	—	—	—	70	65	—	0.98	—	48 - 346(450)
	建築・都市工学	105	—	—	—	—	105	99	—		—	48 - 346(450)
	電気電子工学	70	—	—	—	—	70	99	—		—	49 - 351(450)
	理数工学	70	—	—	—	—	70	47	—		—	49 - 351(450)
泉尾工業	機械	35	—	—	—	—	35	16	—	0.75	—	34 - 282(450)
	電気	35	—	—	—	—	35	33	—		—	34 - 282(450)
	工業化学・セラミック	35	—	—	—	—	35	22	—		—	34 - 282(450)
	ファッション工学	35	—	—	—	—	35	34	—		—	34 - 282(450)
東淀工業	機械工学	70	—	—	—	—	70	54	—	0.57	—	33 - 278(450)
	電気工学	35	—	—	—	—	35	24	—		—	34 - 282(450)
	理工学	35	—	—	—	—	35	2	—		—	34 - 282(450)
堺市立堺	マネジメント創造	80	—	—	—	—	80	75	—	0.90	—	43 - 257(360)
	機械材料創造	80	—	—	—	—	80	75	—		—	43 - 257(360)
	サイエンス創造	40	—	—	—	—	40	22	—		—	43 - 257(360)
	建築インテリア創造	40	—	—	—	—	40	44	—		—	43 - 257(360)
工芸	建築デザイン	40	40	41	—	1.28	—	—	—	—	46 - 134(180)	—
	インテリアデザイン	40	40	39	—		—	—	—	—	46 - 134(180)	—
	プロダクトデザイン	40	40	36	—		—	—	—	—	48 - 138(180)	—
	映像デザイン	40	40	50	—		—	—	—	—	48 - 138(180)	—
	ビジュアルデザイン	40	40	65	—		—	—	—	—	52 - 147(180)	—
	美術	40	40	75	—		—	—	—	—	52 - 147(180)	—
淀商業	商業	200	—	—	—	—	200	138	—	0.72	—	37 - 295(450)
	福祉ボランティア	40	—	—	—	—	40	34	—		—	38 - 299(450)
鶴見商業	商業	200	—	—	—	—	200	192	—	0.96	—	38 - 359(540)
東大阪市立日新	商業	40	—	—	—	—	40	31	—	*0.88	—	41 - 312(450)
住吉商業	商業	200	—	—	—	—	200	174	—	0.87	—	36 - 349(540)
岸和田市立産業	商業	160	—	—	—	—	160	124	—	1.02	—	44 - 326(450)
	情報	80	—	—	—	—	80	121	—		—	47 - 341(450)
	デザインシステム	40	40	61	—	1.53	—	—	—	—	44 - 163(225)	—
園芸	フラワーファクトリ	80	—	—	—	—	80	73	—	0.91	—	37 - 354(540)
	環境緑化	40	—	—	—	—	40	27	—		—	38 - 359(540)
	バイオサイエンス	80	—	—	—	—	80	82	—		—	38 - 359(540)
農芸	ハイテク農芸	40	—	—	—	—	40	41	—	0.98	—	43 - 322(450)
	食品加工	80	—	—	—	—	80	77	—		—	41 - 312(450)
	資源動物	80	—	—	—	—	80	77	—		—	43 - 322(450)
咲くやこの花	食物文化	40	—	—	—	—	40	39	—	*1.13	—	50 - 285(360)
	演劇	40	40	43	—	1.08	—	—	—	—	48 - 138(180)	—
港南造形	総合造形	200	200	216	—	1.08	—	—	—	—	44 - 163(225)	—
大阪わかば	クリエイティブ普通	135	135	96	—	0.71	—	—	—	—	37 - 147(225)	—
東住吉総合	クリエイティブ総合	234	—	—	—	—	234	222	—	0.95	—	38 - 239(360)
中央	昼夜間単位制	240	240	164	—	0.68	—	—	—	—	38 - 120(180)	—

＊倍率の前に [*] があるものは他学科を合わせた学校倍率です。

兵庫県

通学区域について…普通科は県内５学区に分かれており、すべての学区において複数志願選抜と特色選抜を導入しています。専門学科は、原則的に県内のどの高校のどの学科でも受験できます。総合学科と全日制の単位制普通科は、推薦入学では県内全域から志願できますが、学力検査による選抜では学区内となります。

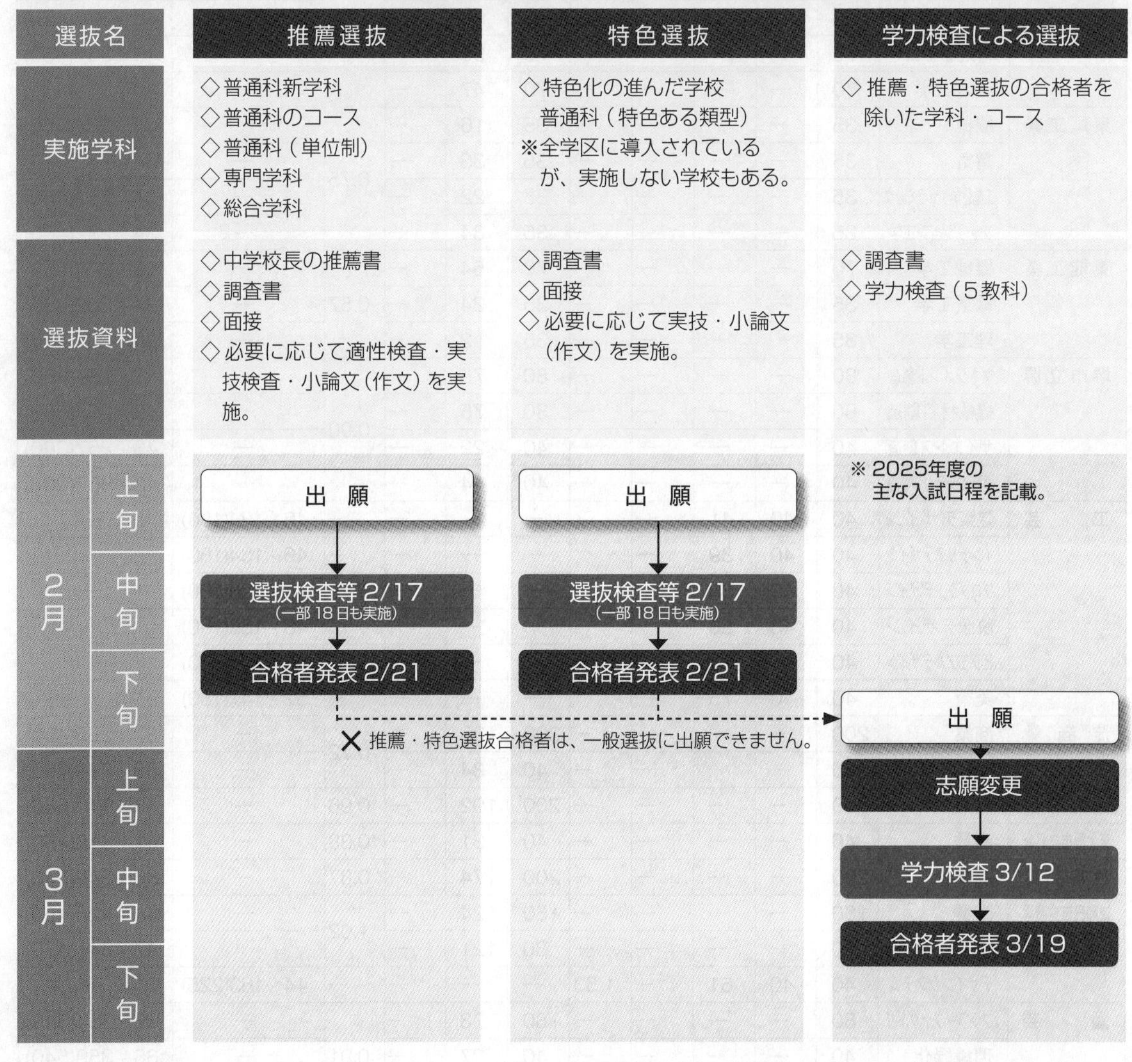

選抜名	推薦選抜	特色選抜	学力検査による選抜
実施学科	◇普通科新学科 ◇普通科のコース ◇普通科（単位制） ◇専門学科 ◇総合学科	◇特色化の進んだ学校普通科（特色ある類型） ※全学区に導入されているが、実施しない学校もある。	◇推薦・特色選抜の合格者を除いた学科・コース
選抜資料	◇中学校長の推薦書 ◇調査書 ◇面接 ◇必要に応じて適性検査・実技検査・小論文（作文）を実施。	◇調査書 ◇面接 ◇必要に応じて実技・小論文（作文）を実施。	◇調査書 ◇学力検査（５教科）

入試当日のスケジュール（変更になる場合があります）

<一般選抜>

時限	第１時	第２時	第３時	第４時	第５時
教科	国語	数学	社会	理科	英語
時間	50分	50分	50分	50分	50分
時刻	9:10～10:00	10:20～11:10	11:30～12:20	13:10～14:00	14:20～15:10
配点	100点	100点	100点	100点	100点

※英語のうち聞き取りテストは、英語開始直後に実施（10分程度）。

※推薦選抜・特色選抜は各高校の募集要項で確認してください。

入学者選抜の概要（2024年度の場合）

推薦選抜（実施学科と選抜資料）

定員のすべてを選抜	定員の50%以内を選抜		
◇普通科新学科　文理探究科／地域科学探究科／STEAM探究科 ◇普通科のコース　国際文化系／自然科学系／総合人間系／健康福祉系 ◇理数／体育／音楽／美術／国際／演劇／環境防災／看護／福祉に関する学科、および電子機械科／情報科学科／情報科／会計科	◇農業に関する学科 ◇工業に関する学科 ◇商業に関する学科 ◇水産に関する学科 ◇家庭に関する学科 ※工業／商業は一部の学科を除く。	◇普通科（単位制）	◇総合学科
◇面接　※必要に応じて適性検査、実技検査、小論文（作文）	◇面接 ◇小論文（作文）	◇面接　◇適性検査 ※必要に応じて、小論文（作文）	◇面接 ◇小論文（作文）

普通科新学科

分　類	高　校　名
学際領域に関する学科（文理探究科）	御影／八鹿
地域社会に関する学科（地域科学探究科）	柏原
STEAMに関する学科（STEAM探究科）	篠山鳳鳴／明石／姫路飾西／豊岡

普通科のコース

分　類	高　校　名
国際文化系コース	神戸鈴蘭台／宝塚西／市立伊丹／明石城西
自然科学系コース	津名／淡路三原／川西緑台／市立西宮東／福崎／相生／市立姫路
総合人間系コース	尼崎／市立西宮東／北条
健康福祉系コース	市立飾磨

特色ある専門学科

分　類	高　校　名
理数に関する学科	神戸／兵庫／尼崎小田／宝塚北／市立西宮／明石北／加古川東／小野／姫路西／龍野／県立大附属
国際に関する学科	国際／市立葺合／尼崎小田／鳴尾／明石西／三木／市立琴丘
音楽・美術に関する学科	西宮／明石
体育に関する学科	市立尼崎／社
その他	舞子（環境防災）／宝塚北（演劇）

職業教育を主とする学科

分　類	高　校　名
農業に関する学科	氷上／篠山産業／篠山東雲／有馬／農業／播磨農業／上郡／佐用／山崎／但馬農業
工業に関する学科	兵庫工業／尼崎工業／篠山産業／東播工業／西脇工業／小野工業／姫路工業／飾磨工業／相生産業／龍野北／豊岡総合／洲本実業／市立科学技術／市立尼崎双星
商業に関する学科	神戸商業／篠山産業／松陽／小野／姫路商業／相生産業／洲本実業／市立神港橘／市立尼崎双星／市立伊丹／市立明石商業
水産に関する学科	香住
家庭に関する学科	松陽／西脇／社／小野工業／佐用
看護に関する学科	龍野北／日高
福祉に関する学科	武庫荘総合／龍野北／日高／市立明石商業

特色選抜（実施学科と選抜資料）

定員の20%以内（最大40人）を選抜（※ただし、家島／村岡／生野 定員の50%以内）
すべての学区において、特色化の進んだ学校（普通科）で実施。
◇面接　※必要に応じて実技検査・小論文（作文）を実施。

特色類型（普通科）設置校

類　型	高　校　名
人文・社会科学系	須磨東／西宮北／市立西宮
自然科学系	星陵／舞子／西宮北／伊丹／西脇／赤穂
環境・情報系	尼崎北／西宮南／明石清水／三木北／吉川／家島
教育系	夢野台／西宮甲山／猪名川／三田西陵／明石西／山崎
芸術・スポーツ系	伊川谷北／尼崎西／高砂／松陽／姫路南／神崎／村岡／市立尼崎双星
看護・福祉系	東灘／神戸北／尼崎小田／伊丹西／高砂／多可／社
国際系	川西明峰／加古川西／網干／市立尼崎
総合系	長田／伊川谷／神戸高塚／洲本／鳴尾／宝塚／宝塚東／川西北陵／北摂三田／高砂南／東播磨／播磨南／姫路別所／夢前／伊和／上郡／出石／浜坂／生野

兵庫

一般選抜

学力検査	調査書（第3学年の評定）
国語／社会／数学／理科／英語 各50分100点満点 英語にはリスニングテストを含む。 **各100点×5教科×0.5倍＝250点満点**	① 学力5教科 5段階×5教科×4倍＝100点 ② 実技4教科 5段階×4教科×7.5倍＝150点 **①（100点）＋②（150点）＝250点満点**
総合得点500点満点	

「複数志願選抜」システムで、第2志望まで志願できます

一般選抜は、学力検査と調査書の合計点で合否を判定する選抜です（上記参照）。推薦選抜で全定員を募集する学科、および多部制・通信制を除くすべての学校・学科で実施されます。
そのうち、全日制普通科（単位制を含む）、および総合学科で行われているのが「複数志願選抜」というしくみ。推薦選抜や特色選抜での出願は原則として1校1学科（コース・類型）に限られますが、複数志願選抜では入学願書により第1志望校以外に第2志望校を志願することができます。志願パターンは第1志願のみ、または第1志願＋第2志願となります。

複数志願選抜は学区ごとに実施されます

複数志願選抜は学区を単位として行われますので、普通科・普通科単位制・総合学科ともに、原則として居住地がある学区（第1〜第5学区）の高校から選択しなければなりません。
隣接区域への出願が認められている市町村に居住する生徒が出願する際も、第2志望校は居住地のある学区または隣接区域のうち、第1志望校と同じ学区または隣接区域から選ぶことが必要です。

出願後も志願変更をすることができます

出願したあと、志願変更の期間内に1回に限り、志願校・志願課程および志願学科を変更することができます。ただし、複数志願選抜実施校間における志願変更については、第2志望のみが変更可能です（第1志望の変更はできません)。なお、単独選抜から複数志願選抜への変更は同一校内のみとなります（第2志望は認められません)。

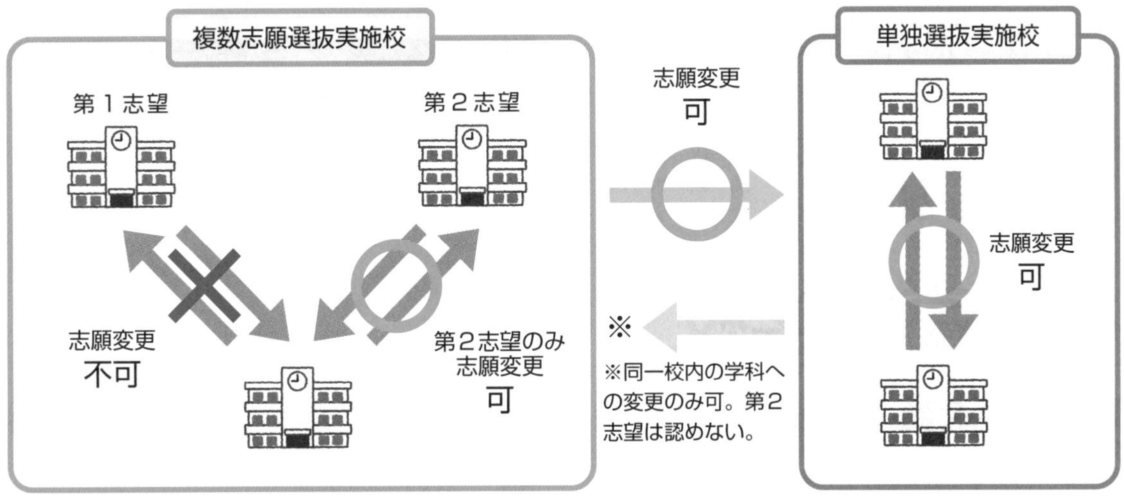

第1志望を優先して判定します

各高校の合否判定にあたっては第1志望を優先するため、第1志望校の合否判定には素点に一定の点数（第1志望加算点）を加点します。第1志望加算点は以下のとおりで、学区ごとに異なります。

第1学区	第2学区	第3学区	第4学区	第5学区
25点	20点	25点	30点	30点

各高校において、第1志望は第1志望加算点を加点した点数をもとに、第2志望は素点をもとにすべての受験者の点数を順に並べ、総合判定を経て得点の上位から合格者を決定。第2志望を志願し、第1志望での合格が決定した受験者については、第2志望の合格判定から除外されます。

総合学科の「実技検査」受験について

総合学科の志願者で、実技検査での受験を希望する者は、出願時に「音楽」「美術」「保健体育」「技術・家庭」の実技検査のうちいずれか1教科を届けることにより、学力検査のうちの1教科に代替することができます。ただし、総合学科のみを志望していること（受験パターンが総合学科第1志願のみ、または第1志願＋第2志願とも総合学科の者)、受験を希望する教科の成績が代替する教科に比べておおむね良好であることが条件となっています。

特別活動、部活動等に関する特別取扱い（調査書）について

特別活動・部活動における顕著な内容を評価して特別に取り扱う高校では、合否判定のボーダーにあたる点数から10%を減じた点数を合格の下限とすることができます。

第5学区の特例（進学連携校方式）について

第5学区の進学連携中学校がある高校では、進学連携中学校以外の中学校からの合格者は、各高校の学力検査定員の18%以内としています。対象となる高校は豊岡／出石／浜坂／村岡／八鹿／生野／香住の7校です。

長田高等学校

〒653-0821 神戸市長田区池田谷町2-5 TEL078-621-4101 ■交通／神戸高速線「高速長田」・地下鉄「長田」から徒歩12分

インフォメーション INFORMATION

大正9（1920）年に設立された県立第三神戸中学校を前身とし、1948年に現校名へ改称。ほぼ全生徒が4年制の国公立大・私立大への進学を希望。2年次から文系／理系に分かれ、進路に応じた学習に取り組みます。人文・数理探究類型（特色選抜）では実験・観察・課題研究など多彩な探究活動を実施。さらなる情報発信力や数理的な理解力の向上をはかります。生徒会活動や文化祭・体育祭などの各種行事では生徒が主体的に活動、部活動においてもほぼ全員の生徒が参加しており、多くの部が活躍しています。

●主な大学合格状況

東京大	4	京都大	27	大阪大	41
神戸大	41	兵庫県立大	34	関西大	103
関西学院大	178	同志社大	79	立命館大	53

進研Vもし 合格のめやす

普通／特色 71-44(45)　普通／一般 70-242(250)

30 35 40 45 50 55 60 65 70 75

普通一般　努力圏　合格圏　安全圏

入試状況

2024年度募集定員　普通320

年度	特色選抜 受験者数	合格者数	倍率	一般選抜 受験者数	合格者数	倍率
'24	64	40	1.60	306	280	1.09
'23	56	40	1.40	317	280	1.13
'22	73	40	1.83	314	280	1.12

神戸高等学校

〒657-0804 神戸市灘区城の下通1-5-1 TEL078-861-0434 ■交通／阪急神戸線「王子公園」から徒歩15分

インフォメーション INFORMATION

明治29（1896）年創立の神戸一中と、1901年創立の県一高女が、1948年に統合されてできた伝統校です。普通科ではすべての教科・科目において幅広い学力を育成。授業は65分で、基礎の定着の上に立った学力の進化をめざしています。総合理学科では理数科の発展的な内容、高度な実験実習に取り組むほか、課題研究や科学英語など特色ある科目も充実。国際社会で活躍できる人材の育成をめざしています。生徒たちは部活動や自治会活動にも積極的に参加。六甲宿泊登山、耐寒登山などの伝統行事も大切にしています。

●主な大学合格状況

東京大	2	京都大	29	大阪大	28
神戸大	41	兵庫県立大	17	関西大	95
関西学院大	185	同志社大	123	立命館大	118

進研Vもし 合格のめやす

総合理学／推薦 73-45(45)
普通／一般 69-238(250)

30 35 40 45 50 55 60 65 70 75

総合理学推薦　努力圏　合格圏

普通一般　努力圏　合格圏　安全圏

入試状況

2024年度募集定員　総合理学40、普通320

学科／コース	推薦選抜 受験者数	合格者数	倍率	一般選抜 受験者数	合格者数	倍率
総合理学	97	40	2.43	—	—	—
普通	—	—	—	374	320	1.17

兵庫高等学校

〒653-0804 神戸市長田区寺池町1-4-1 TEL078-691-1135 ■交通／市営地下鉄「上沢」から北西へ徒歩10分

インフォメーション INFORMATION

明治41（1908）年、県立神戸第二中学校として開校。質素・剛健・自重・自治の精神と自由な校風のもと、生徒たちは勉強と行事のスイッチを切り替えながら文武両道に励んでいます。創造科学科では、グローバル・リーダーの育成をめざし、地域でのフィールドワーク、最先端の大学や研究機関、国際機関での活動などを通して未来を創造する力を身につけます。野球部（甲子園出場5回）、ラグビー部（全国制覇）をはじめ各クラブの活動も活発。県立神戸高校との定期戦も続いています。

●主な大学合格状況

東京大	1	京都大	10	大阪大	20
神戸大	47	兵庫県立大	38	関西大	128
関西学院大	228	同志社大	75	立命館大	107

進研Vもし 合格のめやす

創造科学／推薦 69-43(45)
普通／一般 67-230(250)

30 35 40 45 50 55 60 65 70 75

創造科学推薦　努力圏　合格圏　安全圏

普通一般　努力圏　合格圏　安全圏

入試状況

2024年度募集定員　創造科学40、普通280

学科／コース	推薦選抜 受験者数	合格者数	倍率	一般選抜 受験者数	合格者数	倍率
創造科学	65	40	1.63	—	—	—
普通	—	—	—	417	280	1.49

星陵高等学校

〒655-0038 神戸市垂水区星陵台4-3-2 TEL078-707-6565 ■交通／JR神戸線・山陽電鉄「垂水」からバスで「星陵高校前」下車

インフォメーション INFORMATION

昭和16(1941)年創立の旧制・第四神戸中学校を前身とする高校です。ほとんどの生徒が、近畿圏の国公立を中心とした大学への進学を志望。２年次から文系／理系に分かれ、少人数授業によるきめ細かな指導を展開しています。また、１年次から生命科学類型(特色選抜)を設定しており、大学教授による講義や大学での実験・実習を通して、生活科学・自然科学を主体的・体験的に学ぶことができます。部活動はアメリカンフットボール、陸上競技、フェンシングなど体育系22部、写真、吹奏楽、料理など文化系17部が活動中です。

●主な大学合格状況

東京大	1	京都大	1	大阪大	7
神戸大	19	兵庫県立大	38	関西大	70
関西学院大	111	近畿大	68	甲南大	78

進研Vもし 合格のめやす

普通／特色 65-40(45)　普通／一般 65-222(250)

30 35 40 45 50 55 60 65 70 75

普通一般：努力圏 合格圏 安全圏

入試状況

2024年度募集定員　普通280

年度	特色選抜			一般選抜		
	受験者数	合格者数	倍率	受験者数	合格者数	倍率
'24	42	40	1.05	281	240	1.17
'23	45	40	1.13	255	240	1.06
'22	52	40	1.30	273	240	1.14

御影高等学校

〒658-0045 神戸市東灘区御影石町4-1-1 TEL078-841-1501 ■交通／阪神・阪急「御影」から徒歩７～10分

インフォメーション INFORMATION

昭和16(1941)年に開校した県立第三神戸高等女学校が前身。２年次から人間文化類型(文系)、自然科学類型(理系)を設置し、３年次からは専門科目や学校設定科目などにより多様な進路希望に対応。文理探究科は、様々な機関と連携した文理融合の学びを展開し、答えのない課題を一緒に解決していくことで興味・関心を持ち、リーダーとして社会で活躍できる人材を育成。夢野台高校との定期戦、耐寒登山など独自の学校行事も充実。山岳、剣道、天文地学、箏曲などクラブ活動も活発です。

●主な大学合格状況

京都大	1	大阪大	3	神戸大	12
大阪公立大	14	兵庫県立大	18	関西大	168
関西学院大	159	近畿大	126	甲南大	154

進研Vもし 合格のめやす

文理探究／推薦 64-39(45)

普通／一般 63-215(250)

30 35 40 45 50 55 60 65 70 75

文理探究推薦：努力圏 合格圏 安全圏

普通一般：努力圏 合格圏 安全圏

入試状況

2024年度募集定員　文理探究40、普通280

学科／コース	推薦選抜			一般選抜		
	受験者数	合格者数	倍率	受験者数	合格者数	倍率
文理探究	94	40	2.35	—	—	—
普通	—	—	—	359	280	1.28

北須磨高等学校（単位制）

〒654-0142 神戸市須磨区友が丘9-23 TEL078-792-7661 ■交通／神戸市営地下鉄「名谷」から徒歩12分（バスあり）

インフォメーション INFORMATION

昭和47(1972)年開校。「自ら考え、自ら選び、自ら学ぶ」ことをめざす普通科単位制高校です。２年次からは、生徒の進路希望や興味関心に応じて、多様な選択科目の中から学びたい科目を中心に選択し、時間割を決定します。充実した55分授業、必要に応じて５人以下でも授業を開講するなど、きめ細かな指導で学習効果を高めています。学習と部活動の両立も同校の伝統のひとつで、生徒の90%以上が部活に参加しており、運動部・文化部・委員会・同好会が優秀な成績を収めています。

●主な大学合格状況

大阪大	4	神戸大	8	大阪公立大	5
兵庫県立大	23	関西大	95	関西学院大	147
同志社大	27	近畿大	64	甲南大	123

進研Vもし 合格のめやす

普通／推薦 63-39(45)　普通／一般 62-211(250)

30 35 40 45 50 55 60 65 70 75

普通一般：努力圏 合格圏 安全圏

入試状況

2024年度募集定員　普通280

年度	推薦選抜			一般選抜		
	受験者数	合格者数	倍率	受験者数	合格者数	倍率
'24	126	126	1.00	86	129	0.67
'23	154	120	1.28	90	112	0.80
'22	153	120	1.28	126	120	1.05

市立葺合高等学校

〒651-0054 神戸市中央区野崎通1-1-1 TEL078-291-0771 ■交通／JR「灘」・阪急「王子公園」から徒歩10分

インフォメーション INFORMATION

昭和14(1939)年開校。普通科は２年次から文系／英語系／理系の３つの系を設け、とくに英語系では少人数・外国人講師との授業も幅広く行っています。また、国際科では、自ら行動できる国際人の育成を目標に、ALTによる授業、海外高校生とのTV会議、海外からの訪問団との交流などさまざまな機会を通して英語で学び、議論し、発信します。サマーセミナー、オーストラリア短期研修などの制度も充実。ICT環境の整備に力を入れており、１人１台の端末を使用・学習する「GIGAスクール構想」を推進しています。

●主な大学合格状況

大阪大	3	神戸大	3	兵庫県立大	16
関西大	92	関西学院大	152	同志社大	51
立命館大	51	近畿大	81	甲南大	57

進研Vもし 合格のめやす

国際／推薦 61-37(45)
普通／一般 60-204(250)

30 35 40 45 50 55 60 65 70 75

国際推薦：努力圏 合格圏 安全圏

普通一般：努力圏 合格圏 安全圏

入試状況

2024年度募集定員　国際80、普通280

学科／コース	推薦選抜 受験者数	合格者数	倍率	一般選抜 受験者数	合格者数	倍率
国際	92	80	1.15	—	—	—
普通	—	—	—	296	280	1.06

須磨東高等学校

〒654-0152 神戸市須磨区東落合1-1-1 TEL078-793-1616 ■交通／地下鉄西神線「名谷」から東へ徒歩15分

インフォメーション INFORMATION

昭和53(1978)年開校。２年次から文型／理型にわかれて学習、大学等への進学をめざし、志望学部の受験科目に重点を置きながらも、各教科でバランスの取れたカリキュラムを設定しています。リーガルマインド類型(特色選抜)では、法的思考力・判断力を持った人材・リーダーを養成。グループワーク、体験学習、講演会などを通して、課題解決力・コミュニケーション力を高めます。部活動も盛んで、文化系・体育系共に数多くの部活が近畿大会・全国大会で活躍しています。

●主な大学合格状況

大阪大	1	神戸大	1	兵庫教育大	2
兵庫県立大	13	関西大	47	関西学院大	78
近畿大	41	甲南大	72	神戸学院大	93

進研Vもし 合格のめやす

普通／特色 60-37(45)　普通／一般 59-201(250)

30 35 40 45 50 55 60 65 70 75

普通一般：努力圏 合格圏 安全圏

入試状況

2024年度募集定員　普通240

年度	特色選抜 受験者数	合格者数	倍率	一般選抜 受験者数	合格者数	倍率
'24	39	24	1.63	238	216	1.10
'23	47	24	1.96	257	216	1.19
'22	42	24	1.75	235	216	1.09

夢野台高等学校

〒653-0801 神戸市長田区房王寺町2-1-1 TEL078-691-1546 ■交通／神鉄「長田」・地下鉄「上沢」から徒歩10分

インフォメーション INFORMATION

大正14(1925)年開校の県立第二神戸高等女学校をルーツとする高校。普通科は２年次から文系／理系にわかれ、さらなる学力の伸長をめざします。また、教育・心理類型は人間理解をはかり、自ら考え行動する主体性や対話を通して豊かな人間性・コミュニケーション能力を養成、教職類型の活動に心理学をプラスするとともに、海外交流にも力を入れます。大学の先生方の講義も受けることができます。クラブ活動でも体育系、文化系にわたり80%以上の生徒が参加。文武両道に励んでいます。

●主な大学合格状況

大阪大	3	神戸大	1	兵庫県立大	13
関西大	28	関西学院大	86	同志社大	16
近畿大	56	甲南大	102	神戸学院大	58

進研Vもし 合格のめやす

普通／特色 60-37(45)　普通／一般 59-201(250)

30 35 40 45 50 55 60 65 70 75

普通一般：努力圏 合格圏 安全圏

入試状況

2024年度募集定員　普通280

年度	特色選抜 受験者数	合格者数	倍率	一般選抜 受験者数	合格者数	倍率
'24	81	40	2.03	242	240	1.01
'23	63	40	1.58	211	229	0.92
'22	68	40	1.70	269	240	1.12

神戸学園都市高等学校

(2025年度設置)

〒651-2103 神戸市西区学園西町6-1 TEL078-792-6902 ■交通／市営地下鉄「学園都市」から南西へ徒歩10分

インフォメーション INFORMATION

令和7(2025)年、伊川谷北高校と伊川谷高校の統合により開校。普通科と文理探究科を設置。文理探究科では、社会の変化に対応し、持続可能な社会の創り手となる生徒の育成を目指します。３年間を通して地域や大学と連携して探究活動を行い、研究成果を外部に発信します。普通科ではＩＣＴを活用し、生徒の興味や学習状況に合わせて学習できます。情報処理、プログラミングの他、音楽・美術・書道など、専門的で多彩な科目も用意。国際交流や地域と連携した活動など、幅広い経験の場を準備しています。

●主な大学合格状況

—

進研Vもし 合格のめやす

文理探究 / 推薦 55-34(45)

普通 / 一般 55-187(250)

30 35 40 45 50 55 60 65 70 75

文理探究推薦 努力圏 合格圏 安全圏

普通一般 努力圏 合格圏 安全圏

入 試 状 況

2024年度募集定員

芦屋高等学校（単位制）

〒659-0063 芦屋市宮川町6-3 TEL0797-32-2325 ■交通／阪神本線「芦屋」・ＪＲ「芦屋」から徒歩９分

インフォメーション INFORMATION

昭和15(1940)年創設の旧制芦屋中学校を前身とする普通科単位制高校。単位制のメリットを最大限に生かして「自ら学ぶ」生徒を育成し、それぞれの進路実現を叶えられるよう取り組んでいます。2・3年次では、習熟度別・少人数授業によるきめ細かな授業を行うとともに、「芦屋モダニズム」「マリンスポーツ」などの多彩な学校設定科目を開講しています。体験活動を重視したキャリア教育も実施。近隣の大学などと連携し、高大連携授業も充実しています。部活動も盛んで、多くの部が全国大会で活躍しています。

●主な大学合格状況

和歌山大	1	兵庫県立大	7	鳥取大	2
関西大	41	関西学院大	75	同志社大	13
立命館大	14	近畿大	113	甲南大	65

進研Vもし 合格のめやす

普通 / 推薦 57-35(45)　普通 / 一般 57-194(250)

30 35 40 45 50 55 60 65 70 75

普通一般 努力圏 合格圏 安全圏

入 試 状 況

2024年度募集定員 普通280

年度	推薦選抜			一般選抜		
	受験者数	合格者数	倍率	受験者数	合格者数	倍率
'24	238	140	1.70	215	140	1.54
'23	266	140	1.90	193	140	1.38
'22	244	140	1.74	198	140	1.41

市立六甲アイランド高等学校（単位制）

〒658-0032 神戸市東灘区向洋町中4-4 TEL078-858-4000 ■交通／六甲ライナー「マリンパーク」から徒歩１分

インフォメーション INFORMATION

平成10(1998)年度開校。２年次から人文社会／総合科学／芸術(美術・デザイン／音楽）／ビジネス／情報科学／人間科学(生活福祉／スポーツ)の６つの系・４つのコースから一つを選び、さらに約130の科目から興味や関心、進路実現に向けた授業を選択できます。全員が履修する探究型学習「神戸学」では身近な問題に取り組み、探究のプロセスを繰り返すことで、「地球規模で考え、足元から行動する」ことを学びます。運動部・文化部共にとても盛んで、多くの部が好成績を収めています。

●主な大学合格状況

兵庫県立大	2	関西大	10	関西学院大	51
同志社大	9	立命館大	16	京都産業大	13
近畿大	40	甲南大	34	神戸学院大	50

進研Vもし 合格のめやす

普通 / 推薦 54-33(45)　普通 / 一般 55-187(250)

30 35 40 45 50 55 60 65 70 75

普通一般 努力圏 合格圏 安全圏

入 試 状 況

2024年度募集定員 普通360

年度	推薦選抜			一般選抜		
	受験者数	合格者数	倍率	受験者数	合格者数	倍率
'24	249	180	1.38	254	180	1.41
'23	251	180	1.39	286	180	1.59
'22	250	180	1.39	279	180	1.55

洲本高等学校

〒656-0053 洲本市上物部2-8-5 TEL0799-22-1550 ■交通／洲本高速バスセンターから南西約2km

インフォメーション INFORMATION

明治8(1875)年に開校した徳島師範期成学校洲本支校以来の歴史をもつ高校。朝の読書や習熟度別授業、7時間目授業などを展開し、基礎の徹底と、進路を確かにする学力の向上をめざしています。2年次から文型／理型にわかれて学習します。総合探究類型(特色選抜)では、大学・研究機関への訪問や出前授業などを通して、最先端の科学を学び、課題を自ら解決できる資質と創造力を育成します。文武両道として知られ、部活動も盛んです。野球・ボート・放送など全国で活躍する部も少なくありません。

●主な大学合格状況

京都大	2	神戸大	4	大阪公立大	3
兵庫県立大	9	関西大	38	関西学院大	41
立命館大	18	京都産業大	33	近畿大	56

進研Vもし 合格のめやす

普通／特色 56-34(45)　普通／一般 54-184(250)

普通一般：努力圏 合格圏 安全圏

入試状況

2024年度募集定員　普通240

年度	特色選抜 受験者数	特色選抜 合格者数	特色選抜 倍率	一般選抜 受験者数	一般選抜 合格者数	一般選抜 倍率
'24	17	17	1.00	221	223	0.99
'23	29	24	1.21	228	216	1.06
'22	29	24	1.21	222	216	1.03

神戸鈴蘭台高等学校

〒651-1102 神戸市北区山田町下谷上字中一里山9-107 TEL078-591-1331 ■交通／神戸電鉄「鈴蘭台」から徒歩18分

インフォメーション INFORMATION

平成19(2007)年、鈴蘭台高校と鈴蘭台西高校が統合・開校。普通科は2年次から文系(3年次からさらに私立文系／国公立文系)／理系に分かれ、進路実現に向けて学力の充実をはかります。国際コミュニケーションコース(国際文化系)は豊かな英語力を身につけ、総合的な思考力と表現力を高めるコース。多様な分野において、国際舞台で活躍できる人材の育成をめざします。2025年度より国際コミュニケーションコースは文理探究科に改編されます。部活動も活発で、体育系17部・文化系12部が活動中です。

●主な大学合格状況

神戸大	1	兵庫教育大	3	大阪公立大	1
兵庫県立大	3	関西大	29	関西学院大	32
近畿大	29	甲南大	70	神戸学院大	115

進研Vもし 合格のめやす

文理探究／推薦 52-32(45)
普通／一般 54-184(250)

文理探究推薦：努力圏 合格圏 安全圏
普通一般：努力圏 合格圏 安全圏

入試状況

2024年度募集定員　国際文化系40、普通240

学科／コース	推薦選抜 受験者数	推薦選抜 合格者数	推薦選抜 倍率	一般選抜 受験者数	一般選抜 合格者数	一般選抜 倍率
国際文化系	42	40	1.05	—	—	—
普通	—	—	—	243	240	1.01

舞子高等学校

〒655-0004 神戸市垂水区学が丘3-2 TEL078-783-5151 ■交通／JR「舞子」からバスで「多聞東小学校前」下車徒歩4分

インフォメーション INFORMATION

昭和49(1974)年開校。普通科は習熟度別・少人数授業を取り入れ、2年次から文系／理系にわかれて学習します。先進理工類型(特色選抜)ではアドバンストスタディズの授業で、大学や研究所で実践的な講義や演習を体験し、理工系分野で世界で活躍できる人材を育てます。環境防災科は大震災の教訓を生かし、災害と自然環境・社会問題を学びます。インターハイ15年連続出場のウエイトリフティングや全国大会で入賞した天文気象など、多くの部が共に活動中。

●主な大学合格状況

兵庫教育大	2	兵庫県立大	1	関西大	2
関西学院大	2	京都産業大	6	近畿大	6
甲南大	43	神戸学院大	109	追手門学院大	14

進研Vもし 合格のめやす

普通／特色 51-32(45)　普通／一般 52-178(250)
環境防災／推薦 48-30(45)

普通一般：努力圏 合格圏 安全圏
環境防災推薦：努力圏 合格圏 安全圏

入試状況

2024年度募集定員　普通200、環境防災40

学科／コース	特色／推薦選抜 受験者数	特色／推薦選抜 合格者数	特色／推薦選抜 倍率	一般選抜 受験者数	一般選抜 合格者数	一般選抜 倍率
普通	10	10	1.00	268	190	1.41
環境防災	61	40	1.53	—	—	—

北神戸総合高等学校

（2025年度設置）

〒651-1114 神戸市北区大脇台9-1 TEL078-593-7291 ■交通／神鉄有馬線「北鈴蘭台」から東へ徒歩15分

インフォメーション INFORMATION

令和7(2025)年、神戸甲北高校と神戸北高校の統合により新設される、単位制総合学科校。１年次は必履修科目を中心に学力の定着を図り、自己設計能力や学ぶ力についても育成します。２年次より「宇宙・気象」「ＤＸ(情報活用)」「ひょうごからスタートアップ」「スポーツ・アウトドアと防災」「ダイバーシティ＆インクルージョン」「リベラルアーツ」の6つの系列から選択して学びます。キャリア教育・探究活動にも力をいれ、大学や企業、地域と連携した学びや海外姉妹校との交流など、様々な機会が設けられています。

●主な大学合格状況

—

進研Vもし 合格のめやす

総合 / 推薦 47-29(45)　総合 / 一般 47-164(250)

30 35 40 45 50 55 60 65 70 75

総合学科一般：努力圏 合格圏 安全圏

入試状況

2024年度募集定員

神戸高塚高等学校

〒651-2277 神戸市西区美賀多台9-1 TEL078-992-7000 ■交通／市営地下鉄「西神中央」から北西へ徒歩10分

インフォメーション INFORMATION

昭和59(1984)年開校。“ひとりひとりが生き生きと個性の輝く学校”を教育目標に、地域社会と連携をとりながら教育活動に取り組んでいます。とくに少人数制の学習、チーム・ティーチングや社会人講師による学習は、分かりやすく魅力ある授業と好評です。普通類型では、２年次から文系／理系にわかれて学習します。地域創造類型(特色選抜)では、「ともに暮らす」「まちづくり」「健康スポーツ」などの特色ある科目により、地域住民との様々な交流活動を通して、地域に貢献できる人物を育成します。部活動も活発です。

●主な大学合格状況

大阪公立大	1	兵庫県立大	1	関西大	1
関西学院大	14	同志社大	1	京都産業大	5
近畿大	7	甲南大	16	神戸学院大	28

進研Vもし 合格のめやす

普通 / 特色 47-29(45)　普通 / 一般 47-164(250)

30 35 40 45 50 55 60 65 70 75

普通一般：努力圏 合格圏 安全圏

入試状況

2024年度募集定員　普通200

年度	特色選抜			一般選抜		
	受験者数	合格者数	倍率	受験者数	合格者数	倍率
'24	49	30	1.63	192	170	1.13
'23	34	30	1.13	138	170	0.81
'22	29	29	1.00	171	171	1.00

淡路三原高等学校

〒656-0461 南あわじ市市円行寺345-1 TEL0799-42-0048 ■交通／淡路交通「市停留所」下車、徒歩５分

インフォメーション INFORMATION

平成19(2007)年、三原高校と志知高校が統合されて開校。普通コースは２年次から文理探究／キャリア探究の２類型にわかれて学習します。文理探究類型では大学進学に、キャリア探究類型では、進学・就職など多様な進路希望にそれぞれ対応しています。サイエンスコースでは、大学や研究機関との連携により最先端知識を学び、応用力と探究型の思考力を養成。ICTを積極的に活用した「分かる授業」を推進しています。2025年度よりサイエンスコースは文理探究科に改編予定です。

●主な大学合格状況

神戸大	1	名古屋大	1	京都府立大	1
兵庫県立大	3	関西大	11	関西学院大	10
同志社大	1	立命館大	5	近畿大	20

進研Vもし 合格のめやす

文理探究 / 推薦 55-34(45)
普通 / 一般 46-161(250)

30 35 40 45 50 55 60 65 70 75

文理探究推薦：努力圏 合格圏 安全圏

普通一般：努力圏 合格圏 安全圏

入試状況

2024年度募集定員　自然科学系40、普通160

学科／コース	推薦選抜			一般選抜		
	受験者数	合格者数	倍率	受験者数	合格者数	倍率
自然科学系	24	24	1.00	—	—	—
普通	—	—	—	155	156	0.99

津名高等学校

〒656-2131 淡路市志筑249-1 TEL0799-62-0071 ■交通／高速バスで「津名港ターミナル」下車、徒歩10分

インフォメーション INFORMATION

大正９（1920）年創立の志筑技芸女学校が前身。２年次からα（私立大進学から就職まで）／β文型（国公立大文系）／β理型（国公立私立大理系）の３類型に分かれて生徒の進路に対応しています。総合科学コース（推薦選抜：自然科学系）は自然科学の学習を通して論理的・科学的思考力と幅広い視野を養成。大学や研究施設等との連携により、科学的探究を深めるとともに、英語でのコミュニケーションやプレゼンテーション能力の育成も図ります。2025年より文理探究科に改編予定です。

●主な大学合格状況

京都工繊大	1	大阪公立大	1	兵庫県立大	1
関西大	9	関西学院大	6	京都産業大	10
近畿大	6	佛教大	5	神戸学院大	10

進研Vもし 合格のめやす

文理探究 / 推薦 54-33(45)

普通 / 一般 46-161(250)

30 35 40 45 50 55 60 65 70 75

文理探究推薦　努力圏 合格圏 安全圏

普通一般　努力圏 合格圏 安全圏

入試状況

2024年度募集定員　自然科学系40、普通120

学科／コース	推薦選抜 受験者数	合格者数	倍率	一般選抜 受験者数	合格者数	倍率
自然科学系	32	32	1.00	—	—	—
普通	—	—	—	101	102	0.99

東灘高等学校

〒658-0023 神戸市東灘区深江浜町50 TEL078-452-9600 ■交通／阪神本線「深江」から徒歩20分

インフォメーション INFORMATION

昭和49（1974）年創立。校訓「自主、協調、創造」のもと、自らの未来を切り拓き、たくましく生きる心豊かで自立した生徒を育て、「夢を体感」をモットーに、きめ細かな学習指導を実施しています。特色選抜では、２年次から子どもの未来類型／健康スポーツ類型に分かれて、高度な専門知識を学ぶほか、近隣企業と連携した体験活動やボランティア活動なども積極的に行います。普通類型では２年次から人文Ｓ／人文Ａ／理系にわかれて学習します。運動部・文化部共に多くの部が熱心に活動しています。

●主な大学合格状況

北見工業大	1	高知大	1	関西大	2
京都産業大	2	甲南大	8	佛教大	2
摂南大	3	神戸学院大	67	桃山学院大	5

進研Vもし 合格のめやす

普通 / 特色 45-29(45)　普通 / 一般 45-158(250)

30 35 40 45 50 55 60 65 70 75

普通一般　努力圏 合格圏 安全圏

入試状況

2024年度募集定員　普通240

年度	特色選抜 受験者数	合格者数	倍率	一般選抜 受験者数	合格者数	倍率
'24	44	40	1.10	130	186	0.70
'23	40	40	1.00	196	200	0.98
'22	49	40	1.23	186	200	0.93

須磨友が丘高等学校

〒654-0142 神戸市須磨区友が丘1-1-5 TEL078-791-7881 ■交通／地下鉄西神線「妙法寺」から徒歩15分

インフォメーション INFORMATION

昭和58（1983）年開校の総合学科高校。生徒一人ひとりが希望進路にあわせて主体的に時間割をデザインし、自己実現を可能にするカリキュラムが特色です。校訓の「知・考・行」に基づいてデザインされた質の高い授業、少人数クラスによるきめ細やかな指導、豊富な選択科目や生徒一人一人のゴールに合わせたカリキュラムを用意しています。産業社会と人間、課題研究など充実したキャリア教育のもと、アクティブな教育活動を通して自己実現力を磨きます。全国・近畿大会の常連クラブが多数あります。

●主な大学合格状況

大阪大	1	兵庫県立大	3	関西大	17
関西学院大	31	同志社大	10	京都産業大	4
近畿大	38	甲南大	33	神戸学院大	124

進研Vもし 合格のめやす

総合 / 推薦 54-33(45)　総合 / 一般 55-187(250)

30 35 40 45 50 55 60 65 70 75

総合学科一般　努力圏 合格圏 安全圏

入試状況

2024年度募集定員　総合240

年度	推薦選抜 受験者数	合格者数	倍率	一般選抜 受験者数	合格者数	倍率
'24	120	120	1.00	113	120	0.94
'23	171	120	1.43	162	120	1.35
'22	176	120	1.47	165	120	1.38

市立須磨翔風高等学校

〒654-0155 神戸市須磨区西落合1-1-5 TEL078-798-4155 ■交通／地下鉄西神線「名谷」から徒歩７分

インフォメーション INFORMATION

平成21（2009）年度から須磨高校と神戸西高校を再編・統合して開校された、総合学科の市立高校です。「人・社会・希望につながる学校」をコンセプトに「充実したキャリア教育」「徹底した学力の伸長」「積極的な地域連携」「豊かな心の育成」に力を入れています。２学期制・週４回の７時間授業により授業時間を確保し、少人数制授業によって確かな学力を養成します。３年間を通したキャリア教育により、進路・授業の選択をサポート。90以上の選択科目から生徒が自分で時間割を作ります。

●主な大学合格状況

兵庫県立大	4	関西大	13	関西学院大	28
同志社大	7	近畿大	57	甲南大	35
龍谷大	12	摂南大	7	神戸学院大	74

進研Vもし 合格のめやす

総合／推薦 52-32(45)　総合／一般 53-181(250)

30 35 40 45 50 55 60 65 70 75

総合学科一般：努力圏 合格圏 安全圏

入試状況

2024年度募集定員　総合280

年度	推薦選抜 受験者数	推薦選抜 合格者数	推薦選抜 倍率	一般選抜 受験者数	一般選抜 合格者数	一般選抜 倍率
'24	198	140	1.41	173	140	1.24
'23	214	140	1.53	249	140	1.78
'22	170	140	1.21	189	140	1.35

淡路高等学校

〒656-1711 淡路市富島171-2 TEL0799-82-1137 ■交通／淡路交通バスで「淡路高校前」下車徒歩1分

インフォメーション INFORMATION

大正12（1923）年設立の津名郡北淡実業学校をルーツとする伝統校。総合学科高校として時代に即応した教育を展開しています。調理（調理師／パティシエ）／ライフサポート（地域福祉／スポーツ）／まなび探究／花と緑と海のめぐみの４系列を設置。調理系パティシエコースは、県下公立高校で唯一、製菓衛生士の受験資格が取得可能。そのほか、各系・各コースにおいても、専門的な知識・技術を学習します。野球やウェイトリフティングを筆頭に、部活動も注目を集めています。

●主な大学合格状況

大阪学院大	1	関西福祉大	1	兵庫大	8

進研Vもし 合格のめやす

総合／推薦 41-27(45)　総合／一般 39-143(250)

30 35 40 45 50 55 60 65 70 75

総合学科一般：努力圏 合格圏 安全圏

入試状況

2024年度募集定員　総合120

年度	推薦選抜 受験者数	推薦選抜 合格者数	推薦選抜 倍率	一般選抜 受験者数	一般選抜 合格者数	一般選抜 倍率
'24	65	60	1.08	49	50	0.98
'23	60	60	1.00	54	56	0.96
'22	85	60	1.42	70	60	1.17

市立西宮高等学校

〒662-0872 西宮市高座町14-117 TEL0798-74-6711 ■交通／阪急「西宮北口」からバスで「広田神社前」下車、徒歩５分

インフォメーション INFORMATION

西宮女子技芸学校（明治41［1908］年創設）を源流とする伝統校。普通科は２年次から、人間探究／科学探究／看護栄養の３フィールドを用意。人間探究類型（特色選抜）では人文科学や社会科学分野において、広い視野と豊かな表現力を培います。大学や研究機関との連携・交流もさかんです。グローバル・サイエンス科では、科学的な物の見方・考え方を身につけます。大学研究室や民間の研究所などを訪問、最先端の科学技術に触れることで科学への興味関心を広げます。また、部活動も活発です。

●主な大学合格状況

東京大	2	京都大	8	大阪大	41
神戸大	41	兵庫県立大	14	関西大	173
関西学院大	258	同志社大	171	立命館大	155

進研Vもし 合格のめやす

グローバル・サイエンス／推薦 72-45(45)

普通／特色 68-42(45)　普通／一般 68-234(250)

30 35 40 45 50 55 60 65 70 75

グローバル・サイエンス推薦：努力圏 合格圏

普通一般：努力圏 合格圏 安全圏

入試状況

2024年度募集定員　グローバルサイエンス40、普通280

学科／コース	推薦／特色選抜 受験者数	推薦／特色選抜 合格者数	推薦／特色選抜 倍率	一般選抜 受験者数	一般選抜 合格者数	一般選抜 倍率
グローバルサイエンス	99	40	2.48	—	—	—
普通	52	40	1.30	322	240	1.34

尼崎稲園高等学校（単位制）

〒661-0981 尼崎市猪名寺3-1-1 TEL06-6422-0271 ■交通／JR「猪名寺」下車すぐ、阪急「稲野」から徒歩６分

インフォメーション INFORMATION

昭和53（1978）年開校の単位制普通科高校。単位制の特長を生かして多様な科目を選択し、自身の進路実現に向けて学ぶことができます。そのために、徹底した学習指導を行っています。また、視野を広げ人間力を高めるための「智の学び講演会」の開催や、グローバル社会に対応するためのオーストラリア国際交流事業、シンガポール研修を実施し、「世界のリーダー」となりうる人材の育成をめざしています。「駅近、通学便利」かつ落ち着いた環境。ほとんどの生徒が部活動に加入しています。

●主な大学合格状況

京都大	6	大阪大	22	神戸大	19
大阪公立大	20	兵庫県立大	16	関西大	171
関西学院大	282	同志社大	100	立命館大	90

進研Vもし 合格のめやす

普通／推薦 68-42(45)　普通／一般 65-222(250)

30 35 40 45 50 55 60 65 70 75

普通一般：努力圏 合格圏 安全圏

入試状況

2024年度募集定員　普通280

年度	推薦選抜 受験者数	合格者数	倍率	一般選抜 受験者数	合格者数	倍率
'24	309	140	2.21	201	140	1.44
'23	286	140	2.04	199	140	1.42
'22	289	140	2.06	222	140	1.59

市立西宮東高等学校

〒663-8185 西宮市古川町1-12 TEL0798-47-6013 ■交通／阪神「鳴尾」から南へ徒歩８分

インフォメーション INFORMATION

昭和38（1963）年に創設。２期制・65分授業による充実したカリキュラムも特色のひとつ。普通コースは２年次から文系／理系に。数理・科学コース（自然科学系）は数理分野に興味を持つ生徒を対象とし、実験・実習や技術現場の見学も重視。科学的思考力と創造性に富む個性の伸長をはかります。人文・社会科学コース（総合人間系）では社会との関わり方を考える上で、自ら学ぶ力と自己表現力を身につけます。2025年度より、数理・科学コースは科学探究科に、人文・社会科学コースは社会探究科に改編されます。

●主な大学合格状況

京都大	3	大阪大	10	神戸大	21
大阪公立大	20	兵庫県立大	18	関西大	185
関西学院大	233	同志社大	104	立命館大	122

進研Vもし 合格のめやす

科学探究／推薦 67-41(45)
社会探究／推薦 64-39(45)
普通／一般 64-218(250)

30 35 40 45 50 55 60 65 70 75

科学探究推薦：努力圏 合格圏 安全圏

社会探究推薦／普通一般：努力圏 合格圏 安全圏

入試状況

2024年度募集定員　自然科学系40、総合人間系40、普通200

学科／コース	推薦選抜 受験者数	合格者数	倍率	一般選抜 受験者数	合格者数	倍率
自然科学系	77	40	1.93	—	—	—
総合人間系	71	40	1.78	—	—	—
普通	—	—	—	290	200	1.45

宝塚北高等学校

〒665-0847 宝塚市すみれガ丘4-1-1 TEL0797-86-3291 ■交通／ＪＲ・阪急「宝塚」から北へ徒歩25分（バスあり）

インフォメーション INFORMATION

昭和60（1985）年開校。普通科では、授業以外に充実した補習も展開し、発展的な学力の養成に努めています。オーストラリアなどへの海外研修も実施（隔年・希望制）。演劇科では「演劇を通じた人間教育」をめざし、劇づくりを通じて、総合的な表現力・創造性・協調性を養成。グローバルサイエンス科では、専門科目や課題研究を通して、将来の社会を担い国際社会を舞台に活躍できるグローバルリーダーを育成しています。３科の生徒達で刺激し合い、行事、部活動、国際交流、地域活動に意欲的に取り組んでいます。

●主な大学合格状況

京都大	4	大阪大	26	神戸大	12
大阪公立大	10	兵庫県立大	19	関西大	112
関西学院大	155	立命館大	75	近畿大	160

進研Vもし 合格のめやす

グローバルサイエンス／推薦 69-43(45)
演劇／推薦 51-32(45)
普通／一般 63-215(250)

30 35 40 45 50 55 60 65 70 75

グローバルサイエンス推薦：努力圏 合格圏 安全圏

普通一般：努力圏 合格圏 安全圏

入試状況

2024年度募集定員　グローバルサイエンス40、演劇40、普通240

学科／コース	推薦選抜 受験者数	合格者数	倍率	一般選抜 受験者数	合格者数	倍率
グローバルサイエンス	67	40	1.68	—	—	—
演劇	36	36	1.00	—	—	—
普通	—	—	—	224	240	0.93

北摂三田高等学校

〒669-1545 三田市狭間が丘1-1-1 TEL079-563-6711 ■交通／ＪＲ・神鉄「三田」からバスで「北摂三田高校前」下車

インフォメーション INFORMATION

昭和61（1986）年開校。2学期制・50分授業を採用し、豊富な授業時数を確保しています。普通科では、２年次から文系／理系にわかれて学習。学力の向上、キャリア教育の推進、国際的な視野を持ったチャレンジ精神あふれる人材の育成に取り組んでいます。人間科学類型（特色選抜）では、大学や企業と連携した探究活動により、課題解決のための科学的・論理的な思考力を養います。学校行事のほとんどが生徒により運営されます。部活動加入率は90％以上で、全国大会に出場する部もあります。

●主な大学合格状況

京都大	2	大阪大	8	神戸大	12
兵庫県立大	7	関西大	53	関西学院大	180
同志社大	37	近畿大	55	甲南大	71

進研Vもし 合格のめやす

普通／特色 65-40(45)　普通／一般 63-215(250)

30 35 40 45 50 55 60 65 70 75

普通一般：努力圏 合格圏 安全圏

入試状況

2024年度募集定員　普通240

年度	特色選抜			一般選抜		
	受験者数	合格者数	倍率	受験者数	合格者数	倍率
'24	41	40	1.03	231	200	1.16
'23	64	40	1.60	187	190	0.98
'22	53	40	1.33	195	196	0.99

西宮高等学校（単位制）

〒662-0813 西宮市上甲東園2-4-32 TEL0798-52-0185 ■交通／阪急今津線「甲東園」から西へ徒歩12分

インフォメーション INFORMATION

大正８（1919）年に開校した伝統校。「県西」の愛称で親しまれている単位制高校です。普通科と音楽科を設置。普通科では英語・数学・国語等での習熟度別・少人数授業や、2・3年次のフランス語や中国語、ソルフェージュ、簿記などの多様な選択科目が特長。音楽科では普通教育の上に音楽の専門的な学習を積み上げ、幅広い教養と専門的な知識・技術の調和のとれた人間性豊かな生徒を育成するとともに、音楽の諸活動を通して、将来広く音楽文化の発展に寄与する人材の育成をはかります。

●主な大学合格状況

大阪大	2	神戸大	7	大阪教育大	9
大阪公立大	2	兵庫県立大	18	関西大	122
関西学院大	94	立命館大	70	近畿大	199

進研Vもし 合格のめやす

普通／推薦 63-39(45)　普通／一般 61-208(250)
音楽／推薦 53-33(45)

30 35 40 45 50 55 60 65 70 75

普通一般：努力圏 合格圏 安全圏

音楽推薦：努力圏 合格圏 安全圏

入試状況

2024年度募集定員　普通280、音楽40

学科／コース	推薦選抜			一般選抜		
	受験者数	合格者数	倍率	受験者数	合格者数	倍率
普通	246	140	1.76	152	140	1.09
音楽	36	36	1.00	—	—	—

三田祥雲館高等学校（単位制）

〒669-1337 三田市学園1-1 TEL079-560-6080 ■交通／ＪＲ「新三田」からバスで「関西学院前」下車、徒歩３分

インフォメーション INFORMATION

平成14（2002）年、単位制普通科高校として開校。１年次は必修科目を中心に、2・3年次から希望により選択した科目を学習します。探究的・問題解決的な学習に重点を置くとともに、多彩な選択科目により大学入試にも対応しています。少人数・習熟度別クラスによる教科指導で一人一人の進路実現をサポートします。グローバル教育にも力を入れており、オーストラリアや台湾の大学・高校との交流など、異文化に触れる機会が多くあります。部活動も奨励しており、数多くの生徒が参加しています。

●主な大学合格状況

大阪大	1	神戸大	2	大阪公立大	5
兵庫県立大	11	関西大	42	関西学院大	110
立命館大	25	甲南大	44	龍谷大	28

進研Vもし 合格のめやす

普通／推薦 62-38(45)　普通／一般 59-201(250)

30 35 40 45 50 55 60 65 70 75

普通一般：努力圏 合格圏 安全圏

入試状況

2024年度募集定員　普通240

年度	推薦選抜			一般選抜		
	受験者数	合格者数	倍率	受験者数	合格者数	倍率
'24	151	120	1.26	121	120	1.01
'23	172	120	1.43	147	120	1.23
'22	144	120	1.20	128	120	1.07

伊丹高等学校

〒664-0012 伊丹市緑ヶ丘7-31-1 TEL072-782-2065 ■交通／ＪＲ「北伊丹」から西へ徒歩15分

インフォメーション INFORMATION

明治35（1902）年創設、2022年に120周年を迎えた伝統校。探究活動・理数活動・国際活動・ことば文化活動・自主活動を柱とした「県高SAKURA project-X」を実施。世界や地域の課題を自分の課題として解決に向けて探究、仲間とともに活動する人物を育成。普通科は２年次から人文社会類型／自然科学類型にわかれて学習します。グローカルリーダーズインサイエンス類型（特色選抜）では大学や地元企業とも連携し、科学的な視点をもち、地域や世界で活躍できる自然科学分野のリーダーを育成します。

●主な大学合格状況

京都大	1	神戸大	6	大阪公立大	5
兵庫県立大	13	関西大	65	関西学院大	108
同志社大	19	立命館大	28	近畿大	136

進研Vもし 合格のめやす

普通 / 特色 59-36(45)　普通 / 一般 57-194(250)

普通一般：努力圏｜合格圏｜安全圏

入試状況

2024年度募集定員　普通320

年度	特色選抜			一般選抜		
	受験者数	合格者数	倍率	受験者数	合格者数	倍率
'24	61	40	1.53	272	280	0.97
'23	83	40	2.08	306	280	1.09
'22	40	40	1.00	275	280	0.98

鳴尾高等学校

〒663-8182 西宮市学文殿町2-1-60 TEL0798-47-1324 ■交通／阪神電鉄「鳴尾・武庫川女子大前」から徒歩10分

インフォメーション INFORMATION

昭和18（1943）年創立の、旧制鳴尾中学校が前身。「わかる授業」を追及し、普通科では２年次から文系／理系にわかれて学習し、習熟度別授業、少人数授業、ティームティーチングなど多彩な授業を展開しています。総合人間類型（特色選抜）では教育、看護、福祉分野をめざす生徒を対象に、地域に貢献できる人材を育成します。国際文化情報学科ではイギリス研修が必修。またオーストラリア研修（希望者）、スピーチコンテストなどを通して、高度なコミュニケーション能力の育成をはかります。

●主な大学合格状況

大阪公立大	5	兵庫県立大	8	鳥取大	2
関西大	86	関西学院大	99	同志社大	41
立命館大	50	近畿大	183	甲南大	46

進研Vもし 合格のめやす

国際文化情報 / 推薦 55-34(45)

普通 / 特色 55-34(45)　普通 / 一般 57-194(250)

国際文化情報推薦：努力圏｜合格圏｜安全圏

普通一般：努力圏｜合格圏｜安全圏

入試状況

2024年度募集定員　国際文化情報40、普通280

学科／コース	推薦／特色選抜			一般選抜		
	受験者数	合格者数	倍率	受験者数	合格者数	倍率
国際文化情報	45	40	1.13	—	—	—
普通	51	40	1.28	306	240	1.28

川西緑台高等学校

〒666-0115 川西市向陽台1-8 TEL072-793-0361 ■交通／能勢電鉄「平野」から徒歩15分

インフォメーション INFORMATION

昭和44（1969）年開校。希望実現に向けて、１年次から継続した進路指導を実施しています。65分授業を実施しており、普通科では２年次から文型／理型にわかれて学習、習熟度別編成授業、少人数指導、土曜日・早朝・放課後・夏休み中の補習も実施しています。総合理数コース（推薦選抜）では、大学や研究機関とも連携した高度な理数教育を展開しており、国際性と創造性を備えた人材の育成をめざしています。2025年度より、総合理数コースは文理探究科に改編される予定です。

●主な大学合格状況

大阪大	2	神戸大	3	兵庫県立大	10
関西大	54	関西学院大	97	同志社大	16
立命館大	42	近畿大	126	甲南大	33

進研Vもし 合格のめやす

文理探究 / 推薦 60-37(45)

普通 / 一般 56-191(250)

文理探究推薦：努力圏｜合格圏｜安全圏

普通一般：努力圏｜合格圏｜安全圏

入試状況

2024年度募集定員　自然科学系40、普通240

学科／コース	推薦選抜			一般選抜		
	受験者数	合格者数	倍率	受験者数	合格者数	倍率
自然科学系	46	40	1.15	—	—	—
普通	—	—	—	249	240	1.04

尼崎北高等学校

〒661-0002 尼崎市塚口町5-40-1 TEL06-6421-0132 ■交通／阪急神戸線「塚口」から北西へ徒歩10分

インフォメーション INFORMATION

大正11(1922)年創立の中外商業学校を前身とする高校。文武両道をめざし、勉学と部活動の両立に努めています。2年次からは文Ⅰ／文Ⅱ／理の3類型を設置、成績上位者によるスーパークラスも編成。国公立大・難関私立大など、より高い目標に向けて学力を養成。環境類型(特色選抜)では、将来の環境社会を意識し、積極的に環境社会をリードするとともに、地域連携を密にし、地域に根ざした活動と地域で活躍するリーダーの育成に力を注いでいます。また部活動も活躍中で、多くの部が優秀な成績を収めています。

●主な大学合格状況

神戸大	2	兵庫教育大	1	大阪公立大	6
兵庫県立大	5	関西大	74	関西学院大	81
同志社大	16	立命館大	16	近畿大	87

進研Vもし 合格のめやす

普通 / 特色 57-35(45)　普通 / 一般 56-191(250)

30 35 40 45 50 55 60 65 70 75

普通一般 努力圏 合格圏 安全圏

入試状況

2024年度募集定員　普通280

年度	特色選抜			一般選抜		
	受験者数	合格者数	倍率	受験者数	合格者数	倍率
'24	59	40	1.48	263	240	1.10
'23	91	40	2.28	313	240	1.30
'22	71	40	1.78	284	240	1.18

宝塚西高等学校

〒665-0025 宝塚市ゆずり葉台1-1-1 TEL0797-73-4035 ■交通／阪急「逆瀬川」からバスで「宝塚西高前」下車

インフォメーション INFORMATION

昭和52(1977)年開校。自立・自律・捨身を校訓に、グローバル教育や国際交流に主眼をおいた取り組みを行っています。一般クラスでは2年次から文系／理系にわかれて学習し、個々の進路実現をめざします。国際教養コースは、英語に重点を置いた指導を実施、ALTとの授業やサマーセミナー(サマーキャンプ)など生きた英語に触れる機会を通して、幅広い教養と豊かな人間性を身につけ、国際社会に貢献できるグローバル人材を育成します。2025年度、国際教養コースは国際教養類型(特色選抜)に改編される予定です。

●主な大学合格状況

大阪大	1	九州大	1	兵庫教育大	4
大阪公立大	1	兵庫県立大	1	関西大	53
関西学院大	73	近畿大	97	追手門学院大	64

進研Vもし 合格のめやす

普通 / 特色 54-33(45)　普通 / 一般 55-187(250)

30 35 40 45 50 55 60 65 70 75

普通一般 努力圏 合格圏 安全圏

入試状況

2024年度募集定員　国際文化系40、普通200

学科／コース	推薦選抜			一般選抜		
	受験者数	合格者数	倍率	受験者数	合格者数	倍率
国際文化系	41	40	1.03	—	—	—
普通	—	—	—	204	200	1.02

市立伊丹高等学校

〒664-0857 伊丹市行基町4-1 TEL072-772-2040 ■交通／阪急「伊丹」「新伊丹」から徒歩7～8分

インフォメーション INFORMATION

明治40(1907)年設立の伊丹町立裁縫学校を前身とする伝統校。普通科は2年次から文系／理系に分かれて学習、3年次には多くの選択科目を設定しています。グローバル・コミュニケーションコースは2025年度よりグローバル共創科へ改編され、国際感覚の育成と学際的な探究学習を組み合わせた独自の探究プログラムを実施予定です。商業科では進学・就職に有利な資格取得や商品開発・商店経営実習などを通して、一人ひとりが自らの可能性に挑戦します。

●主な大学合格状況

神戸大	3	兵庫教育大	1	兵庫県立大	1
関西大	76	関西学院大	31	同志社大	6
立命館大	15	近畿大	70	甲南大	23

進研Vもし 合格のめやす

グローバル共創 / 推薦 55-34(45)
普通 / 一般 55-187(250)

30 35 40 45 50 55 60 65 70 75

グローバル共創推薦 努力圏 合格圏 安全圏

普通一般 努力圏 合格圏 安全圏

入試状況

2024年度募集定員　国際文化系40、普通160

学科／コース	推薦選抜			一般選抜		
	受験者数	合格者数	倍率	受験者数	合格者数	倍率
国際文化系	46	40	1.15	—	—	—
普通	—	—	—	209	160	1.31

＊商業科は兵庫県最終ページの一覧に掲載。

市立尼崎高等学校

〒661-0014 尼崎市上ノ島町1-38-1 TEL06-6429-0169 ■交通／阪急神戸線「武庫之荘」から東へ徒歩10分

インフォメーション INFORMATION

大正2(1913)年創立の実科高等女学校が前身、普通科と体育科を設置。普通科では2年次から文系・理系に分かれます。国際総合類型(特色選抜)では、国際的な視点を持ち、科学的な思考力・想像力を養う学習をします。体育科では体育に関する知識や高度な運動技能の習得を通じて、知・徳・体の調和のとれた人間形成をめざすとともに、体育・スポーツの振興に寄与する能力と態度を養成します。部活動もさかんで、全国優勝実績があるバレーボール部をはじめ、多くの部活が全国大会で活躍しています。

●主な大学合格状況

大阪大	1	京都教育大	1	大阪教育大	4
兵庫県立大	1	関西大	41	関西学院大	41
同志社大	9	立命館大	16	甲南大	49

進研Vもし 合格のめやす

普通／特色 54-33(45)　普通／一般 53-181(250)
体育／推薦 45-29(45)

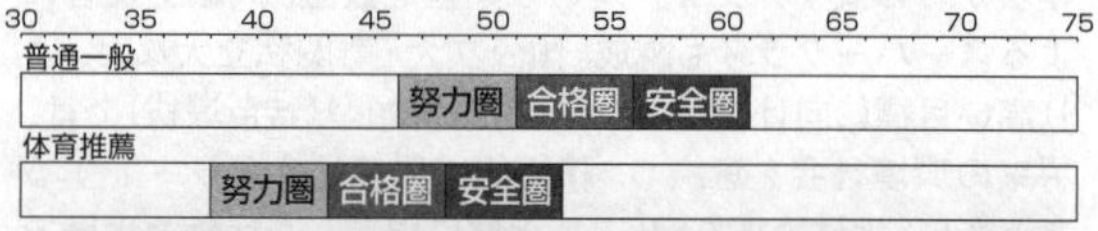

30 35 40 45 50 55 60 65 70 75

普通一般：努力圏 合格圏 安全圏

体育推薦：努力圏 合格圏 安全圏

入試状況

2024年度募集定員　普通240、体育80

学科／コース	特色／推薦選抜 受験者数	合格者数	倍率	一般選抜 受験者数	合格者数	倍率
普通	68	36	1.89	246	204	1.21
体育	114	80	1.43	—	—	—

西宮苦楽園高等学校

(2025年度設置)

〒662-0082 西宮市苦楽園二番町16-80 TEL0798-71-1301 ■交通／阪急電鉄「夙川」からバスで「柏堂町」下車、徒歩10分

インフォメーション INFORMATION

令和7(2025)年、西宮北高校と西宮甲山高校の統合により開校、普通科と文理探究科を設置。文理探究科では、地域や大学・企業と連携した身近な課題や、海外提携校との交流を通じたグローバルな課題など、様々な課題を解決する探究学習を実施。プログラミング他、デジタル技術もあわせて学びます。普通科では確かな学習習慣と、基礎的・基本的な「知識・技能」の習得に力を入れ、生徒一人ひとりに合った継続的なキャリア教育を実施します。海外研修、留学制度等、国際交流活動も積極的に行います。

●主な大学合格状況

—

進研Vもし 合格のめやす

文理探究／推薦 53-33(45)
普通／一般 52-178(250)

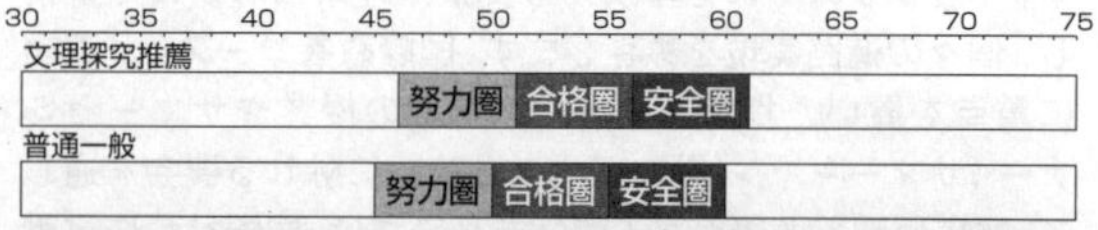

30 35 40 45 50 55 60 65 70 75

文理探究推薦：努力圏 合格圏 安全圏

普通一般：努力圏 合格圏 安全圏

入試状況

2024年度募集定員

尼崎小田高等学校

〒660-0802 尼崎市長洲中通2-17-46 TEL06-6488-5335 ■交通／JR「尼崎」・阪神「杭瀬」から徒歩12分

インフォメーション INFORMATION

昭和47(1972)年開校。サイエンスリサーチ／国際探求／普通の3学科を設置。サイエンスリサーチ科では高大連携による最先端の特別講義や実習体験も行われ、自然科学を探究する能力、態度を養成。国際探求学科では国際交流やスピーチコンテストにも参加し、英語で自分の考えを発信します。また普通科は2年次から文系／理系にわかれて学習、看護医療・健康類型(特色選抜)では、医療・看護・スポーツ系における体験学習の機会も豊富で、地域社会を担うリーダーとして活躍できる人材の育成をめざしています。

●主な大学合格状況

北海道大	1	奈良女子大	1	兵庫県立大	2
奈良県立大	1	関西大	11	関西学院大	20
同志社大	11	立命館大	8	近畿大	34

進研Vもし 合格のめやす

サイエンスリサーチ／推薦 54-33(45)
国際探求／推薦 51-32(45)
普通／特色 49-30(45)　普通／一般 51-175(250)

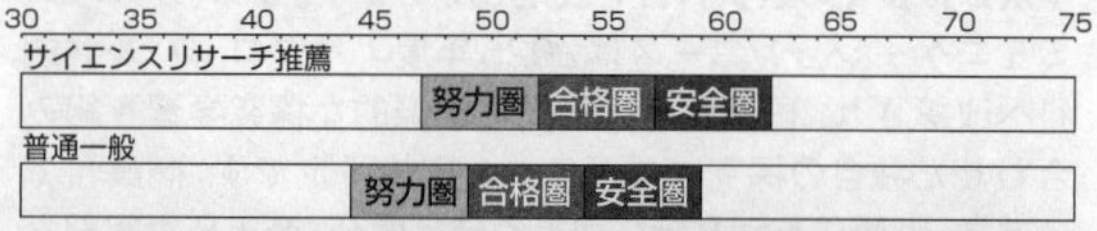

30 35 40 45 50 55 60 65 70 75

サイエンスリサーチ推薦：努力圏 合格圏 安全圏

普通一般：努力圏 合格圏 安全圏

入試状況

2024年度募集定員　サイエンスリサーチ40、国際探求40、普通200

学科／コース	推薦／特色選抜 受験者数	合格者数	倍率	一般選抜 受験者数	合格者数	倍率
サイエンスリサーチ	49	40	1.23	—	—	—
国際探求	65	40	1.63	—	—	—
普通	65	40	1.63	223	160	1.39

三田西陵高等学校

〒669-1324 三田市ゆりのき台3-4 TEL079-565-5287 ■交通／ＪＲ「新三田」からバスで「三田西陵高校前」下車

インフォメーション INFORMATION

平成5(1993)年、神戸三田国際公園都市に開校しました。自身の成長のために進んで学ぼうとする、学びに向かう力のある生徒を育成。学び方の基礎・基本の定着のため、少人数・習熟度別の授業や、補習・個別指導も実施。子どもみらい類型(特色選抜)は、保育士など教育にかかわる職業をめざし、講演・講義・現場実習などを通して、教職に必要なスキルやコミュニケーションスキルを身につけます。普通類型は２年次から文型／理型に分かれて学習。ICT機器を効果的に活用し、理解と知識欲の好循環をつくります。

●主な大学合格状況

鳥取大	1	岡山大	1	関西大	1
関西学院大	6	近畿大	8	甲南大	8
摂南大	5	神戸学院大	6	追手門学院大	11

進研Vもし 合格のめやす

普通 / 特色 47-29(45)　普通 / 一般 49-169(250)

30 35 40 45 50 55 60 65 70 75

普通一般：努力圏 合格圏 安全圏

入試状況

2024年度募集定員　普通200

年度	特色選抜			一般選抜		
	受験者数	合格者数	倍率	受験者数	合格者数	倍率
'24	52	40	1.30	181	160	1.13
'23	37	37	1.00	184	163	1.13
'22	41	40	1.03	158	160	0.99

柏原高等学校

〒669-3302 丹波市柏原町東奥50 TEL0795-72-1166 ■交通／ＪＲ福知山線「柏原」から徒歩10分

インフォメーション INFORMATION

明治30(1897)年創立の柏原尋常中学校などをルーツとする伝統校。「進取創造」「質実剛健」「敬愛和協」を校訓に掲げ、新たな時代を力強く生き抜き、学力を兼ね備えた人材を育成。地域科学探究科は、地域や大学との協働による、丹波地域をフィールドとした探究活動を通して、地球規模の課題解決にも貢献できる人材を育みます。普通科一般クラスは、進路希望に応じて多様な科目を選択。海外語学研修や韓国提携高校との交流など、国際理解教育も充実。文武両道校にふさわしく、部活動も活発です。

●主な大学合格状況

大阪大	1	京都府立大	1	兵庫県立大	6
関西大	8	関西学院大	18	同志社大	2
立命館大	21	京都産業大	34	近畿大	13

進研Vもし 合格のめやす

地域科学探究 / 推薦 59-36(45)
普通 / 一般 48-167(250)

30 35 40 45 50 55 60 65 70 75

地域科学探究推薦：努力圏 合格圏 安全圏

普通一般：努力圏 合格圏 安全圏

入試状況

2024年度募集定員　地域科学探究40、普通160

学科／コース	推薦選抜			一般選抜		
	受験者数	合格者数	倍率	受験者数	合格者数	倍率
地域科学探究	43	40	1.08	—	—	—
普通	—	—	—	168	160	1.05

篠山鳳鳴高等学校（単位制）

〒669-2318 丹波篠山市大熊369 TEL079-552-0047 ■交通／ＪＲ「篠山口」からバスで「城北口」下車、北へ徒歩15分

インフォメーション INFORMATION

篠山藩校「振徳堂」の流れをくむ私立篠山中年学舎を前身とする歴史ある高校です。ICTの積極活用、探究活動、海外研修などをとおして、グローバルな視点で思考・行動する人材育成に取り組んでいます。普通科では基礎・基本の徹底と少人数・習熟度別授業の導入、多彩な選択科目を展開。STEAM探究科(単位制)では、地域の企業や大学等と連携し、「丹波篠山」の歴史や文化に、新たな価値を付加してデザインする学びを展開し、地域や国際社会で貢献できる人材を育成します。また、部活動も活躍中です。

●主な大学合格状況

神戸大	1	大阪教育大	2	大阪公立大	3
兵庫県立大	2	関西大	7	関西学院大	16
近畿大	14	龍谷大	20	神戸学院大	13

進研Vもし 合格のめやす

STEAM 探究 / 推薦 59-36(45)
普通 / 一般 48-167(250)

30 35 40 45 50 55 60 65 70 75

STEAM 探究推薦：努力圏 合格圏 安全圏

普通一般：努力圏 合格圏 安全圏

入試状況

2024年度募集定員　STEAM探究40、普通120

学科／コース	推薦選抜			一般選抜		
	受験者数	合格者数	倍率	受験者数	合格者数	倍率
STEAM 探究	31	31	1.00	—	—	—
普通	—	—	—	74	95	0.78

川西北陵高等学校

〒666-0157 川西市緑が丘2-14-1 TEL072-794-7411 ■交通／能勢電鉄「山下」から北西へ徒歩20分

インフォメーション INFORMATION

昭和58（1983）年に開校した普通科高校。普通類型／探究と表現類型（特色選抜）を設置しており、それぞれ２年次から文系／理系にわかれて学習するとともに、未来に挑戦する力として①グローバル力②キャリア力③表現力をバランスよく養成します。普通類型では３年を通してキャリアデザインに取り組み、将来に向けて学習を深めます。探究と表現類型では発信力・受け入れる力・探究力・創造力・課題解決力を育成、国際社会や地域で力を発揮するために、グローバルな視点やコミュニケーション力の習得をめざします。

●主な大学合格状況

兵庫県立大	1	岡山大	1	富山大	1
関西大	11	関西学院大	4	近畿大	29
甲南大	12	龍谷大	23	神戸学院大	78

進研Vもし 合格のめやす

普通／特色 49-30(45)　普通／一般 48-167(250)

30 35 40 45 50 55 60 65 70 75

普通一般

努力圏 合格圏 安全圏

入試状況

2024年度募集定員 普通240

年度	特色選抜			一般選抜		
	受験者数	合格者数	倍率	受験者数	合格者数	倍率
'24	55	40	1.38	192	200	0.96
'23	34	34	1.00	175	206	0.85
'22	43	40	1.08	205	200	1.03

伊丹西高等学校

〒664-0025 伊丹市奥畑3-5 TEL072-777-3711 ■交通／阪急「伊丹」からバスで「松ヶ丘」下車、南西へ550m

インフォメーション INFORMATION

昭和54（1979）年開校。「基礎学力」「思いやり」「進路実現」を教育の３本柱とし、一人ひとりを大切にするきめ細かい指導を行います。２年次から総合ヒューマン（看護・医療・教育・福祉：特色選抜）／自然科学（理学工学・農学・医歯薬）／人文社会（経済・法律・国文・国際）の３類型に分かれて学習します。興味・関心に応じた学習を可能にするとともに、目標の実現をはかるキャリア教育も充実しています。大学での校外授業や外部講師による特別講義なども展開。部活では、運動部・文化部ともに、活発に活動しています。

●主な大学合格状況

兵庫県立大	1	関西大	21	関西学院大	20
立命館大	2	京都産業大	6	近畿大	42
甲南大	16	神戸学院大	22	追手門学院大	29

進研Vもし 合格のめやす

普通／特色 47-29(45)　普通／一般 48-167(250)

30 35 40 45 50 55 60 65 70 75

普通一般

努力圏 合格圏 安全圏

入試状況

2024年度募集定員 普通280

年度	特色選抜			一般選抜		
	受験者数	合格者数	倍率	受験者数	合格者数	倍率
'24	32	28	1.14	328	252	1.30
'23	40	28	1.43	267	252	1.06
'22	18	18	1.00	254	262	0.97

市立尼崎双星高等学校

〒661-0983 尼崎市口田中2-8-1 TEL06-6491-7000 ■交通／ＪＲ「塚口」から徒歩15分、阪急「園田」から徒歩17分

インフォメーション INFORMATION

平成23（2011）年、尼崎東高校と尼崎産業高校の統合により開校。普通科には音楽（特色選抜）／国際コミュニケーション／人文社会／自然科学の４類型を設置し、豊かな心、コミュニケーション能力や問題解決能力を育成します。商業学科では情報会計／総合ビジネスの２類型を設置、進路に適した教科の選択が可能。ものづくり機械科では市立尼崎産業高校機械科の伝統を引き継ぎ、機械実習の基礎・基本を重点においた指導を行っています。電気情報科では電気・電子・情報・通信の基礎的な知識・技術を習得します。

●主な大学合格状況

関西大	4	関西学院大	3	立命館大	2
京都産業大	4	近畿大	7	甲南大	3
龍谷大	8	神戸学院大	15	追手門学院大	12

進研Vもし 合格のめやす

普通／特色 46-29(45)　普通／一般 48-167(250)

30 35 40 45 50 55 60 65 70 75

普通一般

努力圏 合格圏 安全圏

入試状況

2024年度募集定員 普通200

年度	特色選抜			一般選抜		
	受験者数	合格者数	倍率	受験者数	合格者数	倍率
'24	36	30	1.20	235	170	1.38
'23	30	30	1.00	188	170	1.11
'22	36	30	1.20	218	170	1.28

＊その他の学科は兵庫県最終ページの一覧に掲載。

宝塚高等学校

〒665-0024 宝塚市逆瀬台2-2-1 TEL0797-71-0345 ■交通／阪急「逆瀬川」からバス（逆瀬台センター行）で終点下車

インフォメーション INFORMATION

昭和38（1963）年創立。剛健中正・誠意正心・明朗闊達を校訓とし、「生涯を通じて自ら学ぶ姿勢」の確立をはかります。２年次から人文／理数／ヒューマンサイエンスの３類型を設置。ヒューマンサイエンス類型（特色選抜）では「コミュニケーション」「カルチャー」等の特色ある学校設定科目を設置。さらに「心理学」「ボランティア実践」等の選択科目により、興味関心に応じた授業展開で進路実現を図ります。部活動では水泳・サッカー・テニス・放送部・吹奏楽部等、体育系・文化系ともに活発です。

●主な大学合格状況

関西大	16	関西学院大	19	同志社大	5
立命館大	2	京都産業大	3	近畿大	35
甲南大	14	摂南大	11	神戸学院大	32

進研Vもし 合格のめやす

普通／特色 48-30(45)　普通／一般 47-164(250)

30 35 40 45 50 55 60 65 70 75

普通一般　努力圏 合格圏 安全圏

入試状況

2024年度募集定員　普通240

年度	特色選抜 受験者数	合格者数	倍率	一般選抜 受験者数	合格者数	倍率
'24	19	19	1.00	187	221	0.85
'23	23	23	1.00	192	217	0.88
'22	26	24	1.08	192	216	0.89

西宮南高等学校

〒663-8141 西宮市高須町2-1-43 TEL0798-45-2043 ■交通／阪神「甲子園」からバスで「武庫川団地南」下車すぐ

インフォメーション INFORMATION

昭和50（1975）年に開校。琉球アサガオによる壁面緑化に代表される「環境教育」、全校あげての「ディベート大会」が大きな特長。普通クラスは２年次から人文社会／数理科学に分かれ、進路の実現をめざします。環境とコミュニケーション類型は、実習・観察を重点とした体験的環境学習、ディベート学習を中心とした「コミュニケーション能力」の育成に取り組んでいます。部活動はラグビー、野球、柔道などの運動部、演劇、吹奏楽、ESSなどの文化部が活動中で、生徒会主催のイベントや活動も活発です。

●主な大学合格状況

福知山公立大	1	島根県立大	1	関西大	8
関西学院大	10	近畿大	25	甲南大	12
龍谷大	6	神戸学院大	25	追手門学院大	22

進研Vもし 合格のめやす

普通／特色 46-29(45)　普通／一般 47-164(250)

30 35 40 45 50 55 60 65 70 75

普通一般　努力圏 合格圏 安全圏

入試状況

2024年度募集定員　普通240

年度	特色選抜 受験者数	合格者数	倍率	一般選抜 受験者数	合格者数	倍率
'24	29	24	1.21	180	216	0.83
'23	47	24	1.96	219	216	1.01
'22	31	24	1.29	178	216	0.82

尼崎高等学校

〒660-0804 尼崎市北大物町18-1 TEL06-6401-0643 ■交通／阪神「大物」から徒歩８分、JR「尼崎」から徒歩20分

インフォメーション INFORMATION

大正12（1923）年に開校、「けんあま」の愛称で親しまれています。１年次は習熟度別や少人数制授業により、基礎的な学力を養成。２年次から総合文化／自然科学の２類型に分かれて学習。体験学習を重視したキャリア教育も特色のひとつです。教育と絆コース（推薦選抜）では、地域の幼稚園・保育所、小学校との交流体験や教育系大学との連携学習などを通して、将来の教師としての資質だけでなく、人と人との絆を大切にする人間力を育成。2025年度より地域科学探究科に改編される予定です。

●主な大学合格状況

関西大	1	関西学院大	5	京都産業大	6
近畿大	20	甲南大	7	摂南大	1
神戸学院大	17	追手門学院大	11	桃山学院大	14

進研Vもし 合格のめやす

地域科学探究／推薦 43-28(45)
普通／一般 43-153(250)

30 35 40 45 50 55 60 65 70 75

地域科学探究推薦　努力圏 合格圏 安全圏

普通一般　努力圏 合格圏 安全圏

入試状況

2024年度募集定員　総合人間系40、普通240

学科／コース	推薦選抜 受験者数	合格者数	倍率	一般選抜 受験者数	合格者数	倍率
総合人間系	43	40	1.08	—	—	—
普通	—	—	—	227	240	0.95

尼崎西高等学校

〒660-0076 尼崎市大島2-34-1 TEL06-6417-5021 ■交通／阪神本線「武庫川」から北へ徒歩15分

インフォメーション INFORMATION

昭和38(1963)年に開校。少人数クラス、習熟度別授業、複数教員体制など、確かな学力を養成するための教育改革に取り組んでいます。1年次は類型の区分なく共通履修を学び、2年次から理系／文系／スポーツ・コミュニケーション類型の3類型を設置。多様な選択科目、検定や資格取得など、各自の進路希望に対応した学びができます。スポーツ・コミュニケーション類型(特色選抜)では、スポーツを通じて自己責任や克己心を育み、互いに協力しながら未来を切り拓く人材を育成します。部活動も活躍中です。

●主な大学合格状況

関西大	1	同志社大	2	京都産業大	2
近畿大	2	甲南大	1	龍谷大	8
神戸学院大	18	追手門学院大	6	桃山学院大	6

進研Vもし 合格のめやす

普通／特色 42-27(45)　普通／一般 43-153(250)

30 35 40 45 50 55 60 65 70 75

普通一般　努力圏 合格圏 安全圏

入試状況

2024年度募集定員　普通240

年度	特色選抜 受験者数	合格者数	倍率	一般選抜 受験者数	合格者数	倍率
'24	58	36	1.61	199	204	0.98
'23	45	36	1.25	222	204	1.09
'22	32	30	1.07	145	170	0.85

猪名川高等学校

〒666-0233 川辺郡猪名川町紫合字新林4-4 TEL072-766-0101 ■交通／能勢電鉄「日生中央」から西へ徒歩15分

インフォメーション INFORMATION

昭和50(1975)年開校。1年次から、少人数指導や習熟度別授業により、一人ひとりを大切にしたきめ細やかな授業を行います。2年次から文系／理系／教育コミュニケーション類型(特色選抜)の3つにわかれて学習。教育コミュニケーション類型では幼児・児童教育の専門性を高めるプログラムを展開しており、幅広い学びを通して、実践的なコミュニケーション能力を高め、地域に貢献できる人材をめざします。姉妹校への長期留学や夏期短期英語研修による国際交流も実施、様々なことにチャレンジ出来ます。

●主な大学合格状況

鳥取大	1	関西学院大	13	近畿大	6
神戸学院大	1	大阪産業大	23	大手前大	11
大阪学院大	9	大阪経法大	6	阪南大	5

進研Vもし 合格のめやす

普通／特色 41-27(45)　普通／一般 42-151(250)

30 35 40 45 50 55 60 65 70 75

普通一般　努力圏 合格圏 安全圏

入試状況

2024年度募集定員　普通160

年度	特色選抜 受験者数	合格者数	倍率	一般選抜 受験者数	合格者数	倍率
'24	15	15	1.00	125	145	0.86
'23	38	24	1.58	149	136	1.10
'22	27	24	1.13	133	136	0.98

宝塚東高等学校

〒665-0871 宝塚市中山五月台1-12-1 TEL0797-89-3751 ■交通／阪急「中山観音」から徒歩25分(バスあり)

インフォメーション INFORMATION

昭和49(1974)年開校、「自主・創造・忍耐」の校訓のもと、ひとつ上の自分を目指し、こころ豊かで自立する人づくりを推進します。1年次は基礎学力の向上をはかり類型の区別なく、英・数・国に多くの単位を配当。2年次から文型／理型／総合健康類型の3類型を設置し、進路希望に応じた多彩な選択科目を用意。総合健康類型(特色選抜)は医療・スポーツ・健康分野をめざす類型で、外部講師による授業も行います。防災教育やキャリア教育も充実。アメフトやチアリーディング、写真、軽音楽など、部活動もさかんです。

●主な大学合格状況

近畿大	3	神戸学院大	12	追手門学院大	10
桃山学院大	6	大阪学院大	58	大阪産業大	4
大手前大	14	大阪経済大	3	岡山理科大	7

進研Vもし 合格のめやす

普通／特色 42-27(45)　普通／一般 41-148(250)

30 35 40 45 50 55 60 65 70 75

普通一般　努力圏 合格圏 安全圏

入試状況

2024年度募集定員　普通240

年度	特色選抜 受験者数	合格者数	倍率	一般選抜 受験者数	合格者数	倍率
'24	16	16	1.00	181	224	0.81
'23	21	21	1.00	157	213	0.74
'22	24	24	1.00	187	216	0.87

川西明峰高等学校

〒666-0006 川西市萩原台西2-324 TEL072-757-8826 ■交通／阪急「川西能勢口」からバスで「明峰高前」下車

インフォメーション INFORMATION

昭和51(1976)年開校。少人数授業、多彩な選択科目を展開し、ICTを活用した探求学習や地域の方を講師に招いた授業も行っています。2年次から自己探求(文系)／自然科学(理系)／グローバルキャリア(特色選抜)の3類型にわかれて学習。グローバルキャリア類型では国際交流を通じて、諸課題を身近なものと捉え、人と人との対等な学びあいの中で問題を解決する能力を育成します。海外姉妹校での短期研修、介護体験などの地域貢献活動も豊富。部活動や学校行事にも積極的に取り組んでいます。

●主な大学合格状況

大阪公立大	1	兵庫県立大	1	関西大	2
関西学院大	2	甲南大	4	神戸学院大	8
桃山学院大	9	大阪産業大	22	大手前大	19

進研Vもし 合格のめやす

普通 / 特色 40-26(45)　普通 / 一般 40-146(250)

普通一般　努力圏　合格圏　安全圏

入試状況

2024年度募集定員　普通280

年度	特色選抜			一般選抜		
	受験者数	合格者数	倍率	受験者数	合格者数	倍率
'24	6	6	1.00	140	221	0.63
'23	17	17	1.00	161	238	0.68
'22	16	16	1.00	166	233	0.71

氷上西高等学校（中高連携型）

〒669-3811 丹波市青垣町佐治378-3 TEL0795-87-0146 ■交通／JR「石生」「柏原」からバスで「青垣小学校」下車

インフォメーション INFORMATION

昭和23(1948)年に県立柏原高校佐治分校として開設され、1976年度に分離独立、2012年から連携型中高一貫教育校に改編。市立青垣中学校・氷上中学校との連携授業や行事を通じた交流、教育活動を展開。2年次からは、希望進路によりA(アドバンス&アカデミック)／B(ベーシック&ビジネス)／C(コンピュータ&コミュニケーション)の3類型に分かれて学びます。郷土史講座やまちづくり活動など地域に密着した学校行事やボランティア活動を通してチャレンジする心を育てます。また、部活動も活発です。

●主な大学合格状況

大阪学院大　1

進研Vもし 合格のめやす

普通(連携型)/ 一般 38-141(250)

普通一般　努力圏　合格圏　安全圏

入試状況

2024年度募集定員　普通(中高連携型)40

年度	連携型選抜			一般選抜		
	受験者数	合格者数	倍率	受験者数	合格者数	倍率
'24	35	30	1.17	10	10	1.00
'23	35	30	1.17	11	10	1.10
'22	32	30	1.07	4	4	1.00

有馬高等学校

〒669-1531 三田市天神2-1-50 TEL079-563-2881 ■交通／JR「三田」・神戸電鉄「三田本町」から徒歩15分

インフォメーション INFORMATION

明治29(1896)年創設の有馬農業補習学校などを前身とする伝統校で、総合学科／人と自然科を設置しています。総合学科では2年次から特色ある様々な選択科目を開講し、進路や興味・関心に応じた主体的な選択が可能、学習面でも、アドバンストクラスを設けることで難関大学進学をサポートしています。人と自然科では「楽しむ」「育てる」「創る」を柱に、農・食・環境を結び、社会に貢献できる人材を目指します。農学部系の国公立大学の進学にも力を入れています。海外姉妹校との国際交流も盛んです。

●主な大学合格状況

神戸大	1	和歌山大	1	兵庫県立大	2
関西大	4	関西学院大	25	立命館大	2
近畿大	14	甲南大	14	神戸学院大	20

進研Vもし 合格のめやす

総合 / 推薦 52-32(45)　総合 / 一般 51-175(250)

総合学科一般　努力圏　合格圏　安全圏

入試状況

2024年度募集定員　総合200

年度	推薦選抜			一般選抜		
	受験者数	合格者数	倍率	受験者数	合格者数	倍率
'24	107	100	1.07	114	100	1.14
'23	141	100	1.41	128	100	1.28
'22	142	100	1.42	122	100	1.22

＊人と自然科は兵庫県最終ページの一覧に掲載。

伊丹北高等学校

〒664-0006 伊丹市鴻池7-2-1 TEL072-779-4651 ■交通／阪急・ＪＲ「伊丹」、ＪＲ「中山寺」からバスで「北センター前」下車

インフォメーション INFORMATION

昭和48(1973)年に開校し、2000年から総合学科高校に改編、進学を念頭においたカリキュラムが特色。2025年度改編予定の５つの系列は人文国際／自然科学／芸術・表現／総合教養／知的探究を設定し、多様な進路に対応した科目選択が可能です。国際理解教育にも熱心で、海外修学旅行やオーストラリア短期語学研修などを通して、異文化理解・語学力・国際感覚を磨きます。各種実習室やトレーニングルームなど、施設面も充実しており、多数の生徒が部活動に加入し成果をあげています。

●主な大学合格状況

京都工繊大	1	京都府立大	1	兵庫県立大	2
奈良県立大	3	関西大	19	関西学院大	15
立命館大	17	近畿大	44	甲南大	20

進研Vもし 合格のめやす

総合 / 推薦 52-32(45)　総合 / 一般 51-175(250)

入試状況

2024年度募集定員　総合280

年度	推薦選抜			一般選抜		
	受験者数	合格者数	倍率	受験者数	合格者数	倍率
'24	197	140	1.41	196	140	1.40
'23	161	140	1.15	116	131	0.89
'22	145	140	1.04	86	100	0.86

西宮今津高等学校

〒663-8154 西宮市浜甲子園4-1-5 TEL0798-45-1941 ■交通／阪神「甲子園」から徒歩15分、阪急「今津」から徒歩20分

インフォメーション INFORMATION

昭和52(1977)年に普通科高校として創立。2007年から単位制の総合学科に改編されました。約120の多様な科目の中から、進路や興味・関心に応じて自分の時間割を作り、一人ひとりの才能を伸ばします。高大連携や特別非常勤講師を活用した、音楽・美術・情報などの専門的な授業を受講することが可能で、将来に必要な能力や技術を高校のうちから身につけることが出来ます。学習面だけでなく、生徒会活動・部活動などへの積極的な参加を推奨しており、学校行事も活発です。

●主な大学合格状況

滋賀大	1	兵庫県立大	2	富山大	1
京都市芸大	1	立命館大	5	近畿大	27
甲南大	15	神戸学院大	26	追手門学院大	10

進研Vもし 合格のめやす

総合 / 推薦 48-30(45)　総合 / 一般 48-167(250)

入試状況

2024年度募集定員　総合240

年度	推薦選抜			一般選抜		
	受験者数	合格者数	倍率	受験者数	合格者数	倍率
'24	119	119	1.00	81	121	0.67
'23	146	120	1.22	102	120	0.85
'22	126	120	1.05	104	120	0.87

武庫荘総合高等学校

〒661-0035 尼崎市武庫之荘8-31-1 TEL06-6431-5520 ■交通／阪急「武庫之荘」からバスで「武庫荘総合高校」下車

インフォメーション INFORMATION

平成15(2003)年、武庫工業高校と武庫荘高校の統合により誕生。総合学科と福祉探求科(どちらも単位制)を設置しています。総合学科では、約140の選択科目の中から学習し、将来の進路実現をめざします。自分だけの時間割を組むことができます。体験的学習や主体的研究、プレゼンテーションなどを重視しており、教科学習とクラブ活動以外にも個性を発揮できます。福祉探求科では、校内実習や実地講習を通して、社会福祉に関する知識と技術を修得し、３年間で介護福祉士国家試験の資格取得をめざします。

●主な大学合格状況

神戸大	1	兵庫県立大	1	関西大	7
関西学院大	3	近畿大	19	甲南大	12
龍谷大	5	摂南大	8	神戸学院大	25

進研Vもし 合格のめやす

福祉探求 / 推薦 44-28(45)
総合 / 推薦 47-29(45)　総合 / 一般 47-164(250)

入試状況

2024年度募集定員　福祉探求40、総合280

学科／コース	推薦選抜			一般選抜		
	受験者数	合格者数	倍率	受験者数	合格者数	倍率
福祉探求	37	37	1.00	—	—	—
総合	219	140	1.56	168	140	1.20

加古川東高等学校

〒675-0039 加古川市加古川町粟津232-2 TEL079-424-2726 ■交通／ＪＲ「加古川」から徒歩7分

インフォメーション INFORMATION

大正13(1924)年創立の県立加古川中学校が前身。普通科と理数科を設置しており、伝統の継承と発展に努めるとともに「世界のリーダー」の育成をめざしています。普通科では２年次から文系／理系にわかれて学習。理数科では、大学や研究機関との共同研究や海外研修も実施し、発表や討論を英語で行う力を鍛えるプログラムを用意しています。高度な専門性と高い倫理観を持ち、国際社会と地域社会に貢献できる人材の育成をめざしています。生徒会活動・部活動も盛んで、優れた成績を残しています。

●主な大学合格状況

東京大	4	京都大	19	大阪大	26
神戸大	39	兵庫県立大	38	関西大	103
関西学院大	193	同志社大	69	立命館大	63

進研Vもし 合格のめやす

理数 / 推薦 71-44(45)
普通 / 一般 68-234(250)

30 35 40 45 50 55 60 65 70 75
理数科推薦 努力圏 合格圏 安全圏
普通一般 努力圏 合格圏 安全圏

入試状況

2024年度募集定員　理数40、普通280

学科／コース	推薦選抜 受験者数	推薦選抜 合格者数	推薦選抜 倍率	一般選抜 受験者数	一般選抜 合格者数	一般選抜 倍率
理数	64	40	1.60	—	—	—
普通	—	—	—	347	280	1.24

明石北高等学校

〒674-0053 明石市大久保町松陰364-1 TEL078-936-9100 ■交通／ＪＲ「大久保」からバスで「明石北高校前」下車

インフォメーション INFORMATION

昭和47(1972)年の開校。「自主・協調・創造」の校訓のもと、探究心を核とした「人間力」を備えた生徒の育成に取り組んでいます。また、グローカルな発想で自ら行動、協働し、「未来世代への責任」を果たすことができる人間を育成します。普通科では２年次から文系／理系にわかれて学習します。自然科学科では海外研修や大学・研究機関・事業所等との連携を行い、高度で先進的な理数系教育を実践、国際舞台で活躍できる科学者の養成をめざしています。部活動も活発で、大きな大会で好成績を収めています。

●主な大学合格状況

京都大	4	大阪大	5	神戸大	9
大阪公立大	5	兵庫県立大	29	関西大	30
関西学院大	183	同志社大	22	立命館大	32

進研Vもし 合格のめやす

自然科学 / 推薦 66-41(45)
普通 / 一般 62-211(250)

30 35 40 45 50 55 60 65 70 75
自然科学科推薦 努力圏 合格圏 安全圏
普通一般 努力圏 合格圏 安全圏

入試状況

2024年度募集定員　自然科学40、普通280

学科／コース	推薦選抜 受験者数	推薦選抜 合格者数	推薦選抜 倍率	一般選抜 受験者数	一般選抜 合格者数	一般選抜 倍率
自然科学	53	40	1.33	—	—	—
普通	—	—	—	287	280	1.03

小野高等学校

〒675-1375 小野市西本町518 TEL0794-63-2007 ■交通／神戸電鉄粟生線「小野」から徒歩３分

インフォメーション INFORMATION

明治35(1902)年の旧制小野中学校が前身。普通科／科学探究科／ビジネス探究科を設置。普通科では２年次から文系／理系にわかれ、少人数制授業で進路実現に向けた指導を実施します。科学探究科では科学分野・医療・生命科学の学びを通して、自然科学のスキルを主体的に学び、課題に対応できる力や豊かな国際性、柔軟な視点を身につけます。ビジネス探究科では専門的な商業の学びを通じ、地域ビジネスや海外ビジネスなどに関する探究的な姿勢を身に付け、グローバル社会で活躍できる人材を育成します。

●主な大学合格状況

京都大	2	大阪大	3	神戸大	16
兵庫県立大	26	関西学院大	143	同志社大	23
立命館大	53	近畿大	72	甲南大	45

進研Vもし 合格のめやす

科学探究 / 推薦 65-40(45)
普通 / 一般 62-211(250)

30 35 40 45 50 55 60 65 70 75
科学探究科推薦 努力圏 合格圏 安全圏
普通一般 努力圏 合格圏 安全圏

入試状況

2024年度募集定員　科学探究40、普通160

学科／コース	推薦選抜 受験者数	推薦選抜 合格者数	推薦選抜 倍率	一般選抜 受験者数	一般選抜 合格者数	一般選抜 倍率
科学探究	36	36	1.00	—	—	—
普通	—	—	—	170	160	1.06

＊ビジネス探究科は兵庫県最終ページの一覧に掲載。

加古川西高等学校

〒675-0037 加古川市加古川町本町118 TEL079-424-2400 ■交通／ＪＲ・山陽本線「加古川」から南西へ徒歩15分

インフォメーション INFORMATION

明治45（1912）年創立の加古郡立高等女学校が前身の伝統校。「責任・努力・友愛」の校訓のもと、「地球規模で考えて、身近なところで行動する力」と「身近なところで考えて、地球規模で行動する力」の双方を兼ね備えた「スーパーグローカル人材」の育成をめざします。国際市民類型では２年次から文系数学／文系英語の２つにわかれて学習、一般類型は２年次から文系数学／文系英語／理系にわかれて学習し、それぞれの希望進路実現をめざします。部活動や生徒会活動も活発で、同校主催の行事活動など、地域連携活動も充実。

●主な大学合格状況

東京大	1	京都大	1	大阪大	3
兵庫県立大	18	関西大	42	関西学院大	94
近畿大	116	甲南大	94	神戸学院大	68

進研Vもし 合格のめやす

普通／特色 59-36(45)　普通／一般 62-211(250)

30 35 40 45 50 55 60 65 70 75

普通一般：努力圏 合格圏 安全圏

入試状況

2024年度募集定員　普通280

年度	特色選抜			一般選抜		
	受験者数	合格者数	倍率	受験者数	合格者数	倍率
'24	46	40	1.15	249	240	1.04
'23	46	40	1.15	272	240	1.13
'22	44	40	1.10	264	240	1.10

明石城西高等学校

〒674-0062 明石市大久保町谷八木1190-7 TEL078-936-8495 ■交通／山陽電鉄「中八木」から徒歩5分

インフォメーション INFORMATION

昭和59（1984）年に開校。多様な個性と適性にあわせ、計画的で緻密な進路指導を実施、現役進学率は92%におよびます。普通科は２年次から文系／理系に分かれて学習します。「英語の城西」として知られ、グローバル探究コースでは国際社会の中で活躍するための高い英語力とコミュニケーション能力の習得をめざします。ICT機器を取り入れた深い学びと海外研修旅行や国内外企業との連携など、多彩な授業が特徴です。2025年度、グローバル探究コースは文理探究科に改編される予定です。

●主な大学合格状況

大阪大	2	神戸大	1	兵庫教育大	6
大阪公立大	2	兵庫県立大	9	関西大	70
関西学院大	56	同志社大	5	甲南大	102

進研Vもし 合格のめやす

文理探究／推薦 58-36(45)

普通／一般 57-194(250)

30 35 40 45 50 55 60 65 70 75

文理探究推薦：努力圏 合格圏 安全圏

普通一般：努力圏 合格圏 安全圏

入試状況

2024年度募集定員　国際文化系40、普通280

学科／コース	推薦選抜			一般選抜		
	受験者数	合格者数	倍率	受験者数	合格者数	倍率
国際文化系	35	35	1.00	—	—	—
普通	—	—	—	327	280	1.17

東播磨高等学校

〒675-1127 加古郡稲美町中一色594-2 TEL079-492-3111 ■交通／ＪＲ「東加古川」から2.6㎞

インフォメーション INFORMATION

昭和49（1974）年に開校した東播二市三町組合立東播磨高等学校が前身。「挑戦と創造」をスローガンに自律的な生活の中で希望進路に向け、真の学力向上をめざします。１年次から少人数制や習熟度別の授業を実施。２・３年次は生徒の能力・適性・進路希望などに応じた類型別のクラスを編成。自然と人間探究類型（特色選抜）では、生徒が主体的に課題を見出して探究活動を行い、思考力の育成と学びの深化をはかります。部活動では放送、演劇、野球などが全国レベルで、多くの部が活躍中です。

●主な大学合格状況

神戸大	1	兵庫教育大	5	和歌山大	2
兵庫県立大	8	関西大	29	関西学院大	44
近畿大	76	甲南大	106	神戸学院大	163

進研Vもし 合格のめやす

普通／特色 58-36(45)　普通／一般 57-194(250)

30 35 40 45 50 55 60 65 70 75

普通一般：努力圏 合格圏 安全圏

入試状況

2024年度募集定員　普通240

年度	特色選抜			一般選抜		
	受験者数	合格者数	倍率	受験者数	合格者数	倍率
'24	68	40	1.70	205	200	1.03
'23	35	35	1.00	194	205	0.95
'22	75	40	1.88	199	200	1.00

加古川北高等学校（単位制）

〒675-0019 加古川市野口町水足867-1 TEL079-426-6511 ■交通／ＪＲ「日岡」から南東へ徒歩１０分

インフォメーション INFORMATION

昭和52(1977)年創立、2006年から単位制普通科に移行しました。単位制は豊富な選択科目(2年次以降)の中から、各自の興味や進路にそって時間割を組み立て、主体的に学習していくシステムを採用。1年次から行われるきめ細かな進路ガイダンスのほか、国公立理工系や私立外国語系、幼児教育系などの履修モデルも用意し、選択の方向性をサポートしています。個性が生かせる少人数教育、習熟度別による質の高い授業も特色のひとつです。また、部活動もさかんで、全国、近畿大会で優秀な成績を残しています。

●主な大学合格状況

神戸大	1	兵庫教育大	1	兵庫県立大	5
関西学院大	13	同志社大	2	立命館大	4
近畿大	25	甲南大	31	神戸学院大	91

進研Vもし 合格のめやす

普通／推薦 55-34(45)　普通／一般 54-184(250)

普通一般：努力圏 合格圏 安全圏

入試状況

2024年度募集定員　普通200

年度	推薦選抜 受験者数	合格者数	倍率	一般選抜 受験者数	合格者数	倍率
'24	136	100	1.36	136	100	1.36
'23	132	120	1.10	122	120	1.02
'22	161	120	1.34	130	120	1.08

西脇高等学校

〒677-0054 西脇市野村町1794-60 TEL0795-22-3566 ■交通／ＪＲ加古川線「西脇市」から北西へ1.5km

インフォメーション INFORMATION

昭和15(1940)年創立の西脇工業学校が前身。普通科では２年次から文系／理系／科学教育類型にわかれて学習、少人数・習熟度別授業、多彩な選択科目、補習授業や土曜学習などを通して、生徒をサポートしています。科学教育類型(特色選抜)は技術者・理数系の教員・研究者等をめざす生徒を対象とし、自ら学び・考える力を育てます。また、生活情報科では多様な学校設定科目により情報の収集や発信能力を養成。地場産業である播州織にも取り組み、地域への理解と愛着を深めます。陸上、剣道などの部活動も活発です。

●主な大学合格状況

神戸大	1	大阪教育大	1	兵庫教育大	1
兵庫県立大	6	関西大	15	関西学院大	15
立命館大	21	近畿大	44	神戸学院大	77

進研Vもし 合格のめやす

普通／特色 55-34(45)　普通／一般 53-181(250)

普通一般：努力圏 合格圏 安全圏

入試状況

2024年度募集定員　普通200

年度	特色選抜 受験者数	合格者数	倍率	一般選抜 受験者数	合格者数	倍率
'24	18	18	1.00	178	181	0.98
'23	29	20	1.45	182	180	1.01
'22	16	16	1.00	183	184	0.99

＊生活情報科は兵庫県最終ページの一覧に掲載。

明石西高等学校

〒674-0094 明石市二見町西二見1642-1 TEL078-943-3350 ■交通／山陽電鉄「西二見」から徒歩５分

インフォメーション INFORMATION

昭和51(1976)年開校、普通科／国際人間科の２学科を設置しています。普通科では２年次から文系・教育類型(特色選抜)／理系にわかれて学習します。教育類型では課題研究や小学校体験、福祉施設訪問など独自のメニューにより将来のリーダー、教員への道をめざします。国際人間科ではフィールドワーク、ディベートなどの体験型学習や、英語４技能を伸ばす各英語科目を設置し、オーストラリア・マレーシアの姉妹校との交流も盛んです。部活動でも多くのクラブが全国・近畿大会などで活躍しています。

●主な大学合格状況

大阪大	1	兵庫教育大	2	兵庫県立大	5
関西大	8	関西学院大	35	同志社大	6
立命館大	4	甲南大	59	神戸学院大	142

進研Vもし 合格のめやす

国際人間／推薦 57-35(45)
普通／特色 55-34(45)　普通／一般 52-178(250)

国際人間科推薦：努力圏 合格圏 安全圏
普通一般：努力圏 合格圏 安全圏

入試状況

2024年度募集定員　国際人間40、普通240

学科／コース	推薦／特色選抜 受験者数	合格者数	倍率	一般選抜 受験者数	合格者数	倍率
国際人間	37	37	1.00	—	—	—
普通	69	40	1.73	234	200	1.17

明石高等学校（単位制）

〒673-8585 明石市荷山町1744 TEL078-911-4376 ■交通／ＪＲ「明石」からバスで「明石高校前」下車すぐ

インフォメーション INFORMATION

自彊不息を建学の精神とし、大正12（1923）年に開校。明高（めいこう）の愛称で親しまれています。普通科では２年次から文系／理系にわかれて学習。STEAM探究科（単位制）では、企業や大学等と連携・協働し、現代的な課題に関する探究活動を柱とした総合的・横断的な学びや活動を通じて、主体的に新たな価値を創造して発信できる人材を育成します。美術科では美術の学習が全体の３分の１を占め、美術系進学に必要な専門科目が充実。美術科研修旅行も行われます。また、部活動も体育系・文化系共に活躍しています。

●主な大学合格状況

京都工繊大	1	大阪教育大	2	兵庫県立大	10
関西大	4	関西学院大	19	同志社大	3
立命館大	10	甲南大	43	神戸学院大	103

進研Vもし 合格のめやす

STEAM探究 / 推薦 53-33(45)
美術 / 推薦 53-33(45)
普通 / 一般 52-178(250)

30 35 40 45 50 55 60 65 70 75

STEAM探究推薦／美術推薦　努力圏 合格圏 安全圏
普通一般　努力圏 合格圏 安全圏

入試状況

2024年度募集定員　STEAM探究40、美術40、普通240

学科／コース	推薦選抜 受験者数	推薦選抜 合格者数	推薦選抜 倍率	一般選抜 受験者数	一般選抜 合格者数	一般選抜 倍率
STEAM探究	49	40	1.23	―	―	―
美術	64	40	1.60	―	―	―
普通	―	―	―	278	240	1.16

三木高等学校

〒673-0402 三木市加佐931 TEL0794-82-5001 ■交通／神戸電鉄粟生線「大村」「三木」から徒歩15分

インフォメーション INFORMATION

大正13（1924）年創立の三木町立実科高等女学校が前身。２年次から文英／文数／理系にわかれて学習し、３年次には多様な選択科目を設置しています。国際総合科では３年次から文英／文数にわかれて学習し、充実した英語授業、オーストラリア・フランスの高校との交流、海外研修など多彩な国際教育を展開。コミュニケーション能力や情報発信力を育成するとともに全教科の学力向上に努め、多様な分野での自己実現をめざします。自然豊かな落ち着いた環境の中、学校行事や部活動も活発です。

●主な大学合格状況

大阪大	1	兵庫教育大	4	大阪公立大	1
兵庫県立大	4	関西大	23	関西学院大	18
近畿大	24	甲南大	33	神戸学院大	62

進研Vもし 合格のめやす

国際総合 / 推薦 50-31(45)
普通 / 一般 52-178(250)

30 35 40 45 50 55 60 65 70 75

国際総合推薦　努力圏 合格圏 安全圏
普通一般　努力圏 合格圏 安全圏

入試状況

2024年度募集定員　国際総合40、普通200

学科／コース	推薦選抜 受験者数	推薦選抜 合格者数	推薦選抜 倍率	一般選抜 受験者数	一般選抜 合格者数	一般選抜 倍率
国際総合	32	32	1.00	―	―	―
普通	―	―	―	196	200	0.98

北条高等学校

〒675-2241 加西市段下町847-5 TEL0790-48-2311 ■交通／北条鉄道「北条町」からバスで「北条高校前」下車

インフォメーション INFORMATION

大正12（1923）年開校の北条実科高等女学校を前身とする高校です。２年次から文系／理系にわかれ、多様な選択科目や補習、土曜ゼミなども展開、習熟度別・少人数制授業、複数教員による授業などを通してそれぞれの進路希望をめざします。人間創造コースでは、研究機関や職場の見学・体験活動を重視し、人間力と学力の向上をめざしています。グローバル社会に対応する英語パワーアップ学習、オーストラリアやタイとの国際交流も特色のひとつ。2025年度、人間創造コースはSTEAM探究科に改編される予定です。

●主な大学合格状況

大阪大	1	大阪公立大	1	兵庫県立大	3
関西学院大	5	同志社大	3	立命館大	4
近畿大	7	甲南大	5	神戸学院大	19

進研Vもし 合格のめやす

STEAM探究 / 推薦 52-32(45)
普通 / 一般 50-172(250)

30 35 40 45 50 55 60 65 70 75

STEAM探究推薦　努力圏 合格圏 安全圏
普通一般　努力圏 合格圏 安全圏

入試状況

2024年度募集定員　総合人間系40、普通80

学科／コース	推薦選抜 受験者数	推薦選抜 合格者数	推薦選抜 倍率	一般選抜 受験者数	一般選抜 合格者数	一般選抜 倍率
総合人間系	34	34	1.00	―	―	―
普通	―	―	―	55	56	0.98

高砂南高等学校

〒676-0025 高砂市西畑2-1-12 TEL079-443-5900 ■交通／山陽電鉄「高砂」から徒歩７分

インフォメーション INFORMATION

昭和55(1980)年開校。習熟度別・少人数制授業や、大手芸能プロダクションと連携した授業など、生徒個々の興味・関心・進路に応じた様々な学びの場を設定しています。コミュニティ創生類型(特色選抜)では地域貢献について学び、課題の発見や解決策を地方自治体や地元企業などと協働探究し生徒が主体となって学びを深めるほか、高大連携により、大学教授など外部講師による特別講義も組み込んだ授業を展開しています。部活動もさかんで、全国大会や近畿大会で好成績を残しています。

●主な大学合格状況

兵庫県立大	1	福井県立大	1	関西学院大	16
京都産業大	6	近畿大	14	甲南大	30
龍谷大	2	神戸学院大	76	流通科学大	12

進研Vもし 合格のめやす

普通 / 特色 51-32(45)　普通 / 一般 50-172(250)

普通一般：努力圏 合格圏 安全圏

入試状況

2024年度募集定員　普通240

年度	特色選抜 受験者数	合格者数	倍率	一般選抜 受験者数	合格者数	倍率
'24	47	40	1.18	189	200	0.95
'23	36	36	1.00	166	202	0.82
'22	52	40	1.30	158	184	0.86

社高等学校

〒673-1461 加東市木梨1356-1 TEL0795-42-2055 ■交通／ＪＲ加古川線「社町」からバスで「社高校前」下車すぐ

インフォメーション INFORMATION

大正2(1913)年創立の小野実科高等女学校が前身。普通科／生活科学科／体育科の３科を設置しています。普通科では２年次から文系／理系／看護医療類型(特色選抜)にわかれて学習します。看護医療類型では看護医療やスポーツ医療の分野で貢献する生徒を育成。生活科学科では将来の「食と栄養」のスペシャリストをめざし、インターンシップなど実践的な体験学習を通して生きる力を身につけます。体育科では将来の体育指導者をめざし、幅広い知識・技能を習得できます。部活動でも全国大会出場をめざしています。

●主な大学合格状況

兵庫県立大	2	鳥取大	1	同志社大	2
京都産業大	7	近畿大	13	甲南大	4
龍谷大	5	神戸学院大	47	桃山学院大	10

進研Vもし 合格のめやす

普通 / 特色 49-30(45)　普通 / 一般 49-169(250)
体育 / 推薦 46-29(45)

普通一般：努力圏 合格圏 安全圏
体育推薦：努力圏 合格圏 安全圏

入試状況

2024年度募集定員　普通160、体育40

学科／コース	特色／推薦選抜 受験者数	合格者数	倍率	一般選抜 受験者数	合格者数	倍率
普通	19	19	1.00	124	124	1.00
体育	82	40	2.05	—	—	—

＊生活科学科は兵庫県最終ページの一覧に掲載。

高砂高等学校

〒676-0021 高砂市高砂町朝日町2-5-1 TEL079-442-2371 ■交通／山陽電鉄「高砂」から北へ徒歩５分

インフォメーション INFORMATION

大正12(1923)年に開校した高砂町立高砂実科高等女学校を前身とする高校。２年次からは文系／理系のほかに、スポーツ類型／看護医療類型(いずれも特色選抜)を設置しています。人の健康を科学的にとらえて探究・体験学習を行い、長寿社会で活躍する人材を育成。基礎学力の定着を重視するとともに、補習や個別指導にも力を入れ、多様な進路実現を支援しています。部活動は柔道部、バレー部、陸上競技部などが近畿大会へ出場、文化部はジャズバンド部が地域に密着した活動を展開しています。

●主な大学合格状況

東京都立大	1	関西大	4	関西学院大	1
京都産業大	6	甲南大	2	神戸学院大	27
大阪産業大	34	兵庫大	18	姫路大	7

進研Vもし 合格のめやす

普通 / 特色 46-29(45)　普通 / 一般 46-161(250)

普通一般：努力圏 合格圏 安全圏

入試状況

2024年度募集定員　普通200

年度	特色選抜 受験者数	合格者数	倍率	一般選抜 受験者数	合格者数	倍率
'24	63	40	1.58	177	160	1.11
'23	63	40	1.58	219	160	1.37
'22	59	40	1.48	168	160	1.05

明石清水高等学校

〒674-0074 明石市魚住町清水630-1 TEL078-947-1182 ■交通／ＪＲ「魚住」からバスで「守池住宅」下車すぐ

インフォメーション INFORMATION

昭和55（1980）年開校。「青春の夢に忠実であれ」をスローガンに、高い自己有用感を持ち、自らを社会に生かせる生徒を育成。２年次から文系／理系／人と環境類型（特色選抜）にわかれて学習、進路に合わせた科目を選択し、補習や習熟度別授業など、細やかな指導を行います。人と環境類型では地域と連携したインターンシップ（就業体験）など、人との関わり合いの中で自ら課題を発見し解決する学びを深化させ、地域に根ざした教育活動を行っています。部活動加入率も高く、運動部・文化部共に活発です。

●主な大学合格状況

京都産業大	1	近畿大	4	摂南大	2
神戸学院大	49	神戸常盤大	6	姫路大	6
姫路獨協大	6	兵庫大	13	流通科学大	4

進研Vもし 合格のめやす

普通 / 特色 46-29(45)　普通 / 一般 45-158(250)

入試状況

2024年度募集定員　普通320

年度	特色選抜			一般選抜		
	受験者数	合格者数	倍率	受験者数	合格者数	倍率
'24	53	40	1.33	273	280	0.98
'23	49	40	1.23	274	280	0.98
'22	46	40	1.15	240	280	0.86

播磨南高等学校

〒675-0163 加古郡播磨町古宮4-3-1 TEL078-944-1157 ■交通／山陽電鉄「西二見」から西へ徒歩10分

インフォメーション INFORMATION

昭和59（1984）年開校。自分の力を信じ、目標に向けてやり抜く力や自律的・主体的に学びに向かう力を育成。１年次は芸術科目をのぞき、共通科目を履修、２年次から文系／理系／地域デザイン類型（特色選抜）にわかれて学習します。個々の志望や適性に応じて補習を行うなど、きめ細かな指導を行っています。地域デザイン類型では、地域課題の解決やボランティア活動などを通して主体性・多様性・協働性を育成し、就職試験や大学の総合型選抜にも対応できる力を育成します。部活動や学校行事も活発です。

●主な大学合格状況

近畿大	2	甲南大	1	神戸学院大	21
兵庫大	21	神戸常盤大	5	大阪学院大	3
関西福祉大	2	姫路大	2	姫路獨協大	2

進研Vもし 合格のめやす

普通 / 特色 44-28(45)　普通 / 一般 44-156(250)

入試状況

2024年度募集定員　普通160

年度	特色選抜			一般選抜		
	受験者数	合格者数	倍率	受験者数	合格者数	倍率
'24	34	24	1.42	120	136	0.88
'23	25	24	1.04	138	136	1.01
'22	27	24	1.13	175	136	1.29

松陽高等学校

〒676-0082 高砂市曽根町2794-1 TEL079-447-4021 ■交通／山陽電鉄「山陽曽根」から徒歩10分

インフォメーション INFORMATION

昭和23（1948）年開校。普通科／商業科／生活文化科を設置。普通科では多様な進路に対応するため、２年次から進学・就職等の進路希望に応じた類型に分かれます。地域スポーツ類型（特色選抜）ではスポーツ等を通じて地域に貢献できる人材を育成。商業科では進学も就職も可能な学科をめざし、生活文化科では衣食住・保育・福祉・環境・情報など生活の文化を学び、時代に対応した生活産業に従事できる能力を育成します。複数学科設置校として、各自の進路に応じた多様な資格の取得も可能です。

●主な大学合格状況

大手前大	2	姫路大	2	兵庫大	2
流通科学大	3				

進研Vもし 合格のめやす

普通 / 特色 43-28(45)　普通 / 一般 43-153(250)

入試状況

2024年度募集定員　普通120

年度	特色選抜			一般選抜		
	受験者数	合格者数	倍率	受験者数	合格者数	倍率
'24	23	18	1.28	113	102	1.11
'23	17	17	1.00	98	103	0.95
'22	10	10	1.00	119	110	1.08

＊商業科／生活文化科は兵庫県最終ページの一覧に掲載。

三木総合高等学校

(2025年度設置)

〒673-0434 三木市別所町小林625-2 TEL0794-85-8000 ■交通／神戸電鉄粟生線「志染」から南へ徒歩５分

インフォメーション INFORMATION

令和7(2025)年、三木北高校、三木東高校、吉川高校の統合により新設される、単位制総合学科校。「自主自律　友愛強調　地域共生」の理念のもと、自分の個性を活かしてより良い生き方を実現できる人材を育成します。生徒は個々の興味・関心にあわせて「リベラルアーツ(教養)」「人と環境」「情報デザイン」「法とビジネス」「生活福祉」の５つの系列から授業を選択して学びます。大学や企業、地域と連携した体験活動を多く取り入れ、課題解決や地域文化の継承などの探究活動を通して、様々な知識や技法を習得します。

●主な大学合格状況

—

進研Vもし 合格のめやす

総合 / 推薦 43-28(45)　総合 / 一般 43-153(250)

30 35 40 45 50 55 60 65 70 75

総合学科一般

努力圏 合格圏 安全圏

入試状況

2024年度募集定員

多可高等学校

〒679-1105 多可郡多可町中区東山553 TEL0795-32-3214 ■交通／神姫バス「多可高校口」から北へ徒歩10分

インフォメーション INFORMATION

昭和51(1976)年創立。地域社会を支え、豊かな福祉社会を築く「福祉のこころ」の育成を教育活動の中心に据えています。２年次から総合カルチャー（文系／理系）／情報ビジネス／福祉ボランティア(特色選抜)にわかれます。福祉ボランティア類型では介護の基礎知識・技術を習得すると共に、地域の福祉施設での交流活動を実施。総合カルチャー類型では、大学進学をめざす生徒の個性や希望に応じて指導します。情報ビジネス類型では教養とマナーを身につけ、就職に役立つ実践力を養成します。

●主な大学合格状況

京都産業大	2	兵庫大	1	岡山理科大	1

進研Vもし 合格のめやす

普通 / 特色 37-25(45)　普通 / 一般 37-138(250)

30 35 40 45 50 55 60 65 70 75

普通一般

努力圏 合格圏 安全圏

入試状況

2024年度募集定員　普通80

年度	特色選抜			一般選抜		
	受験者数	合格者数	倍率	受験者数	合格者数	倍率
'24	11	11	1.00	29	29	1.00
'23	11	11	1.00	32	40	0.80
'22	9	9	1.00	41	44	0.93

加古川南高等学校

〒675-0035 加古川市加古川町友沢65-1 TEL079-421-2373 ■交通／ＪＲ「加古川」から南西へ徒歩25分

インフォメーション INFORMATION

昭和58(1982)年開校、2001年から総合学科に改編されました。大学進学から就職まで、自分の進路にあった効率的な自分だけの時間割で学べるのが大きなメリットです。産業社会と人間、課題研究など総合学科ならではの授業や、フィールドワークやインターンシップ(就業体験)など体験型学習も重視しており、「生きる力」を培います。外国人生徒のための特別枠選抜も実施しています。野球、サッカー、吹奏楽など、体育系・文科系共に、多くの生徒が部活動に励んでいます。

●主な大学合格状況

兵庫教育大	1	岡山大	1	愛媛大	1
鳥取環境大	1	関西学院大	9	近畿大	2
甲南大	6	神戸学院大	16	関西福祉大	13

進研Vもし 合格のめやす

総合 / 推薦 49-30(45)　総合 / 一般 49-169(250)

30 35 40 45 50 55 60 65 70 75

総合学科一般

努力圏 合格圏 安全圏

入試状況

2024年度募集定員　総合240

年度	推薦選抜			一般選抜		
	受験者数	合格者数	倍率	受験者数	合格者数	倍率
'24	130	120	1.08	115	120	0.96
'23	147	120	1.23	137	120	1.14
'22	140	120	1.17	133	120	1.11

明石南高等学校

〒673-0001 明石市明南町3-2-1 TEL078-923-3617 ■交通／ＪＲ「西明石」から北へ徒歩15分

インフォメーション INFORMATION

大正10(1921)年創立の明石市立明石高等女学校を前身とする高校です。2007年に総合学科に改編されました。自分の進路を実現するために必要な科目を選択し、最適な時間割を自分で設定できる事が総合学科の大きな特色。少人数授業や習熟度別授業、放課後学習などで学力を養うとともに、国際交流やインターンシップ(職業体験)、地域貢献活動、また英検・漢検などの資格取得にチャレンジする機会も設けられています。部活動も活発で、特に運動部は県下の公立高校で常に上位に位置しています。

●主な大学合格状況

京都教育大	1	兵庫県立大	2	関西大	5
関西学院大	10	立命館大	4	京都産業大	8
近畿大	9	甲南大	6	神戸学院大	50

進研Vもし 合格のめやす

総合／推薦 49-30(45)　総合／一般 48-167(250)

30 35 40 45 50 55 60 65 70 75

総合学科一般：努力圏 合格圏 安全圏

入試状況

2024年度募集定員 総合280

年度	推薦選抜 受験者数	合格者数	倍率	一般選抜 受験者数	合格者数	倍率
'24	179	140	1.28	153	140	1.09
'23	205	140	1.46	175	140	1.25
'22	174	140	1.24	170	140	1.21

姫路西高等学校

〒670-0877 姫路市北八代2-1-33 TEL079-281-6621 ■交通／姫路駅から神姫バスで「西高前」下車すぐ

インフォメーション INFORMATION

明治11(1878)年創立の伝統校。普通科／国際理学科を設置しており、２学期制・50分授業・７時間授業(週２～３日)により、自ら学び考える力を養成。多くの生徒が国公立大をめざしています。普通科では２年次から文系／理系に分かれて学習、国際理学科では、α系列(人文・社会科学)／β系列(自然科学)にわかれ、それぞれの専門知識と、表現力をあわせ持った人材を育成。海外研修の他、海外姉妹校との交流も盛んで、将来のグローバルリーダーの育成をめざしています。また、体育系・文化系共に多くの部が活躍しています。

●主な大学合格状況

東京大	5	京都大	25	大阪大	19
神戸大	25	兵庫県立大	16	関西大	20
関西学院大	126	同志社大	64	立命館大	52

進研Vもし 合格のめやす

国際理学／推薦 71-44(45)
普通／一般 68-234(250)

30 35 40 45 50 55 60 65 70 75

国際理学推薦：努力圏 合格圏 安全圏

普通一般：努力圏 合格圏 安全圏

入試状況

2024年度募集定員 国際理学40、普通240

学科／コース	推薦選抜 受験者数	合格者数	倍率	一般選抜 受験者数	合格者数	倍率
国際理学	76	40	1.90	—	—	—
普通	—	—	—	285	240	1.19

姫路東高等学校(単位制)

〒670-0012 姫路市本町68-70 TEL079-285-1166 ■交通／ＪＲ・山陽電鉄「姫路」から徒歩20分、ＪＲ「京口」から徒歩10分

インフォメーション INFORMATION

明治43(1910)年設立の県立姫路高等女学校を前身とする高校です。2003年から普通科単位制に改編。生徒それぞれが希望進路に向けて主体的に学ぶことが可能で、少人数学習や学校の特色を生かした幅広い選択科目が用意されています。２学期制・55分授業で、週２日７時限の授業を実施。社会人講師による就職ガイダンスや企業・大学訪問等のキャリア教育で将来の進路選択を確実なものにします。世界遺産姫路城の他、美術館や図書館も徒歩圏内で、恵まれた環境の中で高校生活を送ることが出来ます。

●主な大学合格状況

東京大	1	京都大	2	大阪大	4
神戸大	15	兵庫県立大	27	関西大	31
関西学院大	163	近畿大	86	甲南大	104

進研Vもし 合格のめやす

普通／推薦 67-41(45)　普通／一般 65-222(250)

30 35 40 45 50 55 60 65 70 75

普通一般：努力圏 合格圏 安全圏

入試状況

2024年度募集定員 普通280

年度	推薦選抜 受験者数	合格者数	倍率	一般選抜 受験者数	合格者数	倍率
'24	216	140	1.54	150	140	1.07
'23	233	140	1.66	167	140	1.19
'22	226	140	1.61	200	140	1.43

市立姫路高等学校

〒670-0083 姫路市辻井9-1-10 TEL079-297-2753 ■交通／ＪＲ・山陽電鉄「姫路」から神姫バスで「姫高前」下車すぐ

インフォメーション INFORMATION

昭和14（1939）年創立の姫路市立鷺城中学校（旧制）が前身。教師・生徒相互の信頼関係と自主性を尊重する気風と伝統が、連綿と引き継がれています。生徒一人ひとりを大切にし、３年間で確かな学力を養成します。また探究科学コース（自然科学系）では、社会のニーズに対応するため、探究活動とキャリア教育を基軸に主体的・対話的に学び、判断する能力を身に付け、地域に貢献するグローバルな視野を持った人材を育成します。部活動を奨励しており、体育系・文化系共に活発に活動しています。

●主な大学合格状況

兵庫教育大	2	大阪公立大	1	兵庫県立大	15
関西大	29	関西学院大	60	同志社大	10
近畿大	71	甲南大	120	神戸学院大	62

進研Vもし 合格のめやす

自然科学系 / 推薦 63-39(45)

普通 / 一般 62-211(250)

30 35 40 45 50 55 60 65 70 75

自然科学系推薦 努力圏 合格圏 安全圏

普通一般 努力圏 合格圏 安全圏

入試状況

2024年度募集定員 自然科学系40、普通200

学科／コース	推薦選抜 受験者数	推薦選抜 合格者数	推薦選抜 倍率	一般選抜 受験者数	一般選抜 合格者数	一般選抜 倍率
自然科学系	49	40	1.23	—	—	—
普通	—	—	—	197	200	0.99

姫路飾西高等学校（単位制）

〒671-2216 姫路市飾西148-2 TEL079-266-5355 ■交通／ＪＲ姫新線「余部」から北西へ徒歩９分

インフォメーション INFORMATION

昭和60（1985）年に開校。「紳士・淑女たれ」をモットーとしています。普通コース（２年次から文系／理系）のほか、STEAM探究科では、地域の企業や大学等と連携し、複眼的な視野や柔軟な発想により社会課題の解決に取り組む学びを展開し、新たなシステムや価値を創造できる人材を育成します。生徒の進路希望実現に向けて、土曜講座や少人数指導など、学習環境の充実をはかっています。オーストラリアの姉妹校との国際交流も活発です。また、部活動も盛んで、多くの部が活躍しています。

●主な大学合格状況

神戸大	2	兵庫教育大	4	大阪公立大	1
兵庫県立大	17	関西大	17	関西学院大	39
近畿大	28	甲南大	104	神戸学院大	25

進研Vもし 合格のめやす

STEAM 探究 / 推薦 62-38(45)

普通 / 一般 61-208(250)

30 35 40 45 50 55 60 65 70 75

STEAM 探究推薦 努力圏 合格圏 安全圏

普通一般 努力圏 合格圏 安全圏

入試状況

2024年度募集定員 STEAM探究40、普通160

学科／コース	推薦選抜 受験者数	推薦選抜 合格者数	推薦選抜 倍率	一般選抜 受験者数	一般選抜 合格者数	一般選抜 倍率
STEAM 探究	88	40	2.20	—	—	—
普通	—	—	—	170	160	1.06

龍野高等学校

〒679-4161 たつの市龍野町日山554 TEL0791-62-0886 ■交通／ＪＲ 姫新線「本竜野」から西へ徒歩25分

インフォメーション INFORMATION

明治30（1897）年に設立された兵庫県龍野尋常中学校以来の歴史をもつ伝統校です。普通科／総合自然科学科を設置しており、普通科では２年次から文系／理系にわかれて学習します。少人数での習熟度別授業、きめ細やかな個別面談による進路指導を実施しています。総合自然科学科では、課題研究を中心として「発見力・試行錯誤力・検証力・討議力」を培い、国際社会で様々な問題を解決できる人材を育成します。より高い意味での文武両道をめざし、部活動では多くの部が各種大会で好成績をあげています。

●主な大学合格状況

大阪大	4	神戸大	3	兵庫教育大	6
大阪公立大	7	兵庫県立大	21	関西学院大	55
近畿大	80	甲南大	82	神戸学院大	96

進研Vもし 合格のめやす

総合自然科学 / 推薦 60-37(45)

普通 / 一般 57-194(250)

30 35 40 45 50 55 60 65 70 75

総合自然科学推薦 努力圏 合格圏 安全圏

普通一般 努力圏 合格圏 安全圏

入試状況

2024年度募集定員 総合自然科学40、普通240

学科／コース	推薦選抜 受験者数	推薦選抜 合格者数	推薦選抜 倍率	一般選抜 受験者数	一般選抜 合格者数	一般選抜 倍率
総合自然科学	46	40	1.15	—	—	—
普通	—	—	—	245	240	1.02

姫路海城高等学校

(2025年度設置)

〒671-1143 姫路市大津区天満191-5 TEL079-236-1835 ■交通／ＪＲ山陽本線「はりま勝原」から徒歩15分

インフォメーション INFORMATION

令和７(2025)年、姫路南高校、網干高校、家島高校の統合により開校、普通科と地域科学探究科を設置。地域科学探究科では、地域機関と連携した探究活動を実施、データサイエンスやICTの活用についても学びます。また、研究成果を英語で発表するなど、グローバル社会に対応できる力も育みます。普通科では、興味・関心に応じた探究活動や地域の歴史や文化を学ぶ機会を通して、確かな学力と自ら考えて他者と協働する力を身につけます。どちらの学科でも、音楽・スポーツの専門的な過程を選択することが可能です。

●主な大学合格状況

—

進研Vもし 合格のめやす

地域科学探究 / 推薦 58-36(45)
普通 / 一般 57-194(250)

30 35 40 45 50 55 60 65 70 75

地域科学探究推薦 努力圏 合格圏 安全圏
普通一般 努力圏 合格圏 安全圏

入試状況

2024年度募集定員

市立琴丘高等学校

〒670-0052 姫路市今宿668 TEL079-292-4925 ■交通／ＪＲ姫新線「播磨高岡」から徒歩10分

インフォメーション INFORMATION

大正２(1913)年創立の姫路市立実科女学校を前身とする高校です。普通科／国際文化科を設置。普通科では２年次から文系／理系に分かれて学習します。国際文化科では、外国人講師(２名)による少数授業や英字新聞、インターネットなど多彩な教材を用いた授業を展開、第２外国語(スペイン語・韓国語)も選択可能です。海外研修、アメリカの姉妹校との相互訪問やスピーチコンテストなどにも積極的に参加する生徒が多く、想像力・言語力豊かな生徒の育成をめざしています。部活動でも好成績を残しています。

●主な大学合格状況

兵庫教育大	2	和歌山大	1	兵庫県立大	8
関西大	2	関西学院大	22	京都産業大	9
近畿大	17	甲南大	55	神戸学院大	75

進研Vもし 合格のめやす

国際文化 / 推薦 56-34(45)
普通 / 一般 56-191(250)

30 35 40 45 50 55 60 65 70 75

国際文化科推薦 努力圏 合格圏 安全圏
普通一般 努力圏 合格圏 安全圏

入試状況

2024年度募集定員 国際文化40、普通200

学科／コース	推薦選抜			一般選抜		
	受験者数	合格者数	倍率	受験者数	合格者数	倍率
国際文化	56	40	1.40	—	—	—
普通	—	—	—	210	200	1.05

相生高等学校

〒678-0001 相生市山手1-722-10 TEL0791-23-0800 ■交通／ＪＲ山陽本線「相生」から北東へ徒歩９分

インフォメーション INFORMATION

昭和52(1977)年開校。１年次から普通科／自然科学コースにわかれて学習します。普通科では２年次から文系／理系にわかれ、基礎的・基本的な学力の定着を図るとともに、自ら課題を解決する思考力・判断力・表現力を高めます。自然科学コースでは課題研究、宿泊研修、最先端科学施設研修など、理数教育が充実しています。ふるさとの伝統文化を体験したり、市と連携した課題解決など、地域貢献活動にも力を入れています。2025年度、自然科学コースは自然科学類型(特色選抜)へ改編される予定です。

●主な大学合格状況

神戸大	1	兵庫教育大	3	兵庫県立大	4
関西大	2	関西学院大	20	立命館大	4
近畿大	45	甲南大	57	神戸学院大	176

進研Vもし 合格のめやす

普通 / 特色 57-35(45) 普通 / 一般 55-187(250)

30 35 40 45 50 55 60 65 70 75

普通一般 努力圏 合格圏 安全圏

入試状況

2024年度募集定員 自然科学系40、普通160

学科／コース	推薦選抜			一般選抜		
	受験者数	合格者数	倍率	受験者数	合格者数	倍率
自然科学系	41	40	1.03	—	—	—
普通	—	—	—	201	160	1.26

播磨福崎高等学校

(2025年度設置)

〒679-2212 神崎郡福崎町福田234-1 TEL0790-22-1200 ■交通／ＪＲ播但線「福崎」から徒歩５分

インフォメーション INFORMATION

令和7(2025)年、福崎高校と夢前高校の統合により開校、普通科と文理探究科を設置。文理探究科では大学や研究機関と連携し、医療・福祉、地域の自然科学分野を専門的に学びます。普通科では、地域の歴史や伝統文化をテーマとした探究活動を通じて、興味や関心を育てます。少人数制の習熟度別授業を取り入れ、地域と連携した行事の企画運営やICT機器の効果的な活用に取り組む等、多くの探究活動を通してキャリアプランニング能力を養います。ビブリオバトルなど、図書に関する多様なイベントも特色の一つです。

●主な大学合格状況

—

進研Vもし 合格のめやす

文理探究 / 推薦 55-34(45)
普通 / 一般 53-181(250)

30 35 40 45 50 55 60 65 70 75
文理探究推薦 努力圏 合格圏 安全圏
普通一般 努力圏 合格圏 安全圏

入 試 状 況

2024年度募集定員

市立飾磨高等学校

〒672-8031 姫路市飾磨区妻鹿672 TEL079-245-1121 ■交通／山陽電鉄「妻鹿」から北東へ徒歩8分

インフォメーション INFORMATION

昭和17(1942)年設立の県立飾磨高等女学校を前身とし、1948年から市立高校(共学)に。校訓「自主・勤勉・信愛」のもと、勉学、キャリア教育、スポーツ、文化活動、生徒会活動、ボランティア活動を重視し、生徒が主体となって学校の魅力づくりに取り組んでいます。普通科は２年次から文系Ⅰ／文系Ⅱ／理系に分かれます。健康福祉コースでは、福祉の基礎から始め、施設見学や外部講師授業等を通じ、資格取得に向けて学びます。主体的かつ論理的に考え伝え受け取る力の育成に取り組み、夢の実現をサポートします。

●主な大学合格状況

兵庫県立大	1	鳥取環境大	4	京都産業大	7
近畿大	1	甲南大	1	摂南大	3
神戸学院大	59	大阪産業大	46	岡山理科大	13

進研Vもし 合格のめやす

健康福祉系 / 推薦 47-29(45)
普通 / 一般 50-172(250)

30 35 40 45 50 55 60 65 70 75
健康福祉系推薦 努力圏 合格圏 安全圏
普通一般 努力圏 合格圏 安全圏

入 試 状 況

2024年度募集定員　健康福祉系40、普通200

学科／コース	推薦選抜 受験者数	推薦選抜 合格者数	推薦選抜 倍率	一般選抜 受験者数	一般選抜 合格者数	一般選抜 倍率
健康福祉系	43	40	1.08	—	—	—
普通	—	—	—	204	200	1.02

赤穂高等学校

〒678-0225 赤穂市海浜町139 TEL0791-43-2151 ■交通／ＪＲ赤穂線「播州赤穂」からバスで「赤穂高校西」下車

インフォメーション INFORMATION

明治45(1912)年開校の旧制赤穂高等女学校と1927年開校の旧制赤穂中学校との流れをくむ高校です。１年次から習熟度別クラス編成を行い、早朝補習、放課後学習のほか学習合宿も実施。総合科学探究類型(特色選抜)では、企業・大学と連携した見学・実験・講義などを通して科学への関心を深め、研究に対する姿勢を培います。地域のイベント「赤穂義士祭」では、全校生徒がボランティアとして参加するなど、地域との協働活動にも積極的です。2025年度、総合科学探究類型は地域みらい探究類型に改編される予定です。

●主な大学合格状況

兵庫県立大	1	鳥取大	1	島根大	1
岡山県立大	1	関西学院大	1	甲南大	4
摂南大	1	神戸学院大	8	岡山理科大	19

進研Vもし 合格のめやす

普通 / 特色 49-30(45)　普通 / 一般 48-167(250)

30 35 40 45 50 55 60 65 70 75
普通一般 努力圏 合格圏 安全圏

入 試 状 況

2024年度募集定員　普通200

年度	特色選抜 受験者数	特色選抜 合格者数	特色選抜 倍率	一般選抜 受験者数	一般選抜 合格者数	一般選抜 倍率
'24	16	16	1.00	167	184	0.91
'23	19	19	1.00	157	173	0.91
'22	16	16	1.00	138	162	0.85

山崎高等学校

〒671-2570 宍粟市山崎町加生340 TEL0790-62-1730 ■交通／ＪＲ「姫路」から神姫バスで「加生山崎高校前」下車

インフォメーション INFORMATION

明治40（1907）年、山崎町立技芸専修女学校として創立された伝統校。普通科は少人数授業、学校設定科目、選択科目、補習などにより学力を伸ばします。２年次から総合／文理／教育類型（特色選抜）に。教育類型では兵庫教育大等と連携し、野外活動等を通して教員として活躍できる人材を育成します。森と食科では、２年次から森林環境類型／農産・食品類型にわかれ、自然、農業、食物などに関する知識と技術の習得や、体験学習を通して地元の産業を支える人材を育成します。

●主な大学合格状況

岡山大	1	鳥取環境大	1	高知工科大	1
京都産業大	4	近畿大	1	神戸学院大	9
関西福祉大	10	大阪産業大	6	岡山理科大	6

進研Vもし 合格のめやす

普通／特色 48-30(45)　普通／一般 47-164(250)

30 35 40 45 50 55 60 65 70 75

普通一般　努力圏 合格圏 安全圏

入試状況

2024年度募集定員　普通160

年度	特色選抜			一般選抜		
	受験者数	合格者数	倍率	受験者数	合格者数	倍率
'24	11	11	1.00	138	147	0.94
'23	12	12	1.00	118	126	0.94
'22	8	8	1.00	114	124	0.92

＊森と食科は兵庫県最終ページの一覧に掲載。

姫路別所高等学校

〒671-0223 姫路市別所町北宿303-1 TEL079-253-0755 ■交通／ＪＲ山陽本線「ひめじ別所」から北東へ徒歩25分

インフォメーション INFORMATION

昭和50（1975）年姫路東高等学校御国野校舎として発足後、翌1976年に姫路別所高校としてスタート。１年次には特別編成クラスを設定、補習や模試を必修とし、学力向上をはかっています。２年次から文系Ⅰ／文系Ⅱ／理系／自己探究類型（特色選抜）にわかれて学習、自己探究類型では医療・看護、保育、福祉、情報・商業に関する専門科目を設置しており、大学、専門学校、保育所、福祉施設などと連携し、社会に貢献する人材を育成。弓道、男子テニス、卓球など、近畿・県大会で活躍するクラブも少なくありません。

●主な大学合格状況

鳥取大	1	関西学院大	2	甲南大	3
龍谷大	3	摂南大	2	神戸学院大	8
姫路獨協大	4	岡山理科大	5	関西外国語	3

進研Vもし 合格のめやす

普通／特色 44-28(45)　普通／一般 44-156(250)

30 35 40 45 50 55 60 65 70 75

普通一般　努力圏 合格圏 安全圏

入試状況

2024年度募集定員　普通120

年度	特色選抜			一般選抜		
	受験者数	合格者数	倍率	受験者数	合格者数	倍率
'24	35	18	1.94	107	102	1.05
'23	37	18	2.06	100	102	0.98
'22	31	18	1.72	108	102	1.06

神崎高等学校

〒679-2415 神崎郡神河町福本488-1 TEL0790-32-0209 ■交通／ＪＲ播但線「新野」からバスで「福本」下車

インフォメーション INFORMATION

昭和24（1949）年開校の福崎高校粟賀分校（被服科）を前身とする普通科高校です。１年次は類型の区別なく共通科目を履修、２年次から文系／理系／総合系／看護医療系／ユニバーサルスポーツ類型（特色選抜）にわかれて学習します。ユニバーサルスポーツ類型では、スポーツに関する学校設定教科で心と体を鍛え、地域との連携により企画・運営力を培います。誰もが出来る生涯スポーツで幼児や高齢者とともに活動し、地域のリーダーとなる人材を育成します。校内行事はもちろん、部活動も活発です。

●主な大学合格状況

神戸学院大	32	関西福祉大	2	神戸常盤大	1
兵庫大	2	流通科学大	1	岡山理科大	1
美作大	1				

進研Vもし 合格のめやす

普通／特色 43-28(45)　普通／一般 43-153(250)

30 35 40 45 50 55 60 65 70 75

普通一般　努力圏 合格圏 安全圏

入試状況

2024年度募集定員　普通80

年度	特色選抜			一般選抜		
	受験者数	合格者数	倍率	受験者数	合格者数	倍率
'24	6	6	1.00	56	56	1.00
'23	9	9	1.00	63	68	0.93
'22	8	8	1.00	57	61	0.93

上郡高等学校

〒678-1233 赤穂郡上郡町大持207-1 TEL0791-52-0069 ■交通／ＪＲ山陽本線「上郡」から徒歩10分

インフォメーション INFORMATION

明治35(1902)年創立の県立上郡女学校と1906年に創立の県立上郡農学校が昭和23年に統合して開校。普通科では２年次から文系／理系／健康科学類型(特色選抜)を設置。健康科学類型では看護・教育・福祉分野への進学をサポート。農業生産科／地域環境科では、多くの専門教科を通してスマート農業のあり方・SDGｓの考えを具現化する環境に配慮した栽培・飼育技術を学びます。また、学校指定科目である「地域農業」と「未来農業」・「地域環境」を通じて、高品質で安全・安心な生産をめざします。

●主な大学合格状況

兵庫県立大	1	甲南大	2	大手前大	1
関西福祉大	5	姫路大	1	姫路獨協大	3
兵庫大	7	岡山理科大	7		

進研Vもし 合格のめやす

普通／特色 42-27(45)　普通／一般 42-151(250)

30 35 40 45 50 55 60 65 70 75

普通一般：努力圏 合格圏 安全圏

入試状況

2024年度募集定員 普通120

年度	特色選抜			一般選抜		
	受験者数	合格者数	倍率	受験者数	合格者数	倍率
'24	13	13	1.00	78	100	0.78
'23	16	16	1.00	66	73	0.90
'22	24	18	1.33	77	91	0.85

＊農業生産科／地域環境科は兵庫県最終ページの一覧に掲載。

佐用高等学校

〒679-5381 佐用郡佐用町佐用260 TEL0790-82-2434 ■交通／JR姫新線「佐用」から徒歩15分

インフォメーション INFORMATION

明治42(1909)年設立の佐用郡立農蚕学校に始まり、普通科／農業科学科／家政科を併置。校訓「自主独立・敬愛協力・創造工夫」の精神に基づき、地域社会や国際社会に貢献できる人材の育成をめざしています。普通科では２年次から文類型／文理類型にわかれて学習し、習熟度別・進路希望別学級編成を実施。農業科学科／家政科では充実した実習活動により、知識・技術・豊かな心を身につけた地域を支える人材を育成します。部活動は体育系、文化系、同好会共に盛んです。

●主な大学合格状況

鳥取環境大	1	甲南大	1	神戸学院大	8
関西福祉大	2	神戸常盤大	2	姫路大	2
兵庫大	2	京都先端大	1	姫路獨協大	1

進研Vもし 合格のめやす

普通／一般 40-146(250)

30 35 40 45 50 55 60 65 70 75

普通一般：努力圏 合格圏 安全圏

入試状況

2024年度募集定員 普通120

年度				一般選抜		
	受験者数	合格者数	倍率	受験者数	合格者数	倍率
'24	—	—	—	66	78	0.85
'23	—	—	—	64	72	0.89
'22	—	—	—	84	84	1.00

＊農業科学科／家政科は兵庫県最終ページの一覧に掲載。

伊和高等学校

〒671-4131 宍粟市一宮町安積616-2 TEL0790-72-0240 ■交通／（波賀方面から）神姫バスで「伊和高前」下車

インフォメーション INFORMATION

昭和39(1964)年山崎高校伊和分校から独立。校訓「自主、敬愛、創造」のもと、地域社会を支える有為な人材の育成に努めています。２年次から類型Ⅰ(商業情報系)／類型Ⅱ(文理系)／キャリア教育類型(特色選抜)にわかれて学習。キャリア教育類型では地域企業や施設でのインターンシップを通して、社会人として必要な能力を身につけます。多彩な選択科目や「総合的な学習の時間」を通して生徒一人ひとりの個性を育てます。部活動はカヌー(国体出場)や吹奏楽など、積極的に取り組んでいます。

●主な大学合格状況

—

進研Vもし 合格のめやす

普通／特色 35-24(45)　普通／一般 35-134(250)

30 35 40 45 50 55 60 65 70 75

普通一般：努力圏 合格圏 安全圏

入試状況

2024年度募集定員 普通40

年度	特色選抜			一般選抜		
	受験者数	合格者数	倍率	受験者数	合格者数	倍率
'24	1	1	1.00	20	20	1.00
'23	5	5	1.00	18	18	1.00
'22	3	3	1.00	27	27	1.00

千種高等学校 (中高連携型)

〒671-3201 宍粟市千種町千草727-2 TEL0790-76-2033 ■交通／神姫バスで「千種」下車、徒歩３分

インフォメーション INFORMATION

昭和23(1948)年県立山崎高校定時制課程の千種分校として開設され、1975年に独立、2010年から市立千種中学校との連携型中高一貫教育校となり、行事、授業等で連携を強化しています。特色ある３つの類型(チャレンジ／ベーシック／アクティブ)を設定。生徒は入学後まもなく、学力や希望する進路にあわせていずれかを選択します。「地域の子は地域で育てる」という理念から、就職から大学進学まで幅広く生徒の進路を支援。部活動やスポーツを通じた地域交流もさかんです。一般選抜は全県から募集します。

●主な大学合格状況

岡山大	1	京都外国語大	1

進研Vもし 合格のめやす

普通(連携型)/一般 35-134(250)

30 35 40 45 50 55 60 65 70 75

普通一般

努力圏 合格圏 安全圏

入試状況

2024年度募集定員 普通(中高連携型)40

年度	連携型選抜			一般選抜		
	受験者数	合格者数	倍率	受験者数	合格者数	倍率
'24	6	6	1.00	29	29	1.00
'23	13	13	1.00	28	27	1.04
'22	10	10	1.00	28	28	1.00

香寺高等学校

〒679-2163 姫路市香寺町土師547 TEL079-232-0048 ■交通／ＪＲ播但線「溝口」から西へ徒歩10分

インフォメーション INFORMATION

昭和24(1949)年に開校した県立福崎高校神南分校が、1974年に香寺高等学校として独立。２年次から「なりたい自分」を実現させる系列(2025年度改編)は、人文・自然／保育・生活／看護医療／経営ビジネス／芸術文化の５系列を展開し、各専門分野の外部講師による授業など、関心を持った科目をより深く学ぶことができます。四季折々の豊かな自然に恵まれた環境の中、部活動も活発でウエイトリフティング、ギターマンドリン、美術工芸、合唱などが全国大会・近畿大会で活躍しています。

●主な大学合格状況

龍谷大	2	神戸学院大	3	京都外国語大	1
大阪経済大	1	神戸常盤大	1	関西福祉大	2
姫路大	2	姫路獨協大	4	兵庫大	7

進研Vもし 合格のめやす

総合/推薦 49-30(45) 総合/一般 49-169(250)

30 35 40 45 50 55 60 65 70 75

総合学科一般

努力圏 合格圏 安全圏

入試状況

2024年度募集定員 総合200

年度	推薦選抜			一般選抜		
	受験者数	合格者数	倍率	受験者数	合格者数	倍率
'24	113	100	1.13	94	100	0.94
'23	113	100	1.13	111	100	1.11
'22	110	100	1.10	99	100	0.99

太子高等学校

〒671-1532 揖保郡太子町糸井19 TEL079-277-0123 ■交通／ＪＲ山陽本線「網干」から北へ徒歩８分

インフォメーション INFORMATION

昭和45(1970)年定時制通信制教育のモデル校として発足、2007年から総合学科に改編されました。「太子メソッド」は３年間を通して生涯にわたり自ら学び続ける生徒の育成を達成するカリキュラムで、全生徒が１年次『産業社会と人間』、２年次『基本探究』、３年次『総括探究』を履修し、未来を見据える力、探究する力・主体的な意思決定、自ら行動する力を付けます。選択科目も豊富で、個人の興味や進路に適した学習を行うことが出来ます。国際理解教育や地域貢献活動にも力を入れているほか、部活動も活発です。

●主な大学合格状況

滋賀大	1	兵庫教育大	1	兵庫県立大	3
近畿大	3	甲南大	3	龍谷大	4
神戸学院大	15	関西福祉大	12	大阪工業大	6

進研Vもし 合格のめやす

総合/推薦 48-30(45) 総合/一般 49-169(250)

30 35 40 45 50 55 60 65 70 75

総合学科一般

努力圏 合格圏 安全圏

入試状況

2024年度募集定員 総合200

年度	推薦選抜			一般選抜		
	受験者数	合格者数	倍率	受験者数	合格者数	倍率
'24	142	100	1.42	125	100	1.25
'23	147	100	1.47	106	100	1.06
'22	134	100	1.34	120	100	1.20

豊岡高等学校（単位制）

〒668-0042 豊岡市京町12-91 TEL0796-22-2111 ■交通／ＪＲ山陰本線「豊岡」から徒歩15分

インフォメーション INFORMATION

明治29（1896）年創立の豊岡尋常中学校を母体とする伝統校です。普通科では２年次から文系／理系にわかれて学習します。STEAM探究科では、地域の企業や大学等と連携し、文理融合型教育に演劇的手法を取り入れた幅広い知識や技術を活用して社会の課題解決を目指す学びを展開し、新たな価値を創造する人材を育成します。豊高祭、マラソン大会、防災訓練などの行事や、地域貢献活動にも力を入れています。陸上競技、水泳、書道など各部が好成績を残し、体育系・文化系共に多くの部も活躍しています。

●主な大学合格状況

京都大	1	大阪大	1	神戸大	5
大阪公立大	2	兵庫県立大	7	京都産業大	65
近畿大	95	龍谷大	86	神戸学院大	60

進研Vもし 合格のめやす

STEAM探究 / 推薦 59-36(45)
普通 / 一般 57-194(250)

30 35 40 45 50 55 60 65 70 75
STEAM探究推薦 努力圏 合格圏 安全圏
普通一般 努力圏 合格圏 安全圏

入試状況

2024年度募集定員　STEAM探究40、普通160

学科／コース	推薦選抜			一般選抜		
	受験者数	合格者数	倍率	受験者数	合格者数	倍率
STEAM探究	42	40	1.05	—	—	—
普通	—	—	—	150	150	1.00

八鹿高等学校

〒667-0031 養父市八鹿町九鹿85 TEL079-662-2176 ■交通／ＪＲ山陰本線「八鹿」から徒歩30分（バスあり）

インフォメーション INFORMATION

明治30（1897）年に県立簡易蚕業学校として創立。1949年から現校名に。八高（はちこう）の名で親しまれています。普通科では２年次から理科／文科探究／総合の３類型に分かれて学習します。文理探究科では、自然科学分野と人文社会分野を融合した学びを展開し、人と自然が豊かに共生するふるさとの魅力と可能性を世界に発信することのできる人材を育成します。部活動は、運動部・文化部共に活発です。学業と部活動の両立の目標を掲げ、目標実現に向けて取り組んでいます。

●主な大学合格状況

大阪大	1	神戸大	1	大阪公立大	1
兵庫県立大	10	関西大	16	関西学院大	28
立命館大	15	近畿大	51	龍谷大	36

進研Vもし 合格のめやす

文理探究 / 推薦 55-34(45)
普通 / 一般 53-181(250)

30 35 40 45 50 55 60 65 70 75
文理探究推薦 努力圏 合格圏 安全圏
普通一般 努力圏 合格圏 安全圏

入試状況

2024年度募集定員　文理探究40、普通160

学科／コース	推薦選抜			一般選抜		
	受験者数	合格者数	倍率	受験者数	合格者数	倍率
文理探究	40	40	1.00	—	—	—
普通	—	—	—	123	123	1.00

香住高等学校

〒669-6563 美方郡香美町香住区矢田40-1 TEL0796-36-1181 ■交通／ＪＲ山陰本線「香住」から徒歩15分

インフォメーション INFORMATION

昭和21（1946）年、県立香住水産学校として創立され、1952年に現校名に改められました。普通科は１年次から、国公立大・私立大への進学をめざすアカデミックコースと、多様な実習科目で個性を伸長するアクティブコースを設置。県内唯一の海洋科学科にはオーシャン（航海系）／アクア（生物系）／シーフード（食品系）の３コースがあり、オーシャンコースでは大型実習船による長期の遠洋航海も実施。コースに応じた多彩な資格も取得可能です。地域との連携や部活動も活発です。寄宿舎（海洋科学科）も完備。

●主な大学合格状況

奈良教育大	1	三重大	1	岡山大	1
鳥取大	1	京都市芸大	1	京都産業大	6
近畿大	7	甲南大	6	神戸学院大	5

進研Vもし 合格のめやす

普通 / 一般 44-156(250)

30 35 40 45 50 55 60 65 70 75
普通一般 努力圏 合格圏 安全圏

入試状況

2024年度募集定員　普通80

年度				一般選抜		
	受験者数	合格者数	倍率	受験者数	合格者数	倍率
'24	—	—	—	53	55	0.96
'23	—	—	—	49	49	1.00
'22	—	—	—	39	39	1.00

＊海洋科学科は兵庫県最終ページの一覧に掲載。

生野高等学校

〒679-3311 朝来市生野町真弓432-1 TEL079-679-3123 ■交通／ＪＲ播但線「生野」から徒歩15分

インフォメーション INFORMATION

大正２(1913)年創立の生野実科女学校にはじまる伝統校です。グローバル教育に力を入れており、課題発見力や課題解決のための論理的思考、そして実践力を備えた人材を育成します。２年次から観光・グローバル類型(特別選抜)と地域探究類型に分かれます。観光・グローバル類型では、大学への進学を視野に入れながら、特色を活かした学びとなる観光探究系も選択できます。 地域探究類型では、グローバル社会の変化に対応した地域探究の理系と文系に加え、多様な科目が学べる地域連携系が選択できます。

●主な大学合格状況

関西大	2	龍谷大	3	京都外国語大	1
藍野大	1	姫路獨協大	4	武庫川女子大	2

進研Vもし 合格のめやす

普通 / 特色 45-29(45)　普通 / 一般 42-151(250)

普通一般：努力圏 合格圏 安全圏

入試状況

2024年度募集定員　普通80

年度	特色選抜			一般選抜		
	受験者数	合格者数	倍率	受験者数	合格者数	倍率
'24	21	21	1.00	22	22	1.00
'23	23	23	1.00	25	25	1.00
'22	22	22	1.00	14	14	1.00

出石高等学校

〒668-0211 豊岡市出石町下谷35-1 TEL0796-52-3131 ■交通／ＪＲ「八鹿」「江原」から出石行きバスで終点下車、東へ徒歩８分

インフォメーション INFORMATION

明治40(1907)年設立の出石町立女子技芸学校を前身とする伝統校で、文理探究／人文／文化創造(書道／美術[陶芸])の３類型を設置。文理探究類型(特色選抜)は、国公立大、難関私立大への進学が目標で、但馬地域の現状や諸課題について考察し、地域社会の一員として主体的に活動する人材を育成します。人文類型では地域について主体的に学ぶことでコミュニケーション能力を備えた人材を育成。文化創造類型では、書道・美術・陶芸などを専門的に学び、豊かな創造力と表現力を身に付けます。

●主な大学合格状況

名古屋市立大	1	近畿大	1	大阪学院大	1
大阪経済大	1	大阪樟蔭女大	1	阪南大	2
姫路獨協大	1	畿央大	6	岡山理科大	4

進研Vもし 合格のめやす

普通 / 特色 43-28(45)　普通 / 一般 41-148(250)

普通一般：努力圏 合格圏 安全圏

入試状況

2024年度募集定員　普通80

年度	特色選抜			一般選抜		
	受験者数	合格者数	倍率	受験者数	合格者数	倍率
'24	7	7	1.00	59	66	0.89
'23	8	8	1.00	58	72	0.81
'22	8	8	1.00	66	66	1.00

浜坂高等学校

〒669-6701 美方郡新温泉町芦屋853-2 TEL0796-82-3174 ■交通／ＪＲ山陰本線「浜坂」から徒歩10分

インフォメーション INFORMATION

昭和23(1948)年に開校。勤勉・創造・禮儀を校訓とし、心豊かな人間の育成に努めています。１年次から総合／特進の２クラスを設置、習熟度別授業や少人数授業により学習の理解を深め、基礎学力の定着と応用力の充実をはかります。グローカルキャリア類型(特色選抜：１年次は特進クラスに所属)では、コミュニケーションを重視した英語教育を展開、難関大学に立ち向かう学力を養うとともに、大学や企業と連携しながら地域の課題を意識し、解決しようとする生徒を育成します。地域活動や部活動も活発です。

●主な大学合格状況

鳥取大	4	鳥取環境大	2	京都産業大	2
花園大	1	関西福祉大	1	神戸常盤大	1
美作大	1				

進研Vもし 合格のめやす

普通 / 特色 42-27(45)　普通 / 一般 40-146(250)

普通一般：努力圏 合格圏 安全圏

入試状況

2024年度募集定員　普通80

年度	特色選抜			一般選抜		
	受験者数	合格者数	倍率	受験者数	合格者数	倍率
'24	4	4	1.00	69	69	1.00
'23	11	11	1.00	57	58	0.98
'22	11	11	1.00	52	52	1.00

村岡高等学校

〒667-1311 美方郡香美町村岡区村岡2931 TEL0796-94-0201 ■交通／ＪＲ「八鹿」からバスで「福西」下車、徒歩３分

インフォメーション INFORMATION

昭和24（1949）年開校の県立農蚕高校村岡分校が前身。小規模校の特長を活かした少人数制授業のもと、幅広い選択科目から進路に応じた授業を選ぶことができます。地域アウトドアスポーツ類型（特色選抜：アウトドアスポーツ系／地域創造系にわかれて学習）では、定員の半分を全国から募集。アウトドアスポーツ系では 競技者や指導者として必要なリーダーシップ、協調性、専門性を育みます。地域創造系では地域を教材として課題発見・比較検証・実践を基礎とした学習活動を行います。スキー部等、部活動も活発です。

●主な大学合格状況

立命館大	3	神戸親和大	2	岡山理科大	2
姫路大	1	姫路獨協大	1	京都先端大	1
花園大	1				

進研Vもし 合格のめやす

普通 / 特色 40-26(45)　普通 / 一般 38-141(250)

30 35 40 45 50 55 60 65 70 75

普通一般

努力圏 合格圏 安全圏

入 試 状 況

2024年度募集定員　普通80

年度	特色選抜			一般選抜		
	受験者数	合格者数	倍率	受験者数	合格者数	倍率
'24	15	15	1.00	18	18	1.00
'23	13	13	1.00	22	22	1.00
'22	26	26	1.00	16	16	1.00

豊岡総合高等学校

〒668-0023 豊岡市加広町6-68 TEL0796-22-7177 ■交通／ＪＲ山陰本線「豊岡」から徒歩15分

インフォメーション INFORMATION

平成15（2003）年、豊岡南高校と豊岡実業高校の統合により開校しました。総合学科では普通科目から専門科目まで幅広い選択科目を用意。充実した進路ガイダンスのもと、各自の希望や進路に沿って学習できます。電機応用工学科は電気系・機械系について幅広く学習、環境建設工学科は２年次から土木類系・建築類系に分かれて学習します。在学中の資格習得にも積極的で、最新技術に対応できる技術者を目指します。野球・サッカー・書道・吹奏楽など体育系、文化系、同好会が活発に活動しています。

●主な大学合格状況

和歌山大	1	広島市立大	1	福知山公立大	2
北九州市立大	1	関西大	4	同志社大	4
京都産業大	4	龍谷大	5	神戸学院大	13

進研Vもし 合格のめやす

総合 / 推薦 51-32(45)　総合 / 一般 48-167(250)

30 35 40 45 50 55 60 65 70 75

総合学科一般

努力圏 合格圏 安全圏

入 試 状 況

2024年度募集定員　総合120

年度	推薦選抜			一般選抜		
	受験者数	合格者数	倍率	受験者数	合格者数	倍率
'24	80	60	1.33	70	60	1.17
'23	65	60	1.08	79	60	1.32
'22	73	60	1.22	58	58	1.00

＊電機応用工学科／環境建設工学科は兵庫県最終ページの一覧に掲載。

和田山高等学校

〒669-5215 朝来市和田山町枚田岡376-1 TEL079-672-3269 ■交通／ＪＲ山陰本線「和田山」から徒歩15分

インフォメーション INFORMATION

昭和23（1948）年設立の県立農蚕高等学校和田山分校を前身とする総合学科高校。多彩な教科・科目を開設。特に商業・情報に関する専門科目を充実させ、資格・検定取得の支援体制を整えています。教育ICT を活用し、他校と合同で行う遠隔授業の実施や、電子黒板やタブレット端末を授業で活用するなど、現代の情報社会において先進的取組を行います。特色のある「わだやマーケット」の開催や、ボランティア活動など、地域との関わりを大切にした体験活動を通して社会人基礎力を持った生徒を育成します。

●主な大学合格状況

京都外国語大	1	大手前大	2	神戸常盤大	1
姫路大	1	兵庫大	1	桜美林大	1

進研Vもし 合格のめやす

総合 / 推薦 42-27(45)　総合 / 一般 40-146(250)

30 35 40 45 50 55 60 65 70 75

総合学科一般

努力圏 合格圏 安全圏

入 試 状 況

2024年度募集定員　総合120

年度	推薦選抜			一般選抜		
	受験者数	合格者数	倍率	受験者数	合格者数	倍率
'24	15	15	1.00	60	60	1.00
'23	20	20	1.00	66	68	0.97
'22	21	21	1.00	70	70	1.00

高校名	学科名	募集定員	入試状況 推薦選抜 定員	受験者数	合格者数	倍率	一般選抜 定員	受験者数	合格者数	倍率	進研Vもし合格のめやす 推薦選抜 合格のめやす－相応内申点(満点)	一般選抜 合格のめやす－相応内申点(満点)
市立伊丹	商業	40	20	49	20	2.45	20	34	20	1.70	47 - 29(45)	44 - 156(250)
市立尼崎双星	商業学	80	40	102	40	2.55	40	58	40	1.45	46 - 29(45)	42 - 151(250)
	電気情報	40	20	39	20	1.95	20	24	20	1.20	48 - 30(45)	45 - 158(250)
	ものづくり機械	40	20	33	20	1.65	20	23	20	1.15	44 - 28(45)	42 - 151(250)
市立科学技術	科学工学	80	40	63	40	1.58	40	45	40	1.13	48 - 30(45)	49 - 169(250)
	機械工学	120	60	96	60	1.60	60	74	60	1.23	48 - 30(45)	47 - 164(250)
	電気情報工学	80	40	66	40	1.65	40	59	40	1.48	49 - 30(45)	50 - 172(250)
	都市工学	80	40	78	40	1.95	40	60	40	1.50	49 - 30(45)	48 - 167(250)
兵庫工業	機械工学	80	40	39	39	1.00	41	45	41	1.10	45 - 29(45)	43 - 153(250)
	建築	40	20	18	18	1.00	22	27	22	1.23	45 - 29(45)	42 - 151(250)
	情報技術	40	20	20	20	1.00	20	22	20	1.10	45 - 29(45)	43 - 153(250)
	総合理化学	40	20	19	19	1.00	21	21	21	1.00	45 - 29(45)	43 - 153(250)
	デザイン	40	20	34	20	1.70	20	27	20	1.35	45 - 29(45)	44 - 156(250)
	電気工学	40	20	16	16	1.00	24	24	24	1.00	45 - 29(45)	43 - 153(250)
	都市環境工学	40	20	13	13	1.00	27	25	25	1.00	45 - 29(45)	43 - 153(250)
尼崎工業	機械	80	40	60	40	1.50	40	50	40	1.25	42 - 27(45)	40 - 146(250)
	建築	40	20	32	20	1.60	20	23	20	1.15	42 - 27(45)	40 - 146(250)
	電気	40	20	28	20	1.40	20	25	20	1.25	42 - 27(45)	40 - 146(250)
	電子	40	20	28	20	1.40	20	22	20	1.10	42 - 27(45)	40 - 146(250)
篠山産業	機械工学	40	20	24	20	1.20	20	18	18	1.00	40 - 26(45)	38 - 141(250)
	総合ビジネス	40	20	26	20	1.30	20	19	19	1.00	40 - 26(45)	38 - 141(250)
	電気建設工学	40	20	27	20	1.35	20	15	15	1.00	40 - 26(45)	38 - 141(250)
	農と食	40	20	24	20	1.20	20	12	12	1.00	40 - 26(45)	38 - 141(250)
東播工業	機械	80	40	36	36	1.00	44	44	44	1.00	42 - 27(45)	41 - 148(250)
	建築	40	20	19	19	1.00	21	26	21	1.24	41 - 27(45)	40 - 146(250)
	電気	80	40	31	31	1.00	49	53	49	1.08	42 - 27(45)	41 - 148(250)
	土木	40	20	12	12	1.00	28	29	28	1.04	41 - 27(45)	40 - 146(250)
西脇工業	機械	80	40	42	40	1.05	40	40	40	1.00	45 - 29(45)	44 - 156(250)
	総合技術	40	20	34	20	1.70	20	20	20	1.00	50 - 31(45)	49 - 169(250)
	電気	40	20	18	18	1.00	22	19	19	1.00	48 - 30(45)	45 - 158(250)
	ロボット工学	40	20	24	20	1.20	20	18	18	1.00	48 - 30(45)	48 - 167(250)
小野工業	機械工学	80	40	34	34	1.00	46	37	37	1.00	44 - 28(45)	44 - 156(250)
	生活創造	40	20	30	20	1.50	20	21	20	1.05	42 - 27(45)	42 - 151(250)
	電子	40	20	15	15	1.00	25	23	23	1.00	44 - 28(45)	44 - 156(250)
飾磨工業	ｴﾈﾙｷﾞｰ環境工学	40	20	14	14	1.00	26	25	25	1.00	46 - 29(45)	44 - 156(250)
	機械工学	80	40	46	40	1.15	40	37	37	1.00	46 - 29(45)	44 - 156(250)
	電気情報工学	40	20	23	20	1.15	20	22	20	1.10	46 - 29(45)	44 - 156(250)
	多部制基礎工学	240	156	127	103	1.23	89	30	30	1.00	39 - 26(45)	38 - 141(250)
姫路工業	電子機械	40	40	38	38	1.00	—	—	—	—	55 - 34(45)	—
	機械	80	40	56	40	1.40	40	35	35	1.00	52 - 32(45)	50 - 172(250)
	工業化学	40	20	26	20	1.30	20	18	18	1.00	51 - 32(45)	49 - 169(250)
	デザイン	40	20	31	20	1.55	20	20	20	1.00	50 - 31(45)	48 - 167(250)
	電気	40	20	29	20	1.45	20	20	20	1.00	52 - 32(45)	50 - 172(250)
	溶接	40	20	23	20	1.15	20	22	20	1.10	47 - 29(45)	47 - 164(250)
相生産業	機械	80	40	47	40	1.18	40	35	35	1.00	43 - 28(45)	42 - 151(250)
	商業	80	40	53	40	1.33	40	39	39	1.00	44 - 28(45)	43 - 153(250)
	電気	40	20	20	20	1.00	20	16	16	1.00	43 - 28(45)	42 - 151(250)
龍野北	看護	40	40	37	37	1.00	—	—	—	—	53 - 33(45)	—
	総合福祉	40	40	46	40	1.15	—	—	—	—	45 - 29(45)	—
	環境建設工学	40	20	32	20	1.60	20	23	20	1.15	45 - 29(45)	43 - 153(250)
	総合デザイン	40	20	36	20	1.80	20	26	20	1.30	45 - 29(45)	43 - 153(250)
	電気情報システム	80	40	58	40	1.45	40	40	40	1.00	50 - 31(45)	47 - 164(250)

高校名	学科名	募集定員	入試状況 推薦選抜				一般選抜				進研Vもし 合格のめやす 推薦選抜	一般選抜
			定員	受験者数	合格者数	倍率	定員	受験者数	合格者数	倍率	合格のめやすー相応内申点(満点)	合格のめやすー相応内申点(満点)
豊岡総合	環境建設工学	40	20	12	12	1.00	28	23	23	1.00	45 - 29(45)	43 - 153(250)
	電機応用工学	40	20	16	16	1.00	24	20	20	1.00	45 - 29(45)	43 - 153(250)
洲本実業	機械	40	20	20	20	1.00	42	35	35	1.00	42 - 27(45)	40 - 146(250)
	電気	40	20	18	18	1.00					42 - 27(45)	40 - 146(250)
	地域商業	40	20	26	20	1.30	20	19	19	1.00	42 - 27(45)	40 - 146(250)
小野	ビジネス探究	80	40	59	40	1.48	40	39	39	1.00	57 - 35(45)	55 - 187(250)
松陽	商業	40	20	20	20	1.00	20	25	20	1.25	43 - 28(45)	42 - 151(250)
	生活文化	40	20	40	20	2.00	20	24	20	1.20	41 - 27(45)	40 - 146(250)
市立神港橘	みらい商学	320	160	187	160	1.17	160	177	160	1.11	48 - 30(45)	46 - 161(250)
神戸商業	会計	40	40	41	40	1.03	—	—	—	—	50 - 31(45)	—
	情報	40	40	38	38	1.00	—	—	—	—	50 - 31(45)	—
	商業	200	100	101	100	1.01	100	111	100	1.11	49 - 30(45)	46 - 161(250)
氷上	生活ビジネス	40	20	15	15	1.00	25	6	6	1.00	37 - 25(45)	35 - 134(250)
	生産ビジネス	40	20	8	8	1.00	32	9	9	1.00	37 - 25(45)	35 - 134(250)
	食品ビジネス	40	20	20	20	1.00	20	18	18	1.00	37 - 25(45)	35 - 134(250)
市立明石商業	福祉	40	40	47	40	1.18	—	—	—	—	41 - 27(45)	—
	商業	240	120	184	120	1.53	120	163	120	1.36	43 - 28(45)	42 - 151(250)
姫路商業	情報科学	40	40	45	40	1.13	—	—	—	—	53 - 33(45)	—
	商業	200	100	186	100	1.86	100	119	100	1.19	49 - 30(45)	48 - 167(250)
有馬	人と自然	40	20	28	20	1.40	20	15	15	1.00	47 - 29(45)	45 - 158(250)
西脇	生活情報	40	20	47	20	2.35	20	21	20	1.05	50 - 31(45)	46 - 161(250)
社	生活科学	40	20	34	20	1.70	20	21	20	1.05	46 - 29(45)	45 - 158(250)
山崎	森と食	40	20	27	20	1.35	20	15	15	1.00	39 - 26(45)	38 - 141(250)
上郡	農業生産	40	20	24	20	1.20	20	18	18	1.00	40 - 26(45)	37 - 138(250)
	地域環境	40	20	20	20	1.00	20	19	19	1.00	40 - 26(45)	37 - 138(250)
佐用	農業科学	40	20	16	16	1.00	24	17	17	1.00	40 - 26(45)	40 - 146(250)
	家政	40	20	17	17	1.00	23	3	3	1.00	40 - 26(45)	38 - 141(250)
篠山東雲	地域農業	40	20	4	4	1.00	36	11	11	1.00	36 - 24(45)	35 - 134(250)
農業	園芸	40	20	29	20	1.45	20	29	20	1.45	46 - 29(45)	44 - 156(250)
	食品科学	40	20	43	20	2.15	20	28	20	1.40	46 - 29(45)	46 - 161(250)
	生物工学	40	20	35	20	1.75	20	23	20	1.15	44 - 28(45)	45 - 158(250)
	造園	40	20	32	20	1.60	20	28	20	1.40	45 - 29(45)	43 - 153(250)
	動物科学	40	20	47	20	2.35	20	31	20	1.55	49 - 30(45)	47 - 164(250)
	農業	40	20	24	20	1.20	20	26	20	1.30	46 - 29(45)	44 - 156(250)
	農業環境工学	40	20	21	20	1.05	20	24	20	1.20	44 - 28(45)	45 - 158(250)
播磨農業	園芸	40	20	10	10	1.00	30	19	19	1.00	42 - 27(45)	40 - 146(250)
	畜産	40	20	14	14	1.00	26	9	9	1.00	38 - 25(45)	36 - 136(250)
	農業経営	40	20	19	19	1.00	21	12	12	1.00	42 - 27(45)	40 - 146(250)
香住	海洋科学	40	20	33	20	1.65	20	20	20	1.00	43 - 28(45)	40 - 146(250)
日高	看護	40	40	36	36	1.00	—	—	—	—	48 - 30(45)	—
	福祉	40	40	29	29	1.00	—	—	—	—	43 - 28(45)	—
但馬農業	総合畜産	40	20	3	3	1.00	37	29	29	1.00	38 - 25(45)	36 - 136(250)
	みのりと食	40	20	10	10	1.00	30	30	30	1.00	38 - 25(45)	36 - 136(250)
兵庫県立大学附属	総合科学	91	91	136	91	1.49	—	—	—	—	57 - 35(45)	—
国際	国際	120	120	131	120	1.09	—	—	—	—	57 - 35(45)	—
西宮香風	多部制普通	280	176	249	166	1.50	58	72	58	1.24	38 - 25(45)	37 - 138(250)
西脇北	多部制普通	120	76	56	56	1.00	40	3	3	1.00	38 - 25(45)	37 - 138(250)
阪神昆陽	多部制普通	280	176	181	152	1.19	72	41	41	1.00	38 - 25(45)	37 - 138(250)

京都府

通学区域について
京都市・乙訓／山城／口丹／中丹／丹後の５通学圏があります。専門学科については、原則的に府内のどの高校のどの学科も受験できますが、一部には出願できない通学圏もあります。

選抜名	前期選抜	中期選抜
実施学科	◇全日制課程のすべての学科、定時制課程（昼間）の農業及び家庭に関する学科	◇前期選抜において募集定員の 100%を募集する学科等、京都府立清明高等学校及び京都市立京都奏和高等学校を除くすべての学科
選抜資料	◇Ａ・Ｂ・Ｃの３つの方式から各校が方式及び検査項目を定めて実施	◇学力検査（5教科） ◇報告書

※ 2024年度の主な入試日程を記載。

月	旬	前期選抜	中期選抜
2月	上旬	出願期間 2/2・5	
	中旬	選抜検査等 2/15、16	
	下旬	合格発表 2/22	
3月	上旬	✕ 前期選抜合格者は、中期選抜に出願できません。	出願期間 2/28、29
	中旬		学力検査 3/7
	下旬		合格発表 3/18 後期 出願 3/19、21 選抜 3/25

入試当日のスケジュール（変更になる場合があります）

＜前期選抜＞

時限	第1時	第2時	第3時		第4時
教科	国語	数学	英語		面接
問題	共通	共通	共通	リスニング	※検査時間および開始時間は各学校長が別途定め、配点も学校・選択方式によって異なる。
時間	50分	50分	40分	10分	
時刻	9:20～10:10	10:30～11:20	11:40～12:20	12:30～12:40	
配点	50点	50点	50点		

※普通科の専門的なコースおよび専門学科については、実施する問題（共通学力検査／独自検査問題）、実施教科数を各学校が決定する。
※専門学科に関する検査を行うところもあり、学科・コースにより時間・時刻は異なる。

＜中期選抜＞

時限	第1時	第2時	第3時	第4時	第5時	
教科	国語	社会	数学	理科	英語	
						リスニング
時間	40分	40分	40分	40分	30分	10分
時刻	9:30～10:10	10:30～11:10	11:30～12:10	13:05～13:45	14:05～14:35	14:45～14:55
配点	40点	40点	40点	40点	40点	

※共通の学力検査で実施する。

入学者選抜の概要（2024年度の場合）

前期選抜

受検機会を複数化し、多元的な評価尺度による選抜を行います。
募集人員は各学科の定員に一定の割合を乗じた人数で行われます。
受検生は１つの高校の１つの学科・系統を選んで志願します。

検査項目	選抜方式		
	A方式	B方式	C方式
共通学力検査（国語・数学・英語）または高校が独自に作成する学力検査の中からあわせて５教科以内。	必須		必須
報告書	必須	必須	必須
面接、作文（小論文）、のいずれか１項目または両方	必須	必須	必須
活動実績報告書	※選択	必須（定時制を除く）	※選択
実技検査			必須

※「選択」は必要の有無を高校が決定。

中期選抜

学力検査（５教科）の成績および報告書を総合的に判断し、合格者を決定します。第２志望まで志願できます。なお、全日制課程では第１志望に順位をつけて、異なる志願先を２校または２学科・系統等まで志願することができます。

報告書	学力検査
９教科　全学年の評定　195点（①+②）	５教科　200点
●５教科（国語、社会、数学、理科、英語） （各教科５点）×（５教科）×（３学年分）＝75点（①） ●４教科（音楽、美術、保健体育、技術・家庭） （各教科5点）×（評定を２倍）×（4教科）×（3学年分）＝120点（②）	●実施５教科（国語、社会、数学、理科、英語） （各教科40点）×（５教科）＝200点

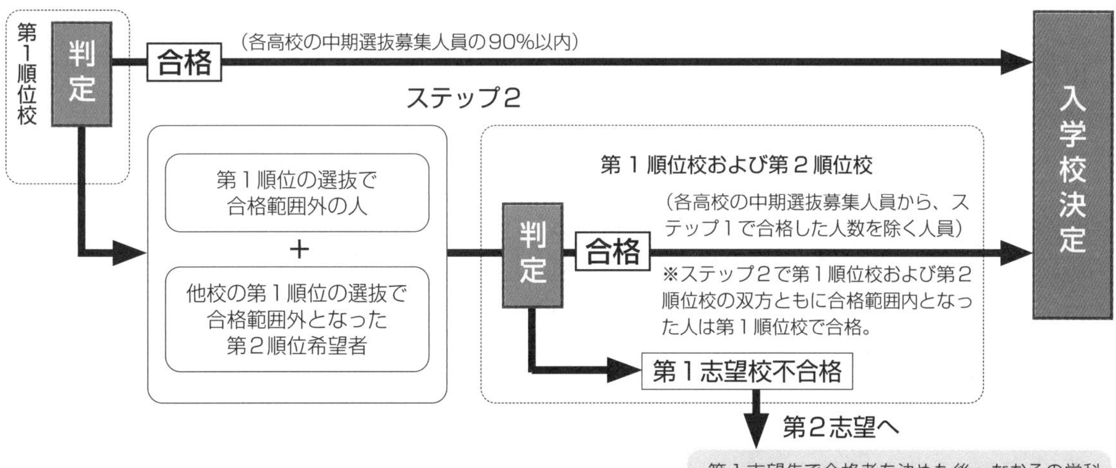

第１志望先で合格者を決めた後、なおその学科に欠員がある場合、第２志望で選抜。

後期選抜

前期選抜・中期選抜を実施した後、相当の欠員が生じている場合に実施することがあります。後期選抜実施校は、中期選抜合格者の発表と同時に発表。報告書、学力検査（国・数・英）、面接の結果により総合的に判断し、合格者を決定します。

京都府公立「前期選抜」一覧 (2024年度の場合)

普通科／総合学科

通学圏	高校名	選抜方式	募集割合	募集人員	①共通学力(3科)	②報告書	③面接	④作文(小論文)	⑤活動実績報告書	総合点
京都市・乙訓	堀川	A	30%	24	150	135	50			335
	嵯峨野	A	30%	36	150	135	25		25	335
	桃山	A	30%	84	150	135	15		80	380
	洛北(単位制)	A1	30%	24	150	135	30			315
		A2		24	150	135	30		100	415
	山城(単位制)	A1	30%	48	150	135	30			315
		A2		48	150	135	30		130	445
	鳥羽(単位制)	A1	30%	24	150	135	30			315
		A2		24	150	135	70		50	405
	紫野	A1	30%	45	150	135	15			300
		A2		15	150	135	50		130	465
	日吉ヶ丘(単位制)	A	30%	52	150	135	20	20		325
		B		20		135	30	30	100	295
	鴨沂	A1	30%	48	150	135	50			335
		A2		24	150	135	50		50	385
	桂	A	30%	42	150	135	30			315
		B		42		135	60	70	70	335
	洛西	A	30%	84	150	135	40			325
	北嵯峨	A	30%	42	150	135	80		40	405
		B		42		135	100	100	70	405
	西乙訓	A	30%	48	150	135	30			315
	開建(ルミノベーション)	A1	50%	96	150	135	100			385
		A2		24	150	135	130		85	500
	北稜	A	30%	48	150	135	15			300
		B		24		135	15	15	35	200
	乙訓	A1	30%	36	150	135	30			315
		A2		24	150	135	30		70	385
	向陽	A	30%	30	150	135	50			335
		B		30		135	50	50	50	285
	東稜	A	30%	45	150	135	30			315
		B		27		135	70	70	70	345
	洛東	A	30%	36	150	135	30			315
		B		36		135	60	50	40	285
	朱雀	A	30%	40	150	135	45			330
		B		20		135	70	60	35	300
	洛水	A	30%	16	150	135	40			325
		B		32		135	100	70	40	345
山城	南陽	A	30%	48	150	135		50	50	385
	城南菱創(単位制)	A	50%	80	150	135	30			315
	莵道	A	30%	84	150	135	30			315
	西城陽	A1	30%	48	150	135	30			315
		A2		24	150	135	30		100	415
	東宇治(英語探究)	A1	30%	28	150	135	50		20	355
	(文理)	A2		56	150	135	50		20	355
	久御山	A	30%	60	150	135	40		80	405
	城陽	A	30%	56	150	135		30	20	335
		B		28		135	50	30	190	405
	田辺	A	30%	28	150	135	60			345
		B		20		100	60	40	100	300
	木津	A	30%	32	150	135	120		30	435
		B		16		135	80	50	90	355
	京都八幡(総合選択制)	A	70%	92	150	135	60			345
		B		20		135	50	50	100	335
口丹	亀岡(単位制)	A1	30%	40	150	135	30			315
		A2		20	150	135	50		100	435
	園部	A	30%	36	150	135	30			315
	北桑田	A1	30%	18	150	135	60		30	375
		A2	20%	12	150	135	60		30	375
	須知	A	30%	9	150	135	40		40	365
		B		9		135	60	40	65	300
中丹	福知山	A	30%	48	150	135	10		20	315
	西舞鶴	A	30%	48	150	135	30		40	355
	綾部	A	30%	54	150	135	40		40	365
	東舞鶴	A	30%	24	150	135	50			335
		B		12		135	60	40	65	300
丹後	宮津天橋(単位制)〈宮津学舎〉	A	30%	36	150	135	30		35	350
	宮津天橋(単位制)〈加悦谷学舎〉	A	30%	10	150	135	50		50	385
		B		14		135	50	50	100	335
	峰山	A	30%	48	150	135	40		60	385
	丹後緑風(単位制)〈網野学舎〉	A	30%	19	150	135	60		75	420
全域	南丹(単位制)(総合)	A1	70%	72	150	135	15			300
		A2		17	150	135	15	50		350
		B		30		135	45	50	50	280
	大江(単位制)(地域創生)	A	70%	63	150	135	80		20	385

普通科〈専攻〉／専門学科

高校名	学科／専攻	選抜方式	募集割合	募集人員	①学力検査 ※専は専門学科に関する検査 国	数	英	理	社	専	配点	②報告書	③面接	④作文(小論文)	⑤活動実績報告書	⑥実技検査	総合点
堀川	探究学科群	A	100%	160	100	100	100	50	50		400	100		25			525
嵯峨野	京都こすもす	A	100%	200	100	100	100	50	50		400	100	25				525
西京	エンタープライジング	A1	100%	144	100	150	150	100	50		550	150		50			750
		A2		16	80	120	120	80	40		440	150	50	50	60		750
桃山	自然科学	A	100%	80	100	100	100	100			400	100	25				525
洛北(単位制)	スポーツ総合専攻	C	100%	40	◎	◎	◎				150	135	30	20	150	200	685
山城(単位制)	文理総合	A	100%	40	100	100	100	50	50		400	100	25				525
鳥羽(単位制)	グローバル	A	100%	80	100	100	100				300	100		50			450
	スポーツ総合専攻	C	100%	40	◎	◎	◎				120	135	50	50	100	400	855
紫野	アカデミア	A	100%	80	120	120	120				360	100	40				500
桂	植物クリエイト・園芸ビジネス	A	各70%	各28	●	●	●				150	100	100	50			400
乙訓	スポーツ健康科学	C	100%	40	50	50	50				150	135	50		70	40	445
南陽	サイエンスリサーチ	A	100%	80	100	100	100				300	80		20			400
城南菱創(単位制)	教養科学	A	100%	80	150	150	150				450	135	30				615
西城陽	スポーツ総合専攻	C	100%	40	◎	◎	◎				150	135	30		80	200	595
久御山	スポーツ総合専攻	C	100%	40	◎	◎	◎				120	135	20		80	200	555
田辺	工学探究	A	70%	28	●	●	●				150	135	60				345
	機械・電気・自動車	A	各70%	各21	●	●	●				150	135	60				345
木津	システム園芸・情報企画	A	各70%	各28	●	●	●				150	135	120		30		435
京都八幡(南)	介護福祉・人間科学	A	各70%	各21	●	●	●				150	135	100				385
亀岡(単位制)	探究文理	A	100%	40	100	100	100				300	90	20				410
	美術・工芸専攻	C	100%	30	◎	◎	◎				60	135	30			200	425
北桑田	京都フォレスト	A	70%	21	●	●	●				150	135	60		30		375
須知	食品科学	A	70%	21	●	●	●				150	135	50	50	15		400
福知山	文理科学	A	100%	40	80	80	80	80	80		400	100	25				525
西舞鶴	理数探究	A	100%	40	100	100	100	100			400	135	30				565
綾部	スポーツ総合専攻	C	100%	40	◎	◎	◎				60	90	10		20	120	300
綾部(東)	農業・園芸	B	70%	計21								135	50	30	20		235
	農芸化学	B	70%	21								135	50	30	20		235
宮津天橋(単位制)〈宮津学舎〉	建築	A	70%	21	●	●	●				150	135	50				335
峰山	機械創造	A	70%	21	●	●	●				150	135	50				335
丹後緑風(単位制)〈網野学舎〉	企画経営	A	70%	16	●	●	●				150	135	60		75		420
丹後緑風(単位制)〈久美浜学舎〉	アグリサイエンス	A	70%	21	●	●	●				150	135	50		50		385
	みらいクリエイト	A	70%	14	●	●	●				150	135	50		50		385
農芸	農業学科群	A	70%	70		◎	◎	◎			60	135	75	60			330
海洋	海洋学科群	A	70%	66	●	●	●				150	135	50	50			385
京都工学院	プロジェクト工学(ものづくり分野系統)	A1	70%	64	●	●	●				150	135	50				335
		A2		11	●	●	●				150	135	100		100		485
	プロジェクト工学(まちづくり分野系統)	A1	70%	43	●	●	●				150	135	50				335
		A2		7	●	●	●				150	135	100		100		485
	フロンティア理数	A	100%	60	100	100	100	100			400	150	30				580
工業	全科	A	各70%	各25	●	●	●				150	135	60		60		405
京都すばる	起業創造	A	70%	47	●	●	●				150	135	90		20		395
		B		9								135	45	20	70		270
	企画	A	70%	71	●	●	●				150	135	90		20		395
		B		13								135	45	20	70		270
	情報科学	A	70%	50	●	●	●				150	135	90		20		395
		B		6								135	45	20	70		270
美術工芸	美術工芸	C	100%	90	50	50	50				150	135	30			285	600
京都堀川音楽	音楽	C	100%	40	100		100				200	100	30			900	1230
清明(特別選抜)	昼間定時制二部制(普通科)	A	100%	48	◎	◎	◎				100	100	50	50			300
		B		72									50	50			100
清新(特別選抜)	昼間定時制(総合学科)	A	67%	30	◎	◎	◎				100	100	100				300
		B		30	◎	◎	◎				100		100	100			300

※実施検査項目の数字は配点。●は共通学力検査、◎は独自検査問題です。
※他通学圏からの志願が可能なケースがあります。専門学科については、高校・学科によって志願できる通学圏が限定される場合があります。
※昼間定時制「専門学科」の北桑田（美山）・福知山（三和）及び昼間夜間定時制・四部制「普通科」の京都奏和は府教委発表の実施要項をご覧ください。

京都府公立「中期選抜」

①学力検査 国	数	英	理	社	配点	②報告書 配点
40	40	40	40	40	200	195

■定員から前期選抜の募集人数を除いた人数を募集
■学科によらず共通の方式で実施
■第１志望内で第２順位まで志願可、第２志望も記入可
※報告書は、学力５教科（各５点×５教科×３学年分＝75点）＋実技４教科（各５点×評定２倍×４教科×３学年分＝120点）の合計195点満点

市立堀川高等学校

〒604-8254 京都市中京区東堀川通錦小路上る四坊堀川町622-2 TEL075-211-5351 ■交通／阪急「大宮」から徒歩5分

インフォメーション INFORMATION

明治41(1908)年に開校した市立堀川高等女学校が前身。問題の立て方や認識の方法など「学びの作法」を身につける探究教育を特色としています。学問の奥深さ、夢の実現に向けた高度な授業を展開。2年次から探究学科群は人間探究科／自然探究科に、普通科は人文探究／理数探究の各コースを希望により選択します。全員が参加する宿泊研修、講演会、文化祭など、生徒が主体となる取り組みを積極的に支援。部活動もさかんで、多くの生徒が参加しており、全国大会等でも活躍しています。

●主な大学合格状況

東京大	8	京都大	59	大阪大	26
神戸大	22	大阪公立大	21	関西大	31
同志社大	126	立命館大	153	龍谷大	53

進研Vもし 合格のめやす

探究学科群 / 前期 72-90(100)

普通 / 前期 67-115(135)　普通 / 中期 66-164(195)

30 35 40 45 50 55 60 65 70 75

探究学科群前期：努力圏 合格圏

普通中期：努力圏 合格圏 安全圏

入試状況

2024年度募集定員　探究学科群160、普通80

学科／コース	前期選抜 受験者数	前期選抜 合格者数	前期選抜 倍率	中期選抜 受験者数	中期選抜 合格者数	中期選抜 倍率
探究学科群	265	165	1.61	—	—	—
普通	36	24	1.50	62	56	1.11

嵯峨野高等学校

〒616-8226 京都市右京区常盤段ノ上町15 TEL075-871-0723 ■交通／JR嵯峨野線「太秦」から徒歩5分

インフォメーション INFORMATION

昭和16(1941)年開校の嵯峨野高等女学校から数えて80余年の歴史をもつ高校。大学での研究につながる専門教育を展開する「京都こすもす科」でも知られています。高大連携・高企連携による研究活動やフィールドワーク、学年全員での海外研修など、豊かな学びの機会を活かしながら、グローバル社会のリーダー育成をめざしています。3年間を見通した進路ガイダンスなど、きめ細かな進学指導を展開。部活動にも90%以上の生徒が所属。学習との両立を果たしています。

●主な大学合格状況

東京大	2	京都大	22	大阪大	23
神戸大	19	大阪公立大	17	関西大	70
関西学院大	27	同志社大	137	立命館大	314

進研Vもし 合格のめやす

京都こすもす専修 / 前期 68-86(100)

京都こすもす共修 / 前期 68-86(100)

普通 / 前期 66-113(135)　普通 / 中期 64-160(195)

30 35 40 45 50 55 60 65 70 75

京都こすもす共修前期：努力圏 合格圏 安全圏

普通中期：努力圏 合格圏 安全圏

入試状況

2024年度募集定員　京都こすもす専修80、京都こすもす共修120、普通120

学科／コース	前期選抜 受験者数	前期選抜 合格者数	前期選抜 倍率	中期選抜 受験者数	中期選抜 合格者数	中期選抜 倍率
京都こすもす専修	141	80	1.76	—	—	—
京都こすもす共修	204	120	1.70	—	—	—
普通	88	36	2.44	111	84	1.32

桃山高等学校

〒612-0063 京都市伏見区桃山毛利長門東町8 TEL075-601-8387 ■交通／京阪・近鉄「丹波橋」から東へ徒歩7分

インフォメーション INFORMATION

府立桃山高等女学校(大正7年創立)、府立桃山中学校(大正10年創立)を前史として、昭和23年(1948)年に設立。幅広い可能性に挑戦する普通科(2年次から文系／理系を選択)と、理数系の高い専門性を養う自然科学科を設置。休暇中の補習授業、放課後の自習室開放や土曜学習会など、様々な学習サポートを用意。英語でのプレゼンテーション能力を養成するサイエンスイングリッシュキャンプや高大連携講座、海外研修旅行も充実しています。部活動も活発で、90%以上の生徒が参加しています。

●主な大学合格状況

京都大	4	大阪大	12	神戸大	21
京都工繊大	19	京都府立大	11	関西大	54
同志社大	63	立命館大	252	龍谷大	163

進研Vもし 合格のめやす

自然科学 / 前期 66-84(100)

普通 / 前期 63-109(135)　普通 / 中期 60-152(195)

30 35 40 45 50 55 60 65 70 75

自然科学前期：努力圏 合格圏 安全圏

普通中期：努力圏 合格圏 安全圏

入試状況

2024年度募集定員　自然科学80、普通280

学科／コース	前期選抜 受験者数	前期選抜 合格者数	前期選抜 倍率	中期選抜 受験者数	中期選抜 合格者数	中期選抜 倍率
自然科学	163	80	2.04	—	—	—
普通	256	84	3.05	240	196	1.22

洛北高等学校（単位制）

〒606-0851 京都市左京区下鴨梅ノ木町59 TEL075-781-0020 ■交通／地下鉄烏丸線「北山」から徒歩12分

インフォメーション INFORMATION

明治3(1870)年開校の京都府中学校を前身とし、平成15年には中高一貫教育を行う附属中学校も創立。単位制普通科校として、府内全域の生徒を受け入れており、高校から募集するのは文理／スポーツ総合専攻の２コース。文理コースは２年次から文系／理系に分かれて学習、スポーツ総合専攻はスポーツに関する専門的な知識を習得します。部活動にも生徒の90%以上が参加し、全国レベルのハンドボール、囲碁将棋、ラグビーをはじめ、吹奏楽や陸上競技など、体育系・文化系共に熱心に活動しています。

●主な大学合格状況

東京大	2	京都大	27	大阪大	4
神戸大	14	京都府立大	9	関西大	23
同志社大	48	立命館大	100	龍谷大	64

進研Vもし 合格のめやす

普通／前期 63-109(135)　普通／中期 60-152(195)
普通（スポーツ総合専攻）/ 前期 51-95(135)

30 35 40 45 50 55 60 65 70 75
普通中期　努力圏 合格圏 安全圏
スポーツ総合前期　努力圏 合格圏 安全圏

入試状況

2024年度募集定員　普通160、普通（スポーツ総合専攻）40

学科／コース	前期選抜 受験者数	合格者数	倍率	中期選抜 受験者数	合格者数	倍率
普通	156	48	3.25	155	112	1.38
普通（スポーツ総合専攻）	40	40	1.00	—	—	—

山城高等学校（単位制）

〒603-8335 京都市北区大将軍坂田町29 TEL075-463-8261 ■交通／ JR嵯峨野線「円町」から徒歩12分

インフォメーション INFORMATION

明治40(1907)年、府立第五中学校として創立の伝統ある学校です。普通科は２年次より文系／理系を選択します。文理総合科では、幅広い教養を身につけながら、英語によるコミュニケーション力を授業のみならず、様々な活動や取組によって高めていきます。高大連携、海外交流にも力を入れており、グローバル社会で活躍し社会貢献できる人材を育成します。ICT教育を推進しており、設備も整った中で質の高い学力と「人間力」の育成教育を展開。部活動にも多くの生徒が参加しており、全国大会でも活躍しています。

●主な大学合格状況

大阪大	5	神戸大	1	滋賀大	15
京都教育大	12	大阪公立大	8	同志社大	58
立命館大	199	京都産業大	157	龍谷大	124

進研Vもし 合格のめやす

文理総合／前期 65-83(100)
普通／前期 62-108(135)　普通／中期 59-151(195)

30 35 40 45 50 55 60 65 70 75
文理総合前期　努力圏 合格圏 安全圏
普通中期　努力圏 合格圏 安全圏

入試状況

2024年度募集定員　文理総合40、普通320

学科／コース	前期選抜 受験者数	合格者数	倍率	中期選抜 受験者数	合格者数	倍率
文理総合	120	40	3.00	—	—	—
普通	312	96	3.25	301	224	1.34

市立紫野高等学校

〒603-8231 京都市北区紫野大徳寺町22 TEL075-491-0221 ■交通／地下鉄烏丸線「北大路」から徒歩25分（バスあり）

インフォメーション INFORMATION

京都市の臨済宗大徳寺の寺域に昭和27(1952)年に創設。普通科とアカデミア科を設置。それぞれ２年次から自然科学／人文・社会科学の２コースにわかれます。総合的な探究の時間、習熟度別授業、高大連携講座等を通して、自ら学び自ら考える力を育成。スピーチコンテスト、海外研修など国際交流活動も特徴です。様々な分野の外部コンテストへ積極的に参加しており、優秀な成績を収めています。部活動へは80%以上の生徒が参加しており、全国大会でも活躍しています。

●主な大学合格状況

大阪大	1	神戸大	1	京都教育大	5
京都府立大	5	関西大	28	同志社大	32
立命館大	107	京都産業大	85	龍谷大	87

進研Vもし 合格のめやす

アカデミア／前期 62-80(100)
普通／前期 60-106(135)　普通／中期 55-144(195)

30 35 40 45 50 55 60 65 70 75
アカデミア前期　努力圏 合格圏 安全圏
普通中期　努力圏 合格圏 安全圏

入試状況

2024年度募集定員　アカデミア80、普通200

学科／コース	前期選抜 受験者数	合格者数	倍率	中期選抜 受験者数	合格者数	倍率
アカデミア	145	80	1.81	—	—	—
普通	226	60	3.77	219	140	1.56

鳥羽高等学校（単位制）

〒601-8449 京都市南区西九条大国町1 TEL075-672-6788 ■交通／近鉄京都線「東寺」から徒歩8分

インフォメーション INFORMATION

明治33(1900)年創立の京都府第二中学校を前身に、1984年開校。普通科(3コース)とグローバル科を設置。リベラルアーツコースでは、2年次より進路に応じて多様な科目から選択し、学習します。スポーツ総合専攻では、体育スポーツ分野で活躍できるリーダーを育成します。スポーツ・教養コースでは応用力を身に付け国公立・難関私立大学への進学を目指します。グローバル科では未来を生き抜く深い知性と専門性を身につけたグローバルリーダーを育成します。スポーツや伝統文化教育でも実績をもつ学校です。

●主な大学合格状況

神戸大	1	京都教育大	3	滋賀県立大	7
京都府立大	5	関西大	26	同志社大	10
立命館大	68	京都産業大	41	龍谷大	84

進研Vもし 合格のめやす

グローバル / 前期 58-76(100)
普通 / 前期 58-103(135) 普通 / 中期 54-142(195)
普通(スポーツ総合専攻) / 前期 47-90(135)

30 35 40 45 50 55 60 65 70 75

グローバル前期: 努力圏 合格圏 安全圏
普通中期: 努力圏 合格圏 安全圏

入試状況

2024年度募集定員 グローバル80、普通160、普通(スポーツ総合専攻)40

学科／コース	前期選抜 受験者数	前期選抜 合格者数	前期選抜 倍率	中期選抜 受験者数	中期選抜 合格者数	中期選抜 倍率
グローバル	100	80	1.25	—	—	—
普通	143	48	2.98	118	112	1.05
普通(スポーツ総合専攻)	41	40	1.03	—	—	—

鴨沂高等学校

〒602-0867 京都市上京区寺町通荒神口下ル松蔭町131 TEL075-231-1512 ■交通／地下鉄烏丸線「丸太町」より徒歩約12分

インフォメーション INFORMATION

明治5(1872)年設立の新英学校および女紅場が前身。歴史と伝統を活かした京都らしい学校です。1年次は共通カリキュラムで、発展クラス／標準クラスに分かれて学習。2年次からは、人文探究／理数探究／京都文化／教養科学の4コースに分かれて学習します。自習室の開放、課題探究型学習、実力テストや模擬試験の実施など学習サポートも充実。フランス姉妹校との国際交流や地域との交流など、様々な体験が得られます。部活動は水球(女子)、自転車競技、吹奏楽、演劇など、活発に活動しています。

●主な大学合格状況

京都府立大	2	岡山大	1	関西大	2
立命館大	6	京都産業大	39	近畿大	12
龍谷大	46	佛教大	21	京都先端大	37

進研Vもし 合格のめやす

普通 / 前期 58-103(135) 普通 / 中期 53-140(195)

30 35 40 45 50 55 60 65 70 75

普通中期: 努力圏 合格圏 安全圏

入試状況

2024年度募集定員 普通240

年度	前期選抜 受験者数	前期選抜 合格者数	前期選抜 倍率	中期選抜 受験者数	中期選抜 合格者数	中期選抜 倍率
'24	328	72	4.56	265	168	1.58
'23	295	72	4.10	230	168	1.37
'22	369	72	5.13	303	168	1.80

市立日吉ヶ丘高等学校（単位制）

〒605-0000 京都市東山区今熊野悲田院山町5-22 TEL075-561-4142 ■交通／京阪・JR「東福寺」から徒歩10分

インフォメーション INFORMATION

京都画学校(明治13年創設)を前身とし、昭和24(1949)年開校。多彩な選択科目で大学進学をめざす"進学型単位制"高校です。実践型英語教育が特色のひとつで、海外語学研修や「英語村」などの体験学習が充実。語学のレベルアップをはかりつつ、日本文化への理解も深めます。グローバルコミュニケーションコースでは、2年次から人文社会科学／自然科学の2専攻にわかれて学習。選択科目によって進路に応じた個人別時間割をつくることができます。剣道、相撲、弓道、吹奏楽など、クラブ活動もさかんです。

●主な大学合格状況

大阪公立大	1	東京都立大	1	関西大	15
同志社大	10	立命館大	15	京都産業大	26
近畿大	1	龍谷大	57	佛教大	20

進研Vもし 合格のめやす

普通 / 前期 57-102(135) 普通 / 中期 51-137(195)

30 35 40 45 50 55 60 65 70 75

普通中期: 努力圏 合格圏 安全圏

入試状況

2024年度募集定員 普通240

年度	前期選抜 受験者数	前期選抜 合格者数	前期選抜 倍率	中期選抜 受験者数	中期選抜 合格者数	中期選抜 倍率
'24	192	72	2.67	149	168	0.89
'23	290	72	4.03	254	168	1.51
'22	212	72	2.94	179	168	1.07

洛西高等学校

〒610-1146 京都市西京区大原野西境谷町1-12-1·2 TEL075-332-0555 ■交通／阪急「桂」からバスで「洛西高校前」下車

インフォメーション INFORMATION

昭和55(1980)年開校。1年次は発展／標準に、2年次より探究理数／探究人文／創造にわかれて学習します。ICTを活用した質の高い授業を展開、放課後・土曜・長期休暇中の進学講習などを通して、自ら学ぶ「学習力」の育成をサポートします。地元地域の再発見・再創造をめざす探究型学習「洛再Links」も特色の一つです。部活動がさかんな高校としても知られ、体操・テニス・卓球などの体育系と、吹奏楽・書道・ESSなどの文化系が熱心に活動中。文化祭・体育祭の「洛西フェスティバル」も大いに盛り上がります。

●主な大学合格状況

滋賀大	1	奈良女子大	1	京都府立大	1
大阪公立大	1	関西大	14	同志社大	4
立命館大	13	京都産業大	47	龍谷大	19

進研Vもし 合格のめやす

普通／前期 55-99(135)　普通／中期 48-132(195)

30 35 40 45 50 55 60 65 70 75

普通中期　努力圏 合格圏 安全圏

入試状況

2024年度募集定員　普通280

年度	前期選抜 受験者数	合格者数	倍率	中期選抜 受験者数	合格者数	倍率
'24	192	84	2.29	153	179	0.85
'23	202	84	2.40	174	186	0.94
'22	217	84	2.58	195	196	0.99

桂高等学校

〒615-8102 京都市西京区川島松ノ木本町27 TEL075-391-2151 ■交通／阪急京都線・嵐山線「桂」から徒歩10分

インフォメーション INFORMATION

昭和23(1948)年創立。京都第五中学校および京都市内最大規模の農業専門学校としての流れをくんだ、普通科・農業専門学科の併置校です。普通科では、1年次は標準クラスと発展クラスに分かれて学習し、2年次からKDコース(文系)と難関大学受験を目指すKRコース(文系／理系)を選択します。専門学科は植物クリエイト科と園芸ビジネス科があり、植物に関する専門知識を学びます。全国大会常連の陸上競技、バドミントン、弓道などの体育系クラブ他、文化系、農業系クラブも活発です。

●主な大学合格状況

京都教育大	2	京都府立大	3	奈良県立大	1
島根県立大	1	関西大	5	立命館大	8
京都産業大	27	龍谷大	32	佛教大	16

進研Vもし 合格のめやす

普通／前期 55-99(135)　普通／中期 50-135(195)

30 35 40 45 50 55 60 65 70 75

普通中期　努力圏 合格圏 安全圏

入試状況

2024年度募集定員　普通280

年度	前期選抜 受験者数	合格者数	倍率	中期選抜 受験者数	合格者数	倍率
'24	262	84	3.12	219	196	1.12
'23	300	84	3.57	264	196	1.35
'22	293	84	3.49	248	196	1.27

＊植物クリエイト科／園芸ビジネス科は京都府最終ページの一覧に掲載。

北嵯峨高等学校

〒616-8353 京都市右京区嵯峨大沢柳井手町 TEL075-872-1700 ■交通／JR嵯峨野線「嵯峨嵐山」北へ徒歩12分

インフォメーション INFORMATION

昭和50年(1975)年開校。歴史的風土特別保存地域に隣接した豊かな環境のもと、「人を育て、心を育む」教育を実践。1年次は学力発展／学力充実の2つのクラスに分かれ、2年次からは人文科学／自然科学／文科科学／スポーツ科学の4コースに分かれて学びます。土曜日の補習、長期休業中のセミナーや学習合宿も実施しており、学力向上をサポートしています。ICTを活用した授業の他、俳句吟行や和歌披講の実習など、日本を代表する歴史的・文化的環境での学びを得ることが出来ます。部活動も活発です。

●主な大学合格状況

北海道大	1	京都教育大	1	滋賀県立大	2
関西大	6	関西学院大	2	立命館大	18
京都産業大	38	龍谷大	20	佛教大	24

進研Vもし 合格のめやす

普通／前期 53-97(135)　普通／中期 46-129(195)

30 35 40 45 50 55 60 65 70 75

普通中期　努力圏 合格圏 安全圏

入試状況

2024年度募集定員　普通280

年度	前期選抜 受験者数	合格者数	倍率	中期選抜 受験者数	合格者数	倍率
'24	268	84	3.19	215	196	1.10
'23	222	84	2.64	191	196	0.97
'22	258	84	3.07	232	196	1.18

市立開建高等学校

〒601-8467 京都市南区唐橋大宮尻町22 TEL075-681-0701 ■交通／JR「西大路」から徒歩約5分（バスあり）

インフォメーション INFORMATION

令和5（2023）年開校。市立塔南高校から改名し、洛陽工業高校跡地へ移転して設立。「より良い未来をめざし、個性を活かして社会を協創する生徒の育成」を教育目標とし「協創者」を育てます。ホームルーム教室となるL-podは、普通教室4つ分の大きさ。80名の生徒と3～4名の教員で一クラスとなります。新しく設置されたルミノベーション学科では、3年間を通した総合的な探究の時間や、地域の大学や企業との連携、ボランティア活動、図書館やカフェテリアの地域開放など、様々な体験を通して学びます。

●主な大学合格状況

京都工織大	1	周南公立大	1	関西大	1
同志社大	2	立命館大	6	京都産業大	43
龍谷大	50	佛教大	29	摂南大	12

進研Vもし 合格のめやす

ルミノベーション／前期 52-96(135)
ルミノベーション／中期 48-132(195)

30 35 40 45 50 55 60 65 70 75

ルミノベーション中期

努力圏 合格圏 安全圏

入試状況

2024年度募集定員 ルミノベーション240

年度	前期選抜			中期選抜		
	受験者数	合格者数	倍率	受験者数	合格者数	倍率
'24	333	120	2.78	191	120	1.59
'23	307	120	2.56	171	120	1.43

北稜高等学校

〒606-0015 京都市左京区岩倉幡枝町2105 TEL075-701-2900 ■交通／叡山電鉄鞍馬線「木野」から徒歩5分

インフォメーション INFORMATION

昭和55（1980）年創立。国際教育・環境教育・表現活動を相互に関連づけて推進し、グローバルな視点と主体的に生きる力を有する生徒の育成をめざしています。1年次はアドバンス／スタンダードの2クラスに、2年次からは英語人文／環境理数／総合探究の3コースにわかれて学習。学年全員での海外研修旅行や環境学研究所との連携授業などの充実した体験やキャリア教育を通して、一人ひとりの希望進路を探し、細やかな進路指導を行います。部活動もさかんで、全国レベルで活躍する部もあります。

●主な大学合格状況

京都教育大	3	京都工織大	2	京都府立大	1
同志社大	1	立命館大	15	京都産業大	28
近畿大	6	龍谷大	5	佛教大	20

進研Vもし 合格のめやす

普通／前期 50-94(135) 普通／中期 45-127(195)

30 35 40 45 50 55 60 65 70 75

普通中期

努力圏 合格圏 安全圏

入試状況

2024年度募集定員 普通240

年度	前期選抜			中期選抜		
	受験者数	合格者数	倍率	受験者数	合格者数	倍率
'24	222	72	3.08	184	168	1.10
'23	214	72	2.97	173	168	1.03
'22	212	72	2.94	171	168	1.02

乙訓高等学校

〒617-0843 長岡京市友岡1-1-1 TEL075-951-1008 ■交通／阪急京都線「長岡天神」から徒歩8分

インフォメーション INFORMATION

昭和39（1964）年創立。普通科は、1年次に基礎的・基本的な知識を学び、2年次から総合探究／人文探究／理数探究に分かれて、生徒一人ひとりのニーズに合う学習を目指します。スポーツ健康科学科は、トップアスリートおよびそれをサポートする人材を育成します。また、土曜活用講座、ICTを活用した思考力・判断力を高める授業、部活動後の放課後学習講座など、希望進路の実現に向けた取り組みも充実しています。フェンシングの全国優勝をはじめ、全国レベルで活躍する部活動も多数あります。

●主な大学合格状況

京都府立大	1	京都府立医	1	島根県立大	1
関西大	3	関西学院大	1	立命館大	7
京都産業大	6	近畿大	3	龍谷大	9

進研Vもし 合格のめやす

普通／前期 49-92(135) 普通／中期 43-124(195)

30 35 40 45 50 55 60 65 70 75

普通中期

努力圏 合格圏 安全圏

入試状況

2024年度募集定員 普通200

年度	前期選抜			中期選抜		
	受験者数	合格者数	倍率	受験者数	合格者数	倍率
'24	189	60	3.15	159	137	1.16
'23	163	60	2.72	134	135	0.99
'22	171	60	2.85	134	135	0.99

＊スポーツ健康科学科は京都府最終ページの一覧に掲載。

西乙訓高等学校

〒617-0845 長岡京市下海印寺西明寺41 TEL075-955-2210 ■交通／阪急「西山天王山」から徒歩10分

インフォメーション INFORMATION

昭和59(1984)年開校。1年次から国際教養／国際特進(2年次から文系／理系)の2コースに分かれて学習。米アーリントン高校への長期留学の他、複数の海外校との交流など、英語教育・国際教育に非常に力を入れており、「聞く・話す(発表・やり取り)・読む・書く」の4技能5領域のスキルを総合的に学びます。日々の学習をコンテスト形式で競い合う「にしおつスタディカップ」も特色のひとつ。高大連携による高度な授業やICTを活用した授業も行っています。クラブ活動も活発で、全国大会でも多数活躍しています。

●主な大学合格状況

滋賀大	1	京都教育大	2	京都府立医	1
近畿大	1	龍谷大	5	佛教大	12
追手門学院大	3	京都先端大	17	関西外国語大	5

進研Vもし 合格のめやす

普通 / 前期 48-91(135)　普通 / 中期 40-120(195)

30 35 40 45 50 55 60 65 70 75

普通中期
努力圏 合格圏 安全圏

入試状況

2024年度募集定員 普通160

年度	前期選抜			中期選抜		
	受験者数	合格者数	倍率	受験者数	合格者数	倍率
'24	95	48	1.98	73	94	0.78
'23	98	48	2.04	81	104	0.78
'22	94	48	1.96	76	112	0.68

向陽高等学校

〒617-0006 向日市上植野町西大田 TEL075-922-4500 ■交通／阪急京都線「西向日」から徒歩13分

インフォメーション INFORMATION

京都市と接する歴史文化の地・向日市に昭和50(1975)年開学。より高度な学問に触れるため、関西大学との授業連携も実施しています。1年次の学力伸長／標準クラスを経て、2年次から文理／文の2コースにわかれて学習。個別指導や土曜・長期休暇中の進学補習、学習合宿など進路実現に向けた様々な取り組みを展開しています。伝統文化体験やボランティア活動等をとおして、主体的に学ぶ力と地域を愛する心を育成。部活動では体育系、文化系のクラブ・同好会があり、多くの生徒が参加しています。

●主な大学合格状況

京都工繊大	2	大阪公立大	1	兵庫県立大	1
関西大	1	立命館大	3	京都産業大	2
龍谷大	3	佛教大	4	京都先端大	13

進研Vもし 合格のめやす

普通 / 前期 47-90(135)　普通 / 中期 42-123(195)

30 35 40 45 50 55 60 65 70 75

普通中期
努力圏 合格圏 安全圏

入試状況

2024年度募集定員 普通200

年度	前期選抜			中期選抜		
	受験者数	合格者数	倍率	受験者数	合格者数	倍率
'24	165	60	2.75	132	140	0.94
'23	144	60	2.40	108	127	0.85
'22	164	60	2.73	141	140	1.01

東稜高等学校

〒601-1326 京都市伏見区醍醐新町裏町25-1 TEL075-572-2323 ■交通／地下鉄東西線「小野」・「醍醐」徒歩12分

インフォメーション INFORMATION

昭和52(1977)年、醍醐山・高塚山の稜線を東に仰ぎ見る伏見区醍醐の地に開校。「真の自己実現にTRY」をスローガンに「信頼される人間力」「質の高い学力」「社会に貢献する力」を育みます。1年次は標準／発展に、2年次からアカデミー(人文／理数)／コミュニティスタディーズ(コミュニケーション／マネジメント／スポーツ／サポート)の2コースにわかれて学習。一人ひとりの目標実現をめざし、1年次からの受験講座や就職希望者への就職講座などサポート体制も整っています。

●主な大学合格状況

京都府立大	1	立命館大	1	龍谷大	9
京都先端大	22	京都橘大	7	京都文教大	7
花園大	7	平安女学院大	1	京都華頂大	1

進研Vもし 合格のめやす

普通 / 前期 46-89(135)　普通 / 中期 40-120(195)

30 35 40 45 50 55 60 65 70 75

普通中期
努力圏 合格圏 安全圏

入試状況

2024年度募集定員 普通240

年度	前期選抜			中期選抜		
	受験者数	合格者数	倍率	受験者数	合格者数	倍率
'24	187	72	2.60	155	168	0.92
'23	166	72	2.31	127	167	0.76
'22	145	72	2.01	112	146	0.77

洛東高等学校

〒607-8017 京都市山科区安朱川向町10 TEL075-581-1124 ■交通／JR・京阪・地下鉄「山科」から北へ徒歩８分

インフォメーション INFORMATION

昭和29(1954)年開校。校舎は琵琶湖疏水と緑に恵まれた環境にあります。京都の大学や専門学校、近隣小学校や地元企業と連携して、社会で生きるためのコミュニケーション能力を育成。また、早期からの適切なオリエンテーション、学習合宿、進路別補習などのさまざまな取り組みをとおして、一人ひとりが希望する進路の実現をめざしています。１年次からプログレス(２年次から文系／理系／医療科学系)／ライフデザインの２コースにわかれて学習。体育系・文化系共に部活動も活発です。

●主な大学合格状況

立命館大	2	龍谷大	8	佛教大	1
京都外国語大	3	京都華頂大	1	京都先端大	12
京都橘大	7	京都ノートルダム	2	大阪学院大	2

進研Vもし 合格のめやす

普通／前期 44-87(135)　普通／中期 40-120(195)

30 35 40 45 50 55 60 65 70 75

普通中期 努力圏 合格圏 安全圏

入試状況

2024年度募集定員　普通240

年度	前期選抜 受験者数	前期選抜 合格者数	前期選抜 倍率	中期選抜 受験者数	中期選抜 合格者数	中期選抜 倍率
'24	193	72	2.68	161	168	0.96
'23	191	72	2.65	153	168	0.91
'22	200	72	2.78	162	168	0.96

朱雀高等学校

〒604-8384 京都市中京区西ノ京式部町1 TEL075-841-0127 ■交通／ＪＲ・地下鉄東西線「二条」から徒歩５分

インフォメーション INFORMATION

明治37(1904)年創設の府立第二高等女学校を前身とする伝統校。自由闊達な校風の中で、自主・自立の気概を養うことができます。１年次は探求／錬成の２コース。習熟度別講座(数学・英語)などを通して基礎学力の充実をはかります。２年次から探求コースは探求<文化>／探求<人間>に分かれて学習します。土曜進学講座や実力テスト、ICT を活用した学習など、自学自習力を身につけ、次への学習意欲向上につながる施策を多く展開しています。クラブは体育系・文化系共にさかんです。

●主な大学合格状況

同志社大	3	立命館大	3	京都産業大	2
近畿大	2	佛教大	3	早稲田大	2
京都先端大	17	京都ノートルダム	5	花園大	4

進研Vもし 合格のめやす

普通／前期 43-86(135)　普通／中期 39-118(195)

30 35 40 45 50 55 60 65 70 75

普通中期 努力圏 合格圏 安全圏

入試状況

2024年度募集定員　普通200

年度	前期選抜 受験者数	前期選抜 合格者数	前期選抜 倍率	中期選抜 受験者数	中期選抜 合格者数	中期選抜 倍率
'24	132	60	2.20	112	130	0.86
'23	146	60	2.43	130	131	0.99
'22	137	60	2.28	115	130	0.88

洛水高等学校

〒612-8283 京都市伏見区横大路向ヒ18 TEL075-621-6330 ■交通／京阪「中書島」から市バスで「洛水高校前」下車

インフォメーション INFORMATION

昭和53(1978)年に設立された高校です。「自主・自律・挑戦」を校是とし、自ら学び、考え、行動できる人間の育成をめざしています。２年次からは、大学進学をめざすアドバンストコース(自然系／人文系)と、興味関心に応じた科目選択が可能なフロンティアコース(地理歴史系／生活系／健康系／経営系)に分かれます。学力に応じた指導によって、一人ひとりの希望進路実現をサポート。プロフェッショナルインタビューやインターンシップなど、独自の「洛水式キャリア教育」を展開しています。

●主な大学合格状況

龍谷大	1	京都先端大	5	花園大	3
平安女学院大	1	大阪学院大	2		

進研Vもし 合格のめやす

普通／前期 40-83(135)　普通／中期 36-114(195)

30 35 40 45 50 55 60 65 70 75

普通中期 努力圏 合格圏 安全圏

入試状況

2024年度募集定員　普通160

年度	前期選抜 受験者数	前期選抜 合格者数	前期選抜 倍率	中期選抜 受験者数	中期選抜 合格者数	中期選抜 倍率
'24	118	48	2.46	100	112	0.89
'23	113	48	2.35	87	98	0.89
'22	111	60	1.85	87	107	0.81

南陽高等学校

〒619-0224 木津川市兜台6-2 TEL0774-72-8730 ■交通／近鉄京都線「高の原」「山田川」から徒歩15分

インフォメーション INFORMATION

昭和61(1986)年開校。校舎は関西学術研究都市ゾーンの一画にあります。普通科は２年次から文系／理系に分かれ、志望大学への進学をめざします。サイエンスリサーチ科は２年次から自然科学／人文・社会科学に分かれます。大学や企業と連携した夏季サイエンスプログラムやゼミ活動を通し、科学的な見方・考え方を体得します。生徒一人ひとりが持つ未知の可能性や主体性を存分に開花させるため、「部活動」「国際交流」「ボランティア活動」「コンテスト」を『４つの奨励』として応援しています。

●主な大学合格状況

京都大	1	大阪大	1	神戸大	5
京都工繊大	9	関西大	62	同志社大	34
立命館大	113	近畿大	130	龍谷大	135

進研Vもし 合格のめやす

サイエンスリサーチ / 前期 64-66(80)

普通 / 前期 63-109(135)　普通 / 中期 59-151(195)

30 35 40 45 50 55 60 65 70 75

サイエンスリサーチ前期　努力圏 合格圏 安全圏

普通中期　努力圏 合格圏 安全圏

入 試 状 況

2024年度募集定員　サイエンスリサーチ80、普通160

学科／コース	前期選抜 受験者数	合格者数	倍率	中期選抜 受験者数	合格者数	倍率
サイエンスリサーチ	117	80	1.46	—	—	—
普通	111	48	2.31	139	112	1.24

城南菱創高等学校（単位制）

〒611-0042 宇治市小倉町南堀池 TEL0774-23-5030 ■交通／近鉄京都線「小倉」から徒歩10分

インフォメーション INFORMATION

平成21(2009)年に再編開校。普通科と教養科学科(人文・社会科学系統、自然科学系統)を併置する単位制高校です。普通科は個性を発見・伸長すべく、多岐の進路に対応できるカリキュラムが特色です。教養科学科では教科・科目をより深く学び、専門科目や課題研究等を通して幅広い教養と主体的な探究能力を養成。大学や大学院で役立つ素質・能力の育成をはかります。土曜補習や少人数講座、自習室の開放やICTの活用を通し学習をサポートします。部活動は体育系・文化系共に活発で、全国大会に出場する部活もあります。

●主な大学合格状況

京都大	1	大阪大	1	神戸大	9
京都府立大	10	関西大	28	同志社大	33
立命館大	138	近畿大	110	龍谷大	134

進研Vもし 合格のめやす

教養科学 / 前期 64-111(135)

普通 / 前期 63-109(135)　普通 / 中期 59-151(195)

30 35 40 45 50 55 60 65 70 75

教養科学前期　努力圏 合格圏 安全圏

普通中期　努力圏 合格圏 安全圏

入 試 状 況

2024年度募集定員　教養科学80、普通160

学科／コース	前期選抜 受験者数	合格者数	倍率	中期選抜 受験者数	合格者数	倍率
教養科学	100	80	1.25	—	—	—
普通	206	80	2.58	122	80	1.53

莵道高等学校

〒611-0011 宇治市五ケ庄五雲峰4-1 TEL0774-33-1691 ■交通／JR・京阪「黄檗」からバスで「莵道高校前」下車

インフォメーション INFORMATION

昭和60(1985)年開校。校訓「さとく・さやかに・たくましく」のもと、「10年後に満足できる」教育の実践を目標としています。２年次から理数コース／人文コースに。学年ごとの自習室の設置や放課後、長期休暇中の学習講座などのサポート体制のほか、京都大・京都工芸繊維大などとの高大連携プログラムも充実。独自の体験学習「UJI学」やICTを活用した教育活動も特色のひとつです。部活動に取り組む生徒も多く(加入率は92%)、全国レベルで活躍するクラブも少なくありません。

●主な大学合格状況

滋賀大	2	京都工繊大	1	京都府立大	2
関西大	13	同志社大	21	立命館大	71
京都産業大	52	近畿大	40	龍谷大	132

進研Vもし 合格のめやす

普通 / 前期 58-103(135)　普通 / 中期 52-138(195)

30 35 40 45 50 55 60 65 70 75

普通中期　努力圏 合格圏 安全圏

入 試 状 況

2024年度募集定員　普通280

年度	前期選抜 受験者数	合格者数	倍率	中期選抜 受験者数	合格者数	倍率
'24	219	84	2.61	165	178	0.93
'23	245	84	2.92	191	197	0.97
'22	252	84	3.00	214	196	1.09

西城陽高等学校

〒610-0117 城陽市枇杷庄京縄手46-1 TEL0774-53-5455 ■交通／近鉄京都線「富野荘」から徒歩15分

インフォメーション INFORMATION

昭和58(1983)年開校。標準(文系)／発展(２年次から文系／理系)／スポーツ総合専攻の３コースを設置。各コースともに文武の両立により、自己管理ができる人間形成をめざしています。長期休業中補講や看護系進学対策補講、就職・公務員対策補講などの学習・進路指導を展開します。教員が模試の結果や学習状況を把握・分析し、適切なアドバイスで目標進路の実現をサポート。部活動には、陸上競技や水泳、ソフトテニスが全国大会に出場しており、そのほかの部も活発に活動しています。

●主な大学合格状況

京都工織大	1	京都府立大	1	岡山大	1
関西大	3	同志社大	9	立命館大	30
京都産業大	40	龍谷大	44	佛教大	10

進研Vもし 合格のめやす

普通 / 前期 55-99(135)　普通 / 中期 49-134(195)
普通 (スポーツ総合専攻)/ 前期 46-89(135)

30 35 40 45 50 55 60 65 70 75

普通中期　努力圏 合格圏 安全圏

スポーツ総合前期　努力圏 合格圏 安全圏

入試状況

2024年度募集定員　普通240、普通(スポーツ総合専攻)40

学科／コース	前期選抜 受験者数	合格者数	倍率	中期選抜 受験者数	合格者数	倍率
普通	250	72	3.47	194	168	1.15
普通(スポーツ総合専攻)	41	40	1.03	—	—	—

東宇治高等学校

〒611-0002 宇治市木幡平尾43-2 TEL0774-32-6390 ■交通／ JR・京阪宇治線「木幡」「六地蔵」から徒歩15分

インフォメーション INFORMATION

昭和49(1974)年創設。1年次から文理(２年次から文系／文系発展／理系発展)／英語探究にわかれて学習します。英語探究コースではオーストラリア研修旅行など豊富な異文化理解体験により、実践的な英語のスキルを身につけます。文系発展コース・理系発展コースでは国公立大・難関私立大への入試に対応し、進路に応じた発展的な学習を展開。文系コースでは多様な進路の実現に向けて、確実な学力を身につけます。補習や土曜日授業に加え、海外研修も実施しています。

●主な大学合格状況

関西大	2	同志社大	4	立命館大	22
京都産業大	13	近畿大	3	甲南大	1
龍谷大	67	佛教大	14	摂南大	7

進研Vもし 合格のめやす

普通 / 前期 54-98(135)　普通 / 中期 47-130(195)

30 35 40 45 50 55 60 65 70 75

普通中期　努力圏 合格圏 安全圏

入試状況

2024年度募集定員　普通280

年度	前期選抜 受験者数	合格者数	倍率	中期選抜 受験者数	合格者数	倍率
'24	259	84	3.08	203	196	1.04
'23	235	84	2.80	195	196	0.99
'22	223	84	2.65	170	179	0.95

久御山高等学校

〒613-0033 久世郡久御山町林 TEL0774-43-9611 ■交通／近鉄京都線「大久保」からバスで「久御山団地」下車

インフォメーション INFORMATION

昭和55(1980)年開校。校訓「自学(知)、自律(徳)、自鍛(体)」、国際人に不可欠な「共助」の精神を柱として、「文武両道」の実践に取り組んでいます。1年次からS／A／スポーツ総合専攻の3コースにわかれて学習。集中講習、久御山ゼミなどのほか、基礎を再点検する「学び直し」学習も特色のひとつです。また、開放型地域スポーツクラブの実践・ボランティア活動などを通じて地域との連携も図っています。部活動は加入への強い意識を持つ生徒が多く、府内トップレベルの活躍をしています。

●主な大学合格状況

徳島大	1	京都産業大	6	近畿大	1
龍谷大	25	佛教大	23	摂南大	4
京都外国語大	4	京都橘大	32	京都光華女大	6

進研Vもし 合格のめやす

普通 / 前期 49-92(135)　普通 / 中期 43-124(195)
普通 (スポーツ総合専攻)/ 前期 42-85(135)

30 35 40 45 50 55 60 65 70 75

普通中期　努力圏 合格圏 安全圏

スポーツ総合前期　努力圏 合格圏 安全圏

入試状況

2024年度募集定員　普通200、普通(スポーツ総合専攻)40

学科／コース	前期選抜 受験者数	合格者数	倍率	中期選抜 受験者数	合格者数	倍率
普通	172	60	2.87	127	140	0.91
普通(スポーツ総合専攻)	39	39	1.00	—	—	—

城陽高等学校

〒610-0121 城陽市寺田宮ノ平1 TEL0774-52-6811 ■交通／JR奈良線「城陽」から徒歩10分

インフォメーション INFORMATION

昭和47(1972)年に開校。1年次から学力と希望により、プログレッシブ／スタンダードの2コースにわかれて学習します。習熟度別講座(1年次、英・数)、全員参加の土曜学習など、サポート体制も充実しています。独自のキャリア教育システム「TAG (Think ／ Act ／ Gain) 城陽」を進めており、生徒が将来を設計するために必要な知識を学び、在り方・生き方について自ら考え行動し、自ら進路の実現をめざして3段階の取組を行っています。またロードレースや研修旅行など、多彩な学校行事も実施しています。

●主な大学合格状況

周南公立大	1	同志社大	2	立命館大	5
京都産業大	10	龍谷大	12	佛教大	11
桃山学院大	3	京都橘大	46	大阪産業大	23

進研Vもし 合格のめやす

普通 / 前期 47-90(135)　普通 / 中期 41-121(195)

30 35 40 45 50 55 60 65 70 75

普通中期 努力圏 合格圏 安全圏

入試状況

2024年度募集定員 普通280

年度	前期選抜			中期選抜		
	受験者数	合格者数	倍率	受験者数	合格者数	倍率
'24	202	84	2.40	166	184	0.90
'23	214	84	2.55	188	186	1.01
'22	246	84	2.93	197	186	1.06

田辺高等学校

〒610-0361 京田辺市河原神谷24 TEL0774-62-0572 ■交通／近鉄京都線「新田辺」から東へ徒歩5分

インフォメーション INFORMATION

昭和38(1963)年工業専門学科として開校。1982年に普通科併置。普通科では1年次からアドバンスト／スタンダードの2コースを設置(2年次に変更可能)。習熟度と希望に応じて4年制大学への進学をめざします。専門学科は工学探究／機械技術／電気技術／自動車の4学科を設置。工学探究科は4年制大学工学部への進学を前提とした学科です。いずれも先端技術にふれながら、「成長し続けるエンジニア」をめざします。きめ細かく丁寧な学習・生活・進路指導をとおして、人間力のある人材を育てます。

●主な大学合格状況

立命館大	1	京都産業大	1	摂南大	1
京都先端大	3	京都文教大	3	大阪学院大	1
大阪産業大	2	天理大	2	奈良学園大	1

進研Vもし 合格のめやす

普通 / 前期 44-87(135)　普通 / 中期 39-118(195)

30 35 40 45 50 55 60 65 70 75

普通中期 努力圏 合格圏 安全圏

入試状況

2024年度募集定員 普通160

年度	前期選抜			中期選抜		
	受験者数	合格者数	倍率	受験者数	合格者数	倍率
'24	151	48	3.15	113	112	1.01
'23	175	48	3.65	150	112	1.34
'22	138	48	2.88	111	112	0.99

＊工業に関する専門学科は京都府最終ページの一覧に掲載。

木津高等学校

〒619-0214 木津川市木津内田山34 TEL0774-72-0031 ■交通／JR奈良線・学研都市線・関西本線「木津」から徒歩8分

インフォメーション INFORMATION

明治34(1901)年に郡立農学校として開校。120年を超える歴史を誇る学校です。普通科は1年次から特進(2年次から特文／特理)／探究(2年次から自然探究／観光探究／芸術探究／生活探究／スポーツ探究)の2エリアに分かれて学習。特進エリアでは特別進学プログラムをとおして、四年制大学への進学をめざします。探究エリアでは大学や地域と連携した学習を展開。システム園芸科、情報企画科はコラボレーション実習を行い、栽培した作物や開発した商品を販売し、実践的な学習を実施しています。

●主な大学合格状況

京都先端大	4	京都文教大	2	花園大	3
奈良大	2	奈良学園大	3		

進研Vもし 合格のめやす

普通 / 前期 40-83(135)　普通 / 中期 36-114(195)

30 35 40 45 50 55 60 65 70 75

普通中期 努力圏 合格圏 安全圏

入試状況

2024年度募集定員 普通160

年度	前期選抜			中期選抜		
	受験者数	合格者数	倍率	受験者数	合格者数	倍率
'24	107	48	2.23	79	94	0.84
'23	99	48	2.06	64	112	0.57
'22	105	48	2.19	74	87	0.85

＊システム園芸科／情報企画科は京都府最終ページの一覧に掲載。

京都八幡高等学校

〒614-8363 八幡市男山吉井7（北キャンパス） TEL075-981-3508 ■交通／京阪本線「樟葉」からバスで「京都八幡高校」下車すぐ

インフォメーション INFORMATION

平成19（2007）年開校。北キャンパス（普通科総合選択制）と南キャンパス（人間科学科／介護福祉科）があります。普通科総合選択制はアドバンス（２年次から自然科学／人文科学）／ユニバーサル（コミュニティデザイン／健康科学／生活科学／工芸科学／経営科学）にわかれて学習。日々の授業を大切に、知識や技能、学ぶ意欲や思考力・判断力を含めた幅広い力を身につけます。人間科学科・介護福祉科では、専門学科の学習をとおして社会に貢献する豊かな心を育てます。

●主な大学合格状況

京都光華女大	1	京都先端大	4	花園大	1
大阪工業大	1	大阪樟蔭女大	1	奈良学園大	1
帝塚山学院大	1				

進研Vもし 合格のめやす

普通（総合選択制）/ 前期 38-81(135)
普通（総合選択制）/ 中期 36-114(195)
人間科学 / 前期 38-81(135)　人間科学 / 中期 36-114(195)

30 35 40 45 50 55 60 65 70 75

普通科総合選択制中期
努力圏 合格圏 安全圏

人間科学前期
努力圏 合格圏 安全圏

入試状況

2024年度募集定員　普通（総合選択制）160、人間科学30

学科／コース	前期選抜 受験者数	合格者数	倍率	中期選抜 受験者数	合格者数	倍率
普通（総合選択制）	88	88	1.00	8	12	0.67
人間科学	20	20	1.00	3	3	1.00

＊介護福祉科は京都府最終ページの一覧に掲載。

亀岡高等学校（単位制）

〒621-0812 亀岡市横町23 TEL0771-22-0103 ■交通／ＪＲ嵯峨野線「亀岡」から徒歩10分

インフォメーション INFORMATION

明治37（1904）年開校の南桑田郡立女学校以来の歴史を持つ学校。単位制による全日制課程を設置。普通科ではスタンダード（文系）／アカデメイア（２年次から文系／理系）の２コースと美術・工芸専攻を設置。美術・工芸専攻では芸術系の授業はもちろん、基礎学力の充実と文系大学進学にも対応したカリキュラムを展開しています。また探究文理科（２年次から文系／理系）は興味や関心に基づいたテーマを設定し、探究活動に取り組みます。様々な課題に挑戦し、多角的な視点を培います。

●主な大学合格状況

京都工繊大	4	鳥取大	2	東京都市大	1
関西大	1	立命館大	3	京都産業大	12
近畿大	9	龍谷大	34	佛教大	25

進研Vもし 合格のめやす

探究文理 / 前期 53-65(90)
普通 / 前期 53-97(135)　普通 / 中期 48-132(195)
普通（美術・工芸専攻）/ 前期 40-83(135)

30 35 40 45 50 55 60 65 70 75

探究文理前期
努力圏 合格圏 安全圏

普通中期
努力圏 合格圏 安全圏

入試状況

2024年度募集定員　探究文理40、普通200、普通（美術・工芸専攻）30

学科／コース	前期選抜 受験者数	合格者数	倍率	中期選抜 受験者数	合格者数	倍率
探究文理	35	35	1.00	—	—	—
普通	122	60	2.03	180	140	1.29
普通（美術・工芸専攻）	40	30	1.33	—	—	—

園部高等学校

〒622-0004 南丹市園部町小桜町97 TEL0771-62-0051 ■交通／ＪＲ「園部」から徒歩20分（またはＪＲバスで「園部大橋」下車徒歩５分）

インフォメーション INFORMATION

明治20（1887）年創立の船井郡高等小学校を源流とし、1948年から現校名に改称。また、附属中学校との中高一貫の高校でもあります。国公立大学・関関同立・産近甲龍佛をめざし、グローバルな視点を養うGA（グローバルアカデミック：２年次から文系／理系）コースと、希望進路に合わせた進路指導により、就職にも対応できるGC（グローバルシチズン）コースを設置。海外語学研修や交換留学などの国際経験プログラムも充実しています。部活動では射撃部、吟詠剣詩舞部などが全国レベルで活躍しています。

●主な大学合格状況

大阪大	1	京都教育大	3	京都工繊大	3
関西大	6	同志社大	4	立命館大	21
京都産業大	14	近畿大	13	龍谷大	15

進研Vもし 合格のめやす

普通 / 前期 45-88(135)　普通 / 中期 41-121(195)

30 35 40 45 50 55 60 65 70 75

普通中期
努力圏 合格圏 安全圏

入試状況

2024年度募集定員　普通120

年度	前期選抜 受験者数	合格者数	倍率	中期選抜 受験者数	合格者数	倍率
'24	54	36	1.50	53	64	0.83
'23	43	36	1.19	33	43	0.77
'22	24	24	1.00	41	55	0.75

北桑田高等学校

〒601-0534 京都市右京区京北下弓削町沢ノ奥15 TEL075-854-0022 ■交通／ＪＲ「日吉」「園部」からバスで「京北病院前」下車すぐ

インフォメーション INFORMATION

昭和19(1944)年創立の府立北桑田農林学校を前身とし、1948年に開校。地域と連携し、「学ぶ」「教える」「つながる」の3要素で構成する教育計画を編成、学力向上と地域社会の活性化を目指した教育に取り組んでいます。普通科は文理探究／キャリアデザインの2コースに、京都フォレスト科は森林探究／森林活用の2コースにわかれて学習します。地域創生推進校として、里山の保全や地域活性を題材とした「悠久の森プロジェクト」や地域資源を活用した製品の制作など、地域に根ざした活動を通じて学びます。

●主な大学合格状況

同志社大 2　立命館大 3　中央大 1
京都外国語大 1　京都先端大 1

進研Vもし 合格のめやす

普通 / 前期 43-86(135)　普通 / 中期 38-117(195)

30 35 40 45 50 55 60 65 70 75

普通中期
努力圏 合格圏 安全圏

入試状況

2024年度募集定員 普通60

年度	前期選抜			中期選抜		
	受験者数	合格者数	倍率	受験者数	合格者数	倍率
'24	22	18	1.22	9	9	1.00
'23	20	19	1.05	7	7	1.00
'22	24	13	1.85	17	17	1.00

＊京都フォレスト科は京都府最終ページの一覧に掲載。

南丹高等学校

〒621-0008 亀岡市馬路町中島1 TEL0771-24-1821 ■交通／ＪＲ嵯峨野線「千代川」から徒歩13分

インフォメーション INFORMATION

昭和54(1979)年に開校。総合学科を設置し、多様な選択科目を主体的に選択して学習する特色ある教育を進めています。総合知的探究／人間科学／スポーツ健康／ビジネス情報／テクニカル工学の5系列を設定し、生徒の多様な進路をサポート。1年次からキャリア教育を実施、地域や社会とのつながりの中で、自ら設定した課題の研究に取り組み、学びの成果を各学年の代表者が全校生徒の前で発表する「総合学科研究発表会」も特色の一つです。部活動も活発で、多くの生徒が文武両道に励んでいます。

●主な大学合格状況

京都先端大 15　京都華頂大 1　京都橘大 1
花園大 2　大阪学院大 3　国士舘大 1

進研Vもし 合格のめやす

総合 / 前期 41-84(135)　総合 / 中期 40-120(195)

30 35 40 45 50 55 60 65 70 75

総合中期
努力圏 合格圏 安全圏

入試状況

2024年度募集定員 総合170

年度	前期選抜			中期選抜		
	受験者数	合格者数	倍率	受験者数	合格者数	倍率
'24	131	119	1.10	13	33	0.39
'23	97	97	1.00	4	25	0.16
'22	123	119	1.03	11	21	0.52

須知高等学校

〒622-0231 船井郡京丹波町豊田下川原166-1 TEL0771-82-1171 ■交通／ＪＲ「園部」「和知」からバス(20分)で「須知高校前」下車すぐ

インフォメーション INFORMATION

明治9(1876)年創立の京都府農牧学校が前身。京丹波町唯一の高校として、京丹波町と連携し特色ある取組を展開しています。普通科では、1年次から地域探究／文理進学コースに分かれ、一人一人の学力充実のために、習熟度別講座による学習を展開しています。食品科学科はスペシャリストを育成する専門課程で、2年次から農産加工／乳肉加工／生物活用コースの3コースに分かれて学習します。大学受験対策土曜講座や進学講習など希望進路の実現へきめ細かいサポートも充実しています。

●主な大学合格状況

京都外国語大 1　京都先端大 1　花園大 1

進研Vもし 合格のめやす

普通 / 前期 40-83(135)　普通 / 中期 36-114(195)

30 35 40 45 50 55 60 65 70 75

普通中期
努力圏 合格圏 安全圏

入試状況

2024年度募集定員 普通60

年度	前期選抜			中期選抜		
	受験者数	合格者数	倍率	受験者数	合格者数	倍率
'24	16	16	1.00	5	5	1.00
'23	14	14	1.00	18	18	1.00
'22	7	7	1.00	11	11	1.00

＊食品科学科は京都府最終ページの一覧に掲載。

福知山高等学校

〒620-0857 福知山市土師650 TEL0773-27-2151 ■交通／京都丹後鉄道「福知山駅」「石原駅」から自転車15分

インフォメーション INFORMATION

明治34(1901)年に京都府立第三中学校として創立された120年以上の歴史を誇る伝統校で、附属中学校も開校しました。文理科学科では、２年次から文系／理系にわかれ、難関大学や医歯薬学部への進学をめざして学習します。普通科では、２年次から人文・社会科学／自然科学の２コースにわかれます。進学講習や土曜講座のほか、医学進学プログラムや教員養成プログラムなど、より専門的な学習・進路指導も展開しています。部活動もさかんで、陸上競技部、放送部、美術部などが全国レベルで活躍しています。

●主な大学合格状況

東京大	1	京都大	5	大阪大	5
神戸大	4	京都府立大	5	同志社大	26
立命館大	49	京都産業大	25	近畿大	47

進研Vもし 合格のめやす

文理科学 / 前期 61-79(100)
普通 / 前期 60-106(135)　普通 / 中期 51-137(195)

30 35 40 45 50 55 60 65 70 75
文理科学前期　努力圏 合格圏 安全圏
普通中期　努力圏 合格圏 安全圏

入試状況

2024年度募集定員　文理科学40、普通160

学科／コース	前期選抜			中期選抜		
	受験者数	合格者数	倍率	受験者数	合格者数	倍率
文理科学	27	26	1.04	―	―	―
普通	112	48	2.33	95	95	1.00

西舞鶴高等学校

〒624-0841 舞鶴市引土145 TEL0773-75-3131 ■交通／JR・京都丹後鉄道「西舞鶴駅」から徒歩５分

インフォメーション INFORMATION

昭和23(1948)年に西舞鶴高校と西舞鶴女子高校が統合し、開校しました。普通科は２年次から文系(文系特進クラス設置)／理系に分かれて学習し、国公立・私立大への進学をめざします。理数探究科では、多彩なフィールドワークや課題研究、充実した理数系科目の学習をとおして、国公立・私立大理系学部への進学をめざします。週４回の７限授業や長期休業中の課外授業も実施。学科ごとに探究活動の時間が設けられ、世界や地域の問題に対して主体的にかかわる態度を身につけます。

●主な大学合格状況

大阪大	3	京都教育大	4	京都工繊大	3
京都府立大	3	京都府立医	1	関西大	9
立命館大	16	京都産業大	8	龍谷大	15

進研Vもし 合格のめやす

理数探究 / 前期 58-103(135)
普通 / 前期 55-99(135)　普通 / 中期 48-132(195)

30 35 40 45 50 55 60 65 70 75
理数探究前期　努力圏 合格圏 安全圏
普通中期　努力圏 合格圏 安全圏

入試状況

2024年度募集定員　理数探究40、普通160

学科／コース	前期選抜			中期選抜		
	受験者数	合格者数	倍率	受験者数	合格者数	倍率
理数探究	35	34	1.03	―	―	―
普通	106	48	2.21	113	111	1.02

綾部高等学校

〒623-0042 綾部市岡町長田18 TEL0773-42-0451 ■交通／JR・山陰本線「綾部駅」からあやバス「綾高前」下車１分

インフォメーション INFORMATION

明治26(1893)年創立の高等養蚕伝習所を前身とし、1948年に開校。四尾山キャンパスは普通科(２年次からグローバル特進／ユニバーサル探究) ／スポーツ総合専攻が学習。時代の変化に立ち向かう姿勢と多様性にあふれたリーダーとして社会に貢献・活躍できる人材を育成。由良川キャンパス(東分校)は農業科／園芸科／農芸化学科が学習し、基礎的・専門的な知識・技術の習得をめざしています。また、部活動は好成績を残している男子ソフトボールやコンクール金賞の吹奏楽など、各部が活躍しています。

●主な大学合格状況

京都工繊大	1	京都府立大	1	東京都立大	1
関西大	2	関西学院大	2	京都産業大	4
甲南大	5	龍谷大	4	佛教大	4

進研Vもし 合格のめやす

普通 / 前期 50-94(135)　普通 / 中期 43-124(195)
普通 (スポーツ総合専攻)/ 前期 38-54(90)

30 35 40 45 50 55 60 65 70 75
普通中期　努力圏 合格圏 安全圏
スポーツ総合前期　努力圏 合格圏 安全圏

入試状況

2024年度募集定員　普通180、普通／スポーツ総合専攻40

学科／コース	前期選抜			中期選抜		
	受験者数	合格者数	倍率	受験者数	合格者数	倍率
普通	113	54	2.09	122	123	0.99
普通／スポーツ総合専攻	40	40	1.00	―	―	―

＊農業に関する専門学科は京都府最終ページの一覧に掲載。

東舞鶴高等学校

〒625-0026 舞鶴市字泉源寺766 TEL0773-62-5510 ■交通／JR・舞鶴線「東舞鶴駅」からスクールバス8分、自転車15分

インフォメーション INFORMATION

昭和23(1948)年開校。グローカル教育を推進しており、地域に根ざした教育活動を展開。地域の活性化を図るとともに、信頼される学校づくりをめざしています。1年次は標準クラスと発展クラスに分かれ、2年次からは未来探究／特進国際の2コースで学習。どちらも国際教育や地域創生の取り組みを取り入れながら進路実現に向けて豊かな教養を身につけます。地域協働活動やボランティア活動を通し、自ら行動・挑戦する力を養います。全国優勝を誇るボート部やコンクール銀賞の吹奏楽部など、部活動も活発。

●主な大学合格状況

龍谷大	1	茨城キリスト教大	1	北陸大	1
京都先端大	3	花園大	1	大手前大	1
関西福祉大	1				

進研Vもし 合格のめやす

普通／前期 46-89(135)　普通／中期 39-118(195)

30 35 40 45 50 55 60 65 70 75

普通中期　努力圏 合格圏 安全圏

入試状況

2024年度募集定員　普通120

年度	前期選抜			中期選抜		
	受験者数	合格者数	倍率	受験者数	合格者数	倍率
'24	55	36	1.53	58	58	1.00
'23	48	36	1.33	52	55	0.95
'22	73	32	2.28	115	126	0.91

宮津天橋高等学校（単位制）

〒626-0034 宮津市字滝馬23 TEL0772-22-2116 ■交通／京都丹後鉄道「宮津駅」から徒歩15分

インフォメーション INFORMATION

令和2(2020)年に宮津高校と加悦谷高校が統合され開校しました。統合後は宮津学舎／加悦谷学舎として生徒が通っています。宮津学舎では、普通科(応用／特進)と建築科(2年次から匠コース／学コース)が学習し、加悦谷学舎では、普通科が2年次からアドバンスト／スタンダード／アスリートスポーツの3コースにわかれて、一人ひとりの希望進路実現に向けて学力と人間力を磨いています。部活動は学舎ごとにわかれていますが、両学舎にある部では、平日2回と休日に合同練習を行っています。

●主な大学合格状況

京都大	1	大阪大	1	神戸大	5
京都府立大	5	大阪公立大	3	同志社大	8
立命館大	37	京都産業大	10	龍谷大	27

進研Vもし 合格のめやす

普通(宮津学舎)/前期 57-102(135)　普通(宮津学舎)/中期 52-138(195)
普通(加悦谷学舎)/前期 46-89(135)　普通(加悦谷学舎)/中期 43-124(195)

30 35 40 45 50 55 60 65 70 75

普通（宮津）中期　努力圏 合格圏 安全圏

普通（加悦谷）中期　努力圏 合格圏 安全圏

入試状況

2024年度募集定員　普通／宮津学舎120、普通／加悦谷学舎80

学科／コース	前期選抜			中期選抜		
	受験者数	合格者数	倍率	受験者数	合格者数	倍率
普通／宮津学舎	53	36	1.47	79	79	1.00
普通／加悦谷学舎	27	24	1.13	39	39	1.00

＊建築科（宮津）は京都府最終ページの一覧に掲載。

峰山高等学校

〒627-8688 京丹後市峰山町古殿1185 TEL0772-62-1012 ■交通／京都丹後鉄道「峰山駅」から丹海バス「峰山」下車徒歩5分

インフォメーション INFORMATION

昭和23(1948)年開校。普通科では1年次は習熟度別の少人数制授業を行い、2年次から文系／理系に分かれて学習します。機械創造科では、2年次から理工系大学への進学に対応した「プログレス」と、機械加工の技術と知識を磨く「マイスター」の2コースにわかれて学習、学校と地元企業が共同で生徒の育成に関わるデュアルシステムが特色です。生徒自らが課題を見つけ解決する「いさなご探究」や新設の図書館「LIBRA」(リブラ)、世界最高峰のスタインウェイピアノの所持など、生徒の可能性を広げます。

●主な大学合格状況

滋賀大	3	京都工繊大	2	京都府立大	2
京都府立医	1	関西学院大	9	同志社大	2
立命館大	8	京都産業大	5	龍谷大	18

進研Vもし 合格のめやす

普通／前期 57-102(135)　普通／中期 50-135(195)

30 35 40 45 50 55 60 65 70 75

普通中期　努力圏 合格圏 安全圏

入試状況

2024年度募集定員　普通160

年度	前期選抜			中期選抜		
	受験者数	合格者数	倍率	受験者数	合格者数	倍率
'24	58	48	1.21	96	96	1.00
'23	75	48	1.56	111	111	1.00
'22	55	32	1.72	156	128	1.22

＊機械創造科は京都府最終ページの一覧に掲載。

丹後緑風高等学校（単位制）

〒629-3101 京丹後市網野町網野2820 TEL0772-72-0379 ■交通／京都丹後鉄道「網野駅」から丹海バス「網野高校前」下車すぐ

インフォメーション INFORMATION

令和２(2020)年に網野高校と久美浜高校を母体とする学舎制高校として開校しました。網野学舎には普通科(総合／探究）／企画経営科、久美浜学舎にはアグリサイエンス科（２年次から生産／食品）／みらいクリエイト科を設置し、両学舎をICT機器を用いた遠隔教育システムでつなぐことで、双方向での教育活動を進めています。ワークショップやボランティア活動をとおして、地域の人や環境とかかわり、判断力・コミュニケーション能力の向上と、社会人として自立するうえでの基礎を学びます。

●主な大学合格状況

京都産業大	5	摂南大	3	神戸学院大	2
京都光華女大	2	京都先端大	8	花園大	1
大阪学院大	1	関西外国語大	1	森ノ宮医療大	1

進研Vもし 合格のめやす

普通（網野学舎）/ 前期 46-89(135)　普通（網野学舎）/ 中期 43-124(195)

30 35 40 45 50 55 60 65 70 75

普通（網野）中期

努力圏 合格圏 安全圏

入試状況

2024年度募集定員 普通／網野学舎66

年度	前期選抜 受験者数	合格者数	倍率	中期選抜 受験者数	合格者数	倍率
'24	30	19	1.58	35	35	1.00
'23	26	19	1.37	40	40	1.00
'22	20	14	1.43	40	55	0.73

＊企画経営科／アグリサイエンス科／みらいクリエイト科は京都府最終ページの一覧に掲載。

市立西京高等学校

〒604-8437 京都市中京区西ノ京東中合町1 TEL075-841-0010 ■交通／地下鉄東西線「西大路御池」下車すぐ

インフォメーション INFORMATION

明治19(1886)年、京都府商業学校として創立。2003年に現校名に改称し、翌年には中高一貫の附属中学校も開設されました。全員がエンタープライジング科生となり、２年次から自然科学系／社会科学系の２コースに分かれます。最先端の設備、２期制、週34時間のカリキュラムのもと、大学進学を前提とした高度な授業を展開しています。海外研修(１年次末)は、アジアの複数の国から自分でコースを選択します。部活動も活発で、体育系・文化系共に熱心に活動しています。

●主な大学合格状況

東京大	3	京都大	42	大阪大	19
神戸大	27	大阪公立大	21	関西大	41
関西学院大	29	同志社大	136	立命館大	228

進研Vもし 合格のめやす

エンタープライジング / 前期 68-129(150)

30 35 40 45 50 55 60 65 70 75

エンタープライジング前期

努力圏 合格圏 安全圏

入試状況

2024年度募集定員 エンタープライジング160

年度	前期選抜 受験者数	合格者数	倍率	受験者数	合格者数	倍率
'24	237	164	1.45	—	—	—
'23	307	163	1.88	—	—	—
'22	282	163	1.73	—	—	—

大江高等学校（単位制）

〒620-0303 福知山市大江町金屋578 TEL0773-56-0033 ■交通／京都丹後鉄道「大江高校前駅」から徒歩８分

インフォメーション INFORMATION

明治41(1908)年開校の河守蚕業学校を前身とする伝統校。地域創生科(単位制総合学科)では、２年次から興味・関心に応じて系統(公共マネジメント／生活福祉／経営情報／映像デザイン／国際交流／環境サイエンス)を選択し、希望の進路を目指します。地域社会や大学と連携し「主体的に学び考える力」「多様な人とつながる力」「新たな価値を生み出す力」を身につけ、将来地域を支えていく人材を育てます。また、スマートスクール推進校としてICT機器を活用した授業も充実しています。

●主な大学合格状況

大阪学院大	1

進研Vもし 合格のめやす

地域創生 / 前期 40-83(135)　地域創生 / 中期 37-116(195)

30 35 40 45 50 55 60 65 70 75

地域創生中期

努力圏 合格圏 安全圏

入試状況

2024年度募集定員 地域創生90

年度	前期選抜 受験者数	合格者数	倍率	中期選抜 受験者数	合格者数	倍率
'24	43	43	1.00	8	8	1.00
'23	53	53	1.00	3	3	1.00
'22	42	42	1.00	6	7	0.86

高校名	学科名	入試状況									進研Vもし 合格のめやす	
		募集定員	前期選抜				中期選抜				前期選抜	中期選抜
			定員	受験者数	合格者数	倍率	定員	受験者数	合格者数	倍率	合格のめやすー相応内申点(満点)	合格のめやすー相応内申点(満点)
綾部	農業／東分校	30	21	29	21	1.38	9	6	6	1.00	38 - 81(135)	37 - 116(195)
	園芸／東分校							2	2	1.00	38 - 81(135)	37 - 116(195)
	農芸化学／東分校	30	21	36	21	1.71	9	7	7	1.00	38 - 81(135)	37 - 116(195)
宮津天橋	建築／宮津学舎	30	21	31	21	1.48	9	9	9	1.00	41 - 84(135)	39 - 118(195)
峰山	機械創造	30	21	31	21	1.48	9	8	8	1.00	43 - 86(135)	40 - 120(195)
丹後緑風	企画経営／網野学舎	24	16	14	14	1.00	10	2	2	1.00	45 - 88(135)	43 - 124(195)
	みらいクリエイト／久美浜学舎	20	14	9	9	1.00	11	1	1	1.00	41 - 84(135)	39 - 118(195)
	アグリサイエンス／久美浜学舎	30	21	21	21	1.00	9	3	3	1.00	41 - 84(135)	39 - 118(195)
田辺	工学探究	40	28	21	21	1.00	19	1	2	0.50	39 - 82(135)	37 - 116(195)
	機械技術	30	21	28	21	1.33	9	4	4	1.00	39 - 82(135)	37 - 116(195)
	電気技術	30	21	24	21	1.14	9	5	7	0.71	39 - 82(135)	37 - 116(195)
	自動車	30	21	24	21	1.14	9	4	5	0.80	39 - 82(135)	37 - 116(195)
市立京都工学院	プロジェクト工学／ものづくり	108	75	124	75	1.65	33	40	33	1.21	48 - 91(135)	44 - 126(195)
	プロジェクト工学／まちづくり	72	50	80	50	1.60	22	26	22	1.18	48 - 91(135)	44 - 126(195)
	フロンティア理数	60	60	55	52	1.06	—	—	—	—	53 - 108(150)	—
工業	機械テクノロジー	36	25	39	25	1.56	11	12	11	1.09	45 - 88(135)	42 - 123(195)
	ロボット技術	36	25	28	25	1.12	11	6	8	0.75	44 - 87(135)	40 - 120(195)
	電気テクノロジー	36	25	37	25	1.48	11	10	10	1.00	45 - 88(135)	40 - 120(195)
	環境デザイン	36	25	28	25	1.12	11	6	10	0.60	45 - 88(135)	40 - 120(195)
	情報テクノロジー	36	25	42	25	1.68	11	16	11	1.45	48 - 91(135)	42 - 123(195)
木津	システム園芸	40	28	38	28	1.36	12	11	11	1.00	38 - 81(135)	36 - 114(195)
	情報企画	40	28	33	28	1.18	12	3	3	1.00	38 - 81(135)	36 - 114(195)
京都すばる	起業創造	80	56	95	56	1.70	24	38	24	1.58	44 - 87(135)	40 - 120(195)
	企画	120	84	113	84	1.35	36	33	36	0.92	44 - 87(135)	40 - 120(195)
	情報科学	80	56	89	56	1.59	24	29	24	1.21	44 - 87(135)	41 - 121(195)
桂	植物クリエイト	40	28	50	28	1.79	12	17	12	1.42	45 - 65(100)	43 - 124(195)
	園芸ビジネス	40	28	39	28	1.39	12	8	11	0.73	44 - 65(100)	41 - 121(195)
北桑田	京都フォレスト	30	21	11	11	1.00	16	2	2	1.00	41 - 84(135)	38 - 117(195)
須知	食品科学	30	21	9	9	1.00	20	0	0	—	37 - 80(135)	35 - 113(195)
農芸	農業学科群	100	70	53	53	1.00	47	3	3	1.00	38 - 81(135)	37 - 116(195)
海洋	海洋学科群	95	66	72	66	1.09	29	7	7	1.00	42 - 85(135)	39 - 118(195)
乙訓	スポーツ健康科学	40	40	37	37	1.00	—	—	—	—	49 - 92(135)	—
京都八幡	介護福祉	30	21	11	11	1.00	19	1	2	0.50	38 - 81(135)	36 - 114(195)
市立美術工芸	美術工芸	90	90	156	92	1.70	—	—	—	—	51 - 95(135)	—
市立京都堀川音楽	音楽	40	40	38	38	1.00	—	—	—	—	49 - 69(100)	—
清新	総合／昼間定時制	90	60	39	39	1.00	51	1	1	1.00	38 - 60(100)	37 - 116(195)
清明	普通／昼間2部制	120	120	186	120	1.55	—	—	—	—	44 - 65(100)	—

滋賀県

通学区域について
県内全域です。県内のどの高校のどの学科でも受験することができます。

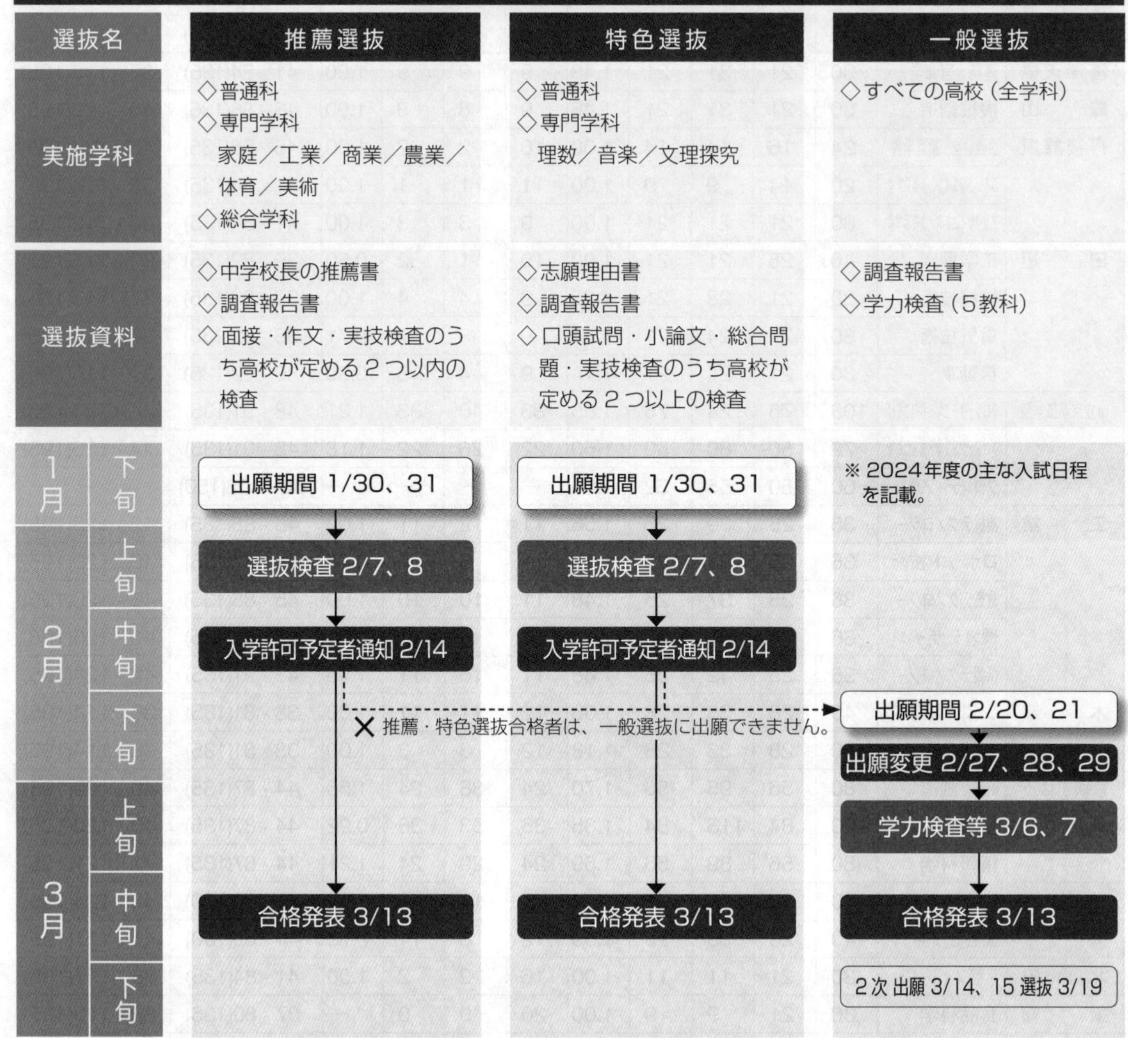

選抜名	推薦選抜	特色選抜	一般選抜
実施学科	◇普通科 ◇専門学科 家庭／工業／商業／農業／体育／美術 ◇総合学科	◇普通科 ◇専門学科 理数／音楽／文理探究	◇すべての高校（全学科）
選抜資料	◇中学校長の推薦書 ◇調査報告書 ◇面接・作文・実技検査のうち高校が定める２つ以内の検査	◇志願理由書 ◇調査報告書 ◇口頭試問・小論文・総合問題・実技検査のうち高校が定める２つ以上の検査	◇調査報告書 ◇学力検査（５教科）

月	旬	推薦選抜	特色選抜	一般選抜
1月	下旬	出願期間 1/30、31	出願期間 1/30、31	※ 2024年度の主な入試日程を記載。
2月	上旬	選抜検査 2/7、8	選抜検査 2/7、8	
	中旬	入学許可予定者通知 2/14	入学許可予定者通知 2/14	
	下旬			出願期間 2/20、21 出願変更 2/27、28、29
3月	上旬			学力検査等 3/6、7
	中旬	合格発表 3/13	合格発表 3/13	合格発表 3/13
	下旬			2次出願 3/14、15 選抜 3/19

✕ 推薦・特色選抜合格者は、一般選抜に出願できません。

入試当日のスケジュール（変更になる場合があります）

<推薦選抜>

	出欠調査・一般注意	面接、作文または実技検査
時刻	9：00～9：20	9：30～

<特色選抜>

	出欠調査・一般注意	口頭試問、小論文、総合問題または実技検査
時刻	9：00～9：20	9：30～

<一般選抜>

時限		第1時	第2時	第3時	第4時	第5時
教科	（注意）	国語	数学	社会	理科	英語（聞き取りテスト含む）
時間	10分	50分	50分	50分	50分	50分
時刻	9：00～9：10	9：25～10：15	10：35～11：25	11：45～12：35	13：20～14：10	14：30～15：20
配点	－	100点	100点	100点	100点	100点

※膳所（理数）の数学・理科は 120 点満点（学力合計 540 点満点）。

入学者選抜の概要 （2024年度の場合）

推薦選抜

実施検査	調査報告書等
○面接 ○作文 ○実技検査 のうちから高校が定める２つ以内	中学校長から提出された個人調査報告書および推薦書

スポーツ・文化芸術推薦
◇実技検査を実施。 ○面接 ○作文または小論文のうちから１つ

特色選抜

実施検査	調査報告書等
○口頭試問 ○小論文 ○総合問題 ○実技検査 のうちから高校が定める２つ以上	中学校長から提出された個人調査報告書および志願理由書

一般選抜

学力検査	その他の検査	調査報告書等
国語・数学・社会・理科・英語 （各 50 分 100 点） ※英語は聞き取りテスト含む ※膳所（理数）は数理傾斜配点	○面接 ○作文 ○実技検査のいずれかを課す場合がある（学力検査終了後またはその翌日）。	中学校長から提出された個人調査報告書

※出願は１人１校、１課程、１学科または１科とします。ただし、同一の課程に２つ以上の学科または科がある場合、それを第２志望、３志望とすることができます。
※出願後、１人１回限り、志望する学校、課程、学科または科を変更することができます（出願変更期間内）。
※膳所・草津東・栗東・米原・高島においては普通科と専門学科を区別せずに出願するものとし、両方またはいずれかの学科を志望することが可能（学校出願）。志願者の志望に基づき、専門学科を優先して入学許可予定者が決定されます。
※募集人員に満たなかった学科において、２次選抜を実施します（検査は○作文 ○面接）。

特色選抜の総合問題はどんな出題？

高校や学科の特色に応じて、中学校で学習した主要教科から複数の教科内容について総合的に問われます。国語、数学、英語というように教科ごとに検査があるわけではなく、１種類の問題で複数の教科の学力がわかるように作問を工夫。図や資料をもとに理科や数学の内容を中心に問う、あるいは文章をもとに国語と英語の力を問う問題など、教科を融合した出題になっています。

普通科に設置されている「コース」について

普通科の中に特色あるコースを設置し、選択科目や独自の活動を充実させ、生徒の適性や進路、能力に応じた教育を行っている高校もあります。１年次からコースを選択する機会を設けているケースが多いようです。

滋賀県公立高校入学者選抜一覧（2024年度の場合）

		推薦選抜				特色選抜						スポーツ・文化芸術推薦選抜		一般選抜（５科各50分100点満点）				
学校名	学科	募集枠	面接	作文	実技	募集枠	口頭試問	小論文	実技	総合問題	検査：調査書比率	スポーツ	文化芸術	学力検査（満点）	面接	作文	実技	検査：調査書比率
膳所	理数					50%		○		○	7：3			540				7：3
	普通					30%		○		○	7：3			500				7：3
彦根東	普通					30%		○		○	7：3			500				7：3
守山	普通					30%		○		○	7：3			500				7：3
石山	普通					30%		○		○	7：3			500			※	7：3
	音楽					75%		○	○		7：3			500			100	7：3
米原	理数					50%		○		○	7：3			500				7：3
	普通					30%		○		○	7：3			500				7：3
東大津	普通					30%		○		○	7：3			500				7：3
草津東	体育	85%	○		○							○		500			100	6：4
	普通					30%		○		○	6：4			500				7：3
虎姫	普通					30%		○		○	6：4		○	500				7：3
八日市	普通					30%		○		○	7：3			500				7：3
大津	普通					30%		○		○	6：4	○		500				7：3
	家庭	40%	○	○								○		500				7：3
水口東	普通					30%		○		○	5：5			500				7：3
河瀬	普通					30%		○		○	7：3		○	500				7：3
長浜北	普通					30%		○		○	6：4	○		500				7：3
玉川	普通					30%		○		○	6：4			500				7：3
八幡	普通	30%	○	○										500				7：3
甲西	普通	30%	○									○		500				6：4
高島	文理探究					50%		○		○	7：3			500				7：3
	普通	20%	○	○										500				7：3
水口	普通	30%	○	○								○		500				6：4
草津	普通	30%	○	○										500				6：4
能登川（単位制）	普通	30%	○											500				6：4
堅田	普通	30%	○									○		500				5：5
伊吹	普通	30%	○									○		500				5：5
守山北	普通	30%	○	○										500				5：5
伊香	普通	30%	○									○		500				5：5
北大津	普通	30%	○											500				5：5
栗東	美術	75%			○									500			100	6：4
	普通	30%	○									○		500				5：5
野洲	普通	30%	○									○		500				5：5
石部	普通	30%	○											500				5：5
愛知	普通	30%	○											500	100			5：5

学校名	学科	推薦選抜				特色選抜						スポーツ・文化芸術推薦選抜		一般選抜（5科各50分100点満点）				
		募集枠	面接	作文	実技	募集枠	口頭試問	小論文	実技	総合問題	検査：調査書比率	スポーツ	文化芸術	学力検査（満点）	面接	作文	実技	検査：調査書比率
国際情報	総合	40%	○	○										500				6：4
彦根翔西館	総合	40%	○	○								○		500				7：3
長浜北星	総合	40%	○	○								○		500				6：4
日野	総合	40%	○									○		500				5：5
甲南	総合	40%	○											500				5：5
安曇川	総合	30%	○											500				6：4
信楽	総合	40%	○											500				5：5
瀬田工業	工業	50%	○		○									500				5：5
彦根工業	工業	50%	○	○										500				5：5
八幡工業	工業	50%	○	○								○		500				6：4
八幡商業	商業	50%	○									○		500				5：5
大津商業	商業	50%	○	○								○		500				6：4
湖南農業	農業	50%	○											500				5：5
八日市南	農業	50%	○									○		500				5：5
長浜農業	農業	50%	○	○										500				5：5

※検査得点と調査書の比率は、おおまかな目安を示したもの。一般選抜／面接・作文・実技は点数化する場合の満点を示している。
※一般選抜／膳所（理数）は数・理各120点満点の学力検査540点満点。
※石山高校の普通科で、音楽科を第２志望とする者は実技検査を受けなければならない。
※信楽高校（総合）の推薦に、全国募集の枠あり（最大５人）。

スポーツ・文化芸術推薦選抜の種目等

いずれも検査内容は、面接および実技検査を実施。ただし大津（普通科･スポーツ）･河瀬（普通科･文化芸術）は面接･実技検査･総合問題、虎姫（普通科・文化芸術）・長浜北（普通科・スポーツ）は実技検査・小論文・総合問題によります。出願先高校が実施する同一学科の推薦選抜または特色選抜を併願することができます。募集人数は推薦選抜および特色選抜の募集枠に含みます。競技種目の▲は男子のみ、△は女子のみの募集。

<スポーツ活動>

校名（学科）	種目
堅田	ウェイトリフティング
大津	カヌー／ボート△
大津商業	陸上競技／ソフトボール△
彦根翔西館	陸上競技／ハンドボール／バドミントン▲
長浜北	ソフトテニス
甲西	ソフトテニス△
伊香	柔道
長浜北星	水球▲／相撲▲
八幡工業	剣道▲／バスケットボール▲／ラグビー▲
八幡商業	カヌー／サッカー△
草津東(体育)	剣道／水泳／陸上競技／サッカー▲／バスケットボール△

校名（学科）	種目
栗東(普通)	体操／レスリング／ソフトボール▲／テニス△
水口	ライフル射撃／ソフトボール△
野洲	サッカー▲
八日市南	カヌー
伊吹	ホッケー
日野	レスリング

<文化芸術活動>

校名（学科）	種目
河瀬	吹奏楽
虎姫	英会話（ＥＳＳ）

膳所高等学校

〒520-0815 大津市膳所2-11-1 TEL077-523-2304 ■交通／京阪石坂線「膳所本町」から徒歩2分

インフォメーション INFORMATION

明治31（1898）年創立の滋賀県第二尋常中学校を前身とし、普通科と理数科を併設する伝統校。日々の授業を大切に確実な学力の定着をはかり、大学や社会での専門的研究につながるより高い学力と思考力を培います。普通科では2年次から文系・理系の選択制を導入し、生徒一人一人の適性や進路希望に応じた学習ができるよう、きめ細かな教育課程を編成しています。理数科では京都大学や滋賀医科大学と連携した特別授業や連携講座などが充実。またボート、弁論をはじめ、部活動にも積極的に取り組んでいます。

●主な大学合格状況

東京大	3	京都大	46	大阪大	55
神戸大	29	滋賀医科大	19	関西大	44
同志社大	254	立命館大	408	早稲田大	11

進研Vもし 合格のめやす

理数／特色 72-132(135)　理数／一般 69-126(135)
普通／特色 71-130(135)　普通／一般 68-124(135)

30 35 40 45 50 55 60 65 70 75

理数一般　努力圏 合格圏 安全圏

普通一般　努力圏 合格圏 安全圏

入試状況

2024年度募集定員　理数40、普通320

学科／コース	特色選抜 受験者数	特色選抜 合格者数	特色選抜 倍率	一般選抜 受験者数	一般選抜 合格者数	一般選抜 倍率
理数	66	20	3.30	349	20	1.43
普通	442	96	4.60		224	

彦根東高等学校

〒522-0061 彦根市金亀町4-7 TEL0749-22-4800 ■交通／JR琵琶湖線「彦根」から徒歩15分

インフォメーション INFORMATION

明治9（1876）年開校の彦根学校を起源としていますが、その淵源をたどると寛政11（1799）年創設の藩校「稽古館」までさかのぼります。実践的な英語力をつけて世界で活躍する人材を育てるGSコースを設けています。GSコース以外は2年次より文系／理系に分かれます。50分7限授業、土曜講座、受験対策講座などで学力を充実させる他、大学の授業を受講し単位を取得する「先取り履修」などの高大連携事業も進めています。部活では複数所属ができ、生徒会執行部との両立や他の部活動との兼部も可能です。

●主な大学合格状況

京都大	12	大阪大	17	神戸大	13
滋賀大	19	滋賀県立大	10	同志社大	82
立命館大	211	近畿大	48	龍谷大	131

進研Vもし 合格のめやす

普通／特色 67-122(135)　普通／一般 63-115(135)

30 35 40 45 50 55 60 65 70 75

普通一般　努力圏 合格圏 安全圏

入試状況

2024年度募集定員　普通320

年度	特色選抜 受験者数	特色選抜 合格者数	特色選抜 倍率	一般選抜 受験者数	一般選抜 合格者数	一般選抜 倍率
'24	309	96	3.22	257	224	1.15
'23	325	96	3.39	252	224	1.13
'22	305	96	3.18	238	224	1.06

守山高等学校

〒524-0022 守山市守山3-12-34 TEL077-582-2289 ■交通／JR琵琶湖線「守山」から徒歩15分

インフォメーション INFORMATION

昭和38（1963）年開校。併設する守山中学校との中高一貫校です。2年次から文系／理系にわかれて学習します。火・木曜日は7限授業を実施。習熟度別授業や補習授業等、理解度に応じた個別教育を行います。また、外部講師による講義やタブレット端末を活用して授業の充実を図るなど、生徒の意欲を引き出し高める指導に取り組んでいます。探究学習では、自然や社会とのつながりの中で自分を見つめることからはじめ、課題の発見・調査・研究・発表をとおして、表現力・判断力・思考力をみがきます。

●主な大学合格状況

東京大	4	京都大	7	大阪大	11
神戸大	18	滋賀大	11	関西大	52
同志社大	130	立命館大	323	龍谷大	197

進研Vもし 合格のめやす

普通／特色 66-120(135)　普通／一般 62-113(135)

30 35 40 45 50 55 60 65 70 75

普通一般　努力圏 合格圏 安全圏

入試状況

2024年度募集定員　普通200

年度	特色選抜 受験者数	特色選抜 合格者数	特色選抜 倍率	一般選抜 受験者数	一般選抜 合格者数	一般選抜 倍率
'24	255	60	4.25	194	140	1.39
'23	253	60	4.22	188	140	1.34
'22	248	60	4.13	183	140	1.31

石山高等学校

〒520-0844 大津市国分1-15-1 TEL077-537-3371 ■交通／京阪石山坂本線「石山寺」から徒歩10分

インフォメーション INFORMATION

昭和38(1963)年普通科高校として開校。1968年には音楽科が併設されました。「自主・自律」の校風のもと、各学年とも普通科8クラス、音楽科1クラスで編成されています。普通科では2年次から文系／理系に分かれて学習。京都大学での講義受講や、大学生とのディスカッション、フィールドワークなどの高大連携も実施しています。音楽科では本格的なレッスンに加え、様々な音楽科目の授業、公開レッスンや定期演奏会など、独自の教育・行事を展開。部活動には多くの生徒が参加し、優れた実績をあげています。

●主な大学合格状況

大阪大	4	神戸大	1	滋賀大	19
滋賀県立大	22	大阪公立大	10	関西大	66
同志社大	60	立命館大	235	龍谷大	259

進研Vもし 合格のめやす

普通／特色 65-118(135)　普通／一般 62-113(135)
音楽／特色 51-94(135)　音楽／一般 45-86(135)

30 35 40 45 50 55 60 65 70 75

普通一般　努力圏 合格圏 安全圏

音楽一般　努力圏 合格圏 安全圏

入試状況

2024年度募集定員　普通320、音楽40

学科／コース	特色選抜			一般選抜		
	受験者数	合格者数	倍率	受験者数	合格者数	倍率
普通	434	96	4.52	343	224	1.53
音楽	30	30	1.00	0	0	—

東大津高等学校

〒520-2122 大津市瀬田南大萱町1732-2 TEL077-545-8025 ■交通／JR「瀬田」からバスで「東大津高校」下車

インフォメーション INFORMATION

昭和50(1975)年に開校した、県下最大規模の普通科単独校。Fight、Friendship、Fair playの「3F精神」を校訓とし、次代を担う人材の育成をはかっています。2年次から文系／理系に分かれ、3年次は、さらに文系の中でも国公立受験に適した文系1と私立受験に適した文系2に分かれ、夢の実現に向けて適したコースを選択します。高大連携講座、オープンキャンパスへの参加も実施。文武両道をめざし、部活動は運動部・文化部ともに活発に活動。高い実績を残しています。

●主な大学合格状況

神戸大	1	滋賀大	15	滋賀医科大	5
滋賀県立大	20	関西大	35	同志社大	35
立命館大	170	京都産業大	96	龍谷大	270

進研Vもし 合格のめやす

普通／特色 61-111(135)　普通／一般 57-104(135)

30 35 40 45 50 55 60 65 70 75

普通一般　努力圏 合格圏 安全圏

入試状況

2024年度募集定員　普通360

年度	特色選抜			一般選抜		
	受験者数	合格者数	倍率	受験者数	合格者数	倍率
'24	279	108	2.58	274	252	1.09
'23	313	108	2.90	283	252	1.12
'22	326	108	3.02	305	252	1.21

草津東高等学校

〒525-0025 草津市西渋川2-8-65 TEL077-564-4681 ■交通／JR琵琶湖線「草津」から徒歩18分

インフォメーション INFORMATION

昭和53(1978)年に普通科高校として開校。1995年に県下唯一の体育科が開設されました。普通科では2年次から希望・適性に応じて、文系(3年次から文1系／文2系)／理系にわかれて学習。大学進学をめざす補習や補充授業も行われています。体育科では体育専門科目の学習が多くなりますが、国語と英語の少人数授業を行うなど大学進学に対応したカリキュラムも編成しています。サッカー、陸上競技、体操、剣道、アーチェリー、水泳、ソフトテニスなど多くのクラブが全国大会に出場しています。

●主な大学合格状況

大阪大	1	神戸大	1	滋賀大	12
京都工繊大	4	関西大	86	同志社大	34
立命館大	197	京都産業大	121	龍谷大	250

進研Vもし 合格のめやす

普通／特色 61-111(135)　普通／一般 57-104(135)
体育／推薦 51-94(135)　体育／一般 51-94(135)

30 35 40 45 50 55 60 65 70 75

普通一般　努力圏 合格圏 安全圏

体育一般　努力圏 合格圏 安全圏

入試状況

2024年度募集定員　普通320、体育40

学科／コース	特色／推薦選抜			一般選抜		
	受験者数	合格者数	倍率	受験者数	合格者数	倍率
普通	445	96	4.64	338	224	1.47
体育	49	34	1.44		6	

虎姫高等学校

〒529-0112 長浜市宮部町2410 TEL0749-73-3055 ■交通／ JR北陸本線「虎姫」から徒歩15分

インフォメーション INFORMATION

大正9(1920)年創立の県立虎姫中学校がその前身。「質実剛健」を校訓とし、飾らず、心身ともに強くたくましい人材の育成をめざしています。すべての生徒を対象として探究型の理数系教育を推進。大阪大学・滋賀医科大学・滋賀県立大学・金沢大学などとの高大連携講座が充実しています。国際バカロレア認定校であり、国際的に認められる大学入学資格が取得可能なプログラム(ディプロマプログラム)を実施しています。全校生徒の約90％以上が部活動へ加入し、夢中になれるクラブが活動中です。

●主な大学合格状況

大阪大	3	神戸大	1	滋賀大	9
滋賀医科大	5	滋賀県立大	13	関西大	12
同志社大	16	立命館大	75	龍谷大	113

進研Vもし 合格のめやす

普通／特色 61-111(135)　普通／一般 56-102(135)

普通一般：努力圏 合格圏 安全圏（30〜75）

入試状況

2024年度募集定員　普通200

年度	特色選抜 受験者数	合格者数	倍率	一般選抜 受験者数	合格者数	倍率
'24	152	60	2.53	140	140	1.00
'23	146	60	2.43	129	129	1.00
'22	151	60	2.52	137	137	1.00

八日市高等学校

〒527-0022 東近江市八日市上之町1-25 TEL0748-22-1515 ■交通／近江鉄道「八日市」から徒歩10分

インフォメーション INFORMATION

明治40(1907)年創設の、歴史と伝統を誇る高校。「自彊不息」「自主協同」の校則のもと自由な校風、自主自律の精神は今も受け継がれています。大学進学志望者がほぼ100％近くを占めているため、2年次から文系／理系のコース設定を実施。進路に応じた科目を多く履修することが可能です。平常授業における学習指導に重点を置き、基本事項の定着をめざすとともに、学力に応じた個別指導や補充授業により、大学入試に対応可能な応用力の養成にも注力しています。部活動にも積極的に取り組んでいます。

●主な大学合格状況

大阪大	2	滋賀大	9	滋賀県立大	20
関西大	7	同志社大	12	立命館大	100
京都産業大	117	近畿大	23	龍谷大	212

進研Vもし 合格のめやす

普通／特色 61-111(135)　普通／一般 56-102(135)

普通一般：努力圏 合格圏 安全圏（30〜75）

入試状況

2024年度募集定員　普通280

年度	特色選抜 受験者数	合格者数	倍率	一般選抜 受験者数	合格者数	倍率
'24	225	84	2.68	203	196	1.04
'23	279	84	3.32	215	196	1.10
'22	267	84	3.18	221	196	1.13

米原高等学校

〒521-0092 米原市西円寺1200 TEL0749-52-1601 ■交通／ JR琵琶湖線・近江鉄道「米原」から徒歩15分

インフォメーション INFORMATION

昭和38(1963)年開校。1970年に県下初の理数科が、2001年には普通科に英語コースが設置されました。「清純敦厚」を校訓に純朴で温かい雰囲気の中で、確かな学力を持った、個性豊かな人材を育成。普通科普通類型は2年次から文／理に分かれ、進路に応じた教科を重点的に学習。普通科英語コースではALTを交えた授業や英語合宿・コンテストなどの特色ある授業を展開。理数科は実験・実習設備が充実し、野外実習など校外学習も豊富。また、多くの生徒が部活動にも積極的に参加しています。

●主な大学合格状況

大阪大	1	神戸大	1	滋賀大	4
滋賀県立大	20	立命館大	63	京都産業大	34
近畿大	12	龍谷大	179	佛教大	22

進研Vもし 合格のめやす

理数／特色 61-111(135)　理数／一般 58-106(135)
普通／特色 61-111(135)　普通／一般 56-102(135)

理数一般：努力圏 合格圏 安全圏（30〜75）
普通一般：努力圏 合格圏 安全圏（30〜75）

入試状況

2024年度募集定員　理数40、普通200

学科／コース	特色選抜 受験者数	合格者数	倍率	一般選抜 受験者数	合格者数	倍率
理数	27	20	1.35	128	20	1.00
普通	104	60	1.73		108	

大津高等学校

〒520-0802 大津市馬場1-1-1 TEL077-523-0386 ■交通／JR琵琶湖線・京阪「膳所」から徒歩3分

インフォメーション INFORMATION

明治35(1902)年創設の県立大津高等女学校の伝統を継承。豊かな情操・高い教養を身につけグローバル社会で活躍できる人材を育成します。普通科は2年次から文系／理系に分かれます。英語・数学は分割授業で学習し、さらに進学補習や自習室の設置により学力の向上を図ります。家庭科学科では少人数のきめ細かな専門教育を展開。調理や被服、保育などの豊富な体験学習を展開しています。部活動では、強化指定を受けているボート、カヌー、弓道、水球のほかたくさんのクラブが熱心に活動しています。

●主な大学合格状況

大阪大	1	滋賀大	7	滋賀県立大	1
関西大	44	関西学院大	3	同志社大	18
立命館大	81	京都産業大	27	龍谷大	56

進研Vもし 合格のめやす

普通／特色 58-106(135)　普通／一般 54-99(135)
家庭科学／推薦 50-93(135)　家庭科学／一般 48-90(135)

普通一般：努力圏 合格圏 安全圏
家庭科学一般：努力圏 合格圏 安全圏

入試状況

2024年度募集定員　普通240、家庭科学80

学科／コース	特色／推薦選抜 受験者数	合格者数	倍率	一般選抜 受験者数	合格者数	倍率
普通	275	72	3.82	255	168	1.52
家庭科学	91	32	2.84	68	48	1.42

水口東高等学校

〒528-0073 甲賀市水口町古城が丘7-1 TEL0748-62-6745 ■交通／近江鉄道「水口」から徒歩15分

インフォメーション INFORMATION

閑静な古城が丘の地に、昭和50(1975)年に開校。6年間の計画的・継続的な学習を行う中高一貫校です。地域に根ざす進学校として着実に実績をあげてきました。2年次から文系／理系に分かれて学習します。身近なところから課題を見つけ、調査・研究・プレゼンテーションを行う「夢未来探究」の時間や、高大連携、海外姉妹校との国際交流活動などを通して、広い視野と斬新なアイデアを提示できる人間を育成します。部活動は、文武両道の伝統のもと多くのクラブが全国レベルで活躍しています。

●主な大学合格状況

大阪大	4	滋賀大	6	滋賀医科大	3
滋賀県立大	11	関西大	8	同志社大	18
立命館大	48	京都産業大	55	龍谷大	119

進研Vもし 合格のめやす

普通／特色 58-106(135)　普通／一般 53-98(135)

普通一般：努力圏 合格圏 安全圏

入試状況

2024年度募集定員　普通120

年度	特色選抜 受験者数	合格者数	倍率	一般選抜 受験者数	合格者数	倍率
'24	75	36	2.08	81	81	1.00
'23	103	36	2.86	98	84	1.17
'22	96	36	2.67	94	84	1.12

河瀬高等学校

〒522-0223 彦根市川瀬馬場町975 TEL0749-25-2200 ■交通／JR琵琶湖線「河瀬」から徒歩5分

インフォメーション INFORMATION

昭和58年(1983)に開校し、平成15年に河瀬中学校を併設。校訓「志成」の言葉どおり、希望進路を実現できる進学校として知られています。生徒のほぼ全員が進学を希望。2年次よりL系(文系)コース、S系(理系)コースを選択します。週32時間授業や少人数・習熟度別授業、放課後補習などを通して学習習慣を身につけていきます。手帳指導による自己管理能力の育成も特色の一つです。CALL教室や特別活動教室などの施設・設備も充実。中高一貫教育校でもあり、学園祭などの行事は、中高合同で行われます。

●主な大学合格状況

滋賀大	12	滋賀医科大	2	滋賀県立大	13
関西大	14	関西学院大	3	立命館大	36
京都産業大	34	近畿大	7	龍谷大	57

進研Vもし 合格のめやす

普通／特色 55-101(135)　普通／一般 52-96(135)

普通一般：努力圏 合格圏 安全圏

入試状況

2024年度募集定員　普通120

年度	特色選抜 受験者数	合格者数	倍率	一般選抜 受験者数	合格者数	倍率
'24	110	36	3.06	103	84	1.23
'23	89	36	2.47	86	84	1.02
'22	83	36	2.31	86	84	1.02

玉川高等学校

〒525-0058 草津市野路東3-2-1 TEL077-565-1581 ■交通／ JR「南草津」から帝産バスで「桜ヶ丘北口」下車

インフォメーション INFORMATION

昭和58(1983)年開校。在校生のほとんどが上級学校への進学を目指し、一人ひとりが明確な目的意識を持って希望する進路へ進めるよう、各学年に応じたきめ細かな指導体制を組んでいます。２年次からは文系／理系のコースを選択。特別活動にも力を入れており、心豊かでたくましい人間の育成に努めています。「中山道宿場踏破」は名物行事のひとつ。安土から高校までの約30㎞を踏破します。82％以上の生徒が部活動に加入しており、フェンシング、吹奏楽、将棋をはじめ多くのクラブが全国大会に出場しています。

●主な大学合格状況

関西大	22	関西学院大	1	同志社大	8
立命館大	29	京都産業大	97	近畿大	6
龍谷大	80	佛教大	20	追手門学院大	11

進研Vもし 合格のめやす

普通／特色 54-99(135)　普通／一般 51-94(135)

30 35 40 45 50 55 60 65 70 75

普通一般：努力圏 合格圏 安全圏

入試状況

2024年度募集定員　普通320

年度	特色選抜 受験者数	特色選抜 合格者数	特色選抜 倍率	一般選抜 受験者数	一般選抜 合格者数	一般選抜 倍率
'24	257	96	2.68	245	224	1.09
'23	288	96	3.00	300	224	1.34
'22	231	96	2.41	269	224	1.20

長浜北高等学校

〒526-0033 長浜市平方町270 TEL0749-62-0238 ■交通／ JR琵琶湖線「長浜」から徒歩20分

インフォメーション INFORMATION

平成28(2016)年度長浜高校・長浜北高校が統合・開校。2年次から文系／理系に分かれます。週32時間の授業や難関大学への進学を目標とした「アドバンス補習」など、希望進路へのサポートが整っています。「英語」「情報」「総合的な探究の時間」の授業で行う学習活動『Nプロジェクト』では、地域学講座や高大連携事業、国際理解講座など、様々な体験をすることができます。英語教育に力を入れており、実践的で豊かな英語能力を養成。また文武両道をめざし、部活動や学校行事が活発です。

●主な大学合格状況

滋賀大	7	滋賀県立大	9	立命館大	7
京都産業大	19	近畿大	2	龍谷大	30
佛教大	2	神戸学院大	2	追手門学院大	1

進研Vもし 合格のめやす

普通／特色 53-98(135)　普通／一般 49-91(135)

30 35 40 45 50 55 60 65 70 75

普通一般：努力圏 合格圏 安全圏

入試状況

2024年度募集定員　普通240

年度	特色選抜 受験者数	特色選抜 合格者数	特色選抜 倍率	一般選抜 受験者数	一般選抜 合格者数	一般選抜 倍率
'24	139	72	1.93	168	168	1.00
'23	142	72	1.97	158	158	1.00
'22	171	84	2.04	188	188	1.00

八幡高等学校

〒523-0031 近江八幡市堀上町105 TEL0748-33-2302 ■交通／ JR琵琶湖線・近江鉄道「近江八幡」から徒歩12分

インフォメーション INFORMATION

昭和30(1955)年創立。学(学びの心)・和(優しい心)・命(感じる心)を教育目標としています。数学の授業では習熟度別に少人数制授業を実施しています。１年次の１学期末には２年次からの類型を決定。２年次から文系／理系／看護系の３類型を設置しています。文系では難関大学への進学を目指す「特進クラス」を設置しています。ICT教育、キャリア教育に力を入れており、高大連携講座も実施しています。部活動も活発で、多くのクラブが全国・近畿大会へ出場しています。

●主な大学合格状況

滋賀県立大	4	関西大	3	同志社大	2
立命館大	8	京都産業大	18	近畿大	31
龍谷大	56	佛教大	29	追手門学院大	11

進研Vもし 合格のめやす

普通／推薦 51-94(135)　普通／一般 48-90(135)

30 35 40 45 50 55 60 65 70 75

普通一般：努力圏 合格圏 安全圏

入試状況

2024年度募集定員　普通320

年度	推薦選抜 受験者数	推薦選抜 合格者数	推薦選抜 倍率	一般選抜 受験者数	一般選抜 合格者数	一般選抜 倍率
'24	96	96	1.00	213	213	1.00
'23	100	96	1.04	232	224	1.04
'22	97	96	1.01	212	212	1.00

国際情報高等学校

〒520-3016 栗東市小野36 TEL077-554-0600 ■交通／ JR「草津」「栗東」からバスで「東宝ランド」下車、徒歩10分

インフォメーション INFORMATION

昭和62(1987)年に創立され、1997年から総合学科に改編。選択制と単位制を基本に、学びたい科目を選んで時間割を作成し、取り組みます。科目選択の目安として、メカトロニクス／情報テクノロジー／国際ビジネス／グローバルスタディ／ヒューマンカルチャーの５系列を編成。中国語やハングルなど独自科目も用意し、国際交流にも力を入れています。専門科目に精通した教師陣により、資格取得も奨励。部活動も活発で弓道、テニス、水泳などの体育系と、簿記、コンピュータ、英会話などの文化系が活動中です。

●主な大学合格状況

立命館大	4	龍谷大	3	京都外国語大	10
大阪学院大	7	京都橘大	3	京都ノートルダム	2
京都華頂大	1	京都光華女大	1	京都文教大	1

進研Vもし 合格のめやす

総合 / 推薦 49-91(135)　総合 / 一般 47-89(135)

30 35 40 45 50 55 60 65 70 75

総合学科一般

努力圏 合格圏 安全圏

入試状況

2024年度募集定員　総合240

年度	推薦選抜 受験者数	合格者数	倍率	一般選抜 受験者数	合格者数	倍率
'24	127	96	1.32	178	144	1.24
'23	91	91	1.00	172	149	1.15
'22	116	96	1.21	153	144	1.06

甲西高等学校

〒520-3231 湖南市針1 TEL0748-72-3611 ■交通／ JR草津線「甲西」から徒歩15分

インフォメーション INFORMATION

昭和58(1983)年開校。生徒たちは「力行(りょっこう)」の精神のもと、何事にも全力で取り組み、文武両道の学校生活を実践しています。授業は基礎や基本を重視した"よく分かる授業"を展開。1､2年次の英語と2､3年次の数学(理系)では少人数での授業を行っています。特別進学クラス(１年次)を設け、希望進路に向けた学力の充実をはかり、２年次からは文系／理系にわかれて学習。3年次にはさらに進路に合わせた4つの類型を設置。早朝・放課後には進学補習を実施しています。部活動にも力を入れています。

●主な大学合格状況

滋賀大	1	滋賀県立大	4	京都府立大	1
関西大	4	同志社大	1	立命館大	14
京都産業大	10	龍谷大	47	佛教大	7

進研Vもし 合格のめやす

普通 / 推薦 48-90(135)　普通 / 一般 46-87(135)

30 35 40 45 50 55 60 65 70 75

普通一般

努力圏 合格圏 安全圏

入試状況

2024年度募集定員　普通240

年度	推薦選抜 受験者数	合格者数	倍率	一般選抜 受験者数	合格者数	倍率
'24	72	72	1.00	163	163	1.00
'23	67	67	1.00	172	172	1.00
'22	65	65	1.00	162	162	1.00

高島高等学校

〒520-1621 高島市今津町今津1936 TEL0740-22-2002 ■交通／ JR湖西線「近江今津」から徒歩15分

インフォメーション INFORMATION

大正9(1920)年創立の県立今津中学校が前身。普通科ではA類型とB類型に分かれ、A類型では基礎・基本を大切にした学習、B類型では国公立大学・難関私立大学への進学を実現させる教育課程を編成しています。また、進学に特化した文理探究科では国語・数学・英語・理科の科目を中心に少人数授業を展開。主体的・探究的な学びを通して難関国公立大学への進学をめざします。勉強だけでなく部活動も活発で、陸上競技やスキーなどの多くの部活動が全国・近畿大会へ出場をしています。

●主な大学合格状況

滋賀大	3	京都教育大	1	大阪教育大	1
滋賀県立大	1	同志社大	9	立命館大	20
京都産業大	16	龍谷大	6	慶應義塾大	1

進研Vもし 合格のめやす

文理探究 / 特色 53-98(135)　文理探究 / 一般 51-94(135)
普通 / 推薦 50-93(135)　普通 / 一般 46-87(135)

30 35 40 45 50 55 60 65 70 75

文理探究一般

努力圏 合格圏 安全圏

普通一般

努力圏 合格圏 安全圏

入試状況

2024年度募集定員　文理探究40、普通160

学科／コース	特色／推薦選抜 受験者数	合格者数	倍率	一般選抜 受験者数	合格者数	倍率
文理探究	22	20	1.10	126	9	1.00
普通	42	32	1.31		117	

彦根翔西館高等学校

〒522-0033 彦根市芹川町580 TEL0749-23-1491 ■交通／近江鉄道「彦根口」から徒歩１分（隣接）

インフォメーション INFORMATION

平成28（2016）年度から彦根翔陽と彦根西が統合し、開校。両校が培ってきた総合学科・普通科・家庭学科の教育資源を融合した総合学科高校です。探究（普通）／スポーツ科学／家庭科学／会計ビジネス／情報システムの５系列を編成しており、大学進学や就職に必要な幅広い学習を展開。多彩な選択科目をとおして、主体的な学習を支援するとともに、より専門性の高い学びへの動機づけをはかります。資格取得を奨励しており、公的・民間を問わず、様々な資格に挑戦可能です。

●主な大学合格状況

滋賀大	3	滋賀県立大	1	岐阜大	1
龍谷大	2	長浜バイオ大	8	京都外国語大	9
京都華頂大	3	京都橘大	7	京都先端大	14

進研Vもし 合格のめやす

総合 / 推薦 46-87(135)　総合 / 一般 45-86(135)

総合学科一般：努力圏　合格圏　安全圏

入試状況

2024年度募集定員　総合320

年度	推薦選抜 受験者数	合格者数	倍率	一般選抜 受験者数	合格者数	倍率
'24	132	128	1.03	207	192	1.08
'23	130	128	1.02	191	191	1.00
'22	138	128	1.08	206	192	1.07

長浜北星高等学校

〒526-0036 長浜市地福寺町3-72 TEL0749-62-3370 ■交通／JR琵琶湖線「長浜」から徒歩14分

インフォメーション INFORMATION

大正13（1924）年町立長浜商業学校として設立。1998年から総合学科に改編。将来の進路の実現に向けて、文理／メカトロニクス／情報電子テクノロジー／総合ビジネス／福祉の５系列を編成。興味や進路に応じて系列を選択し、多彩な選択科目によって自分にあった時間割をつくることができます。工業系、商業系の取得できる資格・検定も豊富です。例年、卒業生の約７割が大学・短大・専門学校に進学します。部活動では水泳、弓道をはじめとしていくつものクラブが近畿、全国規模で活躍しています。

●主な大学合格状況

岐阜聖徳大	1	京都先端大	1	京都ノートルダム	1
花園大	1				

進研Vもし 合格のめやす

総合 / 推薦 46-87(135)　総合 / 一般 44-84(135)

総合学科一般：努力圏　合格圏　安全圏

入試状況

2024年度募集定員　総合200

年度	推薦選抜 受験者数	合格者数	倍率	一般選抜 受験者数	合格者数	倍率
'24	60	60	1.00	139	139	1.00
'23	63	63	1.00	139	137	1.01
'22	64	64	1.00	140	136	1.03

水口高等学校

〒528-0022 甲賀市水口町梅が丘3-1 TEL0748-62-4104 ■交通／近江鉄道「水口城南」から徒歩５分

インフォメーション INFORMATION

明治41（1908）年創立の県立農林学校を源流とする伝統校。２コース・２クラス制で、特進クラス（文／理系）は難関大学への進学にも対応。普通クラスでは、進学を含む多様な進路に対応し、文・武にわたる多様なフィールドを用意しています。国際文化コースはプレゼンテーション・海外研修などを通して国際感覚と実践的な英語力を、体育コースは高度な運動能力を身につけ、将来スポーツ活動のリーダーを育成します。高大連携講座をはじめ、地域との交流や卒業生の講話など、特別授業が豊富です。

●主な大学合格状況

滋賀大	3	京都産業大	1	龍谷大	4
佛教大	2	京都橘大	31	京都先端大	11
京都文教大	4	京都外国語大	3	花園大	2

進研Vもし 合格のめやす

普通 / 推薦 43-83(135)　普通 / 一般 43-83(135)

普通一般：努力圏　合格圏　安全圏

入試状況

2024年度募集定員　普通200

年度	推薦選抜 受験者数	合格者数	倍率	一般選抜 受験者数	合格者数	倍率
'24	62	60	1.03	141	140	1.01
'23	56	56	1.00	150	144	1.04
'22	56	56	1.00	155	144	1.08

草津高等学校

〒525-0051 草津市木川町955-1 TEL077-562-1220 ■交通／ JR琵琶湖線「草津」から徒歩20分

インフォメーション INFORMATION

大正11(1922)年開校の県立栗太農学校と草津町立草津実科高等女学校が1948年に合併し、開校しました。卒業生は2万人を超え、社会の中核として広く活躍しています。1年次は全員で共通科目を履修し(1クラスは進学クラス)、2年次から文系・理系に分かれます。また、受動的な一斉授業ではなく生徒の主体的・協働的・創造的な学びを生み出すべく、学び方を学ぶ「学びの作法」や、コの字型学習、小グループ学習にも取り組んでいます。体育祭や文化祭などの学校行事や、クラブ活動も活発です。

●主な大学合格状況

立命館大	1	京都産業大	3	龍谷大	7
京都先端大	14	京都橘大	11	大阪学院大	13
花園大	8	京都華頂大	2	京都文教大	1

進研Vもし 合格のめやす

普通／推薦 44-84(135)　普通／一般 42-82(135)

普通一般：努力圏 合格圏 安全圏

入試状況

2024年度募集定員　普通240

年度	推薦選抜			一般選抜		
	受験者数	合格者数	倍率	受験者数	合格者数	倍率
'24	85	72	1.18	198	168	1.18
'23	113	72	1.57	221	168	1.32
'22	93	72	1.29	193	168	1.15

能登川高等学校(単位制)

〒521-1235 東近江市伊庭町13 TEL0748-42-1305 ■交通／ JR琵琶湖線「能登川」から徒歩8分

インフォメーション INFORMATION

昭和38(1963)年開校。2014年から定時制課程を開設し、総合単位制普通科(Ⅰ部全日制、Ⅱ部定時制昼間、Ⅲ部定時制夜間)として展開。Ⅰ部・Ⅱ部では、学問への関心を高める取り組みとして大学見学や大学出張講座などを実施しています。2年次には、合宿・進路学習会や高大連携講座も開講。日々の授業を大切にするとともに、模擬試験、進学補習、進学・就職ガイダンスなどをとおして希望進路の実現をめざします。Ⅲ部では、個々のニーズに合わせ、必要に応じて面談や補習を行い、希望進路の実現を目指します。

●主な大学合格状況

龍谷大	4	追手門学院大	3	京都華頂大	1
京都先端大	4	京都橘大	2	大阪経済大	1
森ノ宮医療大	1	中部大	1	名古屋経済大	3

進研Vもし 合格のめやす

普通／推薦 41-80(135)　普通／一般 41-80(135)

普通一般：努力圏 合格圏 安全圏

入試状況

2024年度募集定員　普通120

年度	推薦選抜			一般選抜		
	受験者数	合格者数	倍率	受験者数	合格者数	倍率
'24	28	28	1.00	104	92	1.13
'23	32	32	1.00	88	88	1.00
'22	33	33	1.00	96	87	1.10

堅田高等学校

〒520-0242 大津市本堅田3-9-1 TEL077-572-1206 ■交通／ JR湖西線「堅田」から南へ徒歩15分

インフォメーション INFORMATION

昭和23(1948)年創立。「和と礼譲」を校訓とし、知性・品格・豊かな人間性の育成をめざしています。堅田探訪、郷土料理実習など、地域と連携した活動も多彩です。1年次から普通クラス／特進クラスに分かれて学習。普通クラスでは習熟度別・分割授業を行い、確実な基礎学力を養成。特進クラスは進学希望者で編成し、各学年ごとに2クラスを設置。2年次から文系・理系に分けた教育課程のもと、希望する大学への進学を目指します。部活動も活発で、運動部・文化部ともに全国大会へ出場しているクラブもあります。

●主な大学合格状況

滋賀大	1	滋賀県立大	5	関西大	2
立命館大	1	京都産業大	2	龍谷大	18
佛教大	2	京都橘大	18	京都先端大	9

進研Vもし 合格のめやす

普通／推薦 43-83(135)　普通／一般 41-80(135)

普通一般：努力圏 合格圏 安全圏

入試状況

2024年度募集定員　普通240

年度	推薦選抜			一般選抜		
	受験者数	合格者数	倍率	受験者数	合格者数	倍率
'24	67	67	1.00	155	155	1.00
'23	75	72	1.04	151	151	1.00
'22	84	72	1.17	152	152	1.00

伊吹高等学校

〒521-0226 米原市朝日302 TEL0749-55-2350 ■交通／JR「長浜」「近江長岡」からバスで「伊吹高校前」下車

インフォメーション INFORMATION

昭和58(1983)年、伊吹山の麓に開校。3つのコース・クラスを設置。体育コースはスポーツと共に豊かな人間性を育み、地域で活躍する指導者の育成を目指します。学力充実クラスは「わかる楽しさ」を出発点に、少人数授業や放課後の個別指導を通して進学や就職などの幅広い進路に対応。学力発展クラスは日々の学習から進路相談までサポートし、大学入試に対応できる高い学力を身につけます。地域と自分の未来を考える取り組みとして「湖北未来プロジェクト」を行い、地元の企業や自治体などと連携しています。

●主な大学合格状況

滋賀大	2	滋賀県立大	1	岐阜大	1
立命館大	4	近畿大	1	龍谷大	1
大東文化大	4	岐阜聖徳大	4	大阪経済大	2

進研Vもし 合格のめやす

普通 / 推薦 42-82(135)　普通 / 一般 40-79(135)

30 35 40 45 50 55 60 65 70 75

普通一般

努力圏 合格圏 安全圏

入試状況

2024年度募集定員　普通120

年度	推薦選抜			一般選抜		
	受験者数	合格者数	倍率	受験者数	合格者数	倍率
'24	40	36	1.11	75	75	1.00
'23	34	34	1.00	81	81	1.00
'22	38	36	1.06	90	84	1.07

守山北高等学校

〒524-0004 守山市笠原町1263 TEL077-585-0431 ■交通／JR琵琶湖線「守山」からバスで「守山北高前」下車

インフォメーション INFORMATION

昭和58(1983)年に開校。1年次は全員が共通の科目を学習し、2年次には進路希望に応じて文系／理系のいずれかの類型を選択。3年次にはそれぞれの希望進路にあった選択科目を設置しています。一人ひとりの進路希望を実現する進路指導としてアクティブワーキングガイダンスなどを実施しています。2025年には、多様性を尊重し、他者と協働しながらよりよい地域の未来を創造する「みらい共創科」が新設されます。部活動はサッカー部をはじめ、県下トップレベルの部が多数活動中です。

●主な大学合格状況

関西大	1	京都産業大	4	龍谷大	2
佛教大	3	京都先端大	4	京都ノートルダム	1
大阪学院大	3	拓殖大	1		

進研Vもし 合格のめやす

普通 / 推薦 40-79(135)　普通 / 一般 39-78(135)
みらい共創 ---(—)

30 35 40 45 50 55 60 65 70 75

普通一般

努力圏 合格圏 安全圏

入試状況

2024年度募集定員　普通200

年度	推薦選抜			一般選抜		
	受験者数	合格者数	倍率	受験者数	合格者数	倍率
'24	41	41	1.00	71	71	1.00
'23	45	45	1.00	81	81	1.00
'22	43	43	1.00	98	98	1.00

伊香高等学校

〒529-0425 長浜市木之本町木之本251 TEL0749-82-4141 ■交通／JR北陸本線「木ノ本」から徒歩10分

インフォメーション INFORMATION

明治29(1896)年創立の伊香農業補修学校を前身とする歴史ある学校。1年次から特進／特色の2クラスに分かれて学習。特進クラスは4年制大学・看護医療系への進学をめざし、2年次から文系／理系に。特色クラスは2年次からスポーツ健康／自然環境／地域文化の各類型に分かれ、それぞれの得意分野をめざします。2025年度には滋賀県北部地域の豊かな自然環境、森林資源などを活用し「森で学ぶ」をコンセプトにした森の探究科が新設されます。

●主な大学合格状況

富山大	1	龍谷大	1	花園大	6
京都先端大	1	大阪物療大	1		

進研Vもし 合格のめやす

普通 / 推薦 40-79(135)　普通 / 一般 37-75(135)
森の探究 ---(—)

30 35 40 45 50 55 60 65 70 75

普通一般

努力圏 合格圏 安全圏

入試状況

2024年度募集定員　普通120

年度	推薦選抜			一般選抜		
	受験者数	合格者数	倍率	受験者数	合格者数	倍率
'24	22	22	1.00	69	69	1.00
'23	28	28	1.00	63	63	1.00
'22	36	36	1.00	63	63	1.00

日野高等学校

〒529-1642 蒲生郡日野町上野田150 TEL0748-52-1200 ■交通／近江鉄道「日野」からバスで「高校前」下車

インフォメーション INFORMATION

明治38（1905）年創設の町立日野裁縫学校の流れを汲む伝統校。2004年から総合学科に改編。ビジネスのプロをめざす「ビジネス」、基礎から高度な情報技術まで学べる「マルチメディア」、福祉・看護・保育の専門家をめざす「福祉健康（ヒューマン）」、難関私立大学や国立大学をめざす「総合教養（アカデミック）」の４系列を設置。興味・関心や進路にあわせて系列・科目を選択できます。どの授業も少人数制で徹底指導。部活動では全国大会出場のレスリングなど体育系、文化系共に活発です。

●主な大学合格状況

京都先端大	5	京都橘大	1

進研Vもし 合格のめやす

総合／推薦 40-79(135)　総合／一般 37-75(135)

30 35 40 45 50 55 60 65 70 75

総合学科一般
努力圏 合格圏 安全圏

入試状況

2024年度募集定員　総合160

年度	推薦選抜 受験者数	推薦選抜 合格者数	推薦選抜 倍率	一般選抜 受験者数	一般選抜 合格者数	一般選抜 倍率
'24	30	30	1.00	118	118	1.00
'23	50	50	1.00	115	110	1.05
'22	36	36	1.00	110	110	1.00

栗東高等学校

〒520-3016 栗東市小野618 TEL077-553-3350 ■交通／ JR草津線「手原」から徒歩15分

インフォメーション INFORMATION

昭和49（1974）年に開校し、1995年度から美術科を併設。「自主・創造・友愛」を校訓として心身ともに健全な人間性の育成をはかり、地域・社会に貢献できる人材の育成をめざしています。普通科では２年次から適性に合わせてＡ類型（理系）／Ｂ類型（文系）を選択。３年次では選択科目を取り入れ、多様な進路希望に対応した授業を展開しています。美術科は美術系大学等をめざす人、美術に興味のある人のための専門学科で、多彩な実習・講義を通して確かな造形力を育みます。学校行事や部活動も活発です。

●主な大学合格状況

駒澤大	1	京都外国語大	1	京都先端大	4
京都橘大	3	花園大	1	大阪学院大	1
東京農業大	1	日本文理大	1	京都ノートルダム	1

進研Vもし 合格のめやす

美術／推薦 42-82(135)　美術／一般 40-79(135)
普通／推薦 39-78(135)　普通／一般 36-74(135)

30 35 40 45 50 55 60 65 70 75

美術一般
努力圏 合格圏 安全圏

普通一般
努力圏 合格圏 安全圏

入試状況

2024年度募集定員　美術40、普通160

学科／コース	推薦選抜 受験者数	推薦選抜 合格者数	推薦選抜 倍率	一般選抜 受験者数	一般選抜 合格者数	一般選抜 倍率
美術	42	30	1.40	114	10	1.01
普通	35	35	1.00		103	

安曇川高等学校

〒520-1212 高島市安曇川町西万木1168 TEL0740-32-0477 ■交通／ JR湖西線「安曇川」から徒歩15分

インフォメーション INFORMATION

昭和41（1966）年創立の高島高校安曇川分校を前身とし、1973年に独立。2021年から総合学科に改編。１年次の「産業社会と人間」という授業を通して５つの系列（総合ビジネス／情報ビジネス／アーキテクト／ロボティクス／ライフサポート）から自分で進路の方向を選択します。１年次後期から専門的な授業がスタートし、３年間を通して深く学びます。インターンシップや地域連携講座など、進路選択につながる様々な取組みも豊富です。ウェイトリフティングを筆頭に、部活動でも実績をあげています。

●主な大学合格状況

大阪公立大	1	広島大学	1	周南公立大	1
同志社大	3	立命館大	1	近畿大	2
追手門学院大	2	京都先端大	2	京都橘大	1

進研Vもし 合格のめやす

総合／推薦 38-77(135)　総合／一般 36-74(135)

30 35 40 45 50 55 60 65 70 75

総合学科一般
努力圏 合格圏 安全圏

入試状況

2024年度募集定員　総合120

年度	推薦選抜 受験者数	推薦選抜 合格者数	推薦選抜 倍率	一般選抜 受験者数	一般選抜 合格者数	一般選抜 倍率
'24	14	14	1.00	57	57	1.00
'23	11	11	1.00	62	62	1.00
'22	20	20	1.00	75	75	1.00

甲南高等学校

〒520-3301 甲賀市甲南町寺庄427 TEL0748-86-4145 ■交通／ JR草津線「寺庄」から徒歩3分

インフォメーション INFORMATION

明治21（1888）年創立の組合立寺庄高等小学校以来の歴史をもつ伝統校です。2007年から総合学科に改編。自然を愛し、勤労を尊び、確かな技術と創造力をもった産業人の育成をめざしています。2年次から多様な進路につながる4つの系列（生物と環境／バイオとかがく／福祉と保育／食と健康）を設置。系列、選択科目を、自身のめざす進路にあわせて選ぶことができます。また高等養護学校が併設されており、共に学び共に生きる社会の実現をめざす、ノーマライゼーションの実践にも取り組んでいます。

●主な大学合格状況

—

進研Vもし 合格のめやす

総合 / 推薦 38-77(135)　総合 / 一般 36-74(135)

30 35 40 45 50 55 60 65 70 75

総合学科一般

努力圏 合格圏 安全圏

入試状況

2024年度募集定員　総合120

年度	推薦選抜			一般選抜		
	受験者数	合格者数	倍率	受験者数	合格者数	倍率
'24	32	32	1.00	72	72	1.00
'23	45	45	1.00	65	65	1.00
'22	44	44	1.00	81	76	1.07

野洲高等学校

〒520-2341 野洲市行畑2-9-1 TEL077-587-0059 ■交通／ JR琵琶湖線「野洲」から徒歩15分

インフォメーション INFORMATION

昭和19（1944）年創立の野洲郡立女子農芸学校を前身とし、1983年に普通科高校として再スタート。豊かな自然に恵まれた立地で、広いグラウンドも備えています。学習面では可能な限り少人数指導を行い、分かる授業を追求。生徒一人ひとりの進路実現に向けた丁寧な指導が特色です。小規模なため教員との距離が近く、アットホームな雰囲気で学校生活を送ることができます。部活動ではサッカー部が第84回全国大会で優勝。野球部も選抜大会の出場経験があります。学園祭などの学校行事もさかん。

●主な大学合格状況

東海学園大　1　大阪学院大　1

進研Vもし 合格のめやす

普通 / 推薦 37-75(135)　普通 / 一般 35-73(135)

30 35 40 45 50 55 60 65 70 75

普通一般

努力圏 合格圏 安全圏

入試状況

2024年度募集定員　普通160

年度	推薦選抜			一般選抜		
	受験者数	合格者数	倍率	受験者数	合格者数	倍率
'24	21	21	1.00	113	113	1.00
'23	43	43	1.00	64	64	1.00
'22	42	42	1.00	81	81	1.00

石部高等学校

〒520-3112 湖南市丸山2-3-1 TEL0748-77-0311 ■交通／ JR草津線「石部」から市内循環バスで「石部高校前」下車

インフォメーション INFORMATION

平成8（1996）年開校。1年次は基礎学力の充実をめざし、きめ細かな学習指導を展開。2年次からは興味や関心、希望進路にそって文系／理系にわかれて学習します。平成25年に普通科の中に開設された「福祉健康コース」では、3年次に福祉ライフ系／健康スポーツ系を選択。「福祉ライフ系」は介護の知識技術や子どもの発達と保育などを、「健康スポーツ系」はスポーツや健康などを専門的に学びます。また校内や地域の施設等での体験的な学習・実習をとおし、基礎的な知識や技術を身につけていきます。

●主な大学合格状況

名古屋経済大	1	京都華頂大	1	京都光華女大	1
京都橘大	2	大阪学院大	3	関西福祉大	1

進研Vもし 合格のめやす

普通 / 推薦 37-75(135)　普通 / 一般 35-73(135)

30 35 40 45 50 55 60 65 70 75

普通一般

努力圏 合格圏 安全圏

入試状況

2024年度募集定員　普通120

年度	推薦選抜			一般選抜		
	受験者数	合格者数	倍率	受験者数	合格者数	倍率
'24	30	30	1.00	91	90	1.01
'23	36	36	1.00	65	65	1.00
'22	49	36	1.36	87	84	1.04

愛知高等学校

〒529-1331 愛知郡愛荘町愛知川102 TEL0749-42-2150 ■交通／近江鉄道「愛知川」から徒歩10分

インフォメーション INFORMATION

明治43(1910)年創立。普通科の中に総合／体育／音楽の3コースがあります。総合コースは2年次から理系／文系(3年次から進学系／就職系)に。体育コースでは、必修の体育と保健を含めた専門科目を、3年間で24単位履修できます。日常の授業のほか、ウィンドサーフィン実習・キャンプ実習などを行い、地域のスポーツリーダーを養成。県下唯一の音楽コースは、声楽、ピアノ、管・打楽器等、プロの講師による個人レッスンの他、3学年がともに学ぶ吹奏楽の授業もあります。また、部活動も盛んで、多くの部が活発です。

●主な大学合格状況

—

進研Vもし 合格のめやす

普通／推薦 36-74(135)　普通／一般 35-73(135)

30 35 40 45 50 55 60 65 70 75

普通一般　努力圏　合格圏　安全圏

入試状況

2024年度募集定員　普通120

年度	推薦選抜 受験者数	合格者数	倍率	一般選抜 受験者数	合格者数	倍率
'24	32	32	1.00	75	75	1.00
'23	29	29	1.00	83	83	1.00
'22	25	25	1.00	69	69	1.00

北大津高等学校

〒520-0246 大津市仰木の里1-23-1 TEL077-573-5881 ■交通／JR湖西線「おごと温泉」から徒歩10分

インフォメーション INFORMATION

昭和59(1984)年開校。特色ある国際文化コースのほか、理系／体育／普通の各クラスが設置されています(2年次に選択)。国際文化コースでは専門科目の学習を通し、国際感覚を養い、英語力を活かして文系大学への進学を、理系クラスでは理科・数学を多く学び、理系大学への進学を目指します。体育クラスは体育に関する専門科目の学習を通して、技能と人間性を高め、スポーツリーダーを育成します。普通クラスは各教科を幅広く学習し、様々な進路希望の実現を目指します。部活動も活発です。

●主な大学合格状況

京都外国語大　2　京都光華女大　1　大阪学院大　1

進研Vもし 合格のめやす

普通／推薦 36-74(135)　普通／一般 35-73(135)

30 35 40 45 50 55 60 65 70 75

普通一般　努力圏　合格圏　安全圏

入試状況

2024年度募集定員　普通120

年度	推薦選抜 受験者数	合格者数	倍率	一般選抜 受験者数	合格者数	倍率
'24	47	36	1.31	82	82	1.00
'23	33	33	1.00	65	63	1.03
'22	33	33	1.00	84	84	1.00

信楽高等学校

〒529-1851 甲賀市信楽町長野317-1 TEL0748-82-0167 ■交通／信楽高原鉄道「信楽」から徒歩20分

インフォメーション INFORMATION

昭和23(1948)年に甲賀高等学校信楽分校として創立、1982年現校名に。2014年から総合学科に改編。地域に根ざした特色ある高等学校として、地域に学び・貢献できる人材を育成します。普通／セラミック／デザインの3系列をもち、セラミック系列ではロクロやタタラ、絵付けなど陶芸の基礎を、デザイン系列ではデッサン、製図、平面・立体造形などの幅広い造形を学びます。また小規模校である利点を生かした、少人数の分割授業や習熟度別授業により、基礎学力の充実や伸長を目指します。

●主な大学合格状況

酪農学園大　1

進研Vもし 合格のめやす

総合／推薦 36-74(135)　総合／一般 35-73(135)

30 35 40 45 50 55 60 65 70 75

総合学科一般　努力圏　合格圏　安全圏

入試状況

2024年度募集定員　総合80

年度	推薦選抜 受験者数	合格者数	倍率	一般選抜 受験者数	合格者数	倍率
'24	19	19	1.00	31	31	1.00
'23	23	23	1.00	44	44	1.00
'22	20	17	1.18	35	35	1.00

高校名	学科名	募集定員	入試状況 推薦選抜 定員	受験者数	合格者数	倍率	一般選抜 定員	受験者数	合格者数	倍率	進研Vもし 合格のめやす 推薦選抜 合格のめやすー相応内申点（満点）	一般選抜 合格のめやすー相応内申点（満点）
瀬田工業	機械	120	60	80	60	1.33	60	61	60	1.02	41 - 80(135)	38 - 77(135)
	電気	120	60	66	60	1.10	60	57	57	1.00	42 - 82(135)	41 - 80(135)
	化学工業	40	20	19	19	1.00	21	20	20	1.00	41 - 80(135)	38 - 77(135)
彦根工業	機械	120	60	15	15	1.00	105	112	105	1.07	40 - 79(135)	38 - 77(135)
	電気	80	40	35	35	1.00	45	45	45	1.00	41 - 80(135)	39 - 78(135)
	建設	40	20	13	13	1.00	27	27	27	1.00	41 - 80(135)	39 - 78(135)
八幡工業	機械	80	40	42	40	1.05	40	46	40	1.15	41 - 80(135)	38 - 77(135)
	電気	80	40	40	40	1.00	40	44	40	1.10	41 - 80(135)	38 - 77(135)
	環境化学	40	20	10	10	1.00	30	29	30	0.97	41 - 80(135)	38 - 77(135)
八幡商業	商業	160	80	92	80	1.15	80	83	80	1.04	48 - 90(135)	44 - 84(135)
	国際経済	40	20	20	20	1.00	20	19	20	0.95	49 - 91(135)	44 - 84(135)
	情報処理	40	20	18	18	1.00	22	20	22	0.91	47 - 89(135)	46 - 87(135)
大津商業	総合ビジネス	200	100	148	100	1.48	100	114	100	1.14	48 - 90(135)	45 - 86(135)
	情報システム	80	40	49	40	1.23	40	40	40	1.00	48 - 90(135)	45 - 86(135)
湖南農業	農業	80	40	48	40	1.20	40	50	40	1.25	38 - 77(135)	35 - 73(135)
	食品	40	20	24	20	1.20	20	21	20	1.05	38 - 77(135)	35 - 73(135)
	花緑	40	20	16	16	1.00	24	27	24	1.13	38 - 77(135)	35 - 73(135)
八日市南	農業	40	20	15	15	1.00	25	25	25	1.00	40 - 79(135)	36 - 74(135)
	食品	40	20	18	18	1.00	22	29	22	1.32	40 - 79(135)	36 - 74(135)
	花緑デザイン	40	20	14	14	1.00	26	32	26	1.23	40 - 79(135)	36 - 74(135)
長浜農業	農業	40	20	13	13	1.00	27	28	27	1.04	38 - 77(135)	35 - 73(135)
	食品	40	20	24	20	1.20	20	17	20	0.85	38 - 77(135)	35 - 73(135)
	園芸	40	20	12	12	1.00	28	30	28	1.07	38 - 77(135)	35 - 73(135)

＊合格者には第２志望、第３志望での合格を含む。

奈良県

通学区域について
県内全域です。県内のどの高校（学科）も受験することができます。

選抜名	特色選抜	一般選抜	県立大学附属	
実施学科	◇普通科（一部のコース） ◇専門学科 農業／工業／商業／家庭／情報／国際／体育／芸術に関する学科 ◇総合学科	◇普通科 （定員のすべて、または一部） ◇数理情報科 ◇特色選抜で合格者数が定員に満たなかった学科・コース	◇探究科	
選抜資料	◇学力検査（３教科） ◇学校独自検査・面接・実技検査から各校が１種類以上を選択。 ◇調査書	◇学力検査（５教科） ◇調査書 〈2次募集〉 ◇面接（または面接・作文） ◇一般選抜学力検査の得点 ◇調査書	【推薦】 ◇面接 ◇調査書	【一般】 ◇学力検査 （5教科） ◇調査書
1月			出願期間 1/4～10 ↓ 選抜検査 1/20 ↓ 合格発表 1/23	出願期間 1/24～31
2月	出願受付最終日 2/13 ↓ 選抜検査 2/18、19 ↓ 合格発表 2/26			↓ 選抜検査 2/11 ↓ 合格発表 2/14
3月	✕ 特色選抜合格者は、一般選抜に出願できません。	出願受付最終日 3/6 ↓ 学力検査 3/11 ↓ 合格発表 3/18 2次 出願 3/21 検査 3/25		

※ 2025年度の主な入試日程を記載。
県立大学附属は 2024 年度の日程。

入試当日のスケジュール（変更になる場合があります）

＜特色選抜＞

時限	第1時	第2時	第3時
教科	国語	英語（聞き取り検査を含む）	数学
時間	30分	30分	30分
時刻	9:15～9:45	10:05～10:35	10:55～11:25
配点	40点	40点	40点

※高校によっては学力検査の合計点に加重配点を行う場合がある。

＜一般選抜＞

時限	第1時	第2時	第3時	第4時	第5時
教科	国語	英語（聞き取り検査を含む）	数学	社会	理科
時間	50分	50分	50分	50分	50分
時刻	9:15～10:05	10:25～11:15	11:35～12:25	13:15～14:05	14:25～15:15
配点	50点	50点	50点	50点	50点

入学者選抜の概要 (2024年度の場合)

特色選抜

学力検査	その他の検査	調査書および記録
国語・数学・英語の３教科 (各30分・40点満点) ＊英語は聞き取り検査を含みます。	学校独自検査(独自問題・口頭試問・自己表現に関するもの等)、面接、実技検査から各校が１種類以上を選択して実施。	第2･第３学年の９教科の学習成績、３年間の学習・特別活動・その他の活動の記録、特技に関する記録

※高校によって、調査書点および学力検査の合計点に加重配点を行う場合があります。

一般選抜

学力検査	調査書および記録
国語・社会・数学・理科・英語(各50分・50点満点) ＊英語は聞き取り検査を含みます。	第２･第３学年の９教科の学習成績、３年間の学習・特別活動、その他の活動の記録

※「定時制課程」では学力検査(国数英)および面接を実施。
※高校によって、調査書点および学力検査の合計点に加重配点を行う場合があります。

２次募集

検　査	その他の資料	調査書および記録
面接を実施(学校により作文･面接)。	一般選抜の学力検査(国・数・英)の得点を使用。	一般選抜に同じ。

※一般選抜を受検していないと、２次募集には出願できません(一般選抜の追検査対象者は追検査を受検することで出願できます)。
※高校によって、調査書点および学力検査の合計点に加重配点を行う場合があります。

調査書点の算出方法

各教科15点満点(２年と３年の比率１：２) × 9教科 = 135点満点

《調査書の特別な取扱い》

学科・コース定員の一部について、「調査書の特別な取扱い」によって選考する「合格人数枠」を設けている学校もあります。調査書のその他の記載事項のうち重視する事項を定めて点数化し、成績に加算します。

加重配点を行う高校の配点例

<一般選抜>

高校名	学科名	学力検査得点	調査書点	合計
郡山	普通科 (標準的な配点)	250点満点	135点満点	385点満点
奈良北	数理情報科	300点満点 (数･理各 1.5 倍)	165点満点 (数・理各２倍)	465点満点
高田	普通科	300点満点 (得点を 1.2 倍)	135点満点	435点満点

※詳しくは「入学者選抜一覧」を参照してください。

奈良県公立高校入学者選抜一覧（2024年度の場合）

学校名	学科（コース名）	特色選抜								一般選抜			
		募集枠	国数英計	独自検査	実技	面接	検査満点	調査書（9科合計135点満点）満点	調査書 加重配点教科	募集	学力満点	調査書（9科合計135点満点）満点	調査書 加重配点教科
奈良	普通									①	250	135	
畝傍	普通									①	250	135	
郡山	普通									①	250	135	
高田	普通									①	300	135	
市立一条	外国語＜推薦選抜＞	100%	180	60			240	135		②	250	165	数・英、各2倍
	普通（一般）									①	250	135	
国際	国際plus	100%	120	50			170	135		②	250	150	英2倍
	国際	100%	120	50			170	135		②	250	150	英2倍
奈良北	数理情報									①	300	165	数・理、各2倍
	普通									①	250	135	
橿原	普通									①	250	135	
生駒	普通									①	250	135	
桜井	普通（書芸）	35人	120		80		200	150	国2倍	②	250	135	
	普通（一般）									①	250	135	
香芝	普通（表現探究）									①	250	165	国・英、各2倍
	普通（一般）									①	250	135	
高取国際	国際英語／国際Com	各100%	120	40			160	135		②	250	135	
	普通									①	250	135	
高円芸術	音楽	100%	120	20	170		310	135		②	250	150	音2倍
	美術／デザイン	各100%	120		150		270	135		②	250	150	美2倍
	普通									①	250	135	
法隆寺国際	歴史文化	100%	120	40			160	165	社3倍	②	250	150	社2倍
	総合英語	100%	120	40			160	150	英2倍	②	250	150	英2倍
	普通									①	250	270	全教科2倍
五條	普通（一般）									①	250	135	
	商業	100%	120			40	160	135		②	250	135	
添上	スポーツサイエンス	100%	120		200	80	400	200	保2倍・特技記録50点	②	250	150	保2倍
	普通（人文探究）	100%	120	45			165	135		②	250	135	
	普通									①	250	135	
西和清陵	普通									①	250	135	
大和広陵	生涯スポーツ	100%	120		150		270	180	保2倍・特技記録30点	②	250	150	保2倍
	普通									①	250	150	保2倍
奈良南	普通／情報科学／総合／建築探究／森林・土木探究	各100%	120			60	180	135		②	250	135	

学校名	学科（コース名）	特色選抜								一般選抜			
		募集枠	国数英計	独自検査	実技	面接	検査満点	調査書（9科合計135点満点）満点	調査書 加重配点教科	募集	検査満点	調査書（9科合計135点満点）満点	調査書 加重配点教科
宇陀	こども・福祉	100%	180			90	270	195	音・美・保・技、各2倍	②	250	135	
宇陀	情報科学	100%	180			60	240	195	数・理、各３倍	②	250	135	
宇陀	普通	100%	180			60	240	195	社・理、各３倍	②	250	135	
山辺	総合	100%	120			40	160	135		②	250	135	
山辺	農業探究	100%	120			40	160	135		②	250	135	
山辺	自立支援農業	100%	120		60	40	220	135					
十津川	総合	100%	120			60	180	135		②	250	135	
二階堂	キャリアデザイン	100%	120			40	160	135		②	250	135	
奈良商工	建築工学／機械工学／情報工学／情報ビジネス／総合ビジネス／観光	各100%	120			40	160	135		②	250	135	
王寺工業	機械工学／電気工学情報電子工学	各100%	120	40			160	135		②	250	135	
御所実業	機械工学／電気工学都市工学／薬品科学環境緑地	各100%	120			90	210	135		②	250	135	
商業	商業	100%	120			40	160	135		②	250	135	
市立高田商業	商業	100%	120			40	160	135		②	250	135	
磯城野	農業科学／施設園芸／バイオ技術／環境デザイン／フードデザイン／ファッションクリエイト／ヒューマンライフ	各100%	120			40	160	135		②	250	135	

※一般選抜の「募集」①は一般選抜のみ実施、②は特色選抜で定員が満たなかった場合に実施されます。
※奈良市立一条高校の外国語科（推薦選抜）は、募集人数のうち20人は英語を重視した選抜を行い、残りの人数について上表のとおり選抜します。

学校名	学科（コース名）	推薦選抜					一般選抜	
		募集枠	調査書満点	活動報告書・面接満点	調査書の特別な取り扱い 満点	調査書の特別な取り扱い	調査書満点	学力検査満点
奈良県立大学附属	探究	10％程度	135	90	5	・英検準２級以上相当（CEFR A2レベル） ・大会の入賞歴等	135	250

奈良

奈良高等学校

〒631-0806 奈良市朱雀2-11 TEL0742-71-2477 ■交通／近鉄「高の原」から南南東へ550m

インフォメーション INFORMATION

大正13(1924)年、県立奈良中学校として開校。独自の「奈良高校の単位制」を実施。生徒一人一人が適性を見極め、主体的に学びを創造できる制度です。1年次は各自の進路を見極めることができるよう必履修科目を中心に学習。2・3年次は必履修科目以外は類型やコースにとらわれずに自由に選択できる教科・科目を設定。SSH指定校として、通常の教育課程に加え多くのスーパーサイエンス科目を導入しています。生徒達は「自主創造」の精神を承継し「自ら学び、自ら考え、自ら開拓する」姿勢を身に付けていきます。

●主な大学合格状況

東京大	2	京都大	21	大阪大	32
神戸大	41	大阪公立大	66	関西大	144
関西学院大	79	同志社大	161	立命館大	176

進研Vもし 合格のめやす

普通 / 一般 69-135(135)

普通：努力圏 / 合格圏 / 安全圏（30〜75）

入試状況

2024年度募集定員　普通360

年度	受験者数	合格者数	倍率	一般選抜 受験者数	一般選抜 合格者数	一般選抜 倍率
'24	—	—	—	423	360	1.18
'23	—	—	—	416	378	1.10
'22	—	—	—	442	378	1.17

畝傍高等学校

〒634-0078 橿原市八木町3-13-2 TEL0744-22-5321 ■交通／JR桜井線「畝傍」から東へ600m

インフォメーション INFORMATION

明治29(1896)年、奈良県尋常中学校畝傍分校として開校。探究心やグローバルな視野をもち、国際社会を牽引するための使命感や人権感覚、創造力、実行力を備えた次代のリーダーの育成を目指します。夏期講習をはじめ、放課後に実施する春期・秋期・冬期講習、土曜講座など課外講座を豊富に用意し、1年次から基礎基本の定着を目指します。また、部活動も活発で、体育系14部・文化系22部が全国大会や県大会などで好成績を残しています。

●主な大学合格状況

京都大	5	大阪大	21	神戸大	14
大阪教育大	17	大阪公立大	33	関西大	212
同志社大	134	立命館大	67	近畿大	173

進研Vもし 合格のめやす

普通 / 一般 66-131(135)

普通：努力圏 / 合格圏 / 安全圏（30〜75）

入試状況

2024年度募集定員　普通360

年度	受験者数	合格者数	倍率	一般選抜 受験者数	一般選抜 合格者数	一般選抜 倍率
'24	—	—	—	429	360	1.19
'23	—	—	—	400	378	1.06
'22	—	—	—	401	378	1.06

郡山高等学校

〒639-1011 大和郡山市城内町1-26 TEL0743-52-0001 ■交通／近鉄橿原線「近鉄郡山」から北へ400m

インフォメーション INFORMATION

明治26(1893)年に創設された伝統校。郡山城址にある広大なキャンパスに冠山学舎、瓦葺の新武道場・1300席の固定椅子を有する講堂など充実した施設を有しています。2年次からは文型／理型の2類型を設定しています。進路希望や適性にあわせて選択科目を幅広く用意し、放課後の学力補充講座、理数系の科目を中心にした少人数・習熟度別授業を行っています。「学業と部活動の両立」は同校の伝統であり、学校行事も豊富です。地域にも公開される「郡校祭」は、例年たいへんな賑わいとなります。

●主な大学合格状況

京都大	3	大阪大	4	神戸大	8
大阪公立大	25	関西大	196	同志社大	102
立命館大	69	近畿大	260	龍谷大	155

進研Vもし 合格のめやす

普通 / 一般 65-128(135)

普通：努力圏 / 合格圏 / 安全圏（30〜75）

入試状況

2024年度募集定員　普通360

年度	受験者数	合格者数	倍率	一般選抜 受験者数	一般選抜 合格者数	一般選抜 倍率
'24	—	—	—	424	360	1.18
'23	—	—	—	449	378	1.19
'22	—	—	—	502	378	1.33

高田高等学校

〒635-0061 大和高田市礒野東町6-6 TEL0745-22-0123 ■交通／近鉄南大阪線「高田市」から300m

インフォメーション INFORMATION

大正10(1921)年、郡立高田高等女学校として開校し、創立100周年を迎えた伝統校。２年次から人文探究型(文系)／教育アンビシャスコース(文系)／自然探究型(理系)に分かれます。教育アンビシャスコースは、小学校等の教員をめざして夢や意欲を育み、人と向き合い・より良い人間関係を取り結んでいくためのコミュニケーション力を培います。高大連携大学の講師の授業を実施し、奈良県次世代教員養成塾との連携を図っています。「文武両道」をモットーとし、部活動においても意欲的に活動しています。

●主な大学合格状況

大阪大	2	神戸大	2	大阪教育大	8
大阪公立大	6	関西大	99	関西学院大	31
同志社大	47	立命館大	31	近畿大	135

進研Vもし 合格のめやす

普通 / 一般 61-119(135)

	30–75
普通	努力圏 合格圏 安全圏

入試状況

2024年度募集定員　普通360

年度	受験者数	合格者数	倍率	一般選抜 受験者数	合格者数	倍率
'24	—	—	—	426	360	1.18
'23	—	—	—	433	378	1.15
'22	—	—	—	430	378	1.14

市立一条高等学校

〒630-8001 奈良市法華寺町1351 TEL0742-33-7075 ■交通／近鉄奈良線「新大宮」から北へ徒歩10分

インフォメーション INFORMATION

昭和25(1950)年に開校。初代校長はコロンブスの船出に例え、開拓者魂(フロンティア・スピリット)をもって建学の精神としました。普通科・外国語科ともに文系教科と理系教科をバランスよく学習し、問いを立てる力・探究する力を育成します。また、どちらの学科も２年次から文系／理系にわかれて学習していますが、外国語科はその他に、異文化理解や第２外国語の学習など、充実した国際理解教育を展開しています。ICT教育にも注力しており、校内WiFiの完備、生徒所有の携帯端末も学習に活用します。

●主な大学合格状況

大阪大	1	神戸大	4	奈良教育大	8
大阪公立大	6	関西大	98	関西学院大	29
同志社大	52	立命館大	30	龍谷大	150

進研Vもし 合格のめやす

外国語 / 推薦 62-121(135)
普通 / 一般 61-119(135)

	30–75
外国語	努力圏 合格圏 安全圏
普通	努力圏 合格圏 安全圏

入試状況

2024年度募集定員　外国語80、普通200

学科／コース	推薦選抜 受験者数	合格者数	倍率	一般選抜 受験者数	合格者数	倍率
外国語	128	80	1.60	—	—	—
普通	—	—	—	290	200	1.45

奈良県立大学附属高等学校

〒630-8044 奈良市六条西3-24-1 TEL0742-81-4430 ■交通／近鉄橿原線「西ノ京」から西へ1.4㎞

インフォメーション INFORMATION

令和４(2022)年４月開校。「奈良の再発見を通して日本と世界に貢献する」を建学の精神とし、県内初、全国でも珍しい探究科の単科高校です。大学附属のメリットを生かし、各クラスに担当する大学教員がつく課題探究型の学習や、大学施設の利用など日常的に大学教員や大学生と交流する機会が設けられるなど、高度な高大連携をめざします。一人一台の情報端末の保有や少人数指導により、個別最適化された学習を行うほか、県立大学への進学を希望する人は３年次週２日大学に通い、単位を取得することができます。

●主な大学合格状況

—

進研Vもし 合格のめやす

探究 (併願)/ 一般 61-119(135)
探究 (専願)/ 一般 55-106(135)

	30–75
探究（専願）	努力圏 合格圏 安全圏
探究（併願）	努力圏 合格圏 安全圏

入試状況

2024年度募集定員　探究200

学科／コース	推薦選抜 受験者数	合格者数	倍率	一般選抜 受験者数	合格者数	倍率
探究／併願	—	—	—	198	178	1.11
探究／専願	—	—	—	163	141	1.16
探究／推薦	4	4	1.00	—	—	—

国際高等学校

〒631-0008 奈良市二名町1944-12 TEL0742-46-0017 ■交通／近鉄「学園前」からバスで「県立国際高校」下車

インフォメーション INFORMATION

令和２(2020)年４月開校、国際科plus／国際科を設置。探究力・創造力・協働力・寛容さ・挑戦力・キャリアデザイン力の育成をめざしています。ディベートやエッセイ・ライティング等の活動を中心とした科目や第２外国語などを設け、コミュニケーション力を育成。第２外国語では、１年次に多様な言語を学習し、２年次で一つの言語に絞ります。一人一台のタブレットを活用した学習や３年間を通して学ぶ「グローバル探究」も特徴。国際科plusでは、海外大学への進学をめざした取り組みも展開しています。

●主な大学合格状況

大阪公立大	2	関西大	7	関西学院大	2
同志社大	2	立命館大	11	京都産業大	12
近畿大	11	龍谷大	9	桃山学院大	6

進研Vもし 合格のめやす

国際 plus/ 特色 56-108(135)
国際 / 特色 53-103(135)

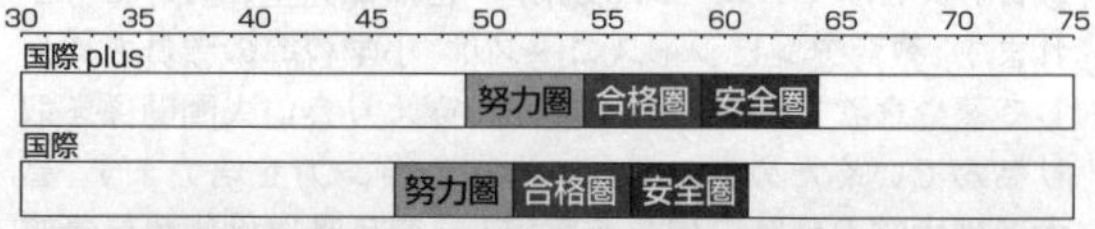

30 35 40 45 50 55 60 65 70 75
国際 plus 努力圏 合格圏 安全圏
国際 努力圏 合格圏 安全圏

入試状況

2024年度募集定員 国際plus32、国際80

学科／コース	特色選抜 受験者数	合格者数	倍率	受験者数	合格者数	倍率
国際 plus	41	32	1.28	—	—	—
国際	99	80	1.24	—	—	—

奈良北高等学校

〒630-0131 生駒市上町4600 TEL0743-78-3081 ■交通／近鉄けいはんな線「白庭台」「学研北生駒」から徒歩20分

インフォメーション INFORMATION

平成17(2005)年北大和高校と富雄高校が統合。数理情報科と普通科を併設しています。数理情報科は、サイエンスに関することを学外で見聞できる機会が多いことが特徴です。１年次には数学・理科・情報など、これからサイエンスを学ぶうえで必要な数学の分野や、科学の基礎を身につけます。２年次からは数理科学コースと情報科学コースのいずれかを選択。普通科はより高度な学問・研究や専門性の高い職業を将来の目標に据えて、基礎的な事柄を幅広く学び、基礎学力の徹底と学習の発展をめざします。

●主な大学合格状況

大阪大	1	滋賀大	1	大阪教育大	3
大阪公立大	2	関西大	37	同志社大	25
京都産業大	39	近畿大	107	龍谷大	121

進研Vもし 合格のめやす

数理情報 / 一般 56-133(165)
普通 / 一般 56-108(135)

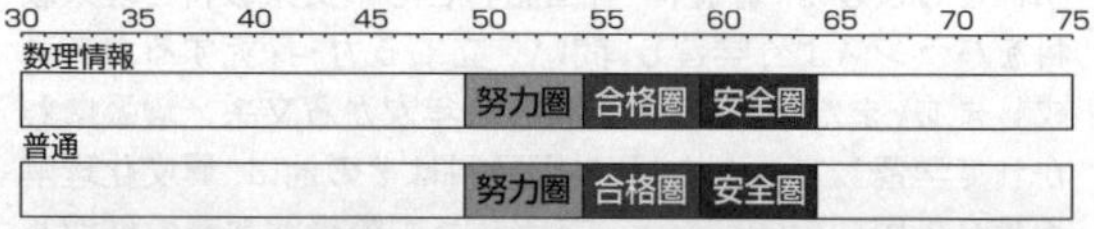

30 35 40 45 50 55 60 65 70 75
数理情報 努力圏 合格圏 安全圏
普通 努力圏 合格圏 安全圏

入試状況

2024年度募集定員 数理情報80、普通280

学科／コース	受験者数	合格者数	倍率	一般選抜 受験者数	合格者数	倍率
数理情報	—	—	—	52	52	1.00
普通	—	—	—	280	280	1.00

橿原高等学校

〒634-0823 橿原市北越智町282 TEL0744-27-8282 ■交通／近鉄「橿原神宮前」から西へ1.7km

インフォメーション INFORMATION

昭和50(1975)年開校。古代の息吹が漂う、新沢千塚古墳群や天皇陵などの歴史遺産や豊かな緑に恵まれた静かな環境の中、幅広い教養を身に付けた主体的・協働的な取り組みができる人材の育成を目指しています。「橿原リベラルアーツ教育」をスクールミッションに掲げ、全ての教育活動を互いに関連付けた充実した学びを実施。２年次からは文系／理系にわかれて学習し、特色ある学校行事や課外活動などが行われています。部活動においては、全国で活躍する部活動も少なくありません。

●主な大学合格状況

大阪教育大	2	奈良教育大	1	和歌山大	1
大阪公立大	1	関西大	47	近畿大	97
龍谷大	88	摂南大	57	桃山学院大	39

進研Vもし 合格のめやす

普通 / 一般 56-108(135)

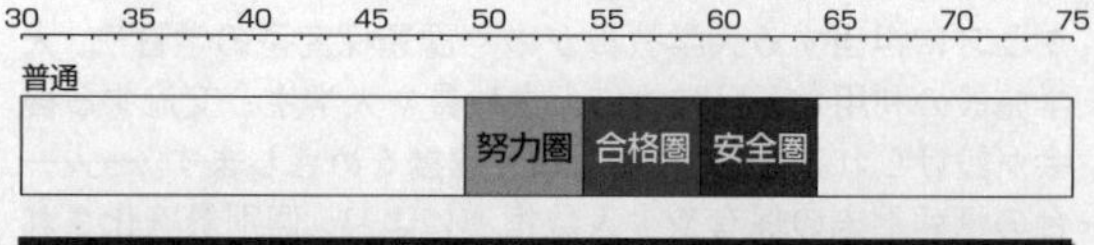

30 35 40 45 50 55 60 65 70 75
普通 努力圏 合格圏 安全圏

入試状況

2024年度募集定員 普通320

年度	受験者数	合格者数	倍率	一般選抜 受験者数	合格者数	倍率
'24	—	—	—	324	320	1.01
'23	—	—	—	367	320	1.15
'22	—	—	—	347	320	1.08

生駒高等学校

〒630-0222 生駒市壱分町532-1 TEL0743-77-8084 ■交通／近鉄生駒線「一分」から徒歩10分

インフォメーション INFORMATION

昭和38(1963)年開校。生駒山のふもとで四季折々の花が咲き、緑に囲まれた抜群の環境に位置しています。「知・徳・体」の調和がとれた高い志を持ち、目標達成に向け行動できる生徒を育成します。2年次から文(3年次は文Ⅰ／文Ⅱ)／理に分かれて学びます。自ら学び考える力をつける「生駒プレミアム」を掲げ、毎週の英単語テスト・朝の読書旬間・高校生用手帳の活用・Let's studyミライコマなどの学習指導を実施しています。部活動では空手道、卓球などが全国レベルで活躍しています。

●主な大学合格状況

大阪大	1	奈良県立大	3	奈良県立医	2
関西大	26	関西学院大	7	同志社大	13
立命館大	16	近畿大	26	龍谷大	89

進研Vもし 合格のめやす

普通 / 一般 53-103(135)

普通：努力圏 合格圏 安全圏

入試状況

2024年度募集定員 普通320

年度	受験者数	合格者数	倍率	一般選抜 受験者数	合格者数	倍率
'24	—	—	—	352	320	1.10
'23	—	—	—	412	320	1.29
'22	—	—	—	383	320	1.20

桜井高等学校

〒633-0091 桜井市桜井95 TEL0744-45-2041 ■交通／JR桜井線・近鉄大阪線「桜井」から北東へ800m

インフォメーション INFORMATION

明治37(1904)年創立。1年次から一般／書芸に分かれ、書芸は1年次から単独クラスを編成。書芸コースでは専門的な独自カリキュラムを通して文化と伝統を学び、創造性豊かな感性を育みます。書の本場、中国への研修旅行や学習の集大成として、卒業書作展も実施。一般コースでは2年次から文型(3年次は文Ⅰ／文Ⅱ)／理型に分かれ学習し、計画的に自らの進路を考え、4年制大学を目指します。また、部活動は各部が切磋琢磨して、運動部・文化部共に熱心に活動しています。

●主な大学合格状況

関西大	14	同志社大	7	立命館大	2
京都産業大	10	近畿大	18	龍谷大	24
摂南大	20	追手門学院大	12	桃山学院大	25

進研Vもし 合格のめやす

普通(書芸)/ 特色 47-102(150)
普通 / 一般 52-101(135)

書芸：努力圏 合格圏 安全圏
普通：努力圏 合格圏 安全圏

入試状況

2024年度募集定員 普通(書芸)35、普通280

学科／コース	特色選抜 受験者数	合格者数	倍率	一般選抜 受験者数	合格者数	倍率
普通(書芸)	25	25	1.00	1	1	1.00
普通	—	—	—	276	276	1.00

香芝高等学校

〒639-0223 香芝市真美ヶ丘5-1-53 TEL0745-76-6772 ■交通／近鉄大阪線「五位堂」から1.0km

インフォメーション INFORMATION

昭和55(1980)年に開校。普通科と表現探究(普通科)を設置。表現探究ではICTを活用した学習や様々な創作・表現活動をとおして言語能力と情報活用能力をみがきます。普通科では2年次から文型／理型の2コースに分かれて学習。1年生から進路実現へ向けて、放課後や長期休暇中の講座、実用英語検定前には対策講座を実施。また「奈良TIME やまと」では、郷土奈良の伝統や文化について体験学習も行っています。全国大会や近畿大会に出場する部活動も多く、放課後も充実した時間を過ごしています。

●主な大学合格状況

関西大	2	関西学院大	1	近畿大	14
龍谷大	4	摂南大	9	追手門学院大	5
桃山学院大	17	四天王寺大	14	畿央大	14

進研Vもし 合格のめやす

普通 / 一般 48-93(135)
普通(表現探究)/ 一般 46-110(165)

普通：努力圏 合格圏 安全圏
表現探究：努力圏 合格圏 安全圏

入試状況

2024年度募集定員 普通280、普通／表現探究40

学科／コース	受験者数	合格者数	倍率	一般選抜 受験者数	合格者数	倍率
普通	—	—	—	299	280	1.07
普通／表現探究	—	—	—	32	40	0.80

高取国際高等学校

〒635-0131 高市郡高取町佐田455-2 TEL0744-52-4552 ■交通／近鉄吉野線「飛鳥」から南へ1km

インフォメーション INFORMATION

昭和59(1984)年に開校。多彩な国際交流、外国語学習を特色とする高校です。国際英語科では英会話や翻訳通訳演習などの専門科目を通して、幅広い知識や実践的な英語力を育成します。国際コミュニケーション科では、第２外国語(フランス・スペイン・中国・韓国語)と英語を中心に学習。国際社会で通用する語学力・コミュニケーション力を育成。普通科では基礎から応用まで学習。国際科に準じた英語授業で国際社会を主体的・創造的に生き抜く力と学力を身に付けます。また、部活動も活発です。

●主な大学合格状況

龍谷大	1	摂南大	3	追手門学院大	1
京都外国語大	13	阪南大	12	帝塚山学院大	5
大阪学院大	2	大阪経済大	2	同志社女子大	1

進研Vもし 合格のめやす

国際英語／特色 45-88(135)
国際コミュニケーション／特色 44-87(135)
普通／一般 45-88(135)

30 35 40 45 50 55 60 65 70 75

国際英語 努力圏 合格圏 安全圏

普通 努力圏 合格圏 安全圏

入試状況

2024年度募集定員 国際英語40、国際コミュニケーション75、普通120

学科／コース	特色選抜			一般選抜		
	受験者数	合格者数	倍率	受験者数	合格者数	倍率
国際英語	33	33	1.00	1	1	1.00
国際コミュニケーション	66	66	1.00	4	4	1.00
普通	—	—	—	122	120	1.02

高円芸術高等学校

〒630-8302 奈良市白毫寺町633 TEL0742-22-5838 ■交通／JR「奈良」・近鉄「奈良」からバス「白毫寺」南200m

インフォメーション INFORMATION

昭和58(1983)年開校。普通科／音楽科／美術科／デザイン科を設置。普通科では、２年次から芸術文化を探究するⅠ類型、文・理に対応できるⅡ類型にわかれて学習。音楽科では充実した設備と多くの講師陣により、きめ細かい指導を受けることができ、音楽を深く理解し、その魅力に迫るなかで精神的にも成長できます。美術科・デザイン科では豊富な芸術経験のもと創造・表現活動にのぞみます。芸術棟には空調が完備された演奏ホールや造形室も用意されています。また、部活動も多くの大会で活躍しています。

●主な大学合格状況

大阪教育大	2	奈良教育大	2	京都市立芸大	2
尾道市立大	1	近畿大	2	佛教大	1
摂南大	4	京都外国語大	3	同志社女子大	1

進研Vもし 合格のめやす

音楽／特色 45-88(135) 美術／特色 45-88(135)
デザイン／特色 45-88(135) 普通／一般 45-88(135)

30 35 40 45 50 55 60 65 70 75

音楽／美術／デザイン 努力圏 合格圏 安全圏

普通 努力圏 合格圏 安全圏

入試状況

2024年度募集定員 音楽35、美術35、デザイン35、普通120

学科／コース	特色選抜			一般選抜		
	受験者数	合格者数	倍率	受験者数	合格者数	倍率
音楽	19	19	1.00	1	1	1.00
美術	36	35	1.03	—	—	—
デザイン	41	35	1.17	—	—	—
普通	—	—	—	145	120	1.21

法隆寺国際高等学校

〒636-0104 生駒郡斑鳩町高安2-1-1 TEL0745-74-3630 ■交通／JR「法隆寺」から徒歩17分(通学バスあり)

インフォメーション INFORMATION

平成17(2005)年、斑鳩高校と片桐高校の統合により開校。普通科は２年次から文型／理型の２類型に分かれて学習。能力・適性に応じた科目選択を行い、進路の実現を目指します。歴史文化科では専門家による講義や発掘実習も実施。奈良学・斑鳩学・世界遺産学など多様な専門科目を通して日本の歴史・文化への理解を深めます。総合英語科は、英語を使って情報を取得し、自身の考えを発信できる力を養うことを目標にしています。コンピュータ・LL演習・英会話等多数の専門科目や少人数授業により英語力を高めます。

●主な大学合格状況

関西大	5	同志社大	3	立命館大	1
京都産業大	3	近畿大	15	龍谷大	11
佛教大	4	摂南大	3	桃山学院大	2

進研Vもし 合格のめやす

歴史文化／特色 45-108(165)
総合英語／特色 45-98(150)
普通／一般 45-176(270)

30 35 40 45 50 55 60 65 70 75

総合英語／歴史文化 努力圏 合格圏 安全圏

普通 努力圏 合格圏 安全圏

入試状況

2024年度募集定員 歴史文化40、総合英語75、普通200

学科／コース	特色選抜			一般選抜		
	受験者数	合格者数	倍率	受験者数	合格者数	倍率
歴史文化	45	40	1.13	—	—	—
総合英語	72	72	1.00	5	3	1.67
普通	—	—	—	190	190	1.00

五條高等学校

〒637-0092 五條市岡町1428 TEL0747-22-4116 ■交通／JR和歌山線「五条」から徒歩25分（バスあり）

インフォメーション INFORMATION

明治29（1896）年奈良県尋常中学校五條分校として創立。2016年に120周年を迎えました。「質実、剛健、礼節」という校訓のもと、文武両道の実現をめざし日々の諸活動に取り組んでいます。普通科では2年次より類型（文型／文理型／理型）を選択。文理型・理型のクラスは週2日7限授業を実施しています。商業科では最新のICT環境で簿記や情報処理など実践的な科目を学習。専門・普通科目のバランスの良い学習で大学進学にも対応。部活動も活発で、多くのクラブが好成績を残しています。

●主な大学合格状況

滋賀大	1	信州大	1	近畿大	3
大阪学院大	1	大阪経済大	2	畿央大学	14
関西外国語大	1	阪南大	7	天理大	13

進研Vもし 合格のめやす

普通／一般 42-83(135)

30 35 40 45 50 55 60 65 70 75

普通 努力圏 合格圏 安全圏

入試状況

2024年度募集定員　普通240

年度				一般選抜		
	受験者数	合格者数	倍率	受験者数	合格者数	倍率
'24	—	—	—	174	174	1.00

＊商業科は奈良県最終ページの一覧に掲載。

添上高等学校

〒632-0004 天理市櫟本町1532-2 TEL0743-65-0558 ■交通／JR桜井線「櫟本（いちのもと）」から徒歩10分

インフォメーション INFORMATION

明治39（1906）年創立の郡立農林学校を前身とし、2016年に創立110周年を迎えました。普通科は2年次から、国立大学などの進学をめざす「文理型」（3年次に国立大学文系／私立大学文系／理数系へ展開）と、多様な進路をめざす「文型」に分かれて学習。このほか、ICT活用授業や英語教育が特徴的な人文探究コースも展開しています。スポーツサイエンス科はトップアスリート、体育指導者の育成を目標とし、体育施設も充実。インターハイ出場者も多く、高いレベルで学習と部活動の両立をめざしています。

●主な大学合格状況

京都先端大	2	大阪観光大	1	大阪樟蔭女大	1
森ノ宮医療大	1	天理大	6	奈良大	2
奈良学園大	2				

進研Vもし 合格のめやす

普通（人文探究）/ 特色 40-80(135)
スポーツサイエンス / 特色 39-117(200)
普通 / 一般 39-79(135)

30 35 40 45 50 55 60 65 70 75

人文探究 努力圏 合格圏 安全圏

普通／スポーツサイエンス 努力圏 合格圏 安全圏

入試状況

2024年度募集定員　普通／人文探究40、スポーツサイエンス40、普通160

学科／コース	特色選抜			一般選抜		
	受験者数	合格者数	倍率	受験者数	合格者数	倍率
普通／人文探究	47	40	1.18	—	—	—
スポーツサイエンス	44	40	1.10	—	—	—
普通	—	—	—	108	108	1.00

西和清陵高等学校

〒636-0813 生駒郡三郷町信貴ヶ丘4-7-1 TEL0745-72-4101 ■交通／近鉄生駒線「信貴山下」から徒歩12分

インフォメーション INFORMATION

平成16（2004）年、信貴ヶ丘高校と上牧高校の統合により開校。「生徒一人一人の興味・関心や進路希望の実現に応える」を学校の特色に掲げています。1年次は基礎学力の習得を徹底して行い、2年次からはⅠ（文型）／Ⅱ（文理型）／Ⅲ（理型）の3類型を設定。とくに英語教育においては、ALTとのティームティーチング、英語検定を実施。その他の資格・検定習得に向けたサポートも充実しています。課外や休業中には、生徒の希望に応じて補習講座や促進講座を実施。部活動も活発で、体育系・文化系クラブが活動中です。

●主な大学合格状況

近畿大	2	大阪学院大	1	天理大	3
奈良学園大	4				

進研Vもし 合格のめやす

普通／一般 37-76(135)

30 35 40 45 50 55 60 65 70 75

普通 努力圏 合格圏 安全圏

入試状況

2024年度募集定員　普通200

年度				一般選抜		
	受験者数	合格者数	倍率	受験者数	合格者数	倍率
'24	—	—	—	193	193	1.00
'23	—	—	—	203	193	1.05
'22	—	—	—	193	193	1.00

奈良

大和広陵高等学校

〒635-0802 北葛城郡広陵町的場401 TEL0745-57-0300 ■交通／近鉄田原本線「箸尾」「但馬」から徒歩10分

インフォメーション INFORMATION

平成17(2005)年、広陵高校と高田東高校の統合により、普通科と生涯スポーツ科の併設校として開校。普通科は、生徒の個性や希望に合わせて細かなコース設定をしており、２年次から文Ⅰ／文Ⅱ／理数の３コースに分かれます。生涯スポーツ科はトップアスリートとしての活躍と21世紀の高齢化社会が求める生涯スポーツの指導者をめざし、スポーツへの情熱を個性として発揮できます。部活動もさかんです。レスリング、陸上、卓球、水泳などインターハイや近畿大会で活躍する部も少なくありません。

●主な大学合格状況

鈴鹿大 1 大阪経済大 2 天理大 5
奈良学園大 3

進研Vもし 合格のめやす

生涯スポーツ / 特色 35-97(180)
普通 / 一般 35-81(150)

30 35 40 45 50 55 60 65 70 75

生涯スポーツ
努力圏 合格圏 安全圏
普通
努力圏 合格圏 安全圏

入試状況

2024年度募集定員 生涯スポーツ40、普通160

学科／コース	特色選抜			一般選抜		
	受験者数	合格者数	倍率	受験者数	合格者数	倍率
生涯スポーツ	43	40	1.08	—	—	—
普通	—	—	—	66	66	1.00

奈良南高等学校

〒638-0821 吉野郡大淀町下渕983 TEL0747-52-4171 ■交通／近鉄吉野線「下市口」から徒歩５分

インフォメーション INFORMATION

令和３(2021)年に大淀高校と吉野高校が統合・開校。普通科はICTの知識等、必要な能力を身に付け希望進路の実現を目指します。情報科学科はコンピューターの仕組みやプログラミング等を学びます。総合学科は幼児教育や看護の分野を専門的に学びます。建築探究科は伝統建築物や地元資源の有効利用など、地域貢献できる建築技術者を目指します。森林・土木探究科は自然と共存する環境作り、森林資源や道路・橋など地域や社会基盤を支える土木技術者を目指します。また、部活動も活発です。

●主な大学合格状況

神戸学院大 1

進研Vもし 合格のめやす

普通 / 特色 35-73(135)
総合 / 特色 35-73(135)
情報科学 / 特色 35-73(135)

30 35 40 45 50 55 60 65 70 75

普通／情報科学／総合学科
努力圏 合格圏 安全圏

入試状況

2024年度募集定員 普通40、総合40、情報科学40

学科／コース	特色選抜			一般選抜		
	受験者数	合格者数	倍率	受験者数	合格者数	倍率
普通	42	40	1.05	—	—	—
総合	30	30	1.00	1	1	1.00
情報科学	27	27	1.00	2	2	1.00

＊建築探究科／森林・土木探究科は奈良県最終ページの一覧に掲載。

宇陀高等学校

〒633-0241 宇陀市榛原下井足210 TEL0745-82-0525 ■交通／近鉄大阪線「榛原」から南へ徒歩10分

インフォメーション INFORMATION

令和４(2022)年、榛生昇陽高校と大宇陀高校の統合により開校。普通科では、キャリア教育の充実とICTを活用した学習を通して「主体的・対話的で深い学び」を展開しています。こども・福祉科では、２年次から介護福祉／保育・幼児教育／総合福祉・看護医療の３系列にわかれて学習。それぞれ高度な専門知識・技能を習得し、幅広い進路選択に対応しています。情報科学科では、プレゼンテーションやWEBコンテンツなどの情報コンテンツの制作・発信に取り組み、情報活用のスペシャリストを目指します。

●主な大学合格状況

中央大 1 天理大 3 大阪学院大 1

進研Vもし 合格のめやす

こども・福祉 / 特色 35-106(195)
普通 / 特色 35-106(195)
情報科学 / 特色 35-106(195)

30 35 40 45 50 55 60 65 70 75

こども・福祉／普通／情報科学
努力圏 合格圏 安全圏

入試状況

2024年度募集定員 こども・福祉80、普通80、情報科学40

学科／コース	特色選抜			一般選抜		
	受験者数	合格者数	倍率	受験者数	合格者数	倍率
こども・福祉	27	27	1.00	2	2	1.00
普通	51	51	1.00	17	17	1.00
情報科学	48	40	1.20	—	—	—

山辺高等学校

〒632-0246 奈良市都祁友田町937 TEL0743-82-0222 ■交通／近鉄天理線「天理」などから直通バス

インフォメーション INFORMATION

昭和10(1935)年開設の豊農塾が母体。未来を見つめ、自分を高めながら色々なことにチャレンジする生徒を育成。総合学科は大学進学から専門職への就職まで幅広い進路希望に対応します。2年次からスポーツ系列／調理被服系列／商業情報系列／文理総合系列から科目を選択し、自分だけの時間割で進路実現に向けて学習。農業探究科は実践的・体験的な学習活動を中心に学びを深め、地域や社会の持続的な発展を担う職業人を育成し、2年次から動物類型か植物類型を選択し、専門的かつ探究的な学習を行います。

●主な大学合格状況

平成国際大	1	城西国際大	1	中央学院大	1
帝京平成大	1	大阪学院大	1	大阪経済大	4
福岡大	1				

進研Vもし 合格のめやす

総合 / 特色 35-73(135)

30 35 40 45 50 55 60 65 70 75

総合学科

努力圏 合格圏 安全圏

入試状況

2024年度募集定員　総合60

年度	特色選抜			一般選抜		
	受験者数	合格者数	倍率	受験者数	合格者数	倍率
'24	29	29	1.00	1	1	1.00

＊農業探究科は奈良県最終ページの一覧に掲載。

十津川高等学校

〒637-1445 吉野郡十津川村込之上58 TEL0746-64-0241 ■交通／近鉄「八木」から新宮行きバスで「込の上」下車

インフォメーション INFORMATION

元治元(1864)年創設の文武館が前身。自然と地域の温もりの中で、人間性豊かな生徒の育成をめざしています。総合学科は、普通科(国・数などの普通科目)と専門学科(木工芸や・商業などの専門科目)を組み合わせた学科で、1年次は共通科目を学習します。地域の産業や進路に関する授業で自分に合った系列を考え、2年次以降は各系列(文理総合／木工芸／美術／地域探究)の特色ある授業を中心に学んでいきます。校地内には男女別の寮があり、生徒の約60%が充実した寮生活を送っています。

●主な大学合格状況

創価大	1	天理大	1	奈良学園大	1

進研Vもし 合格のめやす

総合 / 特色 35-73(135)

30 35 40 45 50 55 60 65 70 75

総合学科

努力圏 合格圏 安全圏

入試状況

2024年度募集定員　総合40

年度	特色選抜			一般選抜		
	受験者数	合格者数	倍率	受験者数	合格者数	倍率
'24	22	22	1.00	0	0	—
'23	23	23	1.00	0	0	—

高校名	学科名	募集定員	入試状況 特色選抜 定員	受験者数	合格者数	倍率	一般選抜 定員	受験者数	合格者数	倍率	進研Vもし 合格のめやす 特色選抜 合格のめやす－相応内申点(満点)	一般選抜 合格のめやす－相応内申点(満点)
二階堂	キャリアデザイン	200	200	121	121	1.00	79	17	17	1.00	35 - 73(135)	—
奈良商工	情報工学	37	37	42	37	1.14	—	—	—	—	42 - 83(135)	—
	情報ビジネス	40	40	47	40	1.18	—	—	—	—	42 - 83(135)	—
	建築工学	37	37	28	28	1.00	9	5	5	1.00	41 - 82(135)	—
	機械工学	74	74	58	58	1.00	13	4	4	1.00	41 - 82(135)	—
	観光	40	40	72	40	1.80	—	—	—	—	41 - 82(135)	—
	総合ビジネス	80	80	93	80	1.16	—	—	—	—	41 - 82(135)	—
磯城野	フードデザイン	40	40	67	40	1.68	—	—	—	—	42 - 83(135)	—
	ヒューマンライフ	40	40	47	40	1.18	—	—	—	—	40 - 80(135)	—
	農業科学	37	37	42	37	1.14	—	—	—	—	39 - 79(135)	—
	バイオ技術	37	37	43	37	1.16	—	—	—	—	39 - 79(135)	—
	ファッションクリエイト	40	40	29	32	0.91	8	2	2	1.00	39 - 79(135)	—
	環境デザイン	37	37	31	31	1.00	6	4	4	1.00	37 - 76(135)	—
	施設園芸	37	37	43	37	1.16	—	—	—	—	37 - 76(135)	—
奈良南	建築探究	20	20	1	1	1.00	19	0	0	—	35 - 73(135)	—
	森林・土木探究	20	20	2	2	1.00	18	0	0	—	35 - 73(135)	—
山辺	農業探究	20	20	14	14	1.00	6	2	2	1.00	35 - 73(135)	—
王寺工業	機械工学	74	74	59	59	1.00	15	2	2	1.00	40 - 80(135)	—
	電気工学	74	74	42	42	1.00	32	4	4	1.00	40 - 80(135)	—
	情報電子工学	74	74	61	61	1.00	14	4	4	1.00	40 - 80(135)	—
御所実業	機械工学	74	74	49	49	1.00	25	0	0	—	36 - 74(135)	—
	電気工学	37	37	30	31	0.97	6	0	0	—	36 - 74(135)	—
	都市工学	37	37	32	34	0.94	3	0	0	—	36 - 74(135)	—
	薬品科学	37	37	28	29	0.97	8	2	2	1.00	36 - 74(135)	—
	環境緑地	37	37	41	37	1.11	—	—	—	—	36 - 74(135)	—
商業	商業	200	200	245	200	1.23	—	—	—	—	40 - 80(135)	—
五條	商業	40	40	32	32	1.00	8	5	5	1.00	42 - 83(135)	—
市立高田商業	商業	200	200	258	200	1.29	—	—	—	—	49 - 95(135)	—

＊合格者数には第二志望での合格を含む。

和歌山県

通学区域について
連携型中高一貫教育校を除いて県内全域です。
県内のどの高校のどの学科でも受験することができます。

選抜名	特色化選抜	一般選抜（スポーツ推薦含む）
実施学科	◇連携型中高一貫 ◇農業 ◇宇宙 ◇地域 ◇スポーツ ※定められた高校／学科で実施	◇ すべての学科・コース ※スポーツ推薦は定められた高校で実施
選抜資料	◇ 面接 ◇ 作文または小論文	◇ 調査書 ◇ 学力検査（5教科） ◇ 小論文または作文、面接、実技検査を実施する学科・コースがある。 ◇ スポーツ推薦は学力検査および実技検査

1月
2月
3月

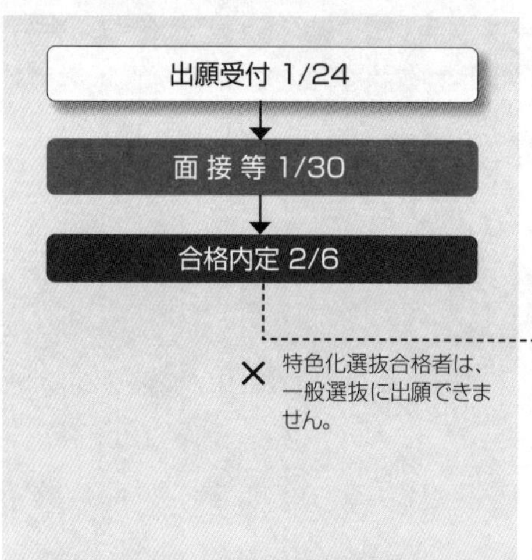

※ 2025年度の主な入試日程を記載。

一般出願受付 2/17
本出願受付 2/26、27
学力検査 3/10
面接、実技検査等 3/11
合格発表 3/18
追募集(出願) 3/24 (学力検査等) 3/26

入試当日のスケジュール（変更になる場合があります）

＜一般選抜＞

時限	第1時	第2時	第3時	第4時	第5時
教科	国語	社会	数学	理科	英語
時間	50分	50分	50分	50分	50分
時刻	9:25～10:15	10:30～11:20	11:35～12:25	13:10～14:00	14:15～15:05
配点	100点	100点	100点	100点	100点

※英語はリスニングテストを含みます。
※面接や実技検査等（実施する高校のみ）は学力検査の翌日に行われます。

入学者選抜の概要（2024年度の場合）

特色化選抜

連携型中高一貫・農業・宇宙・地域・スポーツ
面接及び作文、または小論文 ※作文は事前に提示された３項目のうちから、当日２項目を提示し、受検生はうち１項目を選択。

スポーツ推薦選抜

県教育委員会の指定を受けた高校で実施
出願資格は中学校長の推薦が必要（指定する学校、競技スポーツ種目は「入学者選抜一覧」参照）。

一般選抜

学力検査等	調 査 書
国語／社会／数学／理科／英語（リスニングテスト含む） 各 50 分 100 点満点 ※学科コースの特色を考慮し、特定の教科について２倍を超えない範囲で傾斜配点可 ※ほかに面接、作文または小論文、実技（プレゼンテーション含む）を実施可	○１・２学年の評定 １学年（５段階）×９教科＝45 ２学年（５段階）×９教科＝45　計 90 点 ○３学年の評定 （５段階）×９教科×２倍＝90 点 **合計 180 点満点** ※２倍を超えない範囲で傾斜評価を実施可

※「追募集」は合格者が募集定員に満たない学科（コース等）で実施。学力検査（総合問題）・面接・実技検査等で選抜されます。

調査書点・学力検査にかける加重配点は学校ごとに決められている

＜一般選抜の例＞

高 校 名	学 科 名	調査書点 傾斜配点	学力検査 傾斜配点
橋本	普通科 （標準パターン）	傾斜配点なし	傾斜配点なし
星林	普通科 （学力検査傾斜配点）	傾斜配点なし	英語 1.5 倍

合格者は段階で決まる

合格者の決定は、募集人数の約 80％を学科ごとに調査書、学力検査、面接・実技それぞれの割合（下表）で合格予定者として決定後、合格とならなかった者の調査書、学力検査、面接等を総合的に判断し 100％まで合格予定者を決定します。

割合の一例	調 査 書	学力検査	面接・実技等
向陽・桐蔭・星林・紀央館など	30%	70%	−
橋本・和歌山商業・和歌山工業など	40%	60%	−
紀北農芸など	30%	40%	30%（面接）
日高中津分校	30%	50%	20%（面接・作文）

和歌山県公立高校入学者選抜一覧（2024年度の場合）

学校名	学科／コース	特色化選抜 募集区別／実施方法	スポーツ推薦 競技スポーツ（※競技名後の▼は男子のみ、△は女子のみ）	面接	一般選抜 調査書 割合	傾斜評価倍率	学力検査 割合	傾斜配点倍率	面接・実技等 割合	内容
桐蔭	普通				30%		70%			
向陽	普通				30%		70%			
海南	普通科系（海南校舎）※3				30%		70%			
	普通（大成校舎）				40%		40%		20%	面接
	普通（美里分校）				30%		40%		30%	面接
星林	普通／国際交流		ヨット	○	30%		70%	1.5（英）		
橋本	普通				40%		60%			
那賀	普通				30%		70%			
	国際				30%		70%	1.5（国英）		
耐久	普通				40%		60%			
田辺	普通				30%		70%			
日高	普通				30%		70%			
	普通（中津分校）				30%		50%		20%	面・作
神島	普通／経営科学				40%		60%			
新宮	普通				30%		70%			
市立和歌山	普通				30%	2.0（国数英）	70%	2.0（国数英）		
	デザイン表現				30%	2.0（美）	50%		20%	実技
	総合ビジネス		野球▼／ソフトボール△／バスケットボール△	○	30%		70%			
粉河	普通科系※4		ハンドボール／卓球△	○	30%		70%			
紀央館	普通／工業技術	【スポーツ：陸上競技】面接・作文	陸上競技／柔道／ホッケー	○	30%		70%			
箕島	普通科系※5	【スポーツ：相撲】面接・作文	バレーボール△／フェンシング／バスケットボール△／ソフトボール▼／ホッケー▼／相撲▼／空手道／柔道／剣道		50%		50%			
	専門学科系※5				50%		50%			
笠田	普通		ソフトボール△	○	50%		50%			
	商業科系※6				50%		50%			
南部	普通				40%		40%		20%	面接
	食と農園	【農業】面接・作文※2			40%		40%		20%	面接
	普通（龍神分校）	【連携型】面接等			30%		50%		20%	面接
和歌山北	普通（北校舎）	【スポーツ：陸上競技・レスリング・自転車】面接・作文	陸上競技／体操／水泳（競泳）／バスケットボール▼／バレーボール／ソフトテニス▼／サッカー／レスリング／自転車／フェンシング／ボート／柔道▼／なぎなた△	○	50%		50%			※1
	普通（西校舎）				50%		50%			※1
	スポーツ健康科学				30%		30%		40%	面・実

		特色化選抜	スポーツ推薦		一般選抜					
学校名	学科／コース	募集区別／実施方法	競技スポーツ（※競技名後の▼は男子のみ、△は女子のみ）	面接	調査書 割合	調査書 傾斜評価倍率	学力検査 割合	学力検査 傾斜配点倍率	面接・実技等 割合	面接・実技等 内容
串本古座	未来創造（宇宙探究）	【宇宙】面接・小論文			40%		60%			
	未来創造（地域探究）	【地域】面接・作文			40%		60%			
	未来創造（文理探究）									
貴志川	人間科学				40%		60%			
	普通				40%		60%			
和歌山東	普通		剣道／レスリング／フェンシング	○	40%		40%		20%	面接
和歌山	総合				30%		40%		30%	面・PP
有田中央	総合（総合）				35%		35%		30%	面接
	総合（福祉）				30%		40%		30%	面接
	普通（清水分校）				40%		60%			
新翔	総合				30%		60%		10%	面接
紀北工業	機械／電気／システム化学		レスリング／自転車／ウエイトリフティング	○	40%		60%			
和歌山工業	機械／電気／創造技術／化学技術／土木／建築／産業デザイン		陸上競技▼／バスケットボール▼／卓球▼／サッカー▼／ラグビー▼／剣道／レスリング▼／ウエイトリフティング▼／バレーボール▼／ヨット	○	40%		60%	1.3（数理）		
田辺工業	機械／電気電子／情報システム				50%		50%			
和歌山商業	ビジネス創造		陸上競技／バレーボール△／卓球／相撲▼		40%		60%			
紀北農芸	生産流通／施設園芸／環境工学	【農業】面接・作文	ハンドボール▼	○	30%		40%		30%	面接
熊野	看護				30%		70%			
	総合		ソフトボール△／バレーボール△／ラグビー▼／柔道／空手道／陸上競技	○	40%		60%			

※1．和歌山北（スポーツ健康科学）を第2志望とする場合、学科が実施する面接・実技検査を受けること。
※2．南部高校の特色化選抜【農業】は、食と農園科（園芸・加工流通）。
※3．海南高校は、普通科（海南校舎）および教養理学科を「普通科系（海南校舎）」とする。
※4．粉河高校は、普通科および理数科を「普通科系」とする。
※5．箕島高校は、普通科の普通コースとスポーツコースを「普通科系」、情報経営科および機械科を「専門学科系」とする。
※6．笠田高校は、総合ビジネス科および情報処理科を「商業科系」とする。
＊面接・実技等のＰＰはパーソナルプレゼンテーション（中学校で取り組んだ内容を自分で工夫した方法で表現・紹介する）。

桐蔭高等学校

〒640-8137 和歌山市吹上5-6-18 TEL073-436-1366 ■交通／JR「和歌山」・南海「和歌山市」からバスで「小松原５丁目」下車徒歩５分

インフォメーション INFORMATION

明治12(1879)年開設の旧制和歌山中学校を前身とし、2007年に中学校を併設。2019年から数理科学科を廃止し、全クラス普通科に改編。数理科学科の実績ある教育システムも取り入れつつ、大学入試および、さらに先を見据えて５教科を中心とした総合的教養力の育成を重視しています。２年次から文系／理系にわかれて学習しますが、どちらも国公立大をめざしたカリキュラムを展開しており、大幅な差はありません。また様々なクラブがあり、数多くの生徒が所属しています。

●主な大学合格状況

東京大	3	京都大	9	大阪大	12
和歌山大	31	大阪公立大	26	和歌山県医	14
関西学院大	55	同志社大	45	立命館大	51

進研Vもし 合格のめやす

普通／一般 62-171(180)

30 35 40 45 50 55 60 65 70 75

普通：努力圏 合格圏 安全圏

入試状況

2024年度募集定員　普通200

年度	受験者数	合格者数	倍率	一般選抜 受験者数	合格者数	倍率
'24	—	—	—	232	200	1.16
'23	—	—	—	219	200	1.10
'22	—	—	—	209	200	1.05

向陽高等学校

〒640-8323 和歌山市太田127 TEL073-471-0621 ■交通／わかやま電鉄貴志川線「日前宮」から徒歩2分

インフォメーション INFORMATION

大正４(1915)年開校の旧制海草中学校が前身。2004年から中学校を併設し、中高一貫教育を核とした学校づくりを進めています。普通科／環境科学科を設置(環境科学科は併設中学校からの進学のみ)しており、多くの生徒が国公立大学進学を希望。授業への理解が十分でない生徒への基礎補習も実施しています。普通科では、２年次から文系／理系に分かれ、各自の進路にそった学習が可能です。部活動にもほとんどの生徒が加入。文科系の部活も充実しており、特色のある活動を行っています。

●主な大学合格状況

東京大	2	京都大	1	神戸大	10
和歌山大	46	和歌山県医	16	関西大	26
同志社大	15	立命館大	27	近畿大	127

進研Vもし 合格のめやす

普通／一般 61-168(180)

30 35 40 45 50 55 60 65 70 75

普通：努力圏 合格圏 安全圏

入試状況

2024年度募集定員　普通240

年度	受験者数	合格者数	倍率	一般選抜 受験者数	合格者数	倍率
'24	—	—	—	265	240	1.10
'23	—	—	—	286	240	1.19
'22	—	—	—	239	200	1.20

海南高等学校

〒642-0022 海南市大野中651 TEL073-482-3363 ■交通／ＪＲ紀勢本線「南海」から徒歩15分

インフォメーション INFORMATION

大正11(1922)年県立海南中学校として創立。海南校舎普通科系は１年次に学科に分かれることなく共通科目で学習し、自分の興味・関心・適性等をしっかりと見極めて、２年次から普通科(文系教科)と教養理学科(理系教科)を選択。各分野の課題研究に取り組み主体的・体験的に学習します。また、部活動はとても活発で、体育系・文化系共に近畿・全国で活躍している部活もあります。大成校舎普通科は２年次からⅠ型(進学・コンピューターコース)／Ⅱ型(福祉・看護コース)に分かれます。資格取得にも力を入れています。

●主な大学合格状況

大阪大	1	大阪教育大	2	和歌山大	11
兵庫県立大	1	関西大	3	関西学院大	1
立命館大	4	京都産業大	36	近畿大	22

進研Vもし 合格のめやす

普通科系(海南校舎)/一般 55-152(180)
普通(大成校舎)/一般 38-114(180)
普通(美里分校)/一般 35-109(180)

30 35 40 45 50 55 60 65 70 75

普通科系（海南）：努力圏 合格圏 安全圏

普通（大成）：努力圏 合格圏 安全圏

入試状況

2024年度募集定員　普通科系／海南校舎200、普通／大成校舎40、普通／美里分校40

学科／コース	受験者数	合格者数	倍率	一般選抜 受験者数	合格者数	倍率
普通科系／海南校舎	—	—	—	206	200	1.03
普通／大成校舎	—	—	—	29	32	0.91
普通／美里分校	—	—	—	7	7	1.00

橋本高等学校

〒648-0065 橋本市古佐田4-10-1 TEL0736-32-0049 ■交通／ JR和歌山線･南海高野線「橋本」から徒歩10分

インフォメーション INFORMATION

明治44(1911)年に創設された町立実科高等女学校が前身。個人の尊厳を重んじ、真理と平和を希求する創造性豊かな人間の育成をめざしています。ほぼ全員が進学を希望しており、週３回７限授業を行い、授業時間を確保して学習内容を充実させています。２年次から人文探究／理数探究の２系列に分かれ、各自の希望に沿った進路実現をはかります。毎年海外からの留学生が本校を訪れるなど、国際交流も活発です。県立古佐田丘中学校との間で、中高一貫教育を実施。多くのクラブが近畿大会や全国大会で活躍中です。

●主な大学合格状況

京都大	1	大阪大	5	神戸大	1
和歌山大	13	和歌山県医	4	関西大	17
関西学院大	10	同志社大	4	近畿大	50

進研Vもし 合格のめやす

普通 / 一般 53-147(180)

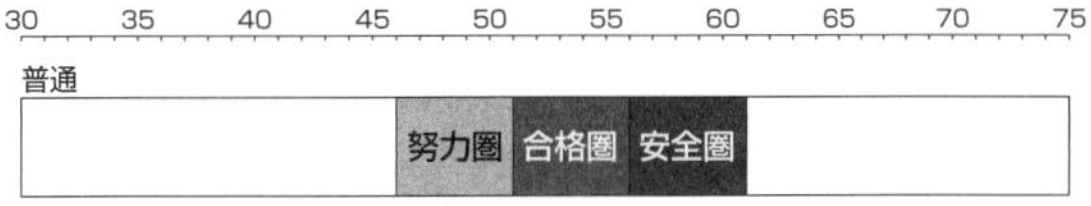

	努力圏	合格圏	安全圏
普通	46-51	51-56	56-61

入試状況

2024年度募集定員　普通160

年度	受験者数	合格者数	倍率	一般選抜 受験者数	合格者数	倍率
'24	—	—	—	160	160	1.00
'23	—	—	—	155	155	1.00
'22	—	—	—	157	157	1.00

星林高等学校

〒641-0036 和歌山市西浜2-9-9 TEL073-444-4181 ■交通／ JR「和歌山」からバスで「秋葉山」下車徒歩10分

インフォメーション INFORMATION

昭和23(1948)年開校。普通科は２年次からスタンダード／アドバンスのコース別、さらに文理別の授業が行われます。国際交流科では第２外国語が必修となり、セミナーや講演会、海外研修旅行などを通して、異文化への関心や郷土・和歌山への愛着と誇りを持ち、伝統文化を大切にする心を育みます。留学生の派遣・受け入れにも積極的です。習熟度別授業、長期休暇中の補習などの学力向上方策により、国立・私立大学の合格実績も上がっています。部活動も活発。語学系クラブの活躍もめだっています。

●主な大学合格状況

和歌山大	20	大阪公立大	1	兵庫県立大	1
和歌山県医	1	関西大	7	関西学院大	3
近畿大	67	龍谷大	16	桃山学院大	24

進研Vもし 合格のめやす

普通 / 一般 52-145(180)

国際交流 / 一般 50-140(180)

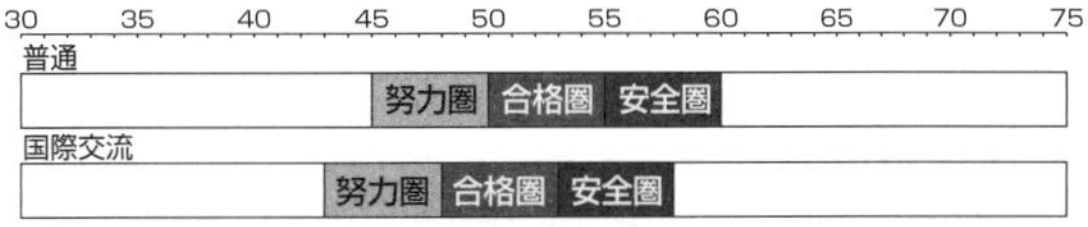

	努力圏	合格圏	安全圏
普通	45-50	50-55	55-60
国際交流	43-48	48-53	53-58

入試状況

2024年度募集定員　普通280、国際交流40

学科／コース	スポーツ推薦 受験者数	合格者数	倍率	一般選抜 受験者数	合格者数	倍率
普通	0	0	—	297	280	1.06
国際交流	0	0	—	39	40	0.98

那賀高等学校

〒649-6223 岩出市高塚115 TEL0736-62-2117 ■交通／ JR和歌山線「岩出」から徒歩８分

インフォメーション INFORMATION

大正12(1923)年開校の県立那賀農業学校が前身。約5万3千㎡の広大で緑豊かな敷地の中に校舎があります。普通科は２年次から文系(３年次から文系Ⅰ／文系Ⅱ)・理系に分かれ、進路希望に応じた科目が選べます。国際科では１年次に２週間の海外生活体験学習(アメリカ)を実施。FLTによる授業や世界各国からの留学生との交流をとおして、英語によるコミュニケーション能力と、幅広い国際的視野を養います。両学科ともに授業はもちろん、補習・個別指導も充実。また部活動も盛んで、毎年多くの部が活躍してます。

●主な大学合格状況

神戸大	1	和歌山大	7	和歌山県医	1
関西大	4	関西学院大	5	同志社大	4
立命館大	7	京都産業大	6	近畿大	44

進研Vもし 合格のめやす

普通 / 一般 51-142(180)

国際 / 一般 47-133(180)

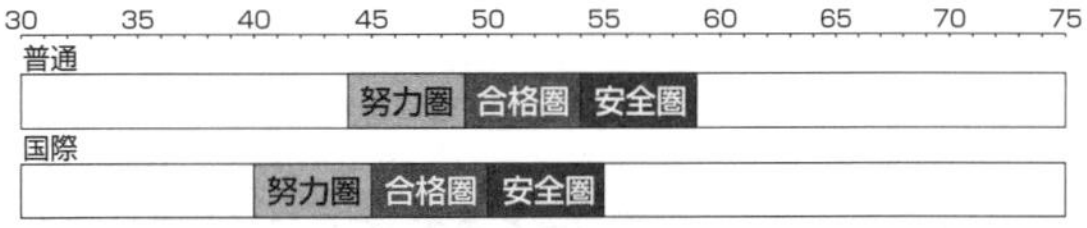

	努力圏	合格圏	安全圏
普通	44-49	49-54	54-59
国際	40-45	45-50	50-55

入試状況

2024年度募集定員　普通240、国際40

学科／コース	受験者数	合格者数	倍率	一般選抜 受験者数	合格者数	倍率
普通	—	—	—	251	240	1.05
国際	—	—	—	31	40	0.78

市立和歌山高等学校

〒640-8482 和歌山市六十谷45 TEL073-461-3690 ■交通／ JR阪和線「六十谷」から徒歩15分

インフォメーション INFORMATION

昭和26(1951)年市立和歌山商業高校として開校。2009年から現校名に。普通科は２年次から文系／理系にわかれて学習します。少人数クラス編成(30人)、週３回の７限授業、土曜・長期休業中の補習などを通して、志望大学に合格できる学力を養成。デザイン表現科は美術系大学への進学を目標に、「創造的な思考力」の育成をめざしています。総合ビジネス科では２年次から会計／情報／ビジネスの３コースにわかれて学習し、より上級の資格取得をめざします。勤労体験学習「市高デパート」もユニークです。

●主な大学合格状況

京都工繊大	1	周南公立大	1	関西学院大	1
立命館大	4	近畿大	1	追手門学院大	4
桃山学院大	3	大阪樟蔭女大	5	大阪経済大	2

進研Vもし 合格のめやす

普通／一般 46-174(240)

30	35	40	45	50	55	60	65	70	75

普通：努力圏　合格圏　安全圏

入試状況

2024年度募集定員　普通60

年度	受験者数	合格者数	倍率	一般選抜 受験者数	合格者数	倍率
'24	—	—	—	64	60	1.07
'23	—	—	—	60	60	1.00
'22	—	—	—	49	60	0.82

＊デザイン表現科／総合ビジネス科は和歌山県最終ページの一覧に掲載。

粉河高等学校

〒649-6595 紀の川市粉河4632 TEL0736-73-3411 ■交通／ JR和歌山線「粉河」から徒歩10分

インフォメーション INFORMATION

明治34(1901)年創立の旧制粉河中学校と、1913年創立の粉河高等女学校を前身とする伝統校です。１年次は学科の区別を設けない普通科系として全員同じ授業を受けます。２年次から普通科／理数科に分かれ、普通科は文系科目(国語・社会・英語)を中心に人文関係の分野をより深く学び、進路志望や関心・興味を高め、将来必要な知識・技能を身につける学習をします。理数科は充実の理系科目(数学・理科)をじっくり学び、基礎基本を大切に実験や観察を重視しながら必要な知識・技能を身につける学習をします。

●主な大学合格状況

和歌山大	3	和歌山県医	1	関西大	1
立命館大	1	京都産業大	3	近畿大	7
摂南大	4	追手門学院大	1	桃山学院大	15

進研Vもし 合格のめやす

普通科系／一般 44-126(180)

30	35	40	45	50	55	60	65	70	75

普通科系：努力圏　合格圏　安全圏

入試状況

2024年度募集定員　普通科系240

年度	スポーツ推薦 受験者数	合格者数	倍率	一般選抜 受験者数	合格者数	倍率
'24	10	10	1.00	234	230	1.02

笠田高等学校

〒649-7161 伊都郡かつらぎ町笠田東825 TEL0736-22-1029 ■交通／ JR和歌山線「笠田」から徒歩5分

インフォメーション INFORMATION

昭和2(1927)年創立の町立笠田高等家政女学校が前身。普通科では週２回の７限授業クラスも設定されており、基礎学力の徹底と発展学習の充実をはかります。総合ビジネス科および情報処理科は商業科として様々な取り組みを行い、簿記・情報処理・ビジネスなど、実社会と関連深い科目を多く学びます。高校での学習でありながら、社会への関心を高め、より実学に近い知識を深めます。クラブ活動ではソフトボール、陸上競技、商業アドバンス(簿記・情報処理・珠算など)が全国大会で活躍しています。

●主な大学合格状況

大阪樟蔭女大	3	四天王寺大	1	帝塚山学院大	1
大手前大	1				

進研Vもし 合格のめやす

普通／一般 43-124(180)

30	35	40	45	50	55	60	65	70	75

普通：努力圏　合格圏　安全圏

入試状況

2024年度募集定員　普通80

年度	スポーツ推薦 受験者数	合格者数	倍率	一般選抜 受験者数	合格者数	倍率
'24	0	0	—	75	77	0.97
'23	1	1	1.00	61	61	1.00
'22	0	0	—	84	80	1.05

＊商業科系は和歌山県最終ページの一覧に掲載。

和歌山北高等学校

〒640-8464 和歌山市市小路388 TEL073-455-3528 ■交通／南海本線「紀ノ川」から徒歩５分

インフォメーション INFORMATION

昭和38（1963）年開校。2012年、和歌山西高校と統合し、北・西の２つの校舎からなる、新たな和歌山北高校となりました。生徒一人ひとりの進路実現をめざし、普通科では進学重視型（北校舎）／スポーツ重視型（西校舎）にわかれて学習します。スポーツ健康科学科は全体の３分の１程度が体育の専門科目となっており、水泳、スキーなど多彩な実習科目も特徴。「スポーツの北高」としても知られ、クラブ活動においても陸上競技、自転車、フェンシングをはじめ、ソフトテニスなどが優秀な実績をあげています。

●主な大学合格状況

桃山学院大	1	国士舘大	1	東京医保大	1
大阪学院大	5	大阪産業大	4	帝塚山学院大	3
阪南大	2	大阪経済大	1	京都橘大	2

進研Vもし 合格のめやす

普通（北校舎）/ 一般 39-116(180)
普通（西校舎）/ 一般 35-109(180)
スポーツ健康科学 / 一般 36-110(180)

30 35 40 45 50 55 60 65 70 75
北・普通 努力圏 合格圏 安全圏
西・普通 努力圏 合格圏 安全圏

入試状況

2024年度募集定員 普通（北校舎）320、普通（西校舎）80、スポーツ健康科学40

学科／コース	特色化選抜／スポーツ推薦 受験者数	合格者数	倍率	一般選抜 受験者数	合格者数	倍率
普通（北校舎）	25	24	1.04	318	296	1.07
普通（西校舎）	0	0	—	35	52	0.67
スポーツ健康科学	0	0	—	34	35	0.97

貴志川高等学校

〒640-0415 紀の川市貴志川町長原400 TEL0736-64-2500 ■交通／わかやま電鉄貴志川線「甘露寺前」から徒歩９分

インフォメーション INFORMATION

昭和23（1948）年に那賀高校貴志分校として発足。美しい自然や文化財に恵まれた、素晴らしい環境です。「人間として生きる力を身につけさせ、地域と社会に役立つ人材を育てる」を教育目標にしています。１年次は基礎学力を充実できる授業を展開し、２年次から特別進学クラス（文系／理系）、普通総合クラス（Ⅰ類／Ⅱ類）にわかれて学習。Ⅰ類は情報・福祉介護・芸術・保育などの分野を、Ⅱ類は文系大学・看護医療系分野をめざします。また部活動は、全国入賞したアーチェリー部をはじめ、多くの部が活躍しています。

●主な大学合格状況

桃山学院大	1	大阪青山大	1	大阪学院大	1
帝塚山学院大	1				

進研Vもし 合格のめやす

普通 / 一般 35-109(180)

30 35 40 45 50 55 60 65 70 75
普通 努力圏 合格圏 安全圏

入試状況

2024年度募集定員 普通120

年度	受験者数	合格者数	倍率	一般選抜 受験者数	合格者数	倍率
'24	—	—	—	60	60	1.00
'23	—	—	—	58	58	1.00
'22	—	—	—	56	56	1.00

和歌山東高等学校

〒640-8312 和歌山市森小手穂136 TEL073-472-5620 ■交通／わかやま電鉄貴志川線「岡崎前」から徒歩5分

インフォメーション INFORMATION

昭和49（1974）年開校。１年次は一人ひとりの学力の伸張を図るために、習熟度別学習や少人数授業展開を行います。「学び直し」を含めた基礎学力の定着や応用力を身につけることを目指します。２年次からⅠコース（商業・体育・芸術分野）／Ⅱコース（大学・短大・医療看護系への進学クラス）の２コースから将来、進路実現に向けて選択します。また、部活動もさかんで全国レベルの剣道、レスリング、フェンシング、硬式野球などが活躍し、体育系・文化系のクラブが活動しています。

●主な大学合格状況

大阪学院大	1	関西福祉大	2

進研Vもし 合格のめやす

普通 / 一般 35-109(180)

30 35 40 45 50 55 60 65 70 75
普通 努力圏 合格圏 安全圏

入試状況

2024年度募集定員 普通200

年度	スポーツ推薦 受験者数	合格者数	倍率	一般選抜 受験者数	合格者数	倍率
'24	1	1	1.00	112	111	1.01
'23	7	7	1.00	131	131	1.00
'22	8	8	1.00	156	156	1.00

和歌山高等学校

〒649-6264 和歌山市新庄188 TEL073-477-3933 ■交通／ JR和歌山線「紀伊小倉」から徒歩20分

インフォメーション INFORMATION

昭和53(1978)年開校、1994年から全国初の総合学科高校として再スタートしました。学年制ではなく、所定の単位を習得して卒業する単位制を採用しています。総合学科には6つの系列(教養／情報／芸術表現／ビジネス／保育／食)があり、興味や関心、希望する進路に応じて科目を選択します。専門学校との連携プロジェクも充実し、系列独自の行事も多彩です。文化祭、体育祭などの学校行事はもとより部活動もさかんで、全国大会出場のアーチェリーをはじめ、多くのクラブが優秀な成績をあげています。

●主な大学合格状況

大阪学院大 2

進研Vもし 合格のめやす

総合／一般 37-112(180)

30 35 40 45 50 55 60 65 70 75

総合学科

努力圏 合格圏 安全圏

入試状況

2024年度募集定員 総合200

年度	受験者数	合格者数	倍率	一般選抜 受験者数	合格者数	倍率
'24	—	—	—	187	185	1.01
'23	—	—	—	163	163	1.00
'22	—	—	—	165	160	1.03

高校名	学科名	募集定員	入試状況 特色化選抜／スポーツ推薦 定員	受験者数	合格者数	倍率	一般選抜 定員	受験者数	合格者数	倍率	進研Vもし 合格のめやす 特色化選抜／スポーツ推薦 合格のめやすー相応内申点（満点）	一般選抜 合格のめやすー相応内申点（満点）
耐久	普通	200	—	—	—	—	200	175	175	1.00	—	48 - 135(180)
田辺	普通	200	—	—	—	—	200	203	200	1.02	—	53 - 147(180)
日高	普通	200	—	—	—	—	200	179	179	1.00	—	49 - 138(180)
	普通／中津分校	40	—	—	—	—	40	22	22	1.00	—	34 - 107(180)
神島	普通	120	—	—	—	—	120	127	120	1.06	—	48 - 135(180)
	経営科学	120	—	—	—	—	120	142	120	1.18	—	42 - 122(180)
新宮	普通	200	—	—	—	—	200	188	188	1.00	—	48 - 135(180)
紀央館	普通	120	—	6	6	1.00	114	117	114	1.03	—	44 - 126(180)
	工業技術	40	—	2	2	1.00	38	33	36	0.92	—	44 - 126(180)
箕島	普通科系	80	—	15	15	1.00	65	57	57	1.00	—	43 - 124(180)
	専門学科系	80	—	0	0	—	80	30	30	1.00	—	41 - 120(180)
南部	普通	80	—	—	—	—	80	23	25	0.92	—	43 - 124(180)
	食と農園	120	—	4	4	1.00	116	46	44	1.05	—	35 - 109(180)
	普通／龍神分校	40	—	3	3	1.00	37	11	11	1.00	—	35 - 109(180)
串本古座	未来創造	120	—	4	4	1.00	116	67	67	1.00	—	39 - 116(180)
有田中央	総合	120	—	—	—	—	120	66	66	1.00	—	35 - 109(180)
	普通／清水分校	40	—	—	—	—	40	0	0	—	—	35 - 109(180)
新翔	総合	120	—	—	—	—	120	84	83	1.01	—	37 - 112(180)
紀北工業	機械	80	—	1	1	1.00	79	76	76	1.00	—	40 - 118(180)
	電気	40	—	0	0	—	40	30	30	1.00	—	40 - 118(180)
	システム化学	40	—	1	1	1.00	39	33	33	1.00	—	40 - 118(180)
和歌山工業	機械	80	—	6	6	1.00	74	73	73	1.00	—	45 - 129(180)
	電気	80	—	3	3	1.00	77	57	76	0.75	—	45 - 129(180)
	建築	40	—	8	8	1.00	32	42	32	1.31	—	41 - 120(180)
	産業デザイン	40	—	5	5	1.00	35	42	35	1.20	—	41 - 120(180)
	創造技術	40	—	1	1	1.00	39	52	39	1.33	—	40 - 118(180)
	化学技術	40	—	0	0	—	40	35	40	1.00	—	40 - 118(180)
	土木	40	—	0	0	—	40	40	40	1.00	—	38 - 114(180)
田辺工業	機械	80	—	—	—	—	80	67	72	0.93	—	38 - 114(180)
	電気電子	40	—	—	—	—	40	22	27	0.81	—	38 - 114(180)
	情報システム	40	—	—	—	—	40	50	40	1.25	—	38 - 114(180)
和歌山商業	ビジネス創造	280	—	6	6	1.00	274	255	255	1.00	—	45 - 129(180)
市立和歌山	デザイン表現	40	—	—	—	—	40	42	40	1.05	—	44 - 140(200)
	総合ビジネス	160	—	15	15	1.00	145	150	145	1.03	—	42 - 122(180)
笠田	商業科系	80	—	0	0	—	80	82	80	1.03	—	41 - 120(180)
紀北農芸	環境工学	40	—	3	3	1.00	37	15	15	1.00	—	35 - 109(180)
	生産流通	40	—	6	6	1.00	34	18	18	1.00	—	35 - 109(180)
	施設園芸	40	—	10	10	1.00	30	17	17	1.00	—	35 - 109(180)
熊野	総合	160	—	5	5	1.00	155	146	146	1.00	—	40 - 118(180)
	看護	40	—	—	—	—	40	33	33	1.00	—	43 - 124(180)

2025年度入試の主な変更点

(2024 年 5 月 31 日現在)

公 立 高 校		
大阪府	西野田工科	募集停止(今宮工科へ機能統合)。
	布施工科/城東工科	統合整備により新たな工業系高校として開校。
	生野工業	募集停止。
兵庫県	神戸北/神戸甲北	北神戸総合高校となる。総合学科を設置。
	伊川谷/伊川谷北	神戸学園都市高校となる。普通科と文理探究科を設置。
	西宮北/西宮甲山	西宮苦楽園高校となる。普通科と文理探究科を設置。
	三木北/三木東/吉川	三木総合高校となる。総合学科を設置。
	姫路南/網干/家島	姫路海城高校となる。普通科と地域科学探究科を設置。
	福崎/夢前	播磨福崎高校となる。普通科と文理探究科を設置。
	神戸鈴蘭台	国際コミュニケーションコース(国際文化系)→文理探究科へ改編。
	津名	総合科学コース(自然科学系)→文理探究科へ改編。
	淡路三原	サイエンスコース(自然科学系)→文理探究科へ改編。
	尼崎	教育と絆コース(総合人間系)→地域科学探究科へ改編。
	川西緑台	総合理数コース(自然科学系)→文理探究科へ改編。
	明石城西	グローバル探究コース(国際文化系)→文理探究科へ改編。
	北条	人間創造コース(総合人間系)→ STEAM 探究科へ改編。
	宝塚西	国際教養コース(国際文化系)→国際教養類型(国際系)へ改編。
	相生	自然科学コース(自然科学系)→自然科学類型(自然科学系)へ改編。
	赤穂	総合科学探究類型(自然科学系)→地域みらい探究類型(総合系)へ改編。
	市立西宮東	数理・科学コース(自然科学系)→科学探究科へ改編。 人文・社会科学コース(総合人間系)→社会探究科へ改編。
	市立伊丹	グローバルコミュニケーションコース(国際文化系)→グローバル共創科へ改編。
	総合学科	[推薦入学]面接・小論文に加え、各学校が必要に応じて適性検査・実技検査を実施。
滋賀県	守山北	みらい共創科を新設。
	伊香	森の探究科を新設。

（2024年5月31日現在）

私立高校		
大阪府	ヴェリタス城星学園	男女共学。キャリア進学／キャリア探究の2コースに改編。
	樟蔭	国際教養コース→国際文理コースに名称変更。
	城南学園	進学スタンダードコース→キャリアデザインコースに名称変更。
	相愛	特進→アドバンスキャリア（特進）へ、専攻選択→プログレスキャリア（龍谷総合）へコース名称変更。
	梅花	特別進学コース／看護医療コース／グローバルコース／舞台芸術コース／キャリアデザインコースの5コースに改編。
	英真学園	特進コース／マンガ・イラストコース／総合コースの3コースに改編。
	大阪暁光	教育探究コース→探究進学コースへ名称変更。
	大阪国際	総合探究コース→未来探究コースへ名称変更。
	建国	コース改編予定。
	昇陽	進学Ⅰ・Ⅱ・Ⅲコース／看護・医療系進学コース／保育教育コースは進学コース（標準進学／看護医療進学／幼児教育進学）となる。また、新たに進学コース（アスリート進学）を設置。ビジネス / 公務員チャレンジコース→ビジネス・公務員コースへ変更。
	箕面学園	アドバンスクラス、アスリートクラスを新設。
	箕面自由学園	スーパー特進→S特進へ、クラブ選抜→クラブ探究へコース名称変更。
	早稲田摂陵	「早稲田大阪高等学校」へ校名変更。Wコース→早稲田コース、Bコース→文理コース、Aコース→総合コースに名称変更。吹奏楽コースは総合コース吹奏楽クラスとなる。
兵庫県	神戸山手女子	「神戸山手グローバル高等学校」に校名変更。共学校となる（グローバル選抜探究コース・選抜コースは男女を募集、未来探究コースは女子のみ）。
	百合学院	アカデミックリサーチ／キャリアリサーチの2コースに改編。
	芦屋学園	特進コース・総合進学コースは新コース（アドバンスコース・スタンダードコース）として再編。
京都府	京都光華	普通科は特進アドバンスト／未来創造／看護医療の3コースに改編。
	京都女子	Ⅱ類型→藤華コースへ名称変更。
	京都廣学館	クエストコース（単位制通信制課程）開設。

2025年度受験用

高校受験ガイドブック

私立校・公立校

2024年7月10日発行

発 行 所　株式会社　大阪進研

〒543-0011 大阪市天王寺区清水谷町20-9 千州ビル

TEL. 06-6762-4557

企画・制作　株式会社 大阪進研 編集部

ISBN978-4-900607-66-8